# 南昌年鉴

## 2023

《南昌年鉴》编辑委员会 编

方志出版社
Publishing House of Local Records

**图书在版编目（CIP）数据**

南昌年鉴. 2023 / 《南昌年鉴》编辑委员会编. —
北京 : 方志出版社, 2023.11
ISBN 978-7-5144-5879-4

Ⅰ. ①南… Ⅱ. ①南… Ⅲ. ①南昌—2023—年鉴
Ⅳ. ①Z525.61

中国国家版本馆 CIP 数据核字(2023)第 218255 号

责任编辑：刘方圆
责任校对：张玉霞
责任印制：梅中英
出 版 者：方志出版社
地　　址：北京市朝阳区潘家园东里 9 号（国家方志馆 4 层）
邮　　编：100021
网　　址：http://www.zgfzcb.cn
发　　行：方志出版社图书营销中心（010-67110500）
印　　刷：江西龙莹印务有限公司
开　　本：889 毫米×1194 毫米　1/16
印　　张：30.5
字　　数：1171 千字
版　　次：2023 年 11 月第 1 版
印　　次：2023 年 11 月第 1 次印刷
定　　价：290.00 元

南昌市城市规划设计研究总院　南昌市测绘勘察研究院

审图号：赣S（2021）054号

资料截止日期 2021 年 12 月 31 日

南昌市城市规划设计研究总院　南昌市测绘勘察研究院

审图号：赣S（2021）054号

资料截止日期 2021 年 12 月 31 日

# 南昌数字·2022

| | | | |
|---|---|---|---|
| 总面积： | 7195 平方千米 | 普通中等学校： | 26 所 |
| 年末常住人口： | 653.81 万人 | 职业高中： | 16 所 |
| 户籍人口： | 544.44 万人 | 医疗卫生机构床位数： | 4.57 万张 |
| 地区生产总值： | 7203.50 亿元 | 执业(助理)医师： | 1.96 万人 |
| 地方一般公共预算收入： | 457.68 亿元 | 全社会用电量： | 307.50 亿千瓦小时 |
| 地方一般公共预算支出： | 939.04 亿元 | 人均公园绿地面积： | 13.18 平方米 |
| 社会消费品零售总额： | 3012.00 亿元 | 城区绿化覆盖率： | 43.15% |
| 海关出口值： | 954.89 亿元 | 金融机构人民币存款余额： | 15982.26 亿元 |
| 海关进口值： | 390.67 亿元 | 金融机构人民币贷款余额： | 18834.50 亿元 |
| 实际利用外资： | 4.17 亿美元 | 住户存款： | 5750.37 亿元 |
| 货物运输量： | 1.85 亿吨 | 城镇居民人均可支配收入： | 52622 元 |
| 旅客运输量： | 3115 万人 | 城镇居民人均消费支出： | 32515 元 |
| 旅游总人次： | 16283.02 万人次 | 农村居民人均可支配收入： | 24218 元 |
| 旅游综合收入： | 1399.33 亿元 | 农村居民人均消费支出： | 17706 元 |
| 普通高等学校: | 49 所 | 城镇人均现住房建筑面积： | 35.71 平方米 |

（资料来源于市统计局）

# 南昌荣誉

**荣誉称号**
**获得荣誉城市/单位**
荣誉颁授部门

**国家卫生城市**
**南昌市**
全国爱国卫生运动委员会

**全国“四好农村路”建设市域突出单位**
**南昌市**
交通运输部、财政部、农业农村部、国家乡村振兴局

**国家虚拟现实创新中心**
**南昌市**
工业和信息化部

**国家首批“千兆城市”**
**南昌市**
工业和信息化部

**国家知识产权强市建设示范城市**
**南昌市**
国家知识产权局

**第二批国际湿地城市**
**南昌市**
《湿地公约》秘书处

**绿色出行创建考核评价达标城市**
**南昌市**
交通运输部
国家发展改革委

**2022 年度妇女宣传舆论阵地建设先进榜**
**市妇联**
全国妇联网络信息传播中心

**2022 年度全国科普日活动优秀组织单位**
**市科协**
中国科协

**2019—2021 年度全国财政信息工作先进单位**
**市财政局**
财政部

**全国机关事务先进集体**
**市机关事务管理局**
人力资源和社会保障部
国管局

**爱国卫生运动 70 周年先进集体**
**市卫生健康委员会**
全国爱国卫生运动委员会

**2020—2021 年度全国安康杯“优秀组织奖”**
**市卫生健康委员会**
中华全国总工会、应急管理部、国家卫生健康委

**民进全国信息化建设先进集体**
**民进南昌市委会**
民进中央

**中国农工民主党 2018—2022 年度先进集体**
**农工党南昌市委会**
农工党中央

**国家考古遗址公园**
**南昌汉代海昏侯国考古遗址公园**
国家文物局

**第五批全国关心下一代党史国史教育基地**
**市小平小道陈列馆**
中国关心下一代工作委员会

2022年4月10日，南昌一江两岸景色 | 杨紫韬 摄

# 学习贯彻党的二十大精神

2022年，南昌市委把学习宣传贯彻党的二十大精神作为当前和今后一个时期的首要政治任务，印发《关于认真学习宣传贯彻党的二十大精神的通知》《学习宣传贯彻党的二十大精神阶段性安排》等，对学习宣传贯彻党的二十大精神进行全面部署。市委主要领导以上率下，带头深入理论学习联系点开展集中宣讲活动，组建市委宣讲团，分赴县区和系统单位开展集中宣讲活动22场，对党的二十大精神进行详细解读和系统阐释，把党的二十大精神落实到经济社会发展各方面。各县区各单位组建各级各类基层宣讲队伍100余支，开展分众化、接地气、效果优的集中宣讲活动2000余场次，受众近20万人次，推动党的二十大精神在南昌落地生根。

2022年11月1日，市委理论学习中心组举行学习贯彻党的二十大精神专题学习研讨会 | 马悦 摄

2022年11月8日，中央宣讲团成员到洪都公司开展党的二十大精神宣讲活动 | 洪都公司 供图

◀2022年11月17日，学习贯彻党的二十大精神省委宣讲团报告会在南昌市举行 丨 马悦 摄

▶2022年11月30日，学习贯彻党的二十大精神市直机关宣讲报告会举行 丨 市直机关工委 供图

◀2022年，进贤县钟陵乡基层党员群众学习党的二十大会议精神 丨 熊家福 摄

# “4+4+X”产业

2022年，为深入实施新型工业化核心战略，促进南昌工业总量扩张、结构优化、方式转变、效益提升，全面迈向中高端，强力支撑经济大发展，全市致力于构建“4+4+X”新型产业体系，即四大战略性新兴支柱产业（汽车及新能源汽车、电子信息、生物医药、航空装备业）、四大特色优势传统产业（绿色食品、现代轻纺、新型材料、机电装备制造业）及若干生产性服务业。南昌市八大主导产业实现营业收入6054.1亿元，占全市总量的76.9%。全年推进亿元以上工业项目334个，总投资130亿元的华勤千亿产业基地、30亿元的兆驰晶显LED显示终端等项目投产；华创锂电铜箔、欣旺达动力电池、杭电铜箔、华润微MEMS传感器以及南昌数谷产业园、新钢中心等项目开工。

2022年2月7日，江铃集团新能源汽车公司首批羿出口欧洲发车仪式举行 | 成奔 摄

2022年2月23日，小蓝经开区与江铃汽车股份有限公司深化合作扩大投资签约活动举行　|　小蓝经开区　供图

2022年6月2日，江铃新能源汽车智能化生产车间　|　成奔　摄

2022年7月8日，同兴达精密光电有限公司生产车间 | 成奔 摄

2022年11月13日，2022南昌市电子信息产业发展大会举行 | 马悦 摄

◀2022年2月14日，南昌弘益药业公司生产车间

丨 马悦 摄

▶2022年10月26日，中国国际检验医学暨输血仪器试剂博览会展览现场　丨 成奔 摄

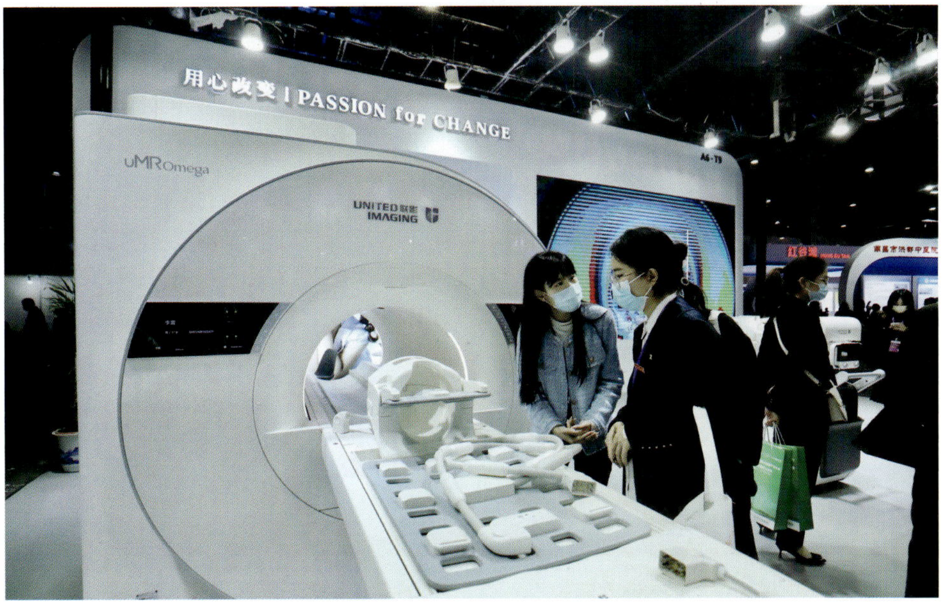


◀2022年11月25日，2022中国（南昌）国际大健康产业大会暨博览会联影医疗展厅

丨 成奔 摄

▶2022年8月23日,2022（第十二届）民用飞机工业国际论坛举行
丨 洪都公司 供图

◀2022年10月28日，洪都公司获得中国商飞2021年度优秀供应商交付准时奖 丨 洪都公司 供图

◀2022年11月25日,2022中国航空产业大会暨南昌飞行大会举行
丨 喻云亮 摄

◀2022年8月7日，南昌华兴针织实业有限公司华兴新的5G智慧工厂生产线

| 杨紫韬　摄

▶2022年8月12日，南昌现代针纺产业发展大会项目签约仪式举行

| 马悦　摄

◀2023年8月17日，农业政策性金融支持南昌市“稳大盘、强省会”政银企对接会议签约仪式举行

| 农发行江西省分行营业部　供图

2022年1月20日，南昌经济技术开发区管委会与铜陵市华创新材料有限公司年产10万吨超薄锂电铜箔项目签约仪式举行 | 马悦　摄

2022年6月29日，首批（3台）南昌产“大国重器”——盾构机在南昌轨道交通产业园下线 | 魏勇剑　摄

▶2022年2月21日，青山湖区江西流量经济产业园直播带货后台服务 | 魏勇剑 摄

◀2022年5月24日，南昌市金融助力"一号发展工程"暨重大重点项目产融对接会举行 | 市金融办 供图

▶2022年7月24日，南昌市市校战略合作签约仪式举行 | 马悦 摄

# “两整治一提升”

2022年，南昌市推进农村人居环境整治、农村路域环境整治、农业特色产业提升“两整治一提升”行动，370千米县乡道和88.5千米省道“白改黑”，330个重点村整治基本完工，747个村庄亮灯工程全部完成，整改完成问题厕所9863个。统筹推进64个省定、18个市定“十四五”时期乡村振兴重点村建设，全面实施165个美丽乡镇建设项目，20个村镇获评全国文明村镇，60个村镇获评全省文明村镇，7个乡镇获评省级卫生乡镇。进贤县实现省级卫生乡镇全覆盖。南昌县入选全国“四好农村路”示范县公示名单。安义县、南昌县、湾里管理局获评省级美丽宜居先行县。

2022年1月27日，市委农村工作暨“两整治一提升”三年行动动员部署会举行 | 马悦 摄

2022年6月11日，全市农业农村“两整治一提升”行动现场观摩会举行 | 市农业农村局 供图

2022年7月31日，安义县石鼻镇上岗自然村整治后场景 | 马悦 摄

2022年8月8日，青山湖区京东镇桃竹村对人居环境整治后场景 | 杨紫韬 摄

2022年9月28日，全市“两整治一提升”成果展 | 喻云亮 摄

2022年11月1日，青云谱区青云谱镇城南村改造现场 | 成奔 摄

2022年，南昌县广福镇北头村特色产业扶贫基地 | 马悦 摄

2022年，安义县富盛花果产业园 | 马悦 摄

# “胡子工程”攻坚销号

2022年，南昌市全面启动政府投资类建设项目“胡子工程”攻坚专项行动，32个工期3年以上仍未完工或停工半年以上的工程项目先后被纳入“胡子工程”清单。成立由市委、市政府主要领导牵头的“胡子工程”攻坚专项行动指挥部，实行工期倒排、挂图作战、责任到人，强力推进。南外环高速公路延期4年的410米彻底打通、桃花路10余年的“中梗阻”得以畅通、逾期5年的昌西大道全线通车。至年底，全市共20个“胡子工程”完成攻坚销号，2022年度任务提前超额完成。

2022年1月6日，南昌政府投资类建设项目“胡子工程”攻坚专项行动动员大会举行　|　马悦　摄

2022年1月20日，桃花路（洪城路—灌婴路）通车 | 马悦 摄

2022年4月30日，志敏大道（庐山大道—梅林大街）改造工程竣工通车 | 魏勇剑 摄

2022年6月11日，西湖区象山南路南延及绳金塔周边道路改造工程完工 | 杨紫韬 摄

2022年6月20日，昌西大道主车道全线贯通 | 成奔 摄

2022年6月23日，南昌大道快速路迎宾互通匝道通车 | 成奔 摄

2022年6月30日，全线通车的南外环高速公路 | 魏勇剑 摄

# “孺子书房”

2022年，南昌加快构建现代公共文化服务体系，打造“15分钟城市阅读圈”，高质高效推进孺子书房建设。以10家公共图书馆为中心，在艾溪湖美书馆、抱朴书屋等25家“家门口的图书馆”的基础上，高标准建设完成50个综合性、普惠性的孺子书房且免费开放。全市孺子书房网络架构基本形成，城市公共阅读空间持续拓展。

2022年1月21日，南昌市“孺子书房”（城市书房）建设新闻发布会举行 | 熊家福 摄

2022年1月22日，九龙湖公园内的“未时”图书馆阅读场景 | 喻云亮 摄

▶2022年6月3日，南昌高新区艾溪湖畔的孺子书房阅读场景

丨 马悦 摄

▶2022年11月28日，孺子书房八大山人分馆阅读场景

丨 市文广新旅局 供图

▶2022年11月8日，孺子书房铜锣湾分馆

丨 市文广新旅局 供图

2022年7月4日，青山湖区寰宇万象湿地公园 | 马悦 摄

# 编辑说明

一、《南昌年鉴》是《南昌年鉴》编辑委员会编纂的年度资料性文献，具体编辑工作由南昌市史志办公室承担，1998年首卷出版，此后每年出版1卷。《南昌年鉴(2023)》是第26卷。

二、《南昌年鉴(2023)》以马克思列宁主义、毛泽东思想、邓小平理论、“三个代表”重要思想、科学发展观、习近平新时代中国特色社会主义思想为指导，坚持辩证唯物主义和历史唯物主义的立场、观点和方法，全面、真实地记录南昌市自然、政治、经济、文化、社会和生态文明建设等方面情况，为打造富裕美丽幸福现代化江西“南昌样板”，全力做大做强做优大南昌都市圈提供决策依据和借鉴，为国内外读者了解南昌市提供资料和信息。

三、《南昌年鉴(2023)》收录范围以南昌市现有行政区划为界。记述时限为2022年1月1日至12月31日。

四、《南昌年鉴(2023)》采用分类编辑法，按类目、分目、条目三个层次设置，条目是收录资料信息的主要形式。

五、《南昌年鉴(2023)》类目划分在2022年卷的基础上略有调整。全书设：(1)特载；(2)专记；(3)大事记；(4)市情概览；(5)中国共产党南昌市委员会；(6)南昌市人民代表大会；(7)南昌市人民政府；(8)中国人民政治协商会议南昌市委员会；(9)中国共产党南昌市纪律检查委员会　南昌市监察委员会；(10)民主党派·工商联；(11)群众团体；(12)法治；(13)军事；(14)经济管理；(15)开放型经济；(16)开发园区；(17)数字经济；(18)农业；(19)制造业；(20)商贸服务业；(21)金融业；(22)旅游业；(23)房地产业；(24)交通·邮政；(25)城乡建设和管理；(26)生态环境；(27)科学技术；(28)教育；(29)文化；(30)卫生健康；(31)体育；(32)社会生活；(33)应急管理；(34)县区(管理局)；(35)人物·荣誉；(36)附录；(37)索引。

六、《南昌年鉴(2023)》全书载录内容均由各撰稿单位审定提供。条目署作者名，同一分目的所有条目同为一作者的在最后一个条目后署名。

七、《南昌年鉴(2023)》统计数据采用法定计量单位。统计资料由南昌市统计局供稿。凡涉及南昌市国民经济和社会发展的主要数据，以南昌市统计局公布的数据为准。每个条目中出现“同比”或“比上年增长”时，保留第一次出现的“同比”或“比上年”，其余均省略。

八、为方便读者检索，《南昌年鉴(2023)》设有目录、索引等检索方式。

## 《南昌年鉴（2023）》编辑委员会



## 《南昌年鉴（2023）》编辑人员

# 各撰稿单位审稿人名单

（排名不分先后）

| | | | | | |
|---|---|---|---|---|---|
| 丁江华 | 万　欣 | 王　成 | 王　庆 | 尤丁发 | 车红云 |
| 文　颖 | 方　腾 | 孔令源 | 邓小燕 | 邓　飞 | 邓习航 |
| 邓华正 | 龙国英 | 叶　挺 | 付　磊 | 皮　洁 | 吕　瑂 |
| 伍小梅 | 伍秋平 | 刘东贵 | 刘　扬 | 刘志强 | 刘国华 |
| 刘明光 | 刘　欣 | 刘建坤 | 刘晓锋 | 刘　涛 | 刘　韬 |
| 羊忠民 | 汤潇琼 | 苏永青 | 杜小华 | 杜辉根 | 李月明 |
| 李志超 | 李良生 | 李良清 | 李　俊 | 李　葵 | 李新宇 |
| 杨先国 | 杨　航 | 杨　涛 | 杨　超 | 杨　鹏 | 肖志豪 |
| 吴婷婷 | 何稳庚 | 余　杨 | 邹萍莉 | 张少中 | 张建昀 |
| 张根水 | 张　琪 | 张新爱 | 陈　力 | 陈川川 | 陈红成 |
| 陈　洁 | 陈　雷 | 陈　曙 | 罗　凡 | 罗　民 | 罗　华 |
| 罗　琪 | 金一品 | 周文彬 | 周　帅 | 周宇亭 | 周俊强 |
| 周晓东 | 周积云 | 郑雄文 | 宛继斌 | 赵泽华 | 胡大为 |
| 胡晓晨 | 钟　东 | 段　家 | 侯毅军 | 俞剑平 | 饶　晨 |
| 贺龙茹 | 贺　玲 | 袁斯文 | 夏志兵 | 徐十斗 | 徐　卫 |
| 徐　强 | 高　峰 | 郭　褕 | 唐雄华 | 唐　谦 | 诸　虹 |
| 陶小玲 | 彭贤柏 | 黄　文 | 黄挽澜 | 梅　梅 | 龚细明 |
| 章　慧 | 揭东轲 | 彭　宏 | 傅越华 | 童　华 | 曾伟群 |
| 曾　欣 | 曾欣龙 | 曾瑾萍 | 谢兴东 | 翟　侃 | 熊亚波 |
| 熊　兵 | 熊　英 | 熊焕胜 | 熊　熊 | 樊小红 | 黎　明 |

# 目　　录

## 特　载



## 专　记



## 大事记



## 市情概览

## 中国共产党南昌市委员会

## 南昌市人民代表大会

## 南昌市人民政府



## 中国人民政治协商会议南昌市委员会

## 中国共产党南昌市纪律检查委员会 南昌市监察委员会

## 民主党派·工商联

## 群众团体



## 法　治

## 军　事

## 经济管理

## 开放型经济



## 开发园区

## 数字经济

农　业

## 制造业

## 商贸服务业

## 金融业



## 旅游业

## 房地产业



## 交通·邮政

## 城乡建设和管理

## 生态环境

## 科学技术



## 教　育

## 文　化

## 卫生健康

## 体　育

## 社会生活

## 应急管理



## 县区(管理局)

## 人物·荣誉



## 附　录



## 索　引

# 市委常委会工作报告(摘录)

## ——在市委十二届五次全体(扩大)会议上

中共江西省委常委、南昌市委书记　李红军

(2022 年 11 月 29 日)

今年是党的二十大召开之年,也是极不平凡、极不寻常、极为不易的一年。面对错综复杂的国内外形势以及多轮突如其来的新冠肺炎疫情、持续罕见的干旱天气带来的巨大挑战,市委常委会坚持以习近平新时代中国特色社会主义思想为指导,在省委、省政府坚强领导下,紧扣迎接和学习宣传贯彻党的二十大精神这条主线,坚持稳中求进工作总基调,按照“疫情要防住、经济要稳住、发展要安全”的重要要求,完整、准确、全面贯彻新发展理念,高效统筹疫情防控和经济社会发展,团结带领全市干部群众紧紧围绕“一枢纽四中心”的发展定位和“两个大幅提升”的目标要求,以率先“作示范、勇争先”的勇气担当,深入实施强省会战略,推动各项工作取得新成效。

**一、以政治建设为引领,更加坚定拥护“两个确立”、坚决做到“两个维护”**

政治建设是党的根本性建设,南昌是八一军旗升起的地方和中国改革开放的思想摇篮,我们始终旗帜鲜明讲政治,持续在学懂弄通做实习近平新时代中国特色社会主义思想上下功夫,坚定拥护“两个确立”,坚决做到“两个维护”,推动党中央政策方针和省委工作部署在南昌落地生根。

一是持续强化理论武装。坚持不懈用习近平新时代中国特色社会主义思想凝心铸魂,坚持读原著、学原文、悟原理知原义,打牢思想根基,增进政治认同。市委理论学习中心组带头先后 14 次开展集中学习研讨,分专题深入学习研讨《习近平谈治国理政》第四卷,深刻领会习近平新时代中国特色社会主义思想的丰富内涵,不断筑牢对党绝对忠诚的思想根基。通过举办专题研讨班、开展干部轮训培训、邀请专家学者授课等方式,培训县处级领导干部 1600 余人,轮训基层党员 25.3 万余人。依托融媒体中心、“学习强国”学习平台、新时代文明实践中心等平台载体,推动党的创新理论“飞入寻常百姓家”,引导全市党员干部群众坚定不移听党话、感党恩、跟党走。深入学习宣传贯彻党的二十大精神,召开全市领导干部会议、市委常委会会议等传达学习,印发《关于认真学习宣传贯彻党的二十大精神的通知》,组建市委宣讲团到各地宣讲,市委领导同志带头深入基层开展宣讲,在全市掀起学习宣传贯彻党的二十大精神的热潮。

二是全面加强政治建设。坚持把政治建设作为根本性建设抓紧抓实,突出加强政治教育和政治训练,持续强化政治把关和政治素质考察,不断增强各级党组织和党员干部政治判断力、政治领悟力、政治执行力。严肃党内政治生活,坚决贯彻民主集中制,着力抓好“三会一课”、民主生活会、组织生活会等制度落实,把落实民主集中制情况作为日常监督、巡察监督的重要内容,推动政治谈话常态化、规范化,切实把讲政治要求落实到具体工作中、实际行动中。严守党的政治纪律和政治规矩,抓实以案促改工作,市委常委会带头召开全面从严治党形势分析会,大力纠治“山头主义”“圈子文化”等不正之风,推动党内关系正常化、纯洁化。稳妥有序做好我市出席党的二十大代表推荐遴选工作,我市出席党的二十大代表均全票当选。

三是对标对表狠抓落实。严格落实"第一议题"制度,对习近平总书记发表的重要讲话、作出的重要指示批示,及时召开市委常委会等会议传达学习,结合实际研究贯彻落实措施,确保习近平总书记有号令、党中央有部署,南昌不折不扣抓好落实。对省委、省政府主要领导指示批示以及提出的工作要求,召开市委常委会会议传达学习、研究落实,并及时报告进展、落实情况,省委主要领导给予"件件有回应、桩桩能落实"的高度肯定。对照党的二十大和省委十五届三次全会提出的目标任务和决策部署,研究制定《中共南昌市委关于深入学习贯彻党的二十大精神加快全面建设社会主义现代化南昌的决定》,推动党的二十大精神和省委决策部署落地落实。

**二、坚持稳中求进工作总基调,经济实现平稳健康发展**

面对国内外复杂经济发展形势和疫情、旱情冲击,我们完整、准确、全面贯彻新发展理念,按照"稳住、进好、调优"的经济工作思路,科学研判,加强调度,精准施策,在常态化疫情防控前提下,扎实做好"六稳""六保"工作,推动经济持续向好发展,加快实现高质量跨越式发展。

一是全力稳住经济大盘。加强党对经济工作的领导,牢牢把握发展主动权,市委常委会每季度听取经济运行情况汇报,建立完善"1+7"经济运行监测机制,加强重要先行指标分析调度,抓牢经济增长支撑点。出台稳住经济发展若干措施,每季度召开重大项目集中开工活动,收集并遴选年度市重大重点项目650个,总投资约9929亿元,年度计划投资2184亿元,坚决稳住经济发展基本盘。前三季度,全市地区生产总值5216.21亿元,同比增长4.3%;1—10月规模以上工业增加值增长6.1%,固定资产投资增长3.5%(其中工业投资增长12.4%),主要指标增速排位保持中部省会城市中上游水平,稳居全国省会城市第一方阵。

二是培育壮大主导产业。围绕"4+4+X"产业体系,深入推进产业链链长制,"一产一策"研究出台电子信息、航空制造、生物医药、现代轻纺、绿色食品、汽车和新能源汽车六大产业扶持政策,产业发展实现量质齐升,1—9月全市八大主导产业实现营业收入4299亿元,四大战略性新兴产业实现营业收入2120.74亿元。深入推动数字经济做优做强"一号发展工程",高标准打造九龙大道数字经济产业园核心引领区,华勤千亿产业园正式落户,前三季度电子信息制造业实现营业收入1407亿元,新增上云企业超过1万家。加快传统产业转型升级,着力发挥数字经济赋能作用,实施"5G+智慧工厂"建设三年行动计划,引导鼓励企业实施数字化、智能化改造,1—9月全市实施500万元以上技术改造项目210个。深入挖掘消费潜力,通过发放消费券、开展"消费月"、举办"购物节"等活动引导市民消费,组织好新一轮家电下乡活动,加快文化休闲、观光旅游等夜间经济发展,全面提振消费市场。前三季度,全市实现社会消费品零售总额2127.06亿元,同比增长5.4%,增速位居中部省会城市第一。

三是精准助企纾困解难。深入落实应对疫情、帮助市场主体纾困解难"16条",全力抓好政策及时兑现,持续开展企业特派员"大走访、大帮扶"活动,加大政策宣传解读力度,及时协调解决用工、融资、物流、要素保障、市场开拓等影响企业生产经营的痛点、堵点和难点问题及政策诉求,助力企业稳定生产、增产增效。全力培育壮大市场主体,扎实开展市场主体清查,深入开展"清街扫楼"行动,大力扶持"个转企""小升规",加快培育专精特新"小巨人"企业,千方百计稳住和发展各类市场主体,截至目前全市市场主体净增13.9万户,总量达66.02万户。大力实施企业上市"映山红行动",不断壮大资本市场"南昌板块",今年新增上市企业5家,总数达38家,新增A股上市企业4家,新增数在中部六省会中排名第二。

2022年11月29日,中共南昌市委十二届五次全体(扩大)会议召开
(马悦　摄)

**三、聚焦突出问题补短板,城市功能品质持续提升**

城市功能品质事关经济社会发展、事关群众幸福指数,是提升城市核心竞争力和综合实力的关键,我们坚持问题导向,坚定不移打基础、谋长远,破难题、提品质,城市功能更加完善、城市形象持续提升。

一是基础设施加快建设。紧紧围

绕将南昌打造成为具有全国重要影响力的综合交通枢纽的发展定位，深入实施交通强市建设行动计划（2022—2025年），加快构建高质量现代综合交通体系。昌北国际机场三期扩建工程加快推进，昌景黄高铁（南昌段）、南昌东站等项目建设进展迅速，昌九高铁项目开工建设，向塘国际陆港成功入选“十四五”首批陆港型国家物流枢纽。西外二环高速、洪腾高架、G320境内改道工程、洪州大桥、复兴大桥、隆兴大桥等重大工程扎实推进，地铁1号线北延、东延及2号线东延等三条延长线项目加快建设，城市东西贯通大动脉加快打通。昌西大道、南外环等18个“胡子工程”顺利完工，江报路、圭峰大道等一批“断头路”完工通车，南昌成为全国首个从“限行”到“不限行”的城市，交通健康指数在全国36个重点城市中排名第二，在中部六省省会城市中排名第一。

二是治理水平不断提升。充分利用城区空闲用地、老旧小区杂乱角落，规划建设停车设施以及休闲场所，目前已建设城市休闲空间52个、新增公共停车泊位1.45万个，有效提升了城区特别是老城区环境面貌和整体功能。把城中村（开放式居民区）围合服务管理工作与城市环境综合整治、老旧小区改造结合起来，积极探索推动物业服务管理，完善市政道路、消防栓等基础设施配套，目前已完成567个围合区的围合建设，建成率达91.6%，同步实施老旧小区改造271个。以深化全国文明城市创建为抓手，扎实开展垃圾乱扔、污水乱排、管线乱搭、房屋乱建、车辆乱停、物料乱堆等问题清理整治，深入推进“马路本色”“以克论净”行动，持续开展铁路和通道沿线环境整治，拆除违章建筑1569处，城市形象进一步提升。

三是生态环境持续改善。扎实推进蓝天、碧水、净土提升攻坚战，切实抓好中央生态环保督察及“回头看”反馈问题、长江经济带警示片披露问题整改，大力开展城市水系综合整治，赣江尾闾综合整治工程建设进展顺利，城区雨污分流改造和老旧雨污管网整治全面启动，目前已开工整治排水单元2745个；前湖水质、乌沙河水质得到有效改善，蓑衣荚水质问题实现整改目标并销号。不断扩大城市绿化空间，新增公园绿地面积210万平方米，麦园垃圾填埋场环境整治取得巨大成效和突破，在日常生态环境保护信访投诉中“归零”，空气质量连续五年达到国家二级标准，继续保持中部六省省会城市排名第一。成功入选第二批“国际湿地城市”，成功入围国家第二批系统化全域推进海绵城市建设示范城市，成功举办中国生态文明论坛南昌年会，充分展示南昌市生态文明建设成果。

四是城市魅力更加彰显。正式发布南昌城市形象LOGO、城市宣传口号、“飞阁流丹”城市纪念品胸徽套装，“天下英雄城”品牌进一步唱响。方大特钢工业旅游区、华侨城欢乐象湖、原城纪城市文化街区、万寿宫历史文化街区等4家景区成功创建国家AAAA级旅游景区。围绕南昌发展变化，打出了系列新闻宣传“组合拳”，中央主流媒体刊发播出系列有深度、有温度、有力度、有热度的新闻宣传报道，在中央主要媒体刊（播）正面宣传稿件同比增长约52%，城市知名度、美誉度、影响力持续提升。

**四、持续深化改革开放创新，发展活力不断迸发**

加快推动高质量跨越式发展，创新是第一动力，改革开放是关键一招，我们大力实施创新驱动发展战略，以改革破解发展难题，以开放融入新发展格局，推动经济发展活力全面提升、动力持续释放。

一是创新动能加速释放。深入实施创新驱动发展战略，积极推进赣江两岸科创大走廊、鄱阳湖国家自主创新示范区南昌核心区建设，高起点规划未来科学城，扎实推进中医药科创城、航空科创城、VR科创城等创新平台建设。持续加强科技企业培育，2730家企业进入科技型中小企业库，4713家企业进入高新技术企业梯次培育库，推动科技企业实现量质双升。大力实施科技企业研发投入清零行动，加快推动年营收3亿元以上工业企业自建或共建研发机构全覆盖，全年新增市级工程技术研究中心36家、重点实验室22家。全面开展市校战略合作，与南昌大学等7所驻昌高校签订市校战略合作框架协议，建立院士工作站44家、专家工作站14家、国家级重点实验室5家、国家级工程技术研究中心4家。全力推进“每年吸引10万名大学生和技能人才来昌留昌创业就业”工作，大力抓好各项人才政策落实兑现，已兑现奖励补贴超14万人，兑现资金超20亿元，采取“线上线下”联动方式举办校招2000余场，吸引14.26万名大学生和技能人才来昌留昌创业就业，奋力打造全国重要人才集聚中心工作取得重大成效。

二是改革攻坚深入推进。深入实施营商环境优化升级“一号改革工程”，在全省营商环境18项指标考核中，南昌市10项指标排名全省第一，综合成绩排名全省第一。加快数字政府建设，“放管服”改革取得明显成效，四级一体化政务服务平台建成运行，政务服务事项网上可办率大幅提升至96.12%，一网通办率达到95.84%，基本实现“网上办、就近办，不见面、不求人”。打造“线上线下、多元互补”服务渠道，对全审批流程进行精简压缩和流程再造，企业开办全链条办理时限从2021年2个工作日压缩至目前3个小时，近2000项事项实现“一门办理”，全省首次中小企业发展环境评估排名第一。持续深化国资国企改革，全面推进战略性重组、专业化整合，将市属国有企业由“9+1”整合重组为“4+2”，推动国有企业更加聚焦主责主业，全市国资总额突破万亿元大关。农业农村、生态文明、文化体制、社会事业、党的建设等重点领域改革取得积极进展，行政区划优化调整平稳推进，地区发展活力得到进一步激发。

三是对外开放成效显著。积极抢抓江西内陆开放型经济试验区建设重大战略机遇，加快打造新时代内陆双向开放新高地，南昌对外开放优势进一步放大。高标准推进智慧空港、国际陆港建设，南昌铁路口岸二期（海关监管作业场所）正式开通运行，“南北呼应”的国际性口岸开放格局初步形成。主动融入长三角、积极对接粤港澳大湾区、全面参与长江中游城市群建设，成功举办2022年世界VR产业大会、南昌电子信息产业大会、中国航空产业大会暨南昌飞行大会等重大经贸活动，推动杭电股份、华创新材、传音控股、福特、天珑等一批重大项目先后落户，1—10月全市申报“5020”项目13个，签约“152”及国内外知名服务业项目34个，利用省外项目资金1161亿元。推动我市9个县区与丰樟高、鄱余万、奉靖永等9个县市开展“一对一”结对合作，深化与抚州、赣江新区合作互动，大南昌都市圈建设取得实质性进展。

**五、统筹兼顾、综合施策，社会大局保持和谐稳定**

安全稳定是一切工作的基础和前提，我们坚持统筹发展和安全，牢固树立总体国家安全观，着力防范化解重大风险，加强社会治理创新，全面推进法治南昌、平安南昌建设，全力维护社会大局和谐稳定。

一是打赢阶段性突发疫情攻坚战。坚定不移贯彻“外防输入、内防反弹”总策略和“动态清零”总方针，按照“四早”工作要求，抓实抓细常态化疫情防控，因时因势优化完善疫情防控措施，科学精准、务实高效做好疫情防控工作，创新组建“洪城红”医护应急预备队、机关党员应急队、青年应急队、退役军人应急队四支队伍，最大程度保护人民生命安全和身体健康，最大限度减少疫情对经济社会发展的影响，以最小代价获得最大防控成果。特别是面对3月突如其来的输入性疫情，坚持人民至上、生命至上，迅速构建起统一领导、统一指挥、统一调度、统一行动的高效指挥体系，果断实施重点区域、重点场所精准管控，快速高效组织开展核酸检测、流调溯源、隔离转运、医疗救治等工作，有效控制传染源、理清传播链、切断传播途径，仅用14天就初步遏制了疫情蔓延势头，短时间内实现了全域全面动态清零，打赢了阶段性突发疫情攻坚战。

二是有力有效做好抗旱救灾减灾。面对7月以来持续晴热高温少雨天气、江河水位持续下降的超历史旱情，果断决策、有效应对，全力以赴做好抗旱保供水工作。高效推进赣江临时抬水围堰工程，协调上游峡江、万安等水利枢纽对赣江补水，采取延伸取水管网、下沉取水口、疏浚取水口附近河道等措施，强化饮用水保障。按照“先生活、后生产，先节水、后调水，先地表、后地下”的原则，建立了错峰用水协同机制，在道路清扫、园林绿化等方面鼓励使用再生水，有力保障了城区供水安全。全力以赴抗大旱保丰收，因地因时多渠道开辟农业抗旱水源，高效做好改种补种工作，全市累计新打抗旱井2700余眼，投入抗旱力量9.7万人次、抗旱资金2亿多元，有力保障了农业农村用水和粮食生产安全。

三是全力以赴确保社会安全稳定。稳步推进全国市域治理先行试验区建设，智慧平安医院、智慧平安校园建设成效显著。严格落实安全生产责任制，深入开展房屋安全隐患专项排查整治，扎实推进森林防火、防溺水、公共消防等重点领域安全隐患大排查、大整治，全面加强基层应急管理体系和能力建设，有效遏制重特大事故发生，全市安全生产形势总体稳定。严格落实“八个一”勤务机制，全面开展夏季治安打击整治“百日行动”，常态化开展扫黑除恶斗争，全市刑事类警情、治安类警情分别下降28.7%、17.8%。依托县区综治中心打造矛盾纠纷调解平台，深入开展矛盾纠纷排查化解工作。

**六、树牢人民至上理念，民生福祉得到明显改善**

民心是最大的政治，我们深入践行以人民为中心的发展思想，用心用情用力解决好人民群众急难愁盼问题，不断增进民生福祉，推动共同富裕迈出坚实步伐。

一是民生福祉稳步提升。坚持尽力而为、量力而行，大力压缩一般性支出，持续加大民生事业投入力度，十件人大代表票决民生实事基本完成，以看得见的方式、摸得着的实惠回应群众期待。深入实施教育事业高质量发展三年攻坚行动，统筹优化城乡基础教育资源布局，新增中小学、普惠性幼儿园66个，新增学位4.6万个，南昌市委党校（八一干部学院）、南昌技师学院、南昌健康职业技术学院等院校开工建设。科学规划布局医疗卫生资源、机构，更好满足群众健康需求，市第一医院九龙湖分院、市洪都中医院二期工程、市属省中西医结合医院瑶湖分院、市属省皮肤病专科医院新院区等项目加快推进。全面启动“孺子书房”建设，预计今年建成60家，推动公共文化设施向基层延伸，市民群众幸福感、获得感持续增强。

二是兜底保障扎实有力。加快推进多层次社会保障体系建设，深入实施全民参保计划，积极探索基本医疗保险与商业健康保险融合发展新路径，“南昌惠民保”正式上线。切实做好重点群体就业创业工作，“零就业家庭”实现动态清零，1—10月全市城镇新增就业5.8万人，新增转移农村劳动力3.3万人，发放困难群众生活基本救助资金6.86亿元、创业担保贷款14.33亿元。出台应对疫情、保主体促就业12条政策措施，有效保障了受疫情影响群众的基本生活。探索建立政府购买居家养老服务参考清单，建成社区居家养老服务中心806家、社区嵌入式养老院54家，社区养老“15分钟服务圈”逐渐形成。

三是乡村振兴全面推进。坚持农业农村优先发展，实施强省会农业农村“七大行动”，深入开展农业农村“两整治一提升”行动，奋力开创农业现代化新局面，为强省会战略筑牢坚实根基。扎实推动巩固拓展脱贫攻坚成果同乡村振兴有效衔接，实施乡村振兴衔接项目411个，投入各级衔接资金2.97亿元，持续开展防返贫致贫动态监测和精准帮扶,牢牢守住了不发生规模性返贫的底线。深入推进农村人居环境整治,330 个重点村整治项目全面完工,农村生活垃圾实现“第三方治理”全覆盖,农村环境“一网统管”工作格局基本形成。大力实施农村路域环境整治行动,完成农村道路“白改黑”455 公里、沿线环境整治近 3000 公里,农村道路通行条件明显改善。全面推进农业特色产业提速发展,农业新型经营主体加快培育,新增省级农业产业化龙头企业 36 家,江西阳光乳业成功上市,全市 80% 以上的村级集体经营性收入超过 30 万元。

**七、纵深推进全面从严治党,政治生态持续向上向好**

推进社会主义现代化建设,关键在党、关键在人,我们深入贯彻落实新时代党的建设总要求和新时代党的组织路线,切实履行全面从严治党主体责任,着力建强班子、建强组织、建强队伍,持之以恒推动全面从严治党向纵深发展,不断巩固风清气正的良好政治生态。

一是干事创业氛围日益浓厚。认真践行新时代党的组织路线,全面落实新时代好干部标准,持续健全正向激励和容错纠错机制,大力选用忠诚干净担当具备六种鲜明特质的“四有”干部。加大干部队伍交流轮岗和锻炼力度,深入一线考察识别领导班子和领导干部,加大优秀年轻干部培养选拔力度,全面完成 982 名党政储备人才、196 名选调生接收安排工作,干部队伍知识结构、年龄结构不断优化。从严加强选人用人监督和干部管理监督,扎实开展十二届市委两轮选人用人专项检查,抓好公务员平时考核、乡镇公务员绩效考核、公务员奖励表彰等工作,推动全市干事创业氛围更加浓厚。

二是基层组织建设进一步加强。持续树牢大抓基层鲜明导向,不断强化各级领导班子建设,持续整顿软弱涣散党组织,选聘 1006 名大学生基层专干充实到基层,基层组织活力明显增强。深入推进抓党建促乡村振兴,实施村级固本强基七大提升行动,乡村振兴典型选树、致富带头人培养、“红色名村”建设、“党建 + 农村养老”等工作成效明显。深化城市基层党建引领基层治理,全面推行双报到双报告制度,有序推进社区工作者职业体系建设、街道(乡镇)管理体制改革、社区物业党建联建等工作。探索新业态、新就业群体党建,开展全省产业链党建试点和“两新”组织党务工作者队伍建设试点,在全省率先成立市快递行业党委、市交通运输行业综合党委,基层党组织覆盖面进一步扩大。

三是正风反腐肃纪成效明显。持之以恒纠“四风”,扎实开展落实中央八项规定精神十周年“回头看”活动,大力整治“怕慢假庸散”及形式主义、官僚主义等作风顽疾,聚焦“油松痞”“小鬼难缠”“中梗阻”等突出问题开展“4 + X”专项整治,持续深入开展公职人员违规经商办企业、县乡干部“走读”、不健康微信群清理等专项整治,严肃查处群众身边腐败和作风问题,1—10 月查处违反中央八项规定精神问题 411 起、481 人。全面加强对“一把手”和领导班子监督,实现市管领导班子成员政治谈话“全覆盖”,充分发挥巡察利剑作用,全面启动棚户区(旧城)改造专项巡察,认真抓好“提升村(社区)巡察质效”试点工作。坚持以零容忍态度惩治腐败,1—10 月全市纪检监察机关共立案 1616 件、1737 人,留置 41 件、41 人,严肃查处一批典型违纪违法案件,在全市上下形成强大震慑。注重标本兼治,召开全市警示教育大会,在纪法威慑和政策感召下,52 人主动投案,全市政治生态得到进一步净化。

一年来,市委常委会高度重视自身建设,带头加强政治理论学习,深学笃行习近平新时代中国特色社会主义思想,严守政治纪律和政治规矩,以更高标准拥护“两个确立”、做到“两个维护”。带头贯彻民主集中制,自觉维护班子团结,严格遵守请示报告制度,持续提升班子的凝聚力、战斗力和创造力。带头严肃党内政治生活,严格落实党内政治生活各项制度,积极开展批评和自我批评。带头落实中央八项规定精神,严守廉洁自律准则,深入贯彻党的群众路线,主动接受各方面监督。

在国际国内复杂多变形势下,南昌能够取得以上来之不易的成绩,根本在于以习近平同志为核心的党中央坚强领导,在于习近平新时代中国特色社会主义思想的科学指引,得益于省委、省政府的正确领导,得益于历届市委班子一任接着一任干的不懈努力,得益于广大干部群众的共同奋斗。

在看到成绩的同时,市委常委会清醒认识到,南昌实现高质量跨越式发展仍然面临不少困难和挑战:经济总量不大,发展首位度不高,新旧动能转换较慢,区域辐射带动能力偏弱;创新支撑能力不强,重大科技创新平台缺少,关键核心技术突破偏少;全面深化改革还要更加深入,体制机制矛盾有待进一步破解,营商环境建设还有差距;城市功能品质还需提升,交通路网还存在瓶颈,山水特色和历史文化彰显不够;民生领域存在短板,公共服务领域还存在薄弱环节,城乡发展不平衡问题依然存在;少数干部干事创业劲头和能力不足,思想不够解放,形式主义、官僚主义仍然存在;全面从严治党责任压得不够实,反腐败斗争形势依然严峻,党的建设还需持续加强,等等。市委常委会将深入研究,进一步理清发展思路,坚持干字当头、问题导向、重点发力、以上率下,带领全市广大干部群众把各项工作做得更好,坚定不移推动高质量跨越式发展,为全面建设社会主义现代化南昌团结奋斗!

# 政府工作报告(摘录)

## ——在南昌市第十六届人民代表大会第三次会议上

南昌市人民政府市长　万广明

(2022 年 12 月 22 日)

即将过去的一年,是极具挑战、极为不易的一年。面对疫情防控和改革发展稳定的繁重任务,全市上下以迎接党的二十大胜利召开和学习贯彻党的二十大精神为强大动力,按照“疫情要防住、经济要稳住、发展要安全”的重要要求,以率先“作示范、勇争先”的姿态,深入实施“强省会”战略,加快打造“一枢纽四中心”,高效统筹、全力以赴“稳增长、防风险、保稳定、惠民生”,“稳住”的基础持续巩固,“进好”的趋势不断加强,“调优”的局面正在形成。预计全年地区生产总值增长 4.8% 左右,一般公共预算收入同口径增长 5% 左右,规模以上工业增加值增长 6% 以上,固定资产投资增长 8.5% 左右,社会消费品零售总额增长 5.5% 左右,海关出口值增长 10% 左右,城乡居民人均可支配收入分别增长 5% 左右、6.5% 左右。主要做了以下工作:

**一、筑牢安全防线,重大风险有效防范化解**

科学精准抓好疫情防控。坚决贯彻“外防输入、内防反弹”总策略和“动态清零”总方针,压实“五方责任”,落实“四应四尽”,成立 4 支“洪城红”应急队伍,因地制宜划定 619 个区域围合管理,不断提升疫情防控平战应对能力。因时因势优化疫情防控措施,有序恢复正常生产生活秩序。今年以来,面对多轮疫情考验,全市上下众志成城、守望相助,广大医务工作者、干部群众和志愿者挺身而出、昼夜奋战,用行动书写担当,用服务彰显温度,让南昌这座英雄城市充满人间大爱。

用心用情抓好安全生产。全力打好安全生产专项整治三年行动收官战,以时时放心不下的责任感,扎实推进森林防灭火、防溺水、交通安全等重点领域安全隐患大排查、大整治,未发生较大及以上安全生产事故,全市安全生产事故起数和死亡人数下降幅度均超过 30%。坚决落实“四个最严”要求,创建国家食品安全示范城市顺利通过省级初评。积极应对干旱少雨天气,紧急实施赣江临时抬水围堰工程,新打抗旱机井 2700 余眼,及时开展人工增雨作业,有效保障全市生产、生活、生态用水安全。

有力有效化解重点风险。深入开展“1+4”专项攻坚行动,信访积案化解数列全省第一。实施“大干 30 天”保交楼攻坚行动,审慎化解恒大、新力、正荣等逾期楼盘涉稳风险。深入开展经营性自建房隐患排查整治“百日行动”,排查整治存在安全隐患的经营性自建房 1360 栋。深入开展老旧燃气管道整治攻坚行动,改造完成老旧燃气管道 227 公里。积极做好防范和处置非法集资工作,全市经济金融安全稳健运行。

2022 年 12 月 22 日,南昌市第十六届人民代表大会第三次会议召开

(马悦　摄)

**二、稳住经济大盘,实体经济发展回升向好**

项目建设全面提速。聚焦六大领域开展“项目大会战”,全市 650 个重大重点项目完成投资 2500 亿元,其中投资 50 亿元以上项目 56 个,20 亿元以上项目 135 个。坚持每季度集中开工一批项目,累计开工 339 个,总投资 2667.45 亿元。围绕项目争资金,争取中央预算内资金 10.15 亿元、政策性开发性金融工具资金 36.41 亿元、地方政

府专项债额度120.7亿元。通过国家审核贴息贷款项目196个,贷款额度142.36亿元。

产业发展提质增效。坚持一产一策、一企一策,深入实施产业链链长制,完善产业链“四图五清单”。1—10月,八大主导产业完成营业收入4857.3亿元,实现经济下行压力下逆势增长。成功举办2022世界VR产业大会、南昌电子信息产业发展大会、中国航空产业大会暨南昌飞行大会,组织参加进博会走进江西、赣台会等大型活动,集中签约项目149个、总投资超1300亿元。全年推进亿元以上工业项目334个,总投资130亿元的华勤千亿产业基地、30亿元的兆驰晶显LED显示终端等项目顺利投产;华创锂电铜箔、欣旺达动力电池、杭电铜箔、华润微MEMS传感器以及南昌数谷产业园、新钢中心等项目顺利开工。

商贸消费提质扩容。华润万象城正式开业,南昌武商广场、保利文化艺术中心等城市综合体加快推进。成功举办第十九届中国国际检验医学暨输血仪器试剂博览会、第二届中国米粉节、中国(南昌)智能家居产业博览会等活动,开展各类线上促销活动近百场,举办文化和旅游消费季活动近千场。成功创建4家国家AAAA级景区,全市AAAA级及以上景区达20家。万寿宫历史文化街区、“夜东湖”文化和旅游消费圈成功获评国家级夜间文旅消费集聚区。

市场主体发展态势良好。启动实施培育壮大市场主体三年行动计划,精准落实国家和省委、省政府助企纾困一系列政策措施。预计全年惠及企业84万户次,兑现资金277亿元;增值税留抵退税累计121.1亿元,占全省退税规模超四分之一;大力扶持“个转企”“小升规”,新增省级“专精特新”中小企业222家,数量位居全省第一;全年净增市场主体15万户,总数达到67万户。深入推进企业上市“映山红行动”,北交所江西基地落户南昌;全年新增上市企业6家,境内上市公司达31家,占全省的38.3%。

**三、聚焦工作重点,双“一号工程”提档加速推进**

深入实施数字经济做优做强“一号发展工程”,全省数字经济创新引领区加快建设。高标准打造九龙大道数字经济产业园核心引领区,“一核三基地多点支撑”的空间格局加速形成;截至10月底,全市规上数字经济核心产业企业607户,实现营业收入1899.02亿元,同比增长5.9%;全市VR及相关企业278家,预计全年营业收入突破600亿元;新增上云企业超过1.5万家,实施500万元以上技术改造项目233个,建成华为(南昌)工业互联网创新中心以及华勤、龙旗、华兴针织、江铃富山等“5G+”数字化转型智慧工厂,建设省级农业物联网示范基地25个,小蓝汽车及零部件产业园入选全国33个大中小企业融通创新典型模式优秀案例;开通5G基站17893个,在全省率先实现乡级行政区5G网络全覆盖;国家互联网骨干直联点项目建成并试运行,三大运营商数据中心陆续完工启用。“学位信息一键查”智慧招生应用延链扩面,红谷滩区元宇宙·VR数字农业示范基地建成开园,数字城管、智慧交通、政务服务等领域应用场景示范引领。

深入实施营商环境优化升级“一号改革工程”,打造区域性标杆城市初见成效。率先开展国家营商环境创新试点41个改革事项,升级打造了赣服通南昌分厅4.0版,全市政务服务事项全部纳入“四级一体化政务服务平台”。实施“一网、一门、一窗、一次”办理模式,全市2137项依申请政务服务事项网上可办率、一网通办率分别提升至96.12%、95.84%,基本实现“网上办、就近办、不见面、不求人”。对41个领域416种轻微违法行为免予行政处罚,在全省率先推行智慧化预警多点触发式监管。南昌市重大重点项目“三大”超简审批改革和南昌县分别被评为“第二批全国法治政府建设示范项目和示范地区。南昌县“双随机、一公开”监管和信用监管经验做法获得国务院督查激励通报。

**四、锐意改革创新,发展动力活力持续增强**

创新动能持续提升。“一廊一区一岛三城多点”布局加快完善,首个国家制造业虚拟现实创新中心落地南昌,江西求是高等研究院完成注册。拥有国家级重点实验室5家、国家级工程技术研究中心4家,国家级众创空间24家、国家级小微企业创业创新示范基地6家。年营收3亿元以上工业企业研发机构覆盖率达80%。培育潜在独角兽、瞪羚企业49家,同比增长25.6%。全面开展市校战略合作,与南昌大学等7所驻昌高校签订战略合作框架协议,累计建立院士工作站16家、专家工作站20家。全力推进“每年吸引10万名大学生和技能人才来昌留昌创业就业”工作,吸纳各类人才14.26万名,成功举办江西省第一届职业技能大赛,人才培育和引进工作取得重大成效。荣获全国首批国家知识产权强市建设示范城市。

重点改革不断深入。市属国有企业由“9+1”整合重组为“4+2”,全市国资总额突破万亿元大关,市属AAA信用评级的国有企业达到5家。全市行政事业单位资产清查盘活工作取得成效。基本建成国内领先、城市典范、南昌特色的城市大脑,打通53个市直部门、11个省直部门1193类数据,实现20多亿条数据的共享应用。青云谱区在全省率先成立首贷续贷服务中心,安义县老旧小区连片改造模式被住建部全国推广。

开放领域更加广阔。积极融入“一带一路”,与200多个国家和地区实现贸易往来,参与28个国家基础设施建设,6家企业入选全球最大250家国际承包商“榜单”,新增2个“一带一路”友好交流城市。主动参与长江中游城市群建设,持续加强与广东七市合作交流。高标准推进智慧空港、国际陆港建设,南昌铁路口岸二期正式运行,“南北呼应”的国际性口岸开放格局初步形成。全省首列“铁路快通”模式中欧班列顺利开行，南昌龙头岗综合码头实现“抵港直装、船边直提、离港确认”海关监管新模式，进境食用水生动物、冰鲜水产品指定监管场地通过海关总署验收并正式公布。1—11月，南昌铁海联运完成外贸进出口集装箱运量6.4万标箱，同比增长40.8%。

**五、突出功能品质，城市建设彰显大气开放**

科学制定空间规划。以系统性、前瞻性理念推动城市规划建设，“三区三线”划定成果获自然资源部批复，《南昌港总体规划（2035）》获交通运输部和省政府联合批复，《南昌城市高质量发展建设方案》正式出台，《南昌市国土空间总体规划（2021—2035）》完成公示，“一主四副、揽山伴湖、拥江发展、组团布局”的城市空间形态不断优化。

大力建设“交通强市”。以“1688”工程为抓手，现代化综合交通体系加快构建。西二环绕城高速、洪腾高架、洪州大桥、复兴大桥、隆兴大桥等项目快速推进，地铁1号线北延、东延及2号线东延项目按期建设，桃新大道顺利通车。实施“胡子工程”攻坚行动，南外环高速公路等19个久拖不决、久推不动基建工程顺利销号，江报路、圭峰大道等一批“断头路”完工通车。全市交通健康指数在全国36个重点城市排名第一。

深入实施城市更新。持续巩固全国文明城市创建成果，大力推进城市综合环境“八大整治行动”。50余个城市更新项目加快推进，271个城镇老旧小区改造项目、1万套国家棚改任务全部开工。拆除违章建筑1849处，增亮补亮背街小巷194条。开工建设城市休闲空间52个、城市公园13个、绿道26条。新建公共停车场57个，新增泊位近1.4万个。成功入选全国第二批系统化全域推进海绵城市建设示范城市。

“大南昌都市圈”建设开创新局。全市9个县区与丰樟高、鄱余万、奉靖永“一对一”签订结对合作协议。与抚州市签订昌抚一体化发展合作协议。昌景黄高铁快速建设，昌九高铁顺利开工。启动建设枫生快速路北段提升改造工程、昌樟高速二期工程枫生段扩建工程，全面开工昌北机场三期扩建工程，南昌中心城区至赣江新区新增4条公交线路，南昌与丰城公交线路由1条增至3条，大南昌都市圈高质量一体化发展迈出坚实步伐。

**六、围绕乡村振兴，“两整治一提升”行动成效显著**

农业发展更优。落实粮食安全党政同责，粮食总产量稳定在21亿公斤以上。创建国家级特色产业集群2个、国家级农业产业强镇3个、国家级“一村一品”示范村镇13个。7个优质稻新品种入选江西省十大潜力品种榜单。新增省级农业产业化龙头企业36家，10家企业进入中国农企500强，江西阳光乳业成功上市。成功举办第二届中部（江西）农业机械及零部件展览会、江西省第二届现代种业蔬菜新品种展示观摩会。

农村环境更美。全力推进农村人居环境和路域环境整治，370公里县乡道和88.5公里省道“白改黑”、330个重点村整治基本完工，747个村庄亮灯工程全部完成，整改完成问题厕所9863个。统筹推进64个省定、18个市定“十四五”乡村振兴重点村建设，全面实施165个美丽乡镇建设项目，20个村镇获评全国文明村镇，60个村镇获评全省文明村镇，7个乡镇获评省级卫生乡镇。进贤县实现省级卫生乡镇全覆盖。南昌县入选全国“四好农村路”示范县公示名单。安义县、南昌县、湾里管理局获评省级美丽宜居先行县。

农民生活更好。投入衔接推进乡村振兴补助资金2.97亿元，实施项目411个，累计消除386户1110人返贫致贫风险，脱贫攻坚成果持续巩固。全市1149个建制村集体经营性收入近13.3亿元，集体经营性收入超过30万元的比例达到82%。

**七、致力绿色发展，生态环境保护工作扎实高效**

环境质量持续改善。深入打好污染防治攻坚战，截至11月底，PM2.5平均浓度为27.7微克/立方米，空气质量综合指数为3.52，两项指标在中部六省省会城市排名第一；空气质量优良率86.2%。国考断面水质优良比例为90.9%，全市22个断面达到地表水Ⅱ类标准；全市县级及以上集中式饮用水水源地水质达标率为100%。土壤环境质量总体稳定，受污染耕地、污染地块安全利用

2022年3月9日，红谷滩区与丰城市战略合作协议签约仪式举行

（马悦　摄）

率均达90%以上。

生态修复加快推进。中央生态环保督察及“回头看”反馈问题及长江经济带警示片披露问题整改工作扎实推进、成效显著。麦园垃圾填埋场综合整治实现蝶变新生。全面落实河湖长制，大力开展城市水系综合治理，赣抚尾闾综合整治、裘家洲生态修复工程加快推进；持续开展专项“清河行动”，有效消除黑臭水体，前湖水系、乌沙河等水质明显改善；有序推进雨污分流改造工作，全年完成1152个排水单元整治任务。“三线一单”生态环境分区管控深入实施，生态环境监测体系更加健全，数据共享、监测预警、部门联动做法在全省推广。

“双碳”工作稳步开展。全市新能源和可再生能源发电项目总装机容量达60万千瓦，超全口径发电装机容量四分之一；全国绿色出行城市创建考核评价达标；公共机构低碳积分制在全省率先试点，生活垃圾分类管理纵深推进，节能减排降碳成效显著。完成人工造林、封山育林、退化林修复等2733.33公顷，梅岭森林生态系统更加稳定多样，“生态优良、林相优化、景观优美”成为常态。“微笑天使”江豚嬉水赣江，“水中大熊猫”桃花水母再现军山湖。正式获评国际湿地城市。圆满举办中国生态文明论坛南昌年会，安义县获评全国第六批生态文明建设示范区。

**八、坚持人民至上，民生福祉持续改善**

民生保障力度持续加强。坚持民生优先，民生类支出占财政支出比重超80%。10件票决民生实事件件落实。发放困难群众生活救助资金7.48亿元、创业担保贷款15.62亿元。新增城镇就业6.15万人，新增农村转移劳动力3.38万人，零就业家庭安置率100%。医保电子凭证推广应用，异地就医结算进一步扩面，“南昌惠民保”正式上线，社会保障体系日趋健全。

公共服务水平持续提高。新增普惠性幼儿园40所、普惠性园位10600余个。新建中小学26个，新增学位3.5万余个。“双减”成果巩固深化，课后服务质量标准被教育部肯定推广。南昌市委党校迁建（八一干部学院）、南昌技师学院、南昌健康职业技术学院开工建设。市第一医院九龙湖分院、市洪都中医院二期工程、南昌急救中心、省中西医结合医院（市中心医院）瑶湖分院、省皮肤病专科医院（市立医院）新院区等项目加快推进。建成社区居家养老服务中心806家、社区嵌入式养老院54个，婴幼儿照护服务托位2.11万个。推动“孺子书房”建设，预计今年建成开放60家。南昌代表团在省第十六届运动会上夺得金牌总数、奖牌总数、团体总分三项第一。入托上学、社区养老、医疗保健、健身休闲、社保服务等方面“15分钟公共服务圈”基本形成。

社会治理效能持续提升。深入推进市域社会治理现代化试点合格城市创建，严密防范、严厉打击电信网络诈骗、养老诈骗、侵害弱势群体利益等突出违法犯罪活动。大力实施城中村（开放式居民区）围合网格化服务管理，建成智慧平安小区、智慧平安医院、智慧平安校园、“一站式”多元解纷中心、综治信息化平台等一批治理重点项目，打造了“幸福圆桌会”等在全国有影响力的基层治理品牌。社会治安防控示范城市体系创建成效全省排名第一。

一年来，双拥共建、国防动员和民兵后备力量建设扎实有效，“尊崇工作法”跻身全国十大示范工作法。防灾减灾、气象、科学普及、民族宗教、对台事务、外事、侨务、援疆、史志、档案、供销、残疾人、工会、青少年、妇女儿童、红十字、慈善志愿等各项工作取得新成效。

一年来，我们坚决落实全面从严治党主体责任，建立完善“三重一大”事项集体决策制度，坚持重大事项向市委报告，自觉接受人大、政协监督，办理省市人大代表建议738件、省市政协提案672件；深入开展“大抓落实年”活动，建立运行“闭环管理抓落实”机制，南昌市首届“政府开放周”活动顺利举办，国务院大督查、国家统计督察“回头看”和省审计督察反馈问题整改工作有力推进，“五型”政府建设持续走深走实。

各位代表！南昌的进步，是习近平新时代中国特色社会主义思想科学指引的结果，是党中央、国务院，省委、省政府和市委坚强领导的结果，是市人大、市政协及社会各界监督支持的结果，是全体南昌人民自信发奋齐心拼搏的结果。在此，我代表市人民政府，向全市人民，向市人大代表、市政协委员，向各民主党派、工商联、人民团体和社会各界人士，向中央、省驻南昌单位，向驻南昌人民解放军、武警部队官兵和消防救援队伍指战员，向关心支持南昌发展的港澳台同胞、海外侨胞和国内外友好人士，表示衷心感谢！

各位代表！思危方能居安，知忧才能克难。我们清醒地认识到，南昌发展还面临不少困难和问题：经济下行压力加大，产业创新引领力和重大项目支撑力还显不足；市场主体数量偏少，中小微企业生产经营困难加大；优化营商环境任重道远；生态环境保护任务艰巨，减排降碳压力较大；金融风险不容忽视，安全生产基础还不牢固；民生领域还有不少短板弱项；一些干部思想观念不够解放，作风转变没有到位，工作中还存在形式主义、官僚主义问题。对这些问题，我们一定高度重视，采取有力措施，切实加以解决。

# 南昌市学习贯彻党的二十大精神综述

党的二十大是在全党全国各族人民迈上全面建设社会主义现代化国家新征程、向第二个百年奋斗目标进军的关键时刻召开的一次十分重要大会。2022 年，南昌市坚持把学习好、宣传好、贯彻好党的二十大精神作为当前和今后一个时期全市的首要政治任务，在大会召开期间及大会胜利闭幕后，认真组织收听收看，及时部署贯彻落实，迅速开展传达学习，广泛进行宣传宣讲，切实把全市广大党员干部群众的思想和行动统一到党的二十大精神上来，把力量凝聚到实现党的二十大确定的各项任务上来，推动全市经济社会稳步向前发展。

**一、及时研究部署，全面推动党的二十大精神贯彻落实**

10 月 24 日，在收听收看全省领导干部会议后，以视频会议方式，召开全市领导干部会议，传达党的二十大精神，就全市学习宣传贯彻工作进行动员部署。会议强调全市上下要把学习宣传贯彻党的二十大精神作为当前和今后一个时期的首要政治任务，充分认识党的二十大重大意义，迅速掀起学习宣传贯彻党的二十大精神热潮，切实抓好学习培训、宣讲教育、宣传报道各项工作，推动党的二十大精神在南昌落地生根。各级党员干部要立足工作岗位，坚持把党的二十大精神转化为做好各项工作的强大动力，把推工作、谋发展的实际成效作为检验党的二十大精神学习效果重要标准，努力在推动各项事业中开创新局面。10 月 26 日，市委常委会（扩大）会议召开，传达学习党的二十大和党的二十届一中全会精神，研究全市学习宣传贯彻党的二十大精神工作安排，提出传达学习贯彻具体要求。

**二、认真学习传达，深刻领会党的二十大精神实质要义**

在党的二十大召开期间，全市各级党组织采取党员大会、远程教育站点、有线电视、互联网等集中与分散、线上与线下相结合多种形式，组织全市基层党组织、党员收听收看党的二十大开幕会，认真学习习近平总书记所作的党的二十大工作报告和在会议期间发表的重要讲话精神，营造热情关注党的二十大浓厚氛围。

市委理论学习中心组充分发挥带头作用，组织召开党的二十大精神集体学习会，推动全市各级党委（党组）把党的二十大精神作为理论学习中心组学习的重要内容，引导全市广大干部群众深学细悟、笃信笃行。领导干部带好头，通过举办各种形式的学习会、培训班、研讨班、座谈会、专题报告会等，在学习、思考、领悟、践行上下功夫，结合工作实际，谈体会、讲思考、提建议，学深学透、融会贯通，真正把党的二十大精神学习好、贯彻好、落实好。认真学习领会习近平总书记在党的二十大广西代表团会议、党的二十大闭幕会、二十届中央政治局常委同中外记者见面会等重要讲话精神，深入把握党的二十大报告科学内涵、精神实质。

通过“三会一课”、支部主题党日等形式，组织全市党员干部学党章、学报告、讲党课，读原文、悟原理，在全面、系统、深入学习中入脑入心。广大干部群众纷纷表示，将以习近平新时代中国特色社会主义思想为指引，紧密团结在以习近平同志为核心的党中央周围，立足岗位，锐意进取，全力推动学习宣传贯彻党的二十大精神落实见效。

**三、广泛宣传教育，营造学习党的二十大精神浓厚氛围**

南昌市把学习宣传贯彻党的二十大精神作为重中之重，与学习贯彻习近平总书记视察江西重要讲话精神结合起来，认真做好学习培训和宣传教育各项工作，推动学习宣传贯彻党的二十大精神走深走实。

组织开展内容丰富、形式多样的宣传教育活动，注重宣传广大干部群众学习贯彻的具体举措和实际行动，注重反映学习贯彻的典型事迹和良好风貌，在全社会形成学习贯彻党的二十大精神浓厚氛围。争取、全力配合中央、省新闻媒体对南昌市学习贯彻党的二十大精神采访宣传，在中央、省级主要新闻媒体主动发声，提前策划、系统部署、精准对接、主动供稿。10 月 15—24 日，在中央主要媒体共刊播各类稿件 47 篇（条），宣传报道全市党员干部群众认真学习党的二十大精神情况，讲好南昌故事、传递南昌声音。《南昌日报》、南昌广播电视台等市属媒体平台开设学习贯彻党的二十大精神等专题专栏，及时转载一批重点报道、言论评论，推出一批重点社论、评论和访谈节目，推出一批有说服力的重点理论文章，推出一批来自群众、生动鲜活的报道，全方位、多层次、多声部宣传解读党的二十大精神，宣传党的二十大重大意义，宣传党的二十大提出的一系列新的重要思想、重要观点、重大论断、重大举措，突出报道各地各部门学习贯彻的具体举措和实际行动，充分反映基层干部群众学习贯彻的典型事迹和良好风貌。充分利用各种宣传形式和手段，用群众喜闻乐见形式开展宣传，推动党的二十大精神进企业、进农村、进机关、进校园、进社区、进网络。开展网络宣传，有效回应网民关切，调动网民参与积极性，增强网络宣传的实效性和影响力。

2022 年 10 月 25 日，省委宣讲团成员到南昌县冈上镇蚕石教授村宣讲党的二十大精神

（马悦 摄）

**四、深入宣讲研讨，准确把握党的二十大精神科学内涵**

11 月 9 日，南昌市设立分会场，认真收听收看中央宣讲团报告会，进一步加深对党的二十大精神学习领会。11 月 17 日，学习贯彻党的二十大精神省委宣讲团报告会在南昌市举行。省委宣讲团成员、市委主要负责人围绕学习宣传贯彻党的二十大精神作宣讲报告，推动党的二十大精神在干部群众中走深走实。

市级领导带头深入基层一线开展党的二十大精神宣讲，带头面对面向群众宣讲党的二十大精神。全市各级领导干部示范带头、身体力行，通过多种形式和途径带头宣讲党的二十大精神。市党的二十大代表结合亲身经历，走进基层、派入群众开展宣讲，把党的二十大精神扎根在基层群众心中。组织开展面向党外人士宣讲工作，增进党外人士对党的二十大精神的认知认同。发挥各类宣讲队伍作用，依托新时代文明实践中心（所、站）等基层阵地，以戏曲、小品、歌曲、舞蹈、观影等群众喜闻乐见的形式“唱出来”“演出来”“展出来”，在全市范围内形成学习宣传贯彻党的二十大精神浓厚氛围。通过加强基层理论宣讲骨干培训、开展基层宣讲评选活动，不断提升宣讲质量。充分用好网络手段，用好“学习强国”等平台，开展网上宣讲。

围绕党的二十大精神，结合南昌发展实际，围绕全市干部群众学习贯彻过程中提出的难点问题，深化开展市委主要领导全市经济社会发展重大课题点题研究制度，确定一批重大理论课题和一批关系全市发展全局性、战略性和前瞻性的重大应用课题，撰写一批有分量的理论文章，推出一批可操作性的研究成果。组织召开系列理论研讨会，交流研究成果，全面准确阐释党的二十大精神，晰理解惑、辨析答疑，深刻把握党的二十大精神丰富内涵和核心要义。

（市委办）

# 南昌“胡子工程”攻坚行动纪实

“胡子工程”是指在城市发展过程中，因各种原因推进缓慢、一拖再拖，迟迟未能投入使用的基建工程。“胡子工程”长期占用大量资金土地、增加隐形建设成本、影响群众正常生活、持续损害城市形象，在百姓幸福生活中留下“痛点”“堵点”，在城市发展之路上形成“肠梗阻”。2022年，为加快城市发展、回应市民诉求，南昌市将深入开展“胡子工程”攻坚专项行动作为“大抓落实年”的标志性工程，以“拖不起、慢不得”的姿态，瞄准“畏难拖沓”转变作风，以“说一件、做一件，做一件、成一件”的态度，让滞缓项目动起来、把难啃的“骨头”啃下来。全市各级部门精心谋划、攻坚克难、统筹推进“胡子工程”攻坚专项行动，牢固树立全市“一盘棋”思想，把定期调度和专项监督贯穿攻坚全过程，切实破解“难点”、打通“堵点”、推进“重点”。至年底，全市31个“胡子工程”完工20个，超额完成年度攻坚任务。“胡子工程”的顺利推进，不断提升城市道路通行能力，持续刷新群众出行的幸福指数。

**一、加强组织领导，明确攻坚行动目标要求**

南昌市委、市政府高度重视“胡子工程”清理工作，经过反复梳理、充分酝酿，计划利用1年时间，在全市上下开展政府投资类建设项目“胡子工程”攻坚专项行动。1月6日，南昌“胡子工程”攻坚专项行动动员大会召开，号召全市上下进一步统一思想、激发斗志，明确责任、落实任务，迅速推动建设提速，确保如期完成目标任务。成立由市委、市政府主要领导担任总指挥、副总指挥的“胡子工程”攻坚专项行动指挥部，市公安局、市交通运输局、市文广新旅局、市公路事业发展中心等项目归口主管部门各自设立分指挥部，各县区（开发区、湾里管理局）、市级投融资平台参照建立相应领导协调机制，形成“多级联动、层层抓落实”工作格局，建立“横向到边、纵向到底、上下对应、内外衔接”责任体系。制定下发《南昌政府投资类建设项目“胡子工程”攻坚专项行动实施方案》，贯彻执行“清单化管理、项目化推进、责任化落实”要求，具体提出一系列有针对性、操作性强的工作保障措施。

**二、聚焦道路建设，疏通城市发展交通动脉**

城市发展，交通先行。在31个“胡子工程”项目中，涉及道路建设项目21个，体现南昌市坚定不移实施“强省会”战略，有序推动城市“东进、南延、西拓、北融、中兴”的信心决心。“胡子工程”攻坚专项行动首先指向南外环高速公路、昌西大道、志敏大道等一批城市主干道路。其中，南外环高速公路项目被列为“胡子工程”攻坚专项行动1号项目。1—6月，经过市委、市政府高位推动、精心调度，相关单位克服疫情影响，昼夜奋战、大干快上，高质量推进项目建设，全面达成建设目标。6月30日，南外环高速公路全线通车。至年底，全市有南外环高速公路、昌西大道、桃花路、志敏大道等13个“胡子工程”道路建设项目如期或提前完成攻坚销号，道路由“窄”变“宽”、由“线”成“网”、由“堵”转“畅”，进一步完善城市交通路网体系，有效贯通区域交通主动脉。多个项目提前攻坚，持续刷新“南昌速度”，彰显全市“胡子工程”道路建设项目“你追我赶、大干快上”奋进态势，见证南昌交通路网不断完善、城市功能品质持续提升。

**三、回应群众关切，提升市民生活幸福指数**

南昌市始终坚持“以人民为中心”理念，把实现好、维护好、发展好人民群众根本利益作为解决问题的出发点、落脚点，把推动城市更加健康持续发展作为根本要求。持续深入推动社会事业类“胡子工程”攻坚行动落细落实。从实处发力、向细处着手，切实回应百姓所思所盼。“胡子工程”攻坚专项行动在“剃胡子”过程中，注重立足民生、问需于民，察民情、听民意、解民难，积极争取群众支持。通过用真心换真情，“胡子工程”推进过程中涉及土地征迁、项目推进等难题迎刃而解。洛阳路综合改造项目曾因周边居民不满路口规划方案导致施工受阻，责任单位广泛征求居民意见，对方案进行多次优化，并提出多个方案供市民选择，得到市民认可和拥护。象山南路南延及绳金塔周边道路改造工程充分听取民意，改造时在沿线设置多处“口袋公园”，为周边居民提供运动、休闲场所，进一步提升市民获得感、幸福感。

**四、弘扬实干作风，展示攻坚克难精神风貌**

南昌市坚持不懈攻坚“胡子工程”，表面上剃的是现实中项目的“胡子”，本质上清的是作风上拖沓的“胡子”。全市上下弘扬“脚上有土、心中有谱”工作作风，践行“一线工作法”，靠前调度、现场推进，推动“胡子工程”建设提速提质提效。充分发挥督查考核工作“导向仪”“指挥棒”作用，坚持定期调度、“亮灯”警示、奖优罚劣，

2022年6月11日，西湖区象山南路南延及绳金塔周边道路改造工程完工

（杨紫韬　摄）

确保取得实效。“胡子工程”攻坚专项行动指挥部坚持对每项工程进行具体分析，按照分级调度、分口协调、分类处置思路，科学谋划、统筹施策，以超常规力度和举措，推动项目早完工、早见效。省委常委、市委书记李红军多次到项目上调研督导，强力推动攻坚项目销号落地落实。市长万广明等8名市领导及6名县区(湾里管理局)主要领导分别挂点督办各个项目，及时调度解决遇到的困难和问题，推动项目加快建设。各级各部门提高政治站位，统一思想认识，紧盯时间节点，调度精锐力量，保障安全质量，倒排工期攻坚，一个项目一个项目地推进，一件工作一件工作地抓落实。广大党员干部在实干中转变“畏难拖沓”作风，奋发迈进，不断锤炼作风、鼓舞士气、增强信心，扛起责任担当，以实干精神保质保量完成各项工程任务。“胡子工程”攻坚专项行动的持续推进展现了南昌人“自信、发奋、齐心”的精神面貌，破解了民生难点，使百姓受益，进一步拓展城市发展空间，提升城市功能品质，为城市高质量发展增添动力。

(市史志办)

# 南昌市防旱救灾工作

2022年7月开始，南昌市经历持续5个多月的高温少雨极端恶劣天气，全市主要江河湖水位持续降低，鄱阳湖进入低枯水期(9.99米以下)时间比1951—2002年平均提前105天，较2003—2021年平均出现时间提前78天，防旱抗旱工作形势异常严峻。根据旱情形势，南昌市防汛抗旱指挥部于8月22日21时启动抗旱Ⅳ级应急响应，全市各级各有关部门加强调度，强化会商，多措并举开辟水源，不断加大抗旱资金投入，全力开展抗旱救灾工作，最大限度保障全市生活生产和农业用水安全。11月22日10时，解除市级抗旱应急响应。

**一、雨水旱灾基本情况**

2022年8月1日至11月21日，南昌市平均降雨量69.5毫米，较多年同期均值偏少75.7%，各县区偏少67.8%—86.1%。平均气温29.7℃，较历史同期偏高1.6℃，列历史同期第一高位；出现35℃以上高温日数52天，列历史同期第一多。8月以来南昌市平均蒸发量为530.9毫米，是同期蒸发量的7.6倍。

11月21日8时，主要控制站水位较多年同期均值偏低1.69—4.89米。其中，赣江南昌站水位10.78米，较多年均值偏低4.81米，较有记录以来最低水位低0.19米；鄱阳湖星子站水位6.53米，较多年均值偏低4.55米，较有记录以来最低水位低0.58米。赣江临时抬水围堰工程上游水位10.67米，下游水位9.32米，上下游落差1.35米。

至11月21日，全市各型水库蓄水总量为0.78亿立方米，较常年同期偏少3.8成。其中，中型水库0.21亿立方米；小(1)型水库0.3亿立方米；其他0.27亿立方米。全市中小型水库共476座，干涸数量105座，其中小(1)型11座、小(2)型94座；山塘共3686座，干涸数量908座。

11月21日8时，南昌市地下水平均水位14.56米，较前一日8时上涨0.01米，较9月1日下降0.55米，较8月1日下降1.25米。

全市在田作物面积共24.99万公顷，其中水稻面积为18.63万公顷。截至11月21日，农作物干旱受灾面积6.15万公顷，成灾面积4.75万公顷，绝收面积2080公顷。其中，水稻受灾面积5.34万公顷，成灾面积4.25万公顷，绝收面积1633.33公顷，直接经济损失2.76亿元。

**二、研究部署抗旱救灾**

南昌市委、市政府高度重视抗旱工作。8月11日，全市紧急召开抗旱工作部署会，会商当前抗旱形势并就下一步抗旱工作进行调度。8月13日，省委常委、市委书记李红军前往新建区石岗镇等地，调研指导防旱抗旱工作。8月18日，市政府再次召开专题会议，紧急调度防旱抗旱资金安排。9月16日，省委常委、市委书记李红军率省应急厅、省水利厅、省交通运输厅和南昌市有关部门负责人现场会商研究南昌市保存供水工程方案。9月17日，省委常委、市委书记李红军召开城市应急供水工作调度会，就城市应急供水工作提出明确要求。市长万广明，市委常委、常务副市长胡晓海，市委常委、市委宣传部部长、新建区委书记李松殿，副市长肖铁军、彭开先等市领导多次就抗旱工作做出指示批示或深入一线调研指导抗旱工作。

8月22日21时，南昌市防指启动抗旱Ⅳ级应急响应应对旱情。9月30日12时，将响应级别提至Ⅲ级。11月15日9时，降至Ⅳ级。11月22日10时，解除抗旱应急响应，历时92天。进贤县、新建区、安义县、南昌县等8个县区及时启动抗旱Ⅳ级应急响应。其中，进贤县于8月25日15时将响应级别由Ⅳ级提升至Ⅲ级。至11月24日，所有县区均结束Ⅳ级抗旱响应级别。

**三、减轻农业旱灾损失**

南昌市级第一时间下拨第一批抗旱资金1500万元。

2022 年 9 月 22 日，赣江南昌段临时抬水围堰工程施工现场

（马悦　摄）

其中，农业抗旱资金 900 万元，水利抗旱资金 600 万元。争取中央抗旱资金 7198 万元（水利口 4403 万元、农业口 2626 万元、应急口 169 万元），及时下拨 684 万元省级抗旱救灾资金。截至 11 月 22 日结束抗旱Ⅳ级响应，全市共投入抗旱资金 2.4 亿余元，抗旱 17.7 万人次，抗旱设施机电井 1.36 万眼，泵站 2282 处，机动抗旱设备 5.9 万台（套），减少农业因旱经济作物损失 3.1 亿元，减少粮食损失 5 亿元，最大限度减轻因旱损失。

完善抗灾夺丰收技术指导意见，加大农业抗旱指导服务工作，压实各地农业抗旱工作责任，指导落实各项科学抗旱措施。市应急局、市水利局、市农业农村局派出工作组多次深入抗旱减灾一线，实地查看旱情、灾情，针对性开展技术指导服务，检查、督促、指导各项防旱抗旱措施落实，最大限度地减轻农户因灾损失。

南昌市气象局 5 支人工增雨作业队伍每日在点待命，一有作业条件即行作业。自 7 月至 11 月 21 日，共作业 147 次。沿江滨湖地区水位较高时，主动开闸引外江外湖水灌满圩内沟渠塘汊；水位较低时采用开挖河滩引水与泵站提水相结合灌溉受旱农田。赣抚平原灌区、潦河灌区和水库灌区通过疏浚渠道解决末端地区灌溉水源问题。部分丘陵岗地采取架设临时水泵、泵站多级提水等措施应急抽水抗旱。

**四、保障群众日常供水**

立足防大旱、抗久旱，统筹生活用水和重点领域生产用水需求，将目标定位于 2023 年 3 月底前供水安全，在对赣江水情研判基础上，研究提出城市保供措施方案，在英雄大桥下游约 1 千米的熊家洲头河段（熊家洲将西支分成左、右两汊），实施赣江市区段临时抬水工程。该应急工程主要形式为临时抬水围堰。临时抬水围堰工程主要包括：左汊临时抬水围堰（为不过水围堰），顶高程 11.60 米，采取砂砾石填筑，0.5 米厚模袋沙袋进行堰面保护；右汊临时抬水围堰结构型式采取单排钢桩桥过水围堰，顶高程 10.8 米。临时抬水围堰的实施将确保赣江水位按照 10.8 米进行控制调度，可有效保障未来南昌市城区范围内水厂取水安全。左侧围堰于 9 月 17 日启动，右侧围堰同步开始前期准备工作。省长叶建春于 9 月 20 日亲临工程现场视察，水利部、应急部等领导都非常关心，前往现场调研。9 月 28 日左汊围堰完成施工，10 月 4 日右汊围堰完成钢管桩桥平台、钢板桩及内部充填施工，10 月 6 日发挥抬水效益。全市其他 7 个县级以上水源地水源、水质均有保障。

根据 8 月 23 日召开的城区供水应急工作调度会会议精神，市防指、市水利局跟进协调省防指、省水利厅对赣江上游来水情况进行调度，确保龙头山水利枢纽出库流量维持在每秒 400 立方米。针对旱情发展形式，市应急局、市水利局督促指导南昌水业集团切实做好城区供水生产应急保障工作，制定有效应对南昌站低于 10.8 米极枯水位时的应急方案和极端条件下的应急安排以及一厂一策针对性的工程性改造措施方案等。通过对各水厂取水口进行技术改造，降低取水水位，以及依靠赣江上游水库联合调度，将南昌站水位控制在 10.8 米以上（南昌各水厂的正常取水要求）的方式以保障南昌各水厂正常取水。

市县水利部门立足防大旱、抗久旱，开源节流保供水、抗旱救灾保丰收。争取中央抗旱补助资金 4403 万元、省级抗旱补助资金 684 万元，市财政局下拨市本级抗旱补助资金 600 万元，用于增打抗旱机电井、大口井，供水管网延伸，增设抽水泵以及补贴抗旱用油用电等。下拨 347 台（套）水泵，其中 177 台（套）潜污泵、170 台（套）柴油泵，全力以赴打赢抗旱救灾硬仗，最大限度地降低灾害损失，保障农业生产和人畜用水安全。

截至 11 月 21 日，南昌市因旱受到影响的供水人口为 1.83 万人。南昌市通过新增机电井、管网延伸、二次提水、水车送水、分时段供水等措施，解决 1.83 万人（其中包含进贤县 630 人、南昌县 1000 人、南昌经开区 150 人、湾里管理局 60 人采取消防车送水方式解决）因旱影响供水困难。

（高　飞）

# 大事记

## 1月

**1日**

省委常委、市委书记李红军到九洲高架东延工程、海关桥改造工程、桃花路综合改造工程等市重点工程项目建设一线，督导项目建设情况，看望慰问一线建设者。

**6日**

市委十二届三次全体(扩大)会议在红谷滩会议中心举行。会议学习贯彻党的十九届六中全会精神，中央经济工作会议、省委经济工作会议精神，总结2021年工作，研究部署2022年经济社会发展各项工作。

**同日**

南昌市政府投资类建设项目“胡子工程”攻坚专项行动动员大会在南昌县莲塘南大道490号南外环高速项目现场召开。

**7日**

“南昌惠民保”在南昌市社保中心举行上线发布会。“南昌惠民保”是南昌市唯一一款由政府指导，为南昌市基本医保参保人员专属定制的与基本医疗保障有效衔接的补充医疗保险产品，由中国人民财产保险股份有限公司南昌市分公司主承保。

**同日**

首届“红色江西”全国动漫创作大赛启动仪式在东湖意库文创园举行。大赛以“红色江西”为主题，由市委宣传部、市文学艺术界联合会、市文广新旅局主办，收到2000余件参赛作品，从中优选100余件获奖作品，参加优秀作品展。

**8日**

由华为软件技术有限公司、思创数码科技股份有限公司合作共建的“华为(南昌)工业互联网创新中心”正式上线。

**9日**

南昌市医保电子凭证正式上线。医保电子凭证由国家医保信息平台统一生成，标准全国统一，跨区域互认，参保人可凭证在全国办理有关医保业务，是医保线上业务唯一身份认证介质。

**12日**

市委党史学习教育总结会议在市委第一会议室召开。

**同日**

全市涉粮问题专项巡察集中反馈暨粮食购销领域腐败问题专项整治工作推进会召开。会议通报全市涉粮问题专项巡察中发现的问题，以及粮食购销领域腐败问题专项整治工作进展情况。

**15日**

“江西制造”的RCEP“中远海运号”中老铁路(南昌向塘—老挝万象)国际班列从南昌向塘国际陆港国家物流枢纽中心发车。

**20日**

“兴家风、淳民风、正社风”南昌市2021年度“三风”榜样人物发布会举行。

**21日**

南昌市城市形象LOGO及城市宣传口号发布，确定“飞阁流丹”为南昌城市形象LOGO，“物华天宝，人杰地灵，天下英雄城——南昌”为城市宣传口号。

**同日**

中国人民政治协商会议南昌市第十五届委员会第二次会议在滨江宾馆开幕。23日闭幕。省委常委、市委书记李红军出席。市政协主席卢伟平代表政协南昌市第十五届委员会常务委员会作工作报告。市政协副主席黄小华代表政协南昌市第十五届委员会常务委员会作十五届一次会议以来提案工作情况报告。

**22日**

南昌市第十六届人民代表大会第二次会议在江西前湖迎宾馆会议中心开幕。24日闭幕。

**25日**

南昌市“永不忘却的誓言”南昌“最美退役军人”发布仪式举行。发布仪式上，表彰2019年度、2020年度、2021年度南昌“最美退役军人”。

**26日**

艾溪湖隧道通车。艾溪湖隧道

工程西起京东大道与火炬大街交叉口，沿火炬大街向东下穿艾溪湖，止于创新一路与艾溪湖二路交叉口，隧道全长2664米。其中，横穿艾溪湖长750余米。隧道上层为公路隧道，设置双向六车道。

**27日**

市委农村工作暨“两整治一提升”三年行动动员部署会召开。省委常委、市委书记李红军出席并讲话。

**28日**

中共南昌市第十二届纪律检查委员会第二次全体会议在红谷滩会议中心大厅召开。

**30日**

省委书记易炼红到南昌市开展春节走访慰问。

**同日**

市长万广明到南昌高新区南昌龙旗信息技术有限公司、华勤千亿产业基地项目现场、南昌轨道交通1号线东延项目现场等地，就春节期间“重大项目不停工、重点企业不停产”和安全生产工作进行调研，走访慰问一线工作者。

## 2月

**7日**

南昌市在红谷滩会议中心设立分会场，组织收听收看全省深化发展和改革双“一号工程”推进大会。省委常委、市委书记李红军就南昌市推进数字经济发展“一号工程”工作作发言。

**同日**

省长叶建春到华为南昌研究所、南昌华兴针织公司、中广核贝谷科技有限公司等地，考察产业数字化、数字产业化发展成效。

**8日**

德勤华永会计师事务所（特殊普通合伙）南昌分所开业，标志德勤成为第一个落户江西的全球四大会计师事务所。

**同日**

全国爱国卫生运动委员会发布关于2021年度国家卫生城镇复审结果的通报。南昌市以历史最高分805分通过第四次复审，蝉联“国家卫生城市”称号。

**9日**

江西省虚拟现实产业链工作推进会召开。会议听取全省虚拟现实产业链链长制工作进展及省、市虚拟现实产业发展有关情况汇报。部分VR龙头企业和领域专家学者等围绕VR产业链延链补链强链、元宇宙试验区建设、产业高质量发展建言献策。省委常委、市委书记、省虚拟现实产业链链长李红军主持。

**11日**

“自信、发奋、齐心，续写新时代英雄城荣光”演讲比赛汇报演出在市文化馆举行。

**12日**

“春风行动”新春招聘会在南昌市人社大厦举行。

**13日**

省委书记易炼红到水利设施项目乌沙河泵闸枢纽工程、南昌地铁1号线北延工程、欣旺达南昌动力电池生产基地、中国电信江西云和大数据中心建设现场，察看项目建设进度。

**16日**

兆驰LED显示终端项目及设备采购签约活动举行。

**同日**

洪州大桥项目正式开工。项目总投资20.81亿元，工程东起南昌县东祥路西侧，西至红谷滩区三百山路，主线全长3.94千米。其中，跨江段1.5千米。项目断面采用主、辅路相结合形式，主线双向八车道，设计时速桥上主线80千米、地面主路60千米、辅道60千米。

**19日**

2022年全省首列中俄双向对开班列（南昌—莫斯科）开行仪式在南昌向塘国际陆港举行。

**20日**

江西省科技厅公布2021年省主要学科学术和技术带头人培养计划领军人才项目人选，江西飞尚科技有限公司、江西煌上煌集团食品股份有限公司、南昌虚拟现实研究院股份有限公司3名高层次科技人才入选。

**24日**

全市2022年“兴家风、淳民风、正社风”活动工作部署会召开。

**25日**

省委书记易炼红到北京航空航天大学江西研究院、江西中科九峰智慧医疗科技有限公司，分别调研研究院运行情况及研究成果、企业发展情况。

**同日**

《南昌市扶贫志》《南昌市全面小康志》编纂工作启动大会暨业务培训会在红谷滩会议中心召开。

**26日**

全市优化营商环境推进大会在红谷滩会议中心召开。省委常委、市委书记李红军出席并讲话。市长万广明主持。

**同日**

第二届中部（江西）农业机械及零部件展览会开幕式在江西省农机大市场举办。

**同日**

全市教育工作会在红谷滩会议中心召开。

## 3月

**4日**

《画说老南昌七十二行》民俗国画艺术展开幕式在南昌美术馆举行。

**8日**

南昌市纪念“三八”国际妇女节112周年暨“女性科技人才”礼赞活动举行。

**同日**

南昌市2022年电网工程集中开工活动举行。

**9日**

省委常委、市委书记李红军和市长万广明率南昌市党政代表团到宜春市丰城市、樟树市、高安市学习考察。考察期间，大南昌都市圈有关县(市、区)结对合作签约活动举行。红谷滩区和丰城市、进贤县和樟树市、新建区和高安市分别签订战略合作协议。

**10日**

省委常委、市委书记李红军、市长万广明率南昌市党政代表团到上饶市余干县、万年县、鄱阳县学习考察。考察期间，大南昌都市圈有关县(市、区)结对合作签约活动举行。东湖区和余干县、青山湖区和万年县、南昌县和鄱阳县分别进行战略合作协议签约。

**14日**

省委书记易炼红到红谷滩区九龙湖管理处新琚社区、江西省纳米技术研究院、江铃股份富山工厂、南昌县向塘镇剑霞村等地，结合发展形势、社会热点、百姓关注宣讲全国两会精神。

**16日**

南昌市新冠肺炎疫情防控第一场新闻发布会召开。

**18日**

省长叶建春到南昌市突发疫情防控前方指挥部调度部署。省领导李红军、孙菊生参加调度部署。

**20—25日**

省长叶建春到南昌突发疫情防控前方指挥部调度部署疫情防控工作。

**26日**

省长叶建春到新建区调研疫情防控情况，部署推进新建区防疫合围攻坚战。

**27日**

省长叶建春到南昌市突发疫情防控前方指挥部调度部署疫情防控工作。

**同日**

南昌市突发疫情防控前方指挥部发布《关于恢复常态化疫情防控的通告》。

**28日**

南昌市新冠肺炎疫情防控第十场新闻发布会召开。全市公交、地铁有序恢复常态运行；党政机关、企事业单位、生产经营单位等有序恢复正常工作秩序和生产经营。

**29日**

省长叶建春到南昌市突发疫情防控前方指挥部调度部署疫情防控工作。省领导李红军、孙菊生陪同调度。

**同日**

南昌高新区和深圳传音控股股份有限公司"传音控股智能手机整机项目"云签约活动举行。

**30日**

省委书记易炼红到南昌市调研常态化疫情防控和有序推进生产生活秩序恢复工作。

**31日**

姚湾综合码头开港运营。项目总投资25.6亿元，规划占地面积101.33公顷，码头使用岸线总长1905米，设计建设18个泊位，年吞吐量为散杂货1040万吨、集装箱15万标箱。

**同日**

南昌市颁布《校外教育培训机构违规行为有奖举报办法(试行)》，鼓励公众共同参与监督治理工作，全面提高校外培训监管行政执法质量和效能。

## 4月

**1日**

南昌高新区11家骨干企业新上项目集中签约活动举行。

**2日**

江西省文化和旅游厅公布《江西省第二批夜间文旅消费集聚区名单》。东湖区百花洲文旅街区、青山湖区699夜间文旅消费集聚区、南昌县原城纪·南昌城市文化街区入选第二批省级夜间文旅消费集聚区。

**7日**

省长叶建春到南昌市突发疫情防控前方指挥部部署疫情防控工作。

**11日**

国务院总理李克强到赣江尾闾水利工程施工现场，听取江西水利建设汇报，了解工程建成后生活供水、灌溉、水运等功能；到南昌跨境电商创业园区美翻科技公司，了解企业通过平台向电商创业者开展实操培训情况。

**13日**

市委发出《关于熊运浪同志免职的通知》。接中共江西省委赣委〔2022〕86号通知，省委决定：免去熊运浪的中共南昌市委常委、委员职务。

**14日**

省长叶建春到南昌市突发疫情防控前方指挥部部署疫情防控工作。

**同日**

南昌市获得中央财政农作物秸秆综合利用整县推进项目资金700万元。

**同日**

市民中心设置政策兑现窗口，实现"一窗办理、一站式服务"。

**同日**

市农业农村局和市财政局联合印发《关于下达2022年新农村建设省级和市级财政补助资金的通知》，拨付2022年新农村建设省级和市级财政补助资金9666万元，其中省级补助资金6729万元、市级补助资金2937万元。

**16日**

省委书记易炼红以"四不两直"方式到南昌市检查督导疫情防控工作。

**19日**

省委书记易炼红到南昌市检查

督导监狱、高校、福利院等重点场所、特殊场所疫情防控工作。

26 日

南昌市新冠肺炎疫情防控工作第十四场新闻发布会召开。市长万广明出席并向社会宣布，全市如期实现25日全域社会面动态清零目标。

同日

省市有关专家在南昌县塔城乡湖陂村“稻再油”试验田进行现场考察和测产测效。经过测产，头季稻亩产653.1千克，再生季亩产300千克，实现亩产两季953.1千克；油菜亩产135.2千克。水稻和油菜亩产总和1088.3千克。

29 日

市委外事工作委员会第四次会议召开。

同日

虚拟现实制造业技术创新战略联盟2022年度工作会议暨VR产业创新高峰论坛举行。

30 日

南昌市新冠肺炎疫情防控第十五场新闻发布会举行。发布会宣布：28日，南昌实现全域全面动态清零目标。

## 5 月

5 日

南昌市“洪城红”应急队伍成立大会举行。省委常委、市委书记李红军出席并为应急队伍授旗。市长万广明讲话。市委副书记钱昀主持。市委常委、组织部部长余正琨宣读有关决定。

同日

南昌国家级互联网骨干直联点开通。南昌成为全国互联网的核心节点、重要支点和新的数据交换枢纽，江西网间流量需要通过外省绕转的局面得到改变。南昌国家级互联网骨干直联点首期开通互联网网间带宽1600GB，居全国第八位。省内网间平均时延降至2毫秒、降幅90%，网间丢包率降为0。

7 日

市委发出《关于吴建平同志任职的通知》。接中共江西省委赣委〔2022〕90号通知，省委决定：吴建平任中共南昌市委委员、常委。

9 日

杭电股份新能源汽车锂电池超薄铜箔项目签约仪式在南昌小蓝经开区举行。

12 日

省委书记易炼红到红谷滩区九龙湖管理处九龙湖社区、江西省人民医院、南昌大学第二附属医院红角洲院区，走访慰问一线医护人员，并代表省委、省政府向全省广大医护人员致以节日问候和崇高敬意。

18 日

南昌市重大招商引资项目云签约活动举行。南昌市签约招商引资重大项目54个、投资总额657.04亿元。其中，工业项目25个，投资总额323.59亿元，涉及汽车及新能源汽车、电子信息、生物医药等产业；服务业项目27个，投资总额313.45亿元，涉及生产性服务业、总部研发、数字经济等产业；农业项目2个，投资总额20亿元。

19 日

南昌市2022年第二季度重大项目集中开工活动举行。

同日

南昌县桃新大道高架快速路全线通车。项目投资34.9亿元，北起昌南大道，南至南外环高速，与昌韶高速连接，全长9.22千米，高架快速路采取“主桥+辅道”的双层交通形式建设，主桥设计时速80千米，沿线设置8处互通，是南昌市“十纵十横”快速路网的重要组成部分。

20 日

南昌市农业产业化国家重点龙头企业——江西阳光乳业股份有限公司股票上市敲钟仪式在深交所举行。

21—28 日

2022年江西省暨南昌市科技活动周举行。活动周主题为“走进科技，你我同行”。

24 日

2022年南昌市金融助力“一号发展工程”暨重大重点项目产融对接会举行。

25 日

南昌市通过财政部、住建部、水利部3个部委系统化全域推进海绵城市建设竞争性评审，入选全国“十四五”第二批系统化全域推进海

2022年5月19日，南昌市2022年第二季度重大项目集中开工活动举行
（马悦　摄）

绵城市建设示范城市。

27 日

全市数字经济发展大会召开。会议公布 2022 年南昌市推进数字经济“一号发展工程”2022 年度工作计划,解读《南昌市深入推进数字经济“一号发展工程”全力打造全省创新引领区行动方案》。省委常委、市委书记李红军出席并讲话。市长万广明主持。

## 6 月

1 日

省委常委、市委书记李红军到南昌二中高中部考点和豫章中学考点,调研检查全市 2022 年普通高校招生考试准备情况。2022 年,全市有 67046 人报名参加高考,设置考区 10 个、常规考点 36 个,常规考场 1957 个、常规考点备用隔离考场 208 个;准备备用考点 12 个,设有备用考场 491 个、备用隔离考场 59 个。

同日

“江西应急·2022”灾害事故应急救援综合演练南昌市分场景——城市内涝(地铁被淹)险情处置演练举行。

同日

南昌市与广东省珠海市、中山市、惠州市政务服务“跨省通办”线上签约仪式举行。

2 日

南昌市“礼遇夏季·嗨购洪城”消费季启动仪式举行。

同日

南昌市 2021 年度生态环境工作年报新闻发布会召开。2021 年,南昌市生态环境质量继续保持稳定,总体稳中有升,空气质量指数(AQI)优良天数为 334 天,环境空气质量居中部六省省会城市第一位。

9 日

江西省第二届现代种业蔬菜新品种展示会开幕式在南昌县武阳镇大家族种业科技园举行。

同日

全市道路运输安全生产专项整治三年行动“巩固提升”攻坚战暨交通安全隐患大排查大整治工作推进会在市政府小礼堂召开。

10 日

省委常委、市委书记李红军和市长万广明率南昌市党政代表团到宜春市奉新县、靖安县和九江市永修县学习考察。考察期间,大南昌都市圈有关县(市、区)结对合作签约活动举行。西湖区和奉新县、安义县和靖安县、青云谱区和永修县分别进行战略合作协议签约。

同日

南昌·铜锣湾冰雪乐城项目签约仪式在新旅铂尔曼酒店举行。

同日

南昌市铸牢中华民族共同体意识展示馆揭牌仪式在万寿宫历史文化街区举行。

11 日

全市推进新一代宽带无线移动通信网国家科技重大专项成果转移转化试点示范领导小组会议召开。

12 日

第十一届江西音乐舞蹈艺术节(南昌)初选活动暨 2022 首届南昌市音乐舞蹈大赛开幕式在青云谱区文化大楼举行。

14 日

《南昌市“十四五”交通运输专项规划》发布。

15 日

市中小企业服务局组织全市 200 余家“专精特新”中小企业参加华为线下举办的“华为伙伴暨开发者大会 2022”南昌分会。

17 日

青山湖区方大特钢工业旅游景区、西湖区南昌华侨城欢乐象湖景区、南昌县原城纪·南昌城市文化街区景区、西湖区万寿宫历史文化街区景区 4 家景区被确定为国家 AAAA 级旅游景区。

18 日

2022 年第十一届中国创新创业大赛(江西赛区)暨第七届“洪城之星”创新创业大赛启动仪式在南昌举行。

20 日

昌西大道主车道全线通车。昌西大道工程南起 320 国道与祥云大道交界处,北至黄家湖西路与南昌经开区昌西大道相接处,线路全长约 8.38 千米,设计时速 60 千米,主路双向六车道,辅路双向两机非混行车道。

21 日

“洪城税悦”税费服务大体验活动启动仪式在新建区税务局举行。

22 日

南昌市属国有企业集团整合重组新机构集中揭牌活动举行。省委常委、市委书记李红军为新机构揭牌。南昌市实施战略性重组、专业化整合,将市属国有企业由“9 +1”整合重组为“4 +2”。

同日

南昌市产业投资集团有限公司旗下南昌市国金工业投资有限公司主导投资的美因基因有限公司作为国内“消费级基因检测第一股”在港交所挂牌上市。

23 日

省市领导李红军、万广明会见江西赣商联合总会第四届理事会会长熊建明、监事会主席刘经纶。双方就深化对接沟通、加强战略合作,齐心协力建设家乡、深入实施强省会战略,助力南昌市进一步打造“一枢纽四中心”、实现“两个大幅提升”进行交流。

28 日

南昌国际陆港铁路口岸(海关监管作业场所)开通运行暨南昌县(小蓝经开区)重大重点项目集中签约活动举行。省委常委、市委书记李红军宣布开通运行并见证项目签约。市长万广明讲话。

同日

中国商飞 ARJ21 –700 飞机“金

沙号”在南昌交付。

29日

首批南昌造“大国重器”——盾构机“昌盛一号”“昌盛二号”“先锋一号”下线仪式在南昌轨道交通产业园举行。该批盾构机为“南昌制造南昌用”，由江西中铁工程装备有限公司打造，开挖直径6.28米、长约83.89米、重约500吨，将用于南昌地铁1号线北延、东延以及2号线东延工程项目建设。

同日

平安南昌建设表彰大会在红谷滩会议中心举行。

30日

南昌市绕城高速公路南外环项目全线竣工通车。该项目全长35.4千米，设计时速100千米，双向六车道。

同日

南昌与广州、赣州不动产登记“跨省通办”线上签约仪式举行。

## 7月

1日

省委常委、市委书记李红军和市长万广明率南昌市党政代表团到抚州市学习考察，了解抚州市经济社会发展、产业布局规划、项目建设动态和昌抚一体化发展情况，举行大南昌都市圈昌抚一体化发展合作签约活动。

同日

全省关工委“青少年党史学习月”暨青少年游基地、学党史活动启动仪式在南昌八一起义纪念馆举行。

同日

“喜迎二十大，奋进新征程，热烈庆祝中国共产党成立101周年”“七一”集中宣誓活动在南昌新四军军部旧址陈列馆举行。

同日

“洪城红”基层党建信息化平台开通仪式在南昌城市大脑指挥调度中心举行。

2日

首届中国江西（蒋巷）小龙虾文化旅游节开幕式在南昌县蒋巷镇举行。

3日

进贤县“西气东输”管道天然气正式开通。

8日

中国人民银行南昌中心支行、江西省人民政府金融工作办公室应收账款池质押融资产品发布会暨签约仪式在南昌经开区举行。会上，南昌经开区10家中小型制造业企业作为应收账款资产池融资企业与金融机构签约，授信签约金额2131万元。

同日

2022中国（南昌）智能家居产业博览会在南昌绿地国际博览中心开幕。

12日

南昌综合保税区与重庆国际物流枢纽园区战略合作协议签约活动在南昌市举行。

18日

“全景江西”应用场景发布推介暨《2022年江西省数字经济发展白皮书》发布会召开。南昌市42家企业入选“全景江西”应用场景产品清单，数量居全省第一位。南昌市位于全省数字经济第一梯队，数字经济规模达到2749.5亿元。

同日

南昌市“夜东湖”文化和旅游消费圈、万寿宫历史文化街区入选第二批国家级夜间文化和旅游消费集聚区名单。

19日

南昌市粮油作物高质高效鼎湖镇千亩示范片早稻亩产664.57千克，刷新江西13年来早稻单产纪录。

23日

2022年江西省暨南昌市科技活动周开幕式举行。

24日

南昌市人民政府与南昌大学、江西师范大学、江西农业大学、江西财经大学、华东交通大学、东华理工大学、南昌航空大学战略合作签约仪式举行。

26日

南昌市庆祝建军95周年军地座谈会暨双拥工作推进会在红谷滩会议中心召开。

28日

南昌市住房和城乡建设局（南昌市工程建设项目审批制度改革领导小组办公室）印发《南昌市工程建设项目并联审批事项清单（1.0版）》，将房屋建筑和市政基础设施工程建设项目在立项用地规划许可阶段、工程建设许可阶段、施工许可阶段和竣工验收阶段的39个高频政务服务和公共服务事项编列为13组进行分组审批，实行审批事项清单制管理。

## 8月

1日

由市委党校、市委军民融合办联合主办的纪念八一南昌起义95周年论坛举行。市委常委、组织部部长、市委党校校长余正琨出席并致辞。

2日

江西省首家军地共建拥军法庭、南昌县军地共建拥军法庭启动仪式在南昌县向塘人民法庭举行。

4日

全市“胡子工程”攻坚销号项目——梦山北大道全线通车。梦山北大道工程项目南至武功山大道、北至望北大道，项目总投资3.8亿元，道路总长5335.41米，总宽50米，双向四车道。

5日

南昌绕城高速公路西二环（厚田至乐化段）新建工程——梅岭隧

道正式施工。隧道为分离式长隧道，左幅全长2727米，右幅全长2720米，设计双向六车道，设计时速100千米。

9日

南昌经开区存量企业增资扩产项目云签约活动举行。活动签约项目20个，签约资金总额256亿元。

同日

“江西香港日”系列活动开幕式在铜锣湾购物广场举行。

10日

2022南昌休闲消费季成果发布会暨“点亮赣鄱”——“游”你“游”我南昌分会场开幕式在融创茂召开。

11日

省委书记易炼红到洪腾高架、南昌高新区广阳小区配电改造项目现场、八一广场、阳明路二经路口，走访慰问高温下坚守岗位工作人员。省领导李红军、史文斌参加走访慰问。

同日

省委常委、市委书记李红军在南昌会见万科集团董事会主席郁亮。

12日

2022中国（中部）工业博览会开幕式在南昌绿地国际博览中心举行。省委常委、市委书记李红军宣布开幕。市长万广明致欢迎辞。

同日

南昌现代针纺产业发展大会在江西前湖迎宾馆举行。会议专题推介南昌现代针纺产业，并作相关政策解读。

16日

省委常委、市委书记李红军到南昌经开区龙头岗综合码头、江西晨鸣纸业有限责任公司，调研“一枢纽四中心”建设工作。

同日

南昌市首批普惠金融乡村服务站揭牌仪式在南昌县武阳镇朱坊村和八一乡后曲村举行。

17日

2022江西金秋消费季暨南昌悦享金秋·乐购洪城活动启动仪式在红谷滩万达广场举行。

18日

“相约莲花季·共筑昌南梦”南昌县（小蓝经开区）第六届莲花经贸文化节开幕式在原城纪举行。

19日

市委党校迁建项目开工仪式举行。省委常委、市委书记李红军宣布项目开工。

同日

万纬物流南昌昌北冷链园区开仓仪式在南昌综合保税区举行。项目总投资10亿元，占地8.67公顷，总建筑面积约6万平方米。

23日

全市党外人士纪念中国共产党统一战线政策提出100周年暨中央统战工作会议精神学习座谈会召开。

24日

全市警示教育大会在红谷滩会议中心召开。省委常委、市委书记李红军出席并讲话。

同日

第七届“创客中国”江西省中小企业创新创业大赛决赛在南昌举行。南昌市3个项目“飞机复杂结构件加工关键技术、国内领先的新药研发数字化药效筛选、智能交通毫米波雷达”分别获得一、二、三等奖。

25日

“这座城——世纪影像南昌”大型图片展开幕式在江西省美术馆举行。

26日

“江西这十年”南昌市专场新闻发布会举行。

同日

第七届“创客中国”江西省中小企业创新创业大赛融资对接会暨颁奖仪式在绿地铂瑞酒店举行。南昌沪航工业公司（高新区企业）、江西宸曦生物医药公司（南昌县小蓝开发区企业）、南昌华睿交通科技公司（东湖区企业）3家企业分获一、二、三等奖，市中小企业服务局获优秀组织奖。

27日

中共中央政治局委员、国务院副总理胡春华到新建区督导农业抗旱保丰收工作、到赣江尾闾工程督导工作。

31日

“京创智谷·昌享未来”江西京东中心暨京东智能城市（南昌）数字经济产业园开园仪式在南昌县举行。

## 9月

1日

全市选调生、党政储备人才座谈会在南昌高新区召开。省委常委、市委书记李红军主持并讲话。市领导王万征、肖云出席。

2日

省委常委、市委书记李红军会见南昌市全国“人民满意的公务员”和“人民满意的公务员集体”代表。

4日

南昌市第九届“国家网络安全宣传周”启动仪式在南昌VR产业基地举行。

8—9日

省市领导李红军、万广明、梅峰、李松殿、张湘赣分别到站前路学校云海路校区、南昌二十三中、新建区实验小学、新建区第三幼儿园、第十九中学红角洲校区、红谷教育集团飞虹路校区、南师附小九龙湖校区、南昌经开区第一幼儿园、昌北二小教育集团青岚校区，看望慰问教师代表。

14日

南昌经开区与江西省建设工程学校合作办学签约仪式举行。

15日

南昌市政务服务数据管理局与抚州市政务服务管理局、景德镇市政务服务数据管理局签署政务“省内通办”合作协议，实现在南昌市即可办理抚州市及景德镇市的政务事项。

16 日

南昌经开区、江西出版传媒集团战略合作签约暨慈文传媒上市总部迁址仪式举行。

17 日

2022 年“全国科普日”江西省暨南昌市主场活动启动仪式在新建区心怡广场举行。

18 日

赣江北大道下穿京九铁路通道主路通车。赣江北大道下穿京九铁路通道工程北起于河海路交叉口，通过框架桥形式下穿京九铁路线，南至黄河路交叉口，全长 195.54 米，为城市主干路，双向六车道，设计时速 40 千米。

20 日

南昌市“洪城护‘未’防线”之检卫同行进校园专项活动在南昌经开区樵舍二中举行。

同日

华为集团轮值董事长、CFO 孟晚舟到江西财经大学访问并召开以“携手合作，未来可期”为主题的交流座谈会。

同日

2022 年江西省社会科学普及宣传周南昌市启动仪式举行。

21 日

省长叶建春到南昌大学国家硅基 LED 工程技术研究中心了解工程中心创新平台建设、人才梯队培育及科技攻关最新进展情况。

22 日

江铃集团新能源汽车有限公司与以色列汽车进口商——卡拉索汽车公司线上签约仪式举行。

同日

市检察院驻市归国华侨联合会联络站揭牌仪式暨服务侨资企业健康发展座谈会召开。

23 日

省委书记易炼红到南昌调研。

同日

“矢志不渝跟党走，携手奋进新时代”喜迎二十大书画展开幕式在进贤博物馆举行。

24 日

南昌公安应急处突暨摩托化行进拉动演练活动在市公安局反恐处突训练基地举行。

25 日

2022 年度南昌市“新时代好少年”先进事迹发布仪式在南昌师范附属实验小学（玉泉岛校区）举行。

26 日

纪念南昌市人大设立常委会 40 周年座谈会举行。

同日

1.6 万辆江铃福特领睿汽车出口海外发车发布会在江铃汽车富山工厂举行。省委常委、市委书记李红军宣布发车。

28 日

首届“江西风景独好”云端旅游推介会在万寿宫历史文化街区举行。

同日

南昌市庆祝 2022 年“中国农民丰收节”活动开幕式在湾里管理局梅岭镇梅岭果立方田园综合体举行。

同日

南昌国际陆港与深圳盐田港共建内陆港挂牌仪式举行。

29 日

全市 2022 年第三季度重大项目集中开工暨党建引领项目建设活动举行。省委常委、市委书记李红军下达开工令。市长万广明讲话。该次集中开工重大项目 141 个、总投资 934.27 亿元。其中，工业项目 38 个，服务业项目 48 个，社会民生项目 31 个，基础设施项目 23 个，新基建项目 1 个。

同日

江西省“百馆千万场，服务来共享”系列群众文化活动启动仪式暨全省广场舞集中展演（南昌分场）在江西省文化中心举行。

30 日

江西省国家烈士纪念日敬献花篮仪式在南昌八一广场举行。

同日

“南昌这十年”系列主题之巩固拓展脱贫攻坚成果同乡村振兴有效衔接新闻发布会举行。发布会公布相关数据：全市 46250 名脱贫人口全部参加基本医疗保险，家庭医生签约率 93.3%、履约率 100%；2021 年南昌脱贫户人均收入 17292 元，同比增长 22.3%。

2022 年 9 月 29 日，南昌市 2022 年第三季度重大项目集中开工活动举行
（马悦　摄）

## 10 月

1 日

南昌华润万象城购物中心开业。

3 日

省长叶建春到南昌调研抗旱救灾工作。省市领导李红军、王万征陪同。

4 日

省委书记易炼红到新建区石埠镇敬老院看望慰问敬老院老人。省领导梁桂、李红军、史文斌参加。

8 日

江西省首趟时速 350 千米的 CR400AF－Z“复兴号”智能动车组进入南昌，填补江西省没有智能高速动车的空白。

10 日

全市水利高质量发展大会召开。省委常委、市委书记李红军出席并讲话。市长万广明主持。副市长彭开先解读《中共南昌市委、南昌市人民政府关于推进全市水利高质量发展的实施方案》。

同日

南昌市 2022—2023 年度吸引 10 万名大学生和技能人才到南昌创业就业“百场校招”线上活动启动。活动采取“1＋N＋N”多点互动的线上模式开展，组织驻昌知名企事业单位 323 家、提供就业岗位 16678 个，同步组织就业见习单位 320 家、提供见习岗位 11062 个。

11 日

《明万历十六年新修南昌府志校注》编纂出版情况新闻发布会在南昌市史志办公室举行。《明万历十六年新修南昌府志校注》是南昌市第一部经过系统校注整理出版的旧志。全书分为上、下册，约 100 万字。

13 日

“喜迎二十大，同心跟党走”首届“秋水·知心”诵读晚会在南昌市电视台举行。

15 日

南昌市“喜迎党的二十大、翠岩寺禅画院第四届书画展”在湾里管理局翠岩寺举行。

18 日

南昌市第三代社会保障卡首发和应用管理平台上线暨“社银”协作助力消费联盟签约仪式举行。工商银行、建设银行、中国银行、交通银行、江西银行等 11 家银行现场签约“社银”协作助力消费联盟协议。

19 日

南昌市中小企业高质量发展成果暨《南昌市加快推动“专精特新”中小企业高质量发展行动方案（2022—2025 年）》新闻发布会举行。

20 日

“彩墨相伴——罗文华从艺六十周年书画作品展”开幕式在南昌美术馆举行。

21 日

“领航·助推重点企业北交所上市冲刺”企业座谈会暨“专精特新板”企业签约仪式举行。

25 日

省委常委、市委书记李红军到红谷滩区卫东街道鹿璟名居社区、南昌县冈上镇蚕石教授村、南昌达利公司等地宣讲党的二十大精神。

同日

全市旅游产业发展大会召开。

同日

由智奥瑞和（上海）展览有限公司主办的第十九届中国国际检验医学暨输血仪器试剂博览会、第二届中国国际 IVD 上游原材料暨制造流通供应链博览会在南昌绿地国际博览中心举行。

同日

省文联“万名文艺家下基层”学习宣传贯彻党的二十大精神文艺志愿服务活动启动仪式在南昌举行。

28 日

南昌市“公共卫生杯”新冠肺炎流调溯源大比武暨南昌市青年职业技能大赛卫健系统分赛成果汇报会召开。

28—29 日

江西省首届残疾人青少年运动会在南昌市国体中心举行。

30 日

南昌市“不要彩礼要幸福”集体婚礼仪式举行。

同日

江西省第十六届运动会火炬传递活动（南昌站）在红谷滩区凤凰洲赣江市民公园举行。

31 日

南昌市首届“政府开放周”活动启动仪式在南昌市政务公开专区举行。

## 11 月

1 日

“彩墨相伴——罗文华从艺六十周年书画作品展”开展仪式在南昌美术院举行。

3 日

省委书记易炼红到南昌高新区华勤千亿产业基地、北方联创通信、兆驰晶显 LED 显示生产基地，宣讲党的二十大精神，就“决战四季度、夺取全年胜”工作进行调研。

4 日

2022 赣港澳台青少年线上研学——“文化里的南昌”活动启动仪式举行。

同日

第 23 届中日韩友好城市交流大会举办。

5 日

南昌国际陆港铁路口岸全省首列进出境“铁路快通”中欧班列发运仪式举行。

同日

南昌十中建校 120 周年庆祝大会举行。

7 日

南昌高新区2022年重大项目集中投产活动举行。集中投产的重大项目有21个，投资总额为367.3亿元。其中，移动智能终端产业项目4个，光电产业项目4个，医药健康产业项目4个，航空制造产业项目4个，数字经济项目3个，新材料产业项目2个。省委常委、市委书记李红军宣布投产并看望企业家代表。市长万广明讲话。

11日

瑞士日内瓦当地时间11月10日下午，“国际湿地城市”证书颁发仪式在瑞士日内瓦举行。南昌市获颁“国际湿地城市”证书。副市长江新洪出席并接收证书。

同日

2022年“中国农民丰收节”进贤庆祝活动暨中国·进贤第二十届军山湖螃蟹节举行。

12日

国家虚拟现实创新中心正式揭牌。国家虚拟现实创新中心由工信部批复，建设地在江西南昌，依托南昌虚拟现实研究院有限公司组建，股东单位汇聚虚拟现实硬件、软件、内容制作与分发、应用与服务等环节的行业骨干力量。

同日

红谷滩区元宇宙·VR数字农业示范基地开园。

12—13日

2022世界VR产业大会在南昌举行。国务委员王勇，省委书记易炼红，工业和信息化部副部长王江平，省委常委、南昌市委书记李红军分别致辞。省长叶建春主持。大会以“VR让世界更精彩——VR点亮元宇宙”为主题，设立线下主会场、线上百度希壤元宇宙主会场、欧洲（奥地利）海外分会场；设置1场开幕式暨开幕演讲，2场高峰论坛、14场平行论坛以及政策宣贯、产业对接、会议体验等系列活动。

13日

2022南昌市电子信息产业发展大会举行。

同日

江西省VR产业对接会举行。省委常委、副省长任珠峰出席并致辞。该次产业对接会签约项目107个，签约金额716.67亿元。其中，南昌市签约项目52个，签约金额429.5亿元。

同日

江西省虚拟现实产业科技创新联合体成立揭牌仪式举行。省委常委、市委书记、省虚拟现实产业链链长李红军，中国工程院院士、南昌大学副校长江风益出席并揭牌。

16—17日

第七届“创客中国”中小企业创新创业大赛全国总决赛在杭州市举办。南昌市推选的“南昌沪航工业有限公司的飞机复杂结构件加工关键技术项目”获全国三等奖。

17日

学习贯彻党的二十大精神省委宣讲团报告会在南昌市举行。省委宣讲团成员、省委常委、市委书记李红军作宣讲报告。

同日

“南昌市首届‘洪城红’乡村振兴公益项目大赛”总结大会在红谷滩会议中心东厅举行。

18日

江西省第十六届运动会在九江学院综合体育馆闭幕。南昌市体育代表团金牌总数、奖牌总数、团体总分均夺得全省第一名。其中，青少部和学校部（中小学组）获得金牌401枚、银牌220枚、铜牌209枚、团体总分12656分；社会部获得10个团体总分一等奖、6个二等奖、1个三等奖，并获体育道德风尚奖、竞技体育突出贡献奖（第一名）、输送优秀运动员贡献奖（第一名）、社会部优秀组织奖。

19—20日

中国生态文明论坛年会在南昌市召开。年会以“生态文明绿色发展——建设人与自然和谐共生的美丽中国”为主题。生态环境部部长黄润秋，省领导易炼红、李红军分别致辞。省长叶建春出席。生态环境部总工程师、中国生态文明研促会会长张波主持。会上，生态环境部对106个第六批生态文明建设示范区、8个生态文明建设示范区（生态工业园区）、51个第六批“绿水青山就是金山银山”实践创新基地进行授牌命名，对第三届中国生态文明奖40个先进集体、60位先进个人和10位“2020—2021绿色中国年度人

2022年11月12日，2022世界VR产业大会举行

（马悦　摄）

物”获奖者进行命名表彰。其中，安义县被命名表彰为第六批生态文明建设示范区。向社会发布《生态文明·南昌宣言》。

21 日

昌九高铁、瑞梅铁路、长赣高铁开工建设动员大会举行。省委书记易炼红宣布开工。省长叶建春讲话。省委常委、常务副省长梁桂主持。

同日

章金媛事迹陈列室暨江西民盟传统教育基地揭牌仪式在南昌市卫生学校举行。

22 日

“全民健身·幸福江西”2022年第三届“中国体育彩票杯”环鄱阳湖自行车精英赛南昌湾里站开赛。

23 日

南昌市首家市级医疗机构“医疗保障一体化服务中心”在南昌市第三医院朝阳院区成立。

24 日

全省移风易俗文艺志愿巡演走进新时代文明实践中心（新建区）活动举办。

同日

由江西省商务厅、南昌市人民政府、中国饭店协会共同主办的第二届中国米粉节在南昌开幕。该届米粉节以“小米粉大产业扩内需促发展”为主题，包括论坛会议、展览展销、特色活动等内容。

25 日

2022 中国（南昌）国际大健康产业大会暨博览会开幕式在南昌绿地国际博览中心举办。

25—27 日

2022 中国航空产业大会暨南昌飞行大会在南昌航空科创城举行。省长叶建春宣布开幕。中国商飞总经理赵越让，省委常委、南昌市委书记李红军，中国航空学会理事长林左鸣分别致辞。省委常委、副省长任珠峰主持。大会主要包括航空产业大会、巡航展示及开幕式、专题论坛、产业对接会、动态飞行展示、静态展示等内容，举办航空产业主旨报告会、院士专家共话江西航空产业高质量发展专题研讨会、专题论坛等活动。开幕式举行项目签约仪式，签约项目 20 个，投资金额 281 亿元。

29 日

中共南昌市委十二届五次全体（扩大）会议在红谷滩会议中心举行。全会传达学习省委十五届三次全体（扩大）会议精神，听取市委常委会工作报告，表决通过《中共南昌市委关于深入学习贯彻落实党的二十大精神加快全面建设社会主义现代化南昌的决定（草案）》。市委常委会主持会议。省委常委、市委书记李红军受市委常委会委托作工作报告并讲话。市委副书记、市长万广明作有关说明。

## 12 月

1 日

省委常委、市委书记李红军到进贤县民和镇五垦社区宣讲党的二十大精神。副市长彭开先参加。

同日

省委常委、市委书记李红军到南昌县八一乡钱溪村开展民情夜访活动。副市长彭开先参加。

2 日

江西省第一届职业技能大赛在南昌开幕。

3 日

富广 500 千伏输变电工程整体送电投运。

5 日

18 时起，乘坐地铁人员不再查验核酸检测证明、不再查验健康码、不再扫“场所码”。

6 日

江泽民同志追悼大会在北京人民大会堂举行。省委常委、市委书记李红军在北京参加追悼大会。南昌市各单位设立分会场，组织收听收看。市领导万广明、李镇发、卢伟平以及市四套班子其他领导参加。

8 日

省委书记尹弘到南昌八一起义纪念馆缅怀革命先烈，重温光辉历史。省领导叶建春、李红军参加南昌调研。省委常委、秘书长史文斌随同调研。

同日

南昌市人民政府与南昌大学合作共建南昌市第一医院签约活动举行。

同日

2022“南昌礼物”文创旅游商品专家评选会在滕王阁景区举行。“飞阁流丹城市茶礼”“南昌舰模”“八大山人艺术瓷画系列干泡台”等入选 2022“南昌礼物”十佳产品与“南昌礼物”产品库。

8—9 日

“赓续红色血脉，传承奋斗精神——思政大课‘八一军旗红’”在南昌市文化馆上演。

11—13 日

南昌市第七次社会科学工作者代表大会在滨江宾馆召开。会议审议通过《南昌市社会科学界联合会章程》《南昌市第七次社会科学工作者代表大会关于南昌市第六届理事会工作报告的决议》，选举产生南昌市社联第七届理事会、常务理事会和主席、副主席。

12 日

省委应对新冠肺炎疫情工作领导小组会议召开。省委书记尹弘主持并到南昌大学一附院、红谷滩区九龙湖社区卫生服务中心进行调研。省长叶建春讲话。省领导梁桂、李红军、史文斌、孙菊生参加有关活动。

12—13 日

共青团南昌市第十八次代表大会在江西前湖迎宾馆召开。会议审议通过《关于共青团南昌市第十七届委员会工作报告的决议》，选举产生共青团南昌市第十八届委员会书记、副书记、常务委员会委员。

13 日

市长万广明在南昌会见美国驻

武汉总领事馆总领事蓝如瑾一行。

15日

省委常委、市委书记李红军专题研究南昌未来科学城建设管理模式情况。

同日

南昌市洪都中医院与白俄罗斯奥尔沙大区巴兰市立第二医院合作意向书签署仪式视频会举行。

16日

南昌市法学会第六次会员代表大会召开。

18日

“奔跑英雄城,青春向未来”——佰家预制赣菜·2022南昌城市定向挑战赛开幕式举行。

18—20日

南昌市工会第十五次代表大会在江西前湖迎宾馆召开。大会审议通过《南昌市工会第十五次代表大会关于工作报告的决议》《南昌市工会第十五次代表大会关于财务工作报告的决议》《南昌市工会第十五次代表大会关于经费审查工作报告的决议》《南昌市工会第十五次代表大会关于南昌市工运事业和工会工作“十四五”规划的决议》,选举产生南昌市总工会第十五届委员会和南昌市总工会第十五届经费审查委员会。

19日

南昌高新区“央企、国企入昌”集中签约活动举行。省委常委、市委书记李红军出席并见证签约。市长万广明致辞。

23—25日

2022中国(南昌)环卫装备产业博览会在南昌绿地国际博览中心举办。

25—26日

南昌市科学技术协会第十次代表大会在滨江宾馆召开。大会审议通过《南昌市科学技术协会实施〈中国科学技术协会章程〉细则》《南昌市科学技术协会第十次代表大会关于第九届委员会工作报告的决议》,选举产生南昌市科协第十届委员会和第十届常务委员会。

28日

南昌综保区企业巴丁赛微(南昌)科技有限公司首批用于保税研发的碳化硅Sic高压肖特基晶体管等进口研发物料完成报关并正式入区,标志保税研发业务正式落地南昌。

29日

南昌城市水环境治理暨青山湖污水厂治理片区污水系统治理工程新闻发布会召开。2022年,全市污水管网建设投入12.79亿元,新建雨污分流管网55.70千米,完成老旧小区管网改造255.83千米,排查发现市政管网错接、漏接、混接问题31205处,开工整治19447处,完成整治17383处。

29—30日

南昌市妇女第十四次代表大会在江西前湖迎宾馆召开。大会审议通过《关于南昌市妇联第十三届执行委员会工作报告的决议》,选举产生南昌市妇女联合会第十四届执行委员会主席、副主席、挂职副主席、兼职副主席,选举产生南昌市妇联第十四届执行委员会常务委员和委员。

30日

市委经济工作会议召开。会议全面落实省委经济工作会议部署,总结2022年全市经济工作,分析当前经济形势,部署2023年全市经济工作,通报2022年全市和各县区主要经济指标完成情况。

同日

首班大南昌都市圈城际公交在南昌长途客运西站发班。开行南昌至共青城、南昌至庐山西海2条城际公交线路。

同日

“红谷滩杯”第十届南昌市青英人才创业大赛总决赛在江西前湖迎宾馆举行。“国内领先的新药研发数字化药效筛选”项目和“智赋网安——信息安全守护者”项目分别获得大赛企业组和大学生组的冠军。

同日

南昌市第一医院与南昌大学第一附属医院合作共建签约仪式举行。

# 市情概览

## 自然环境

【概况】 南昌市具有承东启西、沟通南北的枢纽性区位优势，是唯一与全国经济最活跃的长江三角洲、珠江三角洲、海峡西岸经济区相毗邻的省会城市，京九、浙赣、皖赣、向莆4条铁路线交会于此，是京九线上唯一的省会城市。特别是沪昆高铁的开通，使南昌快速迈进“高铁时代”，与周边城市互联成为“一小时高铁经济圈”；轨道交通1号线的开通运营，使南昌迈入“地铁时代”；国道105线、国道320线、国道316线纵贯南昌市；昌北国际机场航线可达全国各大城市；水运经赣江入长江出东海。

【地理位置】 地处江西省中部偏北，赣江、抚河下游，濒临鄱阳湖，北纬28°09′—29°11′、东经115°27′—116°35′。东连余干、东乡；西靠高安、奉新、靖安；南接临川、丰城；北部与永修相邻。全市南北长约112.1千米，东西宽约107.6千米。

【地质地貌】 南昌市处于扬子地层区“江南古陆”南缘及其与华南地层区的过渡地带。地质构造大致可分为3个大地构造发展阶段，即九岭地槽发展阶段、加里东—印支地台发展阶段、燕山—喜马拉雅滨太平洋边缘活动阶段。地层发育较为齐全，从中元古界直至第四系均有出露。岩浆活动从晋宁期至喜山期均有发生。大地构造运动、岩浆活动和区域变质等交互作用在区内形成区域变质岩和动热变质岩两大类变质岩。主要缘于所处的特定大地构造环境和多期构造运动叠加影响，地质构造比较复杂，可分为褶皱构造、区域断裂构造、逆冲推覆及伸展构造3个构造层次。辖区内地势以平原为主，东南区域地势平坦，西北区域丘陵起伏，主要山脉是西山山脉。全市最高点是海拔841.1米的梅岭洗药湖。全市平原占35.8%，水域占29.8%，岗地、低丘占34.4%。

【江河湖泊】 辖区内有赣江、抚河、锦河和潦河。赣江穿城而过，军山湖、金溪湖、青岚湖、瑶湖等数百个大小湖泊星罗棋布。其中，老城区内有4个湖，即东湖、西湖、南湖、北湖；老城区外有4个湖，即青山湖、艾溪湖、象湖、黄家湖（含礼步湖、碟子湖）。因此，被誉为“城在湖中，湖在城中”。

【自然资源】 南昌市可开发利用的丘陵、岗地较多，地表水、地下水资源丰富，植物种类1000余种，砂石是优势矿产品种。全市总面积7195平方千米，其中耕地面积27.56万公顷。土壤主要有堆积冲积平原土壤和侵蚀剥蚀地貌土壤两大类型。主要土类为水稻土和红壤土。水资源总量为73.86亿立方米，境内自产水量为57.8亿立方米，地表水资源量为69.99亿立方米，还原水量为4.07亿立方米，地下水资源量为15.14亿立方米。水力资源蕴藏量为7.27万千瓦，可供开发的资源3.45万千瓦，占蕴藏量的47.5%。当地树种主要有樟树、马尾松、油茶等。野生树种主要有钩樟、山苍子、乌药等。矿产以非金属建材矿为主，兼有燃料等各类矿产28种，其中有工业开采价值的8处。已发现矿点、矿化点100余处，其中建筑用沙、砖瓦黏土、饰面石材、石灰石和矿泉水等具有较好的开发前景。花岗岩、砂卵石储量巨大，开采历史悠久。

【气候】 南昌地处鄱阳湖盆地，赣江下游。四季分明，气候暖湿，雨量充沛，日照充足，无霜期长，冰冻期短，属中亚热带湿润季风气候型。南昌冬季受蒙古冷高压控制和影响，盛行偏北气流，1月多刮偏北风；夏季受西太平洋副热带高压控制和影响，盛行偏南气流，7月多刮偏南风。春秋两季为过渡季节，分别受大陆高压和海上高压的控制和影响；春末夏初，天气温湿而多雨；秋末冬初，天气干爽而少雨雪。一年的四季中，夏冬季长，春秋季短，年平均气温比相似纬度邻省地区略高，更有利于农作物繁育生长。

（市史志办）

## 行政区划

【概况】　2022 年，根据《江西省人民政府关于同意南昌市调整部分行政区划的批复》，将新建区流湖镇划归红谷滩区管辖。根据《江西省民政厅关于同意南昌市部分乡级行政区划调整的批复》，撤销新建区长堎镇，设立长堎街道、欣悦湖街道；撤销西湖区桃花镇，设立桃花街道。截至年底，南昌市辖南昌、进贤、安义 3 个县，东湖、西湖、青云谱、青山湖、新建、红谷滩 6 个区，以及湾里管理局、南昌高新技术产业开发区、南昌经济技术开发区。全市设 39 个街道、28 个乡、48 个镇，968 个社区居民委员会、1153 个村民委员会。

【南昌县】　2022 年，南昌县辖 9 个镇（莲塘、向塘、蒋巷、幽兰、塘南、武阳、冈上、广福、三江），7 个乡（泾口、南新、八一、黄马、塔城、富山、东新），1 个街道办事处（八月湖街道办事处），1 个国家级开发区（南昌小蓝经济技术开发区），1 个省级开发区（向塘开发区）和 1 个管委会（银三角管委会），另有麻丘镇、昌东镇由南昌高新技术产业开发区代管；136 个社区居民委员会，263 个村民委员会。

【进贤县】　2022 年，进贤县辖 9 个镇（民和镇、李渡镇、温圳镇、文港镇、梅庄镇、张公镇、罗溪镇、架桥镇、前坊镇），12 个乡（三里乡、二塘乡、钟陵乡、池溪乡、南台乡、三阳集乡、七里乡、下埠集乡、衙前乡、白圩乡、长山晏乡、泉岭乡），1 个垦殖场（五里综合垦殖场）和 1 个省级开发区（江西进贤经济开发区）；74 个社区居民委员会，264 个村民委员会。

【安义县】　2022 年，安义县辖 7 个镇（龙津镇、鼎湖镇、万埠镇、石鼻镇、东阳镇、长埠镇、黄洲镇），3 个乡（乔乐乡、新民乡、长均乡）；31 个社区居民委员会，104 个村民委员会。

【东湖区】　2022 年，东湖区辖 1 个镇（扬子洲镇），7 个街道办事处（滕王阁街道办事处、百花洲街道办事处、墩子塘街道办事处、豫章街道办事处、大院街道办事处、董家窑街道办事处、彭家桥街道办事处），2 个管理处（贤士湖管理处、扬农管理处）；91 个社区居民委员会，21 个村民委员会。

【西湖区】　2022 年，西湖区辖 10 个街道办事处（南站街道办事处、南浦街道办事处、朝阳洲街道办事处、桃源街道办事处、广润门街道办事处、丁公路街道办事处、绳金塔街道办事处、朝农街道办事处、九洲街道办事处、桃花街道办事处）；138 个社区居民委员会，13 个村民委员会。

【青云谱区】　2022 年，青云谱区辖 1 个镇（青云谱镇），5 个街道办事处（三家店街道办事处、洪都街道办事处、徐家坊街道办事处、京山街道办事处、岱山街道办事处）和 1 个城市综合功能区（新经济产业集聚区）；79 个社区居民委员会，12 个村民委员会。

【青山湖区】　2022 年，青山湖区辖 4 个镇（湖坊镇、塘山镇、京东镇、罗家镇），4 个街道办事处（上海路街道办事处、青山路街道办事处、南钢街道办事处、站东街道办事处）和 1 个省级工业园区（江西青山湖高新技术产业园区）；116 个社区居民委员会，60 个村民委员会。

【新建区】　2022 年，新建区辖 8 个镇（松湖镇、石岗镇、西山镇、石埠镇、望城镇、溪霞镇、象山镇、联圩镇），5 个乡（大塘坪乡、铁河乡、昌邑乡、南矶乡、金桥乡），2 个街道办事处（长堎街道办事处、欣悦湖街道办事处）和 1 个省级开发区（新建经济开发区）；79 个社区居民委员会，200 个村民委员会。

【红谷滩区】　2022 年，红谷滩区辖 1 个镇（流湖镇），1 个乡（厚田乡），7 个街道办事处（沙井街道办事处、卫东街道办事处、生米街道办事处、红角洲道办事处、凤凰洲道办事处、九龙湖道办事处、龙兴街道办事处）；107 个社区居民委员会，78 个村民委员会。

【湾里管理局】　2022 年，湾里管理局辖 4 个镇（招贤镇、梅岭镇、罗亭镇、太平镇），2 个街道办事处（站前街道办事处、幸福街道办事处），1 个管理处（洗药湖管理处）；25 个社区居民委员会，35 个村民委员会。

【南昌高新技术产业开发区】　2022 年，南昌高新技术产业开发区辖 2 个镇（昌东镇、麻丘镇），2 个管理处（艾溪湖管理处、鲤鱼洲管理处）；52 个社区居民委员会，48 个村民委员会。

【南昌经济技术开发区】　2022 年，南昌经济技术开发区辖 2 个镇（樵舍镇、乐化镇），1 个街道办事处（蛟桥街道办事处），2 个管理处（白水湖管理处、冠山管理处）；40 个社区居民委员会，55 个村民委员会。

（市史志办）

## 人口民族

【概况】　截至 2022 年年底，全市户籍总人口 544.44 万人。其中，城镇人口 306.93 万人，户籍人口城镇化率为 56.38%。常住人口 653.81 万人，比上年增加10.06万人。其中，城镇人口516.01万人，常住人口城镇化率为78.92%；全年出生人口4.01万人，出生率6.19‰；死亡人口3.54万人，死亡率5.45‰；人口自然增长率0.74‰。南昌市是一个少数民族散居城市，居住人口以汉族为主，一些少数民族人口分散居住在市区和各县区，人口数量不多。截至2022年年底，全市少数民族户籍人口为21145人，其中人口较多的依次是回族（4389人）、满族（3723人）、壮族（2325人）、土家族（2029人）、畲族（1607人）、苗族（1594人）、蒙古族（1258人）。户籍人口有51个民族成分，没有的5个民族成分为：塔吉克族、保安族、独龙族、门巴族、珞巴族。全市少数民族流动人口约为2.5万人，其中人口较多的是回族（约6400人）、维吾尔族（约3030人）、苗族（约2000人）、土家族（约1000人）、东乡族（约800人）。少数民族流动人口有52个民族成分，没有的4个民族成分为塔吉克族、德昂族、保安族、独龙族。少数民族流动人口流出地主要是甘肃、贵州、新疆、宁夏、湖南、广西、云南。

**【人口分布结构】** 2022年，市辖区总户数106.91万户，户籍人口总数321.57万人。其中，乡村人口83.73万人，城镇人口237.84万人。市辖县总户数68.3万户，户籍人口总数222.87万人。其中，乡村人口153.78万人，城镇人口69.09万人。在全市户籍人口中，男性280.67万人、女性263.78万人；0—17岁119.52万人、18—34岁124.72万人、35—59岁198.35万人、60岁及以上101.86万人。

**【少数民族分布】** 南昌市共有3所学校设有民族班，其中南昌市第十七中学有西藏班6个，学生178人；南昌县莲塘一中有新疆班1个，学生50人；进贤县第一中学有西藏班3个，学生162人。进贤县池溪乡兰家畲族村是南昌市唯一的少数民族自然村，畲族人口42人，主要产业为蔬菜种植、米酒酿造。南昌市有一个由该市各民族干部群众自愿参加而组成的地方性、联合性、非营利性的群众联谊组织——南昌市民族团结进步协会，共有会员172人，包含汉族、回族、满族、畲族、藏族、蒙古族、维吾尔族等民族。

（张　楚）

## 2022年南昌市户籍人口及其变动一览表

表1

| 公安单位 | 年末总户数（户） | 年末总人口（人） | | | | | | | | | 2022年度人口变动（人） | | | | | | | | | |
|---|---|---|---|---|---|---|---|---|---|---|---|---|---|---|---|---|---|---|---|---|
| | | 合计 | 城镇人口 | 乡村人口 | 性别 | | 年龄 | | | | 出生 | | | 死亡 | | | 迁入 | | 迁出 | |
| | | | | | 男 | 女 | 0—17岁 | 18—34岁 | 35—59岁 | 60岁及以上 | 合计 | 男 | 女 | 合计 | 男 | 女 | 省内迁入 | 省外迁入 | 迁往省内 | 迁往省外 |
| 东湖公安分局 | 142472 | 419789 | 389439 | 30350 | 207494 | 212295 | 64697 | 76016 | 164373 | 114703 | 2202 | 1191 | 1011 | 979 | 520 | 459 | 5086 | 666 | 11247 | 1999 |
| 西湖公安分局 | 161461 | 462568 | 462568 | 0 | 228889 | 233679 | 82818 | 84843 | 176457 | 118450 | 3038 | 1623 | 1415 | 1199 | 654 | 545 | 10586 | 931 | 8988 | 1715 |
| 青云谱公安分局 | 87558 | 258868 | 258868 | 0 | 130984 | 127884 | 38268 | 45956 | 100181 | 74463 | 1414 | 719 | 695 | 611 | 346 | 265 | 4350 | 395 | 5017 | 945 |
| 湾里公安分局 | 33034 | 86897 | 50518 | 36379 | 45567 | 41330 | 20480 | 21145 | 30726 | 14546 | 1004 | 576 | 428 | 167 | 104 | 63 | 1992 | 225 | 708 | 287 |
| 青山湖公安分局 | 151437 | 442998 | 379159 | 63839 | 223767 | 219231 | 82602 | 94477 | 169047 | 96872 | 3309 | 1853 | 1456 | 1002 | 570 | 432 | 6048 | 667 | 5240 | 1421 |
| 高新公安分局 | 107379 | 332066 | 171910 | 160156 | 171089 | 160977 | 86429 | 87276 | 115433 | 42928 | 3563 | 1914 | 1649 | 492 | 279 | 213 | 5697 | 731 | 2219 | 959 |
| 红谷滩公安分局 | 145706 | 445687 | 311881 | 133806 | 225714 | 219973 | 132420 | 104710 | 158670 | 49887 | 5012 | 2729 | 2283 | 481 | 267 | 214 | 19660 | 2005 | 5242 | 1733 |
| 经开公安分局 | 72755 | 211560 | 158082 | 53478 | 108054 | 103506 | 51926 | 53883 | 72480 | 33271 | 2462 | 1258 | 1204 | 271 | 159 | 112 | 5005 | 720 | 1853 | 878 |
| 南昌县公安局 | 322836 | 1080293 | 364522 | 715771 | 566625 | 513668 | 238610 | 264448 | 383137 | 194098 | 9030 | 4997 | 4033 | 2247 | 1385 | 862 | 6643 | 1022 | 5197 | 1959 |
| 新建公安分局 | 167271 | 555254 | 195955 | 359299 | 291739 | 263515 | 138976 | 147273 | 188014 | 80991 | 5322 | 2874 | 2448 | 1411 | 814 | 597 | 3328 | 530 | 3379 | 1135 |
| 安义县公安局 | 102529 | 307447 | 93743 | 213704 | 164191 | 143256 | 76657 | 73269 | 108228 | 49293 | 2650 | 1427 | 1223 | 635 | 397 | 238 | 290 | 202 | 603 | 1829 |
| 进贤县公安局 | 257658 | 840986 | 232634 | 608352 | 442524 | 398462 | 181293 | 193912 | 316721 | 149060 | 5777 | 3116 | 2661 | 1714 | 1051 | 663 | 646 | 497 | 2433 | 3939 |
| 南昌市公安局合计 | 1752096 | 5444413 | 3069279 | 2375134 | 2806637 | 2637776 | 1195176 | 1247208 | 1983467 | 1018562 | 44783 | 24277 | 20506 | 11209 | 6546 | 4663 | 69331 | 8591 | 52126 | 18799 |

（资料来源：市公安局）

# 历史文化

**【概况】** 南昌始建于汉高帝五年（前202），是历代郡、府、州治所在地。古代南昌以"襟三江而带五湖，控蛮荆而引瓯越"的地理环境，成为中国东南的交通枢纽和政治、经济、文化重镇，不仅造就了"舟车不息、商贾云集"的繁荣和富饶，而且吸引无数文人名士流连忘返，吟咏不已。初唐王勃的《滕王阁序》描绘了南昌"落霞与孤鹜齐飞，秋水共长天一色"的绝妙景致，使南昌"物华天宝、人杰地灵"的美誉流传至今。明末清初的八大山人（朱耷）书画作品向外界展现了南昌博大从容的人文风度。1986年，南昌市被国务院批准为中国历史文化名城。2022年，全市有公共图书馆10个、文化馆10个、各类博物馆（纪念馆）28个。全国重点文物保护单位10个，省级文物保护单位61个，市级文物保护单位43个。市级及以上非物质文化遗产项目184个，其中国家级5个、省级44个，"非遗"保护示范基地12个、传承基地（传习所）10个、传播基地9个。

**【历史沿革】** 早在5000多年前，原始先民在该地生产、生活。至3000年前，南起青云谱、北至艾溪湖，弧形地带形成古代南昌居民的聚集区。汉高帝五年（前202），汉将灌婴定豫章郡，次年筑南昌城，城址在今南昌火车站东南约4000米的黄城寺，城周长10里84步，辟有6道门，称"灌城"或"灌婴城"，为南昌建城之开始，并置南昌县为豫章郡之附廓，有"南方昌盛""昌大南疆"之意。汉设豫章郡；隋废豫章郡，设洪州总管府；唐废洪州总管府，设洪州都督府；南唐废洪州都督府，设南昌府；宋废南昌府，设洪州府，后改为隆兴府；元废隆兴府，设龙兴路；元末废龙兴路，设洪都府，后改为南昌府；明、清为南昌府。1926年正式设南昌市。1927年8月1日，周恩来、贺龙、叶挺、朱德、刘伯承等人在南昌市领导和指挥了震撼世界的武装起义，南昌市成为中国人民解放军的诞生地，被誉为"英雄城"，是"军旗升起的地方"。1949年5月22日，南昌市解放。在中国共产党和人民政府的领导下，南昌人民继承和发扬光荣的革命传统，艰苦创业，开拓进取，在"一穷二白"的废墟上建设社会主义的新型城市。中共十一届三中全会以来，南昌市社会主义建设更是突飞猛进。进入21世纪，南昌市迎来新的发展机遇。市委、市政府围绕"富民强市"的目标，全力做好建设"现代区域中心城市和现代文明花园英雄城市"两篇文章，竭力把南昌打造成带动全省发展的核心增长极。

**【文化传播】** 早在5万—6万年前，原始先民创造了远古文明。春秋战国时期，孔丘弟子澹台灭明（字子羽）"南游至江"，中原文化开始传入。东汉时期程曾，在南昌讲学写作，著书立说，声望很高，"会稽顾奉等数百人常居门下"；徐稚（字孺子）被称为"江南卑薄之域，而角立杰出"，人称"南州高士"。魏晋南北朝时期范宣、范宁兴办学堂，讲授、传播儒家经学文化；雷次宗著《豫章记》是最早的江西省地方志书之一，唐宋史家的著作，多有征引；许逊传播道教，建立道观，并率民治水，成了治水的传奇人物。唐朝时期建造的滕王阁，因王勃《滕王阁序》蜚声四海，历代的人们，未见其阁，已先读其序，闻其名，慕名而来，留名而去，积得雄文百篇、名诗千首。五代南唐的山水画家董源，被誉为南派山水画之祖。元代民间航海家汪大渊撰写的《岛夷志略》，涉及国家和地区220余个，清同治六年（1867）后，西方人将该书译成多种文字。明末清初"四大画僧"之一的八大山人（朱耷），以其"画风和精神开启和风靡了中国画三百年之画运"。清代末期胡思敬校辑《豫章丛书》1部，收唐宋以来江西历代名人著作经、史、子、集103种694卷266册，丰富中国文化宝库。现代山水画家黄秋园，自学成才，业余作画，山水、花卉、人物、界画无所不工，去世后作品逐渐被人们所认识，并得到艺术界的承认。五四运动后，赵醒侬、方志敏、袁玉冰等开办南昌文化书社，销售《新青年》《共产主义ABC》等书刊，并创办《红灯》《新江西》等期刊，传播马克思主义。1935年，方志敏在狱中写下《可爱的中国》，表达对祖国、对人民的深厚情感，成为爱国主义的千古绝唱。

2022年4月11日，建设中的昌南文化中心

（成奔　摄）

**【习俗礼仪】** 南昌百姓的节日习俗主要有春节（拜年、换茶、上七大似年）、闹元宵、春龙节、花朝节、清明节、端午节、划龙舟、斗力和送扇、立夏节、六月六晒龙袍、七夕节、中元节、中秋节、龙岗登高、冬至节。其中，春节是一年中最隆重的传统节日。百姓多自冬至后开始筹办年货，如腌制腊肉、腊鸡，做年糕、印花米果、碾糖块等。农历腊月二十四日过小年。"过了二十四，天天都是

年”(南昌话),南昌人过大年的日子各家不同,时辰也不一样。腊月二十五至二十九都有过大年的,有的早上过年,有的是中午、晚上过大年。春节期间主要习俗:一是拜年。正月初一,幼辈依次向尊长拜年,尊长又率幼辈向左右邻居贺年。南昌有句俗话“初一的崽,初二的郎,初三初四老姑丈”(南昌话)。初三、初四也有专为亡亲祭拜的。二是“上七大似年”。南昌人重视上七(初七),要好好地吃一顿,还要吃“糊羹”,象征步步高。三是闹元宵。南昌百姓过元宵叫闹元宵,闹了十五还要闹十六。南昌百姓吃元宵,象征全家团圆、幸福。吃好元宵之后,便开始闹灯。元宵节的灯,各式各样,有龙灯、板凳灯、关公灯、采莲灯等。板凳灯最长由1000余条板凳组成,由1000余人操作。板凳灯起舞时整齐统一,十分壮观。其中,进贤县西湖李村“同吃一桌席、同舞一条板凳龙”的节庆活动更是场面壮观,传统文化得到很好的传承。2009年11月,进贤县西湖李村的“板凳灯文化节”在中华文化促进会等单位主办的第二届“节庆中华奖”颁奖盛典上获得“最佳文化传承奖”。南昌百姓把端午节、中秋节、春节“一年三节”,视为一年内最重要的节日。定好亲事未结婚的送礼,已婚女婿送丈母娘、外甥送舅舅等,一年三节绝对不能缺。南昌人过端午节要吃粽子,插艾枝,吃红蛋、茶蛋、包子,赛龙舟。划龙舟从四月开始筹备,“初一划、初二歇、初三初四划到节”。“六月六晒龙袍”,南昌的气候温暖湿润,每年农历六月六之前,都是梅雨季节。故有六月初六晒衣裳的习俗,实际上也应是对太阳的一种崇拜。随着互联网的发展,南昌人在沿袭传统节日祝贺方式之外,逐步兴起短信、电子邮件、QQ、微信等方式,向亲戚、朋友表示节日的祝贺。南昌百姓人生礼仪主要体现在求子、出生、过百岁、起名、摸周、成年、寿庆、丧葬等方面。出生礼仪:妇女怀孕叫“有喜”,婴儿降生叫“添喜”。婴儿生下的第三天,给孩子“洗三”。婴儿出生到一个月即“满月”,行满月礼;出生满一年整,是婴儿第一个生日,称“过周岁”,为孩子举行“摸周”。寿庆礼仪:按南昌传统习俗,祝寿活动年龄进入50岁以后才举行,越到老年,祝寿活动的仪式也就越是隆重。南昌有句俗语:“三十无人晓,四十无人知,五十做一做,六十摆宴席,七十大庆贺,八十无信息,九十、百岁大摆席。”丧葬礼仪:南昌民间对死者进行吊唁,叫作“白喜事”。吊唁者都穿白衣,以示悲哀。丧葬礼仪一般有举丧、守灵、入殓、出殡、安葬、关山、接七等。南昌地区婚姻习俗除“父母之命,媒妁之言”外,还有许多礼节。一是“托媒”。一般由男家采取主动,并请媒人张罗。二是订婚。双方同意后,男家向女家下聘礼。三是送日子。双方缔结婚约后,男家确定吉日后,要向女家通报,南昌地区将此日称为“送日子”。四是迎娶。婚期确定后,女家准备嫁妆,择日发送。举行婚礼这天,男家请花车到女家迎亲。婚宴开始前新郎、新娘一拜天地、二拜父母,夫妻对拜后喝交杯酒。五是闹洞房。南昌民间风俗认为,“闹房三日无大小”。除取乐、闹笑外,亲朋好友用各种方法逗趣,以营造一种和谐的氛围。

【方言】 按照《中国语言地图集》对汉语方言的分区,南昌话属赣语昌靖片。南昌方言通常说的南昌,指的是南昌市市区和南昌县管辖的地区,不包括南昌市管辖的其他县。南昌曾有城,城有七门。七门之内的地区是老城区,习惯称为城里,七门之外的地区统称为乡下。南昌方言分城里话和乡下话。乡下话分很多种。由于推广普通话的影响,城里话有新、老派之分。城里话新、老派最大的差别是两点:老派分阴入阳入(阳入有并入阴入的趋势),新派阳入都并入阴入,只有一个入声;遇摄三等知章组字,新、老派读法不同。城里话跟乡下话的一个最突出的差别是古开口三等知章组字的读音。关于调类的分合,有一部分乡下话跟城里话是一致的,有一部分乡下话则不一样。

(梅联华)

## 红色遗址遗迹

【概况】 南昌市是一座红色城市。1927年8月1日,周恩来等在南昌领导武装起义,标志着中国共产党独立地领导革命战争、创建人民军队和武装夺取政权的开始,因此被称为“英雄城”,被誉为“军旗升起的地方”。当年举行武装起义的总指挥部旧址、朱德军官教育团旧址、贺龙指挥部旧址等革命旧址及新四军军部旧址、邓小平在新建县拖拉机配件修造厂劳动旧址,经市政府的维修保护,成为革命传统教育基地。

【南昌八一起义纪念馆】 位于南昌市中山路中段380号,原为“江西大旅社”。始建于1922年,1924年建成,采用中西合璧的建筑风格,外观呈银灰色,坐南朝北,为楼高四层的“回”字形建筑。中华人民共和国成立后,1957年,江西大旅社改为南昌八一起义纪念馆,镏金馆额由陈毅元帅手书。1961年,经国务院批准,南昌八一起义纪念馆被列为国家重点文物保护单位。1997年,南昌八一起义纪念馆被中宣部命名为全国百家爱国主义教育示范基地之一。八一起义指挥部旧址改扩建工程自2006年5月动工,筹资1.53亿元,在起义指挥部旧址南侧兴建新陈列馆,2007年7月28日竣工对外开放。新陈列馆大楼共4层,外立柱由8支“汉阳造”步枪造型组成,屋檐是“八一”字体组成的长城图案,外墙采取镂空造型,所有玻璃窗方框都印有八一军徽图案。新陈列馆采用声光电幻影成像、多媒体同步地台模型、120度多通道环幕投影等多项先进陈列手段,除重点展示南昌起义这段历史外,还新增中国人民解放军光辉历程和英雄城南昌形象展示的陈列内容。

2022年8月1日,"南昌起义参加者新增名录发布仪式"在南昌八一起义纪念馆举行

(杨紫韬　摄)

【贺龙指挥部旧址】　全国重点文物保护单位,全国爱国主义教育基地,坐落在南昌市子固路165号。该旧址原为中华圣公会宏道堂及其主办的宏道中学校址,建于1916年,均为坐东朝西的砖木结构,颇具中西合璧的建筑风格。主建筑临街,是一栋有飞檐和钟鼓亭阁的三层楼房,内设传道和做礼拜等宗教活动场所,以及学校的课堂和教师办公室。主楼后面一栋三层西式小楼是牧师兼校长刘屏庚的住宅。1927年7月下旬,贺龙率领国民革命军第20军进驻南昌后,便将他的指挥部设在主建筑宏道堂内。军部各机关办公室分别设在主楼教室和礼堂内,贺龙、刘伯承等起义领导人住在主楼后面的西式小楼里。1927年8月1日凌晨,贺龙、刘伯承、周逸群在此指挥武装起义。旧址大楼三楼靠东的窗沿,留下3处敌人机枪射击留下的弹痕,是当年激烈战斗的历史见证。中华人民共和国成立后,刘屏庚将教堂无偿捐给国家。1956年9月,贺龙指挥部旧址修复。1977年,旧址维修恢复原貌,并对外开放,同时复原陈列贺龙的办公室兼卧室,军指挥部会议室、会客室、军部办公室,刘伯承办公室兼卧室以及指挥战斗的水泥台阶。在一楼大厅还设有"贺龙元帅生平展"。

【叶挺指挥部旧址】　作为八一起义指挥部旧址的一部分,是全国重点文物保护单位,全国爱国主义教育示范基地,坐落在南昌市苏圃路南昌二中校园内,原为心远中学的教学楼。为砖瓦结构"工"字形二层楼房,面积907.2平方米。1927年,该楼是国民革命军第11军第24师司令部、办公室、会议室、电话总机房及警卫部队驻地。1927年7月30日下午2时,叶挺在此召开第11军第24师营以上及师直机关军官会议,传达中国共产党关于武装起义的决定,部署战斗任务。南昌起义后,叶挺任国民革命军第11军军长,此楼即为第11军指挥部。中华人民共和国成立后,叶挺指挥部旧址曾是南昌二中的图书馆和教师的办公室。1956年9月该旧址修复。1977年,中国人民解放军建军50周年时,在工字楼内,恢复了营以上干部会议的会议室,布置了第11军的历史陈列。2007年,中国人民解放军建军80周年时,叶挺指挥部旧址进行全面复原整修,恢复叶挺、聂荣臻的办公室,并布置叶挺生平和第11军军史陈展,对外开放参观。

【朱德军官教育团旧址】　全国重点文物保护单位,全国爱国主义教育示范基地,坐落在南昌市八一大道376号。清末是训练清军的场所,后改为江西陆军讲武堂。占地几公顷,前后三进共四五十间房,另有礼堂及操场。1927年春,朱德在这里创办军官教育团并亲任团长,培养了一批革命武装干部,其中一部分人参加南昌起义,这里成为南昌革命活动的一个基地和堡垒。抗日战争中,讲武堂遭日本侵略军狂轰滥炸,学舍大部分被炸毁,但朱德当年的办公室幸运地保留下来。中华人民共和国成立后,讲武堂由军事部门接管。1952年,朱德办公旧址正式对外开放,是八一南昌起义旧址群中最先开放供参观的。2009年,朱德军官教育团旧址再次整修,并设计制作朱德军官教育团革命活动图片展、朱德军官教育团旧址复原陈列、朱德同志生平图片展。

【牛行车站】　牛行车站即南昌车站,位于南昌市红谷滩区凤凰洲管理处老北站社区,是南昌历史上的一个红色地标。1916年5月,南浔铁路全线贯通,是江西第一条客运铁路,牛行车站是南昌的首座火车站。1927年,八一南昌起义部队从牛行车站进入南昌。展示馆大门处有一组表现起义军抵达牛行车站的大型雕塑,雕塑中的火车头造型,在多媒体演示设备的辅助下,冒出一股股白烟。从左边进入展示馆内部，按照时间脉络展示“南浔铁路，百年沧桑”“起义部队，挺进南昌”“南昌起义，牛行战斗”“红一军团，八一示威”4个单元的展览内容。此外，展示馆内还设置体感互动游戏和知识问答游戏。2017年7月30日，牛行车站与南昌起义展示馆同步开放。

**【南昌新四军军部旧址陈列馆】** 位于南昌市友竹路7号。南昌新四军军部旧址原为北洋军阀张勋的公馆，建于1915年，内有2栋2层楼的楼房和1栋平房，属中西合璧砖木结构的建筑。1938年1月6日，国民革命军陆军新编第四军军部从汉口迁驻南昌，开始在该旧址正式对外办公。中华人民共和国成立后，1987年7月，省、市政府拨出专款按原貌恢复整修旧址。1988年1月5日对外开放。2月，南昌新四军军部旧址陈列馆成立。2009年5月启动旧址改扩建工程，总投资约8000万元，占地约2.34公顷，总建筑面积约1.16万平方米，分旧址保护区、新陈列展示馆、纪念广场、绿化园林四大功能区，2010年年底完工。新陈列馆位于旧址的南侧，建筑面积4833平方米，采用声光电高科技、历史图片等多种方式，分多个展厅展示新四军当年的风采。1987年12月，南昌新四军军部旧址被列为省级文物保护单位。2001年被列为江西省爱国主义教育基地。2006年国务院公布该馆被列为第六批全国重点文物保护单位。

**【小平小道】** 位于南昌市新建区望城岗。一头连着原新建县拖拉机配件修造厂，一头连着原南昌步兵学校，全长1500米。1969年10月到1973年2月，居住在原南昌步兵学校的邓小平顺着小道前去原新建县拖拉机配件修造厂劳动。后被人称为“小平小道”。2002年5月，“小平小道”初步修复后对外开放。2004年8月22日，在小平小道纪念馆区竖立邓小平铜像。2007年11月，新建县启动小平小道纪念馆改扩建工作。2008年12月18日，小平小道陈列馆开馆。小平小道陈列馆建筑面积2134.5平方米，陈展面积1720平方米。2017年提升改造。全馆分为探索建设道路、在“文化大革命”初期、疏散到江西、小平小道、复出与整顿5个部分，从不同角度反映了邓小平在江西3年零5个月的工作和生活。

（市史志办）

## 经济社会发展

**【概况】** 2022年，全市上下认真贯彻落实“疫情要防住、经济要稳住、发展要安全”要求，高效统筹疫情防控和经济社会发展，有效应对内外部挑战，更好统筹发展与安全。全市经济运行总体平稳，发展韧性持续显现。全年全市地区生产总值7203.50亿元，按不变价格计算，比上年增长4.1%。其中，第一产业增加值248.60亿元，增长3.6%；第二产业增加值3484.61亿元，增长4.6%；第三产业增加值3470.29亿元，增长3.7%。全市海关进出口总值1345.56亿元，增长4.3%。其中，出口值954.89亿元，增长6.7%；进口值390.67亿元，下降1.2%。

**【农业生产】** 2022年，全市农林牧渔业总产值430.14亿元，比上年增长4.1%。其中，农业产值178.31亿元，增长1.8%；林业产值6.85亿元，增长8.0%；牧业产值129.62亿元，增长5.8%；渔业产值87.48亿元，增长3.1%；农林牧渔专业及辅助性活动产值27.88亿元，增长14.0%。畜牧产品供应充足，猪牛羊禽肉产量30.47万吨，其中猪肉、禽肉产量分别为18.73万吨、10.74万吨；生猪存栏118.39万头，其中能繁殖母猪存栏12.39万头。

**【工业生产】** 2022年，全市规模以上工业增加值比上年增长6.0%。从经济类型看，国有控股企业、股份制企业、私营企业、外商及港澳台商投资企业分别增长7.8%、6.5%、2.6%、2.9%。从行业看，35个工业行业大类中21个行业实现增长，11个行业实现两位数以上增长。增加值总量排名前十的行业中，有7个行业增速高于全市平均水平。从产

2022年9月21日，安义县万埠镇农民收割中稻场景

（熊家福　摄）

品产量看，全市重点监测的149种主要工业品中65种实现增长，增长面为43.6%。其中，光缆、电子计算机整机、锂离子电池、半导体存储盘等产品增势较好，分别增长312.3%、173.8%、83.1%、66.0%。从新兴产业看，战略性新兴产业增加值增长11.9%，高于全市平均水平5.9个百分点；高技术制造业增加值增长10.6%，高于全市平均水平4.6个百分点。从全市重点打造的八大产业看，生物医药、电子信息、航空装备产业发展较快，增加值分别增长14.2%、12.7%、10.0%，分别高于全市平均水平8.2个、6.7个、4.0个百分点。

**【投资增长】** 2022年，全市固定资产投资比上年增长7.6%。分产业看，第一产业投资增长16.2%，第二产业投资增长8.0%，第三产业投资增长7.3%。分经济类型看，国有投资增长21.8%；非国有投资增长3.6%，其中民间投资增长0.1%，占全部投资比重为61.1%。分领域看，工业投资增长8.4%，其中制造业投资增长7.5%，占工业投资比重为94.8%；高技术产业投资增长14.2%，其中高技术制造业投资增长22.4%；基础设施投资增长24.9%；社会类投资增长21.1%，其中卫生和社会工作投资与文化、体育和娱乐业投资分别增长28.0%和21.3%。

**【消费市场】** 2022年，全市实现社会消费品零售总额约3012亿元，比上年增长4.6%。限额以上单位销售情况良好。按销售地分，城镇限上零售额1592.26亿元，增长10.5%；乡村限上零售额89.74亿元，增长35.6%。按消费形态分，商品零售1606.53亿元，增长12.1%；餐饮收入75.47亿元，增长1.3%。按商品类别分，监测的22个商品零售类别中19类商品零售额实现增长。基本生活消费持续增长，限额以上单位粮油食品类，服装、鞋帽、纺织品类，日用品类商品零售额分别增长15.2%、12.8%、6.1%；升级类商品消费旺盛，中西药品类、化妆品类、金银珠宝类分别增长31.6%、23.9%、12.9%。网上零售较快增长，全市限上批发零售业通过公共网络实现商品零售额227.72亿元，增长40.0%，拉动全市限上零售额增长4.2个百分点。

**【财政收支】** 2022年，全市地方一般公共预算收入457.68亿元，同口径增长5.1%（同比下降5.6%），其中税收收入275.81亿元，占一般公共预算收入的比重60.3%。全市民生支出持续发力，民生类支出完成781.09亿元，占地方一般公共预算支出比重为83.2%，其中教育、卫生健康、社会保障和就业、住房保障等领域支出分别为145.31亿元、89.93亿元、86.34亿元和38.32亿元。12月末，全市金融机构本外币各项存款余额16110.30亿元，同比增长9.2%。其中，住户存款余额5790.39亿元，增长21.2%；非金融企业存款余额6344.85亿元，增长4.4%。全市金融机构本外币各项贷款余额18949.13亿元，增长7.5%。其中，住户贷款余额4812.85亿元，下降0.8%；企（事）业单位贷款余额14053.46亿元，增长10.6%。

**【居民收入和人员就业】** 2022年，全市居民人均可支配收入44422元，比上年增长4.8%。其中，城镇居民人均可支配收入52622元，增长4.3%；农村居民人均可支配收入24218元，增长5.7%。消费价格温和上涨，居民消费价格（CPI）上涨1.8%。全市城镇新增就业68037人，完成全年任务的111.2%。其中，城镇失业人员再就业20653人，完成全年任务的107.0%；就业困难人员实现就业7226人，完成全年任务的104.7%。

**【社会用电和货运】** 2022年，全市全社会用电量307.50亿千瓦小时，比上年增长7.1%。工业用电量146.22亿千瓦小时，下降0.9%。其中，制造业用电量92.90亿千瓦小时，下降7.0%。城乡居民生活用电量62.43亿千瓦小时，增长16.9%。全市完成公路运输货运量1.65亿吨，下降1.5%；货物周转量315.99亿吨千米，增长3.2%。完成水路运输货运量1528.20万吨，增长3.6%；货物周转量57.69亿吨千米，增长3.6%。

（陈育丹）

# 中国共产党南昌市委员会

## 综　述

【概况】　2022年，南昌市紧扣迎接和学习宣传贯彻党的二十大精神这条主线，坚持稳中求进工作总基调，按照“疫情要防住、经济要稳住、发展要安全”重要要求，完整、准确、全面贯彻新发展理念，高效统筹疫情防控和经济社会发展，团结带领全市干部群众紧紧围绕“一枢纽四中心”（综合交通枢纽和区域科创中心、金融中心、先进制造业中心高品质服务业集聚发展中心）的发展定位和“两个大幅提升”（推动南昌经济首位度大幅提升，推动经济总量在全国省会城市大幅提升）目标要求，以率先“作示范、勇争先”勇气担当，深入实施强省会战略，推动各项工作取得新成效。以政治建设为引领，更加坚定拥护“两个确立”、坚决做到“两个维护”，推动党中央政策方针和省委工作部署在南昌落地生根；坚持稳中求进工作总基调，经济实现平稳健康发展；聚焦突出问题补短板，城市功能品质持续提升；持续深化改革开放创新，发展活力不断迸发；统筹兼顾、综合施策，社会大局保持和谐稳定；树牢人民至上理念，民生福祉明显改善；纵深推进全面从严治党，政治生态持续向上向好。

【政治建设】　2022年，认真践行新时代党的组织路线，全面落实新时代好干部标准，健全正向激励和容错纠错机制，选用忠诚干净担当具备6种鲜明特质的“四有”干部。加大干部队伍交流轮岗和锻炼力度，深入一线考察识别领导班子和领导干部，加大优秀年轻干部培养选拔力度，全面完成982名党政储备人才、196名选调生接收安排工作，干部队伍知识结构、年龄结构不断优化。从严加强选人用人监督和干部管理监督，开展十二届市委2轮选人用人专项检查，抓好公务员平时考核、乡镇公务员绩效考核、公务员奖励表彰等工作，推动全市干事创业氛围更加浓厚。持续树牢大抓基层鲜明导向，不断强化各级领导班子建设，持续整顿软弱涣散党组织，选聘1006名大学生基层专干充实到基层，基层组织活力明显增强。推进抓党建促乡村振兴，实施村级固本强基七大提升行动，乡村振兴典型选树、致富带头人培养、“红色名村”建设、“党建＋农村养老”等工作成效明显。深化城市基层党建引领基层治理，全面推行双报到双报告制度，有序推进社区工作者职业体系建设、街道（乡镇）管理体制改革、社区物业党建联建等工作。探索新业态、新就业群体党建，开展全省产业链党建试点和“两新”组织党务工作者队伍建设试点，在全省率先成立市快递行业党委、市交通运输行业综合党委，基层党组织覆盖面进一步扩大。

【经济发展】　2022年，围绕“4＋4＋X”产业体系［四大战略性新兴支柱产业（汽车及新能源汽车、电子信息、生物医药、航空装备）、四大特色优势传统产业（绿色食品、现代针纺、新型材料、机电装备制造）及若干生产性服务业］，深入推进产业链链长制。深入推动数字经济做优做强“一号发展工程”，高标准打造九龙大道数字经济产业园核心引领区。加快传统产业转型升级，着力发挥数字经济赋能作用，实施“5G＋智慧工厂”建设三年行动计划。深入挖掘消费潜力，通过发放消费券、开展“消费月”、举办“购物节”等活动引导市民消费，加快文化休闲、观光旅游等夜间经济发展，全面提振消费市场。深入实施创新驱动发展战略，推进赣江两岸科创大走廊、鄱阳湖国家自主创新示范区南昌核心区建设，高起点规划未来科学城，推进中医药科创城、航空科创城、VR科创城等创新平台建设。持续加强科技企业培育，2730家企业进入科技型中小企业库，4713家企业进入高新技术企业梯次培育库，推动科技企业实现量质双升。实施科技企业研发投入清零行动，加快推动年营收3亿元以上工业企业自建或共建研发机构全覆盖，全年新增市级工程技术研究中心36家、重点实验室22家。全面开展市校战略合作，与南昌大学等7所驻昌高校签订市校战略合作框架协议，建立院士工作站44家、专家工作站14家、国家级重点实验室5家、国家级工程技术研究中心4家。推进“每年吸引10万名大学生和技能人才来昌留昌创业就业”工作，抓好各项人才政策落实兑现，已兑现奖励补贴超14万人，兑现资金超20亿元。采取“线上线下”联动方式举办校招2000余场，吸引14.26万名大学生和技能人才来昌留昌创业就业，打造全国重要人才集聚中心工作取得成效。

**【改革开放】** 2022年，深入实施营商环境优化升级“一号改革工程”。加快数字政府建设，一网通办率95.84%。打造“线上线下、多元互补”服务渠道，对全审批流程进行精简压缩和流程再造。持续深化国资国企改革，全面推进战略性重组、专业化整合，将市属国有企业由“9+1”整合重组为“4+2”，推动国有企业更加聚焦主责主业，全市国资总额突破万亿元大关。抢抓江西内陆开放型经济试验区建设重大战略机遇，加快打造新时代内陆双向开放新高地。高标准推进智慧空港、国际陆港建设，南昌铁路口岸二期（海关监管作业场所）正式开通运行。主动融入长三角、对接粤港澳大湾区、全面参与长江中游城市群建设，举办2022年世界VR产业大会、南昌电子信息产业大会、中国航空产业大会暨南昌飞行大会等重大经贸活动，推动杭电股份、华创新材、传音控股、福特、天珑等一批重大项目先后落户。推动南昌市9个县区与丰樟高、鄱余万、奉靖永等9个县市开展“一对一”结对合作，深化与抚州、赣江新区合作互动，大南昌都市圈建设取得实质性进展。

**【社会治理】** 2022年，推进全国市域治理先行试验区建设，智慧平安医院、智慧平安校园建设成效显著。落实安全生产责任制，深入开展房屋安全隐患专项排查整治，扎实推进森林防火、防溺水、公共消防等重点领域安全隐患大排查、大整治，全面加强基层应急管理体系和能力建设，全市安全生产形势总体稳定。依托县区综治中心打造矛盾纠纷调解平台，深入开展矛盾纠纷排查化解工作，妥善处置涉房地产、教育、金融等领域信访突出问题。充分利用城区空闲用地、老旧小区杂乱角落，规划建设停车设施以及休闲场所，提升城区特别是老城区环境面貌和整体功能。把城中村（开放式居民区）围合服务管理工作与城市环境综合整治、老旧小区改造结合起来，探索推动物业服务管理，完善市政道路、消防栓等基础设施配套。以深化全国文明城市创建为抓手，开展垃圾乱扔、污水乱排、管线乱搭、房屋乱建、车辆乱停、物料乱堆等问题清理整治，深入推进“马路本色”“以克论净”行动，持续开展铁路和通道沿线环境整治，城市形象进一步提升。

（李　攀）

## 决策部署

**【概况】** 2022年，中共南昌市委常务委员会围绕全市基础设施、产业发展、民生实事等重要工作进行科学决策，按照“疫情要防住、经济要稳住、发展要安全”重要要求，围绕“一枢纽四中心”发展定位和“两个大幅提升”目标要求，抓实抓细常态化疫情防控，全力稳住经济大盘，培育壮大主导产业，加快建设基础设施，切实提升城市品质，持续改善生态环境，不断提升治理水平，解决群众关心的就业、教育、文化、社保、医疗、住房、养老等实际问题，群众幸福感、获得感、安全感持续提高，各项工作取得新成效。

**【市委全体会议】** 2022年，中共南昌市委认真贯彻落实中共中央和省委重大决策部署，及时召开市委十二届三次、四次、五次全体会议，学习传达中共中央和省委重要会议精神。1月6日，市委十二届三次全体（扩大）会议在红谷滩会议中心召开。会议总结2021年工作，审议2021年市委常委会工作报告，研究部署2022年经济社会发展各项工作，团结带领广大干部群众推进“一枢纽四中心”建设。11月29日，市委十二届五次全体（扩大）会议在红谷滩会议中心召开。会议传达学习省委十五届三次全体（扩大）会议精神；听取市委常委会工作报告；表决通过《中共南昌市委关于深入学习贯彻落实党的二十大精神加快全面建设社会主义现代化南昌的决定（草案）》。

**【市委常委会会议】** 2022年，中共南昌十二届市委召开59次常委会会议，由省委常委、市委书记李红军主持。市委常委会会议认真学习贯彻习近平总书记系列重要讲话精神和中央、省委重要会议、重要文件精神，听取审议全市各相关单位有关工作情况汇报、实施意见、计划方案等，研究部署全市经济社会发展各项工作。

**【市委工作会议】** 2022年，市委及全市有关部门相继组织召开党史学习教育总结大会、全市优化营商环境工作推进会、全市推进交通强市建设动员大会、“洪城红”应急队伍成立大会、南昌现代针纺产业发展大会、电子信息产业发展大会、市委经济工作会议等工作会议，研究贯彻落实上级相关政策、会议精神，部署具体工作措施和办法，推动全市经济社会建设稳步发展。1月12日，市委党史学习教育总结会议召开。省委常委、市委书记李红军出席并讲话。党史学习教育省委第一巡回指导组组长李青华和组员黄晨华、陈志平到会指导。市委副书记钱昀主持。市领导余正琨、王万征、梅峰出席。李松殿传达习近平总书记重要指示精神及中央和省委党史学习教育总结会议精神。1月27日，市委农村工作暨“两整治一提升”三年行动动员部署会召开。省委常委、市委书记李红军出席并讲话。市长万广明主持会议。市委副书记钱昀传达习近平总书记关于“三农”工作的重要论述。副市长彭开先解读《南昌市农业农村“两整治一提升”三年行动计划(2022—2024年)》。2月26日，全市优化营商环境推进大会召开。会议强调，要切实把优化营商环境作为南昌高质量发展的“生命线”来抓，坚决树立起问题导向、目标导向、需求导向、效率导向，对标对表国家营商环境评价指标体系，扎实做好优化营商环境各项工作，力争南昌经验做法在全省甚至全国推广。3月8日，全市推进交通强市建设动员大会召开。会议指出，要站在战略和全局的高度，充分认识推进交通强市建设，有利于南昌加速融入新发展格局、有利于满足人民群众对美好生活的新期待、有利于促进地方经济实现新发展的重要意义，切实增强开展工作的责任感、紧迫感和使命感。省委常委、市委书记李红军出席并讲话。市长万广明主持会议。5月5日，南昌市“洪城红”应急队伍成立大会举行。省委常委、市委书记李红军出席并为应急队伍授旗。市长万广明讲话。市委副书记钱昀主持。市委常委、组织部部长余正琨宣读有关决定。8月12日，南昌市现代针纺产业发展大会举行。省市领导李红军、万广明出席并会见嘉宾。11月13日，南昌市电子信息产业发展大会举行。省委常委、市委书记李红军出席并讲话。市长万广明主持。12月30日，市委经济工作会议召开。会议全面落实省委经济工作会议部署，总结2022年全市经济工作，分析当前经济形势，部署2023年全市经济工作。省委常委、市委书记李红军出席并讲话。市长万广明主持。

**【《南昌市交通强市建设行动计划(2022—2025年)》出台】** 2022年3月7日，市委、市政府印发《南昌市交通强市建设行动计划(2022—2025年)》。计划明确，围绕经济首位度和经济体量“两个大幅提升”目标要求，深入实施省委、省政府提出的强省会战略，集中力量组织实施“1688”工程(“1”是指打造具有全国重要影响力的综合交通枢纽城市；“6”是指不断完善航空网、轨道网、水运网、道路网、物流网、信息网等“六大网络”；“8”是指加快推进综合交通、产业交通、品质交通、绿色交通、美丽交通、数字交通、信用交通、平安交通等“八大交通”体系建设；“8”是指推动实施综合交通设施建设、发展交通装备产业、交通品质服务提升、推动绿色交通建设、打造美丽城乡交通、推进数字交通建设、推进信用交通建设、推进平安交通建设等“八大任务”)。到2025年，实现交通基础设施互联互通，综合运输服务能力有效提升，交通综合治理显著推进，城乡交通服务全面覆盖，交通运输行业整体竞争力显著增强，为率先建成交通强市打下坚实基础，基本建成具有全国重要影响力的综合交通枢纽城市。

**【《关于全面推进2022年乡村振兴重点工作打造新时代乡村振兴“南昌样板”的意见》出台】** 2022年5月12日，市委、市政府印发《关于全面推进2022年乡村振兴重点工作打造新时代乡村振兴“南昌样板”的意见》。意见明确，围绕省委农村工作会议提出的“打造新时代乡村振兴样板之地”的目标定位和市委第十二届三次全会提出的“打造乡村振兴南昌样板”的决策部署，坚持以实施“两整治一提升”三年行动为主抓手，牢牢守住稳粮保供安全和不发生规模性返贫两条底线。牢牢守住稳粮保供底线。稳定粮油生产，保障农民种粮收益和“菜篮子”产品供给，落实耕地保护建设硬措施，强化农业科技装备支撑，夯实农业发展基础。守住不发生规模性返贫底线。推动帮扶政策落地见效，完善落实防止返贫动态监测和帮扶机制，持续提升脱贫人口稳定增收水平。实施“两整治一提升”三年行动。开展农村路域环境整治、农村人居环境整治提升、农业特色产业提升行动。扎实推进城乡融合发展。完善农村基础设施，提升乡村公共服务能力，推进农村生态保护建设，加强县域商业体系建设和农村基层党组织建设，增强乡村治理效能，培育新时代文明乡风，维护农村和谐稳定。激发乡村发展活力。深化农业农村改革，发展壮大农村集体经济，拓宽农民就业创业渠道。强化农业农村发展要素保障。加强党对农村工作的全面领导，优先保障“三农”投入，打造过硬乡村人才队伍，推进乡村示范创建。

**【《南昌市教育现代化行动纲要2035》出台】** 2022年6月6日，市委、市政府印发《南昌市教育现代化行动纲要2035》。行动纲要明确，立足教育实际、遵循教育规律、坚持改革创新，以立德树人为根本任务，以高质量发展为根本要求，以凝聚人心、完善人格、开发人力、培育人才、造福人民为工作目标，聚焦率先“作示范、勇争先”目标定位和“彰显省会担当”新要求，大力推进教育理念、体系、制度、内容、方法、治理现代化，着力优化教育结构、提高教育质量、促进教育公平，加快推进南昌教育现代化、建设教育强市，办好人民满意教育，培养德智体美劳全面发展的社会主义建设者和接班人，在描绘好新时代江西改革发展新画卷中展现南昌作为。到2035年，全市现代教育体系全面形成，发展水平更加优质，教育环境公平有序，体制机制健全完善。

**【《关于新时代建设先进制造业集聚发展中心推动工业高质量跨越式发展的实施方案》出台】** 2022年7月2日，市委、市政府印发《关于新时代建设先进制造业集聚发展中心推动工业高质量跨越式发展的实施方案》。实施方案明确，完整、准确、全面贯彻新发展理念，聚焦率先"作示范、勇争先"更高要求，围绕"一枢纽四中心"战略部署、"两个大幅提升"目标要求和"六个尽显"重点任务，坚决扛起省会责任，聚力建设全球有影响、全国有地位、全省当先锋的先进制造业集聚发展中心，在携手书写全面建设社会主义现代化江西的精彩华章新征程中彰显省会工业担当。到2025年，工业高质量跨越式发展态势更加明显，产业竞争力进一步提升，先进制造业集聚发展中心建设取得重要进展，省会工业首位度更加凸显。全市产业规模扩量升级，产业质量显著提升，产业循环畅通高效。

**【《南昌市新时代产业工人队伍建设改革实施方案》出台】** 2022年7月5日，市委、市政府印发《南昌市新时代产业工人队伍建设改革实施方案》。实施方案明确，完整、准确、全面贯彻新发展理念，积极推进构建新发展格局，坚持稳中求进工作总基调，全面落实党中央、国务院和省委、省政府关于产业工人队伍建设改革的决策部署，按照政治上保证、制度上落实、素质上提高、权益上维护的总体思路，围绕产业工人思想引领、建功立业、素质提升、地位提高、队伍壮大等重点任务，改革不适应产业工人队伍建设要求的体制机制，充分调动广大产业工人的积极性主动性创造性，为描绘好新时代江西改革发展新画卷更好地发挥南昌主力军作用。通过改革，使产业工人队伍进一步壮大，综合素质进一步提高，保障制度进一步健全，合法权益进一步实现，社会地位进一步提升，劳动光荣、技能宝贵、创造伟大的时代风尚更加浓厚，造就一支有理想守信念、懂技术会创新、敢担当讲奉献的宏大产业工人队伍，为进一步巩固党的执政基础、实施制造强国战略、实现高质量跨越式发展提供强大人力支撑。

**【《关于推进全市水利高质量发展的实施方案》出台】** 2022年10月9日，市委、市政府印发《关于推进全市水利高质量发展的实施方案》。实施方案明确，全面落实国家"江河战略"，深入实施强省会战略，充分彰显省会担当，按照南昌市第十二次党代会部署，凝心聚力、大干实干，全力推进水利高质量发展。加快枢纽控制工程、引调排水工程、水系连通工程、智慧水利工程建设，加快构建南昌现代水网，大力实施水利基础设施巩固升级，实现水治理体系和治理能力现代化，加快推动南昌市由水利大市向水利强市转变，续写新时代英雄城水利荣光，为助力打造"一枢纽四中心"实现"两个大幅提升"提供强有力的水安全保障。到2025年，基本建成与南昌经济社会发展要求相适应的水安全保障体系。到2035年，水安全保障体系全面升级，水利治理管理活动全面实现数字化、网络化、智能化。到21世纪中叶，全面建成持续水安澜、优质水资源、健康水生态、宜居水环境、先进水文化的水安全保障体系，全面实现南昌水利现代化。

**【《南昌市法治政府建设实施意见(2022—2025年)》出台】** 2022年10月11日，市委、市政府印发《南昌市法治政府建设实施意见(2022—2025年)》。实施意见明确，聚焦"作示范、勇争先"目标定位，全面建设职能科学、权责法定、执法严明、公开公正、智能高效、廉洁诚信、人民满意的法治政府，为南昌市巩固提升发展首位度、充分彰显省会担当，加快推动高质量跨越式发展提供有力的法治保障。到2025年，政府行为全面纳入法治轨道，职责明确、依法行政的政府治理体系日益健全，行政执法体制机制基本完善，行政执法质量和效能大幅提升，突发事件应对能力显著增强，全市法治政府建设协调并进，为到2035年基本建成法治南昌、法治政府、法治社会奠定坚实基础。

(李　攀)

## 督查与信息

**【概况】** 2022年，市委办公室深入贯彻习近平总书记"五个坚持"(坚持绝对忠诚的政治品格、坚持高度自觉的大局意识、坚持极端负责的工作作风、坚持无怨无悔的奉献精神、坚持廉洁自律的道德操守)重要指示精神，聚焦"前哨后院"职能定位，忠诚履职，负责担当，始终把抓落实作为一切工作的重点，对中央和省委、市委作出的决策部署、交办的工作任务，第一时间响应、第一时间督办，保证抓落实成效，"三服务"(党委书记为基层组织服务、基层组织为普通党员和群众服务、普通党员为群众服务)各项工作取得新成效。市委民声通道工作室获人民网市级"民心汇聚单位"称号。

**【重要工作督查】** 2022年，持续抓好省委、省政府综合督查提出的问题整改情况逐项跟踪督办。做好省委主要领导人指示批示精神督办落实，承办省委主要领导人指示交办事项31件。针对形式主义、官僚主义问题，先后围绕"某长制""指尖形式主义""节庆活动"等事项开展专项整治，深入推动为基层减负工作。紧跟市委决策思路，对市委常委会会议、书记专题会、书记调研交办等明确事项、市委主要领导指示批示交办事项进行台账管理、分类督办、动态跟踪、逐项对账销号。全年办理事项336件，以专项或汇总报告等形式滚动报送落实情况报告93期。围绕集中开工项目推进、“两整治一提升”行动、逾期安置房项目推进、“胡子工程”攻坚行动推进等10余项重点工作开展专项督查，特别是“胡子工程”攻坚行动督查，建立“红黄灯”预警机制，坚持每月形成督查专报，并以“两办”名义全市通报，推动一批问题加速解决，发挥较好的督促警示作用。至年底，31项“胡子工程”销号20项，超额完成年度销号任务。坚持贴近民生，用好“民声通道”平台，全年受理和督办群众各类诉求3159件；定期对省市重点办件开展实地核查，倒逼县区和部门主动提高办理效率和质量，确保件件有着落、事事有回音。

**【南昌信息编报】** 2022年，市委办公室围绕“领导想知道的”和“应该让领导知道的”，及时、全面、准确采编信息。全年编发《今日南昌信息》250期、《南昌信息专报》16期，上报中央办公厅、省委办公厅信息1600余条，完成省委办公厅信息约稿121篇。其中，中办采用19条、省委办采用267条，3条信息获中央领导批示，5条获省领导批示，113条获市委主要领导批示。在全省设区市中央办公厅直报点中，南昌市信息报送工作排名第一，市委办公室获全省信息工作先进单位称号。

（李　攀）

## 2022年中国共产党南昌市委员会印发文件选目一览表

表2

| 文号 | 时间 | 文件标题 |
|---|---|---|
| 洪发〔2022〕1号 | 5月12日 | 中共南昌市委 南昌市人民政府关于全面推进2022年乡村振兴重点工作打造新时代乡村振兴“南昌样板”的意见 |
| 洪发〔2022〕3号 | 1月27日 | 中共南昌市委关于推进新时代勤廉南昌建设的意见 |
| 洪发〔2022〕5号 | 2月7日 | 中共南昌市委 南昌市人民政府关于印发《南昌市农业农村“两整治一提升”三年行动计划（2022—2024年）》的通知 |
| 洪发〔2022〕7号 | 2月28日 | 中共南昌市委关于转发《南昌市人大常委会2022年立法计划》的通知 |
| 洪发〔2022〕8号 | 3月7日 | 中共南昌市委 南昌市人民政府关于印发《南昌市交通强市建设行动计划（2022—2025年）》的通知 |
| 洪发〔2022〕11号 | 6月6日 | 中共南昌市委 南昌市人民政府关于印发《南昌市教育现代化行动纲要2035》的通知 |
| 洪发〔2022〕12号 | 6月9日 | 中共南昌市委关于印发《南昌市年度综合考核办法（试行）》的通知 |
| 洪发〔2022〕15号 | 7月2日 | 中共南昌市委 南昌市人民政府印发《关于新时代建设先进制造业集聚发展中心推动工业高质量跨越式发展的实施方案》的通知 |
| 洪发〔2022〕16号 | 7月5日 | 中共南昌市委 南昌市人民政府关于印发《南昌市新时代产业工人队伍建设改革实施方案》的通知 |
| 洪发〔2022〕17号 | 7月28日 | 中共南昌市委关于印发《南昌市党外代表人士队伍建设规划（2022—2026年）》的通知 |
| 洪发〔2022〕19号 | 7月29日 | 中共南昌市委关于深入推进红色基因传承的实施意见 |
| 洪发〔2022〕20号 | 8月18日 | 中共南昌市委关于转发《南昌市第十六届人大常委会立法规划》的通知 |
| 洪发〔2022〕22号 | 10月9日 | 中共南昌市委 南昌市人民政府关于印发《关于推进全市水利高质量发展的实施方案》的通知 |
| 洪发〔2022〕23号 | 10月11日 | 中共南昌市委 南昌市人民政府关于印发《南昌市法治政府建设实施意见（2022—2025年）》的通知 |
| 洪发〔2022〕24号 | 11月5日 | 中共南昌市委关于认真学习宣传贯彻党的二十大精神的通知 |
| 洪发〔2022〕25号 | 11月5日 | 中共南昌市委印发《关于贯彻落实〈中共江西省委关于加强党的政治建设推动江西政治生态持续向上向好的意见〉任务安排》的通知 |
| 洪发〔2022〕26号 | 11月29日 | 中共南昌市委关于深入学习贯彻落实党的二十大精神加快全面建设社会主义现代化南昌的决定 |

（资料来源：市委办）

# 全面深化改革

【概况】 2022年，南昌市落实习近平总书记关于全面深化改革重要论述，坚持以全面深化改革攻坚行动为主抓手，以推动市县探索创新项目为突破口，发挥改革应对变局、开拓新局关键一招作用，出台并实施102项改革任务、20项重点改革举措，统筹推进全面深化改革攻坚行动186项改革任务，完成年度市县探索创新10项改革措施，落实44项国家级、52项省级试点示范改革工作，重点领域和关键环节改革取得一批新的制度成果和实践成果。

【市委全面深化改革委员会第七次会议】 2022年5月1日，省委常委、市委书记李红军主持召开市委全面深化改革委员会第七次会议。会议书面传达学习中央深改委第二十四、二十五次会议和省委深改委第二十、二十一次会议精神，审议市委改革办报送的《市委全面深化改革委员会2022年工作要点》《市委全面深化改革委员会2022年重点改革举措》《南昌市全面深化改革攻坚行动实施方案（2022—2024年）》。会议强调，要强力推进改革攻坚，咬定"一年全面铺开、两年重点突破、三年整体提升"攻坚行动总体目标，以发展和改革双"一号工程"为牵引，深化重点领域改革，加快推出一批具有引领性、集成性、标志性的改革"硬核"举措，确保攻坚行动取得成效。要认真抓好重点改革，对市领导领衔的重点改革举措要从思想上紧起来、措施上强起来，确保改一件成一件，以重点改革举措的落地见效，引领和带动全年各项改革目标任务全面完成；要积极推进"营商环境"一号工程，对考核排名靠后的事项尽快整改，强化与省直部门对接，形成工作合力；要稳妥推进行政区划优化工作，尽快拿出工作方案；要探索开发区"一区多园"运行管理体制改革。要强攻体制机制短板，以营商环境、"放管服"改革、机构改革和国资国企改革等难点为突破口，全力打通改革痛点、堵点，为南昌高质量跨越式发展提供强大动力，确保中央和省委部署改革任务落地生根，以优异成绩迎接党的二十大胜利召开。

【市委全面深化改革委员会第八次会议】 2022年6月28日，省委常委、市委书记李红军主持召开市委全面深化改革委员会第八次会议。会议书面传达学习中央深改委第二十六次会议精神，审议市委组织部报送的《市属国有企业在完善公司治理中加强党的建设的意见》，审议市总工会报送的《南昌市新时代产业工人队伍建设改革实施方案》，审议市科技局等相关市直单位报送的《南昌市深化科技体制机制改革攻坚行动实施方案（2022—2024）》等9个全面深化改革攻坚行动实施方案，审议市委改革办报送的《南昌市全面深化改革工作考核办法》。会议强调，要强举措抓好"一号改革工程"，坚持把营商环境"一号改革工程"摆在改革工作首位，对照国家营商环境评价标准梳理出来的改革任务和具体问题一项一项抓、一条一条改，确保各项短板全部补齐、各项工作任务全面落实，力争在全国位次前移进档，2—3项评价指标进入全国标杆城市行列，总体评分进入优秀档次，全力打造区域性营商环境标杆城市。要高标准打造"一流改革品牌"，以实施全面深化改革攻坚行动为契机，积极打造江西改革"南昌品牌"，特别是要用足用好省委、省政府赋予南昌的先行先试权，在推进双"一号工程"、争取更多改革试点、锚定省委和省政府对南昌提出的目标任务和发展定位等方面积极谋划、创新思路，着力形成一批可看、可讲、可推广、可复制的改革经验。要大力度争创"一等改革业绩"，打开思路谋、放开手脚干，从政策转化中谋求新机遇、从基层实践中探索新办法、从先进标杆中借鉴新经验，针对历史遗留问题、盘根错节问题、深层矛盾问题、堵点痛点问题拿出一批改革攻坚的硬招、管用见效的实招，把抓改革落实摆在首要位置，做到谋划要实、责任要实、督查要实，以实打实的举措推动各项改革落地见效。

【市委全面深化改革委员会第九次会议】 2022年7月23日，省委常委、市委书记李红军主持召开市委全面深化改革委员会第九次会议。会议书面传达学习省委深改委第二十二次会议精神，审议市委人才办报送的《关于持续唱响"天下英雄城聚天下英才"品牌，奋力打造全国重要人才集聚中心的意见》，审议市委统战部报送的《南昌市党外代表人士队伍建设规划（2022—2026年）》。会议强调，要深入贯彻习近平总书记关于全面深化改革重要论述，切实把思想和行动统一到中央和省委的改革决策部署上来，聚焦率先"作示范、勇争先"目标要求，纵深推进全面深化改革攻坚行动，持续深化重点领域和关键环节改革，更加注重激发基层的改革创新活力，更高质量推进各项国家级、省级改革试点任务，切实抓好南昌改革提炼、提质、提优工作，加快推出一批具有引领性、集成性、标志性的改革"硬核"举措，努力实现改革目标集成、政策集成、效果集成的要求，加速释放南昌高质量跨越式发展强劲动能，为全面建设社会主义现代化江西彰显省会担当，以优异成绩迎接党的二十大胜利召开。

【市委全面深化改革委员会第十次会议】 2022年9月23日，省委常委、市委书记李红军主持召开市委全面深化改革委员会第十次会议。

会议书面传达学习中央深改委第二十七次会议和省委深改委第二十三次会议精神，审议市发改委报送的《南昌市重要民生商品价格调控机制实施方案》，审议市审计局报送的《关于建立健全审计查出问题整改长效机制的实施意见》。会议强调，要深入学习贯彻习近平总书记关于全面深化改革重要论述，准确理解把握中央关于相关领域深化改革新部署、新要求，结合南昌实际贯彻落实好强化科技创新、加强资源节约、改善乡村卫生服务、民生商品稳价保供、审计整改成果转化等重点改革任务。要切实把思想和行动统一到中央和省委改革决策部署上来，聚焦率先“作示范、勇争先”目标要求，持续深化重点领域和关键环节改革，以更大决心、更实举措、更强力度推进全面深化改革攻坚行动协同发展，推进年度重点改革举措抓紧结项，推进市县探索推广改革项目走在全省前列，抓紧打造一批在全省乃至全国立得住、叫得响的改革品牌，加速释放南昌高质量跨越式发展强劲动能。

**【市委全面深化改革委员会第十一次会议】** 2022年11月9日，省委常委、市委书记李红军主持召开市委全面深化改革委员会第十一次会议。会议书面传达学习省委深改委第二十四次会议精神，听取全市基层探索和推广类改革项目推进情况报告，审议市司法局报送的《关于深化公证体制机制改革促进公证事业健康发展的实施方案》，审议市统计局报送的《关于更加有效发挥统计监督职能作用的实施意见》。会议强调，要“收好尾”，对改革任务推进较慢的单位要压实责任、加强调度、倒排工期、挂图作战，确保如期高质量完成好102项年度改革任务、10项市县探索改革项目、全面深化改革十大攻坚行动任务要求。要“答好卷”，高标准做好迎接省委改革办年度全面深化改革工作考评，高质量完成对市县两级年度改革考评。要“发好声”，切实加强国家级、省级改革试点以及市县两级探索创新改革项目总结提炼，加大与省直对口部门汇报沟通力度，围绕营商环境优化升级、知识产权保护、高质量养老服务体系、城中村（开放式居民区）围合服务管理、“作风夜查 民情夜访”常态化机制等重点加大探索创新，打造一批改革品牌，力争更多工作实绩入选国务院激励和省委、省政府及时奖。要“开好局”，对标对表中央和省委改革决策部署，主动、超前谋划好该地该领域2023年改革攻坚任务和探索创新项目，为在新的起点推进实施“强省会”战略、建设社会主义现代化南昌提供强大动力。

**【经济体制改革】** 2022年，实施《南昌市关于深入推进数字经济“一号发展工程”全力打造全省创新引领区行动方案》，制定《南昌市数字经济促进条例》。完善移动智能终端、LED、VR产业链图，绘制“南昌虚拟现实·元宇宙产业生态布局图”及软件信息技术服务业、物联网、智能网联汽车等赛道重点招商目标企业表，编制完成“元宇宙”试验区规划建设方案和产业规划。至年底，全市规模以上数字经济核心产业实现营业收入2387.77亿元，同比增长8.3%，占全省总量的21.4%；全市信息传输、软件和信息服务业规模以上企业实现营业收入264.45亿元，增长13.3%。建成并试运行国家互联网骨干直联点项目，省内平均网间时延由38.72毫秒降至2毫秒；中国电信大数据中心等重大项目完工启用。开通5G基站总数为18181个，每万人拥有5G基站数22.9个，在全省率先实现乡级行政区5G网络开通率100%。及时制订《关于深入推进优化营商环境“一号改革工程”打造区域性标杆城市行动方案》、优化营商环境任务清单以及五大专项行动任务清单，开展“新官不理旧账”、行政审批中介服务、招标投标领域、营商环境领域腐败和作风问题专项治理。启动实施壮大培育市场主体三年行动计划，出台系列助企纾困政策，全年累计惠及企业约109万户次，惠及资金427.71亿元。增值税留抵退税累计116.5亿元，占全省退税规模超1/4。实施“网上办”改革，全市2137项依申请政务服务事项网上可办率、一网通办率分别提升至96.12%、95.84%。工程建设项目办事平均用时压缩至61个工作日，企业开办全链条办理时限压缩至0.5个工作日，位居全国前列。打造“10分钟办税”服务圈，构筑“处处可服务、时时享服务、次次快服务”的纳税服务格局。全面推行“双随机、一公开”监管制度，力推“1+N”新模式，实施涉企“综合查一次”清单。在全省率先推行智慧化预警多点触发式监管，探索“包容审慎”监管模式。南昌县“双随机、一公开”监管和信用监管经验做法被国务院予以督查激励通报。构建现代经济体系。深化国企国资改革，全面推进市属国有企业战略性重组、专业化整合，由“9+1”模式调整为“4+2”模式，成为全省首个国资总额突破万亿元大关城市。优化普惠金融服务，推进南昌市普惠金融服务中心平台功能升级、培育首贷户等系列举措，全市普惠金融小微贷款规模稳步提升。南昌高新区推进企业创新积分制试点，探索建立科技金融超市，实现金融“活水”精准滴灌，累计为243家企业提供超过60亿元授信额度，实际贷款金额28亿元。不断完善科技创新体制机制。推进科技攻坚和科技成果转移转化，全市高能级创新平台58个项目获批组建。探索面向全国实施“揭榜挂帅”科技攻坚制度。印发实施《南昌市促进科技成果转移转化补助暂行办法》，举办江西省首场科技成果拍卖会“赣拍”，10项科技成果拍卖成交价1031万元。聚焦制造业高质量发展，实施现代针纺等支柱产业“一产一策”。推进开发区“一区多园”运行管理体制改革。出台《南昌市加快推动“专精特新”中小企业高质量发展行动方案（2022—2025年）》，在全省首次中小企业发展环境评估中获第一名。城市管理不断优化。稳慎有序推进行政区划优化，实施完成东湖区、西湖区、新建区、红谷滩区部分行政区划调整工作，撤并镇（街道、管理处）10个、设置街道8个，有序理顺基层行政管理体制。建设具有全国重要影响力的综合交通枢纽城市，持续深化交通综合治理模式改革攻坚，深入推进“畅通南昌”建设，南外环高速公路等20个久拖不决、久推不动“胡子工程”销号，江报路、圭峰大道等一批“断头路”完工通车，全市交通健康指数在全国36个重点城市排第二名。环卫保洁市场化改革全面铺开，全面推进环卫作业管、监、养分离，基本形成“政（事）企分开、管干分离、以量计费、以质取酬、优胜劣汰”环卫管理机制。实施城市更新，50余个城市更新项目加快推进，271个城镇老旧小区改造项目、1万套国家棚改任务全部开工，安义县老旧小区改造“组团连片、集散为整”思路连片改造的做法得到住建部肯定和全国推广。

**【生态文明体制改革】** 2022年，开展低碳试点示范和碳普惠融合，提升能耗“双控”科学化管理水平，坚决遏制“两高”项目盲目发展。推进生态产品总值核算试点，加快完善绿水青山与金山银山多元化转化路径和政策制度体系，出台《南昌市生态产品价值核算技术规范（试行）》、南昌市2020年人口密集区生态系统高精度分类数据、生态产品总值核算统计报表制度等制度文件，完成2020年度生态产品总值核算工作、上线根据新技术规范开发的生态生产总值在线核算平台、开展生态生产总值核算统计报表制度探索，科学测度绿水青山“含金量”。推进前湖水系治理，水质稳定达到或优于Ⅴ类。

**【民主法治领域改革】** 2022年，探索建立大南昌都市圈人大协作机制，完成“关于加强地方人大工作协同的思考——大南昌都市圈人大合作交流探索”课题。制定《南昌市爱国卫生工作条例》《南昌市数字经济促进条例》《南昌市爱国卫生工作条例》《南昌市数字经济促进条例》，获省人大常委会批准。废止《南昌市蔬菜基地保护条例》《南昌市赣江饮用水水源保护条例》《南昌市流动人口计划生育工作条例》，获省人大常委会批准。建立“洪城协商·委员市长面对面”工作机制，举行首次“洪城协商·委员市长面对面”活动。印发《南昌市党外代表人士队伍建设规划（2022—2026年）》，完善党外代表人士培养、管理、使用机制。

**【文化体制改革】** 2022年，深化红色基因传承，出台《关于深入推进红色基因传承的实施意见》。推进“孺子书房”建设，60个建设项目全部完成，推动公共文化服均等化、精准化。建立全市博物馆联盟，整合博物馆资源，增强馆际交流与合作。加强文旅产业品牌创建，入选首批国家文化和旅游消费试点城市；创建7个国家AAAA级旅游景区，2个国家级夜间文旅消费集聚区，1个全国乡村旅游重点镇，3个全国乡村旅游重点村；“英雄城·红色城”精品线路入选全国“建党百年红色旅游百条精品线路”。加强城市形象宣传，启动南昌城市形象“五个一”项目，推出“物华天宝，人杰地灵——天下英雄城”城市形象LOGO与宣传口号，彰显南昌城市个性和独特魅力。

**【社会体制改革】** 2022年，实施法治环境优化工程、平安建设精品工程、智防提升工程等“十大工程”，建立190余个项目的市域社会治理项目库。推进县（区）综治中心综合服务功能提档升级，完成10个县区专业性行业性矛盾纠纷调解平台建设。在全省率先开展城中村（开放式居民区）围合网格化服务管理工作，相关经验得到省委、省政府和省委政法委主要领导的批示肯定并向全省推广。完善治安防控体系，总结推广“网格快警”“城市快警”等勤务制度，持续推进校园安防、智慧平安医院建设。至年底，全市建设平安校园137所、平安医院39家，建成的医院及学校基本实现“零发案”，创建全国社会治安防控体系示范城市成效得到中央政法委、国家卫健委、公安部、司法部和中央网信办5个部委充分肯定。执法监督更完善。探索谋划党委政法委涉企案件评查工作机制，制定南昌市党委政法委涉企案件评查工作办法、跨部门大数据协同平台法律监督案件业务流程等制度，大数据协同平台运行效率和应用质效得到有效提升。强化对案件程序监督，深化电子卷宗智能化辅助应用，实现民商事、刑事案件立案阶段、归档阶段的无纸化办案。出台认罪认罚案件听取意见同步录音录像工作方案及工作指引，填补法律监督漏洞。制定深入推进公安执法责任体系改革重点任务清单、办理刑事复议复核案件工作细则等规范性文件，深化全警情案件全流程智能监督管理系统应用，规范执法办案管理中心运行。推进刑罚执行制约监督体系建设，推进国家级、省级智慧矫正中心创建工作。聚焦民生优服务。健全企业维权中心沟通协调机制，推进南昌中央法务区建设。打造“诉费通”互联平台，推出“诉事速办”微办案模式，实现诉讼服务“网上办、就近办、不见面、不求人”。拓展治理污水等“河（湖）长＋检察长”协作机制，河湖综合治理取得新成效。深化“证照分离”改革，推行“出生一件事”一链办理，推出跨省通办事项31项、全市通办事项54项。推进公共法律服务体系建设，为全市18个公共法律服务工作站配备智慧法律明白人终端。深化民生领域改革集成，加快推动保障性租赁住房建设，65个保障性租赁住房项目、房源24675套(间)全部下达项目认定书。开展充分就业示范社区“样板年”活动，健全完善四级公共就业服务体系。在全省率先启动与医疗保障制度衔接的商业补充医疗保险(南昌惠民保)，构建多层次医疗保障体系。优化养老服务供给，新建嵌入式养老院18个，完成5000户特殊困难老年人家庭适老化改造。智慧作业应用探索与实践被教育部评为全国优秀案例，在全省率先出台托育机构普惠运营补贴等系列奖补措施，有效满足群众教育、托育服务需求。

**【党建体制改革】** 2022年，公立医院、中小学校党的领导体制和工作机制逐步健全，抓好卫生教育系统党组织领导下的院长(校长)负责制贯彻落实，市第一医院、市第九医院、市第十九中学、洪都中学、市第十八中学等单位已经由原行政主官为“一把手”调整为党组织负责人为“一把手”。制定市管领导干部退出领导岗位职级公务员管理办法，实现管理常态化长效化。制定关于市属国有企业在完善公司治理中加强党的领导的意见，推动国有企业加强党的领导和完善公司治理相统一。出台《加强全市新业态新就业群体党建工作的指导意见》，在全省率先成立快递行业党委、交通运输行业综合党委、司法鉴定机构综合党委，配强“小个专”党委、互联网行业党委，全域推进全省“两新”组织党务工作者队伍建设试点。出台《关于持续唱响“天下英雄城 聚天下英才”品牌，奋力打造全国重要人才集聚中心的意见》，统筹实施“顶尖领军人才领航计划”、“洪城计划”、“洪城工匠”选培计划、“洪城农才丰收计划”等“洪字号”人才工程。建强科技创新平台，建立院士工作站44家、专家工作站14家、国家级重点实验室5家、国家级工程技术研究中心4家，引进“大院大所”在南昌设立新型研发机构10家。开发建设“i南昌”优惠政策直达应用场景，实现人才政策“免批快兑”，已兑现奖励补贴超16.5万人，兑现资金超24亿元。加大高层次人才引育力度，申报国家级重点人才工程27人、省“双千计划”项目初审通过390个。综合考核工作扎实推进，印发市委综合考核工作委员会工作规则、市委综合考核工作委员会办公室工作细则，明确全市综合考核工作流程、方式方法、职责分工和纪律要求；分领域配套形成“1个‘办法’管长远、1个‘意见’管年度、6个‘方案’管实施”的“1+1+6”综合考核文件体系，增强考核公平度、精准性。

**【纪检监察体制改革】** 2022年，一体推进“三不腐”成效显著，全年全市纪检监察机关立案2050件2182人，留置57人，移送司法机关44人，有53人主动投案，132人主动交代问题，通过监督办案止损挽损近20亿元。健全纪检监察建议书送达、督办、回访和评估机制，防止纪检监察建议“一发了之”。突出政治监督主责引领，建立“三重一大”事项落实监督检查机制，开展“三重一大”落实情况常态化专项检查，创新开展政治谈话，与“任前谈话”“廉政谈话”相结合，全市开展政治谈话6890人次。在南昌县、红谷滩区试点建设小微权力“监督一点通”平台，推动基层监督全覆盖从有形向有效迈进。创新提升派驻监督质效，出台关于指定青云谱、红谷滩区纪委区监委对属地公安分局开展派驻监督试点的实施方案，探索推进城区公安分局派驻监督改革；制订出台派驻机构考核工作方案，解决派驻机构“干与不干一个样、干好干坏一个样”问题。形成主动纠治“四风”模式，严肃查处违反中央八项规定精神问题631个，处理748人，将推进营商环境优化升级作为重要监督内容，全市查处营商环境领域腐败和作风问题1006个，处理1210人。推进纪检监察系统联动监督、联合办案，持续深化“室组地”联动机制，并针对国有企业逐步建立“室组地企”联动机制。开展留置看护队伍改革，核定450名看护队员规模数量，并首次面向社会公开招聘入职317人，加强留置看护队伍职业化规范化专业化建设。充分彰显巡察利剑作用，高质量组织开展市管党组织常规巡察、县区管党组织提级交叉巡察、联动巡察组专题巡察。落实特约监察联络员制度，强化对执纪执法权力的监督。

**【农业农村体制改革】** 2022年，持续深化农业农村体制改革，乡村振兴更进一步。将“两整治一提升”三年行动作为全市农业农村工作主抓手，印发实施南昌市农业农村“两整治一提升”三年行动计划、工作导则、农村人居环境整治提升指导手册，建立“每周调度、每月督导、每月通报、每月巡看”推进机制。市本级财政每年安排12亿元用于推进乡村建设行动和“两整治一提升”工作，各县区按照市级下达资金1∶1进行配套，严格按照沿线路域环境“八个无”、村庄建设“一整四化”和“八有”的要求推动项目实施。2022年度455千米农村道路“白改黑”项目、329个重点村整治项目和78个农业特色产业项目全面完工。探索推广村级集体经济发展模式，全市1149个建制村集体经营性收入近13.64亿元、村均收入118.78万元，所有建制村集体经营性收入全部达20万元以上。制定精准补贴和水价形成机制等制度文件，全市农业水价综合改革任务面积18.98万公顷全部落实，在全省率先落实技术服务单位，市级资金配套率居于全省首位，进贤县改革经验被水利部通报表彰。推进农村宅基地制度改革和规范化管理，安义县创建全省农村宅基地改革规范管理先行县。探索深化乡村治理，南昌县全国乡村治理体系建设试点示范通过农业农村部中期评估。

（刘卫兵）

## 组织工作

【概况】 2022年，南昌市组织系统以迎接党的二十大、学习宣传贯彻党的二十大精神为主线，聚焦"一枢纽四中心"发展定位，贯彻市委对南昌组织工作"两个走前列"要求，坚持围绕中心、服务大局，统筹疫情防控和经济社会发展，在聚焦大战大考中担当作为，在聚力大局全局中主动靠前，推动各项工作"创一流、争先进、作示范"，取得新进展新成效。第十六届全国党员教育电视片观摩交流活动中，南昌市获一等奖1部、三等奖1部。江西省组织系统调研课题评选中，南昌市获重点课题和自选课题"双第一"。江西省组织系统党的建设制度改革典型案例评选中，南昌市获前三名。市委组织部获江西省组织系统宣传工作先进单位称号，15部新媒体作品入选江西省委组织部优秀新媒体作品，1部入选中央组织部优秀新媒体作品，"南昌党建"微信公众号获全国组织系统"优秀网络正能量宣传平台"称号。

【党员干部教育培训】 2022年，组织开展"喜迎二十大，奋进新征程"党代表风采展示、"新时代赣鄱先锋"选树学、"七一"集中宣誓等活动，营造喜迎党的二十大的浓厚氛围。党的二十大召开后，组织各级党组织和党员干部收听收看开幕会，把学习宣传贯彻党的二十大精神纳入党员、干部、人才、公务员教育培训，纳入各级党组织政治生活、"双周大讲堂"，开展轮训培训。坚持用习近平新时代中国特色社会主义思想武装头脑，分领域分层次开展学习培训，举办党的十九届六中全会精神培训班、县级干部理论进修班和中青班、选调生座谈培训班、中青年专家培训班、新录用公务员初任培训班等。组织开展南昌市干部教育培训好课程、好教材、好基地、好师资、好团队"五好"评选活动，开发好课程28门、打造现场教学点13个。开展"新时代基层干部主题培训"，推动基层干部培训工作重心下移、资源下沉，培训2000余期，培训9万余人次。

【党建引领疫情防控】 2022年，制定《南昌市新冠肺炎疫情封控隔离区域"党建+疫情防控"工作应急预案》《关于在常态化疫情防控工作中充分发挥基层党组织战斗堡垒和党员先锋模范作用的通知》等文件，动员各级党组织和党员干部投身疫情防控。5月，成立南昌"洪城红"医护应急预备队、机关党员应急队、青年应急队、退役军人应急队，全年招募队员1.2万名。疫情防控期间，设置党员先锋岗4600余个，划定党员责任区4000余个，建立临时党组织2800余个，成立党员突击队2900余支。坚持在疫情防控一线考察识别干部，掌握表现突出的县级干部59名、科级干部62名。

【群团换届工作完成】 2022年，收集各群团组织换届政策要求，提前开展分析研判，制定群团组织换届工作指引，审核群团组织换届大会代表、委员（执委、理事）、常委（常务理事、主席团）等名额比例、产生办法及"专兼挂"领导班子职数，并形成反馈意见。召开工作部署会，对换届工作提出具体要求，针对遇到的问题进行详细解答。结合市直单位年度考核做好群团单位领导班子和市管领导干部换届考察工作。按照"德才兼备、结构优化、提升素质"原则，严把人选"政治关、素质关、结构关"，选齐配强群团"专兼挂"班子，形成专业类型多样、层次分布科学、工作经历互补、老中青衔接有序的群团组织领导干部队伍。

【市属国企人事管理体制改革】 2022年，围绕市属国企发展需要，制定《市属国企在完善公司治理中加强党的领导的意见》，召开市属国企党的建设工作座谈会，强化党的领导。制定《市属国企外部董事选聘和管理办法》，拓宽外部董事来源渠道，从各类优秀专业人才中选聘外部董事，探索选聘一批现职企业领导人员转任专职外部董事，为市属国企发展注入活力。开展市属国企社会化选聘工作，结合市属国企整合重组，开展2022年公开招引高级管理人才工作，面向全国招引企业高级经营管理人才。历经报名、资格审查、履历业绩评价、竞职优选和组织考察5个环节，从243名报名者中选拔4名市属国企副总经理。

【选调生接收管理】 2022年，加强选调生政治引领，抓好《南昌市选调生政治学习制度》《南昌市选调生国情调研制度》落实。做好32名2020年选调生的基层锻炼期满考察工作，研究落实2019年、2020年选调生下一步培养使用。加大选调生接收力度，完成年度196名选调生接收工作。至年底，全市接收331名选调生。其中，基层锻炼期满的77名选调生中，1名被提拔为副县级领导岗位，7名被提拔（进一步使用）为正科级领导岗位，16名被提拔或重用至副科级领导岗位，3名在乡镇挂职党委副书记。

【"1+1+6"综合考核体系】 2022年，南昌市年度综合考核工作启动，区分县区、开发区等6个领域，分别形成"1个'办法'管长远、1个'意见'管年度、6个'方案'管实施"的"1+1+6"综合考核体系(1个'办法',即《南昌市年度综合考核办法(试行)》;1个'意见',即《南昌市2022年度综合考核实施意见》;6个'方案',即区分县区、开发区、市直机关、市属公办学校、市属公立医院、市属国有企业6个领域制定实施方案,分别对考核对象、考核内容、计分方法、等次评定、责任分工及进度安排、有关要求等加以明确),从高质量跨越式发展成效、加强党的建设成效、满意度评价"三个维度"进行大统考。全年组织召开综合考核工作推进会10次和有关业务培训3次,编印考核工作动态10期。制定《2022年度省对市县综合考核指标责任分工表》,形成层层抓落实工作机制,全面衡量各地高质量发展工作绩效,引导各级党员干部树立正确政绩观,强化责任落实和履职担当。

**【干部管理监督系列专项整治】** 2022年,开展公职人员因私出国(境)管理专项整治,在江西省率先将村(社区)党组织书记、村(居)民委员会主任纳入登记备案人员范围,实行提级管理。南昌市实际登记备案人员28281人,统一保管有效因私出国(境)证件17685本,实现集中统一管理。开展公职人员违规经商办企业问题专项整治,对排查出的7265户公职人员投资或任职于未注销企业的情况进行核查,确保违规经商办企业问题整改到位。开展领导干部组建和参与不健康微信群专项清理整治,对县处级以上领导干部组建或参与的微信群进行排查,对不健康微信群进行全面自纠并签署承诺书,强化"建群""入群""用群"规范意识。

**【公务员队伍规范管理】** 2022年5月9日,制定《市管领导干部退出领导岗位职级公务员管理办法》,推进退出领导岗位干部管理常态化,激励退出领导岗位职级公务员继续担当作为。12月29日印发《新录用公务员导师帮带制实施办法(试行)》,推行新录用公务员导师帮带制。稳妥推进公务员职级晋升和分类管理,不断完善公务员年度考核,全面开展公务员平时考核,推动考核工作提质增效。在全国"人民满意的公务员"和"人民满意的公务员集体"表彰工作中,南昌市1名个人和1个集体受到表彰。

**【"洪城红"基层党建品牌体系创建】** 2022年,高标准规划建设"洪城红"基层党建信息化指挥平台,覆盖基层党组织1.3万余个、党员27.2万余人次。组建"洪城红管家"城市基层治理队伍,在社区网格直管党员、在职党员、退休老党员中择优招募"洪城红管家"共6万余人,常态化收集民情民意,服务居民、参与治理。举办首届"洪城红"乡村振兴公益项目大赛,募集公益项目资金307万元支持乡村振兴项目。擦亮"红色物业"品牌,建立党组织领导下的业委会、物业服务企业议事协调机制,通过购买服务、引入国有物业服务企业等方式,实现物业服务全覆盖。

**【村级党组织建设】** 2022年,深化村级固本强基七大提升行动计划和"两整治一提升"三年行动。持续发展壮大村级集体经济,南昌市村级集体经营性收入13.64亿元、村均118.3万元,30万元以上村946个。从严管理村干部特别是"一肩挑"[村(社区)党组织书记与村(居)民委员会主任由同一人担任]人员,规范村级"三重一大"集体决策,排查出村级集体决策不规范问题326个,通报批评39人,调整不胜任不尽职村干部12人。推进"党建+农村养老",扎实开展江西省党建引领乡村治理试点。优化划分3871个农村网格,实现网格党小组全覆盖,2.8万余名在村党员进网格承诺践诺服务群众。

**【城市基层党建引领基层治理】** 2022年,配齐配强社区工作者队伍,招录社区工作者(专职网格员)1380余名,提前完成"每万城镇常住人口不少于18人"的配备目标。健全"三岗十八级"薪酬体系,持续优化社区工作者选育管用机制。实施社区活动场所提质攻坚行动,全市所有社区的相对集中场所面积均达到300平方米以上,选址建设264个社区党群服务综合体,在城市主干道、广场公园、景区景点等区域建设274个"红色驿站"。全面完成街道管理体制改革,整合街道现有便民服务、综合执法力量和资源,在街道(乡镇)推行公共服务(便民服务),设立综合行政执法机构。开展街道社区优化调整,撤并5个街道2个乡镇,新设8个街道,全市3200—5000户的超大社区减少41个,1500—3200户的社区增加113个。

**【"两新"组织党务工作者专职化队伍试点】** 2022年,坚持市级统筹、全域推进、先行先试,在选派选聘、教育培养、资格认证、考核激励等方面探索路径,构建"两新"组织党务工作者专职化建设体系。通过统筹各级机关选派、面向社会选聘、"两新"组织招聘、现有人员转任等方式,将全市242名党组织书记(专职副书记)、125名专职党建工作指导员、277名党务专干纳入专职化管理。出台《加强全市新业态新就业群体党建工作的指导意见》,探索新业态、新就业群体党群服务新模式,依托商务楼宇、市场商圈、平台企业扩大党组织覆盖。开展党员"亮身份、亮职责、亮承诺"活动,设立一批"洪城红骑士团""党员红旗车""红色主播",组织新就业群体到社区报到3250余人,参与基层治理。

**【基层干部作风建设"4+X"专项整治】** 2022年,围绕"油松痞"、"小鬼难缠”、“中梗阻”、脱离群众和漠视侵害群众利益等4项共性问题进行专项整治，并在基层干部、执法队伍中开展若干项针对该行业领域突出问题专项整治，持续推动基层干部作风好转。开展“作风夜查、民情夜访”活动，市县两级常委带头，利用夜间开展暗访，重点访查乡镇（街道）机关及公安派出所值班值守、乡镇（街道）党政主要领导执行“住夜”规定等情况。至年底，市委常委“夜访夜查”发现问题45个，各县区（开发区、管理局）党（工）委班子成员“夜访夜查”发现问题107个，给予党纪政纪处分1人，诫勉谈话3人，提醒谈话8人，个人通报15人，单位通报1次。

**【党建引领项目建设】** 2022年，坚持党建引领项目建设、产业发展，在重大重点项目、产业发展建设一线推行“一项目一支部”模式，加强“工”“地”联建，推动南昌市重大重点项目建设一线党组织与项目机构同步成立、党组织领导班子与项目管理班子同步组建、党的建设与项目建设同步推进。在项目建设、招商引资一线成立党员先锋队、设置党员示范岗，发挥党员先锋模范作用。全年设立174个项目党支部、348支党员突击队和623个党员示范岗、责任区，为经济社会发展注入“红色动力”。

**【党组织及党员队伍管理】** 2022年，开展南昌市基层党组织规范化设置专项整治行动，对排查出的1500余个问题进行清理整顿。规范调整涉改县处级事业单位、市属国有企业党组织和党组设置及党组织关系。全年新发展党员2944名，培养入党积极分子1.1万名。推行县乡村“三级两次”政审联审，在6个镇开展乡镇青年人才党支部建设试点。全面推开排查整顿农村发展党员违规违纪问题工作。制定《关于加强和改进新时代老党员管理工作的意见（试行）》，指导青山湖区开展中央组织部老党员管理试点。实施“流动洪城红”计划，指导新建区开展江西省流动党员管理试点。

（武小兵）

## 人才工作

**【概况】** 2022年，南昌市将人才作为支撑高质量发展的第一资源，瞄准产业需求，打造人才平台。围绕实现每年吸引10万名人才工作目标，实施“顶尖领军人才领航计划”“人才10条”“洪城技师”等人才项目，为经济社会发展提供强有力的人才智力支撑。全年举办线下线上“百场校招”2000余场，吸引大学生和技能人才来昌留昌创业就业超14万人。至年底，南昌“人才10条”累计兑现奖励补贴超21亿元，惠及人数超14万人；全市技能人才总数超75.5万人，建成技能大师工作室53家、高级技能人才培养示范基地41家。

**【人才工作组织保障】** 2022年5月19日，市委人才工作会议召开，就全市人才工作进行再动员、再部署、再落实。市委组织部出台《关于持续唱响“天下英雄城、聚天下英才”品牌，奋力打造全国重要人才集聚中心的意见》。调整市委人才工作领导小组，由市委主要领导任组长、市政府主要领导任第一副组长，28个单位主要负责人任成员，提升领导规格，充实人才工作力量。统筹安排50亿元人才发展经费，形成人才政策兑现“资金池”，充分保障人才生活补助、住房保障、创业帮扶等奖励补贴兑现发放。

**【“10万人才”来昌留昌创业就业】** 2022年，由市委常委带队组成招才引智小组，赴全国高校采取“线上线下”联动方式开展“百场校招”活动；召开驻昌金融、国企、高校、卫健等领域招才引才工作座谈会，宣传解读招才引才工作政策。至年底，全市举办“百场校招”活动2000余场，吸纳已缴纳社保大学生和技能人才14.26万名，超额完成市第十二次党代会既定工作目标。在省外43个城市的高校建立“赣才归巢”工作站79个，召开“赣籍学子”见面

2022年3月12日，南昌市10万人才来昌留昌创业就业百场校招活动——江西医学高等专科学校专场招聘会举行

（喻云亮　摄）

会95场，并逐步推动“10万人才”引进工作常态化制度化。优化人才“湛网窗”平台和“i南昌”功能，实现人才政策“免批秒兑”，人才办事“网上办、就近办、不求人”，年度兑现奖励补贴超8万人次，兑现资金超11亿元。

【人才引育】 2022年，探索运用“现场宣介、现场考核、现场签约”和“免笔试、只面试”引才方式，加大引才力度。引进982名市党政储备人才、1006名大学生基层专干。其中，党政储备人才硕士以上学历954人，占比97.1%，大学生基层专干均是大学本科及以上学历。启动教育卫生专业技术人才引进。推动北京大学南昌创新研究院、中山大学南昌研究院、中国信通院江西研究院等科研机构与企业合作。江西省高层次人才产业园、高层次人才联谊会有效运行。推进年营收3亿元以上工业企业自建或共建研发机构，覆盖率89.68%。组织国家级和省级人才工程项目申报，承办江西省第一届职业技能大赛，获批工信部“国家虚拟现实创新中心”，统筹推进“洪字号”人才工程项目。

【人才补贴政策兑现落实】 2022年，市人社局落实市委、市政府《关于支持大学毕业生和技能人才来昌留昌创业就业的实施意见》（以下简称“人才10条”）和市政府办公厅《关于印发南昌市优秀青年人才储备计划实施细则（试行）的通知》（以下简称“人才新政—青才计划”）等相关政策。至年底，兑现人才新政—青才计划生活补贴9536人次，累计发放7368万元；兑现人才新政—青才计划购房补贴256人，累计发放1552万元；累计兑现“洪城引才奖”政策54.67万元。“人才10条”落户奖励申报126482人，兑现18216人，发放1700.3万元；“人才10条”生活补贴申报325729人，兑现129034人，发放209813万元，“人才10条”购房补贴申报1181人，兑现12人，发放60万元。

【“顶尖领军人才领航计划”实施】 2022年，市委人才办、市人社局、市工信局联合印发《关于开展2022年南昌市“顶尖领军人才领航计划”申报工作的通知》。“顶尖领军人才领航计划”针对2018年4月28日以后到南昌市创新创业，拥有核心技术或掌握自主知识产权，对南昌市优势主导产业和战略性新兴产业有重大引领推动作用，经评价认定的国内外顶尖人才（A类）、国家级领军人才（B类）、地方级领军人才（C类）给予奖励补贴、购房补贴、项目资助等多项政策支持。经组织开展单位申报、资格审查、现场考察、专家评审、报市委人才工作领导小组审定、公示等程序，确定高新区泰豪软件股份有限公司张言苍等8人为2022年南昌市“顶尖领军人才领航计划”人选，兑现首次比例奖励补贴480万元。

【高层次人才绩效评估】 2022年，市委人才办、市人社局联合印发《南昌市高层次人才绩效评估办法（试行）》（以下简称《办法》）。《办法》明确评估对象为入选南昌市顶尖领军人才领航计划的国内外顶尖人才、国家级领军人才、地方级领军人才。《办法》明确规定评估核心要素、工作程序和结果运用等内容，以业绩、贡献、能力等为核心要素，设立不同的指标分值权重，建立定量评估与定性评估相结合的人才分类评估指标体系。

【留学人员创业帮扶】 2022年，为吸纳优秀留学人员到南昌创新创业，促进高新技术产业化，南昌市对入驻留创园的留学人员企业实行三年内免收房屋租金和物业管理费的帮扶措施。至年底，在红谷滩区、南昌经开区、南昌高新区、南昌小蓝工业园分别建立江西南昌留学人员创业园，有67名留学人员创办企业入驻留创园创业。2019年至2022年，全市拨付留创园房租补贴及物业补贴资金超650万元。

【人力资源服务机构诚信等级评定】 2022年4月，市人社局根据省人社厅安排部署，开展全市人力资源服务机构诚信等级评定工作。全市收集申报机构38家。经专家评审、社会公示等环节，省人社厅评定2022年度“诚信服务示范机构”和2022年度“AAA级诚信服务机构”。其中，南昌市申报的1家机构获评全省“诚信服务示范机构”、10家机构获评全省“AAA级诚信服务机构”、12家机构获评全市“AA级诚信服务机构”。南昌市“AAA级”以上诚信机构获评数占全省的1/3。

【“国聘行动”开展】 2022年，市人社局组织171家企业入驻“国聘网”江西省专区、30家企业入驻产业园专区，开展“国聘行动”中国南昌人力资源服务产业园活动。6月29日，组织“不负韶华 国聘行动”中国南昌人力资源服务产业园专场招聘直播活动。有3家企业分别提供软件研发、工艺设计、品质检测等就业岗位17个，需求人员627人，直播当天累计观看573.9万人次，形成就业信息互通和岗位资源共享，促进就业供需双方精准匹配。

【第三届“洪城工匠”培养选树】 2022年，南昌市深入实施人才强市战略，着力推进高技能人才队伍建设，聚焦新经济新模式新业态和全市“4+4+X”产业体系，重点从航空、电子信息、VR、LED、装备制造等产业以及传统非遗项目中选树“洪城技师”。经单位申报、资格审核、专家材料评审、专家实地考察评审、社会公示、政府公布等环节，选树50名技能含量高、绝技绝活特色明显、影响力较大的高技能人才为“洪城技师”，由市政府授予“洪城技师”称号，颁发证书，并按每人5000元标准给予一次性奖励。

【职业技能培训】 2022年，市人社局聚焦数字经济“一号发展工程”和江西省“2+6+N”、南昌市“4+4+X”主导产业体系，以政府补贴性职业技能培训为龙头和抓手，开展就业技能培训和企业岗位技能培训。培训覆盖面进一步拓展，培训质量和针对性进一步增强，有效满足企业和技能人才培训需求。全年开展政府补贴性培训1838期，培训66906人次。其中，职业技能培训38159人次，拨付资金3210.85万元；创业培训28747人次，拨付资金3253.03万元，超额完成全年目标任务。

【多元化技能人才评价】 2022年，市人社局向省人社厅推荐12家机构遴选社会评价组织，鼓励自主评价企业开展职业技能等级认定，指导江铃汽车集团有限公司、南昌轨道交通集团有限公司、江西煌上煌集团食品股份有限公司、江西南昌公共交通运输集团有限责任公司等开展等级认定并发放职业技能等级证书3482本。组织开展专项职业能力考核，组织编写专项职业能力考核规范，科学设置考核项目。全市设置75个专项职业能力考点，涉及53个专项工种，并向社会公布。至年底，发放专项职业能力证书2258本。

【技工(培训)学校服务管理】 2022年，市人社局坚持规范管理、健康发展工作理念，重点抓好技工院校专项资金使用、安全管理、分类登记等工作，对1.2亿元专项资金使用情况和1.55万名实习生实习工作开展组织核查，防范资金使用风险。开展技工学校特色专业建设，支持引导学校聚焦区域发展优势和主导产业打造特色优势专业，评选计算机应用与维修等5个特色专业。持续规范技工学校和民办培训学校办学管理，对技工学校实施营利性、非营利性分类登记，对279所民办职业培训机构开展年检，注销6所、撤销13所。至年底，全市有市管技工学校18所(其中，公办技工学校8所，民办技工学校10所)，在校生约2.5万人，毕业生就业率97%，留昌就业率65.1%。

【职业技能竞赛】 2022年，市人社局承办江西省第一届职业技能大赛，全力保障全省66个代表队1486名选手完成85个赛项比赛。南昌市选派212名选手参加81个赛项比赛，获得团体总分第一名和23个赛项第一名、21个赛项第二名、33个赛项第三名，展现南昌技能人才的高超水平和时代风采。举办南昌市第七届“洪城杯”职业技能大赛暨江西省第一届职业技能大赛南昌选拔赛；做好2022年江西省“振兴杯”职业技能大赛6场赛事承办工作。

(武小兵　李　玢)

## 宣传工作

【概况】 2022年，中共南昌市委宣传部紧扣迎接和学习宣传贯彻党的二十大精神这条主线，认真落实省市党代会精神和关于宣传的工作要求，深入开展“自信、发奋、齐心”八大专项行动，坚决扛起省会责任，自觉承担起举旗帜、聚民心、育新人、兴文化、展形象使命任务，踔厉奋发、勇毅前行，推动全市宣传思想工作取得新突破、新成效，为南昌经济社会发展提供坚强思想保证、强大精神力量和有力文化支撑。

【理论宣传】 2022年，南昌市委理论学习中心组开展集中学习研讨15次，全年全市各级党组织理论学习中心组学习1800余次。完成一轮对县区理论学习中心组的列席旁听工作，举办理论学习中心组学习秘书培训班。建立党史学习教育常态长效机制，印发《关于推动党史学习教育常态化长效化的工作安排》通知，召开全市党史学习教育常态化长效化工作调度会议，对党史学习教育常态化长效化36项重点工作推进情况开展调度，持续推动党史学习教育常态化长效化各项任务落实落地。组建面向各类社会群体宣讲队伍380余支，开展宣讲活动4100余场次，实现新时代文明实践站所全覆盖。组织开展基层理论宣讲“三个十佳”活动，打造并形成一批基层本土化宣讲品牌。江西省委宣传部宣讲动态专题刊发南昌市宣讲典型稿件7篇，列全省设区市首位。

【新闻宣传】 2022年，中央、省级主要媒体刊播南昌稿件5611篇(条)。其中，中央6家主要媒体1395篇(条)，省级主要媒体4216篇(条)，数量和分数均在全省设区市中排第一名。围绕强省会战略、双“一号工程”等省委、省政府和市委、市政府中心工作，开展“胡子工程”攻坚、重大工程集中开工等主题采访，推出一批具有影响力的新闻宣传报道。围绕重大重点活动及经济发展、民生政策等市民群众关心关切问题，举办新闻发布会105场。其中，为打好打赢疫情防控宣传引导主动仗，主动策划举办24场疫情防控新闻发布会，同步指导新建区举办8场疫情防控新闻发布会，有效维护抗疫大局稳定。拓展海外朋友圈，中国南昌海外账户总“粉丝”量突破20万人。制订印发《南昌市县级融媒体中心建设工作考核方案》。组织市直新闻单位、县级融媒体中心开展上挂下派活动，采取“一对一”帮扶指导、“上挂”跟班学习等形式，帮助提高业务水平。创作优秀融媒体作品，南昌市多件融媒作品分别在全省各项比赛中获奖和采用。“学习强国”南昌学习平台在“学习平台”总平台、省平台上稿位居全省前列。

**【公共文化宣传】** 2022年，南昌市委宣传部推进歌剧《八一起义》、歌曲《光荣啊！南昌》《英雄之城》、图书《关于南昌起义，我们应该知道的》等一批市级重点文艺创作。由江西泰豪动漫职业学院承制的4集纪录片《苗寨八年》获中国广播电视大奖第27届全国电视文艺“星光奖”。歌曲《一元厨房》、戏剧小品《爱心厨房》、舞蹈《大塘清明酒》、采茶小戏《心远堂》、南昌清音《巧渡》5部作品获江西省第四届“赣鄱群星奖”。对歌曲《共产党为人民百年千年万年》《风华正茂》等9部南昌市优秀原创作品进行配套奖励扶持及宣传推广。推进市博物馆新馆、南昌瓷板画研究中心新址等重大文化项目建设，推动全市60家“孺子书房”建设，新建莲花书屋、抱朴书屋、县级公共图书馆文化馆总分馆、建制村（社区）新时代文明实践站（所）等公共文化场馆，促使公共文化服务设施不断向基层延伸。全市各级公共文化场馆累计服务群众870.9万人次。举办“2022年滕王阁金秋诗会”、“2022全国文学名家看江西·南昌”采风创作、“秋水长天 豫章风华”南昌2022文化演艺活动年、南昌交响乐团2022音乐季等特色品牌活动，开展“文化进万家”“千名文艺家下基层”等群众性文化活动。全市开展各级各类公共文化活动累计1359场，参与群众103万余人次；各种全民艺术普及活动221场次；各项群众性文化活动1032场次；免费为农民送戏540场；送电影1.8万余场。

**【文化强市建设】** 2022年，南昌召开文化产业工作调度会、文化强市建设推进工作会、文化强市建设现场推进会和全市旅游发展大会，建立文化强市建设工作推进常态化机制。健全完善文化强市建设政策体系，制定《南昌市“十四五”文化和旅游发展规划》《关于进一步加快城市旅游发展的实施意见》等一批政策性文件。深化文化体制改革，出台《南昌市深化文化体制改革攻坚行动实施方案（2022—2024年）》，明确5个方面、13项攻坚任务、66条改革措施。入选首批国家文化和旅游消费试点城市，创建7个国家AAAA级旅游景区、2个国家级夜间文旅消费集聚区、1个全国乡村旅游重点镇、3个全国乡村旅游重点村。其中，“英雄城·红色城”精品线路入选全国“建党百年红色旅游百条精品线路”。红谷滩区和青山湖区获省重点文化县区，万寿宫历史文化街区获评省级特色文化街区，泰豪创意科技集团获评省级文化和科技融合示范基地，金太阳教育等3家企业入选江西省文化企业20强。举办2022南昌休闲消费季等活动，累计开展超700场次促文旅消费活动，吸引126万人次参与，实现消费金额15.3亿元，拉动4.1亿元线上消费、11.2亿元线下消费。参加江西省文旅产业链北京招商周、珠三角招商周，邀请百度公司等18家行业重点企业到南昌投资考察。其中，北京招商周签约金额12亿元。持续推进“文企贷”试点，为85家中小文化企业申请贷款4.2亿元，推荐数字文化创意平台等9个项目获得省文化产业扶持资金，入库企业数量和贷款总额均居全省第一名。

**【学习宣传贯彻党的二十大精神】** 2022年，南昌市印发《全市迎接党的二十大胜利召开组织开展“强国复兴有我”群众性主题宣传教育活动方案》，部署安排7个大类20项主题活动，具体策划开展签名寄语、诗歌朗诵、文艺会演等30余项基层群众性活动。在城乡主干道、旅游景点等公共场所设置1.3万面灯杆道旗、2.8万张宣传海报、1.1万块电子走字屏、1.2万台地铁和楼宇电视等展示党的二十大宣传标语和口号。南昌市委主要领导到理论学习联系点开展集中宣讲活动，组建市委宣讲团，分赴县区和系统单位开展集中宣讲活动22场。以南昌市委名义下发《关于认真学习宣传贯彻党的二十大精神的通知》《学习宣传贯彻党的二十大精神阶段性安排》。开展学习贯彻党的二十大精神集中研讨和宣讲工作，集中收听收看中央宣讲团在江西省的宣讲报告会，举办江西省委宣讲团在南昌报告会。印发《关于深化迎接党的二十大宣传报道工作的意见》。在党的二十大会议期间，在中央主要媒体刊发各类稿件47篇（条），平均每天发稿4.7篇（条）。其中，《人民日报》7篇、总台央视24条（《新闻联播》8条）。运用“学习强国”学习平台推出《喜迎二十大》《全面深入学习贯彻党的二十大精神》等系列专题，充分报道南昌市社会各界对党的二十大的关注和反响。

**【纪念八一南昌起义95周年系列活动】** 2022年，南昌市统筹谋划全市纪念活动，以南昌市委名义印发《南昌市纪念八一南昌起义95周年系列活动工作方案》，部署策划5个方面10项活动。召开纪念八一南昌起义95周年暨伟大的建军精神研讨会，编创完成《光荣啊！南昌》《那年八一》等一批文艺精品，举办“世纪影像南昌”摄影展、“南昌解放”图片展等一系列精品展览，开展八一升旗仪式、“我与八一合张影”等群众性主题宣传教育活动，组织邀请中央、省、市媒体策划推出系列专题节目、新闻报道、短视频和H5等作品，扩大纪念活动的传播力和影响力。

**【全民国防教育工作】** 2022年，南昌市委宣传部提请南昌市委成立市全民国防教育工作领导小组，制定印发《关于加强和改进新时代全民国防教育工作的实施方案》《南昌市全民国防教育"十四五"规划》《南昌市全民国防教育工作领导小组工作规则》等重要文件，制定《南昌市全民国防教育2022年工作要点》。在八一建军节、"抗战纪念日""全民国防教育日"等重要时间节点，组织策划八一升旗仪式、"9·30"向英雄烈士敬献花篮仪式等主题活动，推动国防教育进机关、进学校、进企业、进社区、进乡村、进网络。

**【宣传人才培养】** 2022年，南昌市委宣传部加强高层次人才选拔培养，推荐39人参评2022年江西省"双千计划"哲学社会科学领军人才选拔，经严格评审，南昌市2人入选，入选人数在设区的市中排第一名。组建首批市级宣传文化人才库，41名人才入库；印发《市委宣传部领导干部联系人才工作制度》《市委宣传部2022年度领导干部专业化能力和党性教育培训计划》，分期分批举办全市新闻发言人暨舆论引导、理论骨干暨中心组学习秘书等思想政治和业务能力培训班，参训人员860余人次。

（张　翔）

## 统一战线工作

**【概况】** 2022年，中共南昌市委统一战线工作部（以下简称"市委统战部"）发挥统战系统优势，在服务经济发展、加强统战品牌建设、强化责任担当能力上"作示范、勇争先"。持续加大招商引资工作力度，开展全市统战系统招商引资专项行动，引导各民主党派、工商联和无党派人士围绕中心工作开展调研、积极建言资政。在全省统战工作综合考核中，南昌市在全省设区市中列第一位，2篇文章分别获全国统战理论政策研究创新成果三等奖、全省统战理论政策研究创新成果二等奖，4项工作获全省统战工作实践创新成果奖，统战宣传工作和信息工作均列全省设区市第一位。

**【党对统战工作领导】** 2022年，市委常委会研究统战工作6次，理论学习中心组专题学习1次，市委主要领导对统战工作批示13次。11月16日，市委统战工作会议召开。省委常委、市委书记、市委统战工作领导小组组长李红军出席并讲话。市长万广明主持。召开全市统战工作领导小组会议及专题会议3次，研究出台强化海外协作、宗教专项治理、自由职业人员统战等多项工作方案。推动将统战工作列入市委年度工作计划、深化改革、大调研课题和巡察范围，纳入2022年度"1+1+6"综合考核体系，各级党委（党组）统战工作主体责任进一步压实。

**【主题教育】** 2022年，南昌市统一战线开展"喜迎二十大 同心强省会"系列主题教育，召开纪念中国共产党统一战线政策提出100周年暨中央统战工作会议精神学习座谈会，举办"喜迎二十大 同心强省会"主题演讲比赛和新四军统战工作图片展、《中国共产党统一战线工作条例》主题书画展、南昌统一战线文艺作品云端展等主题活动。支持各民主党派开展"矢志不渝跟党走、携手奋进新时代"政治交接主题教育，开展少数民族人士"携手奋进迎盛会 民族团结谱新篇"、宗教界人士"五教同心迎盛会 凝心聚力中国化"主题教育，开办学习贯彻党的二十大精神民营经济研修班，举办首届"秋水·知心"诵读晚会以及侨界文艺会演等各项活动。邀请省委党校副校长廖清成向南昌市党外代表人士作党的二十大精神辅导报告，市委宣讲团成员、市委统战部分管日常工作的副部长高革霞赴各民主党派和统战团体进行宣讲。

**【招商引资专项行动】** 2022年，市委统战部主动融入全市招商引资工作大局，发动全市统战系统单位、各民主党派、工商联、侨联以及各统战团体，开展全市统战系统招商引资专项行动。充分发挥驻昌商会作用，利用外埠商会资源，聘请商会会长为招商顾问，在北京、上海、广东等省市的7个城市外埠商会设立统战工作联络站，在粤港澳大湾区佛山市、东莞市分别举办南昌市"三请三回"招商推介会。至年底，全市统战系统摸排收集招商引资项目线索213条，签约项目51个。

**【多党合作事业发展】** 2022年，南昌市制定《中共南昌市委2022年度政党协商计划》，及时向党外人士通报重要会议精神。围绕全市人才引进、乡村振兴等重点工作，组织政党协商会议10次。指导各民主党派、工商联、知联会、新联会，围绕农业产业化、打造区域金融中心、发展流量经济等9个重点课题，深入开展调查研究。支持各民主党派参政议政，各民主党派报送社情民意信息842篇。支持民主党派提升履职能力，开办南昌统一战线"同心大讲堂"，开展"同心大讲堂"宣讲活动50余场，受众5000余人次。支持各民主党派开展"看变化、议发展，看项目、谋发展"等调研考察活动和"看参政议政、比水平、比贡献；看亮点工作、比创新、比作为；看自身建设、比作风、比形象"活动。

**【民族宗教工作】** 2022年，南昌市制定民族团结进步事业发展"十四五"规划，开展民族团结进步宣传月活动，打造万寿宫街区铸牢中华民族共同体意识展示馆，建成12个铸牢中华民族共同体意识实践中心，建立30个"洪石榴"之家、30个"洪石榴"服务站、16个"洪石榴"宣讲团和18支"洪石榴"志愿服务队。坚持中国宗教中国化方向，推进"五好"宗教活动场所创建，佑民寺、万寿宫、志道堂等30个宗教活动场所被列入江西省首批"五好"宗教活动场所名单，南昌市清真寺和圣母无染原罪堂乔天庆分别获首届全国宗教界先进集体和先进个人称号。

【民营经济统战工作】 2022年，市委统战部完善政企沟通服务机制，举办“同心话发展 一起向未来”、“强省会、强产业、同攻坚”、“学习贯彻党的二十大精神助推数字经济高质量发展”政企银座谈会等系列活动。开展挂点联系服务企业工作，开展商会大走访、侨企大走访、台企大走访等活动，走访商会、企业300余家，收集问题、诉求和意见建议117条。建立维权企业诉求集中交办、动态交办和督办机制，企业诉求办结率81.8%。在全省率先成立数字经济商会，举办南昌市数字经济创新发展高峰论坛。加强商会建设，南昌高新区企业家联合会等9家商会被认定为全国“四好”商会。发挥营商环境监督员和监测点作用，办理回复建议及诉求77件次。开展“春雨润苗 扶微助企”惠企政策网上直播宣教及“税费服务大体验”活动。

【党外知识分子、新的社会阶层人士统战工作】 2022年，市委统战部推进“党外知识分子之家”“留学人员之家”建设，创新打造“洪城满天星”工作品牌。全年完成6个市级新的社会阶层人士实践创新基地建设。南昌市新联会组织发动网络人士编发疫情防控正能量视频、信息等1000余条，阅读量、点击量累计超6000万人次。组建新的社会阶层人士心理援助专家团，开展网络心理咨询，受益群众640余人。

【港澳台同胞统战工作】 2022年6月25日，市委统战部以香港回归25周年为契机，组织在南昌香港同胞近40人参加“走小平小道 · 庆香港回归”活动，参观小平小道陈列馆、新建区店前古驿风情村、南昌怪石岭生态公园。11月19日，开展常住台胞“联情 · 交友”走进南昌县活动，在南昌常住台湾同胞代表30余人参加。联合香港国民教育促进会、香港江西社团（联谊）总会、澳门科技大学、澳门江西同乡会、台湾“中华青年之友会”、台湾江西商会、南昌大学等9家单位，搭建2022年赣港澳台青少年线上研学平台，举办4期“文化里的南昌”线上网络直播活动，累计观看点击量72万人次。

【党外代表人士队伍建设】 2022年，南昌市在全省率先出台《南昌市党外代表人士队伍建设规划（2022—2026年）》，建立市委组织部、市委统战部党外干部培养选拔工作联席会议制度，制定《南昌市共建党外代表人士工作联系点暂行办法》《南昌市共建党外干部实践锻炼基地暂行办法》，建立首批10个党外代表人士工作联系点。坚持党外代表人士“谈心日”制度，制订《2022年度全市统一战线培训计划》，完成全市无党派人士政治面貌认定，分层次、分类别收录采集全市1200余名党外代表人士信息。做好全国、全省党外人大代表、政协委员人选推荐考察工作，3名党外代表人士当选为全国人大代表，3名党外代表人士被推荐为全国政协委员，省人大代表、省政协委员中南昌市党外代表人士有46名。完成省级统战团体换届人选推荐工作，南昌市一大批优秀的党外代表人士进入省级统战团体班子。

（熊理凰）

## 机构编制

【概况】 2022年，中共南昌市委机构编制委员会办公室（以下简称“市委编办”）坚持把机构编制工作放在全市改革发展稳定的大局中去考虑、谋划和推进，围绕中心，服务大局，做好行政区划调整涉及机构编制工作、清理规范开发区管理机构、建立专项编制“周转池”。不断推进机构职能整合，开展调研评估，理顺部分机构职能关系，持续深化街道（乡镇）管理体制改革，巩固深化事业单位改革试点工作成果，进一步优化机构编制资源配置，推进机构编制工作创新发展。

【区划调整相关机构编制调整】 2022年，市委编办贯彻落实市委、市政府关于部分区划调整的决策部署，主动对接，深入调研，先后做好2次部分乡镇街道区划调整涉及的机构编制工作。2月7日，以中共南昌市委机构编制委员会（以下简称“市委编委”）名义印发《关于厚田乡机构编制及人员划转的通知》《关于生米镇撤镇设街道相关机构设置事项的通知》《关于蛟桥镇撤镇设街道相关机构设置事项的通知》，做好厚田乡划归红谷滩区管理和生米镇、蛟桥镇撤镇设街道涉及机构编制调整工作。8月20日，以市委编委名义印发《关于东湖区部分区划调整相关机构编制事项的通知》《关于西湖区部分区划调整相关机构编制事项的通知》《关于新建区部分区划调整相关机构编制事项的通知》《关于红谷滩区部分区划调整相关机构编制事项的通知》，完成东湖区、西湖区、新建区、红谷滩区等城区部分镇（街道）调整设立涉及的机构编制工作，并指导相关城区做好九洲街道、长堎街道等8个新设街道办事处的“三定”规定审核印发、机构挂牌、人员转隶等工作。结合区划调整，10月26日，市委编办印发《关于统一明确我市街道领导职数的通知》，统一明确街道领导职数，规范职数管理和使用。

【开发区管理机构清理规范】 2022年，根据中央编委和省委编委关于开发区管理机构清理规范文件精神，在全面摸清全市各级各类开发区管理机构编制底数、发展现状等情况基础上，草拟《南昌市清理规范开发区管理机构促进开发区创新发展工作方案》并报中共江西省委机构编制委员会办公室（以下简称“省委编办”）审批同意。12月1日，以市委编委名义印发《南昌市清理规范开发区管理机构促进开发区创新发展工作方案》，将19个纳入范围的开发区管理机构清理规范为10个，同时明确规范优化开发区管理机构职能履行，改革创新开发区管理体制和运行机制等事项，持续激发开发区内生动力和发展活力，促进开发区创新发展。至年底，各县区7个开发区管理机构“三定”规定均已按要求报市委编办备案，市本级3个开发区管理机构“三定”规定待市委常委会会议审定后印发实施。

**【专项编制“周转池”建立】** 2022年6月2日，市委编委印发《南昌市党政储备人才专项编制“周转池”管理办法》，明确在不调整各单位编制数量前提下，将除高校、中小学校、公立医院和参公事业单位外的事业单位空编、自然减员腾出的编制和待分配事业编制全部纳入“周转池”集中统一管理，专编专用，人留编留，人去编销，周转使用，形成编委调控、需求引领、基数不变、存量整合、周转使用的管理使用新模式。统筹做好982名市级党政储备人才上编工作。至年底，市本级纳入“周转池”管理的编制有1900余名。

**【统筹部分处级领导职数使用】** 2022年2月7日，市委编委印发《关于增加市商务局副处级领导职数的通知》和《关于增加市住房和城乡建设局副处级领导职数的通知》，明确核增市商务局、市住房和城乡建设局副处级领导职数各1名。12月24日，市委编委发文核减市残联、市科协、市文联、市社科联、市侨联5个群团机关副处级领导职数各1名，同时明确逐步为一些机构规模较大、职责任务较重的党政机构核增副处级领导职数。同日，以市委编委名义发文，核增市应急管理局、市水利局副处级领导职数各1名。

**【街道（乡镇）管理体制改革】** 2022年6月7日，市委编办组织召开市城市基层党建引领基层治理工作领导小组街道（乡镇）管理体制改革专项工作组部署推进会，传达学习《省城市基层党建引领基层治理工作领导小组会议精神》和《市城市基层党建引领基层治理工作领导小组暨动员部署会议精神》，部署推进街道（乡镇）管理体制改革工作。7月18日，市委编办印发《关于深化城市基层党建引领基层治理街道（乡镇）管理体制改革的工作方案》，明确各成员单位职责分工，压实工作责任。12月7日，市委编办在南昌县向塘镇组织召开市城市基层党建引领基层治理乡镇街道管理体制改革工作推进会，传达学习全省城市基层党建引领基层治理工作电视电话会议精神，部署全市关于深化乡镇街道管理体制改革具体工作，凝聚工作合力，统筹精准服务基层，推动构建党委领导、党政统筹、简约高效、运行通畅的乡镇街道管理体制和运行机制。

**【部分工作制度机制完善】** 2022年2月7日，市委编委印发《关于明确市有关单位正职兼任市委宣传部副部长事项的通知》，明确市委网络安全和信息化委员会办公室主任、南昌日报社社长、南昌广播电视台台长兼任市委宣传部副部长，加强对舆论宣传和网信工作管理。2月7日，市委编委印发《关于明确市工业和信息化、市住房和城乡建设局有关预拌混凝土管理职责事项的通知》，明确有关预拌混凝土管理职责事项。2月24日，市委办公室印发《关于深化落实统一领导、统一管理和归口领导、归口管理有关事项的通知》，深化落实统一领导、统一管理和归口领导、归口管理工作。3月30日，市委编办印发《市委编办关于规范报送市级议事协调机构设立材料的通知》，明确议事协调机构审核范围、报送程序、报送内容和要求。5月7日，市委编委印发《南昌市党政机构、群团机关和市委市政府直属事业单位、派出机构简称》，统一规范市直党政群机关和市委、市政府直属事业单位、派出机构简称。6月20日，市委编委发文明确由市委办公室分管档案工作的副主任兼任市档案局局长，强化档案行政管理。12月24日，市委编委发文明确将市委组织部、市委宣传部等6个市直单位以“常务”命名的副职领导职务名称重新表述为分管日常工作的副部长（或副书记、副主席、副校长）。

**【机构设置与调整】** 2022年2月7日，市委编委印发《关于调整市保密技术检查检测服务中心机构编制事项的通知》，在市保密技术检查检测服务中心加挂“市专用通信管理服务中心”牌子，增加专用通信工作职能。4月2日，市委编委批复，江西广播电视大学南昌市分校更名为南昌开放大学。5月9日，市委编委批复，在各县（区）发展和改革委员会加挂“县（区）粮食局”牌子。5月22日，市委编委批复，在市发展和改革委员会增挂“南昌市粮食局”牌子，同时明确市市场监督管理局所属事业单位市检验检测中心承担的粮食检验检测工作接受市发展和改革委员会的业务指导等事项。6月9日，市委编委印发《关于明确市属国有企业领导职数的通知》，明确南昌市产业投资集团有限公司、南昌市政公用集团有限公司等6家市属国有企业领导职数。6月15日，市委编办发文明确南昌县、安义县2个县的文化管理部门加挂文物局牌子。6月20日，市委编委批复同意将市人力资源和社会保障局所属事业单位南昌中等职业技师学院更名为南昌高级技工学校，增挂南昌市广播电视中等专业学校、南昌市公共实训基地牌子。7月7日，市委编委印发《关于整合我市民生诉求办理机构的通知》，对南昌市民生诉求办理机构进行整合。7月7日，市委编委批复，同意设立市医疗保障基金监测中心，为市医疗保障局所属正科级公益一类事业单位；同意在市文化广电新闻出版旅游局增挂“南昌市文物局”牌子，加强文物保护和考古工作力量；同意在市教育局内设机构社会力量办学管理科增挂“校外教育培训监管科”牌子，增加“承担全市面向中小学（含幼儿园儿童）的校外教育培训监督管理工作”职责；同意在市委政法委综治督导科增挂“扫黑除恶协调督办科”牌子，并增加“承担市扫黑除恶斗争领导小组办公室日常工作”职责。8月19日，市委编委上报《关于重新组建南昌市人民政府研究室的请示》至省委编办；8月29日，省委编办下发《关于组建南昌市人民政府研究室的批复》。经十二届市委第61次常委会会议审议通过，10月3日，以市委办公室、市政府办公室名义印发《南昌市人民政府研究室职能配置、内设机构和人员编制规定》，不再保留市政府直属事业单位南昌市人民政府研究室。经省委编办批复同意，12月14日，市委编办发文明确，以市人民防空办公室为基础，调整组建市国防动员办公室，暂时保留市人民防空办公室牌子。12月24日，市委编委批复，同意设立市级机关事业单位资产管理服务中心，为市机关事务管理局所属正科级公益一类事业单位；明确市红十字会机关内设机构名称为秘书科（监事会办公室）、救护赈济科、捐献服务科；将南昌健康职业技术学院由豫章师范学院代管调整为市卫生健康委员会代管，市卫生学校交由南昌健康职业技术学院代管，采取“两个机构，两块牌子，一套人马，统一管理”的管理模式；将市住房公积金管理中心由市住房和城乡建设局所属事业单位调整为市政府直属事业单位；同意撤销南昌县公安局新联派出所，其管辖范围由南昌县公安局塘南派出所接管，同意将南昌县公安局小蓝派出所分设为南昌县公安局小蓝金湖派出所、南昌县公安局小蓝银湖派出所，均为副科级；同意设立新建区重点公共建设项目管理中心，为新建区发展和改革委员会所属副科级事业单位；同意单独设立中共南昌市红谷滩区委保密机要局，作为区委工作机关，归口区委办公室管理，在中共南昌市红谷滩区委保密机要局加挂“南昌市红谷滩区国家保密局”和“南昌市红谷滩区国家密码管理局”牌子；同意设立湾里管理局巡察工作服务保障中心，为湾里管理局所属副科级事业单位，撤销湾里管理局图书馆，在湾里管理局文化旅游产业发展服务中心（湾里管理局非物质文化遗产研究保护中心）加挂“湾里管理局图书馆”牌子。

（乐　清）

## 网络信息管理

**【概况】**　2022年，全市网信部门围绕迎接服务保障和学习宣传贯彻党的二十大主题主线，做好“强网”“润网”“管网”“护网”“治网”工作，推进全市网信事业高质量发展，为提升南昌发展首位度和综合竞争力，加快全面建设社会主义现代化南昌提供强大网上舆论支持、可靠网络安全保障和有力信息化支撑。2022年，南昌市在全省地市综合考核（网信）中名列第一。

**【网络安全检查】**　2022年，市委网信办组织开展“昌通码”网络安全检查、涉疫信息系统大核查、南昌市服务保障党的二十大网络安全工作督导检查等专项行动。8月9—15日，开展网络安全和数据安全大排查，发现51家单位网络安全管理和技术类问题169个，检查出各网络平台、信息系统、办公终端各类中高风险漏洞97个（其中高危漏洞61个），及时化解一批重大网络安全风险。

**【互联网巡查执法】**　2022年，市委网信办通过约谈、停更、罚款、关停等手段，加大执法力度，压紧压实网站平台主体责任。针对传播谣言、虚假信息扰乱经济秩序和社会秩序等问题累计约谈网站和自媒体运营单位28家，依法开具《责令改正通知书》11份，对多家网络运营主体作出7—14天暂停更新处罚；依法开具《行政处罚决定书》11份，累计罚没款45万元；依法上报关闭网站或停止网站域名解析314个，限期整改或下架违法违规应用程序132个。“卡通漫画脸”APP执法案例被中央网信办“网信中国”微信公众号刊登；对属地“马管家”APP违规收集个人信息开展的行政处罚，是全国网信系统第二起个人信息保护领域罚单。“1234”网信执法工作机制被评为南昌市改革创新年度十佳典型案例。

**【网络环境净化】**　2022年，市委网信办制定关于《南昌市互联网违法和不良信息举报中心运行办法（试行）》等制度，形成“发现线索，研判上报、分类处置、及时回应”运行机制。依托“南昌市互联网违法和不良信息举报中心”，受理举报1462条，均已完成处置。在“南昌市互联网违法和不良信息举报中心”开设辟谣专区，疫情期间制作发布涉疫科普辟谣信息30余篇，累计传播量1000余次。

**【党的二十大精神网上宣传】**　2022年，市委网信办在人民网、央视网等中央主流门户网站及新闻客户端推出《宏伟蓝图催人奋发 砥砺奋进续写华章》等党的二十大精神系列报道。协调指导属地新闻网站、新媒体开设专题专栏30个，转载集纳推送相关稿件2000余条，推出《喜迎二十大·南昌新发展》《南昌！你变了》系列融媒体产品32个。开设“南昌这十年”等新媒体话题21个，阅读总量2.6亿人次。举办“喜迎二十大 网络名人看南昌”主题宣传活动，推出作品650余篇(个)，发布帖文1.8万余条。

**【重大网络主题宣传】** 2022年，市委网信办围绕“六个江西”、强省会、“胡子工程”、疫情防控等中央和省市重点工作，加强议题设置，制订下发《2022年南昌市网上重大主题宣传和重大议题设置方案》，策划开展网络主题宣传活动20余次，在新华网、人民网等上稿8666篇，协调刊发转载正面稿件5万余篇，指导策划推出融媒体作品800余个，策划推出“寻美南昌”“奋进新征程 建功新时代”等专题话题30余个，总阅读量超5亿人次。“发现南昌 遇见南昌”网络宣传品牌话题阅读量近32亿人次，“了不起的南昌”微视频网络浏览量超1亿人次。“江西是个好地方”主题宣传活动刊登南昌日志宣传海报48篇，名列全省第一。

**【网络文明建设】** 2022年，市委网信办制定印发《关于做好〈江西省关于加强网络文明建设的实施意见〉贯彻落实工作的通知》《南昌实施2022年网络公益工程方案》，推荐南昌市总工会“三师一室爱心团队”参评第十二届“中国慈善奖”。联合市总工会、市妇联等部门开展“职工好网民”“巾帼好网民”等系列主题活动。组织参与“江西好网民”南昌正能量故事分享和“网络中国节”系列网络文化活动，开设专题专栏269个，发布图文信息4000余个，推出微视频380余个。

**【网络法治建设】** 2022年，市委网信办完善法律顾问制度，加强网信工作法制审核与执法监督，推动网信领域依法行政、规范执法。制定出台《南昌市网信领域轻微违法行为免罚清单》，优化营商环境。组织20人参加江西省司法厅2022年度行政执法证考试，通过率100%。组织相关单位和属地重点互联网企业等服务对象开展网信法律法规学习宣传。完成《江西省个人信息保护条例》立法调研南昌座谈会和实地调研走访工作。

**【数字乡村建设】** 2022年，市委网信办制订《南昌市数字乡村发展统筹协调机制方案》，联合34家单位建立南昌市数字乡村发展统筹协调机制，加强全市数字乡村建设工作统筹。制定《南昌市贯彻落实〈2022年江西省数字乡村发展工作要点〉任务分工表》，细化67条工作举措，推进数字乡村建设任务落地见效。统筹组织各单位、各县区参与全省数字乡村优秀创新案例征集和村级数字乡村综合运用场景评选，南昌市5个案例入选全省数字乡村优秀创新案例。指导督促进贤县、南昌县做好数字乡村试点工作，稳步推进9个全市数字乡村重点项目建设。

**【统筹IPv6规模部署】** 2022年，市委网信办建立南昌市IPv6规模部署和应用统筹协调机制，加强工作统筹。成立IPv6规模部署和应用推进工作组，建立39人专班和“一月一通报”制度，联合各县区积极推进属地网站升级改造。全年完成471家网站升级改造，改造数量居全省第一位，超额完成全年任务。南昌商业网站升级改造经验在全省IPv6规模部署暨创新应用论坛上作典型发言。南昌市“傲亚代码编程”“味罗社区”“季季红点餐”已纳入省级微信小程序IPv6升级改造试点名单。3家微信小程序已完成IPv6升级改造，完成试点改造任务。

**【全民数字素养与技能提升】** 2022年，市委网信办印发《南昌市提升全民数字素养与技能行动实施意见》《南昌市2022年全民数字素养与技能提升重点任务清单》，明确加大数字资源供给、构筑高品质数字生活、增强数字工作能力等7个方面重点工作任务。牵头建立南昌市提升全民数字素养与技能部门协调机制。在全民数字素养提升月活动期间，组织全市13家市直单位开展20项提升全民数字素养与技能活动，组织全市16.59万人参与2022年江西省全民数字素养与技能提升线上知识竞答活动。

**【南昌市第九届国家网络安全宣传周活动】** 2022年9月5—11日，市委网信办组织开展南昌市第九届国家网络安全宣传周活动。活动期间，围绕“网络安全为人民，网络安全靠人民”主题，开展校园日、电信日、法治日、金融日、青少年日和个人信息保护日相关活动，举办网络安全主题展、打造“网安大篷车”、网络安全进校园、进社区等特色宣传活动，使用1970台公交车车载电子屏、4783辆出租车车顶LED、4000块电梯广告屏和6500余块地铁站厅层、站台层及列车上的车载电视屏及46处商业综合体、大型超市、农贸市场等场所显示屏全方位播放网络安全相关宣传片及海报，发放网络安全宣传手册、海报等5万份，营造网络安全人人有责、人人参与浓厚氛围。

(张兰博)

## 政策研究

**【概况】** 2022年，中共南昌市委政策研究室做优做强调查研究、政策制定、信息综合等品牌，为市委、市政府科学决策提供优质高效服务。围绕市委中心工作，开展重大调研，撰写的 20 余篇调研报告得到市委、市政府领导肯定性批示；组织开展全市“深调研、强落实”活动，推进征题选题、跟进督导、汇总整理、择优编印等工作；做好文稿服务，牵头起草 10 余篇市委文稿；报送《政研参阅》专报 29 期，获市委、市政府主要领导批示率 70%；编发《决策参考》12 期，刊登 290 余篇文章、84 万余字。

**【调查研究】** 2022 年，围绕市委、市政府打造“一枢纽四中心”和深入实施强省会战略决策部署，坚持以课题为依托，开展调查研究，切实推动调查研究成果转化为大抓落实、解决问题、推动发展的实招硬招。开展抗击疫情助企纾困政策调研，撰写《关于尽快出台我市应对新冠肺炎疫情、促进经济发展政策措施的建议》，获得省委常委、市委书记李红军批示，推动南昌市关于应对疫情帮助市场主体纾困解难若干措施出台。《部分城市推进招商引资的举措》调研报告，省委常委、市委书记李红军批示：“广州‘3 + X’招商服务机制和武汉建立招商图谱做法很好，请广明、肖云及市商务局研究借鉴。此件发各县区党政主要负责同志阅。”围绕“幸福圆桌会”基层议事决策模式，与省委政研室共同组建调研组，先后在西湖区、红谷滩区、青云谱区开展蹲点调研，形成《关于南昌市西湖区探索实施“幸福圆桌会”促进基层治理的调查与建议》，获省委主要领导批示。围绕推动南昌市航空产业发展，与市工信局联合成立课题组，前往南昌高新区、南昌临空区进行实地调研，形成《关于打造航空强市的对策建议》，获得市委、市政府主要领导批示，转送至相关部门组织研究并推动落实。《关于促进我市房地产业平稳健康发展的调研报告》《2021 年新能源汽车产业发展简报》《培育壮大保护市场主体的各地实践》《外地推进营商环境改革升级的有关举措》《外地保障产业用地的创新举措》《外地在疫情防控中的经验、教训和探索》等调研报告均得到市委、市政府主要领导肯定性批示。

**【文稿起草】** 2022 年，坚持以文稿为抓手，起草市委重大文件和重要文稿，有效服务保障市委重要工作。根据市委安排，牵头起草《中共南昌市委关于深入学习贯彻落实党的二十大精神 加快全面建设社会主义现代化南昌的决定》，经市委十二届五次全会审议通过，以市委名义印发全市。高质高效做好 3 次市委常委会民主生活会材料起草工作，起草《市委常委班子 2020 年度民主生活会整改措施落实情况报告》《关于征求到对市委常委班子及其成员意见建议的情况报告》《南昌市委常委班子党史学习教育专题民主生活会整改清单》《南昌市委常委班子生活污水直排整治不力问题专题民主生活会整改清单》《南昌市委常委班子从龚建华案件中汲取教训做好以案促改工作专题民主生活会整改清单》，有效推动市委常委班子民主生活会工作开展。针对市委全面从严治党形势分析会分析查摆出的问题，起草《市委全面从严治党整改清单》。根据《中共南昌市委关于认真学习宣传贯彻党的二十大精神的通知》要求，协调、汇总、收集全市学习宣传贯彻党的二十大精神情况，起草《中共南昌市委关于学习宣传贯彻党的二十大精神情况的报告》，并经市委主要领导审定后，报送省委。根据市委工作安排，参与起草《南昌市贯彻落实省第十五次党代会确定目标任务落实工作分工方案》，并报省委办公厅。

**【信息采编】** 2022 年，坚持以质效为重点，不断强化信息采编工作，全面提升信息品牌。建立信息工作相关岗位人员 AB 岗工作制度，组建信息工作微信群，收集其他地市产业发展、城市建管、人才工作、社会民生、文旅商贸、科教、生态、农业农村等方面的政策举措和经验成果，不断丰富信息资料库内容。发力《政研参阅》信息阵地，先后撰写《〈长江中游城市群发展“十四五”实施方案〉政策解读及建议》《关于我市上半年经济运行情况的比较分析》《外地电子信息产业发展经验做法》《部分城市打造区域科创中心的政策举措》等 29 期信息专报，主题涉及营商环境、产业发展、安全生产等方面内容，获市领导批示 34 次，实现报送数量与批示数量的“两个大幅提升”以及“一般性信息收集”向“信息综合研判”的有力转变。

**【《决策参考》编辑】** 2022 年，紧扣“服务决策、以刊促研”办刊宗旨，围绕市委中心工作，完成 12 期《决策参考》编辑、排版、校对、发行任务。《决策参考》共设置 45 个栏目。及时设置“发展与改革双一号工程”“强省会进行时”“喜迎二十大 建功新时代”“党史学习教育”“大学习深调研”活动、“奋斗百年路 启航新征程”“众志成城 抗击疫情”“抗疫一线”等专栏，充分发挥《决策参考》作为市委党刊理论交流的平台、探讨南昌发展的阵地、展示发展成果的重要窗口作用，受到市委领导和各部门重视。

**【全市“深调研、强落实”活动开展】** 2022 年，根据市委安排，牵头负责全市“深调研、强落实”活动，组织协调全市所有县区和绝大部分市直单位开展“深调研、强落实”活动调研，推进征题、选题、跟踪、协调等工作，开展中期督导，督促各课题责任单位完成调研成果 129 篇。在汇总整理调研成果基础上，精选 60 篇入选《“深调研、强落实”活动调研成果汇编》，并印刷成册，分送市四套班子领导和相关县区单位参考。同时将调研成果运用转化情况列入 2022 年度市直机关综合考核细分指标，推动各课题牵头领导和责任单位切实将调研成果转化为推动实际工作具体举措。市委副书记、组织部部长余正琨牵头的《关于加强新业态、新就业群体党建的课题研究》已转化为制度成果，以市委组织部名义下发《关于加强新业态新就业群体党建工作的指导意见》；市医保局通过课题调研推动《南昌市职工基本医疗保险门诊共济保障机制实施细则》出台；东湖区通过调研推动《东湖区促进规模以上服务业发展的若干政策》出台；安义县、西湖区通过调研推动该地营商环境提升行动"一号改革工程"和数字经济"一号发展工程"相关行动方案制订，助力数字经济加快发展；红谷滩区通过深入调研加快VR产业母基金方案制订；南昌综保区推进综保区高新片区城市化，以高水平"深调研、强落实"活动成果助力南昌高质量跨越式发展。

（刘卫兵）

## 保密工作

【概况】 2022年，南昌市保密工作坚持总体国家安全观，全市保密工作科学化、保密管理法治化、保密技术现代化和保密队伍专业化水平不断提高。保密工作首次纳入市委巡察专项检查内容，纳入全市综合考核评分项目，纳入市领导班子年度考核。南昌市国家保密局（以下简称"市保密局"）派专人进驻市防疫指挥部成立保密监督小组，对指挥部文件流转、人员管理、设备保管等开展保密监督指导。全年为全市各单位、各县区提供涉密载体销毁、涉密载体消磁等服务100余次。全年市委领导对保密工作作出批示13次，服务保障全市重点大型会议16次。市保密局被评为全国新媒体传播先进单位、全省保密工作先进单位。

【工作秘密管理新模式】 2022年，市保密局围绕机关单位工作秘密"管什么""谁来管""怎么管"，制定实施工作秘密"一清单两规定"管理新模式，即《工作秘密清单》《工作秘密管理规定》和《南昌市工作秘密管理规定（试行）》，指导全市91个机关、单位和县（区）保密局根据本单位实际，梳理制作《工作秘密清单》和《工作秘密管理规定》，确定管理重点，明确定密主责，制定管理措施。全市各单位工作秘密管理新模式得到国家保密局、省保密局认可，相关信息在国家保密局内参刊登。

【保密工作督查】 2022年，市保密局以进驻式检查、保密自查自评专项检查等多种形式，开展全市保密督查。开展全市微信泄密专项整顿行动，查处微信失泄密违规事件5起，处理干部3人，下发通报3次，开展保密约谈提醒17次。保密工作纳入政治巡察专项检查工作内容。采取线上检查和实地检查相结合方式，首次对市自然资源和规划局、市发改委、南昌日报社及南昌县莲塘镇等34个单位开展保密工作政治巡察专项检查。同时，组织各单位保密专干开展"全市保密自查自评人才专项培训"实地训练，逐步提升全市保密检查能力。

【基层保密管理】 2022年，市保密局为打通基层保密管理"最后一公里"，实现基层保密室规范化建设全覆盖，督促指导全市乡镇（街道）配备保密防护硬件、国产化涉密电脑及打印机、碎纸机等设备，制定《涉密人员管理制度》《涉密计算机保密管理规定》《信息发布保密审查规定》等保密工作规章制度。以基层保密室建设为抓手，各乡镇、街道等基层单位履行保密工作主体责任，不断夯实基层工作基础。至年底，全市有20余个乡镇打造基层保密室。基层保密管理工作在全省保密工作会议上得到省委相关领导高度肯定，工作经验在全省推广。

【保密宣教】 2022年，全市各级单位充分利用新媒体力量，以"线上+线下"形式广泛开展保密宣教活动，合力打造"南昌保密宣传教育"品牌。4月，开展"4·15"全民国家安全教育日保密宣传、"保密故事大家讲"主题讲述、保密宣传教育进基层和保密教育线上培训等活动。10月，开展保密法制宣教月活动。活动包括保密知识竞赛、保密委主任专题授课、涉密人员保密教育、保密自查自评、工作秘密专项梳理、保密环境检测监测、保密宣传教育、重点事项保密提醒、百万网民学法、保密警示教育等"十个一"宣传教育活动。活动期间，全市参加保密知识测试人数36606人，参加保密警示教育人数3484人，接受重点事项保密提醒人数49134人，"百万网民学保密法"活动覆盖13万余人，开展保密委主任专题授课工作单位93个。

（魏建明）

## 市直机关党建工作

【概况】 2022年，南昌市直机关各级党组织坚持以迎接和学习贯彻党的二十大精神为主线，着力打造让党放心、人民满意的模范机关，持续推进机关党的建设高质量发展。坚持助力发展优服务，持续提升机关党建服务中心水平。聚焦优化营商环境，主动入企服务。坚持正风肃纪树形象，有序推进勤廉机关建设。坚持"三化六好"（标准化，信息化，规范化；自身建设好，组织管理好，思想引领好，纪律执行好，群团工作好，发挥作用好）强支部，持续夯实机关党建基础。坚持党带群建促和谐，营造团结奋进的机关环境。至年底，市直机关工委管理的市直机关党组织85个。其中，机关党委48

个、机关党总支17个、机关党支部20个。下辖72个基层党委、55个基层党总支、935个支部，共管理党员20865名。

**【机关思想理论学习】** 2022年，市直机关工委抓好“第一议题”制度落实，使深学勤思笃行习近平总书记重要讲话精神成为机关主旋律。建立理论学习中心组学习列席旁听制度，搭建“双周大讲堂”、人民学习网专家讲堂和青年理论学习小组等政治理论学习平台。联合“人民学习”网开设专家讲坛，举办专题报告会7场。指导市直机关开办“双周大讲堂”1200余场次，建立123个青年理论学习小组并定期组织开展学习分享、体会交流，引导机关党员干部学懂弄通做实习近平新时代中国特色社会主义思想，忠诚捍卫“两个确立”、坚决做到“两个维护”。严格落实意识形态工作责任制，加强微信公众号、微博号等意识形态阵地建设和管理，落实党员干部职工思想动态分析研判机制，建好用好“心灵驿站”，深化“同志式”谈话和慰问走访，及时解开思想困惑，不断增强政治辨别力。

**【党建引领作用发挥】** 2022年，市直机关工委在新冠疫情防控中倡议和号召1.1万余名机关在职党员协助社区防疫，开展志愿服务104余万人次。全市机关党组织深入结对社区，设置党员先锋岗4351个，划定党员责任区3918个，成立党员突击队2813个，有效充实基层防控力量。抽调1290名机关党员干部组成13支“洪城红”机关党员应急大队，投身疫情防控第一线，参加核酸检测、值班值守等工作。突出党建引领服务强省会战略实施，协调召开中央驻赣单位支持南昌高质量跨越式发展座谈会，收集梳理10个大类26项需要中央驻赣单位支持事项，加强工作协调对接，争取中央驻赣单位在政策、资金、项目等方面倾斜支持和实在帮助，携手推进强省会战略落实落地。

**【基层党组织建设】** 2022年，聚焦“三化”建设提质增效目标要求，认真落实“每周一查”工作制度，先后查改168个工作落实不力具体问题，撤、建、改、并24个机关党组织，确保组织建设不缺位、党建工作不断线。聚焦提升基层党组织政治功能和组织功能，坚持抓根本强功能、抓规范补短板、抓示范创特色，持续巩固深化“三化六好”成效。建立起挂点联系、现场观摩和学习交流制度，推动“三化”示范点以点带面，形成后进赶先进、中间争先进、先进更前进的示范效应。引领各级机关对表“三化”标准，创建“六好”党组织，市直机关1144个党组织中，“三化”达标率99%，“六好”创评率96%。

**【机关作风建设】** 2022年，聚焦散漫作风、办事效率、会风会纪、文明形象4类作风问题，建立起“四不两直”督查机制和作风督查“值日生”制度，推动落实“一反馈二整改三回访四通报”整改问效工作机制。深入开展大排查、大整治、大转变，先后查处作风问题1839个，下发作风问题反馈单、整改督办单788份，形成作风专报32期，推动机关作风向善向好。紧盯市直机关干部“油松痞”、“小鬼难缠”、“中梗阻”、脱离群众和漠视侵害群众利益问题等共性问题，以及执法队伍突出问题、机关中层突出问题等行业领域突出问题，牵头在市直机关开展“4+X”专项整治，指导市直机关党组织开展自查9217人，查摆整改问题4000余个，促进作风大转变、效率大提升。组织开展市直机关办公环境和秩序整治活动，对照环境卫生、工作秩序、精神面貌和服务态度4个方面标准，评出市直机关办公环境和秩序整治优秀单位43个。研究制定加强市直单位机关纪委建设措施办法，推动机关纪委建设硬起来、实起来。强化日常纪律监督，加强廉政警示教育，经常性开展谈心谈话和提醒谈话。全年审理市直机关科级干部违纪违法案件55起，同意处分党员、干部55名。

**【模范机关打造】** 2022年，市直机关工委召开动员部署会、推进培训会、交流推进会部署推进，形成专班工作机制、“每周一查、每月提醒”督查保障机制、协同推进机制和宣传推广机制，全覆盖对市直机关创建情况开展专题调研督查，形成专题调研报告。注重日常考评与年度考核挂钩，评选31家打造模范机关工作先进单位。市直机关党组织着力强化“围绕发展抓党建、抓好党建促发展”理念，始终围绕“双一号”工程和重点项目建设，创设载体、创新活动、创造抓手，深化“党员干在一线”、党员先锋创绩和志愿服务等活动载体，切实把打造模范机关的成效，体现到争创新时代“第一等的工作”实践中。深入开展“将心比心、终端检验”活动，组织300余名机关业务科长换位体验，查摆收集问题意见170余个，推动群众办事流程提质提速，先后减少209项审批环节，减免530个审批材料，切实减出机关效能加速度。该做法在中央和国家机关工委旗帜网刊发。

**【市直机关学习宣传贯彻党的二十大精神】** 2022年，市直机关工委以“喜迎二十大、建功再出发”为主题，组织开展先进人物线上宣传推广、主题歌曲《领航》传唱传播、“凝聚奋进的力量”征文等活动，组织评选出优秀征文39篇，选取线上宣传先进典型30人，获得阅读点赞20万余人次。按照党中央部署和省委、市委要求，制定《市直机关学习宣传贯彻党的二十大精神阶段性工作方案》，指导市直机关扎实抓好学习交流、培训轮训、宣传宣讲等工作。组织100余名机关党务干部聆听《党的二十大精神解读》专题讲座，联合相关单位举办党的二十大报告“金句”书法展，运用微信公众号以及电视、报刊等媒介，设立学习宣传贯彻党的二十大精神“奋进新征程、建功新时代”宣传专栏，搭建起学习宣传交流平台。

（周　凯）

## 对台事务

**【概况】** 2022年，中共南昌市委台湾工作办公室（以下简称“市委台办”）贯彻落实新时代党解决台湾问题的总体方略和省市决策部署，秉持“两岸一家亲”理念，在对台工作中贯彻好以人民为中心的发展思想，不断深化昌台融合发展，增强主动服务意识，为推进“一枢纽四中心”建设、推进海峡两岸关系和平发展和祖国统一彰显省会担当。实现对台招商有新项目，对台交流有新平台，对台宣传有新活动。

**【参加第十八届赣台会】** 2022年9月16日，第十八届赣台经贸文化合作交流大会在上饶市开幕。市长万广明率南昌代表团参会。开幕式上，举行授牌仪式，授予南昌汪山土库、南昌职业大学等“江西省对台交流基地”称号，万广明代表南昌市接牌。在重点项目签约仪式上，签约项目43个，签约总金额47.63亿美元。其中，南昌市签约项目5个，投资总金额88140万美元，项目数和投资额位于全省前列，并完成省台办赋予南昌市邀商邀客、重点客商接待等任务。开幕式后，举行海峡两岸产业合作区发展论坛，副市长赵捷代表南昌市作推介。会议期间，万广明、赵捷先后会见全国台湾同胞投资企业联谊会会长李政宏、香港永金集团总裁张荣梧、东元集团大陆总负责人王恩邦等重点嘉宾和台商，并与重点台商座谈。

**【对台招商引资】** 2022年，市委台办落实“月调度、季讲评、半年通报、年度考核”项目调度机制，推进台资项目签约落地，联合各县（区）、开发区招商部门派出20余批次招商小分队，收集48个意向性台资项目信息。至年底，全市新引进台资项目10个，增资项目13个，总投资额12.52亿美元，合同台资12.07亿美元，实际使用台资3.41亿美元，注册资金2.26亿美元。其中，第二产业项目13个，第三产业项目10个。

**【交流交往】** 2022年，市委台办以“做好台湾民心工作”为主线，针对两岸严峻形势和疫情带来的影响，充分挖掘全市涉台资源，持续深化昌台各领域交流，促进海峡两岸同胞感情交融、心灵契合。争取省台办支持，创建挂牌汪山土库、南昌职业大学2个“江西省对台交流基地”，构建起高层次交流平台。11月14—16日，举办以“一起向未来、共圆中国梦”为主题的海峡两岸（南昌）青年学生交流营。参加交流营有南昌大学台籍学生20名、南昌职业大学学生20名，通过参观南昌景点名胜，体悟人文历史，感受经济社会发展，增强对中华民族文化认同、情感认同。

**【台湾媒体参访南昌】** 2022年10月31日至11月1日，台媒看南昌采访团到南昌市开展采风活动。是党的二十大胜利闭幕后第一个到南昌的台湾媒体团，旨在推动中华优秀传统文化融入台湾，擦亮南昌文化品牌，促进昌台文化交流交融。采访团包括台湾《中国时报》、东森新闻云、《台湾商报》、澳门澳亚卫视等媒体和中新社、央广国际在线、《江西日报》等媒体记者。采访团到南昌瓷板画展示中心、南昌汉代海昏侯国遗址公园、欣旺达南昌动力电池生产基地、新建区象山镇共同富裕样板村、南昌VR主题乐园开展采风活动，观赏实景演出《寻梦滕王阁》和赣江两岸灯光秀。

**【服务台胞台企】** 2022年3月，南昌突发新冠疫情期间，市委台办协调相关市直部门，为规模以上台企建立核酸检测点，协调解决产品滞销、物流受阻等24个具体问题，帮助企业复工复产。5月，协调3所医疗机构设立台胞定点就医医院，发挥“涉台商事仲裁中心”“律师顾问团”等作用，帮助台胞解决涉法涉诉问题11起。6月，市政府出台《关于加快推进海峡两岸产业合作区南昌产业园建设的实施办法》（以下简称《实施办法》），推出35条惠企政策，以政策优势带动产业园建设。6月23日，召开《实施办法》解读新闻发布会，市委台办、市发改委、市工信局、市商务局、南昌高新区管委会有关负责人参加发布会并回答记者提问。协调推进全面落实惠台政策，市委台办联合市工信局、市人社局、市科技局等部门开展惠台政策落实督查，推进同等待遇落实落细。全年全市台企享受养老工伤失保降费率、减负、房租、装修以及设备补贴等资金近4000万元。10—11月，开展“精准服务台企月”活动，帮助企业解决困难32个，推动解决菱光科技用电闪跳导致精密设备受损、百利精密员工宿舍未办理产权证、百事可乐增产扩能所需电力改造等难题，受到台企称赞。联合团市委把台湾青年学生假期实习纳入“菁英归巢”计划，为38名台湾青年学生提供暑期实习岗位。

**【学习《台湾问题与新时代中国统一事业》白皮书】** 2022年8月10日，国务院台湾事务办公室、国务院新闻办公室发表《台湾问题与新时代中国统一事业》，引发各界强烈反响。市委台办印发《关于开展〈台湾问题与新时代中国统一事业〉白皮书学习宣传工作的通知》，要求市委台办机关、各县区台办、市台协和市台联组织学习宣传白皮书。通过深入学习，大家一致认为，白皮书是在准确把握新的国际形势、新的海峡两岸关系形势下，贯彻落实新时代党解决台湾问题总体方略的重要举措，也是遏制“台独”势力、反对外来干涉势力挑战中国底线的重要举措。

（杨翔）

## 老干部服务

【概况】 2022年，市委老干部局坚持以政治建设为统领，抓好中共中央办公厅《关于加强新时代离退休干部党的建设工作的意见》贯彻落实工作，注意加强教育提醒，推进离退休干部“示范党支部”创建，着力提升组织力，增强离退休党员的党性观念。坚持紧贴中心大局，开展“我看中国特色社会主义新时代”专题调研，办好第七届老年文化艺术节，引导老干部发挥优势作用。加强学习活动阵地建设，认真落实各项政策待遇，突出做好关怀帮扶工作，着力提升老年教育服务水平。至年底，南昌市有离退休干部37939名。其中，离休干部568名。市委老干部局被评为全省老干部工作先进集体；中央组织部老干部局宣传推介南昌市离退休干部党建工作经验做法；市关工委在青少年中开展党史学习教育被《新华每日电讯》全国直播；《中国老年报》《江西日报》多次报道市委老干部局防范养老诈骗、志愿服务方面的工作举措和成效。

【老干部党建工作】 2022年，市委老干部局对照离退休党支部标准化规范化信息化建设标准，严把申报、现场核查、公示关，31个党支部被评为全市离退休干部“示范党支部”，从中择优推荐22个申报全省离退休干部“示范党支部”。制定《重点任务清单》，明确强化政治引领、强化组织功能、强化管理监督、强化激励关怀、强化组织领导5个方面具体工作任务；设计31项由县区单位填写和21项由离退休干部党支部填写的调研表格，摸清全市离退休干部党的建设实际情况。市老年大学研究制定《关于加强新时代南昌市老年大学学员党的建设工作的实施意见》，建立临时党支部149个，联系党员1860余人。

【开展党纪法规教育】 2022年，市委老干部局给每个离退休干部党支部配发《离退休干部党纪法规学习资料（摘编）》，组织离退休干部观看《赶考路上的“迷失者”》等警示电教片。开展离退休干部教育管理自查工作，自查内容包括“离退休干部遵守党的政治纪律和政治规矩”“遵守讲座、论坛、刊物出版、继续从业、重要情况报告等方面纪律规定”“遵守社会团体兼职有关规定”“离退休干部党组织执行党的组织生活制度”4个方面。至年底，全市报送自查情况表或自查报告单位共72个。

【离退休干部待遇落实】 2022年，市委老干部局推进落实离退休干部各项待遇，认真执行参加重大会议活动、通报情况、走访慰问、征求意见等制度。组织离退休干部参加全市离退休干部形势报告会、2022年春节团拜会、《政府工作报告（征求意见稿）》征求意见建议座谈会，征求老干部对市委常委班子党史学习教育专题民主生活会意见建议。元旦春节期间，走访慰问困难老党员20名、厅级老干部70名、老红军遗孀10名、生病住院离休干部73名；重阳节前夕，走访慰问14名发挥作用的离退休干部党员；“七一”期间，走访慰问市直216名离退休干部党组织书记和临时党组织书记；电话慰问30名易地安置和异地居住（3年以上）离休干部。开展“最美老干部”评选推荐活动，评选9名“最美老干部”。编印5期老干部学习资料发放给全市537个离退休干部党支部，宣传中央、省委、市委决策部署。编印《多彩金秋》（六），收录18个党支部、42名党支部书记的先进事迹。6月，市直各单位离休干部离休费全部调整到位，并从2021年10月起开始补发。落实离休干部遗属生活补助，督促各有关单位落实调标后的生活补助发放。对于已经纳入低保的离休干部无工作的配偶，单位按照补足标准进行发放。落实企业单位离休干部增加补贴发放工作，与市财政局等部门协调，报请市政府研究同意，在12月底前为市属企业单位离休人员开设银行账号、发放增加补贴资金2124余万元。对于省属企业单位驻昌43名离休人员，及时上报省委老干部局享受政策。做好关怀工作，对离休干部符合条件申报瘫痪护理费的，实行即报即办。至年底，全市办理43件。对身患重病、失能、高龄、无子女、独居“空巢”、生活完全不能自理等有特殊困难的离退休干部，逐一梳理，为158名特困离退休干部及离休干部遗偶发放帮扶资金87万元，为省属企业特困离休干部发放帮扶资金5.1万元。

【信息化服务】 2022年，市委老干部局完成南昌市老干部工作网站改版工作，全市9个县区老干部工作部门开办微信公众号，完善市直单位离退休干部党支部书记分片微信工作群。全市登录“银耀赣鄱”信息化平台的老干部51028人，录入离退休干部党组织485个，发布各类栏目稿件2857篇，各项指标居全省前列。全年全市各级老干部工作部门在赣鄱老干部微信、老友专辑、《中国老年报》、《中国火炬》等省级及以上相关媒体上登载新闻稿件455篇。其中，在中组部“离退休干部工作”微信公众号登载3篇，“中国老干部”微信公众号登载2篇，《老干部之家》登载5篇，《中国老年报》登载8篇、《江西组工通讯》登载

3篇,赣鄱老干部微信登载120篇,《老友》登载60篇,《老友》专辑登载38篇,其他媒体登载216篇。南昌老干部工作网登载信息202条;南昌老干部政务微博累计发布信息793条,有“粉丝”3859人;南昌老干部工作微信公众号累计发布信息864条,有“粉丝”10856人。

**【老年教育】** 2022年秋季,九龙湖校区正式投入使用,形成一校三区格局。三校区全年开设530个班级,招收学员18298人次。全市各级老年大学(学校)656所。其中,市老年大学1所,县区老年学校12所,覆盖率100%;乡镇(街道)老年学校87所,覆盖率70.7%;村(社区)老年学校556所,覆盖率30.2%。市老年大学实现网上报名缴费、入校验证、教学管理一体化,搭建“南昌市老友大学堂”云平台,开设53门课程,上传(录制)直播课程541课时,累计观看9万余人次。市老年大学贯彻落实《国务院办公厅关于切实解决老年人运用智能技术困难的实施方案》要求,编写“智慧助老”工作手册,开设手机应用、电脑手机综合应用等班级、专题讲座。疫情防控期间停课不停学,春季学期线下教学活动暂停期间,市老年大学将线下教学转到线上,建立“网络教室”开展教学,完成1800节课时。学校首次开设15个线上班级,与线下班级统一招录、统一管理,满足老年人多样学习需求。

**【第七届老年文化艺术节】** 2022年,南昌市举办“奋进新征程 建功新时代”全市第七届老年文化艺术节系列主题活动。拍摄《军旗升起的地方》八一主题军歌合唱作品MV;举办“军歌永嘹亮 奋进新征程”学习贯彻党的二十大精神群众歌唱会演并进行线上图片直播;举办“凝心聚力新时代 团结奋斗新征程”教学成果汇报演出,器乐专场演出27个节目、舞蹈专场演出30个节目;举办“翰墨浓情歌盛世 丹青尽染颂祖国”黄鹂师生书画展和“永远跟党走 建功新时代”南昌市老年书画协会会员优秀作品展。

(乐道平)

## 关心下一代工作

**【概况】** 2022年,南昌市关心下一代工作围绕立德树人根本任务,突出青少年思想道德教育和关爱援助两大重点,构建“两团一会”关工委工作新格局,全市关工委工作取得思想武装入脑入心、主题教育有声有色、帮扶帮教水平提升、品牌建设成效明显、重点工作全面推进、基层基础强力夯实的明显成效。至年底,全市有各级关工委组织6016个,关工委班子成员2.15万余人;有关爱报告团2108个,关爱报告团成员6110人;全市各级参与关心下一代工作的“五老”人员6.57万余人。

**【青少年思想道德教育活动】** 2022年,全市各级关工委主动对接全市文明创建、乡村振兴计划、平安南昌建设以及全市“兴家风、淳民风、正社风”“三风”建设活动,在全市广大青少年中开展“扣好人生第一粒扣子”“大手握小手”“老少共铸中国梦”等道德实践活动,引导青少年在实践活动中涵养素质,在志愿服务活动中陶冶品格。结合贯彻落实中共中央办公厅、国务院办公厅《关于加强新时代关心下一代工作委员会工作的意见》精神,在全市青少年中开展争做新时代“家庭好孩子、学校好学生、社会好公民”活动,引导激励广大青少年崇德向善、见贤思齐,努力成为担当民族复兴大任的时代新人。至年底,全市开展争做“三好”活动1200余场,受教育青少年近20万人次。

**【“传承红色基因,争当时代新人”主题活动】** 2022年,全市各级关工委组织开展“诵读红色家书、讲述红色故事、传承红色基因”等活动,采取“走出去、请进来”方式,寻访英雄模范,学习英模事迹,感受榜样力量,强化青少年“红色记忆”,汲取奋进力量,增强爱党爱国情怀。至年底,全市关工委系统组织开展“传承红色基因,争当时代新人”主题活动620场,直接参与青少年9万余人次。

**【“树家风、育新人”主题活动】** 2022年,全市各级关工委开展“树家风、育新人”主题活动,围绕“一对一”结对帮扶的青少年家庭,采取上门入户宣传、商讨、认领、悬挂、回访“五步法”,帮助结对青少年家庭制订贴近家庭实际、符合对象意愿、得到帮扶家庭认同的“家规家训”,推动家风确立、家风传承、家风创作、家风宣传“四项实践”进学校、进社区、进家庭。全市关工委编辑印发《家风故事集》和家风指导丛书3万余册,设置家风教育文化墙、文化走廊5600余个,全市“五老”(老干部、老战士、老专家、老教师、老模范)开展家风宣讲1.53万人次,受教育青少年26万余人次。

**【“关爱明天、普法先行”活动】** 2022年,市关工委联合市委政法委等8个部门联合转发省关工委等部门《关于开展第五届“关爱明天、普法先行”——青少年法治宣传教育活动的通知》,对第五届青少年法治宣传教育活动进行部署安排。以新修订的保护未成年人“两法”正式实施为契机,组织开展学习贯彻《中华人民共和国未成年人保护法》《中华人民共和国预防未成年人犯罪法》《中华人民共和国家庭教育促进法》等法律法规的普及宣传工作。至年底,全市各级关工委开展各类普法宣传活动499场,直接受教育青少年达到6万余人次。

**【青少年“五防”安全教育】** 2022年，全市各级关工委坚持把做好青少年防溺水、防触电、防交通事故、防食物中毒、防疫情传染等工作放到重中之重位置，2次下发加强青少年防溺水安全教育和巡防工作通知，组织由“五老”人员组成的“五防”宣传队，深入村边路边水边巡查，深入学校、农村、社区宣讲“五防”安全知识。各级关工委做好暑期青少年“五防”宣讲巡查工作，强化教育引导，取得明显成效。至年底，全市各级关工委开展“五防”宣传活动470场，近7万名青少年参与活动。全市青少年各类安全事故发生率同比下降40%。

**【关爱基金会组建】** 2022年，市关工委重视创新关爱帮扶工作举措，推动建立市、县、乡镇（街道）、村（社区）关爱基金会。市关爱下一代基金会获得省民政厅批准，筹集关爱帮扶资金1000余万元。至年底，全市各级建立关爱基金会（扶助会）120余个，累计筹集资金1亿余元。全市困难青少年、特殊青少年群体基本得到帮扶救助。

**【青少年活动阵地建设】** 2022年，全市各级关工委联合宣传、文化、教育部门，充分依托八一南昌起义纪念馆、南昌新四军军部旧址陈列馆、小平小道纪念馆、方志敏烈士陵园等红色资源，打造一批红色文化和爱国主义教育基地；依托秀美乡村、现代农业园区等平台，打造一批青少年校外劳动科普教育和中小学生校外拓展示范基地。各县区充分利用农村祖屋祠堂、空闲场所、社区新时代文明实践站、青少年活动中心、图书室等，开办“家长学校”“青少年心理辅导班”“四点半课堂”等3000余所，组织包括“五老”在内的志愿者对孩子们进行辅导教育，解决中小学生课后无人管、无处去的问题。

（顾国强）

## 党史编研

**【概况】** 2022年，南昌市史志办公室（以下简称“市史志办”）以迎接党的二十大召开和学习宣传贯彻党的二十大精神为主线，以“党史姓党”为根本原则，以“围绕中心、服务大局”为基本遵循，以“存史资政育人”为主要目标，扎实推进党史资料征集、编纂研究和宣传教育各项工作，取得较好成绩。省委常委、市委书记李红军在市史志办《关于荣获全国党史和文献部门先进集体的情况报告》作出批示：“市史志办用实际行动践行‘小部门也可以有大作为’的发展理念，市直各单位要向他们学习。”全年出版编辑党史书籍5部，共20余万字，图片1200余张。

**【全市重大重点工程建设资料汇编】** 2022年，市史志办紧盯市委、市政府重大决策部署，主动跟进记录南昌麦园垃圾填埋场、前湖水系、城市水环境、“胡子工程”、赣抚尾闾工程等全市重大重点工程建设历程，采取实地调研和座谈等方式，收集整理项目建设资料，着力开展《南昌麦园“破茧重生”记》《南昌前湖水系综合治理实录》《南昌“胡子工程”攻坚销号记》编纂工作。至年底，编纂完成《南昌麦园“破茧重生”记》《南昌前湖水系综合治理实录》《南昌“胡子工程”攻坚销号记》3部书籍初稿，文字共10万余字、图片130余张，并送审市委主要领导和分管领导。

**【《图记南昌》编纂】** 2022年，市史志办按照“以图记事、以图载史”要求，紧扣2021年全市工作亮点、特点和成果、成就，在提升编纂质量和缩短编纂时间上下功夫，落实责任部门和人员，明确工作任务和要求，精选图片，精编文字，精心设计，精细排版，于8月出版2021年卷《图记南昌》。该书公开出版，设置10个部分，共5万余字，选用图片520张，生动、直观、形象地展示2021年南昌经济社会发展历程和取得的成就。在完成2021年卷《图记南昌》编辑工作任务后，广泛收集2022年卷《图记南昌》图片和文字资料，着手整理、筛选、编辑。至年底，整理文字材料6万余字。

**【党史宣传引导把关】** 2022年，市史志办发挥党史在意识形态工作领域的重要作用，紧密结合南昌党史工作实际，联合市网信办开展持续清理整治网上历史虚无主义工作，组建党史领域专家队伍，坚定“为党举旗、为党立言、为党尽责”使命担当，旗帜鲜明地运用史实进行有理有据地抵制和回应。加强对涉及党史题材各类作品审核把关，协助市委宣传部做好南昌市爱国主义教育示范基地讲解词创作编修工作，审读南昌八一起义纪念馆、南昌新四军军部旧址陈列馆、方志敏烈士纪念园等爱国主义教育示范基地讲解词。参加南昌烈士陵园纪念馆陈展大纲座谈会，审核把关大纲内容，坚决守牢意识形态工作主阵地。

**【深化八一起义研究】** 2022年，市史志办持续深化对红色基因系统研究阐释，参与省委党史研究室课题研究，撰写完成《八一起义的历史起源》研究论文。配合市委宣传部开展“持续深入八一起义研究”工作，深入挖掘八一起义所蕴含的思想内涵和时代价值，不断提高八一起义历史厚度和现实热度，为推进南昌高质量跨越式发展提供精神支撑和智力支持。联合南昌八一起义纪念馆开展“寻访八一——纪念八一南昌起义暨建军95周年宣传活动”，与吉安市、梅州市、潮州市、揭阳市、郴州市等党史部门沟通联系，征集相关著作资料，有效整合资源，持续强化革命传统教育。

**【指导服务县区党史工作】** 2022年,市史志办将推动县区党史著作编写作为推动全市党史工作水平整体提升的重要切入点,主动靠前服务,对县区党史各项工作进行跟踪指导。引入试点机制,重点指导审读进贤县党史二卷,将其作为县区编写范本予以打造。6月,《中国共产党江西进贤历史》第二卷(1949—1978)正式印刷出版,为南昌市第一本正式出版的县区级党史正本。

**【构建党史宣教体系】** 2022年,市史志办重点依托"南昌史志"微信公众号推出党史系列宣传栏目,定期推送革命故事、重要革命人物、理论文章等内容。同时,巧借外力,加快打造立体式宣教格局,构建"南昌史志"信息宣传、新闻媒体机构合作、文化精品课程"六进"和理论文章研究相结合的党史宣教体系,让更多党员群众随时随地了解南昌红色故事。筹备《重拾时代记忆,看南昌工业历史变迁》精品课程,以群众喜闻乐见方式、接地气语言,让群众听得懂、记得住、能领会,推动党史学习教育常态化、制度化。至年底,撰写发表党史宣教文章70余篇。

(李皓月)

## 党校(行政学院)工作

**【概况】** 2022年,市委党校围绕中心、服务大局,强主业、出成果、站前列,教学、科研、决策咨询、队伍建设、办学保障各项工作取得新成效,朝着实现"创特色、创品牌,打造全省最好、全国一流党校"目标迈进。全年举办各类轮训培训班次73期,培训学员6782人。市委党校获全省党校行政学院系统第十三届科研工作组织奖二等奖,《中共南昌市委党校学报》被评为"国家哲学社会科学文献中心2021年度政治学最受欢迎期刊"。

**【教学改革】** 2022年,市委党校优化教学布局,完善教学体系,将党的二十大精神、发展和改革双"一号工程"、"一枢纽四中心"建设等纳入主体班教学内容。加强案例教学研究,结合南昌经济社会发展实践,开发"大力发展循环经济,推动高质量绿色发展——南昌固废处理循环经济产业园的探索与实践"等8堂案例教学课程。认真贯彻落实习近平总书记在中央党校中青班开班式上的重要讲话精神,把调查研究作为中青班学员必修课,形成具有特色的教学体系,相关经验材料在《学习时报》刊登,被"学习强国"学习平台全文转载。

**【理论研究】** 2022年,市委党校创新科研管理机制,制定和完善《中共南昌市委党校科研管理工作责任制》等12项科研制度。创新科研工作平台,实现4个"首次",即首次组织申报省社会主义学院课题,首次与市社科联开展课题合作项目,首次设立全市党校(行政学院)系统课题,首次举办纪念八一南昌起义论坛活动,并将相关学术成果汇编成书,持续深化对八一南昌起义蕴含的伟大革命精神研究。2022年各级各类课题立项60个,为历年来立项最多。其中,省级课题13项,市社科课题24项。全年发表各类理论文章57篇。其中,《学习时报》发表2篇,《江西日报》发表4篇。17篇论文获省市科研奖。其中,1篇入选省委宣传部、全国红色基因传承研究中心主办的"首届红色基因传承高端论坛"论文,1篇获全省党校行政学院系统第十四届社会科学优秀成果奖一等奖,1篇获全省党校行政学院系统"学习贯彻党的十九届六中全会暨省第十五次党代会精神"理论研讨会一等奖。

**【"纪念八一南昌起义95周年论坛"举办】** 2022年8月1日,市委党校举办"纪念八一南昌起义95周年论坛"。论坛对纪念八一南昌起义95周年理论研讨会征文活动获奖作者进行表彰。市委党校全体班子成员,市高质量发展资政联盟单位代表,各县区委党校常务副校长、分管科研工作的副校长及科研管理部门负责人,征文获奖作者代表,第88期县干班学员及市委党校全体教职工260余人参加论坛。

**【市委党校迁建项目开工】** 2022年8月19日,市委党校迁建项目开工活动举行。省委常委、市委书记李红军宣布项目开工,要求相关单位坚持"好、快、省"做好项目建设各项工作。市长万广明讲话。市委党校迁建项目位于红谷滩区青原山路以东,萍乡大街以南,潼溪水库以西,轻武器展示馆以北区域,计划总投资约11.5亿元,建筑面积约12万平方米,主要包括教学楼、大礼堂、图书馆、学员楼、服务中心、校门、风雨连廊等16栋建筑及1层地下室,可同时容纳1300人在校培训,计划2023年9月前竣工。

(周瑶)

# 南昌市人民代表大会

## 综 述

【概况】 2022 年，南昌市人民代表大会常务委员会（以下简称“市人大常委会”）紧扣迎接和学习宣传贯彻党的二十大精神这条主线，紧紧围绕“一枢纽四中心”发展定位，依法履职，守正创新。至年底，审议通过法规 3 件，检查 3 部法规实施情况，备案审查规范性文件 102 件，听取审议专项工作报告 12 项，作出决议决定 7 项，督办代表建议 794 件，全面推动完成代表票决民生实事 10 件，任免国家机关工作人员 77 人次，各方面工作取得新进展、新成效。

【坚持党的全面领导】 2022 年，市人大常委会通过集中学习、交流研讨、宣传宣讲等多种方式，深入学习宣传贯彻党的二十大精神。严格落实“第一议题”制度，及时传达学习习近平总书记重要讲话重要指示批示精神，先后组织集体学习 19 次、交流探讨 11 次、专题辅导 4 次，自觉践行“两个确立”“两个维护”。落实落细市委决策部署，协助市委召开贯彻落实中央人大工作会议精神部署会，强化督查考核，确保市委工作要求在人大工作中得到全面贯彻和有效执行。严格执行请示报告制度，全年向市委请示报告立法、监督、代表等重要工作 45 次，按照市委要求抓好贯彻落实，使人大及其常委会成为坚持党的领导坚强阵地。

【服务发展大局】 2022 年，市人大常委会充分发挥立法引领、推动、保障作用，在全省率先制定数字经济促进条例，制定《爱国卫生工作条例》，修订《梅岭风景名胜区条例》，以良法促进发展、保障善治。科学编制五年立法规划，及时废止《流动人口计划生育工作条例》等 3 件法规，对现行有效 70 件地方性法规开展全面清理，推动立改废有效衔接。紧扣高质量发展，不断加强财经审查监督，听取审议国民经济和社会发展计划、企业国有资产管理、金融工作报告，多个维度开展经济运行分析和监督，更好助力全市经济社会健康稳步发展。紧扣改革创新，就优化营商环境、人才工作、职业教育发展情况开展监督，助力增强创新发展新动能。紧扣宜居宜业，持续跟进超限超载重拳整治和快速公交系统（BRT），遏制一批公路货运乱象问题，有效推动井冈山大道和南莲路 BRT 优化改造。

【践行人民民主】 2022 年，市人大常委会全面推行民生实事项目人大代表票决制，高质量按时完成 2022 年十大民生实事票决项目，推动解决一批群众急难愁盼问题，彰显人民当家作主制度优势。开展“聚焦‘六个江西’建设，争当‘四个表率’主题活动”，深化代表视察工作，强化议案建议督办，探索开展星级代表联络工作站创建，成立国家人大代表、省人大代表工作室，组建 10 个人大代表专业小组，引导各条战线人大代表立足岗位、各扬所长，广泛汇聚起现代化南昌建设智慧力量。

## 重要会议

【概况】 2022 年，市人大常委会召开 2 次人民代表大会、11 次常务委员会会议、24 次主任会议，传达学习贯彻中央和省市有关会议精神，听取和审议有关单位工作情况报告，讨论和决定全市政治、经济、文化等各方面重大工作事项，审议并通过全市地方性法规和有关情况议案，认真研究部署人大各项工作，切实履行工作职责。

【市十六届人大二次会议】 2022 年 1 月 22—24 日，南昌市第十六届人民代表大会第二次会议在前湖迎宾馆召开。大会审议通过关于政府工作报告的决议、南昌市 2021 年国民经济和社会发展计划执行情况与 2022 年国民经济和社会发展计划的决议、关于南昌市2021年全市和市级预算执行情况与2022年全市和市级预算的决议、关于市人大常委会工作报告的决议、关于市中级人民法院工作报告的决议、关于市人民检察院工作报告的决议。大会宣读2022年市人民政府民生实事项目票决结果，确定老旧小区改造工程、“打通断头路畅通微循环”攻坚专项行动、政府类投资建设项目“胡子工程”攻坚行动、社区嵌入式养老院建设项目、村庄亮灯和背街小巷及楼道增亮补亮工程、0—3岁婴幼儿照护服务托位项目、打造城市休闲空间项目、既有住宅加装电梯项目、桥梁和快速路声屏障建设、南昌书房——“孺子书房”建设项目为2022年度10件民生实事项目。大会表决通过市十六届人大教育科学文化卫生委员会主任委员和社会建设委员会主任委员人选名单；以无记名投票方式，选举4人为南昌市第十六届人民代表大会常务委员会委员。省委常委、市委书记李红军在闭幕大会上讲话。

**【市十六届人大三次会议】** 2022年12月22—24日，南昌市第十六届人民代表第三次会议在前湖迎宾馆召开。大会审议通过关于政府工作报告的决议、南昌市2022年国民经济和社会发展计划执行情况与2023年国民经济和社会发展计划的决议、关于南昌市2022年全市和市级预算执行情况与2023年全市和市级预算的决议、关于市人大常委会工作报告的决议、关于市中级人民法院工作报告的决议、关于市人民检察院工作报告的决议；以无记名投票的方式选举产生南昌市出席江西省第十四届人民代表大会代表。大会宣读2023年度民生实事项目人大代表票决结果，确定“打通断头路 畅通微循环”攻坚专项行动、公共卫生补短板建设项目、老旧小区改造工程、持续扩大公共停车设施有效供给项目、南昌市中小学教育网点建设及学前教育普及普惠发展项目、“两整治一提升”行动共同富裕样板村建设项目、“孺子书房”建设项目、家庭医生签约服务项目、城市道路的配套市政消火栓建设、城市外环路（高速）路灯照明工程为2023年度10件民生实事项目。省委常委、市委书记李红军在闭幕大会上讲话。

**【市十六届人大常委会会议】** 2022年，市十六届人大常委会召开11次会议。会议表决通过《关于提请接受占勇等同志辞去江西省第十三届人民代表大会代表职务请求的议案》《南昌市人民代表大会常务委员会关于设立外事华侨民族宗教工作委员会的决定（草案）》《南昌市人民代表大会常务委员会关于废止部分地方性法规的决定（草案表决稿）》《南昌市爱国卫生工作条例（草案表决稿）》《南昌市数字经济促进条例（草案表决稿）》《关于批准南昌市2022年地方政府债务限额及市级预算第二次调整方案的决议（草）》《关于召开南昌市第十六届人民代表大会第三次会议的决定（草案）》《南昌市梅岭风景名胜区条例（修订草案表决稿）》等；表决通过人事议案等；补选省人大代表。

**【市十六届人大常委会主任会议】** 2022年，市十六届人大常委会召开24次主任会议。会议讨论《关于提请接受占勇等同志辞去江西省第十三届人民代表大会代表职务请求的议案》《关于提请补选叶建春等同志为江西省第十三届人民代表大会代表的议案》《关于召开市十六届人大常委会第二次会议的工作方案（草）》《南昌市人民代表大会常务委员会工作报告（草）》《关于提请审议〈南昌市人民代表大会常务委员会关于设立外事华侨民族宗教工作委员会的决定（草案）〉的议案》《关于检查〈南昌市居家养老服务条例〉实施情况的工作方案（草）》《〈南昌市数字经济促进条例〉立法工作方案（草）》《关于在市人大代表中开展聚焦“六个江西”争当“四个表率”主题活动的实施方案（草）》《南昌市人民政府关于将〈南昌市海绵城市建设管理条例〉列入立法计划的函讨论》《南昌市梅岭风景名胜区条例（修订草案二次审议稿）》《南昌市爱国卫生工作条例（草案表决稿）》《南昌市数字经济促进条例（草案表决稿）》《南昌市梅岭风景名胜区条例（修订草案表决稿）》等。会议听取关于2021年民生实事人大票决项目执行情况及2022年民生实事项目筛选情况的报告、南昌市人大常委会代表资格审查委员会关于代表资格的审查报告、关于提请审议《南昌市人民代表大会常务委员会关于废止部分地方性法规的决定（草案）》的议案（草）、关于《南昌市人民代表大会常务委员会关于废止部分地方性法规的决定（草案）》审议结果的报告、《南昌市国土空间总体规划（2021—2035年）（审议稿）》及其编制工作情况的报告、关于2022年民生实事人大票决项目执行情况及2023年民生实事项目筛选情况的报告等。

## 重要活动

**【概况】** 2022年，市人大常委会始终坚持党对人大工作的全面领导，深入学习宣传贯彻党的二十大精神，坚持党的领导、人民当家作主、依法治国有机统一，践行全过程人民民主，依法履职、主动担当。组织召开市委贯彻落实中央人大工作会议和省委推进会精神部署会、人大代表“聚焦‘六个江西’建设，争当‘四个表率’主题活动”动员部署会、纪念南昌市人大设立常委会40周年座谈会，开展纪念南昌市人大设立常委会40周年书画作品展，组织部分全国、省和市三级人大代表开展“喜看新变化 助推新发展”集中视察重大重点项目活动，人大工作和建设迈向新征程、呈现新面貌。

**【市委贯彻落实中央人大工作会议和省委推进会精神部署会】** 2022年6月9日，市委贯彻落实中央人大工作会议和省委推进会精神部署会召开，深入学习贯彻习近平总书记关于坚持和完善人民代表大会制度的重要思想，全面落实中央人大工作会议和省委推进会精神，对加强和改进新时代全市人大工作进行全面部署。省委常委、市委书记李红军出席并讲话。市长万广明主持。市领导钱昀、李镇发、余正琨、王万征、黄冬生、李松殿、饶绍清、宋铀、刘德辉、谭绍木、王强、万昱原、张湘赣、寇立群、孙毅，市法检“两长”出席。李红军对近年来全市各级人大及其常委会各项工作取得的进展和成效给予充分肯定。

**【主题活动动员部署会】** 2022年6月9日，人大代表“聚焦‘六个江西’建设，争当‘四个表率’主题活动”动员部署会召开。市人大常委会主任李镇发出席会议并讲话。市人大常委会副主任宋铀、刘德辉、谭绍木、王强、万昱原、张湘赣、寇立群、孙毅出席。会议书面传达学习全省市县（市、区）人大常委会主任、省人大代表学习班精神；解读《关于开展市人大代表聚焦“六个江西”建设，争当“四个表率”主题活动的实施方案》。市人大常委会秘书长、副秘书长、委员、各专工委负责人，各县区人大常委会主要负责人、分管负责人（分管代表工作），开发区（湾里管理局）联系人大工作的分管负责人以及部分国、省人大代表参加会议。

**【纪念南昌市人大设立常委会40周年书画作品展】** 2022年9月14日，纪念南昌市人大设立常委会40周年书画作品展开展。市人大常委会主任李镇发，市人大常委会副主任宋铀、刘德辉、谭绍木、王强、万昱原、张湘赣、孙毅出席开展仪式。该次展览聚焦“迎接党的二十大召开，庆祝南昌市人大设立常委会40周年”主题，展出南昌市各级人大代表、人大机关干部职工和人大系统离退休老干部、市人大常委会机关书画学习院顾问等创作的175件作品。其中，书法作品125件、绘画作品50件。

**【纪念南昌市人大设立常委会40周年座谈会】** 2022年9月26日，纪念南昌市人大设立常委会40周年座谈会举行。省委常委、市委书记李红军出席并讲话。会议强调，要坚持以习近平新时代中国特色社会主义思想为指导，认真学习贯彻习近平总书记关于坚持和完善人民代表大会制度的重要思想，全面落实中央人大工作会议和省委、市委推进会议精神，毫不动摇坚持、与时俱进完善人民代表大会制度，大力发展和践行全过程人民民主，奋力开创新时代南昌人大工作新局面，更好地凝聚起全市人民的智慧和力量，为推动南昌高质量跨越式发展作出新的更大贡献，以实际行动迎接党的二十大胜利召开。市长万广明，市委常委、组织部部长余正琨，史骏飞、熊焕高、陈德寿等历届市人大常委会老领导，市人大常委会副主任宋铀、刘德辉、谭绍木、王强、万昱原、张湘赣、孙毅，市法检“两长”等出席。市中级人民法院、市发改委、市人大常委会法工委以及部分县区人大常委会负责人、市人大代表在会上发言。

**【代表集中视察重大重点项目】** 2022年10月13日，市人大常委会组织部分全国、省和市三级人大代表开展“喜看新变化 助推新发展”集中视察重大重点项目活动。市人大常委会主任李镇发，市人大常委会副主任宋铀、刘德辉、谭绍木、王强、万昱原、张湘赣、孙毅，副市长赵捷参加。参加该次活动的人员分为2组交叉视察，分别深入南昌市绕城高速公路西二环（厚田至乐化段）、欣旺达南昌动力电池生产基地、洪州大桥、高铁东站、华勤千亿产业园、南昌市城市水环境治理排水单元整治工程等项目现场，认真听取相关工作人员汇报，了解项目建设总体规划、施工进展等情况，实地感受南昌城日新月异变化。

2022年9月26日，纪念南昌市人大设立常委会40周年座谈会举行

（马悦　摄）

## 监督工作

**【概况】** 2022年,市人大常委会始终聚焦全市发展大局,开展正确有效依法监督,以更实举措助推经济社会高质量发展。开展环保赣江(南昌)行、"物业社区(南昌)行"主题活动,促进生态环境质量持续提升。组织开展村庄亮灯工程、医疗保障、分级诊疗制度落实情况、装配式建筑产业、体育产业发展专题调研,组织代表视察雨污分流改造、大气污染防治、高标准农田建设、城市旅游发展情况,提出相关意见和建议,促进经济社会高质量发展。全年,听取审议专项工作报告12项,检查3部法规实施情况,备案审查规范性文件102件。

**【听取审议工作报告】** 2022年,市人大常委会听取和审议市监察委员会专项工作报告,市中级人民法院、市人民检察院关于开展国家司法救助工作情况报告,生态文明建设和生态环境状况情况报告,2022年1—6月国民经济和社会发展计划执行情况报告,2021年市级决算和2022年1—6月财政预算执行情况报告,2021年度南昌市市本级预算执行和其他财政收支的审计工作报告,2021年度全市企业国有资产管理情况专项报告、审议关于2021年度全市国有资产管理情况综合报告,职业教育发展情况报告,农业特色产业发展专项工作报告,人才工作情况报告,侨资企业发展情况报告。

**【《南昌市房屋使用安全管理条例》执法检查】** 2022年5月24—27日,市人大常委会启动《南昌市房屋使用安全管理条例》(以下简称《条例》)执法检查工作。市人大常委会成立由市人大常委会领导、市人大城建环保委组成人员、部分人大代表等组成的执法检查组,就《条例》贯彻实施情况到东湖区、西湖区、青云谱区、青山湖区、红谷滩区5个城区和高新区、经开区2个开发区,开展专项检查。该次执法检查分为前期准备、重点检查、听取和审议报告、审议意见和研究处理报告等4个阶段。在全面了解《条例》实施情况基础上,检查组重点察看南昌市开展房屋使用安全管理工作基本情况,房屋安全排查鉴定工作开展情况,城镇C、D级危房排危整治工作开展情况,建筑幕墙建设、管理、检测等工作开展情况,危害房屋使用安全行为的处置工作情况,白蚁防治工作开展情况,法律责任落实情况,法律实施中存在的主要问题、法律贯彻实施的意见和建议等情况。

**【《南昌市居家养老服务条例》执法检查】** 2022年6月10日、13日,市人大执法检查组到进贤县养老信息平台、进贤县白圩乡赵家居家养老服务中心、白圩乡剑溪村龚家居家养老服务中心、青云谱区陶陶然老年公寓、青云谱区岱山街道江联社区嵌入式养老院、洪都街道洪科社区居家养老服务站等养老服务站点,现场听取和察看相关部门贯彻落实《南昌市居家养老服务条例》情况,并与老年人进行互动交流。检查组在青云谱洪都街道洪科社区召开座谈会,听取市民政局、进贤县、青云谱区贯彻实施《南昌市居家养老服务条例》情况。

## 人事任免

**【概况】** 2022年,市人大常委会坚持党管干部和依法任免干部相统一原则,按照规范程序和办法,任免地方国家机关工作人员77人次。

**【人事任免名单】** 2022年,市第十六届人民代表大会常务委员会第四次会议通过,任命熊成为南昌市人大常委会法制工作委员会主任;卢亮昊为南昌市人大常委会选举任免联络工作委员会主任;赵俊为南昌市人大常委会外事华侨民族宗教工作委员会主任;蒋彬为南昌高新技术产业开发区人民检察院副检察长、检察委员会委员、检察员;刘小萌为南昌经济技术开发区人民检察院副检察长、检察委员会委员、检察员。决定任命李国水为南昌市司法局局长;吴志强为南昌市应急管理局局长。免去陶成的南昌市人大常委会法制工作委员会主任职务;杨晓波的南昌市人大常委会选举任免联络工作委员会主任职务;蒋彬的南昌经济技术开发区人民检察院副检察长、检察委员会委员、检察员职务;刘小萌的南昌高新技术产业开发区人民检察院副检察长、检察委员会委员、检察员职务。

市第十六届人民代表大会常务委员会第五次会议通过,任命周燕为南昌市中级人民法院审判员;黄杏元为南昌高新技术产业开发区人民法院审判员;罗蒙为南昌市人民检察院检察员;洪丹琛为南昌经济技术开发区人民检察院检察员。

市第十六届人民代表大会常务委员会第七次会议通过,任命陈健为南昌市中级人民法院副院长、审判委员会委员、审判员;焦健为南昌高新技术产业开发区人民法院院长、审判委员会委员、审判员;喻伍件为南昌高新技术产业开发区人民法院副院长、审判委员会委员、审判员;姬军为南昌高新技术产业开发区人民法院审判委员会委员、审判员;万建华为南昌经济技术开发区人民法院副院长、审判委员会委员、审判员;徐卫平为南昌经济技术开发区人民法院审判委员会委员、审判员;罗建珍为南昌经济技术开发区人民检察院副检察长、检察委员会委员、检察员。免去吕清泉的南昌市中级人民法院审判委员会委员职务；焦健的南昌市中级人民法院审判委员会委员、审判员职务；李敏的南昌市中级人民法院审判委员会委员职务；罗云奇的南昌市中级人民法院审判员职务；万建华的南昌高新技术产业开发区人民法院副院长、审判委员会委员、审判员职务；徐卫平的南昌高新技术产业开发区人民法院审判委员会委员、审判员职务；廖宏的南昌高新技术产业开发区人民法院综合审判庭庭长职务；周丽华的南昌高新技术产业开发区人民法院立案庭庭长职务；喻伍件的南昌经济技术开发区人民法院副院长、审判委员会委员、审判员职务；姬军的南昌经济技术开发区人民法院审判委员会委员、审判员职务；蒋权的南昌经济技术开发区人民法院综合审判庭庭长职务；彭云的南昌市人民检察院检察员职务。

市第十六届人民代表大会常务委员会第八次会议通过，决定任命胡崇敬为南昌市审计局局长。任命万里云为南昌市中级人民法院审判员；曹丹丹为南昌市人民检察院检察委员会委员；陈威为南昌市人民检察院检察委员会委员；刘龙军为南昌市人民检察院检察委员会委员；刘彤彤为南昌市人民检察院检察委员会委员；王赫楠为南昌市人民检察院检察委员会委员；吴蓉为南昌市人民检察院检察委员会委员；陈丽为南昌市人民检察院检察员；黄娟为南昌高新技术产业开发区人民检察院检察委员会委员。决定免去胡崇敬的南昌市水利局局长职务；万仁如的南昌市审计局局长职务。免去李红刚的南昌市中级人民法院副院长、审判委员会委员、审判员职务；余行飞的南昌市中级人民法院审判委员会委员、审判员职务；龚燕的南昌市中级人民法院审判员职务；赵亚平的南昌市人民检察院检察员职务；闵瑶洪的南昌市人民检察院检察员职务。

市第十六届人民代表大会常务委员会第十次会议通过，免去李静的南昌市中级人民法院刑事审判第二庭副庭长、审判员职务；高细水的南昌市人民检察院检察员职务。

市第十六届人民代表大会常务委员会第十二次会议通过，决定任命凌敏杰为南昌市科学技术局局长；雷桥亮为南昌市发展和改革委员会主任；杨先国为南昌市水利局局长；熊敏为南昌市乡村振兴局局长。决定免去李淑英的南昌市科学技术局局长职务；雷强的南昌市发展和改革委员会主任职务；唐艳华的南昌市工业和信息化局局长职务。任命陈小凡为南昌经济技术开发区人民检察院检察委员会委员。免去熊春水的南昌市人大教科文卫委员会委员职务；金坤红的南昌市中级人民法院审判员职务；熊达和的南昌市中级人民法院审判员职务；饶万和的南昌市中级人民法院审判员职务；周浩的南昌高新技术产业开发区人民法院副院长、审判委员会委员、审判员职务；邓修作的南昌市人民检察院副检察长、检察委员会委员、检察员职务；金刚的南昌经济技术开发区人民检察院检察委员会委员、检察员职务。

**【接受辞去职务请求决定】** 2022年，市第十六届人民代表大会常务委员会第四次会议表决通过《关于接受周国繁等同志辞去南昌市第十六届人大常委会委员等职务请求的决定》。

市第十六届人民代表大会常务委员会第五次会议表决通过《关于接受黄智东同志辞去南昌市第十六届人民代表大会常务委员会委员职务请求的决定》。

市第十六届人民代表大会常务委员会第十二次会议表决通过《关于接受谢文斌同志辞去南昌市人大法制委员会主任委员职务请求的决定》。

## 代表履职

**【概况】** 2022年，市人大常委会始终支持和保障代表依法履职，深化代表视察工作，强化议案建议督办，优化履职服务保障，充分发挥代表主体作用，不断加强和改进代表工作。开展建言献策、服务发展、联系群众、干事创业“四个在一线”活动，三级人大同联动、五级代表齐参与，全市各级人大代表接待群众2万余人次，收集意见建议3200余条，解决群众身边小事1160件。开展2022年“青年学子圆梦·人大代表助学”活动，32名市人大代表捐助32万元，帮助64名贫困大学新生。

**【代表议案建议办理】** 2022年，市十六届人大一次、二次会议及闭会期间收到代表书面建议794件。其中，一次会议建议472件，二次会议建议312件，闭会建议10件。至年底，794件建议全部按期办结。其中，吸纳代表建议，相关工作取得进展的(A类)有562件，占建议总数的70.78%；列入工作计划拟解决的(B类)有157件，占建议总数的19.77%；暂未吸纳代表建议，向代表说明解释或留作工作参考的(C类)有75件，占建议总数的9.45%。从代表对办理答复的反馈情况看，代表满意率100%，代表建议涉及事项已经解决或计划逐步解决的占90%。持续开展“好建议”评选活动，支持城区优化增设街道办事处、加大全市城市污水管网建设力度等125件建议被评为“好建议”，市发改委、市公安局等22个单位被评为办理建议先进单位。

**【代表专业小组组建】** 2022年3月29日，市十六届人大常委会第十次主任会议讨论通过市人大代表专业小组名单，代表专业小组正式组建。

按照“尊重代表意愿、便于组织活动、小组成员不交叉”原则，市人大常委会在充分考虑代表的知识、经验、能力、结构、地域分布等因素基础上，以“小型、专业、实效”为目标，将205名市人大代表划分到监察司法、财经、教育卫生、科技文化、农业农村、城市建管、环境保护、法制、社会建设、外侨民宗10个专业小组。根据相关工作要求，各小组全年开展4次以上集中活动。

**【人大代表联络工作站(室)建设】** 2022年11月11—15日，市人大常委会调研指导组到县区调研指导乡镇(街道)人大代表联络工作站星级创建工作。调研指导组到南昌县幽兰镇等40余个乡镇(街道)，实地查看联络站基础建设和运行情况，详细了解联络站人员配备、工作制度建设以及群众反映的意见和建议处理等情况，并对各县区高标准建设和打造星级联络站的经验做法予以充分肯定。至年底，全市建成人大代表联络工作站(室)256家。其中，五星级人大代表联络工作站36家。

## 民生实事票决

**【概况】** 2022年，市人大常委会不断创新探索践行全过程人民民主、坚持和完善人民代表大会制度，认真执行民生实事项目人大代表票决制。统筹推进票决制各项工作，按照“一事一小组、一季一督查、半年一报告”要求，采取专题调度、专项视察、专项督查等方式，推动南昌市2022年十大民生实事票决项目落实见效，一批群众急难愁盼的问题得到有效改善，一批人民关心关切的基础建设得到有力推进，一批久拖不决、久推不动的民生工程得到彻底解决。至年底，开展专题调度、专项督查38次，参与代表400余人次，南昌市2022年十大民生实事票决项目全部高质量按时完成，满意率100%。

2022年12月15日，市人大常委会组成人员视察0—3岁婴幼儿托位民生实事项目

（市卫健委　供图）

**【民生实事票决项目专题调度】** 2022年7月20日，市人大常委会召开推进民生实事项目工作调度会。市人大常委会主任李镇发出席并讲话。市人大常委会副主任宋铀、谭绍木、王强、万昱原，副市长江新洪出席。会上，“打通断头路畅通微循环”、老旧小区改造、既有住宅加装电梯3个项目的牵头部门分别汇报进展情况。市政府分管领导作表态发言。10月14日，市人大常委会召开2022年民生实事票决项目完成情况调度会，对项目建设进行再强调、再部署、再推进。市人大常委会主任李镇发出席并讲话。市委常委、常务副市长胡晓海，市人大常委会副主任宋铀、刘德辉、谭绍木、王强、万昱原、张湘赣、孙毅等出席。会议听取10件民生实事票决项目进展情况及完成时间汇报。

**【民生实事票决项目专项视察】** 2022年12月14—15日，市人大常委会组成人员对2022年10件民生实事人大票决项目完成情况进行视察。市人大常委会主任李镇发，市委常委、宣传部部长、新建区委书记李松殿，市人大常委会副主任宋铀、刘德辉、王强、万昱原、张湘赣、寇立群、孙毅等参加。视察组前往“孺子书房”八大山人梅湖景区分馆、长堎镇锦华社区嵌入式养老院、空港社区改造、社科院宿舍电梯加装、志敏大道改造、南大示范性托育服务中心等项目现场，详细了解全市10件民生实事项目总体落实情况。视察组对南昌市10件民生实事项目建设情况给予充分肯定，认为全市上下坚持以人民为中心的发展理念，将民生摆在优先位置考量，紧紧围绕确定的10件民生实事项目和代表提出的议案建议，精准发力，全力推进，狠抓落实，取得明显成效。至年底，攻坚“胡子工程”完成19项，打通“断头路”38条，改造老旧小区17个9413户，既有住宅加装电梯293台，城市桥梁、快速路安装声屏障6911米，完成747个村亮灯工程、100条背街小巷增亮补亮工程，建设社区嵌入式养老院18个，建设0—3岁婴幼儿照护服务托位21112个，建设“孺子书房”56家，打造城市休闲空间52个。

（韩丽平）

# 南昌市人民政府

## 综　述

【概况】 2022年，南昌市人民政府按照“疫情要防住、经济要稳住、发展要安全”重要要求，以率先“作示范、勇争先”姿态，高效统筹，深入实施“强省会”战略，加快打造“一枢纽四中心”、全力以赴“稳增长、防风险、保稳定、惠民生”，全市高质量发展步伐更加坚定。全年地区生产总值同比增长4.1%，突破7200亿元。规模以上工业增加值、社会消费品零售总额、固定资产投资、一般公共预算收入较上年分别增长6.0%、4.6%、7.6%、5.1%。聚焦六大领域开展“项目大会战”，全市650个重大重点项目完成投资2500亿元。其中，投资50亿元以上项目56个，20亿元以上项目135个。坚持每季度集中开工一批项目，累计开工339个，总投资2667.45亿元，总投资130亿元的华勤千亿产业基地、30亿元的兆驰晶显LED显示终端等项目投产，华创锂电铜箔、欣旺达动力电池、杭电铜箔等项目开工。华润万象城正式开业，南昌武商广场、保利文化艺术中心等城市综合体加快推进。举办第十九届中国国际检验医学暨输血仪器试剂博览会、第二届中国米粉节等活动，创建4家国家AAAA级旅游景区，万寿宫历史文化街区和“夜东湖”文化旅游消费圈获评国家级夜间文旅消费集聚区。

【改革创新开放】 2022年，南昌市始终把改革创新作为推动发展的战略支撑，产业发展提质增效。实施数字经济做优做强“一号发展工程”。南昌规模以上数字经济核心产业实现营收2378.77亿元，占全省总量的21.45%，“一核三基地多点支撑”（以红谷滩区九龙湖区域为核心，南昌高新区、南昌经开区、小蓝经开区为支撑，其他县区加快建设数字化转型支撑点的“一核三基地多点支撑”发展格局）空间格局加速形成，入选工信部2022年度建设信息基础设施和推进产业数字化成效明显市推荐名单。坚持一产一策、一企一策，深入实施产业链链长制，完善产业链，八大产业营收6054.1亿元，增长1.2%，实现经济下行压力下逆势增长。深入实施营商环境优化升级“一号改革工程”。及时出台惠企纾困政策，共克时艰稳市场主体，全年净增市场主体16.34万户。其中，净增企业4.62万户，增长19.58%，净增数和增幅均列全省第一位。首个国家制造业虚拟现实创新中心落地南昌，年营收3亿元以上工业企业（283家）研发机构覆盖率80%。与南昌大学等7所驻昌高校签订战略合作框架协议，推进“每年吸引10万名大学生和技能人才来昌留昌创业就业”工作，吸纳各类人才14.26万名。推动融入“一带一路”，南昌与200余个国家和地区实现贸易往来，参与28个国家基础设施建设。高标准推进智慧空港、国际陆港建设，“南北呼应”国际性口岸开放格局初步形成。推动参与长江中游城市群建设，持续加强与广东省7个市合作交流，全力做强做优大南昌都市圈，推动9个县（区）分别与丰城市、高安市、樟树市、鄱阳县、余干县、万年县、奉新县、靖安县、永修县9个县（市）签署战略合作框架协议。

【城乡融合发展】 2022年，南昌市立足优势加快城乡融合，因地制宜带动乡村振兴。加快推进城市建设。《南昌城市高质量发展建设方案》正式出台，“十横十纵十联”的骨干路网加速完善，南外环高速公路等19个“胡子工程”销号，江报路、圭峰大道等一批“断头路”完工通车。洪州大桥、复兴大桥建设扎实推进，昌南大桥、隆兴大桥、天祥大桥等加快规划。赣江尾闾综合整治工程、昌景黄铁路、地铁1号线北延东延及2号线东延、昌北国际机场三期扩建工程、西二环绕城高速等一大批重大基础设施项目深入推进。入选全国第二批系统化全域推进海绵城市建设示范城市。全面推进乡村振兴。扎实抓好农村经济发展、人居环境整治、粮食和重要农产品供给保障、耕地保护等重点工作。投入衔接推进乡村振兴补助资金2.97亿元，实施项目411个，创建国家级特色产业集群2个、国家级农业产业强镇3个、国家级“一村一品”示范村镇13个。深入推进绿色发展。实施河（湖）长制，所有市级河长均完成3次巡查任务，并研究解决责任水域内河湖治理问题。针对中央环保督察反馈问题，全年投入污水管网建设12.79亿元，有效消除黑臭水体，前湖水系、乌沙河等水质明显改善。至年底，市县级及以上饮用水水源地水质优良率继续保持100%；10处黑臭水体全部消灭，基本实现“长治久清”。空气质量综合指数和$PM_{2.5}$平均浓度2项指标在中部省会城市中均列第一位。南昌市获评“国际湿地城市”“2022年江西省生态园林城市”。

**【民生保障事业】** 2022年，南昌市坚持以人民为中心的发展思想，公共服务水平持续提高。扎实办好民生实事，全市民生类支出占全市支出比重83.2%。建成城市休闲空间52个、新增公共停车泊位1.44万个。推动教育强市建设，新增普惠性幼儿园40所、普惠性园位10600余个，新建中小学26个、新增学位3.5万余个。民生保障力度持续加大。发放困难群众生活救助资金7.48亿元、创业担保贷款15.62亿元。新增城镇就业6.15万人，新增农村转移劳动力3.38万人，零就业家庭安置率100%。医保电子凭证推广应用，异地就医结算进一步扩面，“南昌惠民保”正式上线，社会保障体系日趋健全。社会治理效能持续提升。推动成立4支“洪城红”应急队伍，划定619个围合区域，因时因势优化疫情防控措施。多措并举应对历史极值干旱，有效保障用水安全。妥善推进处置洪城大市场商户、农校委培生、正邦集团预重整以及恒大、新力、惠联公司保交楼等一批重大涉稳事件和问题楼盘。

（谭梦阳）

## 重要会议

**【概况】** 2022年，南昌市召开市政府全体会议3次、市政府常务会议36次，学习传达贯彻中共中央、国务院和省委、省政府及市委有关会议和文件精神，研究部署全市经济社会各项事业发展工作。会议由市长万广明主持。副市长、市政府秘书长等出席。五型政府监督员、南昌日报社等公众、媒体代表列席部分会议。

**【市政府全体会议】** 2022年1月5日，市政府全体会议召开。会议研究审议即将提请市第十六届人大二次会议审议的《政府工作报告（讨论稿）》，听取与会人员对《政府工作报告》的意见建议。1月24日，市政府全体（扩大）会议召开。会议学习贯彻2022年市“两会”精神，动员全市各级政府和政府各部门担当实干、履职尽责，安排部署《政府工作报告》目标任务责任分解。12月6日，市政府全体会议召开。会议研究审议即将提请市第十六届人大三次会议审议的《政府工作报告（审议稿）》，安排部署近期重点工作。会议强调，各地各部门要统筹安排，站在政治和全局的高度，抓好党的二十大精神学习宣传贯彻工作，推进新形势下“五型”政府建设取得更大实效，推动党的二十大精神在南昌落地生根、开花结果。

**【市政府常务会议】** 2022年，南昌市召开市政府常务会议36次。会议由市长万广明主持。会议学习传达中央、省、市有关会议精神，听取并审议市政府各部门有关工作情况报告、汇报、计划、规划、方案、预案，研究审议“三重一大”事项，部署落实政府全局性、阶段性、应急性重要工作等。会议要求全市各级各部门按照党中央、省委经济工作会议和市委关于经济工作决策部署，推进农业结构调整、推动农村产业深度融合、实施乡村建设行动、着力提升乡村治理效能、深化农业农村改革、巩固脱贫攻坚成果，全面推进乡村振兴，加快农业农村现代化步伐，不断提升冬季农业综合生产能力，牢牢守住保障国家粮食安全底线；要不断优化产业结构，提升能源资源利用效率，促进工业降本增效，充分发挥好工业节能专项资金对科学发展、低碳发展的支撑和引领作用，促进工业企业节能降耗，全面完成“十四五”工业节能目标；要深入推进营商环境优化升级“一号改革工程”，把优化营商环境作为高质量跨越式发展的“生命线”来抓；要坚持走以人为本、创新引领、生态文明、城乡统筹、文化传承的新型城镇化道路，以打造“一枢纽四中心”为抓手，实施“东进、南延、西拓、北融、中兴”的城市发展战略，加快做强做优大南昌都市圈，不断优化城镇空间格局与形态、增强城镇综合承载力、提升新型城镇化水平和质量，加快把南昌建设成为国际化、现代化、智慧化新城；要树牢红线意识，坚守底线思维，始终绷紧安全生产这根弦，坚决防范重特大事故发生；要坚持“公开为常态、不公开为例外”原则，围绕政府重点工作、社会热点问题，加大政务公开力度，创新政策解读形式，以公开促规范、促服务、促落实、促监督，不断提升政务公开标准化规范化水平。

（谭梦阳）

## 政务服务

**【概况】** 2022年，南昌市政务服务数据管理局（以下简称“市政数局”）坚持以政务智慧化转型为抓手，推动政务服务改革、创新、发展，通过实施“数字底座夯实”“智能中枢赋能”“网上办”等行动，推动智慧政务服务建设，打造“南事不难办成，办成不必求人”服务品牌。“三大超简”（对全市重大重点项目推行“大承诺”“大容缺”“大模拟”审批模式）做法被全国依法治国办评为“第二批全国法治政府建设单项示范项目”，“公职律师帮代办”获得省领导批示肯定，“政务服务督查体验”做法被省职转办简报全省推广，“四级一体网上办”被中国通信协会列为数字政务“品牌”。市政数局获2021年度全省政务信息化工作先进单位称号和江西省党政机关第二届“赣政杯”网络安全大赛优秀奖。

**【《南昌市行政许可事项清单（2022年版）》编制公布】** 2022年，市政数局根据《江西省人民政府关于公布江西省行政许可事项清单（2022年版）的通知》要求，编制并公布《南昌市行政许可事项清单（2022年版）》，认领334项行政许可事项。依法依规实施行政许可，严肃清查整治变相许可，清单之外一律不得违法实施行政许可。做好政务服务事项基本目录、“互联网+监管”事项清单、投资项目审批事项清单、工程建设项目审批事项等清单中行政许可事项衔接工作，严格与行政许可事项清单保持一致。依托清单明确监管重点，对列入清单的事项，充分评估实际情况和风险隐患，科学划分风险等级，实施有针对性、差异化监管政策，提升监管精准性和有效性。对涉及公共安全、公众健康以及潜在风险大、社会风险高的重点领域，依法依规重点监管，守牢质量和安全底线。

**【政务服务“网上办”】** 2022年，市政数局采取“跳链、单点登录、打通系统、二次录入”等方式，将国家、省、市各类政务服务系统集成为1个网上办事入口——四级一体化政务服务平台入口，与人社、医保、税务等高频政务服务事项数据实现回流共享，解决过去“系统网址一大堆，办事找不到入口”的困境，依托“政务服务网、赣服通”实现网上办事“一网、一机、一入口”。全年，网上可办率96.12%，全程网办率86.79%，实际网办率突破80%。配套升级优化市本级电子证照系统，实现签发证照实时电子化，打造电子证照的“完整性、不可否认性、可验性”。累计形成电子证照240种、2041.87万份，872项事项可以通过“扫码、扫脸、亮证”等方式实现免提交实体证照办理。“网上办”推动“好差评”系统“大厅、窗口、事项”全覆盖，配合“受审分离”改革让企业群众“愿评、敢评、真评”，政务服务满意度持续提升，累计形成评价1421.42万份，好评率99.99%，差评全部整改到位。“网上办”推动96%以上的事项可以最多跑一次就能办成，企业群众跑腿次数大幅减少，甚至“足不出户”就把事办好，1093项事项可即来即办，即办率70.88%，企业群众实际办事平均跑动次数仅0.01次。

**【政务服务“掌上办”】** 2022年，市政数局完善“赣服通”APP南昌分厅建设，推进重点领域应用上线和接入数量，推动更多高频政务服务事项“掌上办”。“赣服通”市级上线1542项事项，上线率100%，移动办理成为主要办理方式之一。个性化打造专属办事区，围绕“办事类型、办事事项”等“四级一体化政务服务平台”和“赣服通”多维度建设“法人、个人、老年人，工程建设、水电气、便民服务”等14类个性服务专区；运用“大数据、人工智能、物联网”等新技术，开发“智能审批”“政务服务地图”“公职律师帮代办”“一件事一次办”等八大创新应用专区。集约化上线“惠企通”平台，全省第一个市县两级全覆盖上线“惠企通”平台，注册用户突破18万人，市级86条政策实行“免审即享（64条）、即申即享（10条）、承诺兑现（12条）”3种方式兑现，惠企资金平均0.5个工作日拨付到位。至年底，全市7455家企业直接兑现资金26.3亿元。

**【政务服务“就近办”】** 2022年，市政数局印发《关于推动政务服务事

2022年5月23日，青山湖区市民中心业务大厅场景

（杨紫韬　摄）

项“就近办”工作的通知》《南昌市推动政务服务事项“就近办”工作实施方案》等文件,推动公共教育、劳动就业、社会保险等下沉至便民服务中心(站)、公安派出所、银行网点办理。通过配置各网点经纬度实现精准定位,企业、群众可在政务服务圈地图查找最近的办事窗口及自助服务终端,打造“15 分钟政务圈”地图。梳理《南昌市“就近办”政务服务事项指导清单》,选择红谷滩区沙井街道和红谷滩区鸿玺便民服务站 2 个示范点先行先试,实施“就近办”事项办理工作。印发《关于全面推广“就近办”工作的通知》,在全市全面复制推广红谷滩区“就近办”工作经验做法。10 月 15 日,“就近办”试运行。至年底,完成政务地图点位 1993 个。其中,区县政务大厅 12 个,行业政务大厅 44 个,自助终端点位 35 个,乡镇街道便民服务中心 1902 个。

**【“一件事一次办”】** 2022 年,市政数局推进企业和个人全生命周期相关政务服务事项“一件事一次办”。围绕企业从开办到注销全生命周期重要阶段,为企业提供开办、工程建设、生产经营、惠企政策兑现、员工录用、不动产登记、注销等集成化办理服务;围绕个人从出生到身后全生命周期重要阶段,为群众提供新生儿出生、入园入学、大中专学生毕业、就业、就医、婚育、扶残助困、军人退役、二手房交易及水电气联动过户、退休等集成化办理服务。依托江西政务服务网、“赣服通”平台,统一发布“一件事一次办”事项、办事指南和统一网上办事入口,对标国家政务服务平台,按统一风格完成南昌政务服务网专区界面升级改造。至年底,完成国家部署的企业和个人政务服务 13 件“一件事一次办”事项基础清单任务。

**【公职律师“帮代办”】** 2022 年,市民中心办事大厅以定期或不定期形式,安排公职律师通过“难事直通窗”平台开展公益法律服务,以线上、线下结合方式为办事企业、群众提供“全过程咨询导办、全过程指导帮办、全过程网上代办”服务(以下简称“全程三办”)。公职律师提供“面对面”全过程咨询导办,按照市民中心办事大厅安排,公职律师参与“难事直通窗”咨询导办,为办事群众提供全过程业务咨询,让群众办事顺畅快;公职律师提供“手把手”全过程指导帮办,参与值班公职律师指导申请人熟悉服务办理路径,对可实施容缺受理、并联办理事项,指导申请人按程序申报,依法依规积极对接各类投资优惠政策,组织召开协调会议解决疑难问题,让群众办事无烦恼;公职律师提供“键对键”全过程网上代办,公职律师随时为不懂在网上办事系统操作的群众提供网上申报代办服务,让群众办事少跑腿。至年底,公职律师提供“全程三办”服务 220 余次。

**【政务服务督查体验队成立】** 2022 年 3 月,市政数局组建政务服务督查体验队,市领导担任政务服务督查体验队队长,人大代表、政协委员、媒体记者、专家学者、企业群众等 119 名各行业代表为政务服务督查体验员。采取“线上视频督查 + 线下窗口体验”相结合方式,线上可全天候不间断视频督查,现场督查体验采取不发通知、不打招呼方式进行,体验员们陪着企业、群众,带着疑难问题去体验、找症结;紧盯“怕慢假庸散、吃拿卡要钓”等作风问题,联合市作风办开展专项整治;联合市政协、市直机关工委开展“赣事好商量 南事不难办”专项督查。至年底,组织 8 轮大范围督查体验行动,涵盖市县乡村四级近 200 个点位,督查体验解决政务服务问题 154 个。

(刘艳冰)

## 政务信息化建设

**【概况】** 2022 年,市政数局聚焦数字经济、数字政府建设,不断加快数字产业化、产业数字化、城市数字化进程。紧紧盯住“平台、网络、数据、安全”四大关键要素,以数字政府建设为牵引,深化全市“放管服”改革,优化营商环境。出台《南昌市“十四五”新型智慧城市发展规划》,制订《南昌市数字政府规划建设方案》,印发《关于推进 2022 年数字政府建设工作要点重点任务的通知》,开展数字政府建设考核。至年底,市政数局申请省级平台回流资源 214 项,完成城市运行管理服务平台 18 个政务信息化项目技术评审;南昌“城市大脑”承载 74 家单位 163 个应用系统部署,实现 421 个系统数据共享交换,支撑 4.05 亿次数据调用。

**【网络安全防护】** 2022 年,市政数局围绕“一网两中心三朵云”(电子政务外网,市政府数据中心、城市大脑数据中心,市政府政务云、城市大脑云和信创云)建设,加强网络安全技术防护能力。对“一网两中心三朵云”开展全面资产清查,对市政府数据中心以及市民中心数据中心云服务器、虚机、独立服务器、出口策略进行全面梳理。对市政数局机关及下属单位已建成的所有信息系统,依法开展等级保护测评,对具有互联网暴露面的重要信息系统开展渗透测试。至年底,组织 4 轮渗透测试,发现各类安全隐患 34 个,均完成整改。对发现的问题进行分析,从攻击者视角出发,在原有安全防护基础上,为政务外网、政务云增补多台安全设备,打造“主动诱捕、层层阻击、溯源震慑”技术防护体系,保障信息基础设施安全性和可用性。

**【“赣政通”南昌分厅建设】** 2022年，南昌市依托“赣政通”平台建立起全市统一的协同办公平台，通过多技术融合、多业务梳理、多数据治理，实现“组织在线化、沟通在线化、协同在线化、业务在线化和生态在线化”，基本建立市、县、乡、村四级组织架构体系。采取网页端和手机端2种处理模式，通过在线化实现公文处理在线拟稿、在线审批、在线办理、在线分发，同时进行指尖办文、随时办文，提升跨区域、跨部门、跨层级沟通效率。至年底，平台覆盖市委工作机关16个，市政府工作部门37个，群团组织10个，市属国有企业6家，县区、开发区12个，乡镇街道127个，村社区1977个；平台实名用户注册数46658人，日活跃人数3.3万余人，月活跃率69.84%，总活跃群组数4719个，待办事项667万项。

**【交通不限行场景建设】** 2022年，南昌“城市大脑”通过接入交通卡口、监控视频、公交车、出租车和高德导航等多源数据，覆盖老城区和红谷滩区全部重点道路，进行实时预警，显示畅通、轻度拥堵、中度拥堵、严重拥堵数量和状态。联动“135”快速反应机制，交警可以在1分钟发现交通拥堵、3分钟到达现场、5分钟快速处置轻微事故。这个场景助力南昌成为取消机动车尾号限行政策的城市。城区平均车速每小时37.7千米，比2019年限号期间的每小时32.5千米提升每小时5.2千米，交通健康指数为67.77%，在全国36个重点城市中排第三名、中部省会城市排第一名。

**【文明创建不下线场景建设】** 2022年，文明创建不下线场景主要是解决文明创建工作中，实地测评靠人力、材料上报搞突击的问题。复用各业务系统采集的不文明数据，建立指数分析模型，将1万余个点位上图标注、上视频监控，汇集12个工作组数据，对各县区进行指数化测评。针对存在的突出问题，及时发现，及时整改，文明指数从平均77提升到85。材料上报系统对标中央文明办网上申报系统，改过去集中申报为日常申报，可以对上报材料的数量、质量等进行审核，每月材料上报完成率从80%提高到98%以上。

**【优惠政策直达场景建设】** 2022年，优惠政策直达场景围绕10万人才来昌创业就业，解决人才政策兑现材料多、周期长的问题。针对人才落户、生活补贴和企业供岗补贴、人才购房补贴进行发放。场景打通多部门数据，改变过去需要5个部门审批、等待至少7个工作日的情况，仅需在系统上点3下、最快3分钟就可以到账。场景上线前，人才落户补贴平均每天发放17人、20万元；上线后平均每天发放200余人、300余万元，最多的一天发放1647万元，效率提升15倍以上。至年底，发放资金24亿元，吸引14.26万名大专及以上学历人才到南昌创业就业。

**【惠企直通车场景建设】** 2022年，惠企直通车场景打通财政预算一体化平台，减少资金向财政和行业主管部门申报2个环节，通过集中发放，资金拨付的平均时间压缩到0.5个工作日。至年底，南昌市注册该平台企业18.31万户，全省注册用户最多，超2万家企业享受132条惠企政策的精准匹配服务；近8000户企业在线兑现资金28亿元，占全省的1/3。至年底，南昌市新登记市场主体23万户，比上年净增16万户，净增长率31.34%，在中部省会城市中排第一名。

**【“智赣119”消防物联网平台建设】** 2022年，南昌市聚焦火灾火情“防、管、控”问题，实现动态监测、智能防控、风险预警等功能。“智赣119”消防物联网平台连接物联网设备20万余套，消防设施连接点位数63万个。AI智能摄像头实时监测消防控制室人员值班、消防车通道占用等情况，自动生成预警信息。至年底，累计监测发现火灾隐患2000余条，火灾致伤、致亡率下降35%，火灾处置时间缩短近1.5分钟，处置效率提升20%。

**【“昌通码”运行保障】** 2022年，市政数局保障“昌通码”平台高效运行。“昌通码”标识采用“飞阁流丹”城市形象LOGO，推出“一屏展码”模块，实现健康码、行程码、核酸检测报告和疫苗接种信息一屏显示、四码联查，解决市民在出行过程中频繁亮码、扫码多、换屏烦、通行慢等问题。开发“核酸检测码”小程序版本，建立务实高效的跨部门协同机制。上线入昌人员报备系统、从业人员管理系统、居家隔离管理系统、车辆码系统等。“昌通码”一屏展码、赋码倒逼、场所码等工作成效先后受到新华社、光明网、《江西日报》、江西电视台等中央、省、市主流媒体报道，得到国务院联防联控机制江西巡察组领导肯定以及社会各界关注。至年底，“昌通码”注册用户1745万余人，扫码34.4亿次，注册场所码25.8万个。

（刘艳冰）

## 人事管理

**【概况】** 2022年，南昌市人力资源和社会保障局（以下简称“市人社局”）开展事业单位公开招聘工作，完善事业单位岗位设置。严格日常工资福利业务审核，健全教师工资待遇保障长效机制，创新开展绩效工资总量核定工作，完成涉改事业单位工资划转工作。推进职称制度改革，科学评定各系列职称，规范专业技术职务聘任（续聘）工作。完善博士后三级管理体系，开展博士后（博士）科研平台评估，推动企业产学研有效结合。做好稳就业、强保障、抓人才、优服务、促和谐等各项工作，就业创业量质齐升，服务水平增强，为全市高质量跨越式发展提供强有力的人才智力支撑。至年底，市人社局办理工资审批业务37961人次，审核新招聘人员、退伍安置人员、调入人员、党政储备人才等工资待遇1024人次，办理高级专家延长退休年龄审批1人次，配合审核一次性退休补贴提高比例703人次；完成市森林消防支队50名队员年工资总量核定工作。

**【事业单位岗位设置】** 2022年，市人社局优化事业单位岗位设置管理，做好事业单位岗位设置政策指导、监督管理和核准备案工作。利用江西省事业单位人事管理及工资管理信息系统，实现岗聘备案核准全程“线上办”，办理市直事业单位岗位聘用业务1593件，涉及人员5327人次。为涉及增减机构编制和专业技术结构比例调整的市直71家事业单位核准岗位设置变更方案。为全市30名急需的高层次人才及聘用在本行业、本领域作出突出贡献的专业技术人才核准事业单位特设岗位。

**【工资津贴补贴规范】** 2022年，市人社局按照中央和省规范工资津贴补贴要求，多次召开专班会议，对市直绩效工资水平高、中、低不同层次的12家单位开展专题调研。在学习借鉴省直和其他设区市及周边省会城市作法基础上，经市委、市政府同意，联合中共南昌市委组织部等3家单位印发《南昌市规范市直事业单位工作人员、机关工勤人员工资津贴补贴实施方案》的通知，进一步理顺工资收入分配关系，有效激励广大干部和各类人才干事创业、担当作为的积极性、主动性。

**【招募招聘】** 2022年，江西省下达南昌市117名“三支一扶”招募计划，经征求各县区意见、分解任务、征集岗位等环节，下达招募计划131名。该次考试报名人数17204人，报名比率136:1，最终确定招募南昌市“三支一扶”对象125名。根据省体育局、省人社厅《关于做好2021年全省运动队优秀运动员退役就业招聘工作的通知》精神，会同市体育局做好2021年优秀运动员退役就业招聘工作，以市政府名义下达16名退役运动员就业招募计划。其中，一类运动员6人，二类运动员10人。

**【职称评定】** 2022年，市人社局组织开展全市高中级职称申报和评审工作，在线审核10561人申报资格（向省高评会推荐1393人参评高级职称）；完成企业高级经济管理人才直评高级经济师职称申报推荐工作，7人通过评审；结合中小学教师正高级职称申报推荐工作开展“洪城学师”评选工作，新增21名“洪城学师”、17名小学正高级教师；完成中小学教师、卫生副高级职称评审工作，580名中小学教师（含315名艰边教师）、171名医务人员通过评审取得副高级职称；完成以中小学教师、工程系列为主的中级职称评审工作，2849名工程系列专技人员、1220名中小学教师通过评审取得中级职称；在全省率先开展VR特色产业职称评定工作，51名VR产业技术人员通过评定取得职称（其中，高级4人、中级11人、初级36人）；全面推开职业农民职称评定工作，94名职业农民通过评定取得中初级职称（其中，中级16人、初级78人）。

**【博士后三级管理体系完善】** 2022年，市人社局组织申报国家级博士后科研工作站、省级博士后创新实践基地、市级博士科创中心。择优推荐6家企业申报博士后工作站，有1家单位获批。经专家评审和实地考察，哈工大机器人南昌智能制造研究院等10家企事业单位获批2022年度南昌市博士科研创新中心。对14家企事业单位开展博士科研创新中心考核评估工作，考核评估为不合格的中心作摘牌处理。加大博士后高层次人才引才力度，全市新进站博士后17人，新进博士7人。开展博士后（博士）科研平台科研资助补助工作，申请拨付34家博士后（博士）科研工作站点资助补助资金453万元。

（李　玢）

## 外　事

**【概况】** 2022年，南昌市人民政府外事办公室（以下简称“市外办”）根据全市对外开放合作需求，开展国际交往、国际合作、国际经贸等工作，为加速构建国内国际双循环相互促进的南昌新发展格局，推动南昌经济社会高质量发展做出贡献。市外办服务保障2022世界VR产业大会、2022南昌飞行大会、第19届中国会展经济国际合作论坛、南昌参加第五届中国国际进口博览会4场次大型外事活动，联合市人社局举办4次引进国际人才活动。南昌市3个视频作品参展“迎冬奥·向未来”国际健身气功风采展示分别获中国境内集体组、家庭组、个人组一等奖，参赛选手肖瑛获“个人风采奖”。南昌市运动员李诗沣在世界羽联巡回赛泰国公开赛男单决赛夺得亚军、徐鑫颖在捷克共和国克拉德诺举行的世界田联洲际巡回赛（铜标赛）夺得女子链球亚军。中国青年志愿者协会常务理事、南昌江西上建建设有限公司副总经理胡剑峰在越南广平省举行的颁奖仪式上获“2022年东盟国际合作青年志愿者奖”。5月，南昌市赣江公证处、南昌市豫章公证处、南昌市大成公证处被司法部确定为海外远程视频公证试点机构。

【市委外事工作委员会第四次会议】 2022年4月29日,市委外事工作委员会第四次会议召开。省委常委、市委书记、市委外事工作委员会主任李红军主持会议。市领导钱昀、肖铁军出席。会议深入学习习近平外交思想,传达学习省委外事工作委员会第五次会议精神,听取2021年全市外事工作情况汇报,研究部署2022年外事工作。会议审议通过《中共南昌市委外事工作委员会2022年工作要点》《南昌市外事港澳工作"十四五"发展规划》《南昌市贯彻落实〈外交部关于江西省外事工作意见〉"一市一策"实施方案》等文件。李红军就贯彻落实会议精神讲话。

【国际交往】 2022年,市外办印发《关于重申加强全市外事归口管理的通知》,就常态化新冠疫情防控形势下外事工作请示报告制度、开展线上外事活动等相关规定要求进行强调督促。为切实保障必要的人员国际交往,审核审批因公出访团组4批12人次;外向型企业申办APEC商务旅行卡6批14人次(比上年增加近3倍,达疫情前水平),对外邀请13批31人次。全市大型和重要外事活动开展线上20次、线下15次。2月23日,省委常委、市委书记李红军,市长万广明在南昌会见福特汽车全球副总裁陈安宁一行,共同见证小蓝经开区与江铃汽车深化合作扩大投资项目签约。12月13日,市长万广明、副市长赵捷在南昌会见美国驻武汉总领事蓝如瑾(Melissa Lan)一行,双方就进一步加强交流合作、促进共同发展等事宜进行交流。市外办配合全国对外友协、省外办、省对外友协开展"2022守护共同家园中俄青少年线上观鸟活动""守护共同家园——江西省·全罗南道青少年环保短视频交流活动"。

【国际合作】 2022年,南昌市新交3个国际友好(交流)城市。市长万广明与格鲁吉亚库塔伊西市市长艾瑟伯·哈哈利什维利视频签订建立友好城市关系协议书,与"一带一路"共建国家几内亚的恩泽雷科雷市市长马里巴·阿尔伯特·迪拉姆、加纳西瓦地区行政长官维达·第奥罗代通过交换文本方式签署结为友好交流城市意向书。南昌市分布在五大洲的国际"朋友圈"扩大到40个。2月14日,为庆祝中国与墨西哥建交50周年,南昌相约国际友城托卢卡市分别在各自的地标双子塔和市独立两百周年纪念塔亮彩志贺。5月,副市长赵捷在南昌参加江西省(南昌市)与俄罗斯维捷布斯克州(奥尔沙大区)视频工作会议。6月29日,南昌市会同武汉市、长沙市在武汉市举办长江中游城市群国际友城合作论坛。论坛采取线上线下相结合方式进行,启动"长江中游城市群国际友城互联平台",连接起近100个国际友城参会。南昌市友城格鲁吉亚库塔伊西市、摩尔多瓦温格内市代表线上出席并发言,日本高松市、韩国罗州市、西班牙阿尔巴塞特市、白俄罗斯奥尔沙大区的代表线上出席。会议通过《长江中游城市群国际友城合作倡议书》。12月,南昌市邀请友城俄罗斯乌法市、友好交流城市白俄罗斯奥尔沙大区参加12月5—9日的上海合作组织国家线上扶贫培训。12月15日,南昌市洪都中医院与奥尔沙大区巴兰市立第二医院线上签署合作意向书。

【国际经贸】 2022年,南昌市引进外资工作持续发展。小蓝经开区引进意大利邦迪奥利集团(杭州邦贝)投资;南昌市国金工业投资有限公司与印尼永恒集团开展年产3万方木材加工项目合作稳步推进。4月15日,南昌市135家企业参加为期10天的第131届线上广交会,参展展品约1万件,展位208个,67家企业开设直播间;11月5—10日,由391家单位923人组成的南昌交易分团参加在上海举办第五届中国国际进口博览会,达成意向签约成交额7750万美元,签约商品涉及计算机和信息服务、医疗器械、食品及农产品等。6月28日,南昌国际陆港全面建成运行,开行至莫斯科赣欧班列及至上海和钦州铁海联运班列,为江西融入国家"一带一路"建设提供支撑;9月8日,首开汽车整

2022年8月15日,南昌市与格鲁吉亚库塔伊西市缔结友好城市关系签约仪式举行

(魏勇剑 摄)

车集装箱铁海联运出口专列。6月24日，南昌市昌北机场进境冰鲜水产品指定监管场地由海关总署验收组开展远程视频验收；9月14日，正式获批列入江西省首个全国进境冰鲜水产品指定监管场地名单，开启南昌打造进口冰鲜水产品集散地新局面。6月29日，南昌水运进口转关“离港确认”业务正式开通，江铃进出口有限公司从土耳其进口的价值15万欧元（2个40尺集装箱）的汽车零配件货物，提前2天完成上海港中转发往南昌港。南昌全年外贸进出口总额1345.56亿元，同比增长4.3%，规模稳居全省设区市首位。

**【涉外安全保障】** 2022年，南昌市贯彻落实总体国家安全观，着力提升公民、法人的境外安全保护和涉外案（事）件处置能力水平。建立并实施境外南昌公民和机构安全保护联席工作会议制度，形成全方位、多层次监测和快速应对境外风险处置体系。市外办开通领保热线电话和信访窗口；春节和冬奥期间，通过4套广播电视、80余个媒体平台和130余个商超、影院和农贸市场及5400余辆出租车顶灯LED屏、8600余块地铁站显示屏、1万余份海报，在全市开展全覆盖高强度的“非必要、非紧急、不出国”预防性领保宣传。“4·15”全民国家安全教育日，市外办到红谷滩区凤凰洲管理处凤凰花园社区、新建区金桥乡蔷薇村、江西水利水建公司等单位为居民职工答疑解惑领保问题，发放《中国公民海外领事保护指南》200余册。3月、8月，根据外交部要求，市外办就俄乌冲突撤侨行动，对乌克兰境内南昌人员和机构情况进行3次排查；对斯里兰卡、巴基斯坦、阿富汗及印度进行专项排查，劝导相关人员撤离。全年妥善处理涉外案（事）件32起51人次。

**【外事宣传】** 2022年，市外办编发《专报》17期及《经济外交信息》《外交信息通报》等共24期。完成《南昌外事志（1991—2020）》编纂工作，准备出版。举办1期全市外事系统数字经济辅导讲座，组织40余名在南昌外国友人开展党的二十大精神和南昌发展成就宣讲活动。制订《南昌市规范公共场所外文标识工作方案》，经市政府第31次常务会审议通过后，由市政府办公室印发全市各相关单位实施，全市外文标识规范工作机制化常态化开展。督导优化部分涉外参观点，数据资源库更新至36个点。做客《中国推介》栏目，向全球推介滕王阁福地文化和新春活动。通过“海外网红嘉游赣”，向海外网友展示豫章千年历史文化。联系多家国家级媒体记者到南昌采访，新华社、中新社深度推出《江西高校留学生“抗疫记”：“我为中国效率点赞”》《从“意”家人到“一家人”——“洋大厨”的中国抗疫记》等报道，单篇阅读量最高150余万人次；新华社总网头条和全球连线平台推出《南昌市荣誉市民条例》外籍人士座谈会报道，浏览量共突破500万人次。《中国新闻发布》以《南昌与梅里达的结缘佳话》为题，报道南昌友城故事。

**【中日邦交正常化50周年庆祝活动】** 2022年，南昌市配合开展中日邦交正常化50周年系列庆祝活动。1月15日，南昌市人民对外友好协会、江西省日本人协会联合在南昌市中日友好会馆举办“贺50年 龙腾虎跃”与在南昌日本友人共庆新年活动。邀请日本驻上海总领事馆新任总领事赤松秀一大使到南昌访问。3月1日，市长万广明会见赤松秀一一行，双方就进一步加强交流合作达成一致意见。5月29日，市外办、高松市都市交流室和国际交流协会联合在南昌市中日友好会馆举办以“深化友谊 携手未来”为主题的南昌·高松线上交流活动。市长万广明、高松市长大西秀人分别向活动致贺信；江西财经大学日籍教师铃木高启代表在南昌日本友人致视频祝贺。活动中，南昌市第二十八中学学生代表与高松市中学生亲善交流团“云”游彼此城市，感受最新发展；进行“云端”交流学习，畅谈梦想，共话未来。整个活动被纳入中国人民对外友好协会和中日友好协会共同举办的“友好城市 共享未来”——中日友城青少年线上“虚拟互访”系列活动之中，并在人民网专题栏目用中文、日文进行视频展播。6月，与日本国际交流基金会合作在南昌中日友好会馆开设全国第18个“南昌中日交流之窗”，为南昌市民提供更多接触日本文化和交流机会，并举办“漫画作品是如何诞生的”和“小小说写作”2期日本文化线上讲座，获得参与者好评。9月22日至10月4日，友城日本高松市在香川国际交流会馆举办“纪念中日邦交正常化50周年——中日联合儿童画展”，南昌市选送23幅儿童绘画作品参展。12月1日，南昌市外办与市外国语学校师生代表，友城日本高松市都市交流室、市国际交流协会及师生代表应邀视频连线参加在北京举办的中日友城青少年“虚拟互访”交流大会。

（易　钧）

## 港澳事务

**【概况】** 2022年，全市港澳事务工作以做好为港澳同胞及眷属服务、常态化新冠疫情防控工作为基础，抓住庆祝香港回归25周年时机，发挥港澳作为对外开放桥头堡作用，运用省会港澳事务工作资源，推进南昌与港澳在经贸、文教、引资引智等领域交流合作，取得互利共赢新成果。8月9—10日，“江西香港日”系列活动在南昌举行。举办“庆祝香港特区成立25周年图片展”、香港·江西“共庆回归25周年”香港营商环境及投资机遇说明会、“庆香港回归25周年,引港澳英才筑创新高地”南昌市港澳人才专场对接会。

**【港澳同胞及眷属服务】** 2022年,南昌市人民政府港澳事务办公室(以下简称“市港澳办”)做好港澳同胞子女中考加分身份认定工作,调研借鉴杭州市、宁波市、温州市等地做法,完善申办材料,更新《港澳同胞子女中考加分身份认定办理指南》《南昌市“港澳考生”身份认定审批表》。协调接纳赣江新区港澳籍人士在南昌办理中考加分身份认定手续。优化办理流程,实现港澳人员办理子女中考加分事项“只跑一次”。至年底,累计办理加分申请5人,按照规定核准1人。对未予核准的,耐心做好解释工作,得到申请人理解。

**【庆祝香港特区成立25周年图片展】** 2022年8月9—28日,由江西省港澳办、市港澳办及香港驻武汉经贸办共同举办的“庆祝香港特区成立25周年图片展”在南昌T16购物中心中庭举行。省港澳办主任赵慧、香港驻武汉经贸办署理主任严谢嘉莉出席并致辞。副市长赵捷出席。图片展以“砥砺奋进廿五载 携手再上新征程”为主题,展览分为“砥砺前行谋发展 开创未来利民生”“从积极参与国家改革开放到融入国家发展大局”“回归祖国廿五载成功落实‘一国两制’”等单元,从政治、经济、文化等领域全面展示香港回归中国以来的发展成果。

**【香港营商环境及投资机遇说明会】** 2022年8月9日,由江西省港澳办、市港澳办、香港驻武汉经贸办和香港贸发局共同举办的香港·江西“共庆回归25周年”香港营商环境及投资机遇说明会在南昌中日友好会馆举行。会议通过港方主题演讲、在港赣企分享经验、现场答疑解惑等形式,宣传介绍香港政治、税制优势以及在“一带一路”建设、RCEP和粤港澳大湾区建设等政策叠加下发展投资机遇,吸引赣企到香港投资发展。虔东稀土集团、二十一世纪出版社集团、南昌国际经济技术合作公司等30余家省市外向型企业负责人参加。

**【港澳人才专场对接会】** 2022年8月10日,市港澳办与香港驻武汉经贸办联合在南昌日报社演播厅举办“港澳人才专场对接会”直播带岗活动,助力南昌唱响“天下英雄城 聚天下英才”品牌,打造全国重要人才集聚中心。活动邀请泰豪集团有限公司、华润江中制药集团有限责任公司等4家南昌重点企业代表带着200余个优质岗位到直播间“带岗主播”。通过线上互动、企业推介等形式,全方位展示招聘岗位、用工需求、薪资待遇、企业文化等,着力推介南昌市“人才10条”政策,吸引港澳英才到南昌就业。线上双选活动持续至8月21日,吸引22家南昌市重点企业提供780余个优质岗位、31.5万人次观看直播,7000余名港澳人才投递简历。

(易　钧)

## 参事工作

**【概况】** 2022年,市政府参事室加强对参事的管理和服务保障,引导参事围绕服务市委、市政府中心工作大局,充分发挥智力和专业优势,认真履行参政议政、咨询国是、民主监督、统战联谊职能,为南昌高质量跨越式发展提供强有力的智力支撑。坚持每周星期四参事集中学习交流制度,及时传达学习党的二十大和中央、省、市有关文件精神。围绕参事理论和实践以及年度课题任务,开展集中学习交流活动9次。全年编发《每周信息》刊物78期,编印《南昌参事》简报9期、《2021年南昌市政府参事建言集》,订阅国务院参事室编印的《国是咨询》《工作通讯》,供参事学习交流借鉴。通过“请进来”和“走出去”方式,邀请2个部门有关领导向参事通报情况,举办参事业务理论工作交流课2次,安排参事集中学习调研21次。把握国务院参事一行到南昌调研契机,适时开展工作交流。组织参事参与市政府工作报告和有关法规初稿修改工作,落实参事全员列席全市“两会”要求。

**【建言献策成果】** 2022年,市政府参事室围绕南昌市改革发展全局性、前瞻性、战略性问题,结合参事专业,为参事提供30余个参考课题。通过组织参事反复酝酿,向市领导征题和审定课题,确定11个重点调研课题。根据课题内容,主动帮助参事收集相关资料,并做好与有关部门协调沟通工作。在做好新冠肺炎疫情防控工作基础上,组织开展书面调研、市内实地调研14次,召开座谈会11次。全年上报一句话建言56条、专题建议8篇、调研报告12篇。其中,一句话建言、专题建议、调研报告获得市领导肯定性批示12篇,在第十二期全国政府参事研修班上交流1篇。《南昌市农村生活污水治理调研报告》《推进营商环境集成创新 助推南昌市经济高质量跨越式发展》《关于南昌市中小企业数字化转型的调研报告》等一批高质量建言得到相关部门采纳。针对市领导有明确批办意见的参事建言,及时向有关单位发出参事建言转办单,跟踪承办落实情况,并实时向参事反馈办理情况;召开2次参事课题成果对接会,邀请参事与相关单位对建言办理进行座谈面商,推动参事智力成果转化落地。

**【参事管理】** 2022年,市政府参事室按照《参事履职考评办法》要求,加强参事履职日常管理,强化正向激励引导,对上年度工作突出的3

位参事进行表彰。根据《南昌市人民政府参事选聘办法》，为6位聘期已满的参事办理离任手续。通过多方沟通协调，为2位参事落实工作待遇。加强参事业务理论学习，组织参加市委统战部组织的“同心大讲堂”活动，提升参事政治站位，确保参事始终与党在政治上团结合作、思想上同频共振、行动上步调一致。

（张　松）

## 机关事务管理

【概况】 2022年，南昌市机关事务管理局（以下简称“市机关事务局”）树立新发展理念，落实“过紧日子”要求，不断提升保障水平和管理效能，多措并举、保质保量完成市行政中心疫情防控和机关事务管理保障服务各项工作，被人力资源和社会保障部、国家机关事务管理局、中共中央直属机关事务管理局联合授予“全国机关事务工作先进集体”称号，被列为全国43家试点公物仓创新试点建设单位之一。南昌市连续12年获全省公共机构节能工作优秀等次。

【资产管理】 2022年，市机关事务局联合市财政局、市国资委等部门组成资产清查专班，在全省率先开展市级行政事业单位资产清查工作。完成2022年度南昌市党政机关办公用房和公务用车联合巡检工作及全市党政机关办公用房信息统计报告工作，并组织市管领导干部签订规范使用党政机关办公用房承诺书。在全省《领导干部办公用房使用情况督查检查报告》中特别指出“南昌市未发现问题，扎实推进签字背书制度、深入推动整改政治，效果比较好”。配置办公用房建筑面积101257.75平方米，处置办公用房建筑面积667.78平方米，土地面积309.75平方米。依托数字化资产仓陆续开展跨层级、跨行业闲置资产置换工作和市级单位之间办公用房调剂工作等，节约财政资金3.5亿元。贯彻落实党中央、国务院关于坚持“过紧日子”和厉行节约反对浪费有关要求，在全省首次探索试运行市级公物仓，实现“统一调配、统一调剂、统一保障”，为全市重大重点活动、会议、重点工作任务提供高效便捷后勤服务保障，有效节约行政运行成本，提高市行政事业单位国有资产使用效益。

【公车管理】 2022年，市机关事务局坚持把市、县两级公车平台作为保障基层公务出行主要平台，发挥车改后公车平台服务保障工作效能，打造“品质出行 满意出行”公务出行保障品牌。市机关事务局被省机关事务局推荐为省级公务用车管理专项领域和示范点建设单位。制定完善《南昌市公务用车服务平台专项领域建设实施方案》《南昌市市级公务用车服务平台监督管理实施细则》等多项制度措施，管理工作有章可循、有规可依；开展公务用车管理专项领域创建工作，充分挖掘平台管理优势和区域车辆保障特点，形成可复制可推广经验。

【节能降耗】 2022年，市机关事务局以节约型机关创建为主线，完善体制机制，制定《2022年度全市公共机构节约能源资源工作安排》《南昌市“十四五”公共机构节约能源资源工作规划重点工作责任分工》，推动公共机构节能工作提质增效。举办南昌市首届公共机构碳积分竞赛活动（绿宝碳汇）并在全市推广；参加南昌市首届政府开放周“绿色出行、节能增效，示范引领我先行”政务开放日专场主题活动；首次采用云课堂直播方式开展2022年度公共机构节能暨绿宝碳汇操作使用培训会，向广大干部职工普及碳普惠知识。加大新能源汽车在党政机关公务用车中的推广与运用力度，完成市行政中心新能源汽车充电站、市会议中心生态停车场公共充电站建设项目，建成充电桩47个。

【服务保障】 2022年，市机关事务局通过建立“部门牵头、密切配合、协作联动”工作机制，做好2022年世界VR产业大会、中国生态文明论坛南昌年会、江西省第一届职业技能大赛等大型会议后勤保障组牵头保障工作。保障各类会议1406场、25022人次，接待各类学习调研、视察考察团队31批、306人次，完成南昌市“两会”服务等重要会务服务活动。做好市疫情防控指挥部后勤保障工作，7小时内完成市疫情指挥部400余人的办公设施设备初步配置任务，坚持24小时专人值班制做好市疫情防控指挥部办公防疫物资、餐饮住宿、车辆通信等后勤保障工作。至年底，保障市疫情防控指挥部近10万人次用餐和5000余人次住宿；出车9000余次，保障疫情防控期间指挥部各工作组用车需求。

【市行政中心提升改造】 2022年，市机关事务局结合市行政中心实际，坚持高标准规划，高质量建设，成立市行政中心维修改造项目攻坚专班，加强重点项目全流程管理，完成市委、市政府大院人车分流改造、市会议中心生态停车位建设以及市委、市政府机关大院外非机动车棚建设、市疫情指挥部翻修改造等一批有亮点、有特色项目。通过一系列升级改造，实现院内人车通行循环布局、车位设置合理规划、绿化景观层次分明。

（刘智发）

## 信访工作

【概况】 2022年，全市信访形势整体稳定、总量持平、秩序向好，为维护全省、全市经济社会发展大局和谐稳定提供保障。至年底，全市受理群众信访量5.45万人（件）次。其中，接待群众来访3.51万人次，受理群众来信诉求0.28万件，受理群众网上信访诉求1.66万件。群众反映的突出问题中，城乡建设类问题占总量的32.79%，劳动和社会保障类问题占总量的11.95%，涉政法类问题占总量的7.69%，农村农业类问题占总量的5.24%，教育文体类问题占总量的5.18%。南昌市信访局及时受理群众信访率99.93%，按期办结率99.95%，责任单位信访问题办理满意率95.64%，责任单位参评率75.08%。

**【信访工作高位推进】** 2022年，市委常委会、市政府常务会、全市信访工作联席会议（扩大）会和专题会等会议研究部署调度15次信访工作。省委常委、市委书记李红军对信访工作批示19次，到西湖区、新建区接待下访信访群众。市长万广明对信访工作批示12次，到人民群众来访接待中心、东湖区接访下访，推动解决合理诉求。分管市领导密集调度信访工作，主持召开4次全市信访工作联席会议全体（扩大）会，具体部署信访工作。全年市领导接访下访163次，包案68件。

**【矛盾排查化解】** 2022年，市委信访局开展6次全域动态排查，排查1910件突出信访问题全部交办各地各单位，落实常态化化解机制。开展专项攻坚行动，紧盯中央信访联席办2批1508件重复信访事项，结合全市实际印发方案，按照“属地管理、分级负责，谁主管、谁负责”工作原则，集中攻坚，化解稳定率99.5%。印发《关于进一步落实责任、推动化解信访突出问题的专项工作方案》，成立7个市领导牵头负总责的专项攻坚领导小组。至年底，市领导化解信访突出问题调度106次，县区党政主要领导调度141次，县区其他领导调度440次，重点突破380件突出信访问题，化解率100%。

**【信访事项督查督办】** 2022年，市委信访局建立信访事项闭环管理制度，强化问责建议和处理措施，发挥督查督办作用。市信访联席会议办公室出台《关于开展2022年全市信访工作联督查方案》，组织市委、市政府督查室、市纪委监委、市委组织部成立联合督查组，由县级领导带队分12个组到部分县区、市直单位、重点乡镇（街道）开展信访突出问题专项督查，指导县区开展工作，严肃问责工作落实不力事项。至年底，开展督查督办重要信访件3次，督办落实省、市领导接访、批示信访件10件，上级交办信访件24件。与上年相比，全市信访总量下降8.07%，初次信访量下降6.42%，重复信访量同比下降7.45%。

**【《信访工作条例》宣传】** 2022年5月20日，市委办、市政府办印发《学习宣传贯彻〈信访工作条例〉工作方案》通知。6月10日，南昌市委理论学习中心组专题学习《信访工作条例》。省委常委、市委书记李红军主持并讲话。市长万广明出席并讲话。市委理论学习中心组成员等参加。会议邀请省委信访局副局长曾小平作《信访工作条例》专题辅导报告。全年市委信访局班子成员分别赴各县区开展专题授课12场。7月6日，《江西日报》刊发李红军署名文章《以“自信、发奋、齐心”姿态 推动新时代省会信访工作高质量发展》。12个县区（开发区、管理局）书记、48名县（区）乡镇街道书记和局长先后撰写《信访工作条例》学习体会文章。组织“百万网民学《信访工作条例》专场知识竞赛”，开展11场社会宣传活动，征集网络正能量作品创作大赛优秀作品7篇，其中作品《桥》获《信访工作条例》全国网络正能量作品创作大赛二等奖。

（孙　亮）

# 中国人民政治协商会议南昌市委员会

## 综　述

【概况】　2022年，市政协常委会以迎接和学习宣传贯彻党的二十大为主线，以服务打造“一枢纽四中心”、实现“两个大幅提升”为重点，以发展全过程人民民主为遵循，以增进大团结大联合为目标，强化思想理论武装，凝聚各界力量，搭建多层协商平台，围绕中心议政建言，专门协商机构作用更加彰显，“赣事好商量+”品牌更加响亮，共同思想政治基础更加坚实，广泛发展向心力正能量更加强劲，为南昌高质量跨越式发展作出新贡献。

【政治建设】　2022年，认真落实“第一议题”制度，及时跟进学习习近平总书记最新重要讲话、重要文章、指示批示精神和党的二十大精神，先后组织党组理论学习中心组学习和主席会议、常委会会议集中学习26次，举办“南昌政协大讲堂”2期。7个习近平新时代中国特色社会主义思想学习座谈小组组织学习14次，不断提高政治思想素质。加强“书香政协”建设，打造“洪城书会”阵地，推动“读书+履职”深度融合，提升专门协商机构履职效能。深入开展“喜迎二十大”系列活动，看项目、凝共识、谋发展。坚持党对政协工作全面领导，市委常委会专题学习人民政协理论、研究审议政协重大事项，市委主要领导多次给政协点题目、交任务，市党政领导主动参加政协活动、阅批政协调研报告、领衔督办政协提案，制定《贯彻落实中共江西省委办公厅〈关于加强和改进新时代市县政协工作的二十条措施〉责任分工方案》，并开展贯彻落实情况督查，为全市政协事业发展提供坚强保障。省政协《赣协通报》2022年第1、4期先后2次将南昌市委高度重视政协工作、善于发挥政协作用相关情况向全省推介。

【议政建言】　2022年，坚持把政协工作放到全市工作大局中来谋划和部署，制定实施年度协商计划，努力克服疫情反复影响，运用各种协商形式，深入协商议政。全年举办协商活动16次，报送建议案9篇、调研报告8篇，省市领导批示36篇次。省委常委、市委书记李红军带头参加专题议政性常委会协商；市长万广明参加“洪城协商·委员市长面对面”活动。聚焦“一枢纽四中心”发展定位，就推进传统优势产业提升改造、发挥侨资侨智侨力作用等协商建言。紧扣民生事业发展，围绕建立完善“双减”政策落地协同机制、助力残疾人高质量就业创业、老旧小区改造、城区雨污分流改造、梅岭云端景区索道建设等课题，集众智献良策。紧盯优化营商环境“一号改革工程”，就“解决好法院‘执行难’问题”开展监督调研，选派28名委员组成5支“政务服务督查体验队”开展督查体验。

【协商为民】　2022年，围绕党委、政府关注问题开展协商，重点打造“洪城协商·委员市长面对面”协商品牌，以“赣事好商量+”品牌赋能协商工作，深化“赣事好商量·‘三有’在洪城”活动，聚焦人民群众“急难愁盼”问题“有事多商量、有事好商量、有事会商量”。全市搭建协商议事平台共2092个，开展协商1.03万次，解决问题1.12万件，参与协商12万人次。开辟“赣事好商量·南昌在行动”协商平台，与省、市电视台合作，拍摄3档电视专栏，推动各种协商形式互为补充、多维出力，共播出电视栏目63期。省政协常委会组织观看“赣事好商量·南昌在行动”首期节目并向全省政协系统推广相关做法。

【团结民主】　2022年，助力疫情防控，第一时间印发《致全市政协委员的倡议书》。市政协主席会议成员引领带动全市政协系统6100余人次参与疫情“围剿清零”攻坚战，捐款捐物约2300万元。开展“喜迎二十大,看项目、凝共识、谋发展”视察活动,先后2次组织全国和省、市政协委员130余人,深入重点项目建设现场进行视察。部署推进10项“三风”活动,推动社会主义核心价值观落细、落小、落实。不断强化团结联谊,主席会议成员上门走访委员180人次,接待南昌之友联谊会到南昌考察客商58人次,推动项目落地9个、项目金额60.6亿元。市政协十五届一次会议以来立案的697件提案全部办复。收集审编社情民意信息3000余篇,专报市委、市政府36期,报送省政协881篇、采用142篇,综合排名居全省前列。

2022年1月21日,中国人民政治协商会议南昌市第十五届委员会第二次会议召开

(马悦　摄)

## 重要会议

**【概况】**　2022年,市政协共召开2次全体会议、7次常务委员会议、10次主席会议,深入学习贯彻习近平总书记最新重要讲话、重要文章、指示批示精神和党的二十大精神,专题协商相关课题,审议通过有关草案等,及时研究部署政协各项工作,推动政协各项工作落实见效。

**【政协南昌市委员会十五届二次会议】**　2022年1月21—23日,中国人民政治协商会议南昌市第十五届委员会第二次会议举行。会议审议批准市政协主席卢伟平代表政协南昌市第十五届委员会常务委员会所作的工作报告;审议批准市政协副主席黄小华代表政协南昌市第十五届委员会常务委员会所作的提案工作情况报告。委员们列席南昌市第十六届人民代表大会第二次会议,听取、讨论并赞同万广明所作的市政府工作报告;讨论并赞同市中级人民法院工作报告、市人民检察院工作报告和其他报告。省市领导李红军、万广明、钱昀等出席会议。

**【政协南昌市委员会十五届三次会议】**　2022年12月21—23日,中国人民政治协商会议南昌市第十五届委员会第三次会议举行。会议审议批准市政协主席卢伟平代表政协南昌市第十五届委员会常务委员会所作的工作报告;审议批准市政协副主席黄小华代表政协南昌市第十五届委员会常务委员会所作的提案工作情况报告。委员们列席南昌市第十六届人民代表大会第三次会议,听取、讨论并赞同万广明所作的市政府工作报告;讨论并赞同市中级人民法院工作报告、市人民检察院工作报告和其他报告。省市领导李红军、万广明、余正琨等出席会议。

**【政协南昌市委员会常委会会议】**　2022年,政协南昌市第十五届委员会第2—8次常委会会议在市政协一楼常委会议室召开。市政协主席卢伟平在第2—8次常委会会议上讲话。市政协副主席樊三宝、黄清玉、熊志刚、万敏、宋亮生、谢为民、薛有旺、黄小华、魏宏平,秘书长余刚出席。市委、市政府相关部门负责人,各县(区)政协主席,市各民主党派、工商联负责人,各界别召集人及市政协副县以上领导干部列席。

### 2022年南昌市政协常委会会议一览表

表3

| 时间 | 次数 | 会议内容 |
|---|---|---|
| 1月12日 | 市政协第十五届委员会第2次常委会会议 | 传达学习中共中央办公厅《关于加强和改进新时代市县政协工作的意见》、中共南昌市委十二届三次全体(扩大)会议精神;审议中国人民政治协商会议南昌市第十五届委员会第二次会议相关文件;传达市委办公室批转《关于建立“洪城协商·委员市长面对面”工作机制的意见》文件精神和《2022年度市政协协商工作计划》文件精神;书面审议市政协各专门委员会、“三风”办2021年工作总结和2022年工作打算(草案);审议有关人事事项 |

续表3

| 时间 | 次数 | 会议内容 |
|---|---|---|
| 1月22日 | 市政协第十五届委员会第3次常委会会议 | 听取大会秘书处关于大会开幕以来有关情况汇报；审议政协南昌市第十五届委员会第二次会议决议（草案）；审议政协南昌市第十五届委员会第二次会议提案收集和初审情况的报告（草案）；审议有关人事事项 |
| 3月16日 | 市政协第十五届委员会第4次常委会会议 | 传达学习2022年全国两会精神；传达学习全省、全市领导干部会议精神；听取市政协十五届二次会议提案审查情况的报告；审议通过《市政协常委会2022年工作要点》《政协南昌市委员会委员履职考核办法》 |
| 8月5日 | 市政协第十五届委员会第5次常委会会议 | 传达学习《中国共产党政治协商工作条例》；传达学习全国政协主席汪洋在全国政协文史工作座谈会上的讲话精神；传达学习《中共江西省委办公厅〈关于加强和改进新时代市县政协工作的二十条措施〉的通知》及南昌市贯彻落实责任分工方案精神；市政府有关领导通报南昌市2022年上半年经济社会发展情况及下半年工作打算；审议有关人事事项；审议通过市政协办公室、各专委会、“三风”办2022年上半年工作总结及下半年工作打算；专题协商“推进传统优势产业提升改造 进一步拓展发展新空间”议题 |
| 11月23日 | 市政协第十五届委员会第6次常委会会议（“突出‘一镇一业’重点，大力发展特色农业”专题协商会） | 市政协副主席魏宏平作调研报告说明；市政协委员发言；市政协常委审议；市直相关部门回应交流；省委常委、市委书记李红军讲话 |
| 12月12日 | 市政协第十五届委员会第7次常委会会议 | 传达学习党的二十大会议精神；观看《五大重点工程》宣传片；审议《关于召开中国人民政治协商会议南昌市第十五届委员会第三次会议的决定（草案）》；审议政协南昌市第十五届委员会第三次会议议程、日程（草案）；审议政协南昌市第十五届委员会第三次会议有关建议名单；审议《政协南昌市第十五届委员会常务委员会工作报告（草案）》；审议《政协南昌市第十五届委员会常务委员会关于市政协十五届一次、二次会议以来提案工作情况的报告（草案）》；审议市政协各专门委员会、“三风”办2022年工作总结和2023年工作打算（草案）；审议有关人事事项 |

**【政协南昌市委员会主席会议】** 2022年，政协南昌市第十五届委员会第4—12次主席会议在市政协常委会议室或一楼东会议室召开。第4—12次主席会议由市政协主席卢伟平主持。市政协副主席樊三宝、黄清玉、熊志刚、万敏、宋亮生、谢为民、薛有旺、黄小华、魏宏平，秘书长余刚出席。

## 2022年南昌市政协主席会议一览表

表4

| 时间 | 次数 | 会议内容 |
|---|---|---|
| 1月12日 | 市政协第十五届委员会第4次主席会议 | 审议有关人事事项 |

续表 4

| 时间 | 次数 | 会议内容 |
| --- | --- | --- |
| 1月22日 | 市政协第十五届委员会第5次主席会议 | 审议政协南昌市第十五届委员会第二次会议决议（草案）；审议政协南昌市第十五届委员会第二次会议提案收集和初审情况的报告（草案）；审议有关人事事项 |
| 2月11日 | 市政协第十五届委员会第6次主席会议 | 审议《中国人民政治协商会议南昌市第十五届委员会第二次会议提案审查情况的报告（草案）》；审议《洪城协商·委员市长面对面暨“大力发展智能制造”协商会工作方案（草案）》；审议《关于加强大南昌都市圈内政协工作联系的方案（草案）》；审议《市政协常委会2022年工作要点（草案）》 |
| 3月2日 | 市政协第十五届委员会第7次主席会议 | 审议《政协南昌市委员会委员履职考核办法（草案）》；审议《市政协各专委会工作简则（草案）》；审议《政协南昌市第十五届委员会常务委员会第四次会议工作方案（草案）》 |
| 7月11日 | 市政协第十五届委员会第8次主席会议 | 审议《政协南昌市第十五届委员会常务委员会第五次会议工作方案（草案）》；审议《贯彻落实中共江西省委办公厅〈关于加强和改进新时代市县政协工作的二十条措施〉责任分工方案》；审议《推进传统优势产业提升改造 进一步拓展发展新空间》调研报告；审议市政协办公室、各专委会、“三风”办2022年上半年工作总结和下半年工作打算（草案） |
| 8月5日 | 市政协第十五届委员会第9次主席会议 | 审议有关人事事项 |
| 11月25日 | 市政协第十五届委员会第10次主席会议 | 审议《关于召开中国人民政治协商会议南昌市第十五届委员会第三次会议的决定（草案）》；审议政协南昌市第十五届委员会第三次会议有关建议名单；审议政协南昌市第十五届委员会第三次会议议程、日程（草案）；审议《政协南昌市第十五届委员会常务委员会第七次会议方案（草案）》；审议《政协南昌市第十五届委员会常务委员会工作报告（草案）》；研究审议《2022年度重点履职工作概览》；审议《政协南昌市第十五届委员会常务委员会关于市政协十五届一次、二次会议以来提案工作情况的报告（草案）》；审议2022年度“兴家风、淳民风、正社风”榜样人物建议名单；审议南昌之友联谊会成立十周年座谈交流会暨换届会议工作方案；研究成立南昌之友（苏州）联谊会事宜；研究审议《2022年度优秀履职委员推荐名单》《市政协十五届一次、二次会议优秀提案建议名单》《市政协2022年度委员建言“金点子”评选推荐表》；审议市政协各专门委员会、“三风”办2022年工作总结和2023年工作打算（草案） |
| 12月12日 | 市政协第十五届委员会第11次主席会议 | 中国人民政治协商会议南昌市第十五届委员会人事任免名单（草案）；中国人民政治协商会议南昌市第十五届委员会增补委员名单（草案）；关于接受李欣等请求辞去政协南昌市第十五届委员会委员职务的决定（草案） |
| 12月22日 | 市政协第十五届委员会第12次主席会议 | 审议政协南昌市第十五届委员会第三次会议决议（草案）；审议政协南昌市第十五届委员会第三次会议提案收集和初审情况的报告（草案） |

## 重要活动

**【概况】** 2022年，市政协深入学习贯彻习近平总书记关于加强和改进人民政协工作的重要思想，全面落实中共中央《关于新时代加强和改进人民政协工作的意见》《关于加强和改进新时代市县政协工作的意见》，围绕党委、政府中心工作开展民主协商议事、"三风""喜迎二十大"等各项活动，为推动南昌经济社会高质量发展贡献"政协智慧"，不断开创新时代政协工作新局面。

**【"赣事好商量+"品牌活动】** 2022年，以"赣事好商量+"品牌赋能协商工作，围绕党政中心工作大事、改革发展要事、民生改善实事、社会治理难事，搭建广泛多层制度化、线上线下相结合协商平台，扣好全过程人民民主的"政协环"。推进政协协商向基层延伸，深化"赣事好商量·'三有'在洪城"活动，聚焦人民群众"急难愁盼"问题"有事多商量、有事好商量、有事会商量"，共搭建协商议事平台2092个，开展协商1.03万次，解决问题1.12万件，参与协商12万人次。突出以协商聚共识、增合力，开辟"赣事好商量·南昌在行动"协商平台，从产业发展、城市建管、社会治理、民生保障等方面取得的成效和发生的变化切入，展现各级政协组织、广大政协委员积极议政建言、协商出力成果。发挥典型协商案例示范作用，精选协商效果好、经验可学鉴的协商活动，分别与省、市电视台合作，拍摄3档电视专栏。

**【"三风"活动持续深化】** 2022年，全市"三风"活动始终坚持以弘扬"四德"为主旋律、以崇尚真善美为主基调、以选树先进典型为主抓手、以党风促民风为主渠道，着力加强平台创新、载体创新、活动创新。开展"三风"榜样人物推荐活动，评选2022年度全市"三风"榜样人物20位(组)。充分发挥户外广告设施在公益宣传方面的阵地作用，综合运用报纸、电视、新媒体等媒体平台，持续开展"凡人善举故事"征集，深入挖掘报道故事80余篇，播出《"三风"大家说》《"三风"故事》电视栏目各52期。围绕"推进移风易俗，建设乡风文明"开展调研，完成《赣事好商量 南昌在行动》首期节目录制播出工作，并在省政协常委会上播放，推动"三风"活动广泛深入持久开展，市民文明素养和城市文明程度不断提升。

**【"喜迎二十大，看项目、凝共识、谋发展"视察活动】** 2022年，组织部分全国、省、市政协委员以及市各民主党派和市工商联成员，开展"喜迎二十大，看项目、凝共识、谋发展"视察市重点项目活动。市领导卢伟平、龙国英、樊三宝、黄清玉、熊志刚、宋亮生、谢为民、薛有旺、魏宏平参加。活动分2个半天，参加人员分为2组，分别深入欣旺达南昌动力电池生产基地、赣抚尾闾综合整治工程、西二环高速项目梅岭隧道工程、复兴大桥、南外环高速公路项目八一互通至迎宾互通段以及南昌国际陆港等项目现场，进行交叉视察。每到一处，委员们认真听取相关工作人员汇报，了解项目建设总体规划、施工进展等情况，实地感受南昌城市日新月异变化和全市推进重点项目建设所取得的成效。

**【南昌政协大讲堂"学习《习近平谈治国理政》第四卷"专题讲座】** 2022年9月20日，南昌政协大讲堂"学习《习近平谈治国理政》第四卷"专题讲座在市政协常委会议室举行。各县区政协设立分会场进行收听收看。专题讲座上，省委党校党史党建教研部教授杨泽娟作专题授课。杨泽娟以《抓住历史主动，推进伟大工程——学习〈习近平谈治国理政〉第四卷》为题，详细介绍《习近平谈治国理政》第四卷的框架结构和学习方法，并就"掌握历史主动""党的全面领导"以及"推进党的建设新的伟大工程"等重点内容进行系统讲解和阐述。

**【纪念八一南昌起义95周年座谈会】** 2022年7月20日，市政协组织召开市政协纪念八一南昌起义95周年座谈会。市政协副主席谢为民出席会议并讲话。座谈会的召开，引发省市媒体广泛关注。市政协干部撰写的《南昌起义精神新探》一文被《江西档案》第四期杂志刊登，征集的20篇文章被《江南都市报》、《南昌日报》、南昌新闻网等媒体陆续选载刊登，增强广大市民对英雄城南昌的自豪感和认同感。

## 协商民主

**【概况】** 2022年，市政协努力克服疫情反复影响，坚持围绕党委、政府关注问题开展协商，制订实施年度协商计划，重点打造"洪城协商·委员市长面对面"协商品牌，健全配套机制，推进协商形式向县(区)政协全覆盖，提升协商建言前瞻性、专业性，助推市委、市政府科学决策、有效施策。全年举办协商活动16次，为南昌加快发展贡献"政协智慧"。

**【"大力发展智能制造"协商会】** 2022年2月，洪城协商·委员市长面对面——"大力发展智能制造"协商会在江铃集团新能源汽车有限公司车间现场召开。市政协主席卢伟平主持会议。6名市政协委员、2名企业代表在会上建言。市领导万广明、肖云和开发区管委会以及市直相关部门负责人参加，并就委员和企业代表提出的意见建议给予现场反馈。"沉浸式"建言协商后，政协委员和企业代表们实地参观新能源汽车总装线，直观感受先进智能制造生产理念和生产技术。

**【“推进传统优势产业提升改造 进一步拓展发展新空间”专题协商】** 2022年8月，市政协十五届五次常委会会议围绕“推进传统优势产业提升改造 进一步拓展发展新空间”进行专题协商。会上，市政协副主席宋亮生代表课题组作调研报告说明。6名市政协委员围绕主题发言。市直相关部门及相关县区、开发区负责人进行回应交流。市领导卢伟平、胡晓海出席会议并讲话。市政协副主席万敏主持会议。会后，根据协商情况修改完善调研报告报送市委、市政府决策参考。

**【“完善设施，健全机制，大力提升农田水利建管护水平”专题协商】** 2022年3月，市政协组成“完善设施，健全机制，大力提升农田水利建管护水平”专题调研组，赴市水利、农业部门座谈，到县区乡镇走访，收集基层情况和问题，并赴赣州市、抚州市学习考察。在此基础上，委员们围绕“加快建立农田水利设施管护长效机制”等7个方面形成建言材料。8月12日，洪城协商·委员市长面对面——“完善设施，健全机制，大力提升农田水利建管护水平”协商会召开。7位政协委员与部分市直相关部门负责人现场交流，共同探讨提升农田水利建管护水平方法。副市长彭开先、市政协副主席魏宏平出席。

**【“‘全面三孩’政策背景下加快我市妇幼保健院（妇女儿童专科医院）建设”专题协商】** 2022年，组建由市政协副主席黄清玉任组长、包含市卫健委有关人员和20名政协委员及资政建言专家库专家在内的调研组，克服疫情反复和多点散发影响，采取线上与线下相结合、听取汇报与调查问卷相补充方式进行调研，形成《“‘全面三孩’政策背景下加快我市妇幼保健院（妇女儿童专科医院）建设调研报告》提交专题协商平台协商。副市长与委员面对面共商完善南昌市妇女儿童医院建设良策。调研报告报市委、市政府后，市长万广明批示相关部门：“认真研究，找差距、补短板、强弱项。”

**【“突出‘一镇一业’重点，大力发展特色农业”专题协商】** 2022年，市政协围绕市委、市政府“两整治一提升”行动开展履职协商。成立调研组，采取县区联动、部门协同方式调研，赴4个农业县区实地察看10余家企业，访谈14名乡（镇）长、24名村支书，收集资料20余万字，召开3次专题研讨，广泛收集各方意见建议。11月23日，“突出‘一镇一业’重点，大力发展特色农业”专题协商会召开。省委常委、市委书记李红军出席并讲话。市政协主席卢伟平主持会议。市领导彭开先、樊三宝、黄清玉、熊志刚、宋亮生、薛有旺、魏宏平出席。会议听取审议市政协关于“突出‘一镇一业’重点，大力发展特色农业”的调研报告。市政协委员结合调研情况，分别围绕滨湖地区小龙虾产业高质量发展、特色茶旅小镇打造、进贤县三里乡黄鳝产业高质量发展、农村电商发展、特色农产品品牌提升提出意见建议。市直有关部门负责人对政协委员提问一一作答，并介绍下一步工作。协商会后，报送的调研报告得到省委常委、市委书记李红军批示。

**【“关注特殊群体，助力残疾人高质量就业创业”专题协商】** 2022年，市政协课题组深入6个县区开展调研座谈，了解南昌市残疾人就业创业发展现状以及存在的问题和困难，并认真学习北京市、杭州市、广州市等地区先进经验和做法。8月4日，洪城协商·委员市长面对面——“关注特殊群体，助力残疾人高质量就业创业”协商会召开。会上，政协委员结合各自调研成果与切身体会，围绕主题，从机关、事业单位、国有企业带头按比例安排残疾人就业和强化职业技能培训、加大企业扶持力度等方面提出具有针对性、可操作性意见建议。市委编办、市财政局、市人社局等有关部门负责人就相关意见建议现场作出回应。副市长彭开先出席会议。市政

2022年11月23日，市政协常委会“突出‘一镇一业’重点大力发展特色农业”专题协商会召开

（市政协办 供图）

协副主席薛有旺主持会议。会后，综合委员意见建议形成《关于助力我市残疾人高质量就业创业的建议案》报送市委、市政府，得到省委常委、市委书记李红军和市长万广明等批示，相关意见建议被部门采纳并落实。

**【“发挥侨资侨智侨力作用 助推南昌高质量跨越式发展”专题协商】** 2022 年，根据《2022 年度市政协协商工作计划》安排，专门成立课题组，先后走访部分侨资企业和侨界专家学者，前往相关市直部门征求意见并座谈。深入红谷滩“侨梦苑”调研，分别召开海外侨领及归国留学人员座谈会，听取意见建议。开展线上线下问卷调查，收集社会各方意见。8 月 10 日，“发挥侨资侨智侨力作用 助推南昌高质量跨越式发展”专题协商会召开。市政协副主席熊志刚出席。上报的《发挥侨资侨智侨力作用 助推南昌高质量跨越式发展》调研报告得到省委常委、市委书记李红军批示。

**【“破解‘五难’，推动我市民宿业高质量发展”专题协商】** 2022 年，为进一步了解全市民宿产业发展状况，加快农村地区发展、提高农民收入、延伸乡村旅游产业链，推动全市乡村振兴和乡村旅游发展，市政协围绕“破解‘五难’，推动我市民宿业高质量发展”课题开展深入调研，邀请市领导、相关部门及部分民宿企业经营者面对面协商。提交的建议案得到市长万广明批示。

**【“关于建立完善‘双减’政策落地协同机制”专题协商】** 2022 年，市政协先后组织召开课题组成员和相关单位、职业学校负责人及教师、学生家长代表座谈会 8 次，并于 7 月 18 日召开洪城协商 · 委员市长面对面——“关于建立完善‘双减’政策落地协同机制”协商会，邀请副市长龙国英及市政协副主席谢为民出席协商会。会后形成的《关于建立完善“双减”政策落地协同机制建议案》得到省委常委、市委书记李红军和市长万广明批示。

## 民主监督

**【概况】** 2022 年，市政协深入贯彻落实习近平总书记关于加强和改进人民政协工作的重要思想，充分发挥人民政协独特优势和作用，深刻把握人民政协民主监督的性质定位，相继开展政务服务督查体验、切实解决法院“执行难”等民主监督活动，并以调研报告、建议案等形式报市委、市政府，相关部门积极采纳委员意见建议。

**【“‘赣’事好商量，‘南’事不难办”政务服务督查体验】** 2022 年，以“‘赣’事好商量，‘南’事不难办”为主题，邀请 28 名市政协委员组建政务服务督查体验队，聚焦政务服务领域“小鬼难缠”现象以及“怕慢假庸散”等作风顽疾，经常性、长效性开展政务服务督查体验。委员分组前往市、县区、乡镇、村(社区)四级政务服务大厅、中心、服务站，通过“暗访 + 明察”的形式开展督查，带着具体事项进行办事体验，并将督查体验过程中发现的问题，及时反馈，协商推动解决。

**【“切实解决法院‘执行难’问题，助推我市法治化营商环境建设”民主监督】** 2022 年，成立课题调研组，召集相关市直部门、企业代表、市律协律师代表召开课题调研座谈会，并前往青山湖区、西湖区等地开展视察座谈。10 月 21 日，召开“切实解决法院‘执行难’问题，助推我市法治化营商环境建设”民主监督座谈会。省公安厅党委委员，市政府党组成员、副市长、市公安局局长肖铁军出席并讲话。会前安排参观市公安局智慧视觉中心、大数据指挥中心、情指中心。综合各方意见形成建议案报市委、市政府，并得到市长万广明批示肯定。

## 调研视察

**【概况】** 2022 年，市政协以服务打造“一枢纽四中心”、实现“两个大幅提升”为重点，相继围绕梅岭云端索道规划建设、中小学(幼儿园)项目建设开展调研视察，为市委、市政府决策部署建言献策。一批意见建议转化为具体的政策举措，推动全市经济社会建设快速发展。

**【“梅岭云端索道规划建设”专题视察】** 2022 年，组织政协委员和市政协建言资政专家库成员实地视察梅岭云端索道项目山下起点拟选址点及项目周边环境，并围绕规划调整、项目用地、高位推动、前瞻设计、整合资源、宣传造势、环境保护等方面提出意见和建议。《关于启动梅岭云端景区索道建设项目的建议案》报送市委、市政府后，省委常委、市委书记李红军专门作出批示，要求有关市领导抓紧推进，争取早日开工，年内建成。江西网络广播电视台、《南昌日报》等媒体对相关工作进行报道。

**【“我市中小学(幼儿园)项目建设情况”专题调研】** 2022 年，市政协副主席谢为民带领课题组 20 余名委员，历时半个月，深入全市各县区(开发区、管理局)、学校(幼儿园)、在建项目工地进行实地视察，与基层教育部门、一线教师代表进行座谈，并召集市编办、市人社局、市教育局、市国土资源规划局等相关市直单位协商座谈，形成调研报告，针对网点规划布局不优、资金要素投入不够、教师编制核定不足、教育发展水平不均衡等问题，提出可行性意见建议。省委常委、市委书记李红军对报告作出批示："报告指出的问题和提出的建议，请国英、黄琰同志研究。"市长万广明批示："请教育局、自然资源规划、住建等部门认真阅研。按问题导向、目标导向统筹好新老城区学校（幼儿园）规划和建设，争取形成多赢效果。"

**【与江西省政协联合调研】** 2022年，配合省政协经济委"做优做强做大我省电子信息""加强我省留才、引才、用才"课题组开展调研。专门组建市政协课题调研组，与相关市直部门、县区、企业联系对接，做好深入调研、收集资料、综合分析等工作，形成《做优做大做强我市电子信息产业调研报告》《在省政协"加强我省留才、引才、用才"协商会上的发言》作为省政协经济委调研课题子报告。其中，关于"加强我省留才、引才、用才"的协商发言，得到出席协商会的省委常委、常务副省长梁桂和省政协副主席汤建人充分肯定。

**【湾里管理局磨盘山公路至洗药湖缆车建设工程专题视察】** 2022年，为策应市委决策部署，市政协副主席黄清玉、谢为民带领部分市政协委员、市政协建言资政专家库成员，就湾里管理局磨盘山公路至洗药湖缆车建设工程开展专题视察活动。受邀参加视察专家和委员从各自专业角度对项目提出意见和建议。根据专家、委员意见撰写的《关于启动梅岭云端景区索道建设项目的建议案》得到省委常委、市委书记李红军的重要批示。

**【加强红色历史资源保护和利用专题调研】** 2022年8月11日，组织市文广新旅局、市旅游集团以及专家学者围绕进一步加强红色历史资源保护和利用进行调研，并与省政协文化文史和学习委员会专职副主任傅兆良一行，就南昌市"进一步加强对红色资源的保护和利用，发挥'四个摇篮'独特优势，不断提高红色资源管理水平，让文化效益迸发出更大的经济效益，助力江西省迈向红色旅游高质量发展之路"进行座谈交流，为南昌市实现红色文化资源保护和红色旅游经济增长"双丰收"积极建言献策。

## 提案工作

**【概况】** 2022年，市政协十五届一、二次会议共收到提案835件，审查立案697件，分送70个承办单位办理，并先后组织召开提案承办大户单位督办工作会和提案办理工作调度会议。至9月底，全部办复，委员满意率99.9%。年度提案涉及面广、针对性强，反映全市经济社会发展实际情况，表达广大人民群众的意愿与期盼。先后多次协调安排省政协提案委"对接大医院与盘活城市社区医疗服务设施资源"专题在昌调研工作，派员参加"关于我省城市社区医疗卫生机构现状的调查与建议"课题报告围读会。接待有关城市市政协提案工作部门到南昌开展视察、调研、考察活动。加强对县区政协提案工作指导，促进全市政协提案工作均衡发展、共同提高。加大提案工作宣传力度，全年共在各级各类媒体上登载有关政协提案工作新闻稿件100篇（次）。

**【提案质量提升】** 2022年，加强科学引导，通过编写《关于做好市政协十五届三次会议提案征集工作的通知》，公布历年立案提案目录，组织调研视察、协商座谈等履职活动，引导政协委员、政协各参加单位在提案选题、调研、撰写等方面用心用情用力。推动市各民主党派、工商联、市政协各专委会，将重要协商议政成果及时转化为高水准集体提案。扎实开展业务培训，就如何写好提案，对新一届市政协委员进行集中培训。派员赴市各民主党派、工商联和各县区政协开展学习辅导，为提升提案质量夯实基础。严格审查立案，坚持"质量优先，不搞凡提必立"原则，按照会中初审、会后复审、征求主席会议成员意见"三审"程序，对2次全会提案进行审查，确保立案提案提得好、立得住、能办理。完善工作机制，针对提案审查工作中发现的问题，结合工作实际，不断完善《提案审查立案工作流程》，使之环节更优化、程序更严谨、步骤更紧凑。

**【提案督促办理】** 2022年，市委、市政府和市政协领导重视政协提案工作。省委常委、市委书记李红军指出"要充分保护和珍重委员的履职成果，要亲自领办提案"。在李红军示范引领下，市委、市政府、市政协班子成员分别选定1—2件提案，作为2022年重点提案进行督办。市政协主席会议多次听取并研究提案工作。市政协主席卢伟平多次要求提高审查立案效率，加强提案办理质量。以市委办公室名义发文，对市委、市政府、市政协领导领衔督办的29件重点提案督办工作作出安排部署，确定重点提案督办时间、责任部门、承办单位等。市领导通过现场督办、工作调研、批示指示等途径和方式，加大领衔督办力度，推动提案办理落实，产生明显成效，起到以点带面、推动全盘作用。如，《关于打造南昌区域性金融中心的建议》在李红军督办指导下，承办单位根据提案内容，及时开展调研，认真研究对策，并由市政府出台印发《关于打造区域金融中心加快金融业高质量发展的实施意见》。

**【提案办理实效提高】** 2022年，召开市政协十五届一、二次会议提案大户单位督办工作会议，部分委员、14家提案办理大户单位分管领导与经办人员面对面共商办理措施，共议解决办法，围绕强省会战略与提升南昌发展首位度和综合竞争力群策群力。把真诚平等协商作为提案办理工作“标配”，贯穿提案办理全过程。通过协商凝聚共识、凝聚智慧、凝聚力量，形成提、办双方良性互动。充分发挥好协调各方、联系内外桥梁纽带作用，做好提案办前、办中、办后服务保障，加强对已答复提案的督促检查和跟踪问效，保证提案办理落地见效。

**【提案办理保障强化】** 2022年，市政协主席会议、常委会会议把提案工作摆在突出位置，定期听取提案工作汇报，研究推进提案工作。先后召开提案办理工作会、调度会，市政协主要领导出席会议并对提案办理工作提要求、作部署，要求承办单位贯彻新精神新要求，不断提升办理实效。进一步发挥目标管理考核和平安建设考评促进提案办理的加持效应，对部分提案办理不力、落实不到位且委员反馈不满意的单位在年度考核中扣分。

## 团结联谊

**【概况】** 2022年，市政协把握团结民主两大主题，充分发挥好人民政协“重要阵地、重要平台、重要渠道”作用，服务招商引资，反映社情民意，凝聚各界共识，汇聚发展合力，助力乡村振兴对口帮扶，加强同市各民主党派、工商联、无党派人士和各人民团体的联系合作，为南昌改革发展稳定厚植政治基础、社会基础。

**【南昌之友联谊会】** 2022年，加强南昌之友联谊会平台建设。市政协领导在南昌市会见南昌之友企业家、专家，赴深圳市、广州市、杭州市、昆明市等地走访考察南昌之友及企业，着力宣传推介南昌、促进交流联络、服务招商引资。在对外联谊活动中，广泛宣传南昌的特色亮点及发展成就，扩大南昌的影响力和知名度。利用春节等传统佳节契机，市、县区政协领导分别带队，前往镇村走访看望南昌之友在南昌的父母及亲属，让在外创业拼搏的南昌之友感受家乡温暖。全年邀请南昌之友到南昌开展项目考察、洽谈活动58人次，推进项目9个。

**【反映社情民意】** 2022年，收集社情民意信息共3161篇，编报各类信息近1000篇。其中，报送省政协办以上单位946篇（含报送省委43篇，省委采用6篇、省领导批示2篇。报送全国政协52篇，全国政协采用5篇）。编发36期专报呈送市党政领导，并报送20个相关单位处理。分别获2022年度全省反映社情民意信息先进单位、先进个人以及高质信息1篇，在全省总分排名位居前三，为帮助党委政府客观全面地听取基层声音，推动解决群众急难愁盼问题发挥积极作用。开设南昌分会场参加全省政协系统反映社情民意信息工作经验交流视频座谈会，召开市政协社情民意信息工作视频会议，召开全市各民主党派、县（区）政协、市政协各专委会及社情民意工作会议，总结部署全市社情民意工作，推动各项工作落实见效。

**【发展合力汇集】** 2022年，加强各方人士联系，开展委员联系访谈民营企业活动14次，接待外地省、市政协调研考察团22批次。为各党派团体参政议政搭建平台，提供支持。民革市委会思想政治建设云空间“智慧学习谷”创建经验在全省民革组织中推广，民盟市委会“盟员之家”实现县区全覆盖，民建市委会调研报告连续三年被市委《决策参考》刊登，民进市委会社情民意信息在省级以上报刊采用33篇，农工党市委会履职成果受到央视新闻频道、人民网、《光明日报》等报道，九三学社市委会社员研发的“核酸采样点位电子地图”接入昌通码，市工商联系统全年招商引资签约项目48个、金额177.2亿元。

（石　钊）

# 中国共产党南昌市纪律检查委员会　南昌市监察委员会

## 综　述

【概况】　2022年，中共南昌市纪律检查委员会南昌市监察委员会（以下简称“市纪委市监委”）和全市各级纪检监察机关履行监督首要职责，不断增强监督针对性实效性。始终保持惩治腐败高压态势，一体推进“三不腐”（不敢腐、不能腐、不想腐）工作落实。坚持严的基调不动摇，以钉钉子精神纠治“四风”（形式主义、官僚主义、享乐主义、奢靡之风）。坚定不移站稳人民立场，不断增强人民群众获得感、幸福感、安全感。持续深化纪检监察体制改革，不断提升监督效能。坚守政治巡察定位，充分发挥利剑作用。立足“能监督、会办案”，锻造高素质专业化纪检监察队伍，全市政治生态持续向上向好。

【政治监督】　2022年，市纪委市监委加强对学习贯彻党的二十大精神情况监督检查，推动全市党员干部完整、准确、全面理解把握精神实质。围绕贯彻落实“三新一高”（新发展阶段、新发展理念、新发展格局、高质量发展）重大战略部署，就防范债务风险、虚拟货币“挖矿”、统计造假、形象工程、政绩工程等开展监督。推进中央环保督察曝光问题整改。做好中央纪委国家监委关于肖毅案、龚建华案纪检监察建议整改，推动全市召开全面从严治党形势分析会，所有整改措施全部完成并销号。开展《中共中央关于加强对“一把手”和领导班子监督的意见》贯彻落实情况专项监督检查，推动党员领导干部履行好管党治党政治责任。科学编制《十二届南昌市委巡察工作规划（试行）》，创新“一轮两批”巡察模式。启动棚户区（旧城）改造专项巡察，发现并推动解决房屋征迁补偿、安置房建设分配、资金管理使用中的一批突出问题。深化园林绿化领域专项巡察成果，督促住建部门依规依法处置工程非法转包问题，涉案企业主动认错认罚。强化县区巡察工作指导督导，以推广运用“市级巡察机构在上下联动中更好发挥作用”试点成果为抓手，探索形成分片联系指导、一体化工作考核等实践成果。开展“提升对村（社区）巡察质效”试点工作，推动解决一批群众反映强烈突出问题。做实巡察“后半篇文章”，建立整改日常监督情况定期报告、约谈通报机制，发挥好巡察整改联席会、推进会作用，推动监督、整改、治理有机贯通。综合用好巡察成果，做实巡察典型性、系统性问题整改，形成“专报、批示、督办、反馈”闭环运行机制，推动惠企补贴发放、营商环境相关问题及镇村等区域突出问题整治。

【群众利益维护】　2022年，市纪委市监委紧盯发生在群众身边、侵害群众利益的人和事，查处问题766个，给予党纪政务处分574人。针对教师反映强烈的职称评聘和岗位晋升问题，开展专项监督，推动出台相关规定，得到教师好评。加大基层反腐“拍蝇”力度，严肃查处“蝇贪蚁腐”问题，查处乡镇干部230人。试点推广小微权力“监督一点通”建设，与进贤县“码”上监督平台同步运行，群众反响良好。围绕“整治群众反映强烈问题”主题，首次向市人大常委会报告专项工作，自觉接受人大监督。

【“四风”纠治】　2022年，市纪委市监委紧盯重要节点，深入“节日病”易发多发的点位、场所、单位，盯现场、抓现行，对发现的违规吃喝、违规收送礼品礼金等典型问题先通报后处理，形成震慑。开展落实中央八项规定精神十周年“回头看”活动，推动各级召开作风建设专题会，推出“作风建设书记谈”专栏，集中展示各级党委驰而不息正风肃纪、推动中央八项规定精神落地生根的成效。纠治领导干部“走读”、违规经商办企业、违规借贷、违规出入境、违规配备司机、基层干部作风散漫等方面问题。聚焦疫情防控、安全生产、森林防火等领域存在的不担当、不落实等问题，以精准问责推动作风转变，既追具体责任人责任，又问领导责任、行业管理部门责任、督导组责任，推动各项工作政令畅通、落地见效。至年底，全市纪检监察机关查处违反中央八项规定精神问题631个，处理748人。

【纪检监察体制改革】 2022年，南昌市围绕推动有形有力有效监督，从体制机制上不断深化改革，着力解决部分领域监督覆盖不全、监督力量薄弱问题。探索城区公安分局派驻监督改革，在青云谱区、红谷滩区开展试点，由区纪委区监委向属地公安分局派驻纪检监察组，开展派驻监督，让身边的党组织监督身边的人。推动开发区纪检监察机构改革，制订改革方案，破解监督力量不足难题，监督推动开发区当好经济社会发展、全面从严治党“两个排头兵”。明确市属国企纪委书记任免监察专员程序，向市属国企派驻监察专员，切实加强对市属国企纪检监察工作领导。

## 重要会议

【概况】 2022年，第十二届中共南昌市纪律检查委员会(以下简称“市纪委”)召开第二次全体(扩大)会议，并多次召开相关工作部署会议，研究纪检监察工作，监督推动党中央重大决策部署、习近平总书记重要讲话精神和重要指示批示精神在南昌市落实落细，全力推进新时代南昌纪检监察工作高质量发展，全市风清气正政治生态建设不断巩固发展，全市政治生态持续向上向好。

【市纪委十二届二次全体会议】 2022年1月28日，中国共产党南昌市第十二届纪律检查委员会第二次全体会议在红谷滩会议中心召开。全会以习近平新时代中国特色社会主义思想为指导，全面贯彻落实党的十九大和十九届历次全会精神，深入贯彻习近平总书记视察江西重要讲话精神，认真落实十九届中央纪委六次全会、省第十五次党代会、省纪委十五届二次全会、市第十二次党代会和市委十二届三次全会精神。省委常委、市委书记李红军出席会议并讲话。市领导万广明、钱昀、李镇发、卢伟平以及市四套班子其他领导，市法院、市检察院主要负责人出席。市委常委、市纪委书记、市监委主任黄冬生作《永葆自我革命精神　全面建设勤廉南昌　以优异成绩迎接党的二十大胜利召开》工作报告。省纪委省监委有关负责人到会指导。

【南昌市新任市管干部廉政谈话会】 2022年7月8日，市纪委市监委召开新任市管干部廉政谈话会，对换届后市委新提拔、交流和进一步使用的市管领导干部进行集体谈话。市委常委、市纪委书记、市监委主任黄冬生出席并讲话。会议强调要勇于担当作为，坚决扛起管党治党政治责任。要站稳人民立场，始终把人民放在心中最高位置，审慎稳妥用好手中的权力，为党和人民作出更大贡献。要始终严于律己，严守政治纪律和政治规矩，时刻保持对组织、对人民、对权力、对纪法的敬畏之心，养成在监督下工作和生活习惯，始终做到自身正、自身净、自身硬。要注重家教家风规范，以优良家风引领清正社风。修好家风建设这门必修课，摆正小家与大家、权力与亲情关系，坚决杜绝权力被亲情“绑架”，切实守护好家庭这片“廉洁港湾”。

【全面从严治党形势分析会暨“七个有之”专项治理工作会】 2022年7月26日，市纪委市监委召开全面从严治党形势分析会暨“七个有之”(1. 搞任人唯亲、排斥异己的有之；2. 搞团团伙伙、拉帮结派的有之；3. 搞匿名诬告、制造谣言的有之；4. 搞收买人心、拉动选票的有之；5. 搞封官许愿、弹冠相庆的有之；6. 搞自行其是、阳奉阴违的有之；7. 搞尾大不掉、妄议中央的也有之)专项治理工作会议。市委常委、市纪委书记、市监委主任黄冬生主持并讲话。会议强调全市各级纪检监察机关要进一步增强全面从严治党永远在路上的政治自觉，以更高的

2022年7月8日，南昌市举行新任市管领导干部集体廉政谈话会
(市纪委办　供图)

站位、更严的标准、更实的作风坚持不懈把全面从严治党推向纵深。要始终保持严的主基调，永远吹冲锋号，把“全周期管理”要求贯穿反腐败斗争全过程，坚决防范和查处“七个有之”问题，持续推进国企、政法、粮食购销、开发区建设等领域腐败治理，不断实现“三不腐”一体推进战略目标。要一体化推进业务人才培养，加大严管严治、自我净化力度，着力打造忠诚干净担当的纪检监察铁军。

**【全市县区纪委书记座谈会】** 2022年8月4日，市纪委市监委召开县区纪委书记座谈会。市委常委、市纪委书记、市监委主任黄冬生主持并指出，全市纪检监察机关要认真贯彻落实中央和省、市纪委全会精神，永葆“赶考”的清醒和坚定，把全面从严治党不断推向纵深，以实际行动迎接党的二十大胜利召开。要围绕统筹推进疫情防控和经济社会发展、“三新一高”等强化政治监督，以高质量监督引领保障高质量发展。要坚持一体推进“三不腐”，用好“全周期管理”方式，不让查办案件的成本和代价白付。要持之以恒加强作风建设，聚焦权力、责任、环境、状态等重要方面，坚决查处“中梗阻”“小鬼难缠”等破坏营商环境的腐败和作风问题，推动营商环境不断优化。要持续深化纪检监察体制改革，深入推进重点领域改革，促进制度优势更好转化为治理效能。要坚持“办精品案件、带精品队伍”，一体化推进干部培养，加大干部轮岗交流力度，强化严管严治、自我净化，坚决清除“害群之马”、防止“灯下黑”，锻造忠诚干净担当的纪检监察铁军。

## 党风廉政建设

**【概况】** 2022年，市纪委市监委创新方式、创造平台、创建载体宣传廉洁文化，充分发挥廉洁文化教育、引领和浸润作用，坚决守住中央八项规定精神铁规矩、硬杠杠，盯住老问题、发现新情况，精准施治、久久为功，不断擦亮作风建设金色名片。严把党风廉政建设意见回复关，围绕干部选拔任用、评先评优，回复党风廉政意见1624人次，形成政治生态持续向好、作风环境稳步向优、干部状态积极向上、各项事业阔步向前的良好态势。

**【廉文化阵地建设】** 2022年，南昌市结合红色基因传承开展专题展览、组织廉洁文化作品创作、开展廉政教育和推动廉洁文化资源数字化工作，举办形式多样、贴近民生的文艺会演活动。至年底，举办30余场文艺会演活动、2场专题展览，助力形成崇廉、尚廉、助廉、护廉浓厚氛围。用好用足“红色文化”“莲廉文化”等革命先进文化和优秀传统文化资源，策划打造以南昌廉文化馆、长天廉文化主题公园等为代表的15个廉文化示范点。市纪委市监委建设廉洁南昌官网官微，打造富有南昌特色的线上勤廉文化阵地。在廉洁南昌官网官微上开设“勤廉南昌特色亮点工作”“作风建设书记谈”等专题专栏，登载文稿20余篇，全方位展示各地各单位推进勤廉建设的思路、做法和成效。至年底，廉洁南昌官网官微发布党风廉政建设和反腐败工作信息1300余条。

**【“勤廉建设”】** 2022年，市委把勤廉南昌建设作为全面从严治党的抓手，出台《关于推进新时代勤廉南昌建设的意见》。市纪委市监委立足自身职能职责，按照“工作项目化、项目清单化、清单责任化”工作理念，以项目化推进思路大抓勤廉建设。通过抓作风、抓机制、抓文化等具体事项，把勤廉思想融入监督执纪当中，督促全市各地各部门树牢“精品意识”，高标准推进勤廉南昌建设。督促各地各部门各单位从实际出发抓创建，形成“勤廉窗口”“勤廉机关”“勤廉企业”“勤廉医院”“勤廉学校”“勤廉村居”一批特色亮点项目。

**【第一届特约监察员聘请会议】** 2022年6月10日，市监察委员会第一届特约监察员聘请会议在市纪委七楼会议室召开。市委常委、市纪委书记、市监委主任黄冬生出席并

2022年6月10日，南昌市监察委员会举行第一届特约监察员聘请会议
（市纪委办　供图）

讲话强调，特约监察员要认真履行监督职责，对纪检监察机关及其工作人员履行职责情况开展监督，及时反映违纪违法问题；要积极建言献策，发挥各自优势，帮助剖析问题、拓宽视野、提出对策，当好纪检监察工作参谋助手；要发挥桥梁纽带作用，真正了解群众所思所想所盼，帮助把工作做得更加精准有效；要做好宣传引导，广泛宣传党中央关于全面从严治党的重大决策部署和经验成效，努力在全社会营造良好舆论氛围；要加强自身建设，熟悉掌握纪检监察业务知识，保持过硬的政治素质和工作作风，自觉维护特约监察员良好形象。

**【南昌市警示教育大会】** 2022年8月24日，南昌市警示教育大会在红谷滩会议中心召开。省委常委、市委书记李红军出席并讲话。市长万广明，市人大常委会主任李镇发，市政协主席卢伟平等市四套班子领导，市法检"两长"出席。市委常委、市纪委书记、市监委主任黄冬生主持会议。与会人员集中观看警示教育片《永远吹冲锋号》。会议要求，全面压实管党治党政治责任，将正风肃纪反腐与深化改革、完善制度、促进治理贯通起来，深刻汲取换届以来典型违纪违法案件的教训，充分发挥警示震慑和教育作用，以案促改、以案促治、以案促建，进一步推动全市政治生态向上向好发展，以实际行动迎接党的二十大胜利召开。

**【全市领导干部"廉内助"培训班】** 2022年8月30日，由市纪委、市妇联联合举办的全市领导干部"廉内助"专题培训班在红谷滩会议中心东厅召开。市委常委、市纪委书记、市监委主任黄冬生出席并讲话强调，领导干部家属要营造和谐家庭氛围，当好"廉内助"，督促领导干部修好家风建设这门"必修课"，摆正大家与小家、权力与亲情关系，切实守护好家庭这片"廉洁港湾"。领导干部家属要把好"廉洁关"，做一名称职的家庭"纪委书记"，发现异常及时咬耳扯袖、防微杜渐，把不良现象消灭在萌芽状态。要把好"亲情关"，既带头当好表率，从严自我约束，又睁大眼睛看住家人，教育引导子女爱党爱国、遵纪守法，避免堡垒从内部被攻破。要把好"交往关"，提醒领导干部主动净化"社交圈""生活圈""朋友圈"，防止被拉拢"围猎"，将违纪违法拒于家门之外。

## 监督执纪

**【概况】** 2022年，市纪委市监委因地制宜，精准施治，把贯彻落实"三重一大"事项集体决策制度情况作为巡察监督、日常监督和每年民主生活会班子对照检查的重要内容，落实加强对"一把手"和领导班子监督工作，把权力关进制度笼子。围绕重点领域腐败案件暴露问题，对症下药、精准施策，推动整改、完善机制。坚持强化权力运行监督，不断深化纪律监督、监察监督、派驻监督、巡察监督，推动各项监督机制融会贯通，构建全覆盖"不能腐"制度机制。

**【"胡子工程"整治监督】** 2022年，市纪委市监委将"胡子工程"整治工作列入"干部作风大提升工程"。针对市委、市政府从全市范围内各级政府投资已开工项目中，梳理出工期3年以上仍未完工或停工半年以上，包括民生类、城建类、交通类、科技类等30个滞缓工程项目责任单位加强监督，列出"胡子工程"攻坚销号清单，明确责任主体和监督单位。紧盯重大重点工程项目推进情况，围绕工程建设关键领域、重点环节滞缓现象，通过受理群众信访、调取资料、实地走访、个别谈话等方式，梳理排查导致项目滞后的不作为、慢作为、作风不严不实等问题，进行追责问责、压实责任、推进攻坚。至年底，全市在"胡子工程"专项整治中核查不作为、慢作为、作风不严不实等问题20余件，问责40余人。

**【县乡干部"走读"监督】** 2022年，南昌市持续深入纠治领导干部"走读"、基层干部作风散漫等问题。县乡干部处于改革发展稳定工作一线，直接联系广大群众，担负着把党的路线方针政策贯彻落实到最基层的重要职责。市纪委市监委机关会同市委组织部组建若干督导组，深入各县区监督检查县乡党政领导落实"住夜"规定、密切党群干群关系等情况，对发现的典型问题严肃追责。至年底，给予党内警告1人、政务处分1人，第一种形态处理26人。

**【优化营商环境监督】** 2022年，市纪委市监委从改进干部作风入手，着力解决企业诉求，加快项目进展、推动企业发展。通过日常监督检查、一线督导、畅通群众举报、设立营商环境监测点、聘请特约监察员等方式，了解企业困难和诉求，从中发现涉企服务中不担当、不尽责，甚至对待企业困难冷硬横推，借审批、检查之机吃拿卡要等问题，靶向纠治"中梗阻""小鬼难缠""油松痞"等营商环境领域作风不实问题，严肃查处教育、科技、财政、住建、城管等部门一批"难缠小鬼"。全年查处营商环境领域腐败和作风问题1006个，处理1210人。

## 审查调查

**【概况】** 2022年，市纪委市监委一体推进"三不腐"，坚持无禁区、全覆盖、零容忍，坚持重遏制、强高压、长震慑，保持反对和惩治腐败强大力量。严格落实"三个区分开来"重要要求，对恶意诬告的严肃处理，为受到不实举报的澄清正名。至年底，全市立案2050件，留置57人，移送检察机关44人；为受到不实举报的24名干部和1个单位进行澄清正名，查处恶意举报1人，旗帜鲜明为干事创业干部撑腰鼓劲。各县区纪委监委自办县区管干部留置案件实现全覆盖。

**【查处重点领域腐败】** 2022年，市纪委市监委坚决查处重点领域腐败。在国企领域，严肃查处市城建集团原董事长王奕刚、赣昌砂石有限公司原董事长许坚等人。在招投标领域，严肃查办“2·9”系列案件，查处违纪违法人员200余人，留置8人；推动招投标领域系统治理，对系列案件进行深入剖析，梳理制度漏洞，提出整改建议16条。在粮食购销领域，严肃查处市粮食局原局长刘斯彬、副局长陈钢文和下属3个重点粮库主任，以及一批基层粮食系统干部。开展棚户区改造专项治理，重点查处在落实棚改政策中的责任、作风、腐败问题，立案11件，留置3人。坚持边查边改，止损挽损，化解风险，针对张梁案、李云峰案国有投资存在的巨大风险，督促有关部门成立专班，并跟进协助追收工作，运用法律、行政手段追缴非法利益，实现政治效果、纪法效果、社会效果有机统一。

**【查办案件“后半篇文章”】** 2022年，市纪委市监委用好纪检监察建议，健全建议书送达、督办、反馈、回访和评估机制，采取召开党委（党组）会议等形式下达，并在会上播放涉案人员忏悔片、通报案件查办情况，增强严肃性和权威性，同时向有关市直单位党组发出纪检监察建议书。协助市委召开全市警示教育大会，制作拍摄《永远吹冲锋号》等警示教育片，编印《南昌市严重违纪违法案件警示教育材料汇编》，深刻汲取换届以来查处的典型违纪违法案件教训，以案示警、以案促改。在纪法威慑和政策感召下，全年全市有53人向纪检监察机关主动投案，132人主动交代问题。

（付　婷）

## 巡察工作

**【概况】** 2022年，南昌市委运用常专结合、提级交叉、上下联动等方式，组织开展巡察工作。其中，开展2轮常规巡察，涉及21个市直单位党组织；开展提级交叉巡察，涉及9个县区乡镇（管理处）党（工）委；开展1轮联动巡察，涉及自然、生态2个系统10个党组织；开展1轮专项巡察，涉及12个棚户区（旧城）改造党组织。全市巡察共发现普遍性倾向性问题1357个，移交问题线索168件，下发巡察建议书22份。通过立行立改、全面整改，按期完成巡察反馈问题整改356个，处理干部118人，挽回经济损失11.82亿元，建立完善制度机制232项。2月，市委、市政府对涉粮、绿化2个专项组27名表现优秀的巡察干部予以记功授奖、通报表彰。至年底，《人民日报》、央视新闻联播、《中国纪检监察报》等中央和省级主流媒体刊物报道南昌市巡察工作经验做法24次。

**【《十二届南昌市委巡察工作规划（试行）》】** 2022年3月，市委编制出台《十二届南昌市委巡察工作规划（试行）》（以下简称《规划》），明确此届巡察全覆盖任务数181个，包括市本级全覆盖任务数118个，市委“提级巡察”任务数63个。把县（区）城关镇、经济总量大的乡镇（管理处）、纪委、组织部、公安机关、检察院、法院以及资金量大、廉政风险高的投融资平台、县级开发区等63个党组织纳入提级巡察任务，推动解决县区“熟人社会监督难”及重点部门、行业领域巡不深巡不透问题。《规划》获得省委巡视办领导肯定。

**【十二届市委第一轮巡察反馈工作完成】** 2022年4月30日，十二届市委第一轮巡察反馈工作全部完成，3个市委巡察组分别向市林业局党组、市科学技术局党组、市文广新旅局党组、市司法局党组、市科协党组、市工商联党组6个市直单位党组织进行“一对一”反馈。根据市委巡察工作安排，各巡察组传达省委常委、市委书记李红军听取巡察汇报时的讲话精神，向被巡察党组织主要负责人通报巡察发现的重要问题，向领导班子反馈巡察情况。市委巡察组还收到反映一些领导干部的问题线索，按规定移交纪检监察机关、组织部门等有关方面处理。根据市委统一部署，从2021年12月6日开始，十二届市委第一轮巡察安排3个巡察组，对6个市直部门党组织开展为期45天的常规巡察。

**【十二届市委第二轮巡察】** 2022年5月7日，十二届市委第二轮巡察动员部署会召开。市委常委、市委组织部部长、市委巡察工作领导小组副组长余正琨出席。市委常委、市纪委书记、市监委主任、市委巡察工作领导小组组长黄冬生出席并作动员讲话。该轮巡察创新“一轮两批”巡察组织方式，分2个阶段实施，安排4个巡察组对市发改委、市工信局、市商务局、市体育局（市体育运动学校）、市总工会、市统计局、市应急管理局、市外办、市残联、团市委、市妇联、市文联、市社科联、南昌日报社、市强戒所15个市直单位党组织开展常规巡察，对南昌县莲塘镇、进贤县民和镇、安义县龙津镇、东湖区扬子洲镇、西湖区桃花镇、青云谱区青云谱镇、青山湖区湖坊镇、新建区望城镇、红谷滩区红角洲管理处9个县区城关镇、经济重镇（管理处）开展提级交叉巡察。每个巡察小组在3个月内分2个阶段进行巡察。在提级巡察乡镇（管理处）期间，注重整建制选派县（区）巡察组进行异地交叉巡察，并对部分重点村级党组织开展延伸巡察，统一安排培训、指导、会商、研判，各组平均发现问题数较县区自巡增长5—7倍。该轮巡察发现普遍性、倾向性问题1015个，问题线索137件，形成劳模和五一劳动奖评选乱象、镇村财务管理混乱、奖补资金“骗补”等典型问题专报13份。10月9日，省委常委、市委书记李红军主持召开市委书记专题会议，听取十二届市委第二轮巡察情况汇报，研究巡察发现的问题，对做好巡察反馈和整改工作进行部署。10月18—26日，4个市委巡察组分别向十二届市委第二轮巡察24个被巡察党组织进行反馈，向被巡察党组织主要负责人通报巡察发现的主要问题，并向领导班子反馈巡察情况。

**【棚户区（旧城）改造专项巡察】** 2022年9—12月，市委组织2个巡察组分8个巡察小组对东湖区委、西湖区委、青云谱区委、青山湖区委、市旧改办及其成员单位等12个党组织开展棚户区（旧城）改造专项巡察，严查责任、作风、腐败问题。市委巡察坚持统筹各类监督力量，协调住建、自然资源、市场监管等行业主管部门认定问题、印证问题、督促整改问题，充分运用“巡室联动”“巡地协作”“巡组贯通”“巡审同步”等“四巡工作法”，加强与市纪委市监委监督对口室、县区纪委监委、派驻纪检监察组、市审计局等部门联动协作，汇聚监督合力。棚改专项巡察注重科技助力，充分借助谷歌历史影像、GPS测量、市纪委市监委信息大数据平台等科技手段精准发现问题。专项巡察共移交问题线索33件、涉及41人。其中，已立案19件，留置6人，移交公安机关监视居住1人。巡察收缴违规资金7.1亿元，核减多计量工程经费0.77亿元，推动分配安置房22141套、206.18万平方米。

**【市县一体联动巡察】** 2022年4—6月，按照省委巡视工作领导小组安排和市委统一部署要求，市委巡察办抽调纪检、财审、执法、工程等领域业务骨干组成市县联动巡察组，对全市生态环境系统及市自然资源和规划局党组（含市规划国土发展研究中心、市土地储备中心）开展联动巡察。市委巡察工作领导小组成员带队对市县两级联动巡察组开展现场指导督导，纠偏定向、破解难题，通过加强信息共享、监督互动、方法互鉴，发现普遍性倾向性问题342个，问题线索31件，聚焦环评监管、国有资产流失等共性问题形成专报3份。巡察结束后，采取集中反馈方式，推动市县问题一体反馈、一体移交、一体整改。

**【“提升对村（社区）巡察质效”试点】** 2022年，南昌市选定南昌县、安义县、青云谱区、青山湖区、新建区、红谷滩区6个县区在全省率先开展“提升对村（社区）巡察质效”试点工作。按照分类巡察、因村施策总体要求，探索精准分类、区分重点、发动群众、优化流程、成果运用等方面路径举措。试点期间，组织开展15轮对371个具有代表性典型村（社区）的巡察试点，发现普遍性倾向性问题4813个，问题线索88件，推动解决群众反映强烈的民生实事352件。市一级围绕7个方面试点任务建立制度体系，试点县区结合地方实际探索建立制度40项。

**【市委书记专题会听取涉粮问题专项巡察情况汇报】** 2022年1月5日，省委常委、市委书记李红军主持召开市委书记专题会议，听取涉粮问题专项巡察监督检查情况汇报，对做好巡察反馈和整改工作进行部署。市委副书记、市长万广明，市委副书记钱昀，市委常委、市纪委书记、市监委主任黄冬生出席会议。会议指出，市委巡察机构认真贯彻中央和省委、市委部署要求，聚焦保证国家粮食安全，担当尽责、敢于斗争，对全市粮食系统进行一次较为全面的“政治体检”。通过立行立改、边巡边查，推动查处一批粮食腐败案件，推动整改一批存在的突出问题，有力推动粮食购销领域腐败问题专项整治工作深入开展，发挥巡察监督保障执行、促进完善发展作用。会议就做好涉粮问题整改提出“严肃认真做好反馈”“加大案件查办力度”“推动问题整改落地”3个方面要求。

**【十二届市委第三轮巡察动员部署会】** 2022年12月8日，十二届市委第三轮巡察动员部署会召开。市委常委、市委组织部部长、市委巡察工作领导小组副组长余正琨宣布巡察组任务分工。市委常委、市纪委书记、市监委主任、市委巡察工作领导小组组长黄冬生出席并作动员讲话。会议指出，要聚焦“两个维护”、推动干部作风转变、打赢反腐败斗争攻坚战持久战强化政治监督。要准确把握职责使命，着力提高巡察监督质效。在监督党组织履行职能责任上、监督“关键少数”上、精准客观认定问题上、成果充分运用上取得实效。该轮巡察安排3个巡察组，对市委编办、市委台办、市委老干部局［市老干部活动中心（市离退休干部休养所）］、市档案馆、市水利局、市金融办、市民宗局、市人防办、市供销联社9个市管党组织开展为期40天的常规巡察。

（李　贤）

# 民主党派·工商联

## 综　述

【概况】　2022 年，南昌市有民主党派市委会 6 个，即中国国民党革命委员会南昌市委员会（以下简称“民革南昌市委会”）、中国民主同盟南昌市委员会（以下简称“民盟南昌市委会”）、中国民主建国会南昌市委员会（以下简称“民建南昌市委会”）、中国民主促进会南昌市委员会（以下简称“民进南昌市委会”）、中国农工民主党南昌市委员会（以下简称“农工党南昌市委会”）、九三学社南昌市委员会（以下简称“九三学社南昌市委会”）。有总支（基层委员会）29 个，支部 203 个，小组 13 个，成员 6099 人。其中，具有中级以上职称的 3958 人，占成员总数的 64.9%。市区有成员 5528 人，占成员总数的 90.64%。至年底，发展新成员 151 人，平均年龄 36.29 岁。其中，具有中级以上职称的 70 人，占新发展成员总数的 46.36%。成员中担任省级人大代表 7 人，市级人大代表 58 人（其中，市人大常委会副主任 1 人），县级人大代表 106 人；担任全国政协委员 1 人，省政协委员 15 人，市政协委员 153 人（其中，市政协副主席 3 人），县（区）政协委员 627 人；担任市、县（区）政府副职的 7 人［其中，副市长 1 人，副县（区）长 6 人］。

【思想建设】　2022 年，南昌市各民主党派开展“矢志不渝跟党走、携手奋进新时代”政治交接主题教育，用好“同心大讲堂”分讲堂、理论学习中心组学习、各类宣讲培训等方式，通过网站、微信公众号专栏、“半月印象”音频节目、“留声墙”等形式，开展红色诵读、文艺创作、“观故居，走多党合作之路”、青年读书会等活动 130 余次，切实加强思想政治引领，确保主题教育开展广泛深入。紧扣中共二十大召开，以“喜迎二十大 同心强省会”为主题，开展主题艺术作品云端展活动，收集作品 160 余件，在南昌统一战线微信公众号和各民主党派微信公众号展播 30 余期；开展多党合作故事会联合展演活动，抒发对中国共产党和多党合作事业热爱，表达立足本职、创先争优的坚定决心。中共二十大召开后，市各民主党派主委在主流媒体主动发声，畅谈收听收看中共二十大开幕会的感想感受。各民主党派通过网站专栏、线下宣讲等多种形式，开展中共二十大精神“微宣讲”活动，推动中共二十大精神内化于心、外化于行。

【参政议政】　2022 年，全市各民主党派、工商联、党外知识分子联谊会和新的社会阶层人士联谊会参加市委、市政府召开的不同形式的协商会、座谈会，对市委、市政府重要工作和一些重大问题等提出意见建议。7 月 15 日，召开全市立法情况通报会。8 月 15 日，市委召开全市党外人士座谈会，通报全市上半年经济社会发展情况，广泛听取党外人士意见建议。8 月 23 日，组织召开全市党外人士纪念中国共产党统一战线政策提出 100 周年暨中央统战工作会议精神学习座谈会。9 月 16 日，召开全市人才政策出台和落实情况通报会。9 月 24 日，召开全市水环境保护工作情况通报会。10 月 14 日，召开全市巩固拓展脱贫攻坚成果同乡村振兴有效衔接工作情况通报会。10 月 20 日，召开全市法院工作和检察工作情况通报会。全市各民主党派、工商联、党外知识分子联谊会和新的社会阶层人士联谊会参与“党委出题、党派调研、政府采纳、部门落实”活动，组织力量，深入开展调查研究，形成一批质量较高的调研成果。除大调研外，全年各民主党派各类调研立项 180 个，在“两会”期间提出提案议案建议 275 件，报送社情民意信息 842 篇。其中，全国政协、党派中央采用 25 篇，省委办、省政协、党派省委会采用 317 篇，市委办、市政协采用 79 篇。社情民意《关于建立赣江扬子洲段江豚保护区的建议》获省委主要领导批示，调研报告《全省基层科技管理队伍的调查与思考》获省政府主要领导批示，社情民意《缓解上下学校园门口道路拥堵的建议》《加强“城市暗器”清理、修复的建议》获市委主要领导批示。

**【社会服务】** 2022年，全市各民主党派聚焦优化营商环境“一号工程”，开展优化营商环境专项民主监督，坚持问题导向，聚焦企业需求，分赴各县区，深入企业，送政策、听意见、解难题，收集转送意见建议和诉求80余件，全面助力南昌打造区域性营商环境标杆城市。开展招商引资专项行动，围绕市委、市政府中心工作，聚焦重大产业项目和建设需求，助力招商引资、招才引智工作有效开展。全年对接意向性投资项目82个，实现签约项目13个。开展社会服务，充分发挥优势，开展科技咨询、医疗义诊、支教助学、法治体检等社会服务活动90场次，服务群众6000余人次。尤其是在新冠疫情期间，近1000名党派成员参与医疗救治、疫情防控、病毒检测、排查督查和社会服务，并有多名党派成员分赴省内各地，参与疫情防控指导和服务，充分展现南昌市民主党派成员风采。

（熊理凰）

### 2022年南昌市各民主党派基本情况一览表

表5

| 序号 | 党派 | 人数（人） | 基层组织情况（个） | | | 领导班子 |
|---|---|---|---|---|---|---|
| | | | 总支（支部） | 直属支部 | 小组 | |
| 1 | 民革 | 1021 | 7(28) | 4 | 1 | 主　委：薛有旺<br>副主委：熊秋林、余斌、邹萍（专职） |
| 2 | 民盟 | 1283 | 4(15) | 38 | 1 | 主　委：郭翀（女）<br>副主委：胡巧蓉、万菁（专职）、雷伍华 |
| 3 | 民建 | 800 | 6(24) | 2 | 1 | 主　委：黄清玉<br>副主委：田艳、贺龙茹（专职）、郑建辉、雷峻峰 |
| 4 | 民进 | 953 | 4(11) | 24 | 0 | 主　委：谭绍木<br>副主委：邹玉萍、郑洪健、王光、邹萍莉（专职） |
| 5 | 农工党 | 1332 | 7(23) | 27 | 2 | 主　委：龙国英<br>副主委：李美君（专职）、吴一建、李杰、胡国华（专职） |
| 6 | 九三学社 | 708 | 1(4) | 18 | 8 | 主　委：魏宏平<br>副主委：童华（专职）、王晖 |

（资料来源：市委统战部）

## 中国国民党革命委员会南昌市委员会

**【概况】** 2022年，中国国民党革命委员会南昌市委员会有总支7个，直属支部4个，小组1个，支部28个，党员1021人，平均年龄55.13岁。其中，具有中级以上职称的545人，占党员总数的53.38%。发展新党员17名，平均年龄37.3岁。成员中担任省人大代表2人，市级人大代表10人，县级人大代表21人[其中，县（区）人大常委会副主任2人]；担任省政协委员2人，市政协委员30人（其中，市政协副主席1人），县（区）政协委员103人[其中，县（区）政协副主席3人]；担任县（区）政府副职的2人；担任副县以上领导实职的13人；担任副科以上领导实职的50人[其中，正科19人，副科31人]。民革南昌市委会围绕市委、市政府中心工作，以民革“履职能力建设年”为工作抓手，团结带领全市民革党员，全面加强自身建设，不断提高履职实效，各项工作稳步推进并取得新成绩。民革南昌市委会获评“民革全国祖统工作先进集体”“民革全省参政议政工作先进集体”，民革进贤小组获评“民革全国宣传思想工作先进集体”；民革红谷滩区总支、民革青云谱区总支、民革进贤小组获评“民革全省先进基层组织”,民革南昌市委会机关干部部志高获评“民革全国宣传思想工作先进个人”,何珊等7人获评“民革全省先进个人”。

**【组织建设】** 2022年,民革南昌市委会指导县区基层组织换届工作,成立市直一、二支部,组建青年工作委员会,71名优秀年轻党员充实到基层组织班子,推进示范支部创建工作,“党员之家”建设迅速高效推进。发展党员17名,全部为大学本科及以上学历,具有民革重点领域特色占比85%,平均年龄37.3岁,选送27名党员参加各类培训班,推荐干部任职5人次。组织党员通过集体学习、个人自学等形式,认真学习并贯彻《中国国民党革命委员会纪律处分办法(试行)》等相关文件精神,举办“矢志不渝跟党走,携手奋进新时代”廉政警示教育。强化党员日常管理,严格党员纪律处分,针对3名党员酒驾问题,对2人提出警告处分、1人提出严重警告处理意见,对1名违纪违法党员提出开除党籍处理意见。

**【思想建设】** 2022年,民革南昌市委会开展35次中共二十大精神学习活动,刊登发布党员学习心得体会36篇。民革南昌市委会主委薛有旺撰写的学习贯彻中共二十大精神体会文章刊登于《南昌日报》。开展理论学习中心组学习5次、机关专题学习12次,举办“同心大讲堂”民革分讲堂8次。开展主题教育,召开动员部署会,广泛凝聚思想政治共识。获民革省委会线上歌咏比赛“最佳组织奖”“最佳协作奖”。开展多党合作故事会演讲比赛和“学习中共二十大精神”线上知识竞赛,并选拔选手参加市委统战部比赛获三等奖。联合农工党南昌市委会牵头开展市各民主党派“喜迎二十大 同心强省会”文艺作品云端展。各基层组织开展主题教育42次。以南昌民革微信公众号和智慧学习云平台为主要宣传平台,及时转发中央、省、市重大会议、重要文件精神,全方位宣传报道全市民革各项工作。组建信息宣传员队伍,明确信息宣传重点工作,推送信息128次,发表文章422篇(其中江西民革网站采用125篇)。民革南昌市委会获2022年度《团结报》发行征订先进集体优秀奖。

**【参政议政】** 2022年,民革南昌市委会围绕市委、市政府中心工作,精心组织课题调研,进行深入调研,提出切实可行的意见建议,完成19个课题任务。其中,由薛有旺牵头的调研课题“推进我市农业产业化进程 增强乡村产业振兴支撑力”,通过省委会重点课题评审,并得到市长万广明批示。按年度政党协商计划,就“水环境保护”“南昌市立法情况”“脱贫攻坚与乡村振兴有效衔接”等协商议题,提出有针对性的意见建议,多条建议得到采纳。在市政协十五届二次、三次会议上,提交集体提案27篇,提交个人建议、提案53篇,内容涉及道路交通优化、医疗、法律诉讼、养老服务等多个方面。其中,多名代表、委员的意见建议得到新闻媒体的关注,11件提案被列为重点督办提案,8件提案被评为优秀提案,5名党员被评为市政协2022年度优秀履职委员。基层组织7篇调研报告获评县区优秀调研报告,8件提案获评县区优秀提案,1名党员获评区人大代表履职先进分子,10名党员获评县区优秀政协委员。重视社情民意信息报送工作,制订并下发《民革南昌市委会关于加强反映社情民意信息工作的意见》,向民革省委会、市政协等提交社情民意132篇,采用58篇。其中,民革中央采用1篇,省政协及民革省委会采用27篇,市政协采用30篇。扎实开展民主监督,制定并下发《开展优化营商环境专项民主监督工作的实施方案》,确立“一套方案,一个领导小组,一个办公室,两大工作组”监督运转模式,吸纳税务、法务、工商、企业家等特色党员,开展专项调研6场,收集意见、建议、调研成果10篇。

**【社会服务】** 2022年,民革南昌市委会开展“迎中秋·话祖统”线上沙龙、“中秋祖统学习座谈会”等系列主题活动,走访慰问台胞台属,不断增强台胞台属归属感和幸福感。助力疫情防控,号召全市各级民革组织和广大民革党员投身到疫情防控各项工作中,民革党员中的医生参加社区上门上户医疗救助工作,40余名民革党员坚守在核酸检测一线,民革各级组织为助力疫情防控捐赠物资5万余元。开展送法进社区免费法律咨询8场,法治宣传、普法讲座5场,覆盖13个居民小区和企业园区。开展“博爱·牵手”系列活动100余次。围绕中心任务,做好招商引资工作,制订并下发《民革南昌市委会招商引资专项行动工作方案》,召开招商引资动员部署会,走访企业界别党员,开展“引老乡、回故乡、建家乡”系列招商活动。全年联系走访洽谈企业及相关部门10余次,上报项目线索20条,意向投资金额107亿元。其中,落地项目5个,签约金额11.9亿元。民革南昌市委会获评“2022年度全市统战系统招商引资专项行动先进单位”,4名党员获评“2022年度全市统战系统招商引资专项行动先进个人”。

(部志高)

## 中国民主同盟南昌市委员会

**【概况】** 2022年,中国民主同盟南昌市委员会以“矢志不渝跟党走 携手奋进新时代”政治交接主题教育为契机,围绕“党盟同心+”体系品牌,持续加强思想政治建设、组织建设、履职能力建设、作风建设和制度建设，各项工作实现创新发展。至年底，民盟南昌市委会有总支4个，支部38个，小组1个，成员1283人。其中，具有中级以上职称的925人，占成员总数的72.1%。盟员中担任省级人大代表2人，市级人大代表12人（其中，常委1人），县级人大代表17人；担任省政协委员2人，市政协委员32人（其中，常委6人），县（区）政协委员116人。有副厅级领导1人，正县级领导1人，副县级领导16人，正科级17人（其中，担任实职12人），副科级47人（其中，担任实职35人）。至年底，全市民盟部门获中央和省市先进集体和个人称号229项。

**【组织建设】** 2022年，民盟南昌市委会召开全委（扩大）会1次、常委会5次、主委会18次。向市委统战部报送党外干部审批表100余份；及时更新盟员信息系统，收录3个大类12项代表人士信息表200余份，完善盟员信息系统5类人员信息。与县区及市直单位党组织开展22场“党盟同心”座谈会；制订《组织工作2022—2025年工作规划》《2022年度组织发展计划》；激活3家薄弱民盟组织；发展41名新盟员。指导民盟南昌县总支等6个基层组织换届。不断强化基层组织建设，开展“巾帼之花”选树活动，探索“以强带弱、强强联合”基层组织活动开展模式，按照盟员人数向各市直基层组织拨付活动经费。各专委会充分发挥自身优势，开展形式多样的活动。推荐1名全国人大代表候选人、1名全国政协委员候选人，1名民盟第十三次全国代表大会代表、1名民盟中央委员，37名民盟省第十五次代表大会代表（其中，1名常务委员，2名省委会委员），5名省人大代表（省政协委员）候选人，32名新一届省委会专委会委员（4名专委会副主任），11名市益心为公检察云平台志愿者。选送1名盟员参加民盟中央地市级组织新任主委培训班、省委党校第92期县处级公务员任职培训班，推荐16名盟员参加省社院举办的培训班，推荐5名盟员参加市委党校党外干部培训班，举办2022年新盟员培训班，协助办好民盟省委会和省社会主义学院第45期民盟全省中青年盟员骨干培训班。开展事前、事中、事后全域监督，启动积极分子入盟前政治谈话，持续推进各级组织领导班子等政治谈话全覆盖；监委会主任、副主任参加基层组织主委政治谈话，监委会委员分别以现场或视频的方式参加各基层组织班子政治谈话。加强廉洁自律和警示教育，常态化做好节前廉政提醒，对1名盟员进行专门约谈，对2名盟员进行提醒谈话，对2名盟员给予警告处分；启动237名盟员4期“政治生日”主题活动。推荐1名盟员提拔为四级调研员，5名盟员提拔为正科级干部或转岗重用，2名盟员提拔为副科级干部。“盟员之家”建设全域全景。提升改造民盟南昌市委会、民盟红谷滩区支部、民盟南昌县总支3个“盟员之家”，完成章金媛事迹陈列室和民盟市医卫综合支部、民盟新建区支部、民盟东湖区支部、民盟市外国语学校支部等9个“盟员之家”建设，筹划民盟市机关企业支部、民盟江西应用科技学院支部等8个“盟员之家”建设。至年底，全市建成“盟员之家”20个，可视面积8000余平方米，县区组织“盟员之家”实现全覆盖，市直基层组织“盟员之家”完成年初工作计划。与合肥市、长沙市、鹰潭市、上饶市、赣州市、吉安市等城市及江西财大、东华理工大学、江西师范大学、南昌大学、南昌航空大学等省内高校民盟委员会开展盟务交流。

**【思想建设】** 2022年，民盟南昌市委会组织学习宣传贯彻中共二十大精神，深刻领会科学内涵。深入学习《习近平谈治国理政》第四卷，开展学习活动20余次。在全市统一战线“喜迎二十大同心强省会——纪念中国共产党统一战线政策提出100周年”主题演讲比赛上，南昌市盟员获得一等奖1名、二等奖2名；参与云端展活动，收集各类书画作品60余幅；举办6期20余场次“喜迎二十大 同心强省会 讴歌新时代”朗诵、曲艺等云端展演；组织全市盟

2022年11月21日，章金媛事迹陈列室、江西民监传统教育基地暨民监南昌市医卫综合支部“盟员之家”揭牌仪式举行

（民盟市委会　供图）

员收听收看开幕式，召开学习中共二十大精神部署会、专题学习会；开展“庆盛会 学精神 看变化 议发展”活动。组织理论学习中心组学习12次，举行南昌统一战线同心大讲堂民盟分讲堂活动8次。开展“矢志不渝跟党走 携手奋进新时代”政治交接主题教育33次，转发主题教育学习专栏——民盟先贤关于多党合作论述20余期，推出“政治交接主题教育·典型在身边”先进人物报道13期，刊发“讲民盟先贤故事 承多党合作伟业”32期。组织盟员到方志敏烈士陵园、牛行车站、建军雕塑广场，开展革命传统教育现场活动。章金媛事迹陈列室暨江西民盟传统教育基地揭牌。以系列形式报道喜迎中共二十大系列活动30余期、学习中共二十大精神23期和“党盟同心”系列活动23期、“同心抗疫·南昌民盟在行动”系列58期。开播《南昌民盟半月印象》20期。被民盟中央微信公众号、网站采用稿件20余篇次，被省委会微信公众号、网站采用稿件500余篇，被《中国统一战线》《人民政协报》等中央媒体报道20次。《“盟员七师”下基层活动》《章金媛事迹陈列室暨江西民盟传统教育基地揭牌》等活动文章被《人民政协报》、《团结报》、民盟中央网等中央级媒体报道，《江西日报》、江西电视台、《南昌日报》、南昌电视台等主流媒体报道盟务活动60余篇次，完成《南昌民盟简史（1947—2022）》编辑工作。

**【参政议政】** 2022年，民盟南昌市委会参加近20次市委、市政府等部门召开的中央、省市有关重要会议精神学习会，中共省委、市委全会精神情况通报会，市政府工作报告征求意见座谈会等党外人士座谈会、情况通报会，《南昌市爱国卫生工作条例》等省市有关重要地方性法规制定征求意见座谈会等。以书面形式反馈对中共南昌市委有关重要政策、重要文件、重大事项决策的意见和对中共南昌市委常委班子及其成员的意见建议。及时提交《江西旱情调研报告——以南昌市为例》调研报告，向中共南昌市委提出意见、建议。就“‘一枢纽四中心’框架下南昌市打造区域性金融中心的思考与探索”“深入推进数字经济做优做强打造全省数字经济引领区”课题，以调研报告等形式向中共南昌市委提出意见、建议。按照“党委政府的中心工作在哪里民盟的脚步就跟到哪里”工作要求，实现参政履职“质”“量”双优。参加民盟中央主题论坛征文，其中《融合与重构：推进江西大南昌都市圈区域经济一体化建设》获民盟中央第八届经济论坛优秀论文，《基层协商民主参与实践全过程人民民主的路向探析》获省政协理论研讨优秀论文。向民盟省委会申报参政议政调研课题46个，19个课题被确定为2022年度省委会调研课题，中标率41.3%，多篇调研报告被转化为省政协大会发言、集体提案。中标市委专题调研课题1篇、市委办调研课题1篇，《“一枢纽四中心”框架下南昌市打造区域金融中心》调研报告获市政府主要领导批示。对“加快县域创新驱动发展”“脱贫攻坚与乡村振兴战略衔接研究”“全市抗旱工作”等13项专题开展调研，其中《江西旱情调研报告》获多位市领导批示。全面推进社情民意工作，向民盟省委会、市委办、市政协等报送社情民意信息316篇。其中，全国政协采用4篇，民盟中央采用6篇，省政协、民盟省委会、市委办、市政协采用143篇，2篇信息获中共南昌市委主要领导批示。《人民政协报》《江西政协报》等省级及以上媒体采用5篇。统筹做好建言资政工作。在省“两会”上，进行《推动科技创新向基层延伸 加快县域创新驱动发展》专题发言，被《江西日报》全文刊登，其中建议“推进20个创新型县（市、区）建设试点”被纳入《政府工作报告》。《建议出台独生子女家庭的针对性养老政策》等被评为省政协2021年度优秀提案。在市“两会”上，提交集体提案20件，代表（委员）建议（提案）115件，纳入《市政协2022年度重点提案督办工作安排》6件，其中《关于打造南昌区域性金融中心的建议》获中共南昌市委主要领导督办。市人大十六届二、三次会议小组讨论发言15人次，接受南昌广播电视台、《南昌日报》、《南昌晚报》等媒体采访12人次，4名盟员市人大代表被评为2022年度“代表履职积极分子”，8件建议被评为市十六届人大一次、二次会议“好建议”。市政协十五届二、三次会议上，大会发言5人次，联组会议发言6人次，小组发言32人次；作《推进新型研发机构成果转化落实创新驱动发展战略》《推进VR关键技术和产业链发展 助推VR产业升级》《南昌城市更新要延续城市文脉》《建设南昌全省数字经济创新引领区》大会发言；接受新闻媒体采访9人次，4名盟员市政协委员被评为2022年度优秀履职委员，10件提案被评为市政协十五届一次、二次会议优秀提案。出台《参政议政工作查重管理办法（试行）》，启动参政议政工作季度调度机制，召开第一至四季度参政议政工作调度会。举办年度调研课题选题研讨会、“线上+线下”推进会、“两会”前履职工作部署会、调度会以及南昌民盟课题攻关专家小组专题会议，举办3场“盟眼聚焦”专题讲座和“喜迎二十大·盟眼聚焦——巩固脱贫攻坚成果与乡村振兴有效衔接”论坛，举办参政议政骨干盟员培训班。开展优化营商环境专项民主监督工作，通过实地调研、小分队暗访等方式，围绕“六种环境”“五大专项行动”“六个重点”方面，到进贤县、青山湖区相关部门、乡镇、街道、企业、园区等开展系列专题调研，建立问题台账，梳理出11个方面问题清单，提出21条意见建议。在进贤县政数局、住建局和青山湖区政数局、市场监管局等单位召开优化营商环境座谈会，与特邀监督员、企业家代表进行座谈，发放调查电子问卷和满意度测评调查问卷，为优化营商环境建言献策。

**【社会服务】** 2022年，民盟南昌市委会制定招商引资专项行动工作方案，召开南昌民盟优化营商环境暨招商引资专项行动工作座谈会。到合肥市、长沙市等地访商会、走企业，多方搜集信息，实地考察调研中国声谷产业园、科大讯飞、湘江基金小镇、中国信通院中南基地等10余家企业。到鹰潭市、上饶市、赣州市、吉安市等地调研交流，开展招商引资工作。收集报送线索信息。至年底，报送招商引资项目线索15条，签约项目2个。其中，民盟南昌市委会作为第一线索提供单位的项目线索6条。修订《加强社会服务工作指导意见》《社会服务工作品牌建设办法》等制度，成立社会服务工作小组，品牌化开展社会服务工作。依托“品牌＋人才＋基地＋特色”工作机制，创建“盟员‘七师’进基层”新品牌。开展品牌活动48场次，“同心抗疫”活动报道58篇，累计捐款捐物价值60余万元，受益群众5万余人。“盟员七师”进基层活动刊登在《人民政协报》、人民政协网、《江西日报》、中国江西网等多家媒体。举办“喜迎二十大同心强省会”平安乡村共建大型社会服务活动；开展“喜迎二十大‘盟员七师’进基层”大型社会服务活动；成立乡村振兴试验基地，开展乡村教师培训、捐资助学、关爱留守儿童和“送教下乡”“机器人编程”“美术兴趣班”特色教学服务等活动，举办爱国主义、红色文化、科普知识、防溺水安全知识等讲座。省、市、区三级联动开展走访慰问、送温暖、帮教社区两教人员等活动；开展“与雷锋同行 让善行永续”“学雷锋 南昌盟员日行一善”活动，举办社会养老问题座谈、垃圾分类和义务植树等活动；开展“两教”人员及其家属结对帮扶、健康咨询和心理辅导等活动；组织盟员和爱心企业家开展“慈善义捐”等活动。

（张英群）

## 中国民主建国会南昌市委员会

**【概况】** 2022年，中国民主建国会南昌市委员会推进“矢志不渝跟党走 携手奋进新时代”政治交接主题教育，深入调查研究，发挥密切联系经济界优势，开展招商引资和优化营商环境专项民主监督工作。至年底，民建南昌市委会有会员800人，基层组织33个。其中，总支6个，支部26个，直属小组1个。成员中担任省人大代表2人，市人大代表8人（其中，省属1人），县（区）人大代表16人；担任省政协委员2人，市政协委员25人（其中，市政协副主席1人，省属7人），县（区）政协委员77人。民建南昌市委会有5个基层组织被民建江西省委会评为“民建全省先进集体”，21名会员被评为“民建全省优秀会员”。

**【思想建设】** 2022年，民建南昌市委会开展“矢志不渝跟党走 携手奋进新时代”政治交接主题教育。以“喜迎二十大 同心强省会”“欢庆二十大 同心强省会”为主题，在全市各基层组织中动员参与“多党合作故事会”、“云端展”、书画作品展、纪念中国共产党统一战线政策提出100周年系列活动，回顾中国共产党与各民主党派多党合作的光辉历程。组织170余名会员参加市统战系统同心大讲堂第一至五期学习，在全会营造“喜迎二十大 同心强省会”浓厚氛围。中共二十大召开后，先后召开理论学习中心组学习座谈会和骨干会员学习座谈会，全市各级民建组织领导班子成员畅谈学习心得体会。邀请全国人大代表李秀香做全国两会精神专题宣讲。结合政治学习，开展理论研究，撰写“中共百年奋斗的历史经验为参政党建设提供的重要启示”“中国新型政党制度学习与研究”“民建十一大以来自身建设经验总结”等主题理论研究文章。加大信息宣传工作力度，强化信息宣传审核，形成“领导把

2022年6月1日，民建南昌市委会有关人员赴青云谱区参加优化营商环境专项民主监督工作座谈会

（民建市委会 供图）

关、专人负责、基层为主体”良好机制。规范管理南昌民建会员微信群,办好“南昌民建”微信公众号。至年底,会员在各级媒体上发表稿件186篇次。其中,在国家级以上媒体上发表稿件27篇次,省级媒体发表稿件60篇次,市级媒体发表稿件69篇次。

**【组织建设】** 2022年,民建南昌市委会开展“政治谈心话传承”“政治生日忆初心”“主委会员面对面知会情”等活动,了解会员思想动态和工作生活情况,指导帮助解决问题,坚定发展信心,凝聚思想共识。开展政治谈心活动18次,谈心人数113人。发展新会员20人,发展率为2.6%,平均年龄35.7岁。其中,硕士研究生5人,私营企业主2人,新的社会阶层人士4人,政府机关工作人员6人。有1名会员提拔担任正县级领导职务,1名会员提拔担任副县级领导职务,3名会员提拔担任科级领导职务。传达学习《中国民主建国会内部监督工作条例》《中国民主建国会纪律处分办法(试行)》和《南昌市各民主党派内部监督工作制度(试行)》精神,制定《民建南昌市第十二届委员会监督委员会组成人员联系基层组织分工》,对监督委员会组成人员联系基层组织进行分工,加强内部监督工作的制度化、规范化建设。

**【参政议政】** 2022年,民建南昌市委会坚持围绕中心、服务大局,通过强化调研骨干队伍建设,不断完善课题申报、集体研讨、成果转化、工作激励机制,邀请会内外专家参与课题调研,充实调研力量,突出抓好重点精品课题。“南昌市流量经济推动现代服务业高质量跨越式发展研究”等5个彰显经济界特色的调研课题被民建省委会定为立项课题并结题上报。调研成果《流量经济赋能南昌市现代服务业高质量跨越式发展研究》为中文学术期刊《经济界》采用,并得到市长万广明批示;调研成果《激活数据要素构建数字经济发展核心竞争力》得到市长万广明批示;《提升供销“冷”实力 助推冷链物流跑上热赛道》《推动VR集约化发展,构建数字经济新引擎》2篇调研文章分别作为市政协大会口头发言和书面发言材料。坚持开展“提案月”“议政日”等活动,在提高提案建议质量上狠下功夫,重点抓好民建南昌市委会集体提案。全年提交集体提案8件,个人提案24件。其中,3件被列为市政协重点督办提案。在加强信息转化、发挥各基层组织、专委会、企业家联谊会作用基础上,推行社情民意信息工作责任制,将社情民意信息工作任务分解到基层组织和会员,推进社情民意信息工作常态化开展。全年收到101条社情民意信息,比上年同期报送量增长3倍。其中,4条为民建中央采用,1条为中共江西省委办公厅采用,6条为省政协采用,2条为市政协采用。深入开展优化营商环境专项民主监督,采取调研座谈、现场走访、调查问卷等形式,深入了解南昌市优化营商环境工作开展情况,找出南昌市优化营商环境工作中存在的问题,并提出意见建议供相关部门参考,以民主监督实效助力营商环境优化升级。

**【社会服务】** 2022年,民建南昌市委会探索社会服务新途径,发挥会员资源优势和民建企业家联谊会平台作用,紧扣市委、市政府招商主题,通过“走出去”宣传推介,请进来服务跟踪,开展招商引资专项行动。至年底,对接意向性投资项目18个,投资金额133亿元。其中,投资20亿元以上项目3个,10亿元至20亿元(不含)项目5个,5亿元至10亿元(不含)项目1个;实现签约项目6个,签约资金18.5亿元。在南昌市统战系统招商引资专项行动2022年度总结暨2023年度动员大会上,民建南昌市委会被评为“先进单位”,3名民建会员被评为“先进个人”。其中,1人作为先进个人代表在大会上发言。民建南昌市委会领导班子带头走访会员及会员企业18余家,重点了解企业面临的机遇和挑战,并对企业发展提出建议。开展“送温暖”“捐资助学”等社会公益活动,捐款捐物近140万元。抗疫期间,南昌民建会员企业家开展多次捐赠,捐赠防护服、隔离鞋套、医用手套、消毒液,红外测温枪、帐篷等防疫物资和方便面、牛奶、米、油、水果等生活物资,总计90余万元。

(吴军莲)

## 中国民主促进会南昌市委员会

**【概况】** 2022年,中国民主促进会南昌市委员会有总支4个,支部35个,成员953人。其中,具有中级以上职称的589人,占成员总数的61.8%;市区有成员875人,占成员总数的91.82%。至年底,发展新成员18人,平均年龄37.1岁。其中,具有中级以上职称的11人,占新发展成员总数的61.11%。成员中担任市级人大代表11人(其中,市人大常委会副主任1人),县级人大代表20人;担任省政协委员2人,市政协委员27人(其中,含省直会员5人),县(区)政协委员101人;担任市、县(区)政府副职的1人[其中,副县(区)长1人]。民进南昌市委会获“民进全国信息化建设先进集体”“民进全省市级组织工作先进单位”称号。

**【组织建设】** 2022年,民进南昌市委会指导民进青山湖区总支、民进南昌县支部班子进行换届,指导民进湾里支部进行更名及换届,对民进西湖区总支、民进青云谱区支部班子进行调整。筹备民进东湖区总支、民进西湖区总支、民进新建区总支、民进进贤县支部、民进市直一支部换届事宜。指导民进东湖区总支、民进青云谱区支部、民进红谷滩区支部选址打造或重新选址打造民进之家,指导民进西湖区总支提升民进之家,丰富建设内涵,切实发挥民进之家服务会务活动的阵地作用。以"工作台账""成员信息本""团队风采簿"为抓手,对基层组织思想建设、组织建设、参政议政和社会服务等履职情况进行督查,提升基层组织工作规范化水平。召开基层组织负责人工作交流会,总结全年工作情况,畅谈下一年工作思路,交流经验,取长补短,相互借鉴,相互促进,增强基层组织活力。全年发展会员18名。其中,教育界别12名,出版界别1名,公务员2名,新的社会阶层人士2名,非公有制经济人士1名。全部为本科及以上学历。其中,全日制本科及研究生学历13名,占比72.2%。区政协委员1名。举办1期骨干会员及新会员培训班,选调5名会员参加省民进青工委委员及青年会员培训班,选调6名会员参加全省民进基层骨干会员培训班,提升会员政治素养和履职能力。按照民进中央"彩虹·关爱困难会员"及民进省委会"1%工程·关爱困难民进会员"活动要求,走访困难会员12名、80岁及以上在南昌过年老会员38名,送去慰问金6万余元。

**【思想建设】** 2022年,民进南昌市委会把学习宣传贯彻中共二十大精神作为首要政治任务,通过现场宣讲、班子成员走进基层组织宣讲、读原文悟原理、撰写心得体会文章、召开学习研讨会和参加主题征文等方式,开展专题学习活动3场,指导基层组织开展学习活动9场。开展"喜迎二十大 同心强省会"系列活动,举办南昌统一战线"同心大讲堂"——民进分讲堂4期,举办多党合作故事会演讲比赛,拍摄《回忆辉煌百年·党外人士话统战》短视频,录制歌曲《奋进在正道上》,牵头组织市各民主党派开展"喜迎二十大"大型社会服务活动,参加全市统战系统文艺作品云端展、多党合作故事分享会。召开"矢志不渝跟党走、携手奋进新时代"政治交接主题教育动员会,引导各基层组织和广大会员坚决捍卫"两个确立",不断增强"四个意识"、坚定"四个自信"、做到"两个维护"。开展理论研究,向民进省委会呈报《人民政协是发展全过程人民民主的重要制度安排》,向市委统战部呈报《关于红歌融入统一战线工作的价值与路径研究》,为建设适应新时代要求的中国特色社会主义参政党提供理论支撑。引导各基层组织开展主题教育,民进青山湖区总支、民进青云谱区支部、民进文化二支部等分别通过举办专题讲座、"同心大讲堂"和组织参观南昌红色记忆展示馆等方式,推动政治交接主题教育走深走实。全年投稿255篇。其中,《人民日报》、《人民政协报》、人民网、中国网、民进中央网站、中国残联网站、今日头条、《新法制报》等国家级媒体刊登19篇,《江西日报》、江西新闻网、江西教育电视台、省教育厅网站、民进江西省委会网站等省级媒体刊登210篇,南昌学习平台、南昌政协微信公众号、南昌统一战线微信公众号等市级媒体刊登26篇。

**【参政议政】** 2022年,民进南昌市委会组建调研组,选择切入口,撰写发言材料,完成政党协商课题6项,在全市党外人士座谈会、立法情况通报会、水环境保护工作情况通报会、人才政策出台和落实情况通报会、巩固拓展脱贫攻坚成果同乡村振兴有效衔接情况通报会、法检工作情况通报会上,建言献策,为党委政府决策提供参考,意见建议得到相关部门采纳落实。申报"党委出题、党派调研、政府采纳、部门落实"调研课题1项、"深调研、大落实"活动课题1项、民进省委会调研课题3项,开展实地调研并形成调研报告。其中,《系统治理稳步推进 精准施策任重道远——南昌市水生态环境保护情况的调研与思考》《关于南昌市重点水域禁捕退捕工作的调研报告》分获市政府主要领导和市委、市政府分管领导批示肯定。1月,市十六届人大二次会议和市政协十五届二次会议上,南昌民进共提交集体提案11件、代表建议和委员提案40余件。其中,4条建议获代表"好建议",5篇集体提案和3篇委员提案获优秀提案。18人次在分组讨论中发言,2人次作联组发言,4人次接受新闻媒体采访。12月,市十六届人大三次会议和市政协十五届三次会议上,南昌民进提交集体提案12件、代表建议和委员提案50余件。民进南昌市委会《唱响赣鄱文化凝聚赣人赣商赣才 自信发奋齐心助推强省会战略》的大会发言获市领导肯定。11人次在分组讨论中发言,2人次接受新闻媒体采访。巩固反映社情民意信息主题年成果,激发广大会员参政议政热情。全年向民进省委会、市政协、市委办公室等部门提交社情民意信息80篇。其中,民进中央采用1篇,省委办公厅采用2篇,省政协采用4篇,民进省委会采用30篇,市政协采用20篇。

**【社会服务】** 2022年,200余名南昌市民进会员投身新冠肺炎疫情防控志愿服务。其中,民进新建区总支的20余名医卫界会员坚守岗位,一批会员的先进事迹分别被"学习强国"学习平台、人民日报客户端江西频道、《江西政协报》、《新法制报》和江西教育电视台、江西广播电视台等报道。全市民进会员募集捐款及抗疫物资30余万元。为抗击疫情建言献策,先后报送抗疫社情民意信息10余篇,为党委、政府决策提供参考。组织会员到位于南昌经开区的上海白玉兰谈家桢生命科学发展基金会江西分会、江西迈柯菲生物医药科技有限公司和红谷滩区的丰润建设集团、青云谱区的1962文创园、进贤县的江西万隆实业有限公司等地开展招商引资行动。全年报送项目线索12条。其中,签约项目2个、签约金额21亿元,注册项目3个、注册资本100.25亿元。围绕民进中央对口江西开展为期5年的长江生态环境保护民主监督这一中心工作,邀请民进会员中的省野生动植物保护协会成员,到南昌市大中小学校举办长江生态环境保护摄影展,到东湖区、安义县等县区开展长江生态环境保护课程进校园活动3场,讲述江豚、白鹤等环保故事。发挥会内教育界别人才优势,精选会员中的全国、省、市、区四级优秀学科带头人及先进教育工作者,组建南昌民进名师库,开展名师送教下乡活动。组织南昌民进名师到东湖区红星小学、安义县长埠小学、高新三小开展送教下乡活动3场,为乡村学生送去数学、音乐、美术、射击等示范课;到安义县长均乡白沙村,义务提供中小学家庭教育咨询服务。办好"1%工程"志愿服务南昌站,指导民进西湖区总支挂牌成立"1%工程"志愿服务站,推进民进青山湖区总支"1%工程"志愿服务站筹建工作。连续16年在西湖区天灯下社区开展帮困活动,连续8年在豫章师范学院、连续6年在新建区大塘坪乡、首次到高新三小开展助学活动。全年,资助困难居民55户、贫困学子50名,发放慰问金和物资共价值7万余元。组织会员到东湖区、新建区、南昌高新区、安义县、进贤县等地农村学校,开展关爱农村学子放飞足球梦想活动5场,送出足球200个。

**【民主监督】** 2022年,民进南昌市委会制定民主监督工作实施方案,建立专家库,开展年度监督调研活动。到市农业农村局、东湖区开展禁捕退捕定点调研,形成调研报告呈报民进中央;到市生态环境局、市城市水环境治理攻坚行动指挥部办公室、西湖区、红谷滩区、经开区、南昌县开展水环境治理专题调研,调研报告获市政府主要领导和市委、市政府分管领导批示肯定。开展优化营商环境民主监督,成立领导小组和2个工作组,先后到红谷滩区、经开区召开启动会,听取工作汇报,多次到市民中心、审批中心、相关企业,实地开展监督调研,了解优化营商环境工作中存在的问题和困难,形成监督情况意见建议,及时向区委统战部、区优化营商办反馈。

(胡　琨)

## 中国农工民主党南昌市委员会

**【概况】** 2022年,中国农工民主党南昌市委员会有总支7个,支部27个,小组2个,成员1332人。其中,具有中级以上职称的1005人,占成员总数的75.45%;市区有成员1141人,占成员总数的85.66%。至年底,发展新成员34人,平均年龄36.5岁。其中,具有中级以上职称的19人,占新发展成员总数的55.88%。成员中担任市级人大代表10人,县级人大代表24人;担任全国政协委员1人,省政协委员4人,市政协委员34人(其中,含省直党员5人),县(区)政协委员118人;担任市、县(区)政府副职的2人[其中副市长1人,副县(区)长1人]。农工党南昌市委会获农工党中央授予的"中国农工民主党2018—2022年先进集体""2022年度《前进论坛》发行工作省辖市级先进单位"称号;获农工党省委会授予的"2017—2022年全面工作先进集体优秀市委会""2017—2022年参政议政工作先进市委会"称号,获农工党省委会"学习中共二十大矢志不渝跟党走"主题知识竞赛三等奖。

**【组织建设】** 2022年,农工党南昌市委会发展党员34名。其中,高级职称6人、中级职称13人,中级以上职称占发展党员总数的55.88%;博士研究生1人,硕士研究生8人,大学学历25人;平均年龄36.5岁;女党员21人;医药卫生行业15人,人口资源环境行业9人,教育界7人,主体界别占发展党员总数的70.6%。组织开展培训工作,举办骨干成员政治培训班和新党员培训班,组织党员参加"市委党校2022年秋季县干班""第3期农工党全省代表人士培训班""市委党校中青班"等。加强基层组织建设,落实"主委接待日"活动,3个基层组织获省"优秀基层组织"称号,16名党员分别获"优秀党务工作者"和"优秀党员"称号。做好基层组织换届工作,推进"党员之家"建设,制定"市委会总支、支部组织工作信息月报机制";做好省委会换届各项工作,选举产生出席省十三次代表大会南昌市代表38人,新增提名代表1名,推荐5名为省委会委员候选人建议人选。向市委统战部推荐9名"益心为公"检察云平台志愿者;推荐1名市十六届人大常委会立法咨询专家候选人;推荐1名全国政协委员人选、4名江西省人大代表人选、2名江西省政协委员人选,推荐3名农工党员担任正科实职。

**【思想建设】** 2022年,农工党南昌市委会开展"喜迎中共二十大、矢志不渝跟党走""喜迎二十大、同心强省会"系列主题活动,组织文艺作品云端展,举办"喜迎中共二十大、矢志不渝跟党走"知识竞赛。开展"矢志不渝跟党走、携手奋进新时代"政治交接主题教育,深入学习贯彻中央统战工作会议精神,学习贯彻农工党十七大精神和农工党江西省第十三次代表大会精神,组织党员参加市委统战部庆祝统一战线成立

100周年演讲比赛。学习宣传贯彻中共二十大精神，组织机关干部及基层组织党员及时收看中共二十大开幕会直播，在微信公众号开辟专栏报道。编发农工党员抗疫信息，农工党员原创抗疫歌曲《江山如是》在“学习强国”学习平台展播。开展同心大讲堂活动3次，做好网络安全工作。在省委会理论研究课题招标获奖，一等奖2篇、二等奖1篇、三等奖3篇。多篇信息被刊载，1篇在“学习强国”南昌学习平台推送，1篇刊登在《中国城市报》，3篇被中国新闻网采用，2篇被团结网手机版采用。

**【参政议政】** 2022年，农工党南昌市委会主委、副市长龙国英参加十三届全国政协第60次双周协商座谈会，并以《大力发展社区托育服务更好惠及普通群众》为题进行大会发言；参加共青团中央举办2022年“共青团与人大代表、政协委员面对面”集中活动座谈会。市政协会议上，有5件农工党南昌市委会集体提案、6件个人提案获市政协优秀提案。在农工党省委会2022年参政议政调研课题招标中，获一等奖1篇、二等奖4篇、三等奖3篇。特邀基层组织15名骨干党员组成社情民意信息员队伍，参加农工党省委会“我为江西发展献一策”活动，获一等奖1件、二等奖1件。报送的社情民意有11件被农工党中央采用，25件被省政协采用，2件被省委办公厅采用，2件被《团结报》采用。龙国英提出的《关于完善促进生育政策的建议》被人民网采用，《打通政策堵点破解供需错配的建议》被《人民政协报》采用，《完善生育支持体系的建议》被光明日报网采用。

**【社会服务】** 2022年，农工党南昌市委会在南昌县党员之家和青山湖党员之家分别设立农工党南昌市社会服务基地，创办“健康生活在南昌·洪城农工在行动”社会服务品牌，采取“线上+线下”相结合方式开展活动，发挥界别优势，聚焦卫生健康、科普咨询、环境保护等领域，助力健康生活、健康南昌建设。开展“健康生活在南昌·洪城农工在行动”“口腔健康进校园”公益讲座、“携手消防‘蓝朋友’护航万家‘小朋友’”消防讲座暨消防参观体验活动、中医文化进校园活动和农业专家帮扶团蔬菜高产栽培技术培训班等活动10余场，开展“健康生活在南昌·洪城农工在行动”名医义诊服务团进社区、文化教育帮扶团进课堂等活动10余场。联合市医疗器械行业协会举办南昌医疗器械产业峰会，来自各地行业协会以及省、市相关管理部门、各医疗机构等200余名行业领导、专家学者、商协会代表和企业家参加。依托县区基层组织“党员之家”场地资源，创建“农工党南昌市委会心灵之家”社会服务活动品牌。开展“环境与健康宣传周”活动23次，参与农工党员约120人，服务群众近2000人，捐款2800元。疫情期间，350名农工党员奋战在疫情防控一线。其中，120余名农工党员医疗专家参加一线救治工作，230余名农工党员参加流调、消杀防疫、卡点监测、志愿服务等工作。

（尹　雨）

## 九三学社南昌市委员会

**【概况】** 2022年，九三学社南昌市委员会团结带领全市社员，履行参政党职能，切实加强自身建设，完成各项工作任务，为推动南昌高质量跨越式发展作出贡献。至年底，南昌市有九三学社基层组织27个（其中，1个基层组织委员会，8个县（区）支社，10个直属支社，8个直属小组）；有社员708人，覆盖全市8个县区、1个开发区、1个管理局。其中，高、中级职称以上社员581名，占社员总数的82.06%；科技及相关的主体界别470人，占社员总数的66.38%；女社员275人，占社员总数的38.84%；45岁以下青年社员232人，占社员总数的32.77%；离退休社员257人，占社员总数的36.3%。

**【组织建设】** 2022年，九三学社南昌市委会发展新成员21名，平均年龄34.8岁。其中，博士1名、硕士7名。至年底，已建成使用“社员之家平台”5个（西湖区基层委员会、青山湖支社、湾里管理局支社、青云谱区支社、新建区支社）；在筹在建“社员之家平台”3个（红谷滩区支社、东湖区支社、南昌县支社）。依托各专委会开展活动，激发社员社务工作活力。其中，妇女工作委员会在“三八”妇女节开展“魅力女性，快乐巾帼”户外采摘和趣味运动会活动；经济与科技工作委员会联系江西省公共安全科技创新联合会，组织社内科技型、研发型企业开展科技创新项目转化专题研讨会；青年工作委员会与九三学社省委会青工委及各支社联动，开展“三个五活动”，即5场分享学习、5次交流座谈、5项文体活动。

**【思想建设】** 2022年，九三学社南昌市委会开展“喜迎二十大、同心强省会”“欢庆二十大 同心强省会”系列主题活动，组织开展文艺作品云端展、多党合作故事会展演等活动，在全市统战系统“喜迎二十大 同心强省会”演讲比赛中获二等奖；举办南昌统一战线同心大讲堂九三学社分讲堂3期；组织拍摄“回忆辉煌百年·党外人士话统战”专题片。组织社员参加九三学社省委会“非凡十年”主题征文活动，收集征文25篇，获得征文优秀组织奖，10名社员分获一、二、三等奖。按照要求完成社中央关于高校社员思想状况调研报告1篇；围绕习近平总书记关于做好新时代党的统一战线工作的重要思想和中国新型政党制度的独特优势等方面开展深入研究，完成理论研究课题3篇。

【参政议政】 2022年，九三学社南昌市委会在九三学社省委会立项A类课题4个。九三学社市委会立项14个课题，由各基层组织领题，涉及政党协商专题、科技创新、教育教改、医疗卫生、产业发展、城市更新、环境保护等多方面内容。市政协全会上，2篇调研报告入选大会发言，提交并立案的集体提案8件。在政党协商会上就《南昌市爱国卫生工作条例》出台、法检“两院”工作、疫情防控、房地产领域涉稳风险化解处置、人才政策出台和落实、水生态环境保护、乡村振兴“两整治一提升”等专题建言资政，多个建议得到相关部门回复采纳。全年收集社情民意130余篇，报送九三学社省委会86篇，报送市委、市政协81篇。其中，全国政协采用1篇，九三学社中央采用2篇，省政协采用4篇，九三学社省委会采用42篇，市政协采用23篇。

【社会服务】 2022年，九三学社南昌市委会按照“发挥优势，注重实效”原则，精选服务内容，打造品牌项目，社会服务工作成效显著。聚力打造“科普驿站”品牌，联合省直有关单位，通过开展科学技术普及、科学文化传播、科技服务社会等活动，做实社会服务工作。依托基层组织“社员之家”平台，九三学社南昌市委会及各基层组织开展科普公益讲座、科普“四进”活动及助学慰问活动等20余场，获益群众累计1000余人次。组建医务专家组成医疗队伍，参加南昌市各民主党派“喜迎二十大，同心强省会”大型社会服务活动，为50余名村民提供诊疗服务。社员企业江西海默科技有限责任公司研发小程序“核酸采样点位电子地图”并接入昌通码，成为一屏展码后的又一“暖心”程序。成立招商引资工作领导小组，制定并向各基层组织下发《2022年度九三学社南昌市委会招商引资工作方案》，紧紧围绕南昌市“一枢纽四中心”战略定位和“4+4+X”产业体系建设，联系走访洽谈企业及有关部门80余次，全年上报项目线索12条，签约项目7个，签约金额12.33亿元。

【民主监督】 2022年，九三学社南昌市委会对口东湖区和南昌高新技术开发区，开展优化营商环境专项民主监督工作。围绕10个方面监督内容，重点设计调查问卷，通过社员、社区、监督单位广泛发布，邀请企业和群众参与调研。公布九三学社南昌市委会专项民主监督工作小组联系电话，随时接受群众情况反映。至年底，共收到有效回复451条。对于调查问卷中企业和群众反映的突出问题，分别向2个县区进行反馈。组织东湖区和南昌高新技术开发区监督小组对调暗访，实地察看窗口业务办理情况，通过各种形式了解政务服务效果以及企业发展存在的困难和问题。针对企业和群众反映较集中的问题与相关单位进行座谈，努力促进问题的解决，并结合反映的问题，举一反三，提出整改措施建议。

（李　旸）

## 南昌市工商业联合会

【概况】 2022年，南昌市工商联紧扣市委、市政府决策部署和中心工作，聚焦“一枢纽四中心”发展定位，把握“政治建会、团结立会、服务兴会、改革强会”工作要求，引导和服务民营企业坚定信心、加快发展，助推“两个健康”。南昌市工商联获2022年度全国工商联民营企业调查点工作先进基层单位称号；在2022年度全省工商联工作目标管理评价中列第一位；获评省工商联2022年度社情民意信息工作先进单位。《探索“勤廉+”共建新路 做好融合共促文章》入围《中华工商时报》“创新中国”2022年地市级工商联最佳案例。《关于推动南昌市LED产业做强做大的调研》等调研成果获得2022年全省工商联系统理论研究成果一、二、三等奖。

【政治建会】 2022年，始终把政治性作为工商联机关第一属性，切实加强全市工商联系统思想政治引领。举办“喜迎二十大、同心强省会”系列主题宣传活动；举办年青一代民营企业家理想信念教育培训班；深入所属商会、执常委企业开展党的二十大精神学习宣讲活动；举办市工商联学习贯彻党的二十大精神暨民营经济研修班。联合市政数局开展“百家企业评窗口”等活动，完善营商环境监督机制。围绕全市民营经济发展热点、难点问题深入开展专题调研，有效建言献策。在机关增设内设机构“商会党建办公室”，理顺商会党建工作管理体制。组织所属商会相关人员参加市委“两新”工委党员发展对象和入党积极分子培训班、全市“两新”组织党组织书记暨党务工作者培训示范班，提升商会党组织人员队伍素质。不断扩大商会党建覆盖面。至年底，有61家所属商会单独成立党组织，累计转入组织关系党员122人。充分发挥党组织引领示范作用，组织所属商会和企业捐款捐物1000余万元，开展志愿服务5200余人次。

【团结立会】 2022年，把握凝聚人心、汇聚力量这一根本任务，推动新时代民营经济统战工作创新发展。举办5期民营经济大讲堂，培育高素质企业家队伍；联合所属商会举办2期企业家读书会活动，引导民营企业家树立健康向上的生活情趣和价值取向。加强典型示范引领，组织全市97家民营企业参加全省上规模民营企业调研工作，全市35家企业入选全省民营企业百强榜单。组织民营企业开展社会责任、绿色发展调研及优秀案例推荐上报工作，7家企业入选《中国民营企业社会责任优秀案例(2022)》，1名企业家入选《2022中国民营企业社会责任优秀案例(企业家)》。完善诉求交办督办机制，开展“优化营商环境 助企纾困解难”专项活动，通过统一收集、集中交办、高位推动形式，全年交办的66件诉求办结59件，办结率89.4%。加大跨区域、跨部门及时间跨度长、金额大等疑难诉求解决力度，全年向市非公有制维权领导小组报送专报7期。其中，《关于“优化营商环境，助企纾困解难”专项行动未办结诉求的情况报告》得到市政府主要领导高度重视。协助出台《关于建立南昌市统战系统政企沟通服务工作机制的实施方案》，联合市税务局开展4期“春雨润苗 扶微助企”在线政策宣讲活动，浏览量3.1万人次；联合市税务局开展“税费服务大体验”活动，推荐20名优秀企业家担任“南昌市税费体验官”；与南铁运输两级法院建立“诉源治理工作站”，邀请一线法官为企业举办法律知识讲座2期；联合市检察院等9个部门出台《关于建立南昌市涉案企业合规第三方监督评估机制的实施办法》《南昌市涉案企业合规第三方监督评估机制专业人员选任管理办法》，启动南昌市涉案企业合规第三方监督评估机制建设工作；联合市消防救援支队举办“消防入企心连心 保驾护航促发展”企业家进消防系列活动，向36名企业家发放消防营商环境观察员和廉政监督员聘书，12个县区级消防助企服务联络点同步挂牌成立。

【服务兴会】 2022年，落实全市招商引资工作推进会精神，融入全市统战系统招商引资工作大局。组织召开全市工商联系统招商引资工作推进会，广泛发动机关干部和企业家投身招商引资工作。市工商联领导班子成员分组分批赴上海市、南京市、杭州市、武汉市、广州市、佛山市、东莞市、厦门市、泉州市、绍兴市等地进行招商推介。采取以商招商、亲情招商等方式，聘请在外南昌籍知名企业家、市工商联所属商会会长、兼职副主席(副会长)及企业家执常委为市工商联系统招商顾问，全面布点撒网，提升招商成效。疫情期间，制订《南昌市工商联“纾困解难护民企”活动月工作方案》，形成《2022年度省市相关惠企政策资料汇编》并及时下发给所属商会及其会员企业。组织律师服务团开展2期网上直播活动，解读疫情影响下市场主体关心的相关政策、法律问题，现场解答企业诉求23件。利用微信公众号等，开设“政策速递”专栏，加大对各级惠企政策的宣传力度。全年通过微信公众号发布各类涉企政策信息80余期、130余条。与市金融办联合印发《关于开展“金融专家服务进商会”专项行动的通知》文件，召开市工商联金融服务助力民企发展调研座谈会，探索构建“银行+商会+企业”金融服务模式，推动“驻昌金融机构进商会助力民企发展”活动常态化开展。全年开展“金融专家服务进商会”活动13次。召开南昌市工商联系统“万企兴万村”行动任务部署会，下发《南昌市工商联系统2022年“万企兴万村”行动实施方案》；常态化组织商会与企业赴结对帮扶村，开展扶贫济困、捐资助学、救灾抢险、送温暖献爱心等公益慈善活动；开展农产品消费帮扶展销活动，助力产业振兴；联合市委组织部、市农业农村局、市乡村振兴局、市红十字会共同举办南昌市首届“洪城红”乡村振兴公益项目大赛；撰写的《南昌市工商联党建引领助力乡村振兴》《为乡村振兴注智赋能——南昌扎实推进“万企兴万村”行动》等稿件在《中华工商时报》上登载。

【改革强会】 2022年，推进组织体制、运行机制、工作方式、干部管理等各方面创新，持续提升工商联组织凝聚力、执行力、影响力。围绕南昌市“4+4+X”主导产业和新兴产业，加快相关产业、行业商会组建步伐，率先在全省成立数字经济商会，并同步举办南昌市数字经济创新发展高峰论坛。成立南昌市现代针纺商会，助力产业转型升级。紧盯经济发达地区和大中型城市，加大外埠商会筹建力度，推动成立北京南昌企业家商会和东莞市江西南昌商会，并利用商会成立大会的契机开展招商推介活动，使外埠商会成为全市招商引资、招才引智的“窗口”和对外经贸合作的“驿站”。开展“四好”商会“互学互促”交流活动，召开全市工商联系统学习贯彻落实党的二十大精神暨“四好”商会建设现场交流会，指导所属商会按照“四好”“六有”标准推进商会党建会建融合发展。报送的《聚焦创新 着力赋能——南昌市工商联深入推进所属商会改革发展》工作专报获省工商联主要领导批示肯定。

(李衍龙)

# 群众团体

## 南昌市总工会

【概况】 2022年，南昌市总工会(以下简称“市总工会”)着力提升职工劳动技能、提升职工生活品质、提升工会资产使用效率，为南昌打造“一枢纽四中心”作出工会应有贡献。至年底，市总工会辖3个县、6个区总工会，2个开发区、1个管理局和市直机关工会工委，有工会组织(涵盖法人单位)2.12万个，会员92.09万人。全市新增基层工会组织942家，新增会员3.84万人。其中，新增新就业形态劳动者会员1.5万人。市总工会坚持面向基层、面向一线，面向普通劳动者原则，推荐评选出各级五一劳动奖状42个、五一劳动奖章148名、工人先锋号42个，各级五一巾帼标兵岗57个、标兵71名、女创业带头人15名，创建6家市级示范型劳模创新工作室。4月，市总工会“三师一室”(法律援助律师、劳动关系协调师、健康工程师和用于劳动争议调解的“沙龙茶叙室”)维权平台被人力资源和社会保障部、中华全国总工会、中国企业联合会/中国企业家协会、中华全国工商业联合会联合评为“工作突出基层劳动人事争议调解组织”。

【南昌市工会第十五次代表大会】 2022年12月17—20日，南昌市工会第十五次代表大会在前湖迎宾馆召开。省委常委、市委书记李红军出席并讲话。大会表决通过《南昌市工会第十五次代表大会关于工作报告的决议》《南昌市工会第十五次代表大会关于财务工作报告的决议》《南昌市工会第十五次代表大会关于经费审查工作报告的决议》《南昌市工会第十五次代表大会关于南昌市工运事业和工会工作“十四五”规划的决议》。大会选举产生南昌市总工会第十五届委员会委员58人和南昌市总工会第十五届经费审查委员会委员13人。选举产生南昌市总工会第十五届委员会主席、分管日常工作的副主席、副主席、常委。

【产业工人队伍建设】 2022年2月28日，市总工会印发《南昌市职工劳动技能提升工程实施方案(试行)》，全面推进职工劳动技能提升工程，鼓励动员广大职工在推动数字经济大发展、营商环境大提升和南昌“一枢纽四中心”建设中发挥才能。实施降低企业发展成本行动、深化激发职工创造活力行动、提升职工生活品质行动、夯实数字经济集聚区工会基础行动，开展技能培训39场，培训职工2067人。启动“洪工杯”十大类主题劳动和技能竞赛活动，组织开展市级赛事14项，参加竞赛企事业单位1260家，参与竞赛职工3620人，带动岗位练兵22.4万人次。遴选数字名师57人，推广“师带徒”人才培养模式，从优秀产业工人中培养571名能手。

【职工生活品质提升】 2022年，市总工会印发《南昌市总工会工会提升职工生活品质试点工作三年规划(2022—2024年)》和《2022年度提升职工生活品质试点工作方案》，预算1.2亿元支持县级工会开展试点工作并出台奖补方案，明确每个县区3年奖补资金不超过1000万元，用于打造县级职工服务综合体。在各县级工会选取17家企业作为市级提升职工生活品质试点企业，每家企业3年补助不超过50万元。与南昌高新区管委会签订战略合作框架协议，着力打造全省一流、全国知名的产业工人实训示范基地、职工生活品质提升示范基地以及劳模创新工作室示范基地；派工作组到开发区工会蹲点，指导开展工作。至年底，推动企业建会41家，职工入会2042人。其中，数字经济企业建会11家、新业态新就业群体劳动者入会773人。

【职工合法权益维护】 2022年，市总工会、市人社局、市企业联合会/企业家协会、市工商联4个部门联合下发《关于开展2022年集体协商春季要约行动的通知》，督促企业与职工开展集体协商，不断提高集体协商建制率。发挥市县两级工会“法院＋工会”等维权阵地作用，提供工会法律援助1516件，调解劳动争议案件584件，调解完成395件，提供线上、线下免费法律咨询2000余次，帮助职工挽回经济损失900余万元。开展全市职工队伍稳定风险专项调研排查，累计发现涉及可能影响职工队伍稳定因素320个。其中，反映工资报酬类问题241个，企业改制问题79个。所有排查到的问题均按要求分类妥善处理。

【普惠职工活动】 2022年，市总工会筹集送温暖资金约577万元，走访企业293家，慰问职工8870余人次。省、市、县三级工会联合启动“牵手向未来”江西工会关爱留守儿童活动，关爱留守儿童1000余人次。举办15场“健康教育进基层、职工健康科普行”免费义诊和健康知识讲座活动，为1000余名女职工提供免费“两癌”筛查，新增爱心妈咪小屋10家。为全市36万人次提供互助保障，收纳互助保障金234.99万元。启动2022年“南昌工会新就业形态劳动者温暖服务季”活动，开展走访慰问、困难帮扶、权益维护、技能提升、安全保障、就业拓宽、暖心关爱、阵地服务八大行动，走访4000余人次职工。投入1000万元开展主题普惠活动，为1万名职工赠送“五一节工会大礼包”，南昌职工卡增发2.9万张，代发工会福利资金1.57亿元，消费总金额9.4亿元。举办2场“会聚良缘 洪城热恋”单身职工联谊交友活动。做实“爱在工会·四季有约”职工培训，共开设书法、瑜伽、国画、电钢琴、中国舞等42个班级，报名人数1000余人。开展职工子女暑期托管托育服务补助，推进全市各级工会组织为职工子女提供托管托育服务机构不少于34家，对3—12岁职工子女按照公立入托保育费用的50%标准给予一次性资金补助，对职工托育3岁以下的子女按照每人每月200元标准给予资金补助。

【基层工会服务组织建设】 2022年，市总工会持续加大新就业形态劳动者入会服务工作力度，探索多种建会方式，创新和简化建会流程，全市新增基层工会数768家，新增会员总数2.81万人。其中，新增新就业形态劳动者会员1.4万人。启动智慧工会二期建设工程，对全市工会信息数字化中心库、困难职工帮扶系统、劳模管理服务系统、线上服务职工资源等功能平台进行网络安全及运维项目升级，打造网上职工之家。推进基层工会组织规范建设，评选命名出一批市级模范职工之家、职工小家、优秀工会工作者、优秀工会积极分子和工会之友。组织对2008—2013年受表彰全国模范职工之家进行复查，发挥典型示范带动作用。推进工人文化宫建设，基本完成象山宫、二七北路培训大楼深化设计方案。红谷滩区总工会争取区政府支持，打造2159.37平方米区工人文化宫。青云谱区总工会将接收的9135平方米洪都体育馆改造为区工人文化宫。

（魏长承）

## 中国共产主义青年团南昌市委员会

【概况】 2022年，中国共产主义青年团南昌市委员会（以下简称“团市委”）团结带领全市235万名青年、26万名团员、59万名少先队员，围绕全市中心工作，发扬“党有号召、团有行动”传统，在助力经济社会发展、服务青年健康成长、加强团的自身建设、巩固党的青年群众基础等方面扎实有为。特别是在疫情防控、项目建设、志愿服务、乡村振兴等急难险重任务中，发挥团员青年敢打硬仗、敢于拼搏、敢于冲锋的先锋模范作用。南昌市入围首批全国青年发展型建设试点城市。在全省综合考评中，团市委获全省共青团年度工作评议第一名；在全面从严治团考评中，列全省第一位。团市委以全省第一名成绩获全省少先队工作优秀单位、全省思想政治引领工作优秀单位、全省贯彻落实《江西省内中长期青年发展规划（2018—2025年）》优秀单位称号。

【共青团南昌市第十八次代表大会】 2022年12月12—13日，共青团南昌市第十八次代表大会在前湖迎宾馆召开。省委常委、市委书记李红军在开幕式上作视频讲话。市委副书记、组织部部长余正琨主持。市领导万广明、李镇发、卢伟平、宋铀、赵捷、薛有旺等出席。大会听取并审议通过《关于共青团南昌市第十七届委员会工作报告的决议》；选举产生共青团南昌市委十八届委员会委员43名、候补委员17名。在共青团南昌市第十八届委员会第一次全会上选举团市委常委17人，刘众星当选为共青团南昌市第十八届委员会书记；曾晋、熊坚、万琪当选为共青团南昌市第十八届委员会副书记；肖云艳当选为共青团南昌市第十八届委员会挂职副书记；杨辉利、刘臣、胡剑当选为共青团南昌市第十八届委员会兼职副书记。

【青少年学习教育】 2022年，团市委线上依托“青年大学习”“红领巾爱学习”“学习强国”学习平台等平台，线下依托青年讲师团、红领巾巡讲团、青年螺丝钉讲堂和“青马工程”（青年马克思主义者培养工程）班等形式，分级分类开展党的二十大精神和建团100周年重要讲话精神宣讲，引导青少年从内心深处厚植对党的信赖、对中国特色社会主义的信心、对马克思主义的信仰。

至年底,“青年大学习”平台参与率100%,官方微信公众号“南昌青年之声”有“粉丝”近120万人,官方抖音号、快手号“青春英雄城”“粉丝”分别突破100万人和50万人,均列全省地市共青团第一位,2022年官方新媒体综合传播影响力95次进入全国共青团地市榜前十名,13次列第一位。全年有20个团组织、31名个人获得全国、全省“两红两优”(“两红”即“五四红旗团委”和“五四红旗团支部”;“两优”即“优秀共青团员”和“优秀共青团干部”)表彰。

【基层团组织建设】 2022年,团市委坚持党建带团建,主动融入基层党建工作格局,市县两级青年工作联席会议机制全部建立。推动9个县区全面推开县域共青团基层组织改革,青云谱区改革试点工作被评为全省优秀。青云谱区梨园南社区、西湖区河滩社区作为全省地市代表纳入全国城市基层共青团组织改革试点。全年发展新团员18365人,共青团员与28周岁以下适龄青年总数比例持续降低,团的覆盖面持续扩大。履行“全团抓学校”职责,建立完善中学中职共青团年度考评、共青团督查等机制。稳步推进县、乡、村三级团组织换届工作。全市非公有制团组织1925家,因需制宜成立快递小哥等行业团工委,构建纵横交织的基层团组织网络。

【青年志愿服务】 2022年,团市委动员青年在重点项目、重点工作、重点领域中当标兵,成立400余支“青年突击队”,组织3.6万余名青年志愿者开展疫情防控、生态保护、防溺水等志愿服务。组织1万余人次完成2022世界VR产业大会等28项重大活动志愿服务工作。牵头组建5235人的“洪城红”青年应急队伍。开展河(湖)长制工作,推动建立“河小青”志愿服务队,常态化开展巡河护河志愿服务。全年开展“河小青”净滩活动1381场,参与11877人次。

【青少年权益保障】 2022年,团市委紧扣市域社会治理,履行市预青专项组职能,深化阳光学校建设。与相关部门联合下发《南昌市有严重不良行为青少年送专门学校教育矫治工作实施办法》,教育矫治有严重不良行为青少年1178人。探索管理模式,围绕党的建设、意识形态、安全管理、合作办学等内容,对市青少年宫和市阳光学校进行专项检查。在全省搭建规模最大、功能最全的“12355”青少年服务平台,出台《南昌市12355青少年服务台紧急事务处理机制》,畅通权益保护联动机制。全年接线7279次,解决问题5896个,有效接听时长64633.3分钟。推进全市“童心港湾”规范化建设与服务,构建“市项目办+县项目办+乡项目办+童伴妈妈”四级工作网络,开展以“传承红色精神”为主旨的活动20余次,“防溺水”主题的自护教育宣讲、自救技能培训等270余场,覆盖留守儿童4626人。开展“共青团与人大代表、政协委员面对面”、青少年政协提案等活动,撰写“剧本杀”正向引导、电竞酒店发展等课题。其中“剧本杀”课题被列为省政协主席会议领衔督办提案。

【青少年发展服务】 2022年,南昌市成为全国首批青年发展型建设试点城市。市委常委会专题研究南昌建设方案,在20个方面出台109项具体举措,以青年高质量发展助力城市高质量发展。团市委立足人才来昌留昌,联合市委人才办等开展“青英归巢”大学生社会实践活动,吸引12090人报名,为1479名青年找到匹配岗位。打造“青英人才驿站”,做好大学毕业生等人才来昌创业就业配套服务,有房源200余间,累计提供2000余天免费住宿,实现城区全覆盖,助力人才在南昌安心求职。举办第十届青英人才创业大赛,搭建高、中、初等青年技能人才培养体系,青年技工杨准正获首届全国青年岗位能手标兵。针对青少年婚恋交友需求,搭建线上线下一体化“爱团缘”青年诚信婚恋交友平台,累计参与3万余人。年度选培“新时代赣鄱乡村好青年”864人,创新举办美好乡村生活节,打造以“乡村、生活、自然”主题研学活动。市青少年宫扩大到“一宫四地”,形成每年5万余人次、2000余班次规模,公益性社区少年宫覆盖20个社区,2.38万余名青少年在家门口免费享受优质课外教育。

【青少年帮困】 2022年,团市委策划开展“南青圆梦”(团市委动员社会力量,向家庭困难的大学新生提供资助,帮助实现上大学梦想公益活动)、“青云班”(为中高考学子免费提供学习、生活、心理等方面帮助,助力学子圆梦理想校园公益活动)、“宝贝出村”(组织青联委员带领受助学生走出乡村、走进城市,开展城市体验之旅、红色寻访之旅、科技体验之旅、文化体验之旅等实践活动)等活动,围绕亲情陪伴、自护教育、红色教育等开展常态化服务,为近1700名学子圆上学梦,助学金额近200万元,关爱各类青少年群体超过10万人次。“亲亲宝贝”项目(建立青少年大病救助体系,为患上大病儿童提供关怀、救助)救助近100名重大疾病贫困儿童,募集善款137万元。知识星光公益计划在81所学校安装书架,赠送图书51940册,援建图书角866个,把优质课外书带到乡村小学。南青基金年度筹款3200余万元,“99公益日”(由腾讯公益联合数百家公益机构、知名企业、名人、顶级创意传播机构共同发起的年度公益活动)联合江西省近100家公益组织、爱心企业、学校筹集善款1200余万元,开展公益帮困活动,覆盖希望工程、残障关爱、防贫济困等多个领域,连续8年在中国公益基金会透明指数排行榜中获得满分100分,在全国近9000家基金会中排第一名。

【少先队工作】 2022年,团市委出台《关于全面加强新时代少先队工作若干措施》,在“六一”儿童节、“10·13”建队日等少先队重要时间节点组织开展“红领巾心向党”主题队日活动。在全国设区市中率先推出《中国少年报》城市专栏,上稿38篇。召开省级少先队研究课题研讨会,11项课题入选2022年度江西省少先队研究课题立项项目。全年开展红领巾巡讲团巡讲602场,覆盖少先队员24765人。“少年军校”覆盖全市9个县区110所学校,每周对5500余名少先队员进行国防教育,举办2022年度少年军校大会演,直播观看人次超100万人次。团市委在全省少工委考核中列第一位,获评2022年度全省少工委优秀单位;在全省少先队辅导员风采大赛6个单项中4项列第一位,获团体特等奖;在全省红领巾讲解员风采展示大赛中获得3个特等奖,总分第一名。

(沈 彦)

## 南昌市妇女联合会

【概况】 2022年,南昌市妇女联合会(以下简称“市妇联”)紧贴妇女工作,坚持服务全市工作大局,履行引领服务联系职能,扎实做好妇女思想政治引领、家庭家教家风建设、妇女维权发展服务、深化妇联改革等工作,推动全市妇女儿童事业创新发展。市妇联入选全国妇联网络信息传播中心发布的2022年度妇女宣传舆论阵地建设先进榜,获“心语艺术课堂”公益项目第六届中国青年志愿服务项目大赛铜奖、2022年江西省家庭教育微课比赛优秀组织奖、2022年江西省“少年儿童心向党”亲子阅读活动优秀组织奖、“心语艺术课堂”公益项目第三届江西省青年志愿服务项目大赛铜奖、江西省“振兴杯”家庭服务行业职业技能竞赛团体优胜奖、2022江西巾帼直播电商创新创业大赛团体优胜奖、2021年“我家双减生活”作品征集活动优秀组织奖。南昌市有4户家庭获评全国五好家庭、3户家庭获评全国最美家庭,1名个人获评全国家庭工作先进个人。推荐全国三八红旗手1名、省三八红旗手(标兵)8名及省三八红旗集体5个;推荐10户家庭获评江西省“书香家庭”,2名优秀女性候选江西省“赣鄱最美巾帼奋斗者”;推荐获评2021年全国巾帼现代农业科技示范基地1个、全省巾帼休闲乡宿示范基地3个。

【南昌市妇女第十四次代表大会】 2022年12月29—30日,南昌市妇女第十四次代表大会在江西前湖迎宾馆召开。大会审议通过《关于南昌市妇联第十三届执行委员会工作报告的决议》,选举产生南昌市妇女联合会第十四届执行委员会主席、副主席、挂职副主席、兼职副主席,选举产生南昌市妇联第十四届执行委员会常务委员9人和委员47人。省委常委、市委书记李红军在开幕式上讲话。市长万广明出席。市委副书记、组织部部长余正琨主持。市领导李镇发、卢伟平、龙国英、薛有旺等出席。

【“巾帼健康行动”】 2022年,市妇联协同市第三医院开展“两癌”健康教育进基层活动,组织医疗专家开展“两癌”防治宣传、讲座和义诊,助力提高城乡妇女宫颈癌和乳腺癌的早诊早治率。在市妇联微信公众号开辟“健康中国 母亲行动”专栏,推送专家讲座9期。科学严谨推荐低收入妇女“两癌”救助金申报,摸排农村符合救助对象182人,城镇24人。向省妇儿发展基金会报送100名贫困“两癌”妇女资料和照片,参与线上“双丝带——江西两癌贫困母亲救助行动”。至年底,全市发放“两癌”救助金131万元,惠及贫困“两癌”妇女131人。

【赣鄱红色娘子军宣讲】 2022年3月8日,以“巾帼心向党 喜迎二十大”为主题的赣鄱红色娘子军宣讲在江西财经大学蛟桥园北区大礼堂举行。宣讲以9组女性科技人才榜样人物为主角,以“锻‘造’·国之重器”“创‘新’·智之睿达”“融‘合’·情之浩森”3个篇章为脉络,根据人物故事特点,以自信、发奋、齐心串联整个宣讲会,辅助以视频、互动、情景剧、歌舞、朗诵等表现方式,讲好新时代女性科技人才故事,展现新时代女性科技人才风采,380余人现场参加宣讲活动。活动受到央视《新闻联播》、《中国妇女报》、江西都市频道、今日头条、《南昌日报》等20余家新闻媒体报道,活动稿件在“学习强国”学习平台登载。

【第十九届女性招聘会】 2022年3月8日,由市人社局、市妇联、市金融办联合主办,市就业创业服务中心承办的南昌市第十九届女性招聘会暨江西财经大学春季校招双选会在江西财经大学招聘大厅举办。招聘会现场组织70余家企业进场。企业以银行金融为主,涉及信息科技、教育等多个行业,包含工商银行、招商银行、中航证券、九州证券、兆驰光电等知名企业,提供岗位近3000个,现场吸引1000余名毕业生参与,收取简历812份,达成签约意向346人。3月8—12日,招聘会活动承办方联合南昌大学、江西财经大学、江西农业大学、江西师范大学、华东交通大学、东华理工大学、江西理工大学等院校搭建线上招聘服务平台,有100余家企业参与,提供岗位近8000个,线上浏览量8796人次,简历投递152人次。

【科学育儿普及】 2022年,市妇联联合市卫健委举办全市0—3岁婴幼儿家庭教育云论坛,6名北京市和南昌家庭教育专家参与研讨,吸引3977人收看。联合市教育局举办全市“依法育儿 科学教子”家庭教育线上直播活动，10.6万人次观看直播，讨论区信息2082条。联合市教育局启动2022年南昌市家庭教育说课比赛，收集157个参赛作品，优选出19个作品进入2022年南昌市家庭教育说课比赛决赛。启动“爱在开端：0—6岁科学育儿社区家庭支持推广”项目，惠及545名6岁以下儿童；启动第二批家庭教育推广计划进校园项目，紧密围绕《中华人民共和国家庭教育教育促进法》宣讲，开展家教指导课程56场，吸引2800人参与；开展“蒲公英妈妈”家庭阅读推广进社区活动，到9个社区为136个家庭带去阅读分享与指导。

【关爱帮扶儿童】 2022年，市妇联开展“把爱带回家”寒假儿童关爱服务系列活动，关爱困境、留守儿童共500名，发放安全书包、学习用品等慰问物资近25万元。举办春节文艺节目表演、义诊服务、家风家教宣讲等活动617场，受益儿童2880人。在安义县长均乡六溪小学开展“手牵手 心连心”与留守儿童结对活动，25名市妇联机关干部与留守儿童一一结对关爱。开展关爱留守儿童“大调研、大走访、大联动”工作，逐级建立全市留守儿童家庭服务档案。为进贤县、安义县42名春蕾女童、71名高中女生申请“武警春蕾助学”项目资助第三年经费、中国烟草第三年救助款。会同市民政局举办“你的心愿 我帮实现”点亮女童微心愿公益活动，帮助新建区金桥中心小学的38名留守、困境女童实现微心愿。开展“99春蕾助学”联合劝募活动，募集社会公众筹款及腾讯公益配捐34万余元。与崛美公益联合发起第二届“名著小书包”爱心小使者招募活动，择优录取22个孩子参与送教下乡、帮扶结对。开展“少年儿童心向党”主题实践活动。组织召开暑期儿童“防溺水”动员会801场，开展线上、线下“防溺水”讲座1118次，贴海报15466张，上门宣传83571户，全市巾帼志愿者“防溺水”巡逻参与10901人。

【服务乡村振兴】 2022年，市妇联联合市乡村振兴局等单位持续开展“农村特殊对象巾帼帮帮团”活动，招募帮帮团巾帼志愿者469人，结对帮扶493户农村特殊困难对象家庭。至年底，开展家庭环境清洁整理等帮扶活动近2万次，累计服务时长逾6万小时，改善重度贫困残疾人生活居住环境。9月，联合市农业农村局主办2022年南昌市高素质农民培育“洪城姐妹”素养提升培训班。培训围绕网货打造流程、电商产品视频的拍摄及剪辑、直播带货等主题开展，全市50名女农民和返乡入乡女性创业者参加。

（沈　军）

## 南昌市科学技术协会

【概况】 2022年，南昌市科学技术协会（以下简称“市科协”）团结带领全市广大科技工作者投身科技创新和经济社会发展第一线，在提高全民科学素质、推进创新驱动发展、提升服务科技工作者能力等方面取得成效。市科协获评“2022年度中国科协全国科普日优秀组织单位”，有3场活动获评“2022年度中国科协全国科普日优秀活动”；南昌虚拟现实主题乐园等3家科普场馆获评“2021—2025年全国科普教育基地”；新建区、青山湖区获评“2021—2025年度第二批全国科普示范县”；新建区农技协获评“2022年度全国百强农技协”。

【“全国科普日”江西省暨南昌市主场活动】 2022年9月17日，“全国科普日”江西省暨南昌市主场活动启动仪式在南昌市新建区心怡广场举行。省委常委、副省长任珠峰出席并宣布活动启动。市委常委、市委宣传部部长、新建区委书记李松殿，市委常委、副市长肖云参加。活动以“喜迎二十大 科普向未来”为主题，采用线上直播和线下展示结合方式开展。启动仪式上，对14家“2021—2025年度全国科普教育基地”、10家“江西省科普小镇”、1家“2021年度全国科技志愿服务队先进典型”进行授牌。巡展区设置“探索太空”“智能家居”“智领未来”“互动体验”“生态环境”“医疗健

2022年9月17日，“全国科普日”江西省暨南昌市主场活动举行

（市科协　供图）

康”6个科普展区，近30家参展单位以现场宣讲、模型和实体展示、互动体验、实验演示等形式向公众普及科学知识。在“全国科普日”活动期间，市科协等单位组织体验式“科普研学”、安全生产宣传教育警示基地开放日、高空救援科普体验课堂、奇妙科普秀等6场系列活动。全市组织开展各类科普宣传活动483场次，平台浏览2472527人次、活动分享59034人次、活动点赞46184人次、活动评论24643人次。邀请中国科学院专家举办“赣鄱科普大讲堂”科普报告会18场。

**【南昌市科学技术协会第十次代表大会】** 2022年12月25—26日，南昌市科学技术协会第十次代表大会在滨江宾馆召开。省委常委、市委书记李红军出席开幕式并讲话。市长万广明，中国科学院院士、南昌大学副校长江风益，市领导肖云、张湘赣、魏宏平出席开幕式。市委副书记、组织部部长余正琨出席闭幕式并讲话。大会审议通过《南昌市科学技术协会实施〈中国科学技术协会章程〉细则》和《南昌市科学技术协会第十次代表大会关于第九届委员会工作报告的决议》，选举产生南昌市科协第十届委员会和常务委员会，王妮娜当选为新一届市科协主席。来自全市各行业的200余名优秀科技工作者代表参加大会。

**【科普平台建设】** 2022年，市科协启动校园科技馆建设，建成12所校园科技馆，建成南昌县禁毒(科普)教育馆、刘光华自然遗产博物馆、红谷滩区生活垃圾分类科普体验馆、青山湖区图书馆昆虫科普体验中心、中国工艺美术大师博物馆5个线上虚拟展馆。命名52家“2022—2024年南昌市科普教育基地”、10家“2021年度南昌市优秀科普教育基地”，15家单位获评“江西省科普教育基地”，南昌市政公用生态农业示范园科普小镇获评“江西省科普小镇”。开展全民科学素质提升培训129场次，覆盖全市所有乡镇、街道(管理处)。组织县区(开发区)科协、市级学会、企业科协等组织参加2022年江西省全民科学素质网络大赛，共126793人参加，答题1680622人次。至年底，全市注册科技志愿组织515个、科技志愿者45177人，注册科普中国信息员32620人，传播科普中国优质科普资源384588次。

**【服务企业】** 2022年，市科协组织“创新方法专家服务团”到洪都集团、江铃集团等企业开展创新方法推广应用宣讲培训活动10场次，企业科技人员参与超过400人次。全年组织9家企业34个项目参加中国创新方法大赛，获得中国创新方法大赛决赛三等奖2项，获得江西赛区一等奖2项、二等奖5项、三等奖6项。继续推广“科技信息企业推广应用服务项目”，开展海外专利信息资源库推广应用主题培训活动4场，培训企业高层管理、知识产权工程师240余人次，新增注册企业用户30家，培育和挖掘专利信息使用典型案例10个。至年底，成立企业科协140家。其中，高新技术企业占比59%，规模以上企业占比51%，“专精特新”企业占比35%。

**【人才项目实施】** 2022年，市科协联合市委人才办开展市级院士工作站建设工作，做好省级院士工作站申报服务，南昌硅基半导体等4家单位获批省级院士工作站。至年底，全市有院士工作站16家(省级9家、市级7家)，新成立专家工作站20家(省级6家、市级14家)；市科协属地的8家省级“海智站”(海外智力为国服务工作站)引进国(境)外人才26人，与5个国(境)外机构、团队开展合作，建立市厅级以上实验创新平台4个，与国外科研机构、平台等签订“产学研合作协议书”，发表论文、论著18篇，获得专利115项。

**【科技助力乡村振兴】** 2022年，市科协以高校、科研院所等高层次专家为依托，举办技术培训和跟踪服务活动10余期，推广蔬菜、果树等优良品种10余个，推广作物栽培土肥水管理等实用新技术20余项，服务群众5000余人次。新成立江西省农业科学院农业应用微生物研究所驻江西省新赣食用菌科技有限公司等4家科技服务站；建立南昌市首个国家级科技小院——江西赣粮再生稻科技小院，在推进现代农业科技创新、优质农业产业发展、科技后备人才培养以及促进农业增产、农民增收等方面发挥作用。

**【科技工作者服务】** 2022年，市科协联合市委宣传部、市科技局开展南昌市“最美科技工作者”学习宣传活动，刘文峰等20名科技工作者获“2022南昌市最美科技工作者”称号。“全国科技工作者日”期间，通过召开“全国科技工作者日”座谈会、推送微信公众号文章等形式，向全市广大科技工作者致信，表示节日慰问；走访慰问刘文峰、蓝海军等科技工作者代表，了解科技工作者需求。至年底，赴湖南、四川等地，走访慰问钟掘、朱中梁、周镜、林皋4名南昌籍院士。

(涂　超)

## 南昌市归国华侨联合会

**【概况】** 2022年，南昌市归国华侨联合会(以下简称“市侨联”)围绕贯彻新发展理念、构建新发展格局、推动高质量发展，聚焦“作示范、勇争先”目标要求，发挥桥梁和纽带作用，坚持为侨服务，全面履行服务经济发展、依法维护侨益、拓展海外联谊、积极参政议政、弘扬中华文化、参与社会建设职能，全市侨联各项工作深入推进。9月,安义古村群入选第十批“中国华侨国际文化交流基地”。中国侨联《基层侨联建设》简报2022年第2期专版刊登介绍南昌市基层侨联组织建设经验文章。

**【南昌市第十二次归侨侨眷代表大会】** 2022年12月13日,南昌市第十二次归侨侨眷代表大会召开。大会传达省委常委、市委书记李红军向大会发来贺信精神,通过《南昌市侨联第十一届委员会工作报告的决议》《南昌市侨联关于学习贯彻党的二十大精神的决议》,选举产生南昌市侨联第十二届委员会。麦建宁当选为南昌市侨联第十二届委员会主席,许日强、李良清、刘卫东、郑建生、祝荫、段旭凯当选为副主席。省侨联副主席罗丽都到会指导。副市长赵捷出席开幕式并讲话。来自全市各行各业的南昌侨界代表236人参加大会。

**【“侨企服务月”活动】** 2022年9月,市委统战部和市侨联联合开展为期1个月的“侨企服务月”暨百家侨企大走访活动。通过走企业、摸实情、解难题、谋发展、求实效,收集协调企业发展难题,提振企业发展信心,促进侨企健康发展。全市“侨企服务月”活动期间,走访侨资企业116家,涉及机械制造、食品加工、医疗器械、生物科技、酒店餐饮、电子信息、汽车制造、仓储物流、生态环保等20个行业,收集问题11个,报送有关职能部门协商解决。

**【依法维护侨益】** 2022年9月22日,市检察院和市侨联举行市检察院驻市侨联联络站揭牌仪式暨服务侨资企业健康发展座谈会。参会侨商代表结合自身工作实际和企业生产经营过程中遇到的困难问题,与两级检察院职能部门负责人及分管领导进行面对面交流座谈,就检察机关更好地服务侨资企业提出意见和建议。市侨联在红谷滩区和安义县分别成立“侨法服务站”,打造依法维护侨益新平台。组织法顾委委员、侨联特邀调解员、基层侨联50余人次参加最高人民法院在线诉调培训讲座5期。

**【“亲情中华·为你讲故事”活动】** 2022年5月10—19日,市委统战部、市侨联举办2022“亲情中华·为你讲故事”网上营江西南昌营活动。来自西班牙、泰国和日本的175名6—18岁海外华裔青少年以听故事、学典故、云游南昌等方式,通过线上打卡、交流互动开启一段中华文化云端学习之旅。海外华裔青少年通过文化体验活动,感知、感悟中华文化,体会中华文化博大精深,感受赣鄱文化在南昌这座城市激荡交融的独特魅力。尤其是富有南昌地域文化特色的“沙画滕王阁”“南昌米粉”等精品课程,让营员们对悠久灿烂的中华文明有更深入了解。

**【海外侨领招商引资工作座谈会】** 2022年5月20—25日,市侨联召开海外侨领招商引资工作座谈会。来自美国、英国、加拿大、阿根廷、澳大利亚、日本等国家和地区的海外侨领参加会议。座谈会上,与会人员围绕南昌市招商引资政策、项目建设、减税降费、行政审批、营商环境等方面的问题畅所欲言,提出出台支持侨胞和海归投资政策、加大创业培训力度、开展政策宣讲、搭建交流平台等意见和建议。

(万 云)

## 南昌市青年联合会

**【概况】** 2022年,南昌市青年联合会(以下简称“市青联”)团体会员包括团市委、市学生联合会、4个县区青联以及市青年企业家协会、市青年志愿者协会。南昌市第十四届青年联合会有科学技术、教育、农业和社会科学、经济和技能人才、金融商务、法律、文化艺术和体育、新闻出版和新媒体、医药卫生、宗教港澳和海外华侨、青年社会组织11个界别,349名委员。完成市青联十五届委员推选工作,推报委员候选人260名。其中,党外人士129名。指导新建区青联完成换届,推动东湖区青联召开成立大会,进贤县、安义县、青云谱区、红谷滩区完成青联成立相关工作。推荐南师附小辅导员邓剑援疆。

**【市青联十四届六次常委会会议】** 2022年7月15日,市青联十四届五次常委会会议召开。市青联第十四届委员会常委53人参加会议。会议审议通过《关于召开南昌市青年联合会第十五届委员会全体会议的决定(草案)》《南昌市青年联合会第十五届委员会组成方案及委员推荐办法(草案)》《南昌市青年联合会第十五届委员会委员及常委标准(草案)》及南昌市青年联合会第十五届委员会委员提名名额分配表(草案)。

**【青年典型选树推报】** 2022年,市青联开展第十一届“南昌青年五四奖章”评选。经过初评、网络投票、终评、公示等环节,10个青年集体获“南昌青年五四奖章集体”称号,20名青年获“南昌青年五四奖章”称号(其中,少数民族2人,党外人士2人)。推荐陈箭春等4人获第25届“江西青年五四奖章”;推荐江西中发天信无人战机喷气动力研制团队、南昌消防特勤支队获第25届“江西青年五四奖章”集体称号。5月20日,联合南昌广播电视台、南昌日报社在南昌八一起义纪念馆召开省、市“青年五四奖章”获得者(集体)学习贯彻习近平总书记在庆祝中国共产主义青年团成立100周年大会上重要讲话精神座谈会,并为青年五四奖章获得者举办奖章授予仪式。

【思想引领】 2022年,市青联开展“喜迎(学习)二十大、永远跟党走、奋进新征程”系列活动30余场。10月27日,市政协共青团界别、青联界别组织召开学习党的二十大精神座谈会。11月18日,举办市青联委员学习贯彻党的二十大精神培训班,市、县两级青联委员及部分优秀青年代表50余人参加培训。策划“职场青年说”“青联委员寻江西”等品牌活动,推出《南昌·异乡》系列纪录片。其中,新疆女孩夏迪牙古丽·艾比布力连续7年投身南昌公益事业,被“学习强国”学习平台刊播。

【社会服务】 2022年,市青联开展“青壹暖冬”行动,筹集慰问金3万余元,筹备食用油、大米等价值5万余元生活物资,走访100户贫困青少年家庭。依托已建成的16个“希望小屋”,通过整合社会各界力量,募集43万余元物资,开展才艺学习、科学实践、体育训练等课外活动,弥补乡村学校在“第二课堂”教育方面不足。面向各级青联委员募集一次性医用口罩、医用手套、防护服、酒精等价值30余万元的防疫物资,并在第一时间将物资发放至各社区志愿服务点。

(徐　晶)

## 南昌市文学艺术界联合会

【概况】 2022年,南昌市文学艺术界联合会(以下简称“市文联”)团结引导全市文艺家和文艺工作者,以服务经济社会发展和推进“文化强市”建设为己任,以“出作品、出人才、出影响力”为目标,以推进自身深化改革为抓手,围绕中心抓主责、服务大局干主业,重点结合喜迎党的二十大召开,开展文艺活动,以实际行动彰显省会文艺担当,在科学研判形势、明确职责转变、突出工作重点、狠抓任务落实上下功夫,取得良好成效。

【南昌市文学艺术界联合会第十次代表大会】 2022年12月8日,南昌市文学艺术界联合会第十次代表大会在江西前湖迎宾馆举行。省委常委、市委书记李红军发来贺信并提出相关要求。大会总结市文联第九次代表大会以来全市文艺工作所取得的成就和经验,研究部署今后五年的任务目标和工作举措;修订《南昌市文学艺术界联合会章程》;选举产生新一届领导机构。童华当选为市文联第十届委员会主席,周文彬、李文波为副主席,朱佳君为挂职副主席,王芸、夏学兵、张建华为兼职副主席。

【县区文联工作会】 2022年3月10日,2022年县区文联工作会在市文联会议室召开。会议学习传达习近平总书记在中国文联十一大、中国作协十大开幕式上的重要讲话精神,商讨、部署全市文联下一步工作。与会的各县区文联负责人就各自基本情况、2021年工作亮点、2022后工作打算,先后交流发言。会议指出,各县区文联要在“联”字上下功夫,在守正创新上下功夫,在发挥人才优势上下功夫。要认真学习贯彻习近平总书记重要讲话精神,心系民族伟业,坚守人民立场,用心用情用力讲好中国故事、南昌故事,坚持弘扬正道,描绘南昌形象,为推动社会主义文艺繁荣发展、建设社会主义文化强国作出新贡献。

【南昌市民间文艺家协会第七次代表大会】 2022年7月19日,南昌市民间文艺家协会第七次代表大会召开。市民协第六届理事会成员和会员代表40余人出席会议。大会审议通过《南昌市民间文艺家协会第六届理事会工作报告》,修改《南昌市民间文艺家协会章程》,选举产生新一届理事会。胡伟当选为南昌市民间文艺家协会主席,史克滨、刘梦吟、余正连、余庆华、邹双勇、陈志宏、胡双红当选为副主席。龚慧颖任南昌市民间文艺家协会秘书长,沈哲、李鹏任副秘书长。

【南昌市影视家协会第八次代表大会】 2022年7月20日,南昌市电影家电视艺术家协会第八次代表大会召开。市影视家协会主席团成员以及会员代表40余人参加会议。大会审议通过市影视家协会第七届理事会工作报告,修改《南昌市影视家协会章程》,选举产生南昌市影视家协会第八届理事会。李良生当选为市影视家协会第八届理事会主席,刘福明、李薇、张斯栋、周强、胡志淼、封勇、徐建农、曹达桂、程前、戴姗当选为副主席。缪宏任南昌市影视家协会第八届理事会秘书长,谌申山、姜滨、吴晏子任副秘书长。

【南昌市书法家协会第七次代表大会】 2022年12月29日,南昌市书法家协会第七次代表大会在江西泰耐克酒店召开。市书法家协会第六届主席团、秘书处、理事会成员和会员代表70余人参加会议。会议总结过去五年的工作,部署安排下一个五年工作,修订《南昌市书法家协会章程》,选举产生市书协新一届领导机构。雷轼生当选为第七届理事会主席,于有东、邓峰、龙友、李良东、杨津、张华武、张杰、张建华、陈云海、罗华华、胡中良、贺炜炜、夏志学、徐伟平、曹波明、谢萌当选为副主席。会议决定聘请万建华、徐新文、臧定禄、李勇钢为市书协名誉副主席。邹晓磊任市书协第七届理事会秘书长,陶立中、姜礼国、徐明、蔡雄彪、吴志军任副秘书长。

(龚慧颖)

## 南昌市残疾人联合会

【概况】 2022年,南昌市残疾人联

合会(以下简称“市残联”)围绕“精准助残、精细惠残、精心扶残”工作主线,不断提升预防康复服务,改善残疾人生活质量;不断优化就业创业环境,助力残疾人安居乐业;不断织密残疾人教育助学网,推动残疾人教育稳步发展;不断统筹残疾人事业发展,夯实基层残疾人组织根基,依法保障残疾人平等权益,助力残疾人文体事业蓬勃发展,打造“放心残联、贴心残联、活力残联、数字残联”,推进全市残疾人事业向前发展。在2021年度全省残联系统绩效管理工作评比中,市残联居全省第一位;12月,《中国残疾人》杂志刊载市残联贯彻落实党的二十大精神经验做法文章。

**【南昌市残疾人联合会第六次代表大会】** 2022年12月8—9日,南昌市残疾人联合会第六次代表大会在滨江宾馆大会堂召开。会议传达省委常委、市委书记李红军向大会致贺词精神,通过市残联第五届主席团工作报告决议,宣布市残联第六届主席团、执行理事会和各专门协会组成人员名单。市委副书记、组织部部长余正琨出席并讲话。副市长彭开先主持。全市残疾人代表、残疾人事业工作者、市直单位代表以及残疾亲友代表200余人参加会议。

**【康复服务精准化】** 2022年,全市为20403名残疾人提供精准康复服务,康复服务率100%。市残联为30余名0—4岁听力、肢体残疾儿童提供每人每年2.4万元的家长培训、亲子同训、家庭环境评估与康复指导等早期干预服务;帮助106名农村低收入残疾人完成基本医疗保险缴纳;为2938人次0—15岁残疾儿童提供精准康复服务救助,为47名0—7岁听力残疾儿童和肢体残疾儿童提供手术补助;为4000名困难精神障碍患者提供每人每年450元服药补助。全市28家准入协议管理残疾儿童康复机构为1276名残疾儿童开展线上康复训练服务和疫情防控志愿服务活动179次。市残联实施残疾预防重点干预项目,为0—6岁儿童、7岁以上残疾人提供残疾评定补助,为47名高危孕产妇提供产前筛查和诊断补助。

**【残疾人就业】** 2022年,全市举办12场残疾人就业招聘会,164家参会单位提供1302个就业岗位,1785名残疾人参与,现场签订就业意向书494份,实际就业25人。市残联开设3期淘宝“云客服”培训班,招收学员47人;1期实操实训班,招收11人,上岗就业31名,就业率65.96%。开设2期非物质文化遗产“赣绣”培训班,招收学员30名,结业16名,就业12名,就业率75%。全市22家集中安置单位,安置残疾人401名。对7家符合条件的残疾人辅助性就业机构进行扶持,扶持金额65.67万元,帮助140余名残疾人托养对象实现就业。

**【残疾学生教育保障】** 2022年,市残联为全市71名残疾高考生进行信息核对及残障标识工作,保障残疾考生平等参加高考;为符合补助条件的60名困难残疾学生、214名困难残疾人家庭子女学生提供44.1万元助学补助;为6所公办特殊教育学校提供30万元助学补助;对全市97名有文艺潜质的残障青少年开设21期集中培训课程;举办2022年“实赣有位来”江西省残疾人高校毕业生就业能力提升(南昌)片区夏令营活动。

**【民生托养服务】** 2022年,全市新增7家残疾人托养机构。至年底,全市有22家残疾人托养机构,发放补贴300万元,为865名残疾人提供托养服务,为1083名重度困难失能残疾人提供居家托养服务。全年全市为334670人次困难残疾人发放生活补贴2677.36万元,为426880人次重度残疾人发放护理补贴3415.04万元。开展“农村特殊对象巾帼帮帮团”活动,为493名困难重度残疾人提供入户帮扶和生活照料。安排专项改造经费50万元,县区财政配套35.4万元,为848户残疾人家庭进行无障碍改造。购买残疾人乘坐公共交通工具意外伤害保险5000份额,伤亡赔偿限额为10万元每人每次。为符合条件的残疾人机动轮椅车驾驶员发放燃油补贴,方便残疾人出行。春节期间走访慰问2000余户残疾人,发放慰问金130万元。对全市200户残疾人家庭实施康复体育关爱家庭计划,新建10个残疾人自强健身示范点。

**【助残宣传】** 2022年5月15日,南昌市举办第32次“全国助残日”残疾人就业网络招聘“直播带岗”暨“大走访”“大探视”活动,在市级媒体开展专题报道52期。市残联全年编撰《残联工作动态》24期,在微信公众号上推出抗疫系列专栏17期,制作第15个“世界孤独症日”公益宣传片,举办“喜迎党的二十大胜利召开”文化周活动,举办“学习二十大 军民一家亲”2022年南昌市“拥军助残”文艺演出,组织残疾人艺术团开展送文艺下乡演出25场,组织青少年参加第八届江西艺术节·江西省第十三届少儿艺术节——首届残疾人青少年艺术大赛。

(宗慧民)

## 南昌市红十字会

**【概况】** 2022年,南昌市红十字会(以下简称“市红十字会”)锚定“全省作示范,全国有影响”目标定位,坚定不移抓党建,凝心聚力抓改革,齐心用心抓发展,各项工作取得新突破。全市红十字会系统募集捐赠款物8139万元,培训救护员1.16万人,普及应急救护知识8.23万人次,造血干细胞捐献11例。会员侯正获评

"中国红十字会会员之星"，志愿者刘燕、林小红获评"全国红十字志愿服务先进典型"，志愿服务队南昌市雄鹰救援队获评"全国红十字模范单位"。1个组织和1名个人被评为"2020—2021年度江西省优秀志愿服务组织和个人"，3个工作案例入选全省红十字品牌工作案例。承办第八届中国养老服务业发展高层论坛暨康养产品产业博览会、江西省红十字赈济救援队培训演练。

**【南昌市红十字会第十一次会员代表大会】** 2022年12月28—30日，南昌市红十字会第十一次会员代表大会在滨江宾馆召开。会议传达省委常委、市委书记李红军向大会致贺词精神，审议并通过市红十字会第十届理事会工作报告和第十届监事会工作报告，选举产生第十一届理事会、监事会及其领导班子，选举王强为会长、潘凌为常务副会长、毛志东为监事长、熊兵为副监事长，决定聘请省委常委、市委书记李红军和市长万广明为名誉会长，聘请余正琨、张湘赣、薛有旺、章金媛为名誉副会长。市委副书记、组织部部长余正琨出席并讲话。全市各行各业200余名代表参加会议。

**【人道资源动员】** 2022年，全市红十字会募集捐赠款物8139万元。其中，全市"99公益日"、"5·8"人道公益日筹集资金1379.43万元。成立江西省南昌市红十字基金会，建立专业化人道资源动员队伍。设立"南昌市困难职工家庭帮扶专项基金""领航基金""中大筑善公益基金"等7个专项公益基金。为49名白血病和先心病患儿争取到救助款155万元，为困难遗体器官捐献者家庭争取和发放救助金177.8万元。全市红十字会筹集价值126.26万元的款物，开展"红十字博爱送万家"活动。接收分配抗击新冠肺炎疫情捐赠款物价值2201.66万元，全国率先在2所方舱医院中设立"红十字博爱家园"，组织志愿者1.25万人次参与疫情防控志愿服务。

**【"红心行动"】** 2022年，南昌市实施"红心行动"，落实"组织赋能、阵地提标、服务提升"3个方面十大举措，把服务触角延伸拓展到基层，使红十字会服务更贴心、更温暖。新增基层组织40个，发展会员4191人。通过资金奖补、项目扶持、队伍下沉等方式，创建一批特色鲜明、作用突出基层组织示范点。3个基层红十字会入选全省红十字会基层基础工作典型案例。在全省率先启动"文明实践+红十字人道伴行"深度融合发展三年行动，按照阵地共建、队伍共育、活动共联的"三共模式"，全面推进文明实践和红十字工作深度融合发展。工作模式被省文明办、省红十字会在全省推广。推动志愿服务队到基层阵地活动，将章金媛爱心助老工作室、敏华工作室、红十字喂养小屋、雄鹰小队、红声同传5个品牌志愿服务项目按照"统一视觉标识、统一工作标准、统一服务流程"进行规范，形成标准模块，植入11个基层阵地，开展连锁服务。

**【红十字生命教育五大行动】** 2022年，市红十字会推进救在身边、爱心相髓、生命接力、人道救助、养老服务五大生命教育行动，做强红十字"救"在身边品牌。培训救护员1.16万人，普及应急救护知识8.23万人次，组织开展青少年防溺水培训、重点水域值守等志愿服务活动，减少青少年溺水事故发生。实现造血干细胞捐献11例，创历年新高，捐献例数累计突破50例。举办"生命的意义"遗体器官捐献者线上缅怀活动，全年遗体器官捐献志愿登记4509人，实现捐献59例。承办第八届中国养老服务业发展高层论坛暨康养产品产业博览会，并受邀在第四届红十字会养老服务分论坛上发言。培训养老护理员132人，普及养老救护知识4000余人次，组织10支南丁格尔志愿服务队开展健康养老志愿服务300余场。

**【百台AED投放启动】** 2022年6月21日，南昌市百台AED投放启动仪式在地铁大厦裙楼一楼大厅举行。市红十字会向有关单位移交首批43台自动体外除颤器（AED）。高质量推进省政府民生实事项目落地，完成70台自动体外除颤器（AED）采购投放，并通过动员企业认捐、互联网筹款筹集专项资金200余万元增加采购91台，投放在地铁、景区、行政服务中心等人流密集公共场所，实现南昌地铁1号线站点和2、3、4号线换乘站全覆盖，并对设备投放点的工作人员开展自动体外除颤器（AED）使用培训。

**【首届洪城红乡村振兴公益项目大赛】** 2022年7—11月，由市委组织部、市红十字会、市乡村振兴局、市农业农村局、市工商联主办，江西省南昌市红十字基金会承办的南昌市首届"洪城红"乡村振兴公益项目大赛举行。5个部门从第一书记思想动员、示范项目挖掘、专题培训、社会宣传、企业和商会组织动员等多方面联动推进，获得爱心单位5000块电子屏、2000余幅线下宣传海报助力。大赛有328个项目、15万人次参与，筹集社会爱心捐款361.68万元，评选优秀项目一等奖2个、二等奖8个、三等奖20个、优秀奖20个并发放激励金54万元，不断强化"洪城红"党建引领+乡村振兴+互联网公益品牌效应。同时，推荐8个项目获江西省乡村振兴公益"100+"三年行动项目大赛奖项。

（汤慧婷）

# 法　治

## 人大立法

**【概况】**　2022年,市人大常委会深入推进科学立法、民主立法、依法立法,聚焦重点领域立法,忠实维护法治统一,创新完善立法机制,全年审议通过法规3件,以更高质量立法促发展保善治。及时废止《南昌市蔬菜基地保护条例》《南昌市赣江饮用水水源保护条例》《南昌市流动人口计划生育工作条例》3件法规,对现行有效70件地方性法规开展全面清理,有力维护法治统一。科学编制五年立法规划和年度立法计划,开展立法调研,推动立改废有效衔接。

**【法规审议】**　《南昌市数字经济促进条例》经2022年10月28日南昌市第十六届人民代表大会常务委员会第十次会议通过,2022年11月25日江西省第十三届人民代表大会常务委员会第四十二次会议批准,自2023年1月1日起施行。该条例共8章69条,围绕数字产业化、产业数字化等重点内容,促进数字经济与实体经济深度融合,以法治推动VR、元宇宙等新兴数字产业发展,打造数字经济发展高地。《南昌市爱国卫生工作条例》经2022年10月28日南昌市第十六届人民代表大会常务委员会第十次会议通过,2022年11月25日江西省第十三届人民代表大会常务委员会第四十二次会议批准,自2023年1月1日起施行。该条例共7章41条,对病媒生物预防控制、健康教育和健康促进等重点内容作专门规定,压实监督管理和法律责任,为改善全市人居环境,推进健康南昌建设提供有力支撑。《南昌市梅岭风景名胜区条例(修订)》经2022年12月14—15日南昌市第十六届人民代表大会常务委员会第十二次会议通过。通过条例修订,建立市级层面工作协调机制,进一步明确部门工作职责、属地管理责任和景区定位,规范景区规划、保护、利用和管理等各项活动,激活景区文化旅游活力,推进全域旅游纵深发展。

**【立法调研】**　2022年,市人大常委会组织开展《南昌市饮用水水源保护条例》《南昌市数字经济促进条例(草案)》等法规制定或修改调研。8月25—26日,市人大常委会立法调研组到进贤县、青山湖区、东湖区和新建区开展爱国卫生工作条例立法二审调研。调研组先后与各县(区)人大常委会、各县(区)政府分管副县(区)长,卫健、城管、疾控等20多个相关单位负责人和乡镇、医院、学校、病媒生物防治公司、物业企业代表等,就基层爱卫组织机构设置、人员配备、财政保障、法律责任等热点、难点问题进行深入交流研讨。通过座谈,收集意见建议80余条。9月6日,市人大城建环保委组织召开《南昌市饮用水水源保护条例》立法调研座谈会。市人大法制委、常委会法工委、市生态环境局、市水利局、市农业农村局、市卫健委、市司法局、洪城水业等有关部门负责人参加。会上,有关部门结合各自工作职责汇报南昌市饮用水水源保护相关工作情况,并就进一步开展好立法工作提出意见建议。9月8—9日,市人大常委会立法调研组到红谷滩区、高新区、经开区、小蓝经开区开展《南昌市数字经济促进条例(草案)》立法调研。市人大法制委、常委会法工委有关负责人参加。调研组走访晶能光电、华勤电子、云上(江西)大数据公司、南昌市微轲联信息技术公司、联通灵境视讯(江西)科技、泰豪创意科技公司、同兴达精密电子、通慧科技等企业,详细询问企业经营状况、产品技术创新以及人才培育保障情况。

(韩丽平)

## 政法委与综治

**【概况】**　2022年,南昌市政法机关聚焦“作示范、勇争先”目标要求，围绕党的二十大维稳安保这条工作主线，着力防范化解各领域重大风险，推动平安南昌、法治南昌建设迈入更高水平，创造让人民群众安业、安居、安康、安心良好社会环境。全市刑事、治安类警情同比分别下降44.56%、17.57%。全市法院受理各类案件157096件，上升17.86%，列全省第一位。全市检察机关办理各类案件16283件，综合质效列全省第一位。安义县、南昌高新区获“2017—2021年度平安江西建设示范县(市、区)”称号。

**【维护社会稳定】** 2022年，市政法机关坚持把情报信息预警摆在首位，每日对全市涉稳信息进行调度处置，确保各领域涉稳风险总体可控。坚持源头防范，抓实重大决策社会稳定风险评估工作，实现从事后处置向事前防范、从末端治理向源头预防、从保稳定向创稳定的“三个转变”，消除重大风险隐患。全年全市未发生有重大影响的规模聚集群体性事件和重大极端案事件。以常态化扫黑除恶斗争为牵引，开展夏季治安打击整治“百日行动”，侦破恶势力集团案件2起、性侵类案件125起。优化宣传方法，追求实效打击电信网络诈骗，遏制电信网络诈骗案件高发势头。至年底，全市破获电信网络诈骗案件1451起、抓获犯罪嫌疑人5706人，同比分别上升11.2%和9.98%；电信网络诈骗案件发案数、财产损失数分别下降36.1%和36.8%。

**【基层社会治理体系完善】** 2022年，南昌市紧盯市域社会治理现代化试点示范城市创建目标，推动形成共建共治共享基层社会治理体系，夯实社会治理基层基础。实施“洪城红”党建引领工程，建成“红色驿站”274个、“1+5+X”邻里中心264个、党性教育基地951个、党群服务中心2000余个。“红色物业”经验做法在第四次全国市域社会治理现代化试点创新研讨班上作交流介绍。推进全面依法治市，培养“法律明白人”62.4万余名，建成法治文化公园及阵地286个。打造“幸福圆桌会”“有事来说”“民情连心桥”“红谷连心会”等一系列基层治理品牌。把项目建设作为推进市域社会治理重要抓手。至年底，全市建成智慧平安小区2020个、智慧平安校园137所、智慧平安医院39所。城中村(开放式居民区)围合网格化服务管理工作完成600个围合区建设，完成率96.9%。同步完成社区环境卫生集中清扫505个，落实空中管线清理整治347个。全面推进县(区)综治中心综合服务功能提档升级，建设“一站式”解纷中心，基本实现县区全覆盖。推进专业性行业性矛盾纠纷调解平台建设，促进形成“一县区一品牌”工作格局。依托江西省社会治理大数据平台，初步实现智汇数据、智防风险、智能指挥、智慧服务、智辅决策和智效办公六大功能。推动辖区网格开展矛盾纠纷和安全隐患排查，全市网格员排查矛盾纠纷4.1万件、安全隐患19万余件。

**【政法领域改革】** 2022年，南昌市紧盯政法队伍教育整顿暴露出来的执法司法突出问题，规范司法权力运行。市委政法委探索完善党委政法委涉企案件评查工作制度，做到常态化评查涉企案件。市法院加强“四类案件”(涉及群体性纠纷，可能影响社会稳定的案件；疑难、复杂且在社会上有重大影响的案件；与本院或者上级法院判决可能发生冲突的案件；有关单位或者个人反映法官有违法审判行为的案件)监管平台运用，出台《审判委员会工作细则》，召开审判委员会27次，促进法律正确统一适用。市检察院统筹落实宽严相济刑事政策和少捕慎诉慎押刑事司法政策，依法不批捕1748人、不起诉3284人，认罪认罚从宽制度适用率93.96%。组建南昌市综合法律服务团，推动“公证+行政执法”试点，创新开展司法所等级评定工作，推动全市司法所规范化建设达标。

**【政法领域智慧信息化建设】** 2022年，南昌市强化政法领域科技支撑，不断提升政务运行智慧化水平。建立《跨部门大数据协同平台法律监督案件业务流程》等工作机制，提升平台运行效率和应用质效。不断优化运行方式，推进“收转发e中心”“法官e助理”等信息化系统应用。加强智慧公安体系建设，整合、汇聚2800多亿条数据，为全体警察提供数据支撑。完成“警务云”和“社会云”升级改造，提供虚拟化服务器和云桌面服务，保障社会治安防控体系、智慧监管等业务系统线上运行。深化“互联网+公安政务服务”改革，网办率从13.66%升至100%。

**【政法服务优化】** 2022年，全市政法系统优化举措，推进政法服务便民化。市委政法委持续推进南昌中央法务区建设，完成法务区建设基本规划构想。市法院设立专业服务通道10条，受理解决群众诉求35162件次。市检察院成立知识产权检察办公室，入选全国首批知识产权检察办案联系点。市公安局建立“交通信号三级优化”(实时监控优化、绿波动态优化、常态方案优化)机制，平均车速同比提升6.35%，拥堵指数平均下降3.85%。市司法局推动法律服务走进城乡一线，帮助群众挽回经济损失或取得经济利益2500余万元。上线运行全省首个“破产重整·智慧平台”，拍卖资产326次，成交金额22亿元。开展“为民办实事·百名检察官进百企”活动，起诉侵害民营企业和民营企业家合法权益犯罪71人，监督纠正涉企民事行政裁判、执行不当案件56件。

(曾雄辉)

## 法治政府建设

【概况】 2022年，南昌市以法治政府建设示范创建为引领，推进法治政府建设，加快推进政府治理体系和治理能力现代化，为全市经济社会高质量发展提供坚强的法治保障。南昌市连续8年获评“全面依法治省工作优秀设区市”，连续5年获评“全省法治政府建设优秀单位”。南昌县获评“第二批全国法治政府建设示范县”，市重大重点项目“三大超简”审批改革（对全市重大重点项目推行“大承诺”“大容缺”“大模拟”审批模式）获评“第二批全国法治政府建设示范项目”。

【依法治市】 2022年，南昌市以打造法治江西“首善之区”为目标，制定《市委全面依法治市委员会2022年工作要点》，确定130项具体任务，分别由53个市直部门牵头承办。印发《关于做好2022年南昌市全面依法治市重点任务台账管理的通知》，每2个月通报任务完成情况。召开全面依法治市工作推进会，4个协调小组报告工作开展情况，2个县区及2个市直部门进行经验交流。开展“对标提升法治力，奋进喜迎二十大”主题实践活动，明确5个方面28项重点任务，推进主题实践活动走深走实。推进“习近平法治思想大学堂”活动，开展习近平法治思想宣传、宣讲活动1325场次，受众12.4万余人次。从十二届市委第三轮巡察开始，将党组织履行法治建设职责情况纳入市委巡察内容，组织2个专项检查组，对市供销联社、市委台办等9个单位党政主要负责人履行推进法治建设第一责任人职责情况开展专项检查。编印《法治南昌》杂志总第30期，发送2500册。

【法治化营商环境优化】 2022年2月，南昌市实施营商环境优化升级“一号改革工程”，出台《关于深入推进优化营商环境“一号改革工程”全力打造区域性标杆城市行动方案》，开展国家营商环境创新试点41个改革事项。打造“线上线下、多元互补”服务渠道，对全审批流程进行精简压缩和流程再造，企业开办全链条办理时限从2021年的2个工作日压缩至3小时，近2000项事项实现“一门办理”。围绕服务双“一号工程”，开展“法治护航民企发展”活动，深入工业园区、企业开展法治体检、法律服务咨询活动360余场次。南昌市在全省首次中小企业发展环境评估中排第一名。在全省营商环境18项指标考核中，南昌市有10项指标排全省第一名，综合成绩排全省第一名。

【立法修订】 2022年，南昌市严格执行《南昌市制定地方性法规条例》，运用好地方立法权，在充分履行考察调研、分析研究、反复认证、征求各方意见等立法程序基础上，编制《南昌市人民政府2022年立法工作计划》，推动大数据、生态文明等重点领域立法，完成《南昌市爱国卫生工作条例》《南昌市数字经济促进条例》《南昌市梅岭风景名胜区条例（修订）》等年度立法工作，依法废止《南昌市专利促进和保护办法》等规章，提高地方性法规、政府规章的可行性和操作性。

【行政规范性文件备案审查】 2022年，南昌市印发《南昌市人民政府文件审查工作规则》，严格做好规章报备和行政规范性文件备案审查工作。全市合法性审查各类市政府规范性文件、合同协议、重大决策等455件。完成对已出台的13件市政府规范性文件向省政府、市人大常委会报备工作，确保报备及时、规范。严格规范性文件备案审查，完成对县区、开发区、市政府各部门报送的25件行政规范性文件备案审查工作，每季度对备案登记的规范性文件目录进行公布。

【行政执法协调监督】 2022年，南昌市严格行政执法责任制落实，重点加强对公共场所卫生、文化旅游、食品安全、交通运输等领域执法检查。完成市场监管、生态环境、农业等七大领域综合行政执法体制改革。严格落实行政执法“三项制度”（行政执法公示制度、行政执法全过程记录制度、重大执法决定法制审核制度），细化形成处罚自由裁量权标准，完成42件法规规章自由裁量权细化。贯彻新修订的《中华人民共和国行政处罚法》，培训人员3234人次。严格行政执法人员资格管理，市本级通过考试获得执法证284人。加大对关系群众切身利益的重点执法领域监督力度，全年组织行政执法案卷评查3次。运用“双随机、一公开”平台，开展“双随机”检查6057次。创新探索实践包容审慎、随同式等行政执法监管新模式，指导监督市市场监管局等34个部门，对458种轻微违法行为免予行政处罚。

【政务公开】 2022年，南昌市贯彻落实《政府信息公开条例》，完善南昌市人民政府信息公开指南，开辟重点领域信息公开网站专栏。加强政府网站与政务新媒体建设管理，举行首届“政府开放周”活动，邀请部分人大代表、政协委员、媒体代表和市民代表参观了解政府政务服务。印发《南昌市人民政府办公室关于规范重大行政决策程序办理流程（试行）》，公布《南昌市政府重大行政决策事项目录》，对外公布重大行政决策事项5项。发挥法律顾问、公职律师在重大行政决策中咨询论证作用，全市设立公职律师办公室28个。推进政务诚信建设，实现信用南昌平台与市政务服务网、市法院执行失信等平台互联互通，录入行政许可信息8.96万条,行政处罚信息6447条。

【矛盾纠纷源头化解】 2022年,南昌市坚持和发展新时代"枫桥经验"[20世纪60年代初,浙江省诸暨县(现诸暨市)枫桥镇干部群众创造的"发动和依靠群众,坚持矛盾不上交,就地解决,实现捕人少,治安好"的经验],织密人民调解"四张网"(城市、农村、内部单位、行业专业性人民调解组织),形成"市、县(区)、乡镇(街道)、村(居)"四级人民调解工作格局。全年各级受理矛盾纠纷11351件,调解成功11339件,成功率99.89%,涉案金额约10亿元。5月,市人民调解协会印发《南昌市委派(委托、联合)调解工作规范》,规范"三调联动"(人民调解、司法调解、行政调解既发挥各自独特作用,又有机衔接、紧密配合,运行机制规范高效)工作程序。

【行政复议与应诉工作规范】 2022年,南昌市深化行政复议体制机制改革,发挥行政复议公正高效、便民为民制度优势。实行行政复议案件受理"多点通办",对行政争议做到"应收尽收、应调尽调、应纠尽纠、应赔尽赔",推进行政复议规范化建设。全年市本级受理行政复议案件540件,审结449件(含往年结转48件),综合纠错率56.12%。印发《南昌市关于加强各级政府负责人出庭应诉工作的通知》,明确全市各级正职负责人每年至少出庭1次,向行政机关制发提示函219份,全市行政机关负责人出庭应诉率98.35%,同比上升15.55%。

(吕守洪)

## 公安

【概况】 2022年,全市公安机关认真贯彻落实中央、省、市决策部署,围绕做好保障、学习、宣传、贯彻党的二十大主题主线,全力做好防风险、保安全、护稳定、战疫情、促发展各项工作,维护全市政治社会大局持续安全稳定。南昌市公安局红谷滩分局获"全国优秀公安局"称号;南昌市公安局特警(防暴)支队八大队、南昌市公安局青山湖分局京东派出所、南昌市公安局网安支队一大队获"全国优秀公安基层单位"称号;南昌市公安局西湖分局筷子巷派出所获"全国爱民模范集体"称号,并入选全国第二批"枫桥式公安派出所"名单。

【社会治安防控】 2022年,市公安局以社会治安防控体系示范城市创建为抓手,加强公安检查站、治安卡口、街面警务站等防控支点建设,在环市际、县际打造5个智能化公安检查站、4个水域检查站、17个公路数字警务室和239个移动勤务车组,在城市进出口建立电子卡口600余个、治安卡口900余个,在城区建成21个智慧街面警务站,组建7.6万余人的特色群防群治队伍"洪城义警",义务参与治安防控、矛盾调处、平安创建等工作。至年底,建设智慧安防小区1985个,覆盖率83.2%。

【公安政务服务】 2022年,市公安局聚焦优化营商环境"一号改革工程",深化"互联网+公安政务服务"改革,下发行使层级至县区公安机关12项行政许可事项,关联电子证照60余项,实现89项公安业务"免证办"、31项"跨省通办"、170项"全市通办",为新开办企业节约印章刻制成本超1000万元。深化推进3类18项高频交管业务进驻派出所户籍窗口,网办率从13.66%升至100%,治安事项办结时限平均缩短40%,驾驶证换证效率提升70%。5月10日,市公安局出台《第一批"首违不罚"事项清单》,对旅馆业、娱乐业、企事业单位、保安业4个行业18项具体违法行为实行"首违不罚",推进32项交管、16项治安以及11项自助业务进驻市民中心。

【打击新型犯罪】 2022年,市公安局坚决遏制电信网络诈骗案件多发高发态势,坚持"梯度推进、波次打击",对电信网络诈骗犯罪以及提供作案工具、信息支持、技术支撑、转账洗钱、组织偷渡等关联犯罪,从"打击""劝阻""管控""治理""宣传"5个方面入手,开展"断卡""断流""长风""打击跨境网络赌博"等专项行动,推广"国家反诈中心"APP,建立重点地区、重点行业定期约谈机制,形成治理合力,首次实现发案数、损失数下降和破案数、抓获数上升的"两降两升"目标。破获电信网络诈骗犯罪及关联犯罪1491起,抓获犯罪嫌疑人5791名,捣毁窝点102个,打掉团伙283个;侦办跨境赌博案件22起,抓获犯罪嫌疑人75人。开展反诈线下宣传活动400余次,制作《反诈电影院》《反诈有事会》《反诈小剧场》42期,取得良好社会宣传效果。反诈工作获评全省"我为群众办实事"重点民生攻坚项目三十佳典型事例。

【"交所融合"体制改革】 2022年3月1日,市公安局在"三县一区"55个农村派出所开始开展"交所融合"体制改革,实施农村派出所与交警中队机构融合、警力融合、勤务融合、保障融合、科技融合"五个融合",推进农村道路交通安全管理由交警中队单一管理为主向农村派出所综合治理为主转型,推动农村社会治安及道路交通安全治理警力配置优化、执法执勤规范、工作方式智能、警务保障有力、民警一专多能。"交所融合"改革后,农村派出所承担辖区内除高速公路以外所有道路的交通安全管理,有序开展道路交通安全巡逻防控、隐患整治、宣传教育、事故处理等工作,以及办理3类18项交管高频业务。至年底,参与改革的55个农村派出所办理3类

18 项高频交管业务 1800 余起，开展交通安全巡逻 1.26 万余人次，协助维护交通秩序 500 余次，排查整治公路交通隐患 200 余处，查处交通违法行为 60 余起，开展交通安全宣传教育 960 余次。全市农村道路（含国省道）交通伤亡事故同比下降 32.08%。

**【“和谐 2022”系列专项行动】** 2022 年，市公安机关深入贯彻落实“和谐 2022”系列行动部署要求，各项行动战果明显。矛盾纠纷多元化解，健全完善矛盾纠纷源头治理、多元化解机制，排查化解矛盾纠纷 10.7 万余起，化解率 95.6%；严厉打击“黑拐枪”“盗抢骗”“食药环”及电信网络诈骗、养老诈骗、侵害弱势群体利益等突出违法犯罪，侦破恶势力集团案件 1 起、命案积案 2 起、解救被拐妇女儿童 31 人，17 起现行命案全部告破；破获养老诈骗案件 221 起，为老年人挽回损失 4.1 亿元，打击整治养老诈骗专项行动得到全国、全省督导组肯定。

**【“八个一”勤务机制】** 2022 年，市公安局常态化运行派出所“八个一”勤务机制（每日一调度、每日一巡查、每周一研判、每周一走访、每月一检查、每月一练兵、每月一谈心、每月一小结），发挥基层民辅警作用，把工作落到实处，建立健全警种部门支援派出所机制，统筹警种部门资源和力量支援派出所。推行警务区考核，将全市划分为 497 个警务区，开展信息采集、矛盾化解、安全防范、服务管理等基础工作，建立基层基础工作质效评价体系，优化建设派出所智慧管理平台，提升基层警务运行效能，派出所基础信息采集率 100%。

**【平安交通治理】** 2022 年，南昌市开展“打通断头路，畅通微循环”攻坚行动，一点一策治理交通堵点 1024 个，优化交通路口信号 852 个，新增绿波通行道路 78 条，平均车速同比上升 6.35%，拥堵指数同比下降 3.85%。充分发挥“135”快反机制（1 分钟快速发现并及时响应；3 分钟调度指挥路面警力快速到达现场；对轻微事故、简单故障做到 5 分钟全力恢复交通；对较大事故全力疏导）作用，交通事故快反处置率 99.2%；强化文明交通创建，整治交通乱象和十大不文明交通行为 163.1 万起，驾乘人员头盔佩戴率 90%。强化事故预防“减量控大”，排查治理国省道、县乡道路等安全隐患 2395 处，以及临水临崖、急弯陡坡等安全防护设施隐患 3060 处。第三季度，南昌市交通健康指数在全国 36 个重点城市中排第一名，在中部省会城市中排第一名，成为全国首个从“限行”到“不限行”之后拥堵指数“不升反降”城市。

**【“枫桥式公安派出所”授牌】** 2022 年 5 月 31 日，南昌市公安局西湖分局筷子巷派出所荣膺全国“枫桥式公安派出所”称号授牌仪式在筷子巷派出所举行。省委政法委、省公安厅、市委政法委、市公安局、西湖区委等单位有关领导和全国“改革先锋”、一级英模邱娥国参加授牌仪式。仪式上，宣读《公安部关于命名第二批“枫桥式公安派出所”的决定》，授予南昌市西湖分局筷子巷派出所全国“枫桥式公安派出所”牌。省公安厅党委委员万秀奇为筷子巷派出所授牌。省公安厅党委委员、副市长、市公安局局长肖铁军主持仪式。

**【社会安全监管】** 2022 年，市公安局开展安全生产专项整治三年行动“巩固提升”攻坚战，推进开放式小区、城中村围合管理和房屋安全隐患专项排查整治，加强新兴领域和重点部位安全监管，强化消防检查、大型活动监管，发现并督促整改安全隐患 1 万余处。深入开展“新型警力护校园”“水美家安——全民防溺水”行动，完成 1990 所校园安防标准化规范化智慧化建设改造，在 1.7 万余个重点水域点位布设防溺水“四个一”设施（一块警示牌、一个救生圈、一根安全绳、一对毛竹竿）。

**【智慧公安体系建设】** 2022 年，市公安局以市域社会治理现代化试点

2022 年 5 月 31 日，西湖公安分局筷子巷派出所获全国“枫桥式公安派出所”称号授牌仪式举行

（市公安局　供图）

为牵引,加强智慧公安体系建设,整合、汇聚大量数据,搭建实战应用模型,为全体警察实战提供数据支撑。完成"警务云"和"社会云"升级改造,支撑社会治安防控体系、智慧监管等150余个业务系统线上运行,全市治安保卫重点单位、部门实现"网上管、地上查、图上看"闭环式管理,建成智慧安防小区2053个、平安校园1990所、智慧平安医院39家。

(秦京娜)

## 检　察

【概况】 2022年,南昌市人民检察院(以下简称"市检察院")下辖9个县、区检察院(南昌县检察院、进贤县检察院、安义县检察院、东湖区检察院、西湖区检察院、青云谱区检察院、青山湖区检察院、新建区检察院、红谷滩区检察院),2个国家级开发区派出检察院(经开区检察院、高新区检察院),共办理各类案件14472件,年人均办案数量排全省第一名。60项核心业务评价指标中,21项排全省第一名,33项排全省前五名,综合业务质效排全省第一名。全市检察机关19个集体和130名个人获得市级以上荣誉,10个案事件入选全国、全省典型案例、优秀案例,检察工作高质量发展迈出坚实步伐。

【刑事检察】 2022年,全市检察机关注重质效优先,减少群众诉累,刑事检察"案—件比"降至1∶1.0097。注重维护刑法权威,与公安机关共同设立侦查监督与协作配合办公室,依法监督公安机关立案30件、撤案33件;纠正漏捕21人、漏诉178人;加强刑事审判监督,提出刑事抗诉25件。经开区检察院联合赣江新区税务局、区公安分局建立税警检实体化协作机制,提升税收司法保障和依法治税水平。强化刑事执行监督,组织开展巡回检察,督促整改监管不规范、不到位等问题64个。南昌县检察院自主开发"昌南非羁码"APP,在全省率先实现对非羁押人员"掌上"监管。

【民事行政检察】 2022年,全市检察机关办理各类民事行政诉讼案件103件,提请抗诉采纳率、抗诉改变率、再审检察建议采纳率均100%,抗诉的涉军人民事诉讼监督案件入选全省"全面贯彻实施民法典"典型案例。坚持情法兼顾,引导当事人达成民事和解、实质性化解争议39件,办理的涉企民事货款纠纷案件获当事双方致信感谢。坚持专项引领,办理食品药品、劳动报酬、婚姻登记、土地执法等领域行政监督案件45件。进贤县检察院、南昌县检察院办理的撤销婚姻登记行政检察监督案入选全省典型案例。

【公益诉讼检察】 2022年,全市检察机关办理诉前程序案件267件,依法起诉20件。围绕城市水系综合治理,参与全市排水单元达标创建工作,常态化开展饮用水水源安全监督。青云谱区检察院办理的连锁酒店二次供水安全监督案入选"江西省检察院典型案例"。围绕国有财产和国有土地使用权出让领域保护,部署国财国土专项监督。围绕生产生活领域安全,发出检察建议6件,督促整治"飞线充电"场所173处,清理影响通行安全的共享电动自行车停放点94处,推动设置集中停放、充电场所264处。

【涉嫌职务犯罪侦查受理】 2022年,全市检察机关落实监察检察互相配合、互相制约的政治责任和法治责任,抽调精干力量协助各级纪检监察机关办案,受理监察机关移送涉嫌职务犯罪51人,已起诉49人。其中,县处级以上干部12人。强化司法工作人员相关职务犯罪侦查工作,成立司法渎职侵权检察指挥中心,建立侦查人员和侦查工作统一指挥调度机制,核查线索26件,立案侦查2件4人。

【各类犯罪嫌疑人批捕起诉】 2022年,全市检察机关依法批准逮捕各类犯罪嫌疑人1538人,提起公诉4817人。常态化开展扫黑除恶斗争,与创新基层社会治理、推进平安南昌建设等工作统筹推进,起诉8件17人。围绕工程建设、自然资源、金融放贷、市场流通等重点领域制发检察建议68件。服务保障疫情精准防控,建立涉疫案件办理快速通道,与市公安局、市法院、市公安局联合发布《关于依法追究违反疫情防控相关规定行为责任的通告》,共同筑牢疫情防控防线。

【经济金融风险防范】 2022年,全市检察机关深入落实最高检"三号检察建议"(2019年最高人民检察院针对检察机关办理的金融违法犯罪案件,对金融安全、社会稳定造成的影响,聚焦金融防范化解工作,向中央财经委发送的检察建议),组织开展防范非法集资、"套路贷"等系列宣传教育活动,提升群众法治意识。起诉涉众型经济犯罪134人,追赃挽损4.19亿元。斩断电信网络诈骗链条,办理电信网络诈骗窝串案等,批捕224人、起诉894人。红谷滩区检察院办理的龚某某、熊某某诈骗案入选"江西省打击电信诈骗典型案例"。依法严惩洗钱犯罪,与市公安局机关、中国人民银行南昌中心支行建立协作机制,起诉25人,办案数量列全省第一位。

【深化诉源治理】 2022年,全市检察机关落实宽严相济刑事政策和少捕慎诉慎押刑事司法政策,依法不批捕1687人、不起诉3024人,决定和建议释放或变更强制措施118人。认罪认罚从宽制度适用率94.43%。主动向各级党委报告办案发现的社会治理类问题，报送情况反映、调研报告等66篇，向有关主管部门制发检察建议102件。安义县检察院打造“安心”解忧工作室，把矛盾纠纷化解在基层、解决在源头。青云谱区检察院建立“不起诉+社会志愿服务”工作机制，做好不起诉“后半篇文章”，获得最高检主要领导批示肯定。

**【服务保障经济发展】** 2022年，全市检察机关平等保护各类市场主体合法权益，强化理念引领，切实把优化营商环境作为“生命线”来抓，对涉案民企人员依法能不捕的不捕、能不诉的不诉、能不判实刑的就提出适用缓刑建议、能不羁押的尽早不羁押，不捕率、不诉率分别高于普通刑事案件6.16%和8.39%，避免“办理一个案件，搞垮一个企业”。强化检察办案，起诉侵害企业合法权益犯罪63人，监督纠正涉企民事行政裁判、执行不当案件56件。办理的江西某投资有限公司申请执行监督案，为企业挽回损失350余万元。

**【“为民办实事·百名检察官进百企”活动】** 2022年，全市检察机关聚焦服务营商环境优化升级“一号改革工程”，开展“为民办实事·百名检察官进百企”活动。市县两级检察院检察长带头走访企业，提供精准服务，解决困难问题，到企业开展法律服务1716次，走访人大代表、政协委员企业家189名，设立联络站点45个，建立常态化联络机制37个，解决实际问题145个。实行“涉民企案件提示单”制度，向办案检察官发放“涉民企案件提示单”，提醒落实“少捕慎诉慎押”等服务保障民营经济发展政策。全年发放提示单324份，对涉民营企业犯罪嫌疑人采取取保候审措施835人，不批捕135人，不起诉454人。组建“硕士检察官企业服务团”“巾帼检察官法治服务团”“安商护企检察服务团”，按照企业“点单式”普法需求，“一对一”为企业提供“菜单式”精品法治服务。

**【企业合规改革】** 2022年，南昌市试行企业合规改革工作。市检察院推进成立管委会12个，成员单位96个，制定出台《关于建立南昌市涉案企业合规第三方监督评估机制的实施办法》《南昌市涉案企业合规第三方监督评估机制专业人员选任管理办法》等规范性文件25份。办理涉案企业合规案件25件，办结18件，适用第三方监督评估机制15件。办结的18件涉案企业合规案件，对整改合规的9家企业、27人依法作出不起诉决定，对2人提出轻缓刑量刑建议。向行政机关移送行政处罚线索发出检察意见4件，制发社会治理类检察建议9件。其中，高新区检察院办理的龚某某假冒注册商标案入选“江西省第二批企业合规典型案例”。

**【知识产权检察保护】** 2022年，全市检察机关服务南昌知识产权强市建设，推进知识产权刑事、民事、行政检察职能集中统一履行。市检察院知识产权办公室入选全国首批知识产权检察办案联系点。省检察院、市检察院选定在南昌企业中的二十一世纪出版社集团、江铃汽车股份有限公司作为江西首批知识产权检察保护联系点。参与组建VR产业司法保护联席会议，协调解决VR产业知识产权保护工作。1月1日起，南昌市辖区内的第一审知识产权刑事案件由高新区检察院及高新区法院集中管辖。办理的胡某某假冒注册商标案和龚某某假冒注册商标案分别入选最高检、省检察院典型案例。探索知识产权纠纷多元化解，在办理孙某与江西某酒厂侵害商标权、商标合同纠纷案中，依法促成双方和解，在维护商标持有者合法权益同时，减轻企业诉累。

**【民生领域检察保护】** 2022年，市检察院向745名案件当事人及其亲属发放司法救助金675.14万元，同比分别上升218.38%、75.25%。办理特殊群体民事支持起诉案件95件，起诉“以房养老”等坑害老年人以及恶意侵犯劳动者合法权益等犯罪97人，高新区检察院依法办理恶意拖欠220余名农民工工资、涉案金额620余万元的拒不支付劳动报酬案。压实群众信访事项首办责任，对61件首次刑事申诉、立案监督案件全部实行领导包案，化解60件，1275件群众来信全部实现7日内程序回复、3个月内办理过程或结果答复。探索开展高空抛物、盲道设置不规范等危害公共安全问题监督，通过检察职能综合履行，最大程度保护群众利益。

**【未成年人司法保护】** 2022年，全市检察机关坚持“零容忍”打击侵害未成年人犯罪，批捕99人，起诉97人。对未成年人犯罪不起诉387人，落实帮教措施958次，不诉率比成年人犯罪高47.72%。推动落实侵害未成年人案件强制报告制度，联合市公安局、市教育局、市民政局、市卫健委、团市委等15家单位开展密切接触未成年人行业人员入职查询68638人次，禁止16名有违法犯罪记录人员进入相关行业。推动青少年法治宣传教育向乡村学校倾斜，开展“法治进校园”活动583场次，覆盖22万名师生、家长。

**【检察监督管理】** 2022年，南昌市两级检察院向人大及其常委会主动报告工作16次，认真办理代表建议、委员提案18件，主动邀请代表委员参加案件办理和检察活动450人次，专题向党外代表人士通报全年工作、征求意见建议。自觉接受社会监督，公开案件程序性信息9361件、重要案件信息96件。充分运用“两微一端”(微博、微信及新闻客户端)动态发布检察信息，让检察走进群众，让群众了解检察。市检察院官方网站被评为全国优秀检察门户网站。推动公开听证常态化，组织公开听证670件。自觉接受人民监督员监督，邀请监督办案721件。加强律师执业权利保障，接待辩护人、诉讼代理人阅卷1701次，接受案件信息查询1201次。

（张　鸽）

## 法　院

【概况】　2022年，南昌市中级人民法院（以下简称“市中院”）下辖南昌县、进贤县、安义县3个县法院，东湖区、西湖区、青云谱区、青山湖区、新建区、红谷滩区6个区法院和高新区、经开区2个开发区法院，共11个基层法院、34个人民法庭。全年全市法院受理各类案件181178件（含旧存），审（执）结177614件，人均结案426件，均列全省第一位。其中，市中院受理各类案件18238件（含旧存），审（执）结18023件，人均结案212件，各类案件结案率98.82%，均列全省中院第一位。上网公开裁判文书28413份，庭审直播6501场，召开新闻发布会3次，举行“公众开放日”活动20场，邀请人民陪审员参审案件9386件次。幼儿园横向垄断协议案入选“全国法院十大反垄断典型案例”，侵害实用新型专利权纠纷案入选最高法院《人民法院案例选》。

【刑事案件审判】　2022年，全市法院审结刑事案件10378件。贯彻实施《中华人民共和国反有组织犯罪法》，常态化开展扫黑除恶斗争，保持对黑恶势力及其“保护伞”高压态势，审结涉黑涉恶案件10件。严惩严重暴力犯罪，审结故意杀人犯罪等案件129件，故意杀人犯欧阳某某、抢劫犯黄某某等被依法判处死刑，故意杀人犯王某某、抢劫犯曹某某等被依法执行死刑。打好禁毒人民战争，审结毒品犯罪案件430件，1个案例入选“全国法院十大毒品犯罪典型案例”。依法严惩职务犯罪，审结张某某、刘某某等职务犯罪案件50件。守护人民群众“钱袋子”，审结电信网络诈骗、非法集资等涉众型经济犯罪案件79件，审结养老诈骗案件17件。

【民商事案件审判】　2022年，全市法院审结民商事案件84783件。全力践行“法治是最好的营商环境”理念，出台《关于为我市推进双“一号工程”、建设“一枢纽四中心”、实现“两个大幅提升”提供司法保障的实施意见》，成立专班强力推进，得到市委、市人大和省高院等单位主要领导批示肯定。护航房地产市场平稳健康发展，审结案件5814件。促进高水平对外开放，审结涉外案件72件。促进家庭和睦，审结家事案件4842件。发放《离婚证明书》，保护当事人隐私。出台《在民事诉讼中实行律师调查令的办法》，发挥律师调查收集证据作用。青云谱区法院发出全省首份《家庭教育令》，入选“江西省法院维护妇女合法权益家事审判十大典型案例”。保护未成年人健康成长，审结涉未成年人案件2392件。西湖区法院少年家事审判庭获评“全国法院少年法庭工作先进集体”。

【案件执行】　2022年，全市法院执结案件60845件，到位金额287.25亿元，让生效裁判文书上的“白纸黑字”变成当事人口袋里的“真金白银”。南昌县法院妥善处置“老庆祥”特大非法集资案涉案财产，入选“全国法院依法惩治金融犯罪典型案例”。保持高压态势，移送涉拒执罪案件31件，搜查303次，拘传280人次，拘留67人次，限制出境14人次，罚款82.38万元。惩戒失信人员，纳入失信被执行人名单15102人次，让“老赖”“一处失信，处处受限”。褒奖诚信人员，进贤县法院发出全省首份《自动履行证明书》，正向激励推动社会信用体系建设。上线运行全省首个“破产重整·智慧平台”，拍卖资产326次，成交金额22亿元。创建“执破直通”机制（针对执行案件中发现被执行人企业存在资不抵债等问题，在征得一方当事人同意情况下，执行法官将案件移送破产审判机构进行破产审查），加速“僵尸企业”出清，入选“江西省法院服务保障营商环境优化升级十大典型案事例”。1件执行案件入选“江西省法院服务保障双‘一号工程’十大典型案例”。

【涉民生案件】　2022年，全市法院审结涉民生案件20606件。青云谱区法院审结张某诉单某生命权纠纷案，入选全省法院弘扬社会主义核心价值观典型案例。东湖区法院审结老旧小区加装电梯案，保障民生工程推进。严惩恶意欠薪行为，为277名农民工追讨欠薪1628.11万元。高新区法院审结范某“拒不支付劳动报酬”案，为农民工追回工资441万元。派出412名干警担任中小学法治副校长，助力青少年法治教育，工作经验在全省法院工作会议上作介绍。设立全省首个“爱心家园家庭教育指导工作站”，引导全社会注重家庭、家教、家风。依法为当事人缓、减、免交诉讼费106.13万元，让困难群众打得起官司。发放司法救助金674.4万元，帮助涉诉困难群众摆脱困境。依法严惩妨害疫情防控犯罪，审结案件14件。

【诉调对接】　2022年，全市法院完善线下诉讼服务大厅与线上“微法院＋诉讼服务中心＋赣法民意中心”立体化诉讼服务网络，打通司法为民“最后一公里”。市中院一站式建设工作入选“全国法院一站式建设十大典型经验”。出台建设工程合同纠纷诉调对接实施细则，化解纠纷96件。青山湖区法院运用一站式多元解纷e平台，汇聚整合全区相关职能部门、行业协会（商会）、村（社区）解纷资源，构建“纵向到底，横向到边，集成联动，诉讼兜底”解纷架构，形成互联互通、联调联处、“一网通办”解纷网络，力争群众解纷“最多跑一地、有事网上见、矛盾线上调”，18天调处3起劳务纠纷。南昌县法院依托县综治中心，采取“走出去”方式，正式运行全省首个诉调对接中心，专门开展多元化解、诉调对接、登记立案、速裁快审及相关辅助诉讼事务，着力构建“源头预防在先、多元解纷为主、诉调对接中转、法院裁判兜底”矛盾纠纷一站式多元化解体系，一站式解决纠纷3600余件。

**【审判监督管理】** 2022年，全市法院加强“四类案件”（涉及群体性纠纷，可能影响社会稳定的案件；疑难、复杂且在社会上有重大影响的案件；与该院或者上级法院判决可能发生冲突的案件；有关单位或者个人反映法官有违法审判行为的案件）监管平台运用，对684件案件全过程监管。出台《审判委员会工作细则》，市中院召开审判委员会27次，促进法律正确统一适用。抓实院庭长办案制度，全市法院院庭长办结案件78551件，占全市法院办结案件总数的54.86%。其中，中院院庭长办结案件8061件，占中院办结案件总数的50.24%。加强与代表联络沟通，邀请代表视察法院、旁听庭审等222人次，代表关注案件15件全部办结。落实市人大及其常委会决议决定，代表意见建议18条全部办结。专题报告司法救助工作，发挥司法救助“雪中送炭”暖心作用。向政协委员通报工作，邀请委员视察法院、旁听庭审等110人次，政协委员提案22件全部办结。向各民主党派、工商联、知联会、新联会通报工作，促进司法工作和统战工作有机结合、协同发展。配合检察机关开展诉讼监督，审结抗诉案件15件，邀请检察长列席审委会9人次，共同维护公平正义。认真贯彻实施检察建议制度，及时办理反馈检察建议12件，促进司法规范，提升办案质效。

**【产权和知识产权司法保护】** 2022年，全市法院加强产权和知识产权司法保护，妥善审理各类民商事纠纷，营造公平透明、可预期的法治化营商环境。出台知识产权纠纷行政调解协议司法确认工作的意见，实现知识产权行政保护和司法保护有机衔接。出台服务保障知识产权强市建设的实施意见，助推南昌国家知识产权强市示范城市建设。保护市场主体创新创造权益，对3起恶意侵权案件适用惩罚性赔偿。幼儿园横向垄断协议案入选“全国法院十大反垄断典型案例”。1件侵害实用新型专利权纠纷案入选最高法院《人民法院案例选》。2件知识产权侵权案入选“全省数字经济知识产权司法保护典型案例”。

**【智慧法院建设】** 2022年，全市法院推进案件繁简分流，深化智慧法院应用。“收转发e中心”借助信息化支撑手段，依托法院诉讼服务中心，通过诉讼材料收转发事务集约化、智能化管理，完成诉讼材料动态监管、全程留痕，实现诉讼材料类辅助性事务从审判执行工作中完全剥离，进而实现诉讼材料智能化服务，方便当事人诉讼，规范司法管理。“法官e助理”系统以案件信息、卷宗数据电子化和网络化为基础，依托大数据、人工智能技术，为法官在阅卷、开庭、文书撰写、裁判等核心审判环节提供智能化、一体化辅助服务，减轻法官办案负担。“档案e管理”通过改造融合办案系统、多功能云柜和电子档案系统等平台，推动立案、审理、裁判、结案、归档全流程无纸化办案模式改革，实现“电子档案为主、纸质档案为辅”的案件归档方式，流转材料7.02万批次，“三书”电子送达17636人次、占比53.28%、节省费用46.34万元。推进线上司法服务，网上立案21274件，网上调解3.88万次，网上开庭10771次，实现疫情期间诉讼服务不停止。

**【诉事速办】** 2022年，全市法院公布“诉事速办”工作手机号码311个，设立专业服务通道10条，受理解决群众诉求35162件次，让群众感受到司法服务触手可及、诉求解决足不出户，受到新华社、《法治日报》等多家中央、省级媒体报道。出台《“诉事速办”微办案细则》，依托“诉事速办”法官办案公用手机和微信，由法官主导，采取一案一群模式，组建微信群组，方便诉讼当事人在线上以文字、语音、图片、视频等方式来参与询问、调解、证据交换、庭审、执行和送达等诉讼环节，让群众足不出户就能完成立案、审判、执行等全部诉讼流程，审结案件1750件。新建区法院运用“诉事速办”微办案19天审结一起跨国民事纠纷。

**【专业法庭建设】** 2022年，南昌市注重法庭专业化建设，先后打造金融、道路交通事故、医疗器械、生态旅游等6个专业法庭。其中，卫东法庭、桃花法庭为金融法庭，2个法庭以赣江为界，分片集中管辖全市金融案件；塘山法庭为道路交通事故法庭，负责集中受理、调处全市8个中心城区的机动车交通事故责任纠纷案件；向塘法庭为拥军法庭，负责审理南昌县辖区涉军维权案件；李渡法庭为医疗器械法庭，负责审理进贤县辖区涉医疗器械纠纷案件；梅岭法庭为生态旅游法庭，负责审理湾里地区旅游纠纷、生态环境相关案件。通过省高院协调省财政厅先后3次向南昌法院下拨省级基建补助专项资金7450万元，专项用于“两庭”（人民法庭和人民法院机关审判庭）建设。

（李 丹）

## 司法行政

【概况】 2022年,南昌市司法局以争创新时代司法行政“第一等工作”政治担当,立足“一个统筹”(统筹协调依法治市)、“四大职能”(行政立法、行政执法、刑事执行、公共法律服务),坚持以党的政治建设为统领,持续推进法治南昌、法治政府、法治社会一体建设,推动全市司法行政系统政治建设得到新加强、法治建设开创新局面、服务大局取得新成效、维护稳定展现新作为、深化改革迈出新步伐,为巩固提升发展首位度、充分彰显省会担当,建设更高水平平安南昌、法治南昌作出贡献。

【公共法律服务】 2022年,市司法局推进公共法律服务体系标准化规范化建设,南昌市2个公共法律服务工作站获评全省首批示范点。开展“乡村振兴,法治同行”活动,制定6个大项15个子项法律服务项目清单,助力乡村产业兴旺和乡村振兴。开展“公共法律服务进园区入企业”活动,指导建立12个开发区(园区)企业公共法律服务团,助力企业依法决策、依法经营、依法治理。着力构建覆盖全业务全时空的公共法律服务“三台融合”系统,为群众提供精准普惠法律服务。至年底,全市公共法律服务热线、实体、网络三大平台共回复和办理群众法律事项297006件,群众满意率99.98%,居全省首位。

【依法治理与普法宣传】 2022年,市司法局出台《关于开展“奋进新征程 法润英雄城——南昌市学习宣传贯彻党的二十大精神”主题普法实践活动的通知》《南昌市“法律明白人”星级评定工作指导意见》《关于在南昌市组织开展公民旁听庭审活动的工作方案》,对年度普法依法治理重点工作全面部署。成立南昌市“八五”普法讲师团,由25名高校法学教授、政法单位法务专业人员及资深律师组成,组织普法讲师到基层开展公益普法宣传。组织开展“喜迎党的二十大 法治南昌创佳篇”法治文化作品征集活动,征集作品236部,并将优秀作品展播。挖掘南昌红色资源,打造梅汝璈故居、安义县乌溪村红色法治文化苑等一批红色法治文化阵地。其中,南昌新四军军部旧址陈列馆入选全省首批红色法治文化示范基地。组织现场旁听、播放庭审光盘、网络直播、线上观看等方式,组织干部群众20余万人次旁听庭审,工作经验入选首批“江西省普法依法治理创新案例”和“全国司法行政案例库”。开展《中华人民共和国反有组织犯罪法》专项普法活动,开展在线直播专题讲座,1.2万余名网民在线观看。编印10万册《“漫”说普法——南昌市“以案释法”法治宣传系列读本之六》,免费发放给广大干部群众。全市获评省“十佳百优法律明白人”11人,获评第九批“全国民主法治示范村(社区)”5个。

【人民调解】 2022年,市司法局推动人民调解延伸到医疗、物业、教育、宗教等22个领域,打造特色个人工作室86个,行政调解、人民调解各类矛盾纠纷9.1万余件。开展矛盾纠纷排查化解专项行动,开展排查6640次,预防纠纷3015起,受理调解纠纷11351件,调解结案11339件,结案率99%。推行人民调解“一次都不跑”服务举措,为行动不便的高龄老人、残疾人、孕妇等特殊困难人群提供电话调解、线上调解、上门调解等645起。出台《关于进一步加强全市人民调解服务体系建设的意见》,整合全市调解资源,优化调解队伍结构,提升调解工作效能。出台《南昌市委派(委托、联合)调解工作规范(试行)》《南昌市人民调解组织、人民调解员备案管理工作指引(试行)》,规范人民调解、行政调解、司法调解委派、委托、联合调解工作程序。指导市、县(区)人民调解协会开展第二批二、三、四级人民调解员等级评定工作。至年底,全市有一级人民调解员10名、二级人民调解员214名、三级人民调解员704名、四级人民调解员1163名。指导市商事纠纷调解中心与经开区人民法院建立诉调对接工作机制,市洪城人民调解委员会与红谷滩区新联会建立涉企商事纠纷合作机制。

2022年11月6日,求正沃德律师事务所律师到南昌县南新乡开展以“普法进乡村,惠民促振兴”为主题的公益普法活动

(市司法局 供图)

【社区矫正】 2022年,全市社区矫正机构新接收社区矫正对象776人,解除1514人,年末在矫1833人。出台《全市社区矫正工作人员“岗位大练兵 业务大比拼”活动方案》,组织全市社区矫正工作人员业务知识考试3次。开展社区矫正“摸实情、查隐患、化风险”专项活动,通报典型工作问题20例,摸排重点社区矫正对象138人。召开南昌市社区矫正委员会办公室会议暨社区矫正执法衔接工作协调会,加强社区矫正执法衔接配合。全年衔接刑释解矫对象5725人,安置帮教期内22450人,发放刑满释放人员接送工作经费和生活补助经费957万余元。出台《南昌市安置帮教工作指南(试行)》《关于做好新冠肺炎疫情防控期间刑释人员衔接安置的紧急通知》《关于进一步做好新冠肺炎疫情防控期间社区矫正安置帮教工作的通知》,优化安置帮教工作流程,确保新冠肺炎疫情期间安置帮教对象安全稳定。

【法律援助】 2022年,市司法局拓宽法律援助申请渠道,在市劳动人事争议仲裁院、赣江监狱、市消防救援支队等部门新设立工作站,形成纵向到底、横向到边、覆盖全市的法律援助服务网络。加强与工青妇、残联、民政、人社等部门联系,建立特殊群体法律援助对象信息共享机制,开展“法援惠民生·关爱特殊群体”主题活动。推行“优先办、重点办、协作办”工作方法,为老年人、未成年人、残疾人、妇女、农民工、军人军属等特殊群体开辟法律援助快速通道,实行优先受理、优先审查、优先指派、优先办理。实行容缺受理、后补办手续,为确实存在困难的特殊人群代为书写申请材料、接收亲属代理申请等优待服务。推行法律援助经济困难证明告知承诺制、法律援助异地申请“全省通办”和“帮办”,方便申请人办理法律援助事项。至年底,全市法律援助机构办理法律援助案件7535件,为受援人挽回经济损失2926万余元。

【律师服务】 2022年,南昌市200余家律师事务所,组建法律援助、律师调解、金融风控和民营企业等各类服务队,通过开展公益性法治宣传、义务企业法律咨询等活动,将公益法律服务广覆盖、多维度惠及企业。全市80余家律师事务所与100余家商会签订合作框架协议,对200余家企业开展“法治体检”,与企业开展联合调研、座谈51次,建立服务岗和工作站27个,组织企业员工培训67次,座谈交流95次,开展法律咨询服务430次,纠纷调解120起。集中完成律师事务所和律师年度考核工作,确定合格律师事务所186家,暂缓考核5家,称职律师2498名,基本称职律师15名,暂缓考核律师7名。出台《南昌市律师行业“五个监管”工程的实施方案》,加强律师行业监管力度。

【公证服务】 2022年,南昌市办理各类公证事项87019件,收费4067万元。出台《南昌市关于深化公证体制机制改革促进公证事业健康发展的实施方案》,指导各县区落实事业体制公证机构有关改革政策,保障公证机构独立法人地位,减轻公证机构运营负担。探索“公证+行政执法”工作,印发《南昌市公证参与行政执法事务试点工作方案》,试点公证机构已与市县两级10家执法部门签订合作协议,推动执法活动公开、公平、公正。优化涉企公证服务供给,在全省率先推出涉企公证事项证明材料清单49项,减轻企业证明负担。联合市国资委出台《关于充分发挥公证职能作用服务市属国企高质量发展的实施意见》,着力发挥公证在防止国有资产流失、依法合规经营、依法规范管理、防范法律风险和廉洁风险等方面作用。办理涉企复工复产、著作权、商标维权的保全证据公证以及三限房摇号退房再销售等现场监督公证,与近200家企业建立常年公证法律服务关系,办理涉企公证事项7000余件,帮助挽回经济损失200余万元。主动推出“线上办”“上门办”“代查代办”等服务,办理线上公证2万余件,为群众上门办证、提供代为调查、代为办理权证等服务1000余次,努力实现“一次不跑”办公证。

【司法鉴定服务】 2022年,全市办理各类司法鉴定业务74558件,收费7710.9万元,同比分别增长24.37%和5.21%。成立全省首个司法鉴定行业党委即“中共南昌市司法鉴定行业委员会”。创新开展司法鉴定行业“以考促学 以学促鉴”活动,组织全市31家司法鉴定机构100余人次参加司法鉴定知识考试。首创司法鉴定从业人员旁听庭审机制,提高鉴定人出庭做证诉讼技能。组织开展为期3年(2022年至2024年末)的司法鉴定资质能力提升行动,24家鉴定机构参加212个项目能力验证。开展司法鉴定机构和司法鉴定人全面评查、延续登记和名册编制公告工作。严格规范投诉案件办理,收到司法鉴定执业活动投诉(含信访局、省厅转办)65起,下降42.5%。

【戒毒管理】 2022年,南昌市强制隔离戒毒所深入开展安全治理、统一模式、法治建设、智慧戒毒和队伍建设示范创建工作,建立健全“四大现场”(戒毒人员的生活现场、劳动现场、学习现场和康复现场)直接管理责任清单,完善场所安全形势研判机制,强化戒毒人员宿舍化管理,推进病残吸毒人员收治,维护干警队伍、封闭管理、教育戒治、生活卫生、康复劳动等安全运行,筑牢监管、防疫安全屏障。高度重视禁毒预防宣传教育工作,组织专业民警到社区、机关、学校开展多元化禁毒宣传教育,通过创新宣传载体、优化教育方法,切实增强识毒、防毒、拒毒意识和能力。

【司法行政改革】 2022年,市司法局组建南昌市综合法律服务团,推动“公证+行政执法”试点,开展法治国企行动,优化法治化营商环境。推进刑辩律师全覆盖试点,全年提供法援辩护2180人次。开展行政复议“三进”和规范化示范创建,推进行政复议受理“全市通办”全覆盖。新增2个法律服务热线座席,提升法律援助质效。开展司法所等级评定工作,出台《南昌市司法所建设评定实施方案(试行)》及其配套文件,推动全市司法所规范化建设达标。

(朱　武　胡鸿福)

## 仲　裁

【概况】 2022年,南昌仲裁委员会在仲裁发展、人才队伍建设、案件质效提升、机构自身建设等方面精心谋划,精准发力,取得较好成绩,为维护社会稳定、保障经济发展发挥应有作用。全年受理各类民商事案件836件,比上年增加79件,增幅10.44%;案件标的额达到166.90亿元,增加101.51亿元,增长155.24%,提前3年多并大幅超额完成“十四五”仲裁事业发展规划指标。全年办理案件1259件,结案838件(含往年结转案件结案341件)。其中,裁决结案480件,占比57.28%;和解调解结案358件,占比42.72%。全年受理并结案的497件案件审限内结案率99.60%;裁决被法院撤销或裁定不予执行的均为零。

【仲裁服务领域拓宽】 2022年,南昌仲裁委员会出台《关于促进金融仲裁发展的若干意见》,为在金融纠纷化解中发挥南昌仲裁职能作用、提升金融仲裁服务水平奠定制度基础。走访江西银行、工商银行、农业银行、交通银行、浦发银行、中信银行、兴业银行等金融机构以及省金融调解委员会,并与第一金融法庭、第二金融法庭多次对接,引导金融纠纷通过仲裁方式解决。制订《关于提升知识产权仲裁服务水平的工作方案》,提出建立并优化知识产权仲裁服务体系具体措施。与省有关部门、行业组织研究将仲裁与知识产权调解、行政执法有效结合,发挥各自行业和专业优势,打造调解、行政执法、仲裁等“一体化、一站式”知识产权快保护服务平台,构建知识产权大保护工作格局。联合成立江西知识产权仲裁服务中心,健全知识产权领域纠纷多元化解决机制。探索引入仲裁确认服务,将仲裁服务由传统的案件审理中双方达成调解协议的确认,扩大到对立案前已达成调解协议的确认,满足当事人简便快速解决纠纷需求。制定《南昌仲裁委员会仲裁确认暂行办法》,对经依法成立的民商事调解组织调解达成的调解协议,如何通过仲裁调解书或者裁决书的形式予以确定、认可进行规范。通过多次沟通对接,与南昌县法院建立仲裁+调解联动机制,并完成首批仲裁调解员聘任和培训。

【仲裁案件快立快审工作机制完善】 2022年,南昌仲裁委员会对仲裁案件办理流程进行优化,简化仲裁文书等审批程序,提高案件推进效率。针对仲裁实际工作中影响仲裁程序推进的几个普遍问题,结合仲裁发展与时俱进需要,启动仲裁规则修订工作。通过广泛听取意见、数次专家论证、集体研究决定,就优化立案、丰富庭审形式、改进送达方式以及证据认定、费用承担等内容对仲裁规则进行修改完善,对仲裁程序快速、有序推进发挥积极作用。建立案件推进月度报告机制。根据案件推进程序划分若干节点,由仲裁秘书实时记录案件当前进展情况,按月填报《在审案件程序推进表》。加强案件进程调度,建立在办案件月度调度会,了解案件推进总体情况以及影响程序推进的具体问题和原因,有针对性提出解决措施。对2022年以前受理未结案件进行集中调度,逐件提出处理方案,重点督办。畅通诉裁对接机制,与市中级人民法院联合出台《关于共同提升仲裁案件财产保全司法审查和执行质效的意见》,进一步明确和强化工作协同机制。召开诉裁对接联席会议,双方就仲裁案件审查、保全、裁决执行和案件通报等方面具体问题以及进一步完善诉裁衔接工作机制等达成共识,全面疏通诉讼与仲裁衔接工作渠道。

【智慧仲裁项目建设】 2022年,南昌仲裁委员会适应当事人对仲裁服务方式多样化、便捷化需求,发挥信息化、智能化建设在提高仲裁效率、落实司法为民等方面积极作用,将包括仲裁案件网上立案、网上开庭、证据固化、云端存证、网络调解等功能智慧仲裁建设列入2022年重点工作项目。经过与技术服务公司共同努力,智慧仲裁项目第一、第二阶段已正式上线运行,初步实现立案管理、案件分流分办以及案件各环节各事项线上功能推进目标。

(黄　英)

# 军事

## 南昌警备区

**【概况】** 2022年，南昌警备区以喜迎党的二十大胜利召开和学习宣传贯彻党的二十大精神为主轴，落实上级党委决策部署，把握稳中求进总基调，科学统筹疫情防控和年度工作，完成各项任务。深入学习贯彻党的二十大精神，召开师团党委书记学习贯彻党的二十大精神座谈会，举办“喜迎二十大·建功新时代”主题演讲比赛，赴方志敏烈士陵园等红色场馆参观，相关经验做法被省军区转发。贯彻落实军委主席负责制，抓实“三项机制”，信息服务量化排名全省第一。抓新闻舆论宣传，全年在省级以上媒体发稿1503篇。其中，《中国国防报》头版头条5篇，《解放军报》2个整版2篇。深入贯彻落实习近平主席开训动员令，常态化开展形势战备教育和节日战备拉动，广泛开展作战问题研究，抓军事训练制度落实，完成民兵整组工作和民兵分队训练，年度战备工作处在全省第一方阵，年度民兵工作排名全省第一。

**【应战应急能力】** 2022年，南昌警备区坚持高标准严要求，狠抓练兵备战打仗。结合开训动员对人武部进行指导考评，组织参谋业务集训，高质量完成《军人共同纲目》试训任务。贯彻军委国防动员部《民兵组织整顿工作实施办法》和省军区民兵工作会议精神，按照精减数量、调优结构、聚焦备战、提升质量工作思路，高标准完成民兵整组任务。统筹民兵分阶段训练计划，整理下发20个大类200余个视频教学录像，完成民兵分队基地化轮训，参加省军区岗位练兵比武竞赛获得团体第二名，出动民兵参与地方疫情防控、山火扑救等非战争军事行动。协调市委印发《关于加强新时代民兵工作的实施意见》，军地联合下发基干民兵预建党组织、退役军人身份核查等7项贯彻落实具体措施，推广办理民兵专属保障卡，助力民兵工作高质量发展。

**【国防动员准备】** 2022年，紧跟深化国防动员体系改革进程，调整优化职能机构编制，做好国动委相关办事机构撤销及转隶移交工作。对接企业（机构）和指导县（区）人武部，完善更新潜力数据和图册。采取线上抖音定向推送、线下地铁电视循环播放、海报点亮大屏等方式，多维立体开展征兵宣传。推开“军营式”集中组训、“差异式”思想摸排、“循序式”组训施训、“终级式”医学鉴定等方法，改进役前教育训练模式。完成全年兵员征集任务，大学毕业生征集率86%，相比2021年度提升11个百分点。退兵率大幅降低，征兵“五率”排名全省第二。全市9个县区中，在各体量综合排名前五的单位6个，排名前十的单位1个，红谷滩区、青云谱区位列各自体量第一，总体达到预定目标。

**【南昌警备区党委六届六次全体（扩大）会议】** 2022年1月27日，南昌警备区党委六届六次全体（扩大）会议召开。会议传达军委国防动员部和省军区党委全体（扩大）会议精神，全面总结2021年工作，安排部署2022年任务，宣读2021年度表彰通报和奖励通令。全市各人武部主官、开发区（湾里管理局）武装部部长进行述职述廉。省委常委、市委书记、南昌警备区党委第一书记李红军出席并讲话。南昌警备区党委书记、政治委员主持并作党委工作报告。市委常委、南昌警备区党委副书记、司令员出席并讲话。南昌警备区纪委书记、副司令员以及南昌警备区党委常委和党委委员等出席。

**【迎接省市两级党管武装工作考评】** 2022年1—2月，南昌警备区政治工作处对照《2020年设区市党管武装工作考评实施细则》，加强与省军区、市委办公厅沟通协调，督导市直相关单位和人武部逐条逐项收集整理反映工作落实情况的文件材料，做好迎接全省党管武装考评工作。同时，组织对各县区党管武装工作考评打分，采取自查自评、集中会审、抽查核实相结合方式，对9个县（区）、2个开发区和湾里管理局进行市党管武装工作考核。通过量化评比打分，切实发挥考核“指挥棒”作用，增强地方党委、政府落实党管武装工作责任意识，推动解决党管武装工作中存在的问题。

**【“致敬军嫂·奋进强军”主题实践活动】** 2022年3月5日，南昌警备区开展“致敬军嫂·奋进强军”实践活动，浓厚拥军优属氛围。组织全区21名优秀军嫂参观南昌县人武部荣誉室，了解不同历史时期军地发展成就、军嫂牺牲奉献等情况，号召全体军嫂支持强军事业、展现最美风采。组织参观南昌县人武部各个场所，感悟营区营院、战备设施、军营文化、官兵条件等情况变化新貌。赴黄马乡新农村试点现场感受精准扶贫带来的发展变化，激发军嫂爱党爱国、爱军爱家信心信念。围绕“巾帼心向党·喜迎二十大”组织集体交流谈心，6名军嫂分享在党的培养教育、部队关心关爱下成长成才、巾帼建功的心得感悟，增进情感认同、增强军嫂荣光。

**【春季预定新兵役前革命传统教育】**

2022年3月，南昌警备区组织春季预定新兵开展革命传统教育，到南昌八一起义纪念馆、方志敏烈士陵园等红色场馆举办教育启动仪式，发出“弘扬八一精神永做英雄传人”倡议，组织集体宣誓，在“弘扬八一精神、传承红色基因、献身强军实践、永做英雄传人”红色横幅上签名留言，为每名预定新兵编印《赓续红色基因永做英雄传人》红色教育读本，深化红色革命斗争史学习理解，牢记献身国防事业铮铮誓言。

**【军地联合持续开展“守护戎装”专项行动】** 2022年3月，南昌警备区联合市网信办、市公安局、市教育局、市文广新旅局、市市场监督管理局共同执法，开展“守护戎装”专项行动。建立市、县两级形势研判、信息互通、联合执法、定期会商、跟踪督办工作运行机制，对军服生产供应、运输配送、回收处理等企业每季度开展1次专项整治、联合打击行动。在南昌电视台、南昌广播电视台等新闻媒体每日滚动宣传“守护戎装”专项行动，合计播出910分钟、1092条信息。按照军地协作、属地管理原则，制定约谈整改、限制发布、关闭封堵、落地查人、经济处罚等10余项措施，对全市2万余家备案网站进行摸底，对100余家院校、国防教育场馆、生产企业、服装市场进行重点检查，查纠店铺2个，收缴仿制军服军品130余件（套）。

**【党委（支部）书记暨纪检干部培训】** 2022年5月9—20日，南昌警备区师团两级采取视频同步方式，集中利用8天时间组织党务知识培训，以党委（支部）书记为主要对象，延伸覆盖党委（支部）委员、党小组长和纪检干部，科学设置6个环节，细化7个专题，用好8部军队党的建设法规培训班辅导授课视频。培训采取专题辅导与专项答疑、观看录像与法规学习、研讨交流与业务帮带、集中组织与个人自学、理论考核与检查验收“五个结合”方法，坚持一课一考勤一讲评，狠抓人员、时间、内容、质量落实，遴选部队党的建设中经常遇到的贯彻民主集中制、强化班子凝聚力等7个方面31个重难点问题进行讲评。参训人员一人一题，开展课题研究。相关做法在《中国国防报》头版和省军区《要讯》登载报道。

**【防汛抗洪】** 2022年6月7日，南昌警备区党委第一时间组织传达学习省军区《2022年防汛工作指示》精神，专题召开会议，研究具体工作任务，及时修订抗洪抢险预案。与南昌市防指、市水利局、市气象局、市应急管理局、鄱阳湖水文监测中心等单位建立情报信息互通机制，每日通报兵力动用情况，及时向市防指了解掌握水情、雨情、汛情情况，加强与驻南昌部队沟通联系，落实军兵种部队抗洪抢险支援力量。结合民兵教练员训练考核，以县区为单位组织冲锋舟操舟手骨干培训，提高民兵抗洪抢险能力。

**【“铁心向党，矢志强军”主题党日活动】** 2022年，南昌警备区组织全体党员学习《中国共产党章程》、人人佩戴党员徽章、面向党旗宣誓，让广大党员始终牢记第一身份是党员、第一职责是为党工作，自觉做到在党爱党、在党为党、在党护党。7月1日，集中组织党员前往方志敏烈士陵园，诵读《清贫》，瞻仰烈士墓，参观烈士事迹陈列室，感悟方志敏烈士短暂而伟大的一生，增强“铁心向党、矢志强军”使命感、责任感。同时，以党小组为单位召开专题组织生活会，围绕党员权利和义务，把自己摆进去、把工作摆进去、把职责摆进去，深入检视剖析，查找问题不足，定实整改措施，着力提高党员政治判断力、政治领悟力、政治执行力。

**【随军家属暨退役军人就业服务】**

2022年7月9日，市退役军人事务局、市人社局、南昌警备区政治工作处共同主办庆祝建军95周年“筑梦远航”南昌随军家属暨退役军人专场招聘活动，遴选80余家企业进行现场招聘，提供线下就业岗位3000余个，并开展就业指导、技能培训、政策咨询等服务，吸引随军家属及退役军人参加，初步达成就职意向301人。利用网络直播平台，提供项目工程师、行政专员、急救员等1.3万个就业岗位，详细介绍公司概况、岗位要求、福利待遇等方面情况，双向了解企业岗位信息和求职者需求，打通疫情防控背景下随军家属及退役军人求职就业绿色通道。建立“需求订单+个人意愿+跟踪回访”三位一体服务保障体系，通过清单式求职、意向性对接、全过程跟踪方式，助力提升随军家属及退役军人就业效率。

【年度学生军训教官资格考核】 2022年8月，南昌警备区分3批在江西开放大学人武学院组织学生军训教官岗位资格认证考核。按照会讲、会做、会教、会做思想工作“四会”标准，协调驻军部队现役官兵担任考官，围绕队列动作、单兵战术、卫生救护、格斗基础、军事体育5个课目，逐人量化考核、现场评分、全程淘汰，并将考核合格人员纳入民兵教练员数据库。南昌警备区统一制作学生军训教官证，组织现场颁发。该次考核发出资格证书共1006张。

【国防动员体制改革】 2022年，南昌警备区坚持上下联动、军地联合，以“作示范、勇争先”标准，推进改革实施。组织传达学习全省深化国防动员体制改革实施工作动员部署会议精神，围绕完善国防动员委员会设置、调整设立国防动员委员会办事机构、撤销现有各级国防动员委员会相关办公室、建立国防动员指挥运用军地协调机制等6类18项内容，部署体制改革任务。督导建立国防动员需求提报落实、军地协调对接、能力检验评估、参与建立国防动员战略方向等4项体制改革工作机制。抽调13人成立工作专班，专题研究制定南昌警备区工作推进方案。协助市委改革办成立南昌市深化国防动员体制改革工作专班，系统研究体制改革后军地指挥权责、职责任务、工作清单、运行机制、制度措施、转隶交接、检验评估等7项实施细则。拟制《南昌市深化国防动员体制改革实施方案》，征求收集市、县两级落实实施方案的8类12项意见建议，并组织研究论证、修改完善。着眼开发区（管理局）属行政派驻机构的特殊性，围绕国防动员组织指挥、机构运行、制度机制、职责任务、相关保障、奖励惩处等方面，会同市委、市政府研究确定，将开发区（管理局）国防动员委员会相关工作纳入行政县（区）联动指挥、统筹落实、一体推进，确保国防动员体制改革任务全域覆盖、无缝衔接。

（章亮亮）

## 人民防空

【概况】 2022年，南昌市人防工作坚持以新形势下军事战略方针为统揽，坚持以战领建、固强补弱、精准施策、协调推进，不断推动人防工作高质量发展。南昌市人民防空办公室（以下简称“市人防办”）及时规范开展人防审批服务，扎实做好人防工程建设管理，全面推进人防指挥通信系统升级扩容，持续加大人防法规宣传教育力度，加大人防实战化训练演练强度和难度，备战打仗能力持续增强。市人防办获省人防指挥保障分队专业技能比武竞赛团体一等奖，被评为“2022年度全省人防高质量发展人防实战能力优秀单位”。

【人防工程维护管理】 2022年，全市人防系统严格落实主体责任，坚持属地检查与市级督查、“双随机”检查相结合方式，规范人防工程日常维护管理。对在建人防工程开展安全检查，落实人员持证上岗规定，完善安全施工制度和各项安全措施。对在用人防工程开展排查整治，重点突出有无存储和生产危险化学物品及易燃易爆物品，消除不安全因素。对早期人防工程逐个现场摸排、论证分析，出具《早期人防工程安全评估报告》，江西省人民防空办公室批复同意除少数结构完好或已加固的早期人防工程作为历史遗存保留外，其余早期人防工程全部退出人防工程防护序列管理、作报废处理。

【人防指挥通信建设】 2022年，市人防办对人防警报设备设施巡检405台次、加固20台次、拆移7台次、维修排故55台次、控制终端升级改造64台次，保障人防警报器在重大活动中准确鸣放。开展卫星语音图传信息例行通联30次、无人机飞行训练25次、与人防办空情通联训练11次、实时空情信息显示48次，跨区演训1次、配合厂家解决县（区）指挥会议系统的问题10次、无线短波通联45次、组织野外断保通联训练5次、抢修指挥体系有线终端线路25次、更换迁移有线通信线路1200米、通信线路巡检率100%。完成市级人防办公指挥一体化平台建设。

【人防工程实战化演练】 2022年7月中旬至9月中旬，为配合“9·18”纪念日活动开展，江西省组织实战化演练。南昌市根据活动安排，组织开展人防工程平战转换和人口临战疏散实战化演练。市人防办高度重视实战化演练，成立实战化演练领导小组，抽调骨干组成实战化演练专班，详细制订方案计划，多次召开专题会议研究部署。

【省人防指挥保障专业技能大赛】 2022年8月20—25日，江西省人防指挥保障专业技能大赛在南昌举行。大赛以建设“全时待战，随时能战”的快速、精干、灵敏、高效信息化人防队伍为目标，设无人机操控、显示控制、卫星通信、网络通信、工程维管5个课目。自5月开始，市人防0112工程事务中心按照集中强化训练、模拟竞赛、正式比赛3个阶段大抓训练落实，选拔出5名选手参加比赛。最终获团体第一名和显示控制、网络通信、工程维管项目3个单项第一名。

【《南昌市重要经济目标等级防护目录清单》编制】 2022年4—12月，南昌市根据《江西省人民防空办公室江西省发展和改革委员会关于编制江西省重要经济目标等级防护目录清单的通知》要求，为推进重要经济目标防护落实，规范重要经济目标分类分级管理工作，组织对全市130余家重要经济目标单位进行调研摸底，汇总形成南昌市重要经济目标等级防护资料库，报省人防办组织专家评审，确定59家重要经济目标单位，完成《南昌市重要经济目标等级防护目录清单》编制工作。

**【“9·18”纪念日活动】** 2022年9月18日10时至10时15分，在全市城区、开发区、湾里管理局、南昌县城、进贤县城、安义县城统一进行防空警报试鸣。出席全市防空警报试鸣活动共239人。在全市600个公交站牌媒体播放南昌人防宣传视频，利用《南昌日报》、南昌电视台1—4套以及“都市现场”微信公众号进行宣传报道，发放《人民防空人民建人民防空为人民》和《勿忘国耻，警钟长鸣——“9·18”防空警报试鸣小知识》宣传彩页10万张，联合通信运营商向广大市民发送活动短信500余万条。联合南昌新四军军部陈列馆、市第八中学，开展“勿忘历史，爱我中华”活动，宣讲人民防空法律法规及防空警报知识，向学生赠送防空知识教材3.2万余册。省市各主流媒体对活动全过程进行拍摄报道。中央电视台《新闻联播》、中文国际频道、新闻频道，《人民日报》、光明网，以及省市媒体相继报道活动情况。

**【“3·1”国际民防日活动】** 2022年3月1日，南昌市在红谷滩万达广场举行以“增强人民民防意识提高自救互救能力”为主题的“3·1”国际民防日宣传活动。通过设立咨询台现场解答、发放人防（民防）知识宣传单以及扫码关注“南昌人防”微信公众号领取宣传品等方式，重点向市民宣传人防法规知识、民防基本知识和防灾减灾、自救互救等应

2022年3月1日，“3·1”国际民防日活动

（市人防办　供图）

急基本常识，让市民更好地了解人防（民防）知识，提高市民防灾减灾能力。全市各地还通过人防工程标识标牌现场检查、LED电子屏滚动标语以及“两微一网”等方式开展“3·1”国际民防日主题宣传活动。

（陈兆敏）

## 退役军人事务

**【概况】** 2022年，南昌市深化拓展“尊崇工作法”（紧密结合退役军人服务保障管理各项职能，带着感情、带着责任努力让习近平总书记关于“尊崇”的具体要求落地、落实、落深、落细，在全社会营造尊崇军人、退役军人和其他优抚对象浓厚氛围的工作方法）被评为全国党委退役军人事务工作领导机构十大示范工作法。全市退役军人服务保障体系进一步完善，完成退役军人移交安置任务，全方位做好退役军人就业创业扶持工作。至年底，全市优待证申请率和发放率位居全省前列。出台全市第一批优待证优待目录清单。南昌市及南昌县、安义县、青云谱区、新建区、高新区获评全省优待证申领制发工作先进单位。

**【市委退役军人事务工作领导小组会议召开】** 2022年6月16日，省委常委、市委书记、市委退役军人事务工作领导小组组长李红军主持召开市委退役军人事务工作领导小组第1次全体会议。市委退役军人事务工作领导小组副组长、成员参加会议。会议专题学习习近平总书记关于退役军人工作的重要论述，传达学习省委退役军人事务工作领导小组2022年第一次全体会议精神，听取市委退役军人事务工作领导小组办公室及市委宣传部、市委政法委、市人社局、市国资委2021年工作汇报，听取退役军人和其他优抚对象优待证申领制发工作情况汇报等。会议审议并原则通过《中共南昌市委退役军人事务工作领导小组2022年工作要点》，以市委退役军人事务工作领导小组名义印发实施。

**【江西省第二届退役军人“永远跟党走、建功新时代”主题活动举行】** 2022年8月2—3日，由省委退役军人事务工作领导小组办公室、省退役军人事务厅、省军区政治工作局和中共南昌市委、南昌市政府主办的江西省第二届退役军人“永远跟党走、建功新时代”主题活动在南昌举行。省委常委、省委政法委书记、省委退役军人事务工作领导小组副组长罗小云，省军区少将司令员出席活动并讲话。省委组织部、省委宣传部、省财政厅、省人社厅、省退役军人事务厅、南昌警备区领导和各设区市政府分管领导出席活动。主题活动期间，组织全体代表参观南昌八一起义纪念馆、南昌市西湖区桃花镇退役军人服务站、青云谱区巨汇拥军综合体；举办江西退役军人庆祝建军95周年书画展、江西省退役军人创业创新成果展、南昌市喜迎二十大“尊崇工作法”成果展；姜颖、唐剑波、邱亚琼3名优秀退役军人（军嫂）代表作事迹宣讲，全国“最美退役军人”陈堃源、张华荣作视频演讲；为全省优秀退役军人创业人物、江西省关爱退役军人示范单位、江西省“满怀忠诚讲尊崇，千行百业共拥军”示范单位颁发奖牌、证书；举行百名退役军人朗诵诗词《老兵颂》活动、千名退役军人重温军人誓词活动。活动旨在引导和激励全省退役军人听党话、感党恩、跟党走，奋进新征程、建功新时代。主题活动每年举办一届，由各设区市轮流承办。

**【服务保障体系完善】** 2022年，全市12家县（区）级退役军人服务中心、130家乡镇（街道）级退役军人服务站、66家服务村（社区）级退役军人服务站成功创建全国示范型退役军人服务中心（站）。培育5家全国典型标杆退役军人服务站、1家全省精品型退役军人服务站，打造西湖区朝阳洲街道退役军人服务站为“全国百家红色退役军人服务站”，并延伸创建23家“全省百家红色退役军人服务站”。贯彻落实《江西省退役军人服务专干管理办法》，落实村（社区）退役军人服务站工作经费及服务专干待遇报酬4627.5万元，同比增加1922万元。至年底，全市村（社区）服务专干共1243名，增加440名。

**【就业创业活动】** 2022年，开展深化退役军人“千企万岗”就业创业活动。7月9日，举办“庆祝建军95周年筑梦远航”南昌首届随军家属招聘会；11月13日，举办南昌退役军人秋季专场招聘会，参与企业1400余家，提供岗位3.8万个。西湖区、湾里管理局与社会力量合作共建3家退役军人创业孵化基地，与10家市属国有企业签订就业合作协议，评选10家“退役军人就业合作先进企业”。组织自主就业退役士兵全员适应性培训；遴选16家承训机构开展退役军人职业技能培训，招收退役军人学员；举办第二期退役军人创业培训班；动员符合条件的退役军人参加2022年专升本考试招生报名。8月2日，“开启新征程·戎创新时代”江西省首届退役军人创业创新成果展在南昌开展，全省各设区市20家优秀退役军人创业企业参展。

**【思想教育和志愿帮扶】** 2022年，开展线上线下“八一讲堂”4000余场，退役军人接受思想政治教育。深化“齐同心、齐步走”退役军人党员结对帮扶工作。举办“永不忘却的誓言——南昌最美退役军人”发布仪式。推荐优秀退役军人王俊获评2022年度江西“最美退役军人”。优化整合各级“新长征”退役军人志愿服务队共2072支，开展疫情防控、健康义诊、关爱帮扶、矛盾化解等100余项志愿服务活动2.8万场次。各县区退役军人事务部门打造的“尊崇驿站”，定期开展积分兑换奖品活动，累计为退役军人志愿者兑换积分近10万分，兑换价值约6万元的物品。各级“老兵调解室”组织“老兵调解员”参与调解矛盾纠纷、做好心理疏导等1300余次。

（董　琦）

# 经济管理

## 宏观经济调控

**【概况】** 2022年，南昌市发展和改革委员会（以下简称“市发改委”）按照“疫情要防住、经济要稳住、发展要安全”要求，深入实施“强省会”战略，全面推进“一枢纽四中心”（“一枢纽”即现代综合交通枢纽，“四中心”即区域科创中心、金融中心、先进制造业与高品质服务业集聚发展中心）建设，高效统筹疫情防控和经济社会发展，推动经济实现恢复性增长，经济运行保持在合理区间，主要经济指标稳定向好，地区生产总值7203.50亿元。主要经济指标中，全年地区生产总值同比增长4.1%，一般公共预算收入同口径增长5.1%，规模以上工业增加值增长6%，固定资产投资增长7.6%，社会消费品零售总额增长4.6%，海关出口值增长6.7%，城镇、农村居民人均可支配收入分别增长4.3%、5.7%。

**【重大重点项目建设】** 2022年，南昌市推进650个市重大重点项目建设，完成投资2605.28亿元，占年度计划投资的119.3%。聚焦工业、农业、服务业、重大基础设施、新基建、公共服务六大领域“项目大会战”，开展城市棚户区改造、“大交通”、大南昌都市圈轨道交通、水利领域基础设施建设“四大攻坚行动”。南昌东站新区、洪州大桥、复兴大桥、西二环、地铁1号线北延和东延、地铁2号线东延等一批重大交通基础设施项目顺利推进；赣抚尾闾综合整治工程加快建设，潦河、锦江综合整治等一批重点水利工程启动；华创新材年产10万吨锂电铜箔生产项目、华勤千亿产业基地、欣旺达电池系统生产线项目、丰泰电商产业园等一批产业项目快速推进；争取中央预算内资金10.15亿元、政策性开发性金融工具项目资金36.41亿元，发行地方政府专项债额度120.7亿元，通过国家审核贴息贷款需求142.36亿元，项目建设资金得到保障。全年成交土地153宗、面积756.6公顷，成交总额249.7亿元，土地要素保障得到强化。“胡子工程”攻坚专项行动启动，昌南大道快速路、南外环高速公路、昌西大道、桃花路、洛阳东路、志敏大道综合改造工程、银三角银河城排涝工程等20个“胡子工程”项目攻坚销号，群众反映强烈的“老大难”“肠梗阻”问题得到解决。

**【产业发展】** 2022年，南昌市规模以上工业企业营业收入7872.7亿元，工业对全市地区生产总值贡献度位居中部省会城市第一。园区经济规模持续增长，3个国家级开发区全部迈入“千亿”行列。其中，南昌高新区营业收入率先突破3000亿元，成为全省首个3000亿元级园区。产业增量崛起、特色优势传统产业存量变革，培育形成千亿元级产业2个，准千亿元级产业2个，“4+4+X”（四大战略性新兴支柱产业：汽车及新能源汽车、电子信息、生物医药、航空装备；四大特色优势传统产业：绿色食品、现代轻纺、新型材料、机电装备制造；若干生产性服务业）新型产业体系持续完善。全市重点打造的八大产业实现营业收入60541亿元。其中，四大战略性新兴支柱产业营业收入占全市比重提升至38.6%，占全部八大产业比重超过50%。围绕当好全省做优做强数字经济“领头羊”，聚焦主攻赛道，完善移动智能终端、LED、VR产业赛道链条图，获批国家虚拟现实创新中心。国家互联网骨干直联点项目建成并试运行。三大运营商数据中心陆续完工启用，云服务基础支撑能力不断提升。全年新增上云企业超过1.5万家。“机器换人”“设备换芯”“生产换线”扎实推进，绿色食品、新型材料、现代针纺、机电装备制造等传统产业数字化、网络化、智能化水平不断提升。深入推进“5G+智慧工厂”建设三年行动，鼓励企业实施智能化改造，华兴针织、泰豪科技、洪安化工等5G+智慧工厂项目全面建成，20余家5G+智慧工厂快速推进。加大政策支持企业技改，调动企业积极性，鼓励企业实施设备更新、厂房改造、技术工艺升级等“零增地”技改项目。全年实施500万元以上技术改造项目233个。“3+3+N”(三大优势生产性服务业:金融、物流、软件信息服务;三大以消费性为主的服务业:商贸、会展、文化旅游;若干新兴高端专业服务业)服务业产业体系加快构建,申报省级现代服务业集聚区58家、龙头企业137家。高标准推进72家社区生鲜便利店改造升级,一刻钟便民生活圈构筑初见雏形,华润万象城、旭辉广场、龙湖天街等一批大型商贸综合体建成开业。“夜东湖”文化和旅游消费圈、万寿宫文化街区入选国家级夜间文化和旅游消费集聚区。新增4个国家AAAA级旅游景区、1个全国乡村旅游重点村。举办2022南昌市现代针纺产业发展大会、2022南昌市电子信息产业发展大会、2022世界VR产业大会、2022中国航空产业大会暨南昌飞行大会、中国绿色食品博览会、第二届中国米粉节,展会品牌不断唱响。南昌陆港型国家物流枢纽建设纵深推进,物流体系建设不断完善。深入推进“映山红行动”,北交所江西基地落户南昌,实现沪、深、北3个交易所服务基地全覆盖。全年新增上市企业6家,上市公司31家,占全省的38.3%。

**【深化改革】** 2022年,南昌市实施“一网、一门、一窗、一次”政务服务模式。全市2137项依申请事项网上可办率、一网通办率分别提升至96.12%、95.84%,企业开办全链条办理时限压缩至3小时,政务服务更加高效。严格落实市场准入“全国一张单”管理模式,企业注销实施简易程序,“破产重整·智慧平台”开创全省破产重整网络平台先河,市场环境更加有序。在全省率先推行智慧化预警多点触发式监管,全市明确对34个部门458种轻微违法行为免予行政处罚,南昌县“双随机、一公开”监管经验做法被国务院予以督查激励通报,法治环境更加优化。营商环境“一号改革工程”成效显著,南昌市获批全省首批营商环境试点城市。国有企业重组整合,市属国有企业由“9+1”整合重组为“4+2”(南昌市产业投资集团有限公司、南昌市政公用集团有限公司、南昌市建设投资集团有限公司、南昌市交通投资集团有限公司和南昌轨道交通集团有限公司、江铃汽车集团有限公司)。南昌市国有企业资产总额10082亿元,成为全省首个国资总额突破万亿元大关的地市。深化供销综合改革,组建南昌供销集团。巩固完善农村基本经营制度,持续审慎稳妥推进宅基地改革。

**【科技创新】** 2022年,南昌市创新平台搭建加速。全面实施创新江西建设,完善区域创新布局,推进赣江两岸科创大走廊建设。国家自主创新示范区建设加快推进,中国(南昌)科学岛建设全面启动,未来科学城规划启动,中国(南昌)中医药科创城、航空科创城、VR科创城建设步伐不断加快。深入实施创新驱动发展战略,高通、华为、北大、中国科学院等11家企业和机构纷纷落户。年营收3亿元以上工业企业研发机构覆盖率80%,全方位推进科技创新联合体建设,铜产业、高性能医疗器械产业、中医药产业、航空产业、汽车产业等科技创新联合体陆续揭牌成立。南昌VR研究院突破超薄VR眼镜显示模组、360度全景影像模组等共性技术难题,达到国际先进水平。至年底,全市有国家级重点实验室5家、国家级工程技术研究中心4家,国家级众创空间24家、国家级小微企业创业创新示范基地6家。全市有222家企业获评省级“专精特新”中小企业,数量居全省第一位。南昌市获全国首批“国家知识产权强市建设示范城市”,全市专利授权量13842件,占全省的23.8%。

**【区域协调发展】** 2022年,南昌市9个县区分别与丰城市、樟树市、高安市、鄱阳县、余干县、万年县、奉新县、靖安县、永修县开展“一对一”结对合作,分别签订“1+N”战略合作协议,围绕基础设施、产业发展、公共服务、生态环境等领域开展全方位合作。与抚州市政府签订合作协议,昌抚一体化发展持续推进。强化与赣江新区联动发展,制定支持南昌经开(临空)区高质量发展若干措施。编制完成《大南昌都市圈市域(郊)铁路建设规划》,医保异地结算、公积金互认互贷覆盖范围不断扩大。全年,南昌市公积金管理中心发放大南昌都市圈异地贷款222笔,金额1.19亿元。文旅景点景区连串发展,“南昌旅游一卡通”服务范围覆盖都市圈46家景点。公共资源交易协同监管逐步深入。全年,南昌市远程异地评标主场项目270个,客场项目218个。生活垃圾协同处置、警务协作持续深化,共建共享都市圈治理体系加速形成。

**【绿色发展】** 2022年,南昌市推进“蓝天”“碧水”“净土”三大保卫战,严抓“四尘三烟三气”(“四尘”:建筑施工扬尘、道路扬尘、运输扬尘、工业堆场扬尘;“三烟”:餐饮油烟、烟花爆竹燃放硝烟、露天焚烧烟;“三气”:工业企业废气、机动车尾气、燃煤锅炉废气)环境治理,全市空气质量连续5年达到二级标准,PM2.5年均浓度指标在中部六省省会城市排第一名。抓实中央环保督察典型案例曝光问题整改,强力推进城区水环境综合治理工作,全市水环境质量总体改善,国考断面水质优良比例90.9%。全市土壤环境质量状况总体良好,城镇生活垃圾无害化处理率100%,受污染耕地安全利用率和污染地块安全利用率90%以上。麦园垃圾填埋场环境整治取得明显成效,在日常生态环境保护信访投诉中实现“归零”。举办中国生态文明论坛南昌年会,安义县获评“全国生态文明示范县”，生态环境更加优美。大力推进生态文明体制改革，做好国家生态文明试验区建设“后半篇文章”，创建“国际湿地城市”和“国家废旧物资循环利用体系示范城市”，南昌县、南昌高新区入选“第一批省碳达峰试点县区”，连续2年获批生态文明领域国家级试点。

**【对外开放】** 2022年，南昌市抢抓江西内陆开放型经济试验区建设重大战略机遇，加快打造新时代内陆双向开放新高地，对外开放优势进一步放大。深入参与共建“一带一路”，融入长江中游城市群建设，抓住粤港澳大湾区战略机遇，加强与广东7个市政府合作交流，与广东省7个市（广州市、深圳市、珠海市、佛山市、惠州市、东莞市、中山市）签订战略合作框架协议，相关开发区和有关企业分别签署68项协议，涉及重大项目32个，意向总投资约860亿元。南昌国际陆港铁路海关监管作业场所通过验收投入运营，开行全省首列RCEP中老铁路“江西制造”国际班列和全省首列“铁路快通”模式中欧班列。南昌水运进口转关“离港确认”业务正式开通，通关便利化水平继续提升。南昌至深圳、厦门、宁波、福州4条铁海联运线路运量持续快速增长。南昌铁海联运完成外贸进出口集装箱运量7.25万标箱，同比增长44.26%。推动青山湖江西跨境电商基地、南昌综保区“赣货通全球”平台等项目建设，全年跨境电商进出口突破257亿元。申报“5020”项目（国家级开发区每年至少引进一个50亿元产业项目，省级开发区每年至少引进一个20亿元产业项目）14个，签约“152”（省、市、县各级领导谋划招引一批100亿元、50亿元、20亿元产业大项目好项目落地开工）及国内外知名服务业项目58个。

**【民生保障】** 2022年，南昌市有效应对和化解疫情防控对扩大就业造成的不利影响。全市城镇新增就业6.8万人，失业人员再就业2.07万人，新增转移农村劳动力3.53万人，均超额完成全年任务。帮扶14.11万名返乡回流农民工实现就近就地就业，发放高校毕业生一次性求职补贴2544.6万元。累计建设创业孵化基地30家、驻昌院校大学生就业创业指导中心34家、创业培训定点机构59家，全市累计发放创业担保贷款15.62亿元，直接扶持创业者4901人次，累计带动就业22040人次。全年吸纳14.26万名大学生和技能人才来昌创业就业，落实11.28万名应届高校、技校毕业生在昌就业。举办江西省第一届职业技能大赛。全力推进保供稳价，运营平价商店87家，平价农副产品供给充足、销售价格低于市场均价15%以上，全年惠民金额2835.62万元。“双减”工作深入推进，持续开展校外培训机构治理。全市新增普惠性幼儿园40所、普惠性园位10600余个，新建中小学26个、学位3.5万余个。南昌一专、南昌汽车机电学校在全省完成教学诊改省级复核，南昌技师学院、南昌健康职业技术学院开工建设，引进南昌职业大学、江西文理技师学院落户安义现代职教城。新增社区嵌入式养老院18个，对5000户符合条件老年人家庭进行适老化、智能化改造。保障、服务国家区域医疗中心项目建设，南昌市中心医院瑶湖分院、南昌市立医院新院开工建设。全市累计完成42个基层医联体医共体建设项目。推动医疗机构电子病历系统应用水平建设，二级以上医院推行预约诊疗。全年建成60个市民身边的书房“孺子书房”。

（徐文俊　龙水庚）

## 自然资源管理

**【概况】** 2022年，南昌市自然资源和规划局（以下简称“市自然资源规划局”）把握“严守资源安全底线、优化国土空间格局、促进绿色低碳发展、维护资源资产权益”工作定位，突出自然资源“两统一”核心职责（统一行使全民所有自然资源资产所有者职责，统一行使所有国土空间用途管制和生态保护修复职责），聚力自然资源和规划要素支撑保障，不断优化全市国土空间发展格局，推动人与自然和谐共生，全方位提升自然资源和规划管理服务效能。全年开展用地选址项目67个，总规模1613.33公顷；供应土地458宗，面积3663.27公顷；完成省政府对南昌市2022年度耕地保护责任目标考核；优化营商环境“一号改革工程”成效明显，所涉84项政务服务事项100%实现全程网办；全面完成南昌市第三次全国国土调查，向社会公布南昌市主要数据。全市自然资源和规划事业取得新成效，有力支撑保障南昌市经济社会高质量跨越式发展。

**【建设项目用地保障】** 2022年，完成陆军博物馆、国家区域医疗中心、算力中心、江西农业工程职业学院、南昌技师学院、南昌健康职业技术学院、南昌东南物流园、南昌西部物流园等67个公共服务医疗配套项目选址工作，总规模1613.33公顷；办理用地预审项目13个，总规模973.33公顷。南昌市上报成片开发方案10个、用地规模980公顷，获批成片开发方案5个、用地规模540公顷；上报新增建设用地84个批次、总面积1106.06公顷，获批新增建设用地41个批次、面积545.24公顷。

**【土地供应】** 2022年，市自然资源规划局起草并报请市政府印发《关于建立健全土地出让集体决策机制的通知》以及《关于优化调整土地出让竞买保证金比例和出让金缴款期限的通知》，强化住宅用地组织保障，稳定土地市场。南昌市供应土地458宗、面积3663.27公顷,共划拨土地305宗、面积2906.67公顷。共出让土地153宗、面积756.6公顷,成交价款总额250亿元。其中,市本级成交住宅(含商住)用地39宗、面积156.20公顷,成交价款177亿元。

【土地收储和资金保障】 2022年,市自然资源规划局落实土地储备三年滚动计划和年度土地储备计划,利用储备土地完善城市功能配套、推动旧城修复。中心城区收储土地127.14公顷(含辖区自行平衡项目),支付收储资金11.66亿元;非中心城区收储土地195.95公顷,支付收储补偿费10.97亿元。科学调配"资金流",依法依规拨付资金,做好国开行贷款放贷协调及2022年专项债使用、2023专项债申报工作,落实省委、省政府化债计划,保障全市征迁补偿、安置房建设等资金需求,共筹集各类土储棚改资金109.12亿元,支付各类资金153.97亿元。防范和化解债务风险,与财政部门、国开行加强沟通,签订棚改三、四期项目补充协议,在财政部监测平台中核销政府隐性债务考核额度235亿元,有效降低市本级政府综合负债率,为政府后续融资提供更大空间。

【节约集约用地】 2022年,市自然资源规划局坚持节约集约用地理念,督促指导各县局、分局做好存量土地消化处置工作,持续提高土地利用效率。全年消化批而未用土地1586.67公顷,省定任务完成率74.45%;消化2009—2018年批而未供土地1293.33公顷,省定任务完成率74.94%;处置闲置土地466.67公顷,省定任务完成率132.7%。稳妥推进城镇低效产业用地再开发,依法依规有序盘活存量土地资源,南昌高新区、南昌经开区、西湖区2022年度实施计划相继获市政府批复。

【矿产资源管理】 2022年,市、县两级"十四五"矿产资源规划获批并公布实施,全市矿产资源审批服务实现全网通办。办理采矿权延续登记2宗、采矿权注销登记2宗,完成2022年度国情资源调查、储量年报和登记统计以及矿业权人勘查开采信息公示工作任务。配合省自然资源厅开展压覆矿查询系统建设,压覆矿查询实现省、市、县三级一站式查询,储量评审实现全市通办。推进绿色矿山建设,会同市生态环境局等五部门对2018年以来新建矿山开展绿色矿山核查评估,列入省级绿色矿山名录1个;组织开展绿色矿山"回头看"复核,通过省级绿色矿山"回头看"复核保留省级绿色矿山1个。开展锂、钴等战略性矿产调查评价工作,发现具备勘查开采价值钴矿靶区1处,实现矿产"零"的突破。

【国土空间生态修复】 2022年,《南昌市国土空间生态修复专项规划(2021—2035)》获批并公布实施。全面开展矿山生态环境问题大排查大整治专项行动。至年底,排查发现问题170个,完成整改169个,整改到位率99.41%;完成历史遗留废弃矿山生态修复164个、面积517.8公顷。对接省自然资源厅、省财政厅、省生态环境厅拟文呈报省政府,提请启动南昌市环鄱阳湖区域"十四五"时期第三批山水林田湖草沙一体化保护和修复工程项目申报工作。

【不动产登记办结时限压缩】 2022年,不动产登记业务持续压缩办结时限,实现夫妻财产约定、居住权登记和异议类登记等30项业务60分钟内办结;抵押直联、商品房分户转移、交易类二手房买卖登记智能秒办;企业间凭不动产权证办理的业务税后1小时办结;查封登记、注销类登记及异议登记业务即时办结。在全省率先推出"交房即交证"数字化云登记、离婚与不动产登记"一件事一次办"、带押过户等高频业务智能秒办。通过系统整合、信息共享、创新模式和"区块链"嵌入,实现高频事项跨域办理、抵押和查解封登记"一次不跑"、水电气网视过户"一窗办结"及52项业务同城通办,登记财产指标全省排第一名。

【自然资源改革】 2022年,推进自然资源资产有偿使用制度改革,基本完成该项改革试点相关任务。开展南昌市辖区内土地、矿产、森林、草原、水资源和湿地等全民所有自然资源资产实物量清查、价格体系建设和经济价值核算,编制完成全民所有自然资源资产清查试点工作报告、技术报告,基本完成全民所有自然资源资产清查试点工作。严格全市工程建设项目全流程审批管理,启动落实"一码管地",在土地报批、用地选址、出让划拨、规划方案审批、规划许可证颁发、拨地测量、规划放(验)线测量等工作流程中应用不动产代码,实现土地管理全生命周期各阶段业务关联。

【国土调查监测】 2022年,南昌市第三次全国国土调查(以下简称"三调")收官,向社会公布南昌市"三调"主要数据(以2019年12月31日为标准时点汇总数据)。辖区面积7194.98平方千米。全市耕地25.19万公顷、园地1.34万公顷、林地11.82万公顷、草地0.51万公顷、城镇村及工矿用地10.97万公顷、交通运输用地2.21万公顷、湿地、水域及水利设施用地19.37万公顷。该次调查以国家下发的优于1米分辨率卫星遥感影像和江西省下发的0.2米高分辨率航空遥感影像作为调查底图,广泛应用互联网、云计算、无人机等新技术,全程严格实行质量管控,确保调查数据真实、准确、可靠。全面完成南昌市2021年度国土变更调查和2022年上半年地类变化监测工作,有序推进2022

年度国土变更调查和2022年城市国土空间监测工作。

**【地质灾害防治】** 2022年，市自然资源规划局起草并报请市政府出台《南昌市地质灾害防治"十四五"规划(2021—2025年)》《南昌市2022年地质灾害防治方案》，实施地灾防治项目4个，投入经费924.38万元，治理(监测)地灾隐患点77个，保护受威胁群众1488人，保护财产3701.05万元。至年底，全市派出巡查排查队伍487批次1062人次，发布地质灾害气象风险预警信息17次、预警短信46条，派出专家工作组13批次36人次，开展应急演练与培训58次，转移受威胁群众310人次，实现地质灾害"零"的伤亡目标。

**【多要素城市地质调查】** 2022年，南昌市多要素城市地质调查项目成果交付。该项目为全国首批、江西省首个多要素城市地质调查试点。通过4年努力，完成各项工作任务，取得大量基础数据和地质调查成果，基本查明南昌市规划区内地质结构，完成城市地质大数据库和典型区高精度三维地质模型构建，圈定优质地质资源。项目成果在支撑南昌市国土空间规划布局、优质自然资源高效开发利用、城市安全风险防控和生态保护修复等方面取得较好成效。

**【地理信息服务】** 2022年，推进基础测绘项目实施，夯实地理信息基础。更新大比例尺地形图数据库，实现城市开发边界内大比例尺地形图数据全覆盖；完善地名地址数据，建立房址结合的户室级标准地名地址数据库；建立市县两级自然资源卫星中心，实现卫星影像数据库快速接收、加工和服务应用；升级地理信息公共服务平台，集成影像服务和微信小程序等功能；为全市32个政务系统提供在线地理信息服务，特别是为疫情防控等提供离线地理信息服务57批次，为工程建设项目免费提供实时地形图163批次。

**【档案和信息化管理】** 2022年，市自然资源规划局整理归档移交各类档案50.6万卷。优化企业和群众档案查询服务，实现"网上办""异地办"、全年"不打烊"，在省内首次推出不动产登记信息在线"可视化查询"掌上服务，实现"以图查房"，不断创新"互联网+不动产查询"举措，全年线上查询量7万余件。全面完成南昌市"国土资源云"建设工程项目，建立统一的国土空间基础信息平台，统筹市自然资源规划局全局164个数据集、1586个矢量图层，提供数据服务647个，实现与13个部门间依法依规互通共享。南昌市国土空间规划"一张图"实施监督信息系统通过自然资源部验收。

（江洪涛）

## 公共资源交易管理

**【概况】** 2022年，南昌市不断强化公共资源管理，在健全运行机制、提升信息化水平、优化服务功能、降低交易成本、加强监管等方面推陈出新，深化公共资源交易平台整合共享，大幅降低招标投标交易成本，提升招投标全流程电子化水平。围绕"互联网+招标投标"，以电子化交易为抓手，以流程简化为重点，以阳光交易为目标，加大招标投标体制机制改革力度，建设以协同共享、大数据监管为核心的动态综合体系。至年底，全市完成公共资源交易项目3366个，成交金额986.51亿元，节约财政资金近70亿元。

**【招标投标领域专项治理】** 2022年，南昌市聚焦招标投标领域假招标、假投标、假评标等突出问题，严厉打击围标串标、转包、挂靠、违法分包等违法行为，全面清理招标投标过程中各类不合理限制和壁垒，依法规范招标代理机构和评标专家行为，促进招标人依法履行招标采购主体责任，行政监督部门依法履行监管职责，切实有效解决招投标活动中市场主体反映强烈的突出问题。市发改委协调指导全市市直各部门、县区各单位认真开展招投标领域自查，排查梳理该部门、该地区招投标问题。对查实的市场主体违法违规行为，依法实施行政处罚，不良行为记入有关责任单位和责任人信用记录并实施联合惩戒，失信处罚信息通过"信用南昌"和公共资源交易网站公开；对涉嫌犯罪人员移送司法机关依法追究法律责任。对发现的涉及公职人员各类违纪违法和失职渎职、失责失察问题，依法依纪处理。至年底，全市招投标领域自查项目3786个，自查问题35个，整改办结25个，移交纪检监察问题线索10个。

**【公共资源交易监管】** 2022年，南昌市依托"互联网+监管"平台，以系统深度融合、数据互通共享为导向，对各类交易项目相关流程、时限合规性等进行监督，推动交易项目"事前""事中""事后"联动监管，形成交易主体自律、政府监管、社会监督有机统一。加强部门协同推进联动执法，制定《进一步规范公共资源交易投诉处理工作机制的通知》《关于建立打击公共资源交易违规违法行为部门联动机制的通知》，加强投诉举报协同处理，加大招投标专项治理问题协调督办力度。南昌公共资源交易中心建立和完善"评审专家十不准"等26项制度并汇编成册。对场地预定、政府采购以及产权交易等6项主要业务的服务指南和交易流程进行梳理优化并挂网公布，做到交易标准化、透明化、高效化。先后对1家代理机构进行暂停交易活动的处罚，移送经侦部门线索6条、纪检部门线索2条、市扫黑办线索2条。

【南昌市小额工程网上交易平台运用】 2022年，南昌市开发建设南昌市小额工程网上交易平台（以下简称“平台”），规范限额以下小额工程交易行为。平台设计交易门户网、业务管理系统、网上办事系统、综合管理系统四大模块，实现小额工程交易网上“不见面”办理，破解交易市场主体“多次跑”难题，减少交易场地等场所设施投入和管理人员，提高工作效率。至年底，平台有270家项目业主注册，1000余家施工企业、160家中介代理机构入驻，日均访问量1500人次，参与交易中小企业累计6200余家次，成交项目574项，项目成交总金额9.37亿元，节约资金6612万元。

（刘艳冰）

## 国有资产监督管理

【概况】 2022年，南昌市国有资产监督管理委员会（以下简称“市国资委”）按照“疫情要防住、经济要稳住、发展要安全”要求，打头阵、当先锋、作表率，推动各项工作取得新进展新成效，较好完成各项目标任务。至年底，全市国有企业资产总额10470.6亿元，净资产总额3546亿元。其中，市属国企资产总额6882.5亿元，净资产总额2370.9亿元。全市国有企业累计实现营业收入2193.1亿元，实现利润总额51.3亿元，已交税费总额93.7亿元。其中，市属国企累计实现营业收入1905.7亿元，实现利润总额43.8亿元，已交税费总额74.3亿元。

【全市国资总额突破万亿元】 2022年5月底，南昌市国有企业资产总额10082亿元，成为江西省首个国资总额突破万亿元大关的设区市。从资产构成看，市属国有企业资产总额6742亿元，占比66.87%。县（区、开发区）国有企业资产总额3340亿元，占比33.1%。其中，南昌高新区、南昌县（含小蓝经开区）所属国有企业资产总额突破500亿元，分别为581亿元、525亿元。红谷滩区所属国有企业资产总额突破400亿元，为433亿元。南昌经开区、进贤县所属国有企业资产总额突破300亿元，分别为362亿元、331亿元。

【市属国有企业完成整合重组】 2022年6月，经南昌市委、市政府批复同意，南昌市属国有企业由“9+1”整合重组为“4+2”，包括南昌市产业投资集团有限公司（以下简称“市产投集团”）、南昌市政公用集团有限公司（以下简称“市政公用集团”）、南昌市建设投资集团有限公司（以下简称“市建投集团”）、南昌市交通投资集团有限公司（以下简称“市交投集团”）和南昌轨道交通集团有限公司（以下简称“南昌轨道集团”）、江铃汽车集团有限公司（以下简称“江铃集团”）。南昌市国有经济布局进一步集中在战略引导、产业引领、国计民生、公共服务等领域。其中，为强攻产业、决战工业，以原南昌工业控股集团有限公司（以下简称“工业控股”）为基础，合并原南昌国资产业经营集团有限公司（以下简称“南昌国资产业集团”）主体，组建市产投集团，主业为产业投资。为深入推进城市服务产业链强链延链，以现有市政公用集团为基础，划入原南昌水利投资发展有限公司（以下简称“南昌水投公司”）下属的富春环保以及其他市属国企的农业、林业、粮食类企业，组建新的市政公用集团，主业为水务、环保和现代农业。为提升建筑企业竞争力、发展力和抗风险能力，以原南昌市城市建设投资集团有限公司（以下简称“南昌城投公司”）为基础，合并南昌市城市规划设计研究总院，划入原工业控股、原南昌国资产业集团的房地产、建筑类企业，组建市建投集团，主业为城市建设开发。为策应“一枢纽四中心”战略，以原南昌水投公司为基础，合并原江西南昌旅游集团有限公司和原江西国控汽车投资有限公司，划入原工业控股、市政公用集团、原南昌城投公司、原南昌国资产业集团的交通、旅游类企业，组建市交投集团，主业为城市交通和文化旅游。江铃集团和南昌轨道集团由市交投集团

2022年6月22日，南昌市属国有企业集团整合重组新机构集中揭牌活动举行

（市国资委　供图）

并表。

【国资国企改革攻坚行动收官】 2022年，南昌市国资国企改革三年攻坚行动收官，完成各项重点改革任务，在江西省国资国企改革创新三年行动重点改革任务评估中获评A级。江铃集团入选国务院国资委“国有企业公司治理示范企业”名单，获评“国有重点企业管理标杆创建行动标杆企业”。市交投集团、江铃汽车股份有限公司获评AAA主体信用评级（国内资本市场最高信用评级），南昌市属“4+2”国有企业实现AAA主体信用评级全覆盖目标。

【市属国有企业运营管理专项行动】 2022年，市国资委部署实施规范资产租赁、压缩管理层级、应收账款清收、资金高贷低存清理整治、退休返聘人员清理、大宗贸易清理整治六大专项行动，推动市属国企运营管理降本提质增效。至年底，各级各类企业户数由2021年底的1075家压减至542家，压减比例接近50%；除少部分上市公司外，其余企业管理层级保持在3级以内；退出管理人员1328名，清理退休返聘人员811人；市属国企全年累计清收逾期应收账款32.6亿元，非受限银行存款总额占融资总额的比重同比下降2.9个百分点。

【市属国有企业抗击疫情】 2022年，市属国有企业在全市抗击疫情中，累计为1.3万余户服务业小微企业和个体工商户减免国有房屋租金近3.5亿元。市政公用集团昼夜抢建完成欣悦湖、京冶方舱医院建设。南昌公交运输集团累计派车12058台次承担疫情防控运输任务，累计输送人员超过22万人次。疫情防控期间，江铃集团2000余名员工主动留守公司，保障负压救护车生产。各企业还成立党员突击队和志愿者服务队，主动承担防疫任务，组织开展核酸检测、重点场所管控、卡点值守、宣传发动、环境消杀等防疫工作。

【国有企业建设项目推进】 2022年，市属国有企业加快基础设施领域重点项目建设，持续推进城市扩容提质。地铁1号线北延和东延、2号线东延19座车站建设有序推进。其中，6座车站主体结构已封顶，4个单线区间贯通。赣抚尾闾项目四支枢纽（主支、南支、北支、中支）联动建设推进。裘家洲生态保护工程建设完成。姚湾综合码头5个件杂货泊位投入运营。“胡子工程”南外环高速410米高架桥工程、昌南大道快速路工程均提前竣工，实现全线贯通；沿江中北大道（二七北路—京九铁路段）于6月底主线通车。复兴大桥、洪州大桥、S49枫生快速路北段、桃花南路快速化改造工程完成主体工程。高铁东站新区基础设施路网建设等项目稳步推进。

（殷彩红）

## 财　政

【概况】 2022年，南昌市财政局（以下简称“市财政局”）围绕“一枢纽四中心”发展定位和“两个大幅提升”目标要求，以率先“作示范、勇争先”姿态，坚定不移落实“强省会”各项任务，财政运行平稳有序，财政事业良好发展。至年底，全市地方一般公共预算收入完成457.7亿元，剔除增值税留抵退税因素，同口径增长5.1%，完成预期目标；全市地方一般公共预算支出完成939亿元，增长7.9%。市财政局获“2019—2021年度全国财政信息工作先进单位”称号，获“全省政府系统‘五型’政府建设先进集体”称号，获评中国财经报社“全国首批基层财政新闻宣传工作示范点”。

【江西省电子非税收入一般缴款书启用】 2022年12月20日24时起，南昌市开始全面启用江西省电子非税收入一般缴款书（以下简称“电子缴款书”）。电子缴款书是指运用计算机和信息网络技术开具、存储、传输和接收的数字电文形式凭证。电子缴款书既是非税收入国库集中收缴管理通用凭证，具有缴款凭证和收款收据功能，同时也是一种具有法律效力的非税收入类财政票据。除税务部门征收的非税收入项目外，所有其他非税收入项目取得的收入，均应由执收单位在通过非税收入收缴管理系统上缴时开具电子缴款书。2022年12月20日24时，对采用直接缴款方式，在线使用非税收入收缴管理系统开具非税收入缴款通知书的，非税收入电子票据由江西省政府非税收入票据（电子）切换成江西省非税收入一般缴款书（电子）。自2023年1月1日0时开始，对通过接口对接非税收入收缴管理系统开具非税收入缴款通知书的，非税收入电子票据由江西省政府非税收入票据（电子）切换成江西省非税收入一般缴款书（电子）。各级财政部门、执收单位和缴款人（报销单位）应贯彻落实电子会计凭证报销入账归档有关规定，对于执收单位和报销单位使用的会计核算系统能够准确、完整、有效接收和读取电子会计凭证及其元数据的，应直接使用电子缴款书等财政电子票据进行报销、入账和归档。

【财政支持经济发展】 2022年，南昌市落实国家新出台的组合式减税降费政策，全市增值税留抵退税120.9亿元，规模超全省1/4；出台政策动态调整落实国有房屋租金减免工作，累计减免租金近1.2亿元。制定15条财政支持措施稳定经济发展，投入相关资金超50亿元；“一产一策”研究出台电子信息、航空制造等六大产业扶持政策，拨付市级扶持产业发展类资金22.9亿元；筹集资金近1亿元支持夏冬两季促消费和中国米粉节等各类“以展促销”活动。利用财政金融工具引导撬动资源流向市场主体，全市“财园信贷通”放贷总额63.9亿元，惠及中小微企业1253户次；兑现“映山红行动”奖励资金0.4亿元，新增上市企业6家。推进创新平台建设，加强科技企业培育，拨付市级科技发展专项资金4亿元；吸引人才来昌留昌创业就业，累计拨付市级人才专项资金11.6亿元，兑现落户奖励和生活补贴10.3亿元。在全省首批上线“惠企通”平台，更新市级涉企资金兑现政策清单，加快财政惠企资金兑现；严格落实政府采购支持中小企业各项政策，全面推行线上“政采贷”，全市政府采购授予中小企业合同68.8亿元，占总量的83.9%。

**【财政支持城市建设发展】** 2022年，南昌市坚持“四精”城市建设理念，综合做好“筹资、融资、债券、评审”4篇文章，加快打造“一枢纽四中心”建设现代化都市圈。围绕重大重点项目建设保障，市财政局全年累计拨付计划资金73.1亿元，安排新增地方政府债务限额143.7亿元，通过新增的3个PPP项目引入社会资本约46亿元，支持3条轨道延长线、南昌健康职业技术学院、九州高架东延、洪州大桥等全市重大重点项目建设。优化轨道交通运营服务成本控制，拨付公共交通运营补贴资金6.5亿元；推动重要县乡道路面“白改黑”，拨付农村路域环境整治资金2.2亿元；助力申报国家综合货运枢纽补链强链城市。以深化全国文明城市创建为抓手，扎实开展城市环境综合整治，拨付城市维护管理专项资金9亿元；拨付中心城区棚户区改造补助2.4亿元、老旧小区改造补助资金9.2亿元，提升老城区环境面貌。向市排水有限公司注入资本金10亿元，推动水环境综合治理项目建设，为南昌市入选全国海绵城市建设示范城市提供服务保障；拨付林业生态建设资金0.5亿元，为南昌市入选国际湿地城市提供服务保障。

**【财政支持民生保障】** 2022年，南昌市坚持财力优先向民生集中，加投入、保基本、建机制，持续改善民生福祉。全市民生类支出完成781.1亿元，占一般公共预算支出比83.2%。牵头协调“全面建设幸福江西”“民生保障制度改革攻坚行动”等民生专项工作，其中“全面建设幸福江西”的238项任务全部销号完成，民生改善成效显著。坚决落实“两个只增不减”要求，推动教育事业高质量均衡发展，全市教育支出超145亿元。推动高校毕业生等重点群体就业创业，支持开展职业技能提升行动，累计拨付各级就业补助资金2.8亿元。做好2022年城乡低保特困供养提标工作，累计拨付救助补助资金6.3亿元，惠及困难群众11.1万人。坚持“住有所居、居有所安”，累计拨付保障性租赁住房资金4.8亿元、公租房租赁补贴0.8亿元。筹集市级养老服务相关资金0.7亿元，支持构建多层次养老服务体系；推广0—3岁婴幼儿照护服务，在全省率先推出托育机构建设运营补贴。推动巩固拓展脱贫攻坚成果同乡村振兴有效衔接，拨付中央、省、市级衔接资金2.2亿元；开展“两整治一提升”行动，拨付农村人居环境整治行动和农业特色产业提升行动资金4.9亿元。

**【支持新型农业经营主体高质量发展】** 2022年，市财政局全面贯彻落实党中央及省市有关“三农”工作决策部署，紧紧围绕实施乡村振兴战略，加大投入力度，加快推进新型农业经营主体发展，推动农业增效、农民增收。加大资金投入。全年市本级安排支持新型农业经营主体发展专项资金720万元。同时，统筹利用中央农业生产发展资金用于新型主体培育资金216万元，支持农民示范合作社和家庭农场发展，改善基础设施建设，建设标准化生产基地，引进推广农业新品种和新技术，建立健全农产品质量安全体系，购置农业生产设施、设备，为全市新型农业经营主体发展壮大提供资金保障。加大人才支撑。有序推进农民教育培训工作，全年下达高素质农民培训资金309万元，提高农民科技文化素质。开展乡村产业振兴带头人培育“头雁”项目，遴选一批符合条件的经营主体为“头雁”项目培育对象，下达培训资金79.85万元，培养一支高素质农民队伍，为新型农业经营主体发展提供人才支撑。加大金融支持。利用财政金融政策工具“财农信贷通”，破解新型农业经营主体发展资金瓶颈问题，巩固提升支农信贷成效。至10月底，全市“财农信贷通”月末贷款余额7.16亿元，累计发放贷款63.1亿元，比上年新增贷款5.5亿元，取得授信并实际借款的经营主体12540户，有效缓解农业经营主体融资难题。

**【助推体育事业高质量发展】** 2022年，市财政局充分发挥财政职能，积极争取上级财政资金，专门设立体育发展专项资金，推动全市体育事业高质量发展。培养竞技体育后备人才。全年市财政筹集各级资金共448.98万元用于培养体育人才，包括市体校运动员训练补助、优秀竞技后备人才“选星计划”经费、奖励2022年度在国内外体育竞赛中取得优异成绩的南昌籍运动员及教练员资金。支持各项体育赛事开展。市财政在体育发展专项资金中安排1070万元，主要用于南昌市代表团参加江西省第十六届运动会的参赛及奖励经费；用于开展南昌市“滕王阁杯”青少年体育联赛资金，涵盖运动项目8个，有效带动青少年积极参与体育运动。助力体育场馆免低开放。支持公共体育场馆免低开放,促进全民健身事业发展,增强市民身体素质。至11月底,市财政共下达公共体育场馆向社会免费或低收费开放补助资金901.54万元。其中,市本级补助资金858.5万元、县区补助资金43.04万元,惠及1个县区2家市级公共体育场馆。

**【财政体制改革】** 2022年,南昌市修订印发《市本级财政资金审批管理办法》《市级财政专项资金管理办法》,以制度建设推动财政资金安全规范使用;推动零基预算改革,将预算支出全部以项目形式纳入预算项目库。推动预算管理一体化系统与预算执行信息系统、财报系统整合优化,将全市1894个预算单位全部纳入一体化系统;开展综合治税信息平台搭建工作,申报并入围全省数字技术应用场景项目;持续深化非税票据电子化改革,通过系统收缴非税收入56.4亿元,开出电子票据2736.9万张。推进地方财经秩序专项整治行动,组织开展基层财务管理、"吃公函"等专项检查,促进基层财政平稳运行;推进会计代理记账许可证书电子证照改革,推动代理记账告知承诺制改革,加强会计代理记账机构事中事后监管;盘活存量资产,提请并修改市级相关资产盘活处置建议,制订市级行政事业单位房产、土地处置工作方案及所属经营性国有企业划转实施方案。在全省率先联通预算一体化系统与政府采购交易系统,实现采购预算自动推送、采购资金"一键支付";推行公开招标"不见面开标"和"远程异地评标",降低交易成本;助力该地企业入驻全省政府采购电子卖场,全市累计交易额近8亿元。以《关于全面实施预算绩效管理的实施意见》为基点,配套出台一系列规范性文件,初步构建"1+N"绩效管理制度体系;在全省首创预算绩效目标"线下预审+线上审核"模式,提高绩效目标审核效率;拓宽绩效评价范围,首次实现项目部门评价全覆盖。

**【市级涉企资金兑现政策清单发布】** 2022年8月15日,南昌市2022年度市级涉企资金兑现政策清单正式发布。兑现政策清单包括市级涉企资金兑现政策条款124条,涵盖支持先进制造业发展、支持现代服务业发展、支持现代农业发展、支持建筑业发展、支持科技创新、强化金融支撑、支持就业创业、支持改善民生等多个方面,覆盖面广、内容丰富、条款翔实,具有较强的实用性。兑现政策清单发布后,企业可快速查找到适合该企业的惠企政策,并根据各惠企政策执行部门制定的配套服务指南、申报流程在政策兑现窗口和线上具体办理,从而实现惠企政策应享尽享、快捷兑现,增强市场主体活力,持续优化营商环境,推动全市经济社会高质量发展。

**【《南昌市市级预算部门绩效管理暂行办法》出台】** 2022年,《南昌市市级预算部门绩效管理暂行办法》(以下简称"暂行办法")制定出台。暂行办法明确事前绩效评估对象内容。凡是市级预算部门拟新出台的重大政策、市级预算部门拟新增1000万元(含)以上的预算项目(含追加项目)、政策到期但确需延续的专项资金以及年度预算增幅达到30%或增加金额1000万元以上的项目均须开展事前绩效评估。项目主要评估立项必要性、投入经济性、绩效目标合理性、实施方案可行性、筹资合规性等内容;政策主要评估政策必要性、政策可行性、政策经济性、政策效率性、政策效益性等内容。明确事前绩效评估职责分工。市级预算部门作为事前绩效评估的责任主体,应制定完善本部门事前绩效评估管理细则或操作规程,做好本部门事前绩效评估组织管理工作;市财政局应负责制定事前绩效评估管理办法,指导和督促预算部门开展事前绩效评估工作以及落实绩效评估结果应用等;预算申报单位应负责准备事前评估相关材料,配合市财政局或市级预算部门开展事前绩效评估。明确事前绩效评估方式方法。事前绩效评估方式主要包括专家论证、现场调研、社会调查、咨询座谈等。事前绩效评估方法包括成本效益分析法、比较法、因素分析法、最低成本法、公众评判法等。明确事前绩效评估工作程序。事前绩效评估原则上包括评估准备、评估实施和评估报告三个阶段。对拟列入下年度部门预算的项目、政策,预算部门(单位)于每年7月31日前完成事前绩效评估;对拟列入下年度市级专项资金的项目、政策,预算部门(单位)于每年9月30日前完成事前绩效评估。市财政局对预算部门(单位)提交的事前评估材料进行初审和复审。明确事前绩效评估的结果应用。市财政局审核得分在85分(含)以上的项目、政策,直接纳入项目库管理;审核得分在70(含)—85分的项目、政策,按要求修改完善后,再纳入项目库管理;审核得分在60(含)—70分的项目、政策,原则上不得进入项目库,确需进入的,应由财政部门组织开展重点绩效评估。审核得分在60分以下或在审核中发现部门(单位)提交的评估材料存在质量较差等情形的项目、政策,一律不得进入项目库,原则上不再重复申报。

**【《市级财政专项资金管理办法(修订)》印发】** 2022年,南昌市印发《市级财政专项资金管理办法(修订)》。办法的修订是结合新形势下财政专项资金管理实际需要,按照当前零基预算改革、预算管理一体化建设、预算绩效管理和预算公开等工作要求进行修改完善,有利于进一步实现财政专项资金管理科学化、精准化、规范化。办法明晰管理权责。强调主管部门对归口该部门管理专项资金提出项目资金需求并按程序报批,加强信息沟通和联合审核,避免同一项目重复补助。项目实施单位对项目申报资料的真实性、资金使用的合规性、资金管理的有效性负主体责任。办法细化预算编制。要求编制年初预算时,专项资金落实到具体的项目单位和支出金额,着力提升细化分配到项目的比例,属对县区专项转移支付的,分地区、分项目编列。持续深化零基预算改革,建立健全支出标准体系,专项资金预算不受以往年度基数限制,进一步规范专项预算编制。办法优化资金分配。规范专项资金管理办法制定程序,明确专项资金分配方式,强调专项资金分配的科学性和合理性,确保专项资金做到政策目标明确、分配主体统一、分配办法一致、审批程序唯一、资金投向协调。办法强化预算执行。明确由主管部门组织项目实施,在确保资金安全和绩效前提下,切实加快项目推进和专项资金执行进度。加大对结余结转资金的清理盘活力度,对未达到支出进度的专项资金,根据实际支出需要按规定收回统筹用于急需的重点领域支出,切实提高资金使用效益。办法突出绩效导向。加强专项资金预算绩效管理,建立健全全过程预算绩效管理机制,做好专项资金事前绩效评估管理,硬化专项资金绩效目标约束,将绩效评价结果作为完善财政政策、预算安排和分配的重要依据,推动预算绩效管理提质增效。

**【组合式税费支持政策宣传和跟踪问效】** 2022年,市财政局强化政策宣传、跟踪政策落实,多举措做好组合式税费支持政策的宣传解读和跟踪问效工作,确保政策宣传到位、诉求回应到位、政策落实到位,助力企业减负纾困,持续激发市场主体活力。全面部署组合式税费支持政策宣传解读和跟踪问效工作,并将其列入2022年度市对县(区)财政局工作目标考核内容。同时,在全市范围内开展退税减税降费评估工作,建立各县(区)财政部门季报制度,确保政策宣传到位、落地见效。全市各级财政部门积极与税务、人社等部门协同配合,综合运用传统媒体、新媒体、门户网站等平台,多渠道、多形式、多维度向社会宣传解读减税降费政策,确保政策红利精准直达符合享受条件的企业。同时,有针对性地深入园区、深入企业开展政策宣讲、答疑解惑,帮助市场主体知晓政策、用好政策、纾困解难。全市各级财政部门密切关注政策落实进展情况,采用实地走访、座谈交流、开展问卷调查、公布受理电话、网上征集意见等方式,详细了解企业减税降费政策享受情况以及适用政策中遇到的实际困难,广泛收集企业诉求和意见建议。同时,不断加强对新的组合式税费支持政策效应的跟踪分析和评估,在辖区内选择部分有代表性的企业作为跟踪税费政策落实的联系点,定期开展联系,进一步畅通企业诉求反馈常态化沟通渠道。建立纳税人诉求快速响应机制,对收集到的企业诉求和意见建议以及政策执行层面发现的困难和问题,实行清单管理,限期办理,及时解决政策落实过程中存在的堵点、难点,确保政策落实落细。

(邱　岚)

## 税　务

**【概况】** 2022年,国家税务总局南昌市税务局(以下简称“市税务局”)着力打造“勤廉洪税”模范机关,上线江西省首家“税银”智慧集成办服务模块,全面落实国家减税退税降费政策,激发市场活力和保障政府财力协同推进。全年完成税收收入809.94亿元(返加留抵退税后),社保基金收入339.06亿元,办理出口退税57.29亿元。南昌市税务系统获“全国五一劳动奖章”、“一星级全国青年文明号”、全省“五型”政府建设先进集体等各类荣誉82项,营商环境评价“纳税指标”排全省各设区市第一名。

**【退税减税政策落实】** 2022年,市税务局成立退税减税政策落实工作领导小组和11个“六税两费”(资源税、城市维护建设税、房产税、城镇土地使用税、印花税、耕地占用税,教育费附加、地方教育附加)减免专项工作组。建立《留抵退税纳税人清册》和“三专”(专办、专班、专报)快速反应机制,统一扎口管理退税减税工作。梳理工作任务103项,制定责任清单,构建“横向到边、纵向到户、责任到人”网格化管理体系。编制《退税减税办理指南》,分类培训165场次,受众2万余人次。加强与公安、海关、金库等部门联系,推动各项政策红利“快准稳好”落地,相关做法得到税务总局和省税务局肯定。全年累计新增减税降费退税及缓税缓费199.88亿元。

**【“打虚打骗”专项行动】** 2022年,全市税务稽查部门开展“打虚打骗”专项行动,立案271件。其中,移送公安机关19件、线索20件,上报税收违法“黑名单”66户。依法查办“4·16”虚开骗税团伙案、比特币“挖矿”虚开案、“山西—X14”虚开团伙案、机动车发票虚开案、骗取留抵退税案等大案要案,查补税收9.32亿元。其中,税警联合破获利用“假收购、假生产、假出口”实施虚开、骗取出口退税的“4·16”团伙案涉及企业82户;立案查处其他虚开骗税企业57户;开展“双随机”抽查,查处偷税企业342户。

**【“五类两高”税收征管】** 2022年,市税务局按照“提示提醒、督促整改、警示约谈、立案稽查”工作步骤,重点加强“五类两高”(会计师事务所合伙人、律师事务所合伙人、拥有较大金额商业房产的自然人与公司高管、代开发票取得较大金额劳务报酬的自然人和工资薪金收入金额较大的自然人,高收入、高净值者)人群涉税风险管理。设计税收风险应用场景和风险分析模型,归集相关指标信息,利用税收大数据智慧服务平台,实现动态数据自动扫描、指标分析、任务推送、限时处理和结果反馈全过程闭环管理;编印《税收风险应对指引》,组织召开税企座谈会、联合行业协会开展税收法规培训,宣传税收政策、提示涉税风险。对上级下发的风险对象组织自查和检查,推送3批次共55户至县、区税务局开展税收风险应对,对相关单位和个人作出补税处理。

**【反避税】** 2022年,市税务局将纳入跨境关联交易利润水平监控系统的企业由上年5户增加至32户,强化关联交易申报和同期资料审核,严防跨境关联交易非法避税,完成审核关联申报387户次。加强情报信息交换和国际税收征管协作,通过国际税收平台上传情报信息3520条。制作"关联申报和同期资料政策解读"网络培训视频,对36个风险点逐一讲解。推进反避税集中选案,密切关注对外支付大额费用、间接股权转让资产重组等跨境交易行为,选定10户重点调查对象,就其风险问题进行约谈。对某酒店公司立案调查,对其向香港支付的品牌管理费全额调增应纳税所得额227万余元。责成某房产信息公司股东调整申报税款,并加收利息1015万元。该案成为新个人所得税法实施以来,江西省首例对个人所得税实施特别纳税调整的案例。依法对某电商(江西)公司向关联企业购买算法资产的性质作出税务认定和纳税调整。该案例被税务总局作为新经济业态下反避税典型案例。

**【"10分钟办税便利圈"】** 2022年,市税务局以推进涉税事项"就近办"为目标,以强化"税政"[税务与乡(镇)政府、街道办事处]"税银"(税务与银行)"税邮"(税务与邮政部门)合作为支点,着力打造"10分钟办税便利圈"。开发"税银"智慧集成办应用模块,将22项常税费业务嵌入银行网点智慧柜员机,实现全市92个建设银行服务网点310台智慧柜员机可办理税费业务。在办税服务厅升级配置远程交互可视办税设备,设"一分钟"服务专窗和"简事快办"服务专区,实现17项"快、简、易"高频事项"即到即办、快速办结"。在街道、乡镇和工业园增设自助办税终端。至年底,全市建成30个"街街办"(在城区街道设立税费服务人工窗口,视需投放自助办税终端)、46个"乡乡通"(在县域乡镇便民服务中心或人流量较大的附近场地,建设24小时自助办税服务厅,投放综合办税、发票申领、发票代开等多功能自助办税终端)、98个"税银"服务站,34个"税邮"服务站和1个"税景"服务站,便民服务网点209家,实现税费事项"多点可办""就近能办""少跑快办"。

**【不动产登记缴税智能化】** 2022年,市税务局、市自然资源和规划局协作整合不动产管理业务,集成打造全市统一的不动产管理服务平台。通过"省政务服务+税务区块链"衔接相关部门业务系统,打通不动产登记、房产交易、存量房核价和"金税三期"等多个系统信息交互共享通路,构建不动产登记缴税"一链办"模式。整合各方申报表格和材料清单,实现"一窗、一人、一机、一表、一网"快捷办理。升级相关部门软件,用大数据"算法"解决房产交易复杂难题,实现智能评估房产价值、智能匹配适用政策、智能计算应纳税费,实现在全省率先推行不动产登记缴税全时空"网上(掌上)办"和"智能算税"服务。

**【纳税信用体系建设】** 2022年,市税务局将纳税信用融入全市社会信用体系建设,实施跨部门联合"褒扬守信、惩戒失信"机制。完善纳税信用评级制度和信息化动态评级手段,向政务信息共享平台推送A级纳税人名单和税收违法"黑名单"等信息。开通A级纳税人"绿色通道",推行优先办和免打扰服务,提升其"信福"感。推进"纳税信用"与"银行信用"联动,破解企业"融资难、融资慢、融资贵"难题。加强纳税信用辅导,帮助企业纠正失信行为,重塑纳税信用,提高纳税遵从,防范信用风险。开展"诚信兴商宣传月"等活动,宣传诚信纳税典型,提升A级纳税人品牌价值。市税务局连续3年获评"全市社会信用体系建设工作优秀单位"。

**【公职律师涉税争议咨询调解中心成立】** 2022年5月24日,市税务局公职律师涉税争议咨询调解中心正式成立。该中心有公职律师20人,法律专业人员30余人,实施"四诊四员"("大厅坐诊"当好法治宣传员;"电话问诊"当好执法护航员;"上门巡诊"当好维权调解员;"综合会诊"当好决策参谋员)工作机制,旨在为全市纳税人提供涉税法律咨询与政策辅导服务,从源头化解矛盾纠纷,维护纳税人合法权益。至年底,有139人次到各办税服务厅值班,提供咨询服务213人次,化解涉税争议12次,解决基层执法难题17个,向上级报送建议5条。

**【"春雨润苗·扶微助企"联合直播】** 2022年5月25日,南昌市"春雨润苗·扶微助企"联合直播启动仪式在市税务局举行。联合直播分4期,主要内容为小微企业"六税两费"减免政策解读等,目的是扶持小微企业成长,助力小微企业在税费优惠政策下抓紧复工复产复商复市,把疫情耽误的时间抢回来,把造成的损失补回来。启动仪式后,线上直播正式开始,在线人数最高时1.6万余人,直播视频浏览量3.1万余次。

（程应运）

## 金融监管

【概况】 2022年，南昌市金融系统努力克服突发疫情影响，扎实做好金融领域各项工作，金融指标保持稳定增长，助力实体经济成效明显，资本市场活力有效激发，全年金融业增加值占地区生产总值比例达10.1%，支持南昌市经济向好发展。至年底，全市金融机构本外币各项贷款余额18949.13亿元，同比增长7.54%，占全省比重的35.91%。各项存款余额为16110.30亿元，增长9.17%，占全省比重的30.30%。南昌市上市公司29家，总市值1977.84亿元，同比下降20.84%；4家企业（南昌矿机等）在证监会或交易所审核过程中，5家企业（晶安高科等）在江西证监局正常辅导；南昌市新三板挂牌企业22家，较上年末减少1家。南昌市有证券公司2家，证券分公司52家，证券营业部299家，全年累计证券交易金额86568.34亿元，下降0.65%；有期货公司1家，期货分支机构19家，代理成交金额23977.23亿元；登记私募基金管理人58家，备案基金产品241只，管理基金规模（净资产）650.95亿元。

【信贷结构优化】 2022年，加强重点领域和薄弱环节信贷投放力度。从制造业看，较年初增量占比超全省平均水平。至年底，南昌市制造业贷款余额1516.20亿元，增长14.43%，高于各项贷款增速6.89个百分点；较年初增量占各项贷款增量比重为14.17%，比全省平均水平高0.08个百分点，较上年末上升5.53个百分点。高技术制造业、先进制造业中长期贷款分别增长52.23%、39.59%，比上年末分别提高26.54个和10.25个百分点。从普惠小微领域看，普惠领域获得较大信贷支持。至年底，南昌市普惠小微贷款余额1512.94亿元，增长21.49%，高于各项贷款增速13.95个百分点；贷款户数13.37万户，增长15.37%。从乡村振兴领域看，涉农领域金融支持力度加大。至年底，南昌市涉农贷款余额3548.02亿元，增长13.57%，高于各项贷款增速6.03个百分点。

【货币政策工具运用】 2022年，南昌市金融机构用好货币政策工具，加大资金投放力度，全力支持全市经济发展。至年底，南昌市再贴现余额123.69亿元，占全省比重的50.6%。1—12月累计办理再贴现280.46亿元，占全省比重的45.32%。南昌市累计办理绿色票据再贴现30.36亿元，占全省比重的23.68%。运用多项金融工具资金使用位居全省前列。南昌市运用政策性开发性金融工具资金108.5亿元，居全省第一位；科技创新再贷款、交通物流再贷款、普惠小微贷款支持工具、碳减排支持工具运用均居全省前三位。

【发行债务融资工具】 2022年，南昌市共有20家企业在银行间市场发行74只债务融资工具，融资金额共696.5亿元，占全省比重的40.1%，发行金额在各设区市中排第一位。其中，发行绿色债务融资工具6只，发行金额共45亿元，增长8.9%。发行债务融资工具加权平均利率为2.32%，较同期企业贷款利率低2.31个百分点，为企业节约财务成本16.1亿元。

【创新绿色金融产品】 2022年，持续推进赣江新区绿色金融改革创新试验区建设，探索创新绿色金融产品，指导金融机构开展碳普惠、可持续发展挂钩贷款、绿色供应链贷款等产品创新，促进“畜禽洁养贷”“林农快贷”“绿业贷”等专属信贷产品运用。至年底，南昌市绿色贷款余额2144.85亿元，占全省比重的39.48%，增长28.68%，高于各项贷款增速21.14个百分点。

【强化市场主体监管】 2022年，落实注册制改革，加快上市公司监管转型。加强年报审计全过程监管，对重点项目保持监管高压，强化质量复核，切实提高信息披露质量。贯彻落实《健全上市公司退市机制实施方案》，查处恶意规避退市行为，对上市公司“神雾节能”开展专项现场检查，稳妥推动上市公司“ST星星”依法完成重整。按照突出问题导向、加强质量管理、分类处置原则，严格查处违法违规行为，提升现场检查时效。加强证券期货基金经营机构监管。推进分类监管，组织开展证券公司专项检查，对违法违规行为保持高压态势。加强期货居间业务新规过渡期整改督导，强化证券类私募基金异常交易监管，约谈多家机构，督促规范交易操作。推动国盛证券实现正常化经营，中航证券增资20亿元、连续2年分类评价A类，“瑞奇期货”风险创新业务获多个行业奖项。做好其他市场主体监管工作。稳步推进新三板挂牌公司监管，持续跟进挂牌公司治理专项活动进展，结合辖区实际，聚焦创新层公司监管质效，制订“强基行动”工作方案，重点推动质地较好的创新层公司强基础、提质量。召开公司债券发行人监管会议，组织债券发行人开展自查，鼓励主动排查存在的问题和风险并及时整改。准确把握辅导监管转型要求，通过“抓中间、带两头”，一体推进在辅和在审企业精准化分类监管、标准化辅导验收。

【防范化解市场风险】 2022年，持续巩固股票质押风险化解成效，辖区高比例质押上市公司保持较低水平。严查占用担保违法违规行为，除个别迁址公司外，辖区已发现的大股东资金占用、违规担保等问题基本完成整改，“清欠解保”取得明显成效。一司一策，促进风险类公司出清，年内推动化解江特电机、ST星星等公司风险，稳妥推进正邦科技、*ST奇信风险处置。平稳化解“17正邦01”和“南昌融创茂ABS”违约风险，辖区市场继续保持“零违约”良好生态。结束国盛证券接管，稳妥做好国盛证券现场风险监控，化解国盛金控债券违约风险，确保国盛证券稳定经营。结合行业运行和政策变化情况，对涉房地产、备少募多、证券类私募基金等重点风险领域开展风险排查，推进私募基金风险分类整治，多方协同清理整顿“伪金交所”和各类交易场所，“伪金交所”整治工作取得积极成效。

**【保护投资者合法权益】** 2022年，推进营商环境优化升级，督促多家投教基地规范运营，开展投教基地专项检查，指导新设投教基地，不断拓展投教基地覆盖面。开展专项投教和防非宣传活动，围绕“3·15”消费者权益保护日、“5·15”国际家庭日、“世界投资者周”等重要时点，组织市场主体全方位宣传教育，推动投资者教育纳入国民教育体系。联合省高院出台《关于全面推进证券期货纠纷多元化解机制建设的实施意见》，实现“总对总”在线诉调对接机制在江西落地。协调南昌中院对接中证协线上纠纷调解平台，与六地中院签署加强证券期货监管机构与审判机关工作协调配合备忘录，指导协会加强与赣江新区国际仲裁院合作，畅通调解渠道。扎实做好信访工作，稳妥处理国盛资管投资者群访事件。

**【服务实体经济发展】** 2022年，南昌资本市场共融资814.18亿元，其中1家公司首发融资6.69亿元、1家上市公司增发融资9.44亿元、1家上市公司发行可转债融资2.56亿元。14家债券发行人发行公司债券30只、融资308.74亿元，4家原始权益人发行资产支持证券61只、融资476.69亿元，江西股交中心发行私募可转债融资9.48亿元，私募股权融资5800万元。辖区证券经营机构不断丰富产品体系，通过发行债券、中期票据、定向工具、资产支持专项计划等帮助南昌市企业融资，助力南昌市经济高质量发展，满足群众多元化理财需求。

（黄　健　柳翠）

## 审　计

**【概况】** 2022年，南昌市审计局（以下简称“市审计局”）围绕市委、市政府中心工作，依法履职。市本级发挥“经济体检”功能，完成70个审计项目，完成28名领导干部经济责任审计，查出违规金额13.08亿元、损失浪费金额513万元，向纪检监察机关等移送处理事项15起，移送处理人员18人，审计专报、综合性报告和信息被批示、采用79篇次。市审计局在全市依法治市、法治政府建设、综治、节能等考核中获评优秀，2个审计组及8名个人被评为全省经济发展环境专项审计调查先进集体和先进个人。

**【市委审计委员会决策部署落实】** 2022年，市审计局围绕南昌市经济发展态势，立足全市中心大局，向市委审计委员会提出全年工作设想，明确审计项目计划。结合全市工作重点，及时向市委审计委员会报告预算执行审计情况，并对审计工作计划进行调整，得到市委审计委员会认可。落实市委审计委员会会议精神，严格执行重大事项请示报告制度。全年上报审计专报13期，均获市委、市政府主要领导批示。加强县（区）党委审计委员会办公室业务指导，9个县（区）审计委员会均稳步推进各项工作。推动全市重点部门、单位成立党委（党组）审计委员会109家，逐步构建集中统一、全面覆盖、权威高效审计监督体系。

**【重大政策落实跟踪审计】** 2022年，市审计局胸怀“国之大者”，牢牢把握推动高质量发展主题，以强有力的审计监督服务保障重大政策落实。开展促进涉企服务优化专项行动，清偿企业账款15304.58万元；推动收取农民工工资保证金2121万元；推动执行疫情减免政策租金164.3万元；紧盯“放管服”改革政策落实，推动取消违规增设行政审批前置条件，清退乱收费1503.25万元。

**【重点领域审计】** 2022年，市审计局围绕经济社会运行重点领域，对安义县、进贤县、青山湖区、南昌高新区开展粮食领域专项审计，揭示反映大量粮食经营管理和粮食质量安全问题，查出粮仓维修工程违规违法线索2起。聚焦科技创新领域，对2017—2021年度市科技发展专项资金分配、管理和使用情况开展专项审计，延伸调查572家单位，涉及2810个项目9.63亿元资金，揭示科技项目申报、管理及资金分配把关不严等问题，通过审计追回68家企业多补的科技发展专项资金补贴1915万元。

**【民生审计】** 2022年，市审计局在医疗保险基金及“三医联动”改革专项审计调查和南昌住房公积金管理中心等7家单位财政财务收支审计中，关注医疗保险基金、涉农及残疾人就业保障金等重点民生专项资金管理使用情况，助推市第一医院九龙湖分院等4个民生项目加快建设进度，推动《南昌市被征地农民参加基本养老保险暂行办法》等4项惠民利民政策制度出台。组织开展安义县2019—2021年度农村人居环境整治相关政策落实及资金管理使用情况专项审计调查，推动乡村振兴战略相关政策落地见效。组织开展乡村财务管理规范化审计、南昌高新区镇(处)"三资"管理使用情况审计调查,推动乡村资金资源资产规范管理。参加全市棚户区(旧城)改造突出问题专项整治,抽调全市审计系统17名业务骨干(含1名县级领导干部)参加市委棚改专项巡察;牵头聘请德勤华永会计师事务所为第三方审计机构,组织60余名社会审计人员对市本级棚改(旧改)专项资金筹措使用监管情况开展专项审计。

**【自然资源资产离任审计】** 2022年,市审计局采取1次进点4个审计项目统筹开展的组织形式,协同推进西湖区3名党政领导干部经济责任和自然资源资产离任审计。开展市水利局、市自然资源局等职能部门的财政财务收支审计,重点关注生态环境质量和污染防治攻坚战目标任务完成等情况。在市直部门2021年预算执行情况及决算草案项目审计中,嵌入自然资源资产审计内容,揭示长江流域退捕渔民安置工作推进缓慢等一批问题。

**【审计整改】** 2022年,南昌市印发《关于建立健全审计查出问题整改长效机制的实施意见》,组织党员干部给被审单位讲授党课和宣讲政策法规17次,推动被审计单位建章立制20余项。配套制定《市审计局强化审计查出问题整改督促检查责任办法》,审计整改实行任务分工和清单化管理。至年底,督促被审计单位整改2021年度市本级49个审计项目1137个问题,整改1100个,整改完成率96.75%;63个2021年度中央预算执行涉及南昌市的问题全部完成整改,166个省级预算执行涉及南昌市的问题中完成整改153个,整改完成率92.17%。

**【巡察监督与审计监督协作配合】** 2022年,南昌市推动审计管理体制改革,推进纪检监察、巡察监督与审计监督贯通协同。制定《关于加强巡察监督与审计监督协作配合的意见》等4份协作文件,从机制上规范信息共享、审计移送等问题。互通共享信息。市委巡察办、市审计局互相告知每轮巡察任务的单位安排情况、年度审计项目计划情况。每轮巡察进驻前,统一向市委巡察组提供被巡察单位近三年有关审计报告,助力巡察工作。市审计局将2012年以来的300余份经济责任审计结果报告(电子版)共享市纪委市监委。推荐审计业务骨干纳入市委巡察人才库,选派政治素质强、业务能力过硬的领导干部参与省、市纪委案件审查及巡视巡察工作。

(熊　英)

## 统　计

**【概况】** 2022年,南昌市统计局(以下简称"市统计局")忠实履行统计法赋予的工作职责,围绕深入实施强省会战略、推动南昌高质量跨越式发展、统筹疫情防控和南昌经济社会发展大局,持续强化统计担当,加强统计监测,提升统计服务,推进统计改革,更加有效发挥统计监督职能作用,为全面建设社会主义现代化南昌提供坚实可靠的统计服务保障。至年底,撰写《统计专报》《统计要情》111期,其中66篇次获市领导批示,为稳中求进抢抓发展机遇贡献统计智慧。

**【统计服务升级】** 2022年,市统计局对标高质量发展,创新思路,高效组织统计调查,强化经济运行实时监测预警分析。面对新形势,不断完善经济运行监测预警体系,实时监测预警指标增速变化,做到月度数据有分析、经济走势有研判、重大问题有预警。除对重点指标进行常态化监测外,主动拓宽视野与思维,紧跟形势,同高质量发展要求对标对表。全市经济发展保持良好态势,高质量发展取得新成效,经济总量实现新突破。全年全市地区生产总值7203.50亿元,比上年增长4.1%;规模以上工业增加值增长6.0%;固定资产投资增长7.6%;社会消费品零售总额增长4.6%;城镇、农村居民人均可支配收入分别增长4.3%和5.7%。

**【经济分析研判】** 2022年,市统计局重点围绕全市主要经济指标变化情况和突出问题,每月(季)对主要经济指标进行深入分析,挖掘数据变化背后深层次原因,及时全面反映经济运行情况,增强经济运行监测时效性和科学性。围绕"起步就冲刺、开局就决战"强劲开局、"强攻二季度、确保双过半"奋起赶超、"拼搏三季度、奠定全年胜"乘势攻坚、"决战四季度、夺取全年胜"冲刺收官撰写的《"两个不停"收效明显"强劲开局"压力仍存——南昌市春节期间"两个不停"专项统计监测报告》《关于我市用电量情况的分析报告》《关于当前全市投资统计情况的报告》《文化产业持续复苏 发展质量有待提高——2022年上半年规模以上文化及相关产业分析》《南昌市农业生产单位经营情况报告》等进度分析,获市主要领导批示。围绕统筹疫情防控和经济社会发展撰写经济运行分析会、调研座谈会汇报材料20余篇,为疫情影响下攻坚克难、惠企纾困、抢抓机遇有效发挥经济运行的"参谋部、晴雨表、信息窗"职能作用。

**【统计产品创新开发】** 2022年,市统计局创新统计载体,丰富统计产品,满足各界对统计产品的更高需求。根据全市经济形势变化,发挥统计优势,在及时编制《统计专报》《南昌统计要情》《南昌统计手册》《南昌统计年鉴》《南昌市"两会"统计专刊》《南昌核算季度快讯》《南昌服务业统计快讯》等统计产品基础上，为保证统计数据时效性，每月第一时间向市委、市政府整理报送主要经济指标相关表格，收录全市及各县区、全省及各地市、全国各省会城市主要经济指标情况。

**【统计宣传】** 2022年，市统计局深入挖掘统计数据背后的内涵，客观准确地反映全市经济社会发展全貌，寻找各行业各领域发展中闪光点，进行重点宣传，增强统计宣传的影响力和认同感。加强统计数据解读，回应社会关切，坚持"能发布尽发布"原则，按照法定程序认真做好统计信息公开、咨询服务，耐心解答企业和社会公众统计信息咨询，不断提升"12345"政府热线、网友咨询回应反馈时效。至年底，在《江西日报》《南昌日报》《决策参考》等载体发布新闻稿16篇，组织召开、参与新闻发布会和开展统计开放日活动4场次，通过"两微一端"（微博、微信及新闻客户端）发布各类信息877条。

**【统计重点改革】** 2022年，市统计局结合统计工作实际与特点进行重点改革，提高统计数据质量和优化工作流程。深化统计台账制度建设，推动各专业建立健全企业统计台账，建立和规范市、县、企业三级统计台账，实现各统计专业规模以上企业标准化电子台账全覆盖。制度化规范台账数据与企业财务资料等凭证数据核验办法，为原始数据准确建档、实时留痕、数出有据画定标线。拓展核算领域，探索生态产品价值核算路径，研究数字经济核心产业增加值核算方法，完成近年全市数字经济核心产业增加值核算工作。

**【"五经普"组织体系建立】** 2022年，市统计局推动市委专题召开全市"五经普"（第五次全国经济普查）筹备工作动员会，组建由市委书记任第一组长，市长任组长的"五经普"领导小组及工作专班，并以市委办、市政府办名义印发《关于成立南昌市第五次全国经济普查领导小组的通知》和《南昌市第五次全国经济普查筹备工作实施方案》。各县区按此框架相应成立领导小组和工作专班，制定相应工作方案，全市层级高、职责清、力量足的"五经普"组织体系迅速组建完成，为"五经普"筹备工作奠定坚实基础。

**【统计基层基础夯实】** 2022年，市统计局持续强化基层统计培训，组织全员参加全省统计干部业务知识视频培训班学习，针对不同对象开展不同层次培训，强化"培训下沉""送学入企""网络教学"，深入推进"双项"（统计法规宣讲、统计数据填报）、"双实"（实时、实地）指导，夯实源头统计基础。加强统计干部实干创新能力锻炼培养，持续强化统计业务指导培训，持续强化专题调研、"双随机、一公开"执法检查、一套表单位数据质量核查、"五经普"准备、课题研究等实践锻炼。至年底，举办干部送学下基层7期，开展"双周大讲堂"16次。

**【统计法治建设】** 2022年，市统计局及时制定完善统计法治相关制度，制定下发《2022年全市统计法治工作要点》《南昌市统计局统计造假、弄虚作假案件直接核查处理制度（试行）》《南昌市统计局行政执法"企业安静日"工作制度》，巩固统计法治制度遵循，优化营商环境。开展统计造假不收手不收敛问题专项纠治，及时制定《南昌市统计造假不收手不收敛问题专项纠治实施方案》。认真贯彻落实"数责制"（统计机构主要负责人和领导班子成员要对辖区内的统计数据生产全流程进行管理、协调、监督，并对统计数据质量负责的制度），按照《江西省统计数据质量管理责任制度（试行）》，建立"数责制"分片负责制度，成立工作专班，压实统计数据质量管理责任，定期开展情况汇总分析，推进"数责制"相关工作。制定印发《南昌市统计局2022年社会信用体系建设工作要点》，明确全年社会信用体系建设工作任务。

（罗伟平）

## 市场监督管理

**【概况】** 2022年，南昌市市场监督管理局（以下简称"市市场监管局"）按照"疫情要防住、经济要稳住、发展要安全"总要求，稳主体、强监管、保安全，在统筹推进疫情防控和经济社会发展中迎难而上、奋勇争先，各项工作取得新成绩。围绕双"一号工程"，不断优化营商环境，"双随机、一公开"监管工作实现联合检查事项覆盖率、对象覆盖率、任务占比率、完成率"4个100%"，做到对守法者"无事不扰"。在全省率先建立触发、智慧、信用和包容"四位一体"智慧化多点触发式新型监管模式，对41个领域416种轻微违法行为免予行政处罚，给予企业"容错"空间。

**【市场监管助力疫情防控】** 2022年疫情防控期间，市市场监管局履行市场环境组牵头单位职责，紧盯重点行业、重点领域，常态化保持检查督查。全面加强市场价格监管，处理涉及价格投诉436件，立案查处15起，维护市场价格秩序平稳。发挥药店哨点作用，做好"四类药品"（退热药、止咳药、抗生素和抗病毒药品）监管和销售监测。强化餐饮经营单位监管。推动各大零售药店加大药品备货力度，增加药品市场投放量，保障市民合理购药需求。通过各大媒体平台向社会公布10批次投放名单，向市场上投放连花清瘟、布洛芬、感冒灵等退热药品、抗原试剂、N95口罩等涉疫物资，缓解市民购买退热药难的问题。

【市场营商环境优化】 2022年,市市场监管局坚持把优化营商环境作为“一号改革工程”,持续深化“放管服”(简政放权、放管结合、优化服务)改革,全力培育壮大市场主体,推动形成优化营商环境市场监管新格局。全面推行企业开办“一照通办”,在全国率先推行“审核合一、一人通办”登记模式,网上可办率100%,全程网办率82%。推出开办企业大礼包,实现企业开办“零成本”。在全省率先建立触发、智慧、信用和包容“四位一体”的智慧化多点触发式新型监管模式,对轻微违法行为免于行政处罚,移出经营异常名录企业2475户。牵头开展市场主体培育壮大工作。至年底,全市有市场主体68.46万户,首次突破60万户大关,同比增长31.35%,净增16.34万户。深入实施质量强市战略,1家企业、2名个人入围江西省井冈质量奖,2家企业和2名个人获南昌市市长质量奖。指导企业参与数字领域国家标准22项、行业标准2项。

【行政执法新路探索】 2022年,市市场监管局在全省率先推行智慧化预警多点触发式监管。运用大数据手段,充分发挥“互联网+监管”作用,以智慧市场监管系统为中心,依托投诉举报、电梯应急处置、舆情监测、广告监测、效期监测、监督抽检、网络交易、来货报备、药店数字防疫、信用分类10个智慧监管平台,建立预警触发机制,提高监管精准性、协同性、靶向性。至年底,通过智慧预警处置各类信息2.3万件,立案查处1200余件。建立涉企“综合查一次”清单制度。整合归并多个部门对同一主体抽查事项,全市实行“一张表格管检查”。力推“1+N”新模式,实现“进一次门,查多项事”。扩大联合抽查事项范围,在2021年18个联合部门基础上,增加至全市27个部门共同参与联合“双随机”工作,范围覆盖海关、税务、生态环境、农业、教育等多个领域,形成监管合力。分级分类推进精准监管,利用信用赋能,对市场主体进行ABCD四级分类,运用信用分类结果做到靶向监管,科学合理配置监管资源和力量,实施差异化精准监管。科学运用监管手段,涉企执法检查全面实施以“双随机、一公开”监管为基本手段、以重点监管为补充、以“信用监管”为基础的监管模式,随机抽取检查对象、随机选派执法检查人员,及时向社会公开抽查过程及查处结果。

【特种设备安全专项整治】 2022年,南昌市特种设备专项整治三年行动收官。至年底,全市特种设备监察系统出动执法人员累计2.2万余人次,检查相关单位累计8455家,发出安全监察指令书累计897份,立案累计25起,罚款累计220余万元。全市有在用燃气压力管道总数1500余千米、液化石油气气瓶充装单位44家,电梯总量为6.7万余台。开展城镇燃气领域安全专项整治工作,找准薄弱环节,采取措施推动燃气管道隐患排查、“黑气瓶”专项整治,对全市44家液化气充装站和5家公用燃气管道使用单位开展全覆盖检查。严厉打击违法行为,以学校医院、地铁车站、大型商超、旅游景区、工业园区等场所为重点区域,按照“零容忍、严执法、重实效”工作要求,强化对无证使用、无证上岗、超期未检等违法行为查处。全年全市特种设备综合定检率和电梯单项定检率均保持在98.5%以上,超过省市场监管局相关工作标准要求。“96369”全市电梯应急救援平台接听来电1.7万余次,困人事件2000余起,抵达现场用时平均11分39秒,远低于国家要求的30分钟。督促生产企业落实主体责任、自觉排查消除隐患盲区,保障特种设备安全。突出重要时期特种设备安全监管,在元旦、春节、“两会”等重要时期,2次组织省特协专家团队对大型企业、车站码头、景区景点等重点企业和场所特种设备进行“技术+行政监督”检查。检查企业42家,排查出安全管理类隐患132个、设备类隐患299个,基本完成闭环管理,有效保障全市特种设备安全运行。

【市场秩序规范】 2022年,市市场监管局坚持做好常态化疫情防控工作,对全市药店、餐饮服务单位、外卖骑手、进口冷链食品等疫情防控落实情况开展检查。市级市场监管部门检查各类经营性公共场所37015家,督促指导县区局对417家入口处防控要求不到位的单位当场进行整改。在3月、7月疫情期间,采取白天巡查、夜间暗访形式,检查全市药店、餐饮服务单位、外卖骑手、进口冷链食品等疫情防控落实情况,对违反疫情防控措施的经营场所采取严厉措施,责令331家入口处管理不严的经营场所做好整改工作,对119家药店、餐饮店采取提醒告诫措施;责令336家单位暂停营业(药店45家、餐饮服务机构291家);责令776名从业人员立即离岗,完成核酸检测后方可返岗。落实进口冷链食品集中监管要求,对进入南昌市的进口冷链食品落实集中监管。深入开展“铁拳”行动、整治养老诈骗专项行动,办理各类案件1073起。开展保障春耕生产、涉粮整改等计量专项检查,推进涉企收费及转供电环节专项检查,累计退还不合理费用3000万余元。严厉打击侵权假冒伪劣商品,统一销毁侵权假冒伪劣商品160余吨、货值650余万元。向省市场监管局上报民生领域典型案例9批173件,被采用案例8件;市级各类媒体主动公开典型案例7批36件,促进全市各级民生领域案件办理工作。

【消费者合法权益维护】 2022年,

市市场监管局加强“12315”投诉举报热线处理工作，规范投诉举报录入、处理程序等环节工作，切实提升消费维权效能。全市通过“12315”投诉举报热线接听来电及全国“12315”互联网平台、南昌市“12345”政府服务热线转办消费者咨询投诉举报和来信来访共173397件，较上年同期128455件增长34.99%。其中，咨询94899件，占总数的54.73%，增长29.6%；投诉49664件，占总数的28.64%，增长36.99%；举报28834件，占总数的16.63%，增长51.97%。消费者投诉按时办结率99.93%，为消费者挽回经济损失1020.5万元，回访满意率99.91%。鼓励引导经营者根据自身实际经营条件及经营商品属性，确定线下购物无理由退货的商品范围、退货时限、退货条件、退款时限和方式及退货程序。至年底，全市有129家经营者作出线下购物7日无理由退货承诺。推广消费纠纷在线解决(ODR)机制，全年50家ODR成员单位在线处理消费争议1306件。其中，和解840件，和解率64.32%。

（陈　希）

## 质量技术监督管理

【概况】　2022年，市市场监管局坚持推进质量强市、品牌兴市战略，提升质量技术监管与服务，助推经济高质量发展。设立线上线下质量基础“一站式”服务站，提供标准、计量、认证、知识产权等优质服务；对11类重点工业产品开展质量监督抽查，对风险隐患集中治理，守住质量安全底线；开展保障春耕生产、涉粮整改等计量专项检查。南昌市在2021年度全省设区市人民政府质量工作考核中排第一名。1家企业、2名个人获“江西省井冈质量奖”，2家企业和2名个人获“南昌市市长质量奖”。

【产品质量安全监管】　2022年，市市场监管局围绕国家市场监管总局“重点工业产品质量安全整治年”工作要求，坚持问题导向，借势全力打好“排险除患”攻坚战，守牢产品质量安全。逐类逐企风险大排查，聚焦11类重点产品，排查各类重点企业997家次（其中生产企业22家次），弄清企业基本情况，建立逐类产品台账。强化获工业生产许可证企业“事后”监管，对新获证36家企业进行获证后现场审查，核查生产条件、原料验证、过程管控、出厂检验等重要环节。通过核查，撤销工业生产许可证企业1家。实行质量技术帮扶，统筹技术专家力量和县（区）局力量，对全市115家食品相关企业、2家危险化学品企业、9家水泥企业、5家化肥企业，开展“巡回问诊”质量技术帮扶。盯住“护农”行动，在春耕秋播化肥销售旺季，加大化肥、农膜产品监督抽查，规范获证化肥生产企业产品包装标识管理，检查化肥、农膜经营单位77家，抽查化肥、农膜产品119批次，严防不合格农资产品流入市场。盯住“一老一小”，加强儿童“新兴”玩具和学生、老年人用品质量安全监管，实施覆盖全市学生校服所用供货企业的校服质量专项监督抽查，抽查各类校服30批次，检查经营单位350家，查处案件3起。其中，1起被省市场监管局列为2022年“铁拳”行动典型案例。常态化开展电动自行车防范非法改、拼装执法检查，检查电动自行车经营主体547家。盯住燃气灶具市场销售，加大对城乡接合部、经营单位（店）销售燃气具及配件现场检查和产品抽查，守护群众用器用气安全。检查经营单位（店）192家，抽查燃气具产品40批次。

【质量标杆打造】　2022年，市市场监管局推动各类组织争创江西省井冈质量奖。充分发挥质量强市领导小组办公室牵头作用，协调市工信局、市卫健委等部门，推荐10家企业和9名专业技术人员参与第四届江西省井冈质量奖评选。晶能光电（江西）有限公司入围江西省井冈质量奖，江西李渡酒业有限公司入围江西省井冈质量奖提名奖，2名个人入围江西省井冈质量奖个人奖、3名个人入围个人奖提名奖。高质量完成第四届南昌市市长质量奖评选。经资格审核、资料评审、现场评审、问询答辩、会议审议等程序，授予南昌华勤电子科技有限公司、江西李渡酒业有限公司第四届南昌市市长质量奖，授予江西太平洋电缆集团有限公司、江西江铃李尔内饰系统有限公司、江西兆驰半导体有限公司3家企业市长质量奖提名奖，授予曾发发、赵正云2人南昌市市长质量奖个人奖。

【质量基础服务】　2022年，市市场监管局继续抓好质量基础设施“一站式”服务平台建设。在2021年建成的35个线下质量基础设施“一站式”服务站基础上，探索开展标杆建设、质量培训等延伸服务，着力提升企业质量管理水平。至年底，为企业提供各类培训、质量奖申报咨询2700余次，开展企业标准、体系认证、产品检验、知识产权和特种设备现场指导370余次；初步通过线上质量基础设施“一站式”服务平台建设方案。

【质量文化建设】　2022年，市市场监管局动员全市50余家大、中、小型企业质量分管领导、质量管理人员、班组长等200余人参与首席质量官任职培训。其中，158人获得结业证书，21人获优秀学员。动员20余家大型企业参与卓越绩效准则线上专场培训，推动企业导入先进质量管理方法。组织全市部分大中小型企业管理人员、系统内部质量管理人员70余人，开展先进质量管理方法培训班暨质量标杆经验交流会活动。开展“质量月”活动,通过进校园、进社区、进企业等方式,宣传标准、计量、特种设备等质量知识,开展质量管理经验现场交流。通过签订承诺书、行业分析会等方式,落实企业主体责任。通过现场咨询、上门服务等方式展示南昌精品、宣传质量月和质量安全知识。全市发放各类质量安全知识宣传册、宣传品等宣传资料4万余份,接受现场咨询1000余人次,制作、张贴宣传画2.6万余份(张)。

**【质量安全整治】** 2022年,市市场监管局落实专人负责机制,对全市2批次6家企业产品实施召回,督促企业主动履行召回义务。完成10余家汽车制造(含改装车)企业缺陷产品召回系统数据录入、公示等工作,把缺陷产品对市场及消费者的影响降到最低。开展2021年制造业质量竞争力指数调查,参加调查的有机械设备、交通运输设备等29个行业生产制造、加工企业431家。通过企业申报、现场核实进行调查,数据采集率100%,了解生产制造、加工企业质量竞争力情况。

**【计量监管专项检查】** 2022年,市市场监管局开展为期3个月的“计量保春耕”专项检查,对南昌市8家农资生产企业、166家农资销售企业的166台在用计量器具进行检查,受检率99.9%。在对化肥等农资类定量包装商品检查中,现场抽查种子、化肥、农药定量包装商品306个批次。集中组织开展加油机计量专项监督检查,重点检查加油站遵守计量法律、法规和规章情况和在用加油机的计量检定证书是否在有效期内及各部位铅封是否完好等。全市有加油站178家。其中,国有加油站125家、民营加油站53家。至年底,监督检查加油站加油机计量130家,处理投诉举报17件,127家加油站作出诚信计量公开承诺。集中开展眼镜制配场所计量专项监督检查,主要检查是否按要求配备相应的计量器具(包括焦度计、验光仪、验光镜片组等);所配备的计量器具属强制检定的是否按规定登记造册,并取得检定合格证书;是否存在使用未经检定,超过检定周期或经检定不合格的计量器具等。至年底,全市检查155家眼镜制配场所配备的计量器具398台,发现存在未经检定的计量器具21台。开展民用水表、电能表、燃气表和用能产品能效水效标识计量专项监督检查,检查能效水效标识生产企业14家,检查销售商场、超市和市场141家。

**【计量技术基础夯实】** 2022年,市市场监管局进一步完善提升全市量值传递体系。至年底,完成市级12家单位60项最高计量标准的新建考核发证工作,聘请长度、热工、力学、流量等41名专家参与现场考核工作;完成省级8家单位38项最高计量标准、4家单位授权41项的考核派组工作,聘请长度、声学、无线电等35名专家参与考核工作。按照《江西省市场监管局开展计量技术机构和计量标准监督检查方案》精神,组织辖区内计量技术机构、建标单位进行自查自纠,发现问题3个,并按要求及时整改到位。

**【重点领域标准化体系建设】** 2022年,市市场监管局先后指导鼓励南昌虚拟现实检测技术有限公司等企事业单位参与制定数字经济领域“信息技术 计算机图形和图像处理 可扩展三维组件(X3D)第2部分:场景访问接口(SAI)”等国家标准22项、指导南昌黑鲨科技有限公司参与制定“5G消息终端技术要求”等行业标准2项。组织专家走进企业,帮助企业解决实际问题。批复筹建“国家技术标准创新基地VR分中心建设”“国家技术标准创新基地智慧城市分中心建设”2个国家级标准化创新基地,申报“江西省硅衬底LED产业链技术标准创新基地”1个省级标准化创新基地。组织推荐的“西湖区梦想小街电商运营国家级服务业标准化试点”等3个国家级服务业标准化试点项目获批立项。组织推荐“南昌高新区政务服务中心政务服务综合标准化试点”为国家级第八批社会管理和公共服务综合标准化试点项目。组织推荐“南昌市湾里区福佳来医养院养老服务标准化试点”等2个项目申报省级服务业标准化试点。对市教育局、市教育考试院《江西省普通中学学业水平合格性考试(机考)规范》1项省级地方标准申报立项。发布《居家养老服务机构助餐服务规范》《居家养老志愿服务规范》《农村敬老院运营管理规范》3项南昌市市级地方标准,申报《大塘清明酒生产工艺规范》1项市级地方标准。

**【“江西绿色生态”品牌建设】** 2022年,市市场监管局指导鼓励企业参与“江西绿色生态”品牌建设,推动南昌优势特色产业发展。至年底,有江西绿源油脂实业有限公司等8家企业获得“江西绿色生态”品牌认证,数量居全省前列。对获评“江西绿色生态”品牌的企业免费开放入驻,展示和销售“江西绿色生态”品牌产品和服务,推进“江西省绿色生态馆”政府采购电子卖场建设。至年底,全市有6家供应商注册电子卖场(其中,5家供应商已正式入驻绿色生态馆),上架商品数14个。

(陈　希)

## 食品药品监督管理

**【概况】** 2022年,市市场监管局以创建国家食品安全示范城市为抓手,落实食品安全首要责任,构建市县乡村“三级机构、四级网格”监管体系,全面推动食品安全责任落实。

开展食品安全“守查保”专项行动，持续强化大米、婴幼儿辅食、校园食品、网络餐饮等重点领域监管，全市学校食堂实现“明厨亮灶”率100%。加快推进疫苗质量安全建设，开展新冠病毒疫苗流通领域监督检查，“智慧药店”覆盖率90%。牵头开展为期4个多月的进贤医疗器械生产领域乱象整治，完成整治任务。9月，南昌市通过创建国家食品安全示范城市省级初评。

**【国家食品安全示范城市创建】** 2022年，市市场监管局以创建国家食品安全示范城市为目标，在深化工作机制、压实属地责任、浓厚宣传氛围上重点发力。出台《南昌市创建评价验收工作推进方案》，明确阶段重点任务，实行逐项攻坚突破。成立创建评价验收工作专班，按照分片包干原则，实行全覆盖检查、扁平化管理。健全督查检查机制，协调市食安办副主任成员单位，分组对12个县区开展督查。督查情况呈报市委、市政府领导。成立专业检查组，对各县区进行明察暗访、打分排名。排名呈报市委、市政府领导，并在《人民日报》公示。压实创建责任，对新修订的创建指标体系进行认真梳理，明确责任部门，对存在的争议、难点问题，推动市领导召开协调会商议解决。完成初评材料上报。协调市创建相关成员单位，针对创建细则逐项梳理、逐个攻坚，确保材料及时全面准确上报。根据要求，结合南昌市实际，认真梳理，完成项目申报。召开调度会，厘清任务，明确责任分工、时限节点、任务要求，做到标准再提高、措施再细化、质效再提升，争取在国家评价验收中创亮点、造特色、得高分。9月，南昌市通过创建国家食品安全示范城市省级初评。对南昌县、新建区等4个已获省级食品安全治理示范县区的县区开展跟踪评价，督导问题整改，巩固创建成果。指导南昌高新区、西湖区申报省级食品安全治理示范县区，推动全域创建。

**【“守查保”深化行动】** 2022年，市市场监管局以“守查保”(守底线、查隐患、保安全)深化行动为牵引，开展全领域全链条食品安全风险隐患排查，以“查”促“守”，以“查”促“保”，切实维护“舌尖上的安全”。结合实际，制定专项行动方案和深化行动方案，针对性地解决南昌市存在的食品安全风险隐患。要求各县区上报问题发现率不得低于15%，《“守查保”工作进展情况表》与现场检查佐证材料必须对应，压实基层监管责任。每月召开全市“守查保”深化行动推进会，总结阶段性成果，分析存在问题，确保责任再压实、成效再提升。明确专人，对县区上报数据信息进行归集整理，及时梳理全市各级市场监管部门开展“守查保”行动落实情况。全年检查食品生产经营主体89767户次，发现风险问题15083个，问题处置率100%，查办各类食品案件624件，罚没金额712.59万元，移送公安部门19件，专项行动成效明显。

**【食品安全整治】** 2022年，市市场监管局坚持“严”字当头，抓好全市食品安全工作。深化食品安全责任落实，出台《关于实施分层分级精准防控末端发力终端见效工作机制 推进食品安全两个责任落实工作方案》《南昌市落实食品安全属地管理责任A级包保实施方案》，健全工作机制，组建工作专班，协调市、县、乡、村四级联动，有序推动两个责任工作落细落实。市委、市政府主要领导带头包保食品生产经营主体，市四套领导班子成员全部承担包保任务，全市7325名干部参与包保，81290家食品生产经营主体全部按期包保到位。指导县区分层分级建立工作台账，推动包保干部逐步落实督导检查任务。调整优化南昌深圳农产品中心批发市场快检项目、方法和批次，优化赣昌水产品批发市场快检运行模式。南昌深圳农产品中心批发市场快检中心检测食用农产品307849批次，发现阳性食用农产品3546批次，阳性率1.16%，没收销毁食用农产品88262千克；赣昌水产品批发市场快检中心检测食用农产品79374批次，其中水产品检测19285批次69207检测项、果蔬检测60089批次，发现阳性食用农产品111批次，阳性率0.14%，没收销毁食用农产品9633.3千克。

2022年8月5日，市市场监管局人员开展食品安全监督检查
（市市场监管局　供图）

【食品安全教育宣传】 2022年，市市场监管局承办全国食品安全宣传周江西主场活动启动仪式，协调市农业、卫健、教育、公安等多个成员单位开展专题宣传日活动，指导县区到乡村、社区、企业、学校开展宣传，发动食品生产经营企业、社会团体组织共同参与，实现政府、社会、企业协同共建，形成上下联动、左右齐动、一体推进宣传格局。以国家食品安全示范城市创建、食品安全宣传周等为契机，传统媒体和新媒体、线上和线下相结合，通过市长访谈、媒体跟访、明星网红代言、知识竞赛、问卷调查、海报短视频、上门入户等形式，丰富宣传载体，拓宽宣传渠道，形成立体宣传氛围，群众创建知晓率和食品安全满意度逐步提高。

【药品化妆品流通领域监管】 2022年，市市场监管局开展药品经营使用环节专项整治，各级监管部门检查药品零售企业2961家次、医疗机构242家次，责令整改单位30家。开展化妆品领域专项整治，组织开展"化妆品线上净网线下清源""儿童化妆品"等专项检查，对42家化妆品经营单位责令整改，对全市112家化妆品电子商务经营者开展自查自纠，对全市2个大型玩具批发市场和6所校园周边情况进行摸查。持续推进化妆品备案工作，提高国产非特殊用途化妆品备案审核工作质量，督促企业落实主体责任，加强对备案产品合规性检查。全市进行国产非特殊用途化妆品产品备案企业有188个，各县区检查国产非特殊用途化妆品备案后品种436个。开展疫苗流通领域质量安全检查，加大对疫苗特别是新冠病毒疫苗流通环节监管力度。至年底，全市有疾病预防控制机构12家，疫苗接种单位203家。其中，开展新冠疫苗接种的有111家。全年疫苗检查工作出动检查人员3234人次，监督检查1536家次。充分发挥零售药店在疫情防控中"哨点"监测作用，建立南昌市药店数字防疫信息登记平台，做好四类药品销售登记工作，平台上报数据1022.2万条。通过鼓励各零售药店在保障药品质量的前提下拆零售卖药品，向药品流通企业派驻驻企特派员，主动靠前帮企纾困，掌握企业新冠居家治疗药品库存情况，全力保障药品供应及市民购药需求。

【医疗器械质量监管】 2022年，市市场监管局推进医疗器械安全专项整治行动暨质量安全风险隐患排查整治工作。在全市范围内聚焦重点产品、重点企业和重点环节，深入开展专项整治和风险隐患排查，及时发现并消除苗头性、倾向性问题，督促企业全面落实质量安全主体责任，提高医疗器械全生命周期质量安全保障水平。3月，以进贤县为重点区域，在全市范围内开展医用防护服等医疗器械专项整治，实现"两个清零"，即社会面无证生产基本清零、问题产品召回基本清零。至年底，全市医疗器械立案83起，查封扣押非法生产设备1679台、成品防护服28.49万件和半成品防护服15.07万件。移交省药监局医疗器械案件10件（二类生产企业）和12个问题线索；移送公安医疗器械案件5件。集中时间、集中力量对全市47家医疗机构14家第三方医学检验中心实行全覆盖检查，督促经营使用单位落实主体责任，确保产品合法、质量合格、购销可溯、冷链合规。7月，在全省率先开展新冠核酸检测试剂监督抽验，严肃查处未按说明书标签要求运输贮存案件1起。9月，全面分析研判南昌市新冠病毒检测试剂产品质量安全状况，形成《南昌市新冠病毒检测试剂质量安全监管报告》，向市委、市政府主要领导专题报告。

【食品和"两品一械"抽检监测】 2022年年初，市市场监管局坚持科学、公正、规范原则，制定下发2022年南昌市市级、省级食品、药品、化妆品监督抽检工作方案，明确并分解抽检工作任务。至年底，完成省、市、县三级食品抽检30892批次，合格29980批次，合格率97.05%。完成省、市两级药品抽检1070批次，合格1067批次，合格率99.72%；完成省、市两级化妆品抽检160批次，合格153批次，合格率95.63%；完成市级医疗器械抽样51批次，合格48批次，合格率94.12%。完成市级重点工业产品抽查648批次，合格569批次，合格率87.81%。全年，全市上报药品不良反应监测报告数8133份，其中新的严重报告数3174份，严重报告数2474份；化妆品不良反应监测报告542份，同比增长6.27%。药物滥用监测调查表393份；审核药品预警信息299条，涉及报告1552份。开展药化不良反应监测培训和督导，培训3场200余人；督导医疗机构5家、县区1家，针对重点难点问题进行点对点、面对面帮扶与指导。提高药物警戒监测信息化程度，开发并推广"化妆品不良反应监测反馈小程序系统"使用，推进CHPS监测系统运营。

（陈　希）

## 价格管理

【概况】 2022年，南昌市价格管理部门全力做好稳物价、惠民生工作，保持全市价格总水平基本稳定。1—12月全市居民消费价格总水平累计上涨1.8%，低于年初调控目标（3%左右），较全省水平（2.0%）低0.2个百分点，平均涨幅比上年上涨0.8个百分点。构成CPI的八大类同比指数中呈八涨格局：食品烟酒类价格上涨2.3%；衣着类价格上涨1.5%；居住类价格上涨0.3%；生活用品及服务类价格上涨0.6%；交通和通信类价格上涨5.8%；教育文化和娱乐类价格上涨1.0%；医疗保健类价格上涨0.3%；其他用品和服务类价格上涨3.2%。

【价格调整与制定】 2022年，市发改委稳步实施天然气价格调整与制定，按照价格联动机制有关规定，采取分步疏导、最高限幅原则，联动调整市城区、安义县非居民用天然气销售价格；制定新通气的进贤县管道天然气试行销售价格。疫情期间，针对大量在沪学生返昌，及时规范集中医学观察期间收费行为，落实省发改委等部门相关文件要求，连续3次调整新型冠状病毒核酸检测价格。6月14日，市发改委、市市场监管局、国网南昌供电分公司联合印发《关于进一步清理规范转供电价格行为的提醒告诫书》，全市排查转供电主体311家，规范转供电主体价格行为，进一步降低企业生产成本。9月30日，出台《南昌市电力接入工程费用分担机制实施办法（试行）》，减轻社会电力接入环节负担。

【价格监督检查】 2022年，市市场监管局按照双“一号工程”实施方案工作要求，实施降低企业成本专项行动，围绕中介机构、行业协会商会、商业银行等领域，强化收费和价格行为监管。退还企业转供电环节加收及转嫁费用2872.17万元，减轻企业用电成本；责令1家行业协会退还重复收取的会费8.13万元；查处商业银行利用优势地位转嫁应由银行承担的费用，退还企业197.49万元。围绕服务保障民生，持续加强民生领域价格监管。聚焦群众反映突出的教育收费问题，对8家公办、民办中小学及职业学校进行收费检查，对1家不履行调费程序新增收费项目、提高收费标准行为进行调查处理，涉嫌多收金额总计300余万元。强化疫情防控期间价格监管，组织指导各县区市场监管部门立案查处16起价格违法违规行为，曝光典型案例6起，发挥监管执法对维护价格稳定震慑作用。开展医疗领域收费检查，对1家医院、1家医疗废物处置公司价格违法行为进行查处。

【价格联动机制启动】 2022年，南昌市受持续高温干旱和疫情影响，食品价格指数从7月开始，连续4个月同比涨幅超过6%，达到启动社会救助和保障标准与物价上涨挂钩联动机制条件。8月，市发改委及时启动社会救助和保障标准与物价上涨挂钩联动机制，向城乡低保对象、特困人员、领取失业保险金人员、享受国家定期抚恤补助的优抚对象，以及孤儿、事实无人抚养儿童、艾滋病病毒感染儿童、失业补助金人员和低保边缘人口发放价格临时补贴。至年底，全市发放补贴1683.73万余元，受惠群众62.93万余人次。

【价格成本监审与调查】 2022年，市发改委按照“严格成本规章、准确核定成本、科学确定利润”思路，完成南昌市城镇供水成本监审、南昌汉代海昏侯国遗址公园收费价格成本监审工作，核减不应计入成本的费用5.62亿元。完成早（晚）籼稻、生猪养殖成本直报调查，存售粮、农资购买、种植意向专项调查，蔬菜、花生、生猪、早（晚）稻成本常规调查，生猪月度调查等30项调查工作，提高全市农产品成本调查工作质量，促进农业提质增效。

【猪肉市场保供稳价】 2022年，市发改委以物资储备专项补助补贴冻猪肉出库价差，有效解决市商务局冻猪肉收储困难，及时畅通冻猪肉收储绿色道路。5月13日，完成政府冻猪肉常规储备600吨和临时储备250吨收储任务并完成入库验收。为做好“双节”期间猪肉市场保供稳价工作，9月14日至10月7日（共24天）以每千克24.2元价格，在江西华润万家商业有限公司、南昌市天虹商场有限公司、旺中旺百货有限公司、江西国鸿集团股份有限公司等35家门店投放210.24吨市级储备冻猪肉。

【农副产品平价商店建设】 2022年4月，市发改委印发《南昌市农副产品平价商店“先控后补”实施办法（试行）》，形成农副产品平价商店监管工作体系，压实“菜篮子”市长负责制。10月1—31日，启动南昌市农副产品平价商店“先控后补”机制，保障重要时段农副产品市场供应和价格基本稳定。10月，全市平价商店蔬菜销量为153.79万千克，惠民金额累计226.28万元。该项工作得到国家发改委价格司领导好评。至年底，全市有农副产品平价商店87家，为市民减轻“菜篮子”负担约2835.62万元，基本形成覆盖城区的平价商店网络。

（游海 陈莉）

## 2022年南昌市居民消费价格指数一览表

表6　　单位：%

| 月份 | 1 | 2 | 3 | 4 | 5 | 6 | 7 | 8 | 9 | 10 | 11 | 12 |
|---|---|---|---|---|---|---|---|---|---|---|---|---|
| 同比 | 0.9 | 1.0 | 1.6 | 2.2 | 1.7 | 2.2 | 2.3 | 2.2 | 2.3 | 1.9 | 1.6 | 2.0 |
| 环比 | 0.4 | 0.8 | 0.2 | 0.7 | -0.3 | 0.2 | 0.2 | -0.2 | 0.3 | 0 | -0.2 | 0 |
| 累计比 | 0.9 | 1.0 | 1.2 | 1.5 | 1.5 | 1.6 | 1.7 | 1.8 | 1.8 | 1.9 | 1.8 | 1.8 |

（资料来源：市发改委）

## 中小企业服务

**【概况】** 2022年,南昌市中小企业服务局(以下简称"市中小企业局")以推动中小企业高质量发展为主题,围绕"政策体系、服务体系、发展环境"3个领域,聚焦"缓解中小企业融资难、融资贵,加强中小企业合法权益保护"2个重点,紧盯"提升中小企业创新能力和专业化水平"1个目标,务实创新、多措并举,推动市场主体持续壮大,中小企业发展环境不断改善,全市中小企业获得感全面增强,创新活力和发展质量明显提升。

**【"小升规"企业培育】** 2022年,市中小企业局围绕"4+4+X"先进产业、战略性新兴产业和创新型、科技型、"专精特新"中小企业,分3批将878户企业纳入工业领域"小升规"(小微企业规范升级为规模以上企业)重点企业培育库,并将入库企业作为重点服务对象,分类进行帮扶。制定新增规模以上企业奖励政策实施细则,采用"免申即享"模式,为249户2021年度新增规模以上工业企业兑现2785万元奖励。至年底,全市新增规模以上工业企业293户,净增规模以上工业企业232户,规模以上工业企业总数首次突破2000户大关,达2092户。

**【中小企业运行监测】** 2022年,市中小企业局持续做好对中小企业运行动态监测和分析工作。按月调度全市110户以上中小企业在工信部政务服务平台运行监测子平台报送数据,参与全国中小企业运行监测,及时掌握和了解监测企业运营情况,供国家提供决策依据。按季度编印《南昌市中小企业运行数据手册》,内容涵盖全市市场主体基本情况、"五上"(规模以上工业、资质以上建筑业、全部房地产开发经营业、限额以上批发零售业和住宿餐饮业、规模以上服务业)企业培育情况、专精特新企业及高新技术企业等优质企业培育情况、创业创新载体及公共服务示范平台建设情况、专利授权及科技成果转化等科技创新情况。

2022年7月8日,南昌市"专精特新"中小企业总结表彰大会举行
(市中小企业局 供图)

**【"专精特新"中小企业培育】** 2022年,南昌市出台《支持优质中小企业发展和公共服务平台、创业创新基地建设的若干政策措施》,采用"免申即享"模式,对194家新获评"专精特新"企业称号企业兑现1959万元奖励。印发《"专精特新"中小企业高质量发展行动方案(2022—2025年)》,着力培育打造一批集聚优势产业、数字产业和新兴产业的"专精特新"方阵。至年底,南昌市新增10家国家"专精特新""小巨人"企业,4家江西省制造业单项冠军企业,16家江西省专业化"小巨人"企业,222家江西省"专精特新"中小企业。

**【创业创新载体打造】** 2022年,南昌市获评2家国家小型微型企业创业创新示范基地,占全省(6家)比重33.3%,列全省第一位;3家江西省小型微型企业创业创新示范基地,占全省(13家)比重23.1%,列全省第二位。通过市政务服务网审系统组织13家南昌市小型微型企业创业创新示范基地申报,经现场考察、专家评审等环节,新认定10家南昌市小型微型企业创业创新示范基地,全程网办率100%。

**【公共服务示范平台打造】** 2022年,南昌市推动中小企业公共服务平台和服务体系建设,整合聚集服务资源,为全市中小企业提供信息查询、技术创新、创业辅导等服务,切实增强中小企业获得感。至年底,南昌市新增3家国家中小企业公共服务示范平台、占全省(9家)比重33.3%;10家江西省中小企业公共服务示范平台,占全省(17家)比重58.82%,数量均列全省第一位。通过市政务服务网审系统组织43家南昌市中小企业公共服务示范平台申报,经现场考察、专家评审等环节,新认定37家南昌市中小企业公共服务示范平台,全程网办率100%。

【组织参加第七届创客中国大赛】 2022年，按照《关于举办第七届"创客中国"南昌市中小企业创新创业大赛的通知》要求，市中小企业局精心组织、广泛发动，与南昌电视台共同制作赛事宣传片，详细解读报名流程、参赛条件等。全市101家企业报名，数字经济等新兴产业类项目占报名企业总数的70%。通过初赛，南昌市选送7个项目进入江西省大赛决赛，有3个企业项目在全省决赛中分获一、二、三等奖并全部入围全国500强。市中小企业局获大赛优秀组织奖。1个企业项目入围全国50强并获总决赛三等奖。

【数字化转型赋能活动】 2022年，南昌市建立包括50余家中小企业的数字经济领域"专精特新"中小企业培育库，优先给予扶持引导。与江西财经大学合作成立"专精特新"研究中心，南昌亮程企业管理咨询有限公司成为工信部第一批数字化转型试点平台，为中小企业提供数字化转型指导和服务。组织全市600余家次"专精特新"中小企业参加"专精特新"企业跨量级发展数字化转型培训、"华为伙伴暨开发者大会2022"南昌分会、中小企业数字化服务节等活动，加速"专精特新"企业裂变成长。至年底，全市各数字化服务机构累计组织活动128场，惠及4742家企业。

【中小微企业融资直通车品牌打造】 2022年，市中小企业局充分发挥政府桥梁纽带作用，打造中小微企业融资直通车品牌，采取"企业点单、政府跑腿、银行服务"工作模式，整合优质金融资源，建立"银行白名单"，为中小微企业打造金融超市，构建高效产融对接渠道。至年底，收集700余户中小微企业融资需求，推动各驻昌金融机构为其中的300余户企业发放贷款128.48亿元。举办多种形式产融对接活动，研究、协调中小企业融资问题，推动银行为中小企业量身定制授信方案与配套服务，切实帮助中小企业精准融资。至年底，全市中小企业服务部门举办产融对接会46场，达成贷款意向资金总额97.12亿元。

【中小企业政策宣传】 2022年，南昌市加强惠企政策宣传、解读、推送力度，将政策高效、及时、便捷传递至企业，让企业充分享受政策红利。市中小企业局到县区召开"服务企业零距离、助企纾困面对面"政策落地现场会，超400家企业参加；采用录制视频和实时直播等方式深入解读政策。其中，"春雨润苗 扶微助企"4期直播活动浏览量3.1万人次。建立全市惠企政策宣传网络，覆盖超15万家企业，开设"洪城政策通"线上专栏，构建"惠企政策＋实施细则＋解读指南"合一的宣传渠道。

（邓　强）

## 知识产权运用与保护

【概况】 2022年，市市场监管局以争创国家知识产权强市建设示范城市为抓手，全面提高知识产权创造质量、运用效益、保护效果、管理能力和服务水平，助力全市经济高质量发展。南昌市获批"全国首批国家知识产权强市建设示范城市"，安义县、南昌县、青山湖区获批"国家知识产权强县建设示范试点县"。5项专利获第23届中国专利奖优秀奖，新增认定国家知识产权优势示范企业27家，知识产权质押融资登记额突破10亿元，居全省第二位。中国（南昌）知识产权保护中心绩效考核全国排第六位，实现快速晋位赶超。

【质量品牌推介】 2022年，安义县的"安义米粉"、进贤县的"进贤文笔"注册为地理标志证明商标。市市场监管局按照《南昌市市场监督管理专项——知识产权专项资金项目管理办法》，对上一年度获得中国驰名商标以及地理标志集体商标并且符合申报条件的企业给予不同标准奖励，分发奖励20万元，鼓励企业增强商标意识，引导品牌企业做大做强。至年底，全市新增商标申请量31439件，占全省的21.63%；注册商标量25409件，占全省的21%；全市有效商标为163864件，占全省的20.93%。中国驰名商标31件，地理标志证明商标6件，地理标志保护产品2件，集体商标6件。

【知识产权政策优化】 2022年5月，市市场监管局与南昌市中级人民法院联合签署《关于开展知识产权纠纷行政调解协议司法确认工作的意见（试行）》，旨在健全知识产权纠纷多元化解机制，强化知识产权司法保护和行政保护协同联动，构建衔接顺畅、快速高效协同保护格局。5月，与南昌昌北机场海关举行知识产权保护合作备忘录签约，主要在知识产权行政执法、信息共享、服务企业、宣传培训等方面进行深度合作。9月，印发《南昌市知识产权强市建设纲要（2021—2035）》，对全面推进知识产权强市建设进行顶层设计和整体部署。

【知识产权保护执法】 2022年，市市场监管局以北京冬奥会、冬残奥会官方标志等特殊标志、奥林匹克标志为重点，部署打击奥林匹克标注标识涉嫌违反商标权、专利权及奥林匹克特殊标志专用管理权违法行为。根据2022年省市两级知识产权"双随机"抽查检查计划，组织开展商标代理机构"双随机"检查；开展2022民生领域案件查办"铁拳"行动，重点查处校园及校园周边等区域涉知识产权侵权违法行为；部署全市专利执法专项行动，围绕民生消费、装修建材等重点领域，以辖区内家装建材市场、批发市场、商场超市、母婴用品店、药房等作为重点检查对象，组织开展家装建材、品牌食品、婴幼儿产品、日化用品、医疗器械、药品等产品假冒专利和专利标志标注不规范行为专项检查。至年底，知识产权立案件180件，结案170件，罚没款120余万元。

【高价值专利培育】 2022年，市市场监管局强化重点产业知识产权布局，围绕新能源汽车和新型材料、航空装备制造、电子信息及LED、生物医药等重点产业，开展高价值专利和专利密集型产业培育，着力提升知识产权创造能力，推动产业高质量发展。至年底，全市新增专利授权量17855件。其中，发明专利授权量3730件，增长39.86%，占全省的43.1%。有效发明专利拥有量13630件，占全省的43.5%；每万人有效发明专利拥有量21.77件，增长5.77件，是全省的3.14倍；每万人高价值发明专利拥有量6.63件，是全省的3.16倍。各项指标始终保持全省首位，知识产权创造水平充分彰显省会担当。

【知识产权运用】 2022年，市市场监管局开展知识产权质押融资工作。与市发改委、市金融办联合制订《南昌市知识产权质押融资“入园惠企”专项行动方案》，召开知识产权质押融资培训和银企对接线上活动，搭建“政银企”平台，促进知识产权与金融资源有效融合，为中小企业解决融资难题。至年底，指导58家企业进行知识产权质押融资，登记额11.14亿元。开展重点产业知识产权运营服务试点工作，南昌市重点产业知识产权运营基金投出4个项目，投资金额5000万元。

【知识产权宣传】 2022年，市市场监管局组织开展“4·26”知识产权宣传周活动。在做好新冠肺炎疫情防控工作前提下，紧扣“全面开启知识产权强国建设新征程”活动主题，通过新闻发布会、线上培训、线上与企业业务交流等多种宣传形式，以制作保护知识产权相关短视频、录制知识产权专项执法现场报道等，在市市场监管局官方网站、抖音、微信公众号等进行推送，宣传知识产权法律法规以及党和国家关于知识产权工作决策部署，增强群众尊重和保护知识产权意识，推进知识产权文化建设。

（陈　希）

## 信用体系建设

【概况】 2022年，南昌市以优化营商环境和推动高质量发展为契机，按照“顶层设计、打牢基础、突破重点、积极作为”工作思路，强基础、补短板，加快建立以信用为基础，覆盖事前、事中和事后全流程监管环节的新型监管机制，依托不断完善的网络基础设施和畅通的数据共享协调机制，建设全市统一公共信用信息平台，实现跨部门、跨层次信用信息高效归集共享和创新应用，推动行政管理由“门槛管理”向“信用管理”转变。至年底，“信用中国（江西南昌）”官方网站点击量1311万次，发布信用政策、宣传文章3882篇，公示行政许可信息41963条，行政处罚信息2109条，信用承诺书数量4410份。全年南昌市公共信用信息平台归集3491.40万条信息。其中，市直单位上报3478.14万条信息，各县（区）、开发区及湾里管理局上报13.26万条信息。

【信用应用建设】 2022年，南昌市印发《南昌市2022年联合奖惩措施清单》《南昌市2022年联合奖惩对象行为清单》《关于推进守信激励和失信惩戒工作方案》等文件，健全完善全市统一奖惩系统，以权责清单和各部门联合惩戒备忘录为依据，分解措施事项，导入国家下发的“红黑名单”，通过平台与部门业务系统对接，实现自动比对、自动拦截、及时反馈。至年底，市联合奖惩系统录入行为清单、措施清单1501项，录入失信被执行人总数24万人次，平台核查92458次。全年市房管中心失信数据核查累计79525次，比中（数据核查中发现失信问题）累计94人次。全年核查政务服务大厅办理行政审批的自然人、法人相关信用信息累计12102次，比中累计16人次。

【政务诚信管理】 2022年，南昌市组织开展政务诚信评价工作，印发《南昌市政务诚信建设第三方评价行动方案》。围绕工作机制、科学决策、政务公开等方面委托第三方机构开展政务诚信评价，覆盖12个县区和38个市直部门，指出问题短板，提出解决对策，并将结果进行通报。持续推进政务失信治理，印发《南昌市2022年政务诚信专项治理工作方案》，着力解决招商引资政策不兑现、合作协议不履行、账款支付不到位、涉政府产权纠纷等政务失信问题，政府公信力提升。依托市公共信用信息平台，建立公职人员信用档案管理模块，探索健全公务员诚信档案，完善相关信用记录，作为干部考核任用、评优评先参考依据。

【商务诚信监管】 2022年，南昌市在政府采购、招投标、行政审批、市场准入、资格审核等领域应用“信用中国”报告或第三方信用报告，促进信用信息和信用报告在行政管理和政务服务中使用。完善信用修复机制，实现企业信用修复“零跑腿”。优化信用修复流程，压缩办理时限。全年协助相关失信企业完成1288次信用修复工作，南昌经验做法被推送至“学习强国”学习平台宣传推广。依托南昌市公共信用信息平台，开发诚信示范街区管理系统模块，组织开展诚信商户评选活动，引导商家树立诚信守法理念，以点带面逐步推动形成全社会重信誉、守信用、讲信义良好营商环境。开展“诚信建设万里行接力活动”“万家企业亮信用”等主题宣传活动，助力全市文明城市创建工作。

【市场诚信监管】 2022年，南昌市印发《南昌市市场监督管理局企业信用监管激励与惩戒办法》《南昌市市场监督管理局关于推进“四新经济”包容审慎监管措施的实施意见的通知》和《关于做好市场主体信用风险信息统一归集公示工作的紧急通知》等文件，明确市场主体信用风险信息归集内容，统一归集路径。运用市场主体信用风险分类成果，在“双随机、一公开”监管中，合理确定、动态调整抽查比例和频次，实施差异化监管。强化经营异常名录信息、严重违法失信企业名单信息共享应用，提高企业失信成本，对连续2年未公示年报信息的企业，依法吊销营业执照。至年底，梳理连续2年及以上未年报企业5649户，吊销企业2789户。优化政务服务措施和信用监管方式，印发《南昌市疫情防控期间企业信用修复非接触式办理服务指南》，实行包容审慎监管，开展市场主体信用修复工作。至年底，移出经营异常名录企业3118户，通过非接触式申请办理经营异常移出的企业96户。南昌县“双随机、一公开”信用监管经验做法被国务院予以督查激励通报。

【教育诚信监管】 2022年，市教育局印发《关于做好2021—2022学年中小学（幼儿园）教师师德考核的通知》和《南昌市教育局师德监管及“一票否决”实施办法》，组织开展年度师德考核工作，强化“一票否决”制在教师资格定期注册、职务（职称）评审、岗位聘用、评优奖励和特级教师评选等环节应用。开展形式多样的教育宣传活动，各县（区、湾里管理局）教育行政部门和招生考试机构充分利用各类主流媒体参与诚信教育宣传报道，各中学、报名点、考点利用网站、校园广播、主题班会、黑板报、播放警示教育片等形式开展诚信教育；利用微博、微信等新媒体让考生和家长积极参加互动，形成全社会关注和鼓励诚信考试良好氛围。建立《南昌市校外培训治理市县校三级联动工作机制》，出台《南昌市校外培训违规行为负面清单》和《南昌市校外培训机构违规行为红黄牌惩戒制度》，明确罚则和处罚操作。创新实施《南昌市校外教育培训机构违规行为有奖举报办法（试行）》，规范校外培训行为，净化校外培训市场。

【医疗卫生诚信监管】 2022年，南昌市印发《南昌市医疗保障定点药店信用监管暂行办法》《南昌市医疗保障局在行政管理事项中使用信用记录和信用报告的实施细则（试行）》等规范行业信用管理制度文件，明确日常定点医药机构监督管理及“两定”（定点医疗机构、定点零售药店）机构准入工作中，将信用记录或信用报告作为实施行政管理重要依据。在此基础上，医疗保障部门与“两定”机构签订《定点医疗机构医保基金使用信用承诺书》2849份。按照《南昌市医疗保障定点药店信用监管暂行办法》，启动全市定点零售药店2022年医保信用评定工作。在南昌市政府官方网站公开《南昌市医疗保障局行政处罚信息信用修复工作指引》，切实做好信用承诺及信用修复工作，助推医保领域健康发展。探索建立医疗机构和医务人员信用档案，提高队伍素质，提高医院整体水平。在医疗机构校验、等级评审和医务人员职称评定中实行“信用不合格”者一票否决制。在生育登记过程中实施“信用承诺制”，对当事人出现失信行为的，列入当事人信用记录并追回证件。在医疗系统推行“信易医”，对守信主体进行正向激励，允许其享受“先诊疗、后付费”服务。同时对享受“信易医”主体进行动态管理，对出现失信行为医疗主体，立即暂停其“先诊疗、后付费”权益。发挥示范引领作用，在全市卫生行业形成“守信收益、信用有价”价值导向，营造良好信用就医环境。

【信用建设宣传】 2022年，南昌市印发《南昌市诚信建设主题宣传教育活动方案》，组织各县区、相关部门开展诚信主题宣传活动，发挥报纸电视、政务网站、微信公众号等媒体作用，构建多方位、多层次、多维度宣传模式。突出宣传信用建设基础性作用，弘扬社会主义核心价值观，推动形成崇尚诚信、践行诚信良好风尚。全年新闻报道121场次，在全市营造形成“知信、用信、守信”良好氛围，推动全社会共同参与，引领广大市民人人关注诚信、践行诚信，为经济社会发展提供有力道德支撑和信用体系保障。

（万宇辉）

# 开放型经济

## 利用外资及港澳台资

【概况】 2022年，南昌市新增外商和港澳台商投资企业61个，合同外资及港澳台资6.74亿美元。其中，合同外资及港澳台资500万美元以上企业13个，合同外资及港澳台资共3.14亿美元；合同外资及港澳台资1000万美元以上企业10个，主要有合同资金1亿美元的南昌综保深国际供应链管理有限公司、合同资金3388万美元的江西华能昌贤新能源有限责任公司、合同资金3000万美元的江西新泓泰电子科技有限公司、合同资金2362万美元的江西中歌通信有限公司等，合同外资及港澳台资共2.91亿美元。全市实际利用外资及港澳台资金额4.17亿美元。

【产业项目】 2022年，南昌市新增外资及港澳台资二产项目9个，实际利用外资及港澳台资7295万美元，占全市利用外资及港澳台资总额的17.49%。其中，规模较大的有江西江铃集团新能源汽车有限公司共进资3810万美元、华商集团有限公司共进资1014万美元、宏德海电子科技（江西）有限公司共进资1000万美元、金霸王（江西）科技有限公司共进资800万美元等。三产项目20个，实际利用外资及港澳台资3.44亿美元，占全市利用外资及港澳台资总额的82.49%。其中，规模较大的有江西新力商务咨询有限公司共进资9525万美元、南昌合悦企业管理有限公司共进资8818万美元、江西亿凯房地产有限公司共进资3092万美元、江西辉浩供应链有限公司共进资2007万美元、南昌综保深国际供应链管理有限公司共进资2000万美元等。

【投资来源】 2022年，南昌市新增外资和港澳台资按照投资来源主要包括中国港澳台地区及欧洲大洋洲、日韩东南亚、美加等地区。港澳台地区项目18个，实际利用资金3.33亿美元，占全市利用外资及港澳台资总额的79.86%。其中，南昌金骋企业管理有限公司进资1824万美元、南昌恒韵房地产开发有限公司进资1588万美元、江西毅德城实业发展有限公司进资1500万美元等。欧洲大洋洲地区项目5个，实际利用外资4881万美元，占全市利用外资及港澳台资总额的11.71%。其中，江西江铃集团新能源汽车有限公司进资3810万美元、华商集团有限公司进资1014万美元等。日韩东南亚地区项目5个，实际利用外资2790万美元，占全市利用外资及港澳台资总额的6.69%。其中，江西辉浩供应链有限公司进资2007万美元等。美加地区项目1个，实际利用外资800万美元，占全市利用外资及港澳台资总额的1.92%。

（张佳佳）

## 进出口贸易

【概况】 2022年，南昌市外贸进出口保持平稳增长，分别占同期全省进口、出口总值的24%和18.8%，规模再创新高，稳居全省设区市首位，规模南昌外贸发展首位度持续提升。据海关统计，南昌市全年进出口总值1345.6亿元，较上年同期增长4.3%，占全省进出口总值的20%。其中，出口954.9亿元，增长6.7%；进口390.7亿元，下降1.2%。南昌市与全球203个国家及地区有贸易往来，其中对东盟、美国、韩国前三大贸易伙伴分别实现进出口260.7亿元、194.5亿元、121.5亿元，分别增长33.5%、下降7%、增长1.2%。利用RCEP生效带来的贸易创造效应开拓新兴市场，对“一带一路”共建国家进出口397.3亿元，增长26.7%；对拉丁美洲、非洲分别进出口87.6亿元、54.6亿元，分别增长10.7%、12.7%。随着南昌口岸营商环境持续改善，外贸主体数量持续增加。至年底，南昌市有进出口实绩的企业1484家，增长4%。其中，民营企业进出口1070亿元，微降0.8%，占全市外贸总值的79.5%。外商投资企业进出口246.3亿元，增长41.3%；国有企业进出口28.9亿元，下降26.9%。电子信息产业集群发展效应显著，进出口611.3亿元，但受消费电子需求回落影响下降5.6%，占全市外贸总值的45.4%，电子信息产业进出口规模继续保持全省设区市首位；汽车（包括底盘）出口59.5亿元，增长98.8%；劳动密集型产品出口保持增长，其中纺织服装出口167.3亿元，增长20.8%；塑料制品出口26.3亿元，增长19.2%。同期，农产品进口24.3亿元，增长5.7%；金属矿及矿砂进口7.3亿元，增长15.7%。前海国信电子科技有限公司和江西前海国信电子科技有限公司获评“江西省外贸综合服务企业”。

**【参展广交会】** 2022年4月15日，第131届广交会线上开幕，以“联通国内国际双循环”为主题，展期10天。该届广交会南昌市参展外贸企业135家，展位208个，约1万件展品参展。其中，67家企业开设直播间。10月15日，第132届广交会线上展开幕，以“联通国内国际双循环”为主题，线上平台服务时长从10天延长至5个月。该届广交会南昌市参展外贸企业240余家，创历届线上广交会参展企业之最。其中，新参展企业23家。广交会期间，南昌市商务局以模式和服务创新优化综合服务水平，积极鼓励并帮助企业充分利用广交会平台，组织参展企业参加线上广交会培训，帮助企业依托先进的数字信息技术和国内外采购商在线对接、互动交流，把握市场需求，借助广交会平台多拿订单、拓展市场。组织雅丽泰、华兴针织等一批已获“江西出口名牌”企业参展，境外优质合作伙伴不断增多，企业规模不断壮大，品牌影响力不断增强。宇悦制衣、康业制衣、东申针织等一批优秀中小纺织服装企业陆续获得广交会品牌展位，出口实现从无到有，出口产品、品牌受国际主流采购商认可，并建立长期供采合作关系。

**【参展第二届中国国际消费品博览会】** 2022年7月26—30日，由商务部和海南省人民政府主办的第二届中国国际消费品博览会（以下简称“消博会”）在海口市举行。该届消博会，南昌市组织20余家企业、70余名客商到会参展、洽谈及采购。消博会期间，南昌市作为江西省省会城市，结合海南自贸港政策优势，加强与海南省各地在投资和贸易等方面合作，使全球优质产品进入南昌。

**【参展江西出口商品网上交易会】** 2022年8月18日，由省商务厅主办的江西出口商品网上交易会正式开幕。该次交易会展期自8月18日至10月17日。南昌市103家外贸企业参会洽谈，参展企业数居全省设区市首位。参展期间，南昌市江铃进出口、雅丽泰建材等一批重点外贸企业依托全球第二大跨境贸易B2B平台中国制造网专门搭建的专区平台，在线“一对一”“屏对屏”供采对接、洽谈合作。

**【参展第19届中国—东盟博览会】** 2022年9月16—19日，第19届中国—东盟博览会在广西壮族自治区南宁市举行。南昌市组织江西雅丽泰建材股份有限公司、江联国际工程有限公司、江西沃科工贸有限公司、南昌市光辉电力有限公司等多家外贸企业参展，布局海外市场开拓。在以RCEP为目标市场的东盟会上展示自主品牌“雅丽泰”全维板新品，得到缅甸、印度尼西亚、斐济、菲律宾等国家新兴市场客户关注。江联国际工程有限公司是连续参展18届东盟会的参展企业，主要生产电站锅炉、工业锅炉、压力容器，并开展工程总承包。东盟博览会期间，该企业在保持以往开拓的印度尼西亚、泰国、印度、缅甸等国家传统市场基础上，还陆续接到巴基斯坦、尼泊尔等国家客户咨询。

**【参展第五届中国国际进口博览会】** 2022年11月5—10日，第五届中国国际进口博览会（以下简称“进博会”）在上海市举办。南昌市成立南昌交易分团，组织相关企业参展。全市共391家单位923人报名注册，注册单位较上届增加107家，注册人数较上届增加156人。报名注册参展企业涵盖电子信息、装备制造、食品、纺织、汽车制造等行业。11月5日，省长叶建春带队参观进博会展览，先后走访“江西这十年”南昌市青山湖区针织服装产业展台、江铃合作福特展台、林恩合作亚曼茶业展台。

**【江铃集团与卡拉索汽车公司签约】** 2022年9月22日，江铃集团新能源汽车公司与以色列汽车进口商——卡拉索汽车公司线上签约仪式在南昌举行。江铃集团党委书记、董事长邱天高主持签约仪式。中国国际贸易促进委员会江西省委员会党组书记、会长刘煜，南昌市委常委、南昌经济技术开发区党工委书记梅峰等共同见证签约。根据协议，600辆纯电动轿车“羿”将通过卡拉索汽车公司出口以色列汽车市场，为当地用户带去优质的新能源产品和服务体验。首批600辆的出口订单，推进江铃集团新能源海外战略落地，同时让以色列客户感受中国智造魅力。2月，江铃集团新能源“羿”正式出口欧洲，填补江西省纯电动A级轿车出口海外空白。2022年，江铃集团海外出口累计60640辆，同比增长85.77%。

（张佳佳）

## 对外经济技术合作

【概况】 2022年,南昌市积极引导和鼓励企业“走出去”及参与“一带一路”建设,取得良好成效。400余家企业积极开拓海外市场,谋划参与60余个国家和地区的国际产能合作及基础设施建设,其中涉及20余个“一带一路”共建国家。至年底,全市新增境外投资备案企业25家,对外直接投资额16835.36万美元,同比下降39.26%,占全省比重为8.3%;完成对外承包工程营业额63024.41万美元,增长15.51%,占全省比重为16.29%;外派劳务人员1300余人。

【对外直接投资】 2022年,南昌市企业对30个国家(其中涉及20个“一带一路”共建国家)直接投资11.8亿元。主要投向美国、澳大利亚、瑞典、新加坡、印度尼西亚、老挝、越南、柬埔寨、马来西亚、泰国、赞比亚、肯尼亚、南非等国家。从投资国别来看,欧美国家投资持续放量,“一带一路”共建国家投资持续增长,非洲国家依然是主要市场,RCEP协议国家成为新的投资热点。从投资行业来看,基础设施建设依然是企业投资主要方向,制造业转移升级步伐加快,农业合作基础扎实。随着全球最大的自贸协定RCEP签署并于1月生效以及非洲大陆自贸区一体化实施,南昌市企业融入“一带一路”建设主动性增强。越来越多的企业赴共建国家投资建厂、承揽工程及参与境外经贸合作区建设,饲料生产销售、加工制造、电力工程设备采购安装、矿产勘查等优势产业和富余产能加快流向“一带一路”区域,从传统的贸易、农业开发、加工制造、建筑施工等扩大到光电技术研发、生物医药研发、航天航空服务等高新技术行业。南昌矿山机械在瑞典设立研发中心,联创电子与韩国美法思设立电子研发中心;瑞能光电、金达莱环保相继在美国设立研发中心和销售网络。京九电源、东劲实业在土耳其、孟加拉国、菲律宾等国建成蓄电池组装厂;3L医用制品集团在柬埔寨拥有300余名员工生产一次性医疗用具,在世界抗疫中贡献出南昌力量,捐赠多国医疗防疫物资;江西辉煌铝业、双胞胎(集团)股份在越南建设项目正在有序推进;由中江国际发起的首个非洲赞比亚多功能经济合作区一期已建成开园,并有序组织南昌企业入驻。

【对外承包工程】 2022年,南昌市企业在“一带一路”共建国家新签对外承包工程项目合同3份,新签合同额9亿元;完成营业额44亿元。至年底,海外承包工程项目共54个,主要分布在埃塞俄比亚、卢旺达、莫桑比克、肯尼亚、乌干达、沙特、印度尼西亚等国家。参与10余个亚非拉美地区的基础设施建设,水利工程、电力设备安装等领域业务发展态势较好,国际影响力进一步提升。援赤道几内亚、厄立特里亚、纳米比亚等项目获得当地认可;江联重工、省水利水电等6家企业入选“全球最大250家国际承包商榜单”。入选的中国江西国际经济技术合作有限公司、江西中煤建设集团有限公司、江西省水利水电建设集团有限公司、中鼎国际工程有限责任公司、江西省建工集团有限责任公司、江联重工集团股份有限公司均为注册在南昌的企业。其中,江西国际、江西中煤分别名列第67和第68,在上榜的地方企业中名列前茅,江西中煤上榜水利工程领域前10强。8月11日,美国《工程新闻纪录(ENR)》发布的2022年度“国际工程设计企业225强”榜单中,中国瑞林工程技术股份有限公司名列全球第142,在中国内地上榜企业中排名第16,中部地区企业中排名第二。在中国对外承包工程商会行业发布上,依据行业《对外承包工程企业分级框架标准》,南昌市江西国际、江西中煤、江西水建3家企业被评为2022年度对外承包工程企业“A级企业”。按照年度完成营业额统计,江西中煤进入2021年度对外承包工程企业“交通工程30强”;江西国际、中鼎国际进入2021年度对外承包工程企业“房建工程30强”;江西国际、江西中煤、江西水建、中鼎国际进入2021年度对外承包工程企业“非洲地区30强”。南昌市企业积极参与共建“一带一路”,以境外基础设施等重大项目建设和产能合作为重点,实现全市对外承包工程转型升级和高质量发展,国际综合竞争力不断增强。

(张佳佳)

## 口岸管理

【概况】 2022年,南昌市口岸管理工作紧紧围绕“一枢纽四中心”发展定位,抢抓“一带一路”建设和RCEP实施发展机遇,不断加快口岸平台建设,完善口岸服务功能,为开放型经济高质量跨越式发展注入新动力。南昌昌北国际机场克服疫情带来不利影响,推动落实机场容量提升成果,持续优化提升京津冀、大湾区、成渝等主干航线运力供给和时刻布局,陆续加密北京、石家庄、珠海、成都等干线航班,累计通航75个国内航点,连接29个省份,全年实现旅客吞吐量472.5万人次、货邮吞吐量4.0万吨。南昌国际陆港二期铁路海关监管作业场所通过验收投入运营并实现集装箱货物混装运输功能,与深圳盐田港共建内陆港正式挂牌。新增RCEP中老铁路“江西制造”国际班列、出口汽车国际联运班列等国际货运新通道,实现汽车整车集装箱铁海出海功能。开行全省首列“铁路快通”中欧班列,南昌水运开通进口转关“离港确认”业务，通关便利化水平持续提升。全年开行中欧班列39列，完成铁海联运重箱运量72546标箱，同比增长44.26%。

【口岸功能完善】 2022年，南昌昌北国际机场进境食用水生动物、冰鲜水产品、水果3个指定监管场地通过海关总署验收，填补南昌无进境商品指定监管场地空白。3个指定监管场地作为南昌航空口岸重要组成部分，是南昌市响应国家打造“双循环”新格局战略，完善进口市场体系，培育进口平台的重要举措，不仅可以有效扩大南昌航空口岸进出口业务，做大做强国际物流，还能更好满足消费者需求，满足人民对美好生活向往。南昌国际陆港二期铁路海关监管作业场所通过海关验收并正式投入运营，南昌中欧班列、铁海联运逐步转移到南昌国际陆港铁路场站到发。南昌国际陆港获批集装箱货物混装运输功能，进一步丰富和完善陆港服务功能，有利于南昌中欧班列拓展和丰富货源结构、助推南昌中欧班列持续健康发展，为南昌市国际物流通道建设提供支撑，促进南昌市开放型经济高质量跨越式发展。

【内陆港共建】 2022年9月28日，南昌国际陆港与深圳盐田港共建内陆港挂牌仪式在南昌国际陆港口岸大楼举行。南昌向塘—深圳盐田铁海联运线路铁路运距810千米。南昌国际陆港铁路口岸位于南昌向塘，分2期建设。一期总投资1.27亿元，占地面积3.3万平方米，主要建设卡口、集装箱堆场、视频监控系统、查验平台、处理库、查验库、货场等内容，于2017年11月22日通过验收并投入运营。二期总投资3.82亿元，占地面积29.33万平方米，主要建设铁路专用线、口岸服务中心、口岸大楼、监管仓库、智能卡口以及相关配套设施等内容，于2021年底建成；2022年5月获批铁路专用线运输业务资质和集装箱运输业务资质，2022年6月获批集装箱混装业务资质，同时海关监管作业场所通过验收，与一期作业内容合并正式开通运行，近期规划运量80万吨，远期运量可达200万吨。盐田是世界级天然深水良港，作为全球集装箱吞吐量排名前列的超大型集装箱专用码头，是国际海运航线在中国的最后一个挂港，拥有15条电商海运快线，有航次时间短、作业效率高、通关便捷、海运费较低等优势。合作共建内陆港将进一步优化南昌至深圳国际货运通关流程、降低货运成本、提高物流服务效能，进一步提升南昌铁海联运的承载力、吸引力和竞争力，为江西省加快融入“一带一路”建设和南昌市“一枢纽四中心”建设提供重要支撑。

【国际航班恢复】 2022年，南昌市落实省市疫情防控要求，成立恢复国际客运航班专班，调整恢复国际客运航班工作机制，做好各项复航工作，并与省直部门、南昌海关等对接沟通，重点瞄准东南亚地区客运市场。11月8日19时5分，春秋航空执飞泰国曼谷—南昌国际客运航班顺利降落。

【航旅融合深化】 2022年，南昌昌北国际机场按照中国民航局、文化和旅游部《关于促进民航业与红色旅游深度融合创新发展的指导意见》要求，与江西省文旅厅签订战略合作协议，并开辟多条红色旅游航线。深化与航空公司、OTA平台、旅游景区、酒店等合作，开展“魅力江西，趣玩南昌”等多场直播活动，推出“机票+酒店+景点”一站式服务，取得良好效果。

【物流通道拓展】 2022年，南昌国际陆港开行南昌至老挝万象的江西省首趟RCEP（区域全面经济伙伴关系协定）中老铁路“江西制造”国际班列正式开行，为江西企业带来在“家门口”就可以货运直发东盟地区便利，为江西企业开拓东盟市场、提升国际竞争力提供一条安全高效的国际货运通道。开行全省首趟出口汽车国际联运班列，采用中铁特货JSQ6型双层运输汽车专用车厢，搭载290台出口汽车整车发往莫斯

2022年1月15日，全省首列RCEP中老铁路“江西制造”国际班列开行
（市商务局　供图）

科，为汽车整车出口打通全新货运通道。在中部地区首次采用集装箱铁海联运班列模式承运汽车整车，完成江铃集团汽车整车出口中东和南美项目的订单交付，解决江铃集团汽车整车出口滚装船运力不足难题，标志着南昌国际陆港新增汽车整车铁海联运出海功能，为南昌市及全省国际产业链、供应链畅通提供坚强保障。

【监管模式创新】 2022年，南昌国际陆港开行全省首列“铁路快通”中欧班列，进一步优化中欧班列业务流程和监管模式，实现海关、铁路、运营企业数据互通，三方协作共同监管。海关通过对铁路舱单电子数据进行审核、放行、核销，实现对铁路列车所载进出口货物转关运输监管，无须运营企业另行申报并办理转关手续，简化班列进出境监管手续，班列整体运行时间缩短1—2天，实现智能化监管、数字化通关、加速度验放，确保中欧班列的高效通行。南昌龙头岗综合码头开通水运进口转关“离港确认”业务，将南昌企业进口货物在沿海港口的口岸国际物流操作由“串联作业”优化为“并联作业”，缩短南昌企业水运进口货物在沿海港口的中转等待时间，提高南昌水运整体运行时效，对进一步压缩货物通关时间、优化口岸营商环境具有重要促进作用。

（张佳佳）

## 海 关

【概况】 2022年，青山湖海关深入学习宣传贯彻党的二十大精神，紧盯落实“疫情要防住、经济要稳住、发展要安全”重要要求，按照南昌海关党委“忠诚作示范、创新促发展、实干防风险、严管勇争先”工作思路，推动各项决策部署和工作任务落地见效。

【营商环境优化】 2022年，青山湖海关以深化“三促一优”（促进沿海产业有序转移到园区、促进劳动力尤其是农民工能够就业、促进企业提高劳动生产率和沿海回乡劳动力优先在工业园区录用就业）为抓手，唱响关“助”发展服务品牌。梳理辖区专精特新“小巨人”、独角兽重点企业，实行“一对一”管家服务。坚持“问题清零”闭环模式，切实为企业办实事、解难题。定期发布外贸数据及各类贸易指数，发挥“数据＋研究”优势，为地方发展提供决策参考。研究制定《青山湖海关促进外贸保稳提质工作方案》，提出12个大方面和24项具体举措，把保稳提质工作落到实处。推进“一关一品”建设，支持南昌市电子信息产业发展，建立南昌电子信息行业重点企业库，提供企管、优惠产地证和知识产权保护等“一条龙”帮扶政策。对保税加工企业实行“主动申报＋联网核查＋据实核销”“一本账册滚动核销”模式，实现企业单耗自核和零库存。全年，全市电子信息产品进出口611.3亿元，占全市外贸总值的45.4%，进出口规模保持全省设区市首位。上报外贸发展分析报告12篇，获省长批示1篇，省委常委、南昌市委书记批示4篇，市长万广明批示2篇。

【政策红利落实】 2022年，青山湖海关“线上＋线下”多渠道开展RCEP（区域全面经济伙伴关系协定）原产地政策宣讲共13次，推广“数据共享＋智能审核＋自助打印＋快递送达”模式。结合江西双“一号工程”，开展AEO（经认证的经营者）电子信息产业组团认证培育，积极参与承办中国—格鲁吉亚国际互认合作，加快推进认证工作，确保惠企政策应享尽享。至年底，全市共12家企业获AEO认证。充分发挥减免税职能，深化集中复核改革取得成效。大力支持先进技术、重大装备、关键零部件等免税进口。至年底，办理辖区减免税业务共672份，减免税设备货值10158万美元，减免税款约8597万元，减免税业务审批数量和免税金额创近三年新高。持续释放主动披露政策红利，促进企业守法经营。制发主动披露办事指南，做好新旧公告衔接和政策解读。全年，办理主动披露作业15起，补缴税款994.55万元，为企业减免滞纳金逾180.97万元。

【稽查业务】 2022年，青山湖海关以大数据应用为基础，推广“互联网＋稽核查”模式，充分发挥稽查集约化机制优势，树立以查发为导向稽查理念，促进稽核查和打私工作提质增效。深入开展“国门利剑2022”“国门绿盾2022”“跨境电商‘异宠’综合治理”等专项行动，依法严厉打击“洋垃圾”、濒危野生动植物及其制品走私等违法行为。全年办结稽查作业共51起，稽查查发率81.4%。办结核查作业123起，核查查发率81.3%。稽核查追补征税款约3526万元，同比增长约1.9倍。移交缉私部门涉嫌走私违规情事12起，移交稽查部门办理涉检案件9起。

（彭婉青）

# 开发园区

## 南昌高新技术产业开发区

**【概况】** 南昌高新技术产业开发区（以下简称“南昌高新区”）于1991年3月创建，1992年11月被国务院批准为国家级高新区，是江西省首个国家级开发区。区域面积286平方千米，下辖2个镇（昌东镇、麻丘镇）、2个处（艾溪湖管理处、鲤鱼洲管理处），辖区常住人口约44.7万人，区内市场主体5.1万家，其中企业2.8万家，“五上”企业725家，规模工业企业221家，世界500强、中国500强和民营企业500强总计23家，总部在高新区的上市公司18家。在全国国家级高新区综合排名中连续7年进位赶超，排名第24。全区实现地区生产总值1010.24亿元，成为全省首个GDP千亿级开发区。营业总收入6500亿元。其中，工业营业收入3313.1亿元，同比增长8.5%，占全市比重由上年的39%增长至43%以上，规模工业增加值、固定资产投资分别增长7.9%、13.2%。在全省开发区争先创优综合考评中连续4年第一位；在鄱阳湖自创区建设综合评价中排名第一；在全国国家级高新区综合排名中连续八年进位、位列第22；获全省产业集群高质量跨越式发展示范园区、全省开放平台先进单位称号。

**【现代化产业体系构建】** 2022年，南昌高新区按照“高大上、链群配”产业发展思路，围绕“2+1+2”（电子信息、航空制造、数字经济、医药健康、新材料）主导产业链补链、延链、强链，构建现代化产业体系。至年底，新签约重大产业项目126个，签约投资总额超916.43亿元。其中，“152”项目8个，10余个项目当年签约、当年开工、当年投产，跑出“高新速度”。

**【电子信息产业】** 2022年，南昌高新区形成以移动智能终端、LED为代表的特色产业集群。全年电子信息产业营业收入1501.2亿元，增长11%，总量占全市的75%。其中，移动智能终端产业集聚10余家整机生产企业和80余家配套企业，产业链条完整度超90%，产能突破1.7亿部，出货量1.2亿部，占全球ODM出货量的1/4。新型计算机及信息终端设备制造创新型产业集群获批国家级创新型产业集群。

**【移动智能终端产业】** 2022年，南昌高新区90%以上的手机一级零部件、80%以上的手机二级零部件实现区内配套及整机生产，产业韧性加强。华勤、龙旗、美晨3家ODM龙头企业在全球ODM整机出货量下降3%的大背景下保持2位数增长，拉动园区移动智能终端出货量增长50%，达1.2亿部，占全球移动智能终端ODM出货量的24.5%，占比提升近9个百分点。新型计算机及信息终端设备制造创新型产业集群获批国家级创新型产业集群。移动智能终端产业实现总营收约1297亿元，增长11.1%。产业链企业84家。其中，规上企业52家，亿元以上企业32家，22家企业设立研发中心，研发技术人员约4000人。

**【LED产业】** 2022年，联创、中微、兆驰等企业在硅衬底、高端封装设备、新型显示等方面取得突破，打造从设备、材料、芯片、封装到应用的全产业链。在全国LED行业总体产值下降13.2%大环境下，增长81.1%，实现总营业收入120亿元。晶能光电成长为全球先进的大功率LED光源提供商，获第四届中国质量奖提名奖，实现南昌市“零”的突破。兆驰半导体上榜2022年度国家智能制造优秀场景名单，成为LED照明领域全球单体厂房产能最大的芯片供应商。光电及通信产业集群获评江西省2022年五星级产业集群。

**【航空制造产业】** 2022年，中航工业、中国商飞、中航发三大航空央企抢抓国产大飞机战略机遇协同发力，举办 2022 中国航空产业大会暨南昌飞行大会，集整机研发制造、零部件配套、通航服务于一体的航空制造产业体系加速完善，在南昌交付 ARJ21 国产客机 20 架，占全年总交付量的 60%，产业实现营收 215 亿元，增长 13.2%。全球无人机动力系统第一品牌三瑞智能加速发展，天之翔民机配套、沪航零部件、北方联创等项目相继落地，初教六拿下进入民用航空市场后的首单。

【数字产业】 2022 年，投资 100 亿元建设千亩“高新数谷”。在数谷“黄金十条”政策激励下，园区聚集数字产业企业数量突破 4000 家，3 家企业入选“科创中国”新锐企业榜单，占江西省入选企业数的 100%，华勤“智慧工厂建设示范项目”等 18 个项目入选省创新营造数字技术应用场景，斗半匠制作的《中国超级工程》入选中宣部 2022 年主题出版重点出版物图书选题，产业发展形成多点突破的良好态势。全区规上软件和信息技术服务业营收突破 62 亿元，占全省总量超过 30%。新华社高管信息对园区数字经济经验做法进行专题报道。

【医药健康产业】 2022 年，南昌高新区拓展 IVD 新赛道，与省药监局签订全省首个省区战略合作框架协议，江中药业、金水宝制药、闪亮药业、浩然生物等保持平稳增长态势，济民可信位列 2021 中国医药工业百强榜单第 11，获评“中国医药研发产品线最佳工业企业”，华安众辉在高频电外科医疗器械领域成长为“隐形冠军”。弘益药业达立通颗粒等一批产品被认定为江西省名牌产品，塞基生物推出全国首家阿尔兹海默病外周血联合检测试剂。至年底，全区医药健康产业工业营业收入 186.4 亿元，增长 5.3%。拥有医药健康企业 180 余家，规上企业 36 家。其中，医药研发生产企业 30 家，医疗器械研发生产企业 42 家，医学检测服务企业 9 家、医药流通企业 80 余家。

【新材料产业】 2022 年，南昌高新区新材料产业加快转型升级，实现营业收入 1200.5 亿元，增长 6.7%。拥有规模以上工业企业 46 家，江铜研究院中试基地、江铜铜箔等一批项目加速推进，形成以江铜集团为龙头的铜加工产业链，以江钨浩运、百利精密刀具为龙头的钨加工产业链，以方大特钢为龙头的钢材加工产业链，以方大新材料、泓泰集团为龙头的铝材产业链。

【服务创业创新】 2022 年，南昌高新区行政审批服务保障中心率先在全省进行流程再造，提速升级，实施企业设立登记“零成本”“1 小时”办结制，实现从名称核准到领取营业执照、免费印章“立等可取”，实现让企业“少跑腿”、让数据“多跑路”的改革既定目标。设立“办不成事兜底办”专窗，精简各类审批流程，1000 余项依申请政务服务事项实现网上可办，超过 850 项实现“一次不跑”。打造全省首推企业开办“政银合作”示范点，把企业开办服务渠道从政务大厅向银行网点延伸，企业在银行网点即可进行登记申报、核准后领取营业执照，做到商事登记业务“就近办、一次办、多点办”。获“全国政务服务百佳实践单位”称号。至年底，全区新增市场主体总量 1.5 万户。落实助企纾困各项政策，畅通政策兑现便利化通道，为全区 2 万户市场主体落实增值税留抵退税 27.1 亿元，拨付兑现产业扶持资金 12.56 亿元，全年净增市场主体超 1 万家（其中企业 3507 家、个体户 7151 家），增长 26%。扎实推进鄱阳湖国家自主创新示范区核心区建设，推动创新链扎根产业链，让科技创新这个“关键变量”转化为推动高质量发展“最大增量”。

【技术创新体系完善】 2022 年，南昌高新区制定出台《南昌高新区高新技术企业引育奖励办法》，建立企业培育“辅导员、联络员”服务体系，认定科技型中小企业 733 家、高新技术企业 610 家，潜在独角兽和瞪羚企业分别占全市的 50%、65%。认定省级专精特新企业 125 家，占全市的 27%，省级专业化“小巨人”企业、省级制造业单项冠军企业、国家专精特新“小巨人”企业分别占全市的 51.6%、53.86%、51.9%。园区研发投入强度 5.42%，分别是省、市平均水平的 3.2 倍和 2.8 倍。以“科技经纪人”工作为牵引，在全市率先实现 3 亿元以上工业企业研发机构全覆盖目标，经验做法在全市推广。至年底，全区有 49 家企业建立研发机构，其中 19 家获批省级及以上研发机构、36 家获批市级及以上研发机构，推动骨干企业向高附加值、产业链上游延伸。

【高精尖创新平台搭建】 2022 年，江西省首个省级实验室——复合半导体技术江西实验室建设方案通过综合论证。北大南昌研究院与江铜、华勤等企业，北航江西研究院与联创宏声、三瑞科技等企业，中国科学院协同研究院与川奇、弘益药业等企业合作共建科研平台。至年底，大院大所新型研发机构共引进 70 个项目团队，获批市级及以上平台 27 个，开展横向合作项目 130 余项，合同金额约 1.2 亿元，位列全市第一。着力推动科技成果转移转换，联创超导上榜“江西省十大科技成果”，中微 MOCVD 设备开发及应用入选“江西省十大科技成果转化典型案例”，技术合同登记额 22.5 亿元，位列全市第一。组织申报省、市等各类科技计划、中央引导资金、研发后补项目近 500 项，获得补助资金 1.6 亿元，列全市第一位。16 个项目获得全市重大科研项目立项，占全市总数的 64%，位列全市第一。

【攻坚创新人才招引】 2022年,南昌高新区积极开展科研助理岗位开发和招聘工作,开发落实科研助理岗位435个,完成预定目标的145%,得到科技部高度认可并获书面致谢。全速推动省高层次人才产业园建设,核心区一期落户项目41个,柔性引进高层次人才244人。其中,院士31人,国家重大人才工程入选者8人,国家"杰出青年科学基金"获得者4人,"国家优秀青年科学基金"获得者2人,国家重点研发计划项目负责人1人,教育部新世纪优秀人才1人。16个人才和团队项目入选全市"双百"计划,占全市总数的44%,列全市第一位。推动江西财经大学等20余所院校与欧菲光等重点企业构建定向人才培育合作机制,打造全省首个"产教融合"示范区。持续开展"名企访名校,名校进名企"活动,组织区内20余家重点企业赴10余所院校开展企业专场宣讲153场次,招引意向就业大学生及技能人才近2.6万人。设立5个"赣才归巢"工作站,面向企业征集高层次和紧缺急需人才岗位需求476个,引进省外人才3205人,为398名人才配租303套人才公寓,解决200余名人才子女入学问题,让人才引得来、留得下。全面做实中国(南昌)知识产权保护中心,建立知识产权保护联席会机制,形成招商部门牵头,市场监管、公、检、法等部门协同联合办案制度,建立专利快速授权、确权、维权和协同保护"绿色通道"。全年新增发明专利超1000件,增长50%。

【服务企业创强】 2022年,南昌高新区率先推出"一企一策、一企一方案、一企一专班"的"三个一"工作法,与江铜、联创电子等22家重点骨干企业谈心交心,从发展空间、项目配套、技术升级改造、科技创新等方面给予个性化配套支持,定制产业倍增协同行动方案,推动"老树发新芽"。举办18场"高新下午茶""创强解题会"等政企"零距离"沟通活动,精准、高效地解决企业诉求。实施"映山红行动"。充分发挥省、市、区三级上市联席会议作用,进一步完善企业上市绿色通道,搭建券商、律所、会所等中介机构服务库,协调中介机构靠前服务,协调解决企业上市过程中的难点、堵点问题。创造性开展"暖心护企大走访",对近5万家市场主体开展全覆盖走访,办结各类意见建议和诉求1595条。协助企业对接资本市场,支持企业上市,7家企业完成股改,6家企业完成辅导备案,5家企业在四板挂牌展示,58家企业进入后备库,重点企业上市步伐加快。为企业"创业、创新、创强"提供全生命周期服务,获得《人民日报》内参专刊报道。

【招商专业化模式建立】 2022年,南昌高新区从党政储备人才等选拔优秀招商干部28名,组建移动智能终端、医药健康、新材料及服务业、光电、航空航天、数字经济六大产业发展专班,研究生学历人员超过50%,专业匹配度达100%,打造一支具有"投行专业、蚂蟥精神"招商铁军。通过实施"一个产业、一支队伍、一本招商手册、一套招商政策、一篇产业PPT"的"五个一"标准化作业,详细编制产业链全景图,向企业精准剖析资源、区位、市场、人才、政策等多种因素,找到双方利益平衡点,争取投资效果最大化。

【平台公司市场化改革】 2022年,南昌高新区按照"小管委会+大公司"思路,推动招商集团市场化改革,实现实体化运行,打造集基础建设、招商引资、产业投资等功能于一体的企业全生命周期招商运营服务主体。至年底,高新招商集团资产总规模增加近100亿元,净资产增加65亿元,负债率下降6个百分点,AA+信用评级成功落地,进一步提升产业承载能力。

【创新积分制改革】 2022年,南昌高新区结合科技创新金融服务"十百千万"专项行动,对1000余家入库科技型企业进行精准画像和创新积分评价,推出创新积分制百强企业榜单,并建立科技金融超市,推出23款相关信贷产品,为243家企业提供超过60亿元授信额度。开展科研助理岗位开发和招聘工作,开发落实科研助理岗位435个,完成预定目标的145%,得到科技部高度认可并获书面致谢。

【政企沟通新机制改革】 2022年,南昌高新区创新举办"高新下午茶""创强解题会"等政企"零距离"沟通机制。南昌高新区班子成员与企业家、行业专家、科技人才等面对面,品清茶、聊发展,并收集整理成《"高新下午茶"问题整改任务分解表》。常态化开展"创强解题会",联动各相关部门,点对点对接个性问题,专题研究共性问题,限时逐个交账答题。全区累计举办活动30余次,服务企业160余家,解决企业诉求200余条。

【基层治理改革】 2022年,南昌高新区创新开展"善治小区(村)"示范创建工作,构建"党建引领、村社吹哨、部门报到"联动机制,推动行政职权向社区下沉,引导各方资源和力量向基层聚集。针对哨源形成、村社吹哨、部门报到、限时办结、争议处置、全程监督等关键环节,明确每个环节责任主体,构建环环相扣责任链条。重大事项由村社"吹哨",召集有关部门第一时间到达现场"报到",各镇和管理处统一指挥,有关部门联动处置问题。通过赋权、下沉、增效,推进基层治理体制机制创新,从而确保基层权力给基层、基层事情有人办。至年底,全区累计"吹哨"31425次,解决各类基层治理问题31316个,得到《光明日报》等主流媒体关注宣传。

【生态治理】 2022年,南昌高新区

全力打好蓝天、碧水、净土保卫战，创新实施“环保管家”上门服务，加大对企业环保工作帮扶性检查力度，全区空气质量优良率91.3%。按照人与自然和谐共生理念，以保护候鸟栖息地为核心，着力打造鄱阳湖畔人鹤双栖生态和谐共生示范区，克服极端气候影响，利用70公顷白鹤保护小区种植莲藕，另外留置56.67公顷晚稻不收割，提前做好储水准备，既为鸟留食，也为鸟留水，有效保障白鹤保护小区候鸟水生栖息环境，3000余只白鹤在此顺利过冬，占全球总数的近1/4。在原五星垦殖场五分场二十一大队（空心村）高标准规划建设千鹤文化村，建设面积约2.67公顷，重点打造藕遇白鹤观鸟民宿、白鹤共生馆、游客服务中心三大文化服务功能。同时，千鹤文化村与清华大学江西分校旧址、北京大学江西分校旧址、鲤鱼洲文化馆及周边特色农庄联动，形成“生态+业态”乡村振兴格局。“鹤舞鄱湖观鸟之旅”列入全国乡村旅游精品线路，走出一条从“生态吸引”到“业态吸引”的乡村振兴之路。

**【文化产城融合】** 2022年，南昌高新区加速推进产城融合，FUN青春市集、华天夜市等时尚新地标和艾溪里、瑶湖里、华勤里、阳门里等美食文化街先后投入运营。打造鱼尾洲公园、艾溪湖美书馆等“网红打卡地”。其中，鱼尾洲公园获AZ Awards 2022年度最佳景观设计大奖；艾溪湖美书馆评选为基层公共文化服务高质量发展典型案例、获首届全民阅读大会“年度最美书店”称号。五星白鹤小镇千鹤文化村、一体化观鹤长廊等相继开放，生活气息浓郁、文化娱乐多彩的新城区正在形成。

**【民生服务】** 2022年，南昌高新区以“步行15分钟”为半径，精心打造医疗服务、托育服务、养老服务三大便民服务圈，建成南大一附医院高新医院，省中西医结合医院、江西中医药大学附属医院、省肿瘤医院3家三甲医院同时落户。其中，江西中医药大学附属医院获批国家区域医疗中心，总床位4200张。引进江西师大附中、南昌三中、南昌二十八中、南昌二中等一批优质教育资源，实现名校全域覆盖，中考成绩优秀率跃升至南昌市第二位。

（程道韫）

## 南昌经济技术开发区

**【概况】** 南昌经济技术开发区（以下简称“南昌经开区”）位于南昌市北郊，毗邻红谷滩区，创建于1992年，2000年被国务院批准成为江西省第一家国家级经济技术开发区。2022年，辖区面积310平方千米，下辖2个镇（樵舍镇、乐化镇）、1个街道（蛟桥街道）、2个处（白水湖管理处、冠山管理处），有55个村民委员会、40个（社区）居民委员会，常住人口约57.3万人。全区实现地区生产总值780.45亿元，同比增长4.7%；规上工业增加值增长7.6%；固定资产投资增长11.4%，其中工业投资增长17.9%；社会消费品零售总额224.38亿元，增长4.8%；地方一般公共预算收入完成19.34亿元，同口径增长5.4%；实际利用外资8575万美元，增长1.5%；进出口额205亿元，增长6.2%。规上工业营业收入1690.1亿元，增长9.1%。在第七届中国国际绿色创新发展大会上，南昌经开区再度获评“绿色低碳示范园区”。

**【产业集聚加快】** 2022年，南昌经开区紧扣“高大上、链群配”要求，实行招商引资“全员上阵”，组建五大行业专班、五大产业专班和5个镇处（街道）专班的招商机制，坚持扩存量、引增量双向发力，采取“走出去、请进来”主动出击，先后赴北京市、上海市等城市开展招商50余次，举办江铃新能源汽车供应商大会、粤港澳大湾区开展数字经济产业招商活动、全区存量企业增资扩产项目“云签约”等活动，先后引进投资100亿元的华创10万吨电解铜箔项目、投资50亿元江西航空运输及维修项目、投资20亿元长方集团LED封装项目等重大项目。特别是围绕新能源汽车及动力电池产业，引进20余个产业配套项目，加速推

2022年8月9日，南昌经开区存量企业增资扩产项目云签约活动举行

（南昌经开区　供图）

动产业提质增效、集聚壮大。项目建设加速推进,紧盯项目早落地、早投产、早见效,持续完善重大重点项目“链条式推进、封闭式管理”模式,强化运用“一办一图一灯”项目推进机制(一个项目推进办公室协调、一张项目建设链条图推进、一套红绿灯考核),强力推进一批在建重大重点项目。全区完成签约亿元以上项目101个,投资总额666.5亿元。特别是欣旺达南昌动力电池项目一期、二期、三期已投产;华创新材年产10万吨锂电铜箔项目,从签约到项目开工仅用不到2个月时间。欣旺达动力电池生产基地二期等9个省重点项目完成投资98.48亿元,占年度计划投资的141.4%;华创新材年产10万吨锂电铜箔项目等26个省大中型项目完成投资141.63亿元,占年度计划投资120.08%;东田微科技智能化光学基地等54个市重大重点项目完成投资238.21亿元,占年度计划投资的125.09%;鸿利光电二期等56个新区重大重点项目完成投资191.49亿元,占年度计划投资的144.21%。

【市场主体培育】 2022年,南昌经开区深入贯彻落实国家、省市等一揽子政策,制定出台政策鼓励和保障全区重大项目、重点企业“两不停”,通过在金融、税收、社保、物流等多方面助力企业纾难解困,全力推进市场主体倍增。全区兑现“省28条”“市16条”、区级配套等政策约30.1亿元。大力扶持“个转企”“小升规”,加快培育专精特新“小巨人”企业。全区有国家级专精特新“小巨人”企业5家(含赣江新区1家)、省级专精特新中小企业55家(含赣江新区19家);组织开展市级专精特新企业梯度培育入库91户;麦格纳、欣旺达等18家企业入选南昌市2022年度百户工业重点企业名单,约占全市的1/5。新增慈文传媒、百通能源、国科军工3家上市企业,占全市的50%,占全省的21.4%,创全省县区(开发区)最高。聚焦企业全生命周期服务诉求,制定出台《关于开展企业“一号”大走访活动的实施意见》,区主要领导带头开展“一号”大走访和“暖心护企”行动,全区共走访1475家次企业(含192家重复走访企业),收集企业诉求402个,已销号诉求400个,协调中2个,销号率99.50%。

【发展动能增强】 2022年,南昌经开区积极抢抓全省推进数字经济“一号发展工程”机遇,中国(南昌)数字经济港获批为第一批省级数字经济集聚区。全区在库规模以上数字经济核心产业企业65家,实现营业收入499.41亿元,增长1.6%。数字技术赋能传统产业发展升级,打造海立、麦格纳等一批智能制造标杆项目,培育江铃新能源、西林科等“5G+智慧工厂”,配合完成南昌国家级互联网骨干直联点建设并投入运营,工联院分院分中心项目选址等有序推进。全区50家年营收3亿元以上工业企业建立研发机构,覆盖率90%。培育独角兽(潜在、种子)、瞪羚(潜在)企业9家,是近三年培育高成长性企业的总和,其中潜在独角兽和种子独角兽各1家、瞪羚企业3家。全区高新技术企业总数235家,拥有各级各类研发中心180余家,拥有国家级科技企业孵化器3家,拥有国家级众创空间6家,全区技术合同交易额首次突破15亿元。推动南昌经开区绿色发展促进中心建设运营,打造成立全国第二家、江西省首家绿色低碳发展平台机构。全面开展区校战略合作,与江西农业大学、江西财经大学、东华理工大学等驻区高校签订战略合作框架协议,推动科技成果转化。着力推动与中国科学院城市环境研究所、江西农大共建的中科生态修复(江西)创新研究院,与东华理工大学共建的直接质谱与精准诊断国际转化研究中心、中国(南昌)智慧核技术产业园,与江西财大共建的VR产业学院加快建设。

【营商环境优化】 2022年,南昌经开区出台110项改革举措,其中工作清单33项、工作要点77项、10大改革攻坚行动,重点推进企业“董监高”责任险全覆盖、信用园区建设、“法企通”“管委会+平台公司”“一区多园”等改革项目。特别是企业“董监高”责任险全覆盖改革试点在国内属于首举首创,创新“政府支持为主、企业自负为辅”上市(挂牌)企业保险机制,得到省委、省政府主要领导肯定性批示。“法企通”改革项目得到省高院主要领导肯定性批示。深入推进营商环境优化升级“一号改革工程”,深化“放管服”改革,着力推动政务服务效率提升、行政审批减时增效,营商环境不断改善。依申请网上可办政务服务事项993项,网上可办率100%,可全程网办事项908项,全程网办率91.4%,逐步推动更多事项实现全程网办。企业开办时间压缩至3小时,一般社会投资项目工程建设项目平均审批时间缩减为74个工作日。抢抓江西内陆开放型经济试验区建设机遇,已落户的国际邮件互换局、国际快件监管中心、中通物流等国内大型物流运输基地公司运营良好,开放发展更加深入。龙头岗综合码头实现“抵港直装、船边直提、离港确认”海关监管新模式。同时,协助欧菲光和前海国信通过海关高级认证,获得“海关AEO高级认证企业”证书,提高企业通关效率,降低进出口货物查验率,降低贸易成本,提高国际竞争力,为稳外资稳外贸奠定良好基础。2022年5月,南昌经开区荣获“全省开放平台先进单位”称号。

【城乡面貌改善】 2022年,南昌经开区按照“四精”理念要求,扎实开展基础设施改造升级、污水管道更新、“胡子工程”攻坚销号等行动。10月底,“胡子工程”方志敏大道项目实现通车;双港铁路桥项目预制梁已顶推到位,12月底北半幅实现通车。推进49个市政工程建设,完工11个。完善临港片区配套服务,推进完成临空临港产业园蒸汽管道工程。推进昌北机场三期扩建场外配套工程,启动场外道路、排水、排污、供电工程方案设计,已完成神州路线性设计。加快推动园区雨污管网系统整治,推进挂点排水单元雨污分流改造整治,已开工整治55个,开工率100%。园区承载力持续增强,深入实施"腾笼换鸟"攻坚行动,排查"散乱污"企业58家,完成综合整治34家,正在整治24家;全年消化批而未供土地163.98公顷,市级下发任务完成率98.20%,全市排第四位;消化批而未用土地133.35公顷,市级下发任务完成率77.17%,全市排第六位;加快推进13个标准厂房建设,总面积约205.98万平方米,已完工9个,完工面积155.4万平方米。乡村振兴稳步推进。巩固拓展脱贫攻坚成果同乡村振兴有效衔接,实行"三线预警"和就业产业综合保障等帮扶措施,有效巩固脱贫户和防返贫监测对象"两不愁三保障"成果。全面实施14个乡村振兴项目和"5+4清单积分制"乡村治理(将村级组织协助和承担的具体事务细化为村"三务"公开、小微权力、公共服务、村级事务、移风易俗乡风文明建设"5份清单"并赋予分值,同时编制规范权力运行的"五个流程图",逐项按责、权、事、费"4个要素",确保村级事务"权随责走""费随事转")试点工作;深入推进农业农村"两整治一提升"三年行动,建设乡村振兴示范村1个、共同富裕样板村6个,整治农村路域环境15.79千米,改善灌溉面积533.33公顷。全区55个村实现集体经营性收入20万元全覆盖,30万元以上收入村占87%。蛟桥街道被列为南昌市农村改革示范区。河长制、林长制落地落实,防汛抗旱、森林防火等工作有序开展。

**【增进民生福祉】** 2022年,南昌经开区聚焦群众关心的"岗位、园位、学位、床位、车位、厕位"等急难愁盼问题,不断加大问题解决力度,响应回应群众诉求。稳步推进养老保险、失业保险、城镇新增就业、新增转移农村劳动力和就业困难人员再就业等民生工程工作。累计发放失业金261.90万元、补助金376万元;落实社保阶段性降低工伤保险费用413.8万元、失业保险费用1106.01万元;社保缓交惠企749.66万元;累计发放创业担保贷款11229.9万元,完成全年发放任务的112.3%;联合121所高等院校开展百场校招,举办招聘会140场,其中线上招聘会134场、线下招聘会6场。加快推动区人民医院优化升级,有序推进七喜集团南昌医院项目建设。南昌二中经开校区、白水湖学校改扩建和南天阳光小区配套小学教学楼顺利完工交付,新增学位4200个。金牛二期棚改片区配套幼儿园完工交付,新增学位180个。完成2个老旧小区改造,推动5个城市休闲空间建设。完成保障性租赁住房任务4116套,其中新建2499套。加快推进传统农贸市场提质升级,引入智慧农贸市场数字化管理平台,推动下罗、双港农贸市场提升改造。

**【稳定社会发展】** 2022年,南昌经开区深入贯彻安全生产"15条硬措施",全力打好安全生产专项整治"巩固提升"攻坚战,聚集危化品、道路交通、建筑施工、自建房等重点领域,常态化开展安全"大宣传、大排查、大整治",累计排查生产经营单位23856家次,治理隐患11582项,生产安全事故起数与死亡人数分别下降43.48%与57.14%。创新建立"十个一"日常运行工作制度(每年初"一清单、一入库",每周"一督促、一简报",每月"一调度、一小结",每两月"一督查、一通报",每季度"一汇报、一部署"),并在全市应急系统全面推广运用。聚焦"保民生、保交房、保稳定",攻坚克难,多措并举,化解多个楼盘涉稳风险。完成党的二十大安保维稳任务,确保重大政治事件、暴恐事件、舆情事件、群体性事件和公共安全事故零发生。深入开展矛盾纠纷大排查、大起底、大化解,化解各类矛盾纠纷665起,化解率98.6%。打击各类违法犯罪行为,推动扫黑除恶长效常治。全区刑事类警情下降21.9%,治安类警情下降40%,在全省19家国家级开发区公共安全感和公安满意度指数测评中,实现双提升、双进位。

(周安娜)

## 南昌小蓝经济技术开发区

**【概况】** 南昌小蓝经济技术开发区(以下简称"南昌小蓝经开区")成立于2002年,2006年成为省级开发区,2012年升级为国家级经济技术开发区,规划核准面积18平方千米,建成面积约33平方千米。2022年,南昌小蓝经开区下辖2个管理处。规上企业344家,科研院所7家、院士工作站5家、国家级众创/星创空间6家、高新技术企业223家。连续6年获评江西省开放型经济工作先进单位、江西省信访"三无"园区。至年底,全区营业收入完成1087亿元,园区经济总量持续稳定在千亿元以上;固定资产投资完成347.32亿元,同比增长15.44%;外贸进出口总额191.21亿元,增长38.11%。

**【项目推进】** 2022年,南昌小蓝经开区开展项目大会战,聚焦"152、高大上、链集配",落户产业项目32个,总投资471亿元,开工建设产业项目21个,竣工或投产产业项目29个。推进江苏环宇、江西蓝宝实业等竣工(或投产)项目共29个,占全年任务(25个)的116%;推进汽车零部件、新电汽车等项目开工共24个,占全年任务(19个)的126%。

【金融服务】 2022年12月27日，瑞能半导体在新三板挂牌，列入北交所首批“领航计划”企业名单。12月30日，正味集团控股有限公司在港交所公开发布新股上市申购信息。完成3家企业股改，位居全市前列。举办昌南金融小论坛、政银企对接会、产融对接会等各类融资对接活动共17场，通过“财园信贷通”“科贷通”“高新贷”“银税贷”“供应链融资”等普惠金融产品，为区内860户次企业解决融资需求90.46亿元，放款户数、额度分别增长14.82%、17.58%。

【产业发展】 2022年，南昌小蓝经开区获评省级“两化融合”示范园区、省级数字经济集聚区。汽车及零部件产业、绿色食品产业、生物医药产业三大主导产业共完成工业总产值600.15亿元，占园区比重为56.74%；营业收入626.33亿元，占园区比重为57.61%。新增1项工信部智能制造优秀场景，2家省级制造业领航培育企业，1家省级管理创新示范企业，1家省级大数据示范企业，1家省级服务型制造示范企业，8家省级“两化融合”示范企业，61家省级专精特新中小企业，4家省级专业化“小巨人”企业，2家省级制造业单项冠军企业，1家省级企业技术中心，11家市级企业技术中心，9家南昌市百户工业重点企业，16家南昌市制造业领航培育企业。

【生态建设】 2022年，针对2016—2021年中央、省环保督察信访件涉案企业进行全覆盖“回头看”，排查企业200家，排查出“散乱污”企业26家。推进市政雨污管网清淤、CCTV检测、修复及错漏接改造“四位一体”市政管网综合治理工程。增设排涝监控系统，利用高空瞭望系统、雷达液位计、空气监测点和水质监测点，为应急排涝、环境执法、环境应急、环境监测等提供有效数据保障和技术支撑，提升生态环境管理水平。

【开放型经济】 2022年，南昌小蓝经开区连续5年获评全省开放平台先进单位。启用向塘铁路口岸二期、开行全省首列“铁路快通”中欧班列，中欧、铁海班列线路增至18条。全年开行班列1308列、7.61万标箱，总货值19.39亿美元，分别增长39.15%、24.29%和17.37%。外贸进出口逆势完成187.46亿元，增长35.41%。

【科技创新】 2022年，入库国家科技型中小企业328家，同比增长40.2%，成功申报高新技术企业70家。7家企业获评独角兽（瞪羚）企业[包括潜在独角兽企业1家、种子独角兽企业2家、瞪羚（潜在）企业4家]，申报企业数、获评企业数和质量均为历年最高。至年底，全区累计拥有独角兽（或瞪羚企业）21家。制定出台《小蓝经开区科创平台“揭榜挂帅”实施细则》，广泛征集企业技术需求25项，组织开展区内“揭榜挂帅”，江铃股份、泰豪电源等12个项目与区内科创平台达成合作意向。组织企业参与省“揭榜挂帅”和“大院大所”进江西活动，征集推荐江西三鑫医疗科技股份有限公司等7家企业10个技术需求，并在“大院大所进江西”活动集中签约项目1个。组织开展2022年度火炬科技成果直通车江西（南昌）站小蓝经开区线上专场对接会，发布江铃股份、佳时特、三鑫医疗、康一参等企业4项技术需求及江西纳米技术研究院、江西智研院等单位5项科技成果。

（陶　林）

## 江西青山湖高新技术产业园区

【概况】 江西青山湖高新技术产业园区（以下简称“青山湖高新园区”）是江西省城市规划范围内最大的省级高新园区，规划面积21.5平方千米，已开发面积13.6平方千米。2022年，辖区内有8个建制村、6个社区，户籍户数14244户、人口40863人，常住人口约8.3万人。青山湖高新园区以创新研发为驱动，发展形成针织服装、电子信息、食品医药、数字经济四大支柱产业。

【经济总量壮大】 2022年，青山湖高新园区财政一般公共预算收入、工业总产值、固定资产投资等指标仍保持增长，其中工业总产值和固定资产投资实现2位数增幅。工业总产值完成160.42亿元，同比增长10.19%；服务业完成8.49亿元，增长2.87%；限上财贸业完成34.47亿元；固定资产投资累计完成103.86亿元，增长7.1%，全年完成财政一般公共预算收入25604万元。

【招商模式创新】 2022年，青山湖高新园区创新招商模式，建立线上“云”招商机制，探索远程看项目操作模式。围绕针织服装、电子信息、食品医药、数字经济等四大主导产业发挥集群效应，开展强链补链延链招商。聚焦数字经济“一号工程”，坚定合作赋能产业模式，签约落地、高效推进一批重大重点项目。发挥国有平台作用，与互联网“头部”企业百度共同打造江西首个飞桨人工智能产业赋能中心；与央企电建地产合作，开发中电建南昌总部经济产业园；与新旅集团等省内头部房企合作，共同开发建设新旅青山湖项目，开拓地产领域投资版图。签约湖北绿满仓农作物新品种研发及配套生物防治设备生产基地项目、崴迈电子智能科技孵化器生产线二期项目、友铭彩印包装等重大项目。全年引进内资74.1亿元，外资0.83亿美元；招大引强系统完成项目立项投资总额127.8亿元。

【项目建设推进】　2022年，青山湖高新园区有区重大项目44个，总投资约343亿元，计划完成投资约112.5亿元。其中，全市重大重点项目15个，省大中型项目6个；产业项目28个，非产业项目16个。百度飞桨、艾赫普斯、众拓制衣、兆驰光电厂房改造及2000条生产线扩建项目等一批项目全面建成投产；总投资50亿元的中国电建南昌总部经济产业园、数字经济特色楼宇—青山湖高新数字经济产业园、LED产业园二期（青山湖科创园）、LED一期三组团、沈桥产业园等一批项目全面施工；交付沈桥漆村安置房、义坊安置房、石桥整张村安置房、梧岗安置房等一批安居工程。22个计划新开工项目全部开工，开工率100%。24个计划竣工项目全部实现竣工，竣工率100%。

【营商环境优化】　2022年，青山湖高新园区开展"千名干部入千企"大走访、"暖心护企"优化营商环境等行动，有序推进辖区内4251家企业和3486家个体户的全覆盖摸排走访，推动营商环境持续优化。落实惠企政策和扶持资金，扎实做好财园信贷通工作，共向青山湖区企业发放"财园信贷通"贷款64508万元，惠及中小微企业132户，占南昌市放贷总额的11.5%，放款规模基本持平。其中新增企业29家，新增贷款14230万元，有效缓解中小微企业融资难、融资贵问题。协助、鼓励企业申报"双千计划"引进类个人项目3个、培养类项目4个。依托人才服务中心，为100余家企业通过线上招聘各类人才130余名，承接各类活动90余场，累计接待人才业务咨询1000余人次。至年底，有众创空间2家，省级以上工程技术研究中心5家，市级院士工作站2家，重点实验室1家，高新技术企业数量58家。协助江西省兆驰光电有限公司成功申报瞪羚企业，填补园区该领域空白。

【城市建管】　2022年，全面完成辖区石桥村周边旧改项目及南昌市九洲高架东延项目红线范围内的房屋签约和倒房工作并交付全线施工作业面。洪腾高架快速路（洪都大道—昌东大道段）规划建设全面铺开。基本完成昌东三路、朱桥东路土地和地面附着物征收工作。实施仁杰医药北侧规划路提升改造工程，昌富路10千伏高压线迁改下地工程土建完成50%，城市功能不断完善。做精做细城市管理，做好园林、农贸市场管护、垃圾分类、市政管护、农业水利、返贫监测、受污染耕地安全利用等工作。积极实施排水单元专项治理，对辖区内168家企业排水单元全面摸底排查，43家已通过市、区水治办创建达标检测，2家已开工整改。深入开展全国文明城市创建，对五干渠约500米的沿线环境开展整治提升工作，全面提升城市综合环境和功能品质。

【民生保障服务】　2022年，深入开展村社门塘清理、公厕改造、雨水管网、平安智慧小区等民生项目，完成豪驰包装供水工程、胡家前魏砖渣便道工程、胡家前魏自然村雨污水管道工程。在沈桥村打造近100平方米的健康小屋，逐步实现"小病、慢病不出社区"。定期开展"和谐劳动关系"培训会，调解农民被欠薪问题。做好城乡居民医疗保险、养老保险等工作。累计发放158户306人低保金231.9万元；累计发放15户15人特困供养费38.5万元；累计发放享受孤儿、事实无人抚养儿童生活补贴32.5万元；累计发放残疾人"两项补贴"30.9万元，共269人；申请政府购买2小时服务人数共689人，申请适老化改造8户。在严格落实社会保障政策基础上，着力办好失地农民保险工作，完成新一轮参加被征地农民身份资格认定共2656户3835人。

【中国电建南昌总部经济产业园项目开工建设】　项目位于青山湖区广州路以南、五千渠以西（控规CN501－A03－1、CN501－A03－2、CN501－A03－3地块），总投资50亿元，占地面积约5.44万平方米，总建筑面积约18万平方米。项目主要建设内容为办公生活配套设施和绿化、道路广场

2022年，中国电建南昌总部经济产业园

（青山湖高新园区　供图）

等基础设施。项目于2022年8月开工。至2022年底,办公大楼7层板面主体结构施工,2、3、5、6、8、9、10号楼主体结构施工,7号楼封顶,基础工程全部施工完成。

**【社会稳定】** 2022年,持续深化社会创新治理,创新"金"牌调节模式,各类矛盾纠纷化解率为100%。园区司法所被评为全市首批司法所规范化建设示范单位。全力做好双拥工作,积极营造"军爱民、民拥军,军民团结一家亲"社会氛围。坚守安全底线,强化安全生产责任制,全力抓好危化、工贸、消防、特种设备、教育等重点领域工作。安全生产排查覆盖规上企业82家,经营单位126家,商超1家,危化企业4家,整改率100%。

**【百度飞桨(江西)人工智能产业赋能中心项目落地】** 项目位于义坊路和昌东大道交会处,总投资10亿元,由1栋展示中心和1栋赋能中心构成,建筑面积分别是0.32万平方米和1.73万平方米。建设人工智能算力中心、人工智能产业赋能技术展示中心、人工智能产业技术中心、人工智能产业服务中心,通过与政府、院校、生态企业合作,将人工智能相关技术赋能于该地企业转型升级,形成需求、供应链、基础设施和人才有机整合,最终实现人工智能技术快速产业化应用与传统产业智能化升级。项目于2021年12月开工。至2022年底,1楼装修及设备已基本全部完成,2楼机房施工已基本完成待通电及服务器等设备入场,3楼装修完毕,4楼入驻办公。

**【沈桥村(漆村)安置房全面竣工】** 2022年,青山湖沈桥村(漆村)安置小区城市棚户区改造安置房建设项目位于京东大道以东、解放路以北。工程项目总投资12亿元,分为2个地块,以沈桥路为分界线,总占地面积约11.72万平方米,其中北侧E01地块占地约6.26万平方米、南侧E04地块占地约5.33万平方米。共新建20栋建筑,其中18栋住宅楼、1栋幼儿园、1栋物业附属用房。地下室1层,局部2层。新建建筑面积33.79万平方米,其中地上建筑总面积为24.96万平方米,地下建筑总面积为8.83万平方米,总户数2020户,停车位2407个。至年底,项目完成竣工备案。

**【针纺产业迈向数字化智能化】** 针纺产业是园区首位产业。2022年,园区有针纺及纺织配套企业超1200家,规上企业中针纺产业占比超过60%。鼓励企业引入智能化生产设备,推动企业向高端化、数字化、智能化方向发展,促进企业转型升级。其中,华兴针织和众拓制衣新上项目入选南昌市首批"5G+智慧工厂"培育项目,针纺企业生产效率提高20%左右,人员节省30%左右,产品合格率得到提升。

(赵子龙)

## 江西新建经济开发区

**【概况】** 江西新建经济开发区(以下简称"新建经开区")原名江西新建长堎工业园区,2019年6月经省政府批准更名。2022年,新建经开区围绕区委提出的"强省会"战略和推进"打响'上安领'新建当自强"十大提升工程目标要求,践行新发展理念,巩固拓展疫情防控和经济社会发展成果。至年底,新建经开区实际引进内资89.2亿元,完成全年任务数101.31%;实现主营业务收入553.67亿元,同比增长17.78%;500万元以上固定资产投资完成122.95亿元,完成税收收入15.7亿元。

**【基础设施建设】** 2022年,新建经开区围绕官马街、羊通西街、石富大街、抚州大街、鲁田路、兴业西大街等市政道路以及胸科医院、绿地贸易港、再生资源、保康电气、美园电缆、轨道产业园、九望欣苑周边等重点项目征迁工作,共完成拆迁面积约3.04万平方米,征地100公顷。全面完成望盛小区安置房店面分配工作,并做好玲岗花园、梦庐花园安置准备工作。建设完成月光塆路、发展八路、田冈街、庙前路、企业环形路、帅家三路、规划路、裕泰街、宏图南大道9条道路长度合计7.5千米。望北大道西段、官马街、羊通西街、兴业西大道等道路正在加快推进建设。

**【招大引强攻坚】** 2022年,以新建区"招大引强攻坚"专项行动为契机,狠抓项目引进落地工作。全年共新增签约项目47个,总投资额252.1亿元,其中"152"项目3个。天臣新能源储能项目、恒万新能源电池生产基地、维科钠电池项目、美园特种电线电缆生产基地、厦门壕门传感器生产基地、宝康电器、标洪汽配生产基地项目等20余个主导产业重大项目达成初步投资意向,推动做大做强经济总量;三极光电、毫米波雷达、中国系统、中国长城、数启科技总部、希尔顿欢朋等涉及多产业领域的一大批项目,加速落地布局,充实园区产业体系;居然之家、东方雨虹、中国电子等江西总部落地,新建区"产业集群"雏形逐步凸显。

**【项目建设推进】** 2022年,新建经开区落实"周调度、月巡看、季评比"重点项目工作推进机制,通过挂图作战、现场督导、定期通报等多种形式全面掌握项目进展情况,找准问题症结,推动协调解决问题。列入全区重大重点项目建设计划共33个,总投资约352.46亿元。18个开工建设项目中,除3个项目因资金无法落实和投资计划变更(弘通互联网定制家居、金元成惠数字电源、新建区城乡冷链基地项目)、2个正在办理相关手续(鑫润二期、庆和再生资源)之外,其余13个项目均实现开工建设;14个重点推进项目均达到施工计划;1个竣工投产项目实现投产(华讯方舟电子信息产业园项目)。

【营商环境优化】 2022年,新建经开区在优化营商环境方面持续发力。强宣传、惠企业,当好宣传员。深入企业宣传省、市、区各项疫情期间优惠政策,把政策讲透、讲明,把各项政策传达到1000余家企业、2500余家个体工商户中去。摸实情、收问题,当好参谋员。深入企业开展大走访、大连心活动,与企业深度互动,及时准确了解和掌握企业日常生产经营情况和存在的问题,收集企业建议及诉求108条,主要涉及纾困解难、供地交付、周边配套、交通出行、税收返还、减免税费、“退二进三”、产权办证等,已回复办结103条,正在办理中5条,企业满意度100%。举活动、重指导,当好教导员。通过线上直播方式举行2022年南昌市新建区“一起益企 携手行动”京东助力南昌市中小企业复工复产活动,在线企业、个体户2633家,宣传复工复产政策。在全市率先举办“春季校招”启动仪式,组织26名高层次人才、团队申报省“双千计划”。其中,14名高层次人才、团队申报成功,待答辩审核。

【城市环境管控】 2022年,新建经开区对武功山大道、明月山大道等道路沿线沿途堆放的建筑砂石、水泥等进行专项清理,累计清除建筑材料200余立方米;清理各类出店、占道经营行为300余起;清理道路两侧乱张贴乱涂写共170余处;清理卫生死角5处。进一步完善广告审批管理制度,对各类沿街店招店牌、户外广告、灯箱实行扎口审批,确保城区道路立面整齐有序。查处教育流动摊贩90余人次,接收和处理群众举报40余起,综合市场及周边环境整洁有序。

【惠企政策宣讲活动】 2022年7月12日,新建经开区开展“助力创新驱动发展进园区(新建区专场)”惠企政策宣讲活动。新建区科协党组书记、主席熊和平主持。参加培训的新建经开区高新企业、微小企业中高层人员60人。宣讲活动邀请南昌航空大学博士郭状、吉安职业技术学院科研处副处长汪文俊和南昌市院士专家服务中心主任万先勇等,进行有关惠企政策宣讲。

(朱家宪、万箭)

## 江西进贤经济开发区

【概况】 江西进贤经济开发区于2018年经国家发改委批准为省级开发区,总规划面积31.22平方千米。2022年,进贤经济开发区呈“一区五园”其中(“五园”为高新产业园、温圳产业园、医疗器械产业园、电子电路产业园、产业转型升级示范产业园)发展格局,建成面积约11.49平方千米,生产型企业410家,其中规模以上企业161家。具体分布为:高新产业园规划面积11.66平方千米,建成面积5.88平方千米,企业216家,其中规模以上企业82家;温圳产业园规划面积5.15平方千米,建成面积2.74平方千米,企业106家,其中规模以上企业50家;医疗器械产业园规划面积6.78平方千米,建成面积2.04平方千米,企业85家,其中规模以上企业28家;电子电路产业园规划面积4.02平方千米,建成面积0.58平方千米,企业3家,其中规模以上企业1家;产业转型升级示范产业园规划面积3.61平方千米,建成面积0.25平方千米。进贤经济开发区在全省98个开发区综合排名第56,排名较上年前移21位。至年底,规上工业实现总产值332.52亿元,同比增长13.09%,实现营业收入311.81亿元,增长14.05%;固定资产投资完成70.2亿元,与上年持平;完成企业升规入统32家;完成税收7.3亿元,增长25.51%,净用地企业亩均税收每年5.62万元。

【招商引资】 2022年,进贤经济开发区落户项目35个,总投资约130亿元。其中,落户用地项目14个,盘活闲置用地项目8个,落户标准厂房项目13个。投资20亿元以上项目1个,为万隆实业;投资10亿元至20亿元(不含20亿元)项目4个,为金安实业、中存钢结构、欣荣钢结构、群力钢结构。

【重大重点项目推进】 2022年,进贤经济开发区纳入省、市、县重大重点项目共59个。其中,省重点项目1个,省大中型项目5个,市重点17个,县重点36个。至年底,超目标任务计划推进重大重点项目20个,占总数的33.9%;如期完成目标任务重大重点项目31个,占总数的52.54%;8个重大重点项目因企业规划设计变更等原因未如期完成目标任务,占总数的13.55%。

【闲置用地清理】 2022年,进贤经济开发区共清理盘活低效、“僵尸企业”用地13宗,面积78.4公顷。其中,江西心农食品有限公司6.67公顷,江西润禾楷业金属制品有限公司9.47公顷,江西金安实业有限公司3.33公顷,费尔美(南昌)实业有限公司3.33公顷,江西华跃牧科有限公司2.47公顷,江西农业物资有限公司1.32公顷,江西必拓实业有限公司19.27公顷,江西威尼服饰有限公司2.52公顷,江西康乐莱医疗器械有限公司4.28公顷,江西昌工机械有限公司3.27公顷,江西旺鑫纸业有限公司20.13公顷,海西商业用地1.21公顷,江西凤翔牙套有限公司1.13公顷。

【基础设施建设】 2022年,进贤经济开发区累计投入建设资金约2亿元,建设进贤县公共卫生应急体系项目、杨沙西路排洪渠项目、医科园标准厂房室内室外消防改造工程等，完成高新园、医科园、温圳园共216家用地企业的雨污水分管网共10千米的CCTV检测、清淤、修复，完成园区雨水管网77千米、污水主管网48千米的检测、清淤、修复，新增高新园潘里路雨污水主管网铺设，完成智慧云眼项目，修建滨湖西大道延伸、温圳园区北四路、兴华路延伸道路工程（累计长度2.6千米）。

【医疗器械产业发展】 2022年，进贤经济开发区医疗器械产业园现有生产企业70家（其中，规上企业27家，高新企业14家），经营企业2600余家。拥有省级技术中心1个（洪达集团），市级技术中心1个（隆莱生物），有多个“HD”等全国品牌及省内著名商标。通过强化用地、用工、融资等要素保障，推动一批疫情物资企业（维德、美格尔、隆莱生物）加大研发和生产投入，产品种类及生产规模扩大。先后落户上海透景生命的体外诊断试剂项目、北京美因健康公司基因区域生产总部项目、江西美美医疗公司高端可视喉镜及喉罩项目、上海科进生物公司一次性生物反应袋项目、上海美目美佳科公司医美隐形眼镜项目，医疗器械产业不断扩大。

【重点企业发展】 2022年，进贤经济开发区现有各类企业1335家。其中，经营企业925家，生产企业410家（用地企业213家，标准厂房企业83家）；规上企业160家，高新技术企业50家。8家企业被评为2022年度进贤纳税突出贡献、标兵企业。其中，江西洪达医疗器械集团有限公司纳税14194万元，合壹汇医疗器械集团有限公司纳税5585万元，江联重工股份有限公司纳税3870万元，江西隆莱生物制药有限公司纳税2647万元，江西晟威汽车零部件有限公司纳税1778万元，江西万隆实业有限公司纳税1392万元，江西五世同堂电子商务有限公司纳税1159万元，江西中大人防设备有限公司税收1149万元。

【服务企业发展】 2022年，进贤经济开发区推行涉企事项全程代办、帮办制度，设置企业服务热线电话。全年收集企业诉求299件，完成办结276件，完成率92%。研究出台县经开区历史遗留问题办证实施方案，明确第一批需补办不动产权的18家企业名单，并在县纪委民生资金“码”上监督平台进行公开公示。推出VIP企业尊享服务实施方案，评选23家企业为VIP服务企业，提供VIP尊享服务。

（陈　猛）

## 江西安义高新技术产业园区

【概况】 江西安义高新技术产业园区位于安义县东部，于2001年8月开发建设，前身为安义县凤凰山开发区，2006年3月被正式认定为“省级工业园”并更名为“江西安义工业园区”。2022年2月，省政府正式批复同意更名为“江西安义高新技术产业园区”。园区总体规划面积为20平方千米，已建成面积15平方千米，落户企业526户，其中规上企业215户、高新技术企业79户、专精特新企业51户（国家级专精特新1户，省级专精特新41户，市级专精特新9户）、科技小巨人9户、省级专业化小巨人1户，逐步形成铝型材、新材料、光伏新能源、智能制造、电子信息等产业为主要支撑的现代工业体系。2022年，园区围绕省委建设“六个江西”、市委打造“一枢纽四中心”、县委建设“五个新安义”要求，开展“奋战再出发，喜迎二十大”工业园区提升行动，努力实现“转型升级再发力、工业经济再提质、项目攻坚再提速、科技创新再突破、基础治理再夯实、营商环境再优化”目标任务。

【园区经济建设】 2022年，制订园区经济发展计划，确定经济发展、产业及企业发展、创新发展等11个方面工作。在2021年度全省开发区争先创优考核中排全省第34位，蝉联省级开发区进位赶超先进单位。园区营业收入514.82亿元，其中工业营业收入374.35亿元，同比增长17.4%，非工营业收入140.47亿元，增长19.17%；完成工业产值381.32亿元，增长15%；规上工业企业实现工业产值363.18亿元，增长13.4%，其中规上工业增加值增速6.9%，排全市第三位。园区共25个江西名牌，全年新增江西名牌11个，超额完成年度新增7个工作任务。完成税收9.425亿元，增长22%。推进第五次全国经济普查工作，完成法人单位488户、个体经营户653户经济普查工作。新增市场主体485户。培育沐邦高科、赣铝铝业等7家升规企业，安德力完成省级新兴产业倍增项目、信达航科完成省级关键技术攻关项目申报工作。巴菲特化工获批省级管理创新示范企业，晶安高科获批“赣出精品”。江西洪安化工“5G+工业互联网”项目入选南昌市”5G+智慧工厂”培育库，并获市科技工信局验收及认定。组织华晟铝业、虹鑫铝业、锦鹏铝业等企业创建省级绿色工厂。安排就业人员25568人，增长12.2%。

【招商引资开展】 2022年，围绕“工业强县，产业兴县”发展目标，全力开展“奋战再出发、喜迎二十大”招大引强提升行动，依托京津冀合作交流、2022年江西省对接粤港澳大湾区经贸合作活动、2022世界VR产业大会、第五届中国国际进口博览会等重大活动，聚焦长三角、京津冀、粤港澳大湾区，抢抓南昌市与广东省7个市合作机遇，深入推进实施“5020”“三请三回”“三企入赣”“三百工程”“产业链招商”五大行动。全年对接招引项目共34个，企业签约落户12家，总投资100.12亿元，引进安义(大湾区)智能终端产业基地等一批重大重点项目。创新无地招商方法，把关租赁项目入口，以工业控股、小微创业园标准厂房等为重要载体，推动园区闲置用地“腾笼换鸟”。通过招商引资和企业重组等形式，落户铝单板、门窗、隔条、五金配件、铝灰处置等租赁项目22个。立足诚信开展招商，与南昌市驻外办、安义外埠商协会等产业招商队伍、组织和平台开展项目洽谈，密集外出招商考察，完成窗晟橡胶、晶豪轩玻璃、佳仕达粉末、欧赫门窗、洪堡门窗、是下科技、铂云高智能、浩利威电子、诺亚电子等立项项目12个，投资额57亿元。引进维清环境、鼎桥建筑、建院加固等总部经济企业103户。至年底，园区共引进总部经济企业281家，累计上缴税收5548万元；引进数字经济企业7家，超额完成引进1家数字经济企业目标任务。

【项目建设推进】 2022年，秉持“抓项目就是抓发展，谋项目就是谋未来”理念，按照“签约项目促落地，落地项目促开工，开工项目促投产，投产项目促达标”思路，推进重大重点项目建设。全年共54个重大重点产业项目，总投资额282.98亿元，年度计划投资额137.31亿元，累计完成投资152.83亿元，完成率111%。在48个工业项目中实现正式投产项目32个，完成目标任务145%；设备安装调试及试生产项目11个，完成目标任务110%；基础配套设施项目完工4个，年度竣工率100%。谋划2023年重大重点工业实施项目87个，较上年增加33个。推进闲置低效用地治理，启动涉诉拍卖土地1.6公顷，重组盘活低效用地33.27公顷，举证消化批而未用土地23.73公顷。按照《江西安义高新技术产业园区管理办法(暂行)》，严格审批企业规划报建，严禁企业违章搭建。至年底，审批报建项目共49个。其中，新总体规划建设项目4个，新建建筑项目10个，改建、扩建(提升)项目35个。

【产业集群发展】 2022年，园区获评第二批省级数字经济集聚区、省级绿色园区、2019—2021年度全省加快工业发展加速工业崛起先进单位。铝型材产业是安义县首位产业、支柱产业和富民产业，形成从铝型材、塑钢型材加工到玻璃、微晶玉石、五金件、玻璃胶、卫浴、铝门窗等全产业链建材产业集群。至年底，铝型材及其相关配套企业402户，挤压线约600条，年产能200万吨，产值400亿元，产能居华东第一位、全国第二位。安义县铝型材产业集群排全省产业集群第21位，首次获评省级三星级产业集群。“安义铝合金”继续打造为江西省六大劳务品牌，“安义建材”继续成为“最受欢迎的江西十大消费品牌”。安义铝型材产业集群实现营业收入484.13亿元，增长38.11%，实现利润总额20.19亿元，增长46.17%。开展“安义门窗”标准体系建设，结合国家现有门窗标准化体系，组织门窗行业协会、南昌职大门窗学院有关人员走访调研铝型材、门窗企业，初步汇编《安义县铝系统门窗技术规程》。申报“安义门窗”集体商标并得到国家商标局授发的商标受理通知书。会同县市监局推进安义门窗“百城千店”建设计划，推广“安义门窗”品牌。新材料产业企业共57户，初步形成锆材料、单晶硅、硅酮胶、纳米微晶玉石、气凝胶材料等为主要产品的新材料产业体系。安义县新材料(金属)产业集群创建为省级产业集群，实现营业收入133.1亿元，实现利润总额5.8亿元，增长13%。光伏新能源企业共13户，初步形成单晶硅切片、光伏组件，光伏胶、太阳能边框、光伏路灯的产业链。新能源企业实现工业总产值5.71亿元，下降33%；营业收入6.2亿元，下降0.1%。智能制造企业共17户，形成以富丰智能科技、中力工贸、德朔实业等企业为主的产业集群，实现工业总产值5.56亿元，增长16.5%；营业收入5.17亿元，增长11.9%。传统产业有医药化工、纺织服装等。洪安化工获评省级“两化融合”示范企业。

【营商环境优化】 2022年3月，按照市县防控部署要求，坚守疫情防控一线，保障企业生产运营和物流运输“生命线”，实行网格化防疫管理，组织医护人员上门为居家人员进行核酸检测。坚持“生命至上，人民至上”理念，开展企业安全生产隐患排查2060次，晚间巡查113次，共排查隐患2563条，督促和指导企业完成安全隐患整改2056条。全年，园区未发生重大人员伤亡安全事故。秉持“绿水青山就是金山银山”发展理念，常态化开展生态环境废气、污水和固废物治理，督促和引导企业走绿色发展之路。3—11月，开展化工集中区整治提升行动。至年底，化工集中区达到C级以上标准。东阳镇内港水体治理项目全面竣工。协同县法院值班法官、县司法局派驻值班律师，协调解决工资争议纠纷13件、工伤损害赔偿纠纷12件、经济纠纷4件。至年底，维修雨污管网38次，维修路面7次；路灯抢修维护16次，复亮锦绣大道、东阳大道、孙滤城东路等路段累计约5.6千米。为245家企业审批贷款共13.95亿元，其中“财园信贷通”贷款12.68亿元、“政商产业贷”贷款1.27亿元。帮助99家企业解决职工子女就学129人，组织园区企业参加线上招聘62场及送岗下乡流动招聘、夜市招聘等，解决企业用工5840人。

(陈　攀)

## 数字产业发展

【概况】 2022年,南昌市深入推进数字经济做优做强"一号发展工程",瞄准移动智能终端、LED、电子元器件、软件和信息服务业、VR、物联网、智能网联汽车、元宇宙8条数字产业化领域主攻赛道,结合区域产业基础和特色优势谋篇布局。数字产业领域一批龙头企业和项目纷纷落地,"一核三基地"(以红谷滩九龙湖区域为核心,南昌高新区、南昌经开区、南昌小蓝经开区为支撑)发展格局加快形成,数字基础设施水平跻身全国"第一方阵"。把电子信息产业作为产业发展主引擎,全面实施产业链链长制,着力推动产业实现由大到强跃升。至年底,全市聚集365家电子信息产业规模以上企业,包括5家超100亿元企业、20余家10亿元(不含10亿元)至100亿元(含100亿元)企业、18家2022年度全国电子信息百强企业。全年信息传输、软件和信息服务业规模以上企业实现营业收入264.5亿元。其中,软件和信息技术服务业营收总量占全省的60%以上。物联网产业全年实现营收272.94亿元,同比增长49%。

【5G基础设施建设】 2022年,南昌市实现5G网络"乡乡通",并进一步向建制村、自然村延伸,交通枢纽、大型体育场馆、三甲医院、高等学校、A级以上旅游景区等流量密集区域深度覆盖,稳步提升建制村5G网络覆盖率、5G移动用户数量。至年底,全市5G基站建成12678个,列全省第一位,每万人拥有5G基站数22.9个,5G移动用户占比36%,是全省率先实现乡级行政区5G网络开通率100%的城市。全市5G网络实现主城区100%连续覆盖,县城区域和重点乡镇连片覆盖,昌北机场、西客站、南昌站等重要交通枢纽和地铁全覆盖。

【南昌国家级互联网骨干直联点上线】 2022年5月5日,南昌国家级互联网骨干直联点项目正式开通,互联网网间带宽达1600GB,居全国第八位。优化网间访问质量,省内网间平均时延降至2毫秒、降幅90%,网间丢包率降为0。国家级互联网骨干直联点被称为互联网"高速公路"。南昌国家级互联网骨干直联点开通,将彻底改变江西网间流量需要通过外省绕转的局面,让南昌成为全国互联网的核心节点、重要支点和新的数据交换"枢纽",对全省实施双"一号工程"(深入推进数字经济做优做强"一号发展工程"、营商环境优化升级"一号改革工程")、提升人民群众互联网生活品质具有十分重要作用。同时,有利于促进新兴产业能级跃升,加速推动对时延和丢包率敏感的VR、AR、云计算、物联网、数字文创等产业发展;有利于拓展数字经济产业融合赛道,抢抓"东数西算"机遇,承接粤港澳大湾区、长三角地区数据溢出业务;有利于为省内互联网用户提供更优质快捷的上网体验。

【千兆网络覆盖率及普及率提升】 2022年,南昌市获国家首批"千兆城市"称号,全面完成全市LTE和固定网络IPV6升级改造。增加万兆无源光网络(10G-PON)及以上端口,通信弱覆盖短板加速补齐,提升家庭用户千兆光网覆盖能力。大力提升重点场所室内信号覆盖质量,扎实推进电信普遍服务项目实施。城市功能品质提升和通信线路改造有序开展。

【数据基础设施规模扩大】 2022年,南昌市算力规模指数达到90分以上,排全省第一位。其中,数据基础设施规模不断扩大,云计算中心向"算力化、智能化、绿色化"加速转型升级。至年底,全市已建数据中心15个,平均PUE1.4,标准机架数31590架,占全省总数的52.57%。全市数据中心集中集约加快建设,算力化发展加速推进,绿色化、云服务基础支撑能力不断提升。

【工业互联网平台体系构建】 2022年,南昌市发挥中国工业互联网研究院江西分院和国家工业互联网大数据中心江西分中心项目落地优势,开展重点工业互联网企业和产业培育工作,梳理并建立工业互联网企业培育库。维盈WINGplat工业互联网平台获评2022年工信部新一代信息技术与制造业融合发展试点示范,江西铜业股份有限公司获评首届“数字领航”企业。7家平台入选江西省双跨型、行业型、区域型以及企业级工业互联网平台、7个园区参加工信部工业互联网一体化进园区“百城千园行”活动。全市通过数据安全合规评估、参加工业互联网安全深度行活动并实施网络安全分类分级管理企业共8家。至年底,全市建设2个工业互联网标识解析二级节点,累计建成3个,累计接入企业811家。

【移动物联网建设】 2022年,南昌市基本实现移动物联网络全覆盖,城区4G综合覆盖率100%。基本实现城区、县区、工业园区窄带物联网(NB-IoT)连续覆盖。至年底,NB-IoT基站3189个,基本实现移动通信网络全覆盖。建立毫米波检测实验室、物联网安全检测中心、江西工业互联网公共服务平台、南昌智能终端创新应用服务平台、数字经济公共服务平台、虚拟现实公共服务平台,为江西新一代信息技术产业发展提供全面支撑服务。

【网络数据安全】 2022年,南昌市出台网络安全审查办法,确保信息化项目网络安全技术措施同步规划,建立网信、公安、国安、工信等多部门联合监测、检查、处置的全协同联动机制,确保重点时期全市重点工业企业工控系统、数据和局信息系统的安全、平稳运行。梳理培育市级10家数据安全管理试点企业。组织江西国泰集团等10家企业(全省35家)参加全省工业领域数据安全管理试点工作。组织南昌海立电器有限公司等6家企业申报2022年省工业互联网企业网络安全分类分级工作。指导南昌高新区参加全省开发区数字化赋能行动试点。南昌市煌上煌食品公司、江铃集团新能源汽车公司、江西国泰集团、华润江中制药集团等6家企业入选江西省工业领域数据安全优秀解决方案和典型案例。

(魏　芳　胡水燕)

## 产业数字化转型

【概况】 2022年,南昌市大力推动实施数字经济做优做强“一号发展工程”,让数字技术为一、二、三产业赋能,扎实推进传统产业数字化转型和智能化升级,智能制造水平明显提升。申报并成功入选工业和信息化部办公厅2022年度工业和信息化领域督查激励工作中的“建设信息基础设施和推进产业数字化成效明显市(州)”推荐名单。打造一批5G+智慧工厂。全面推进“万企上云”,先后出台天翼云、联通云、移动云“万企上云上平台”专项活动实施方案。开展数据管理和两化融合宣传贯彻工作,举办2022南昌市数据管理能力成熟度评估模型(DC-MM)宣传贯彻会,进一步推动全市企业产业数字化转型,强化企业对数据要素的认知管理能力。至年底,全市处于自动化及以上水平的制造业企业超70%。其中,实现数字化管理制造业企业约占20%。

【“万企上云”计划实施】 2022年,南昌市鼓励中小企业充分利用工业互联网平台的云化研发设计、生产管理和运营优化软件,实现业务系统和生产设备向云端迁移。引导小微企业使用成熟云存储、云桌面、云设计、云管理、云系统等应用服务,降低企业信息系统构建成本。联合三大基础电信企业先后出台天翼云、联通云、移动云“万企上云上平台”专项活动实施方案。联合南昌移动公司举办“移动云·万企上云上平台”推介会暨江西移动产业互联网研究院南昌分院成立大会。至年底,全市新增上云上平台企业14362家,全省排第一名。累计上云上平台企业共37063家,全年企业

2022年6月15日,“移动云·万企上云上平台”推介会

(南昌移动　供图)

上云目标达成率113.5%。

**【“两化融合”推进】** 2022年，南昌市大力推进“两化融合”（以信息化带动工业化、以工业化促进信息化，走新型工业化道路），促进传统产业数字化转型升级。组织全市数字经济企业与制造业企业进行对接，搭建供需对接平台，促进数字技术与制造业深度融合。组织重点企业积极参与全省工业领域数据安全管理试点、省级信息化和工业化融合示范企业等试点示范活动，研究分行业数字化转型路线图，探索建立数字化转型资源池，提升企业数字化能力。支持建设一批省级数字化转型促进中心。至年底，全市“两化融合”发展指数稳居全省第一位，南昌高新区被认定为省级“两化融合”示范园区，方大特钢等39家企业被认定为“两化融合”省级示范企业。

**【新一代信息技术与实体经济深度融合】** 2022年，江西林恩茶业有限公司、江西华广电影视科技有限公司入选工信部2022年新型信息消费示范项目名单，南昌同兴达等6家企业获评“2022年江西省智能制造标杆企业”。江西天轴通讯等8家企业入选“2022年江西省大数据示范企业”。科骏实业“5G＋VR”教育云平台等3个项目获5G融合应用项目扶持资金共150万元。泰豪科技工业互联网工业云平台等7个项目获新业态专题扶持资金共320万元。各开发区组织重点企业实施“机器换人”示范工程，丹巴赫机器人、泰豪科技等一批骨干企业基本实现机器人生产。持续推进新一代信息技术和制造业深度融合，培育格特拉克等一批自动化、数字化基础良好的非公有制龙头企业。汇仁药业、飞尚科技借助龙头企业自动化、数字化基础助推产业实现智能转型，生产效能显著提升。

**【智能制造提质升级】** 2022年7月5日，南昌市有6家企业入选2022年江西省智能制造标杆企业名单。其中，南昌高新区2家，分别是江西兆驰半导体有限公司、方大新材料（江西）有限公司；南昌经开区4家，分别是南昌同兴达精密光电有限公司、南昌市奥克斯电气制造有限公司、江西江铃集团新能源汽车有限公司、南昌海立电器有限公司。全市已筛选出首批26家数字化转型成果较好的工业企业纳入项目培育库，并对26家企业按其软硬件、设备投入给予50%最高不超过500万元的补助。江铃新能源汽车、华兴针织、泰豪科技等6个5G＋智慧工厂项目全面建成，有近20家5G＋智慧工厂正在加速推进。其中，龙旗信息建设的5G＋数字孪生车间、5G＋设备数采、5G＋AGV机器人等“5G＋智能工厂”项目，实现物流转运效率提高30%，生产管理水平提高20%，产能提高10%，成本降低20%。江铃新能源结合大规模数采、高精度定位、数字孪生等信息技术，打造“透明工厂”，实现生产制造“设备透明化、人员透明化、过程透明化”，生产数据价值提升15%，生产效率提升30%，人员安全性提升30%。华兴针织基于5G MEC和物联网等先进技术部署现代针纺行业工业互联网解决方案，运营成本降低20%以上，产品不良率降低60%以上，产线员工降低80%以上，产线日包装效率提升150%以上，年销售额实现翻番增长。

**【制造业智能化改造】** 2022年，在《南昌市推动“5G＋智慧工厂”建设三年行动计划》《关于进一步促进工业企业“稳投资、小升规”的十条措施（试行）》激励下，南昌市企业实施智能化改造积极性提高，智能生产线、智能车间、智慧工厂等得以全面推广。至年底，全市推进实施500万元以上技术改造项目261个。江铃新能源汽车、华兴针织、泰豪科技、洪安化工等6个“5G＋智慧工厂”项目全面建成，20余家“5G＋智慧工厂”正在快速推进。南昌市4个典型场景被工信部、国家发改委、财政部和市场监管总局评为“2022年度智能制造优秀场景”。江西同铃汽车等7家企业7个装备获评“2022年省首台（套）重大技术装备”。江铃集团新能源汽车等6家企业获评“2022年江西省智能制造标杆企业”。江西飞尚科技、泰豪科技等2家企业被认定为“2022年省级服务型制造示范企业（平台）”。江西五十铃汽车、江西联智集成电路等2家企业被认定为“省级工业设计中心”。

**【数据管理能力成熟度评估模型（DCMM）宣传贯彻会举行】** 2022年9月21日，市数据管理能力成熟度评估模型（DCMM）宣传贯彻会举办。会议由市工信局主办，江西师范大学国家科技园、江西省数能科技有限公司联合承办，广州赛宝认证中心服务有限公司、江西师范大学计算机信息工程学院协办。市工信局相关负责人和业务科室人员，全市各县区工信主管部门、相关企事业单位负责人共40余人参加会议。会上，江西师范大学计算机信息工程学院李宏伟博士作“三步带您走进DCMM”主题演讲，从DCMM评估基础、评估流程、评估价值、项目团队4个方面，介绍DCMM定义、评估内容以及评估流程。广州赛宝认证中心服务有限公司数字经济高级研究员高智伟博士作“DCMM标准及贯标评估要求与实践”主题演讲，进行数据管理能力成熟度（DCMM）贯标解读，介绍DCMM贯标工作开展背景和企业实施数据管理能力成熟度重要价值。从企业角度出发，深入讲解DCMM模型内容、贯标评估工作流程、实施路径和评估要点。“数据管理能力成熟度评估模型”是中国从2018年起实施的一项国家标准，主要是对数据管理能力成熟度等级进行界定。该项标准将数据管理能力成熟度划分为5个等级，等级越高代表数据管理和应用成熟度越高。DCMM旨在帮助企业持续完善数据管理组织、程序和制度，充分发挥数据在促进企业向信息化、数字化、智能化发展的价值。

（魏　芳　胡水燕）

## 南昌铁塔

【概况】 2022年，中国铁塔股份有限公司南昌市分公司（以下简称“南昌铁塔”）坚决贯彻党中央和上级决策部署，深入实施中国铁塔“一体两翼”战略和江西省委“强省会”战略，坚持稳中求进工作总基调，统筹疫情防控和生产经营，统筹发展和安全，推动公司发展实现质的有效提升和量的合理增长，提升省会公司首位度，各项工作取得新成效。

【5G网络规模部署】 2022年，南昌铁塔作为移动通信基础设施建设国家队、5G新基建主力军，深入贯彻落实网络强国、数字中国战略，持续深化行业共享和协同发展，协同电信运营商，通过综合解决方案，集约高效推进全市5G建设。至年底，累计完成4803个5G站点建设工作。其中，98.82%以上站点通过共享存量资源实现。5G网络规模部署为工业互联网发展尤其是VR产业发展筑牢网络底座，进一步提升5G网络供给能力与水平。持续推进“入规、入法、入厅、建办”工作，推动通信基础设施回归战略性公共基础设施地位。优化审批手续，将5G建设纳入“绿色超简”审批。

【通信保障】 2022年，南昌铁塔勇担央企社会责任，组织精干力量，进行周密部署，完成南昌市委、市政府方舱医院通信建设和党的二十大会议、世界VR产业大会、世界飞行大会以及重要会议、极端天气通信保障工作24次，实现“零断站、零故障、零投诉”等“十二个零”保障目标。

【“数字塔”赋能社会综合治理能力】 2022年，南昌铁塔持续深耕重点行业，为环保、水文、政法、应急、农业等重点行业提供监控监测、数据信息、维护保障等综合信息化服务。通过“铁塔+5G+AI”，为重点行业装上“千里眼”“顺风耳”“智慧脑”。281个站址承载跨行业应用，通信塔变“数字塔”，赋能千行百业社会综合治理能力提升。建成高空监测视联网平台、“实用物联网+互联网”平台。至年底，铁塔视联网接入累计272路，在林业防火、渔业禁捕、生态环保等多个大场景发挥作用，为提升南昌市信息化综合治理监管能力提供有力支撑，助推南昌争创国家数字经济创新发展试验区。

【电力能源社会共享服务】 2022年，南昌铁塔将通信基站自有电力保障能力向社会共享服务延伸。至年底，全市累计投入共享换电柜近600个、共享电池超2万组，服务超万名外卖、物流小哥，一定程度上纾解轻型电动车续航里程短、充电难、充电慢、充电不安全等社会性难题。“30秒完成电池更换，24小时不断电”铁塔换电服务赢得越来越多低速电动车主信赖支持。联合省总工会、市总工会建设“骑手之家”15个，打造新就业形态劳动者“歇脚地”“加油站”。为新能源出行提供续航站点。至年底，累计建成汽车充电桩105个。全年充电总量约6万千瓦小时，约为300辆电动汽车提供充电服务。以“降碳”为核心驱动，向重点工业企业以及党政事业单位公共机构等提供“绿色低碳”智慧能源综合解决方案。先后为江西京九电源有限公司等12家单位量身定制节电保护装置，累计节约电能268万千瓦小时，减少碳排放量384.23吨。

（刘嘉轩）

## 南昌电信

【概况】 2022年，中国电信南昌分公司（以下简称“南昌电信”）以“数字化转型作示范、高质量发展勇争先”为目标，勇担建设网络强国和数字中国、维护网信安全国家队主力军使命责任，立足红土圣地，发挥行业优势，融入地方大局，大力推进科技创新、深化政企改革，拥抱数字时代，以更强担当、更大作为助推南昌地方数字经济发展。

【疫情防控通信保障】 2022年，新冠肺炎疫情期间，南昌电信员工主动担当、积极应对，全力护航南昌“战疫”云网通信生命线。在南昌市疫情防控指挥中心，南昌电信团队5天内调配5台服务器，搭建云平台部署防控系统，开通政务网点300余个。10小时内开通新建区心悦湖方舱医院4G+5G通信网络全覆盖及天翼5G慢直播平台，并将室内信号分享给其他通信运营商。80名云网安专家团队24小时保障政府和用户网信安全。紧急组织10人保障专班连续奋战，1天内安装410个隔离点智能门磁。1200余人次参与应急通信保障，为23家防控单位开通/提速357条防疫专用电路。50余人次云网专家值守各级防疫指挥中心，实时提供防疫平台监控、无线优化、专线开通等通信服务保障，科技助力硬核战疫。295名员工成立志愿服务团队，先后奔赴全市52个街道和社区，积极参加核酸检测现场支撑帮扶、入户统计常住人口信息、疫情防控宣传培训等志愿服务工作。身处封控区或管控区干部员工就地转为通信服务保障人员，协同社区做好电信网点周边医疗服务、医护人员后勤保障等工作，为社区开展疫情防控贡献力量。

【欣悦湖体育馆方舱医院方舱网络建设】 2022年3月20日，南昌电信接到江西省通信管理局关于紧急开通新建区欣悦湖体育馆方舱医院网络保障任务，第一时间快速部署，连夜启动应急建设响应预案，迅速组建30名技术专家队伍，率先完成欣悦湖方舱医院网络全覆盖，最多可满足2500人在方舱医院通信需求。21日，开通欣悦湖方舱医院内第一个5G基站，并陆续开通2个4G和2个5G站点，确保方舱医院内电信4G/5G信号全覆盖，助力保障方舱医院信息化需求。22日，完成方舱医院千兆Wi-Fi网络覆盖。

【"抗疫云智呼平台"上线】 2022年2月10日，南昌电信运用AI智能、大数据、云计算技术打造"抗疫云智呼平台"上线。平台通过智能呼叫告知居民参加核酸检测具体时间和地点，减少居民排队等待时间，减少人员聚集，提高检测效率。截至3月22日中午12时，全市有343个社区接入使用平台，紧急扩容后平台具备日呼200万次能力。

【"爱心翼站"助力"世界电信日"】 2022年5月17日，南昌电信在"世界电信日"组织18家"爱心翼站"联合开展"智慧助老，关爱进社区"爱心公益活动。青山湖区电信分局北京东路"爱心翼站"与青山湖公安分局反诈中心，联手走向基层、深入社区，现场开展反诈知识宣讲、国家反诈中心APP下载、适老化手机辅导、手机清理、免费测量血压等爱心便民服务。活动现场，电信爱心大使协助公安民警开展反诈宣传，安装国家反诈中心APP，为老年人佩戴华为Swatch D手表，或使用血压仪设备测量血压。运用小度音箱智能解答现场提问，为老年人科普健康知识。至年底，全市共建"爱心翼站"29家，开讲大型防诈课堂70场，开展小型公益课堂、知识宣讲活动近180场次。每家"爱心翼站"设有服务专区，为广大市民或户外工作者提供休息场所、热/冷水、食品加热、药箱、充电宝等暖心服务，以及手机免费贴膜、手机清理、免费充电、免费血压测量等特色服务。

【南昌市医疗保障一体化服务中心电信分厅挂牌】 2022年9月28日，南昌市医疗保障一体化服务中心电信分厅在南昌电信孺子路营业大厅正式挂牌，成为省内首个实现医疗保障一体化经办服务电信分厅。南昌市医疗保障一体化服务中心电信分厅的建立，既是进一步落实市委、市政府政务服务"一网通办"工作重要举措，又是推进医保经办服务向基层延伸，打造市、县（区）、乡镇（街道）、村（社区）四级经办体系有效措施，努力营造医保办事"不用求人、依法依规、便捷高效、暖心爽心"营商环境。

【第五届"绽放杯"5G应用赛事获奖】 2022年4月28日至11月7日，由工业和信息化部主办，中国信息通信研究院、5G应用产业方阵、IMT-2020（5G）推进组、中国通信标准化协会、金砖国家未来网络研究院（中国·深圳）联合承办全国性5G应用赛事——第五届"绽放杯"5G应用征集区域赛、专题赛和全国赛复赛举办。南昌电信联合科研院、龙头企业、生态合作伙伴共同参赛，获全国专题奖2个、全国优胜奖2个、江西区域赛奖项4个、江西行业赛奖项13个。获奖总数列全省电信前列，获奖级别创参加赛事最高荣誉，实现历史性突破。其中，"江铃5G+智慧汽车制造""江西煌上煌5G+智慧工厂"分获智慧工业全国决赛一等奖、智慧商业全国决赛一等奖，"骨科手术机器人5G+远程医疗"获江西区域赛三等奖，"5G+VR离监探亲直播帮教平台""桥侍卫——一站式桥梁智能检测车"获江西区域赛优秀奖。

【世界VR产业大会通信保障】 2022年11月12—13日，以"VR让世界更精彩——VR点亮元宇宙"为主题的世界VR产业大会在南昌召开。南昌电信高度重视保障任务，提前进行活动筹划，10月中旬组织无线技术人员进入绿地国际博览中心、绿地铂瑞酒店、前湖迎宾馆等各大会议场所，开展3轮业务感知摸排，不断提升网络覆盖、优化客户感知。针对潜在高负荷区域，开展多轮话务预判、评估。先后5次为22台5G设备进行扩容，投放应急车辆保障展区入场口疫情扫码网络容量需求，确保大会期间现场不出现网络拥塞问题。针对所有缆线，有线专业部门均采用管道方式进行敷设，并加强与城建、市政部门沟通，在会议期间停止一切施工开挖，保障会议相关缆线安全。针对各类突发情况做好预案准备，提前对相关机房进行专项巡检，重点核查电池续航及油机情况，并安排后台值班人员7×24小时监控分析。大会期间，共派出技术骨干105人次，分别在绿地国际博览中心、绿地铂瑞酒店、前湖迎宾馆周边区域参加保障值守任务。部署无线应急通信车、发电车及各类抢修车辆20辆次，保障场馆内网络设施及移动网信号方面稳定运行。

（邹伟）

## 南昌移动

【概况】 2022年，中国移动通信集团江西有限公司南昌分公司（以下简称"南昌移动"）认真落实"疫情要防住、经济要稳住、发展要安全"重要要求，推动中国移动集团公司创世界一流"力量大厦"战略落地，深入推进双"一号工程"（数字经济做优做强"一号发展工程"、营商环境优化升级"一号改革工程"），主动服务和融入地方“数字经济”发展，推动“连接＋算力＋能力”赋能数字政府、产业转型、社会治理和民生改善等工作，以高质量党建引领国企高质量发展，在南昌推进“一枢纽四中心”（国家现代综合枢纽，国家先进制造中心、综合型国家科学中心、区域性金融中心、区域性文化创意中心）建设中打头阵、当先锋。至年底，南昌移动服务全球通客户2.95万人次，业务总量同比增长24.2%。

**【“双千兆”网络基础设施建设】** 2022年，南昌移动深入推进网络强国战略，着力打造5G、千兆宽带等精品网络，满足广大人民群众对美好数字生活需要。全年投入7.5亿元用于城市“双千兆”网络建设。至年底，新建5G基站2533个，累计建成5G基站7043个，率先实现南昌高铁5G覆盖，加速5G网络向农村广度覆盖、城区深度覆盖延伸。打造全千兆网络标杆小区305个，实现乡镇及以上区域用户100%具备千兆网络接入能力。围绕隐患预警监测、巡检维护和排查整改、应急保障等手段强化网络安全建设，全年共排查基站1352站次，巡检干线光缆190484皮长千米。

**【重要通信保障】** 2022年，南昌移动完成节假日（国庆节、春节、端午节等）、重要会议（省“两会”、党的二十大等）、重要商务活动（世界VR产业大会、CBA季后赛、南昌飞行大会等）、重要汛情疫情等通信保障共46次，开展应急演练4次，累计出动通信保障人员2860人次，保障车辆776车次，应急通信车31辆次。疫情防控期间针对各级防疫指挥部、核酸采样点、检测机构、医疗机构、交通枢纽等场景，重点保障网络安全、畅通。党的二十大会议期间，专项保障党政机关、疫情防控等重点区域站点共1520个、保障重要业务专用线路312条。实施24小时现场值班值守制度，累计投入保障人员652人次，出动保障车辆213辆次。

**【通信权益服务拓展】** 2022年，南昌移动推动5G服务惠民生，开展5G下乡村、进集团、进社区等活动，服务用户229.4万人次。进一步优化全球通客户权益体系，在机场、高铁贵宾厅权益基础上新增保险礼遇、防疫礼遇等4项权益。大力发展通信权益服务，与有家、乐豆家、华润万家、阳光乳液等品牌进行合作，累计发送抵扣券2万余张，服务112万用户。

**【空中通信缆线整治】** 2022年，南昌移动参与市主城区空中弱电管线“百日攻坚”行动。全年投入1000万余元、抽调190余人、调派46辆车辆，累计完成30万余米主次干道、背街小巷空中通信管线整治。完成271个老旧小区改造、3270余栋空中通信管线整治。完成43处公安天网、交管专线、市委政法委公共视频等“飞线”缆线下地整治，为争创全国文明城市，持续提升城镇人居环境做出贡献。

**【问题井盖隐患整治】** 2022年，南昌移动为进一步消除市政道路上井盖弹跳异响和破损下沉问题，推广使用防沉降、防噪声新型“一体化”井盖，全面消除检查井与井盖配合不稳固、制式不统一、出现安全隐患问题。全年共投入25万余元，整治更换城区19条道路的148个病害问题井盖，以实际行动切实保护人民生命财产安全。

**【数智赋能疫情防控】** 2022年3月，南昌市突发新冠肺炎疫情后，南昌移动领导带队齐上阵，与各级指挥部并肩作战200余天，全力以赴做好“通信、服务、防控”3项保障工作，攻坚克难保障“昌通码”平台安全、平稳、高效运行。持续调优系统性能，实现超高算力响应，创新研发系列精准防控功能。

**【5G智慧工厂建设】** 2022年，南昌移动围绕南昌“4＋4＋X”产业体系，依托中国移动“1＋1＋1＋N”（1类5G工业终端模组、1张5G工业专网、1个工业互联网平台以及N个行业领域应用）5G＋工业互联网产品体系，助力南昌制造业数字化转型升级。联合方大特钢、龙旗、华勤、江铃新能源、百威啤酒、泰豪、华翔等龙头企业，打造“5G＋智慧工厂”示范样板，通过5G全连接实现工厂数字化改造，推进传统产业提质、降本、增效、绿色、安全发展。

**【VR助力职教产业发展】** 2022年，南昌移动依托“中国移动虚拟现实创新中心”核心技术和产业集聚优势，深化“产学研用”开放合作。推动5G、VR、人工智能、数字孪生等技术在社会治理、文化教育、工业互联网等领域融合应用。高标准承建国家职业教育虚拟仿真示范实训基地“课程教学设备采购”“课程教学设备采购”等项目建设，助力打造国家级现代职业教育改革发展样板高地。

**【“数智乡村振兴计划”实施】** 2022年，南昌移动深入贯彻乡村振兴战略部署，依托“1＋3＋X”（1个支部委员，带领1个党员小组、1个团员小组、1个会员小组，围绕公司中心任务，开展X项攻坚克难工作）的“网络＋”乡村振兴模式，实施“数智乡村振兴计划”，助力巩固脱贫攻坚成果，全面推进数智乡村建设。联合江西省绿能农业发展有限公司打造“5G＋智慧农业”应用，实现大规模水稻“耕、种、管、收”智慧化管理。建设“数字乡村振兴平台”，推广安防监控、乡村治理、应急广播等应用。至年底，为713个建制村提供惠村、助农、兴业等服务，为乡村振兴注智赋能。

**【社会适老化发展助力】** 2022年，南昌移动用科技赋能适老关怀，帮助老年人跨越“数字鸿沟”。推进心级服务银色守护计划，即一套养老产品体系、一套“五心”养老服务体系。参与南昌市居家和社区基本养老服务提升行动，承建市级“智慧养老平台”，提供适老化设备改造和数字化服务。提升居家养老生活品质，与民政部门、基层社区（村）、社会厂商等共建居家养老新模式，助力构建“15分钟养老服务圈”。充分与当地政府、社区、民警等联动，开展“银发（年龄60周岁以上的用户）小课堂活动”686场，累计服务客户3.6万户，推动智能信息化产品更好地融入老年群体。

**【“企业上云用数赋智”行动】** 2022年6月15日，江西移动产业互联网研究院南昌分院成立。南昌移动联合市工信局开展“万企上云上平台”专项行动。至年底，全市新增推动6000家企业上云，累计服务上云企业1.7万家。推动南昌国家级互联网骨干直联点建设，高标准落实省内网间平均时延从160兆宽带降至16兆宽带，有效激发VR/AR、工业协同、直播流量消费。

（肖灵杰）

## 南昌联通

**【概况】** 2022年，中国联合网络通信有限公司南昌市分公司（以下简称“南昌联通”）始终坚持党建统领，全面贯彻落实中国联通集团公司新战略规划，扎实推进江西联通分公司战略落地执行体系，高质量发展持续向好，盈利能力进一步增强，发展结构不断优化，发展基础更加稳固，发展优势更加凸显，为南昌联通高质量发展开创新局面。

**【南昌西站5G+AI智慧通行打造】** 2022年1月14日，南昌联通助力南昌西站打造实施“5G+AI防疫智慧通行”，在出站层防疫卡口设置12台“防疫智慧通行”设备，实现集体温监测、身份信息核验、健康码自动识别于一体，提高通行效率，缩短旅客排队等候时间，降低聚集风险。同时，便利没有智能手机和不会使用智能手机的老年人，减轻卡口人力成本。方便、快捷的出行体验，赢得南来北往旅客一致好评点赞，受到中央电视台《新闻联播》《新闻直播间》等央媒关注。

**【护航北京冬奥网络通信】** 2022年2月20日，为期17天的北京2022年冬奥会在鸟巢闭幕。“双奥企业”中国联通用科技之光点亮智慧冬奥，勇担网络重保使命，展现使命担当。南昌联通按照中国联通集团公司、江西联通统一部署，坚定承担政治责任，切实提高政治站位，组织模拟演练20余次，制定紧急预案10套，严格执行封网要求，停止升级、割接、设备入网以及对网络影响较大的操作活动。强化7×24值班值守，以最高标准、最严要求、最强举措，筑牢网络通信安全保障防线。在冬奥会期间，IP城域网、IPTV、核心网和传输网各项指标正常，网络运行平稳，CCTV等重要频道信号正常，无丢包和卡顿现象，用户网络感知良好，完成护航北京冬奥通信网络及信息安全保障工作。

**【中国联通智·云数据中心（临空）投产运营】** 2022年2月，中国联通智·云数据中心（临空）投产试运行。中国联通智·云数据中心（临空）位于中国（南昌）数字经济港，遵照国际T3+标准、国家A级标准建设。该数据中心建筑面积超15000平方米，作为直连中国香港地区的国际级稀缺数据中心，总体规划3000个机柜，项目总计划投资20亿元，可广泛为政府、行业、互联网企业及“一带一路”国际客户提供安全可靠的新型基础设施，并提供优质云计算、大数据服务以及一站式解决方案。为南昌市发展数字经济“一号工程”筑就数字底座。

**【银龄乐享十大助老举措】** 2022年5月17日，世界电信日，江西联通主题为“科技助老，联通美好”的“银龄专享”十大助老举措升级发布会在南昌举行。南昌联通主动担当责任，通过“10010热线直达人工服务”“营业厅智慧守护中心”“中国联通APP便捷无忧服务”“智家工程师优先上门服务”“孝心卡、银龄卡专项套餐”“畅享权益”“智慧助手”“银龄公益大讲堂”“银龄文娱汇”“互助养老社群服务”十大便民举措，为老年人送去科技服务，以更周全、更贴心、更温情适老服务，携手银龄客户共同跨越“数字鸿沟”、体验智慧生活。

**【数字乡村产品发布会】** 2022年7月19日，江西联通落实数字经济“一号工程”全屋光宽带、数字乡村产品发布会在南昌召开。活动发布全新升级的全屋光宽带、数字乡村产品，联合成立“联通千兆生态联盟”。基于华为FTTR全光家庭方案的全屋光宽带产品，旨在助力推进该地光纤到房间的“二次光改”全产业布局，开启千兆数字家庭和数字乡村的新时代，为用户打造更智慧、更高品质的用网体验，全力推进数字乡村建设，为赣鄱人民拥抱美好数字生活筑牢基石。

**【企业转型升级数字成果参展中国（中部）工业博览会】** 2022年8月12—14日，2022中国（中部）工业博览会在南昌举行。南昌联通携手青山湖中小企业协会独家设立“南昌现代针纺产业展”，展示由南昌联通打造的“华兴针织”“众拓制衣”2个5G+智慧工厂典型案例，以及“5G+AI视觉检测”“数字孪生工厂”“AGV智慧仓储”和“5G+数采”4个典型应用场景，充分展示创新引领行业转型升级数字成果，获得参观嘉宾一致认可。大会期间，南昌联通还与青山湖纺织企业代表(青山湖区中小企业协会)现场签署《青山湖区纺织数字经济服务平台》合作协议,双方共同推动纺织平台建设和运营。

**【中国联通智慧文旅产业峰会】** 2022年8月26日,中国联通智慧文旅产业峰会暨第五届"绽放杯"5G应用征集大赛智慧文旅专题赛(智慧旅游)颁奖盛典在南昌举行。副省长陈小平、中国联通副总经理何飚出席会议并致辞。全国20余个省文旅厅、重点旅游城市和景区相关负责人等参加大会。峰会由中国联通和中国信息通信研究院共同主办,以"数字新基建,智汇新文旅"为主题,旨在汇聚产业链各方力量,探讨中国文旅产业与创新科技融合发展,共创智慧文旅新篇章。中国联通以"大联接、大计算、大数据、大应用、大安全"为核心优势,积极承担央企责任,加快赋能文旅产业数字化转型和高质量发展。与清华同衡规划设计研究院签署战略合作协议,双方将充分发挥各自创新科技能力、专业知识和行业资源,在革命文物展示利用、国家文化公园数字化建设、遗产保护与文物保护、旅游城市及景区智慧化建设等领域开展更加深入合作。发布全新文化旅游产品服务矩阵,为文化旅游行业提供信息化平台建设同时,也在视频及音乐内容运营、数字图书和公共文化服务、数字文创与元宇宙等领域面向政企和公众客户提供服务。

**【"智慧助老·联通美好"专项活动启动】** 2022年9月29日,江西联通携手江西省科学技术协会、江西省卫生健康委员会等8家单位,共同开展"智慧助老·联通美好"专项活动(2022—2025年)启动会暨国企开放日。活动聚焦老年人在新时代的多元需求和时代关切,发布"智慧助老活动方案",推出"智慧助老、健康助老、科技助老"三大服务及"老年人身边的营业厅、随时随地VIP上门服务、银龄文娱汇、互助养老社群服务、银龄专场直播畅听无障碍、孝心关爱、联通小助手"等一系列智慧助老专项服务举措。助力老年人跨越数字鸿沟,共享数字化时代发展红利。

**【5G+智慧工厂项目落地】** 2022年8月,江西江铃专用车辆厂有限公司与中国联通江西分公司在南昌小蓝经开区举行5G+智慧工厂项目签约仪式。该5G+智慧工厂项目总投资1200万元,通过新建MES车间生产执行系统、升级ERP企业资源计划系统,并借助数据平台打通6大业务系统,整合30余项关键数据。同时,在总装车间创新引用5G+AR巡检技术,进一步提升一线巡检效率,实现集生产透明、设备预警、能耗管控于一体的数字化车间。5G+智慧工厂项目建成后,将提升江西江铃专用车辆厂有限公司数字化能力与水平,实现生产效益全面提升。

**【党的二十大网络安全保障】** 2022年10月16—22日,党的二十大在北京召开。南昌联通坚持"严实精细快"工作作风,统筹推进通信保障、网络安全、生产安全、疫情防控等各项工作,以最高标准、最严组织、最实措施、最优服务、最硬作风,实现"零故障"。多次组织召开会议研究部署相关工作,提前部署、周密安排,结合自动巡检、故障一键诊断、网络自愈、微巡检等智能化手段提升通信保障能力,做到网络运行状态实时可见。聚焦重点系统保障,重点预警及联动处置,分专业7×24小时值守、日调度、小时报告等制度,强化运营保障监测,及时有效处置突发情况,完成党的二十大期间网络安全保障任务。

**【应用成果参展世界VR产业大会】** 2022年11月14日,中国联通以"联通5G+VR,让生活更美好"为主题,参展2022世界VR产业大会,展示自主研发的元宇宙产品体系及赋能千行百业的应用成果。依托中国联通VR/AR基地落地江西南昌的区位优势,带来江西打造的5G智慧工厂、AR智慧导航、烟花数字展厅、VR智慧文旅及数字孪生平台等标杆项目成果,为广大观众和行业伙伴带来一场精彩的5G+VR数字化体验。

**【海量数字农业科研成果参展第四届江西农博会】** 2022年12月16—19日,第四届江西"生态鄱阳湖·绿色农产品"博览会在南昌市举行。江西联通推送"5G+慧管田"、数字果蔬产业服务平台、农村宅基地信息化管理平台、VR看家乡"VR文旅元宇宙"平台、智慧"三农"数字平台等海量数字农业科研成果参展,展示江西联通贯彻做优做强数字经济"一号发展工程",尤其是赋能现代农业发展、助力乡村振兴方面的深耕实践。

**【中国航空产业大会暨南昌飞行大会通信保障】** 2022年11月25—27日,中国航空产业大会暨南昌飞行大会在南昌航空科创城举行。南昌联通面对保障任务重,保障规模大,保障区域广,现场人数众多情况,及时成立保障领导工作组,派出骨干团队多次现场查勘,完成大会重点光缆巡检巡查、网络扩容优化等工作,确保昌通码、行程码、一屏展码等应用网络通畅。运用智能运维2.0实时监控网络运营指标,及时分析网络数据,动态调整参数,发挥最大网络效能。大会期间,联通通信网络运行安全可靠,扫码流畅,现场用户感知优良。

(白国伟)

# 农　业

## 综　述

【概况】　2022年，南昌市农业农村局以乡村振兴为中心，以“两整治一提升”三年行动为主抓手，稳基础、提质效、美环境、深改革，总体呈现稳中向好、加速发展良好态势。承办第二届中部（江西）农业机械及零部件展览会、现代种业蔬菜新品种展示会等会展活动，在农业特色产业、休闲农业、农业产业化、退捕禁捕、农业执法等方面获得农业农村部表彰和荣誉共8项。在2021年度全省高质量考核中乡村振兴得分列全省第一名，乡村振兴实绩考核为“优秀”等次，在全省排第三名，实现跨越式进位。南昌市在江西省乡村建设大会、冬种生产推进会上作典型经验发言。农业农村部、江西省农业农村厅等领导到南昌调研考察65次。中央电视台集中报道南昌市农业农村工作44次。

【农业农村经济稳步发展】　2022年，全市农林牧渔业总产值431.79亿元，同比增长4.1%。其中，农业产值176.91亿元，增长1.8%；林业产值6.85亿元，增长8.0%；牧业产值132.67亿元，增长5.8%；渔业产值87.48亿元，增长3.1%；农林牧渔专业及辅助性活动产值27.88亿元，增长14%。全市农村居民人均可支配收入24218元，增长5.7%。村级集体经济壮大。至年底，全市1149个建制村集体经营性收入近13.3亿元，村均收入115.8万元。全市建制村集体经营性收入全部达到20万元，30万元以上的村987个、占比85.9%，超额完成既定目标。创建市级绿色有机农产品标准化生产基地10个。“煌上煌”等30个农产品品牌获认定“赣鄱正品”，“绿滋肴”等15个品牌入选江西农产品“企业产品品牌百强榜”。进贤县军山湖大闸蟹成功入选国家特色农产品优势区，“金桥葡萄”被纳入全国名特优新农产品名录。

【粮食生产安全稳定】　2022年，南昌市加强农业生产管理，完成粮食播种面积34.52万公顷，粮食总产量稳定在21亿千克以上。应对7月以来干旱少雨天气，累计新打抗旱井2783眼，开展抗旱技术服务1600余人次，各级累计投入抗旱资金2亿余元，有效减轻旱灾对粮食生产影响。全市积极推进冬种冬翻工作，超额完成油菜种植任务，实现应种尽种、绿色过冬目标。建成高标准农田16.51万公顷，占耕地总面积的66%，占基本农田面积的83.4%。全市主要农作物综合机械化率81%，水稻机种率52%。其中，机插率25%。举办江西省第二届现代种业蔬菜新品种展示观摩会，7个优质稻新品种入选“江西省十大潜力品种榜单”，全国46家种子生产经营育种单位共1150个蔬菜新品种参展。

【“两整治一提升”行动】　2022年，南昌市深入实施乡村振兴战略，开展农村人居环境整治、农村路域环境整治、农业特色产业提升“两整治一提升”行动，计划通过三年行动，完成所有国家、省、县道宜改路段“白改黑”，900个共同富裕样板村、80个乡村振兴示范村以及30个农业特色产业强镇建设任务。按照“两整治一提升”行动工作要求，采取“每月调度、每月督导、每月通报、每月巡看”办法，完成年度各项工作任务，农业农村面貌发生根本性改变。农村道路基础设施改善，完成455千米农村道路“白改黑”、2959千米沿线环境整治、303.4千米安全隐患治理工作任务，安装安全护栏203.9千米，设置震荡标线1万平方米。农村人居环境改善，完成330个重点村整治项目，农村环境长效管护机制加快完善，实现农村生活垃圾“第三方治理”全覆盖。建立“万村码上通”5G+长效管护平台，形成农村环境“一网统管”工作格局。特色农业持续发展，完成78个农业特色产业提升项目年度投资计划，元宇宙 VR 数字农业示范基地精彩开园。农业产业化发展提速，新增省级以上龙头企业 36 家、市级龙头企业 42 家，全市市级以上龙头企业达到 422 家，农民合作社注册增幅居全省首位，企业进入中国农企 500 强 10 家，百亿元级企业 4 家。绿色食品产业全力推进，构建“4 + 2”绿色食品产业发展新体系。

**【保障“菜篮子”供给】** 2022 年，南昌市全面落实“菜篮子”市长负责制责任，推出“猪八条”“菜六条”“渔七条”等支持政策。蔬菜播种面积 4.37 万公顷，产量 137.7 万吨，新增设施蔬菜基地 1240 公顷。生猪出栏 230 万头，存栏规模 1114 个猪场。水产养殖池塘高标准改造项目完成 466.67 公顷，水产总产量 44.6 万吨。农产品供给充足，价格稳定，有效保障市民消费需求。

**【农业农村生态保护】** 2022 年，南昌市农药化肥使用减少，畜禽粪污综合利用率 99.5%，受污染耕地安全利用率 93% 以上，秸秆综合利用率 93%。农业执法能力建设全面加强，对农贸市场、生猪屠宰、农产品安全、农业生态保护和禁捕退捕等方面加大执法力度，进一步巩固禁捕退捕成果，建立覆盖全市“网格长 + 网格监督员 + 网格员（护渔员）”网格化管理体系。加强低枯水位期间江豚活动区域巡查，保护江豚栖息环境。市农业农村综合执法支队被评为“全国农业综合执法示范单位”。

（冯　淳　熊振华　徐雅雯　符传花）

## 种植业

**【概况】** 2022 年，南昌市农业农村局压实粮食安全党政同责，通过加大政策资金支持力度、强化调度督促指导、开展高质高效示范、加强田管技术服务、科学防灾减灾救灾、推进粮食改补种、增施穗粒肥等措施，实现粮食生产稳中有进。全市粮食播面 34.52 万公顷，超额完成任务 300 公顷。其中大豆播面 0.56 万公顷，超额完成任务 272.07 公顷。粮食总产量 21.06 亿千克，连续 12 年稳定在 21 亿千克以上。据农情调度，全市完成冬种油菜播面 6 万公顷，超额完成任务 0.33 万公顷。

**【粮食生产】** 2022 年 2 月，市委、市政府发布《关于抓好 2022 年稳定粮食生产工作的通知》，将全年粮食和早稻生产任务分解下达各县区。市委、市政府分管领导多次开会调度和深入一线调研指导，疫情好转后第一时间组织 3 个工作组下到县区、乡村进行督导，累计发布通报 7 期、简讯 9 期，确保早稻任务落实。春耕时期累计调运种子 1269 万千克，投入大中型拖拉机等各类农机具 6.5 万台（套），投入早稻生产的集中育秧中心 30 余个，落实育秧秧田 833.33 公顷，保障全市春耕生产需求。同时做到春耕防疫两不误，制定下发《关于加强春耕生产过程疫情防控工作的通知》《南昌市应对疫情抢抓早稻生产应急预案》等文件，在严格落实疫情防控要求基础上，指导生产主体做好个人防护。加强统筹协调服务，对疫情影响地区开展对口支援、代耕代种等，全市互助支援开展代耕代种、代育代插，累计代耕代种面积 2.33 万公顷、代育代插面积 0.32 万公顷，保证春耕生产正常开展。

**【抗旱保秋收】** 2022 年，市农业农村局牵头推进农业抗旱督导，组织人员下到一线了解旱情灾情，指导做好农业抗旱减灾救灾工作，并落实农业旱情日报制。全市发布工作简报 11 期次，争取中央财政农业救灾资金 2626 万元，及时下拨市级农业抗旱救灾专项资金 900 万元，支持农业抗旱保秋粮生产各项工作。保障在田秋粮需水，累计新打抗旱井 2783 眼。指导县区落实“一喷多促”措施和旱粮改补种，组织专家根据作物品种、生育期等先后制定下发抗高温干旱技术指导意见 6 个，组织市、县农技专家和技术骨干深入县、乡、村开展技术服务 1600 多人次。广泛宣传农业抗旱救灾政策和技术措施，先后发布《再致广大农民朋友的一份信》《致乡镇党委书记、乡镇长的一封信》。至年底，全市抗旱好的经验做法被央视报道 8 次，其中央视《新闻联播》报道 2 次。

**【推进冬种生产】** 2022 年，市委、市政府以两办名义印发《2022 年冬

2022 年 4 月 6 日，南昌县广福镇种粮大户利用高速插秧机插秧

（成奔　摄）

种提质扩面的工作方案》，将5.67万公顷油菜播面任务分解下达。市级安排1600万元专项奖补资金，支持冬油菜和绿肥生产，督促各县区利用产油大县奖励、产油大县冬种油菜资金、稻油轮作等资金用于支持油菜生产，提高农户冬种积极性。根据各县区任务和上报的落实面积任务台账，依据国土三调底图制作全市全年冬种油菜、绿肥种植播面布局总图和分县区的9张分图，并要求各县区、乡镇、村根据图示任务，将油菜、绿肥落实到具体田块。成立10个服务指导组常驻县区开展冬种生产服务指导行动，对照各地冬种油菜、绿肥任务和布局图，实地查看冬种现场，落实秋收冬种进度周调度，督促县区做好油菜后续管理，确保种植实效，实现绿色过冬。

**【稳粮惠农政策落实】** 2022年，中央落实南昌市6.96亿元种粮补贴，市级及时统筹县区将资金落实落地，加强资金监管。推进"粮十条"措施，安排资金7000余万元，分为早稻生产补贴、大豆油料及绿肥奖补、农机购置、集中育秧、示范片建设、农业巨灾保险、农作物品种创新后补助、社会化服务等方面，引导农户多生产粮食和油料。其中，粮油生产奖补资金5200万元，较2021年增长400%。春耕冬种期间，全市整合各级各类资金共2.87亿多元支持早稻生产，为完成生产任务提供资金保障。

**【推进防灾减灾救灾】** 2022年，根据不同影响程度、不同作物、不同生育时期，联合气象部门发布农事建议31期、气象服务信息17期次，全力减轻灾害对农业生产造成的不良影响。牵头做好森林防灭火工作，抓好农事用火宣传教育工作，切实降低农事用火引发森林火灾风险。组织防灾减灾周宣传和全民粮食安全宣传教育活动，并全方位宣传活动内容，发放行业生产防灾减灾技术指导工作资料共7000余份，市、县、乡各级共悬挂横幅265条、利用LED屏幕字幕滚动宣传标语862条，发放宣传单3200余份，编写粮食安全"三字经"，宣传国家粮食生产政策，让广大农民群众提高种粮使命感、责任感。

**【"菜六条"保供给】** 2022年，市农业农村局出台"菜六条"支持蔬菜产业高质量发展，督促各县区落实"菜篮子"属地责任制，加强组织领导、加快项目推进、加大技术服务，切实提升全市经作产品生产能力。全年指导蔬菜生产20余次，下发生产指导性文件8份。以种植业生产信息调度系统为平台，构建全新的蔬菜生产监测体系，对蔬菜生产实行每周、旬、月、季调度工作制度，动态掌握全市蔬菜生产情况，不断提高部门蔬菜生产管理水平，促进市场稳定供应。据调度各县区农业农村部门统计，全年蔬菜及食用菌播种面积4.37万公顷，同比增长2.88%；产量137.71万吨，同比增长2.39%。

**【年度设施蔬菜基地建设任务超前超额完成】** 2022年，南昌市印发《2022年南昌市蔬菜产业发展项目实施方案》，按照"专项资金+任务清单"管理方式，将1240公顷设施蔬菜基地建设指导计划分解至县区。统筹全年省级安排财政资金729万元和2021年市级拨付县区的蔬菜产业结余资金，通过"以奖代补、先建后补"方式，对蔬菜产业发展进行奖补。6月起，对设施蔬菜基地建设任务实行周调度、月通报，确保不折不扣完成年度建设任务。10月底，超前超额完成年度建设任务，任务完成率100.11%，排全省第二位。

**【市级高效设施农业示范基地打造】** 2022年，市级高效设施农业示范基地建设被纳入全市农业特色产业提升行动，市级财政奖补资金按不超过固定资产总投资的20%，每个不超过1000万元给予奖补。红谷滩区元宇宙·VR数字农业示范基地总投资约2亿元，用地约23.07公顷，获新华每日电讯、央视新闻等多家媒体报道。10月部分大棚已投入使用，10月20日已迎接第一批研学人员。

**【特色产业发展】** 2022年，全市下达2022年农业四大特色产业省市补助资金累计951.7万元、省级领军茶企建设资金500万元，支持相关县区的35家经营主体高质量发展水果、中药材、茶等产业。支持建设水果标准化基地108.87公顷、水果设施大棚及水平架34.67公顷、水果提升改造63.67公顷、水果预冷设施440立方米、中药材基地155.13公顷等。支持省级领军茶企开展产业化升级、品牌化创建、市场化营销、科技化支撑和标准化生产。通过项目建设，加快优势产业向优势区域集中，有效提升全市经作产业规模化、设施化水平，加快茶产业转型升级，为乡村全面振兴和农业农村现代化提供有力支撑。

**【耕地质量监测】** 2022年，南昌市继续巩固和维护48个耕地质量长期定位监测点，重点涉及花生、油菜、蔬菜和水稻等农作物。全年共采集土样和完成容重、有机质、全氮、有效磷、速效钾、pH、铁、锰、铜、锌以及重金属等理化指标检测1000余项次。通过各监测点作物产量、施肥量、耕地土壤理化性状以及耕地环境质量等监测数据和化肥对农作物产量贡献率，分析评价耕地质量年度变化情况和发展趋势，并出具年度耕地质量监测报告，为下一年度制定耕地保护与质量提升工作计划提供参考意见。

（邹煜菲　刘　薇）

## 林 业

【概况】 2022年，全市林业部门坚持建设好、保护好、利用好森林、湿地和野生动植物资源，聚力打造独具南昌特色的“精致森林、大美湿地”。立足强化林长制工作落实、林业科技支撑、林业基层站点建设、林业行政执法能力建设，推动全市林业行业治理能力大提升。加大林业改革创新力度，在造林绿化成效、“双碳”领域探索创新、生态产品价值实现上实现新突破。夯实森林资源管理、森林防火、松材线虫病防治、湿地和野生动植物保护、自然保护地监管，保障全市生态安全。全市共完成营造林积1947.68公顷，占年度任务的131.7%。其中，完成人工造林面积521.32公顷，占年度任务的205.3%；封山育林377.27公顷；退化林修复1049.09公顷。完成重点区域森林“四化”建设任务造林和补植126.41公顷，占省下达计划的105.34%。在昌栗高速、沪昆高铁等主要通道两侧和重要景区周边栽植或者补植各类彩叶树种和珍贵树种10余万株，建设效果已初步呈现，全市森林景观水平得到进一步提升。11月，南昌市获得“国际湿地城市”证书。

【森林乡村创建】 2022年，按照省级森林乡村创建工作要求，围绕打造一批自然生态风貌良好、乡土田园特色突出、生态功能效益显著、人居环境整洁的绿化美化典型乡村目标任务，组织开展乡村绿化美化工作，不断提升乡村绿化水平。实施秀美乡村建设，大力推进村（镇）旁绿化、宅旁绿化、路旁绿化、田旁绿化、河渠旁绿化，栽植桂花、茶花、红叶石楠、果树等观花、观叶、观果树种。全市共实施乡村道路绿化及补植300余千米，将5个特色乡村列入市级森林“四化”建设重点乡村风景林建设范围，打造市级示范点；完成5个乡村森林公园建设。至年底，全市创建“省级森林乡村”20个，累计共94个。

【野生动植物保护管理】 2022年，市林业局扎实开展鄱阳湖区越冬候鸟和湿地保护专项整治行动、野生动植物“清风行动”，打击破坏野生动植物资源违法犯罪行为。至年底，全市共查处野生动物违法案件12起，其中，行政案件8起，刑事案件4起，打击处理违法犯罪人员12人。继续做好陆生野生动物疫源疫病监测防控、野生动物资源调查和监测以及林业外来入侵物种普查工作。

【林地占补平衡试点工作】 2022年5月14日，市政府办公室印发《南昌市林地占补平衡试点工作实施方案》。实施方案明确试点内容为：坚持政府主导、量质并举，严格落实地方政府森林资源保护发展目标责任制，引导多元化主体按照“宜林则林”要求开展矿山生态修复。按照“先补后占、占补平衡”原则，对第三次全国国土调查及年度国土变更调查中确定的采矿用地实施生态修复，恢复森林植被，由采矿用地转为林地。已实施生态修复、恢复森林植被的采矿用地，经验收合格后，纳入补充林地储备库，用于下一年度国家下达林地定额之外新增定额。试点时间为2022—2024年。试点范围为全市各县（区）。

【林下经济产业发展】 2022年，各地充分利用现有资源潜力，因地制宜大力发展高质量油茶、森林药材等产业，切实将林下经济打造成推进巩固拓展脱贫攻坚成果同乡村振兴有效衔接的重要着力点。全市完成高产油茶402.95公顷，完成油茶抚育改造和提升改造1455.88公顷，完成森林药材种植60公顷，栽植林果等其他经济林182公顷，新栽植雷竹6.67公顷，雷竹栽植总面积突破166.67公顷。

【林业营商环境优化】 2022年，市林业局全面贯彻中央和省、市“放管服”改革要求，深入开展网上可办攻坚行动，对全市林业依申请政务服务事项审批流程进行再梳理、再优化，进一步提升审批服务效能、优化林业营商环境。市本级受理办结各类行政审批事项132件，48个市级和县区级依申请事项“网上可办”率和“全程网办”率均达到100%，18个市级审批事项实现即办，即办件率超过50%。

（王 越）

## 畜牧业

【概况】 2022年，南昌市畜牧业克服非洲猪瘟疫情、新冠疫情及生猪价格起伏等影响，畜牧业生产基本维持在正常状态，保持稳定健康发展态势。至年底，全市生猪存栏118.4万头，同比减少9.2%。出栏230.6万头，增长7.0%。能繁母猪存栏12.4万头，减少5.3%。牛存栏16.3万头，减少9.7%。出栏7.5万头，减少3.2%。羊存栏2.6万头，增长0.5%。出栏3.56万头，增长8.7%。家禽存栏3864.4万羽，减少6.7%，出栏7245.5万羽，增长2.1%；禽蛋产量13.9万吨，增长8.2%。肉类总产量30.5万吨，增长4.8%。

【生猪稳产保供】 2022年，南昌市稳定生猪生产保障市场供应工作领导小组印发《关于落实调控政策措施千方百计稳定生猪生产的通知》，明确各县区季度和年度生猪生产目标任务和工作举措。市农业农村局出台生猪产能调控基地实施方案，将年出栏3000头以上生猪的猪场纳入管控政策，维持产能调控基地生猪生产，稳定生猪基础产能。市农业农村局出台生猪调出大县奖励、产能调控基地奖补、一次性能繁母猪补贴、贷款贴息、无害化处理补贴等促进生猪生产8条硬核政策，强化资金支持，统筹安排4600万元财政资金支持生猪产业高质量发展，守稳守住生猪稳产保供底线。统筹做好新冠疫情防控和畜牧业稳产保供工作。积极贯彻省、市决策部署要求，严格落实新冠肺炎疫情防控要求，推动饲料等相关企业复工复产，切实维护好畜禽正常产销秩序。

**【畜禽粪污综合治理】** 2022年，南昌县畜禽粪污资源化利用整县推进项目基本完成。至年底，主体项目工程基本完工，2020年省环保督察反馈南昌县畜禽粪污资源化利用整县推进项目主体建设工程未按计划完工的环保问题正式销号。新建区粪污集中处理中心通过区级验收。全市规模以上养殖场粪污处理设施配套率继续保持在95%以上，畜禽粪污资源化利用率保持在85%以上。第二轮中央生态环境保护督察涉及畜禽养殖污染治理领域交办重点信访件均销号。

**【畜牧产业发展】** 2022年，省、市财政投入财政资金450万元，扶持除生猪以外全市畜禽产业发展。其中，投入50万元启动实施2022年牛羊产业建设项目，4家牛羊养殖场建设项目纳入项目储备库，1家养殖场通过竞争立项获批实施并通过市级验收；投入400万元实施2022年特色畜禽养殖示范基地建设项目，打造10家特色养殖示范基地。创建1家部级畜禽养殖示范场，13家市级畜禽养殖示范场。开展畜禽地方品种性能测定和精准鉴定工作，安义瓦灰鸡7月完成性能测定，进贤瓦灰鸽纳入性能测定范围。加强与江西农业大学和安义县政府沟通对接，助推签订战略合作框架协议，推动国家种猪资源中心建设项目落户安义。开展南昌白猪回溯核查工作。

**【兽药行业管理】** 2022年，市农业农村局印发《关于全面开展兽用抗菌药减量化行动的通知》，在全市全面开展兽用抗菌药减量化行动，加强兽用抗菌药综合治理，遏制动物源细菌耐药，整治兽药残留超标。经摸底和申报，全市推荐315家养殖场参加减量化行动。同时，下发多份文件强化工作督导，确保减抗行动取得实效。强化兽药行业监管，积极开展兽药GMP（药品生产质量管理规范）实施情况清理行动，加强对兽药生产企业巡查督导。至年底，全市25家兽药生产企业全部通过新版GMP检查验收。开展动物诊疗专项整治，加强动物诊疗活动管理，规范动物诊疗市场秩序，严厉打击“无证开业”“无证行医”和未按规定开展动物诊疗活动等违法违规行为。经全面调查摸底，全市有81家动物诊疗机构，其中动物医院49家，备案执业兽医183人（含多企业备案）。全市累计开展现场检查50余次，出动执法人员200余人次，下发整改通知书21份，清理关闭动物诊疗机构2家，实现动物诊疗机构检查全覆盖。

**【动物疫病防控】** 2022年，南昌市加强动物疫病防控，开展春秋季动物集中免疫工作。全市春秋季累计免疫家畜230.7万头，家禽8796万羽，应免密度达到100%，免疫平均合格率90%，全年未发生重大动物疫情。做好动物疫病监测工作，全市全年监测各类样品37245份。其中，完成血清学监测25811份，合格24480份，合格率94.8%；病原学监测11434份，阳性数0。同时，配合有关部门完成禽流感等各类监测采样2500余份。强化非洲猪瘟防控，加强对养殖、屠宰、交易、病死猪无害化处理场所等环节监测排查，严格落实调运车辆备案制，实行生猪产地检疫和屠宰检疫，严格执行疫情排查周报告制度。至年底，全市排查生猪养殖场户9625户次，排查生猪737万头次，未发现临床疑似病例。经国家评估，安义县江西聚宝盆农牧科技有限公司创建国家级无疫小区。

（卢志毅　徐俊杰）

## 渔　业

**【概况】** 2022年，全市渔业渔政工作围绕渔业稳产、渔民增收目标，实现产业链融合发展，渔业产业提质增效。全面落实禁捕退捕政策，“微笑天使”江豚再现南昌，渔业资源养护工作成效明显。全市水产养殖面积5.19万公顷（其中池塘面积1.83万公顷、水库面积0.35万公顷、湖泊面积2.68万公顷、河沟面积0.33万公顷），与上年度持平。水产品总产量44.72万吨，同比增长3.98%。其中，特种水产品总产量15.59万吨，增长4.77%；淡水鱼苗孵化量35.23亿尾，增长6.27%，鱼种投放量5.64万吨，增长3.15%。

**【水产健康养殖和生态养殖示范区创建】** 2022年，市渔业渔政局组织各县区按照《国家级水产健康养殖和生态养殖示范区管理办法（试行）》规定的程序开展省级水产健康养殖和生态养殖示范区申报工作。2个单位通过评审获得省级水产健康和生态养殖示范区称号，进贤县人民政府获得国家级水产健康和生态养殖示范区称号。该示范区有效期从2023年1月1日到2025年12月30日。

**【水产品质量安全】** 2022年，市渔业渔政局加强水产品质量安全工作领导，成立南昌市水产品质量安全工作小组。广泛开展宣传，增强渔业企业人员质量安全意识。强化水产品质量监管，组织开展全市水产品质量安全检查。对全市范围内养殖基地、市场流通等环节水产品抽检479批次，合格率99.5%。组织实施养殖池塘上图入库工作，扎实推进实施生态健康养殖模式示范推广、养殖尾水治理模式推广、水产养殖用药减量、配合饲料替代幼杂鱼和水产种业质量提升等水产绿色健康养殖技术推广“五大行动”。

**【渔业特色产业发展】** 2022年，南昌市依托产业集群，大力发展河蟹、小龙虾、黄鳝、黄颡鱼、加州鲈等特种水产养殖，调优渔业产业结构。以稻虾产业链为主链，加快水产产业集群发展步伐，提升水产品冷链物流、产品加工、销售的全产业链，形成“龙头企业+合作社+农户”水产养殖模式并逐步推广，形成一、二、三产融合发展。按照新增稻渔综合种养面积每亩补助400元标准，全年完成新增333.33公顷以上稻渔综合种养基地建设。启动0.67万公顷以上绿色高标准池塘改造行动，全年改造建设133.33公顷以上养殖池塘，逐步改善池塘绿色生产条件，提高综合生产能力。重点推进进贤县333.33公顷渔业绿色循环发展试点项目，对养殖池塘实施标准化改造，提高产能，提升水产品质量。探索和推广圈桶养殖等工厂化养殖模式的经验，扶持建设工厂化养殖圈桶300个以上，打造设施渔业推广示范点，着力提高水产品品质和养殖单产水平。

**【水产品养殖技术培训】** 2022年11月21—23日，南昌市农业农村局举办全市渔业渔政培训。培训人员有全市各级渔业渔政监管、执法、水产技术推广部门相关人员等90余人。培训内容涵盖稻渔综合种养技术、池塘养殖尾水处理技术、渔业病害防治和养殖用药注意事项、渔政执法与巡护管理等内容，进一步提升全市渔业渔政高质量发展。

**【渔业发展补助资金下达】** 2022年，全市共下达中央、省级渔业发展补助资金4184万元，用于支持水产养殖尾水处理设施建设、渔业高质量发展试验与示范建设、工厂化循环水养殖基地建设、渔业信息化建设、休闲渔业精品基地建设、水产品加工流通设施建设、水产原良种场提升改造等项目建设。通过项目建设，巩固渔业基础设施，推动全市渔业高质量发展。

（夏张威）

## 农产品质量建设

**【概况】** 2022年，全市农产品质量安全工作以推进部省共建绿色有机农产品基地试点省工作为契机，“守底线”“拉高线”“强支撑”，坚持问题导向，加强引导、强化监管、严格执法、创新举措，农产品质量安全水平持续保持稳中向好态势，保障了农业产业发展和公众“舌尖上的安全”。

**【农业综合执法】** 2022年，南昌市农业综合行政执法支队根据省、市2022年农产品监督抽检工作安排，共检查农产品生产主体及农业投入品经营门店3428家次，受理相关投诉举报72件，完成省级农业投入品抽样121批次，发放宣传资料1.45万份，查处案件68起（其中农产品类36起、农业投入品类32起），1起案件被评为2022年江西省农业优秀行政执法案卷，1起案件被评为2022年江西省农业行政执法典型案例。

**【农产品抽样检测】** 2022年，南昌市农业农村局结合全市农业生产实际，科学制定抽检方案，规范操作程序和检测项目，完成农产品质量安全抽样检测4000批次。其中，监督抽查1500批次、风险监测2500批次、快速筛查700批次。配合开展部级抽检231批次，省级抽检600余批次，指导县区完成定量检测4500批次。

**【食用农产品承诺合格证制度推行】** 2022年，南昌市在2021年全市推行检测+合格证的基础上，推广应用省级农产品质量安全大数据智慧监管平台，健全完善市县乡村企业“五员”（市级指导员、县级管理员、乡级监管员、村级协管员、企业内检员）监管体系、并纳入平台管理，600余家农产品生产主体入驻平台备案注册。通过宣传培训、技术服务、调度推进、奖励扶持等形式，重点在网格化巡检（巡检宝）、风险监测、追溯达标（合规宝）等方面加大推广应用。至年底，全市开具“区块链溯源+合格证”12.3万余张，带证上市农产品1.8万余吨。

**【绿色有机农产品标准化基地创建】** 2022年，南昌市投入200万元，围绕全市优势特色产业，优选一批绿色有机农产品生产主体实施产前、产中、产后全过程农业技术标准、管理标准，健全投入品管理、档案记录、产品检测、合格证准出机制，建立质量安全追溯体系，形成一批可复制、可推广的标准化生产模式，打造10家市级绿色有机农产品标准化生产基地，创建5家省级现代农业全产业链标准化基地。

**【绿色有机地理标志农产品认证管理】** 2022年，通过专题座谈、摸底调查、下发计划、明确任务、政策扶持等形式，引导农产品生产企业增强品牌意识、提升产品竞争力和附加值，鼓励发展优质安全绿色农产品，增强认证的积极性主动性。全市有效期内绿色有机地理标志农产品共517个（其中绿色食品47家146个、有机农产品92家367个、地理标志农产品4个)。新建区金桥葡萄纳入全国名特优新农产品,南昌县“三江萝卜腌菜”入选国家特色产业地理标志农产品保护工程,进贤县获全国有机农产品基地。

(皮丽霞　何　悦)

## 农业科技

**【概况】** 2022年,南昌市农业科学院成功申报农作物和畜禽良种联合攻关、南昌市水生动物疫病防控监测区域中心、江西省重点研发计划“揭榜挂帅”项目、2022年度井冈山农高区省级科技专项等项目,全市农业科研水平进一步提升。全院有18个科研及示范推广项目被立项,立项经费共1818万元。其中,获得成果登记2项,技术规程1项,江西省新品种审定1项(昱香两优8号),国家新品种审定1项(广和优33),江西省地方标准2项,软著作权4项,实用新型专利授权8个,发表科技论文6篇(含1篇SCI);获“2019—2021年度全国农牧渔业丰收奖”二等奖1项、三等奖1项,自研稻虾综合种养数字应用项目获得2022年度江西省数字乡村优秀创新案例。

**【科研平台建设】** 2022年,南昌市农业科学院完成农作物品种测试站、稻渔综合种养基地升级改造、2022年药食同源蔬菜设施大棚及双坡面锯齿形温室大棚、水产良种基地一期(南昌市现代农业产业园鄱阳湖小龙虾良种繁育中心)、畜牧兽医所基地一期、“环鄱阳湖丝苗米资源圃”和“药食同源种质资源圃”、设施蔬菜科研示范推广中心配套、水肥一体化设施、都市农业示范基地等建设工作。7月,由市农业科学院承担的南昌市级创新平台“南昌市农业物联网智能装备集成开发重点实验室”项目结题验收。该项目组在农业智能物联网方面,特别是在大棚种植、水产养殖自动增氧等智慧农业方面开展研究工作,发表相关专业论文3篇,授权实用新型专利1项、软著5项,完成科技成果登记1项,组织参与多场国际、国内农业信息化合作交流会,开展农业物联网生产技术培训等,为农业智能物联网发展打下良好基础。

**【农业技术示范推广】** 2022年,南昌市农业科学院开展的稻—稻—油种植模式、花生机械化生产、稻—虾综合种养等技术成效明显。双季稻周年超高产示范经专家测产,早稻亩产干谷671.08千克,晚稻亩产干谷811.5千克。在进贤县开展水蕹菜与黄鳝网箱无公害养殖模式示范推广,推广网箱3000余箱。在恒湖设施蔬菜推广中心,展示种植番茄、辣椒、甜瓜等蔬菜品种50余个。选送40余个番茄、辣椒品种参加江西省第二届现代种业蔬菜品种展示会,自有番茄品种“红缨五号”被认定为江西省第二届现代种业蔬菜品种展示会重点推介蔬菜品种。

**【农业科技服务】** 2022年,南昌市农业科学院制定以“科技兴农,技术惠民”为主题的送科技下乡行动方案。积极参加“江西农业大讲堂”下基层活动,深入开展“学雷锋”科技下乡活动,选派省、市科技特派员39人,推广新技术40项,引进新品种64个,与企业联合实施项目8项,建立示范区333.33余公顷。提供电话咨询1000余次,技术指导1200余次,培训农民960余人次。

**【农业微生物种质资源普查】** 2022年11月18日,南昌市农业科学院召开全市第一次农业微生物种质资源普查技术培训会。省农业农村厅、市农业农村局、市农科院有关负责人及各县区农业部门相关人员30余人参加。会议就全市农业微生物种质资源普查工作进行安排部署,提出具体工作要求。省农业微生物种质资源普查技术专家组分别对食用菌、肥效微生物、生防微生物、饲料/酶制剂微生物和环境能源转化微生物等5个方向微生物种质资源普查内容和采样方法进行介绍。会后,与会人员到南昌县和红谷滩区的食用菌企业、蔬菜大棚、沼气工程、饲料企业、肥料企业等地采集各类供分离微生物样品30余份,为农业微生物种质资源的分离、鉴定等工作打下基础。

**【农业科技交流合作】** 2022年,南昌市农业科学院与浙江大学、中山大学、南昌大学、江西农业大学等高校及中国水产科学研究院淡水渔业研究中心、江西省农科院等科研院所的合作共建有序进行,并与广东省农业技术推广中心、广东省农业科学院水稻研究所等达成初步合作意向。作为主办方与江西农业大学联合举办中国—泰国两国关于开展“一带一路”农业科研合作交流的线上视频研讨会议,推进江西省与泰国在农业领域科技合作。

**【农村人才培养】** 2022年,市农业农村局与市委组织部、市财政局对接,继续整合实施“洪城农才丰收计划”,安排人才专项资金300万元,在全市范围内选拔34名农村新型人才进行培养扶持,累计培养123名“洪城农才”,带动一批农业技术人员和专业能手共同成长;实施“一村一名大学生工程”和高职扩招高素质农民工作,全市累计招收农民大学生8313名;上下联动培养万名适应产业发展、乡村振兴急需的“绿领”新农民,共完成1.02万人次培训。

**【基层农技推广体系建设】** 2022年,市农业农村局在南昌县、进贤县、安义县、新建区等4个县区实施基层农技推广体系改革与建设。基层农技推广体系建设项目总资金665.5万元,建立“专家+农业技术人员+科技示范户+辐射带动户”技术服务模式，为全面推进乡村振兴和加快农业农村现代化提供科技支撑。至年底，全市建设集示范展示、指导培训、科普教育等多功能一体化的农业科技示范基地22个；培育示范主体1057户；依据农业特色遴选主推技术52项；招募特聘动物防疫49名；培训农技人员270名。

**【农民教育培训】** 2022年，全市遴选989名新型职业农民参加省、市、县三级培训。其中，参加省级农业经理人、省级行业班培训389人；参加市级经营管理型和专业生产型培训班培训200人；参加县级培训班培训400人。全市投入培训项目资金308.65万元，全年举办各类培训班共12期，参加培训人员600余人。其中，市本级4期，南昌县2期，新建区2期，进贤县2期、安义县2期。培训内容涉及创新创业及农机维护、水稻种植技术等专题。

**【虫情测报平台建设】** 2022年，南昌市继续提升市级农作物病虫监测中心和40个乡镇监测点的公共植保支撑能力，新添3套虫情信息自动采集系统，完善虫情测报平台建设，逐步推进监测点实时物联监控灯下害虫种类、虫数等变化情况，做到监测预警及时有效。市县各级依托植保监测体系年均发布病虫情报14期以上，为广大农民和农作物病虫害专业防组织提供绿色防控、统防统治等技术指导，为指导农户科学安全用药提供依据。

**【新优品种示范推广】** 2022年，南昌市举办江西省第二届现代种业蔬菜新品种展示会，展示1100余个蔬菜新品种。建立6个水稻新品种展示点共60余个优质水稻品种。积极组织企业、种粮大户参加各类品种展示、鉴评活动，其中“金丰优蕾丝”“华盛优京贵占”“馥香两优香99”“泰优农禾丝苗”等4个品种入选江西省十大新优品种榜单，“展两优887”“昱香两优香99”“宸两优451”等3个品种入选江西省十大潜力品种榜单，“桃优京贵占”入选江西省第四届优质稻十大金奖品种榜单。实现全市晚稻优质品率70%以上，良种覆盖率98%以上。

**【农药化肥减量技术应用】** 2022年，南昌市在施肥新技术、新产品、新机具“三新”配套上实现突破，完成化肥减量增效“三新”配套升级样板1.1万公顷，补贴种植绿肥0.24万公顷，补贴1.05万吨缓释肥、商品有机肥；在南昌县、新建区、进贤县3个县（区）开展化肥减量增效示范县工作，示范面积2000公顷，完成29个新增化肥减量增效田间肥效试验。全市测土配方施肥技术推广面积为46万公顷，测土配方施肥技术覆盖率超过90%；完成耕沤灭螟面积10.22万公顷，建立绿色防控示范区56个，示范面积8300公顷，实施统防统治面积40.79公顷，开展科学安全用药培训2434人次，创建86家农药经营标准化门店。全年农药使用量同比减少30吨以上。全市主要农作物肥料综合利用率及农药利用率均达42%以上，农药化肥施用量实现负增长。

**【水产绿色健康养殖技术】** 2022年，南昌市建立2个生态健康养殖技术示范基地，以及分别建立水产养殖尾水综合治理、水产养殖用药减量模式和配合饲料替代冰鲜幼杂鱼试验示范基地各1个，面积共82公顷。示范区运用稻虾、稻蛙综合种养技术模式，连片养殖池塘生态化改造、人工湿地尾水处理、养殖池塘水生植物种植、规范建立尾水沉淀池等集成技术，普及优质种苗、疫病防控、规范安全用药等实用技术，实现水产养殖绿色高质量发展。

**【受污染耕地安全利用技术】** 2022年，通过施用石灰等碱性物质翻耕调整土壤酸碱度的“土壤调酸+N”方法，结合地块污染程度，采取品种替代、水分调控、叶面阻控、土壤钝化、深翻耕等配套调控措施，全面降低工作范围内耕地产出农产品重金属超标风险。建立1个水稻新品种（系）重金属镉积累试验基地，示范面积6.67公顷，发掘优良的重金属低积累水稻材料5份，新品种（系）2个。

（王文龙　戚艳艳　黄艳梅）

## 农业机械化

**【概况】** 2022年，南昌市农业农村局以围绕中心，服务大局为工作主线，着力补短板、强弱项、促融合，加快推进农业机械化向全程全面高质量发展，为保障国家粮食等重要农产品有效供给、巩固拓展脱贫攻坚成果、全面推进乡村振兴、加快农业农村现代化提供农业机械化支撑。至年底，全市农机总动力达296.65万千瓦小时，同比增加7.01万千瓦小时；水稻耕种收综合机械化率84.5%，主要农作物综合机械化率80.3%。

**【水稻种植机械化】** 2022年，南昌市针对水稻种植全程机械化发展瓶颈及种植关键技术开展重点农机具累加补贴及水稻机械化育秧中心建设，积极引导农户、专业化合作社等应用高速插秧机、自走式旋耕机、联合收割机、植保无人机等高效农机，全年新增机具4907台，新增动力19.58万千瓦，建设水稻机械化育秧中心31家，为全市农业生产提供先进农机装备支撑。

**【南昌县获“全国第七批率先基本实现主要农作物生产全程机械化示范县”称号】** 2022年12月28日，农业农村部办公室发出《关于公布全国第七批率先基本实现主要农作物生产全程机械化示范县（市、区）名单的通知》,南昌县上榜,获"全国第七批率先基本实现主要农作物生产全程机械化示范县"称号。南昌县立足当地资源优势和产业特色,以推进落实农机化各项工作任务、提升农业综合生产能力为目标,充分利用农机购置补贴、农机报废更新补贴等强农惠农政策,以农机专业合作组织为依托,引进推广以水稻、油菜为主新机械、新技术,培育壮大新型农机经营主体规模,补齐机插、烘干等机械化作业短板,实现全县水稻、油菜等作物全程机械化生产跨越式发展,为加快推进全县农业现代化进程,助力乡村振兴战略做出贡献。

**【机械化育秧中心建设】** 2022 年,南昌市重点推进机械化育秧中心建设,提升全市农业机械化、智能化水平,打造轮作模式全省样板。6 月,全市水稻机械化育秧中心建设流动现场会召开,要求加大在建育秧中心项目政策支持,加快进度,如期完成项目建设任务。11 月,全市水稻机械化育秧中心建设现场会召开,邀请全市 66.67 公顷以上种粮大户参加,与会人员察看育秧中心建设情况,观摩机械化播种育苗、无人机油菜病虫害防治、冬闲田翻耕、三沟开沟、油菜移栽、油菜一体机播种现场。种粮大户和农机合作社代表围绕育秧中心建设基本情况及农事服务情况等进行交流。市农业技术推广中心发布水稻机械化育秧中心项目奖补政策、技术规范和农机具品种清单等。至年底,全市新建机械化育秧中心 31 个,单季育秧能力新增 1.47 万公顷。

**【农机惠农政策实施】** 2022 年,南昌市加快农业机械更新换代、优化农机装备结构,推动农机购置及报废补贴政策实施,引导农户购置、使用先进适用农机具,倡导农田保护性耕作。至年底,全市共完成中央农机购置补贴资金 8739.48 万元,补贴各类机具 4916 台(套),增长 64.46%,其中水稻插秧机 476 台,增长 105.17%;全市受益农户 2377 户,拉动农户购机消费 3.32 亿元。全市对水稻插秧机、秧苗移栽机(水稻有序抛秧)、旋耕机(履带自走式)开展市级累加补贴,共发放市级累加补贴资金 625.76 万元,补贴重点推广农机具 815 台。

**【2022 中部(江西)农业机械及零部件展览会举办】** 2022 年 2 月 26—28 日,第二届中部(江西)农业机械及零部件展览会举行。通过展览会,加大农机推广应用力度,补齐农机装备短板,提升农业机械化水平,加快推进农业生产全程全面机械化和推动粮食生产节本增效,为实施乡村振兴战略,推进农业农村现代化作出贡献。展会共分 6 个区域,包括主会场开幕式及农机新产品新技术新模式推介发布区、金融助力农机化事业高质量发展专区、江西省产品牌农机专区、智能农机专区、国内知名品牌农机专区和室外农机展示演示区;省内外 100 余家各类农机企业、零部件生产厂家参展,涵盖农作物耕、种、管、收及农产品初加工、畜牧养殖、水产养殖设施装备等相关机具。展会共接待参展人员 1.5 万余人次,线上参展 60 万人次,签约成交各类农机器具及配件近 5000 台(套),总金额约 2.7 亿元。

**【农机作业主体培育】** 2022 年 4 月 18 日,对照《江西省农业农村厅办公室关于组织开展 2022 年度第一批省级全程机械化综合农事服务中心建设申报工作的通知》要求,南昌市加快建设全程机械化综合农事服务中心,解决小农户用机难、用机贵及基层农机推广体系缺失等问题。至年底,全市共创建 12 个省级全程机械化综合农事服务中心,认定发布 12 个"四有三能"(有资质条件、有形象标识、有技术能力、有经营水平,能服务、能发展、能共享)农机维修网点,解决农机维修难等问题。组织参加 2022 年江西省"振兴杯"农业行业职业技能大赛农机修理工技能竞赛,南昌市代表队选手分别获一等奖、二等奖和优秀奖;南昌市代表队总分排名全省第一,获最佳组织奖。全市 7 名农机手入选省级农机使用一线"土专家"(水稻机械化育秧专家)人员名单,1 人入选全

2022 年 2 月 26 日,2022 第二届中部(江西)农业机械及零部件展览会现场

(成奔　摄)

省“十佳农机合作社理事长”。

（吴琦）

## 农田水利

【概况】　2022年，南昌市全面落实高标准农田“县负总责、乡镇监管、村为主体”管护机制，加快高标准农田建设，加强农田水利项目建设监管和管护利用，不断巩固和提升农业综合生产能力。至年底，全市耕地面积25.02万公顷，其中基本农田19.67万公顷。全市共建成高标准农田16.52万公顷，占全市耕地总面积的66.03%，占全市基本农田面积的83.9%。

【高标准农田建设】　2022年，全市统筹推进高标准农田建设5366.67公顷，高效节水灌溉建设536.67公顷，分布在进贤县、安义县和新建区等3个项目县（区）52个建制村，有效改善项目区农田基础设施条件，提升耕地质量，提高水资源利用率，增强粮食综合生产能力，优化农业种植结构。全市田间道路通达度为100%，农业（水稻）生产综合机械化率85%以上，高标准农田项目耕地质量平均提升0.3—0.5个等级，粮食产能提高10%以上，土地流转租金较建设前提高每公顷750—3000元，种粮大户、农民合作社、家庭农场等新型经营主体稳步发展，农民经济收益提高，受益群众满意度90%以上。

【农田基础设施建设】　2022年，南昌市政府安排1700万元用于建设145个农田基础设施建设项目，涉及南昌县、进贤县、安义县、新建区、青山湖区、东湖区、红谷滩区、湾里管理局、高新开发区、经济开发区和恒湖垦殖场11个单位。项目资金主要用于支持服务于粮食等主要农产品生产路、田间灌排沟渠及配套基础设施等新（续）建、修复与改造等。

【高标准农田建设项目排查】　2022年，南昌市开展“十二五”以来已建成和正在建设的高标准农田建设项目问题排查工作。至10月底，完成高标准农田建设项目信息录入、确认和审核等工作。全市项目排查258个，其中正常项目215个、存在问题的项目43个。存在的问题主要存在输水渠道及配套构筑物出现跑冒滴漏“带病运行”、因损毁未修复、杂物泥沙淤积堵塞不能正常使用、水源不能有效保障灌溉需要、设计标准过低满足不了当前农业生产要求等问题。各县区针对项目排查存在的问题，认真研究分析，分类分项施策，逐项制定整改措施。至年底，43个项目存在的问题全部整改到位。

（陈云飞）

## 农垦业

【概况】　2022年，南昌市按照高质量发展要求，积极推广机插秧技术，进一步提高农业全程机械化率。强化项目管理，做到项目推进快速及时、项目安全万无一失、项目程序规范完整。深化农业产业结构调整，突出绿色化、标准化、优质化、特色化、品牌化，高质量、高水平、高效益推动产业发展，为广大市民提供绿色、生态、安全的优质农产品。至年底，全市17家农垦企业共实现国内生产总值16.3亿元，工农业总产值36.6亿元（其中，农业总产值17.5亿元，工业总产值19.05亿元），利税0.98亿元。其中，市农业农村局属恒湖垦殖场实现国内生产总值7765万元，工农业总产值2.83亿元。

【春耕备耕】　2022年，面对新冠肺炎疫情，恒湖、铁河、五星等垦殖场以多种形式开展春耕备耕活动，做到春耕生产不耽误、疫情防控不出险。因早春气候影响赣北地区持续降雨降温，导致南昌垦区长期低温多雨影响早稻生长，多家垦殖场种田能手（农村土专家）会同农科所技术人员一同到地头指导职工农户春耕备耕，确保南昌垦区5533.33公顷早稻丰产丰收。按照在全省农业全程机械化率带好头、做示范要求，做好农业机械化推广应用工作，加快南昌垦区水稻全程机械化进度。恒湖综合垦殖场率先建立3200公顷水稻全程机械化示范基地、千亩水稻高质高效示范片，为实现南昌垦区农业高质量、可持续发展做出表率作用。

【抗旱保收】　2022年下半年，南昌各垦殖场多措并举抓好农业防旱抗旱工作。恒湖垦殖场在水厂原有机井基础上增打3口大机井，并采取限时供水措施，满足该地7000余名群众生活用水。同时，利用部分沟渠蓄水并进行清淤，修复、增打抗旱机井，节约利用水资源。至年底，全场清淤5000米；修复机井82口，增打抗旱机井492口，有效缓解农业用水与生活用水矛盾。铁河垦殖场投入抗旱设备230余台、资金280余万元、人力5000余人次，开展抗旱救灾。全场2333.33公顷水田基本实现农田全部到水，旱情得到缓解。五星垦殖场采取引、堵、拦、截、抽、提等措施保障灌溉水源，累计投入抗旱资金200余万元，新打灌溉机井31口、架设二级提灌设备124台、疏浚沟渠4.5万米，并在3个电排站闸口增设11千瓦小时轴流泵10台、5.5千瓦小时潜水泵4台、7.5千瓦小时潜水泵5台。南昌垦区1.13万余公顷秋粮稳产增收，一季晚稻产量实现全面丰收。

【产业提升】　2022年，全市各垦殖场发展特色农业。恒湖垦殖场利用低洼农田发展稻虾轮作面积

2533.33公顷，在生产端、物流端、销售端、加工端四大环节下功夫服务好小龙虾产业；同京东集团、煌上煌集团、市政公用集团、58同城等行业龙头企业探讨一、二、三产业融合发展、深度合作事宜。在市农业农村局帮助协调下，江西广播电视台、南昌广播电视台等多家新闻媒体对恒湖小龙虾产业疫后“复出”产销旺情况开展宣传报道，进一步打响恒湖小龙虾产品知名度。恒湖垦殖场年产小龙虾3920吨，产值1.02亿元，每户职工年增收6万—7万元，进一步巩固江西省内规模最大集中连片小龙虾生产基地优势地位。五星垦殖场以“营造沉浸式清华文化体验，挖掘农业大生产、农垦记忆、乡村记忆，回归最美乡村”为设计理念，围绕“一心”“一环”“三组团”设计主线的红井村6、7、8组清华民宿村打造项目稳步推进，旅游基础配套设施不断完善。全年接待游客近30万人，推动乡村旅游和乡村振兴健康发展，拓宽农副产品销售渠道与餐饮业发展，使农副产品从“自给自足”走向“自产自销”，提高农民收入。

**【垦区人居环境整治】** 2022年，根据南昌市农村人居环境整治三年行动工作要求，全市各垦殖场环境整治工作扎实推进。恒湖垦殖场通过向上级部门争取，由南昌公路管理养护中心新建区分中心组织实施，恒湖垦殖场协调配合，建立从昌邑乡门头至江西军工靶场处道路提升工程，入场路由黑变亮，方便场区居民出行。五星垦殖场推进农村路域环境整治、农村人居环境整治、农业特色产业提升“两整治一提升”专项行动，着力打造共同富裕样板村与乡村振兴示范点，实现人居环境提效增质，村庄面貌明显改善。五星垦殖场多次在全市人居环境评比中取得佳绩，其中11月人居环境评比列全市第一位。铁河垦殖场为持续深入开展农村人居环境综合整治，打造赤城新金城和木莲新村2个共同富裕样板村，清理农村生活垃圾690余吨、农业生产废弃物130余吨、疏通沟渠25千米，拆除违法建筑10余处。完成全市垦区农贸市场提升改造工作，深入开展生态治理，稳步推进集镇污水处理项目工程建设，优化垦区生活环境。

（张丹）

## 乡村振兴

**【概况】** 2022年，南昌市乡村振兴局落实上级决策部署，坚持“守底线、抓发展、促振兴”工作总基调，聚焦“作示范、勇争先”目标定位和“守底线、抓发展、促振兴”工作要求，严格落实“摘帽不摘责任、不摘政策、不摘帮扶、不摘监管”要求，力促巩固拓展脱贫攻坚成果上台阶、全面推进乡村振兴见实效，奋力打造新时代乡村振兴“南昌样板”。坚决守住不发生规模性返贫底线，常态化进行防返贫动态监测和帮扶，全市1.73万户、4.59万名脱贫群众的脱贫质量持续巩固提升，牢牢守住了不发生规模性返贫的底线，为全面推进乡村振兴奠定坚实基础。全年，市乡村振兴局举办各类培训4期，培训560余人次，培训对象包括县区党委或政府分管领导、乡镇主要负责人、县乡乡村振兴干部、驻村第一书记等，并督促指导县区开展培训79期、培训6604人。把增加脱贫群众收入作为根本措施，把促进脱贫地区加快发展作为主攻方向，不断缩小收入差距、发展差距。至年底，全市脱贫人口人均纯收入达1.85万元，位居全省前列。

**【防返贫监测和帮扶】** 2022年5月，市乡村振兴局按照“不落一户、不漏一人、不存盲区、不留死角”要求，在全市10个有农村户籍人口县区开展防返贫监测帮扶集中排查，共摸排对象631383户2565451人，全市拟识别纳入监测对象56户211人。10月，对全市重点区域、重点群体、重点问题开展二轮排查，全市72个区域需在国扶系统中进行调整，监测对象1户2人因识别认定不精准需进行整户清退。做好全年常态化动态监测，通过农户自主申请、部门筛查比对和干部摸排走访“三线并行”的监测预警方式，快速精准识别脱贫不稳定户、边缘易致贫户和突发严重困难户“三类对象”，全市共纳入监测“三类对象”305人。发挥统筹协调职能，加强与民政、教育、卫健、医保等职能部门信息共享和数据比对，确保“两不愁三保障”和饮水安全问题动态清零。建立健全结对帮扶、临时救助、防贫保险、农村特殊困难群众“巾帼帮帮团”活动等帮扶机制，实现“早发现、早干预、早帮扶”。至年底，全市监测对象1529人，其中，1110人消除返贫致贫风险，暂未消除风险419人均落实帮扶措施。

**【脱贫攻坚成效考核反馈问题整改】** 2022年，市乡村振兴局对市直单位和县区2021年度高质量发展综合绩效考核进行评价。牵头做好年度考核反馈、省级暗访发现及市级自查发现各类问题整改工作，同步建立完善问题台账。至年底，全市所有问题整改完成。全年共收到省乡村振兴局转办12317举报件1件，办结1件，办结率100%。

**【财政衔接资金使用和项目管理】** 2022年，全市共投入中央、省、市、县衔接乡村振兴补助资金2.97亿元，其中，中央资金7551万元、省级资金11450万元，市级资金3565万元，县级资金7181.85万元，市级衔接资金同比增长15%。项目库储备数量463个，纳入年度项目实施计划项目411个，项目实施预算总投资3.04亿元，已实施项目411个。产业项目衔接资金总投资1.59亿元，建设产业项目128个，占县衔接资金53.5%，超全省平均水平。全年组织县区就2021年度资金绩效考核反馈问题、第三方关于6月底衔接资金支出进度、扶贫项目资产“回头看”核查反馈问题及第三方抽查新建区扶贫项目资产后续管理等有关工作反馈问题进行3次自查整改，形成整改报告上报省乡村振兴局。

**【扶贫资产管理】** 2022年，根据《省乡村振兴局、省委农办、省财政厅关于开展扶贫项目资产后续管理“回头看”的通知》，市乡村振兴局围绕“五个查看是否全面”工作要求，组织乡镇、村就该地扶贫项目资产开展深入摸排。针对行业部门参与不到位的问题，印发《关于进一步推进扶贫项目资产“回头看”工作的实施方案》《关于进一步推进扶贫项目资产后续管理工作的补充通知》，调动市直行业部门参与“回头看”工作，对各县区行业部门的扶贫资产进行清查确权。各县区印发《扶贫项目资产后续管理“回头看”的实施方案》，组织乡镇、村有序开展“回头看”工作。至年底，全市各相关县区2013—2020年已清查项目7627个，涉及资金总额17.69亿元，形成资产个数17127个，资产原值13.46亿元。

**【防贫保险】** 2022年，市乡村振兴局完善《南昌市防贫保险工作实施方案》，将防贫保险对象从“易致贫低收入户”和“易返贫脱贫户”调整为重点针对脱贫户、边缘易致贫户、突发严重困难户并兼顾其他农村低收入人群。市级财政按照每人每年100元保费标准和各县区农村户籍人口（以市公安部门上年度农村户籍人口数为准）5%的比例框定保险人数，并承担50%保费，其他部分由各县区财政自行承担。全年全市购买保险总金额1153.69万元，其中市级财政投入530万元，惠及人数138267人。全市各相关县区均完成全年参保工作，至年底，全市累计保险理赔191例294.49万元。

**【就业帮扶】** 2022年，市乡村振兴局做好脱贫人口和“三类对象”外出就业务工情况跟踪监测工作，每月采集就业务工信息，及时掌握就业务工状况，对有就业帮扶需求对象及时会同就业部门采取精准帮扶措施。至年底，全市脱贫人口已实现就业21435人，同比增长2.5%。全市现有扶贫车间42个，吸纳脱贫人口就业326人，每季度进行常态化监测，对吸纳人数未达标车间设立缓冲期。

**【驻村帮扶】** 2022年，市乡村振兴局协同市委组织部建立常态化暗访督导工作机制，不定期开展驻村干部到岗履职情况暗访督导，并根据督导情况进行通报。在全市选树12名市级乡村振兴优秀驻村干部，其中3名获评全省乡村振兴优秀驻村干部。印发《关于进一步做好防止返贫监测对象结对帮扶工作的通知》，创新推行县区副县级以上领导结对帮扶未消除风险“三类对象”的帮扶工作机制。

**【重点工作调度分析】** 2022年，市乡村振兴局结合本市实际需要和省乡村振兴局工作调度安排，分期开展疫情、灾情和巩固拓展脱贫成果同乡村振兴有效衔接重点工作调度，对全市防返贫监测帮扶、衔接资金项目、脱贫人口和监测对象“三保障”和饮水安全、脱贫劳动力和监测对象就业等受疫情、灾情影响及年度实施情况分析研判，形成分析报告报省局。至年底，开展疫情调度分析10期，灾情调度周报19期，年度巩固拓展脱贫成果推进实施乡村振兴双月调度3期。

**【“农村特殊对象巾帼帮帮团”活动】** 2022年5月23日，市乡村振兴局印发《关于进一步做好“农村特殊对象巾帼帮帮团”活动的通知》，各乡镇负责招募一批以农村妇女小组长为主体的巾帼志愿者，采取1名或多名巾帼志愿者组成1个“帮帮团”与1户或多户农村特殊对象家庭结对的形式，每周入户一次开展家庭环境清洁整理服务，且每次服务时间不低于3小时。市财政按照每帮扶1户农村特殊对象的一位巾帼志愿者或一个“农村特殊对象巾帼帮帮团”，安排专项经费每月补助200元。市级补助资金一次性下达相关县（区、局），由县（区、局）按月或按季度发放到志愿者。活动采取按月考评方式，由乡镇乡村振兴工作站（室）、残联、妇联，每月定期对纳入活动农村特殊对象家庭清洁卫生状况进行评估。全年全市共招募巾帼帮帮团志愿者469人，帮扶490户“农村特殊对象”。

（侯蓓元）

# 制　造　业

## 综　述

【概况】　2022年,南昌市工业经济呈现稳中有进总体态势。全市规模以上工业增加值同比增长6.0%,高于全国同期增速(3.6%)2.4个百分点,列全省各设区市第九位,在中部省会城市、全国省会城市中分列第四位、第十位。全市规模以上工业实现营业收入7872.7亿元,增长5.1%,低于全省平均(9.0%)3.9个百分点,列全省第八位。全市重点打造的八大产业(汽车和新能源汽车、电子信息、生物医药、航空装备、绿色食品、现代针纺、新型材料、机电装备制造)实现营业收入6054.1亿元。其中,生物医药、电子信息、绿色食品产业增速较快,分别增长6.9%、7.9%、5.6%。全市工业投资占全市固投32.8%,增长8.4%,对全市固投增长贡献率35.9%,拉动全市固投增长2.7个百分点,高于全省平均增速1.4个百分点,列全省第六位。全市信息传输、软件和信息服务业规模以上企业实现营业收入264.45亿元,增长13.3%,其中软件和信息技术服务业规模以上企业实现营业收入115.85亿元,增长16.9%,营业收入总量占全省的60%以上。VR产业规模壮大,拥有VR及相关企业278家,其中全国VR50强企业18家,实现营业收入657.2亿元。南昌市入选2022年度全国建设信息基础设施和推进产业数字化成效明显市推荐名单。构建“4+4”(南昌高新区、南昌经开区、南昌小蓝经开区、未来科学城,新建经开区、青山湖高新技术产业园、安义高新技术产业园、进贤经开区)产业发展平台。全年全市开发区实现营业收入7722.9亿元。其中,高新区实现营业收入3313.1亿元,继续保持全省首位。

【产业规划完善】　2022年,制定出台电子信息、现代针纺、生物医药、航空、汽车与新能源汽车等支柱产业“一产一策”。举办2022南昌市现代针纺产业发展大会、2022世界VR产业大会、2022南昌市电子信息产业发展大会、2022中国航空产业大会暨南昌飞行大会、南昌市生物医药产业政策宣贯会等大型活动,签约项目107个、签约金额922亿元。完善细化产业链“四图”(产业链图、技术路线图、应用领域图、区域分布图)、“五清单”(企业清单、项目清单、集群清单、问题清单、政策清单)。编制电子信息产业及移动智能终端、LED、VR、集成电路四个细分领域的产业调研报告。绘制“南昌虚拟现实·元宇宙产业生态布局图”及重点目标企业清单。加快编制《南昌市大数据和云计划发展规划》《南昌市物联网发展规划》。

【数字经济发展提升】　2022年,稳步推进5G基站建设。至年底,全市共开通5G基站1.82万个,是全省率先实现乡级行政区5G网络开通率100%的城市。推动企业上云用数赋智,联合中国电信、联通、移动先后出台天翼云、联通云、移动云“万企上云上平台”专项活动实施方案。至年底,全市新增上云上平台企业1.44万家,上云上平台企业数累计达到3.71万家。推进工业互联网平台建设,获批建设全国第17个国家级互联网骨干直联点,并于5月5日建成开通,提升南昌市互联网网络整体层级地位。推进新一代信息技术与实体经济深度融合,江西林恩茶业有限公司、江西华广电影视科技有限公司入选工信部2022年新型信息消费示范项目名单,江西兆驰半导体有限公司、南昌同兴达精密光电有限公司、南昌市奥克斯电气制造有限公司、南昌海立电器有限公司、方大新材料(江西)有限公司、江西江铃集团新能源汽车有限公司)6家企业获评2022年江西省智能制造标杆企业,江西鹭鹭行科技有限公司、江西国泰利民信息科技有限公司、江西省水投江河信息技术有限公司、南昌市微轲联信息技术有限公司、江西诚韬科技有限公司、江西风向标智能科技有限公司、江西省天轴通讯有限公司、江西约货科技有限公司8家企业入选2022年江西省大数据示范企业。

**【新兴产业壮大】** 2022年，加快壮大移动智能终端、半导体照明产业集群，推动电子信息产业扩量提质。全年电子信息制造业首次突破2000亿元，达到2033亿元，实现较快增长。推进江铃晶马新能源乘用车资质获取工作，争取新能源汽车国补，协调江铃控股加快重组，帮助江铃集团应对疫情冲击影响，协调江铃集团外地供应商生产及物流畅通，推动江铃集团500余家关键零部件供应商实现不同程度复工复产。至年底，汽车与新能源汽车实现营业收入742亿元。加速医疗器械产业向价值链中高端转型，共有36个生物医药产业项目列入全市重大工业项目库，完成中医药科创城核心区基本建设项目。全年生物医药产业实现营业收入249.9亿元。完善航空装备产业链，航空科创城标准厂房实现企业入驻，商飞（江西）飞机制造中心CTI项目正式投产，知名军工企业中航光电与洪都公司达成战略合作。全年航空装备产业实现营业收入13.3亿元。

**【传统产业智能升级】** 2022年，扎实推进"机器换人""设备换芯""生产换线"工作，不断提升绿色食品、新型材料、现代针纺、机电装备制造等传统产业数字化、网络化、智能化水平。至年底，全市推进实施500万元以上技术改造项目261个。深入推进《南昌市推动"5G+智慧工厂"建设三年行动计划》，鼓励企业实施智能化改造，推广应用智能生产线、智能车间、智慧工厂等。江铃新能源汽车、华兴针织、泰豪科技、洪安化工等6个5G+智慧工厂项目全面建成，20余家5G+智慧工厂正在快速推进。落实《关于进一步促进工业企业"稳投资、小升规"的十条措施（试行）》等支持企业技改政策，调动企业实施技改积极性，鼓励企业实施设备更新、厂房改造、技术工艺升级等"零增地"技改项目。加快智能制造转型升级，江西同铃汽车等7家企业7个装备入选2022年省首台（套）重大技术装备推广应用指导目录，江铃集团新能源汽车等6家企业获评2022年江西省智能制造标杆企业，江西飞尚科技、泰豪科技等2家企业被认定为2022年省级服务型制造示范企业（平台），江西五十铃汽车、江西联智集成电路等2家企业被认定为省级工业设计中心。

**【工业项目推进】** 2022年，持续推进"工业领域项目大会战"，全年全市推进亿元以上工业项目377个，平均单个项目体量超10.2亿元，完成投资908.9亿元，占年度计划投资的109.1%。其中，50亿元以上项目25个，10亿元至50亿元（不含50亿元）项目92个。中微半导体MOCVD设备生产基地项目开始试运营，欣旺达南昌动力电池生产基地项目三期部分产线投料试生产，春秋电子精密结构件产业园项目和北方联创部队专用指控系统及保障装备产业化项目全面投产。至年底，新竣工1亿元以上工业项目151个，为全市工业经济发展提供强劲动能。

**【产业链"链长制"实施】** 2022年，深入推进"链长+链主"双链式"链长制"，搭建"政府+重点企业+X"等产销对接、产融对接三方联动平台，指导各产业链积极开展产业链技术对接、市场拓展、金融保链强链等综合活动。至年底，各产业链累计开展各类活动508次（场），产销对接、产业链招商共107次（场），签约项目170个，签约金额783.1亿元，产融对接活动授信企业344户，授信额度342.4亿元。

**【加强科技创新】** 2022年，南昌市成功获批"国家虚拟现实创新中心"，并在2022世界VR产业大会开幕会上正式授牌。加大企业技术创新力度，加快推动年营业收入3亿元以上规模以上工业企业研发机构全覆盖。全年获批省级企业中心18家，累计建成159家；批复认定市级企业中心61家，累计建成170家。推动江西省铝型材产业技术研究院成功备案为省级产业技术研究院。至年底，全市累计获批3家省级产业技术研究院（全省共16家），全年共19家企业21项产品入选"赣出精品"，推荐江西省企业管理创新示范企业12家。

**【培育产业支撑】** 2022年，深入推进培育领航标杆企业三年行动计划，在全市范围内遴选63家主业突出、产业带动作用强的制造业骨干企业列入南昌市制造业领航培育企业库。全年全市共有37家企业入库省级领航企业培育库，17家企业被评为省制造业领航企业，全省排名第一。南昌高新区光电及通信产业集群被认定为五星级产业集群，南昌经开区光电产业集群、安义铝合金塑钢型材产业集群、南昌县汽车及零部件产业集群等3个产业集群被认定为三星级产业集群。同时，南昌市五星级产业集群南昌高新区被认定为产业集群高质量跨越式发展示范园区。

**【完善为企服务】** 2022年，加快落实国家、省、市各类惠企纾困政策，印发《关于应对疫情影响推动工业高质量跨越式发展的10条措施》，帮助企业应对当前疫情影响，促进工业稳定增长。建立全环节、全流程疫情防控台账，成立企业复工复产、疫情防控督导专班，坚持定期定点督导，推进企业复工复产、稳定生产。持续开展市工业企业特派员"大走访、大帮扶"活动，市县两级共选派700余名企业特派员联系对接企业，着重帮助企业协调解决用工、融资、物流、要素保障、市场开拓等影响企业生产经营的痛点、堵点和难点问题及政策诉求，助力企业稳定生产、增产增效。至年底，全市共完成5期市工业企业“大走访、大帮扶”活动，协调解决企业诉求169个，办结率100%，企业回访满意率100%。严防“地条钢”死灰复燃，深入推进绿色制造创建，全面开展工业节能诊断服务、节水型企业创建、预拌混凝土行业扬尘整治、工业资源综合利用等工作，坚决打好工业污染防治攻坚战。全年全市获评省级绿色园区1个、绿色工厂3个、绿色供应链管理企业1家。

（向佳威）

## 汽车制造业

**【概况】** 2022年，南昌市依托汽车和新能源汽车产业区域优势，以实施产业链链长制为抓手，坚持商用车与乘用车并举、传统汽车与新能源汽车并重、整车与零部件并行，以新能源汽车和智能网联汽车为突破口，引领产业结构调整，力争把南昌建设成为面向全球、辐射亚洲的轻型商用车生产基地和国内具有竞争力的乘用车及新能源汽车产业基地。全年，全市汽车和新能源汽车产业规模以上企业188家，汽车年产能73万辆，产品涵盖客车、轻卡、越野车和专用车等多个领域。全市汽车和新能源汽车产业逐步形成“双核引领、两翼协同”（南昌小蓝经开区、南昌经开区为产业核心发展区，新建区、南昌高新区为产业协同发展区）的产业新布局。其中，南昌小蓝经开区形成汽车和零部件产业以及新能源汽车较为齐全的产业链条。南昌经开区重点发展新能源汽车以及动力电池为代表的新能源汽车零部件等。新建区重点发展皮卡、轻卡和新能源客车为主的商用车及其配套。南昌高新区发挥电子信息产业优势，补齐全市汽车和新能源汽车产业链短板，完善产业生态圈。构建以江铃集团整车业务为引领，欣旺达、麦格纳动力、五十铃发动机为核心的“1+3+N”企业生态圈，形成集整车制造、变速箱、发动机、动力电池等于一体的汽车产业集群。至年底，全市汽车和新能源汽车产业实现主营业务收入742.41亿元，同比下降7.4%，生产整车35万辆，下降11%。龙头企业江铃集团实现营业收入1016.07亿元，下降2.71%，实现整车销售33.35万辆。其中，汽车出口6.53万辆，增长82%。

**【科研创新平台建设】** 2022年，南昌市推进汽车和新能源汽车企业建设科研创新平台。至年底，全市共有汽车与新能源汽车领域基础研发平台36家。其中，省级6家，市级30家，新认定汽车和新能源汽车市级工程技术研究中心7家。南昌市已具备新能源汽车三电系统和汽车发动机、变速箱等关键零部件自主研发制造能力，掌握国内领先整车系统集成与匹配、整车控制系统、电驱动系统三大关键核心技术。

**【江铃集团新能源和携华出行战略合作签约仪式举行】** 2022年1月12日，江铃集团新能源和携华出行战略合作签约仪式举行。根据协议，携华车服将从江铃集团新能源引入1万辆新能源汽车，主要车型为“羿”，且签约车辆均提供5年50万千米超长质保。该次合作是对汽车行业全新商业模式探索，以此打造以消费者为中心的移动出行生态系统，推动江铃新能源“羿”正式进军国内网约车市场。

**【江铃、福特、小蓝深化合作扩大投资签约活动举行】** 2022年2月23日，江铃、福特、小蓝深化合作扩大投资签约活动举行。福特中国联合江铃股份将进一步加大在南昌小蓝经开区项目投资，用于新产品研发生产，推动产品谱系拓展，新能源、智能网联技术提升，全方位提高产品竞争力，并将通过合作模式创新，积极开拓出口市场，在技术和出口上加大投资合作力度。

**【2022雷诺·江铃集团合作伙伴大会召开】** 2022年3月8日，以“携手共赢·‘羿’起向未来”为主题的雷诺·江铃集团合作伙伴大会召开。来自全国各地的经销商、不同领域的供应商等200余名合作伙伴参会。会议分为经销商大会和供应商大会两个阶段。会上，相关部门作采购工作报告、质量工作报告、产品规划报告，介绍出口车型情况和雷诺质量管理体系，并提出阳光协议倡议，对优秀供应商进行表彰。同时，南昌经开区代表在会上进行新能源汽车产业推介。

**【捐赠负压救护车发车仪式举行】** 2022年4月26日，南昌市向全省各设区市、赣江新区捐赠负压救护车发车仪式举行。11辆加急赶制的江铃全顺负压救护车自南昌运往上饶市、九江市、抚州市等10个设区市以及赣江新区，驰援省内各地疫情防控一线。南昌向全省捐赠江铃负压救护车，充分体现南昌作为省会城市的责任担当，以行动展现对全省疫情防控工作的支持，为全省疫情防控作出重要贡献。

**【江西省汽车产业科技创新联合体揭牌】** 2022年7月21日，江西省汽车产业科技创新联合体成立大会暨联席会第一次会议召开。省科技厅副厅长席宏主持。省汽车产业科技创新联合体专家咨询委员会代表、清华大学李克强院士致辞。省发改委党组成员、副主任李庆红，省工业和信息化厅二级巡视员陈军，市委常委、副市长肖云，汽车产业科技创新联合体其他成员单位代表、专家咨询委员会委员代表等出席。会议举行江西省汽车产业科技创新联合体推杆启动仪式，并召开江西省汽车产业科技创新联合体联席第一次会议。江西省汽车产业科技创新联合体联席第一次会议审议通过《江西省汽车产业科技创新联合体联席会选举办法》，选举产生联席会第一召集人、第二召集人和产生汽车产业科技创新联合体秘书处秘书长，通过联合体组织机构及运行机制、联合体科技研发管理办法。江西省汽车产业科技创新联合体由（同济大学）南昌智能新能源汽车研究院牵头，联合江铃集团、华东交通大学及业内知名企业等机构组建，主要开展零部件研发、混合动力研发、电子电气架构、车联网与大数据、智能网联汽车技术等关键技术研究。联合体创始成员单位共24家，成员单位覆盖江西省汽车产业上中下游。联合体紧跟汽车行业技术发展趋势，针对江西省汽车产业现状，规划“两横三纵”技术攻关方向。其中，两横指节能与新能源汽车、智能网联汽车短板；三纵指联合体将发挥成员单位在产业链上游、中游与下游的优势，实现关键零部件自主可控、整车企业品牌提升和市场价值深度挖掘。

**【江西省汽车产业链党委成立】** 2022年9月5日，江西省汽车产业链党建试点工作大会在江铃集团召开。会上，在省委组织部指导下，由市委组织部、市国资委、市工信局等联合组成党建指导委员会指导设立的江西省汽车产业链党委揭牌成立。会议宣读省委常委、常务副省长、江西省汽车产业链链长梁桂贺信和《关于同意成立江西省汽车产业链党委的批复》，解读《江西省汽车产业链开展党建试点工作实施方案》。链上企业代表进行交流发言。省委组织部、省发改委、省工信厅和市委组织部、市国资委、市工信局等单位负责人及汽车产业链党委链上企业负责人、江铃集团领导班子成员和江铃集团一级党委负责人、汽车产业链党建试点工作推进工作组成员等参加会议。江西省汽车产业链党委聚焦“作示范、勇争先”目标定位，以江铃集团作为链主企业，推行“龙头企业 + 上下游企业”模式，探索江西省汽车产业上下游企业、大中小企业、国有企业和非公有制企业党组织联建共建。首批链上的8家企业共有党员5065人，2021年营业收入共1153亿元，约占全省汽车产业总收入的85.4%，经营业务涵盖汽车产业链上下游，从研发、生产到销售和物流运输。江西省汽车产业链党委的成立，是全省汽车产业着力抱团发展，构建重点突出、协同联动的产业链组织管理新模式创新之举，也是推动党建协作与产业协作互联互促，以产业链党建赋能全省汽车产业高质量发展务实之举。

**【江铃集团新能源汽车公司与以色列汽车进口商线上签约仪式举行】** 2022年9月22日，江铃集团新能源汽车公司与以色列汽车进口商——卡拉索汽车公司线上签约仪式举行。根据协议，600辆纯电动轿车“羿”将通过卡拉索汽车公司出口以色列汽车市场，为当地用户带去优质新能源产品和服务体验。是继欧洲、东南亚后，雷诺江铃“羿”获得的第三张区域入场券，同时也是雷诺江铃积极抢抓出口机遇，走向全球舞台，开拓海外市场又一个里程碑。

（王日港）

## 航空航天设备制造业

**【概况】** 2022年，航空工业江西洪都航空工业集团有限责任公司（以下简称洪都公司）坚决落实“疫情要防住、经济要稳住、发展要安全”总要求，完成全域创新工作顶层策划。全年全域创新项目累计立项322项。其中，综合业务创新项目27项、科技创新项目110项、生产制造创新项目67项、工艺技术创新项目118项。高教机出口向高端市场迈进，民用初教－6销售实现首单签约，C919大型客机项目团队代表受到党和国家领导人习近平、韩正等会见。国企改革三年行动全面收官，科改示范获评国企“标杆”。全年9项科技成果获航空工业科技奖（一等奖2项、二等奖3项、三等奖4项），2项获国防科技奖（一等奖1项、三等奖1项），三型装备完成国防重大科技成果鉴定。全年申请专利310件，其中发明专利195件。完成全年知识产权转化指标任务，许可专利共16项，实现专利许可经济效益40万元。1项发明专利获国家第二十三届“中国专利优秀奖”。以“零不符合项”成绩通过知识产权管理规范国标、国军标现场审核。

**【创新平台建设】** 2022年，洪都公司“江西省先进航空结构与系统集成技术创新中心”获江西省科技厅批复组建。参与建成“江西航空产业链科技创新联合体”，打造“政产学研用金”多方主体联动、紧密合作、优势互补联合体。国家企业技术中心评价排名大幅提升，在全国当批参评1744家技术中心中，洪都公司技术中心以排名第24的成绩，再次获评优秀，位居参评军工企业前列。

**【民机产业发展】** 2022年，洪都公司完成民用航空产业高质量发展方案和路径规划，民用初教－6市场销售实现首单2架机的重要突破。完成C919大飞机大部件年度交付任务，获中国商飞“2021年度优秀交付准时奖”。承担重点民机AG600研制任务，交付2架份动力导管并形成稳定产能。承办第十二届民用飞机工业国际论坛。

【信息化建设推进】 2022年，洪都公司推进“数智洪都”“十四五”总体规划，聚焦型号数字化转型主责主业，为企业数字化转型升级注入新动能。深入推进综合集成创新研发平台、供应链管控平台、生产指挥中心、试飞管控数据中心、服务保障中心和运营管控中心建设工作。建立基于模型的系统工程研发体系、基于厂所一体的数字化异地协同研制体系，企业级生产指挥中心投入运行。持续提升工艺技术水平，一批前沿领域关键、核心工艺技术取得重大突破并广泛应用，满足企业先进航空产品研制发展需求，获评“江西省制造业领航企业”。

【航空产业集群一般能力社会化深度发展平台建设】 2022年，洪都公司着眼于稳链、补链、强链，推进航空产业集群一般能力社会化深度发展平台建设，打造自主稳固、竞争性强、富有弹性的一般能力社会化产业生态链。充分发挥地方航空产业龙头作用，以项目为牵引，与上电所、中航光电、南京机电等单位开展项目合作，并联合南昌高新区筹建航空零部件产业集群，引导优质配套供应商，积极围绕园区周边投资建企，借助地方政府各项政策利好，奋力打造航空产业生态链，为辐射带动地方航空产业发展作出积极贡献。

【国企改革三年行动收官】 2022年，洪都公司国企改革三年行动圆满收官，企业法人治理结构完善，市场化经营机制改善，科技创新能力提高，入选全国百户“科改示范行动”企业。厂办集体企业改革、退休人员社会化管理移交体量成效均走在央企改革前列，成为行业典范。市场化债转股、资本金注入、资产置换等改革脱困壮举成功实施，降低带息负债，每年减少财务费用8700万元，降低资产负债率11.42%，企业评级和融资能力增强。“瘦身健体”有序推进，完成9家非主业企业清理退出，1家企业实施混改，“三供一业”（供水、供电、供热和物业管理）全面移交，企业办社会职能完成。推进“两非”（非主业、非优势）清理，完成子公司洪珠公司的股权退出以及摩检所、长江通航的阶段性剥离任务，主业聚焦程度明显提升。

【中国航空产业大会暨第四届南昌飞行大会开幕】 2022年11月25日，中国航空产业大会暨南昌飞行大会在南昌瑶湖机场开幕。江西省委副书记、省长叶建春宣布大会开幕，并与中国商飞公司党委书记、董事长贺东风，党委副书记、总经理赵越让，中国航空学会理事长林左鸣，名誉理事长刘高倬，江西省委常委、南昌市委书记李红军等共同按下开幕按钮。江西省委常委、副省长任珠峰主持开幕式。中国商飞公司党委常委、副总经理吴永良、魏应彪，中国工程院院士、公司首席科学家吴光辉等出席。开幕式现场还举行项目签约仪式，共20个项目实现签约，总投资额281亿元，实现项目、金额“双突破”。大会为期3天，突出航空装备制造主题，展示机型架次及参展企业数均为历届之最，各类参展飞机数量近100架次，并首次向公众开放登机参观。洪都公司研制的“猎鹰”L15高级教练机、K8、初教六等飞机产品参展。大会同期举办航空产业主旨报告会、院士专家共话江西航空产业高质量发展专题研讨会、并行专题论坛、产业对接会等活动，旨在进一步促进航空科技创新，推动航空产业转型升级。

【获奖荣誉】 2022年，洪都公司获国家级荣誉12项、省部级荣誉26项。其中，3个集体/个人获全国“五一”劳动奖章、工人先锋号、三八红旗集体称号，2个小组获全国“优秀质量管理小组”“优秀质量信得过班组”称号，4人获全国“青年五四奖章”“青年岗位能手”“优秀共青团员”称号，1个集体、1个项目分获全国创新方法大赛三等奖、“振兴杯”青年创新创效大赛铜奖，1个集体获国防邮电产业示范性劳模和工匠人才创新工作室称号。6个（名）集体（个人）获航空工业集团、江西省“五一”劳动奖章、工人先锋号等称号，8个（名）集体（个人）获航空工业集团、江西省杰出青年、五四红旗团委等称号，1个集体获航空工业集团最美职工之家称号，2人入选江西省创新方法专家智库，4个班组获湘鄂赣质量信得过班组一等奖，5个班组获省级质量信得过班组一等奖。

（涂松林）

## 电子信息制造业

【概况】 2022年，南昌市充分发挥“链长制”优势，不断完善政策链，畅通资金链，补齐产业链，提升价值链，积极应对疫情影响和经济下行双重压力，主动作为，多措并举，推动电子信息产业再上新台阶。至年底，全市电子信息制造业实现营业收入2033.3亿元，同比增长7.9%，成为全市首个2000亿元级产业，占全市八大产业的1/3、全省电子信息产业的1/5。全市拥有电子信息规模以上企业215家。其中，500亿元以上企业集团1个（南昌华勤系），100亿元（含100亿元）至500亿元（不含500亿元）企业5家（华勤电子、龙旗信息、美晨通讯、诚志股份、勤胜电子），10亿元（含10亿元）至100亿元企业20余家，中国电子信息百强企业18家，中国VR50强企业16家。

【南昌VR主题乐园入选全国科普教育基地】 2022年2月7日，中国科协公示2021—2025年全国科普教育基地第一批认定名单，南昌虚拟现实主题乐园（南昌VR主题乐园）入选。南昌 VR 主题乐园，为红谷滩城投集团下属南昌虚拟现实主题乐园有限公司运营场馆，是 2018 年、2019 年两届世界 VR 产业大会期间，面向全世界展示南昌 VR 产业创新发展和展现江西 VR 产业建设成果窗口。场馆位于红谷滩区九龙湖新区九龙大道与上饶大街交会处，与南昌国际博览城相邻，是江西省重点打造的国家级 VR 产业基地核心项目之一，是国内首个将 VR 前沿机台整合技术与文化、旅游、娱乐、休闲体验相结合的实境式 VR 主题乐园。

**【全省虚拟现实产业链工作推进会】**

2022 年 2 月 9 日，全省虚拟现实产业链工作推进会在南昌市红谷滩会议中心召开。会议总结上年全省虚拟现实产业链链长制工作情况和科技创新工作取得的最新进展，部署 2022 年虚拟现实产业链链长制工作，听取相关单位虚拟现实产业链链长制工作落实情况介绍，并就产业及发展环境进行交流。省委常委、南昌市委书记、省虚拟现实产业链链长李红军主持并讲话。省科技厅、省工业和信息化厅等 29 家省直成员单位和南昌、赣州、吉安市政府及相关单位相关人员，部分省虚拟现实产业链专家咨询委员会专家以及重点企业代表参加。

**【滕王阁 AR 灯光秀】** 2022 年 2 月 15 日，以滕王阁为主背景，庆元宵为主题的 AR 灯光秀“滕王阁虎年元宵灯光秀”在抖音、微信、微博等自媒体平台推出。上线后迅速被广大网友转发并获得大量好评。AR 灯光秀以南昌核心地标——滕王阁实景为基础，融入白鹤、L15 高级教练机、绿地双子塔等南昌元素进行创作，将真实场景与虚拟动画“无缝集成”，叠加到同一个画面，形成酷炫立体灯光秀，做到历史与现代、文化与科技融为一体，生动展现南昌历史文化、绿色生态和现代都市形象，使观众达到视觉和听觉上的双重享受，向世界展示南昌文化和城市精神。

**【移动智能终端重点项目投产】**

2022 年 11 月 7 日，江西兆驰晶显有限公司南昌基地正式剪彩投产。基地首次投产已超过 600 条高性能线体，一期投资超过 15 亿元，并将在 2023 年三季度再投入超过 15 亿元，预计三年内实现销售额破 100 亿元，目标瞄准成为全球规模领先的显示行业龙头，引领显示领域发展新方向。同日，华勤产业基地、中微半导体设备研发生产基地等一批移动智能终端项目也宣布正式投产。

**【虚拟现实制造业技术创新战略联盟(VRMTA)2022 年度工作会议暨 VR 产业创新高峰论坛举行】** 2022 年 4 月 29 日，虚拟现实制造业技术创新战略联盟(VRMTA)2022 年度工作会议暨 VR 产业创新高峰论坛举行。会议发布《2021 年度联盟工作情况及 2022 年工作计划汇报》。VR 产业创新高峰论坛现场，近 100 名行业大咖就政府引导、显示技术、行业应用、产业趋势等议题，向与会者作精彩分享，介绍 VR 产业最新创新与商业化应用成果。该次活动面向全产业汇报、展示 VRMTA 工作成果，聚集 VR 产业领军企业与行业领袖，为业内企业提供一个交流、合作、协同机会，共同探讨如何打造和完善 VR 产业创新生态。活动彰显江西省与南昌市加速汇聚全球 VR 资源要素，强化创新驱动，全力打造 VR 产业江西高地和全球 VR 发展风向标的信心与决心。

**【国家虚拟现实创新中心揭牌】**

2022 年 11 月 12 日，国家虚拟现实创新中心正式揭牌并落户南昌，是虚拟现实领域唯一一个国家级制造业创新中心，由工业和信息化部批复，依托南昌虚拟现实研究院有限公司组建，汇聚虚拟现实硬件、软件、内容制作与分发、应用与服务等环节的行业骨干力量。中心将聚焦制约国家虚拟现实产业发展的关键共性技术难题，建设关键共性技术研发、测试验证、检测、技术服务、人才培养和国际合作等平台，逐步构建覆盖虚拟现实全产业链的产业创新生态，推动国家虚拟现实产业高质量发展。

**【欣旺达南昌动力电池生产基地项目部分量产】** 2022 年，欣旺达南昌

2022 年 11 月 12 日，落户南昌的国家虚拟现实创新中心揭牌仪式举行
（市工信局 供图）

动力电池生产基地项目整体拟新建共约5000万千瓦小时新能源汽车动力电池及Pack的生产能力，建设内容涵盖电芯车间、模组Pack车间，污水处理站、员工宿舍楼、餐饮中心等建筑物，总建筑面积约1.41平方千米，总投资约200亿元。至年底，一期项目有3条产线。其中，2条产线已于5月投产，还有1条产线处于设备调试阶段，预计2023年第二季度量产。3条产线全部投产后，可形成640万千瓦小时新能源汽车动力电池生产能力。二期项目共7条产线，均已量产，可形成1600万千瓦小时新能源汽车动力电池生产能力。三期项目共5条产线，其中3条产线已投产，2条产线处于安调阶段，预计2023年第二季度完成量产，全部量产后可形成1350万千瓦小时新能源汽车动力电池生产能力。

**【2022世界VR产业大会】** 2022年11月12—13日，以“VR让世界更精彩——VR点亮元宇宙”为主题的2022世界VR产业大会在南昌举办。国务委员、国务院党组成员王勇亲临大会并讲话。大会共举办开幕式、高峰论坛、平行论坛、VR产业对接会、电子信息产业发展大会、VR产业暨元宇宙博览会等四大板块32场活动，聚集近200名行业大咖发表演讲，组织400余家知名企业和机构在博览会上参展，吸引全球20多个国家和地区的5000多名嘉宾线上线下参会，数万人次参观展览，超1亿人次观看大会直播和转播。大会首次解读《虚拟现实与行业应用融合发展行动计划(2022—2026年)》，公布2022中国VR50强企业名单。发布2022世界VR产业大会VR/AR年度创新奖(创新金奖10项、创新奖76项)。其中，南昌市1个项目获创新金奖、12个项目获创新奖。共10个团队获江西省第四批VR产业创新创业优秀人才团队。其中，南昌市获奖团队为9个。大会签约项目实现数量、金额“双突破”。全省达成合作意向签约项目107个，签约总金额超过716亿元。其中，VR产业项目签约金额339.24亿元，增长16.52%，电子信息及相关产业项目签约金额377.43亿元。全市达成合作意向项目52个，签约金额达429.5亿元，占全省比重为60%。

**【南昌市电子信息产业发展大会】** 2022年11月13日，南昌市电子信息产业发展大会举行。会议介绍南昌电子信息产业发展成果、创业环境等。南昌市将电子信息作为产业发展的重中之重，全力发展移动智能终端、LED、VR等3个优势产业，主动发展工业互联网、物联网、区块链、5G等新兴产业，促进电子信息产业高质量跨越式发展。至年底，全市有365家规模以上企业，包括5家超100亿元企业、20余家超10亿元企业、18家2022年度全国电子信息百强企业。移动智能终端产业一级零部件全部实现本地配套，手机ODM规模排名全国前二。LED实现全产业链覆盖，LED芯片制造和封装产能均位居全国前十。VR产业构建上中下游企业抱团集聚发展格局。拥有华勤、龙旗等一批优秀制造业企业，以及微软、华为、阿里、联想等一批VR头部企业，形成一支创新能力强、市场影响力大、发展前景好的企业梯队。抓紧设立规模200亿元的南昌市现代产业引导基金和20亿元的南昌现代产业基金，为企业发展提供强有力金融保障。各县区精心建设标准厂房、邻里中心等，让企业拎包即可入驻、装机便能生产。同时，致力打通产学研通道，用好用足“人才10条”政策，为大中专毕业生提供住购房补贴，解决人才后顾之忧。

**【江西省半导体照明产业协会成立大会暨产业供需对接会】** 2022年11月15日，江西省半导体照明产业协会成立大会暨产业供需对接会在南昌高新区举行。江西省工信厅党组成员、副厅长江明成宣读成立江西省半导体照明产业链党委的批复。省工信厅一级巡视员王亦斌主持会议。省委组织部副部长、省委“两新”工委书记王小林讲话。南昌市委常委、市委组织部部长余正琨致辞。中国科学院院士、南昌大学副校长江风益作主旨演讲。会上，举行江西省半导体照明产业链党委揭牌仪式，10余家省内LED相关企业现场达成合作意向并进行签约，意向金额超10亿元。江西省半导体照明产业协会是由晶能光电、木林森、兆驰半导体、乾照光电、硅基半导体、南昌光谷集团、中节能晶和照明等7家省内从事半导体照明领域的龙头企业共同发起成立的，首批会员吸纳来自省内从事半导体照明研发、生产及应用的企(事)业单位、科研院所、检测机构等83家会员单位。协会的成立旨在贯彻落实省委、省政府关于实施产业链链长制部署要求，推动产业平衡发展、绿色循环为目标，适应新时期高质量发展新需求，为江西省半导体照明产业提供全方位创新服务。

(袁赫)

## 生物医药产业

**【概况】** 2022年，南昌市认真贯彻落实打造“国内领先、世界知名”的中医药强省战略目标，紧紧围绕“一枢纽四中心”目标定位、“两个大幅提升”目标要求，以保障新冠肺炎群体免疫任务为重点，加快推进进贤医药器械产业升级步伐，稳步推进中国(南昌)中医药科创城建设，努力实现产业布局更优、集聚程度更高、企业规模更大、竞争力更强的生物医药产业高质量跨越式发展新格局。至年底，全市共有生物医药生产企业400余家，经营企业1.6万余家,从业人员8万余人。其中,规模以上生物医药企业126户,工业增加值同比增长14.2%,实现营业收入249.96亿元,增长6.9%。

**【名优企业实力增强】** 2022年,南昌市生物医药企业拥有江中药业、三鑫医疗2家上市公司,贝欧特医疗、一保通、龙宇医药、瑞济生物、新草方5家新三板挂牌企业。在区域分布上,全市生物医药产业已形成“双城创新引领、三区高效协同”发展格局。“双城”,即中国(南昌)中医药科创城江中药谷核心区和中国(南昌)现代医疗器械科创城;“三区”,即以济民可信集团、华润江中集团为龙头的高新区医药总部和营销集聚区,以汇仁药业、江西制药、江西国药等为龙头的小蓝现代药品生产集聚区和以一方天江、立健药业、费森尤斯卡比为龙头的经开区药械产业集聚区。生物医药产业拥有“洪达牌一次性输注器械”等中国名牌产品和“江中”“汇仁”“洪达”“义鑫”“初元”等中国驰名商标。拥有金水宝胶囊、汇仁肾宝片、乌鸡白凤丸、健胃消食片、复方草珊瑚含片等一批明星中药产品。江西济民可信集团获“2021年度中国医药工业百强榜单”第十一位。南昌市华润江中以322.58亿元品牌价值荣登《2022年中国500最具价值品牌排行榜》,居医药行业第六位。至年底,营业收入超20亿元企业有华润江中、洪达集团、益康集团等企业。

**【防疫紧缺药品供应】** 2022年,南昌市有15家企业被列入工信部重点医疗物资保供企业名单。12月15日,市疫情防控指挥部成立药品保障专班,保障全市紧缺药品有序供应。市工信局重点调度江西汇仁药业有限公司生产的“右布洛芬片”“强力枇杷露”“小柴胡颗粒”和“复方鲜竹沥液”,华润三九(南昌)药业有限公司生产的“对乙酰氨基酚口服液”“强力枇杷露”,江西汪氏药业有限公司生产的“小柴胡颗粒”“小儿氨酚黄那敏颗粒”等。向汇仁药业、华润三九(南昌)和汪氏药业3家企业派驻“驻厂员”,确保紧缺药品稳定供应。

**【中国(南昌)中医药科创城江中药谷核心区建设推进】** 2022年,中医药科创城综合体完成项目建设,招商工作正在同步推介和对接中。江中集团研发中心、中药固体制剂制造技术国家工程研究中心、创新药物与高效节能降耗重点实验室、中西医结合癌症研究中心、江西省古代经典名方开发联合研究中心、中国(南昌)知识产权保护中心等六大平台均已正常开展工作。其中,江中科研中心二期建设已完成细胞实验室、微生物实验室、感官实验室、试剂仓库、中试车间内包平台等装修改造。60套中医药人才公寓项目已投入使用,柔性引进21名重点人才,旨在构建各类高端人才在内的企业创新高端智库。

**【弘益药业1类新药HE006片Ⅰ期临床试验】** 2022年8月15日,南昌弘益药业有限公司拥有自主知识产权的一类创新药HE006片Ⅰ期临床试验启动会召开,标志着中国首个治疗急性髓系白血病(AML)的LSD1新靶点不可逆抑制剂临床研究正式启动。该项目研究是HE006片单药治疗复发/难治性急性髓系白血病患者安全性、有效性及药代动力学特征的开放、多中心Ⅰ期临床研究,由中国医学科学院血液病医院担任项目组长单位。

**【济民可信获评2022中国医药创新企业100强】** 2022年9月18日,江西济民可信集团有限公司获“2022中国医药创新企业100强”称号,创新实力获得业界肯定。济民可信现有在研项目70余个,涉及肾病、肿瘤、呼吸、感染、心脑血管、疼痛等多个治疗领域及适应症,产品远销欧美30多个国家和地区,连续多年位列中国医药工业百强前十。

**【生物医药“22条”政策出台】** 2022年9月30日,南昌市印发《关于加快生物医药产业高质量发展的实施意见》,从加大创新研发、产业能级提升、产业转型升级、生态服务体系等方面,有针对性地出台22条政策措施,聚力推动南昌生物医药产业集群集聚发展,全力打响“中国(南昌)中医药科创城”“中国(南昌)现代医疗器械科创城”等品牌,致力于把南昌打造成为中部地区具有重要影响力的生物医药产业集聚区和全国驰名的卫生材料生产基地。

**【第九届中国体外诊断产业发展大会】** 2022年10月27日,第九届中国体外诊断产业发展大会在南昌国际博览城绿地铂瑞酒店国际会议中心召开。大会由全国卫生产业企业管理协会医学检验产业分会主办,全国卫生产业企业管理协会实验医学分会、上海市实验医学研究院、Wiley旗下VIEW期刊协办。大会以“捕捉风向·洞见未来”为主题,聚焦体外诊断行业新风向与新发展,邀请业界知名专家、学者、企业家围绕新形势下如何更有效地构建健康行业生态、促进产业健康发展,应对各种要素带来的机遇与挑战,就知识产权、医改、行业现状、国际化运营能力建设、投融资、战略重组等话题展开全方位、多维度、深层次的分享与讨论。

**【2022中国(南昌)国际大健康产业大会】** 2022年11月25—27日,中国(南昌)国际大健康产业大会暨博览会在南昌绿地国际博览中心举行。大会由市政府、中国研究型医院学会、省卫生健康委员会、省科学技术协会、省中医药管理局、农工党省委会共同主办,省研究型医院学会承办。副省长孙菊生出席开幕式

并宣布开幕。省卫健委主任王水平、副市长王强、省中医药管理局副局长洪珺和两院院士、专家学者、外国使节，全国各省、自治区、直辖市政府代表以及健康产业商协会、医疗机构代表、参展商代表共800余人参加开幕式。省科协主席、农工党省委会主委史可主持开幕式。博览会以“科技大健康，重塑新业态”为主题，展览面积0.03平方千米，共设置医疗器械、生物制药、中医中药、国际医养、健康生活五大展示区，汇聚上海联影、迈瑞、华润江中、国药控股、扬子江药业、康希诺等300余家企业参会参展。大会为消费者医养保障和健康生活带来全新体验与服务理念，为采购商与企业提供更多元化产品选择。同时，大会开启“以会带展”及“高、精、专、全”展会新模式，同期举办2022中国(南昌)国际大健康产业大会主旨报告会暨院士论坛、2022中国(南昌)国际大健康产业院长高峰论坛、2022首届大健康行业产学研合作交流大会等数十场专业学术会议论坛，通过搭建政、商、学、医、研、产的高端对话与合作平台，促进健康产业商贸交往，推动健康产业资源要素相互赋能。

(王怀亲)

## 绿色食品产业

**【概况】** 2022年，南昌市食品行业增速放缓，但总体平稳。全市食品工业形成以煌上煌股份、人之初为龙头的南昌小蓝食品产业基地，以汪氏蜜蜂园、江西小黑小蜜为龙头的江西新建经开区食品产业基地，以南昌统一、娃哈哈为龙头的青山湖区食品饮料产业基地，以正邦、双胞胎为龙头的高新区饲料总部基地。至年底，全市有140家规模以上食品工业企业，覆盖农副食品加工业，食品制造业，烟草制品业，酒、饮料和精制茶制造业四大二级行业，形成以饲料加工业优势突出为主体，烟草、饮料、乳制品、肉制品等行业为支撑的产业发展格局。龙头企业有正邦、双胞胎、江西中烟、益海嘉里、煌上煌股份等。其中，全年正邦实现营业收入34亿元，双胞胎实现营业收入93.1亿元，益海嘉里实现营业收入45.7亿元，煌上煌股份实现营业收入19.5亿元，江西中烟实现营业收入242.56亿元。以上头部企业营业收入占全市食品工业营业收入50%以上。全市绿色食品产业规模以上工业企业累计实现营业收入836亿元，同比增长5.6%，比全市平均值高0.5个百分点，工业增加值增长4.8%，比全市平均值低1.2个百分点。“江西省煌上煌鸭业产业化联合体”入选“2021年农业产业化省级示范联合体”名单；双胞胎集团入围“中国最具价值品牌500强”“2022中国农业企业500强”，列全球顶尖饲料企业前十强；益海嘉里金龙鱼被列入国家粮食及物资储备局第二批国家级粮食应急保障企业名单，其助力乡村振兴案例入选“中国乡村人才振兴优秀案例”。

**【“青山湖区百年封缸米酒非遗工坊”入围全国“非遗”典型案例推荐名单】** 2022年12月12日，文化和旅游部发布《关于“非遗工坊典型案例”推荐名单的公示》。其中，南昌市“青山湖区百年封缸米酒非遗工坊”入选。非遗工坊是指依托非遗代表性项目或传统手工艺，开展非遗保护传承的各类经营主体和生产加工点，是各地开展非遗保护、助力乡村振兴有效载体，在带动当地群众就近、灵活就业方面发挥积极作用。青山湖区百年封缸米酒坊是一家传统手工酿酒坊，几次更名，历经六代人传承，2020年依托市级非遗项目“九月九陈年封缸酒制作技艺”被列为江西省非遗扶贫就业工坊。该酒坊“九月酒”通过参加省、市各类非遗展览和比赛，提升知名度，2019年被评为江西省优质酒，2020年“九月酒”(十年青花瓷瓶)被评为天下英雄城·南昌礼物。

**【太古可口可乐易拉罐饮料生产线投产】** 2022年7月19日，太古可口可乐在江西引进的易拉罐饮料生产线正式启动。该生产线每小时能生产6.6万罐可口可乐系列易拉罐

2022年7月19日，江西太古可口可乐易拉罐生产线正式投产庆典举行
(小蓝经开区　供图)

产品，年产能14.2万吨，产值6.3亿元，是全球技术最先进的易拉罐汽水生产线，能同时实现多种不同包装规格生产，采用行业内最领先常温灌注技术，高性能低能耗，助力江西太古可口可乐实现节能环保和可持续发展。

**【全市绿色食品产业高质量发展规划及农业特色产业发展规划评审工作会】** 2022年，全市绿色食品产业高质量发展规划及农业特色产业发展规划评审工作会在江西农业大学召开。会上，负责2项规划编制的南昌大学和江西农业大学主要执笔人分别就规划编制背景、思路、布局及主攻方向等内容进行详细解读。与会专家进行认真评审，并一致认为这两项规划通过专家评审。另外，特约评审专家结合南昌市实际情况提出有针对性的意见和建议。

**【绿色食品宣传月活动启动】** 2022年11月22日，以"绿色生产 绿色消费 绿色发展"为主题的全国"春风万里 绿食有你"绿色食品宣传月活动在南昌启动。省农业农村厅党组成员、省农业技术推广中心主任兰永清参加活动并致辞。省农业农村厅农产品质量安全监管局局长刘晓斌、省农技推广中心副主任胡彬生等参加启动仪式。各地市、县绿色食品工作机构、绿色食品企业和新闻媒体有关人员200余人参加。在现场，嘉宾一同观看绿色食品宣传片，举行"百县千企万户"云宣传贯彻《中华人民共和国农产品质量安全法》和绿色食品展示品鉴活动，开展食用农产品承诺达标合格证"亮证行动"，进一步推进绿色食品品牌宣传，不断提升绿色食品公共品牌认知度、知名度和美誉度，扩大绿色食品市场占有率和影响力。

**【"5G+智慧工厂"赋能绿色食品产业】** 2022年，南昌市绿色食品产业"5G+智慧工厂"应用成效逐步显现，应用场景不断拓展，企业降本、提质、增效成效不断显现。百威雪津(南昌)啤酒有限公司50万吨年产能车间，只需3名技术人员就能实现对供能、原料处理、糖化、发酵、过滤等所有啤酒酿造环节操作。技术人员采用5G技术能对100余个关键控制点状态进行监控，一旦超过异常范围值就会警报，实现精准把控啤酒品质稳定性。采用数字化"追鹰系统"，提货人员能提前通过网络按序取号，系统能自动识别下单情况和车牌并进行合理分配，有效提高客户提货效率。至年底，公司生产啤酒共25.1万吨。

**【"互联网+"保障"菜篮子"安全】** 2022年，南昌市推动"互联网+"与食品安全监管工作深度融合，通过搭建数字化食用农产品追溯平台、信用监管平台、食品安全综合智慧监管平台，对绿色食品产业日常监管实现由"人"到"机"转变。全市食品生产经营主体信息全部进入智慧市场监管平台，实现风险分类精准化和监管靶向化，做到对问题企业强化监管，对优质企业无事不扰。煌上煌江西总部南昌基地智慧生产车间拥有十万级标准化恒温、恒湿控制洁净车间，有效保障食品安全。引入ERP、MES、WMS等系统，大幅提高数字化生产水平和生产效率。其中，智能传送MES生产线可以实现对产品质量和加工过程实时记录、跟踪和分析，保证产品质量控制，让每个产品都有可追溯性。在全省最大农产品批发市场——深圳农产品批发市场，全市投入2800余万元，建设食用农产品电子追溯系统，每天能完成750—1500批次快检任务，实现场内农产品"来源可溯、去向可追、问题可控"，全市"菜篮子"安全得到有效保障。

（赖莉珊）

## 现代针纺产业

**【概况】** 2022年，南昌市现代针纺产业在空间布局上，形成以青山湖区为主要集聚区，南昌县、安义县协同发展的"一区两园多点"产业布局。通过推动大中小企业融通发展，逐渐形成纺纱、织布、印花、成衣加工等较为完整产业链条，构建以华兴针织、东申针织等骨干企业为支撑、超3000家企业互融共生的产业生态。围绕产业链构建配套体系，打造中国(江西)针织服装创意产业园、江西品牌服饰产业园等一批现代针纺产业承载平台，形成创意设计、时尚会展、电子商务、检验检测、仓储物流等较为完善的产业配套体系。围绕强龙头、补链条、创品牌、聚集群，不断推动现代针纺产业向高端化、智能化、绿色化转型。出台《关于推动现代针纺产业高质量发展的实施意见》，从企业做大做强、智能化改造和绿色发展、品牌建设、创意设计、营销模式创新、对外合作交流、行业协会建设等方面全方位支持产业发展。出台奖补政策，对现有针纺企业购买智能化、自动化设备(含5G、嵌入式系统及信息、软件等)在50万元以上的，按购买设备发票额20%给予不超过300万元补助，推动企业参与"5G+智慧工厂"试点示范建设，加快现代针纺产业数字化赋能。实施"增品种、提品质、创品牌"战略，用奖补政策引导企业加强品牌意识，先后培育良良、贝谷贝谷等30余个知名服装品牌，并不断擦亮"青山湖针纺"区域品牌名片。至年底，全市现代针纺企业近3500家，从业人员近10万人。366家规模以上现代针纺产业实现营业收入共299.9亿元。

**【青山湖区纺织服装产业集群】** 2022年，南昌市纺织服装产业规模在全省11个设区市排名第三，主要集中在青山湖区。青山湖针织服装产业集群聚集近1500家纺织服装企业，年产针织服装10亿件，占全省的60%，在全国针织服装产业集群中规模排第四位，是全国重要的针织服装出口加工基地、全省最大的针织服装产业基地。先后被授予“中国针织服装名城”“国家外贸转型升级专业性示范基地”“南昌青山湖纺织服装创意设计园区”等称号。

【产业人才培育】 2022年，南昌市现有江西服装学院、南昌大学、南昌航空大学、江西科技师范大学、江西工业职业技术学院等各类纺织服装大中专院校，是全国三大职教中心之一，为社会培养大量纺织服装人才，储备一大批纺织服装技术人才，并与国内多所著名服装院校保持良好合作关系，成为纺织服装、服饰行业人才库。

【针纺产业智能升级】 2022年，南昌市现代针纺产业加快大数据、物联网、云计算等在研发设计、生产制造等环节集成应用，建设一批智能制造单元、智能生产线、智能车间，并全面启动数字化工厂建设。其中，华兴针织通过实施5G项目，运营成本降低20%以上，生产效率提高30%以上。产线原有员工300人，升级后仅需要100人，人员降低67%。产线原日包装量8万件，改造后达到20万件，效率提升150%。产线改造后，年销售额将新增产值3亿元，总产值8亿元。

【部分企业获评全国纺织工业先进】
2022年，人力资源社会保障部、中国纺织工业联合会公布《关于表彰全国纺织工业先进集体劳动模范和先进工作者的决定》。其中，青山湖区南昌泽林实业有限公司研发部获评全国纺织工业先进集体，南昌华兴针织实业有限公司董事长王春华获评全国纺织工业劳动模范。

【南昌现代针纺产业发展大会开幕】
2022年8月12日，南昌现代针纺产业发展大会开幕。省委常委、市委书记李红军，市长万广明出席并会见嘉宾。工信部消费品司纺织处处长于琨，中纺联副会长徐迎新，市领导卢伟平、王万征、梅峰、肖云、宋铀、宋亮生出席。200余家知名现代针纺企业代表参会。会上发布《关于推动现代针纺产业高质量发展的实施意见》，提出要立足南昌现代针纺产业基础优势，以产业链链长制为引领，力争2025年全市现代针纺产业规模以上工业企业营业收入突破600亿元，打造具有国内外影响力的现代针纺产业高地。会上共签约项目35个，签约总金额211.6亿元。其中，招商项目20个，产业链合作项目15个。作为南昌现代针纺产业聚集地，青山湖区共签约项目10个，签约投资总额111亿元。

【青山湖针纺产业提质升级】 2022年，为破解针纺产业规模不大、自主创新能力不强等问题，青山湖区持续加大政策扶持力度，鼓励企业引入智能化生产设备，对现有针纺企业购买智能化、自动化设备在50万元以上，按购买金额20%给予不超过300万元补助。至年底，全区推广应用智能装备5000台(套)，重点企业智能化应用率超60%，3500余家企业走上智能化、信息化转型升级之路。全区将现代针纺产业定位为优势产业，不断强化区域品牌建设，鼓励企业与国内外知名品牌建立合作关系，利用品牌授权商业模式加快转型升级。引进多家外贸电商平台和品牌管理公司，构建“互联网+外贸”模式承接订单。定期举办青山湖区线上“织播节”等活动，拓宽国内国际电商渠道。推广线上销售平台，打造跨境电商产业基地、江西芒果电商物流产业园等平台，以及全省首个江西流量经济产业园，引导现代针纺企业开通网上商店，支持有资质企业自行开展线上直播。

【传统产业智能化改造】 2022年，南昌市加快“5G+智慧工厂”试点示范建设，华兴针织、众拓制衣等龙头企业率先建成“5G+智慧工厂”，带动产业链上下游企业协同推进数字化管理、智能化改造。华兴针织实业有限公司5G整烫包装生产车间采用全自动吊挂运输系统，衣物直接运输至等待熨烫区，通过联通标识识别技术，进行衣物归类，节省大量时间与人工。为实现数字化转型，良良实业有限公司与全国电商直播领域头部企业合作，通过数字化手段，赋能企业品牌打造，把流量转化成产品销量。通过进行互联网直播，1个平台直播账号月销售额超1000万元，年销售额超2亿元。至年底，良良实业在电商平台枕头类目份额超70%。

【针纺产业价值链跃升】 2022年，南昌市推动“5G+工业互联网”创新发展，引导传统针纺产业拥抱数字化，推动针纺产业向价值链中高端跃升。南昌联通负责打造纺织数字经济服务平台，助力青山湖区2000余家纺织企业进行数字化转型。这些企业在生产效率、产品质量、减员增效方面，有30%—50%效益提升。全市持续推动增品种、提品质、创品牌，打造出良良、晶心培、爱丽丝、贝谷贝谷等自主品牌。引导企业聚焦创新创意、研发设计、电子商务等重点方向加速升级，产品远销欧美、中东、南非、东南亚等地区，成为全国重要针织服装出口加工基地。

（刘轶君）

## 新型材料产业

【概况】 2022年，南昌市新型材料产业涵盖钢铁、有色金属、建材和化工等传统产业以及新材料产业，拥有方大特钢、江铜集团、南昌硬质合金、雄鹰铝业、江西泓泰、雄宇集团、方大新材料、晶安高科、市政远大等一批重点骨干企业，基本形成以方大特钢为龙头的钢铁产业、以江铜集团为龙头的铜精深加工产业、以雄鹰铝业为龙头的铝塑型材产业、以雄宇集团为龙头的钢构产业格局。其中，方大特钢的弹簧扁钢、汽车板簧以及易切削钢国内市场占有率均居前列。江铜耶兹铜箔有限公司的10微米超薄铜箔、无铅无卤铜箔等产品产量跻身国内前十名。安义县为全国第三大铝型材生产基地。至年底，全市新型材料产业规模以上企业共419户，实现营业收入1300.6亿元，同比下降1.8%。江西晶安高科技股份有限公司被省发改委认定为“江西省锆基材料工程研究中心”，全年出口额超1亿美元，增长30%以上，创历史新高。

**【方大特钢2个项目获评“2022年度智能制造优秀场景”】** 2022年，在工业和信息化部、国家发展改革委、财政部、市场监管总局4家单位联合开展的2022年度智能制造试点示范行动中，方大特钢“数字孪生工厂建设”“污染监测与管控”2个项目通过遴选，获评“2022年度智能制造优秀场景”。“数字孪生工厂建设”项目是在5G+智慧工厂基础上，集成物联网自主感知和工业控制采集的数据，以生产数据为核心、业务为纽带，建设集生产制造管理、协同设计、企业资源管理、可视化决策分析、协同供应于一体可视化平台，实现各个流程节点之间数据和信息交互，并对生产过程的综合数据进行可视化管理，从而为企业安全生产提供保证，为企业科学决策提供支持。“污染监测与管控”项目是将AI智能识别与新型遥感可视粉尘监测技术进行结合，通过将监测设备、服务器硬件设备与管控治一体化平台三大部分集中应用，有效实现有组织排放数据监控、无组织排放数据管理、重点污染区域视频监控、环境空气质量监测微站数据集中管理、单点TSP监测站点数据集中管理，以及遥感在线（VDM）监测数据集中管理、环保车辆数据接入管理等，从而进一步加强企业环保治理设施数据集成和系统控制能力，为企业实现超低排放提供有力支撑。

**【方大特钢生铁制造成本创年度排名最优纪录】** 2022年，方大特钢生铁制造成本在中钢协对标企业中列第三位，刷新方大特钢炼铁史全国年度排名最优纪录。方大特钢炼铁工序紧盯全年生产经营目标，在确保安全、环保、质量前提下，持续与同行业开展对标学习，不断开辟降本新思路、新做法。烧结生产方面，通过推进厚料层烧结工艺技术与减少漏风技术，为烧结矿提产提质创造出有利条件。高炉采取大矿批、大α角布料方式，并结合高富氧、增大喷煤、提碱降硅等低碳冶炼技术，有效改善炉内燃料结构，使高炉技术经济指标得到进一步提升。做好日常能源管控、消除跑冒滴漏、开展修旧利废工作等，为生铁制造成本进一步降低搭建积极有效降本平台。

**【方大特钢年自发电量增幅创新高】** 2022年，方大特钢自发电量超9亿千瓦小时，增幅4.45%，年自发电量、增幅均创新高。为进一步做好自发电工作，采取多项措施提高煤气发电效率。优化发电生产组织，提高各种煤气利用效率，在确保动力介质稳定供应基础上，加大煤气回收力度、优化锅炉发电系统，突破制约发电负荷提升瓶颈，在煤气分配时优先使用发电效率高机组。强化设备管理，采用作业人员日常点巡检与技术人员定期专业点检相结合方式，及时发现问题、解决问题，减少因设备原因导致的非计划停机。进一步强化班组人员管理，通过不同形式培训学习提高作业人员操作水平与责任心，防止人为操作事故。加强与上下工序沟通协调，提高设备定修计划性和准确性，确保设备长周期、高水平安全稳定运行，为自发电工作有序开展提供可靠保障。

**【江铜铜箔公司4微米极薄锂电铜箔工业化制造关键技术】** 2022年5月25日，江西省江铜铜箔科技股份有限公司首卷万米4微米极薄锂电铜箔顺利下卷，标志着江铜成功掌握4微米极薄锂电铜箔工业化制造关键技术，成为国内少数几家能够批量生产4微米极薄锂电铜箔产品的铜箔制造商之一。锂电铜箔作为新能源领域储能系统及动力电池关键材料，其厚度直接影响到电芯综合性能。当前，出于提升电池性能和降低成本需要，动力电池市场对锂电铜箔需求从8微米过渡到6微米，头部企业已经开始少量切换4.5微米产品，4微米产品处于测试阶段。为摆脱中低端同质化竞争困境，江铜铜箔锂电实验团队锁定高端需求，将高端优质客户需求不断转化为技术、质量管控标准，最终落脚在生产技术改革创新中。江铜掌握4微米极薄锂电铜箔工业化生产技术，利于推进江铜铜箔产品迭代，为“江铜制造”在新一轮市场竞争中抢占先机。

**【晶安高科技股份有限公司获国家级第四批专精特新“小巨人”企业称号】** 2022年，江西晶安高科技股份有限公司获国家级第四批专精特新“小巨人”企业称号。专精特新企业是指具有“专业化、精细化、特色化、新颖化”的四化特征企业，专精特新“小巨人”企业则是其中的佼佼者，是专注于细分市场、创新能力强、市场占有率高、掌握关键核心技术、质量效益优“排头兵”。该荣誉是对晶安高科公司在研发水平、创新能力、可持续发展能力、市场前景等企业综合实力认可。

【江西晶安高科技股份有限公司与江西师范大学签署联合招收培养博士后研究人员协议】 2022年5月31日，江西晶安高科技股份有限公司与江西师范大学化学化工学院签署联合招收培养博士后研究人员协议，并组织召开院企合作交流座谈会。江西师范大学党委副书记、化学学科负责人陈义旺教授出席并讲话。江西师范大学化学化工学院党委书记王一喜主持会议。江西师范大学人事处处长、博士后工作管理办公室主任陈军，江西晶安高科技股份有限公司研究院院长、总工程师吴新根，江西联锴科技有限公司董事长宁海金，江西师范大学化学化工学院执行院长钟声亮教授以及校博士后工作管理办公室、晶安高科公司相关部门负责人和江西师范大学化学化工学院领导班子、教师代表等参加。陈义旺对前来参会企业代表表示欢迎，并简要介绍化学学科近年来建设发展情况，特别是化学学科入选省"十四五"一流学科（高峰优势学科）以来所开展的重点工作，取得的突出成果。吴新根简要介绍江西晶安高科技股份有限公司基本情况，并就加大博士后工作站和王雷博士在站研究支持力度、加强与学校（学院）全方位合作等作表态发言。签约仪式结束后，江西师范大学化学化工学院教师代表与江西晶安高科技股份有限公司、江西联锴科技有限公司就博士后工作站共建、合作导师共培进站博士、学生实习、科研成果孵化、科技服务咨询、专利转让等，进行交流，达成多项共识。

【6000T工业型材挤压生产线项目新增】 2022年4月，江西虹鑫铝业有限公司在拥有数条挤压生产线和中国首条三喷两烤自动化立式喷涂线基础上，新上6000T工业型材挤压生产线项目。该生产线是江西省现有最大吨位的单动短行程工业型材挤压生产线，日产能达100吨，打破安义县无超大挤压机历史。该生产线总投资4500万元，占地面积6.80平方米，总长约260米，投产达标后可年产工业型材3.6万吨，产值7亿元。该生产线可生产高端工业型材，拓宽行业市场，推动行业内良性互动，并将带动安义县内同行业企业转型升级。

【南昌市装配式建筑产业基地数量排名全省领先】 2022年7月28日，省住房和城乡建设厅发布《关于公布江西省第二批装配式建筑产业基地和产业示范区名单的通知》，仅有的2家产业示范区——江西进贤经济开发区（产业园）与南昌县武阳装配式产业园均在南昌市。此外，江西省朝晖城市建设工程有限公司、江西国金绿建建筑科技有限公司、江西嘉佳和装配式建筑有限公司、江西海力万欣建筑装配式工程有限公司、江西朝东建筑科技有限公司、杭萧钢构（江西）有限公司、江西省群力钢结构工程有限公司、南昌航空大学（科技类产业基地）等产业基地榜上有名。南昌市产业基地数量排名全省领先，获得国家级和省级装配式产业基地数量共20家。其中，国家级6家、省级14家，占全省获得国家级和省级的装配式产业基地总数量的35.71%。

（李未霞）

## 机电装备制造产业

【概况】 2022年，南昌市机电装备产业是南昌市优势产业，其范围涵盖以南昌奥克斯、南昌海立为代表的家电行业，以泰豪科技、人民输变电、南缆集团等为代表的输变电设备行业，以江联重工、恒大高新为代表的锅炉行业，以南昌矿山机械、聚泰矿山机械为代表的矿山与工程机械行业，以佳时特、中机公司为代表的数控机床行业，以怡杉环保、金达莱环保为代表的环保设备行业，以轨道交通集团为代表的轨道交通装备行业，以江西省智能产业技术创新研究院、哈工大机器人（南昌）智能制造研究院为依托的智能装备行业等细分门类。产业产品主要包括空调及空调压缩机、智能电网、电机电源、电力变压器、锅炉、矿山机械、数控机床、智能化成套装备、智能安防设备、智能机器人等。至年底，全市机电装备制造产业规模以上工业企业共144户，工业增加值同比下降1.2%，实现主营业务收入578.29亿元，增长2.1%。

【江西佳时特数控技术有限公司省级专家工作站成立】 2022年2月21日，江西省科学技术协会发布《关于在江西省生态文明研究院等29家单位设立省级专家工作站的通知》，江西佳时特数控技术有限公司获批设立江西佳时特数控技术有限公司专家工作站。专家工作站是产学研用协同创新和人才引进培养重要平台，江西佳时特以突破国外技术封锁和解决"卡脖子"问题为目标，充分发挥各科研平台力量和优势，攻关新产品研发、加快成果转化，建立研发技术平台，设立院士工作站、博士后创新实践基地、市级企业技术中心、省级工作站等科研平台。

【"洪城协商·委员市长面对面"活动举行】 2022年2月28日，"洪城协商·委员市长面对面"活动在江铃集团新能源汽车公司总装车间现场举行。会上，市政协委员、企业代表结合各自调研成果与切身体会，围绕主题，从强化政府引导、构建全产业链的智能制造示范城市、推动中小企业智能制造转型提升竞争力等方面提出意见建议。市直有关部门负责人就相关意见建议现场作出回应。市委副书记、市长万广明与市政协委员、企业代表围绕“大力发展智能制造”主题进行面对面协商交流。市政协主席卢伟平主持会议。市委常委、副市长肖云,市政协副主席宋亮生出席。江铃集团党委书记、董事长邱天高作为企业代表在会上发言。“洪城协商·委员市长面对面”活动对南昌市深入推进发展和改革双“一号工程”,全力打造区域性营商环境标杆城市具有重要意义和作用,在全市营造良好的智能制造氛围,创造优质智能化转型升级发展环境迈出重要一步。

**【南昌海立第一亿台压缩机下线】** 2022 年 3 月 22 日,南昌海立生产的第一亿台压缩机在南昌经开区的海立大规格智能制造工厂内生产完成,宣布南昌海立第一亿台压缩机正式下线。近年来,南昌海立不断创新突破,持续发力推动技术创新与产业融合,在智能制造、质量管理、供应链建设等领域业务能力和核心竞争力不断提升,并持续关注数字科技、“双碳”目标等领域,不断强化技术引领。在生产线建设上,采用世界一流水平自动化设备、工业机器人与现代化物流系统,通过 ERP、HCM、MES、SCM、PLM 等信息系统加持串联,实现全程信息化,并通过产品实时数据录入利用、云端共享,实现整个工厂数字化和网络化。

**【南昌矿机 CC300 单缸圆锥破碎机亮相俄罗斯莫斯科矿业展】** 2022 年 4 月 26—28 日,俄罗斯莫斯科矿业展览会在俄罗斯莫斯科克洛库斯国际会展中心举办,南昌矿机集团股份有限公司 CC300 单缸圆锥破碎机参展。南昌矿机 CC300 单缸圆锥破碎机是南昌矿机引进先进技术和研究成果后,成功研发的新一代产品。其根据物料层压破碎原理和腔壁磨损特性,具有产量大、产品质量高、磨损成本低的优点,广泛应用于各类高硬度和高磨蚀性矿石破碎作业。通过此次参展,C300 单缸圆锥破碎机已拥有意向客户,为后续开发俄罗斯市场奠定坚实基础。

**【南昌市 7 家企业 7 个产品入选江西省首台(套)重大技术装备推广应用指导目录(2022 年版)】** 2022 年 8 月 4 日,江西省工信厅发布《江西省首台(套)重大技术装备推广应用指导目录(2022 年版)》,全省 34 家企业 38 个产品入选。其中,南昌市 7 家企业 7 个产品入选。“首台套”指的是通过原始创新、集成创新或引进技术消化吸收再创新,实现技术突破、拥有自主知识产权、尚未取得大量市场业绩的装备产品,包括成套设备、整机设备及核心部件等。该次企业“首台套”目录产品将获得从创新引导、推广应用、政府采购到人才培育、财政支持、保险补偿、金融扶持等多方面支持。项目单位在招标采购时,对能够满足采购需求的“首台套”产品,不得设置市场业绩等门槛条件或评审因素。对产品列入“首台套”目录企业,落实研发费用加计扣除、固定资产加速折旧、税额抵免等优惠政策。

**【企业智能制造能力成熟度自评估培训班开展】** 2022 年 8 月 25 日,南昌市工业和信息化局组织开展线上“企业智能制造能力成熟度自评估培训班”。培训班邀请江西省智能产业技术创新研究院专家开展智能制造能力成熟度自评估操作方式、重点和注意事项讲授指导,帮助企业负责人了解智能制造成熟度标准,实现企业智能制造成熟度自评估能力增强、质量提高、效率提升,助力全市规模以上工业企业做好智能制造成熟度自评估工作,推动全市智能制造业发展。全市 120 余名规模以上工业企业相关工作负责人参加。

**【2022 年度智能制造试点示范行动开展】** 2022 年 12 月 30 日,工业和信息化部会同国家发展和改革委员会、财政部、国家市场监督管理总局联合发布《2022 年度智能制造示范工厂揭榜单位和优秀场景名单》。江西省 2 家企业被列入“2022 年度智能制造示范工厂揭榜单位”,12 家企业 15 个典型场景被列入“2022 年度智能制造优秀场景”。其中,南昌市 3 家企业 4 个典型场景入选,分别为方大特钢科技股份有限公司申报的污染监测与管控和数字孪生工厂建设典型场景,南昌海立电器有限公司的智能仓储典型场景,江西兆驰半导体有限公司的先进过程控制典型场景。

(王日港)

## 烟草工业

**【概况】** 2022 年,南昌卷烟厂持续推进烟草制造体系化、信息化“两化”深度融合工作,聚焦企业能力、动力、活力“三力”全面提升,树牢规划、规律、规矩、规范“四规”意识,做好明道、利器、优术、树人、铸魂“五篇文章”,促进企业高质量发展。至年底,生产卷烟共 49.6 万箱,有 15 项实用新型专利获授权通过,8 项发明专利获申请号,《水松纸拼接装置的研制和应用》项目获烟草行业优秀职工技术创新成果称号。

**【融合式管理体系优化】** 2022 年,南昌卷烟厂持续优化融合式管理体系,系统谋划部门职责、目标指标、绩效评价与流程标准,构建“层级支撑明确、逻辑关系清晰、标准流程实用、评价激励到岗”运行控制模型,为实现企业数字化转型打下基础。持续挖掘目标绩效管理潜能,优化激励模式,优化四级目标指标体系,落实指标责任到人。优化对标管理,形成全员目标指标体系和关键指标数据库,建立对标提升机制,落实过程管控和跟踪督导,实现科学精准对标。

**【管理监督体系建设】** 2022年，南昌卷烟厂健全“大规范”监管体系，优化大规范管理制度手册，形成以采购管理为主线，涵盖投资立项、预算管理、计划管理、招投标管理、合同管理、公开管理及监督问责管理的全链条式大规范管理监督体系。扎实做好经济责任风险自查自纠，对企业涉及的16个风险点、62种风险表现形式形成具体工作方案。

**【工艺研讨会召开】** 2022年，南昌卷烟厂组织召开年度工艺研讨会。研讨会聚焦技改后工艺新流程、新标准、新要求，围绕信息系统、工艺设备特性研究、制度标准体系、对标分析、管理诊断、课题攻关、质量风险防控、人才队伍培养、质量文化宣传等28项工艺目标指标提升工作进行研讨，形成重点提升工作清单，并对工艺质量工作现状和存在不足进行深入分析，明确提升目标及责任人。相关职能部门及工艺质量管理人员参会。

**【智能化设备管理模式构建完成】** 2022年，南昌卷烟厂基于二维码实现工单自动接收及设备基础信息共享，数字化、网络化和智能化设备管理模式构建完成。设备维修人员及操作人员通过现场扫码接收工单，根据工单计划开展设备点检、润滑和保养，确保设备维保有效落地。出现设备故障或隐患后，现场维修人员或操作人员及时反馈并处理设备异常情况。各级设备管理人员逐级抽查设备点检、润滑和保养等工作的落地效果，并对检查情况进行考核评价。现场维修人员或操作人员通过扫码及时查询技术标准、设备BOM、备件图册、操作维护手册等静态信息，以及设备运行数据、维护记录等动态信息，实现及时申报和验收评价信息“一页式改善”。

**【ZJ17卷烟机调头轮调试工作台引进】** 2022年，南昌卷烟厂引进ZJ17卷烟机调头轮调试工作台，首次独立完成对卷烟机调头轮总成自主维修和调试工作。调头轮是ZJ17卷烟机上重要部位。该次自主维修和调试包括清洗和检查拆卸零件，更换磨损轴、齿轮、齿轮轴、齿条、凸轮、配气座，更换全部轴承和密封件等，加大修旧利废力度，深挖自主维修潜能，全面降本增效。

**【设备全寿命周期管理】** 2022年，南昌卷烟厂依托设备管理信息化平台，多举措完善并推进设备全寿命周期管理体系。通过标准评审、管理诊断、实践检验、运行分析、系统周期寻优等形式持续优化设备技术标准。持续完善设备全寿命周期管理信息化平台。优化设备“一机一档”、设备抽查管理、月保管理、维修和故障管理等功能。强化设备维保执行落地和效果跟踪。基于系统强化设备专项检查、设备维保过程评价和考核、设备异常跟踪和设备隐患管理，同时基于设备运行状态持续完善技术标准。强化设备全寿命周期过程评价和考核。对点检、润滑、保养及月保等基础性工作效果进行跟踪验证和考核，做实做细设备基础管理。

**【“一页式”标识卡防范质量风险】** 2022年，南昌卷烟厂卷包车间按照“一风险一张卡”原则，编制重大质量风险“一页式”风险防控标识卡，员工“照单执行”落实日常检查、设备维护、风险排查和应急处置。标识卡紧扣“快”“准”2个防控关键，车间工艺管理人员从《卷包车间生产过程质量风险清单》中梳理脉络、提炼重点，在“一页式”卡片上列明管控重点和针对性措施。在预警质量风险同时，员工可对照措施查找不足、落实整改，降低质量问题发生概率。同时，标识卡还附加应急处置说明，以流程图方式阐明问题发现、报告问题、应急处理、隐患排查、隐患消除等5个环节控制要点，让员工快速掌握应对突发问题方式方法。

**【原料养护水平提升】** 2022年，南昌卷烟厂结合行业智慧物流体系建设，立足原料养护工作实际，通过“四维度”全面助力原料养护上水平。创新探索原料养护新模式。聚焦原料养护关键环节，梳理原料养护流程、搭建防霉防虫体系、采集关键数据比对，以全面提升库区原料综合保障能力为目标，逐步形成精益养护新模式。科学布局原料仓储新方式。通过优化仓储资源配置，推进烟叶分类储存新方式，改变原有按生产需求存放烟叶方式，按照烟叶特性实行分区分层管理，有效提升库区整体养护水平。智慧驱动设备保障新规范。依托原料综管系统信息平台使用，常态化做好设备运行状态分析，制订完备日常保养计划，严格落实养护设备自查反馈机制，不断提高设备运行效率。优化健全原料养护新标准。根据库区温湿度变化情况，精准记录库区数据，积极探寻原料养护规律，持续完善原料养护质量标准，为提高防霉度夏原料质量提供技术支撑。

（周爱思）

# 商贸服务业

## 综　述

【概况】　2022年，南昌市商贸服务业坚持“稳字当头”“稳中求进”工作总基调，围绕推动经济高质量发展，立足服务构建新发展格局，坚持扩大开放、加快消费复苏、稳定对外贸易、推动招商引资、聚力平台建设，商务经济运行保持稳中向好积极态势。南昌市被评为全省开放型经济综合先进单位，商贸消费升级工作评价考核连续三年列全省第一位，“加速打造跨境电商综合试验区”被评为全省改革创新“十佳经典案例”。至年底，全市社会消费品零售总额3012亿元，同比增长4.6%。外贸进出口总额1345.6亿元，增长4.3%。利用省外项目资金1419.65亿元，增长8.9%。

【商贸消费提质扩容】　2022年，南昌市把恢复和扩大消费摆在优先位置，充分发挥消费基础作用，紧盯商贸消费提质扩容目标，进一步繁荣商贸市场，持续开展各类促消费活动，着力推动消费市场持续稳定增长、消费潜力进一步释放。以打造全国性消费中心城市为统领，不断丰富优化商品和服务供给，开展各类促消费活动，持续做旺商贸消费氛围，聚焦“零售热、餐饮旺、车市火、电商红、特色显”，围绕“乐购洪城”主题开展“悦享新春”“礼遇夏季”“金秋购物”“爱尚冬季”等各类应季节庆促销活动，通过消费直补、奖励商家让利等形式，构建常态化促消费活动机制，逐步形成具有南昌本地特色和强大周边吸引力的促消费活动品牌。至年底，全市建成大型商业综合体46个。会展方面，坚持“非必要不停办”，全年举办规模以上省市重大重点会展活动40余场，展览面积近1.2平方千米，展览数量和展览面积创历史新高。

【商贸消费复苏升级】　2022年，南昌市持续增强消费供给，不断提升南昌商业辐射带动力，为扩大消费“蓄能”。全市获评绿色商场3家。万寿宫商业街区、699夜市街区、赣州新天地商业街分别获评首批省级示范街区、省级高品质夜间经济街区、省级高品质美食街区。对全市11个农贸市场进行改造提升，推进27个城市“一刻钟便民生活圈”点位建设。不断刺激消费需求。围绕“乐购洪城”主题，以“政府搭台、商家让利、全民参与”方式，全年组织县区和企业共开展各类促消费活动800余场，累计发放消费券2.2亿元，市本级投入超7000万元，带动消费约30亿元。

【招商引资稳步推进】　2022年，市商务局牢固树立“项目为王”理念，不断发挥招商引资在扩大投资方面主力军作用，为投资扩张助力。营造浓厚招商氛围，参与或举办全市重大招商引资项目云签约活动、“进博会走进江西”经贸合作推介会等各类招商活动62场，全年新签约重大项目922个，投资总额4790.18亿元。聚焦招大引强，围绕“4+4+X”产业和重点目标企业靶向招商，推动华润微MEMS传感器产业园、华创10万吨电解铜箔、杭电股份锂电池超薄铜箔等一批主导产业重大项目落户。强化服务保障，运用好“一产一策”“一企一策”，快速推进项目建设，助推已落户企业做大做强，欣旺达动力电池项目一、二、三期投产，兆驰、中微等一批已落户企业在南昌增资扩产，实现“老树发新芽”。

【对外贸易平稳发展】　2022年，南昌市商务局积极抢订单、保主体，精准帮扶，创新业态，推动融合发展，为外贸增长“固本”。组织外贸企业参加广交会、东盟会等展会，鼓励企业稳定产能，扩大出口。全年，全市400余家企业积极开拓海外市场，谋划参与60多个国家和地区国际产能合作及基础设施建设。对外承包工程营业额稳居全省总量第一位，6家企业入选2022年度“全球最大250家国际承包商”榜单，1家企业入选2022年度"国际工程设计企业225强"榜单。畅通口岸、优化结构，加速释放外贸潜力。昌北国际机场进境食用水生动物、冰鲜水产品、水果3个指定监管场地通过海关总署验收，填补南昌无进境商品指定监管场地历史空白。南昌国际陆港铁路口岸(海关监管作业场所)二期开通运行。全省首列"铁路快通"中欧班列顺利开行。"抵港直装""船边直提""离港确认"等水运监管作业模式先后启用。国际贸易"单一窗口"地方特色功能建设全面推进。跨境电商、外贸供应链、外贸综合服务等新业态进一步发展，江西跨境电商基地、"赣货通全球"平台等项目建设顺利推进。离岸服务外包总量突破13亿美元。省级服务外包示范园区6家，占全省总数的2/3。全年，全市外贸进出口总值首次突破1300亿元。

**【"放管服"改革推进】** 2022年，南昌市商务局深入推进"放管服"改革，实行"受审分离"模式，着力推动政务服务标准化、规范化、便利化。商务领域政务服务"网上办"成为全市"五型政府"典型经验，标准化便利化经验做法在全市政务服务督查通报中作为特色亮点宣传。全面梳理商务政务服务事项，按事项设定有依据要求规范事项清单。规范示范文本20余个，形成市、县统一办事指南材料清单。制定实施《南昌市商务局行政审批实施细则》，规范线上线下办事流程。依托南昌市"四级一体"政务服务平台，实现事项"一网通办"。"网上可办率""全程网办率"提升至100%。加强数据共享应用，完善电子证照入库300余件，线上直办"跨区域办理""免证办"覆盖全部16项事项。建立高频事项网上办、"内部联办"机制，一次受理、资料互认、科室协同、并联办理，提升审批效率。复杂事项帮忙办，靠前为企业提供报批指导，不见面预审80余件，加快办、容缺办、免费邮寄等措施大幅减少企业办事时间。精简申报材料14项，推进数据共享免证办，全年按期办结率100%，平均办理时限较承诺时限提速57%。

**【商业布局规划完善】** 2022年，南昌市坚持实施重点商圈功能与品质提升工程，完善商业布局规划。紧扣"最南昌"，打造老城区"万寿宫+绳金塔+进贤仓""老街范"。围绕"最时尚"，推进"万达金街+赣江新天地""潮流范"。构建沿赣江东西联动、南北协同的核心消费载体。全年持续提升建设万寿宫、绳金塔、赣江新天地等一批满足消费需求、带动区域发展、展示城市形象的高品质特色商业街区。其中，万寿宫商业街区于12月中旬入选江西省第一批省级示范商业街区。

(张佳佳)

## 电子商务

**【概况】** 2022年，南昌市电子商务稳中有进、向高质量发展。市流通领域中电商化水平较高，各类企业电商化程度不断提高。超市、便利店、连锁店均采用第三方平台、自建APP或微信小程序等方式，打造3千米配送圈，构建高效、便捷的电商销售网络；餐饮、酒店、景点等普遍利用第三方平台，建立网订配送上门网络销售模式。电子商务新业态不断涌现，电商直播渗透到各行各业，较好地推动经济发展。尤其新冠疫情发生后，线上下单线下无接触配送，成为消费主渠道。电商新业态、新模式发展迅速，社区团购、生鲜电商、智能物流配送，呈井喷式爆发，成为消费零售的新动能，有力地拉动消费增长。至年底，南昌市已有国家级电子商务示范企业1家、国家级电子商务示范基地1家；省级电子商务示范基地3家，示范企业32家；市级电子商务示范基地(含直播基地)11家，示范企业33家。涌现一批特色鲜明的电商龙头企业，如食品行业中的煌上煌、绿滋肴，医疗器械行业中的五世同堂，药品经营行业中的金盛大药房等，农产品行业中的汪氏蜜蜂、秀挹三江、高正、绿源油脂等，化妆品行业中的魅丝蔻、欧泉琳、初芙等，妇婴用品行业中的婧麒、良良实业等。婧麒的孕妇服、魅丝蔻的化妆刷、雪玲妃的护肤品在全网销量均名列前茅。JoynCleon/婧麒、雪玲妃、老俵情、渣渣灰4家企业获2022最受欢迎的江西十大网货品牌。至年底，全市实现网络零售额570.29亿元，同比增长13.58%。

**【打造电子商务发展新高地】** 2022年，南昌市以电子商务示范引领工程为切入口和着力点，加速培育消费新模式，持续推动电子商务和实体经济深入融合发展，着力打造电子商务发展新高地。出台支持电商直播发展政策，鼓励电商直播业态普及和应用；推进电商直播基地建设，致力打造网红直播和品牌聚集高地。发展高品质电商直播，引进和培育一批电商直播龙头企业，打造一批集内容制作、影视技术、直播场景、供应链、品牌孵化等于一体的直播电商基地。支持重点直播电商企业发展壮大，加快培育和引进头部直播电商MCN机构和平台企业，培育垂直细分领域电商平台。持续开展"赣品网上行"和"双品购物节"等电商节庆活动，拓宽本地特色优质产品线上销售渠道。至年底，南昌市打造江西省绿滋肴职业技能培训学校、江西流量经济产业基地、美翻国际网红经济产业园3家电商直播示范基地以及西湖区"梦想小街"电商产业园、江西省海吉星农产品创业孵化基地、魅丝蔻电商大厦、南昌市大学生电子商务创业孵化基地等电子商务示范基地，不断加大电商直播人才培养，做大做强数字经济新业态。

【跨境电商规模化发展】 2022年，南昌市不断完善跨境电商政策体系，跨境电商业态日益成熟完善。出台《中国(南昌)跨境电子商务综合试验区实施方案》《南昌市关于推进跨境电商高质量发展的实施意见》等政策文件，助力跨境电商各类主体做大做强。全年，全市开展跨境电商业务市场主体2000余家。其中，交易规模亿元以上企业98家。有近500家企业、1.4万人集聚在青山湖区江西跨境电商产业基地、高新区江西跨境电商创业园、西湖区梦想小街电商产业园等电商园区，带动间接就业5万余人。10余家有实力的外贸企业和外贸综合服务企业在美国、英国、比利时、日本、哥伦比亚等重点市场设立40余个海外仓，面积超20万平方米。全年，南昌跨境电商进出口257亿元，同比增长74.83%。其中，保税零售进口首次突破1亿美元。南昌综合保税区跨境电商产业园被认定为全省首批省级跨境电商产业园之一，以“跨境电商+产业带”模式带动特色产业、产品出口，推动跨境电商产业集聚化、规模化发展。聚焦广州、深圳、宁波等发达地区，对接亚马逊、eBay、速卖通、阿里巴巴国际站等知名电商平台，引入拼多多、京东、菜鸟、敦煌、新蛋、宏远集团、纵腾集团等知名企业和服务商，吸引江西籍跨境电商行业的成功精英回乡创业，带动本土跨境电商团队发展，形成制造、交易、集货、支付、物流、结算等全产业链“闭环式”跨境电商生态圈。

【网上年货节】 2022年，元旦、春节期间，组织各县区、电商(直播)示范基地、龙头电商企业等，通过线上打折促销、发放电子消费券等形式，开展网上年货节活动。在洪城大市场举办“赣鄱网上年货节”，设置30个直播间、近100名网红开展大型直播带货活动；在华南城举办淘宝直播江西年货节，累计曝光量破1000万人次，进入会场页流量破100万人次，累计销售额200万元；南昌市大型商超在自营平台和APP上开展近100场各类线上促销活动。元旦、春节期间，全市促进线上消费15亿元。

【双品网购节】 2022年4月28日至5月12日，按照“政府指导、企业参与、市场化运作”原则，组织京东、美团、阿里、苏宁易购等10余家平台和南昌市电商示范企业、电子商务(含直播)基地、社区电商企业等，精选商品和服务，集中开展“力度大、优惠多、折实扣”线上促销活动，加快推动新型消费提质扩容，持续激发消费潜力，倡导品牌消费、品质消费，把扩大消费同提升人民生活品质结合起来，增强消费对经济发展的基础性作用。“五一”劳动节期间，全市促进线上消费10.3亿元。

【电商“十百千万”行动】 2022年7月至8月和10月至11月，按照“市县联动、平台企业联合、线上线下融合”方式，以电商新业态新模式为引领，以“赣企电商、赣品网销”为主题，通过线上促销、直播营销、媒体宣传多措并举，组织开展电商“十百千万”行动暨“盛夏金秋 网购洪城”活动。活动期间，组织淘宝、京东、苏宁易购、美团、京东到家等各大平台，开展各具特色、优惠力度大的线上满减打折活动，丰富节日市场。联合抖音生活服务推动本地餐饮、商圈综合、美业丽人等生活服务业入驻抖音生活服务，定向邀约扶持南昌“老字号”、地域特色品牌等企业开设抖音生活服务功能，拓宽销售渠道，通过平台活动开展新品首发/福利套餐/优惠套餐/限免套餐等系列促销活动。通过抖音生活服务集中展示本地优质产品，向用户提供沉浸式、体验式、互动式抖音生活服务售卖场景。各县区(开发区、湾里管理局)商务主管部门结合实际，在开展具有本地特色的线上促销活动外，还组织电商示范企业、重点商贸流通企业和社区电商企业开展线上促销活动。为期4个月的电商活动，全市组织近100家企业、1000余款产品线上集中开展促销活动100余场，推动线上消费持续增长。

(张佳佳)

2022年8月24日，美好江西助农计划——2022抖音生活服务大会·南昌站&南昌市电商“十百千万”行动暨“盛夏金秋 网购洪城”活动举行

(市商务局 供图)

## 商贸流通

**【概况】** 2022 年,南昌市日用百货和副食品经营行业稳步发展,消费升级持续推进,各类百货用品和副食品消费促进举措丰富多样,居民日常消费呈现多层次、多元化,尤其是品质型消费表现活跃。消费载体加快创新,零售品牌不断发展。抢抓消费升级风口、培育壮大消费新动能,力促商贸消费升级,进一步释放商贸消费潜力,从而带动全市商贸物流水平提升。至年底,全市社会消费品零售总额 3012 亿元,同比增长 4.6%。

**【市场保供稳价】** 2022 年,为切实保障市场供应,维护市场经营秩序和群众生活稳定,南昌市商务局迅速行动,加大货源组织,积极投放市场,全力做好市场保供稳价工作。密切关注生活必需品市场动态,建立首批 20 家市本级生活必需品应急保供重点企业,涵盖粮、油、肉、菜、水、成品油等重要生活物资供应企业。及时联动各大商场、超市、农贸市场和大型交易市场(华润、深农批、财富广场、旺中旺、新洪大)等,指导重点商贸流通企业分析市场消费需求,加大相关商品库存数量,丰富商品种类,做好生产企业和运销大户产销对接,确保进货渠道畅通,重点确保粮、油、肉、蛋、菜、奶等主要生活必需品供应充足。严格监督检查,确保市场安全稳定运行。督导商贸企业履行主体责任,严格落实"绿码"通行、佩戴口罩、测量体温、消毒通风等疫情防控措施,加大对农贸市场环境卫生整治力度,督促落实农贸市场每日消杀制度和一日一清理制度,切实维护市场经营秩序和群众切身利益。

**【老字号品牌培育推进会】** 2022 年 3 月 2 日,南昌市商务局组织召开南昌市各级老字号品牌培育推进会。市商务局党组成员、副局长胡足卿主持会议并讲话。会议强调,要传承老字号文化。服务南昌老字号企业做好做大做强,不仅是传承南昌商业文化精髓需要,更是新形势下刺激消费潜力,带动经济增长需要,是贯彻好全国促进消费电视电话会重要举措,各县区务必要高度重视。要激发老字号活力。要立足老字号发展现状,挖掘老字号企业特色,积极推进老字号开展跨行业合作,开拓线上促销平台,支持引导社会第三方机构开展老字号商标价值评价,推动老字号创新转型发展。要加大老字号扶持。吃透国家和省级政策精神,在落实国家和省级拟出台老字号管理办法基础上,研究南昌市老字号企业发展保障政策。各县区要大力推广老字号品牌,扩大老字号影响力,组织好本辖区老字号企业积极参展参会,为参展企业争取更多补贴红利。要强化老字号管理。要引导老字号企业坚持诚信为本,规范企业经营。加强动态管理,全面开展老字号复核工作,建立健全退出惩罚机制。要深入开展企业走访,帮助解决企业实际发展困难,做到政企同心,同向而行,奋力推动南昌老字号发展再上新台阶,为促进大南昌都市圈消费做出应有贡献。

**【商贸品牌建设】** 2022 年,南昌市积极探索符合全市商贸发展实际的首店经济发展措施。华润万象城、青山湖龙湖天街、旭辉广场、吾悦广场、赣电九方荟等知名商业综合体盛大开业。全市 15 个品牌成功申报全省知名商贸品牌项目,13 个消费品牌入选 2022 全省最受欢迎十大消费品牌。32 家企业获评 2022—2023 年度省级电子商务示范企业,数量列全省第一位。经开天虹、T16 广场、西湖万达获批绿色商场。新增限上商贸单位数量创历史新高。"乐购洪城""美食洪城""网购洪城"系列应季促消费活动深入人心。万寿宫商业街区、699 夜市街区、赣江新天地商业街分别入选首批省级示范商业街区、省级高品质夜间经济街区和省级高品质美食街区。开展赣菜扬名和赣菜创新行动,全省首届赣菜厨王争霸赛前五强囊括三席。第二届中国米粉节成功举办,"天下米粉看江西 江西米粉看南昌"品牌进一步唱响。

**【"1+5+X"社区邻里中心建设】** 2022 年,为进一步优化南昌市社区商业布局,完善社区商业配套设施和服务功能,南昌市商务局高标准推进建设谊品生鲜中央城店、浩山生鲜奥特莱斯店等 72 家社区生鲜便利店。植入线上线下融合、网订店取、生鲜宅配、手机支付等便民服务功能。要求即食性商品、小百货等经营单品达 1000 种以上。果蔬产品、生鲜肉制品、酱卤食品、组配菜、冷鲜冻品、豆制品、干货副食品品种达 200 种以上。其中,预制菜和成品菜品种超 30 种。至年底,全市建设社区生鲜便利店共 264 家。

**【二手车异地交易便捷化】** 2022 年,南昌市商务局积极推进二手车交易登记跨省通办,便利二手车异地交易。主动与市车管所、市税务局、市监局等部门对接,强化横向协作、纵向联动,各负其责、发挥合力,共同推进二手车交易跨省通办工作。优化二手车转入转出转移登记流程,简化登记手续,实行网上转递,提高办事效率,提升服务水平,便利二手车异地交易开展。统筹做好辖区内二手车销售企业、二手车交易市场主体备案管理工作,推进商务、公安、税务信息互认,指导已备案企业及时更新数据信息,积极引导未备案企业开展备案工作。至年底,全市 5 家二手车交易市场共办理 24179 辆异地车辆交易。

(张佳佳)

## 餐饮业

**【概况】** 2022年，南昌市餐饮企业抓住有利时机，开展“深夜促销”“阶梯打折”“团购礼包”等形式多样、内容丰富促销活动，为消费者提供多元化、高品质消费。组织开展“美食洪城”餐饮促消费、“品赣菜 夜经济 悦精彩”、第二届中国米粉节等活动，拉动餐饮消费快速回升，推动餐饮行业加快恢复、加速繁荣。持续推进载体培育，提升场景功能，组织参加省级高品质夜间经济街区、省级高品质美食街区评选，其中699夜市街区入选为省级高品质夜间经济街区、赣江新天地商业街入选为省级高品质美食街区。至年底，全市餐饮业营业额194.74亿元，比上年增长3.2%。

**【首届赣菜厨王争霸赛颁奖晚会】** 2022年8月25日晚，首届赣菜厨王争霸赛颁奖晚会在南昌举行。颁奖晚会紧扣打响赣菜品牌、弘扬赣菜文化这一主题，设置“赣菜文化秀”等环节，穿插各类文艺表演，展示赣菜文化独特魅力。该届大赛由省商务厅、省人社厅、省总工会、团省委、省广播电视台共同主办，省餐饮烹饪行业协会、江西卫视承办，各设区市商务主管部门、相关行业协会参与。活动以“继承、发展、创新”为主题，省内11个设区市及省外共1031名选手参赛。经过主题突围赛、决赛激烈角逐，朱强生获冠军，肖家飞荣获“江西省青年岗位能手”称号，朱强生、邹建华、邹荣华、罗庆华、熊沅江、肖家飞获“江西省技术能手”称号；前10强选手荣获“赣菜名匠”称号；前30强选手荣获“赣菜名厨”称号。南昌市8名厨师进入首届赣菜厨王争霸赛全省30强，占全省的26%。其中，3名厨师分别获全省第一、三、五名，7名厨师进入2022赣菜创新大赛暨米粉擂台赛16强。

**【“品赣菜 夜经济 悦精彩”活动】** 2022年11月11日晚，由省商务厅指导，市商务局、红谷滩区人民政府联合主办的2022南昌市“品赣菜 夜经济 悦精彩”活动启动仪式在红谷滩万达广场举行。启动仪式上，为获得2021年度南昌市夜间经济目标考核第一、二、三名的县区（开发区、湾里管理局）代表颁发奖牌。启动仪式后，开展赣菜美食展示品鉴、大V主播直播联动等活动，消费者线上线下感受南昌夜间经济火爆氛围，沉浸式体验赣菜美食文化独有魅力。南昌市“品赣菜 夜经济 悦精彩”活动为期6个月。

**【第二届中国米粉节】** 2022年11月24日，由江西省商务厅、南昌市人民政府、中国饭店协会共同主办的第二届中国米粉节在南昌绿地国际博览中心开幕。该届米粉节以“小米粉大产业 扩内需促发展”为主题，共设置论坛会议、展览展销、特色活动等三大板块。南昌绿地国际博览中心主展馆面积超3万平方米，较第一届扩大7000平方米。全国23个省（市、区）的近500家企业参展，参展省（市、区）较第一届新增7个、参展企业增长20%。益海嘉里、煌家徐妈、周真真、王仁和、金健米业、青岛海科佳、立达老汤、春丝、麻姑、五丰等一批全国知名产业链品牌企业参展参会。中国工程院院士孙宝国、谢明勇，阿里巴巴集团、京东集团副总裁等100余位嘉宾和30余位省有关单位及设区市领导参加相关活动。米粉节期间，还举办了中国米粉产业发展大会、中国米粉产业链产销对接会、中国团餐产业发展大会、全国文旅民宿酒店产业峰会等26场活动，近1万家采购商线上线下采购。米粉节期间，线上线下交易额3.4亿元，意向订单额近10亿元。

**【2022海昏汉文化美食周启动】** 2022年9月30日，由江西省商务厅、南昌市商务局、南昌市文广新旅局、南昌汉代海昏侯国遗址管理局具体指导，江西省赣菜产业发展促进会、南昌汉代海昏侯国考古遗址公园联合主办的2022年“汉韵海昏 国潮赣菜”海昏汉文化美食周开幕仪式在南昌汉代海昏侯国考古遗址公园举行。该次活动以赣菜品牌走进海昏侯国为契机，采用线上线下联动方式，让消费者在喜闻乐见的氛围中感受赣菜文化，品鉴赣菜美食，体验赣菜新形式。同时通过海昏汉文化美食周系列活动，积极打

2022年11月24日，第二届中国米粉节开幕

（魏勇剑　摄）

造赣菜餐饮消费新场景、新地标,助力健康、时尚新赣菜发展,持续提升赣菜品牌影响力。

(张佳佳)

## 住宿业

【概况】 2022年,受新冠肺炎疫情等因素影响,南昌市住宿业呈现平稳增长态势。全市住宿业营业额突破50亿元,达50.06亿元,较上年增长4.5%。为邦理想酒店(南昌市为邦酒店管理有限公司)、南昌温德姆花园酒店(江西省美吉酒店管理有限公司)等2家酒店被评为银树叶级绿色旅游饭店。

【民宿企业经营风险防范】 2022年8月,南昌市文广新旅局组织有关人员,通过实地走访、发放问卷等多种方式向南昌民宿企业、行业协会等进行需求调研,并于9月面向社会公开征集民宿险合作保险及保险经纪机构,旨在通过“政府引导、市场运作”旅保合作机制,引导专业保险及保险经纪机构,为南昌民宿行业经营主体量身定制民宿业专属综合保险解决方案,帮助民宿企业应对疫情、极端天气等突发情况带来的经营风险。11月8日,南昌市民宿险座谈研讨会举行。全市行业协会、民宿企业、保险及保险经纪机构等各方代表参加座谈交流。会上,座谈讨论民宿企业面临的困难和挑战,听取保险及保险经纪机构民宿险产品方案介绍,探索满足乡村民宿经营需求的保险服务,支持乡村民宿健康发展。

【2022全国文旅民宿酒店产业峰会暨乡村振兴发展论坛】 2022年11月24日,2022全国文旅民宿酒店产业峰会暨乡村振兴发展论坛在南昌保利皇冠假日酒店举行。来自全国各地100余名民宿企业代表出席。该次峰会由江西省商务厅、南昌市人民政府、中国饭店协会、南昌市湾里管理局共同主办,围绕“多元重构文旅消费·文化助力乡村振兴”主题,进一步推动文旅民宿及乡村旅游等相关产业高质量发展,充分挖掘江西省文化、旅游、住宿、地标美食发展潜力,打造深化产业融合,探索新时期民宿产业赋能与文旅融合发展道路。活动期间,民宿企业代表就文旅民宿产业在乡村振兴战略中的重要作用及产业发展方向、营销模式等内容进行交流和探讨。在以“乡村投资运营模式的未来出路”为主题的圆桌对话环节中,青绿智库创始人老管、凡界创始人陈卓、麋鹿文化创始人李云东、蓝莲花开联合创始人温翠云、湾里民宿行业协会执行会长韩莉针对乡村运营的投资模式、合作模式以及土地资产等方面进行探讨。通过该次峰会活动,多家民宿品牌企业代表与湾里管理局达成意向合作,共同打造优质乡村度假产品。

(张佳佳)

## 供销合作

【概况】 2022年,南昌市供销联社始终牢记为农服务宗旨,聚焦主责主业,完成社有土地托管服务面积4.03万公顷。以深化供销合作社综合改革为重点,筹备组建以搭建农业投融资平台为主线,探索与国企错位发展新模式的南昌市供销集团。以社有资产保值增值为路径,制定企业经营业绩考核办法、修订租赁管理办法等制度,进一步优化资产租赁管理流程和方式。至年底,南昌市在全省供销系统年度综合业绩考核中获一等奖。

【社有企业管理规范】 2022年,南昌市供销联社坚持新发展理念,按照“四个一”(每处资产一张资产表、一张地理坐标图、一份租赁价格评估报告、一套租赁合同)标准,对57处资产建立资产档案。市供销联社社有建筑资产等总面积22.7万平方米。其中,投资2.6亿元建设的南昌供销大楼总建筑面积4.5万平方米,估值4.2亿元。引进7家央企和民营龙头企业租用社有建筑和土地,年租金收入1000万元,年创造税收1.1亿元,解决300余人就业。9月,持续开展“进企调研,加强企业管理,确保社有资产保值增值”活动,采取实地走访、座谈等方式重点了解企业生产运营、项目经营、财务管理、租金收缴、安全生产、制度执行等情况,加快推进企业改革,促进企业转型升级。

【数字供销发展】 2022年,南昌市供销联社进一步打通销售合作渠道,加快企业转型步伐,积极探索“数字供销”发展模式,助力全市“三农”(农业、农村、农民)工作高质量发展。全市供销系统以南昌市列为国家冷链物流骨干网通道试点城市为契机,着力转变经济发展思路,扎实推进以生鲜农产品冷藏、生产加工、低温储运为主的城乡冷链物流体系建设。农产品冷链物流发展环境持续改善,规模总量稳步提升,业态模式不断创新,产业地位不断提高,成为稳增长、促消费、惠民生重要新兴力量。建设南昌供销文化展厅,深度挖掘供销文化,突出“扁担精神”“背篓精神”在新时代发展中重要作用。建设供销智慧展厅,展示全市为农服务新模式,推动供销联社产业朝“一体化”“全业态”趋势发展,实现有效联动、交流合作、协同发展,助力供销各项产业做大做强,带动更多农民走上致富路,全面助力乡村振兴。

【供销展厅开放】 2022年11月4日,南昌供销文化展厅、南昌供销智慧展厅对外免费开放。南昌供销文化展厅分为供销文化展示区、典藏馆和孺子书房三大区域和8个展示单元，采用“实物展陈、影片播放、沉浸体验”等多种方式进行供销文化展示。在供销文化展厅内打造建设孺子书房，以智慧图书为亮点，采用信息化技术、自动化设备，实现24小时智能借书和自助阅览。南昌供销智慧展厅包含5个正式单元和序厅、尾厅，共7个部分，通过大数据、云计算、5G和人工智能技术，实现“面对面”“点对点”线上供销，全面系统展示全市“为农服务”综合平台建设情况。

**【南昌供销集团组建】** 2022年，南昌市供销联社稳步推进组建南昌供销集团。南昌供销集团坚持为农服务方向，坚持改革创新精神，坚持市场化运作规则，抓好“四项服务”（农业社会化服务、城乡物流服务、农产品品牌服务、电子商务服务）、“两大建设”（供销冷链物流骨干网建设、供销大数据平台建设），在南昌县等地开展土地流转项目、投资西部物流园项目，促进全市供销事业稳步发展。

**【西部物流园项目建设】** 2022年，南昌市供销联社为贯彻落实市委、市政府关于建设南昌西部物流园相关要求，按照4、3、3架构均衡配置股权，与省供销联社、市政农控集团联手，把“姓农、为农、务农”理念落到实处，组建工作专班，推进西部物流园项目建设。西部物流园拟选址南昌新建区望城开发区，邻近城市西二环高速。项目建成后，将进一步优化全市现代物流发展布局，保障沿线百万人口生产生活物资供给需求，加快南昌城市“东进、南延、西拓、北融、中兴”步伐。

**【供销综合改革持续深化】** 2022年，南昌市供销系统深化供销合作社综合改革任务落地见效。开展基层组织建设“巩固提升年”活动。至年底，实现“四位一体”（基层供销合作社、村“两委”、农民生产合作社、资金互助组织）运作基层社23个，规范建设“3+2+N”综合服务社245个，领办创办农民专业合作社271个，完成土地托管服务面积4.03万公顷。加强农民专业合作社交流合作，提升基层供销社为“三农”服务能力，推动农业农村现代化发展。

**【为农服务能力增强】** 2022年，南昌市供销联社充分利用600万元市供销发展专项资金和300万元化肥淡储资金，支持开展25个冷链物流和“互联网+第四方物流”仓储设施、为农服务中心改造等项目建设。11月，组织全市供销系统农民专业合作社业务骨干能力提升班，为5家社有企业分管领导及部分业务骨干、各县区供销合作社分管领导及业务骨干、部分农民专业合作社（农合联）负责人共50余人进行理论和实践培训，推动农民专业合作社依法经营、规范管理，提升农民专业合作社规范化建设水平。

**【供销集配体系健全】** 2022年，南昌市供销联社推进城乡冷链物流骨干网、“互联网+第四方物流”供销集配体系建设，不断形成联结产地到消费终端农产品市场网络。多次赴广州市、九江市等地学习考察冷链物流和“互联网+第四方物流”供销集配体系建设先进成果，分析研究物流市场行情、企业运营模式及未来发展趋势。出台《南昌市“互联网+第四方物流”供销集配体系建设工作实施方案》，明确目标责任，扎实推进“互联网+第四方物流”供销集配体系“三化”（规范化、标准化、品牌化）建设，着力打通解决农产品进城“最先一公里”和工业品下乡“最后一公里”。

**【供销安全生产排查】** 2022年3月、6月，南昌市供销联社先后组织开展平安建设宣传月和安全生产月活动，排查供销安全生产隐患，及时整改存在的问题，确保全市供销生产安全有序。结合做好春节、“五一”国际劳动节、国庆节和党的二十大召开期间安全稳定工作，对社有资产开展2次安全大检查，压紧压实社有企业安全生产责任，牢固树立安全发展理念，消除各类安全风险隐患，坚决防范重特大事故发生，维护全市供销系统安全稳定。

（周艺伸）

## 粮油物资储备

**【概况】** 2022年，南昌市发展和改革委员会夯实粮食安全根基，落实粮食安全党政同责，压紧压实保障粮食安全政治责任，推进全市粮食产业发展。市政府印发《南昌市市级储备粮管理办法（修订）》的通知，明确各部门职责，强化市级储备粮监督检查和管理，维护粮食市场稳定，提升粮食收储调控能力，保障粮食安全。

**【粮食储备】** 2022年，市级储备粮实现网上公开竞价交易，市县级储备粮规模全部落实到位，逐步实施对市级储备粮相对集中管理，为全市粮食调控工作提供坚实基础。至年底，全市落实地方储备原粮规模达到国家规定粮食主产区原粮3个月和成品粮15天的储备要求。组织各地粮食行政管理部门与辖区粮食经营企业签订粮食社会责任储备协议，形成政府储备和企业储备功能互补、协同高效新格局。修订完善《南昌市市级储备粮管理办法》等一系列文件，完善管理制度，提高政府调控粮油市场能力。

**【粮食收购销售】** 2022年，南昌市坚持政策性收购和市场化收购并重，积极引导多元主体入市收购，组织各县区参与建立全省粮食收购贷款信用保证基金，市场化收购比重不断提高。组织辖区内涉粮企业参加福州市、哈尔滨市等地粮食洽谈会、产销合作对接、展销会。

【粮食应急保障体系】 2022年，南昌市政府修订《南昌市粮食应急预案》等粮食应急保障制度，建立覆盖城乡应急保供网络。至年底，全市应急加工企业34家、应急配送中心18家、应急运输企业16家、应急供应网点393家、应急保障中心8家，基本实现城乡全覆盖，畅通粮油产品供应"最后一公里"。举办南昌·省市联动粮食应急演练活动，应对突发情况粮食调控能力进一步增强。

【涉粮问题专项整治】 2022年，南昌市编印《习近平总书记关于粮食安全的重要论述及重要指示批示精神汇编》《粮食工作政策法规汇编》《粮食仓储技术规范汇编》等，教育引导干部职工认真学习，领会精神实质，把握要求方法。至年底，省委专项巡视监督检查组反馈南昌市38个具体涉粮问题，整改完成37个。市委专项巡察监督检查组反馈31个涉粮具体问题，全部整改完成。市委书记专题会听取巡察情况汇报点人点事8个具体涉粮问题，全部整改完成。自查自纠31个涉粮问题，全部整改完成。坚持"当下改"与"长久立"相结合，加快建立靠制度管权、管粮、管人、管事长效机制，修订完善粮食领域制度27项。

【粮油执法督查】 2022年，南昌市发展和改革委员会切实加强粮食尤其是政策性粮食监管，紧密结合《粮食流通管理条例》等相关法律法规，认真梳理部门职责，厘清监管职能，建立协调沟通机制，形成监管合力。落实地方储备粮监管主体责任。至年底，共检测储备粮油样品467份。其中，库存政策性粮油监测样品85份、抽查监测样品87份、新收获粮食样品90份、新收购入库粮食快速监测样品205份。强化粮食收购、政策性粮食销售出库监管，同步开展粮食购销定期巡查、粮油收购监督检查和联合执法。早稻和中晚稻收购期间，市发改委和市场监督管理局开展2次联合执法。全年共检查粮油存储库点108个，仓、罐（货位）662个。其中，地方承储政策性粮食库点98个，货位614个。开展政策性粮食库存检查，对全市辖区范围内政策性粮食存储企业库存粮油数量情况、库存粮油质量情况、储备粮油轮换管理情况、粮食购销政策执行情况、安全储存和安全生产情况进行全面检查。对国家粮食和物资储备局"12325"热线和省粮食和物资储备局转来的涉粮案件线索逐一核实，办结2项，正在办理2项。督促粮食经营企业加强粮食质量安全管理，严防劣质粮食流入口粮市场。

【粮食安全抽检】 2022年，南昌市发展和改革委员会采取定期与不定期相结合抽检方式，积极开展粮食安全抽检工作。实行收购、加工和储存环节粮食质量安全监测制度，规范扦样取样、分样、封样，并委托有资质检验机构进行检验。至年底，共抽样检测粮食样品205个。其中，原粮、成品粮115个、早稻品质测报40个、晚稻品质测报50个。

【安全储粮】 2022年，南昌市发展和改革委员会加强粮食仓储建设管理，确保"储好粮"。全市争取省级储设施建设项目24个，专项资金1.4亿元。狠抓粮食仓储安全化管理。坚持把好"入库关"，建立责任追究制度。坚持把好"存库关"，加强对库存粮食日常管理。坚持把好"出库关"，严格落实粮食出库检验、粮食质量管理档案等制度，确保不符合标准粮食不流入口粮市场，让老百姓吃上"放心粮"。

【粮食生产精加工】 2022年，南昌市提升粮食企业精深加工水平，确保"产好粮"。引导粮食加工企业集中、集聚、集群发展，推动粮食加工逐步由粮食初级产品向高端产品、特色产品转变。至年底，全市入统粮油加工企业220家。其中，市级以上龙头企业44家，国家级"放心粮油示范企业"6家、省级"放心粮油示范企业"21家，基本实现自动化流水线作业、无尘化加工。注重发展循环经济，鼓励粮食企业探索多途径实现粮油副产物循环、全值和梯次利用，开展米糠、碎米等副产物综合利用示范，促进产业节能减排、提质增效。全年全市粮油加工转化率71.5%，大米精深加工形成覆盖一、二、三产业完整循环产业链。

【粮油品牌发展】 2022年，南昌市积极培育发展地域优势粮油品牌。鼓励发展大米、米粉、茶油等优质区域公共品牌，实现区域品牌、公共品牌、企业品牌、产品品牌兼容并进、融合发展，南昌粮油产品市场占有率和品牌影响力不断提升。组织多家粮食企业参加线上粮食交易大会等各类展销活动，进一步唱响"南昌好粮油"金字招牌。开展品牌申报、推广工作。南昌市稻香园、绿源井冈、高正等粮油品牌入选江西农产品"企业产品品牌百强榜"。益海嘉里"元宝牌江西米粉"、南昌田环"粮环外引香米"、绿源井冈油茶籽油被评为"江西好粮油"产品。全市粮油品牌和绿色商标总数居全省前列。

（周冬忠）

## 医药销售

【概况】 2022年，江西南华医药公司把握中国医药产业加速整合升级趋势，顺应国家医药政策改革，依托股东双方优势，坚持贯彻落实现代企业管理要求，不断提升服务能力和运营效率，深耕市场，开拓创新。始终以"质量为本，客户至上"为宗旨，坚持全员、全面、全过程执行GSP，严格遵守药品管理法，不断提升公司质量管理水平，确保经营药品质量安全，确保人民用药安全，实现公司经济稳定高质量发展。至年底，公司实现含税销售178亿元，同比上升10.89%，实现利润总额1.1亿元，增长5.12%，上缴税金2.78亿元。公司列江西省医药商业第一位，在全国同行业百强排名中列第17，旗下江西黄庆仁栈华氏大药房有限公司在全国医药零售企业中列第17。公司获评江西企业100强第三十一位和突出贡献企业、江西省优秀企业等。

**【经营管理水平提升】** 2022年，江西南华医药公司进一步发挥国有企业主渠道作用，力争做好经营管理工作。以市场需求为抓手，打好药品销售和新型业务组合拳。落实精细化管理、不断创新思维，立足药品配送主营业务，做好药品销售工作。至年底，对接互联网医院17家。其中，6家实现经营对接，10家在发展中，1家尚在测试阶段。公司积极引进新品和新业态，完善整体流程管理体系，增加新管理制度，在经营活动中规范运作，有效控制和防范经营风险。至年底，取得国家集采品种近700个配送权，国家集采配送份额获全省第一位。

**【数字化赋能药品物流】** 2022年，江西南华医药公司物流中心依托现有道路规划，红绿灯布置，GPS定位，基础地理信息等海量数据，通过对需要配送的数据进行云端计算、结果型输入，从中得到最优路径，优化城市配送系统，提升派车数字化，节省运营费用。同时对药品及疫苗电子监管码进行采集，跟踪销售药品及疫苗安全，完成可追溯体系，确保广大人民群众用药安全。

**【零售药店新业态发展】** 2022年，江西南华医药公司慢病管理业务稳步开展。至年底，新增慢病会员4.68万人，建立专业患者档案1.4万余份，慢病品种药品销售均有不同程度增长。其中，糖尿病品种药品销售增长24%。全年服务大病肿瘤患者5万余人，组织开展疾病诊疗、康复保健等主题宣传教育500余次。3月，江西省双通道政策落地实施，DTP专业药房积极探索创新服务方式，从帮助患者提交大病申报材料，到专业化送药上门等，提供细致、全程服务，获广大患者一致好评。组建"大健康业务部"，将电商、O2O、互联网医院等新兴业务进行整合优化，通过降低整体运营成本，提高运营质量，为广大群众提供便捷的线上服务。5月，与江西本地品牌"乐豆家便利店"达成战略合作，作为江西首家"便利店+药店"门店，标志着江西省连锁超市销售乙类非处方药试点工作在南昌市全面启动。

（韩萨出拉）

## 成品油销售

**【概况】** 2022年，中国石化销售股份有限公司江西南昌石油分公司（以下简称"南昌石油"）以建设"诚信、卓越、创新、共赢"一流销售企业战略目标为愿景，以"服务地方经济，谋求企业发展"为宗旨，铭记"每一滴油都是承诺"社会责任，用实际行动践行"最好的员工在中国石化，最好的服务在中国石化，最好的油品在中国石化"。紧紧围绕"红色基因、智慧智能、业态融合"发展目标，坚持疫情防控与生产经营"两手抓、两手硬"。认真履行"油品不断供、商品不涨价、服务不打烊"企业承诺，为救护车、农机、出租车等民生用油开通绿色通道，用实际行动服务客户、稳定民心，切实扛起保障民生社会责任，充分发挥南昌成品油市场供应主渠道作用，为南昌经济与社会发展作出贡献。积极参与地方各级政府及职能部门开展成油品市场整治工作，配合执法机关对辖区内违法乱纪经营黑窝点进行摸排、蹲点取证、油品抽检。全年，共参与政府成品油打非治违行动80余次，有效净化全市成品油市场。

**【中国石化"爱跑98"百城联动（南昌站）公众开放日】** 2022年1月12日，中国石化"爱跑98"百城联动（南昌站）公众开放日活动举行。"爱跑98"高品质汽油由中国石化自主研发、自主创新，与普通汽油相比，能改善汽车提速性和动力性，显

2022年1月12日，"爱跑98"百城联动（南昌站）公众开放日活动举行
（南昌石油　供图）

著提升汽油清净性，具有独特防伪功能和绿色环保特性。活动现场设置有奖竞答、网络直播、专家讲解、访谈问答、加油体验等互动环节，通过线上线下联动，邀请社会公众代表近距离感受汽车使用中国石化“爱跑98”品牌汽油的动力和速度，以及率先自主研发“把科技注入油箱”的品牌汽油魅力，持续推进油品质量升级，扩大品牌影响力。

**【备耕用油服务】** 2022年，南昌石油与县域农机合作社、种粮大户等对接，宣讲中国石化油品数量质量保障、春耕惠农优惠政策，及时登记农机用油需求，为春耕用油客户开辟加油绿色通道，并提供“送油到田间”服务，积极助力春耕生产，以实际行动践行“以客户为中心”理念。进贤县中石化分公司在辖区内7座加油站开辟“春耕用油绿色通道”，并为来加油用户提供免费热饮和便民午餐，用优质服务助力春耕生产。2月底至3月初，进贤县中石化分公司春耕灌桶用油增长183.6%。安义县中石化分公司精心制定供油方案，为农户申请优惠政策，并安排小油罐配送车将油送到田间地头。3月3日，安义县中石化分公司组织站长为13户农户送油8.05吨，让农户不出村就可以加到放心油。新建中石化分公司组织党员前往乡村振兴帮扶点，主动对接农户，为农户提供用油咨询和服务，及时为农户们登记信息和用油需求，调来小油罐车直接将油送到田间，解决备耕用油问题。

**【应急演练常态化】** 2022年，南昌石油贯彻“安全第一、预防为主、综合治理”安全生产方针，建立内部风险分级管控、隐患排查治理常态化机制，确保每个岗位人员具备相应应急处置及安全防护能力。全市各个库站在各个层面常态化开展针对性广、实战性强、多岗位实战演练，各类应急预案演练覆盖率100%。应急预案演练活动既是对应急预案可行性、适用性有效检验，也是不断提升基层员工应对突发应急事件反应和处置能力的重要举措。

**【“3·15”油品质量宣传科普活动】** 2022年3月15日，南昌石油开展“3·15”油品质量宣传科普活动，践行“每一滴油都是承诺”社会责任。通过在加油机多媒体展示屏播放中国石化油品质量宣传片，发放油品质量宣传折页，宣传普及油品常识、省油小窍门、测量油罐水高等知识，向消费者直观展示油样。现场讲授如何简单辨别油品质量，通过油品质量“闻一闻”和油品知识“学一学”环节，让消费者掌握如何分辨油品质量好坏，介绍劣质油品危害等，为消费者答疑解惑。

**【“3月3易奇游”线上直播带货活动】** 2022年3月3日，南昌石油联合江西星衡开展“3月3易奇游”线上直播带货活动。直播引入奇瑞星途汽车、佳沃水果以及地方特产、景区门票、大牌美妆等特色商品。通过讲解产品特点，现场试用试吃，结合爆款秒杀、特价折扣、幸运抽奖等方式，让观众体验到全方位“沉浸式”购物。当日线上直播累计观看超3.8万人次，点赞数超12.7万人次。

**【“易享节”进社区】** 2022年10月10日，南昌石油组织开展“易享节”进社区活动。活动现场，向社区居民介绍“易享节”“加一元多一件”等相关优惠活动，将易捷优质商品送进千家万户。南昌石油员工积极主动为居民搬运商品、送货上门，打通优质服务“最后一公里”，以实际行动践行“优质的服务是最好的营销”理念。活动销售额达647.42万元，居江西省榜单第一位。

**【加油站智能迎宾机器人】** 2022年6月，南昌石油云飞路加油站新增智能迎宾机器人，为客户提供营销活动咨询、天气情况播报、进店测温、业务操作指引等服务，同时具有娱乐功能。加油站新增智能迎宾机器人举措，旨在全力为客户提供更便捷、更高效、更智能的服务，进一步提升客户消费体验感和满意度。

**【首座新形象综合加能站运营】** 2022年12月，南昌石油麦庐综合加能站正式亮相。麦庐综合加油站是南昌市首座集加油、充电、光伏发电等综合能源服务于一体的新形象综合加能站，经营内容包括92号汽油、95号汽油、爱跑98号汽油、0号车用柴油和加气、汽车充电、易捷便利店商品，并提供爱心驿站便民服务。该站服务功能齐全，环境温馨整洁，“新服务、新标准、新形象”给顾客带来更加高效、便捷、温馨、舒适的服务体验，满足客户多样化服务需求。

（张晓雨）

## 烟草制品专卖

**【概况】** 2022年，南昌市烟草专卖局坚持“稳住、进好、调优”经济工作思路，牢牢把握“三新一高”（新发展阶段、新发展理念、新发展格局、高质量发展）战略导向，锚定南昌烟草“走前列 立标杆”发展目标，高效统筹做好疫情防控和生产经营，以更加全面的“稳”保障更高质量的“进”，各项工作取得显著成效。获全省系统安全生产工作目标管理先进单位称号。市烟草专卖局获全省系统宣传舆论工作考核二等奖、全省系统“百年党史青年说”视频大赛三等奖、全省第四十三次质量管理小组QC技术成果一等奖1个和二等奖2个。

**【经济发展思路规划】** 2022年，南昌市烟草专卖局坚持稳中求进和经济运行“十六字”（总量控制、稍紧平衡、增速合理、贵在持续)方针,实施"大品牌、大市场、大企业"发展战略。聚焦"确立一个核心、优化两个环境、建立三支队伍、打造四个阵地"网络建设发展思路,推动实现经济运行质量提升、品牌发展提质增效、零售终端掌控有力、服务体系持续完善,实现零售户年均毛利率14%以上。以"136、345"品牌高质量发展目标为引领,制订《南昌市公司2022年卷烟品牌发展规划》,建立品牌分级共育机制,构建工商零售品牌共育氛围。持续增强渠道控制力,建成101家美丽乡村星火店,打造具有便民设施等功能店铺550家、具有文化交流属性"小组之家"1300余个,推动实现农网转型升级,逐步形成新时代零售终端体系。"卷烟品牌培育的阵地、经营文化交流的阵地、服务人民群众的阵地、履行社会责任的阵地"四大阵地作用初步显现。

【市场监管】 2022年,南昌市烟草专卖局坚持"立足本地,露头就打"思路,持续巩固完善"政府领导、部门联合、多方参与、密切协作"打假打私体系,全面落实"断源头、打团伙、抓主犯、破网络"方针,强化卷烟打假打私高压态势。践行全链条打假理念,推动警烟联动、数据赋能,打造警烟联勤指挥室,建立24小时联动机制,构建高效作战情报网。持续强化与公安部门沟通协调,将卷烟打假打私工作继续纳入全市公安系统年度考核,最大限度发挥警烟合作监管优势。开展"飓风3号"卷烟打假、重大节日市场专项整治等系列行动,市场治理效能不断提升。以西湖区局为试点,多维度谋划烟草信用体系建设,逐步扩大联合惩戒范围,推动服务对象满意指数不断提升。建立健全零售户服务质量监督员引入退出机制,构建"自查+同级督察"联防联控联治综合体系,持续巩固"八大环节"闭环监管成效。至年底,查获各类涉烟违法案件947起。其中,查获5万元以上大要案373起,涉案总金额5278万元,查处各类非法卷烟4931万支,刑事拘留18人,判刑4人。破获国标网络案件5起。

【企业治理】 2022年,南昌市烟草专卖局树立"大抓基础、大抓基层"导向,把制度建设作为企业治理体系建设、提升软实力重要保障,开展与青岛市烟草专卖局对标共建、与昌都市烟草专卖局帮扶共建、与南昌卷烟厂工商共建活动。完善"寻找标杆、找准原因、制定措施、持续改进"工作机制,推动对标管理、精益管理、创新管理。严格财务管控,严把项目进度和大额资金支出审核关。强化常规审计和专项审计相结合,财审管理、监督水平不断提升。突出行政执法"三项制度"落实、专卖执法检查审批流程执行、执法视频管理等重点环节,开展督导检查全覆盖,持续筑牢执法监督屏障。构建网络安全防线,完成网络重保和攻防演习。健全安全生产标准化和双重预防机制,完善安全风险分级管控和隐患排查治理制度,落实新冠疫情常态化防控,安全形势持续保持和谐稳定良好态势。统筹推动碳达峰碳中和、打好污染防治攻坚战,以及消费帮扶、租金减免等工作,积极落实社会责任。

(伍木兰)

## 会展业

【概况】 2022年,南昌市坚持统筹疫情防控和会展发展一体化思路,采取"非必要不停办"模式,化"危"为"机",大力发展会展经济,多个国际会展、全国性会议、大型企业年会等项目落地南昌。南昌市成为全国流动展会举办的热门城市,南昌会展成为南昌的一张新名片。全年举办规模以上省市重大重点会展活动40余场,展览面积近120万平方米。南昌市举办会展数量、展览面积等方面在全国会展城市中排名第九,在中外会展品牌排行榜——会展业强力复苏城市榜20强中排名第四,获中国贸易报2022年度创新会展城市奖。会展兴业、兴城作用凸显,会展经济发展态势良好。

【宣传推介城市】 2022年,人民日报客户端先后登载《第十九届中国国际检验医学博览会在南昌开幕》《28场会展让南昌年末会展业绚烂绽放》等专题报道,介绍南昌市举办相关会展情况;江西新闻、网易、中外会展、汇会等一批专业媒体对《"非必要不停办"的南昌会展模式》进行报道,介绍南昌市会展经验和做法。这些展会以及相关展会信息塑造、展示、宣传南昌形象,为南昌打开多扇"触摸世界的窗口",一次次向世界推介南昌、宣传南昌,不断扩大南昌国际、国内影响力、知名度。

【促进产业升级】 2022年,南昌市会展业与地区产业发展密切相关,相互促进、相互发展。世界VR产业大会、南昌飞行大会、大健康产业博览会、体外诊断展等展会的成功举办,助推相关产业项目的加速落户,吸引一批相关领域头部企业选择投资南昌。至年底,有8家体外诊断企业落户南昌,众多国内VR、航空领域头部企业入驻南昌VR科创城及航空工业城,无线充电产业园落户南昌经开区。会展产业与全市重点产业链融合发展、协同共享、互相借力,形成"以产兴会、以会促产、产会一体"良性互动格局。

【助推消费升级】 2022年,南昌市会展业对城市产业及周边经济发展具有带动和放大效应,为企业提供更多的交流展示机会,带动县区区域经济发展以及交通、住宿、旅游、餐饮等行业发展。南昌绿地国际博览中心周边酒店在展会空闲期，入住率不到20%；在展会期间，附近酒店、宾馆“一房难求”。据不完全统计，2022 南昌国际汽车交易会（五一车展）和第十七届南昌国际车展（十一车展）2 个车展拉动超 20 亿元的汽车消费；第十四届南昌华夏家博会、华夏家博会 & 喜盈门南昌总店13 周年庆 2 个家博会现场售业额突破 7426 万元；全年会展拉动消费超100 亿余元（不含订单）。

**【中国国际检验医学暨输血仪器试剂博览会】** 2022 年 10 月 26—28日，中共二十大胜利闭幕后的全国首展——第 19 届中国国际检验医学暨输血仪器试剂博览会（简称CACLP）在南昌绿地国际博览中心举办。该届展会分为 12 个展馆，展览面积 12 万平方米，共 1430 家企业参展。其中，世界 500 强企业 9 家，中国 500 强企业 2 家，深、沪上市企业 70 余家。展会期间，邀请 6 名院士、300 余名专家参加专业会议论坛。该展会是全球规模最大、影响力最广的体外诊断行业展会。展会的举办得到全国会展同行高度赞同认可，吸引全国大批展会项目落户南昌。

**【中国水博览会】** 2022 年 11 月2—4 日，2022 中国水博览会在南昌绿地国际博览中心举办。该届展会展览面积 4 万平方米，中国水利水电科学研究院、江西省水利科学院、中国联通、江西水投、科大讯飞、新兴铸管等 150 家知名院所与龙头企业参展，吸引近 1 万名观众参与。同期，召开的第十七届中国（国际）水务高峰论坛以“共建共享共创共赢，助力新阶段水利高质量发展”为主题，通过展览展示、论坛研讨、新技术发布等活动，搭建产业交流融合平台，促进技术交流与合作，为推进新阶段水利高质量发展凝聚强大动能和活力。

**【中国（南昌）智能家居产业博览会】** 2022 年 7 月 8—10 日，2022 中国（南昌）智能家居产业博览会在南昌绿地国际博览中心举办。展会以“智能创新 · 智享生活”为主题，全面展示智能家居行业领域中的新技术和新产品，是南昌探索产业 + 会展模式的一张“智慧名片”。通过展览展示、论坛交流、商务沙龙、赛事活动、投资推介等多项活动，为智能家居企业搭建跨界生态沟通与合作渠道，促成全产业链之间的互联合作。

**【中国（中部）工业博览会】** 2022年 8 月 12—14 日，中国（中部）工业博览会在南昌绿地国际博览中心举办。展会以“中部崛起，智造未来”为主线，重点展出高精密机床、精密注塑、机器人及自动化、数控刀具、机床附件、3D 打印、纺织制衣设备、五金、测量、工业互联网应用等，全方位展现工业制造发展情况。参展企业近 500 家，展区面积 5 万平方米，2000 余个展位。展会同期还举办中国（中部）制造业高峰论坛，会聚业界专家学者、行业精英，共同探索高端制造业发展新模式，增强经济发展新动能。

**【中国（南昌）国际大健康产业大会暨博览会】** 2022 年 11 月 25—27日，2022 中国（南昌）国际大健康产业大会暨博览会在南昌绿地国际博览中心举办。展会以“科技大健康，重塑新业态”为主题，设置医疗器械、生物制药、中医中药、国际医养、健康生活五大展示区，汇聚上海联影、迈瑞、华润江中、国药控股、扬子江药业、康希诺等 300 余家企业参会参展。展会同期“以会带展”及“高、精、专、全”展会新模式，举办大健康产业大会主旨报告会、国际大健康院士论坛等七大论坛等 30 余场专业学术会议，搭建政、商、学、医、研、产高端对话与合作平台，促进健康产业商贸交往，推动健康产业资源要素相互赋能。

**【华夏家博会】** 2022 年 3 月 4—6日，第十四届南昌华夏家博会在南昌绿地国际博览中心举办。该届家博会展出面积 2 万平方米，涵盖家装设计、卫浴瓷砖、全屋家电、地板门窗和家具定制、暖通设备、智能家居等家装产品品牌 100 家。展会期间，华夏家博会线上线下相结合，为1.3 万户业主提供一站式装修采购咨询了解，并实质解决采购需求，现

2022 年 8 月 12 日，2022 中国（中部）工业博览会展厅场景

（成奔　摄）

场成交额突破 2000 万元。

【南昌国际汽车交易会暨新能源车展】 2022 年 6 月 2—5 日，2022 南昌国际汽车交易会暨新能源车展在南昌绿地国际博览中心举办。作为 3 月疫情发生后，江西省内汽车行业和会展行业的“破冰首展”，2022 南昌国际汽车交易会暨新能源车展被誉为“担当之展”，不仅是南昌对于巩固疫情防控成果的信心体现，也是对于推进复工复产与经济提振的迫切需求。展会依托江西广播电视台自有频道、频率和新媒体平台，打造立体化传播系统，吸引南昌及周边地区 6.3 万名观众观展。展会签约成交各类车辆 5900 余辆，成交额 9.3 亿余元。

【中国（南昌）环卫装备产业博览会】 2022 年 12 月 23—25 日，2022 中国（南昌）环卫装备产业博览会在南昌绿地国际博览中心举办。展会设置环卫清扫保洁、环卫设备、垃圾分类及处理、环卫事业发展、智慧环卫科技等展区，近 100 家行业头部企业携新产品、新技术集中参展，全面展示垃圾分类与有机垃圾处理、环卫车辆与智慧环卫、环境清洗清洁设备、市政设备等全环境产业链先进理念、技术、设备与最佳解决方案，为全省环卫装备产业提质升级提供学习交流平台，为全国环卫装备产业企业了解南昌创造机会。

（张佳佳）

## 商贸物流业

【概况】 2022 年，全市 A 级物流企业增加 2 家，累计共 41 家。其中，AAAAA 级物流企业 3 家，AAAA 级物流企业 20 家，AAA 级物流企业 17 家，AA 级物流企业 1 家。全市有 AAAA 级冷链物流企业 2 家、AAA 级冷链物流企业 1 家；五星级仓库 4 家、四星级仓库 1 家、三星级仓库 2 家；省级重点商贸物流企业 20 家，省级重点商贸物流园区（中心）4 家；省级商贸物流产业园“链主”型企业 5 家。

【商贸物流提质升级建设】 2022 年，全市抢抓消费升级风口、培育壮大消费新动能，力促商贸消费升级，进一步释放商贸消费潜力，从而带动全市商贸物流水平提升。开展商贸物流高质量发展行动，出台《南昌市商贸物流高质量发展专项行动方案（2022—2025 年）》《2022 年商贸物流产业链链长制工作要点》等文件，夯实商贸物流政策基础。开展省级县域物流配送体系建设试点工作，完善县乡村三级物流配送体系建设，推动县级物流配送中心向标准化、现代化提升。

【商贸物流园区发展】 2022 年，推进京东亚洲一号向塘物流园、菜鸟网络江西运营中心等为代表的一批现代化、辐射能力强的重大物流项目建设。京东亚洲一号向塘物流园项目占地面积约 26.67 公顷，总投资 10 亿元，已建成包括京东江西区域营业中心、智能物流示范基地、现代化采购中心、京东电商产业园、供应商运营中心、区域结算中心、综合创新示范基地等在内的综合性项目，并建有全省领先的智能 AGV“地狼仓”。通过引入高速智能分拣系统和自动堆垛系统等先进智能化设备，最大化降低人员投入，提高分拣效率，全面实现“自动化、信息化、数字化、网络化、智能化”，生产效率提高 70%，人工成本节约 60% 以上。菜鸟网络江西运营中心是菜鸟网络全国布局的重要节点项目，项目投资 20 亿元，占地 66.67 公顷，一期面积 13.33 公顷。主要包括中国智能骨干网及菜鸟网络辐射江西省的订单生产结算中心和运营中心、物流大数据信息平台、供应链金融服务中心、O2O 体验式购物中心等业态。菜鸟网络江西运营中心，以数据和科技为支撑，打造开放协同的供应链金融服务平台，为商家提供预付融资、存货融资，为菜鸟合作伙伴提供应收融资、设备融资、车辆融资等多元化融资产品。

（张佳佳）

# 金 融 业

## 综 述

【概况】 2022年，南昌市围绕“一枢纽四中心”发展定位，深入实施强省会战略，聚焦扩大金融业总量，提升金融服务实体经济能力，奋力打造区域金融中心，推动金融业高质量发展。全市金融业作为南昌国民经济支柱产业地位更加巩固，发展首位度更加彰显，呈现高质量发展良好态势。至年底，全市金融机构本外币存款余额16110.3亿元，同比增长9.17%，占全省比重30.3%。全市金融机构本外币各项贷款余额18949.13亿元，增长7.54%，占全省比重35.91%。全市保费收入277.29亿元，增长6.9%，占全省比重28.27%。全市企业实现新增6家上市、6家申报、4家辅导、20家完成股改，上市公司数量从33家增加到38家。其中，A股上市公司新增5家，达到31家(含过审待发1家)，占全省的39%。全年新增上市公司数、新增申报首发材料企业数和新增首次报江西证监局辅导企业数均列全省第一位。全年实现金融业增加值729.39亿元，占全省金融业增加值的34.1%。实现直接融资2370.86亿元，占全省总额的42.05%。实现金融业税收136.53亿元，占全省金融业税收比重43.3%。

【金融服务提效】 2022年，南昌市全面优化营商环境，深入实施“一号改革工程”。市政府会同人民银行南昌中心支行印发《开展深入“三区一圈”访企扫铺金融支持稳企业保就业专项行动方案》，组织开展深入“三区一圈”(园区、社区、街区和商圈)访企扫铺专项行动。持续加大首贷户培育力度，提升中小微企业金融服务能力。大力推动首贷续贷服务中心和普惠金融服务中心建设，会同江西银保监局优化升级南昌市普惠金融服务中心平台。推动与省“赣金普惠”平台数据对接，在平台新上线农户专区、金融专家咨询服务以及首贷续贷服务中心等功能。至年底，平台收到融资需求1800余件，完成授信33.28亿元。推动普惠金融服务中心扩面增容，青云谱区全省首家首贷续贷服务中心及普惠金融服务中心(以下简称“两个中心”)于5月14日正式运行，南昌小蓝经开区、新建区等县区“两个中心”陆续建成。着力打通金融服务在乡村“最后一公里”，在符合条件农村建设普惠金融乡村服务站。8月，首批乡村服务站在南昌县投入使用。至年底，全市普惠型小微贷款余额1534.89亿元，增加280.48亿元，加权平均贷款利率4.89%，下降40个BP，比全省平均水平低34个BP。

【产融对接】 2022年5月24日，“南昌市金融助力‘一号发展工程’暨重大重点项目产融对接会”举行，现场签约总金额5700.52亿元。其中，与政策性银行签约5225亿元，其他签约475.52亿元。南昌市政府与国开行江西省分行、进出口银行江西省分行、农发行江西省分行签署战略合作协议。部分南昌市重大重点项目，部分电子信息企业、VR企业与金融机构开展合作签约。同期，举行“一号发展工程”数字经济产业融资服务座谈会，组织重点企业与金融机构面对面交流，相互推介、精准对接金融供需，并邀请金融专家服务团成员帮助解决数字经济企业在发展过程中遇到的困难问题。8月17日，南昌市政府、农发行江西省分行举办农业政策性金融支持南昌市“稳大盘、强省会”政银企对接会，争取政策性金融工具落地南昌。活动现场，农发行江西省分行各支行与全市9家企业在高速公路建设、乡村产业园建设、土地综合整治等多领域签约，涉及项目20个，总金额122.1亿元。协调各驻昌金融机构策应全市“4+4+X”(四大战略性新兴支柱产业：汽车及新能源汽车、电子信息、生物医药、航空装备；四大特色优势传统产业：绿色食品、现代轻纺、新型材料、机电装备制造及若干生产性服务业）产业体系发展，为全市“一产一策”政策开发专属金融产品。

【信贷支持】 2022年，南昌市金融办多次向驻昌金融机构推送各类受疫情影响较重企业名单。至年底，全市驻昌金融机构为受疫情影响的1365家企业提供信贷支持超411亿元。积极争取人民银行南昌中心支行在全国首创应收账款池质押融资试点在南昌落地，破解应收账款质押融资痛点、难点。密切与行业主管部门工作联动，梳理1020户企业“白名单”（税务诚信名单）推送至各驻昌银行，协调提供融资支持。至年底，银行机构与845户“白名单”企业进行有效对接，有效对接率82.8%。

【金融环境优化】 2022年，南昌市金融办积极开展金融机构现场检查工作。组织小额贷款公司分类监管评级、典当行年审以及“双随机、一公开”（在监管过程中随机抽取检查对象，随机选派执法检查人员，抽查情况及查处结果及时向社会公开）等监管工作，推动全市地方金融组织合法合规发展。全面完善处非工作机制，开展养老领域非法集资专项整治、非法集资陈案化解攻坚、防范非法集资宣传月三大行动，“清楼扫街”“宣传七进”等工作经验得到上级部门肯定。至年底，全市新增非法集资案件数、涉案金额、参与集资人数分别下降22%、37%、61%。化解P2P网贷风险。成立由市政府主要领导任组长工作领导小组，按照“稳定大局，统筹协调，分类施策，精准拆弹”方针，不断深入推进网贷风险专项整治。2022年，全市新增1家机构清零，2家机构立案打击。至年底，网贷机构数量和存量余额较整治初期分别下降95.6%和94.9%，网贷风险大幅压缩。实现全省规模最大网贷平台博金贷风险基本化解，一次性兑付比例约80%。实现全省第二大网贷平台小猪理财案回款率超50%，挽损比例在全国同类平台中排名前列，取得全省网贷领域“整治任务最重、整治难度最大、整治效果最好”工作成效。

（曾　嵘　夏　雯）

## 银行业

【概况】 2022年，南昌市银行业各部门克服突发疫情影响，狠抓金融领域各项工作，助力实体经济成效明显，有效激发资本市场活力，金融指标保持稳定增长。至年底，全市金融业增加值实现729.39亿元，占GDP的比重为10.13%，金融业各项指标占全省的比重约30%，有力支持全市经济向好发展。

【信贷结构优化】 2022年，人民银行南昌中心支行加大对重点领域和薄弱环节信贷投放力度。至年底，全市制造业贷款余额1516.20亿元，同比增长14.43%，高于各项贷款增速6.89个百分点。较年初增量占各项贷款增量比重为14.17%，比全省平均水平高0.08个百分点，上升5.53个百分点。高技术制造业、先进制造业中长期贷款分别增长52.23%、39.59%，分别提高26.54个和10.25个百分点。普惠小微领域贷款余额1512.94亿元，增长21.49%，高于各项贷款增速13.95个百分点。贷款户数13.37万户，增长15.37%。涉农领域贷款余额3548.02亿元，增长13.57%，高于各项贷款增速6.03个百分点。

【货币政策工具运用】 2022年，人民银行南昌中心支行充分发挥结构性货币政策工具引领作用，引导金融机构加大对全市投放力度。至年底，累计办理再贴现280.46亿元，占全省比重45.32%。办理绿色票据再贴现30.36亿元，占全省比重23.68%。全市再贴现余额123.69亿元，占全省比重50.6%。多项工具资金使用位居全省前列，全年全市运用政策性开发性金融工具108.5亿元，居全省第一位。科技创新再贷款、交通物流再贷款、普惠小微贷款支持工具、碳减排支持工具运用均居全省前三位。

【债务融资工具发行】 2022年，南昌市共有20家企业在银行间市场发行74只债务融资工具，融资金额共696.5亿元，占全省比重40.1%，发行金额在各设区市中排第一位。其中，共发行6只绿色债务融资工具，发行金额共45亿元，增长8.9%。发行债务融资工具加权平均利率为2.32%，较同期企业贷款利率低2.31个百分点，预计可为企业节约财务成本16.1亿元。

【绿色金融改革创新】 2022年，南昌市持续推进赣江新区绿色金融改革创新试验区建设，探索创新绿色金融产品。指导金融机构开展碳普惠、可持续发展挂钩贷款、绿色供应链贷款等产品创新。促进“畜禽洁养贷”“林农快贷”“绿业贷”等专属信贷产品运用。至年底，全市绿色贷款余额2144.85亿元，占全省比重39.48%，增长28.68%，高于各项贷款增速21.14个百分点。

（柳　翠）

【中国农业发展银行江西省分行营业部】 2022年，中国农业发展银行江西省分行营业部围绕南昌市“三农”关键领域和薄弱环节，充分发挥农业政策性银行“当先导、补短板、逆周期”职能作用，深入推进中央巡视整改，服务稳住经济大盘，助力乡村振兴战略，信贷投放力度持续加大，支农履职质效稳步提升。全年累计投放各类贷款和基金94.7亿元，同比增投26.2亿元，增幅38.3%，年末贷款余额404.6亿元，首次突破400亿元。促成农发行江西省分行与南昌市政府召开农业政策性金融支持南昌市“稳大盘、强省会”政银企对接会议，与9家项目建设单位签订合作协议，签约项目20个，推动国家稳经济一揽子政策措施加快落地见效。全年累计投放农发基础设施基金16.66亿元，高质量完成“保交楼”专项借款任务。紧盯赣江抚河下游尾闾综合整治项目工程，对项目授信87亿元，配套审批基金13亿元，累计投放13.04亿元支持项目建设，为支持地方经济建设注入政策性金融活水。维护国家粮食安全，按照保收储、增供给、当主导、防风险总体要求，统筹做好政策性和市场化收购信贷工作，累计投放粮油类贷款24.84亿元，支持收购粮食13.43亿千克，继续保持信贷支持收购市场份额第一位置，守住“三农”基本盘。搭建政银企合作平台，与市政府签订《政策性金融推进高质量跨越式发展 助力南昌都市圈城乡融合发展合作协议》，达成意向合作金额2000亿元。全年项目储备38个，金额315.04亿元，夯实服务地方经济社会高质量发展基础。紧盯水利项目建设、强农惠农路网建设、产业园区基础设施提升改造等重点领域，支持城乡融合发展重点项目建设，累计投放基础设施建设贷款45.87亿元，服务乡村振兴融商、融智、融资一体推进。持续巩固拓展脱贫攻坚成果，累计投放帮扶贷款14.84亿元，购买扶贫产品15.04万元，继续发挥农业政策性金融扶贫先锋主力模范作用。积极促进农村绿色转型发展，累计投放绿色贷款3.75亿元，年末绿色贷款余额107.54亿元，助力打造美丽中国“南昌样板”。持续推进普惠小微企业服务优化工程，提振市场活力，全年累计投放小微企业信贷资金36.46亿元，年末小微企业贷款余额168.28亿元。积极推广“粮食信用保证基金”和“农村土地承包经营权抵押”业务，累计投放相关贷款1300万元，解决粮食企业融资难问题。助推农业企业跨境贸易，满足多元化金融产品需求，累计办理国际结算业务1.89亿美元，增幅455%。其中，办理跨境人民币业务1.17亿元，增幅792%。坚持优惠支农、让利于农，执行优惠利率政策，贷款加权平均利率远低于市场平均水平，累计为企业节省成本超5000万元。

（闵　锐）

**【中国工商银行南昌分行】** 2022年，中国工商银行南昌分行着力推动自身业务实现高质量发展，整体经营取得好于同期、好于预期良好业绩。至年底，各项贷款余额1376亿元，较年初增加200亿元，增幅17%，服务实体成效进一步显现。各项存款余额1539亿元，较年初增加152亿元，同比增加80亿元，稳存增存基础进一步夯实。聚焦“两企”（道路货物运输企业和物流配送企业）、“两司”（小额贷款公司和担保公司）、专精特新等重点客群，加强与省交投、省建工等重点企业合作。各项贷款、公司贷款、票据融资余额及增量等指标持续保持同业第一位。全年，绿色、制造业、战略性新兴产业贷款分别增长75亿元、38亿元、50亿元。专精特新企业有贷户较年初新增13户，充分发挥国有大行金融主力军作用。深拓数字普惠驱动创新发展。至年底，普惠贷款余额较年初增加21亿元，增幅41%，同业排名第一，服务普惠客户总数6712户，较年初增加2029户，增幅43%。支持重点领域助力乡村振兴。至年底，涉农贷款较年初净增48.66亿元，完成全年计划的162.2%，农村基础设施建设、新型农业经营主体、农户信用贷款等结构指标均超额完成全年计划。因服务实体经济贡献突出，连续2年获市金融机构支持地方经济发展考核一等奖。金融为民，量质并举扩大服务半径。至年底，全量个人客户总量470万户，占全市人口比重73%，较年初提升2.23个百分点，净增14.25万户。金融资产5万元以上个人客户较年初净增3.29万户至27万户，增幅13.9%。个人手机银行月均动户84万户，增长19万户，增幅30%。拓展社保卡新客户27万户，社保卡存款余额较年初增加12.6亿元至31.5亿元。军人优待证制卡5.5万张，超额完成4.6万张年度计划。开立个人养老金5.2万户，缴存人数1.6万人。商户客户较年初净增29933户至83277户，增幅56%，总量增量均创历史新高。其中，活跃商户较年初净增12229户至42060户，增幅40.99%。全年实现商户收单额575.53亿元，较上年提升238.25亿元，增幅70.6%，创历史新高，总量和增幅分别列全国28家重点城市行第七名、第三名。持续强化全面风险管理，狠抓信贷资产质量攻坚。全年，清收处置不良贷款6亿元，完成全年计划的163%，处置增加3亿元。现金清收账销案存资产4070万元，完成全年计划330%，增收3800万元。资产质量总体保持平稳。至年底，不良额13.47亿元，不良率0.99%。开展客户投诉治理攻坚，分行全年监管转办投诉可比同业最优。加大涉案账户治理力度。全年，个人涉案账户数量得到大幅压降，列同业第四位。全面开展案件防控、员工异常行为排查，守住不发生案件和重大风险事件底线。在全辖各支行开展员工违规行为处理规定宣教活动和“行长进课堂、领导上讲台”宣讲内控合规知识活动，不断强化干部员工合规意识，全面提高内控案防能力。

（王义骏）

**【中国农业银行南昌分行】** 2022年，中国农业银行南昌分行统筹做好服务实体经济、助力小微企业、落实减费让利、加强风险管控等重点工作。大力推动城乡联动、区域协调发展，不断提高金融服务水平，助力南昌经济高质量发展。至年底，存贷规模近2000亿元。积极加大信贷投放力度。通过打造特色产品，简化信贷流程、放宽授信条件、降低企业融资成本、提高办贷效率、开发线上产品等多种方式，持续加大对实体经济支持力度，促进地方经济发展转型升级。服务乡村振兴不断深化。县域各项贷款净增49.84亿元，增速25.29%；涉农贷款净增61.11亿元；惠农e贷净增4.71亿元。农业贷款、乡村产业贷款、乡村建设贷款分别净增4.24亿元、5.07亿元、15.23亿元。省级以上农业产业化龙头企业覆盖率74%。惠农服务点空白乡镇覆盖率100%。重点领域投放持续加强。民营企业、战略性新兴产业、绿色金融贷款分别净增11.42亿元、11.44亿元、14.35亿元。"映山红"企业账户、授信、用信分别净增30户、22.48亿元、30.99亿元，开户占比提升8.46个百分点。信贷业务创新亮点频现。发放全省金融机构首笔设备更新改造贷款和国开行重点基金项目贷款、全省农行首笔城市更新改造贷款和农发行重点基金项目贷款。开办链捷贷"融通e信"业务，办理全省首笔总行专营和人行电证项下福费廷二级市场业务、一年期国内证开证、财务公司代集团成员单位进口开证、单一窗口项下汇总征税保函4项产品。减费让利政策落实有力。新发放实体贷款利率下降72BP，减费让利2.8亿元。持续支持重大项目建设。紧跟政府步伐，对接供水、供电、棚改等重点项目，持续做好重点项目金融服务。抓好电子信息、中医药、新能源等优势产业和旅游、文化、体育、健康、养老、教育培训等幸福产业转型升级，以及VR、数字经济等新兴产业金融服务工作，深入提供综合金融服务。创新企业融资方式，拓宽企业融资渠道，不断满足企业多样化融资需求，降低企业融资成本。至年底，分别向在南昌央企投放44.69亿元、省属企业投放79.22亿元、市属企业投放15.95亿元，先后支持省交通投资等一批重点客户，以及梨温改扩建等一批重点项目，助力城市建设和功能完善。全年共承销发行非金融企业债务融资工具27.5亿元，增幅205.56%。其中，为南昌轨道发行首笔绿色债务融资工具——绿色债券超短融。全力推动普惠金融业务发展。在支持民营经济方面主动作为，择优支持辖内大中小民营企业，扎实做好民营企业服务，缓解民营企业融资难等问题。围绕"一圈、两链、三区"，筛选优质小微客户进行精准营销，积极发展小微企业贷款业务。着力抓好政府增信业务，选择与省市政策性担保公司，规范开展好相关业务合作。进一步降低小微企业融资成本。持续降低小微企业贷款利率，切实帮助小微和民营企业解决融资难、融资贵问题。至年底，普惠贷款73.36亿元，净增19.21亿元，增幅35.48%。优化为民服务渠道。全力支持政府民生工程建设。与南大一附院、二附院和省儿童医院、省妇保等省级三甲医院建立保持长期合作关系。支持医疗卫生机构新建、改扩建设、购置设备和日常运营资金需求。打通惠民便民渠道。大力推动网点智能化、数字化转型，持续抓好网点美化亮化工作，提升客户体验，为企事业单位和社区居民提供优质金融服务。至年底，互联网场景高频客户数9.39万户，净增6.63万户。特别是首创智慧团费项目并在全省推广，已上线5个高校智慧团费项目。做好政府部门及部队单位服务。长期为税务部门、房管部门和武警部队提供优质金融服务。不断助力高效社会治理。始终严格落实维护社会稳定责任制和安全生产责任制，统筹抓好疫情防控、安全维稳工作，认真配合打击各类违法犯罪活动。在加快信贷投放同时，积极贯彻落实信贷支持政策，守住风险底线，稳妥化解风险，保持资产质量总体稳定。严格落实常态化疫情防控措施，全面保障辖内各区域正常金融服务，坚决防范化解金融领域风险。

（谢雨辰）

**【中国银行南昌市分行】** 2022年，中国银行南昌市分行认真贯彻市委、市政府工作部署，对标高质量跨越式发展要求，积极参与"一枢纽四中心"建设、大南昌都市圈建设、城乡融合建设等重大重点领域发展，以切实有效金融举措助力提升南昌发展首位度、贡献度和综合竞争力。至年底，中国银行江西省分行在南昌市共设营业机构69个，从业人员近1400人。本外币各项存款余额962亿元，各项贷款余额1085亿元。大力支持"交通强市建设"。紧密对接南昌市加快构建现代综合交通体系金融需求，集中全省中行信贷资源，支持省内铁路、地铁及公路交通、能源电力、市政建设等重大重点项目，先后为昌九城际铁路、中铁南昌局、南昌轨道交通、姚湾码头项目提供信贷支持。至年底，南昌中行基础设施类贷款余额332.08亿元，新增24.46亿元，增幅9.15%。积极服务重点产业转型升级。紧扣南昌市"4+4+X"产业体系这一工业发展主线，找准产融结合点、增长点，加大对先进制造业、战略性新兴产业、民营企业支持力度，力促经济工业提质提速。至年底，南昌中行制造业贷款余额93.29亿元，新增15.19亿元，增速19.45%。战略性新兴产业贷款余额41.24亿元，较上年增加28.31亿元，增速218.95%，为江西兆驰半导体、江西洪达医疗器械集团等众多企业提供金融服务。全年累计投放民营企业贷款226.95亿元，为泰豪集团、汇仁医药等省内知名企业提供贷款支持。加大普惠金融、科技金融支持力度。坚持金融惠民导向，依托各类线上线下、对公对私等普惠金融产品满足客群多元化金融需求。加大"中银企E贷"推动力度，创新科技金融业务，帮助企业获得更专业、更广阔金融配套资源支持。至年底，“两增两控”[“两增”即单户授信总额1000万元以下（含）小微企业贷款同比增速不低于各项贷款同比增速，贷款户数不低于上年同期水平，“两控”即合理控制小微企业贷款资产质量水平和贷款综合成本]口径普惠金融贷款余额89.15亿元，新增25.7亿元，余额市场份额21%，新增市场份额28%，分列四大行第二位和第一位。支持全市科创企业发展。至年底，南昌中行“中银科贷通”产品贷款余额2.18亿元，贷款企业69户，市场占有率超50%。深度参与城市功能品质提升及乡村振兴建设。主动融入南昌市打造全国城市高质量发展示范城市发展大局，持续加大对污水处理、节能减排、生态保护等项目信贷支持，从政策支持、资源配置、流程优化等方面制定落实措施，重点支持绿色金融和县域特色产业发展，为南昌轨道交通集团、江西省水投集团、南昌水业集团等企业提供绿色信贷支持。成功发行江西水投10亿元乡村振兴票据、江西交投5亿元乡村振兴永续中票。至年底，南昌中行绿色信贷新增27.89亿元，增幅20.70%。涉农贷款新增6.35亿元，增速4.43%。

（廖翰旻）

**【中国建设银行南昌分行】** 2022年，中国建设银行南昌分行全面落实监管部门要求，坚持党建引领，纵深推进全面从严治党。不断做强资产、做大负债、做深战略、做实客户、做优风控、做细管理、做好服务，各项主要业务保持平稳快速发展。至年底，一般性存款日均余额1664.57亿元，日均新增154.69亿元，余额排四行第一位、新增排第二位。其中，对公存款余额、新增均列四行第一位。个人存款余额四行排第一位、新增排第二位。各项贷款余额1241.91亿元，新增77.17亿元，余额排四行第二位、新增排第三位。实现中间业务净收入7.73亿元，净收入余额排四行第一位，四行占比43.62%。服务实体经济。发挥基础设施领域传统优势，加大“两新一重”（新型基础设施、新型城镇化，交通、水利等重大工程）等领域支持力度。至年底，基础设施类贷款新增65.37亿元，战略性新兴产业贷款新增24.43亿元。与建信投资合作，为联创电子引入债转股资产3亿元，落地江西省分行首笔债转股业务。发放1亿元上智教育并购贷款，完成并购贷款、并购财务顾问全省首单突破。助力住房租赁。围绕市政府“保稳定、保民生、保交楼”三保原则，优先支持政府保障性租赁住房项目建设。全年累计投放住房租赁贷款7笔、金额12.7亿元。其中，支持保障性租赁住房项目3个，金额7.06亿元。支持类保障房项目4个，金额5.64亿元。支持政府管理系统建设，完成保障性租赁住房系统上线保障房项目65个、房源24675套。实现公租房线上申请审核签约4240笔，租金代扣839笔，金额33.69万元。发展普惠金融。借助“惠懂你、惠助你、外数慧查、二维码营销”等科技赋能工具，与政府、核心企业及总代、商圈、协会、商会等小微客群聚集平台合作，客户总量突破2.4万户。对接江西省农业农村厅、南昌市创业担保中心，创新产品首笔投放和批量办理。全年普惠金融贷款新增20.37亿元，四行余额占比44%，连续4年同业存量占比保持第一位。科技赋能金融。打造“双子星+护城河”线上经营体系，重点搭建铜锣湾T16购物中心、王府井购物中心、华润万家连锁超市、旺中旺连锁超市、有家连锁超市等核心商超场景。拓展交通、文化、旅游等双子星多元化场景，重点搭建双子星地铁乘车码、赣悦行客运平台、新华集团文化广场书店、八一广场书店、老福山书店、江景书店等行业场景。开展重点工会卡、社保卡等特色银行卡场景建设，围绕南昌市总工会普惠平台、南昌市社保中心三代社保卡应用平台开展场景建设。增强金科项目服务效能，搭建南昌市保障房租赁和服务平台等银政项目、南昌大学第一附属医院象湖新院和南昌大学第二附属医院等银医项目、南昌师范学院和南昌工学院等银校项目以及省公积金中心、市公积金中心、铁路公积金中心业务平台的缴存、商贷、快贷提额、线上抵押等数据外联和服务优化项目。推进乡村振兴。聚焦乡村振兴客群和特色产业，通过公司、机构、普惠等多条线联动，加大该领域信贷投入，全行涉农贷款新增9.71亿元。与村委合作，拓展优质裕农通服务点，全年实现村支“两委”覆盖率75%。对接省农业农村厅，完成农机云贷开发上线，联系太平洋保险完成农险贷投放。江西电视台等媒体对中国建设银行南昌分行支持农业龙头企业进行宣传报道。搭建便民平台，助力医院服务患者，加大对南大二附院、江西省中医院“智慧医院”、南大附属口腔医院、南大附属眼科医院二期项目、安义县人民医院、新建区人民医院持续投入打造。在所有智慧柜员机部署上线智慧政务业务，方便市民就近进行政务查询和办理，平台客户5.66万人。联合南昌市税务上线“税银智慧集成办”功能，覆盖全市建行92个服务网点310台智慧终端。与市人社局合作推进人社服务“就近办”，选取40个网点开展合作并布放40台人社自助设备。以智慧政法服务法院和涉案受害人，江西省高院授权南昌县人民法院作为“老庆祥”案款发还工作。作为全省首家试点单位，领先同业为南昌县人民法院上线“老庆祥涉众案款发还系统”。开放网点协助案款登记工作，取得涉案人员一致好评。开发建行生活APP。APP定位于聚焦该地生活服务消费，是由建行自主研发及运营的一个开放式平台。至年底，全国注册用户数10150万户，入驻商户35万户。其中,南昌地区注册用户数73.2万户,日均活跃用户4万余户,入驻商户2200余户。建行生活平台积极响应政府复工复产、促进消费号召,承接多场南昌地区发放政府消费券。至年底,南昌分行累计承接1.1亿元政府消费券,撬动资金近6亿元,惠及商户1000余户。

（彭　玲）

**【江西银行】**　2022年,江西银行股份有限公司主动融入新发展格局,稳步推进改革,全心全意服务实体经济,制定并实施一系列具有全局性意义的发展战略,实现高质量发展。至年底,集团资产总额5155.73亿元,较上年末增长1.38%。发放贷款和垫款总额3114.81亿元,较上年末增长12.16%,吸收存款总额3527.11亿元,较上年末增长2.61%。资本充足率14.00%,拨备覆盖率178.05%,流动性比例85.03%。着力服务地方发展。坚持把服务江西发展作为首要职责,聚焦全省重大决策部署,在融入新发展格局中展现新作为。省内信贷投放实现增量、扩面、提速,全年累计新增419亿元,占全省市场份额6.7%,较上年末提升0.2个百分点,增速高于全省平均增速3.56个百分点,绿色贷款、普惠小微贷款、涉农贷款全部提前超额完成监管指导值,其中普惠小微贷款增速在全省排名前列。多点发力惠企纾困。出台全力支持稳住经济发展22条措施和19条接续措施,加大金融助企纾困力度,支持企业复工复产。通过实行优惠利率等措施降低企业融资成本,客户融资成本同比减少约1.76亿元,为3490户企业(含个体工商户和小微企业主)3953笔贷款办理延期还本付息业务,涉及金额267.99亿元。助力新市民安居乐业。围绕新市民在创业、就业、住房、教育、医疗、养老等方面金融需求,创新金融服务,扩大金融供给,加大新市民贷款投放力度。全年累计投放新市民及相关企业各项贷款642.11亿元,以实际措施助力新市民在城市"立足"与"发展"。支持刚性和改善性住房需求,降低新市民家庭购房门槛,降低贷款融资成本。全力提升品牌形象。聚焦"新江银、心服务",不断丰富品牌文化内涵,推动品牌形象提升。获中国人民银行金融电子化杂志社评选的"2022金融业科技赋能业务创新突出贡献奖""2022金融业数字化转型突出贡献奖";获省金融监管局颁发的"普惠金融创新奖"等多项荣誉。

（叶征昌）

**【招商银行股份有限公司南昌分行】**

2022年,招商银行股份有限公司南昌分行立足新发展阶段,坚定战略转型,优化经营方向,实现质量、效益、规模、结构协调发展。至年底,全折自营存款日均余额、全折自营贷款时点余额均超1000亿元,储蓄自营贷款时点余额600余亿元。支持实体经济高质量发展。加速推动优质制造业贷款投放。成立制造业专营机构、行业研究团队和项目制经营小组。至年底,实现对公制造业贷款近80亿元。其中,制造业中长期贷款近28亿元。持续提高普惠金融服务水平。至年底,实现普惠小微贷款余额190.5亿元,国标小微企业贷款增量1.1亿元。主动与南昌分行及赣州、九江、上饶、景德镇4家二级分行所在地创业担保中心合作,发放29笔企业创业担保贷。在南昌市财政局创业担保贷工作评选中获"优秀",成为唯一一家获此殊荣的股份制银行。加大对绿色金融领域支持力度,深入贯彻落实国家"碳达峰、碳中和"战略,重点支持资源循环利用、可再生能源、清洁能源、绿色交通和节能环保等关键领域,并以此优化自身资产结构。至年底,实现绿色信贷余额超60亿元,增幅9.77%,超对公贷款增速3.77个百分点。支持乡村振兴战略,设置涉农贷款考核,强化过程监测,不断完善对涉农工作绩效评价和激励约束机制。至年底,涉农贷款户数2489户,贷款余额超60亿元。完善定点帮扶机制,选拔8名政治素质过硬、奉献意识突出驻村工作队队员,支持8个定点帮扶村乡村振兴建设。全年,共投入帮扶资金45万元用于支持当地特色产业发展、拓宽农产品销售渠道。加强金融科技赋能。建立金融科技人员派驻机制,将科技渗透业务管理各个环节。上线财富主管、市场主管合规履职数字化平台,全面赋能零售数字化合规履职。建立零售账户风险甄别平台,实现对个人账户精准风险预警。上线分行"要客系统",实现30秒感知客户到访信息。运用E餐通赋能企业数字化转型,场景用户数1.21万户,交易笔数26.89万笔。全行首创接入人脸识别、区块链技术应用、自研志愿者管理平台和圆方经营数据监控。践行社会责任。多场景提升厅堂"老年人"服务,加强业务核实保护老年人账户资金安全,优化手机银行服务,帮助老年人熟悉银行产品,疫情期间开展上门服务活动。开展金融宣传教育活动,提升大众安全支付意识。至年底,通过官网、微信公众号等多渠道推送优化账户和反诈相关图文宣传11期。开展线下阵地宣传,通过进厅堂、进高校、进社区、进企业等上门开展知识宣传40余次,覆盖上万人次。探索"法金联动"新模式,建立"防范金融风险法官工作站",为金融机构和金融消费者提供便捷高效司法服务。为红谷滩区金融机构提供法律咨询、诉前调解、诉调对接等服务。推进"管理提升年"建设。完善消保与服务管理体系,将消费者权益保护中心升格为二级部门。始终围绕"员工体验"和"客户体验"两个核心,从客户、监管、银行、员工四大视角出发,全面推动"消保之眼"建设,实现厅堂协同、线上权益活动、小企业无贷户服务等8个流程全面优化改进。连续两年获得人行消保评价A级，在63家参评单位中名列第一。在银保监局消保评价中列股份制银行第二位，提升3个位次。南昌分行营业部在"百佳网点"评选中以全省第一名成绩晋升全国银行120强。"招行——江西财大金融教育基地"在大学生群体金融宣教方面成效显著，成为省级重点金融教育示范基地之一。夯实基础管理，做好全流程闭环管理。以"网点基础管理"联合大检查为主要形式，不断提升支行行长履职能力，帮助支行管理者重塑管理意识，提升履职能力，固化管理动作，让"业务与管理并重"理念入脑入心。获评"第七轮银行业机构安全评估省级优秀单位"，并连续第十二年获评"全省平安建设先进单位"。

（龚艳萍）

**【中国民生银行南昌分行】** 2022年，中国民生银行南昌分行（以下简称"分行"）坚定实施改革转型，统筹做好疫情防控和业务发展工作。聚焦"民营企业的银行、敏捷开放的银行、用心服务的银行"战略定位，秉承"服务大众、情系民生"企业使命，坚持回归业务本源，全面支持实体经济发展。全年实现各项贷款余额714.63亿元。加强绿色信贷、普惠金融、乡村振兴等重点领域信贷支持，强化风险合规建设。至年底，分行员工数600余人，在江西省内设立上饶、赣州、九江、宜春4家二级分行、17家支行、23家社区支行。支持实体经济发展。聚焦省内重点领域、重点项目、重大工程，支持水利、电力、棚户区改造、污水处理、新型城镇化等项目。对接省内重点交通建设类企业，为省内公路、铁路、港航等交通网络基础建设提供贷款支持。支持"两新一重"等重大重点项目，实现昌景黄铁路、南昌轨道交通1号线等省市重大重点项目贷款投放。依托发债业务优势，为江西省内企业承销债券157.66亿元，多只债券发行利率创发行人或区域历史新低。引入险资等外部资金入赣，有效拓宽企业融资渠道。深耕绿色普惠金融等领域。成立工作专班、实施定价优惠、强化业务督导等方式持续推动制造业、绿色金融、乡村振兴、科技创新等政策类信贷高质量增长。深化普惠小微企业金融支持。至年底，分行普惠型小微企业贷款余额88.47亿元，新增8.76亿元。持续落实减费让利政策，降低企业综合融资成本，让利于企。聚焦产品与服务创新。落地科技创新再贷款、设备更新改造再贷款等重点货币政策金融工具，累计投放3笔科技创新贷款、1笔设备更新改造贷款。通过"零接触"式国内信用证为电力央企在赣子公司提供低成本融资服务，落地某集团首笔集团模式信融e。打造"惠聚赣鄱"联名卡，为市民提供特色服务。坚持全面风险管理。强化合规销售，防范道德风险，开展"内控合规管理提升年"活动，持续推进各项反洗钱宣传、法治民生建设等工作。加强消保机制建设，提升消保工作重视度。加强资产质量管控与征信合规管理，推进审查审批标准化建设，防范化解金融风险，实现分行稳健可持续发展。

（王凯攀）

**【南昌农商银行】** 2022年，南昌农商银行坚持稳中求进工作总基调，聚焦主责主业，准确识变应变，扎实推进业务发展和改革攻坚，各项工作总体保持平稳有序。至年底，该行员工总数1000余人，下辖73个营业网点。其中，支行65个，分理处8个，各项存款余额564亿元，净增30亿元。各项贷款余额522亿元，净增49亿元。聚力服务实体经济。坚持金融回归本源，把服务实体经济作为发展出发点和落脚点，不断加大有效信贷投放，始终保持与地方经济社会发展同频共振。持续开展"深度四扫"，主动上门服务，积极对接各类市场主体。至年底，新增有效信贷客户12621户。成立商会事业部，通过专营机构、专业队伍、专属产品，有效满足商会会员差异化融资需求。全年累计走访4525户会员单位，预授信4355户，预授信金额27亿元。"整会"授信做法受到《中国经济时报》、"学习强国"学习平台、《中国农村金融》、人民论坛、《江西日报》等媒体关注。积极践行普惠金融。充分发挥地方性银行点多面广、人熟地熟、机制灵活优势，不断扩大金融服务覆盖面，主动引导更多可贷资金投向小微企业、民营企业、个体工商户、农户、新市民等弱势群体。积极响应并落实减费让利政策，着力缓解小微企业、创业人群融资难、融资贵问题。全年累计对268户15.27亿元贷款实施延期还本付息。对4406笔符合条件普惠小微贷款进行减息退付578.07万元。累计发放普惠小微贷款97亿元，平均利率下降55个BP，让利3000余万元，有效降低小微企业综合融资成本。加速推动服务升级。实施"13715"快贷工程，建立限时办结制，零售客户最快1日内办结，商户类客户3日内办结，小微企业7日内办结，国企客户15日内办结，贷款办结时效和客户满意度大幅提升。根据不同领域客户个性化需求，创新推出"新市民信用贷""居民信用贷""强村贷"等特色产品，为消防救援人员推出"卫士贷""卫士信用卡"等专属产品。发挥金融科技优势，推广纯线上小额信用贷款产品，实现审贷、审批、放款全流程"手机银行"办理。全年累计发放"百福"系列上线贷款1.5万笔，金额16.36亿元。坚定履行社会责任。全年累计缴纳各项税款2.62亿元，并获"青山湖区年度企业纳税贡献超亿元奖"。

（李俊锋）

## 证券期货业

【概况】 2022年，南昌市共有证券经营机构133家，开立资金账户总数377.2万户，托管客户资产3664.91亿元，全年累计证券交易金额47188.72亿元。全市辖区证券经营机构全年累计实现营业收入11.31亿元，净利润0.72亿元。期货经营机构20家，开立资金账户总数42232户，客户总权益25.32亿元，全年代理成交额23977.23亿元。全市上市公司39家，新三板挂牌企业23家，江西联合股权交易中心挂牌展示企业1898家。

【“映山红行动”升级工程】 2022年，南昌市紧紧围绕“4+4+X”产业体系布局，抢抓资本市场改革机遇，实施企业上市“映山红行动”升级工程。壮大资本市场“南昌板块”，助力全市产业全面提质升级，取得“新增上市企业6家、申报6家、辅导4家、完成股改22家”历史最好成绩。全市新增上市公司数、新增申报首发材料企业数均创历史新高，超额完成全年企业上市目标任务。新增6家上市公司分别是：阳光乳业、软云科技、国旅联合、慈文传媒、百通能源和国科军工。至年底，全市共有境内外上市公司39家。其中，A股上市公司31家（含过审待发2家），占全省比重38%。在审企业5家（江盐集团、南昌矿机、中国瑞林、正味食品、江铜铜箔），辅导备案企业5家（华睿交通、凯迅光电、江西润田、晶安高科、汇仁堂连锁），纳入省重点上市后备企业资源库企业151家。

【直接融资保持稳定】 2022年，南昌市企业克服疫情不利影响，持续拓宽融资渠道，保持直接融资规模基本稳定。至年底，全市企业实现直接融资2370.86亿元。其中，股权融资16.13亿元，债券融资2354.73亿元。阳光乳业首发融资6.69亿元，南昌工控集团、南昌市政、南昌轨道交通发行85亿元公司债，南昌轨道交通集团发行45亿元绿色超短期融资券，中航信托发行440.66亿元资产支持证券。

（曾　嵘　夏　雯）

2022年5月20日，江西阳光乳业股份有限公司首次公开发行A股上市仪式举行

（市金融办　供图）

## 保险业

【概况】 2022年，江西银保监局坚决贯彻落实党中央决策部署和银保监会工作安排，按照“守底线、保平安、创亮点、有进步，稳中有为、稳中求进”总体思路，踔厉奋发、攻坚克难，各项工作取得积极成效。推进农业巨灾保险试点，发展地方优势特色农产品保险，持续推动农业保险“扩面、增品、提标”。制定《银行业保险业支持全面建设美丽江西的指导意见》，推动银行机构健全绿色信贷机制，探索建立绿色保险考评标准。支持生态产品价值实现，协同推广环境污染责任保险，建立无害化处理与保险联动机制，探索开展生态产品价格指数保险和绿色产品质量安全保险。坚持做好消保工作，加大违规查处力度。强化适老金融服务，助力老年人跨越“数据鸿沟”。至年底，全省保费收入、赔付支出分别增长6.91%、6.19%。

【防范化解金融风险】 2022年，坚持稳中求进，坚决打赢防范化解金融风险持久战。按照“稳定大局、统筹协调、分类施策、精准拆弹”方针，精准有序防范处置风险，着力构建长效机制，坚决守牢风险底线。压实风险防控责任，有序推进高风险金融机构处置。推动中小法人银行保险机构回归本源、专注主业、服务当地。持续推动法人银行保险机构提升公司治理水平。坚持“房住不炒”定位，加强房地产融资全口径风险管控，持续监测资金流向和规模。持续规范保险市场秩序，坚持严监管强监管深监管不放松，依法查处银行保险机构违法违规行为。引导银行保险机构牢固树立“风控先行”“风控创造价值”理念，厚植合规文化。至年底，全省银行业处置不良资产共450.23亿元，增长处置0.56亿元。

【依法监管保险行业】 2022年，着力提高依法监管保险行业水平，持续改进监管方式方法，优化内部运转流程，坚决落实疫情防控政策，坚持抓好常态化疫情防控。持续深化乱象整治和改革转型。加强车险市场监管，联合整治“代理退保”黑产。依法实施行政处罚。至年底，共处罚机构170家次，处罚责任人341人次，罚没款合计6837.23万元，行业禁入23人次。

（市史志办）

【中国人民财产保险股份有限公司南昌分公司】 2022年，中国人民财产保险股份有限公司南昌市分公司（以下简称“人保财险南昌分公司”）坚决贯彻集团“卓越保险”战略，全年实现全险种保费收入25.05亿元，同比增速12.71%。提升售后服务质量。全年农险旱灾件数结案率、金额结案率均100%。微信公众号线上平台共为9507辆车辆提供服务15368次，客户好评率99.8%。在银行保险业机构消费者权益保护监管评价中获AA评级。推进保险科技创新。针对产业转型升级需要，率先在南昌经开区实现董监高责任险全覆盖，受益董监高人员120余人。在赣江新区落地全国首个“绿色产业数字保”研发费用损失保险，为推动“双一号工程”（数字经济做优做强“一号发展工程”、营商环境优化升级“一号改革工程”）提供生动保险实践。支持实体经济发展。针对赣江下游尾闾综合整治工程、九龙湖过江大桥等全市重点项目，组建专业保险项目团队，跟进项目工程险等业务。分散和转移实体经济运行中各种自然灾害、意外事故、法律责任以及信用等风险，向各类工程项目提供近243亿元财产险保障以及154亿元安全生产责任险保障，为全市数百家企业提供风险保障。与劳监部门对接，走访建筑企业，针对建设领域农民工工资保证金，使用保险进行替代，为农民工工资支付安全提供2亿元保证险保障，减轻企业资金压力并为农民工提供风险保障。推动民生保险。主动承保南昌市普惠型医疗补充保险“惠民保”项目，补充基本医疗保障体系。面对超历史严重旱灾，强化国企担当，全力做好农险旱灾理赔工作，向市农业农村局支付农业巨灾保险赔款630万元，旱灾合计赔款3570万元，为及时恢复生产、保障粮食安全给予有力支持。主动融入社会治理。持续优化升级警保联动，升级视频查勘、优服系统、自主赔等理赔服务，不断简化理赔程序，提升理赔效率。带头响应“135”快速反应处置机制、参与南昌市交通事故多元解纷中心建设，为南昌文明城市建设贡献力量。围绕客户服务生命全周期，全面加强先进技术应用，整合内外部资源，布局农业农村、汽车后市场、健康管理、智慧城市等生态圈建设，为客户提供更高效率、更大价值服务。全面服务乡村振兴。对接各级政府，大力发展综治防贫保险，完成南昌县、湾里管理局、安义县乡村防贫保和安义县综治险承保工作，为区域内百万名居民提供128亿元风险保障。为新建区和青山湖区种粮大户提供9318万元商业性水稻价格指数保险保障。为新建区、进贤县和安义县养殖户提供1.3亿元生猪保险保障，提高生猪养殖积极性。结合该地特色农业产业生产特点和风险保障需求，加大特色农险产品供给力度，扩大地方特色农险承保覆盖面。在实现新建区葡萄和进贤县鸽子等项目承保基础上，为南昌县、新建区、进贤县莲子、芡实、半夏、吴茱萸等中药材项目提供1.2亿元保险保障，实现涉农县区特色农险“一县一品”全覆盖。

（袁　燕）

【中国人寿保险股份有限公司南昌分公司】 2022年，中国人寿保险股份有限公司南昌分公司（以下简称“中国人寿南昌分公司”）面对复杂形势和发展任务，坚决贯彻落实总、省公司战略部署，按照“两稳两控五提高”（稳增长、稳地位，控成本、控风险，提高党建引领能力、价值创造能力、协同发展能力、数字化运营能力、产品服务创新能力）和“三抓三强三稳”（抓党建、抓防疫、抓风控，强科技、强能力、强服务，稳队伍、稳客户、稳发展）工作思路，补短板、提质效、争先进，各项工作扎实有序推进、成效明显。至年底，实现总保费18.58亿元，长期险首年标准保费6339.78万元，首年期交保费26477.66万元，10年期及以上首年期交保费8373.68万元，短期险保费1.4亿元。持续推动领SHOW计划、强基工程等重点方案落地执行，浓厚晋升氛围，引领团队发展。履行央企职责，将“贯彻落实党中央决策部署职能指标考核方案”纳入职能指标绩效考核。发挥保险保障功能，为社会经济发展保驾护航。参与健康保障委托管理等政策性业务，稳步推进城市定制型健康险南昌市“惠民保”业务。全年惠民保投保10700余人，保费约137万元。推进专属商业保险养老保险工作。全年国寿专属商业养老保险“鑫享保”保费收入252.42万元，件数80件。拓展“大病保险+商业扶贫保险”。全年涉农短期险保费252.41万元，同比增长135.55%。助力乡村振兴。按照消费帮扶任务分配方案，采购电商扶贫农产品6.38万余元，增长1.8万余元，完成消费帮扶任务目标。发挥综合金融协同发展优势，满足区域客户多元化金融需求。全年寿代产保费9507.3万元。加大战略性新兴产业企业客户拓展力度，不断提升战略性新兴产业企业项下员工及家属保险保障水平。全年承保战略性新兴产业保险保费103万元，切实将公司关于战略性新兴产业业务发展要求落到实处。加大引才力度，运用“云校招”平台，采用“线上+线下”宣传模式，着力提升国寿品牌宣传力度，创近年校园招聘简历数新高。创新育才方式，培养梯次合理、素质优良人才队伍。至年底，共纳入“青英计划”人才库3人、“火焰人才”库19人、“优秀青年干部”库24人、“展翼计划”库6人。持续提升服务品质，高度重视客户服务工作，不断优化服务效率和质量。持续扩大理赔直付覆盖范围，推进“一站式”结算服务，提升契约全领域智能管控能力，逐步建立智能投保服务体系。全年医疗险直付赔案率51%，智能投保2.0系统智能审核通过率70%，个人长险电子保单应用率35%。

（余　欢）

**【中国太平洋人寿保险股份有限公司南昌中心支公司】** 2022年，中国太平洋人寿保险股份有限公司南昌中心支公司（以下简称“太平洋寿险南昌中支”）拥有南昌中支、东湖支公司、西湖支公司、高新支公司、南昌县营销服务部、赣江营销服务部、进贤营销服务部共7家业务经营单位。太平洋寿险南昌中支设有职业营销部、个险训练部、团险业务部、银行保险部、顾问营销部、服务营销部、营运服务部、财务会计部、合规与风险管理部、行政人事部共10个部门，内勤工作人员49人（在职党员7人），外勤业务人员510人。全年，公司实现保费收入72463.44万元，同比增长49.20%。累计完成理赔件数2495件，理赔金额3939.43万元。太平洋寿险南昌中支坚持价值可持续增长、坚持协调平衡发展、坚持客户需求为导向，坚持科技创新驱动，致力提供覆盖客户全生命周期整体解决方案。通过持续产品创新和服务创新，满足客户风险保障和财富管理需求，在售险种覆盖人寿保险、年金保险、健康保险、医疗保险、意外伤害保险等多个领域。充分发挥科技赋能优势，为客户开通全方位线上服务平台，实现客户线上承保、线上自助理赔、线上保全业务办理，为企业客户提供极简、极速、安全、便捷、有温度保险服务。通过微信、APP平台，实现远程投保、电子保单、自助理赔、自助保全、自助缴费、自助查询、智能回访、直通客户“95500”随身听、云柜面等各种互联网创新工具应用。通过“问医生”“重疾绿通”等线上增值服务，提供免费健康咨询，为客户答疑解惑。坚持合规经营。进一步增强员工主动合规意识，提高风险防范能力。秉承“专业制胜、合规致远”精神，按照“关注思想、关注队伍、关注落实”工作思路，对合规工作真抓实干，取得较好成效。实现外部零处罚、内部审计无重大缺陷，营造“人人讲合规、时时讲合规、处处讲合规”良好氛围。坚持以客户需求为导向，跟上长航转型战略实施步伐，补齐公司发展短板，提升公司核心竞争力，打造一个“服务佳，业务优”健康发展寿险公司。

（廖来金）

**【中国平安财产保险股份公司江西分公司】** 2022年，中国平安财产保险股份有限公司江西分公司（以下简称“平安产险江西分公司”）践行“金融为民”理念，坚持以客户需求为导向，全面贯彻新发展理念，提升金融服务能力和覆盖广度，不断提升金融创新能力，推动高质量发展。服务实体经济。至年底，平安产险江西分公司在赣落地投融资合作项目金额超430亿元。其中，险资入赣累计金额92.01亿元，连续3年居在赣保险集团首位。发挥综合金融优势，协调平安证券通过股权、债券等形式，在全省多地发行城投公司债，投放规模超19亿元。协调平安租赁，为多地企业提供超1.6亿元融资支持。协调平安养老险提供全方位健康委托管理、重疾险保障等服务，在南昌等地落地保费规模超1200万元。切实践行绿色金融发展，促进人与自然和谐共生。扩大环境污染责任保险覆盖面，探索开展船舶污染损害责任保险、危险废物环境污染责任保险。加快发展绿色建筑保险、科技保险，深化首台（套）重大技术装备保险和新材料首批次应用保险补偿机制试点，为全省绿色产业提供超1.3亿元风险保障。升级理赔服务。推出好车主、好生活、企业宝、爱农宝等客户服务APP，以加强科技创新应用、深化“数据产险”转型为核心，持续迭代升级线上服务。践行以客户为中心服务理念。全年共处理报案30.34万笔，赔款23.03亿元。其中，车险21.55亿元，财产险1.48亿元。支援抗险救灾。建立事前大灾预警、事中分支联动、事后快速处置应对思路和方案，确保灾情期间理赔服务规范、有序、高效运作。洪涝期间，累计接到报案1909笔。其中，车险1589笔，预估损失3186.76万元。水淹车完成施救1589台，施救完成率100%。旱灾期间，及时开启理赔绿色通道，为近7万户农户提供理赔服务，处理案件超2000笔，赔款超2300万元。助力乡村振兴，与农村基层党组织共建共强，选派优秀干部深入对口乡村，通过“产前融资助力+产中风险保障+产后溯源协销”闭环，持续助力多个乡村产业振兴。至年底，在江西落地乡村振兴项目15个，捐赠帮扶资金超102万元。

（陈涵钰）

**【中国平安人寿保险股份公司江西分公司】** 2022年，中国平安人寿保险股份有限公司江西分公司（以下简称“平安人寿江西分公司”）秉承“简单快捷、友善心安”理念，持续打造“有温度的金融”。升级“专业·价值”品牌标识，围绕“健康医疗加养老”服务场景，为客户创造“专业，让生活更简单”品牌体验，给客户提供“省心、省时、省钱”美好生活。切实履行风险管控职能，坚持依法合规经营，为更多客户提供全方位优质金融服务。全年，实现保费收入

40.7 亿元,提升 1.28%。其中,个险新单保费收入(财务二号文口径下)7.0 亿元,提升 3.0%。个险续期保费收入(财务二号文口径下)28.7 亿元,提升 12.7%。全省共设立 9 家中心支公司,个险营销员共 5026 人。提升专业服务。以客户需求为出发点,全面融入百姓金融及医疗健康需求场景,不断提升金融服务实体经济、保障社会民生能力和水平。通过平安金管家 APP,提供一站式多渠道综合金融解决方案,以专业服务、高性价比体验,满足客户各种需求。包括在就医绿通、在线轻问诊、血糖管理、特惠加油、在线药房、平安 RUN、急难援助、VIP 体检等功能,实现以"保险 + 健康管理"为核心线上线下健康、慢病、医疗三方面健康管理增值服务。10 月,推出"保险 + 居家养老"项目,秉持"老人舒心,子女放心,管家专心"核心价值主张,通过"三位一体养老管家""十大服务场景"和"一套监督体系"触达客户,搭建覆盖全生命周期居家养老一站式服务平台,配合严密服务监督体系,保障客户权益,为客户提供高品质养老解决方案。严控经营风险。围绕监管各项规定,切实承担防范和化解风险主体责任,筑牢合规风险防火墙。将风险防范处理工作分解并落实到具体岗位、具体责任人,明确工作重点,强化责任追溯与制度执行有效性,推动合规履职。至年底,共开展"防范和打击非法集资""费用专项自查""打击电信网络诈骗"等各类自查自纠工作 13 项,自查问责内部管理成效提升。集中开展多项主题宣传活动,宣传范围涵盖合规、反洗钱、防范非法集资、费用管理、销售管理等多方面内容,全面夯实合规管理基础,防范经营风险。完善反洗钱制度建设、强化客户身份识别、深入挖掘可疑交易线索、开展洗钱风险自评估、推进客户风险等级检视、持续开展宣传与培训等多方面推动落实反洗钱工作,致力提升反洗钱工作有效性。践行社会责任,开展乡村振兴、公益捐赠等系列活动。平安志愿者向过往群众发放金融知识宣传折页,细致解答群众咨询,提醒群众要主动远离非法集资、拒绝高利贷诱惑、增强风险防范意识,做好自我保护。

(任子欣)

## 其他金融机构

**【概况】** 2022 年,南昌市金融办紧盯建设区域金融中心目标要求,以"全力打造区域金融中心"为主题,开展大调研活动。以红谷滩全省金融商务区为全市打造区域金融中心核心承载区,推进绿色金融、普惠金融、供应链金融、科技金融 4 个创新示范园区建设,形成"协同互补,错位发展"良好态势。至年底,全市共有地方金融组织 96 家。其中,小额贷款公司 28 家,融资担保公司 9 家,典当行 37 家,融资租赁公司 11 家,商业保理公司 10 家,交易中心 1 家。

**【非银行业金融机构发展】** 2022 年,南昌市共有小额贷款公司 28 家。其中,新设立小额贷款公司 2 家,注册资本金在 1 亿元以上 18 家。随行付网络小贷注册资本金最高,为 5 亿元。融资担保公司共 9 家。其中,南昌工控产业担保公司加入政府性融资担保体系,注册资本金 6.5 亿元。典当行共 37 家。其中,新设立典当行 3 家,注册资本金在 5000 万元以上 2 家。江西中财典当有限责任公司注册资本金最高,为 6000 万元。融资租赁公司共有 11 家。其中,新设立融资租赁公司 1 家,注册资本金在 1 亿元以上 8 家。江西中通融资租赁有限公司注册资本金最高,为 6.27 亿元。商业保理公司共有 10 家。其中,新设立商业保理公司 5 家,注册资本金在 1 亿元以上 6 家。江西省工控商业保理有限公司注册资本金最高,为 2 亿元。交易中心共有 1 家,为南昌文化产权交易中心,注册资本金 5000 万元。

**【小额贷款公司】** 2022 年,南昌市小贷行业正朝"减量增质"的方向发展。"减量"主要体现在机构数量、从业人员、注册资金及贷款余额近年来呈下降态势,至年底,全市小贷公司由高峰期的 39 家缩减为 28 家,降幅 28.2%;从业人员由最高的 425 人减少至 223 人,降幅 47.53%;注册资金由 54.43 亿元下降至 34.33 亿元,降幅 36.93%;相应贷款余额也从 49.47 亿元下降至 33.02 亿元,降幅 33.25%。"增质"体现在不良贷款余额基本保持稳定,且多为存量不良,新增不良贷款较少。由于小贷公司相较以往经营模式更优,通过围绕股东主营业务核心上下游供应链客户开展融资服务的模式,既解决小贷公司股东核心上下游客户的融资问题,又帮助小贷公司降低融资风险,优化贷款质量和结构。

**【融资担保机构】** 2022 年,南昌市融资担保行业集中度进一步提升,经营效益逐步显现。至年底,全市融资担保公司机构数量从 12 家减少至 9 家,降幅 25%;从业人员从最高的 175 人减少至 131 人,降幅 25.14%,机构数量和从业人员均呈现不同程度的下降。但各项业务规模呈现快速增长态势,担保发生额从 9.8 亿元上升至 16.8 亿元,增幅 71.43%;担保户数从 1.7 万户增长至 13.7 万户,增幅 705.88%。同时,从户均担保额来看,2019 年户均担保额为 5.8 万元,2022 年户均担保额为 1.2 万元,降幅 79.3%,全市融资担保行业各项业务风险更加分散,业务结构更趋合理。

(曾 嵘 夏 雯)

# 旅 游 业

## 综 述

【概况】 2022年,南昌市文化广电新闻出版旅游系统主动适应优质旅游时代新需求,按照彰显省会城市担当要求,强力推进"旅游强市"建设,深入实施"规划引领、项目提速、深化融合、提升动能"等举措,优化全市旅游发展环境。3月,市政府研究制定《南昌市"十四五"文化和旅游发展规划》《加快城市旅游发展的实施意见》等政策文件,加快编制《南昌市城市旅游三年行动计划》,全面部署全市文旅发展工作。全市旅游业呈现"旅游市场加快复苏、项目建设发展提速、产品供给不断丰富"新局面。全市有国家AAAAA级旅游景区1家,国家AAAA级旅游景区19家,国家AAA级旅游景区34家。旅行社339家。星级酒店43家。其中,五星级酒店4家、四星级酒店22家、三星级酒店16家、二星级酒店1家。绿色饭店26家。其中,金树叶级绿色饭店12家、银树叶级绿色饭店14家。至年底,全市旅游共接待1.63亿人次,旅游综合收入1399.33亿元。

【帮助文旅企业纾困】 2022年,南昌市统筹疫情防控和文旅产业发展,制定出台《有效应对疫情支持文化和旅游企业纾困解难的若干措施》,从发放纾困补助、降低企业成本、促进文旅消费等5个方面出台10项举措,对全市A级景区、旅游饭店、旅行社等企业给予纾困补助403.8万元,暂退旅行社质保金1246.5万元。积极帮扶文旅企业融资,安排专项资金设立"文旅贷"风险补偿金,获贷资金2400万元,获贷金额居全省第一位,为文旅企业提供全方位政策支撑和资金保障。

【消费潜能释放】 2022年,南昌市重大重点文旅项目65个,总投资2401.4亿元,年度计划投资459.4亿元。建成南昌全域旅游集散中心,投入800万元持续推出南昌文旅一卡通。开展超1000场次促消费活动,发放1000余万元文旅消费券,引导文旅企业让利5131万元,拉动线上线下消费15.3亿元,释放文旅消费潜能。

【文旅品牌创建】 2022年,南昌市万寿宫文化街区、"夜东湖"文化旅游消费圈获评国家级夜间文旅消费集聚区,创评数量居全省首位。方大特钢工业旅游区、华侨城欢乐象湖、原城纪·城市文化街区、万寿宫历史文化街区4家景区成功创建国家AAAA级旅游景区。至年底,全市AAAA级及以上旅游景区20家。白鹤小镇、南矶湿地、象山森林公园3个景点入选全国乡村旅游精品线路,湾里太平镇雷港村入选全国乡村旅游重点村,岭溪谷民宿获评全国甲级旅游民宿(民宿领域最高荣誉)。打造南昌"宝藏八园",推出一批品类丰富、质优物美、代表南昌特色"城市礼物",芯原智光·魅趣鸟小夜灯获中国旅游商品大赛金奖,为南昌市首次获国家级旅游商品金奖。

【文旅活动推广】 2022年,南昌市创新推出南昌文旅频道、文旅新观察,启动南昌城市形象"五个一"工程(一个LOGO、一条口号、一部风光宣传片、一套简史图书、一批南昌礼物),打造城市形象标识体系,彰显南昌城市个性魅力。高水平承办首届"江西风景独好"云端旅游推介会,打造"四季"文旅节事品牌,策划一批上档次、有规模、出品牌文旅节事活动,确保"月月有活动、季季有亮点"。精心举办南昌市乡村旅游风情月活动,联合《王者荣耀》共同打造"王者荣耀×滕王阁数字文旅计划",推出"弈星·滕王阁序主题皮肤"。联合抖音官方发起"每一帧都是南昌"抖音美好城市生活节。

【智慧文旅构建】 2022年,南昌市按照智慧城市标准打造全域旅游信息监测系统和畅游平台,积极对接

"云游江西"智慧平台，提质升级南昌市智慧文旅指挥调度监测平台。全市 AAA 级以上景区闸机系统、视频监控接入平台，运用大数据手段完善资源整合、分析研判、监管预警等功能。加速打造南昌全域旅游平台，联合线上平台及省内大型旅行社，动态更新"吃住行游购娱"等旅游要素信息，为游客提供智慧化、个性化、一体化旅游服务。滕王阁景区、南昌汉代海昏侯国遗址公园入选省级智慧景区。全年培训文旅行业人才近 500 人，审核并评定星级导游 101 人，全市文旅人才队伍素质和能力不断提升。

（马　婧）

## 旅游资源

**【概况】** 2022 年，南昌旅游集团抢抓"十四五"规划战略机遇期，以文旅融合发展为主线，大视野谋篇布局，以重点旅游项目为抓手，全力拓展旅游市场。大力发展旅游新型业态，努力创新旅游文创产品，积极促进旅游二消（景区内二次消费）及夜间旅游经济发展，加大景区品牌创建力度，促进业态、文化、科技等与景区融为一体，充分发挥全市龙头旅游景区示范效应，有力提升全市旅游景区品牌形象。

**【滕王阁景区业态融合】** 2022 年，滕王阁景区对"私人订制夜登滕王阁"等一系列夜间旅游体验产品升级提档，引爆全省旅游夜经济。以滕王阁为核心，助推东湖区成功创建国家级夜间文化和旅游消费集聚区。进一步拓展赣江水上游项目，首次推出滕王阁游轮日游产品，实现赣江水上游览项目日游、夜游全天候开放。引进省出版集团共同出资近 2000 万元，在北园打造滕王阁江右数字文化体验馆项目，依托江右文化、名楼文化开展滕王阁文旅研学。该馆进入运营阶段后将成为滕王阁新的营收增长点。以游戏为媒，数实结合。与腾讯《王者荣耀》深度合作，设计制作《王者荣耀》主题英雄皮肤——奕星滕王阁序皮肤，打造滕王阁首个数字虚拟导览人、定制灯光秀，用数字技术为千古名楼注入现代活力，形成"数字科技 + 文旅"全新旅游模式。加大景区品牌创建力度，连续 5 届保留"全国文明单位"荣誉，获第二十届"全国青年文明号""全省优秀旅游景区"等称号。参加全省智慧景区评选活动，获评江西省Ⅱ级智慧景区。

**【"南昌礼物"品牌打造】** 2022 年，南昌礼物旗舰店拓展"南昌礼物"产品覆盖范围，加强产品供应渠道建设，实现南昌 AAAA 级及以上景区"南昌礼物"旗舰店供货全覆盖。自营门店产品数量充足，结构合理、品类齐全。全年，售卖产品 800 余种。其中，南昌礼物品牌产品有 100 余种，包括来自海昏侯、八大山人、绿滋肴、煌上煌、南昌八一起义纪念馆等 20 余家供应商提供产品。自营门店还为八大山人、怪石岭、凤凰沟、小平小道、梅岭、南昌八一起义纪念馆、融创乐园、天香园等景区南昌礼物旗舰店供应产品。全年，滕王阁南昌礼物旗舰店产品销量近 6 万件，游客在店人均消费 43.52 元。自营文创产品销售比例超 50%。其中，滕王阁文创雪糕、滕王阁绢布折扇等受消费者热情追捧。"南昌礼物"成为南昌旅游产业一张亮丽名片。

**【南昌舰研学党建特色打造】** 2022 年，南昌舰作为国防教育基地，充分发挥南昌市委组织部好课程、干部教育基地等平台作用，不断丰富景区党务、研学形式和内容。开设微党课，调整党务套餐内容，打造特色红色旅游项目。组织开展各类国防教育研学活动，与南昌二中联合组织学生开展"追忆伟人伟业 立志强军强国"国防教育研学活动。与多家旅行社续签 2022 年度景区合作协议，稳定省内外以及全国研学、红培、党建等团队客源。

**【洪崖丹井景区以节促游】** 2022 年，国家 AAAA 级景区洪崖丹井景区"以节促游"，坚持以节造势做大做强本土旅游节庆品牌，策划开展完成各项主题活动和各项促销活动。元旦期间引进美食和马戏表演。开展新春亲子家庭套票促销活动、"三八"节日促销活动、"六一"和端午节优惠活动、"乐游洪都"优惠活动。融合音乐文化以露营草地音乐会、帐篷集市、亲子等主题策划开展"遇见伶伦 洪崖丹井秋风露营季"活动，将美食、音乐、运动等有机结合，创新打造沉浸式体验形式，让市民和游客感受健康、时尚、绿色、精致露营生活方式。

**【厚田沙漠景区】** 2022 年，厚田沙漠景区举办"首届中国南昌厚田沙漠国际沙雕节""首届中国南昌厚田沙漠户外欢乐游""首届中国南昌厚田沙漠西部风情烤全羊美食大会"和"中国南昌厚田沙漠五彩国际沙雕艺术节"、"五一"中国南昌厚田沙漠户外旅游节，吸引《南昌日报》、《南昌晚报》、南昌头条及南昌广播电视台、南昌文旅报道等新闻媒体先后赴景区采访报道，向外界传送景区丰富旅游资源，提高景区美誉度和知名度，吸引游客前来观光游览。

**【旅游汽车公司完成重大会议用车保障任务】** 2022 年，南昌旅游集团所属旅游汽车公司完成"2022 世界 VR 产业大会""中国生态文明论坛南昌年会"等在南昌举办的重大活动用车保障任务。全年，旅游车队出行车次 9587 台次，接送人员近 9.3 万人次，行驶里程 504 万千米。汽车公司始终践行"服务至上，安全第一，诚信为本"经营理念，运营 18 年来未发生任何重大责任事故，多年受到业内广泛好评。先后多次被评为省市先进单位、交通运输文明示范企业、AAA级客运企业、安全生产先进单位。连续2年在全市旅游车队综合考核中获一等奖，交通运输企业安全生产标准化建设认证达标等级为“二级”。

（李昀聪）

## 旅游项目建设

**【概况】** 2022年，南昌旅游集团公司始终牢固树立“项目为王”理念，全力推进重大重点项目建设，致力发展和丰富旅游项目。运营《寻梦滕王阁》大型实景演出，加快推动滕王阁南扩、滕王阁低空巡航、梅岭云端、资溪越野小镇等项目建设。文旅品牌创建取得成效，城市影响力显著增强。

**【《寻梦滕王阁》推出“点亮东门”活动】** 2022年，《寻梦滕王阁》推出“点亮东门”活动。演员们身着演出服装，配合欢快潮流现代音乐、中华武术表演、古典仪式表演，展示大唐盛世、泱泱大国礼仪气度，在滕王阁东门形成网红打卡点，在疫情大环境下激活全市文旅夜间消费市场，满足南昌市民夜间文化消费需求。《寻梦滕王阁》于2021年元旦公演，由南昌旅游集团和北京阳光新瑞文化发展有限公司打造，是南昌市十大文化重点工程之一。该项目投资近1.3亿元，以滕王阁及其整体环境为演出空间，取滕王阁“明三暗七”建筑结构特点，分为“七境七梦”“游园对诗”和“盛唐舞乐”3个篇章，由80余名专职演员和70余名专业工作人员共同参与完成。至年底，《寻梦滕王阁》演出共250场，观演9.9万人次，其中61%为外地游客。《寻梦滕王阁》作为南昌特色文化产业，将南昌山水人文空间独特性展示出来，为进一步打造城市品牌和提升城市品位做出贡献。

**【滕王阁南扩项目部分完工】** 2022年，滕王阁南扩项目（滕王阁景区AAAA级升AAAAA级提升改扩建工程）位于滕王阁主景区南侧，是景区整体规划一部分。项目总投资约4.36亿元，具体建设内容为江西省博物馆、江西省科技馆外立面及内部改造，周边环境综合改造及南昌市图书馆周边环境改造。打造赣东大堤文化创意片区，包括文化旅游长廊、滨江步道、滨水滩地、城市阳台等。工程占地面积约14.2万平方米，总建筑面积4456.67平方米。该项目自2019年9月开始动工建设。至年底，沿江景观工程、市科技馆、景区南门停车场改造工程全部完工，对外开放。滕王阁南扩区域以传统文化休闲业态为主，汇集文化娱乐、餐饮文创业态，融合现代技术和历史文化，打造符合现代游客独特品位新业态旅游项目。

2022年，《寻梦滕王阁》演出场景

（南昌旅游集团　供图）

**【“一江两岸”灯光秀】** 2022年，南昌旅游集团高品质打造及运维民生工程南昌“一江两岸”（灯光秀）亮化项目。两岸亮化全长28千米，景观灯建筑楼宇618栋，其中参与灯光秀微电影表演建筑楼宇362栋。“一江两岸”灯光秀获2015年“世界最多建筑参与固定性声光秀”吉尼斯世界纪录，以其惊艳灯光秀表演生动诠释南昌文化与气质，以整体画卷式设计开创城市夜景亮化先河，成为英雄城夜景景观“城市名片”。南昌旅游集团担负国有企业政治责任，履行市直单位公益宣传平台职责。“一江两岸”灯光秀在进行日常灯光秀表演基础上，在南昌沿江标志性建筑楼宇上滚动播放“喜迎二十大，同心护未来”“热烈庆祝中国人民解放军建军95周年”等公益宣传字幕，起到积极宣传导向作用。配合各类重大活动和节日打造多部大型灯光秀微电影，如春节微电影《虎跃龙腾庆盛世》、中国人民解放军建军95周微电影《八一之城 红润中华》等，获中新网、新华网、大江网、《江南都市报》、《江西晨报》等各大媒体专题报道，加强城市文化宣传，着力反映全市新举措和新成就，提高城市形象，提升全市经济效益和社会效益。

【直升机低空旅游飞行体验项目】 2022年8月15日，滕王阁商管公司与华夏九州通航公司共同开展直升机低空旅游飞行体验项目首飞成功。低空旅游飞行范围为英雄大桥至生米大桥沿江空域。该项目致力于合力打造沿江航空旅游示范基地，充分利用景区旅游资源，拓展服务多元化，织造空中游览天网，以高视点，高处俯瞰南昌及滕王阁景区风景带给游客新鲜、刺激的飞行体验。

【洗药湖山庄酒店精准营销】 2022年，洗药湖山庄酒店与江西汇领众科数字文化有限公司合作，推出“网红无边际泳池”酒店网红打卡项目。酒店通过深挖团队客户资源，实施精准营销，推出“网红无边际泳池+天幕帐篷+户外BBQ”项目套餐，经抖音推广浏览量近100万人次。全年，酒店会议团队共接待30次，累计收入60余万元。连续举办多届帐篷节活动，如中秋赏月帐篷节以及国庆帐篷节，利用线下线上推广，吸引大量市民参与其中，实现帐篷节游客向酒店顾客有效转化。

【梅岭景区资源整改】 2022年，南昌旅游集团改变梅岭资源主体分散、闲置混乱、新旧不一现状，盘活现有存量闲置资产，整合梅岭云端资源，建设“城市中央公园”。完成对梅岭云端相关资产摸排尽调，基本完成市属企事业单位及民营企业资源整合工作，同步开展景区整体规划工作，着力将梅岭云端景区打造成市民喜爱、极具特色、游客喜欢的旅游综合目的地。

（李昀聪）

## 旅游业态

【概况】 2022年，南昌市文化广电新闻出版旅游局（以下简称“市文广新旅局”）加快推进“文化强市”“旅游强市”建设，以文旅产业政策为保障，依托各类旅游资源，充分发挥文旅项目带动作用。深入实施文旅融合，丰富旅游业态，提升文旅消费，提振旅游活力，培育特色旅游品牌，推动文化和旅游产业高质量发展。全年，全市创建国家级、省级旅游品牌10个。新签约文旅项目29个，签约金额175.53亿元。已落地签约项目24个，总投资额160.85亿元。获评2个国家级夜间文旅消费集聚区。召开全市旅游产业发展大会，研究部署文化旅游发展新思路、新举措，整合旅游资源，在做深内涵、做精特色、做优体验上持续发力。出台《关于进一步加快城市旅游发展实施意见》，推进旅游中心城市建设。着力打造旅游民宿新业态，持续加大品牌培育力度，获评国家甲级旅游民宿1家、银树叶级绿色饭店2家。全域范围内评选“十佳旅游饭店”“十佳旅游民宿”“十佳旅行社”，助推行业规范化建设、高质量发展。

【南昌市旅游产业发展大会】 2022年10月25日，南昌市旅游产业发展大会召开。省文化和旅游厅厅长梅亦、市长万广明出席并讲话。市领导饶绍清、张湘赣、龙国英、谢为民等出席。会议指出，要狠抓旅游强市建设，以更宽视野把握形势、以更大信心推动发展，深层次分析问题，研究部署全市文化旅游发展新思路、新举措，奋力推动“文化强市”“旅游强市”建设迈上新台阶、开创新局面。要以更大干劲拼劲提速“旅游强市”建设，坚持资源大整合，做好普查、开发和展示文章，在做深内涵、做精特色、做优体验上持续发力，让更多游客慢下来、停下来、住下来、还常来。要坚持全域大融合，做“旺”城市旅游、做“优”乡村旅游、做“强”红色旅游，全力构建以城市旅游为支撑、红色旅游为抓手、乡村旅游为补充、城乡一体化发展为重点的全域旅游新格局。要坚持多点大支撑，打好重点项目“攻坚战”、市场主体“保卫战”、助企纾困“主动战”，壮大一批实力雄厚、带动作用强的龙头企业，培育一批专精特新中小微旅游企业，千方百计提升夜间旅游吸引力。要坚持品牌大塑造，持续唱响城市品牌、创建景区品牌、打造特色品牌，加快打造一批具有吸引力的“顶流”“网红”景区，推出一批品类丰富、质优物美、代表南

2022年10月25日，全市旅游产业发展大会召开

（魏勇剑 摄）

昌特色的“城市礼物”。要坚持对外大推广，打好营销“组合拳”，下好活动“先手棋”，用好媒体“连环招”，更好展示南昌与众不同的城市特质、风土人情。要坚持服务大提升，不断提升旅游通达性、增强智慧体验感、实现治理规范化，全力营造良好文明旅游大环境。要以强大工作合力助推“旅游强市”建设，强化组织领导、队伍建设、工作督导，以“自信、发奋、齐心”奋进姿态，全力建设江西省旅游中心强市，打造享誉国内外的旅游目的地，把南昌旅游龙头高高地昂起来、舞起来。

**【旅游景区品牌创建】** 2022年，市文广新旅局创建旅游品牌10个。其中，国家AAAA级旅游景区4个（方大特钢工业旅游区、南昌华侨城欢乐象湖景区、原城纪·南昌城市文化街区、万寿宫历史文化街区），国家AAAA级旅游景区创评数量创历年来新高；国家AAA级旅游景区2个（南钞货币文化旅游景区、月亮湾景区）；全国乡村旅游重点村1个（湾里管理局太平镇雷港村）；省AAAA乡村旅游点1个（市政陌上园）；江西省最美乡村旅游风光带1条（湾里太平乡村旅游风光带）；“绿水青山就是金山银山”省级实践创新基地1个（新建区溪霞镇）。

**【“南昌礼物”品牌运营推广】** 2022年，市文广新旅局积极打造“南昌礼物”品牌，在全市AAAA级旅游景区打造“南昌礼物”旗舰店16家，并对16家旗舰店进行资金奖补。同时，加强“南昌礼物”品牌运营管理，确定“南昌礼物”品牌运营商，精心打造城市伴手礼商品2套，开通“南昌礼物”线上商城和微信公众号。举办2022年“南昌礼物”评选活动，评出“十佳南昌礼物”，分别是飞阁流丹城市茶礼、南昌舰模、八大山人艺术瓷画系列干泡台、莲塘高粱酒、原城纪便签纸雕、滕王阁盲盒、南昌罐子煨、军山湖大闸蟹、英雄杯、茶遇东西（十款风味茶集）。

**【“南昌文旅一卡通”惠民补贴】** 2022年，市文广新旅局持续推出“南昌文旅一卡通”惠民补贴，持卡市民在享受进入加盟景区免费政策基础上，同时享受演艺、影院、书店等文化企业免费或优惠政策补贴。至年底，全市补贴文旅企业601.43万元，带动一卡通销量30万张，直接销售额3600万元，带动加盟景区分红2700余万元。活动情况受到《中国旅游报》《中国文化报》专题报道，文化和旅游部、省政府、省文化和旅游厅官网相继转发。南昌文旅融合及消费模式在全国推广。

**【文旅消费集聚区创评】** 2022年4月，南昌市百花洲文旅街区、699夜间文旅消费集聚区、原城纪南昌城市文化街区创评省级夜间文旅消费集聚区。7月，江西蜜蜂文化科普示范基地（江西汪氏蜜蜂）创评江西省级工业旅游示范基地。8月，万寿宫历史文化街区、百花洲文旅街区创评国家级文旅消费集聚区，创评数量居全省首位。

**【《关于进一步加快城市旅游发展实施意见》出台】** 2022年6月，市文广新旅局出台《关于进一步加快城市旅游发展实施意见》，从完善规划体系、提升供给体系、构建多元消费体系、健全公共服务体系和打造营销推广体系等5个方面提出措施，激发消费潜力，推进旅游中心城市建设，培育城市经济新动能，促进旅游产业高质量发展。

**【全域旅游民宿新业态打造】** 2022年，市文广新旅局围绕疫情期间旅游市场新需求、新变化，推动全市旅游民宿高质量发展，丰富民宿业态，为游客提供特色、趣味化服务。“民宿+电竞”“民宿+露营”“民宿+茶园”“民宿+汤泉”等场景化消费逐渐升温。湾里民宿围炉煮茶、剧本杀等活动受到广大消费者青睐。南昌市“民宿+康养”“民宿+文创”“民宿+研学”等主题产品多元化业态正在加快布局。

**【品牌培育力度加大】** 2022年，市文广新旅局按照有关标准和要求，推荐申报创建国家乙级民宿、国家丙级民宿和金树叶级绿色饭店及五星级旅行社、四星级旅行社等品牌，组织开展国家级旅游文明示范单位创建工作。至年底，全市获评国家甲级旅游民宿1家、银树叶级绿色饭店2家。其中，岭溪谷民宿为国家甲级旅游民宿，安义县为邦理想酒店、红谷滩区南昌美吉温德姆花园酒店为银树叶级绿色饭店。锦峰大酒店、力高皇冠假日酒店、江西饭店、为邦理想酒店、南昌喜来登酒店、南昌瑞颐大酒店、南昌香格里拉大酒店、南昌恒大酒店、融创施柏阁酒店、禧悦丽尊酒店获评南昌市“十佳旅游饭店”。江西唐墅民宿管理有限公司（安义县唐墅）、江西明居民宿管理有限公司（明居）、江西宋驿民宿管理有限公司（宋驿）、江西美新酒店投资管理有限公司（湾里管理局岭溪谷）、江西山言旅游发展有限公司（在芙山房）、江西君梦合纵旅游发展有限公司（禅茶一梦）、湾里区雨田水巷客栈（雨田水巷）、南昌市半朵悠莲餐饮管理有限公司（半朵悠莲）、江西好兄弟旅游发展有限公司（新建区忘忧村）、江西凤凰沟生态产业发展有限公司（南昌县凤凰茶居）获评南昌市“十佳旅游民宿”。江西教之旅国际旅行社有限公司、江西长青国际旅行社有限公司、江西省全球通国际旅行社有限责任公司、江西百事通国际旅行社有限公司、江西万达亚细亚国际旅行社有限公司、江西省中国旅行社有限公司、江西省海外旅游总公司、江西光大国际旅行社有限公司、江西省泰康旅业集团有限公司、江西金鹰国际旅行社有限公司获评南昌市“十佳旅行社”。

（马　婧）

## 旅游推介

【概况】 2022年，市文广新旅局紧紧围绕将南昌建设成为“引领全省高质量跨越式发展核心引擎、支撑中部地区崛起重要增长极和宜居宜业、宜学宜游现代都市”奋斗目标，策划多种宣传推介活动，持续做热做旺全市旅游市场。城市品牌宣传稳步推进，在《南昌日报》、南昌广播电视台等媒体设立文旅专版专栏，一列赣深高铁专列冠名“天下英雄城——南昌”。运营新媒体平台，宣传发布各类政务信息、文旅活动资讯、节庆活动图文信息。与长沙市文化旅游广电局签订战略旅游合作协议，与珠海市、东莞市、惠州市、韶关市、中山市、江门市、阳江市、泰州市、金华市等地文旅部门搭建沟通交流渠道，扩大南昌城市品牌知名度、美誉度和影响力。

【南昌城市形象LOGO及宣传口号新闻发布会召开】 2022年1月21日，市文广新旅局召开新闻发布会，对外发布“飞阁流丹”南昌市城市形象LOGO，“物华天宝，人杰地灵，天下英雄城——南昌”城市宣传口号。“飞阁流丹”城市形象LOGO，取名源自《滕王阁序》“上出重霄飞阁流丹”。LOGO中“八一”二字形如飞檐翘角，上出重霄，寓指敢为人先、勇于斗争八一南昌起义精神。“南昌”二字韵似巍城穹阁，气临层台，彰显恢宏厚重、古朴稳健豫章故郡风采。LOGO以“八一红”和“豫章金”为主色调，由“八一南昌”四字自上而下铺展出千年名楼滕王阁整体轮廓，将南昌红色基因与历史底蕴进行艺术性融合。“物华天宝，人杰地灵，天下英雄城——南昌”城市宣传口号，甄选南昌最具有代表性的创意元素，与城市形象LOGO一同，展现八一南昌起义精神伟力和历史文化名城千年文脉，进一步向外界展示英雄城风采、英雄城本色。

【城市品牌形象宣传】 2022年，市文广新旅局在各大主流媒体多角度、多层次投放城市旅游宣传广告，面向国际国内展示南昌城市形象。强化省市主流媒体宣传报道力度，向省级以上卫视和各大旅游频道投稿，呈现南昌文化和旅游特色工作亮点。在南昌电视台、《南昌日报》开设“南昌文旅频道”“畅游天下”等文旅专版（专栏），通过本地平台覆盖传播，打造文旅精品内容、精品栏目。一列赣深高铁专列冠名“天下英雄城——南昌”，进一步提升“天下英雄城”城市品牌知名度、美誉度和影响力。围绕“天下英雄城”主题，以微博、微信、头条、抖音、快手等自媒体平台为依托，以“南昌文旅 天下英雄城”“文化南昌”等自媒体号为支撑，打造南昌文化和旅游系统新媒体矩阵。结合现今流行短视频传播形式，将最直观反映南昌文化旅游特色亮点活动、特色产品、文旅品牌，通过微信公众号、抖音、微博、微信视频号、百度百家号、今日头条号等平台线上推广。由市文化和旅游系统官方自媒体原创线上信息，至年底累计阅读量超过2000万人次。

【新版城市旅游宣传品制作】 2022年，市文广新旅局组织制作南昌文旅“四个一”宣传品（一本期刊、一本口袋书、一套折页、一幅地图）用于城市形象推广、传承历史文脉、讲好南昌故事，并在高铁站、机场、服务区、加油站、高星级酒店等人群集聚区，第八届中国养老服务业务发展高层论坛会议、强军杯全军院校篮球比赛、首届战略传播论坛等论坛赛事活动中投放，进一步提升南昌文旅传播力和影响力。

【宣传推介活动对接】 2022年，市文广新旅局先后对接协助珠海市、东莞市、惠州市、韶关市、中山市、江门市、阳江市、泰州市、金华市等10余个地市，在南昌开展旅游宣传推介活动，加强南昌和其他城市旅游交流、搭建旅游互动平台、不断放大旅游辐射效应，努力实现资源共享、客源互送、市场共兴、发展共赢美好愿景。

【海外网红采风团接待】 2022年，市文广新旅局组织“原城纪”和万寿宫历史文化街区，接待10位由在华海外网红组成的“寻江西年味采风团”，品民俗、尝美食、体验南昌本地年味，并通过各自社交媒体向海外网友展示南昌百年城市文脉和豫章千年历史文化传承厚重氛围。

【文化旅游推介】 2022年，市文广新旅局组织旅游景区、旅行社和县区文化旅游部门，锁定重点客源市场，开拓潜在客源市场，赴长沙市、赣州市、上饶市、九江市等旅游客源地城市开展“红土情深·嘉游赣”南昌旅游推介活动。在赴长沙市开展推介会上，南昌与长沙共同签署《文化旅游战略合作协议》，两市将在文化和旅游领域开展全方位战略合作。

【“华彩南昌·乐活新年”启动】 2022年，市文广新旅局推出“华彩南昌·乐活新年”虎年新春主题活动，引导全市居民和在昌工作、学习外地人就地过年、温暖过年。其中，滕王阁景区为新春主题活动主会场，开展首届滕王阁游园灯会、汉服达人云游直播、民俗非遗杂耍展示等活动。华侨城运动公园为“乐活”主会场，推出“水晶之塔”新春挑战赛、平衡车挑战赛、冰壶挑战赛等体育+旅游互动项目。主题活动受到央视《朝闻天下》及《第一时间》栏目报道。

【首届南昌时尚季主题活动举办】 2022年，市文广新旅局举办首届南昌时尚季主题活动。推出“王者荣耀×滕王阁”文旅合作计划，与腾讯天美工作室官方合作推出弈星滕王阁主题皮肤、邀请知名音乐人林志炫演唱合作主题曲，线下联动携程发布多条本地旅游线路，弈星虚拟导览人入驻滕王阁景区，并为滕王阁量身打造“夜游滕王阁·弈星灯光秀”，该次活动全网新媒体平台传播热度超过10亿人次。举办“每一帧都是南昌”城市美好生活节，联合抖音官方，线上发起城市抖音挑战赛，鼓励参与者打卡南昌地标，拍摄旅行vlog或旅行攻略视频。该次活动抖音平台阅读量超过1.5亿人次。举办“焕彩重生·潮越千年”南昌潮流时装周，打造时尚创新论坛+主题T台走秀+时尚艺术展示+时尚青年潮流艺术节+跨界融合+线上云发布系列活动。

**【“春光如期”线上音乐会推出】** 2022年，市文广新旅局推出“春光如期”系列线上实景公益音乐会，3场音乐会总计观看近70万人次，被央视《新闻直播间》、新华社、央广网、《中国文化报》、《中国旅游报》等媒体刊登报道。其中，“春光如期·临高阁”音乐会于端午节当天通过华数传媒官方视频号“云尚杭州”及“华数在浙里”重播，向全国观众展示江南名楼之美，展现南昌城市风采。

（马　婧）

## 旅游管理

**【概况】** 2022年，市文广新旅局贯彻落实市委、市政府“旅游强市”决策部署，履行行业指导和行业管理职能，推动旅游产业实现高质量发展，旅游业态不断丰富，旅游品牌显著增强，服务质量日臻完善，服务水平明显提升，旅游市场持续净化，旅游资源得到进一步开发利用。全年，指导景区开展近200场节庆宣传活动和50余次各类专项检查，确保景区安全有序运行。累计召开全系统安全生产、疫情防控部署会议近10次。开展五级联动督导，持续开展安全生产隐患排查和整治，对重点区域、重点环节、重点市场进行高密度、高频次、地毯式检查巡查。全年，市文广新旅局共出动人员9120人次，检查企业18256家次。其中，检查旅游企业5496家次。举办首届乡村旅游风情月活动，进一步发挥乡村旅游综合带动作用，全面推进乡村振兴。开展旅游评选、促销活动8场，获国家级旅游商品大赛金奖1个（全省仅1个）。

**【全市旅游资源普查项目启动】** 2022年，市文广新旅局贯彻落实《文化和旅游部办公厅关于开展旅游资源普查工作的通知》《江西省文化和旅游厅办公室关于开展全省旅游资源普查工作的通知》，加快推进南昌市“旅游强市”建设，准确摸清旅游资源家底，启动全市旅游资源普查工作，围绕“有旅游吸引力”“有发展潜力”“可开发利用”三大核心要点，对8个主类、23个亚类和110个基本类型旅游资源深入进行普查及评价。10月17日，市政府召开全市旅游资源普查动员部署会，印发《南昌市旅游资源普查实施方案》，就旅游资源普查工作进行全面部署安排，提出工作目标任务和具体要求。

**【参加中国红色旅游博览会】** 2022年11月26—28日，市文广新旅局组织企业赴湖南省韶山市参加2022中国红色旅游博览会。该届红博会南昌馆通过VR、AR、AI、VFX等技术，全方位、多角度、沉浸式展示南昌红色旅游发展成果，获省、市领导高度好评。湖南省、江西省等多家媒体进行报道，湘潭市在线专题报道南昌馆充分利用科技手段创新展出全国首个元宇宙概念流动数字博物馆，取得良好社会效应和经济效应。

**【乡村旅游风情月活动举办】** 2022年，市文广新旅局举办首届2022南昌市乡村旅游风情月活动，促进乡村旅游高质量发展，进一步发挥乡村旅游综合带动作用，助力全面推进乡村振兴。活动通过开幕式、乡村好物市集、乡村旅游徒步行、乡村旅游发展论坛及宝藏八园线上系列活动，全方位展示南昌独特自然生态和醇厚乡村旅游风情，推动乡村旅游新发展。

**【文创旅游商品推广】** 2022年，市文广新旅局组织文创单位（企业）参加全国、全省文创旅游商品评选大赛及展会活动，指导一批有代表性、艺术性文创旅游商品走向市场，不断提升南昌市文创旅游商品市场影响力和竞争力。芯原智光·魅趣鸟小夜灯获中国旅游商品大赛（健康主题）金奖（全省仅1个），为南昌市首获国家级旅游商品大赛最高奖项。

**【景区专项检查】** 2022年，市文广新旅局严格落实省、市疫情防控及安全生产要求，重点加强景区疫情防控、防汛、防溺水、特种设施、森林防火、高风险旅游项目等管理。加大安全风险隐患排查和实地检查力度，先后开展景区疫情防控督查、安全生产大检查、联合市安监局开展特种设备等专项检查50余次。抓好重要节假日景区安全和疫情防控管理，确保假日景区安全有序运行。

**【人才技能培养】** 2022年，市文广新旅局开展全市旅游星级饭店标准宣传贯彻培训，开展酒店从业人员服务技能专项辅导，推选2名选手参加全省旅游饭店职业技能大赛。举办文化和旅游融合发展培训班，围绕疫情下旅行社高质量发展主题，对240余家旅行社企业及分支机构负责人、管理人员及市旅行社行业协会有关负责人进行培训，为行业发展赋能。

【文旅市场整治】 2022年，市文广新旅局开展经营场所摸排，促进备案工作，组织参加线上培训。持续深入开展打击未经许可经营旅行社业务专项整治行动、旅行社及服务网点不合理“低价游”等专项整治行动，严厉打击文化和旅游市场各类违法违规经营行为，规范文化和旅游市场。

【诚信市场建设】 2022年，市文广新旅局制定信用分级分类监管办法，237家A级旅游景区、文博场馆、星级旅游饭店、旅行社等文化旅游场馆签订信用承诺。帮助3家单位进行信用修复，制定《南昌市旅行社行业服务质量自律诚信公约》，打造“南昌旅行社诚信交易服务平台”，推动诚信市场建设。同时，深入开展文明创建工作，引导行业文明发展。对照创建标准，引导旅游景区、星级饭店等加强文明宣传，推动文明旅游，提升文广新旅行业文明形象。

【助企纾困】 2022年，市文广新旅局制定旅行社质保金暂退指南，指导旅行社做好质保金暂退工作。至年底，给予旅行社服务网点和星级旅游饭店纾困补助96.8万元，兑现旅游饭店、旅行社品牌奖励94万元。落实文化和旅游部等10部门联合印发《关于促进乡村民宿高质量发展的指导意见》工作部署，探索满足乡村民宿经营需求保险服务。8月开始，通过实地走访、发放问卷等多种方式，开展民宿企业、行业协会等需求调研。9月，面向市内外公开征集民宿险合作保险及保险经纪机构。11月，召开民宿险座谈研讨会，通过“政府引导、市场运作”旅保合作机制，探索将“保、救、调、赔、防”保障机制引入南昌民宿业，提升业主经营抗风险能力。

【南昌文旅管理人员培训班举办】 2022年8月9—10日，市文广新旅局在南昌梅岭宾馆举办南昌文旅管理人员培训班。全市各县区、开发区、湾里管理局文旅主管部门分管副局长、业务骨干、国家AAA级以上旅游景区及各文博场馆负责人、管理人员及局机关相关科室业务骨干共94名学员参训。该次培训班邀请省内数字文旅领域具有较高知名度专家授课，华东交通大学元宇宙产业研究院执行院长夏海斌教授讲授《文旅元宇宙的技术实践和商业应用》，南昌大学旅游学院许庆勇教授讲授《数字赋能文旅高质量发展》，科睿特软件集团股份有限公司董事长曾彬讲授《新文旅时代文旅大脑建设及数字化》，帮助参训学员对数字文旅有更深刻、更系统了解，推动数字文旅发展。

【南昌市导游大赛】 2022年11月9—10日，2022年南昌市导游大赛在南昌万国国际大酒店举办。大赛以“践行二十大精神，我为英雄城代言”为主题，由市文广新旅局主办，南昌市导游协会承办。来自南昌市20余家单位近70名选手，围绕南昌市历史文化、民俗非遗、美食特产及生态环境等方面内容进行全方位自我展示。大赛分为预赛、决赛2个阶段。为保证大赛专业性和权威性，特邀请曾担任省、市级大赛评委旅游院校专家、国家金牌导游、国家高级导游等组成经验丰富专家评审组，邀请南昌市导游协会部分理事以及旅行社代表组成大众评审团。经过评审，全市产生“2022年南昌市十佳导游”10名、“2022年南昌市优秀导游”21名，另有17家单位获该届大赛优秀组织奖。

【省级文化和科技融合示范基地创建】 2022年3月，市文广新旅局联合市科技局、市委宣传部、市委网信办组织开展省级文化和科技融合示范基地申报工作，推荐江西慧谷产业园申报2022年度省级文化和科技融合示范基地聚集类，推荐江西华广电影视科技有限公司、泰豪创意科技集团股份有限公司等8家企业申报2022年度省级文化和科技融合示范基地单体类。南昌市推荐申报的泰豪创意科技集团股份有限公司、江西省旅游集团文旅科技有限公司包揽2022年度省级文化和科技融合示范基地单体类2个名额。

【省级智慧景区创建】 2022年5月，市文广新旅局围绕申报景区自身优势，详细指导申报景区编制申报材料。经过专家评审及现场对接考察，滕王阁景区获评江西省II级智慧景区、南昌汉代海昏侯国遗址公园获评江西省I级智慧景区，为南昌市智慧景区建设工作打开良好局面。

（马 婧）

# 房地产业

## 房地产开发经营

【概况】 2022年，南昌市住房和城乡建设局贯彻落实中央“坚持房子是用来住的、不是用来炒的定位、支持刚性和改善性住房需求”政策精神，结合南昌实际，全面落实因城施策，不断完善优化稳地价、稳房价、稳预期的长效管理调控机制和房地产市场调控相关措施，保障全市房地产市场平稳健康发展。

【房地产投资】 2022年，全市房地产投资下降19.3%。其中，住宅投资下降19.9%，办公楼投资下降15.4%，商业营业用房投资下降14.1%。至年底，全市在库房地产企业共547家，在库房地产项目472个。

【房地产开发】 2022年，全市新建商品房批准上市面积629万平方米，下降26.1%。全市成交住宅用地79宗、面积294.27公顷，下降6%，计划执行率51%，成交总额240亿元，增长11%。其中，市本级（含新建区）成交住宅用地45宗、面积169.34公顷，下降9%，计划执行率44%，成交总额182亿元，增长16%。全市房地产业税收93.8亿元，下降38.9%，占全市税收总收入11.6%，下降6.7个百分点。全市房地产开发贷款余额2024.4亿元，增长2.1%。房地产开发贷款新增额40.7亿元。全市个人住房贷款余额3042.2亿元，下降3.0%。

【房地产销售】 2022年，全市新建商品房网签销售面积748.8万平方米（日均196套），同比增速−26.7%，新建商品住房价格累计环比指数101.8（全国70个重点城市排第十位，中部城市排第二位）。全市新建商品住宅销售毛坯均价9919元/平方米，下降0.7%。其中，市区10589元/平方米，增长2.3%。新建商品房库存面积下降。至年底，全市批准上市的新建商品房库存面积1282.7万平方米，去化周期22.2个月，与上年同期相比扩大5.1个月。

（吴　越）

## 房地产中介和租赁

【概况】 2022年，南昌市住房和城乡建设局坚持以行业健康发展为工作目标，开展房地产中介专项整治行动，加强房地产经纪行业管理，加大对房地产市场违法违规行为查处力度，有力维护消费者合法权益，建立公平竞争、诚实信用、运作规范的市场秩序。至年底，房地产经纪机构信用管理系统和房地产经纪从业人员信用管理平台共登记房地产经纪机构129家，房地产经纪人302人，从业人员7216人。记录从业人员不良行为19条，核验房源信息共63172套。

【房地产中介行业管理】 2022年1月3日，南昌市住房和城乡建设局、市互联网信息办公室联合印发《关于加强房地产中介行业管理的通知》，要求房地产经纪机构、住房租赁企业发布出售出租房源信息要真实准确，在发布信息中明确标识房源核验二维码。房地产经纪机构应当为所属门店办理备案、申请领取门店二维码，用于门店发布房源、交易双方评价门店服务、消费者查询门店信用等场景。房地产经纪机构门店至少有1名持有房地产经纪人执业资格证经纪人。社会网站、移动设备应用程序等网络信息发布平台应当履行信息发布审核责任，对在平台上发布出售出租房源信息进行严格审核，对平台虚假信息应当及时采取删除或者屏蔽等必要措施。

【房地产经纪机构及其分支机构管理】 2022年4月20日，印发《关于加强房地产经纪机构及其分支机构管理的通知》，进一步规范南昌市房地产经纪机构及其分支机构登记备案和房源信息发布管理。房地产经纪机构及其分支机构应当自领取营业执照之日起30日内，到所在县（区）住建部门办理备案，未办理备案的房地产经纪机构及其分支机构不得在南昌市从事房地产经纪活动。各县（区）住建部门要将已备案房地产经纪分支机构纳入房地产经纪机构信用平台管理。市住房和城乡建设局推行“一店一评”信用评价制度，在成交之后将“一店一评”以微信推送方式给房屋交易双方，由房屋交易双方对房地产经纪机构及其分支机构服务进行评价。评价结果将成为房地产经纪机构及其分支机构信用组成部分。

**【房地产经纪、估价机构检查】** 2022年10月31日至11月1日，市住房和城乡建设局组织开展房地产经纪、估价机构“双随机”检查。通过“江西省‘双随机、一公开’行政执法监管平台”进行随机抽取，抽取被检查的房地产经纪机构6家、房地产估价机构4家。抽查内容包括：房地产估价机构是否存在备案条件不符，超越备案等级承接业务情况；是否存在估价师违规挂证情况；房地产经纪机构是否存在房地产经纪机构及其分支机构未办理经纪机构备案从事房地产经纪业务情况；是否存在代理销售未取得商品房预售许可证、现售备案的商品房，代理销售商品房未与开发企业签订委托协议、委托后又进行层层转委托、额外收取购房人费用等情况；是否存在发布虚假房源，囤积房源恶意炒作，与房地产开发企业或销售人员串通炒卖房号、哄抬房价，与出租人或相关单位串通，哄抬房租，操纵市场租金价格情况等。通过实地检查，发现2家房地产经纪机构公示信息不全问题，并开具《行政执法检查结果告知书》，责令限期进行整改。

（胡飞祥）

## 房地产市场监管

**【概况】** 2022年，南昌市住房和城乡建设局坚持“房子是用来住的，不是用来炒的”定位，落实城市主体责任，稳妥实施房地产长效机制，严密市场监管，精准市场调控，鼓励保障居民合理住房需求。围绕“保民生、保交楼、保稳定”目标，全力化解逾期楼盘涉稳风险，推动多个房地产项目顺利竣工交付，持续整治规范房地产市场秩序，促进房地产市场平稳健康发展。

**【房地产市场调控】** 2022年5月，南昌市住房和城乡建设局针对满足住房合理需求方面，在一季度执行“加大人才住房支持力度、支持在外服役南昌籍军人在昌购房、取消夫妻或共有权人房产约定限制条件、调整部分区域调控管理隶属、支持未成年子女独自购房”等措施基础上，市本级全面取消购房行政性限制措施（限购、限售）。6月、7月、8月，南昌县、新建区、进贤县分别出台相应调控措施，取消购房行政性限制措施，实施阶段性购房消费补贴等支持政策。9月、11月，南昌经开区、红谷滩区和湾里管理局分别出台阶段性购房消费补贴措施。推动金融信贷，支持房地产市场发展。5月，全市公积金贷款额度统一调增至双职工最高80万元（原60万元），单职工最高70万元（原50万元）。住房贷款首付比由30%调至20%，住房贷款利率降至4.25%。6月，全市住房公积金首套房首付比例从30%下调至20%。8月，住房贷款利率再次下降至4.1%，已按国家最低标准执行。10月1日，全市个人住房首套公积金贷款利率执行国家最新标准（5年以下和5年以上利率分别调整为2.6%和3.1%）。放宽土地出让相关条件，取消144平方米以下住宅建设比例要求以及全装修住宅比例条件，推出不设定“优先销售给本地无房居民、网签时间满5年后方可转让”条件地块。9月底，出台《关于加强新建商品房预售资金监管的通知》，调整监管额度标准，重点监管资金按工程综合造价核定监管（毛坯房按3000元/平方米，全装修房按4000元/平方米）。明确预售资金监管期限，科学设定监管资金支付节点，确保监管账户留存满足项目竣工交付所需资金。10月14日，出台阶段性调整市本级新建商品房预售条件措施，鼓励销售去化率（60%以上）较好、风险可控项目，可在单体工程完成0时（通常指完成地下工程部分），提前办理预售。

**【房地产领域涉稳风险防范处置】** 2022年，南昌市坚持“保交楼、稳民生”目标，高度重视、高位推进，推动房地产领域涉稳问题解决和风险化解。相继推动恒大城、恒大翡翠华庭、恒大翡翠珑庭、恒大御澜府、新力时代广场、新力尊园、新力睿园、新力樘悦、新力江悦、新力青云府、新力渥园、苏宁檀悦18个涉稳项目竣工交付，江南院子、枫华天成、绿地南浦锦城、鸿海溪园等涉稳项目交付部分楼栋。至年底，全市共交付新建房屋15778户。在用好国家专项借款保交楼方面，国庆节前全市为28个逾期涉稳项目争取17.5亿元专项借款用于保交楼建设，帮助项目尽快复工，形成实物工作量和投资，实现保交楼目标。

**【“大干30天”保交楼攻坚行动启动】** 2022年10月28日，南昌市召开会议部署“大干30天”保交楼攻坚行动，提出具体目标和要求。市房地产联席办同步印发《南昌市“大干30天”保交楼攻坚行动方案》，建立一楼一策、一楼一法官、县区领导包案、红黄绿档分类管理、公安税务联合办案、定期通报等一系列工作机制，综合运用审计、公安、税务等多方力量重点突破。同时市县（区）两级均成立工作专班，由住建、政法、公安、法院、税务、金融等多部门抽调专人集中办公，坚持每日例会，实行每周调度。

**【房产测绘市场放开】** 2022年9月20日起，南昌市按照“放管服”改革要求，决定放开全市有关房产测绘市场，进一步优化营商环境，营造公平、竞争、有序房产测绘市场。东湖区、西湖区、青山湖区、青云谱区、红谷滩区、南昌高新技术开发区、南昌经济技术开发区、湾里管理局辖区国有土地范围内的房产测绘市场，凡具备相应房产测绘资质的机构，均可在该范围内开展与其测绘资质等级范围相对应的房产测绘业务。凡承接上述范围内用于竣工验收、房屋交易环节及不动产登记的房产测绘业务机构，可自愿向市住房和城乡建设局进行报备。房产测绘机构严格按照房产测绘相关规定开展工作，制作合格的房产测绘成果，并对其完成的房产测绘成果质量负责。

（开发管理科）

## 物业管理

**【概况】** 2022年，南昌市住房和城乡建设局（以下简称“市住建局”）履行物业行业监管职责，以党建引领社区物业治理为主线，以宣传贯彻《中华人民共和国民法典》《江西省物业管理条例》《南昌市物业管理条例》等法规以及省人大开展“物业社区行”活动为抓手，坚持“行业引导、示范引领”，推动老旧小区创新物业服务，促进物业服务水平提升。至年底，全市统计各类住宅小区2097个，物业服务覆盖率100%。全市服务管理的物业服务企业约1100家。全市有2个小区被中央文明办秘书局、住建部办公厅公布为“加强物业管理，共建美好家园”典型案例。6个小区被江西省住建厅公布为“加强物业管理，共建美好家园”典型案例。

**【社区物业治理专项工作】** 2022年9月，市住建局印发《南昌市深化城市基层党建引领社区物业治理专项工作方案》，要求住宅小区物业服务覆盖率2022年达70%以上，2023年达85%以上，2024年基本实现全覆盖。符合条件的住宅小区业主委员会或物业管理委员会组建率，2022年达50%以上，2023年达80%以上，2024年基本实现全覆盖。至年底，全市统计各类住宅小区2097个，物业服务覆盖率100%。符合成立业委会住宅小区1191个，成立业委会或物业管理委员会1019个，成立率85.56%。

**【市级“红色物业、美好家园”项目创建】** 2022年8月，市住建局印发《关于开展2022年度市级“红色物业，美好家园”项目创建工作的通知》，明确创建标准，开展创建评选活动，每个县、区（开发区、湾里管理局）住建部门推荐2个市级“红色物业，美好家园”创建项目，作为属地教育培训基地。街道、社区鼓励引导辖区内住宅小区业主委员会或者物业管理委员会，按照“红色物业，美好家园”创建标准要求积极参与，评选出“红色物业，美好家园”示范项目30个，并于11月向社会公布。

**【物业服务企业信用评价结果公布】** 2022年5月，市住建局根据《关于印发〈南昌市物业服务企业信用信息管理暂行办法〉的通知》要求，组织各县、区（开发区、湾里管理局）住建部门，对辖区内注册的物业服务企业（总公司）开展2021年度信用评价，共对295家申报参加企业的基础信息、日常监督检查信息、良好行为信息、不良行为信息进行量化打分，并征求市发改委、市城管执法局、市市场监管局、市税务局、市公安局、市消防救援支队、市司法局对企业良好行为和不良行为等情况的意见，按照规定对物业服务企业进行综合评价。于8月底印发《关于公布2021年度全市物业服务企业信用评价结果的通知》。评价结果为“五星”标识企业16家，“四星”标识企业56家，“三星”标识企业177家，“二星”标识企业43家，3家企业及符合办法规定、应当参加而未参加企业为“一星”标识。是南昌市自2021年出台《南昌市物业服务企业信用信息管理暂行办法》后，首次公布物业服务企业信用评价结果，也是全省第一个公布物业服务企业信用评价结果的设区市。

（徐舒霞）

# 交通·邮政

## 铁 路

【概况】 2022年，中国铁路南昌局集团有限公司（以下简称“南昌局集团公司”）落实“交通强国、铁路先行”战略，秉持“勇当‘火车头’，先行作贡献”发展理念，运输安全持续稳定。南昌市境内铁路运输单位和运输辅助单位有南昌车站、南昌车务段、南昌机务段、南昌工务段、南昌高铁基础设施段、南昌电务段、南昌通信段、南昌供电段、南昌车辆段、南昌南车辆段、南昌客运段、向塘西车站、向塘机务段、南昌房建生活段。全年，南昌车站旅客发送2008万人，完成客运收入26.51亿元；南昌车务段货物发送934.3万吨，完成货运收入7.11亿元。

【车站服务设施环境改善】 2022年，南昌车站优化服务环境，提升服务能力，推进更新改造项目，完成南昌西站进站能力扩容，增配南昌西站验证闸机。完成南昌站、南昌西站引导标识更新，清理引导标识1000块，撤除指示86块，新增10块灯箱标识，更换15块高架门楣标识。加强“12306”反馈投诉问题分析、归类、纠责，建立服务质量问题库，对旅客反映突出问题组织重点分析，制定整改措施。成立“红土情”服务班组，扩大优质品牌社会效应。全年收到表扬工单102件、感谢信17封、锦旗16面。

【首列通过“铁路快通”模式报关中欧班列开行】 2022年南昌局集团公司加强与海关和省市地方相关部门协作，提前做好与班列公司、场站运营方、进出口企业、出境海关互联互通，细化各项监管节点，实现全过程精准对接。11月5日，江西首列通过“铁路快通”模式报关的中欧班列从南昌国际陆港驶出。班列从二连浩特口岸出境，终到俄罗斯莫斯科。该趟班列运送集装箱50个，货物总重624吨，总价值约2200万元。“铁路快通”模式实现铁路、海关、运营企业数据互通，对班列所载进出口货物转关运输监管，无须运营企业另行申报并办理转关手续，简化班列进出境监管手续。班列整体运行时间缩短1—2天，实现智能化监管、数字化通关、加速度验放。

【南昌向塘国际陆港铁路口岸启用】 2022年6月28日，南昌国际陆港铁路口岸（海关监管作业场所）启用。省委常委、市委书记李红军宣布南昌向塘国际陆港铁路口岸（海关监管作业场所）开通运行。市长万广明出席并讲话。南昌向塘国际陆港铁路口岸分2期建设。一期占地面积3.3公顷，总投资1.27亿元，于2017年11月22日通过验收并投入运营；二期（海关监管作业场所）占地面积29.3公顷，总投资4亿元，主要建设铁路专用线、海关服务中心、监管仓库、卡口及相关配套设施。该口岸发挥陆港物流枢纽优势，依托向塘西路网型编组站，图定口岸在原有的二连浩特和满洲里基础上新增阿拉山口和霍尔果斯2个出境口岸，图定线条计划增至4条。至年底，开通南昌至荷兰（鹿特丹）、俄罗斯（莫斯科）等9条国际直达班列，以及南昌至深圳盐田港、宁波北仑港等9条铁海联运外贸班列。全年开行外贸班列1238列，到发标箱7.4万个，货值19亿美元，分别增长31.7%、20.8%、14.9%。

【“复兴号”智能动车组列车落户南昌】 2022年10月1—2日，5组CR400AF－Z型“复兴号”智能动车组陆续驶抵南昌局集团公司南昌西动车二所，“复兴号”智能动车组列车正式落户南昌。作为具有完全自主知识产权的中国标准动车组，“复兴号”动车组分为CR400、CR300、CR200等3个系列，CR是中国铁路英文缩写，其后数字表示最高运营速度。上述3个系列持续运营速度每小时分别为350千米、250千米、160千米，分别

2022年10月11日，南昌首次开行复兴号智能动车组

（张学东　摄）

适应高速铁路（高铁）、快速铁路（快铁）、城际铁路（城铁）。“复兴号”动车组是完全按照中国技术标准制造的新一代统型动车组列车，在基础通用、车体、走行装置司机室布置及设备、牵引电气制动及供风、列车网络标准、运用维修方面，均达到国际先进水平。南昌局集团公司成为继北京、成都和武汉局集团公司之后第4个配属该高端车型的集团公司。自10月11日新列车运行图实施后，5组CR400AF－Z型“复兴号”智能动车组投入到南昌至北京间运营，全程运行时间缩短至6个小时左右。

**【昌景黄高铁江西段进入全线铺轨阶段】**　2022年12月15日，一对500米长的钢轨平稳铺设在南昌市金溪湖特大桥上，标志着昌景黄高铁江西段进入全线铺轨阶段。昌景黄高铁是国家高速铁路网重要组成部分，西起南昌市，途经上饶市、景德镇市，东至安徽省黄山市，全长289.91千米。其中，江西段长200.27千米，设计时速350千米，共设瑶里、景德镇北、乐平北、鄱阳南、余干、军山湖、南昌东7个车站。

**【“3·5”学雷锋江西省文联文艺志愿服务演出活动】**　2022年3月4日，由省文联主办，省文艺志愿者协会、南昌局集团公司文联承办，省企业文联、南昌铁路建设指挥部协办的“3·5”学雷锋江西省文联文艺志愿服务演出活动在南昌东站建设工地举行。南昌铁路建设指挥部、中铁建工、中铁二局、中国铁设单位100余名南昌东站建设者观看演出。文艺志愿者通过歌曲、舞蹈、相声、魔术形式宣传建设者们舍小家为大家的雷锋精神，表达对建设者敬意。活动现场，省文联向南昌东站建设者赠送由省文联书法家、摄影家为建设者创作的书法作品和摄影作品。

（曾　进）

## 公　路

**【概况】**　2022年，南昌市做好公路路网升级改造、基础设施项目建设、日常养护管理督查、路域环境安全整治等工作，推动普通国省道管养不断升级、公路等级结构不断优化、路网通畅度不断提高。至年底，全市公路建设累计共7千米；养护管理累计966.823千米。全市农村公路总里程10349.63千米，占全市公路里程11917千米的86.85%，占全省农村公路总里程186161千米的5.56%，全省排第七位；县道三级及以上公路536千米，占全市县级公路的64.16%，比全省平均57.2%高6.9个百分点，全省排第五位；乡道双车道公路527千米，占全市乡级公路的24.11%，比全省平均19.32%高4.79个百分点，全省排第二位；1163个建制村通双车道公路727个，占全市村级公路的62.51%，比全省平均51.53%高10.98个百分点，全省排第三位；农村公路桥梁812座，占全市公路桥梁1036座的78.38%；危桥仅2座，占全市农村公路桥梁的0.25%，比全省平均4.96%低4.71个百分点，全省排第一位。至年底，全市道路运输及相关业务经营户5936家。其中，道路货运3866家，道路客运企业17家，公交企业5家，巡游出租汽车业户1115家，网约车平台81家，机动车维修业户622家，机动车驾驶员培训机构95家，小微型客车租赁企业51家，定制客运电子商务平台1家，站场58家，汽车综合性能检测机构25家。道路运输车辆54732辆。其中，载货汽车30175辆，道路客运车辆1148辆，公交车辆4009辆，巡游出租汽车5649辆，网约出租汽车13614辆，小微型客车车辆137辆。1月，南昌市获全国“四好农村路”建设市域突出单位称号，安义县获全国“四好农村路”示范县称号。

**【推进交通强市建设动员大会】**　2022年3月8日，市委、市政府召开推进交通强市建设动员大会。省委常委、市委书记李红军出席并讲话。市长万广明主持会议。市委常委、常务副市长胡晓海出席。会议坚持以习近平新时代中国特色社会主义思想为指导，深入贯彻落实党中央、国务院《交通强国建设纲要》和省委、省政府《关于推进交通强省建设的意见》要求,全面部署交通强市工作,加快南昌打造综合交通枢纽,为南昌高质量跨越式发展提供有力支撑。会上,市交通运输局、市发改委、南昌县有关负责人围绕推进交通强市建设作表态发言。

【《南昌市交通强市建设行动计划》出台】 2022年3月7日,市委、市政府印发《南昌市交通强市建设行动计划》。该计划由市交通运输局牵头起草,围绕省委、省政府提出的推动强省会战略深入实施及经济首位度和经济体量"两个大幅提升"目标要求,到2025年,通过集中力量组织实施"1688"工程,实现交通基础设施互联互通,综合运输服务能力有效提升,交通综合治理显著推进,城乡交通服务全面覆盖,交通运输行业整体竞争力显著增强,为率先建成交通强市打下坚实基础,基本建成具有全国重要影响力的综合交通枢纽城市。实施"1688"工程,"1"是指打造具有全国重要影响力的综合交通枢纽城市;"6"是指不断完善航空网、轨道网、水运网、道路网、物流网、信息网"六大网络";"8"是指加快推进综合交通、产业交通、品质交通、绿色交通、美丽交通、数字交通、信用交通、平安交通"八大交通"体系建设;"8"是指推动实施综合交通设施建设、发展交通装备产业、交通品质服务提升、推动绿色交通建设、打造美丽城乡交通、推进数字交通建设、推进信用交通建设、推进平安交通建设"八大任务"。

【《南昌市"十四五"交通运输专项规划》出台】 2022年6月3日,市政府印发《南昌市"十四五"交通运输专项规划》。该规划由市交通运输局牵头起草。规划明确"十四五"南昌市交通运输发展目标和任务,擘画"十四五"交通新图景。规划以建设人民满意交通为目标,着力建设具有全国重要影响力的综合交通枢纽城市、引领大都市圈一体化发展的核心城市、绿色便捷的现代化公交都市、高质量交通运输服务典范城市。到2025年,初步形成安全、便捷、高效、绿色、经济的现代化综合交通运输体系。规划分拟建、争取开工建设、前期研究谋划3类项目,建设项目共85个。

【绿色出行创建行动】 2022年,按照交通运输部、国家发展改革委联合印发《绿色出行创建行动方案》《交通运输部办公厅 国家发展改革委办公厅关于做好绿色出行创建行动考核评价有关工作的通知》,南昌市开展绿色出行创建工作。至年底,基本建成以轨道交通为骨干,常规公交、旅游观光巴士、微循环公交等地面公交为主体,公共自行车、互联网租赁自行车为补充的多层次、一体化公共交通系统与融合旅游、休闲、健身、娱乐为一体的慢行交通网络系统。全市绿色出行比例达76%,绿色出行满意度达98%。12月,南昌市荣获全国绿色出行创建考核评价达标城市称号。

【农村公路建设】 2022年,完成农村公路新改建608.9千米,安防工程206.83千米,完成总投资13.81亿元,同比增长154%。完成农村公路安全隐患整治1022千米,安排市级补助资金4000万元。其中,安装波形钢护栏建设项目合计718.82千米,其余路段整治完成后全部采取警示标志、警示牌方式给予提示。完成农村公路路面改造369千米。

【获全国"2021年最美出租汽车司机"称号】 2022年9月1日,在交通运输部、中华全国总工会联合组织开展的"2021年全国最美出租汽车司机"推选活动中,由市交通运输局、市总工会联合审查推选的南昌大众交通有限责任公司出租车驾驶员肖芬和江西大众交通运输有限公司出租车驾驶员吴宝喜获全国"2021年最美出租汽车司机"称号。

【获首届"赣运先锋"党建品牌称号】 2022年9月5日,市道路运输企业江西恒创汽车发展有限责任公司被省综合交通运输事业发展中心评为首届"赣运先锋"党建品牌。江西恒创汽车发展有限责任公司创立于2002年,是一家以汽车销售与服务为核心业务的全产业链集团,资产规模超过32亿元,现有职工1100余人。公司党委将党的领导写入企业章程,实行双向交叉任职运行机制,以"党建力量转化为企业生产力"为目标,探索出"红色六领 五微一体"工作法,破解非公有制企业"两张皮"发展难题,以党的建设高质量推动企业发展高质量。

【春运工作安全有序】 2022年春运从1月17日开始至2月25日结束,共40天。市春运办按照"安全第一、保障有力、方便快捷、服务至上"总体要求,切实加强春运工作组织部署,严格春运安全监管,完善应急保障预案,科学统筹调度运力,优化提升服务品质,完成春运各项工作任务。全市安全运送旅客6719.63万人次,同比增长11.6%,从旅客出行方式来看,呈现"四增两降"。其中,轨道交通运输3218.29万人次,增长35.05%;城市公交运输2124.9万人次,下降15.07%;出租车运输945.2万人次,增长18.42%;公路运输20.79万人次,下降2.81%;铁路运输306.55万人次,增长33.76%;民航运输103.9万人次,增长19.29%。没有发生一起责任旅客伤亡事故、火灾爆炸事故及重大道路客运交通事故,没有发生群体旅客滞留现象和影响较大的旅客投诉事件,春运平稳安全。

【2条城际公交线路开通】 2022年12月30日,南昌市开通南昌至共青城、南昌至庐山西海的大南昌都市圈城际公交线路。城际公交采用"大容量、低票价、高密度"运营模式,降低市民出行成本,提升乘坐体

验。城际公交的开通，有利于加深都市圈群众相互交流，促进都市圈从交通融合向全面融合迈进，进一步强化省会引领示范作用，打造富有活力、创新力、竞争力的现代化都市圈。

**【出租"除夕温暖车队"】** 2022年，市交通运输局精心挑选50辆出租汽车组建"除夕温暖车队"，在南昌火车站免费接送旅客回家。活动主要目的是帮助旅客及时、安全地与家人团聚，让归家游子感受到南昌"的哥""的姐"温暖，展现新时代出租汽车文明形象，用实际行动为文明南昌增光添彩。活动自2011年开始，已经连续12年举办该项公益活动，深受广大旅客和社会各界一致好评。

**【出租助力学子圆梦】** 2022年，市交通运输局组织开展出租车"爱心送考"活动，推动出租汽车行业精神文明创建工作，彰显新时代"雷锋精神"。市道路运输服务中心联合31家巡游出租汽车企业，甄选出服务质量优良、驾驶技术娴熟的优秀出租汽车驾驶员组建"高考爱心车队"。为确保该次爱心送考活动顺利进行，市道路运输服务中心要求各出租汽车企业督促从业人员调整好交接班时间和加油加气时间，以满足考生乘车需求；凡途经各考场的出租汽车一律不得在考场外鸣笛，保持考场周边安静，所有车辆一律按要求减速慢行，减少噪声，不准强超、强会及超速行驶，为考生创造良好考试环境。在高考期间，每辆参加活动的车辆统一悬挂绿丝带在路面巡游，考生可凭准考证免费乘坐"高考爱心车队"车辆。

**【执法规范化建设】** 2022年，建立健全交通运输行政执法规范化长效机制，全面贯彻执行行政执法三项制度，落实《交通运输行政执法程序规定》，制定《交通运输综合行政执法人员行为规范（试行）》。加强案件线上办理，自1月1日起，所有行政处罚案件均通过《江西省交通运输行政执法综合管理信息系统》线上办理，行政处罚信息和行政执法案件均录入公共信用信息平台和江西省"双随机、一公开"行政执法监督平台，实现执法流程规范化、案件处理电子化、办理时限效率化、执法方式科学化。市交通运输局会同市公安交管局等4个部门联合制定印发《建立打击道路运输领域违法违规行为联勤联动长效机制备忘录》，开展联合执法50余次。组织开展道路危货运输、公交、驾驶行业领域专项执法检查和整治。全年出动执法人员3.26万人次，执法车辆9523辆次，查处道路运输违法违规行为1381起。按照"百吨王"百日攻坚、春运有关要求，紧盯公路水运工程建设领域工程车辆、电煤运输、带车"黄牛"等，深化货车超限超载治理，开展集中整治专项行动。开展赣西片区四市联动、昌九联动等联合治超行动。发挥科技治超作用，推动25家重点货物源头单位安装称重和视频监控设备，16家接入省治超管理平台；启动第二批11个不停车检测点，基本实现国省干线公路出入口不停车检测点全覆盖。路面查处超限超载车辆2717辆，卸载7.29万吨，恢复改装376辆，其中查处"百吨王"车辆154辆，普通公路超限超载率控制在2%以内。

**【出租汽车规范管理】** 2022年，组织出租汽车从业资格考试259场，新增出租汽车从业人员3888名；累计辅助配发道路运输证1.4万本，从业资格证3万余本。网约车订单合规率保持在80%以上，处于全国主要中心城市的第一方阵，在全省11个地市位居首位。实现车载终端设备数据对接全程系统判断，加快数据对接进程；开展合规化专项行动，强化事中、事后监管，依法注销4家网约车平台公司道路运输经营许可，注（撤）销500余人从业资格证件。

**【5G+VR虚拟驾驶模拟设备】** 2022年，南昌5G+VR智慧驾培设备在2022世界VR产业大会上再次亮相。该次展出的5G+VR模拟器，较上一代设备，拥有更加贴近现实的教学场景，新增培训软件场景内容及应急处置，更有真实的驾驶路感，更有真实的模拟座舱。VR虚拟驾驶技术不仅为学员带来超强沉浸式体验，帮助学员深刻掌握道路交通安全驾驶基础，养成良好文明驾驶习惯。同时，进一步提高行业绿色环保发展，有效减少教练车燃油消耗，减少废气排放，保护环境，降低企业经营成本，更加适用于新模式下的驾培行业应用。

**【公路项目建设】** 2022年，全市公路项目建设累计完成投资8.7亿元（其中公路建设投资2.2亿元、公路养护投资6.5亿元），超额完成省级公路省交通厅下达的年度4亿元目标任务，为全市扩投资稳增长提供有力支撑。协调各县区完成32个"十四五"及2035年规划项目、完成总建设用地规模2610公顷的"三区三线"划定及基本农田调出工作。全面启动"十四五"普通国省道建设项目前期工作。其中，105国道改建工程已完成工可编制，正申报行业审查；104省道莲塘至黄金埠公路新建工程已明确融资模式。

**【南昌县向塘至新建区西山段公路新建工程】** 2022年，320国道南昌县向塘至新建区西山段公路新建工程完成项目线路的方案调整、姚湾港区规划局部调整、昌南大桥通航认证、跨高速公路交叉方案认证、涉铁路交叉方案认证、防洪影响评价、项目土地预审批复等各项前期工作。项目建设将优化南昌县向塘至新建区西山段的路线线形和里程，提升该路段通行能力和水平，完善

G320作为沪昆综合运输大通道、省际城际间的通道型干线公路功能。项目建设地点位于南昌县向塘镇、富山乡，红谷滩区厚田镇、生米镇、流湖镇，新建区石埠镇。建设内容为路基工程、桥梁工程、互通式立体交叉工程、平面交叉、服务设施（停车区）、养护设施。路线起于320国道与星城大道交叉口处，在南昌县境内利用现有星城大道、金沙大道，拟合规划的姚湾大道向西跨越昌宁高速、昌浦铁路、疏港大道后，在富山乡跨过赣江，进入红谷滩区厚田乡，跨越昌栗高速公路后接梦山大道，终点位于梦山大道与320国道交叉口处。项目路线全长49.11千米。其中，25.55千米为新建路段，含特大桥1座（3852米）、大中小桥梁9座（1431米）、互通式立体交叉1处、分离式立体交叉5处（含上跨京九铁路、下穿昌福铁路分离立交桥1179米/2座）；23.57千米为利用老路段实施路面改造，加固利用既有桥梁7座（320米）。全线按一级公路标准兼顾城市道路功能，双向六车道设计，设计速度每小时60千米。

**【公路养护管理】** 2022年5月，全市公路养护管理完成上年续建路面修复工作，建设里程69千米，投资1.6亿元。12月，完成新建路面养护项目15个，建设里程158.5千米，投资3.9亿元。加快完成四类、五类危桥改造和三类桥维修加固任务工作，桥梁维修改造项目8个，投资3700万元。桥梁养护项目13个，投资7000万元。按照交通运输部、省交通运输厅要求，做好桥梁定期及经常性检查工作，委托第三方检测机构对35座桥梁进行定期检查，有效保障桥梁运行安全。

**【路域环境整治】** 2022年，针对国省道调整后接养技术状况基础较差的省道，结合“两整治一提升”活动进行一次集中改造提升。根据沿线乡镇产业布局及道路技术状况，确定改造路线。根据道路病害、交通量调查数据、道路两侧路域环境状况，分段确定设计方案。实施路面改造省道10条，建设里程86.1千米。至年底，项目基本完工，完成投资2.38亿元。秉持“三同时”原则，同步完善安防设施、同步完善排水设施、同步处置平交道口。全年处置平交道口479个、更新护栏8254米、更换标志标牌438套、施划振荡标线6569平方米。推进“四新”（新技术、新工艺、新材料、新设备）技术运用，在212、102、414等省道公路项目施工中探索运用均质微裂化、薄层罩面新工艺、新技术共33万平方米，有效降低路面结构层厚度，提高道路使用寿命周期，节约项目投资。

**【不停车超限检测点二期项目建设】**

2022年7月，不停车超限检测点二期项目建设通过交工验收。经过4个月试运行，该设施能够与其他相关设备正常连接，且能安全、稳定运行，并通过第三方竣工检测，于12月通过竣工验收。项目建成实现货车超限超载全证据链的实时采集，为普通公路运输货物运输综合监管提供数据支撑，基本实现全市超限超载重要节点“全覆盖”，推动构建完善的治理超限超载技术监测体系，有效促进数据联动，打通超限超载协同治理通道。

**【安全隐患整治】** 2022年，持续开展安全隐患排查治理，按时完成临水临崖防护设施及平交道口专项整治，排查安全隐患619处。普通全市国省道发生伤亡事故总数同比上年下降27.6%，死亡人数下降23.6%，受伤人数下降33.3%。修订完善突发事件总体预案和自然灾害、交通事故等5个应急预案，组织开展水毁桥梁应急演练。做好春运、全国两会、党的二十大和冰冻雨雪、干旱公路期间应急保通工作。对320国道沿线门店前无硬化、车辆带泥上路等造成道路扬尘污染问题开展整治，整治成效被南昌电视台专题宣传报道。对因开发商违法施工开挖造成216省道安全隐患进行整治，有效维护路产路权。

**【公路路网运行监测】** 2022年，开展普通公路视频事件检测试点应用。在现有平台新增部署事件检测功能模块，重点关注湾里S417智慧公路、昌九智慧公路、部分辖区国省干线重要桥梁和平交道口、车流量较大的路段情况，全天候地对视距范围内的道路拥堵、抛撒物、道路施工、路障、车辆违章停车等交通异常事件进行检测，有针对性反馈路段信息，并在第一时间实现自动告警，便于管理人员及时有效处置，为指挥调度、诱导交通流等工作提供帮助。提升现场指挥融合通信保障。推广视频会议、无人机、移动监测等设施在公路勘察、养护、桥梁检测、抢险救灾、公路建设成果展示的应用，增强户外应急通信保障能力，改善外场环境下无人机、移动监测画面的传输质量，加强融合通信保障技术演练，实现即时响应、即时应用。严格执行7×24小时路网运行监测工作机制，持续服务公路应急值班值守保障。定期巡查内、外场设备的工作状态、性能稳定性情况，确保外场监测设备在线畅通率高和内场设备良好。经省路网运维监管系统实时统计，视频监测点设备按年统计在线率96.93%，交通量自动观测点设备在线率96.32%，车辆超限预检监测点设备在线率90.81%，情报板设备在线率87.46%。重点做好南昌高坊岭、梁家渡大桥监测点重建工作，确保监测点位在公路工程项目施工完成后及时恢复，保障数据传输有效性。编写南昌公路路网运行监测分析月报36份（包括《南昌市普通公路路网运行监测月报》《交通流量分析专题月报》《车辆超限超载分析专题月报》等）、节假日路网运行交通量预测报告7

份，通过对相关数据收集和分析，使路况监测、公路管养、服务出行、应急保障和科技治超等工作进行实时监测变得更加便捷，为满足人民群众对美好出行需求提供有效决策依据。

【公路业务信息化融合】 2022年，加强对公路养护车辆管理系统、桥梁二维码信息展示系统、桥梁健康监测系统的运行维护、管理，推广e路通智能养护移动系统应用，配合开展好电子地图数据采集，为公路系统养护、计划、建设等业务的信息化、便捷化管理提供帮助。探索基于AI的轻量化公路养护巡查解决方案，尝试通过改造公路巡查车辆、加载智能分析终端、利用北斗定位和大数据分析及4G/5G通信现代化技术手段，结合精准地图数据及定制场景开发，搭建智能养护巡查系统，实现公路养护巡查科技化及可视化管理，提升公路综合管理能力。

【公众出行信息服务】 2022年，不断挖掘公路信息资源，优化公众出行信息服务供给方式，优化发布渠道，丰富出行服务手段，拓展受众面，提高信息服务效率。运用互联网、手机、交通广播、车载终端、可变情报板、交通诱导屏多种手段和载体，为出行者提供更为及时完善的出行信息参考。全年通过门户网站、微信公众号发布路况信息112条，通过固定可变情报板发布信息109条，通过短信平台发送湾里智慧公路路况信息约114万条。完成微信公众号服务功能拓展升级，并于5月上线全新的“出行服务”栏目，丰富视频查阅、公路阻断信息查询、路径规划、湾里智慧公路环境监测及实时通行情况、公路桥梁信息查询、便民信息服务查询等功能，强化多元数据融合，丰富出行信息展现方式。

（王文翰　黄煌）

## 水　运

【概况】 2022年，全市有水运企业31家，其中普通货运企业29家、客运企业1家、液货危险品运输企业1家。营运船舶126艘，40.7万载重吨，24.41万总吨。其中，普通货船115艘、39.97万载重吨、23.86万总吨；客船2艘、398客位；危险品船舶9艘、7337载重吨、4710总吨；多用途船35艘，4444TEU箱位。码头15座（含在建码头3座），泊位56个（在运营泊位37个），最大靠泊能力2000吨级。港口设计通过能力3572万吨、50万标箱（实际在运营码头2132万吨，25万标箱）。全年南昌港完成吞吐量3041.4万吨，同比下降24.98%。其中，集装箱吞吐量完成11.61万标箱，下降12.2%。完成水路货运量1528.2万吨，上涨3.61%；完成水路货物周转量57.69亿吨，上涨3.58%。

【《南昌港总体规划（2035年）》获部省联合批复】 2022年2月，《南昌港总体规划（2035年）》经过4年努力，获交通运输部和江西省人民政府批复。该次规划明确南昌市水路交通运输“十四五”乃至中长期发展思路和建设目标，范围包括南昌市境内赣江（包括赣江西支、中支、东支）、抚河等河流。规划港口岸线24.53千米，含已开发利用港口岸线3.95千米。其中，赣江规划港口岸线22.79千米，已开发利用3.95千米；抚河规划港口岸线1.74千米。南昌港规划为市汊、龙头岗、姚湾、厚田、城区、南新、樵舍、北郊、昌东、进贤10个港区，其中市汊港区和龙头岗港区为核心港区。

【姚湾综合码头项目建设】 南昌姚湾综合码头是南昌港建规模最大的综合码头项目，也是全国一次性批复泊位最多、岸线最长的内河港口码头项目，总投资25.6亿元。2022年3月31日，南昌姚湾综合码头一期5个件杂货泊位正式开港陆续投入运营，实现全市水运建设良好开局，为助力南昌水运高质量跨越式发展夯实基础。至年底，5个散货泊位完成全部桩基施工，进行码头上部结构施工；6个多用途泊位进行桩基及下部结构施工。码头项目建设总计完成投资额8.5亿元。

【“十四五”时期水运建设项目启动】 2022年，按照《南昌市交通强市建设行动计划（2022—2025）》要求，开展南新港区洲渼作业区一期码头、昌东港区下尾万家作业区码头、樵舍港区刘家作业区液体散货码头、厚田港区张胡作业区综合码头等“十四五”时期南昌市水运建设项目前期工作。推进赣江南支钱岗货运码头工程、厚田港区小洲货运码头工程建设。下尾万家作业区码头、洲渼作业区一期码头工程可行性研究报告专家评审会于5月和6月分别召开。做好南昌市“十四五”时期重点水运建设项目申报和“三区三线”划定工作。将南昌港拟建码头、疏港道路、水上服务区项目纳入“十四五”期重大项目。同时，将南昌市拟建“十四五”期水运重大项目港口用地纳入“三区三线”划定范围，做好港口规划与国土空间规划衔接，将港口用地中涉及的永久基本农田调出，以保证南昌市“十四五”期水运建设重点项目推进。协调南昌白水湖码头完成规范提升，码头于7月24日正式开港运营；南昌市水上公安紧急救援暨水警训练基地建设工程岸线申请获批；江西省龙达港务营运有限公司码头工程项目于9月2日召开该项目施工图变更设计审查会议，解决项目存在的施工技术问题，明确建设项目后续工作思路及方向。做好320国道改建工程昌南大桥桥位选址调整港口规划相关工作，确定南昌港总体规划姚湾港区店前作业区和姚湾港区锚地局部调整方案，保障320国道改建工程推进。

**【港口和船舶污染防治】** 2022年，全市14家码头环保设施全部整改提升、有效运行，具备船舶污染物接收能力。其中，4个码头（亚力水泥码头、江西国际集装箱码头、富昌油库码头、滕王阁游轮公司码头）生活污水接入市政污水管网，10个码头采取建设分散式生活污水处理设施或接收、转运设施处理。全市船舶水污染物联合监管与服务信息系统平台运行正常，形成船舶污染物接收转运和处置闭环管理。全市2座污染物接收站、13个营运码头、12个转运单位、144艘营运船舶注册"船e行"账号，绑定作业地点和范围。通过"船e行"，了解全市港口船舶污染物的接收、转运和处置数据，明确各相关单位权限和性质，赣江南昌段水域污染防治工作更加明晰、高效。

**【港口岸电设施建设改造】** 2022年，按照省交通运输厅《关于印发进一步推进靠港船舶使用岸电工作实施意见的通知》要求，市交通运输局督促南昌市港口企业推进码头岸电设施建设和改造，新建、改建、扩建码头（油气化工码头除外）依法依规同步规划、设计、建设岸电设施。国网南昌供电公司和港口企业按照国家标准，对港口岸电设施接插件进行改造，强化船港岸电技术衔接匹配，提升船港岸电设施技术匹配度。至年底，南昌港有11座码头安装港口岸电设施34套。优化提升岸电服务水平，加强船岸信息共享。港口企业将码头岸电设施技术参数信息、收费标准，通过网站、码头前沿指示牌渠道向社会公开。

**【精品旅游线路打造】** 2022年，市交通运输局积极谋划，全力推进，将南昌港客运精品旅游线路打造为南昌水运品牌。10月17日，交通运输部公布《打造国内水路旅游客运精品航线试点单位及试点内容》，南昌滕王阁游轮客运有限公司八一大桥至朝阳大桥游航线入选水路旅游客运精品航线——城市景观游航线，南昌滕王阁游轮客运有限公司入选交通运输部打造国内水路旅游客运精品航线试点单位。督导南昌滕王阁游轮客运有限公司按要求落实试点工作，打造功能完善、内涵丰富、便捷舒适、安全绿色的高品质水路客运旅游精品航线，培育特色突出、品质精良、游客满意的水路旅游客运品牌。

**【南昌龙头岗综合码头率先推广"直装直提"】** 2022年10月，南昌龙头岗综合码头率先推广进口"船边直提"、出口"抵港直装"即"直装直提"业务。"直装直提"实行后，出口企业确定出口计划，可申请抵港直装，货物无须在货场堆存，货物在港口的停留时间由原来的48小时压缩60%以上。进口货物，货物在途中就可以申请船边直提，货物抵港以后无须查验即可放行，企业提货时间由原来3天压缩到2小时。该项业务推出，不仅减少物流环节和成本，有效提升港口通关便利化服务水平，而且提高港口办事效率，提升进出口货物吞吐量。

（王文翰）

## 航　空

**【概况】** 2022年，江西省机场集团有限公司贯彻落实上级各项工作部署，围绕"十四五"总体工作思路，开展各项工作。全年所属各机场飞机起降架次8万架次，同比下降42%；旅客吞吐量673万人次，下降51%；货邮吞吐量4.4万吨，下降76%。其中，南昌昌北国际机场飞机起降架次4.9万架次，下降42%；旅客吞吐量472.4万人次，下降52%；货邮吞吐量4万吨，下降77%。

**【机场疫情防控】** 2022年，江西省机场集团有限公司坚持"认真、科学、冷静"原则，筑牢疫情防线，稳住疫情防控局面。落实《全国机场疫情防控工作方案》以及国际航班保障"四指定、四固定、两集中"要求，完成21班入境国际分流客运航班以及国际客运正班保障。密切关注国内、省内疫情动态，坚持科学精准施策，制定《南昌机场疫情联防联控（应急）处置预案》，各机场开展疫情专项应急演练共37次；化解南昌机场"11·25"疫情风险，确保机场航班安全、正常。全面升级管控措施，经受住多轮省内本土疫情防控严峻考验。

**【航运生产恢复缓慢】** 2022年，受疫情影响，航运生产恢复缓慢。客运方面，争取民航局对换季航班增量的支持。全年，南昌机场累计通航76个国内航点。恢复国际正班曼谷—南昌航线。货运方面，南昌至欧美原有全货机航线停航，东航、海航开通南昌至布鲁塞尔客改货航班。营销方面，参与江西"百城百夜"文化和旅游消费季活动和首届"江西风景独好"云端旅游推介会；推出南昌机场红色纪念登机牌，宣传推广江西红色旅游。联合深圳航空、河北航空、江西航空、青岛航空打造天津、石家庄、太原、遵义、郴州5条红色旅游航线。

**【重点项目建设推进】** 2022年，江西省机场集团有限公司贯彻全国民用机场建设管理工作会议精神，落实"规投融建营"一体化等现代工程理念，有序推进各重点项目建设。南昌机场T2C指廊及飞行区配套工程陆续完成非民航专业工程竣工验收、民航专业工程竣工验收、消防工程验收和行业验收。南昌机场三期扩建先行工程和前期相关工作有序开展，可研文本正式上报国家发改委审核，主进场路跨线桥工程完工并通车，两站一池迁改工程全面开展主体工程建设。

**【航线网络拓宽】** 2022年，冬航季航班换季后，南昌机场航班计划每周2680架次（日均383架次）。新开通包头、日照、郴州、宜昌、达州5个航点。加密成都天府、广州、海口、南宁、石家庄、兰州、银川、重庆、西双版纳、保山、贵阳、遵义茅台、长春、沈阳、大连等15个航点，航线网络覆盖面加速拓宽。

**【航运服务质量提升】** 2022年，南昌机场放行正常率为96.25%，在全国旅客吞吐量占1%的机场排名第五，高于目标值8.25个百分点，在全国旅客吞吐量占0.2%的机场中排名第六，高于目标值14位。对接民航局“服务规划实施年”工作部署，形成服务质量管理体系建设实施全景图。服务产品有效创新，南昌机场增设九元航空离港设备，实现所有运营航司旅客均可在隔离区内中转，中转服务功能持续完善。联合顺丰快递推出“行李港到门”服务，有效改善旅客乘机体验。完成全国两会、中共二十大等重要会议和活动期间重大运输保障任务。

（王若羊）

## 邮政管理

**【概况】** 2022年，南昌市邮政管理局聚焦双“一号工程”，全面落实年度十大重点任务和邮政快递业更贴近民生7件实事，做好党的二十大召开期间寄递渠道安保，统筹疫情防控和邮政快递业改革发展，统筹发展和安全工作，实现全市邮政快递业发展和安全工作“双提升”。全年，全市邮政行业寄递业务量累计完成8.05亿件，同比增长3.67%；邮政行业业务收入（不包括邮政储蓄银行直接营业收入）累计完成79.23亿元，增长9.23%。邮政、顺丰、德邦等3家快递企业有5人分别获省级三八红旗手称号、五一劳动奖章和市级五一劳动奖章；中通快递集团江西省管理中心服务质量部获市级三八红旗集体称号。

**【“中国快递示范城市”复评通过】** 2022年，根据《国家邮政局办公室关于开展第三批“中国快递示范城市”创建工作的通知》要求，并经市政府研究决定，继续开展新周期（2023—2025年）“中国快递示范城市”创建工作。市邮政管理局牵头准备复评报告及材料，并提交市政府审议通过，以市政府名义申请继续参加新一轮“中国快递示范城市”创建工作（2023—2025年）。经国家邮政局审核，继续保留南昌市“中国快递示范城市”称号，成为全国保留此称号的25个城市之一。

**【快递行业基础设施建设】** 2022年，加快推进京东亚洲一号南昌向塘物流园二期、南昌丰泰产业园、菜鸟中国智能骨干网核心节点项目等快递枢纽和集聚区重大工程建设。至年底，建成省市级快递电商园区19个，县级集散中心数量12个，主要处理中心全部实现自动化分拣。强化行业末端配送体系建设，推进智能快件箱推广应用，完成新增智能快件箱备案2033组。规范末端综合服务站点管理，全市拥有取得许可资质服务站管理机构3个，办理末端备案网点1562个。

**【快递进村】** 2022年，市政府办出台《南昌市关于加快农村寄递物流体系建设的实施方案》，农村寄递物流体系建设加快推进。至年底，全市1074个建制村实现“邮政+3个及以上快递品牌”服务全覆盖。培育快递服务现代农业示范项目，打造顺丰服务“赣蟹”现代农业冷链寄递体系、韵达服务“江西煌上煌”农产品专业化供应链模式2个示范项目，全市邮政快递服务现代农业项目共完成业务量547.1万件，带动产品销售额3.2亿元。

**【快递进厂】** 2022年，市委、市政府及相关部门印发《促进“3+3+N”服务业产业体系建设若干意见》《市商贸物流高质量发展三年专项行动方案》《支持电子商务发展资金管理实施细则》等多项惠企政策，推进快递服务企业发展。指导德邦、顺丰、韵达申报市级服务发展引导资金共782万元。市邮政公司获市政府跨境电商产业发展专项资金160万元。持续扩大“韵达·文房四宝”“中通·回力鞋”等一批快递服务本地制造业典型项目规模，发展顺丰服务“华勤智能电子”“展耀微3C电子”等一批“快递服务电子信息产品”高质量项目，全年共完成“寄递+制造业”业务量4158万件，支撑产值18.9亿元制造业发展。

**【跨境电商寄递服务】** 2022年，南昌市持续推进“快递出海”，不断加强进出境快递基础设施建设，畅通进出境快递物流渠道，为全市跨境电商寄递物流产业发展发挥更加积极作用。充分发挥国际邮件互换局和国际快件监管中心通关便利作用，累计处理进口国际邮、快件1370万件，增量和增速均居中部省会城市之首，促进全市跨境电商寄递服务高质量发展，助力南昌外向型经济发展。市政府拨付2021年度全市跨境电商产业发展专项资金。中国邮政速递物流股份有限公司江西省分公司、江西省邮政快递服务有限公司通过市政府审核，获专项资金163.45万元。

**【优化快递行业营商环境】** 2022年3月，南昌市邮政管理局印发《关于深入推进优化营商环境“一号改革工程”全力打造区域性邮政快递行业标杆城市行动方案》，持续优化快递行业营商环境。将邮政普遍服务和特殊服务2项行政许可办理事项接入市政务服务平台,助力“不见面”审批并优化审批流程。督促市邮政公司专门开通分支机构名录寄递服务,为企业提供更加优质便捷政务服务。支持邮政企业积极探索、打造“普遍服务+政务寄递”综合服务平台建设,为“赣服通”等政务服务平台提供优质寄递服务。至年底,全市共建警邮、税邮合作网点39个,税邮合作网点实现县区全覆盖,为助力优化政务服务贡献行业力量。

**【快递员群体合法权益保障】** 2022年,联合市人社局印发《南昌市基层快递网点优先参加工伤保险工作实施方案》,对接各有关部门联合开展“暖蜂活动”,在全省率先签订快递行业《集体协商合同》。全年争取省、市总工会向全行业赠送职工互助险、温暖资金、清凉物资等共80余万元。开展快递从业人员职业技能培训,累计培训1007人次,争取补贴资金50.35万元。联合团市委及各县区“两新”工委和总工会等单位组织向快递小哥赠送慰问品,并多次组织快递员免费体检、鹊桥交友等活动。对接市总工会举办2022年南昌市首届“洪工杯”邮政行业技能竞赛。组织6名选手参加2022年江西省“天工杯”劳动和技能竞赛——邮政行业技能竞赛,极兔和顺丰2人分获第一名、第二名。在江西省快递行业协会、江西移动举办的第一届江西移动神州行杯“我为小蜜蜂点赞”活动中,南昌邮政1名快递员获“王牌小蜜蜂”称号,圆通、极兔、申通3名快递员分获“金牌小蜜蜂”称号。

**【快递绿色发展转型】** 2022年,深入实施国家邮政局“9917”快递绿色工程,开展全市快递企业生态环保工作检查,组织开展“邮来已久绿动未来”“绿色快递进机关”等主题宣传活动。开展《邮件快件包装管理办法》等快递绿色包装宣传活动4次,指导全市快递企业开展一线人员规范包装专项培训36家次,培训人员1600余人次。全市采购使用符合标准的包装材料比例91%,按照规范封装操作比例93%,可循环快递箱(盒)新增使用数量1.42万个,回收复用瓦楞纸箱数量284万个,快递包装绿色治理工作取得初步成效。

**【寄递安全管理】** 2022年,实施寄递安保“一号工程”,开展聚焦收寄验视专项整治行动,惩治“三项制度”执行不力行为,把好收寄关口。开展安全生产专项整治三年行动“巩固提升”攻坚战,企业安全管理水平整体提升。强化“四不”问题整治和安全生产大检查,联合多部门开展个人信息安全治理专项行动,统筹做好寄递渠道涉枪涉爆、涉毒涉危、打击侵权假冒、野生动植物保护等工作,维护公共安全和社会稳定。完成北京冬奥会和冬残奥会、全国两会、党的二十大等重要时期寄递安保任务,全市寄递渠道总体运行安全平稳畅通。开展邮政普遍服务监督检查工作,开展纪特邮票销售专项监督检查。开展全市邮政机要通信保密安全培训,不断增强全市各级邮政机要通信工作人员保密安全意识。开展邮政机要通信保密安全专项检查,做好寄递渠道“扫黄打非”工作。持续强化“管行业就要管安全”责任意识,组织指导各寄递企业开展安全生产专题学习,提高快递从业人员安全生产知识及安全责任意识。开展全市寄递渠道安全保障专题培训,共培训省级企业安全部门负责人和一级网点负责人120余人次。开展企业主要负责人、安全管理人员和从业人员安全知识“人人学”、专题研讨、集中宣讲、培训辅导共146场,参与人员6961人次;开展安全生产“公开课”“大家谈”、安全风险防范“人人谈”等学习活动130场,参与人员4036人次;开展“我为安全做一件事”活动,组织实践活动共27场,参与人员2208人次。

(吴郁蓉)

# 城乡建设和管理

## 城乡规划

【概况】 2022年，市自然资源和规划局坚持“人民城市人民建、人民城市为人民”理念，不断创新规划理念，修订完善相关配套机制，充分发挥规划调控引领作用，着力解决学位、床位、车位、厕位、梯位等群众关心问题，为南昌市经济社会发展提供有力的规划支撑及服务保障。南昌市“三区三线”划定成果获自然资源部批准并已启用；市、县两级国土空间总体规划基本形成方案成果。规划技术标准体系建设取得突破，《九龙湖区域竖向工程优化专项规划》成为全省首个竖向规划；城市设计工作全面加强，首届微空间创意设计竞赛活动举行；城市综合交通、轨道线网、物流、污水等重大专项规划编制进展顺利，实现市政交通规划体系全覆盖；全市472个建制村村庄规划编制有序开展，121个已形成稳定成果。市自然资源和规划局提出的老旧小区微空间环境和功能提升改造工作，列入市政府2022年为民办实事项目之一。

【国土空间总体规划编制】 2022年，推进《南昌市国土空间总体规划(2021—2035年)》编制工作。在前期开展的各项工作基础上，结合“三区三线”划定成果和市级规划审查最新要求，10月，对规划内容进行完善，在征求全市各县区、各部门意见并进行社会公示后，形成稳定成果。按要求将成果上报自然资源部初审，得到自然资源部肯定。11月21日至12月14日，规划审议稿相继通过市规委会、市政府常务会、市委常委会和市人大常委会审议。同步，南昌市将规划审议稿上报省自然资源厅征求省直相关部门和赣江新区管委会意见。至年底，市自然资源和规划局根据反馈意见，对规划审议稿进行修改完善，待省政府常务会审议。南昌市需开展县级国土空间总体规划编制的有南昌县、进贤县、安义县和新建区(含湾里管理局)。至年底，南昌县、进贤县、安义县和新建区(含湾里管理局)在开展现状调研、初步方案、三线划定等工作基础上，完成专题研究、规划文本和图集等成果编制。

【土地利用总体规划延续调整方案编制】 2022年，根据省自然资源厅要求，在新的国土空间规划批准生效前的过渡期，为保障“十四五”开局时期重大基础设施和民生保障项目、重大产业项目建设依法依规用地，统筹青山湖区、南昌县、进贤县、安义县、新建区、湾里管理局推进土地利用总体规划延续调整方案编制，并将此次土地利用总体规划延续调整方案成果纳入正在编制的国土空间总体规划方案。7月6日，省自然资源厅批复青山湖区、南昌县、进贤县、安义县、新建区、湾里管理局延续调整方案成果。

【规划技术标准体系建设】 2022年，着力提升城市功能品质，报请市政府同意，经优化完善的《南昌市建筑工程建筑面积、容积率、建筑密度计算规则》《重点地段建筑面宽控制图示》《南昌市城区既有工业园工业用地提容增效操作流程(试行)》印发施行。深化城市公共管理与公共服务设施管控要求，促进城市景观风貌品质提升。持续深化用地规划设计条件条款，推进用地条件信息化、规范化、标准化，将0—3岁幼托设施、沿街立面公建化、竖向管控要求及“一江两岸”等沿江临湖地块设计方案应编制夜景灯光照明设计方案并负责建设等内容写入用地条件控制条款，作为强制性要求。印发《关于进一步规范和完善建设用地规划条件中海绵城市主要控制指标的通知》，细化海绵城市管控要求，配合南昌市申报海绵城市。

【九龙湖区域竖向工程(优化)专项规划编制】 2022年3月，坚持问题导向，切实践行“四精”(精心规划、精致建设、精细管理、精美呈现)理念，启动《九龙湖区域竖向工程（优化）专项规划》（以下简称《竖向规划》）编制，推动九龙湖区域高标准、高品位开发建设，打造成为全省城市高质量发展样板。该《竖向规划》编制将科学性、经济性、社会性贯彻始终，属南昌首例，走在全省前列，在全国具有一定影响，得到市级奖励，并推荐申报江西省及时奖励。优化后，九龙湖片区总填挖方量可减少3106万立方米，就地消解堆土1365万立方米，节约工程投资18.65亿元，为全省乃至全国微丘缓坡地区的规划建设和城市“规建管”协同推进提供可借鉴、可推广的经验。

**【城市规划设计编制】** 2022年，围绕山、江、湖等特定空间环境要素，开展一江两岸和赣江西岸山江湖城通廊城市设计编制；围绕城市重要地区，开展未来科学城、南昌大道沿线、九龙湖滨湖区域、VR小镇起步区、八一广场周边区域等概念规划和城市设计编制；围绕重点地块，开展马咀山生态公园、鱼目山公园、动物园周边区域的概念设计和出让地块空间形态研究。开展城市更新、微型“三地”（边角地、插花地和夹心地）等专项规划编制，推动城市功能完善。将城市设计管控要求纳入控制性详细规划，学习上海等城市的先进经验，在出让用地规划条件中逐步增加城市设计附加图则。

**【首届微空间创意设计竞赛开展】** 2022年，落实市委、市政府提升打造老旧小区社区微小公共空间有关要求，组织开展“温暖洪城 无微不至”南昌市微空间创意设计竞赛活动。该竞赛活动由市自然资源和规划局发起，市土地储备中心协办，市城市规划设计研究总院承办，围绕“人民城市人民建，人民城市为人民”宗旨，以老旧社区周边闲置的“微空间”地块为突破口，采用小尺度介入方式，面向社会广泛征集对街头广场在景观营造、小品构筑、空间活化利用等方面创意设计方案。该竞赛是南昌市首届城市更新改造类竞赛，吸引国内外高校、设计院等369组团队、862人报名参加，包括英国AA建筑学院、香港大学等69所高校和中国城市规划设计研究院、同济大学建筑设计研究院等知名规划、建筑、景观设计单位等各方人士提交的168份各具创意的作品。3月12日，完成专家评审。经评审组综合比选、充分评议后，评选出42个获奖作品。评审结果于3月22日进行公示。

2022年，“温暖洪城 无微不至”南昌市首届微空间创意设计竞赛活动评审现场

（市自然资源和规划局 供图）

**【专项规划和详细规划编制】** 2022年，完成《南昌市中心城区城市地下空间专项规划（2021—2035年）》编制，开展南昌市路名优化、历史文化名城、生米老街保护更新等专项规划编制，初步完成2022年国土空间规划城市体检评估，启动工业用地保护线专项规划编制，深入开展重点项目规划前期研究，做好高铁东站周边地区、未来科学城高教园区等城市增量区域和洪都老厂区等存量空间控规编制及修编工作，助力城市建设高质量发展。

**【市政交通规划体系完善】** 2022年，组织开展城市综合交通、轨道线网、物流、污水等重大专项规划编制工作，实现市政交通规划体系全覆盖，有效锁定“市政网”“蓝绿网”空间布局。围绕“十纵十横”干线路网规划蓝图，做好洪州大桥、复兴大桥、隆兴大桥、环鄱阳湖旅游公路、320国道改线等重大交通项目方案制订和研究论证工作。已建和在建干线路网311千米，占总里程的57%，骨架路网体系雏形初现，南昌市逐步实现由传统常速平面交通向现代快速立体交通的跨越。将重大线性工程及其附属设施纳入国土空间总体规划中统筹布局，真正从顶层设计层面落实用地管控，为城市未来重大项目建设提供依据。组织开展大南昌都市圈轨道交通一体化规划研究，完成《第二轮轨道交通线网规划》编制，促进国铁、城际铁路、市域（郊）铁路、城市轨道“四网融合”。服务南昌市水环境治理三年攻坚行动、“胡子”工程攻坚行动、应急水源、南昌东500千伏变电站出线等重大市政项目的规划审批工作，保障城市生命线安全工程顺利推进。

【村庄规划编制】 2022年，通过规划引领，助力宜居宜业和谐乡村建设，修订完善《南昌市村庄布局专项规划（2020—2035年）》。全市472个建制村村庄规划编制有序开展，其中121个形成稳定成果；81个省、市“十四五”乡村振兴重点帮扶村村庄规划全部启动编制（村庄规划纳入“一张图”实施监督系统1个，通过专家评审6个，具备稳定成果27个，形成初步方案47个）。

【规划服务保障】 2022年，突出重大重点项目、民生设施项目规划服务保障工作，针对招引项目进行科学选址，提高年度重大项目计划的可行性，增强项目选址落地的合法合规性，助推重大重点项目、重要招商项目工作顺利开展。完成陆军博物馆、国家区域医疗中心、算力中心、江西农业工程职业学院、南昌技师学院、南昌健康职业技术学院、南昌东南物流园、南昌西部物流园等67个重大重点项目选址工作。

【项目生成机制】 2022年，在全省率先建立项目生成机制，搭建“多规合一”业务协同平台，推进项目策划生成工作。引导市政府有关部门线上业务协同，节约建设项目前期筹划时间，开创“以地选商”工作新模式。不断完善业务协同平台功能，在项目生成阶段汇总用地管控及技术要求、审批事项和材料清单，以及各部门提供的各类评估成果，形成拟出让地块的“用地清单”，作为土地出让附件一并交付土地受让单位，节约项目后续进入审批环节时间。在全省营商环境考评工作中，市自然资源和规划局牵头的项目生成工作2项指标（策划生成项目占比、策划生成质量）均获得满分，在2022年度全省营商环境考核中全省领先。

【建筑规划方案审批】 2022年，推进规划方案审查全流程网上办理，以电子印章方式审批规划方案图纸，核发建设工程规划许可证电子证照。全年核发建设工程规划许可证（建筑类）859件（其中外立面装修类18件），同比降低33%，总建筑面积702.55万平方米，同比降低25%；审批机动车车位4.36万个，同比降低28.5%；代市政府征收市政公用设施配套费2.31亿元，同比降低50.2%；组织召开规划设计专审会36次，批复同意规划方案69项；批复管线详细规划60项、交通影响评价报告40项；大型户外广告设置审批联合办理28项；南昌市高层建筑报市政府审批3项。

【国土空间规划“一张图”数据入库完成】 2022年，全面梳理国土空间规划“一张图”数据，包括道路红线调整、市政管线综合规划、修规建筑设计方案、交通详细规划、选址意见书、用地规划许可证、专项规划、控制性详细规划、控规调整等，实现规划闭环管理。至年底，完成493个国土空间规划公开公示工作，向社会免费提供各类涉及道路红线以及基础地形图的事项344项。

【规划展示】 2022年，结合南昌实际，推进南昌市规划展示中心布展工作。南昌市规划展示中心位于红谷滩区九龙大道与北龙蟠街交会处的南昌市民中心方楼东侧，是市委、市政府重要的对外宣传窗口，由市规划国土发展研究中心维护运营，面积1万平方米，共4层。通过科学运用现代展陈形式和手段，形象展示南昌城市规划情况。展示内容包括自然山水、历史文化、现代成就、规划设计、产业发展、未来创新等。至年底，进入试运营阶段。

（江洪涛）

## 城乡建设

【概况】 2022年，南昌市住房和城乡建设局（以下简称“市住建局”）聚焦率先“作示范、勇争先”总体要求和“一枢纽、四中心”目标定位，全面贯彻新发展理念，强基础、补短板，完善城市功能，提升城市品质，精准开展城市体检，实施城市更新行动和美丽乡镇攻坚行动，推动城市建设提级扩能，美丽乡镇初显成效。《南昌城市高质量发展建设方案》《关于深入实施强省会战略推动南昌城市高质量跨越式发展的若干政策措施》经省委、省政府批复并印发，南昌城市高质量发展建设上升为省级战略。

【《南昌城市高质量发展建设方案推进实施方案》出台】 2022年12月9日，《南昌城市高质量发展建设方案推进实施方案》（以下简称“实施方案”）出台。实施方案明确，自2022年起，分阶段按照“全面启动、持续攻坚、强化增效”目标任务认真组织实施。主要发展指标分为6个大类、16个小类，共76项。主要发展指标是刚性约束，全部列入全市年度体检评估指标体系，确保2025年末完成。实施“圈群协同、核心提振”“布局优化、内涵提档”“产业强基、发展提速”“交通畅达、枢纽提能”“揽山纳湖、生态提质”“古今辉映、文化提升”“设施完善、功能提优”“全龄友好、民生提温”“灾险防治、韧性提标”“智慧赋能、治理提效”十大行动中明确的重点任务。为有效支撑重点项目、达成高质量发展指标，明确需推进实施的重点建设项目共179个。按照项目属性和综合程度分为确定性综合项目、确定性具体项目、意向性综合项目、意向性具体项目，按照“稳增速、优结构、提质量、保目标”原则，全面实施重点项目动态管理，每季度对重点项目做进退调整一次。

【《南昌市2022年度城市自体检报告》发布】 2022年12月15日，由市住房和城乡建设局牵头完成的

《南昌市2022年度城市自体检报告》(以下简称“报告”)正式发布。报告显示,172项体检指标总体较好。2021年,南昌市空气质量优良率为91.5%,连续8年在中部六省省会城市排第一名;全市29个地表水断面水质优良率达96.55%;建成区城市绿地率为40.0%,人均公园绿地面积13.05平方米,城市绿道长度为428.82千米,市民拥有城市绿道长度每万人1.07千米,基本上构建“四横七纵六环”城市绿道网。至2021年底,打造244个社区邻里中心,“1+5+X”社区邻里中心15分钟生活圈覆盖率92.53%;医疗卫生设施千人指标床位数9.25床。推进“十纵十横十联”干线路网建设,路网整体通行效率和服务能力不断提升;南昌市建成区公共交通占机动化出行比例从2020年的31%提高至2021年的36%;随着地铁4号线的开通,南昌地铁从“换乘时代”进入“线网时代”,轨道站点800米范围覆盖的轨道交通通勤量占比从2020年的13%提升至22%,轨道交通日均客流强度为每千米7900人次。中心城区“一江两岸”城市框架已经形成,城市面貌明显改善。

**【南昌城市更新试点建设推进】** 2022年7月8日,南昌市出台《南昌市城市更新实施办法》,成立市政府主要领导为组长的南昌市城市更新工作领导小组,统筹协调推进城市更新工作,从建设规划、实施计划、项目实施、资金筹措、支持政策等方面明确相关规定。8月,公布《南昌市城市更新建设规划》,合理确定南昌市城市更新重点,明确城市更新目标任务、重点项目和实施时序,明确全市城市更新项目。城市更新项目聚焦市民群众关注焦点和短板弱项,在水系环境治理、公共设施完善、基础设施加强、休闲网络构建、综合风貌整治、历史文化再现、美好社区创建、城市治理创新等方面精心谋划,共50个项目,总投资280.6亿元。

**【南昌市美丽乡镇建设工作推进会】** 2022年8月17日,南昌市美丽乡镇建设工作推进会在湾里管理局召开。副市长江新洪出席会议并讲话。会议要求,住建部门要发挥牵头部门作用,各相关县区、市相关部门领导要以“时时放心不下”的责任感,以美丽乡镇建设九大专项攻坚行动为抓手,将“五精”理念贯穿美丽乡镇建设工作始终,提升镇区功能品质、管理水平,培育乡镇特色产业;突出文化彰显,留住乡愁记忆功能,让乡镇成为人民群众向往的宜居宜业幸福家园。会议通报全市上半年美丽乡镇建设工作情况并对下一阶段工作进行部署,太平镇、李渡镇、溪霞镇有关代表交流发言。会前,现场考察新建区溪霞镇、湾里管理局太平镇美丽乡镇建设情况。

**【开展“打通断头路畅通微循环”攻坚专项行动】** 2022年2月21日,南昌市出台《2022年南昌市“打通断头路畅通微循环”攻坚专项行动实施方案》,下达2022年“打通断头路、畅通微循环”攻坚专项行动计划。全部项目共46个,每个项目为1条“断头路”,总投资15.87亿元,总长度28.54千米。其中,2022年度计划开工项目45个、通车项目35个。各县区对照《2022年南昌市“打通断头路畅通微循环”实施项目推进计划表》,按“清单化管理、项目化推进、责任化落实”要求,细化任务、明确要求、落实责任,推动“打通断头路畅通微循环”攻坚专项行动。至年底,累计开工项目45个,开工节点达标率100%;累计完工通车项目39个,通车节点达标率111%。

**【全市既有住宅加装电梯任务超额完成】** 2022年,全市各单位继续按照《南昌市既有住宅加装电梯工作的实施意见(试行)》要求,推进既有住宅加装电梯工作。全市已形成涵盖统领性指导意见、实操指南、技术导则和图集、联合审批制度、公积金和专项维修资金提取、资金补助、维保指导等一系列闭环管理的“2+1+5”政策保障体系。同时,在资金筹集方面,形成全国独有的“五个一”筹资模式,即通过“群众自筹一部分、公积金提取一部分、专项维修资金提取一部分、政府补助一部分、银行贷款一部分”共同筹措加装电梯所需费用,有效解决资金筹措难题。至年底,全市完成既有住宅加装电梯293台,超额完成年度280台任务。根据省住建厅统计,南昌市累计加装台数列全省第一位,全省占比22%。其中,2022年加装台数列全省第一位,全省占比33%。

**【BIM技术推广应用】** 2022年12月8日,市住建局组织召开南昌市BIM(建筑信息模型)技术在建设工程领域应用讲座。全市各县区住建局及图审机构、设计单位200余人参会,中国瑞林工程技术股份有限公司BIM中心主任丁毅、中铁建投(南昌)市政投资有限公司BIM中心主任付杰分别从做“BIM技术发展现状、展望及实际项目应用分享”“数字孪生理念的工程实践——以南昌九龙湖过江大桥为例”进行讲解。市住建局参考南京市、苏州市、武汉市、合肥市、荥阳市等城市做法,并结合南昌市实际,于12月27日印发《关于推进南昌市建筑信息模型(BIM)技术应用工作的指导意见》,提出主要目标,明确全面提升BIM技术应用能力、开展BIM技术示范运用、构建BIM技术激励机制、开展BIM技术交流合作4项重点任务,需采用BIM技术的工程建设项目应在从策划、招投标、设计、施工到运营的全生命周期应用BIM技术,细化各阶段BIM技术应用要求。

**【绿色建筑发展】** 2022年,南昌市新建民用建筑项目累计完成竣工总建筑面积1648.26万平方米，其中绿色建筑面积1529.9万平方米，占总建筑面积的92.82%，超既定目标12.82个百分点。在绿色建筑中，一星级绿色建筑（含设计标识）面积201.51万平方米，占绿色建筑面积的13.17%；二星级及以上绿色建筑（含设计标识）105.97万平方米，占绿色建筑面积的6.93%。联合市发改委对《南昌市推进绿色建筑发展管理工作实施细则（2021—2025）》进行修正，将南昌市2025年星级绿色建筑占比目标大幅提升至30%，倡导国家办公建筑、大型公共建筑和大体量建设项目发展高标准绿色建筑。印发《关于进一步加强我市绿色建筑项目管理的通知》，明确项目建设、设计、施工、监理、检测、运营等单位主体责任，并将绿色建筑标准审查压实到图审环节，推进图纸审查标准化、规范化建设，从设计源头对绿色建筑执行标准进行把控。

**【装配式建筑】** 2022年，南昌市装配式建筑新开工面积425万平方米，装配式建筑新开工面积占新开工建筑总面积比重的30.1%。组织指导全市各类企业申报，10家企业获评省级第二批产业基地和产业示范区，其中装配式产业园区2家、部品部件生产企业7家、科技研发机构1家，共发放奖补资金480万元。制定钢结构装配式住宅建设试点补助资金奖补条件和奖补标准，共有3个钢结构住宅项目和2个县区获得奖补资金。9月1日，进贤县、市住建局联合举办南昌市钢结构产品使用对接推介会，为进贤县钢结构生产企业和市平台公司、优秀企业构建沟通平台。

**【海绵城市打造】** 2022年6月，南昌市入选国家“十四五”第二批系统化全域推进海绵城市建设示范城市，是全省本批次唯一入选城市。南昌市海绵城市示范城市建设围绕目标任务，建立健全工作机制，稳步推进项目建设，规范合理使用专项资金。至年底，累计出台组织保障、规划建设管控、绩效考核、投融资等9项长效机制。为高质量完成海绵城市示范城市第一年度工作任务，制订《2022年南昌市系统化全域推进海绵城市建设示范工作行动方案》，明确示范期第一年度工作目标和任务。在绩效考核方面，制定《南昌市海绵城市绩效考核细则》，建立考核机制，并将考核结果运用到年度综合考核。在项目现场督查方面，印发《南昌市海绵城市建设现场督查工作管理办法》，加强日常巡查，开展全过程跟踪指导。在专项资金使用和绩效管理方面，印发《南昌市海绵城市建设投融资和专项资金管理办法》，明确专项资金使用管理原则、支持范围、绩效目标等内容。同时，及时拨付中央财政下达的第一年度2.2亿元专项资金至建设项目。在立法方面，《南昌市海绵城市建设管理条例》已被列入南昌市第十六届人大常委会立法规划。市海绵办组织召开海绵城市建设政策理念贯彻宣传培训、海绵城市建设专项技术培训、海绵城市建设项目指导服务3次培训会议，帮助基层管理人员理解和把握海绵城市建设政策，提高做好海绵城市建设工作思想认识。

**【工程建设项目审批制度改革】** 2022年，南昌市深入推进工程建设项目审批制度改革，推进工程建设营商环境优化升级。6月10日，出台《关于做好南昌市房建和市政基础设施联合验收（3.0）补充通知》，明确建设单位可自主选择分阶段联合验收或综合联合验收方式；各验收职能部门接到政务服务管理部门推送的项目信息后，应在0.5个工作日内受理联合验收事项。7月28日，出台《关于印发南昌市工程建设项目并联审批事项清单（1.0版）的通知》，明确将房屋建筑和市政基础设施工程建设项目在立项用地规划许可阶段、工程建设许可阶段、施工许可阶段和竣工验收阶段的39个高频政务服务和公共服务事项编列为13组进行“分组”审批，实行审批事项清单制管理。9月30日，出台《关于进一步改进南昌市房屋建筑和市政基础设施工程施工图审查工作的通知（试行）》，明确实行施工图审查分类管理，装饰面积500—2000平方米的既有建筑内部改造装饰装修项目免予事前施工图审查，简易（小型）低风险新建建筑项目免予事前施工图审查，特殊建设工程施工许可前审查，一般建设工程自主选择审查。11月2日，出台《关于进一步优化2500平方米以下新建社会投资小型低风险工程建设项目审批服务和质量安全监管模式实施意见（试行）》，明确合并立项用地规划许可阶段、工程建设许可阶段和施工许可阶段为“立项建设施工许可”阶段，推行“告知承诺制”审批；社会投资小型低风险工程建设项目施工图审查合格意见书不再作为核发施工许可证的前置条件；社会投资小型低风险工程建设项目的生产性建筑免建防空地下室、免缴防空地下室易地建设费，其余民用建筑依法缴纳防空地下室易地建设费。

**【《全市既有建筑改造工程消防设计审查指南（试行）》宣传贯彻会暨消防验收培训会举办】** 2022年10月25日，市住建局举办《全市既有建筑改造工程消防设计审查指南（试行）》宣传贯彻会暨消防验收培训会。培训会由省建筑设计研究总院总建筑师胡伟民等专家就《南昌市既有建筑改造工程消防设计审查指南（试行）》进行详细讲解，帮助市属有关国有企业及住建系统消防审验部门人员提高政策理论水平，掌握既有建筑改造工程消防审验的技术和建设工程消防验收要领。各县、区（开发区）、湾里管理局和各国有企业从事建设工程消防设计审查和验收管理人员及技术人员参加培训会。

**【自建房排查整治】** 2022年5月3日，南昌市印发《全市自建房安全隐患专项排查整治工作应急方案》，在全市范围内部署开展自建房安全隐患排查整治工作，特别是对“三个重点区域”（主城区城中村、城乡接合部、县区城关镇）和“三种重点类型”［通过非法加层、违规改变主体结构后改用为经营性自建房以及乡镇人民政府所在地3层以上、用作经营、人员密集、擅自改（扩）建的自建房］自建房进行排查，对明显存在安全隐患的自建房进行紧急管控。同时，开展城镇D级危房人员撤离攻坚行动，利用一周左右时间，腾空全市778栋城镇D级危房，撤离居民住户7977人。6月开始，全市开展经营性自建房安全隐患排查整治“百日行动”，对全市经营性自建房开展一次“拉网式”“起底式”安全隐患大排查。7月初和8月底，先后2次组织25支督导组赴各县区开展“全覆盖”督导，实地走访自建房点位865个，反馈各类问题130余条，向县区下发工作提示函3份、督办函8份。9月开始，市县两级推进经营性自建房安全隐患排查整治“回头看”工作。“回头看”期间，全市新增排查经营性自建房共4215栋，基本上做到经营性自建房安全隐患排查全覆盖；建立南昌市房屋结构安全鉴定机构名录，全市经营性自建房房屋结构安全鉴定完成率为97.23%，位列全省第一方阵；市级“回头看”抽查的经营性自建房中，存在安全隐患的经营性自建房均已按照要求采取相应管控措施，其中鉴定为D级危房的经营性自建房人员撤离率100%。

**【工程质量监管】** 2022年，市住建局组织召开2022年全市建设领域“质量月”活动及工程质量管理标准化现场观摩会，通过示范引领、典型引路，全面提升工程质量标准化水平。组织湖南省第四工程有限公司等企业开展铝模优化协助工程质量提升及管理标准化内容梳理，制作标准化工艺视频，编制标准化工艺图册。定期对常见质量问题进行统计分析，对开裂、渗漏等质量常见问题开展专项整治。每季度对工程质量投诉反映的主要问题进行统计分析，供决策参考。梳理监督巡查及受理投诉常见的精装修质量问题，编印《精装修工程质量常见问题清单》，在日常巡查中加强对清单所列问题监督抽查。至年底，全市创质量标准化示范工地107个，观摩工地7个，市优质工程奖56个，省优质工程奖22个，杜鹃花奖10个，鲁班奖2个。

**【建筑业高质量发展】** 2022年，全市建筑产业较快发展，建筑业企业生产能力显著提升，生产规模快速增长，建筑业产值保持较好增长态势。全年，全市完成建筑业总产值5590.06亿元，占全省（10600亿元）比重52.7%，同比增速9.5%，与全省增速持平；新签合同额6013.63亿元，增速22.9%；全市建筑业增加值975.04亿元，增速4.3%，超过全市生产总值增速（4.1%）0.2个百分点，占全市生产总值（7203.5亿元）比重达13.5%。至年底，入统建筑业企业1248家，年内新增入统企业223家，均列全省第一位。此外，坚持壮大建筑产业集群发展，形成南昌县千亿建筑科技产业园、武阳装配式建筑产业园和红谷滩现代服务产业园3个大建筑产业集群。

**【高铁东站新区建设】** 2022年，结合高铁东站新区项目实际推进情况以及外部形势变化，综合考虑房地产市场下行、土地要素无法全面保障以及全面完成征地拆迁难度大等因素，将开发思路由“全面推进、整体开发”调整为“重点推进、滚动开发”。为重新调整建设投资计划、优化项目设计方案、节约工程造价、破解融资难题，高铁东站新区建设推进工作领导小组及办公室（办公室设在南昌市重点公共建设项目管理中心）组织召开协调会议14次，协调推进约30件事宜。至年底，高铁东站新区项目共完成年度投资46.1亿元，亟须建设的4条主干道农房拆迁工作已基本完成。各主要单项工程中，秦坊安置房（一期）完成主体封顶节点目标，秦坊安置房二、三期完成国家旧改开工节点任务，广州路东延项目（K1+100—K1+700）段基本完工，3条主干路网（朱桥东路、昌东三路、尤氨路）正在进行雨污水管网施工和道路清表工作。

**【“胡子工程”攻坚行动推进】** 2022年1月6日，南昌市全面启动政府投资类建设项目“胡子工程”攻坚专项行动。“胡子工程”是指进度缓慢、一拖再拖而长期不能投入使用的基建工程。“胡子工程”的存在，占用大量资金、破坏城市形象、影响干部作风、损害群众利益。市委、市政府以“大抓落实年”活动为抓手，以拖不起、慢不得的姿态，瞄准“畏难拖沓”转变作风，开展政府投资类建设项目“胡子工程”攻坚专项行动。印发《南昌政府投资类建设项目“胡子工程”攻坚专项行动实施方案》，成立由市委、市政府主要领导牵头的“胡子工程”攻坚专项行动指挥部，市委常委、市政府分管领导和相关县区主要领导分别挂点督办攻坚行动的“胡子工程”。指挥部下设综合协调（设在市重点公共建设项目管理中心）、督查考核、作风问责3个工作组，市直各行业主管部门、各县区（开发区、管理局）按照职责分工牵头成立分指挥部，形成“市委、市政府负总责，分管市领导牵头抓，综合协调部门统筹推，多级联动、层层抓落实”工作格局，建立“横向到边、纵向到底、上下对应、内外衔接”责任体系。全年“胡子工程”攻坚专项行动项目共31项(年初被列入全市2022年人大民生实事票决项目29项,其中新龙岗大道下穿向莆铁路工程经报请市政府同意暂缓实施。后续新增3项)。南昌市公共建设项目管理中心围绕综合协调组工作职责,按照统筹兼顾、重点突出、分类施策思路,夯实举措、加压奋进,坚持定期调度机制,召开“胡子工程”协调会28次,向市委、市政府报送周报35期。至年底,全部31项“胡子工程”已有20个项目完成攻坚销号目标(计划完工销号17个),销号率117.6%;剩余8个完成年度目标的项目和后续新增的3个项目正按年度计划目标有序推进。

**【“十纵十横十联”干线路网建设】** 2022年,南昌市在过去“十纵十横”基础上,优化提出“十纵十横十联”骨干路网体系,总里程730千米,较上一轮增加近200千米。全年路网建设项目共实施23项,实施里程数约190千米。至年底,已完工2项,开工在建16项,还有5项在前期谋划阶段。其中,桃新大道(昌南大道—南外环段)和昌西大道(320国道—白玉兰路)工程全线完工通车,沿江中北大道(滕王阁—京九铁路)道路提升改造工程主线道路完成;丹霞路(沿江北大道—青山湖北大道)道路及综合管廊工程、洪腾高架、S49枫生快速路北段提升改造工程等在建项目正加快推进。

**【昌西大道通车】** 昌西大道隶属南昌市“十横十纵十联”路网中第一纵城市干线性道路,工程南起320国道与祥云大道交界处,北至黄家湖西路与经开区现状昌西大道相接,线路全长8.38千米,是串联经开区、红谷滩区、新建区、湾里管理局的核心要道。项目原计划2016年12月竣工,受九昌樟石油管线影响,剩余1.8千米昌西大道主车道(工业大道至白玉兰路段、跨乌沙河桥段)迟迟无法施工,导致工期逾期超过5年。2022年1月,昌西大道被列为南昌市“胡子工程”攻坚专项行动主要销号项目之一。在市委、市政府多次协调及市直各机关单位支持下,制定出九昌樟石油管线整体搬迁计划,在保证做精做细征地拆迁、新建管道沿线情况踏勘和测量等工作的基础上,分两期将输油管道及油库全部搬迁至南昌绕城高速公路外侧,为后续道路建设扫清障碍。6月20日,昌西大道工程主车道实现全线通车。

**【南昌市建设投资集团有限公司成立】** 2022年3月,经市委、市政府批准,在原南昌城市建设投资发展有限公司基础上,合并南昌市城市规划设计研究总院,划入原南昌工控集团、南昌国资产业集团的建筑类、房地产类企业,组建南昌市建设投资集团有限公司(以下简称“市建投集团”)。市建投集团为国有控股公司,主业为城市建设开发、运营及配套服务;建筑业及工程技术与设计服务;房地产业及资本市场服务;定位为城市建设开发公司。业务涵盖城市基础设施项目的建设、管理、经营、项目投资咨询、策划及可行性研究,城市综合开发(含房地产开发),城乡规划编制,市政工程设计、建筑工程设计、风景园林、测绘、工程咨询、监理等领域。至年底,市建投集团总资产约1428亿元,净资产约411亿元。

**【绕城高速公路南外环项目全线通车】** 南昌市绕城高速公路南外环项目于2015年开工建设,项目起于东外环高速公路塔城互通,终于南昌市西外环高速公路,路线全长35.4千米,双向六车道。2018年初,项目实现西段和东段通车。受征迁问题影响,项目八一互通至迎宾互通段间的410米道路一直未贯通。2022年1月,南外环项目作为市政府投资类建设项目“胡子工程”攻坚专项行动1号项目,要求限时6个月内完工通车。6月30日,南昌市绕城高速公路南外环项目中八一互通至迎宾互通段410米“断头路”打通,实现全线通车。南昌市绕城高速公路南外环项目是南昌市“十横十纵”干线路网的重要一横,全线贯通后,有效提升节点道路通行能力,成为东、西外环高速公路的快速联络通道,更加高效地承担九龙湖、象湖新城、莲塘、向塘等区域的对外交通联系。

**【复兴大道西延工程开工】** 2022年8月,复兴大道(原抚州大街)西延工程开工。项目西起石埠大道,东至明月山大道,新建道路全长6.5千米,总投资13.92亿元。该项目是组成“十纵十横”干线路网中的交通主干道,对南昌市“打造核心增长极”,推进城市规划实施、满足城市可持续发展有着重大意义,有利于完善、提升西南片区道路交通网络和各类市政基础设施,加速九望新城开发建设,改善区域对外交通条件,方便该片区居民出行和生活。

**【沿江中北大道(滕王阁—京九铁路)道路提升改造工程通车】** 南昌市沿江中北大道(滕王阁—京九铁路)道路提升改造工程改造范围起于八一大桥,止于京九铁路,路线长3.93千米,全线新建拼宽桥梁1座,长度约500米,新建人行天桥1座。项目一期工程(八一大桥至二七北路段)于2022年1月20日通车;项目二期工程(二七北路至京九铁路段),沿江中北大道延伸段(含洪都高架)于2022年6月30日完工通车。该项目的建成通车缓解了沿江南与沿江北快速路交通压力,更好地发挥沿江大道的整体交通功能,方便市民出行。

**【安置房建设项目交付】** 2022年,由市建投集团负责代建的青山湖区罗万安置小区城市棚户区改造建设项目、西湖区朝阳地块(洪城路安置小区部分)城市棚户区改造安置房建设项目、青山湖区何兴安置小区城市棚户区改造安置房建设项目、青山湖区塘南安置小区城市棚户区改造建设项目等10个安置房建设项目陆续完成竣工备案并交付,竣工验收备案面积240.16万平方米,安置住房1.76万套。

**【南昌市绕城高速公路西二环(厚田至乐化段)新建工程建设全面推进】** 南昌市绕城高速公路西二环(厚田至乐化段)新建工程路线全长86.58千米,总投资约118亿元,起于沪昆高速的厚田枢纽,对接沪昆高速,终于南昌北枢纽。工程于2021年12月开工建设,2022年完成投资约28亿元,占年度计划投资127%。至2022年底,累计完成投资额39.3亿元,占总投资的33%。项目的建成将完善城市路网、拓展城市空间、加快“揽山入城”步伐、做强做优大南昌都市圈、提升城市功能品质的重要民生工程和发展工程,对全市深入实施强省会战略、打造“一枢纽四中心”、实现“两个大幅提升”、促进沿线地区资源开发和经济社会发展具有重要意义。

**【洪腾高架工程建设全面推进】** 洪腾高架工程(洪都大道—天祥大道),西起洪都大道立交,东至天祥大道(含南昌东站段),全长约12千米,项目总投资67.65亿元。项目沿线途经青云谱区、青山湖区,共布置4座互通式立交(洪都大道立交、高新大道立交、昌东大道立交、天祥大道立交)、7对上下匝道和2对进出南昌东站匝道。工程以隧道形式下穿南昌东站区域。项目于2020年10月开工建设,2022年完成投资21.6亿元,占年度计划投资的108%。项目建成后,将作为城市“十纵十横”干线路网重要组成部分,成为连接南昌东站与主城区的干线道路。

**【专利技术成果奖项】** 2022年,市城市规划设计研究总院集团有限公司取得实用新型专利12项,涵盖雨水系统、桥梁装置、桥梁构件、截流装置、冷水回用、道路隔离装置、混凝土灌注装置、编程控制、地理信息领域;软件著作权登记7项,涵盖测量、水环境治理、计算程序软件、水质预测软件、档案管理领域;获各类技术奖项16项,其中一等奖4项(其中,《赣江新区直管区发展战略规划》《南昌市城南片区CN1控制性详细规划修编》获2021年度江西省优秀城乡规划设计成果奖一等奖,《南昌高新区鲤鱼洲管理处、昌东镇、麻丘镇、艾溪湖管理处农房二维码制作》《基于商用密码的智慧赣江新区时空大数据平台安全改造示范工程》获2022年度江西省优秀测绘地理信息工程奖一等奖)、二等奖6项、三等奖6项。

(龚艳、潘佳、徐国庆、罗强、刘文娟、李花卉、邹立巍、杨飞鸿、胡佳敏、敖炜超、李琰娜、章子浩)

## 城市绿化

**【概况】** 2022年,南昌市城市管理和综合执法局对标生态园林城市标准,以打造“山水名城生态都市”为目标,推动城市休闲空间建设和公园改造提升,克服旱情缺水困难做好保苗工作,并持续开展绿化彩化,不断丰富园林色彩,营造出独具南昌特色的城市园林风貌。

**【生态园林城市创建】** 2022年,组织申报省级生态园林城市(镇)建设,南昌市本级及3个县8个镇申报建设生态园林城市(镇)。在9月下旬的省级生态园林城市实地考评工作中,南昌市生态园林城市的做法和经验得到省、市专家肯定。12月5日公布的生态园林城市(镇)名单中,南昌市、南昌县、安义县、进贤县为2022年江西省生态园林城市,溪霞镇、向塘镇、冈上镇、石鼻镇、鼎湖镇、文港镇、李渡镇获评为2022年江西省生态园林城镇。

**【参展第十三届中国(徐州)国际园林博览会】** 2022年11月6日,第十三届中国(徐州)国际园林博览会开园。由南昌市园林绿化服务中心负责建设的南昌园采用“可再生材料利用技术”“低影响开发技术”“海绵城市建设技术”“立体绿化技术”4项新技术建设,建设面积4000平方米。其中,道路广场750平方米,水面320平方米,绿化2736平方米,建筑194平方米。12月30日,南昌市人民政府获评第十三届中国(徐州)国际园林博览会表现突出城市,南昌市城市管理和综合执法局、南昌市园林绿化服务中心获评表现突出单位,吴剑平等3人获评表现突出个人。南昌园还获室外展园综合竞赛优秀展园、室外展园设计专项竞赛优秀设计展园以及优秀施工展园、优秀植物配置展园、优秀室内布展展园称号。

**【抗旱保苗】** 2022年,夏季高温少雨期间,城区8座污水处理厂安装中水回用装置,方便环卫保洁和园林绿化车辆取水作业。通过“水袋滴灌”“门前三包”“中水滴灌”措施节约绿化用水,落实护绿责任。利用现有机械设备,采取人歇设备不歇方式,分早晚两班对树木进行浇水抗旱。高温期间,全市日均投入抗旱力量2700人、各吨位洒水车345辆(日均洒水1900辆次)、各型号抽水泵277台,日均洒水2.3万吨(含消防栓取水、湖河抽水、中水利用)。至年底,全市建成区共有乔木340万株,因夏季高温死亡乔木8542株,乔木总体死亡率为0.3%。

**【城市绿化彩化提升工程】** 2022

年，在全市30个公园、150条主要道路节点进行彩化提升工作。八一大道、赣江大道、北京路等30条道路推广种植市花月季300万株，井冈山大道、北京路、红谷中大道、九龙大道等150条主干道种植孔雀草、矮牵牛、五色梅、大花海棠、西洋鹃等50余种时令花卉2.2亿盆。国庆节期间，在八一广场使用孔雀草5.82万盆、长春花4.31万盆、一串红8740盆、五色梅7310盆、大花海棠3391盆、月季3700盆、金盏菊2320盆，打造"航天献礼祖国华诞"立体大型花卉主题造型，用鲜花美景展示国家建设新成就。

**【举办南昌市第34届菊花展】** 2022年11月中旬，南昌市第34届菊花展举行。菊花展以"和谐共生，水天一色"主题，创新布展方式，采取分散布展方法进行，满足群众不同需求，有效避免疫情期间观展人流过度集中现象。主展区设在人民公园汇演广场，另设各县区、开发区、湾里管理局、市城管执法局及市属各平台展位分展区17个，参展品种100余种，摆设花卉约400万盆。该届菊花展还举行菊王争霸赛、插花大赛、菊花童画展、菊花科普、菊花潮拍大赛等一系列活动，丰富市民日常生活，不断提升市民获得感与幸福感。

**【南昌绿道建设】** 2022年，起草《南昌市2022年城市园林绿化实施方案》，启动《南昌市城市绿地系统专项规划（2021—2035年）》修编工作。对全市190个项目用地绿地率指标以及地块控规绿地指标情况严格把关回复，严守绿化用地底线。其中，同意34个，有条件同意5个，不同意151个。在已建成609千米绿道基础上，推进城市、社区绿道建设。全市绿道日常管理养护现场巡查450余次，建设情况现场督查60余次并追踪整改进度。开展"最美"绿道评选工作。至年底，新增绿道共175.87千米，全市累计绿道总长度785.04千米。

**【城市公园广场建设】** 2022年，全市共建设城市公园15个（新建10个、续建3个、提升改造2个），包括打造安义县武举堤公园、继续建设赣江市民公园四期、改造提升青山湖游乐园，新增公园绿地面积19.59万平方米。同时充分利用城市拆迁腾退地、边角地、废弃地和闲置地、建设用地红线退让地、拆围透绿场地，建设52个城市休闲空间，补足休闲座椅、健身器材、凉亭、绿地配套服务设施。

**【实施道路绿化裸土整治】** 2022年，通过对主次干道、城市快速路中间分车带路缘石内侧，种植常绿地被进行覆盖，达到边沿整齐统一、美化效果，防止绿化带内泥水外流污染地面。在沿江快速路、红谷中大道、青山湖大道、北京东路等36条道路共种植麦冬道路长度7.97千米、面积3.2万平方米，并在沿江南快速路打造长400米麦冬草花样板段。

**【编制绿化行业规定制度】** 2022年，出台《南昌市城市行道树栽植和养护管理规定（试行）》《南昌市海绵城市绿地设计导则》《南昌市园林绿化工程管理制度汇编》等各项规定制度，编纂2023版《江西省园林绿化工程消耗量定额及统一基价表》《江西省绿道建设技术指引》，参与编写省地方标准《常用园林绿化花卉苗木质量等级》（DB36/T 538—2022），编写《南昌建设工程造价信息》，推动全市城市绿化建设事业健康发展。

**【落实绿线保护】** 2022年，在全市范围内开展绿线公示牌、界桩排查整治工作，安排技术人员设计3套推荐方案供选择，对相关单位进行技术指导和实地把关，全面开展绿线保护工作。绿线保护工作涉及公园绿地、广场绿地、防护绿地等68个，新增绿线公示牌71个、界桩226个，绿线保护范围内面积2374.21万平方米。

**【城市绿化督查管护】** 2022年，制定《南昌市城市绿化监管巡查考核管理制度》《南昌市园林绿化养护精细化管理制度》《园林绿化管护服务外包市场化管理制度》等一系列园林绿化管理制度，强化日常管护，提升长效化管理。针对行道树、道路景观带、街头绿地、公园景区、月季大道、绿改彩道路的缺株断垄、苗木长势不佳、死株斑秃等情况，进行补种补栽和复绿。至年底，全市补种补栽树木1.06万棵，地被3.4万平方米，绿化带373条。

（徐宇康）

## 市政公用事业

**【概况】** 2022年，南昌供电公司围绕南昌市发展战略部署，全面服务"强省会战略"实施，加快省会电力高质量跨越式发展，大幅提升全市电力保障能力和服务水平，为助力"一枢纽四中心"建设、"碳达峰、碳中和"战略目标实现提供电力支撑。南昌市燃气集团有限公司聚焦"成为有影响力的一流城市综合能源服务商和运营商"战略定位，锚定"数字驱动，安全前进"主题，按照"提素质、建数字、定标准、推精益、重品质、求高效"思路，坚持"稳住、进好、调优"总原则，坚持稳中求进、提质增效，以更大担当、更强干劲践行新发展理念、推进高质量发展。南昌水业聚焦省、市"作示范、勇争先"目标，扎实推进营商环境"一号改革工程"建设，通过"政策做优加法""成本做好减法""服务做强乘法""办事做实除法"等一系列措施，围绕供水全链条管理、用水全生命周期服务2条主线，构建“六零、五办、四优、三化”用水营商环境服务体系，切实增强用户的获得感、幸福感、安全感，用实际行动为南昌打造“政策最优、成本最低、服务最好、办事最快”的“四最”营商环境服务。

**【城市电力供应】** 2022年，南昌电网发展投入22亿元，完成售电量277.21亿千瓦小时，同比增长8.42%，综合线损率2.21%。围绕“保供应、助企业、稳经济”，南昌供电公司制定九条服务举措，开展“惠企稳岗保运行”用电分析，按期投运青山湖西岸、赣抚尾闾等22项重点配套工程。认真贯彻落实《支持南昌市电力高质量发展若干措施》《南昌市电力接入费用分摊机制办法》要求，进一步优化电力营商环境。推行供电项目定期会商，发挥属地协调优势，助力武汉—南昌特高压开工。开工主网项目9项，投产16项，竣工率133%。其中，富广—富山工程提前9个月投运，昌景黄项目全面动工。加快配网转型升级，推动11项“电力胡子工程”销号，N-1通过率、自动化关键节点覆盖率、小电流接地选线准确率分别提升至89%、84%、87%，故障处置时长迈入分钟级大关，红谷滩高可靠性配网示范区供电可靠率达“四个九”。着力打造村镇级（南矶山微电网）、园区级（电校及用友智慧园区）、台区级（光储充一体化台区）新型电力系统示范项目，南昌配网进入智能自愈时代。落实“三零三省”要求，主动对接政府招商引资项目，超前实施业扩配套工程，推行160千瓦及以下小微企业低压免费接入。构建“网格化、线上化、智能化”新型办电模式，做到简单业务“一岗完成”、复杂业务“一支队伍、包干到底”，线上办电率100%，供电企业侧高、低压平均办电时间分别为4.62个、2.02个工作日，切实让企业客户快接电、用好电。充分发挥电力行业优势，实施“农村电网巩固提升工程”，投入农网资金10.1亿元，占全市配电网投资85.1%，“两率一户”指标超过国家要求，支撑新能源汽车下乡、家电下乡行动，推动电养殖、电采茶等一批乡村电气化项目落地。服务光伏扶贫项目接入，及时结算上网电费和国家补贴。

**【城市燃气供应】** 2022年，累计用户总数123万户，销售气量5.13亿立方米，累计投资建设管网长度6929千米。未发生C类及以上安全事故，未发生5万户以上居民用户连续24小时供气中断事件。南昌燃气集团获评“江西省五一劳动奖状”。老旧燃气管网改造项目涉及全市288个小区、159个道路项目。南昌燃气集团超额完成227千米年度改造任务，惠及燃气用户累计约60万户。至年底，累计完成老旧管网改造976.7千米，其中庭院管网改造681.4千米、市政道路管网295.3千米。不断深化落实“放管服”改革，通过压缩用气报装环节和用气报装时限更好方便用户，先后出台《南昌市燃气集团有限公司惠企便民八项举措（试行）》等办法，并打通燃气系统和“六多合一”系统的联结，实现用户数据互联互通、信息共享，实现用气报装“网上办”“掌上办”“指尖办”。全年发展非居民用户1673户、居民用户9.66万户，销售气量5.13亿立方米。“赣服通”南昌分厅燃气办理专区推广使用，以“全程网办”为目标，提供签约、报装、过户等业务。燃气用户直接在“赣服通”专区上签署电子燃气供气合同与用气安全协议，完成业务办理。至年底，“赣服通”上办理业务6469笔，其中签约业务6246笔、过户业务223笔。“赣服通”上燃气办理专区的建立，为用户提供高效服务，减少跑动办事体验。

**【供水】** 2022年，南昌水业总资产277.19亿元，净资产101亿元，实现营业收入125.65亿元，实现利润14.51亿元。南昌水业统筹谋划、多措并举，有效保障城区供水安全。采取工程性措施对红角洲、长堎及扬子洲水厂取水口进行改造，进一步降低安全取水位；协调各部门及各参建单位完成南昌市赣江城区段临时抬水应急工程。工程完成后，赣江外洲站水位维持在10.8米左右，有效保障南昌水业七大水厂取水安全。水厂化验室增加一、二级水质化验频次，并同步开启活性炭投加，有效去除异味，保障水质安全。聚焦人民群众差异化、多元化、升级化用水需求，主动思考、积极作为，将管道直饮水纳入全市惠民工程，加快培育供水业务新的增长点，点燃高质量发展“新引擎”。管道直饮水攻坚团队在3个月内完成从产业构思到项目落地工作。湾里二十八中和冯翊小区2个试点项目正式通水。南昌水业通过切入管道直饮水赛道，进一步丰富水产品结构，为企业可持续高质量发展提供新动能，提升城市功能和品质。

（汪游胤　付欢春　刘彦薇　邓　蕾）

## 城市交通

**【概况】** 2022年，南昌市城市交通部门以建设“文明、平安、时尚、温馨”公交为目标，围绕“开拓创新、稳健经营”工作主线，按照年初工作部署，凝心聚力、迎难而上，统筹疫情防控和企业发展，推进“争取政策、挖潜增效、开拓市场、规范管理、稳保安全、强化党建”6个方面工作发展呈现稳定向好态势。至年底，南昌公交运输集团总资产58.61亿元，净资产23.54亿元。全年总客运量为1.3亿人次，年客运收入和相关产业收入约6.78亿元。南昌轨道交通集团资产总额1116.93亿元，较上年（1060.69亿元）增加56.24亿元；实现营收29.34亿元，完成年度计划的158.77%；利润总额1.5亿元；归母净利润1.32亿元，完成年度计划的110%。

【国企改革三年行动】 2022年，南昌公交运输部门落实国企改革创新三年行动方案部署，深入推进国企改革工作，不断增强影响力、创新力、控制力、竞争力。至年底，公交线网长度从2019年的6929.29千米增加到2022年的9135.7千米；高品质清洁能源公交车占比从2019年的51.49%提升至2022年的68.59%；乘客满意度从2019年的86.6%提升至2022年的91%；百万公里事故率从2019年的1.23%下降至2022年的0.72%；万公里事故成本从2019年384.16元下降至2022年的155.84元。

【交通骨干线网重构】 2022年8月，南昌市实施交通骨干线网重构策略，推动地铁与公交两网深度融合。经过前期调研充分论证，经专家评审会一致通过，对17条公交线路进行优化调整，实现新建区与中心城区和城东片区，以及红谷滩区与西湖片区线路直达，重新构建贯穿中心城区南北、东西方向"三横三纵"骨干线网结构。首次与江西电视台二套合作，在线路调整首日进行全程线上直播，当天观看超177万人次，获得市民关注点赞。

【特色旅游线路】 2022年，南昌市开通699路双层旅游观光巴士和2路铛铛车红色旅游线路，不仅尝试将公交与城市旅游深度融合，更以其独具特色的车型和超豪华内饰，将车辆本身打造为网红景点，提升城市魅力与品位，打造南昌城中流动风景线。"车上看景车内有景"，打出"交通+旅游"组合拳。

【主动安全预警系统】 2022年，全市投入2000余万元，采取设备租赁方式引进"主动安全预警系统"，对所有公交营运车辆进行加装，通过动态监控、实时提醒、管理跟进，构建安全管理主动防御体系。"主动安全预警系统"通过生物采集技术，实时分析驾驶员驾驶行为，及时进行预判并发出提醒，系统后台监控人员同步排查，实施人工干预。驾驶员在运营中听到语音报警，及时将车停靠至安全地点，向车队报备，消除隐患后才能继续运营。结合"主动安全预警系统"，不断健全管理体系，形成事前预警、事中干预、事后教育管理闭环，有效保障行车安全，降低事故率。全年实现"零亡人、零群伤"，取得近30年来最好成绩。

【地铁建设】 2022年，南昌轨道交通推进1号线北延、1号线东延、2号线东延工程建设，3个市重点项目投资完成率均超120%，年度累计完成投资48.12亿元。至年底，3个地铁项目建设投资在100个市重点推进项目中，投资完成率列市直单位第二位，年度投资完成率120.7%。3条延长线19座车站有序推进，其中6座车站主体结构已封顶，4个单线区间贯通。为节约投资成本，对延长线工程设计方案进行优化，节约投资约31亿元（项目概算总投资相比核减率约12.9%）。同时，轨道交通第三期建设规划申报工作正在推动。

【地铁运营】 2022年，南昌轨道交通地铁线网总运营里程128.5千米，实现地铁在南昌市主城区基本覆盖，线网日均客运量65.5万人次，单日客流量最高达到181.50万人次，线网列车准点率为99.9%，运行图兑现率99.9%，均超国家标准。地铁占公共交通（地铁公交）的出行分担率约为54.22%，客运强度居全国第十一位，乘客满意度第三方测评得分9.52分。

（周　星　丁南昌）

## 城市水利

【概况】 2022年，南昌市水利局认真抓好水旱灾害防御、水生态文明建设和水利建设、管理、改革等各项工作，推动全市水利高质量发展。战胜超历史极值的严重干旱，保障群众生活生产和生态用水。推进重大水利工程建设，超额完成赣江下游尾闾综合整治工程建设年度目标任务，推动抚河下游尾闾综合整治工程及河湖水系连通工程前期工作。加强水利设施基础建设，推进6处城市防洪工程建设，基本完成6处涝区治理，完成2处主要支流治理，启动4座灌区项目建设，治理水土流失面积1470公顷。市水利局在2022年省对市县水利综合考核中获优秀等次。

【全市水利高质量发展大会】 2022年10月10日，全市水利高质量发展大会召开。省委常委、市委书记李红军出席会议并讲话。市长万广明主持会议。副市长彭开先解读《中共南昌市委南昌市人民政府关于推进全市水利高质量发展的实施方案》。与会人员集中观看《建设世纪民生工程打造城市景观会客厅——赣江下游尾闾综合整治工程建设纪实》专题片。市水利局、安义县政府、市交投集团作表态发言。市领导胡晓海、王万征、梅峰、李松殿、江新洪、魏宏平等出席。

【水利投资双增长】 2022年，市水利局强化资金保障，科学运用PPP、专项债、基金、水利基础设施融资政策红利，确保水利建设投资满足需求。全年落实水利投资56.31亿元，较上年增加6.41亿元，同比增长12.8%。其中，争取中央资金2.68亿元、省级资金1.15亿元、市级投资10.97亿元。抓好水利投资计划执行，全年完成水利投资44.56亿元，增加18.86亿元，增长73.3%。全年实现落实投资和完成投资双增长，发挥水利稳投资、稳预期、稳增长拉动作用。

**【赣抚尾闾融资方案获水利部表扬】** 2022年4月26日，水利部召开用好地方政府专项债券专项调度会。水利部副部长魏山忠对赣抚尾闾融资方案予以通报表扬。年内，市水利局落实7.1亿元财政收入、专项债发行30亿元以及农发行项目前置贷款15.6亿元授信，用于赣抚尾闾工程项目建设。该项目成为全省第一例“专项债+市场化融资”及“专项债作资本金”项目。

**【建设赣江抬水围堰工程】** 2022年7—12月，南昌市发生超历史极值严重干旱，赣江南昌段水位屡创新低。按照省委、省政府和市委、市政府决策部署，9月18日，南昌市启动赣江南昌段（西支）临时抬水围堰应急工程。工程位于赣江主支英雄大桥下游1千米处（独洲），分为左汊不过水围堰和右汊过水围堰，由市政公用集团有限公司负责建设。工程总费用1800万元。11月下旬至12月上旬，南昌市迎来连续降雨过程，赣江南昌段水位回升上涨，气象干旱得到明显缓解。赣江南昌段（西支）临时抬水围堰拆除工作于11月27日启动，12月11日完成拆除。工程运行51天，有力保障全市城区供水安全，有效将赣江南昌外洲站水位维持在10.8米左右，确保城区7个赣江南昌段取水口正常取水。

**【推进赣江尾闾综合整治工程】** 2022年，市水利局推进赣江下游尾闾综合整治工程建设，通过四支联动建设，做到节日期间、疫情期间不停工。全年累计完成投资30.43亿元，超额完成年度目标任务。至年底，主支枢纽完成一期围堰填筑、围堰及堤脚防渗墙、基坑抽水、船闸基坑开挖、泄水闸基坑开挖及基础处理、拌和楼及砂石筛分系统安装；提前1个月完成围堰合龙，提前8天完成闭气排水，首台拌和系统机提前1个月具备投产条件，泄水闸首仓垫层混凝土提前10天完成浇筑。南支枢纽完成施工区域清表、土方开挖、船闸全年围堰填筑、防渗墙、扬子洲头石笼网箱抛石及部分营地、临时卸货点、拌和站等临建设施；提前15天完成导流明渠施工，提前10天完成TRD防渗闭气。北支枢纽完成枯期围堰填筑及防渗墙施工、泄水闸基础处理、高压旋喷防渗墙，提前28天完成围堰截流，提前26天完成泄水闸桩基施工。中支枢纽完成河道疏开挖、左右岸堤脚防渗墙及泄水闸管桩，围堰防渗墙累计完成43.6%，泄水闸浇筑混凝土2.05万立方米。

**【裘家洲生态保护工程主体完工】** 2022年，裘家洲生态保护工程位于赣江南昌段八一大桥至南昌大桥区域，工程主要是对面积为35公顷的老官洲进行生态修复，修整至14.5米高程；对面积为80公顷的裘家洲进行生态护岸和必要的生态修复。工程由市城市防洪事务中心作为建设单位，市交投集团代建，中铁隧道局集团有限公司与黄河勘测设计院有限公司联合体负责施工，江西恒信项目管理有限公司负责监理。项目建设费8088万元，总工期16个月，1月24日开工。至年底，工程主体全面完工，累计完成投资约8000万元。其中，老官洲完成植被清理、砂土挖运、洲头抛石护滩、洲体岸线修整，完成洲体土方开挖80.6万立方米；裘家洲完成洲体岸线修整、回填、抛石固脚修整、生态护岸施工，完成电缆保护管敷设9500米，完成1米园路、2米园路铺装及草籽播撒。工程为打造城市岸际线和2023年春节烟花晚会提供坚实基础。

**【推进乌沙河泵闸枢纽工程建设】** 乌沙河泵闸枢纽位于南昌市昌北城区乌沙河入赣江口，工程由中国水利水电第十六工程局有限公司中标承建，2020年10月19日开工，计划总投资4.67亿元。2022年，完成交通桥、泵闸管理房及老闸下部改造；完成泵房主体工程进、出水闸及交通桥施工；完成乌沙河闸改造工程下部结构改造施工，累计完成投资4.47亿元。工程预计2023年10月完工，建成后将有助于提高红谷滩区、经开区排涝标准，改善乌沙河河道水环境、水生态质量。

**【推进抚河尾闾综合整治工程及河湖水系连通工程前期工作】** 2022

2022年，赣江尾闾工程主支枢纽船闸及泄水闸施工现场

（市水利局　供图）

年，市水利局推进抚河尾闾综合整治工程及河湖水系连通工程前期工作。项目在完成项目可研、环评等批复基础上，于12月9日取得省交通运输厅《关于抚河下游尾闾综合整治及河湖水系连通工程塔城枢纽、八字脑闸航道通航条件影响评价的审核意见》，12月14日取得省水利厅《关于抚河下游尾闾综合整治及河湖水系连通工程初步设计的批复》，并按照计划节点开展设计、采购、施工总承包及全过程工程咨询招标等工作。

**【水利工程管理】** 2022年，市水利局强化水利工程管理，创建水利工程标准化管理常态化，打造标准化管理示范引领工程。不定期组织开展水库、水闸、堤防风险隐患排查，发现79处问题并整改落实；开展水利工程安全运行督查整改工作，不定期组织“四不两直”检查；河湖圩堤管理范围内房屋拆迁整改87处；开展清“四乱”、碍洪整治和堤防岸线整治，发现62个问题并整改到位；抓好小型水库、中型水闸安全鉴定和小型水库降等报废工作，对18座小型水库、8座中型水闸进行安全鉴定，降等报废进贤县6座小型水库；完成水利部堤防水闸基础信息数据库堤防158条、水闸386座年度复核工作，开展471座水库5个责任人网上培训；加快已完工项目验收，原市水投公司4处和进贤县1处中小河流治理竣工验收，青山湖区中小河流重点县幸福渠和焦头河工程竣工验收。南昌县、进贤县、安义县和新建区加快三年堤防整治工程竣工验收。

**【水利安全生产监督】** 2022年，市水利局按照“管行业必须管安全、管业务必须管安全、管生产经营必须管安全”原则，强化安全生产监督管理，抓安全生产各类检查、专项整治、督查等工作。全年共检查督查安全隐患200余处，整改200余处，排查并管控一般危险源1.8万处。至年底，全市水利未发现重特大安全隐患，未发生一般及较大安全生产事故，实现“零事故、零伤亡”目标。市水利局被评为2022年度全省水利系统安全生产优秀单位。

**【“智慧水利”主体工程完成】** 2022年，市水利局在已完成“智慧水利”网络结构深化设计与设备部署、外业视频监控施工、防汛会商中心升级改造、业务科室数据收集、部分业务系统设计与开发基础上，全面完成“智慧水利”项目主体工程，累计完成投资3173.5万元。基本完成涵盖水旱灾害防御、水资源管理、河湖长制、水政执法等核心业务，涉及的网络结构深化设计与设备部署、外业视频监控施工、防汛排涝管理处升级改造、防汛会商中心升级改造、业务科室数据收集与整编、业务系统设计与开发已全部完成并进行合同完工验收。

（周玉钺）

## 城市管理

**【概况】** 2022年，南昌市城市管理综合执法工作以健全管理机制体制为突破、以提升执法服务水平为举措，紧盯水环境治理攻坚行动、民生实事项目和城市管理精细化等重点工作，深入推进城市综合环境八大整治行动、城市运行安全隐患排查治理，打出城市治理精细化的“组合拳”，全市城市管理精细化水平明显提升，综合环境进一步优化，市民生活、出行、游憩体验不断改善，市民幸福感、获得感得到提高。

**【2022中国（南昌）环卫装备产业博览会举办】** 2022年12月23—25日，由省住房和城乡建设厅、市政府主办，市城市管理和综合执法局、市商务局承办的2022中国（南昌）环卫装备产业博览会在南昌绿地国际博览中心举行。博览会展出面积2万平方米，参展企业100余家，分为环卫清扫保洁、环卫设施、智慧环卫

2022年12月23日，2022中国（南昌）环卫装备产业博览会展出现场
（市城管执法局　供图）

科技展区等6个展区。副市长出席活动并宣布2022中国(南昌)环卫装备产业博览会开幕。中国城市环境卫生协会监事林传梅、住建部环境卫生工程技术研究中心副总工程师尹水娥、住建部环境卫生工程技术研究中心副主任陈冰、江西省住建厅、湖南省住建厅等相关领导出席开幕式并参加巡馆活动。100余家行业相关企业代表参加开幕式。同时,举办多场行业论坛及研讨会,聚合职能部门、专家学者和企业负责人就环境创新技术与热门应用领域热点进行全面解读,持续推进新时期环境卫生行业企事业单位交流与合作,助推环卫事业高质量发展。该展会的举办,加强城市环卫部门与企业、专家交流合作,搭建一个凝聚智识、聚合资源、共同发展优质平台,推动全市环卫事业持续健康发展。

【城市道路清扫保洁】 2022年,推进"马路本色"行动和背街小巷"以克论净"行动,固化优化城市道路"机械化清扫、人行道冲洗、快速流动保洁"多层次作业模式,保持道路清洁干净。坚持每天对城区车行道路实施机械化清扫、冲洗,利用周末道路空闲时段对城市道路(含人行道)、交通护栏、果壳箱等深度清洗保洁,有效控制道路扬尘污染。全年累计冲洗道路7.12万条,冲洗道路交通护栏1.92万条。

【环卫市场化改革】 2022年3月11日,市城市管理和综合执法局制定并以市政府办名义印发《南昌市进一步推进环卫保洁市场化改革实施方案》(以下简称"实施方案")。实施方案按照管干分离、市场运作、整体外包、效能优先和优胜劣汰改革原则,推进道路保洁、护栏清洗、垃圾清运、环卫设施管养市场化改革,将环卫保洁市场化及相关企业运营情况纳入"马路本色"考核成绩,以考核加快推进环卫市场化进程,提高环卫工作质量和效率。通过环卫保洁市场化改革,基本构建政"事"企分离、管干分离、以量计费、以质取酬、公平竞争的环卫保洁市场新格局。

【环卫装备管理】 2022年,全面配备更新快速保洁车、小型清扫车、垃圾转运车等环卫装备,通过环卫车辆在线监管平台及日常采集巡查考核,规范环卫车辆作业行为。制定《关于规范全市环卫作业车辆外观标识工作的实施方案》《关于统一全市环卫工作服的实施方案》,规范环卫作业车辆外观标识和统一环卫工人服装,有效解决全市环卫作业车辆外观和环卫工人服装单位标志杂乱不一现象,推进全市环卫事业发展。

【生活垃圾分类投放】 2022年,推进"撤桶并点"行动,实施"定时定点"分类投放模式,前端分类环节共投入资金2.56亿元,设生活垃圾分类投放亭4443个,垃圾分类转运车辆1556台。结合南昌市生活垃圾分类智能在线监管平台建设,实现对生活垃圾分类投放、收集、转运全过程智能化在线监管。11月,通过住房城乡建设部、国管局、农业农村部联合督导,南昌"末端倒逼前端"的推进方式得到督导组肯定。

【垃圾处理能力提升】 2022年3月,南昌泉岭生活垃圾焚烧发电厂扩建工程投运发电并网,每日及时处理生活垃圾1500余吨。全市生活垃圾焚烧处理能力由每日3000余吨提升至每日5000余吨,城市生活垃圾处理步入全量化清洁焚烧处理新阶段。至年底,全市生活垃圾无害化处理量184.33万吨。其中,垃圾焚烧处理量184.33万吨,垃圾焚烧发电量7.78亿千瓦小时,垃圾焚烧率达100%。

【麦园园区环境整治】 2022年,完成自2016年以来各级环保督察涉及麦园环境问题信访件及反馈问题共473个问题的整改销号申请材料报送。麦园环境整治取得阶段性成效后,做好渗滤液全量处理、填埋气体收集利用和园区生物除臭常态化工作。全年渗滤液全量处理59.16万立方米,沼气收集利用2592.91万立方米、发电量3650.91万千瓦小时。

【燃气安全隐患整治】 2022年,推动完成227千米老旧燃气管网改造,快速推进269处违章压占处置工作。基本完成全市非居民用户1.67万户的可燃气体安全装置安装工作。加强可燃气体安全装置安装管理,将可燃气体安全装置安装情况抄告市场、商务及安全生产主管部门。全年共开展瓶装液化石油气检查340次,取缔瓶装液化气供应"黑点"49个,证据保存液化气钢瓶936只,确保液化气企业无安全事故。

【停车场建设】 2022年,南昌市按照"政府主导、市场运作、社会参与、利民便民"原则,将停车场建设纳入全市惠民利民工程,不断推动公共停车场建设,着力提升城市功能与品质。结合旧改棚改、人防工程、公园绿地等规划建设公共停车场,实施"平改立"改造,增加医院、集贸市场等停车供求矛盾突出片区的停车泊位。全年完成建设公共停车场57个,新增公共停车泊位1.44万个,方便市民停车。

【城市市政设施更新】 2022年,开展城区道路坑洞病害治理,整治道路坑洼、沉陷、拥包问题,全年整改道路坑洞3850处,整改面积17.54万平方米。加强城市桥梁隧道安全隐患排查,实施老福山—坛子口立交组合式钢护栏安装1.15万米,艾溪湖大桥机非隔离护栏安装1500米。全面推广"一体化"新型井盖,对19条城市主要道路上的4313个各类破损井盖进行样板整治，开展其他路段井具井盖问题治理，全年共完成4.3万个井盖治理。完成背街小巷增亮补亮任务194条，楼道灯安装任务1.1万盏，完成12个点位城市桥梁、快速路声屏障安装工作。

**【广告店招整治】** 2022年，制定印发《关于进一步加强垃圾广告专项整治工作的通知》，采取联勤联动、疏堵结合措施，协调市公安局、市工信局和电信、移动、联通三大运营商等多方力量，全面开展垃圾广告排查清理。对全市高空广告进行摸底排查，并下发安全告知书，督导高空广告牌业主完成安全检测，拆除存在安全隐患的高空广告牌。全市共办理垃圾广告案件69起，处罚69人次，公安机关行政拘留32人；清理垃圾广告182.3万条，拆除各类违法违规广告牌1万块。

**【违法建设行为查处】** 2022年，以"屋顶违建、消防通道、房屋安全隐患"等违建专项整治行动为突破口，认真办理群众举报、上级下派等违建案件，督促相关部门严查严办。市级层面每2个月组织1次、县区每1个月组织1次集中"拆违日"活动。同时，结合无人机航拍手段，实行全方位巡查，杜绝违建行为。全市共查处违法建设1930处，拆除违建总面积14.15万平方米。

**【围墙、围挡整治】** 2022年，印发《南昌市围墙、围挡整治工作方案》，明确任务内容和完成时限，每月对各县区既定时间节点需完成任务逐一复核销号，重点对擅自占用或者挖掘城市道路不围挡、超面积围挡等乱象进行整治。全市整治施工围挡4071处，处罚案件408起。全市围墙、围挡整治工作专报得到省住建厅主要领导人肯定，批示在全省城乡环境综合整治和城市功能品质提升工作中作为经验材料推广，并将此项工作作为南昌经验报送住房城乡建设部。

**【规范非机动车停放】** 2022年，强化非机动车停放日常巡查，对重要场所、重点部位进行精准监管。约谈共享单车运营企业，明确企业责任，提醒企业"压减投放总量，增加运维人员，定向清运车辆"，减少车辆堆积、"僵尸车"、故障车等乱象。推进全市互联网租赁自行车电子围栏和监管平台建设，督促共享单车运营企业完成数据、信息对接。至年底，全市整治共享单车12.3万次，暂扣车辆4.86万辆。

**【占道经营整治】** 2022年，采取"提前布置、巡查管控、视频监控"形式，加大对重点区域、重点时段管控力度，集中开展集贸市场周边、学校周边、马路市场等整治行动，引导商铺店内经营，将流动摊贩疏导至就近的疏导点规范经营。为防止乱象反弹，加强"空档期"管理，坚持"白+黑"工作制，落实"蹲点值守、流动巡查、错时巡查"措施，确保整治常态长效化。至年底，全市整治出店、占道经营共22.2万次，处罚案件1481起。

**【建筑垃圾运输监管】** 2022年，全面使用在线智能监控，实时监管运输车辆。市区两级充分运用"在线监管平台"，对重点区域内全密闭运输车辆进行在线监控，实时对运输车辆违法违规行为进行监管。在全市22个路面执法卡点，实行夜间执法人员驻守，结合线上智能监控平台，实时监管路面车辆运输。至年底，全市查处建筑垃圾运输车辆泄漏、遗撒、挟带污泥等违规行为共2440起，处罚金额439.47万元。

**【社区城管工作站建设】** 2022年，结合"三比三促""强转树""规范化建设"活动，践行"721"工作法，指派城管人员进驻社区，在社区设立"社区城管工作站"，实行挂牌公示制度，定期对社区进行巡查，构建"社区+城管"工作机制。开展结对帮扶、联创联建、环境整治活动，定期听取群众对社区管理的意见建议，协调解决城市管理难点、热点问题。至年底，全市打造线下精品社区城管工作站共113个，全面构建"社区+城管"工作机制。

**【排水单元源头治理】** 2022年，制订《南昌市排水单元达标工作实施方案》等，明确排水单元达标标准和要求。将全市建成区划分为6313个排水单元，开展截污纳管、雨污管网分流改造整治。将合流制区域按污水处理厂收水片区划分为青山湖污水处理厂、朝阳污水处理厂、红谷滩污水处理厂（新建长堎镇）、南昌县污水处理厂4个大治理片区，并以片区为单位谋划实施重点整治工程。全年开工整治的排水单元共2745个，整治完工的排水单元1152个。青山湖污水处理厂一期招标完成，二期、三期有序推进。加强对城区各污水处理厂水质管控力度，督促污水处理厂站做好运行管理工作，确保长期稳定运行、出水水质达标，全面完成污水全收集全处理剩余工程扫尾工作，有效提高污水收集率、处理率。全市城镇污水处理厂全部实现一级A排放标准，城区生活污水收集率提升至55.44%。

**【城区重点水系治理】** 2022年，印发《2022年城市黑臭水体"长治久清"工作实施方案》《南昌市城市黑臭水体治理攻坚行动实施方案》，聚焦前湖、乌沙河、蓑衣荚等中央环保督察、长江经济带生态环境警示片反馈突出重点问题，持续推进前湖、乌沙河、蓑衣荚等水系治理工作，结合植绿复绿、清淤疏浚、沿线整治、引水活化等方式，不断改善水质。至年底，全市城区河湖在干旱严重、水体流动性差情况下未暴发大面积蓝藻现象，乌沙河、蓑衣荚、前湖水质分别达Ⅳ、Ⅳ、Ⅴ类标准。4 月 8 日，省整改办下发文件对乌沙河、蓑衣荚问题予以销号。

**【城市防汛排涝】** 2022 年，修订《南昌市城市管理执法局排水防涝工作应急预案》，开展排水管网、沟渠的检查和清疏工作，做好水渠井盖检查和维护，组织人员参加“江西应急 2022”灾害事故应急救援综合演练活动。全年累计清掏道路 302 条、泵站 21 座、雨水井 10.51 万座、检查井 4.48 万座，清运淤泥 2.02 万立方米，疏通管道 35.21 万米，维修、更换井具 8069 套。

**【城区取水供水保障】** 2022 年，指导监督供水企业制定抗旱应急预案应对长期干旱及赣江水位下降形势，督促长垓水厂、红角洲水厂采取延伸取水管道措施，加大取水泵站等设施巡查力度，增加水质取样点数量和取样频次，落实水质检测制度，及时优化调整工艺，确保管网水、龙头水合格率达到国家标准，有效保障全市供水质量稳定达标。

**【铁路沿线环境整治】** 2022 年，通过采取“线上乘火车看、线下赴实地查、空中无人机拍”等多种方式，全面掌握铁路沿线环境动态情况，全方位推动铁路沿线环境整治工作，保持铁路沿线市容美观。至年底，全市铁路沿线共拆除新增违章搭建 3600 平方米，新增有碍观瞻建筑物 6700 平方米；清除垃圾 2 万吨；绿化面积 31 万平方米；建筑立面装饰美化 12 万平方米。

**【通道沿线综合环境整治】** 2022 年，制定全市城市主要通道沿线及周边环境综合整治方案，明确以 9 条城市快速路、7 处城市主干道和桥梁、8 个城市出入口为重点，以沿线卫生、设施、绿化、建筑等为内容的整治任务，分全面排查、集中攻坚、巩固提升三阶段有序推进，展现干净整洁、美观亮丽、特色彰显城市窗口形象。全年排查并明确主责单位问题共 770 个，已整改 768 个，整改率 99.74%。

**【城镇老旧小区改造】** 2022 年，对全市 271 个老旧小区实施改造，涉及户数 10.47 万户。其中，市人大票决项目 17 个，涉及居民 8156 户，改造建筑面积 69 万平方米。同时，探索后期管理机制，采取“引进物业服务企业、聘请专业机构或专业人员管理、实行居民自治”方式，强化老旧小区后续管理，提升全市老旧小区综合环境水平。

**【城市管理考核方式创新】** 2022 年，建立完善覆盖全市 12 个县区、64 个街道（乡镇、管理处）的城市精细化管理考核体系，考核成绩每月一通报，每季一奖惩。依托掌上城管 APP，采取“线上数字城管监测 + 线下路面督查巡查”相结合方式，创新开展城市管理督查考核工作。全年共受理掌上城管上报案件 4.57 万起，结案 4.54 万起，整改率 99.5%。

**【“用水用气”一站式办理】** 2022 年，制定并实施供水、燃气企业优化营商环境双八条举措，出台供水供气报装“先通后补”新政策，压缩用水用气办理流程，同时开通“赣服通”燃气专区、“南水通”APP 等线上一网通办服务体系。全市用水营商环境的改革举措和成效入选江西省推进营商环境“一号改革工程”30 个典型案例之一，供省内其他城市学习借鉴。

**【行政审批效率提升】** 2022 年，推动统一政务服务事项受理条件、服务对象、办理流程、申请材料、法定办结时限、承诺办结时限、办理结果等要素在全市范围内统一。加快行政审批事项交接划转，实施流程再造，推动政务服务网上办理事务，制定简化审批流程、减少申报材料、压缩踏勘时限、推行全程网办、提升服务水平 5 项具体举措，压缩苗木移植、排水许可证核发事项办理流程。

**【城管执法领域法律法规完善】** 2022 年，建立行政执法风险防控机制，出台《进一步优化和调整全局系统行政执法案件审理职责分工和办理流程》，启用《南昌市城市管理行政执法文书（2022）版》，制定执法公示制度，推进执法依据、职责、权限、程序、标准、时限等执法内容全面公开；制定执法全过程记录制度，定期组织对文书案卷、记录资料进行抽查检查，实现留痕管理。出台《南昌市城市管理领域轻微违法行为免予处罚清单（2022 版）》，探索包容审慎监管，推行对涉企轻微行政违法行为“首违不罚”“轻微不罚”执法制度，建立实施城市管理领域免罚清单事项 17 项，制定 344 项城市管理执法自由裁量细化标准，规范执法行为。

（徐宇康）

# 生态环境

## 生态环境质量

【概况】 2022年，全市生态环境系统贯彻落实习近平生态文明思想，紧扣迎接和学习贯彻党中央二十大精神这条主线，全面深化国家生态文明试验区建设，统筹推进“碳达峰碳中和”工作，深入打好污染防治攻坚战，不畏艰难、众志成城，在危机中抢先机，在逆势中勇争胜势，为巩固提升南昌发展首位度、充分彰显省会担当提供有力支撑。

【大气环境质量】 2022年，空气质量优良率为85.8%，同比下降5.7个百分点，比2015年提升1.0个百分点。PM2.5年均浓度30.0微克/立方米，比2021年下降2.3%，比2015年下降25.0%。空气质量综合指数3.65，连续5年保持二级标准，连续9年在中部省会城市排名第一。

【水环境质量】 2022年，全市29个（鄱阳湖5个断面按1个计算）地表水断面水质优良比例为93.1%；全市11个国考断面水质优良比例为90.9%，同比持平；赣江、抚河、潦河南昌段主要断面达到Ⅱ类水质；全市县级及以上饮用水水源地水质优良比例继续保持100%。

【土壤环境质量】 2022年，受污染耕地安全利用率达93%以上，重点建设用地安全利用率达95%以上，全市未发生因耕地土壤污染导致农产品质量超标事件，未发生疑似污染地块或污染地块再开发利用不当造成不良社会影响事件。

【声环境质量】 2022年，南昌市城区功能区声环境昼间达标率93.8%，与上年持平，夜间达标率80%，比上年提升5个百分点，达到文明城考核夜间监测点次达标率≥75%的目标。南昌市城区区域环境噪声昼间等效声级为54.5分贝，比上年下降0.1分贝，按《城市区域环境噪声总体水平等级》划分为“二级”，属“较好”水平等级。区域噪声达标率为94.5%，高于上年同期2.3个百分点。道路交通噪声等效声级路段长度加权均值65.8分贝，比上年下降0.1分贝，按《道路交通噪声强度等级划分》为“一级”，属“好”水平等级。

（韦小宏）

## 水资源保护

【概况】 2022年，南昌市水利局贯彻“共抓大保护、不搞大开发”要求，实施水生态文明建设，推进幸福河湖建设，基本完成赣东大堤风光带南延工程主体建设，不断提高河长制、湖长制管护力度，持续推进鄱阳湖流域水环境治理，全面完成安义县水系连通建设试点。落实最严格水资源管理制度，加强节水载体建设，推进驻南昌节水型高校创建和合同节水工作。加强保护水资源、防治水污染、改善水环境、修复水生态等各项工作，打造“河畅、水清、岸绿、景美”水生态环境。

【安装取水计量设施】 2022年，市水利局获得取水计量设施建设中央补助资金462万元，完成全市165个取水口在线监测计量设备建设任务并接入省水资源管理系统。其中，规模以上非农业取水工程51个，大中型灌区101个、典型小型灌区13个，提高水资源管理规范化、科学化、信息化水平，全面促进水资源集约节约和高效利用。

【创建节水型高校、灌区】 2022年，市水利局开展节水型高校建设，召开驻南昌节水型高校创建和高校合同节水管理工作交流座谈会，邀请54所驻南昌高校到场学习交流，教育引导广大师生树立节水意识，推进节水型高校创建工作进展。全市在已完成14所节水型高校创建基础上，再投入资金600万元，创建江西农业大学、华东交通大学、江西开放大学等20所节水型高校。至年底，全市在教育部注册的54所普通高校，累计完成34所节水型高校建设，创建率63%，排名全省第一。至年底，经市水利局初审、省水利厅复核，南昌县南新、进贤县钟陵、安义县万长、高新五星4座中型灌区获江西省2022年度节水型灌区称号。

**【两县农业水价改革入选全国百强】** 2022年10月12日，水利部农水水电司印发《水利部农村水利水电司关于印发农业水价综合改革典型案例的函》，南昌市进贤县“赣抚模式+进贤样板”、安义县“三驾马车”推进农田“种管养”一体化改革经验入选水利部全国百个水价改革典型案例，位列全省第一方阵。

**【主要支流治理】** 2022年，市水利局推动安义县塘下堤段防洪工程和安义县香干鼎湖堤戴坊段除险加固工程支流治理。至年底，安义县塘下堤段防洪工程完成堤防加固3.42千米，自锁式植生块砼护坡3.42千米，草皮护坡3.42千米，抛石固脚9430米，砼路面1.57千米，碎石路面6000米；岸坡整治长1000米，抛石固脚1000米，新建塘下桥1座及亲水平台2座，完成投资2639万元，占总投资的96.3%。安义县香干鼎湖堤戴坊段除险加固工程完成土堤加高加固1.49千米，护坡1.69千米，护岸5450米，新建防汛道路6.45千米，新建下河台阶5处，提灌站进水口加固长88米，完成投资1230万元，占总投资的80.8%。

**【青山湖电排站前池水位降低泵站工程完成】** 青山湖电排站前池水位降低泵站工程位于昌南城区青山闸（富大有堤桩号2+168处）进水渠上，由市城市防洪事务中心作为建设单位，市水利电力建设公司负责施工。工程于2021年8月26日开工，主要建设内容为新建泵站和副厂房，主要建筑物有控制闸、前池、进水闸、泵房、压力水箱、副厂房等，总投资4168.06万元。2022年6月16日，项目完工。工程的投入使用，减少非排涝期间的青山湖电排站前池水倒灌入截污箱涵，提高青山湖污水处理厂运行效率。

**【赣江南昌段幸福河湖建设】** 2022年，市水利局按照《江西省关于强化河湖长制建设幸福河湖的指导意见》要求，聘请水利科学院编制并以副总河长令形式印发《南昌市赣江城区段幸福河湖建设规划》，实施推进包括赣江风光带南延工程、裘家洲生态保护修复工程、青山湖污水处理片区污水系统整治工程（一期）等项目在内的赣江南昌段幸福河湖建设。至年底，赣江风光带南延工程基本完成主体工程；青山湖污水处理片区污水系统整治工程（一期）于12月31日开工。赣江南昌段幸福河湖建设推动流域水环境持续改善，提升群众对水生态环境的满意度与幸福感。

**【灌区建设推进】** 2022年，市水利局投资7600万元，持续推进中型灌区续建配套与现代化改造建设，先后完成进贤县钟陵、安义县万长2座中型灌区改造任务，完成渠道衬砌40千米、渠系建筑物改造40座，改善农田灌溉面积5000公顷，年节水量370万立方米。同时，按照“先建后补”模式，启动2023—2025年安义县长石和新建区昌联、药湖3座中型灌区改造项目前期工作，项目总投资约2亿元。安义县长石灌区于12月底开工建设，新建区昌联、药湖灌区项目已立项批复，为进一步改善灌区灌溉条件、保障粮食安全夯实基础。

**【农村供水保障工程建设】** 2022年，市水利局投资1.37亿元，建设南昌县、新建区、进贤县等5个农村供水保障工程。至年底，农村供水保障工程铺设管网约200千米，巩固、提升14个乡镇约110个村9.78万名农村居民饮水品质，全市农村自来水普及率达87.04%以上。

**【无人机巡河】** 2022年，市水利局投入50万元，通过招标确定空中未来科技集团为无人机巡河服务项目中标单位，对重点河湖水域全方位、无死角定期巡查。巡查工作自11月起，试行一年，每月对赣江南昌段、瑶湖、幸福水库等13条（座）重点河湖库全覆盖巡查。至年底，共发现非法排污口、河岸垃圾、河面漂浮物、渔网地笼、废弃船只、水葫芦等各类河湖问题102处，已基本完成整改。无人机巡河有利于第一时间精准掌握河湖情况，提升巡河效率和发现问题效率，提高河道保护和治理能力，为幸福河湖建设提供先进技术支撑。

**【建立跨城市河湖保护协作机制】** 2022年6月20日，南昌市河长办与抚州市河长办签订《昌抚跨市河湖管理合作协议》。9月30日，南昌市河长办与九江市河长办签订《鄱阳湖流域河湖长制合作协议》。通过与抚州市、九江市建立健全河湖水系治理信息共享机制、探索建立区域联防联控共治体系、领导会晤交流机制，建立跨市河湖信息共享、协同治理机制、联合巡查执法、跨市河湖管护联席会议、生态环境事故协商处置机制，推动全流域在河湖治理保护领域迈向高质量跨越式发展。

**【安义水系连通试点项目】** 2022年，安义水系连通试点项目累计完成投资4.98亿元，完成水系连通建设28.08千米、河道清淤疏浚60.26千米、河道护坡护岸96.69千米以及人文景观、防污控污等项目内容，主体工程建设全面完成。项目建成恢复水系间水体流通，新增水面面积44公顷，新增灌溉面积1200公顷，改善灌溉面积3840公顷，美化河岸线，生态岸线率提升至85%，水土流失综合治理度提高至70%，新增生活污水日处理能力3000吨，实现河湖水质不低于Ⅳ类。

【水库除险加固】 2022年，市水利局实施湾里管理局乌井水库和安义县引信港、大禾垅水库3座小型水库病险水库除险加固项目。2月10日，开工建设乌井水库除险加固项目工程，总投资1398.57万元。至年底，完成溢洪道弧形闸门门体更换及启闭机维修，完善大坝下游排水沟修建，修补溢洪道斜槽段底板及边墙裂缝。10月5日，开工建设大禾垅水库除险加固项目工程，总投资194.13万元。至年底，完成大坝坝身加固、溢洪道加固，坝下涵管启闭设施更换，进库及坝顶公路硬化，金属结构与设备安装等工程项目。10月1日，开工建设引信港水库除险加固项目工程，总投资211.16万元。至年底，完成大坝坝身加固、溢洪道加固，进库及坝顶公路硬化，金属结构与设备安装等工程项目。

【水土流失治理】 2022年，市水利局落实200万元水土流失治理专项补助资金。至年底，治理水土流失面积1470公顷，重点预防保护面积5780.4公顷。受理生产建设项目自主验收报备85个，完成生产建设项目水土保持方案报告书审批27个、生产建设项目水土保持方案报告表承诺制审批5个，征收水土保持补偿费1864.6万元。全面完成2022年水利部和省级遥感监管发现88个水土保持违法违规项目整改销号工作。市级下达整改通知书495份，全面排查县区级水保信息系统录入项目1472个，发现并整改问题1256个。

【河道采砂管理】 2022年，市水利局按照“政府主导、水利牵头、部门联动、齐抓共管”原则，健全和完善河道采砂长效常治管理机制，加大河道采砂监管力度。创新性采取“人防+技防+联防”三防结合监管方式，全年累计开展联合执法巡查1338次，出动执法人员4607人次、执法车辆1218辆次、执法船艇137艘次，查处涉砂行政案件8起，查处非法采砂船只(机具)29艘(台)，扭转非法采砂失控局面，水事秩序得到良好发展。

【开展“清河行动”】 2022年，市水利局开展以“清洁河湖水质、清理违章建筑、清除违法行为”为重点的“清河行动”，在全市范围内对乱占、乱采、乱堆、乱建等河湖治理突出问题开展专项清理排查，对影响水资源环境、破坏水域岸线管理、侵占河道等突出问题进行督察督导。至年底，共摸排发现突出问题256个，全部完成整改，解决一批危害河湖健康的突出问题，有效防治水污染，保护水资源，修复水生态，改善水环境，实现河畅水清、岸绿景美、人水和谐。

(周玉铖)

## 土地资源保护

【概况】 2022年，市自然资源和规划局坚持最严格的耕地保护制度，持续健全新时代耕地保护制度体系，不断完善“长牙齿”的改革举措，全面压实耕地保护责任，以“严”为纲全方位守护耕地红线。将最严格的耕地保护制度落实到国土空间规划编制当中，确立耕地尤其是永久基本农田的优先保护地位。完成省政府对南昌市2021年度耕地保护责任目标考核。全年验收土地开发项目4个，实际新增耕地145.6公顷；验收土地整理项目7个，实际建设规模3060公顷，实际投资9193万元；全面完成2021年高标准农田上图入库工作，建设规模5333.33公顷。全市消化批而未用土地1780公顷，处置闲置土地466.67公顷，供应工业“标准地”230.87公顷。

【耕地保护目标考核完成】 2022年，根据省政府下达南昌市耕地保护和永久基本农田保护任务，从耕地保有量、耕地占补平衡落实情况、高标准农田建设情况、耕地质量保护与提升等方面，开展全市自查，突出耕地用途管制，严防耕地“非农化”“非粮化”，高质量实施土地综合整治，高效率抓好市级统筹补充耕地指标落实。8月，以市政府名义向省政府上报南昌市2021年度耕地保护责任目标考核自查报告，完成省政府对南昌市2021年度耕地保护责任目标考核。10月11日，南昌市提交第三轮“二上”永久基本农田和耕地保护红线划定成果，并最终通过自然资源部、江西省审查。

【耕地“非农化”遏制】 2022年，落实最严格的耕地保护制度，守住耕地保护红线，保障国家粮食安全。印发《南昌市耕地卫片监督实施方案(试行)》，明确各县区政府及相关市直部门工作责任分工，强化“长牙齿”的硬措施，动态监测监管耕地和永久基本农田变为林地、园地、草地等其他类型农用地及农业设施建设用地等情况。通过下发新增耕地问题图斑，及时发现违法占用和破坏耕地行为。全年国家下发耕地卫片图斑3177个，面积950.30公顷；省级下发耕地卫片图斑477个，面积832.40公顷。完成南昌市2021年新增耕地“非农化”问题核实举证工作，自然资源部、江西省下发南昌市2021年新增耕地“非农化”图斑数203个，总面积97.48公顷，全部完成核实举证。

【耕地占补、进出平衡落实】 2022年，依法依规支持重大基础设施、民生工程、保障性住房以及重大产业等项目建设，合理确定项目选址及用地规模。引导建设项目统筹规划、科学选址、节约用地，鼓励非农建设项目不占或少占用耕地，从源头上保护耕地资源。全年全市非农建设占用耕地面积433.33公顷，均通过异地购买补充耕地指标和自行补充耕地方式落实耕地“占补平衡”。10月18日，市自然资源和规划局主持召开耕地进出平衡及相关工作调度会，对全市耕地“进出平衡”、耕地卫片整改、补充耕地任务、土地整理项目等多项工作进行系统全面地调度，督促解决耕地保护滞后问题，落实全市2022年度耕地“进出平衡”方案编制与实施。全市2022年计划转出耕地面积49.24公顷，计划转进耕地面积178.95公顷，实际转进耕地面积171.45公顷，实现耕地“进出平衡”。

**【违法用地查处】** 2022年，印发《关于开展2022年全市自然资源执法监察巡查有关工作的通知》，聚焦耕地保护，重点对永久基本农田、可长期稳定利用的耕地、开发园区等易发生违法用地区域，结合卫片图斑、日常执法检查结果、信访举报线索等，分片区每季度不定期开展一次全面巡查，重点关注新增乱占耕地建房、挖田造湖、挖湖造景、违建“大棚房”等违法行为。全年全市立案查处违法用地129宗，面积120.41公顷，其中耕地50.24公顷；收缴罚没款4424.28万元。

**【耕地保护智能监控系统建设】** 2022年，按照“早发现、早制止、严查处”工作要求，完善网格化巡查防控机制，充分运用信息化手段，在“网格化”管理基础上，坚持科技赋能，全面升级南昌市自然资源执法监察综合系统。印发《市自然资源和规划局关于推进市自然资源智能视频监控系统建设有关工作的通知》，明确进贤县负责矿产资源重点区域视频监控覆盖试点，南昌县负责耕地资源特别是永久基本农田重点区域视频监控覆盖试点；沟通对接市财政局、市发改委、市政数局等部门，于年底前落实市级平台系统升级经费，市级平台建设方案通过市政数局审核；县区试点中，进贤县完成重点矿区视频监控布点工作。

（江洪涛）

## 森林资源保护

**【概况】** 2022年，南昌市林业局规范林地保护利用，坚持林地用途管制，落实建设项目使用林地定额管理制度，不断优化林地审核审批服务，助推南昌经济高质量发展。推进林地占补平衡试点工作，引导多元化主体按照“宜林则林”要求开展矿山生态修复。执行森林采伐限额制度，全市林木采伐量呈逐年减少趋势。克服高温和疫情诸多考验，如期完成林草湿综合监测工作。全面禁止天然林商业性采伐，实行天然林与生态公益林并轨管理。至年底，全市5947.37公顷天保工程任务全部落实到位。

**【林长制落实】** 2022年，南昌市以林长制为抓手，聚焦“作示范、勇争先”目标要求，深入贯彻《江西省林长制条例》，切实扛起森林资源保护管理责任，统筹做好造林绿化、森林防火、林业抗旱、涉林问题整改等林业相关重点工作，全面推动林长制工作实现“林长治”。通过智慧化手段赋能，搭建APP信息化、网格化管理平台和护林员巡护管理系统，实时掌握护林员日常巡护信息。至年底，全市525名专职护林员均使用“林长通”APP系统。林长和监管员通过手机APP随时查看护林员巡山轨迹，实现森林监管全天候和“一长两员”网格化管理，对破坏森林资源问题做到早发现、早报告、早制止、早查处。各级林长根据实际工作，开展集中巡林和日常巡林，对责任区域的森林资源保护管理负责，协调解决森林资源保护发展重大问题。至年底，市、县级林长开展集中巡林232人次，协调解决森林资源保护发展问题45个。推行“林长+”模式，进一步激发“两山”（绿水青山、金山银山）转化潜力。全市建立39个“林长+项目（基地）”，推动各地乡村森林公园建设、森林村庄建设、高产油茶及林下经济等基地（项目）建设。

**【森林防火宣传活动】** 2022年，组织各县区参加全省森林防火中小学生海报设计比赛，选送40幅作品参加全省决赛，多幅作品获奖。举办2022年森林防火宣传短视频大赛，全市共制作23件短视频作品，持续在“学习强国”学习平台、“生态南昌”微信公众号以及市县电视台、融媒体中心展播。持续加大森林防火短信发送量，广泛动员护林员进山入林、进村入户开展森林防火知识宣传，营造人人防火浓厚氛围。

**【森林防火源头管控】** 2022年，全面完成森林火灾风险普查可燃物外业调查以及野外火源、历史火灾、减灾能力调查。开展市级质量检查，按时保质向省林业局上报全市第一次森林火灾风险普查质检报告。查处野外违规用火和森林火灾案件21起，起到宣传警示作用。充分发挥防火视频监控系统作用，全市监测到烧荒、烧田埂等违规野外用火100余起，均及时得到有效处置。全市各涉林县区相继印发“禁火令”，进一步抓好“人为火”防控工作。

**【森林防火基础建设】** 2022年，全市完成森林防火“两带”建设406.66公顷，其中新造生物防火林带73.33公顷、“五边”隔离带建设333.33公顷。全面完成森林火灾高风险区综合治理项目，并顺利通过省林业局检查验收。持续增设森林防火智能语音播报器，分布在国有林场及其他主要林区的175个主要进山入口，高效监控林区安全，提高火灾监测预警能力。加快推进国有林场等森林经营单位半专业队建设，进贤香炉峰林场、安义新华林场2支半专业队通过第一批省级验收。

**【松材线虫病防控】** 2022年，全市各地严格按照全覆盖、无盲区要求，对辖区范围内所有松林进行拉网式排查，对所有病死木、枯死木、火烧木、濒死木、虫害木以及感染木、衰弱木等按疫木除治标准进行全面清理和就地进行粉碎（削片）或烧毁处理，除害率100%。全市完成除治面积12000公顷，清理死树23万余株。全市投入100余万元，对方志敏烈士墓、南昌市烈士陵园、茶园山生态实验林场、洗药湖风景管理区、铜源峡、圣水堂国家森林公园等地4万余株松树进行打孔注药保护，打孔注药近11万瓶。

**【林业行政执法】** 2022年，组织开展森林督查、涉林突出问题专项整治、护绿提质、越冬候鸟和湿地保护等专项行动，打击乱砍滥伐林木、乱征滥占林地湿地、乱捕滥猎野生动物等各类破坏森林资源违法行为，维护林业生态安全。至年底，市本级共查处各类林业行政案件12起，结案率100%，案件查处罚款93.43万元。

**【推进行政执法规范化建设】** 2022年，强化林业行政执法监督，开展年度案卷评查。落实行政执法公示、执法全过程记录、重大执法决定法制审核"三项制度"。法定时间内在"信用南昌"平台向社会公布行政执法信息。推行"双随机、一公开"监管。推进生态环境损害赔偿工作。制定"企业安静日"制度，依法推行林业领域包容免罚清单。加强与市公安局、市检察院沟通联系，着力推动林业行政执法与司法衔接工作。加大行政执法人员业务培训，落实行政执法人员持证上岗和资格管理制度，对市林业局系统45名具有执法资格人员换发或新办新版全国统一行政执法证件。组织开展2022年度全省国家工作人员林业系统分类学法考试工作。全市林业系统参考人员253人，考试结果优秀243人，优秀率96%。

（王　越）

## 自然保护地保护

**【概况】** 2022年，南昌市自然保护地整合优化工作深入推进，完成自然保护地整合优化预案和预案"回头看"编制工作，并通过省级专家组评审。启动风景名胜区整合优化工作，完成风景名胜区整合成果与自然保护区、森林公园、湿地公园整合优化成果相互融合。至年底，全市保留自然保护地22处，总面积9.71万公顷，占全市面积（7195平方千米）的13.5%。

**【湿地保护修复】** 2022年，以中央财政湿地生态补偿项目等实施为抓手，持续推进湿地保护修复工作。积极开展小微湿地保护和利用示范点建设申报工作，择优上报6处小微湿地试点参加省林业局评审。充分利用"世界湿地日""世界野生动植物日"等节日契机，通过开展"秀美江西·大美湿地"湿地主题摄影大赛和主题摄影展暨湿地保护法主题宣传活动、"爱鸟周"等主题宣传活动，广泛宣传湿地候鸟保护知识和相关法律法规，在全市营造浓厚的湿地保护氛围。

**【自然保护地规划管理】** 2022年，市自然资源和规划局协调推动云端索道建设项目以及《梅岭—滕王阁风景名胜区总体规划（2022—2035）》修编，开展《南昌市梅岭风景名胜区条例（修订草案）》立法工作。开展大公岭市级森林公园、鄱阳湖银鱼产卵场省级自然保护区、南昌三湖县级自然保护区总体规划编制，推进白虎岭保护区功能区调整工作。召开全市自然保护地管理业务培训班，提升全市相关人员业务水平。推进落实南昌县三湖、白虎岭县级自然保护区、兴农沙漠森林公园和鄱阳湖银鱼产卵场省级自然保护区属地6个乡镇管理经费，用于自然保护地等相关工作；明确南新乡、塘南镇、三江镇等乡镇自然保护地管理经费，并列入每年各县财政预算。

**【自然保护地监督】** 2022年，市自然资源和规划局与市生态环境局联合印发《南昌市2022年自然保护区专项行动实施方案》，安排部署全市自然保护地违法排查工作。至年底，全市各县区共开展自然保护地检查、巡查110余次，未发现自然保护地内新增违法问题。配合省自然保护地建设中心，在梅岭—滕王阁国家级风景名胜区梅岭片区开展人类活动疑似点位排查工作，加强风景名胜区管理。制订《鄱阳湖区越冬候鸟及栖息地、湿地保护特别行动方案》，加强鄱阳湖区自然保护地日常巡护和监督。会同市生态环境局督促湾里管理局开展风景名胜区大排查，落实曼山谷（原泊园茶村）项目违法违规建设问题整改销号工作并完成销号。会同市生态环境局组织相关县区单位对湾里管理局2020年"绿盾"涉长江经济带自然保护地重点问题——梅岭国家森林公园内3处违法问题开展"绿盾"问题销号工作并完成销号。协调解决武汉—南昌1000千伏特高压交流工程、昌九客专、裘家洲生态保护工程等项目中涉及自然保护地相关困难问题。

（王　越）

## 节能减排

【概况】 2022年,南昌市坚持把节能减排作为优化经济结构、推动绿色低碳循环发展、加快生态文明建设的重要抓手和突破口,围绕年度节能工作总体目标,推进工业绿色发展,不断加大节能监察力度,着力抓好重点行业、重点企业和重点项目节能降碳,为"碳达峰碳中和"奠定坚实基础。至年底,全市规模以上单位工业增加值能耗下降8.7%,超额完成年初制定的单位工业增加值能耗下降1.8%、重点用能企业节约4万吨标煤目标任务。全市单位地区生产总值能耗优于全省平均水平,持续保持前列。

【印发《南昌市"十四五"节能减排综合工作方案》】 2022年,明确节能减排工作目标,市政府印发《南昌市"十四五"节能减排综合工作方案》,将"十四五"能耗强度目标任务分解下达,并在"十四五"规划期内统筹开展地方节能目标责任评价,完善能源消费总量弹性管理和能耗强度年度弹性管理,保障高质量发展用能需求。

【遏制"两高"项目发展】 2022年,成立南昌市坚决遏制"两高"项目(高耗能项目、高排放项目)盲目发展专项工作组,印发《关于进一步加强"两高"项目及节能审查"未批先建"项目论证处置工作的通知》《南昌市坚决遏制"两高"项目盲目发展专项工作方案》。对全市"两高"项目和节能审查"未批先建"项目开展多轮次、地毯式排查,建立完善项目台账。督促各县区抓好责任落实,按照一项一策、分类处置、分级负责原则,逐一开展项目论证处置工作。持续开展重点用能单位能耗在线监测接入工作,持续追踪拟建、投产项目情况,落实遏制"两高"项目要求。

【落实节能审查】 2022年,印发《关于进一步加强全市固定资产投资项目节能审查工作的通知》,从制度层面进一步规范节能审查权限、操作流程和事后监管。摸排市本级、县区能耗总量和强度,梳理汇总并向省发改委报送《南昌市2010年以来已(拟)投产固定资产投资项目节能审查情况》。建立全市用能预算管理能耗数据定期报送机制。为精细化控制能耗强度、综合分析地区能源消费影响,印发《关于建立用能预算管理能耗数据定期报送机制的通知》,要求各县区的新建、改建、扩建、技改固定资产投资项目建立工作台账,按季度报送该地区项目节能审查情况,逐步建立能耗下降和减排目标的序时进度计算体系,确保完成"十四五"节能减排目标。

【能源项目建设】 2022年,雅中—江西特高压、南昌—长沙特高压、中广核进贤风力发电厂等一批重大能源项目正式投运。进贤县、新建区充分利用该地风电资源优势,全面加强与中广核、国家能源集团等央企战略合作,推进进贤县前坊分散式风电项目、国电电力江西恒湖风力发电项目等重点项目开工建设。优化能源结构,支持和推进新能源行业健康有序发展。印发《南昌市新能源项目国土空间总体规划重点建设项目清单》,布局储能行业,有序推进整县光伏试点工作,市本级累计清算、核拨2014年以来光伏发电项目补贴资金1.14亿元。同时,动态调整光伏发电、风电规划库,对全市存量项目梳理规范定期调度,确保行业健康发展。至年底,全市可再生能源装机量持续增加,市新能源和可再生能源发电装机78.84万千瓦,同比增长35.19%。其中,光伏发电装机58.84万千瓦,风电4万千瓦,水电7700千瓦,生物质发电15.23万千瓦。

【工业领域节能降碳】 2022年,全市规模以上工业增加值能耗同比下降6%。编制《南昌市工业领域碳达峰实施方案》,开展落后产能淘汰和节能监察,组织各县区对多用能单位开展能源审计、电平衡审核监察,对100家重点企业开展日常监察,对多家企业进行排查,未发现存在落后产能情况。组织省科学院能源研究所对1家重点企业、5家省级专精特新制造业中小企业开展节能诊断服务。加快落后低效产能淘汰和过剩产能压减,建立全市重点领域企业装置能效清单目录、企业改造升级项目清单和依法依规推动落后产能退出工作联席会议制度,累计淘汰高耗能设备205台(套)。建立健全"地条钢"月报制度和举报响应机制,严防"地条钢"死灰复燃。

【绿色低碳产业发展】 2022年,印发《关于进一步推动电子信息产业高质量发展的实施意见》,加快推动电子信息、新能源汽车、节能环保等绿色低碳优势产业发展,鼓励绿色食品、现代针纺等产业开展绿色低碳改造。累计建成国家级绿色园区1家、省级以上绿色工厂16家。青山湖高新技术产业园获批省级园区循环化改造试点,省级及以上园区循环化改造覆盖率85.7%;南昌县、南昌高新区入选首批省级碳达峰试点城市和园区;安义县入选第六批生态文明建设示范区。

【推动建筑、交通、公共机构领域节能减排】 2022年,全市新建民用建筑绿色建筑面积1399.13万平方米,占比92.19%,累计下达绿色建筑奖励资金40万元。新增及更换出租车(含网约车)4122辆,其中新能源车3172辆。新增与更换公交车129辆,其中新能源车126辆。中心城区公共交通站点500米覆盖率、轨道交通站点100米范围内公交线路接驳比率均达100%,轨道交通总里程128.5千米,公交专用道总里程

161.42千米，绿色出行比例达76%。南昌港使用港口岸电船舶5579艘次，使用岸电时间为1.07万小时，使用岸电电量7885.84千瓦小时。制订《南昌深入开展公共机构绿色低碳引领行动促进碳达峰实施方案》，全年市级创建22家节约型机关，4家入选省级公共机构节能教学点创建单位，1家首批省级水效领跑者，3家绿色商场。

【全民节能减排】 2022年，市发改委会同市委组织部联合印发《关于加强干部碳达峰碳中和教育培训的实施方案》，组织召开全市领导干部碳达峰碳中和专题培训。参与开发的“双碳”教学课程获省委组织部评选的全省干部教育好课程称号，并入选全市好课程推荐目录。开展节能宣传周主题宣传活动，举办全市重点用能单位“双碳”专题培训、公共机构碳积分赛、绿色低碳出行达人赛主题活动。在官方微信公众号共同发起“低碳生活、由我做起”倡议书签署活动，共吸引3.85万人参与倡议书签署。通过南昌地铁电视联播网、绿地中心双子塔LED显示屏平台滚动播放南昌市节能宣传片和宣传口号。

【绿色制造体系建设】 2022年9月，南昌市组织开展国家级绿色制造名单推荐暨省级绿色制造名单遴选工作，推荐1家绿色园区、5家绿色工厂、1家绿色设计产品及1家绿色供应链管理企业。11月，省工信厅公布江西省2022年度绿色制造名单，江西安义高新技术产业园区入选省级绿色园区，江西铜业铜板带有限公司、江西太古可口可乐饮料有限公司、南昌硬质合金有限责任公司入选省级绿色工厂，百威雪津(南昌)啤酒有限公司入选省级绿色供应链管理企业。绿色制造典型的创建，带动绿色技术推广应用和产业链供应链协同转型，对全市工业绿色低碳发展发挥重要引领作用。

【节水型企业创建】 2022年，按照《南昌市节水行动实施方案》，推进重点用水行业节水型企业创建。10月，进贤海螺水泥有限责任公司入选省级水效领跑者，南昌首创环保能源有限公司入选省级节水标杆企业，江西晶安高科技股份有限公司、南昌顶津食品有限公司入选省级节水型企业。至年底，全市有南昌顶津食品有限公司、江西晶安高科技股份有限公司、江西柏辉纺织服装有限公司、江西省东兴纺织印染有限公司、江西安德力高新科技有限公司、江西金祥亚麻纺织有限公司、江西东鸿实业有限公司、江西昌隆钢结构有限责任公司、江西阳光乳业股份有限公司、江西润田实业股份有限公司、江西沙沁实业有限公司、南昌市龙强机械制造有限公司12家单位入选市级节水型企业。

【节能监察执法】 2022年，制定全市节能监察工作计划，推动企业合理用能和节约用能。通过采取现场监察和书面监察相结合执法方式，全年对100家重点单位开展日常监察，对22个重点行业单位产品能耗对标工作进行专项监察，对16家单位开展能源审计，对4家单位开展电平衡测试。通过节能监察执法，全年共淘汰或更新改造高耗能落后机电设备646台。

(孙国留　杨扬)

## 污染防治

【概况】 2022年，全市生态环境系统深入贯彻习近平生态文明思想和习近平总书记视察江西重要讲话精神，聚焦“作示范、勇争先”目标定位，始终坚持生态优先、绿色发展理念，推进实施蓝天、碧水、净土保卫攻坚战等“八大标志性战役、30个专项行动”，打好污染防治攻坚战，持续推进美丽江西建设。

【大气污染防治】 2022年，修订完善《南昌市大气污染防治目标考核办法》，每月开展考核排名通报，压实县区空气质量改善主体责任。调整成立南昌市大气污染防治指挥部，制定实施大气污染防治科技支撑、分析研判、反弹预警提醒、精细化管控和应急分级响应5项机制。依托“南昌智慧环保”平台，实现大气污染问题扁平化调度处置和整改闭环管理。强化系统协调，以市政府办名义印发实施《南昌市扬尘污染专项整治工作方案》，以市大气专委办名义印发实施《南昌市2022年春夏秋季臭氧污染防治攻坚工作方案》，巩固全市上下联动、部门联合治气工作格局。完成方大特钢245平方米烧结机烟气超低排放改造，可减排颗粒物50吨/年、二氧化硫150吨/年、氮氧化物600吨/年；完成江铃股份小蓝公司、江铃专用车辆厂挥发性有机物治理提升改造，可减排挥发性有机物590吨/年；完成方大特钢130平方米烧结机和晨鸣纸业自备电厂锅炉烟气超低排放改造；推动方大特钢焦化厂化产环节尾气收集处理，启动轧机加热炉烟气超低排放改造，督促新昌电厂在现有超低排放基础上进一步严格内控标准；充实预备项目库，结合污染源清单更新成果，推动高新区弘益药业、青云谱区印钞厂、南昌县江铃控股等8家企业谋划废气升级治理减排工程，指导企业申报大气污染防治中央专项资金支持，已审批通过项目5个，总投资额1.1亿元。对工地、道路、裸地等重点领域开展扬尘污染专项整治，每月开展考核通报。10月，开展秋冬季扬尘治理“百日攻坚”，对全市在建工地“六个100%”落实情况进行全面排查整治，同时厘清在建工地污染源清单并建立整治工作台账。市城管执法局引入道路积尘负荷走航监测，开展“马路本色”环卫作业考核，中心城区主次干道及车行道在5米以上的背街小巷全部实现机械化清扫，道路机械化清扫率达95%以上,中心城区道路积尘负荷连续2月环比下降,路面洁净度得到提升。编制《南昌市餐饮油烟治理实用手册(第一版)》,规范指引餐饮服务单位油烟净化设施的建设、运行、维护;引入智慧化监管手段,东湖区、高新区、西湖区在重点区域开展餐饮油烟企业在线监控,累计纳入监控餐饮企业615家,实现线上智慧高效监管;强化打击整治,依托视频云中心和"雪亮工程",充分发挥高空瞭望探头及全市视频监控功效,开展24小时不间断视频巡查,实现"智慧禁燃"。建立149家新非道路移动机械、新车销售企业清单,抽测24家均合格;累计抽测柴油货车6164辆,不合格率1.0%,同比下降2.2%,抓拍黑烟车1755辆,将155辆违规车辆纳入黑名单管理;实行非道路移动机械信息化赋码管理,累计抽测非道路移动机械1854台,不合格率9.9%,下降35.6%,不合格车辆、机械均依法实施处罚并督促维修治理;对环检机构实施计分管理,率先在全省开展环检线工控主机网络管控,实现44家排放检验机构共152条检测线智慧监管。对69家重点企业、16家加油站、20家汽修、26家锅炉单位开展挥发性有机物、氮氧化物废气治理帮扶,形成汽车制造、包装印刷、钢结构三大行业治理"一行一策",形成《南昌市汽修场所涉VOCs环节规范化建设要求》(第一版),在市生态环境局微信公众号发布5期帮扶整改示范案例。推进重点园区、企业治理。全市已有54家涉挥发性有机物重点企业编制"一企一策"方案。经抽查,12家企业均已完成"一企一策"整治。全面推动绩效评级,动态开展企业绩效分级,开展评级培训1期,完成755家企业绩效评级动态调整,其中B级企业15家(2022年提B级企业12家),待省生态环境厅审定B级企业2家。完成全市13家砖瓦窑企业集中分类整治,全面排查28家大气重点排污单位烟气在线监控,新增18家大气重点排污单位,将6家单位调整纳入排污许可重点管理,督促加快完成在线监控安装;开展污染源自动监控运维考核,公示25家运维单位考核结果。完善指挥平台支撑,依托"南昌智慧环保"建立大气污染防治指挥调度平台,组织市县乡三级开展1期扬尘污染治理和平台操作培训,依托"南昌智慧环保"大气污染防治指挥调度平台,累计调度处置大气污染问题562个,反馈整改完成率94.8%。更新应急减排清单,明确103家涉颗粒物污染企业和480家涉臭氧污染应急减排企业不同预警级别下的具体减排措施及减排量。更新《重点区域臭氧污染精准巡查管控方案》至第十一版,细化工地外墙涂刷、装饰装修、市政养护刷漆、沥青摊铺、道路画线等涉挥发性有机物作业管控要求。

【水污染防治】 2022年,坚持"三水统筹",以强基础、补短板、提质效为重点,持续巩固提升水环境质量。保障饮用水水源地水质稳定,加大饮用水水源地巡查力度,全年开展巡查331次,出动952人次。赣江进入极枯水期后,密切关注赣江水源地自动监测数据,加密手工采样监测赣江6个市级饮用水水源地水质,对赣江沿线98家涉水重点企业污染排放实行严密监管,按日更新排放污染物和水质变化情况,监管涉水环境违法行为。推进鄱阳湖南昌湖区水质改善,依托中国科学院生态中心驻点,开展湖区水生态调查和总磷溯源分析,科学编制《鄱阳湖南昌湖区"一断面一策"方案》《鄱阳湖南昌湖区生态环境保护工作方案》,统筹推进环湖县区水污染治理。开展入河排污口溯源排查,按照"查、测、溯、治"原则,完成赣江、鄱阳湖、抚河、潦河周边,国省考断面、水源地等敏感保护区5千米范围内入河排污口"三单一图一方案"工作。提升开发区污水处理效能,对8个省级及以上开发区围绕辖区涉水企业、开发区管网、污水处理设施运行、规划环评落实方面进行排查,需整改问题已全部完成整改。印发《南昌市生态环境局优化江河、湖泊新建、改建或者扩大排污口审核许可事项工作方案(试行)》,明确县级事权,对同时涉及建设项目环境影响评价审批和入河排污口审核2个事项的项目审核进行优化,为企业节省成本。

【土壤污染防治】 2022年,印发《南昌市"十四五"土壤、地下水和农村生态环境保护规划》,统筹谋划全市土壤、地下水和农村生态环境保护目标指标、重点任务和保障措施。严格建设用地准入管理,持续开展土壤污染状况调查报告评审,保障重点建设用地实现安全利用。严格土壤污染状况调查从业单位管理,对土壤污染状况调查报告一次初审通过率进行通报,规范土壤及地下水样品抽检工作。印发《南昌市农村生活污水治理行动方案(2021—2025年)》,明确"十四五"期间主要目标、重点工作及年度农村环境综合整治任务。召开全市农村生活污水治理工作现场推进会,总结农村生活污水治理经验,研究部署下阶段农村生活污水治理任务。确定村庄污水治理清单,全面完成100个建制村环境综合整治。推进地下水污染防治,应用地下水调查、场地调查、初步采样调查成果,对地下水水质较差的区域分阶段开展地下水调查、风险评估。强化地下水质量目标管理,分析全市11个国家地下水环境质量考核点水质监测数据,选取长期不达标的2个考核点开展周边地下水环境调查溯源工作,提出地下水污染防控建议。

【辐射污染防治】 2022年,市生态环境局共核发辐射安全许可证166张。对全市122所中学物理实验室、化学实验室及化学物品堆放地等场所进行放射源专项排查。对全市使用Ⅳ、Ⅴ类放射源单位开展全覆盖检查，对使用Ⅲ类射线装置单位按50%比例开展现场检查，完成156家核技术利用单位现场检查。对排查发现的辐射安全隐患提出整改要求，并就整改情况跟踪落实。

【固体废物与化学品环境污染防治】 2022年，全市工业危险废物产生量22.08万吨。其中，处置量7.16万吨，综合利用量14.74万吨，贮存量1800吨。南昌市医疗废物产生量2.03万吨。其中，南昌市医疗废物处置中心焚烧处置7147.07吨，江西洪城康恒环境能源有限公司（麦园垃圾焚烧厂）、南昌首创环保能源有限公司协同焚烧处置1.31万吨，安全处置率100%。全市危险废物企业1982家全部完成申报，申报率100%。危险废物管理计划备案1552家，备案率95.45%。完成市工业固废全过程监管平台（一期）项目验收。推进试点单位接入智能终端，全过程接入（含视频）15家试点单位，智能称重设备接入26家试点单位。通过智能终端设备入库危险废物5.8万批次，转移危废3.69万吨。全市3家小微产废企业危险废物集中收集暂存点共收集小微产废企事业单位危险废物3152批次1044.98吨。企业危险废物申报转移家数1419家，较上年提升9.6%。开展市危险废物规范化环境管理评估工作，考核省重点监管产废单位60家、其他产废单位24家，考核合格率97.5%。危险废物经营单位25家全部进行考核，考核合格率98.8%。举办南昌市2022年危险废物规范化环境管理评估工作培训，生态环境部门相关工作人员、省重点监管产废单位及经营单位危废管理人员共200余人参加培训。

（韦小宏）

## 环境监管

【概况】 2022年，全市生态环境系统以深入学习贯彻党的二十大精神、落实习近平生态文明思想为主线，推进实施“打基础、强监管、促规范、转作风”四大工作举措，切实履职担当，保障人民环境健康权益，维护生态环境安全。

【环保督察问题整改】 2022年，全市持续推进环保专项整治问题整改销号。至年底，2016年中央环保督察、2018年中央环保督察“回头看”、2021年第二轮中央生态环境保护督察、2018—2021年长江经济带警示片、2018年省环保督察及2020年省生态环境保护督察“回头看”及2020—2021年省生态环境警示片反馈涉及南昌市256个问题，有整改时限且达到时限的208个问题中，除涉及“南昌市城市污水管网建设改造滞后”的问题已并入第二轮中央生态环境保护督察整改外，均已完成整改。交办2981件信访件，已解决2976件，解决率99.8%；已销号2974件，销号率99.8%。

【生态环境执法】 2022年，南昌市生态环境保护综合执法队组建完成，设立9个内设科室及9个区（开发区）大队。全市检查企业5879家次，联合联动执法410次。对65家企业下达《责令改正违法行为决定书》；立案调查27件，下达行政处罚决定书27件，其中申请法院强制执行案件2件、移送拘留案件2件。开展塑料及家具行业“散乱污”企业环境问题排查整治、全市动物诊疗机构排查整治、环境安全生产大检查“回头看”督导检查、全市县级集中式饮用水水源地交叉检查、建设项目“三同时”专项执法监督帮扶、排污许可专项执法检查暨实战练兵竞赛比武、污染源自动监控专项检查、打击危险废物和重点排污单位自动监测数据弄虚作假违法犯罪行为、污染防治攻坚战“百日攻坚”行动等10余个专项行动，保护生态环境。

【监测能力建设】 2022年，全市生态环境监测网络进一步优化，监测点位覆盖空气、地表水、土壤、噪声及污染源等环境要素，覆盖城区、工业园区、乡镇、农村等区域范围。通过全省生态环境系统首次“0+6”多场所模式省级资质认定评审，取得水和废水、环境空气和废气、噪声3个大类128个项目监测资质，配置便携式挥发性有机物监测设备33套、高性能红外热成像挥发性有机物气体泄漏检测仪6台。印发《关于以高质量生态环境监测助力生态环境高水平保护的实施方案（试行）》，数据共享机制、监测预警机制和部门联动机制在全省推广。强化环境质量自动监测站日常管理，对全市39个自动站开展运维基础保障现场全面检查，靠前解决省林业公司、象湖等站点运维基础保障问题80余个。

【突发事件应急处置】 2022年，全市未发生重大、较大、一般突发环境污染事件。开展市级大气应急演练及桌面实战推演，完成部分县区政府、生态环境局应急预案修订，推进进贤县生态环境局与临川县生态环境局签订西总干渠饮用水水源地联防联控。持续推动南阳实践试点河流推广工作，第一批进贤县东干渠环境应急响应方案专家复审工作完成，第二批9条河流环境应急响应方案编制及专家初审工作完成，其中进贤东干渠、南昌县西总干渠、安义县潦河、北潦河桌面应急演练工作完成。

（韦小宏）

# 科学技术

## 综　述

**【概况】** 2022年，南昌市科技工作深入贯彻落实强省会战略，围绕"区域科创中心""两个大幅提升"目标要求，凝聚共识、坚定信心、真抓实干，创新能力不断提升。强化科技计划管理，及时下达项目专项资金，服务创新创业发展。落实相关政策，完善高新技术企业培育机制体系，推动高新技术企业量质"双提升"。加强校企、院企合作与交流，充分发挥各方优势，推动科技成果转移转化。实施人才引进和培育计划，多渠道吸收创新技术人才，不断增强创新创业动力。全市全社会研发经费投入强度达到1.93%，有效期内高新技术企业1939家，技术合同成交额135.7亿元。科技工作报告请示先后26次获得市委、市政府领导批示，其中主要领导批示11次。南昌市科学技术局（以下简称"市科技局"）获评第十一届中国创新创业大赛优秀组织单位、江西省科普讲解大赛优秀组织奖。

**【创新研发机构逐增】** 2022年，加大科技研究平台建设，新增省级技术创新中心6家，新组建市级重点实验室22家，市级工程技术研究中心40家。至年底，全市共有国家重点实验室5家，占全省的83%；国家工程技术研究中心4家，占全省的50%；省级重点实验室182家，占全省的75.52%；省级工程技术研究中心119家，占全省的33.90%；省级技术创新中心12家，占全省的18.18%。市级重点实验室157家，市级工程技术研究中心252家。

**【鄱阳湖自创区建设】** 2022年，鄱阳湖自创区聚焦"挺进全国二十强，打造万亿高新区"目标，加速打造创新驱动发展示范区和高质量发展先行区，推动主要经济指标稳中向好、发展质量稳步提升。规模工业增加值、固定资产投资分别增长7.9%、13.2%，园区工业营业收入3313.1亿元，同比增长8.5%。全年新签约重大项目110个，签约投资总额超900亿元，其中"152"项目8个；认定科技型中小企业733家，高新技术企业600余家，潜在"独角兽"和"瞪羚"企业分别占全市的50%、65%。中国（南昌）科学岛启动基础设施及路网改造等工作，江西省首个省级实验室——复合半导体技术江西实验室建设方案通过综合论证。硅基中心、北航研究院、联创超导上榜江西省十大科技成果，中微MOCVD设备开发及应用入选江西省十大科技成果转化典型案例，技术合同登记额22.5亿元。

（钟思平）

## 科技管理

**【概况】** 2022年，南昌市科技创新工作规划全面落地，发布《南昌市"十四五"科技创新驱动发展规划》；全面启动创新江西建设工作，出台《南昌市全面建设创新江西行动方案》《南昌市在全面建设创新江西中充分彰显省会担当2022年工作计划》，重点从"强化科技创新布局、构建重大创新平台、构筑产业创新高地、集聚高端创新人才、推进成果转移转化、加大科技投入力度、营造良好创新生态"等方面，持续增强全市科技创新驱动力。聚焦科技创新重点工作，市级财政给予保障支持。全年市级公共财政预算安排科技发展专项资金5.86亿元，同比增长8.52%。

**【上级科技计划项目经费争取】** 2022年，市科技局持续加强与上级及县（区）、开发区科技部门沟通联系，组织全市企事业单位申报省级以上各类科技计划项目和经费支持。至年底，全市获得省级科技计划项目238个，争取支持资金1.19亿元。其中，省级重大项目和重点项目28个，支持资金4080万元。征集2022年省市联合虚拟现实关键应用技术攻关项目技术需求10项，张榜3项。

**【市级科技发展专项资金下达】** 2022年，市级科技发展专项资金共支出5.86亿元，支出进度70.08%。下达科技重大专项资金4071.2万元，其中2022年市重大科技项目第一批资金2430万元、2019年和2020年度市科技重大项目通过验收后资金1641.2万元；下达创新引导计划资金3.1亿元，其中企业研发投入后补助资金1.95亿元、科技金融资金3711.06万元、科技创新奖励资金7747.5万元；下达创新平台计划资金3810万元，其中新型研发机构3550万元、创新载体资金260万元；下达科技人才计划资金339.58万元，其中科技创新人才“双百计划”230万元、科技人才“洪城计划”22.59万元、科技特派员专项资金86.99万元；下达科技条件建设专项资金1837万元。

（钟思平）

## 高新技术产业发展

**【概况】** 2022年，南昌市高新技术企业共1939家，占全省总量的30.55%。培育独角兽、瞪羚企业，新增49家企业入榜江西省独角兽（种子、潜在）、瞪羚（潜在）企业榜单，占全省的25%。至年底，全市共156家领军企业入榜，占全省数量的28.1%。开展“下县区、走园区、进场区”政策宣讲活动，制作7部科技政策专题片，全市企业在线观看超过1万人次；举办3场专家线上答疑，参与超过1.5万人次。兑现2021年高新技术企业财政奖励资金6495万元。

**【高新技术企业量质“双提升”培育行动实施】** 2022年，按照《南昌市高新技术企业量质“双提升”行动方案》，联合各方力量，持续加大高新技术企业培育力度，构建“科技型中小企业—高新技术企业—创新型领军企业”梯次培育机制。完成高新技术企业培育系统建设工作，全市共4713家企业入库。分2批申报高新技术企业共973家，认定高企559家，占全省高企总数的28.81%。经发掘培育潜在、种子独角兽企业6家，占全省总数的33.3%；瞪羚、潜在瞪羚企业43家，占全省总数的25.3%。至年底，全市共156家领军企业入榜，占全省数量的28.1%。全年，组织8批科技型中小企业入库，共2707家企业入库国家中小企业信息库，占全省的24.97%。落实各项政策措施，兑现397家新认定高新技术企业和44家规模以上首次新认定为高新技术企业的奖励资金共6495万元。

**【科技创新载体培育】** 2022年，根据《南昌市洪城众创备案管理与绩效评估办法》《南昌市科技企业孵化器、众创空间管理办法》，开展市级众创空间、科技企业孵化器申报与认定工作，推荐企业申报国家级、省级科技企业孵化器和众创空间。全年，新增“先锋创客小镇众创空间”“万创科技城众创空间”2家省级备案众创空间。至年底，全市众创空间共94家。其中，国家级众创空间24家，占全省的48%；省级众创空间39家，占全省的23.35%；市级众创空间31家。全市科技企业孵化器35家。其中，国家级科技企业孵化器10家，占全省的43.48%；省级科技企业孵化器16家，占全省的19.5%；市级科技企业孵化器9家。全市下达各种奖励资金210万元。其中，1家国家级科技企业孵化器绩效考核奖励资金10万元，1家省级科技企业孵化器认定奖励资金30万元，7家省级众创空间备案奖励资金共150万元，4家科技企业孵化器众创空间培育高新技术企业奖励资金共20万元。

**【创新创业大赛系列活动】** 2022年，由省科技厅、市政府主办，市科技局承办第十一届中国创新创业大赛江西赛区暨第七届“洪城之星”创新创业大赛在南昌市举行。大赛于6月18日正式启动，历时3个月完成初赛、复赛、决赛、尽职调查、推荐入围全国赛等阶段工作。组委会收到全省278家企业有效报名，其中南昌市确认报名企业74家。大赛初赛企业278家（初创组42家、成长组236家），77家（初创组25家、成长组52家）晋级复赛，41家（初创组14家、成长组27家）晋级决赛。决赛分初创组、成长组2个组别进行。决赛采取“8+7”现场路演答辩评审方式进行，即参赛企业用PPT陈述项目8分钟，评委提问和答辩7分钟。参赛企业涵盖新一代信息技术、生物、新能源汽车、节能环保、新能源、高端装备制造、新材料等7个产业领域，分组别进行路演答辩，充分展现企业项目发展前景。14位来自省外的具备国家大赛评审专家资格的评委从技术和产品、商业模式及实施方案、行业及市场、团队管理、财务分析等5个方面对各参赛项目进行现场答辩提问并评分，并对项目发展提出建议意见。大赛获奖企业22家（初创组11家、成长组11家），分别为一等奖2名（初创组、成长组各1名）、二等奖4名（初创组、成长组各2名）、三等奖6名（初创组、成长组各3名）、优秀奖10名（初创组、成长组各5名）。为鼓励和支持优秀创业企业，大赛专设奖金池200余万元。推荐入围全国赛企业20家（初创组5家、成长组15家），8家（初创组5家、成长组3家）企业获第十一届中国创新创业大赛全国赛优秀企业奖。其中，成长组1家（江西国化实业有限公司）入选全国“创新创业50强”。

（钟思平）

### 第十届中国创新创业大赛全国赛南昌市获奖企业一览表

表7

| 奖 项 | 企业名称 | 所属县区 | 组 别 |
|---|---|---|---|
| 优秀企业奖 | 江西中洪博元生物技术有限公司 | 南昌县 | 成长组 |
| 优秀企业奖 | 江西欧锐克仪器有限公司 | 青山湖区 | 初创组 |

### 第十一届中国创新创业大赛(江西赛区)暨第七届“洪城之星”创新创业大赛南昌市获奖企业一览表

表8

| 奖项 | 企业名称 | 所属县区 | 组别 |
|---|---|---|---|
| 一等奖 | 江西中洪博元生物技术有限公司 | 南昌县 | 成长组 |
| 二等奖 | 江西欧锐克仪器有限公司 | 青山湖区 | 初创组 |
| 三等奖 | 江西中科九峰智慧医疗科技有限公司 | 青山湖区 | 成长组 |
| 优秀奖 | 南昌温特精密工业有限公司 | 青山湖区 | 成长组 |
| 优秀奖 | 南昌中鸿大数据有限公司 | 红谷滩区 | 初创组 |

（资料来源：市科技局）

## 科技合作与成果奖励

**【概况】** 2022年，南昌市加强科技成果转化机制建设，科技成果转化体系更加完善。依托南昌科技广场，持续建设江西省技术转移产业联盟，中国科学院院士、南昌大学副校长江风益为联盟终身顾问，208家成员单位入盟。举办3场江西省科技成果拍卖会，成交总金额4016万元。开展各类科技创新活动120余场，拍卖科技成果10项，成交金额1031万元。出台《南昌市促进科技成果转移转化补助奖励实施办法》，对全市科技成果转移转化的受让方、转让方、中介方分别按不同比例进行补助。全年兑现补助资金667.2万元。通过政策引导，技术交易市场更加活跃。项目科技成果登记179个，推荐65个项目申报2022年度江西省科学技术奖励。

**【科技成果转移转化】** 2022年，举办江西首场火炬科技成果直通车活动。通过对接粤港澳大湾区，征集省内外高校及科研院所科技成果226项，深入3个国家开发区和各产业园区征集科技成果67项。举办6场科技成果对接会，推荐77项重点科技成果入选科技火炬中心科技成果直通车项目库，达成合作意向22项，项目现场签约15项。南昌市举办江西省首场科技成果拍卖会——赣拍，科技成果拍卖10项，最终成交价1031万元，溢价45.21%。南昌市完成技术合同认定登记4628项，技术合同成交额135.5亿元，较上年同期分别增长41.27%和27%，培养专业技术经纪人381人。依托科技广场，组织开展技术成果推介、企业融资、科技政策宣传、成果评估评价等各类科技创新活动126场，征集可转化技术成果1472项，促成47项技术成果落地南昌，征集发布企业真实技术难题需求818项，促成技术交易额3亿元。

**【科学技术奖励】** 2022年，全市共有22个项目获2021年度省科学技术奖励，占各设区市获奖总数的39.28%。其中，科技进步奖一等奖2项、二等奖8项、三等奖12项，获奖数量在全省各设区市中排名第一。2项一等奖项目包括江中药业股份有限公司主持完成的“中药提取智能化绿色制造关键技术开发及产业化”项目和江西理工大学与江西铜业集团有限公司、铜陵有色金属集团股份有限公司、紫金矿业集团股份有限公司、铜陵化工集团新桥矿业有限公司、江西省建筑材料工业科学研究设计院、浙江艾领创矿业科技有限公司、巴彦淖尔西部铜业有限公司等单位参与完成的“复杂铜多金属硫化矿低碱阻溶—氧化活化分选及综合利用技术”项目。

（钟思平）

## 科技人才与平台建设

**【概况】** 2022年，市科技局围绕“人才强市战略”，加大高层次人才引育力度，优化提升人才管理服务水平，多措并举，不断夯实人才工作根基，为推进全市科技创新高质量发展提供人才保证和智力支持。完成国家级、省级高层次人才计划的组织申报、审核推荐工作，组织推荐上报国家级人才项目29项，省主要学科学术和技术带头人培养计划16项、省高层次和急需紧缺海外人才引进计划6项。推进2021年“洪城计划”创业大赛获奖项目落户，完成拟获奖项目尽调工作，确定10个立项项目，部分项目已经落户运营。

**【科技创新人才“双百计划”实施】** 2022年，组织开展南昌市高层次科技创新人才“双百计划”申报推荐评审工作。经单位申报、资格审核、专家评审、结果公示等程序，确定37个人才和团队项目入选，其中个人项目13项、团队项目24项。项目主要分布在电子信息、航空装备、生物医药、汽车和新能源汽车、人工智能、绿色食品等产业，紧贴全市重点和战略性新兴产业发展方向，为全市重点产业发展提供人才智力要素保障。

**【外国专家管理】** 2022年，开展中国政府友谊奖和江西省“庐山友谊奖”参评人选推选申报工作，分别推荐2名外国专家参评中国政府友谊奖、6名外国专家参评“庐山友谊奖”。完成与市政数局关于外国人来华工作许可审批事项移交，完成外国人来华工作许可审批事项260件，新发放工作许可证51件，其中A类6件、B类45件。

**【基础研发平台建设】** 2022年，贯彻落实《南昌市推动企业研发机构建设攻坚行动计划（2018—2023年）》，推动全市规模以上工业企业、高新技术企业、高等院校、科研院所建立研发机构。全年新增6家省级技术创新中心。组织开展市级基础研发平台申报认定工作，新认定22家市级重点实验室、40家市级工程技术研究中心。至年底，全市国家重点实验室5家、国家工程技术研究中心4家，省级重点实验室182家、省级工程技术研究中心119家、省级技术创新中心12家，市级重点实验室157家、市级工程技术研究中心252家。

**【新型研发机构建设】** 2022年，贯彻落实《南昌市支持新型研发机构发展办法》《南昌市新型研发机构建设实施细则（试行）》，加快新型研发机构建设，做好新型研发机构管理服务工作。协调浙江大学南昌研究院更名为江西求是高等研究院。6月23日，江西求是高等研究院完成注册。9月，对新型研发机构进行年度考核。

**【南昌科技广场运营】** 2022年，南昌科技广场采用“政府引导、专业运营、市场化运作”思路，不断探索科技成果转移转化创新服务模式，依托“预见独角兽计划”“中科心客基金”等，为科技创新服务搭建新载体、新抓手，助推江西省科技成果转移转化工作落地。同时，开创产学研成果转化新模式，逐步探索出“实地走访、1V1对接、跟踪服务”新模式，形成“行业选择—走访企业—需求发布—会议对接—政策支持—需求解决”一站式服务流程。南昌科技广场发布最新技术成果1312项，企业真实技术难题需求818项。促成56项技术成果落地南昌市，促成技术交易额3.76亿元。组织技术成果推介、企业融资、科技政策宣传、成果评估评价等各类科技创新活动126场次，组织网上技术服务活动15场。在各新闻网站上发布新闻425条，发送宣传折页5300册。举办“预见独角兽计划线”上路演236期，线下路演12期。“预见独角兽计划”江西卫视路演栏目录制播出8期。预见独角兽巾帼专栏路演播出17期。联合组建江西科创基金规模10亿元，首期规模5亿元。推动著名音乐人汪峰“FIIL耳机”项目从北京将公司主体落户南昌市。江西省技术转移产业联盟有208家成员单位入盟，其中高校16家、科研院所9家、金融机构5家、产业园区10家、科技企业服务机构21家、高新技术企业147家。联盟作为链接企业与政府的桥梁，开展政策宣讲系列活动。全年开展政策宣讲进高校活动14场，政策宣讲进产业园区22场，政策宣讲下地市6场。南昌科技创新公共服务平台新增实名认证注册企事业单位用户273家；服务机构23家；新发布全国、江西省、南昌市政策资讯3015条，政策解读及图说207篇，视频解读12篇，政策文库5项，全国范围内技术供需526条。南昌市科技计划项目申报管理系统共申报2批次23类项目，合计1056个项目，共评审项目76项。

（钟思平）

## 科普活动

**【概况】** 2022年，南昌市通过举办科技活动周和科普知识宣传等活动，开展各种群众性科普活动，普及科学知识，宣传科技政策，营造群众学科学、参与科学的社会气氛，提高公众科学素质，为推动全市经济社会发展做出贡献。活动周期间，全市各县（区）组织开展群众性科普活动85项；开放重点实验室、工程（技术）研究中心及各类科普基地43个，公众参与130万人次，其中线上活动参加120万人次。

**【科技活动周】** 2022年7月，江西省科技活动周开幕式和闭幕晚会由南昌市具体承办。成立科技活动周南昌市筹备工作领导小组，统筹安排开幕式、科技创新“云展会”“科学之夜”闭幕晚会工作以及14项科技为民服务系列活动。同时,各县区、各市直单位进行广泛宣传,做到横向联合、纵向联动,让更多部门单位参与到活动中来。7月23日,2022年江西省暨南昌市科技活动周开幕式在南昌广播电视台传媒大剧院举行。省、市和各县(区)、开发区、湾里管理局主要领导以及科技部门主要领导,科技服务小分队、科技特派员、科技企业代表、科技人才、群众代表等150余人参加启动仪式。启动仪式上省市领导为省科普讲解大赛获奖选手代表、优秀组织奖获奖单位代表颁奖,为科技为民服务小分队授旗。省委常委、副省长任珠峰宣布"2022年江西省暨南昌市科技活动周正式启动"。省市领导转动"时光之轮",启动科技活动周。科技活动周期间,在全市范围内开展"下县区、走园区、进厂区"科技政策宣讲活动,由市科技局领导带队,分别前往进贤县、安义县、湾里管理局,采取送政策进园区宣讲方式开展。宣讲内容包括高新技术企业认定政策解读、科技创新保险护航等,为企业了解国家、省、市各项科技政策,熟悉掌握2022年市级科技计划项目要求搭建互动交流平台。活动期间,参加活动企业312家、430余人,现场发放《2022年科技创新政策选编》《南昌市科技保险手册》800余本。7月31日,2022年江西省暨南昌市科技活动周"科学之夜"闭幕晚会在南昌广播电视台举行。省科技厅、南昌市政府、赣州市政府领导及150余名群众代表参加。闭幕晚会以"走进科学 你我同行"为主题,采取科学与艺术结合方式,借助无人机、人工智能(AI)、裸眼3D等高科技手段,通过科普实验、讲述故事、短视频、歌舞等形式,展示全省科技工作发展情况。

**【科普讲解大赛活动】** 2022年6月1日,由市科技局、市教育局、市科学技术协会共同主办,江西心客预见科技协同创新有限公司承办的2022年"中科心客杯"南昌市科普讲解大赛在南昌科技广场举行。大赛主题是"科技战疫 科普强国"。参赛选手来自社会各行各业,包括医生、教师、学生和科普爱好者。大赛评选出一等奖1名、二等级2名、三等奖3名、优秀奖10名,优秀指导老师奖6名,优秀组织单位奖4家。通过举办科普讲解大赛活动,普及科学知识,宣传科技政策,营造群众学科学、参与科学的社会气氛,广泛提高公众科学素质,为推动全市经济社会发展做出贡献。市科技局获2022年江西省科普讲解大赛优秀组织奖。

(钟思平)

## 无线电管理

**【概况】** 2022年,赣中无线电监测中心(以下简称"赣中中心")贯彻落实中央和省委、省政府各项决策部署,按照"三管理、三服务、一突出"("三管理"即管资源、管台站、管秩序;"三服务"即服务经济社会发展、服务国防建设、服务党政机关;"一突出"即突出做好重点无线电安全保障工作)无线电管理工作总体要求,以"时时放心不下"的责任感,扎实工作,砥砺前行,做好赣中无线电各项工作。至年底,主动上门为企业实地核查电台8次,为设台单位办理前置审批。配合省工信厅机关开展"双随机、一公开"行政检查9次,完成辖区90个通信基站数据核查专项工作。

**【提升无线电治理能力专项整治行动】** 2022年4月15日至6月30日,赣中中心按照省工信厅《关于开展聚焦双"一号工程"提升无线电治理能力专项整治行动的通知》要求,结合实际情况和存在的问题,开展提升无线电治理能力专项整治行动。按照干在实处、走在前列、敢于破局总体目标,主动融入发展大局,助推双"一号工程"改革和发展。主动与公安、民航、铁路、电信运营商等重点保障单位建立协调机制,理顺地方联系。为省工信厅机关行政许可提供技术前置审查5次,确保机关审批项目正确无误。制作赣中中心《办理无线电相关审批手续指引》说明书,便利企业、群众依法依规办理设台手续。

**【净空行动】** 2022年,赣中中心以打造"让党放心、人民满意的模范机关"为契机,不断提升无线电治理能力,实现矛盾隐患7月底全面清零、9月底巩固成果的平安建设工作目标。9月6日至10月16日,集中开展赣中辖区内无线电波秩序净空行动。利用固定监测+移动监测方式开展全覆盖网格式监测,让违规用频无处遁形;对重点地区、重点单位进行频率保护性监测,重点打击"黑广播""伪基站""卫星干扰器""手机诈骗"违法犯罪行为,撑起赣中地区空中电波防护伞,筑牢无线领域安全墙。完成2022世界VR产业大会无线电安全保障。防范和打击利用高科技作弊,发现并压制考试无线电作弊信号4起,完成高考、公务员等24场考试保障任务。

**【重点用频单位保障】** 2022年,赣中中心协调解决南昌地铁1号线和昌北机场用频干扰隐患;完成国家局交办的C频段天气雷达无线电频率专项监测;排查南昌市高铁站和火车站列车调度干扰2起、高铁GSM-R干扰1起、汽车遥控器受干扰1起,保障人民生命财产安全。

**【无线电发射设备销售备案】** 2022年,赣中中心联合市场监督管理局建立长效联合监管制度,开展联合督导31次,实现赣中区域20个县(区)无线电销售市场监管全覆盖。联合海关加强对进口无线电发射设备管理,规范赣中区域无线电产品市场。配合省工业信息化研究院，推进全省无线电发射设备销售备案核查工作。至年底，辖区内无线电发射设备新增经营主体备案530家，新增无线电发射设备备案3.93万个。

（赣中无线电监测中心）

## 气象测报

**【概况】** 2022年，南昌市气象局加强对天气监测、预报、预警，为城市安全运行和市民出行提供及时、全面、精细的气象服务。积极应对极端干旱、高温、强对流、暴雨等气象灾害，发挥气象防灾减灾“第一道防线”重要作用，最大限度保障人民生命财产安全。围绕高质量气象现代化“监测精密、预报精准、服务精细”建设目标，推动全市气象高质量发展。市气象局在全省气象部门高质量发展综合考评中获优秀单位称号，在全省市级气象现代化建设评估中列全省第一。综合观测业务质量24项指标，15项列全省第一名。预报业务质量8项指标2项位列全省第一名。@南昌天气官方微博再次进入全国气象行业政务榜前十名，排名江西政务榜第八，连续多年蝉联南昌政务榜榜首。

**【气象服务】** 2022年，南昌市极端天气气候事件多，对流性降水特征明显，天气变化急剧，4月13日、6月18日、6月29日出现大暴雨天气；高温日数和气象干旱创气象观测记录以来历史最高值。全市气象部门做好强对流、暴雨、高温、干旱等预报预警服务工作，年内坚守值班26天，共向市委、市政府和有关部门报送《气象情况反映》服务材料267期。对外发布预警信号214次，发布气象服务短信202条。启动气象灾害应急响应10次。完成移动气象应急车改造升级，建成航空试飞移动监测系统，持续提升服务保障能力。完成世界VR产业大会、南昌飞行大会、2022中国生态文明论坛等10余次大型活动气象保障服务。开展科普“七进”（进机关、进社区、进乡村、进企业、进学校、进景区、进家庭）、科普为农、台站开放、线上专题各类科普活动20余次。2个科普校园获评“全国气象科普教育基地”。完成南昌气象VR科普馆建设并投入使用。

**【人工增雨抗旱减灾】** 2022年7月上旬至11月中旬，南昌市遭遇历史罕见气象干旱，降水量列历史同期最低位，全市大部分达到特旱。市政府首次专题召开全市人工影响天气抗旱调度会，就抗旱工作进行安排部署。全市气象部门共组建7支人工增雨作业队伍，全天候在岗待命，抓住有利时机超常规开展人工增雨作业153次。全年人工增雨作业量172次，为市气象局建局以来增雨量最大一年。增雨抗旱工作社会效益凸显，从一定程度上缓解气象干旱。

**【防灾减灾工作机制优化】** 2022年，开展面向党委、政府和涉灾部门的直通式决策气象服务，切实推进以气象预警为先导的灾害响应工作机制。出台《南昌市应对低温雨雪冰冻灾害工作机制》，为做好南昌市范围内低温雨雪冰冻灾害预防和应对处置工作，最大限度避免或减少低温雨雪冰冻灾害造成的人员伤亡和财产损失提供制度保障。建立强降水“3小时通报、1小时叫应”风险预警工作机制，在“6·18”“6·29”暴雨过程中开展强降水风险预警服务，助力暴雨灾害影响区域人员转移。建立森林火险等级预报、监测通报业务，为全市野外火情早发现、早扑灭提供气象信息服务。

**【气象监测精密水平提升】** 2022年，建成30套城市灯杆雨量站，新增人民公园、安义生态园、恒湖垦殖场等地5个多要素区域自动站，地面气象观测密度较上年提升32%（城区提升近1倍），空间分辨率提升约1千米。增设移动云高仪和移动能见度仪，完成L波段雷达大修。建成30套城市内涝监测站，开通江西省气象探测中心城市内涝气象社会化观测系统本地应用，实现城区主要易涝点监测全覆盖。完成鄱阳湖鲤鱼洲湿地生态梯度通量站、梅岭天气实景站建设，充实城市主要生态涵养区域监测手段。

**【气象为农服务】** 2022年，发布各类农业气象服务产品200余期，分时段、分灾种跟踪开展精细化和直通式气象服务。加强早稻早播以及再生稻等农业气象适用技术推广和示范点建设。针对小满寒、高温热害开展农业气象灾害风险预警，有效引导农户防御早稻五月低温和中稻、晚稻高温干旱灾害，示范点双季早稻分别取得每亩469千克、470.5千克产量，比上年增产9%—11%。深挖乡村优势特色气候资源，开展以水稻、油茶为主的农产品气候品质评价服务10余次，推动“好气候转化为气候好”产品，助力乡村振兴。

（王睿之）

# 教育

## 综述

【概况】 2022年，市委教育工委以迎接党的二十大胜利召开和深入学习、宣传、贯彻中共二十大精神为主线，坚持党的全面领导，坚守为党育人、为国育才初心使命，全面落实立德树人根本任务，不断深化教育领域综合改革，推进高质量教育体系建设，努力让教育发展成果惠及更多社会大众。市委常委会、市政府常务会、市委教育工作领导小组会议定期研究教育工作，审议通过《南昌市教育现代化行动纲要2035》《南昌教育事业发展“十四五”规划》等重要文件，研究推进“双减”“两项评估”等重要工作。开展规范基层党组织设置专项行动，公民办学校党组织设置实现全覆盖。参加全省教育系统第六届党的基本知识竞赛获二等奖，江西党建微平台上稿数在全省各行业领先。开展教材教辅清朗行动，工作成效得到国务院督导组认可。推进勤廉校园建设，34个市直学校（单位）累计开展各类活动235项，覆盖师生18.1万人次。出台《关于加强对“一把手”和领导班子监督的责任清单》，全面从严治党向基层延伸。

【教育发展水平提升】 2022年，将县域学前教育普及普惠和义务教育优质均衡“两项评估”作为各县（区）教育事业“一号工程”推进。出台实施《南昌市“十四五”学前教育发展提升行动计划》，下达发展专项资金2.8亿元。推进标准化幼儿园建设工程、认定标准化幼儿园189所。累计成立义务教育集团46个，覆盖学校146所。对接教育部基础教育质量监测中心，全省率先全域开展义务教育质量监测。引进华东师范大学第三方专业团队开展普通高中办学质量评价。推进普通高中新课程新教材实施国家级示范区建设。实施南昌市“十四五”县域高中发展提升行动，建立结对帮扶发展保障机制。开展“强基实验项目”试点，普通高中多样化、有特色发展被教育部评为“全国基础教育优秀工作案例”。出台《南昌市职业教育网点布局规划（2022—2025）》；在全省率先实现职普融通“学籍互转”，被省教育厅、省人社厅通报表扬。

【立德树人落实】 2022年，坚持德育为先，制定《加强全市中小学校思想政治教育工作实施方案》，举办“学习贯彻党的二十大精神百名思政名师进百校”巡回讲学和“党的二十大精神融入思政课研讨会暨大中小思政课一体化教学展示”活动，在全省中小学思政课和红色文化课程教学比赛中获团体一等奖。广泛开展省、市红色基因传承示范学校创建和“喜迎二十大”主题活动，2所学校团组织分获“全国五四红旗团委”“全国五四红旗团总支”称号。坚持智育为重，参加五大学科全国高中联赛，获一等奖131人次，8人入选国家集训队。推进“智慧阅读书香校园”工作三年行动，构建阅读教育新生态。坚持全面发展，全省第八届中小幼艺术展演活动中获17个优秀创作奖、104个等级奖，居全省首位。推进体教融合，出台《南昌市构建体育竞技人才小初高贯通式培养实施方案》。参加第六届全国青少年无人机大赛、全国青少年人工智能教育成果展示大赛，获得一等奖6个、二等奖17个、三等奖23个。线上开展“同上一堂家庭教育指导课”，140万名家长参与学习。

【优秀师资打造】 2022年，实施师德监管“一票否决”办法，选树“首届最美南昌教育人物”“优秀教师、优秀教育工作者及德育工作者”，2人获评第四届“感动江西教育年度人物”。多渠道补充中小学教师1592名，其中签约部属公费师范生103名，面向全国知名师范院校招引优秀应届硕士研究生500人。制定《学科带头人和优秀青年骨干教师队伍管理办法》，评选第八批学科带头人和首批信息化教学应用带头人。在“赣教杯”竞赛中获一等奖36项，在15个学科中包揽各学段第一名。18个项目被推荐参加全国教学成果奖评选，居全省首位。

**【教育民生关注】** 2022年，规范民办义务教育发展，在校生占比下降至6.67%，完成省定目标。落实资助政策，发放资助金1.18亿元，资助8.17万人。扩大非义务教育阶段特殊教育规模，下达补助资金253.8万元。摸排适龄残疾儿童情况，坚持“一人一案”保障就读。建立完善控辍保学“三个台账”，强化跟踪管理。放宽随迁人员子女入学条件，保障随迁子女义务教育权益。完善校方责任保险制度，规范理赔程序和标准，学平险投保率88%，位居全省前列。开展秋季开学收费管理全面整治，规范教育领域收费管理。

（王义斌）

## 学前教育

**【概况】** 2022年，南昌市坚守“办人民满意教育”初心，聚焦学前教育短板，勇于担当、努力作为，推动全市学前教育普及普惠安全优质发展。全市共有幼儿园1166所，毕业幼儿6.62万人，招生6.24万人，在园幼儿19.7万人。其中，教育部门和集体办幼儿园310所，毕业生2.64万人，招生2.66万人，在园幼儿8.4万人，教职工1.05万人，专任教师5854人；民办幼儿园730所，毕业生3.03万人，招生2.8万人，在园幼儿8.54万人，教职工1.26万人，专任教师6658人；其他部门（含企事业单位）办幼儿园126所，毕业生9475人，招生7783人，在园幼儿2.74万人，教职工4328人，专任教师2402人。按城乡分，城市幼儿园599所，毕业生3.78万人，招生3.57万人，在园幼儿11.14万人，教职工1.71万人，专任教师9086人；县镇幼儿园424所，毕业生2.44万人，招生2.39万人，在园幼儿7.54万人，教职工9250人，专任教师5190人；农村幼儿园143所，毕业生3965人，招生2799人，在园幼儿1.02万人，教职工1053人，专任教师638人。

**【普惠性园位扩增】** 2022年，全市新增普惠性幼儿园40所，新增普惠性园位1.06万个。其中，新增公办幼儿园31所（南昌县7所、进贤县2所、安义县3所、西湖区2所、青云谱区1所、青山湖区5所、湾里管理局2所、新建区2所、高新区1所、经开区3所、红谷滩区3所），新增公办园位8600余个，满足群众对普惠性园位需求。

**【《南昌市“十四五”学前教育发展提升行动计划》印发】** 2022年，市教育局、市委机构编制办、市发展和改革委员会、市公安局、市财政局、市人力资源和社会保障局、市自然资源和规划局、市住房和城乡建设局、市医疗保障局、国家税务总局南昌市税务局8个部门联合印发《南昌市“十四五”学前教育发展提升行动计划》，完善普惠性学前教育保障机制，推进全市学前教育普及普惠优质安全发展。总体目标是推进学前教育普及普惠达标工作，进一步完善覆盖城乡、布局合理、公益普惠的学前教育公共服务体系，健全普惠性学前教育保障机制，学前教育成本分担更加合理，幼儿园办园条件全面改善，教师队伍建设水平全面提升，幼小科学衔接机制基本形成，优质资源持续扩大，保教质量全面提高，为全市学前教育发展水平和保教质量在全省处于领先地位奠定坚实基础。

**【标准化幼儿园评估认定】** 2022年，启动实施全市标准化幼儿园建设工程，督促各县区按照标准化幼儿园认定工作方案及年度推进计划，有序推进辖区内标准化幼儿园评估认定工作。各县区按照《江西省标准化幼儿园评估认定标准》，根据自愿申报情况，组织专家对提交申请的幼儿园进行实地考察和综合评审，对达到认定要求的，通过当地官方媒体向社会公示，并在幼儿园门口醒目处公开“江西省标准化幼儿园”标识（由省教育厅统一设计模板），接受家长和社会监督。至年底，全市认定标准化幼儿园191所，达标率16.61%。

2022年3月10日，湾里管理局新增一家公办示范幼儿园

（喻云亮　摄）

【小区配套幼儿园治理“回头看”】 2022年，开展全市城镇小区配套幼儿园治理“回头看”工作，对各县区城镇小区配套幼儿园和无证幼儿园进行摸底排查，列出11项问题清单，并督促各县区“一园一案”制定整改措施，限时整改。至年底，11项问题全部整改到位。

【公开招聘备案制幼儿园教师】 2022年，落实《南昌市公办幼儿园人员总量管理暂行办法》，各县区采用用人备案制（事业单位不使用事业编制招录人员，但录用后必须报人社、编制和财政等部门备案，享受与在编人员同等待遇）方式，公开招聘幼儿园教师共153人，满足公办幼儿园用人需求，有效解决公办幼儿园编制不足和教师待遇不高问题。

【保育教育水平提升】 2022年，落实《南昌市学前教育质量提升三年行动计划（2021—2023年）》，推荐一批质量提升实验园，打造一批省、市级示范园。全年新增省级示范园1所，即红谷滩凤凰中心幼儿园；新增南昌市城北幼儿园、南昌市西湖区保育院、红谷滩区九龙新城第一幼儿园等22所市级示范园。连续参与三期“安吉游戏”推广计划和幼儿园跟岗帮扶计划，以点带面持续扩大优质学前教育资源。发挥优质园所示范引领作用，采取“省、市级示范园＋区级优质园”，“区级优质园＋薄弱园”方式，组织部分优质幼儿园与南昌经开区幼儿园开展结对帮扶活动，帮扶南昌经开区幼儿园共14所，充分发挥优质资源辐射带动作用，助力南昌经开区县域普及普惠评估达标验收。

（廖斌璐　李　静）

## 义务教育

【概况】 2022年，全市建成网点布局日趋合理、办学条件不断完善、教育质量逐年提升、区域均衡发展的义务教育服务体系，保障适龄儿童接受良好九年义务教育。新建区、安义县2个县区开启集团化办学，新增教育集团成员校4个。全市优质教育资源覆盖面持续扩大，集团校覆盖率占城区学校40％。全市有小学380所，毕业生7万人，招生7.49万人，在校生44.6万人，教职工1.78万人，专任教师1.75万人；初中231所，毕业生7.22万人，招生7万人，在校生20.9万人，教职工2.15万人，专任教师2.08万人。

【义务教育质量提升】 2022年，继续推进实施《南昌市教育事业高质量发展三年行动方案（2021—2023）》，学前教育普及普惠程度提升，义务教育从基本均衡向优质均衡迈进。研究起草《南昌市教育局关于落实江西省义务教育教学规范的指导意见》。继续推进化解大班额工作，大班额占比控制在3％以内。12个县区消除超大班额，其中东湖区、西湖区、青山湖区、新建区、进贤县大班额比例压缩到1％以内。

【执行“就近免试入学”政策】 2022年，印发《关于做好2022年义务教育免试就近入学工作的实施意见》，划定义务教育学校学区范围，对城区公办义务教育学校招生实行容量限额管理。县区出台相应实施意见，并公布学区范围。城区及南昌县中小学应用i南昌智慧入学平台实施招生，由系统识别房产等入学依据，系统直接派位。为解决城市流动人口子女入学问题，按照就近入学有关规定，组织全市城区各中小学接收1.89万名流动人员随迁子女就近入学。其中，小学为1.04万人，初中为0.85万人。

【规范义务教育阶段转学】 2022年，出台《关于进一步做好义务教育阶段有关转学工作的通知》《关于做好2022—2023学年寒假期间义务教育阶段集中转学工作的通知》，明确转学具体条件和方法，优化转学工作管理流程，更好地服务群众，提升教育服务工作满意度。义务教育阶段已在南昌市区域范围内分配学位的学生原则上不得转学。外来务工人员由外地到南昌务工，其随迁子女需转入南昌市学校就读且提供省市教育行政部门规定的证明材料的；军人子女、高层次人才子女等政策性安置的；其他特殊原因确需转学的”，可申请转学。符合条件的转学申请，在规定时间内登录南昌市教育服务中心网站，采取线上方式办理。

【学生校内课后服务】 2022年，健全完善课后服务体制机制，出台《南昌市教育局关于进一步提升义务教育阶段学校课后服务质量的实施意见》《南昌市教育局关于进一步加强义务教育学校作业管理的通知》，课后服务质量得到提升。联合市发改委、市财政局、市人社局出台《关于做好义务教育阶段校内课后服务经费统筹管理及师资薪酬补助的指导意见》，参与课后服务的教师和相关人员权益得到充分保障。完成第三批校内课后服务课程和师资入驻特色类课程库、师资库，新增267名师资和149门课程。全市应开展课后服务义务教育学校535所，均按要求全部开展课后服务。参与课后服务学生57.8万人，参与率93.71％；参与课后服务教师3.7万名，占教师总数的91.35％。

【开展垃圾分类教育】 2022年，印发《南昌市绿色学校创建工作实施方案》，在全市教育系统部署开展绿色学校创建工作，将可回收垃圾利用作为建设绿色环保校园的重要内容之一。推进垃圾分类进校园、进教材、进课堂，免费向中小学生等发放垃圾分类知识读本9.5万册，中小学生垃圾分类教育覆盖率、知晓率均达 100%。

（罗景延　李　静）

## 普通高中教育

【概况】 2022 年，南昌市进一步推进普通高中新课程新教材实施工作，全面落实立德树人根本任务。规范普通高中招生秩序和招生行为，有效维护教育公平。深化新时代教育评价改革，实现普通高中教育高质量发展。全市有普通高中学校 74 所。其中，市直属公办学校 22 所，市属民办学校 19 所，省属事业单位办 4 所，县区属公办学校 16 所，县区属民办学校 13 所。在校生 12.2 万人，高中阶段毛入学率 93.6%。

【推进新课程、新教材、新高考改革】 2022 年，印发《南昌市普通高中新课程新教材实施国家级示范区建设 2022 年工作推进方案》，立足南昌区域特色与资源优势，以国家级、省级示范校为引领，组建南昌市普通高中新课程新教材实施建设工作项目组和发展共同体，探索区域整体推进新课程改革、新教材实施有效路径。在新高考改革方面，为确保普通高考综合改革在全市平稳实施，推动高考改革基础条件完善，建立南昌市深化普通高考综合改革工作联席会议制度，统筹协调全市深化普通高考综合改革工作。结合全市实际，拟定《南昌市深化普通高考综合改革推进工作方案》，统筹推进全市普通高中教学、考试、招生和管理综合改革。

【考试招生制度改革】 2022 年，制订《南昌市城区高中阶段学校考试招生改革实施意见》，加大高中阶段学校考试招生制度改革力度，在城区高中阶段学校考试招生过程中通过实施招生批次调整、民办纳入公办批次招生、严格普通高中录取程序、改革考试评价模式和规范特长招生等，持续深化新时代教育评价和高中育人方式改革。

【民族教育推进】 2022 年，贯彻落实党和国家关于民族教育有关政策，以打造民族团结示范区为契机，指导南昌市第十七中学、南昌县莲塘第一中学、进贤县第一中学办好内地民族班，提高民族班办学质量，通过创新教育方式方法，不断探索民族团结教育新渠道。疫情期间，做好进贤一中西藏班学生返回南昌复课、莲塘一中新疆班学生开班工作，保障少数民族学生生命安全，平安返回南昌入学。

2022 年 10 月 24 日，南昌市普通高中新课程新教材国家级示范区建设工作推进会举行

（市教育局　供图）

【县域普通高中发展提升】 2022 年，制订《南昌市“十四五”县域普通高中发展提升行动计划》，全面加大对县域高中帮扶力度，通过优化县域高中网点布局、配齐配足县中师资、开展结对帮扶等方式，合理规划县区高中发展进程，不断改善县区高中软硬件办学水平，提高县中办学水平。

【高考录取情况】 2022 年，全市高考考生 67046 人，共录取 51898 人（含少年班 3 人，保送生 93 人，强基计划 63 人，高职单招 11816 人），录取率为 77.41%。其中，本科批次录取 19889 人，专科录取 19102 人。录取清华大学 27 人，录取北京大学 39 人，空军、海军招飞共录取空军飞行学员 15 名。

（柴　哲　甘凇原　肖浩宇）

## 特殊教育

【概况】 2022 年，全市有特殊教育学校 8 所，毕业生 679 人，招生 525 人，在校生 2687 人，教职工 257 人，专任教师 252 人。其中，按照残疾孩子“一人一案”安置方案，在特殊教育学校安置 1255 人，在普通中小学随班就读安置残疾儿童少年 1090 人，送教上门安置 433 人（含特殊教育学校送教上门 91 人）。全市特殊教育基本形成“以随班就读为主体、以特教学校为骨干、以送教上门为补充”的特殊教育发展格局。

【安置特殊孩子就学】 2022年，全市12个县区成立由教育、心理、康复、社会工作等方面专家组成的县区残疾人教育专家委员会，明确为残疾人提供咨询引导服务、开展适龄残疾儿童少年身体状况评估、提出教育安置建议等方面职责，提供不同类型人入学认定评估需求，保障残疾人接受教育权利。除确实不具备学习条件的学生外，其他病残学生以“一人一案”方式，采取随班就读、特教学校就读、送教上门等措施保障义务教育阶段适龄子女不失学辍学。全市适龄残疾儿童入学率达95%以上。

【关爱青少年儿童特殊群体】 2022年，全市中小学共有农村留守儿童2.13万人就读，其中小学1.28万人、初中8530人。以8项制度(《南昌市教育局控辍保学工作制度》《南昌市教育局强化保障控辍制度》《南昌市教育局提高教学质量控辍保学工作制度》《南昌市教育局控辍保学学籍管理制度》《南昌市教育局控辍保学目标管理责任制度》、《南昌市教育局疑似辍学报告制度》《南昌市教育局流失学生劝返制度》《南昌市教育局控辍保学责任追究制度》)为抓手，完善6项工作机制(控辍保学工作责任机制、联控联保工作机制、动态监测工作机制、书面报告工作机制、完善劝返复学工作机制、考核追究工作机制)，以工作机制为载体，构建长效控辍保学工作体系。建立3个台账(贫困家庭义务教育阶段适龄子女信息台账，不具备学习条件的儿童、少年信息台账，辍学学生劝返复学工作台账)，实施每月一查、每月一报，跟踪学生学习状态。全年，对全市7356名脱贫户、重点监测对象家庭义务教育阶段学生的家庭地址、身份证号、就读学校、年级、班级、学籍号、贫困类型等信息建立台账。

(胡　莹)

## 民办教育

【概况】 2022年，全市共有民办中小学、幼儿园810所，毕业生5.9万人，招生5.59万人，在校学生19.4万人，教职工3.2万人，专任教师2.1万人。其中，民办幼儿园730所，毕业生3.03万人，招生2.8万人，在园幼儿8.5万人，教职工1.26万人，专任教师6658人；民办小学49所，毕业生5829人，招生3620人，在校学生2.96万人，教职工5626人，专任教师4462人；民办初中51所，毕业生9512人，招生7361人，在校学生2.56万人，教职工6626人，专任教师5298人；民办高中38所，毕业生8582人，招生1.2万人，在校学生3.6万人，教职工5794人，专任教师4436人；民办职高12所，毕业生4914人，招生4886人，在校学生1.8万人，教职工1149人，专任教师640人。(上述民办小学、民办初中、民办高中含九年一贯制、十二年一贯制、完全中学学校数据，全市民办中小学共80所)全市合法校外培训机构697所，从业人员3153人。

【规范民办义务教育发展】 2022年，研究制订《南昌市规范民办义务教育发展专项工作方案》，明确全市规范发展工作目标和任务。经过专项工作治理，7所“公参民”学校中，1所停办、2所转公、4所转民，全部完成“公参民”治理工作。研究制订《关于调减南昌市民办义务教育办学规模的工作方案》，明确调减民办义务教育办学规模具体要求。全市原有64所民办义务教育学校调减为60所。至年底，全市共有义务教育在校生65.23万人，其中民办义务教育在校生由上年的6.74万人下降为5.55万人，扣除政府购买民办学校学位1.17万人，全市民办在校生规模占比由上年的10.04%下降为6.67%。

【民办学校分类登记工作】 2022年，认真贯彻落实教育部等部门印发的《民办学校分类登记实施细则》和省教育厅等部门印发的《江西省现有民办学校分类登记实施办法》要求，研究制订《南昌市现有民办学校分类登记工作方案》，明确现有民办学校分类登记办法和程序。现有民办学校选择登记为非营利性民办学校的，依法修改学校章程，继续办学，履行新的登记手续；现有民办学校选择登记为营利性民办学校的，应当进行财务清算，由政府有关部门和相关机构依法明确土地、校舍、办学积累等财产的权属并缴纳相关税费，办理新的办学许可证，重新登记，继续办学。至年底，全市有60所民办义务教育学校全部登记为非营利性学校，5所民办高中和12所中职类学校登记为非营利性学校，1所民办高中登记为营利性民办学校。

【校外培训机构规范管理】 2022年，全市累计召开校外培训机构规范管理各类部署会、推进会、调度会275次。市委、市政府主要领导及分管领导就校外治理工作做出指示批示等35条。治理成效被江西省“双减”改革快报刊载15次，被教育部“双减”改革每日快报刊载2次。在全国首创《南昌市校外教育培训机构违规行为有奖举报办法(试行)》，被省教育厅作为治理经验典型在全省推广。在全省率先出台《南昌市校外机构治理市县校三级联动工作机制》，实现治理范围全域覆盖。在地级市首创《南昌市校外培训行为负面清单》《南昌市校外培训违规行为红黄牌惩戒制度》，为执法部门提供清单。在全省率先出台《南昌市校外培训预收费监管暂行办法》，率先建设“南昌市校外培训机构监督管理平台”，697家机构纳入全国校外教育培训监管与服务平台进行监管。开展义务教育阶段学科类校外培训治理“回头看”工作，发现和纠正违法违规行为18起。下发《南昌市暑期校外治理专项工作方案》《关于落实教育部、省教育厅关于开展暑期“监管护苗”专项行动的通知》，累计排查发现“假注销、真运营”培训机构14个、以非营利外壳违规开展营利性行为的机构6个并全部关停取缔；累计排查发现违规开展学科类培训的机构13个并全部完成整改。开展培训材料和人员专项排查，排查培训材料765份，学员1.46万人，从业人员1708人。排查艺考类培训机构40所，取缔无证机构1所，清退教职工8人。全年累计会同市市场监督管理局、市公安局、市人社局、市消防救援支队等部门开展联合执法1684次，出动执法人员2401人次，查处问题198个，取缔机构123所；函告相关部门38次；下发《整改通知书》《整改意见书》499份，下发《停办通知书》或暂扣办学许可证450份，下发督办函23份；张贴封条27件，拆除广告105份；立案调查6起，行政处罚3件，纳入违法失信名单3起，罚款5.71万元。

（李　颖　李芳琳）

## 中等职业教育

【概况】　2022年，全市中等职业教育学校共44所。其中，全日制学历教育中职学校26所，普通技工学校18所。招生专业共164个，其中新增专业点位11个。通过中高职对接、对口单招、普通高考升学、技能人才拔尖选优等方式，全市中职学生升入高等院校比例为49.31%。毕业生就业率91.57%，本地就业率61.29%，呈现高就业率向高质量就业转变，服务经济和社会能力日益增强。

【区域中职教育网点布局优化】　2022年，围绕“产业发展、聚集效应、协调培养”，出台《南昌市市县中等职业学历教育学校网点布局规划（2022—2025）》，推动形成适应经济发展和产业结构调整的中等职业教育布局，继续着力在资源整合、调整布局等方面进行有益探索。指导南昌运输职业技术学校、南昌先锋软件职业中专通过省达标校评估验收，优质中职教育网点得到扩充。

【中职学校教学质量提升】　2022年10月，职业教育九大学科（专业）教研基地学校正式成立，包括中职语文、中职数学、中职英语、中职思政四大学科和信息技术类、电子装备制造类、交通运输类、旅游商贸类、文化艺术类五大专业，并确定52人为市级教研中心组成员。教研基地学校以学科培训、跨校教研、课堂教学技能提升为主要内容开展专业学科建设，加快推动市职业教育数字转型、智能升级和融合创新发展。按照省教育厅要求，做好教学诊断与改进工作。南昌一专、南昌汽车机电学校完成教学诊改省级复核，位于全省前列。

【技能竞赛获奖】　2022年，南昌市在全国职业院校技能大赛中，获二等奖5个、三等奖7个；全省中职学校技能大赛班主任能力比赛中，获一等奖1个、二等奖3个；全省中职学校技能大赛教学能力比赛中，获一等奖4个、二等奖3个、三等奖11个；全省中小学电脑制作（数字创作类）活动中，中职学校获一等奖4个、二等奖5个、三等奖3个。南昌一专、南昌汽车机电学校班主任工作室被评为全省首批名班主任工作室。南昌市卫生学校的项目获第十三届“挑战杯”江西省大学生创业大赛科技创新和未来产业项目铜奖。

【职普融通育人试点改革】　2022年，对职普融通实验班开展“学籍互转”改革试点，有13名职普融通实验班学生通过选拔进入同校普通高中特长班就读，转为普高学籍，打通职业教育与普通教育的壁垒，实现双向流动、融通互动。至年底，2所试点校招收职普融通学生388人。

【推进校企合作双元育人】　2022年，以南昌一专、南昌汽车机电学校为牵头单位，挂牌成立多元主体职业教育集团，分别为南昌市现代汽车技术职业教育集团、南昌市幼儿职业教育集团。南昌市交通航空职业学校（南昌二十三中）与江西洪都航空工业集团有限责任公司合作共建校外实训基地，为“飞机设备维修”专业人才培养达成合作。南昌汽车机电学校与上汽大众正式签约SCEP（学生职业体验计划）校企合作项目，充分借助国内知名汽车龙头企业技术优势，助力南昌市“新能源汽车”技术人员人才培养。

【产教融合建设】　2022年，支持中国（南昌）现代职教城建设项目，引荐优质职业院校落户职教城，建设产教融合示范园区，打造“应用人才新高地”。中国（南昌）现代职教城完成签约院校3所，分别为辰林教育集团投资的江西文理技师学院新院区、由新华教育集团投资的江西新华职业教育产业园、由南昌职业大学投资的南昌职业大学职教城校区。会同市发改委推荐江西芙途教育科技集团有限公司、泰豪集团有限公司等5家企业申报纳入江西省产教融合型企业建设储备库。

（周　洁　谌民航　孙　怡）

## 成人教育

【概况】　2022年，南昌市把全面推进社区教育和学习型社会建设工作作为创新社会管理、推进和谐社会建设的重要举措，围绕打造“赣派社区教育”发展为目标，利用和拓展各类区域内红色、绿色和古色三色教育资源,构建全民终身教育体系,满足社区居民日益增长教育需求。在教育部组织的全民终身学习周活动中,"东湖区党建引领'康养乐'之家 1+8+X"被评为全国"终身学习品牌"项目。南昌县邓文会被评为2022年全国"百姓学习之星"。全市选送的16堂微课,通过江西省教育学会社区教育专业委员会评审,被省教育厅推荐到教育部终身教育智慧平台。南昌市和省教育学会社区教育专业委员会合作的"家校社协同育人"项目被教育部评为第一批社区教育能者为师创新项目。至年底,有6个单位被评为省级社区教育教研先进单位,8人获得省级社区教育教研先进个人。市教育局开展第二届终身教育工作先进单位、先进个人和优秀教师评选,评选出市终身教育工作先进单位28个、先进个人45名、先进教师42名。

**【成人教育考试】** 2022年,全市有3.57万人报考成人高校,占全省的16.27%。其中,大专起点达本科2.13万人,高中起点达本科2683人,高中起点达专科1.17万人。成人高考免试人员517人。受新冠疫情影响,江西省上半年自学考试延期至10月与下半年自考一并举行(连续考4天),全市报名人数1.53万人,科次数4.74万科次,占全省人数的28.60%,占全省科次数的27.22%。取得本、专科毕业证书考生2598名。全年组织全国中小学教师资格考试(笔试)2次,报名共13.45万人次、27.4万科次,占全省人数的29.09%,占全省科次数的30%。

**【开放教育】** 2022年,湾里管理局开放学院成立。南昌开放大学形成以安义县开放学院、新建县开放学院、南昌县开放学院、进贤县开放学院、湾里管理局开放学院及直属教学点的办学体系。全年共有75个专业,其中本科专业21个、专科专业54个。在校生9789人,其中本科学生2217人、专科学生7572人。南昌开放大学被评为江西省社区教育教研先进单位。

(周　洁　肖浩宇)

## 素质教育

**【概况】** 2022年,全市教育系统坚持社会主义办学方向,落实立德树人任务,以培育和践行社会主义核心价值观为主线,面向全体学生、立足学生特点,注重开发学生潜能,提升学生思想意识,促进学生全面发展、健康快乐成长,培养德智体美劳全面发展的中国特色社会主义事业建设者和接班人。加大先进典型表彰与宣传力度,组织开展"最美南昌教育人物"推选活动和"全市教育系统优秀教师、优秀教育工作者、优秀德育工作者"选树活动。参与全国"最美教师"、全国教书育人楷模、第七批国家高层次人才特殊支持计划教学名师等推选工作,其中南昌市第十七中学两名教师获评第四届"感动江西教育年度人物",充分发挥优秀教师典型引领示范和辐射带动作用。

**【法治教育】** 2022年,推进普法及教育法治工作。编制印发《全市教育系统关于开展法治宣传教育的第八个五年规划(2021—2025年)》并推动实施。全市教育系统法治工作在江西省普法会议上作典型经验交流。组织参加全国学生"学宪法讲宪法"活动,全市65万余名学生参与网上学习与答题活动。推进"检察官进校园""法官进校园"活动,省、市777名检察官、法官被聘为中小学法治副校长。

**【德育教育】** 2022年,加强和改进中小学校思想政治教育,印发《加强全市中小学校思想政治教育工作实施方案》,开展大中小思政一体化教学研讨展示。举办全市中小学思政课和红色文化课程教学比赛,并在全省比赛中获团体一等奖。加强德育队伍建设,举办南昌市第八届"引航杯"班主任技能大赛。传承红色基因,开展省、市红色基因传承示范学校创建。组织中小学生线上云游爱国主义教育数字馆、线下实地打卡红色博物馆纪念馆。创建文明校园,开展"小手牵大手 文明齐步走"主题教育实践活动。创新团队活动形式,开展"喜迎二十大"主题手抄

2022年10月28日,南昌市素质教育平台(实践类)新闻发布会举行
(市教育局　供图)

报大赛、庆祝中国共青团成立100周年系列活动和全市“微团课”比赛。2所学校团组织分别获评“全国五四红旗团委”“全国五四红旗团总支”,1名教师获“全国优秀共青团干”称号。

**【智育教育】** 2022年,优化教育科研水平,组织参加全省义务教育阶段学校“作业设计我来评”优秀作业征集,探索跨学科实践教学课例设计模式、教学模式。开展全市《义务教育课程方案和课程标准(2022年版)》专题培训,推动新理念落地生根。出台《南昌市关于加强普通高中校本教研的指导意见》,指导各校有序有效开展校本教研,开展南昌市普通高中新课程新教材新高考名师领航系列活动。创新学科教研,在深入调研基础上出台《普通高中各学科线上教学指导意见》《南昌市普通高中各学科复课教学工作指导意见》,有序衔接线上线下教学。制定《南昌市推进“智慧阅读 书香校园”工作三年行动实施方案》,开展“智慧阅读 书香校园”“洪城慧悦读”系列主题活动。

**【体美劳教育】** 2022年,开展大课间和课外体育活动,打造“健康知识+基本技能+专项技能”体育教学模式。举办南昌市第八届校园体育节暨南昌市“滕王阁杯”青少年体育联赛及啦啦操等比赛,组织参加全省第十六届运动会、阳光体育及大课间比赛,成绩居全省前列。推进体教融合,出台《南昌市构建体育竞技人才小初高贯通式培养实施方案》,完善青少年体育后备人才培养模式和训练管理体系。指导西湖区、青山湖区等游泳教育省级试点区开展游泳教育工作,在工作模式、课程建设、培训实施方面取得新进展。举办艺术作品成果展评、南昌市第三届中小学合唱现场展示和美育教学现场展评展示活动。在全省第八届中小学生幼儿艺术展演活动中获4个优秀组织奖,40个作品获一等奖。完成25个全市中小学劳动实践教室和校内劳动实践场所征集评选,遴选创建江西省及南昌市劳动教育综合实践示范基地,参加全省大中小幼劳动教育典型案例和劳动清单征集评选,开设专栏集中宣传学校经验做法。搭建全市综合素质教育平台(实践类),有效赋能学生综合素质评价。

**【科技教育】** 2022年,与省科学技术馆联合开展中小学课后科普教育,打造多元、立体、可持续的科普服务体系。组织科技教师素质培训,开展信息学、航空航海、车辆模型等培训交流。举办南昌市青少年科技辅导员培训会。举办科学故事演讲、科普知识竞赛、青少年科学考察等科技活动,选派学生参加第六届全国青少年无人机大赛,获得一等奖6个、二等奖12个、三等奖17个。组织参加全国青少年人工智能教育成果展示大赛,获二等奖5个、三等奖6个。

**【开展语言文字活动】** 2022年,重视加强语言文字和教材工作。开展语言文字规范化示范校创建、学前儿童普通话教育及中华经典“诵写讲”活动,语言文字工作得到省教育厅、省语委办肯定。市教育局获第四届中华经典“诵写讲”大赛优秀组织奖,市语委办被教育部、国家语委授予“国家通用语言文字推广普及工作先进集体”。做细教材教辅读物排查工作,全年共部署落实7次(省级部署5次、市级部署2次)教材教辅读物排查工作,并对排查出的问题教材教辅及读物依法依规进行处置,优化中小学教育环境。在8月国务院督导组对江西中小学教材、教辅和课外读物排查整改专项督查中,南昌市作为2个地市督查点位之一,迎检工作及做法得到国务院督导组肯定。

**【身心健康守护】** 2022年,健全市县校家四级心理服务体系,形成上下联动工作机制。开展“生命教育培训”“青少年健康大讲堂”“开心妈妈读书沙龙”“走进SOS儿童村”等心理健康教育培训宣传和志愿服务。疫情期间,承担全市人文关怀工作,开展线上心理讲座和辅导。强化心理危机干预,定期对学生心理状况进行评估和建档,及时发现、妥善应对、适时转介心理危机事件。完善体质监测机制,将学生体质健康标准优良率、儿童青少年近视率、体育与健康课程开课率等指标纳入健康监测指标体系。开展中小学生国家体质健康测试、学生健康体检1次和学生视力筛查4次,儿童、青少年近视率实现连年下降。

(刘春涛　李道义　何静丽　陈　堃)

## 教育管理

**【概况】** 2022年,全市教育系统全面落实立德树人根本任务,深化教育领域改革,落实教育经费投入,提升教育教学质量。编制《南昌市中心城区中小学布局专项规划(2021—2035)》《南昌市中小学校布局优化调整方案》,统筹优化城乡基础教育学校布局。实施南昌教育事业高质量发展三年攻坚行动,新建中小学校26所、新增学位3.5万个。推进中心城区中小学三年行动计划项目建设,梳理出让地块周边现有义务教育网点,推动11个项目全面竣工。加快幼儿园网点建设,全市新增普惠性幼儿园40所,新增普惠性园位1.06万个。其中,公办园31所,公办园位8610个。实施人才强教计划,完成师资补充工作,新增中小学教师1593名。

**【校园安全保卫】** 2022年,推进平安校园建设,逐级逐校开展“四个百分百”“四个一”工程验收评估，提升校园安防能力水平。采取内管外治相结合，持续加强校园及周边治安环境综合治理，强化与公安、城管、文化、市场等部门联动，整治校园周边治安环境和市场乱象。开展学生防溺水工作，市级层面连续召开14次会议专题调度。各县区、学校按照“四个是否到位”要求，着眼校内安全管理、校外重点管控、水域风险防控和各方责任落实等关键环节，严守安全底线和生命红线。筑牢食品安全屏障，健全完善食品安全工作机制，规范制度约束，强化日常检查、创新监管方式，全面保障学生用餐食品安全、膳食标准和营养品质。

**【保障教育投入】** 2022年，全年一般公共预算教育支出142.28亿元，比上年增长3.74%，义务教育阶段教师各项工资福利全部纳入预算，保障义务教育教师平均工资收入水平不低于当地公务员平均工资收入水平。生均公用经费全部达标并高于省定标准，是全省唯一实现各教育阶段生均一般公共预算“只增不减”的设区市。

**【教育督导督办】** 2022年，首次接受省政府对市政府履行教育职责督导评价实地核查，扛起政府履行教育职责主体责任，补短板强弱项，强化保障抓整改促提升。压实县(区)教育发展主体责任，组织对县(区)党政领导干部履行教育职责督导评价。制定印发《南昌市人民政府教育督导委员会工作规则》《南昌市责任督学和督导人员开展督导工作有关经费管理办法(试行)》，保障教育督导各项工作有效开展。精心组织第九届省督学、省特约教育督导员和第五届教育督导评估专家推荐活动，万晓玲等12人获聘为第九届省督学、张国新等4人获聘为省特约教育督导员，王光霆等19人获聘为省第五届教育督导评估专家。

**【充实教师队伍】** 2022年，实施人才强教计划，通过全市中小学教师全省考试招聘和接收公费师范生、定向师范生、特岗教师等长效机制，完成师资补充工作。至年底，全市新增中小学教师1593名。科学设置音体美等紧缺学科岗位比例、性别比例、应届毕业生比例，教师队伍学科、性别、年龄结构得到优化。完成对全市3年服务期满242名特岗教师考核、转正工作，留任率100%；接收安排193名定向培养师范毕业生到乡村学校任教。

**【教师队伍管理】** 2022年，坚持师德首要，实施师德监管“一票否决”办法。组织开展2021—2022年度教师年度师德考核，完成教师年度师德考核和考核结果系统录入工作。出台《南昌市教育局直属中小学教师专业技术职称(岗位)评聘管理办法》，规范指导全市中小学教师专业技术职称评审、岗位等级晋升和相关教师聘任工作。解决全市中小学聘用教师控制数招聘教师考核入编和市教育局局属学校30年及以上教龄退休教师一次性待遇核定工作。

**【教师培训】** 2022年，组织校(园)长和教师参加“国培计划”项目培训、省级专项培训、市本级集中培训，以及教育部2022年暑期教师研修、中小学幼儿园教师信息化素养提升培训、“互联网+教师专业发展”全员远程培训、江西省中小学(幼儿园)教师心理健康教育辅导能力培训，实现教师培训全覆盖。制定《中小学学科带头人和优秀青年骨干教师队伍管理办法》，评选第八批学科带头人和首批信息化教学应用带头人，开展“园丁杯”教学竞赛及优秀课例展示，为教师成长搭建平台。

**【办理人大建议和政协提案】** 2022年，办理市十六届人大二次会议和市政协十五届二次会议提出的建议和提案87件，内容涉及学前教育、义务教育、网点建设、心理健康教育和食品安全等社会关注难点热点问题。通过电话联系、见面座谈、走访调研等方式，完成建议和提案办理任务，人大代表、政协委员满意度为100%。

**【办理各类教育服务事项】** 2022年，南昌市教育服务中心办理教育咨询、投诉和求助等教育服务事项3.09万件。其中，网上书面答复7426件(包括“12345”政府服务热线3675件，市政府部门领导信箱办理797件，市教育服务中心平台、市教育局局长信箱2954件)，占教育服务事项总数的24.03%；中心平台网上转学手续办理8130件，占教育服务事项总数的26.31%；电话答复1.53万件，占教育服务事项总数的49.51%。各类教育服务事项办件的按时办结率为100%。

(李道义　熊文生　邓晓文
周晓东　王光霆　胡华栋
熊　颖　罗　杰)

# 文　化

## 综　述

【概况】　2022年，南昌市文化广电新闻出版旅游部门围绕“文化强市”战略，高效统筹疫情防控与文旅行业发展，实施“规划引领、纾困解难、项目提速、创新营销、提升动能”等举措，解放思想，奋发作为，实现文旅高质量融合发展。全年获得国家级表彰68项、省级表彰129项。全市拥有各类专业艺术表演团体3个，公共图书馆10个，文化馆10个，各类博物馆（纪念馆）28个。全国重点文物保护单位10个，省级文物保护单位61个，市级文物保护单位43个。市级及以上非物质文化遗产项目184个，其中国家级5个、省级44个；非遗保护示范基地12个；传承基地（传习所）10个；传播基地9个。国家级文化产业示范基地2个，省级文化产业示范基地18家。出版物批发企业351家，出版物零售企业890家，出版物印刷企业75家，包括装潢、其他印刷品企业253家。全市规模以上文化企业367家，同比增加65家，实现营业收入547.29亿元，同比增长1.9%，总量排名全省第二。全市电影票房2.45亿元，稳居全省第一名。

【出台助企纾困新举措】　2022年，南昌市文化广电新闻出版旅游局（以下简称“市文广新旅局”）制定出台《关于有效应对疫情支持文化和旅游企业纾困解难的若干措施》，从发放纾困补助、降低企业运行成本、促进文旅消费复苏、推出惠民政策、支持文旅企业拓展业务5个方面出台10项“干货”措施，“真金白银”推进企业纾困，对全市影院等企业安排纾困补助403.8万元，拨付省级电影专项资金560.56万元。组织开展文化旅游消费季活动，帮扶文旅企业融资，安排专项资金设立“文旅贷”风险补偿金，获贷资金2400万元，获贷金额居全省第一位，为文旅企业提供全方位政策支撑和资金保障。

【公共文化服务提质增量】　2022年，建成并免费开放“孺子书房”60家，统一调配全市图书资源，实现通借通还，推动公共文化设施向基层延伸。艾溪湖美术馆入选基层公共文化服务高质量发展典型案例，打造人人喜爱的城市文化会客厅。承办2022年江西省“百馆千万场 服务来共享”系列群众文化，首日累计1429.58万人次在线观看直播。举办第二届洪城读书节、第四届市民文化艺术节活动，持续开展“豫章讲堂”“图书大篷车”各类文化活动300余场次，免费为群众送戏800余场，放映电影超过1.8万场，实现群众文化活动数量和质量“双提升”。

【文博事业创新发展】　2022年，精心编制文物保护单位“四有”档案及文物地图，统筹全市文博资源，做好历史文脉接替延续。重点编制市级文物安全监测系统（一期）实施方案。全面启动南昌新四军军部旧址维修、贺龙指挥部旧址维修、邓小平劳动车间维修等文物维修项目。推动出台《南昌市非国有博物馆扶持办法》，扶持非国有博物馆发展，争取陆军博物馆落户南昌。启动“印象西湖”暨文物建筑保护修缮与开发利用项目。持续提升革命实景剧《那年八一》，推进赣剧《铁军出征》，创新推出“启航·春天的故事”全省首创沉浸式实景互动剧场，举办“中央美术学院美术馆藏任伯年作品专题展”“纪念彭友善110周年诞辰研究展”“南昌，新四军从这里走来”系列精品展览。组建南昌市博物馆联盟，建设南昌市“流动博物馆”，博物馆参观695万人次。推出“云展览”“云课堂”“云讲述”系列主题活动，做到“精品展览不闭展”“线上服务不停歇”“文创产品继续售”。

【文旅产业复苏】　2022年，继续推进“项目大会战”促进文旅产业复苏。全市重大重点文旅项目65个，总投资2401.4亿元，年度计划投资459.4亿元。拓展文旅消费空间，发力夜间文旅经济，举办2022“百城百夜”（南昌）文化和旅游消费季活动，开展线上线下活动1482场次，参与企业5850家，引导企业让利4945.24万元，销售总额7.14亿元。启动短视频团购大赛，大赛话题总播放量超1亿次。发放超过1000万元文旅消费券，持续推出“南昌文旅一卡通”800万元惠民补贴，力促文旅市场消费加快回暖。

**【文艺创作】** 2022年，大型采茶戏《兰妹子》已申报国家艺术基金，创排采茶戏《南瓜记》《抚河三道湾》参加第12届江西玉茗花戏剧节，分别获优秀剧目奖和剧目表演奖。承办第八届江西艺术节·第十一届江西音乐舞蹈艺术节活动，网络直播流量2000万人次，南昌市获得奖项15个，位居全省第一。举办“‘丹青守望’南昌画院建院四十周年暨迎新春美术作品展”“‘行径致远’陈云海书法展”等大型书画展览7个，持续扩大南昌艺术创作影响力。

**【安全播出检查】** 2022年，在全市范围内开展广播电视安全播出大检查，做好重要保障期广播电视安全播出保障工作，实现安全播出“零事故”，全年开展安全播出检查11次，发现问题6处，下达整改通知书6份，已落实整改问题5个。持续开展抵制低俗、庸俗、媚俗专项行动，加强对非法卫星地面接收设施、境外电视网络接收设备整治工作，出动整治车辆227辆次、整治人员366人次，查处非法销售点78处。

**【“扫黄打非”工作】** 2022年，持续开展“正道”“新风”集中行动和“清源”“净网”“固边”“护苗”“秋风”专项行动及8个专项整治，组织开展校园周边“耽美”类出版物专项整治，打击各类非法出版物。全年清理排查公共文化领域1178家，校园周边点位532个，依法关停注销侵权假冒、淫秽色情低俗和赌博类网站平台150家，受理查处侵权类、赌博类、色情类和诈骗类等有害信息264件，核查举报、转办线索47条，办结行政案件17起、刑事案件12起，打击违法犯罪行为，切实维护意识形态安全和文化安全。

（马　婧）

## 文化场馆

**【概况】** 2022年，市文广新旅局持续推进社区邻里中心公共文化服务设施建设，建成文体中心72个，实现城市社区全覆盖，为全市社区文化建设再添新亮点。持续推动公共图书馆联盟和文化馆联盟建设，推动6个公共图书馆申报国家一级馆，建成联盟总分馆114个。建成符合标准的村（社区）综合性文化服务中心1993个，完成率100%。全市共有公共图书馆10个，文化馆10个，各类博物馆（纪念馆）28个，网吧719家，娱乐场所289家，影城81家。

**【刘贺墓园主墓保护展示工程开工建设】** 2022年7月，刘贺墓园主墓保护展示工程开工建设，工期10个月，项目总用地面积2.59万平方米，建筑面积3903.32平方米，总投资8333.19万元。建设内容为主墓临时保护棚拆除、主墓墓坑加固防护、主墓及相关遗存本体保护展示、主墓永久性保护展示设施、数字化展示等内容。项目依据前期考古成果和当地气候、地质条件，消除遗址病害、保持遗址本体稳定的同时，合理安排展示方式与流线，全面提升遗址考古、保护和展示条件，最大程度为公众呈现遗址的真实性和完整性，让考古成果惠及大众，为今后进一步的考古研究、保护展示工作奠定坚实基础。

**【孺子书房项目落地】** 2022年，市文广新旅局按照“统一规划、统一标识、统一采购、统一配置、统一管理”原则，创新推动孺子书房项目，建成并免费开放60家孺子书房（城市书房）。通过持续拓展城市公共阅读空间，不断增强群众文化获得感、幸福感，打造人人喜爱、人人可享的城市文化会客厅，形成“全民阅读”氛围，唱响“书香洪城”品牌，走出一条全民覆盖、精准供给、特色服务的公共文化服务新路径。

**【全国巡展活动开展】** 2022年，南昌八一起义纪念馆原创展览在全国各地巡展。“从南昌起义走出的共和国将帅”“伟大的开端”“八一军旗红”“强军伟业 光辉历程”“百年回望 红心向党”“唤起工农千百万”展览，先后在中共青岛党史纪念馆、乌鲁木齐市烈士陵园、皖西烈士陵园、百色起义革命旧址管理处、丹阳市总前委旧址纪念馆、九江市博物馆、绵阳市博物馆、上饶市博物馆、瑞金中央革命根据地纪念馆、莆田市博物馆、江西财经大学、国防科技大学图书馆、南昌工学院图书馆、哈尔滨工业大学博物馆等20余家场馆和单位展出，进一步扩大社会影响力，推广八一红色文化辐射力，传承和弘扬八一精神，得到社会各界广泛认可，取得良好社会效益。

**【入选全国首批“大思政课”实践教学基地】** 2022年8月，教育部办公厅会同有关部门联合公布首批453家“大思政课”实践教学基地，南昌八一起义纪念馆入选教育部办公厅、国家文物局办公室联合设立中华优秀传统文化、革命文化、社会主义先进文化专题实践教学基地名单和教育部办公厅、中国关心下一代委员会办公室联合设立党史新中国史教育专题实践教学基地名单。

**【“赓续红色血脉 传承奋斗精神”——思政大课“八一军旗红”举办】** 2022

年12月8—9日,由市文广新旅局主办,南昌八一起义纪念馆、市文化馆承办的“赓续红色血脉 传承奋斗精神”——思政大课“八一军旗红”在市文化馆举办。通过“前夜”“惊雷”“火种”“军魂”“青春”5个篇章,全景式地展现八一南昌起义伟大历程,塑造了一个个有血有肉、信念坚定、敢于斗争、不畏牺牲的英雄人物形象。

**【推出《启航·春天的故事》——江西首创红色场馆沉浸式实景互动剧】** 2022年,小平小道陈列馆依托场馆红色文化资源,推出《启航·春天的故事》——江西首创红色场馆沉浸式实景互动剧。该剧以20世纪80年代背景为原创故事演绎切入点,以小见大,展示改革开放时代大背景下工厂发生的生动故事。该剧打破传统讲解形式,以红色文化精神为核心,以互动性和近景观演为抓手,让游客融入剧情中,在深度沉浸体验中进行党史学习教育。6月,中国关心下一代工作委员会公示第五批全国关心下一代党史国史教育基地名单,南昌市小平小道陈列馆被评为全国关心下一代党史国史教育基地。

2022年12月13日,江西首创红色场馆沉浸式实景互动剧《启航·春天的故事》在小平小道首映

(熊家福 摄)

**【南昌市博物馆新馆改造项目】** 2022年,市文广新旅局组织召开南昌市博物馆新馆建设工程会议20余次,已取得立项和可研批复,初设和概算通过专家评审,相关汇报专报报送市政府。新馆展陈方面按计划推进,《千年豫章郡 天下英雄城——南昌市历史文化展》《“老南昌记忆”展》《翰墨隆兴——南昌千年书画大观展》《公众考古 实景体验》《百年红色路》5个陈列大纲编制和专家评审工作完成,编制成果报送主管部门。

**【南昌瓷板画研究中心新址建设项目开工】** 2022年2月,南昌瓷板画研究中心新址建设项目正式开工。6月30日竣工。该项目是南昌画院重大工程项目之一,选址于滕王阁景区的南昌市图书馆院内,装修改造面积6470平方米,施工内容包括土建、装饰、安装、市政绿化景观、空调设备安装、安防智能化、消防、多媒体、语音导览系统、电梯及市政电网等。南昌瓷板画研究中心新址建设项目共5层,每一层都有不同类别的分区。第一层为亲子互动体验区,改造面积1234平方米;第二层为办公、瓷板画发展和陈列展厅,改造面积1228平方米;第三层为主展区、现场作画区及创作接待室等,改造面积1533平方米;第四层为临展区、交流洽谈区、画家创作室等,改造面积1229平方米;第五层为多功能拍卖会议厅、成品仓库和学员教室等,改造面积1471平方米。新址建成后将不断完善和丰富产品的创作、设计、展示、教研、销售和“互联网+”等全链机制,加强与高等院校合作,培养后备力量,提升南昌瓷板画影响力,推动瓷板画产业做大做强。

(马 婧)

## 公共文化活动

**【概况】** 2022年,市文广新旅局围绕“五城建设”总目标,主抓文化活动复苏,举办各类群众性文化线上线下活动,推进文化惠民工程,丰富群众文化生活。全市公益性文化场馆全部向市民开放,全年接待群众866.63万人次。承办第八届江西艺术节·第十一届江西音乐舞蹈艺术节,开创性开启决赛全程网络直播,网络观众超2000万人次,南昌市获奖项15个,居全省第一位。

**【文化惠民工程】** 2022年,市文广新旅局推进文化惠民工程,丰富群众性文化活动,让文化惠民传递更多民生温度。公共文化场馆全部免费对外开放,公共图书馆总流通427.35万人次,文化场馆(站)免费开放服务866.63万人次。免费为农民群众送戏856场,各乡镇开展文化活动376场;新建区昌邑乡、青山湖区南钢街道等4个乡镇(街道)被评为2021—2023年度“江西省民间文化艺术之乡”;青云谱区青云谱镇被评为2021—2023年度“中国民间文化艺术之乡”。

【全民阅读活动】 2022年，市文广新旅局围绕“喜迎二十大 奋进新征程”、“4·23”世界读书日、“百馆千万场 服务来共享”等主题，组织开展形式多样的全民阅读活动340场次，共接待读者136万人，借阅书籍22.2万册，办理读书借阅证5251张。市图书馆开展豫章讲坛62场，服务读者4000余人；“小小洪旗手”少儿阅读推广活动38场，参与小读者3000余人；“图书大篷车”进机关、进社区等线下活动45场，服务读者4000余人，办理图书借阅证839张，图书借阅量3135册；公益展览32场，观展群众3万余人。搭建“南昌市公共图书馆服务数据展示系统”，通过对市公共图书馆大数据分析及挖掘，实现图书馆基本运行数据、读者数据、借阅数据等可视化呈现，让读者能直观、清晰、快捷获得所需服务项目。特别推出《我的读者》献礼党的二十大主题纪录片，用镜头记录市图书馆读者代表，从读者生活的改变、阅读对市民生活带来的影响等方面，展现书香浸润美好人生、阅读点亮城市文明的主题内涵。

【参展2022湖南韶山红博会】 2022年11月26—28日，由湖南省人民政府和江西省人民政府共同主办的“2022中国红色旅游博览会”在湖南省湘潭市韶山市举办。南昌市博物馆受邀参加该次博览会。博览会上，“南昌流动数字博物馆”展出的VR南昌起义沉浸式体验项目，通过VR+红色文化融合经典应用，还原八一起义3场激烈战斗场面，让观众体验红色文化与科技融合。展会现场还为观众发放市博原创设计的文创产品，为红色旅游与产业融合、科技融合注入新活力。

【公益培训班活动】 2022年，市文化馆举办“群星大讲堂”春季、暑期、秋季公益（免费）培训班，共设置15个门类、76个班，线上培训3717人次，线下培训8940人次。举办“我是小小传承人”18期，培训450人次。组织全市各馆（站）、社区业务专干、文艺骨干参加2期广场舞培训班；组织全市文化馆（站）业务专干参加13期“赣鄱文艺大家谈”培训班，参培人员285人次。

【惠民演出】 2022年，市文化馆都市剧场惠民演出15场次，演出剧目包括扬州市木偶剧团儿童木偶剧《冰雪女王》《爱丽丝梦游仙境》，江西省话剧团儿童剧《黄粱一梦》《少年孔子》，江西省艺鹃黄梅戏曲团有限公司采茶戏《方卿戏姑》《秦香莲》《贤德记》《麻疯女》，深受广大市民群众欢迎。因疫情防控需要，每场演出观看人数控制在300人以内。

【第四届南昌市民文化艺术节】 2022年6月25日，由市文广新旅局主办，市文化馆等单位承办的第四届南昌市民文化艺术节在万寿宫历史文化街区开幕。该届艺术节秉承“艺术的盛会，人民的节日”办节宗旨，以“喜迎二十大 奋进新时代”为主题，包括南昌市第二届少儿艺术节、南昌市第六届广场舞大赛、江西省非物质文化遗产创意产品大赛、非遗主题美术创作展与学术交流等多项大型文化艺术活动。南昌清音《亲热拉家常》、塘南贺郎歌、方言相声《大美南昌》、下河调《金珠塔》、城南龙灯《彩龙飞舞》等节目轮番上演。赣发绣、宣纸刺绣、文港毛笔等南昌“非遗”项目传承人进行现场互动展示，吸引众多市民驻足观赏、打卡体验。开幕式还通过抖音平台直播，让艺术盛宴全民共享。

【南昌市第六届广场舞大赛】 2022年5—7月，市文化馆以喜迎党的二十大胜利召开为主题，举办“第八届江西艺术节·2022年江西省广场舞集中展演（南昌赛区）暨南昌市第四届市民文化艺术节·南昌市第六届广场舞大赛”。该次大赛根据专家意见共推选出6个优秀节目参加2022年江西省广场舞集中展演决赛。其中，南昌市选送的《赣风新绣》《一江碧水鱼欢歌》节目获二等奖，《傣家风情》《唱支山歌给党听》《青云万里》节目获三等奖，市文广新旅局获“优秀组织奖”。

【南昌市第二届少儿艺术节】 2022年，南昌市第二届少儿艺术节在线上开展节目征集。该次少儿文艺活动以“喜迎党的二十大胜利召开”为主题，推动少年儿童德、智、体、美、劳全面健康发展。具体活动内容分为南昌市少儿艺术节舞台综艺大赛（包括音乐、舞蹈、戏剧、曲艺等舞台艺术形式）、南昌市少儿艺术节合唱大赛、南昌市少儿艺术节美术书法大赛3个板块内容。少儿艺术节舞台综艺大赛、合唱大赛于7—8月开展线上评审活动，推荐2个舞台综艺类优秀作品、2个合唱类优秀作品参加由省委宣传部、省文化和旅游厅主办的第八届江西艺术节·江西省第十三届少儿艺术节。其中，京剧《杨门女将》获得舞台综艺类一等奖，合唱《音为梦响》获得合唱类二等奖，《koosen》获得合唱类三等奖，线下服务1000人次。美术书法大赛面向全市共征集300余幅少儿美术书法作品，经大赛评委会专家组评定，选出获奖作品50幅，其中美术、书法一等奖作品各1名、二等奖作品各2名、三等奖作品各3名、优秀奖作品38名。获奖作品于6—7月在市文化馆进行专题展览，优秀作品选送参加江西省第十三届少儿艺术节美术书法大赛。

【协办第八届江西艺术节第十一届江西音乐舞蹈艺术节】 2022年8月1—14日，南昌市文化艺术中心协办第八届江西艺术节第十一届江西音乐舞蹈艺术节。艺术节系南昌市首次举办，率先全程网络直播，网络观众2000万人次，社会效益显著。南昌市共获奖项15个，位居全省第一，其中优秀组织奖1个、二等奖3个、三等奖6个、优秀奖5个。南昌市文化艺术中心作为市属唯一文艺院团参加声乐、器乐、舞蹈比赛和原创歌曲评选。王欣欣原创曲目《豫章春色》获原创声乐作品优秀奖；《集合到》获舞蹈二等奖；马文娜获吹管组三等奖，熊艳获民族组优秀奖，陈品、余城城获重唱组优秀奖，扎西德吉获通俗组三等奖。

（马　婧）

## 文学与艺术

**【概况】** 2022年，南昌文学艺术工作者坚持以文艺活动为牵引，在带动创作、带动人才、带动影响力上下功夫，围绕中心抓主责、服务大局干主业，重点结合喜迎党的二十大召开，举办一系列有主题、有声势、有影响的活动，以实际行动彰显省会文艺担当，彰显南昌文艺魅力，丰富群众业余文化生活，提升南昌文艺影响力、传播力。围绕建设“文化大市”“文化强市”目标要求，统筹抓好艺术创作和生产，用艺术讲好南昌故事，深入挖掘南昌特色文化，创作一批优秀文艺作品。8月24日，市文化艺术中心创排的大型南昌采茶戏传统经典剧目《南瓜记》参加第十二届江西玉茗花戏剧节并获得优秀剧目奖，是南昌市文化艺术中心成立以来文艺工作的里程碑。

**【“天下万寿宫·文化豫章城”楹联书法展】** 2022年1月26日，由市委宣传部指导，市文学艺术界联合会、市市政公用集团联合主办，市楹联家协会、市书法家协会、万寿宫历史文化街区管理运营公司共同承办的“天下万寿宫·文化豫章城”楹联书法展在万寿宫美术馆开幕。展出共50副楹联，其中5副特邀稿为中国楹联学会会长和南昌市楹联家协会历任、现任主席作品，45副为征联大赛获奖作品。市书协主席团成员和中书协会员参与书写创作。该次征联大赛，共收到国内31个省（自治区、直辖市、特别行政区）以及美国共3000余名联家5000余副联作。

**【“红色文艺轻骑兵”志愿服务】** 2022年元旦、春节期间，市文联组织艺术家贴近群众，深入军营、乡村、社区、街道，用文艺作品歌颂新时代新气象、播撒文明树新风、传递社会主义核心价值观，以实际行动践行党的文艺惠民政策，把温暖送到千家万户，开展一系列“红色文艺轻骑兵”志愿服务活动。志愿服务活动包括送欢乐下基层文艺志愿演出、送春联进万家、送福进万家公益摄影等。

**【电影《邓小平小道》江西省文艺评论家座谈会】** 2022年2月19日，由省出版集团、市文联、江西日报社文体部主办，市文艺评论家协会、电影《邓小平小道》摄制组承办的重大革命历史题材电影《邓小平小道》江西文艺评论家座谈会在南昌召开。电影《邓小平小道》获得与会文艺评论家认可。文艺评论家们一致认为，整部影片跌宕起伏、催人泪下、发人深思；融思想性、艺术性、观赏性和现实教育性为一体；影片节奏感强，情节中不时蹦出的南昌本地方言，使观影专家们顿感亲切。电影《邓小平小道》讲述1969年10月至1973年2月，邓小平在南昌城郊原新建县拖拉机修配厂三年零四个月的劳动生活。当年邓小平身系家国情怀，坚强隐忍，忧国忧民，一边劳动，一边照顾瘫痪在床的儿子，但仍然思考着国家的前途和命运。

**【南昌市谷雨诗会】** 2022年4月24日，由市文学艺术界联合会、新建区委、新建区人民政府共同主办，市作家协会、新建区委宣传部、新建区文广新旅局、市文艺评论家协会、市诗歌学会、新建区文联联合承办的“春临豫章 寻梦新建——2022南昌·新建谷雨诗会”获奖名单揭晓。谷雨诗会作品征集历时1个月，得到全国广大诗人、诗歌爱好者关注和参与，共收到1000余首诗作。经过评委会评审，评选出一等奖2名、二等奖4名、三等奖6名、优秀奖20名。获奖作品主题鲜明、内涵丰富、风格多样，重温党的光荣历史，弘扬党的优良传统，传承红色基因，讴歌党领导人民取得的辉煌成就，反映南昌的崭新风貌和人文历史，抒发爱党爱国爱人民美好情感。

**【“红色江西”首届全国动漫创作大赛】** 2022年6月28日，“红色江西”首届全国动漫创作大赛优秀作品展开幕式在东湖意库文创园区举行。大赛自1月7日启动，面向全国动漫行业从业人员、专业人士和动漫爱好者进行作品征集。大赛共征集到参赛作品2000余件，经过专业评委初评、党史专家复审，评选出四大类获奖作品250余件。获奖作品从小切口、新视角入手，通过各类动漫作品为表现形式，展现中国共产党领导人民开展革命斗争中所出现的红色故事、光荣事迹以及英雄人物，中国共产党带领人民群众创造美好生活的伟大实践和丰硕成果。大赛旨在进一步繁荣文艺创作，推动全市文化产业发展，通过动漫这种艺术形式，更广泛、更深入地挖掘江西特别是南昌独有的红色文化资源，创造出更多富有正能量的文艺作品，在动漫领域打造一张富有南昌特色的红色名片。

**【全国文学名家看江西·南昌采风创作活动】** 2022年7月5—8日，2022全国文学名家看江西·南昌采风创作活动在南昌举行。省委常委、宣传部部长庄兆林会见中国作家协会书记处书记、著名作家邱华栋等采风团成员。市长万广明,省文联主席叶青,市委常委、统战部部长饶绍清参加会见。采风创作活动由省作家协会、市委宣传部、市文学艺术界联合会共同主办,市文学艺术院、市作家协会承办,邀请14位国内知名作家参加,在缅怀革命先辈、表达崇敬之情同时,共同书写新时代赣鄱风采。

**【"这座城——世纪影像南昌"大型图片展】** 2022年8月25日,由市文联、市档案馆、市文化广播电视新闻出版旅游局、南昌日报社共同策划的"这座城——世纪影像南昌"大型图片展在省美术馆开展。展览期间,省委常委、市委书记李红军参观展览。该图片展从1月开始征稿,共收到来自全省各行各业摄影工作者、爱好者的应征作品13860幅(组)。经过专家组的评审,从英雄城的"气概、胆识、风采、情怀、格局、本色"6个方面内容,共遴选出125组共300余幅作品参与大型图片展。图片展涵盖英雄城经济发展、社会变迁、城市风貌、红色传承、乡村振兴、文化教育、生态宜居、群众生活等方面,通过时空影像对比和诗意文字解读,展示英雄城的百年变迁与辉煌成就、南昌人民的伟大创造与美好憧憬,让大家从"这座城——世纪影像南昌"大型图片展中领略南昌风采,回溯这座城市历史,感受旧貌与新颜间的时代印记和一代代南昌人的生活图景,展现城市发展理念与精神气质。

**【"孺子书房·文化名家讲堂"】** 2022年8月8日,由市文学艺术界联合会、市文化广电新闻出版旅游局、南昌广播电视台主办的"孺子书房·文化名家讲堂"系列首期活动开讲。活动邀请河北省作家协会主席关仁山作题为《作家应与所处的时代肝胆相照》讲座。按照"双周大讲堂"模式,全年共举办6期讲座,先后邀请鲁迅文学奖获得者、著名作家李浩、江子等文艺家,对江西、南昌优秀文化进行深度解析,增强南昌人的文化自信与城市认同感,为新时代南昌建设与发展提供文艺支持、精神力量。

**【南昌市文艺骨干培训班】** 2022年8月20—22日,由市文联主办的南昌市文艺骨干培训班举行。来自市文联、市文学艺术院、各文艺家协会、各县区文联的文艺骨干90余人参加培训,其中包括部分新文艺组织新文艺群体人员、青年文艺人才。此次培训旨在深入学习贯彻党的十九大和十九大历次全会精神,认真贯彻落实习近平总书记在中国文联十一大、中国作协十大开幕式上的重要讲话精神,进一步加强对南昌市文学艺术界团结引导,提升南昌市文艺工作者理论素养和文艺修养,加强文艺人才队伍建设,为迎接党的二十大召开提供坚实思想保证。培训邀请省内专家学者授课。

**【"踔厉奋发 勇毅前行"南昌市第四届书法篆刻作品展】** 2022年11月12日,"踔厉奋发 勇毅前行"南昌市第四届书法篆刻作品展在南昌美术馆开展。展览创新组织形式,参照全国届展做法,允许作者多种书体投稿,最终展出佳作奖作品3件、优秀奖作品10件、优秀入围作品14件、入展作品186件。同时,展出南昌市书协组织的"金句"书法摘抄活动部分作品。

**【2022年滕王阁金秋诗会诗词征集大赛】** 2022年11月9日,由北京大学、南昌市人民政府主办,北京大学中文系、南昌市委宣传部、南昌市文联承办的2022年滕王阁金秋诗会"物华天宝,人杰地灵,天下英雄城——南昌"诗词征集大赛获奖名单揭晓。大赛自9月10日启动以来,共收到投稿1.26万首。北京大学诗词专家组成评委会。经评委会评选,评出一等奖2名、二等奖7名、三等奖34名、优秀奖53名。获奖作品用于2022年滕王阁金秋诗会活动宣传推广和汇编出版。

**【文艺创作活力增强】** 2022年,南昌画院创作部组织在职画家、退休画家、特聘画家参加各项全国及省市级展览活动8次。至年底,创作部完成作品361件,其中瓷板画269幅,器型如茶具、花瓶等92件;组织作品参加各项展览活动8次。创作舞台艺术作品20余部,共获得国家级荣誉16个,省级荣誉31个。

**【《秧麦》入选"2022年全国地方戏精粹展演"】** 2022年11月23—30日,由文化和旅游部艺术司主办的"2022年全国地方戏精粹展演"在广西南宁举办。全国共有48台戏曲剧目入选。赣剧《送饭斩娥》和南昌市采茶戏《秧麦》作为全省优秀地方戏曲代表参加演出。《秧麦》描写农民吴田方的妻子金花因家务忙不干农活,在田方的启发下,夫妻双双同去秧麦的故事。

**【《南昌市深化国有文艺院团改革方案》印发】** 2022年7月4日,市委办公室、市政府办公室印发《南昌市深化国有文艺院团改革方案》(以下简称"方案"),进一步激发全市国有文艺院团创作生产活力,巩固和发挥国有文艺院团舞台艺术创作生产的主导地位和引领作用,不断满足人民向往美好生活的精神文化需求。方案明确加快推进"一县一团""一团一场"建设,推动县(区)组建直属于本级文化和旅游部门的国有文艺院团。

(龚慧颖　马　婧)

## 2022年南昌美术馆展厅展览情况一览表

表9

| 展览名称 | 展出时间 | 展览地点 | 展览主办单位 | 展览承办单位 |
| --- | --- | --- | --- | --- |
| “丹青守望”南昌画院建院四十周年暨迎新春美术作品展 | 2021年12月28日至2022年3月1日(跨年展出) | 南昌美术馆 | 市文广新旅局 | 南昌画院(南昌美术馆、南昌瓷板画研究中心) |
| 周京山画说老南昌72行展 | 2022年3月4日至5月31日 | 南昌美术馆 | 中共南昌市委宣传部、市文广新旅局 | 南昌画院 |
| “齐心抗疫——与时赛跑”南昌画院抗击新冠疫情线上书画作品展 | 2022年3月25日至4月8日 | 线上 | 市文广新旅局 | 南昌画院(南昌美术馆、南昌瓷板画研究中心) |
| 喜迎党的二十大胜利召开——行径致远陈云海书法展 | 2022年6月3日 | 南昌美术馆 | 南昌画院(南昌美术馆、南昌瓷板画研究中心) | 南昌画院(南昌美术馆、南昌瓷板画研究中心) |
| “金山银山·绿水青山”喜迎党的二十大胜利召开——江西省山水画大展 | 2022年6月10—24日 | 南昌美术馆 | 江西省美术家协会、江西画院、南昌画院 | 江西省美术家协会国画艺术委员会 |
| 喜迎党的二十大胜利召开——南昌市老年书画协会会员优秀作品展 | 2022年7月4—8日 | 南昌美术馆 | 南昌市老年书画协会 | 南昌画院(南昌美术馆、南昌瓷板画研究中心) |
| 南昌市老年书画协会耄耋会员书画作品展 | 2022年7月11—15日 | 南昌美术馆 | 南昌市老年书画协会 | 南昌画院(南昌美术馆、南昌瓷板画研究中心) |
| 庆祝中国人民解放军建军95周年——南昌画院红色主题美术作品展 | 2022年8月5日至9月30日 | 南昌美术馆 | 南昌画院 | 南昌画院(南昌美术馆、南昌瓷板画研究中心) |
| 喜迎党的二十大胜利召开——砥砺前行40载的南昌市人大系统书画作品展 | 2022年9月13—22日 | 南昌美术馆 | 南昌市人大办 | 江西省美术家协会、江西画院、南昌画院 |
| 江右功夫——第二届江西省工笔画作品展 | 2022年9月2日至10月16日 | 南昌美术馆 | 南昌市委宣传部 | 南昌画院(南昌美术馆、南昌瓷板画研究中心) |
| 翰墨春秋——罗文华从艺60周年美术作品展 | 2022年10月20日至11月10日 | 南昌美术馆 | 南昌画院 | 南昌画院 |
| “踔厉奋发,勇毅前行”南昌第四届书法篆刻作品展 | 2022年11月12—22日 | 南昌美术馆 | 南昌市文联 | 南昌画院 |
| 全国青年水彩艺术家联展 | 2022年11月26日至12月11日 | 南昌美术馆 | 南昌画院 | 南昌画院 |
| 江西水彩、粉画邀请展 | 2022年11月26日至12月11日 | 南昌美术馆 | 南昌画院 | 南昌画院 |

## 2022 年南昌瓷板画展厅展览情况一览表

表 10

| 展览名称 | 展出时间 | 展览地点 | 展览主办单位 | 展览承办单位 |
|---|---|---|---|---|
| 南昌市庆祝中国人民解放军建军95周年——红色主题美术作品展 | 2022年8月1日至9月30日 | 南昌美术馆一楼、南昌瓷板画展示中心 | 市文广新旅局 | 南昌画院（南昌美术馆、南昌瓷板画研究中心） |
| 瓷上肖像画线上主题展之一——“一生向阳，时光的模样” | 2022年4月1日 | 线上 | 市文广新旅局 | 南昌画院（南昌美术馆、南昌瓷板画研究中心） |
| 瓷上肖像画线上主题展之二——“英雄的色彩如此绚丽” | 2022年3月24日 | 线上 | 市文广新旅局 | 南昌画院（南昌美术馆、南昌瓷板画研究中心） |
| 瓷画馆里寻名画 | 2022年2月10日 | 线上 | 市文广新旅局 | 南昌画院（南昌美术馆、南昌瓷板画研究中心） |
| 瓷画绘风采——热血重温奥运荣耀时刻，激情迎接北京冬奥 | 2022年1月13日 | 线上 | 市文广新旅局 | 南昌画院（南昌美术馆、南昌瓷板画研究中心） |
| 滕王阁风景区虎年主题展 | 2022年1月19日至2月16日 | 滕王阁风景区 | 南昌市滕王阁管理处 | 南昌画院（南昌美术馆、南昌瓷板画研究中心） |

## 2022 年南昌画院画家相关作品获奖情况一览表

表 11

| 作品名称 | 作　者 | 作品类别 | 获奖名称 | 奖项主办单位 |
|---|---|---|---|---|
| 《任正非》 | 万伊泓 | 绘画 | “百花杯”评审活动 银奖、中国工艺美术产业发展大会“中鼎杯”创意设计作品大赛银奖 | 中国工艺美术协会 |
| 《镜中人》 | 郝　亮 | 绘画 | “百花杯”评审活动 铜奖 | 中国工艺美术协会 |
| 《貌婉心娴》 | 范　宇 | 绘画 | “百花杯”评审活动 铜奖 | 中国工艺美术协会 |
| 《虔诚》 | 武育伦 | 绘画 | “百花杯”评审活动 铜奖 | 中国工艺美术协会 |
| 《傈僳族老人》 | 谈承勇 | 绘画 | 中国工艺美术产业发展大会“中鼎杯”创意设计作品大赛银奖 | 中国工艺美术协会 |
| 《飞天仕女六条屏》 | 周小玲 | 绘画 | 中国工艺美术产业发展大会“中鼎杯”创意设计作品大赛银奖 | 中国工艺美术协会 |
| 《溪山雅集图》 | 林　川 | 绘画 | 中国工艺美术产业发展大会“中鼎杯”创意设计作品大赛银奖 | 中国工艺美术协会 |
| 《姆巴佩》 | 赵建新 | 绘画 | 中国（大连）国际文化旅游产业交易博览会“中艺杯”工艺美术优秀作品大赛 银奖 | 中国工艺美术协会 |
| 《中国力量——石智勇》 | 郝　亮 | 绘画 | 中国（大连）国际文化旅游产业交易博览会“中艺杯”工艺美术优秀作品大赛 铜奖 | 中国工艺美术协会 |
| 《母与子》 | 范　宇 | 绘画 | 中国（大连）国际文化旅游产业交易博览会“中艺杯”工艺美术优秀作品大赛 铜奖 | 中国工艺美术协会 |
| 《静静的卢舍那》 | 方白蕾 | 绘画 | 中国（大连）国际文化旅游产业交易博览会“中艺杯”工艺美术优秀作品大赛 铜奖 | 中国工艺美术协会 |
| 《故乡的雪》 | 熊莞婷 | 绘画 | 中国（大连）国际文化旅游产业交易博览会“中艺杯”工艺美术优秀作品大赛 铜奖 | 中国工艺美术协会 |

## 2022年文艺作品入选相关展览情况一览表

表12

| 作品名称 | 作　者 | 作品类别 | 入选名称 | 主办单位 |
|---|---|---|---|---|
| 《人民艺术家》 | 娄　远 | 中国画 | 第四届“陆俨少奖”全国中国画展 | 浙江画院 |
| 《面纱》 | 张　欣 | 水彩 | 芳香盈路——2022江西省女美术家优秀作品展 | 江西省美协 |
| 《子夜》 | 张　欣 | 水彩 | 江西省生态文明宣传作品展 | 江西省美协 |
| 《樟树国字山战国墓——历史回音》 | 蓝　威 | 油画 | 江山壮丽 大美赣鄱——喜迎党的二十大胜利召开大型主题美术书法摄影作品展 | 江西省委宣传部、江西省文联、江西省文旅厅 |
| 《光明——微笑》 | 易彤云 | 中国画 | 百年赣鄱耀中华——庆祝中国共产党成立100周年江西省大型美术书法诗词创作展 | 江西省文联 |

（资料来源：市文广新旅局）

## 文化遗产保护

**【概况】** 2022年，南昌市文物系统坚持稳中求进，守正创新，增强文物保护意识，加大文化遗产保护力度，履行文物保护职责，探索创新文物利用模式。南昌八一起义纪念馆报送的《“八一”起义指挥部旧址——传承守护人精神》入选全国革命文物保护利用案例。开展南昌新四军军部旧址陈列馆文物征集工作，全年共征集到文物4件，分别为20世纪40年代华中银行发行的抗日纸币3种以及民国时期的望远镜一架，展览水平得到有力保障。充分利用非遗项目资源，壮大非遗产业，推进非遗创造性转化、创新性发展，让非遗文化融入公众生活，有效发挥非遗在唤醒节日记忆、增强文化认同、促进文旅融合方面作用。7月14日，南昌市文物局举行揭牌仪式，在市文广新旅局基础上加挂“南昌市文物局”牌子，标志南昌市文物保护工作迈上新台阶。

**【获评第三届（2021）全国革命文物保护利用十佳案例】** 2022年3月，由国家文物局指导，中国文物学会、中国文物报社主办的第三届（2021）全国革命文物保护利用十佳案例宣传推介活动专家终评会在北京召开。南昌八一起义纪念馆“社会+”革命文物办展实践项目从24个省（自治区、直辖市）的166个申报案例中胜出，获评第三届（2021）全国革命文物保护利用十佳案例。“社会+”革命文物办展实践项目主要依托“百年回望 红心向党——庆祝中国共产党成立100周年主题展”，探索推出“社会+”文物征集、“社会+”合作策展、“社会+”宣教传播相结合的“社会+”革命文物办展模式，让观众从被动的“参观者”向主动的“策展者、体验者、宣讲者”转变，引导社会各界人士关注革命文物保护、参与革命文物展示、宣讲革命文物故事，为强化革命文物保护、活化革命文物利用、强化红色基因传承探索出一条新路，是南昌八一起义纪念馆创新办展的一次有益探索和生动实践。

**【南昌市博物馆联盟成立】** 2022年，为整合南昌市博物馆资源，搭建合作交流平台，促进博物馆事业高质量发展，组建成立南昌市博物馆联盟，制定《南昌市博物馆联盟章程》《南昌市博物馆联盟宣言》《南昌市博物馆联盟合作协议》《南昌市博物馆联盟组织架构》文件。至年底，南昌市博物馆联盟共有25家理事单位，其中国有博物馆10家、非国有博物馆13家、行业博物馆2家，涵盖革命文物、书画、钱币、丝绸、矿物、工艺美术等多个门类。

**【非国有博物馆扶持政策出台】** 2022年，南昌市出台《南昌市非国有博物馆扶持办法》，鼓励和引导社会力量参与博物馆事业，促进文化繁荣兴盛。根据《南昌市非国有博物馆扶持办法》，南昌市组织开展2021年度南昌市非国有博物馆运行评估工作。全市共有10家非国有博物馆参加评估，最终评选出“优秀”等次2家。

**【文物保护单位“四有”档案及文物地图编制完成】** 2022年，全市各级文物保护单位编制完成“四有”（有保护范围、有管理机构、有保护标志、有记录档案）档案及文物地图，建立相对完善的不可移动文物数据库，提升文物保护水平，完善文物保护单位基础档案。

**【市级文物安全检测系统（一期）建设完成】** 2022年，根据省文物局《全省文物火灾隐患整治和消费能力提升三年行动实施方案》要求，南昌市建设完成市级文物安全检测系统(一期),并接入江西省文物安全监管平台,进一步提升文物安全防范水平。全市68处文保单位接入摄像头,有效提升文物安全监管智能化水平,完善文物安全长效机制。

**【南昌江电路古墓考古发掘】** 2022年3—5月,市博物馆与省文物考古研究院组成联合考古队对西湖区江电路古墓进行发掘。该区域发现古墓10座,主要出土器物为青瓷器、陶器、铁器、铜器等30余件(套),其中M6出土的唐代砖刻墓志铭为南昌地区首次发掘出土。该墓志铭具有明确纪年,为长庆四年。该墓的发掘为研究江西地区唐代墓葬确定年代标尺,同时也为南昌地区的唐代历史文化提供重要实物资料。

**【参与南昌地区考古调查工作】** 2022年,市博物馆协助省文物考古研究院对南昌西二环高速和昌九客运高铁专线南昌地段分别进行考古调查工作。南昌西二环调查项目,调查面积450万平方米,新发现各类遗址墓葬点7处,并核查南昌市文物保护单位铜锣山遗址与安义县文物保护单位营盘山遗址。昌九客运高铁专线南昌地段调查项目,调查区域涉及南昌县、青云谱区、青山湖区、南昌高新区、南昌经开区等地,调查路线70千米,对南昌县马井遗址进行复查。

**【南昌地下文物资源普查】** 2022年,市博物馆在完成第一期南昌市地下文物资源普查项目基础上,启动第二期南昌市地下文物资源普查项目。该项目调查区域面积290平方千米,在调查区域内发现先秦时期古文化遗址12处,汉晋时期古墓葬群8处。普查项目的实施,不仅发现丰富的先秦文化遗址,也发现数量较多的西汉至六朝时期古墓葬,充分证明南昌历史文化源远流长、底蕴深厚,体现南昌在中华文明发展演进过程中的价值和地位。

**【可移动文物数字化保护利用项目】** 2022年6月,南昌新四军军部旧址陈列馆可移动文物数字化保护利用建设项目正式启动。10月21日,项目完成。该项目通过数字化采集、数字化教育、数字化展示3个方面,全面向游客展示新四军馆数字资源、视频慕课、数字展厅、教育活动信息,打造真实直观的展示与服务系统。

**【南昌新四军军部旧址保护修缮工程】** 2022年,国家文物局下拨经费,用于实施南昌新四军军部旧址保护修缮工程(屋架、屋面部分)。7月,南昌新四军军部旧址陈列馆开始施工。12月14日,工程完工并进行初步验收。南昌新四军军部旧址(屋架、屋面部分)工程的施工,解决长期以来旧址雨天漏水、强风落瓦问题,对旧址保护利用具有重要意义。

**【“我画非遗”——南昌市主题美术创作展】** 2022年7月20日至8月5日,“我画非遗”——南昌市主题美术创作展在市文化馆展出。展览围绕“乡土情怀”“乐享非遗”“我爱非遗”主题,共征集到瓷板画、国画、绘染布画、豫章绣、烙画作品200余幅,经各县(区)筛选,共有45幅参展,最终优选出30幅作品报送参加“我画非遗”——江西省主题美术创作展。

**【非遗代表性项目申报】** 2022年,全市完成国家级非遗5项、省级非遗47项、市级非遗184项,省级传承人33人、市级传承人125人推荐申报工作。市文化馆组织推荐八一起义故事、方志敏故事、南昌民谣、塘南贺郎歌等22项省级非遗项目申报,3名省级传承人申报国家级代表性传承人;推进“非遗小镇”申报工作,其中进贤文港、李渡,南昌县塘南,安义黄洲等9个乡镇参与申报工作。南昌市主动融入非遗工坊省级示范点建设。2月,南昌市萧坛云雾茶制作技艺、百年封缸米酒2个非遗工坊项目获全国“非遗工坊典型案例”。

**【“视频直播家乡年,我的江西年”活动】** 2022年春节期间,市文化馆(市非物质文化遗产研究保护中心)通过抖音平台进行“视频直播家乡年,我的江西年”南昌非遗小吃专场直播活动,邀请筱贵林南昌谐谑故事代表性传承人徐志、主持人阿邓与广大市民共话南昌民俗,推介南昌非遗小吃。该次直播吸引1.2万人次在线观看,观看量达20万人次,充分展示南昌非遗美食和非遗文化,传递南昌人记忆中乡音年味。

**【“文化和自然遗产日”展示展演活动】** 2022年6月,南昌市第四届市民文化艺术节开幕式暨2022年南昌市“文化和自然遗产日”展示展演活动在万寿宫历史文化街区举行。活动推出一批优秀非遗项目进行展演、展示、展销,现场吸引众多市民游客驻足观赏、打卡体验,并与非遗传承人进行现场互动,近距离欣赏非遗、体验非遗、感受非遗之美。该次活动线下服务3万人次。

**【非遗进校园】** 2022年,市文化馆(市非物质文化遗产研究保护中心)利用馆内文化资源,以南昌市非物质文化遗产项目为主题,推动非遗进校园活动,让更多孩子在学习与体验中了解南昌非遗,为全面普及非物质文化遗产知识,形成人人知、爱、学非物质文化遗产的良好局面打下基础。开展“一校一非遗”品牌活动,让每一所学校都有一项特色非遗项目进入课堂,让孩子们在零距离接触非物质文化遗产过程中,增强保护优秀传统文化责任意识。至年底,全市开展“我是小小传承人”非遗手工体验课程18期,培训学生 450 人次。

（马　婧）

## 新闻出版

**【概况】** 2022 年，市文广新旅局通过宣传引导鼓励市民通过登记版权保护原创作品著作权益，推进版权示范企业培育工作。推荐江西中至科技有限公司申报“全国版权示范单位”和南昌谷联贸易有限公司申报“全省版权示范单位”。开展软件正版化使用推广工作，组成 2 个督察组，检查 20 家市直单位软件正版化台账及日常管理工作情况和 110 台电脑正版软件安装使用情况。

**【2022 江西南昌版权保护月活动】** 2022 年 4 月 20 日至 5 月 19 日，2022 江西南昌版权保护月活动在东湖区举办。活动由市文广新旅局（南昌市版权局）主办，东湖区委宣传部、东湖区文广新旅局承办。活动以招商・东湖意库为空间载体，开展多场版权成果展览、版权讲座、线上课堂、线上电影沙龙、线上版权市集、艺术家专访等，打造实现登记、认证、交易、维权的版权产业链条，依法保护创新成果，促进文化消费和产业繁荣，推动南昌市经济发展。在“4・26”世界知识产权日，华东交大知识产权学院院长张祥志以“文化创新的版权之维——兼谈版权案例、政策、态势与应对”为主题，直播一场线上知识产权讲座。讲座从版权案例分析、知识产权与版权、版权发展新态势、文化创新的版权维护等 4 个方面深入浅出地为观众普及版权相关知识，当日直播观看量 10.41 万人。4 月 29 日、5 月 1 日晚，开启 2 场以“电影与版权”为主题的线上沙龙，邀请多位豆瓣知名影评人和南昌本土电影创作者视频连线共同探讨电影版权问题，并与观众嘉宾互动，围绕版权话题提出问题、发表观点，观看量 10 万余人次。同时，开展线上版权成果展览及艺术家专访，邀请江西知名的民间文艺家（涵盖舞蹈、戏剧、摄影、影像、装帧设计、珠宝设计等各领域）进行专访，就艺术作品与版权保护提出意见和建议。5 月开始，东湖意库开展系列版权作品成果展览。展览内容涵盖“低碳生活”中小学优秀作品艺术展、2022 江西高校优秀作品艺术展、2022 江西民间文艺作品展、“意”象南昌摄影作品陈列展。该次版权保护月系列活动旨在通过多维度活动，增强全社会尊重和保护版权意识，让大众了解版权就在身边，保护版权就是保护创新。

**【打击侵权盗版工作联席会】** 2022 年 5 月 19 日，全市打击侵权盗版工作联席会在二十一世纪出版社召开。市版权、公安、检察、法院、文化执法等部门有关负责人出席。会上，市版权、公安、检察、法院、文化执法等部门负责人对侵权盗版行为的处置工作进行研究和部署，协商探讨行政、刑事案件快速办理的可复制模式，节省办案周期，真正实现快立、快查、快诉、快判目标，为未成年人健康成长保驾护航。二十一世纪出版社、江西美术社有关负责人介绍被侵权盗版情况。

**【“南昌历史文化丛书”修订版专家学者讨论会召开】** 2022 年 5 月 19 日，市文广新旅局在市博物馆会议室组织召开“南昌历史文化丛书”修订版专家学者讨论会。会议邀请部分“南昌历史文化丛书”主编和副主编对再版事宜进行讨论座谈。市文广新旅局、市博物馆有关负责人及相关编纂业务人员参加会议。与会专家肯定“南昌历史文化丛书”修订版的必要性，认为南昌是全省的政治、经济、文化中心，又是国家历史文化名城，对全面梳理南昌历史文化、挖掘提炼文化特色、打造城市文化品牌有着积极意义，并提出具体意见和建议。“南昌历史文化丛书”修订版被列入“南昌市委 2022 年文化体制改革专项——南昌城市形象‘五个一’项目”。

**【《我们的八一》入选《2022 年农家书屋重点出版物推荐目录》】** 2022 年 3 月，由南昌八一起义纪念馆编纂的《我们的八一》手绘书，入选国家新闻出版署印发的《2022 年农家书屋重点出版物推荐目录》。《我们的八一》是一本生动还原南昌起义的红色主题儿童绘本，以时间为横轴，通过“危难中奋起”“伟大的决策”“打响第一枪”“致敬英雄”四个主要篇章，将南昌起义的起因、发展和结果展示出来；以南昌八一起义纪念馆为纵轴，围绕馆内外的旧址建筑和陈列文物，如“江西大旅社”“民众支援”“起义武器”等，对故事脉络和知识体系进行充实和延伸。全书政治立场鲜明、史实准确，既可以作为广大青少年参观南昌八一起义纪念馆的指南，也可以作为青少年学习和了解党史的课外读本。

**【主题报道】** 2022 年，南昌日报社各媒体平台开设《奋进新征程 建功新时代》、《喜迎二十大　省会显担当》、《镜头里的十年》、《强省会我们在行动》、《优化营商环境》、《大南昌都市圈》、《打通断头路 畅通微循环》、《“胡子工程”攻坚销号》、来自重大重点项目的一线报道等专栏专题，形成全方位、立体化、高密度的宣传氛围。南昌日报社获得第 29 届江西新闻奖 8 项，第 24 届江西报刊网络新闻奖 26 项；获得赵超构新闻奖 5 项；策划推出的《非凡十年 精彩南昌》系列视频入选中国城市党报“党的二十大融媒体精品案例”；4 件作品在全省融媒双月赛中获奖。

**【媒体上稿宣传】** 2022 年，南昌日报社加强对接《人民日报》《新华每日电讯》《经济日报》《光明日报》等 4 家中央媒体，共完成中央媒体等上稿451篇。南昌市全年在中央媒体等上稿工作取得全省第一名。承办的“学习强国”南昌学习平台在总平台上稿227篇、省平台上稿3057篇，供稿数量质量均居全省前列。其中，自主策划的《英雄城荣光》专题被“学习强国”学习平台首页及军事、党史频道重点推送。挂牌成立国际传播中心，拥有海外“粉丝”总数占全市外宣账号总“粉丝”数的66.7%。通过加大对外宣传力度，进一步讲好南昌故事、增强南昌自信。

【媒体融合平台建设】 2022年，南昌日报社自主研发的南报应用平台累计服务微信用户2400余万人次，新开发小程序9个、云平台3个、H5类产品85个。自建的“南昌头条”和“爱南昌”客户端下载量分别突破223万次和106万次，日阅读量超过140万人次。《南昌晚报》微信“粉丝”突破206万人次、抖音“粉丝”突破385万人次，《南昌新闻》微信“粉丝”突破176万人次。12月，省融媒体中心公布的主要媒体机构微信公众号排行中，《南昌晚报》列第二位、《南昌新闻》列第四位；抖音排行中，《南昌晚报》列第一位；设区市微信公众号排行中，由南昌日报社代运维的“南昌发布”列第一位。全年发布微博话题70余个，其中“这里是南昌”话题阅读量超1.1亿人次。八一建军节期间，推出原创歌曲《光荣啊！南昌》，全网关注度超1000万人次，并在全省融媒“双月赛”中获奖。南昌日报社融媒体中心获城市党报“双胜利”宣传工作先进集体。

【宣传品牌打造】 2022年，突出“言论立报”，打响“南仲平”品牌。《南昌日报》重磅推出《强信心 蓄胜势》《拉满弓 上满弦》《勇担当 优作风》3篇文章，引起强烈社会反响。突出“暖新闻”，打响公益品牌。继续组织做好“千愿牵手”“爱心送考”“最美家乡人”等主题活动，12月底报道的进贤县舒龙岗获2022年度全国“最美家乡人 引领创新奖”，也是《南昌晚报》“最美家乡人”活动连续8年推荐人物获得全国公益奖项。突出“地方特色”，打响采风活动品牌。组织一批网络名人、媒体记者、知名诗人开展“南昌麦园变美了”“南昌湿地有多美”等融媒体采风活动，在全国数十个城市主流媒体刊发稿件、文章100余篇，话题总阅读量超800万人次。“南昌湿地有多美”专题获得全省市县融媒体优秀原创作品二等奖。突出“民生服务”，打响原创视频品牌。开设各领域原创视频栏目《婉儿聊科普》《探客南昌》《你好南昌》等，总阅读量超1500万人次；开设《小心有诈》直播栏目，全年直播在线超1000万人次，点赞超960万人次。

【信息安全建设】 2022年，南昌日报社严把《南昌日报》编印质量关，认真执行“三审三校”制度。在二季度、四季度全省报纸版面抽检中，《南昌日报》版面质量均排全省第一名；在三季度省委宣传部关于党的二十大宣传报道专题审读中，《南昌日报》编校差错率在全省报刊中最低，质量排第一名。加强网络信息安全建设，实施网络安全项目，完成信息系统等级保护测评、信息系统风险评估、机房空调维保、报纸发排系统升级、网络设备及安全设备更新项目等工作，为意识形态安全筑牢技术保障。健全网络安全制度，包括网络安全工作责任制实施细则、网络安全技术管理制度、机房管理规定、数据安全及用户个人信息保护工作实施细则等，从制度上堵塞漏洞、防范风险，确保网络意识形态安全问题“零发生”。9月，省委网信办在检查督导中对南昌日报社网络内容安全管理工作给予肯定，《江西网信动态》第18期将南昌日报社特色做法专门推荐供全省各地、各单位学习借鉴。

（马 婧 葛 静）

## 广播电视

【概况】 2022年，市文广新旅局把握正确舆论导向，开展广播电视产业统计，加强境外卫星电视传播秩序专项整治，抓牢播出安全保障，全年安全播出及广电信息网络安全“零事故”。南昌广播电视台按照“最忠诚，最专业，最市场”发展思路，精准实施“五力”（外宣力、制作力、融合力、技术力、监督力）提升工程，着力开辟新领域新赛道、构筑新动能新势力，意识形态主阵地更加牢固，主责主业成效明显增强，产业步入良性发展轨道。全年，南昌广播电视台共开设广播电视栏目61个，播出节目1.91万期。其中，电视开设栏目24个，播出节目4265期；广播开设栏目37个，播出节目1.48万期。

【应急广播信息化建设】 2022年，南昌市加快应急广播信息化建设，市级应急广播平台投入使用，全市1163个建制村完成8583个村级应急广播终端建设，实现与全市10个县（区）平台对接。对接完成后，可实时监测和采集各县区数据，并向各县区发送应急信息。南昌广播电视台创新数字化新业态，研发“基于广电5G架构的移动物联数字传媒”系统架构。该项目在全市建设移动数字传媒屏幕4000块，实现视频播控数智化，实现5G在全国广电移动电视行业领先运用，技术具有可推广性。项目获得第五届“绽放杯”5G应用征集大赛江西区域赛——“5G+融媒体类”行业赛二等奖。

【党的二十大安全播出保障】 2022年，南昌市成立迎接党的二十大广播电视和网络视听安全播出保障工作领导小组，出台《南昌市迎接党的二十大广播电视和网络视听安全播出保障工作方案》(以下简称“工作方案”),与广播电视播出机构及县(区)融媒体中心签订《迎接党的二十大广播电视和网络视听安全播出责任书》,与县(区)广电行政部门、广播电视播出机构、融媒体中心联动,开展迎接党的二十大广播电视和网络视听安全播出应急演练。在党的二十大召开前,全市开展应急演练7次。按照工作方案要求,全市广播电视播出机构和网络视听单位认真落实工作任务和职责,完成党的二十大重要保障期直转播工作。

【守牢广播电视阵地】 2022年,市文广新旅局及时牵头组织市委政法委、市公安局、市市场监管局等单位召开境外电视传播秩序和打击非法卫星地面接收设施联席会议,开展常态化集中整治行动。至年底,在全市范围内集中开展各类整治活动6次,出动整治车辆227辆次、整治人员366人次,查处非法销售点78处,收缴、拆除非法接收设施256套、非法印发宣传品3000余份,查处非法销售境外电视接收设备案件1起、非法销售安装境外卫星传输设备案件1起。

【构建全媒体传播格局】 2022年,按照“移动优先”原则,将原电视新闻中心、广播新闻频率、新媒体发展中心、外宣通联中心部门融合,成立全媒体传播中心,形成全媒体采集、全媒体分发、全媒体考核传播体系,初步实现市县两级新闻资源的有效整合和全网分发。以宣传城市形象IP为定位的融媒体直播产品《早安南昌》,获评“江西广播电视第二季度创新创优节目”,官博话题阅读量2.3亿次。同时,落实市委十二届三次全会关于实现大南昌都市圈新闻信息同城化要求,依托广电5G移动物联数字传媒项目在南昌和永修实现公交移动数字电视覆盖,超过4000块屏幕投入运营,初步形成新闻宣传“同城化”效应。

【党的二十大精神宣传】 2022年,推出“奋进新征程 建功新时代”“二十大时光”等20余个党的二十大专题专栏,以及“大美南昌”“江豚归来”等13个重点宣传项目。党的二十大召开期间,南昌广播电视台在中央广播电视总台发稿37条,日均上稿4.6条。采制选送的南昌地标画面在中宣部迎接党的二十大重点专题片《新时代》中播出。党的二十大主题报道《追光者》在国内20余个主要城市媒体,以及美国纽约、旧金山、洛杉矶三地的天下卫视频道和加拿大600国际频道、新西兰33电视频道等海外媒体同步播出。

【宣传全市中心工作】 2022年,围绕市委、市政府中心工作,聚焦强省会战略、“一枢纽四中心”建设、“双一号”工程、“胡子工程”攻坚等中心工作展开全媒体宣传,唱响主旋律、汇聚正能量、振奋精气神。按照“两实两全两展示”要求,跟踪拍摄60余个全市重大重点工程,制作推出超过300分钟专题纪录片、汇报片,实现在市委常委会常态化播放,同时在市县“两会”、市委经济工作会、省市县三级重大项目协同联动开工大会等重要政治场合上播放,凝聚起全市上下致力打造“一枢纽四中心”,加快提升南昌发展首位度和综合竞争力的强大共识。

【省级以上媒体上稿】 2022年,南昌广播电视台在中央广播电视总台发稿942条,在江西广播电视台发稿1657条。其中,央视发稿732条,同比增长127.3%;中央人民广播电台《新闻和报纸摘要》、《新闻联播》发稿210条,增长48.9%。连续4年在央视《新闻联播》发稿量位居全国省会城市、计划单列市电视媒体前列;在全省11个设区市中实现央视《新闻联播》发稿“19连冠”以及《江西新闻联播》发稿“14连冠”;2022年获中央总台中国之声新闻发稿突出贡献奖。

【精品工程】 2022年,坚持思想性、艺术性、观赏性相统一,推出广播作品《江豚“组团”畅游赣江》(短消息)、《家门口的“幸福圆桌”》(长消息)、《英雄城新家乡》(专题),电视作品《百岁校友许渊冲》(专题),广播文艺作品《建党百年 筑梦初心——唱响心中的那首歌》,播音主持作品《每日新闻(2021.7.1)》(电视主持)等6部作品获2021年度江西广播电视奖一等奖。《家门口的“幸福圆桌”》《百岁校友许渊冲》获得第二十九届江西新闻奖一等奖。论文《新时代重大主题报道的逻辑理路——以党的二十大宣传报道为例》在江西省新闻工作者协会“新时代重大主题报道创新与实践”新闻论文评选活动中获得一等奖。纪录片《江豚归来》被纳入中宣部国际传播局“Z世代”工作重点项目、国家广电总局“十四五”规划重大主题宣传策划项目以及江西省广播电视局2022年宣传重点选题项目,并获2022江西文化艺术基金重点项目立项资助。该片于12月25日在美国天下卫视播出,覆盖全美50个州、2000余个城市,收看观众1700万人;同时在“NanchangChina”Twitter官方账号、纪录中国YouTube账号等海外平台推送,还在总台央视纪录频道、中国国际电视台(CGTN)和凤凰卫视播出,获评国家广电总局2022年度优秀纪录片。

【会展宣传服务】 2022年,将展会服务与新闻宣传融合发展、互为促进,宣传南昌形象,扩大南昌影响,带动南昌发展。承办江西“三风”榜样人物发布会、“江西好人”发布仪式、江西省暨南昌市科技活动周、国家外文局首届战略传播论坛、全省首届职业技能大赛等大型会展活动和2022世界VR产业大会宣传服务。

**【“基于广电5G架构的移动物联数字传媒”系统架构研发】** 2022年，研发“基于广电5G架构的移动物联数字传媒”系统架构，通过广电播控、广电专网和5G数据传输技术相融合，实现云端视频数据多元智能播控和点对点、点对面的千屏千面式个性化视频传播，形成覆盖城市移动出行场景下的视频直播移动物联数字媒体，实现5G在全国广电移动电视行业领先运用。该项目获得第五届“绽放杯”5G应用征集大赛江西区域赛——“5G＋融媒体类”行业赛二等奖。

（马　婧　张姣婕）

## 文化产业

**【概况】** 2022年，市文广新旅局加快推进“文化强市”建设，以文旅产业政策为保障，充分发挥文旅项目带动作用，深入实施文旅融合，提升文旅消费，推动文化和旅游产业高质量发展。全市有规模以上文化企业367家，同比增加65家，实现营业收入547.29亿元，增长1.9%。全年新签约文旅项目29个，签约金额175.53亿元。其中，落地签约项目24个，总投资额160.85亿元。获评2个国家级夜间文旅消费聚集区。南昌市电影市场复苏平稳有序，各级电影主管部门和影院按照《电影放映场所恢复开放疫情防控指南》（第三版）要求，做好影院安全生产和疫情防控、农村公益电影放映、影院纾困扶持、重点影片参评“五个一工程”评选、及时拨付省级电影专项资金等工作。全年新增影院3家，新增银幕22块，进入南昌加盟业务的院线23条。全市共有营业影院81家、银幕541块。《邓小平小道》全年票房2200万元，并作为省委宣传部重点推荐影片，向中宣部推荐参加第十六届精神文明“五个一工程”评选。

**【2022南昌休闲消费季活动】** 2022年4—6月，南昌市举办2022南昌休闲消费季活动。活动采取线上线下联动方式，举办短视频团购大赛、“乐游洪都”旅游专题活动。至年底，全市累计开展促文旅消费活动700余场次，吸引126万人次参与，整体活动曝光8000万次，带货共829万元。

**【2022“百城百夜”文旅消费季活动】** 2022年，市文广新旅局组织参与开展江西2022“百城百夜”文旅消费季活动。7—10月，南昌市及各县区出台相关支持政策24条，开展线上线下活动1000余场，引导企业让利5131万元。其中，红谷滩区以总销售额681.96万元取得全省第二，东湖区以400.54万元名列全省第五，青云谱区以296.82万元名列全省第11。

**【实施全市文化旅游产业链链长制】** 2022年，制定出台《推动全市文化旅游产业链链长制深入实施工作机制》，明确工作思路，建立产业链完善提升机制、循环畅通机制、要素保障机制、精准服务机制四大机制。制定《2022年南昌市文化和旅游产业链链长制工作要点》，明确全年41项具体工作。建立工作制度，注重问题整改。实施“铸链、补链、壮链、延链、固链”行动，补短板强弱项，深化供给侧结构性改革，确保市文化和旅游产业链各项工作推进。

**【“文旅贷”金融政策落实】** 2022年，市文广新旅局落实“文旅贷”政策，助力中小微文旅企业纾困发展。全年新增5家企业入库，共获贷款2900万元，获贷金额居全省第一位。同时，组织指导全市文旅企业参与文化旅游领域设备采购贷款贴息项目申报，协调江西文化演艺发展集团有限责任公司舞台乐器设备购置项目、安义古村群全域智慧旅游文化设备购置项目、安义古村群研学旅行接待中心设备购置项目完成签约。项目贷款总额2.55亿元，总投资7.1亿元。

**【电影行业复工复产】** 2022年，市文广新旅局对全市78家影院按照每个座位5元标准给予补助，助力影院复工复产，购买防疫物资。至年底，全市复工营业影院74家，复工率95%，居全省首位。全年，全市电影票房2.45亿元，占全省总票房的28.1%，居全省首位、中国城市票房第26位。全年观影1080.3万人次。其中，票房超过1000万元影院有7家。

（马　婧）

## 文化市场管理

**【概况】** 2022年，市文广新旅局以繁荣市场为第一要务，以规范市场为第一保障，不断强化执法队伍素质建设，完善文化旅游市场监管机制，开展文化旅游市场治理整顿，打击各类违法经营行为，规范文化旅游市场经营秩序。全年，市文化市场综合执法支队出动检查人员8192人次，检查经营单位3211家次。其中，检查网吧1183家次，娱乐场所538家次，网络文化198家次，广播电视246家次，出版市场545家次，版权市场16家次，演出市场79家次，文物保护单位8家次，艺术品市场17家次，旅游市场152家次，其他文化市场经营单位229家次。通过对重点区域、重点部门、重点环节、重点市场进行高密度、高频次、地毯式检查巡查，在强化日常监管同时排查文化经营单位安全生产隐患，确保全市文化市场稳定繁荣。

**【文化市场整治】** 2022年，市文化市场综合执法支队集中开展未经许可经营旅行社业务专项整治行动、旅行社及服务网点不合理“低价游”

专项整治行动、打击养老诈骗整治行动。组织开展安全生产和疫情防控专项巡查行动、“黑电台”和境外卫星电视违规接收专项整治行动、影院偷瞒票房和影视作品侵权专项整治行动、“扫黄打非”专项整治行动、净化校园周边文旅市场环境专项整治行动、电子游艺场所专项整治行动、清理劣迹艺人违禁歌曲和防范劣迹艺人转移阵地复出专项整治行动、网络文化市场集中执法检查专项行动、网络直播和音乐检查专项行动、剑网行动、暑期网吧以及文化和旅游市场“风暴”行动、落实艺术品经营管理办法等，有效规范市场秩序。

**【执法监督】** 2022 年，市文化市场综合执法支队制定年度抽查计划，根据法定监管职能以及支队实际情况，动态清理完善“三库”（执法对象库、执法人员库、执法事项库），全面调整“人员”库，新增对象库 3000 余个。完成年度“双随机、一公开”抽查任务 198 项，占支队检查事项的 100%，实现全覆盖。联合有关部门开展“双随机、一公开”检查 72 项，抽查 187 家经营单位。强化事前公示，推动事后公示。按照落实重大案件使用《重大执法决定法制审核表》要求，实现重大行政决定法制审核全覆盖，对 59 起案件、提出 300 余条整改意见，不断提高执法人员行政执法案件办理质量和依法行政能力和水平，保障行政决定合法性、合理性，促进严格规范公正执法。

**【“扫黄打非”】** 2022 年，市文化市场综合执法支队开展“正道”“新风”集中行动和净网、清源、固边、秋风、护苗专项整治行动。联合各区“扫黄打非”办和市委网信办、市公安局等部门开展打击网络侵权盗版“剑网”专项行动。开展校园周边“耽美”类出版物专项检查行动和冬奥版权保护集中行动等，常态化开展对校园和宗教场所周边非法出版物执法检查。全年共出动执法人员 3832 人次、执法车辆 650 辆次，检查点位 1830 余家次，收缴非法出版物近 2 万册。督导查办案件 64 起，侦办行政案件 46 起（已办结）。其中，版权案件 10 起，上级转办线索转化为案件 6 起，全国挂牌督办案件 5 起。

**【打击非法侵权行为】** 2022 年，市文化市场综合执法支队对全市网络企业开展集中巡查，先后开展是否存在冬奥侵权网络产品及网络服务专项检查、属地门户网站和网络视听网站检查，防止非法转播冬奥赛事情况。同时，与市委网信办、市公安局联合，形成信息共享、线索移送机制，全面加强网络版权保护。至年底，累计检查网络企业 31 家次，出动执法人员 88 人次。

**【校园周边专项整治活动】** 2022 年，在全国两会、知识产权日、中小学开学前后和中高考等重要时间节点，市文化市场综合执法支队针对出版物市场、印刷市场、歌舞娱乐场所以及校园周边出版物市场开展多次专项行动。专项行动重点检查校园、商场、集市等周边的出版物经营单位、游商地摊，清查各类含有淫秽色情、暴力恐怖、封建迷信的“口袋本”图书，卡通漫画、游戏卡片及淫秽色情视频等有害出版物及传播工具；重点检查印刷复印企业承印内容、“五项制度”落实执行情况，查处未经批准擅自出版、印刷、传播涉禁止内容的印刷制品。联合市公安局、市城管和执法局等部门，开展校园周边联合执法，加强对校园周边经营业主普法，提升其法律自律意识。

**【旅游市场秩序治理】** 2022 年 3 月，市文化市场综合执法支队开展“未经许可经营旅行社业务”专项整治行动。5 月，陆续开展打击整治养老诈骗专项行动，邀请南昌市旅行社行业协会代表参加打击整治养老诈骗专项行动旅游市场宣传见面会，与市交通运输综合行政执法支队开展联合执法检查。6 月，开展“风暴行动”并承办“文旅部第四批旅游市场集中检查办案活动”。全年共检查旅行社 98 家次，导游 21 人次，发出责令整改通知书 9 份，立案调查 12 起（其中，旅行社 4 家，自然人 8 名），作出行政处罚决定 8 起，没收违法所得 8.11 万元，罚款 9.05 万元。

**【重点活动期间保障任务】** 2022 年，在世界 VR 产业大会、省市重要会议等重大活动期间，市文化市场综合执法支队配合省广电局传媒处、市委宣传部、国家安全局等单位开展接待酒店专项排查。采取“督导 + 复查”方式，排查电视安全播出隐患，督促问题整改。通过切断客房电视网络接口、修复交换机口令漏洞、强化卫星电视接收安全管理等方式，有效消除接待酒店电视黑客攻击风险，保障重点时段电视信号播出安全。至年底，排查接待酒店共 32 家次，出动执法人员 96 人次，梳理电视安全播出隐患 15 处。

**【开展法治宣传】** 2022 年，市文化市场综合执法支队组织开展专项法治宣传，在全社会营造出“学法、懂法、用法”良好氛围。全年开展专项法治宣传 20 余次，报送法治宣传信息 43 篇，媒体采用信息 18 篇。其中，省级网站、媒体采用 5 篇，市级网站、媒体采用 14 篇，文化南昌采用 8 篇、市文广新旅局网站采用 15 篇；省外网站、媒体采用 4 篇。

**【“剑网 2022”专项行动】** 2022 年 1—10 月，市“扫黄打非”办开展打击网络侵权盗版“剑网 2022”专项行动，以短视频、网络直播、体育赛事、在线教育、网络音乐、融媒体等领域侵权盗版行为为重点，不断加大网络版权执法监管力度，强化网络平台治理,持续巩固网络文学、电商平台等领域专项治理成果。专项行动共处理版权案件8起,删除虚假信息共12条,报请上级网信部门关停涉黄、涉赌类违法违规网站608家,责令属地下载站下架违法违规APP 318个。受理查处侵权类、赌博类、色情类和诈骗类等有害信息264件,对南昌某某网络科技有限公司处罚20万元。

(马　婧)

## 档案工作

【概况】 2022年,南昌市档案馆围绕中心、服务大局,始终牢记"为党管档、为国守史、为民服务"使命担当,锐意进取、开拓创新,扎实做好各项工作。努力拓展档案资源,加强档案接收前业务指导,做好市直单位和有关部门档案接收工作,做到接收流程规范、完善;开展南昌红色档案资料征集,编纂《峥嵘印迹——纪念南昌八一起义95周年》画册,展现"英雄城"南昌不忘初心、砥砺前行的力量;坚持服务群众、服务社会和经济建设,深化档案服务利用,深入开展档案宣传教育,举办"这座城——世纪影像南昌"和"6·9"国际档案日暨"喜迎二十大·档案颂辉煌"主题展览活动,切实发挥档案功能作用;坚持创新发展,强化档案安全体系建设和信息化建设,优化档案管理水平。至年底,馆藏总量63.6万卷、24.33万件,较上年底馆藏总量增长3.7%。

【档案资源建设】 2022年,市档案馆主动向各立档单位提供业务指导服务,督促各单位按规范和标准对到期档案进行整理。对市委老干局、湾里管理局等单位开展文书档案培训,累计开展286次业务指导。特别是在新冠疫情防控期间,业务指导主阵地转向线上,推出电话指导服务,有效提高各单位档案移交规范化水平,把好进馆档案质量关。按照档案进馆新要求,对进馆档案目录"开放情况""密级"内容进行及时修订,对市委党史学习教育领导小组、市委保密机要局安可项目及会计档案电子目录模板进行明确,保证档案接收工作质量。全年,共接收市直机关档案、地铁项目档案共1.68万卷、6.8万件。

【特色档案征集】 2022年,市档案馆开展面向社会公开征集档案资料工作,密切与征集对象、当地专家学者联系,加强南昌特色档案资料征集,传承地方历史文化。全年共征集档案资料551卷册,包括民国时期南昌集体婚礼老照片、著名书画家陶博吾书画作品集及《符璋日记》《南昌民间传说》等。为丰富数字档案馆馆藏资源和填补古县志书的空白,市档案馆开展电子档案征集工作。全年共征集到民国时期南昌历史电子档案资料(包括扫荡报、民国珍稀短刊断刊等)1966幅,南昌近现代电子地图49幅。

【档案服务】 2022年,市档案馆做好现场查档、电话预约查档、跨馆查档、"赣服通"手机查档等服务工作,满足社会各界档案利用需求。全年,共接待档案查询利用1367人次,提供电子档案利用1.32万次、实物档案利用1557卷(件),打印、复印、翻拍档案文件1.12万页,利用满意率100%。根据全年档案利用情况,编写档案利用实例11个。接入全国档案查询利用服务平台,通过电子邮件发送、快递邮寄、自取等方式,为社会公众提供跨区域、跨层级档案查询利用平台。全年,共受理全国档案查询利用服务平台查阅和咨询服务186人次、受理"赣服通"手机查档100人次,办件率均达100%。与合肥市档案馆签订民生档案跨馆异地利用服务工作协议,推动与省会城市民生档案跨馆异地利用范围不断扩大。

【开放审核进入新模式】 2022年,市档案馆根据新修订的《中华人民共和国档案法》《国家档案馆档案开放办法》,修订完善《档案开放审核工作规定》《馆藏档案开放审核适用规则》《馆藏档案开放审核工作方案》等相关制度。引进档案智能开放审核系统,档案开放审核工作由人工审核进入计算机辅助审核新模式,提升开放审核的效率和准确率。依托该智能审核系统,对新中国成立后满25年的馆藏文书档案,采取逐件、逐页方式重新进行审核。至年底,完成全馆数字化档案一审工作。

【档案安全体系建设】 2022年,市档案馆完成南昌数字档案馆硬件设备维护及等级保护测评项目政府采购工作。落实月度巡检机制,及时更换维修机房服务器专用硬盘及数据库服务器,开展馆藏系统服务器和内网客户端的病毒库升级和查杀,优化馆藏系统,及时修复漏洞、更新软件系统的原文挂接和统计功能创建。定期开展档案电子信息系统、应用系统、网站、服务器等安全排查,确保电子信息网络安全。加强档案实体安全管理,落实档案安全制度,定期开展消防设施安全检查,把库防安全风险排查列入日常工作内容。坚决执行库房安全管理制度,定期开展消防演练、监控维护、库房清洁及库房安全检查,切实保障档案实体安全。

【档案信息化建设】 2022年,市档案馆完成市直单位9290条案卷级目录和25.68万文件级目录数据入库及70.52万画幅原文审核工作;完成地铁档案31个标段、9196卷、24.83万件、3955张照片、21个录音(录像)目录数据入库和132万画幅原文审核工作;完成2300件声像档案资料的制作、入库及原文挂接工作;完成党史专题数据库、馆藏“三名”档案（名人、名胜、名优产品）4个门类数据库的新增和目录数据录入工作；完成2021年馆藏档案数字化项目终验工作，包括扫描纸质档案81.67万画幅（折后数字化卷数1.33万卷）、补录文书目录1.17万条、原文挂接200批。馆藏婚姻档案全部实现数字化，馆藏数字化率75.5%。

**【编纂《峥嵘印迹——纪念八一南昌起义95周年》历史画册】** 2022年，市档案馆以纪念八一南昌起义95周年为主题，围绕八一南昌起义旧址和红色地标，在全市开展资料收集工作，向社会广泛征集八一素材，整理编纂《峥嵘印记——纪念八一南昌起义暨建军95周年》历史画册。画册新老照片200幅、约1.5万字，分“铁血丰碑”“铭记八一”“红色地标”3个篇章，图文并茂地展现八一南昌起义战斗旧址、以八一命名的街道建筑和南昌红色文化新地标基本情况，让读者进一步感悟革命先辈崇高品格精神，传承红色基因，弘扬革命传统。

**【申报国家重大档案专题保护开发项目】** 2022年，市档案馆《南昌市被日机轰炸人员伤亡及灾民救济档案汇编》成功申报国家重点档案保护与开发项目，并获资助30万元。深入挖掘馆藏抗战档案资料，从馆藏民国档案中选录1937—1939年有关被日机轰炸人口伤亡和灾民救济档案126件，分为“轰炸伤亡”“灾民救济”2个部分，从不同角度反映南昌在抗日战争时期遭受巨大损失和对灾民进行救济的概况，履行记录抗战历史、弘扬抗战精神的职责使命。至年底，完成对初选档案的开放、鉴定、审核工作，累计修复破损档案53页，重拟标题206条，数字化扫描1192画幅。

**【举办主题展览】** 2022年6月，市档案馆举办“6·9”国际档案日暨“喜迎二十大·档案颂辉煌”主题展览活动，利用档案资料集中展示党的一大以来，中国共产党走过的辉煌历程。展览得到市级多家主流媒体关注报道。8月，联合市文联、南昌日报社在省美术馆开展“这座城——世纪影像南昌”系列活动，从馆藏图片中甄选100余幅具有鲜明符号性、民间性、艺术性和互动性的精品图片，以图片展的形式定格南昌市时代影像，回望历史、展望未来。8月28日，省委常委、市委书记李红军亲临现场观展，激励全市党员干部要“保留城市记忆、增强南昌自信、凝聚奋进力量”。展览时间从8月25日至9月3日，线上线下观展共13万人次。

**【档案宣传】** 2022年，市档案馆持续讲好南昌故事，探索与南昌广播电视台、江西新闻客户端开展宣传合作模式，制作《南昌·军旗升起的地方——八一大桥的前世今生》专题电视报道，开展软文信息发布、网络信息发布，档案宣传面不断扩大。依托馆藏资料，在“南昌档案”微信公众号、“南昌档案信息网”开辟“中国共产党第二十次全国代表大会”“热烈庆祝建军95周年”专栏；在微信公众号刊发《洪城变迁》南昌城市变迁系列及《老品牌江纺见证南昌工业的辉煌》《月池熊氏——“教授村”》《芯系南昌——江南材料厂》等工业档案史连载文章，受到社会各界群众关注。

（杨柳青）

## 地方志工作

**【概况】** 2022年，南昌市史志办公室认真贯彻执行《地方志工作条例》《江西省实施〈地方志工作条例〉办法》，按照依法治志总体要求，稳中求进做好志鉴编纂出版、旧志整理、地方志资源开发利用等各项工作，不断提升地方志在忠实记录新时代奋进历程、传承红色基因、弘扬中华优秀传统文化中的作用，努力开创南昌地方志事业高质量发展新格局。《南昌年鉴（2021）》获评江西省第七届年鉴质量评比设区市年鉴特等年鉴。全年出版编辑地方志书籍4部，共288万余字，图片200余张。

**【《南昌市地方志事业发展“十四五”规划》编制出台】** 2022年5月30日，经市政府研究同意，《南昌市地方志事业发展“十四五”规划》（以下简称“规划”）正式印发实施。规划按照《江西省地方志事业发展“十四五”规划》和《南昌市国民经济和社会发展第十四个五年规划和二〇三五年远景目标纲要》要求，结合全市史志工作实际，深入调研，广泛征求意见和建议，全面总结南昌市“十三五”期间地方志事业发展现状，明确提出“十四五”时期全市各级地方志事业发展指导思想和基本原则，科学谋划志鉴编纂精品工程、方志影响力提升工程、方志服务品牌工程、方志文化协同创新工程、方志工作强基固本工程等5个方面、17项具体工作任务，为未来一段时期南昌地方志事业发展确定“线路图”“任务书”。

**【《明万历十六年新修南昌府志校注》点校出版】** 2022年，市史志办扎实推进《明万历十六年新修南昌府志校注》点校出版工作。经多方查阅、搜集旧志、确定点校底本、古文繁化简、文字录入、点校注释、审稿校核等多个环节，历时2年点校正式公开出版。全书约100万字。该书内容完备、体例规范，是南昌市第一部经过系统校注整理出版的旧志，对于挖掘南昌历史文化资源、传承中华优秀传统文化、提升南昌文化软实力、服务新时代南昌文化建设具有重要价值。10月11日，市史志办召开《明万历十六年新修南昌府志校注》编纂出版情况新闻发布会，人民日报客户端、《江西日报》、江西电视台等10余家主流媒体和“学习强国”学习平台、今日头条等新媒体平台就该书出版进行报道。

**【《南昌年鉴（2022）》编辑出版】** 2022年，《南昌年鉴（2022）》按照打造中国精品年鉴要求，围绕南昌经济社会发展实际及特色，在《南昌年鉴（2021）》编目大纲基础上进行微调，保留类目38个，删除类目1个，增加类目2个，增加分目34个，移动分目2个，调整分目10个，删除分目10个。年初召开组稿会，采取以会代训方式，讲评上年度年鉴编辑情况、工作方法和经验，讲解年鉴中新增要求，努力提高编辑水平。认真抓好年鉴编辑工作，落实责任，明确任务，及时调度和交流，加强督促和指导，精心修改校核，努力提高编辑质量和效率。先后向中国精品年鉴专家报送《南昌年鉴（2022）》编目大纲和2次初稿征求意见和建议，并按照专家意见和建议认真修改，努力提高年鉴质量。12月，《南昌年鉴（2022）》出版发行。全书130万余字，设类目39个，分目277个，条目2110条，随文表格63个，随文图片82张，宣传彩页29版、图片53张。

**【“两志”编纂】** 2022年，市史志办按照中国地方志指导小组和省政府要求，开展《南昌市扶贫志》《南昌市全面小康志》（以下简称“两志”）编纂工作。2月，《南昌市扶贫志编纂工作实施方案》《南昌市全面小康志编纂工作实施方案》正式下发，并以市政府名义召开“两志”编纂工作启动大会暨业务培训会，邀请专家就“两志”编纂工作进行业务指导。及时组建“两志”编纂工作网络，统筹全市116家单位编纂任务，以座谈会、“一对一”交流、上门指导等方式开展有针对性的答疑解惑，并精选优秀稿件形成样稿供其参考学习。至年底，全市有55家承编单位报送分目与初稿。同时，参与全国“两志”试点工作，申报中国扶贫志编纂工程和中国全面小康志编纂工程试点单位，以目标导向倒逼工作提升。

**【《南昌大事记》编纂出版】** 2022年，按照“五位一体”总体布局对月度《南昌大事记》栏目进行优化调整。不断巩固全市大事记工作网络，加强大事记编辑工作督促和指导，定期征集各单位大事要事素材，编纂完成月度《南昌大事记》12期、30万余字。在全市月度大事记基础上，按照时间先后顺序重新编排，开展2021年《南昌大事记》编纂工作，重点记载全市重大决策、重要会议、重要活动、重要事件、重大变革和重大成就等大事要事。广泛征集全市大事记彩页照片，力求图文并茂展现一年来南昌经济社会发展成就和亮点。11月，2021年《南昌大事记》公开出版，共28万余字、112张图片。

**【县区地方志编纂督导】** 2022年，市史志办积极履行督导县区地方志编纂工作职责，推动全市地方志工作水平整体提升。将县区综合年鉴业务指导纳入工作常态，及时追踪县区年鉴编纂进度，在年初开展集中授课基础上，对机构改革后职能调整的部分县区开展重点培训指导。至年底，全市综合年鉴“一年一鉴、公开出版”工作全面完成。《新建年鉴（2021）》《进贤年鉴（2021）》获评省第七届年鉴质量评比县级综合年鉴一等年鉴，《青云谱年鉴（2021）》《青山湖年鉴（2021）》分别获二等、三等年鉴。开展县区志和部门志指导工作，《湾里区志》正式出版发行。指导《南昌市外事志（1991—2020）》编修，召开专家评审会，面对面精准开展业务指导。审阅《南昌高新区志》，实时追踪志书编纂进度，严格按照志书编纂规范反馈审稿意见，严把志书审查验收关。

**【地方志资源成果应用】** 2022年，市史志办持续做好地方志资源开发利用工作。充分发挥地方志资源优势，向市纪委报送《勤廉江西史鉴》素材4篇；为省地方志研究院提供《纪录小康工程全景录·江西卷》南昌图片资料；开展地情咨询，为《南昌市国土空间规划（2021—2035年）》提出地情咨询意见，为市直、县区有关单位及社会各界人士提供地情资料查询。

（李皓月）

# 卫生健康

## 综　述

【概况】 2022 年,全市卫生健康系统把握“疫情要防住、经济要稳住、发展要安全”要求,围绕率先“作示范、勇争先”使命任务,全力控疫情、防风险、保稳定、促发展,各项重点任务取得良好成效。健康南昌建设在 2021 年健康江西考核中南昌市排名全省第一、在 2019—2021 年健康江西综合考核中南昌市排名全省第一,“公益瘦身俱乐部 慢病防控新探索”入选健康中国第二批典型案例;“宽老人心养老人身,为老年人托起稳稳的幸福”“智慧健身跑道,运动乐趣体验”“传承百年‘土将军’中医药品牌,造福百姓健康”入选第二批健康江西行动典型经验案例。党的二十大代表杨辉利在健康中国观察杂志发表《奋进新时代 牢记使命护健康》署名文章。健康南昌监测显示南昌市健康数据持续向好,在 59 项有目标值的指标中,有 54 项提前完成 2022 年目标,提前完成率 91.5%。其中,人均预期寿命 80.16 岁、居民健康素养水平 27.95%、婴儿死亡率 2.41‰、5 岁以下儿童死亡率 3.77‰指标在全省乃至全国都处于较先进水平。用“心”回应民生关切,全市提供托育服务机构 588 家,总托位数 2.11 万个,每千人口托位数 3.36 个,超省定年度目标,并成功创建全国示范市;在全省率先出台托育机构一次性建设补助、普惠运营补贴、纾困解难补贴、示范机构奖补、职工托育补助政策,在全省率先评选市级示范机构 19 家,落实奖补资金 288 万元。以消防安全、食品安全、卫生安全等 12 项内容为重点,开展隐患排查 5 次、质量评估 2 次、健康指导超 300 次,没有发生涉及婴幼儿照护服务安全责任事故。170 家机构申报创建“江西省老年友善医疗机构”,建设率 82.1%;9 个社区被评选为“全国示范性老年友好型社区”,《青云腾起处 社区敬老浓》成为全省唯一入选全国的典型案例;医养结合医疗机构与养老机构签约率 100%,履约率 84.1%;医养结合 2 个项目延伸养老床位共 145 张;完成失能老年人评估 5 万余人。深挖用活“人才十条”,下发人才引进专项经费 950 万元;市卫健委与市人社局共同组织 2022 年卫生专业技术人员招聘;面向 55 所高校招聘 500 名卫生专业技术人才和 500 名卫生专业基础人才,通过“绿色通道”录用党政储备人才 20 人;通过竞争性选拔遴选 2 批共 16 个市级(临床)重点专科建设项目;获省、市共建学科 2 项,引进新技术、适宜技术项目 20 项,申报各类课题 480 项,获得国家级自然基金 3 项,省级科技项目 276 项,市级科技项目 26 项;推进全科医生转岗培训,至年底全市共有全科医生 1377 人;遴选建设一批国家级、省级住培重点专业基地,有国家级住培基地 5 家(含中医基地 2 家),协同基地 5 家,助理全科基地 1 家,在培 480 人。

【公共卫生防护体系建设】 2022 年,全市 2025 个村居民委员会全部成立公共卫生委员会,共有公共卫生委员 1.08 万人。全市预防接种单位资质认定率、预防接种人员上岗培训合格率及安全注射率均为 100%。提高儿童免疫接种率,艾滋病防治,霍乱、流感、H7N9 流感、手足口病等监测工作取得满意成绩。

【医药卫生体制改革】 2022 年,市委常委会专题研究医改工作 2 次,市政府常务会议专题研究医改工作 3 次,印发《南昌市深化医药卫生体制改革 2022 年下半年重点工作任务》《南昌市关于深入学习推广三明医改经验暨推动全市公立医院高质量发展实施方案》,统筹推进全年医改工作。全面开展 2021 年度公立医院绩效考核评价工作,市直 7 所医院考核结果优秀 1 所、良好 6 所。申报并获批“全省深入推广三明医改经验示范城市”“全省推动公立医院高质量发展示范地区”。组建市级医疗集团7个、县域医共体10个、省级专科联盟9个;加强公立医院运行监管;深入推进市第三医院、市第九医院和市洪都中医院纳入公立医院人员总量管理试点改革。建设(含省市共建)医学领先学科8个,国家临床重点专科2个,获得国家级科研项目15项,国家中医药管理局中医重点专科建设项目2项;引进优质医疗资源和院士团队。

**【医疗卫生重大重点项目建设】** 2022年,成立由市卫健委、市发改委、市住建局、市自然资源和规划局、市重点办、市政公用集团及各项目单位组成的市医疗机构项目建设专班。各项目单位成立一线指挥部驻点,推进项目建设。建立日汇报、周调度工作机制,每日收集项目进度、存在问题、工作计划,实时掌握项目情况。至年底,市委、市政府召开项目调度会议30余次,确保项目有序推进。定期督导项目进度,对照工期表,检查落实情况。至年底,南昌市第一医院九龙湖项目、新建南昌市急救中心项目、南昌市洪都中医院二期工程项目已进入内部装修和设备安装阶段。针对项目前期存在的难点堵点,加强沟通协调,争取政策和资金支持,推动项目开工建设。江西省皮肤病专科医院新建项目、江西省中西医结合医院瑶湖分院项目于11月正式开工。至年底,南昌市应急指挥和检验中心项目完成初设和概算审批。

(陈以焱)

## 疾病防控

**【概况】** 2022年,全市围绕"十四五"卫生与健康规划目标,以能力建设为中心,全面提升南昌市卫生疾病预防控制和应急工作能力,促进各项工作全面落实,推进健康南昌建设,倡导健康生活方式,全面实行健康影响因素干预,持续改善健康环境,重点防控重大疾病。在做好新冠疫情常态化防控工作同时,统筹推进疫情防控和疾控卫生应急事业协调发展,全市传染病监测、免疫规划、艾滋病、结核病、血吸虫病等重点工作达到国家、省目标任务要求。

**【健康知识普及宣传】** 2022年,与《江西日报》、《南昌日报》、南昌日报融媒体、南昌交通广播电台联合,开展实时健康科普宣传活动。部分县区与当地电视台、融媒体中心合作,开设固定健康教育栏目。各级医疗卫生单位利用官方微信、微博、网站平台开展健康传播,让百姓全方位了解卫生健康政策、知识。在江西电视台、南昌电视台轮流播出各种公益广告,每天播放1次,并利用"健康南昌"官方微信和官方网站推送各种公益广告。市、县(区)健康教育机构不定期组织健康科普专家及专业人员到社区、乡村、学校、机关和企事业单位场所,开展健康科普活动730次。在东湖区、西湖区、南昌县等4个城区和3个县城的车站、商场、广场等人员密集公共场所建设健康教育联播平台,每天推送70余条健康视频。

**【健康县区建设】** 2022年,推动健康县区建设。新建区实施"将健康融入所有政策"行动,健全区、街道(乡镇)、社区(村居)三级工作网络,在完善组织管理、制定健康政策、打造健康场所、传播健康文化、建设健康环境等方面,形成全区上下统一协调、各部门齐抓共管、全社会积极参与的工作格局。9月1日,省级评估组对新建区创建省级健康县区进行终期考核评估,新建区通过评估,并被推荐为国家健康县区建设优秀案例。开展健康细胞建设,创建健康社区、村、家庭、学校、机关、企业和健康促进医院。至年底,42个南昌市健康细胞通过评估组评估验收并命名。

**【健康知识竞赛】** 2022年,通过"健康南昌"微信公众号,举办"文明健康 绿色环保"——南昌市第34个爱国卫生月承诺签名、"科学防护'疫'战到底"新冠肺炎疫情防控线上有奖答题、"烟草威胁环境,无烟健康生活"——南昌市2022年世界无烟日线上有奖答题活动,共7万余人次参与。针对健康素养监测中

2022年,建设中的九龙湖第一医院

(成奔　摄)

发现的主要问题和薄弱人群，组织重点人群开展全市居民防疫知识和健康素养大赛，在全省总决赛中南昌市获团体二等奖和优秀组织奖；举办全市健康科普讲解“达人”大赛；动员全市各级各类医疗卫生机构参加国家2022年新时代健康科普作品征集大赛，南昌市报送的《起床三个半 意外可防范》短视频获优秀作品奖。

**【健康素养监测】** 2022年，在国家监测点基础上开展具有市级和县级代表性的健康素养监测工作，了解南昌市居民健康素养水平和变化趋势。对所有监测点负责人、协调员、调查员、质控员进行统一培训，确保监测质量。统一给调查员、带路人员和质控员定制一套红马甲，统一给调查对象定制入户调查礼包，为入户调查创造便利条件。经过绘图列表、逐步抽样、入户调查和质量控制等环节工作，完成国家、市、县级点的监测任务，累计发放问卷4800份。经统计分析，南昌市2022年城乡居民健康素养水平为29.48%，比上年提高1.53个百分点。

**【控烟履约机制建设】** 2022年，组织人员深入学校、机关、社区开展控烟知识宣传，并以第35个世界无烟日为契机，开展“烟草威胁环境，无烟健康生活”——南昌市2022年世界无烟日线上有奖知识答题活动，参与人数2.5万人。组织参加江西省青少年控烟主题作品征集活动，全市39幅作品获奖，5所学校获优秀组织奖。推动将控烟内容纳入《南昌市爱国卫生工作条例》中，为控烟工作提供法治保障。建设无烟环境，全市无烟党政机关建成653家，实现各级各类无烟党政机关全覆盖目标；巩固无烟学校建设成果，全市共建成无烟学校827所，基本实现各级各类学校全面建成无烟学校目标；通过暗访和明察的方式，对33个各级医疗卫生机构控烟工作进行督查。在全市各级各类医疗机构继续开展简短戒烟干预，巩固市第一医院、省中西医结合医院和南昌县人民医院戒烟门诊建设，为吸烟者提供戒烟服务，戒烟干预人数超200人。指导东湖区开展江西省成人烟草流行监测项目，完成720份家庭问卷和720份个人问卷。

**【重点传染病防控】** 2022年，全市疾病预防控制机构坚持常态化疫情防控和重点传染病防控两手抓，应对手足口病、流感、诺如病毒感染性腹泻等季节性高发传染病疫情，保障全市人民群众身体健康。全市全人群HIV抗体检测率24.19%，哨点运行率100%，贫困家庭艾滋病患者救治工作完成率106.44%，完成国家第四轮艾滋病城市示范区工作。全市肺结核报告发病率下降到47.19/10万，提升重点人群结核病筛查工作，糖尿病患者结核病筛查率达85.05%；65岁以上老年人结核病筛查率70.38%。规范耐药结核病诊治工作，其中高危人群耐药筛查率98.52%，新肺结核病原学检查阳性患者耐药筛查率94.36%，利福平耐药肺结核患者纳入治疗率为84.62%，各项指标均达到“十四五”规划目标。推动青云谱区、安义县、南昌县省级耐药监测点工作，全市耐药结核病防控工作健康发展。各县区均完成病媒生物密度监测、登革热伊蚊监测、重点行业病媒生物侵害率调查等工作任务；青山湖区、安义县增设恙螨监测点，西湖区、南昌县增设蜱虫监测点。

**【免疫规划推进】** 2022年，继续实施扩大国家免疫规划政策，提高儿童规划疫苗接种率，免疫规划疫苗接种率以乡镇为单位持续保持在90%以上。加强疫苗冷链监测，实现疫苗储存和在途运输全过程的温度监测、预警报警。建立区域范围内各级相关部门疫苗管理综合协同机制，实现疫苗从市级出入库、区级出入库、社区入库到门诊使用全过程管理。加强针对流动儿童预防接种工作精细化管理，使流动儿童与常住儿童均能享受到国家计划内疫苗免费接种。全市198家预防接种单位，100%达到合格门诊建设要求，全部开展疫苗全程电子追溯工作。江西省免疫规划信息系统使用率100%。东湖区、西湖区、青云谱区、青山湖区、南昌县、新建区、进贤县、红谷滩区等18家门诊实现数字化门诊建设，实现预防接种信息系统客户端软件与预防接种服务的对接与联动。

**【慢病综合防控】** 2022年，持续推进南昌市国家慢性病综合防控示范区建设。持续推进适龄儿童口腔干预项目，惠及西湖区、青云谱区、新建区、湾里管理局、南昌县、红谷滩区、高新区等县（区）6—9岁学生儿童。至年底，全市完成7425名学生儿童共1.39万颗牙的窝沟封闭工作、3840名3—6岁儿童的涂氟工作。各县区均开展肿瘤监测工作，覆盖率100%。城市癌症早诊早治项目惠及7个县区2.5万人。

**【公共卫生监测调查】** 2022年，在做好新冠肺炎防控工作同时，确保公共场所卫生监测能力提升。全市共完成257家宾馆、文化娱乐、理发美容等各类公共场所监测，主要不合格指标为细菌总数、二氧化碳及可吸入颗粒物。完成地铁4号线25个站复检监测任务，主要不合格指标为新风量、送风中空气的细菌总数、真菌总数及可吸入颗粒物。全市各县区城乡饮用水水质监测实现全覆盖，对生活饮水（出厂水、末梢水、二次供水及农村饮水）进行检测与分析，共检测617份，合格率为94.33%。其中，检测二次供水84份，合格率为86.90%；出厂水30份，合格率为93.33%；末梢水133份，合格率为99.25%；农村饮水370份，合格率为87.84%。在全市范围内开展儿童青少年近视率和常见病调查,对2.95万名在校学生进行视力调查测试,被调查儿童青少年视力不良率63.69%、近视率63.69%。

**【应急管理能力提升】** 2022年,全市基本完成传染病监测指标全年目标任务要求,急性传染病监测率100%。处置各类传染病暴发传播。至年底,全市共处置11起流感、4起感染性腹泻、1起输入性H5N6禽流感疫情,未出现因控制不力导致疫情播散。全市组建649名由公卫、公安、工信联合组成的三公(工)流调队伍开展外环境检测5157份,产品及物品检测3671份。市卫健委联合团市委、市总工会,组织全市疾控机构、公安部门专业人员,开展2次全市"公共卫生杯"新冠流行病学调查大比武,开展新冠流调溯源实战演练,对县(区)及所辖乡镇(街道)的流调溯源队伍开展新冠流调溯源实战演练和考核评估,组织撰写南昌市疫情处置工作指引。

(陈以焱)

## 城乡医疗卫生

**【概况】** 2022年,全市基层卫生健康工作坚持"以基层为重点"工作方针,以南昌打造"健康之城"为目标,主动适应脱贫攻坚与乡村振兴有效衔接新要求,适应新冠肺炎疫情常态化防控要求,持续提升基层卫生健康服务水平和基层医疗机构服务能力。全市94个乡镇卫生院、1167个村卫生室、54个社区卫生服务中心和117个社区卫生服务站构建起"城乡15分钟医疗卫生服务圈",打通卫生健康服务"最后一公里"。开展重大重点项目建设,持续提升信息化支撑水平和健康统计数据质量,做好常态化疫情防控工作,落实卫生健康统计工作,助推全市卫生健康事业高质量发展。

**【巩固拓展健康扶贫成果同乡村振兴有效衔接】** 2022年,全市卫生健康系统持续落实国家卫生健康委等部门《关于印发巩固拓展健康扶贫成果同乡村振兴有效衔接实施意见的通知》要求,不断拓展脱贫攻坚成果,优化惠民服务举措,提升健康服务能力,助力乡村振兴。市卫健委下发《关于进一步做好防止因病返贫动态监测和帮扶工作的通知》,调查核实防止返贫监测对象健康和医疗综合保障情况,及时审核数据上传监测系统。会同市医保局下发《关于做好巩固拓展脱贫攻坚成果同乡村振兴有效衔接有关问题整改的通知》,明确合理控制农村低收入人口住院治疗目录外医疗费用占比不超过10%。完善帮扶政策,明确将突发严重困难户(非脱贫户)、边缘易致贫户纳入大病专项救治、先诊疗后付费政策保障范围,落实三重保障。在此基础上,医疗救助比例提高5个百分点。强化帮扶措施,规范签约履约,下发《关于巩固拓展健康扶贫成果做好重点人群家庭医生签约服务工作的通知》,将边缘易致贫户、突发严重困难户纳入家庭医生签约服务人群范围。全市对4.24万名脱贫人口开展家庭医生签约服务,签约率91.8%(在南昌人员签约率100%),三类监测对象签约1446人,签约率92.34%(在南昌人员签约率100%),并全部开展履约服务。稳定村医队伍,提升服务能力,做好村卫生室订单定向医学生培养。至年底,125名村医定向培养毕业生考试通过后全部安排至村卫生室执业。下发《关于开展乡村医生服务能力在线培训及考试的通知》,组织乡村医生参加在线培训学习及考试,参加考试人数1386人,合格率97.62%。按照《关于加强产权公有村卫生室管理的通知》要求,进一步规范村卫生室管理。

**【家庭医生签约服务】** 2022年,组织开展"5·19"世界家庭医生日宣传活动,围绕"与家医相约、和健康相伴"宣传主题,组织各基层医疗机构开展现场签约、义诊咨询、健康科普等多种形式家庭医生签约宣传活动。全市开展义诊宣传100余场,发动1100余名基层医务人员参与活动,开展现场咨询1.5万余人次,发放宣传资料3万余份,提高居民对家庭医生签约知晓率,发挥家庭医生在新冠肺炎疫情防控工作中作用。下发《关于进一步提升我市家庭医生签约服务内涵 完善考核奖惩机制的通知》,2022年起从基本公共卫生服务经费中划出人均20元用于家庭医生签约服务,普通人群签约服务补助仍按每年每人15元标准补助,重点人群在每年每人15元标准基础上增加20元,按每年每人35元标准进行签约服务补助。深化家庭医生签约服务内涵,对家庭医生签约服务对象实施差异化、个性化服务。全市100%的社区卫生服务中心、100%的乡镇卫生院、90%以上的乡村医生参与签约服务活动。全市有2927名家庭医生,组建家庭医生团队1383个。其中,二级以上医院医生参与团队668个。至年底,全市签约居民281万余人,签约率45.21%;65岁及以上老年人、慢病患者等重点人群签约112万余人,签约率77.38%,居民知晓率及满意度逐年提升,发挥基层卫生人员健康守门人作用。

**【医联体建设】** 2022年,按照《南昌市基层医疗机构医联体建设项目实施方案(试行)》要求,提升基层服务能力,完善基层医疗机构医联体的组织管理模式、运行机制和激励机制,推进医联体建设。按照每个医联体建设项目最高补助50万元标准,至年底,验收14个建设完工项目,下达结算资金309.39万元。全市组建市级医疗集团7个、县级医共体8个,经省卫健委备案组建省级专科联盟9个。市直8家医院、县区10家县级医院全部牵头组建医联体，全市所有二级以上公立医院和政府办基层医疗机构全部参与医联体。通过构建医疗联合体网络，使城乡居民就近享受到便捷、优质、连续、同质化的医疗卫生服务。

**【基本公共卫生服务】** 2022年，推进国家基本公共卫生服务项目建设。市、县（区）财政建立稳定的基本公共卫生服务保障机制，采取先预拨、绩效考核后结算方式，落实农村人均75元、城市人均77元补助标准，保障项目工作实施。为居民免费提供12类基本公共卫生服务，其内容包括建立居民健康档案、健康教育、预防接种、儿童健康管理、孕产妇健康管理、老年人健康管理、高血压和2型糖尿病等慢病患者健康管理、严重精神障碍患者管理、肺结核患者健康管理、中医药健康管理、传染病和突发公共卫生事件报告和处理、卫生计生监督协管。此外，城区居民还免费享有妇女保健和低保对象、残疾人保健服务内容，扩大受益人群覆盖面。至年底，全市累计建立城乡电子居民档案527.3万份，电子建档率84.65%，规范化电子健康档案覆盖率69.04%；疫苗接种率以乡为单位达90%以上；老年人城乡社区规范健康管理服务累计47.9万人，规范健康管理服务率为72.97%；0—6岁儿童49.95万人，健康管理率为88.60%；高血压患者规范管理27.03万人，基层规范管理服务率70.75%；年度内2型糖尿病患者管理11.31万人，规范管理率73.79%；社区在册居家严重精神障碍患者健康管理2.21万人；肺结核患者规则服药率96.4%。

**【基层发热诊室建设】** 2022年，落实“及时发现、快速处置、精准管控、有效救治”目标要求，提升基层医疗机构应对新冠肺炎疫情能力。根据《南昌市基层医疗机构标准化发热诊室建设实施方案》，遵循“平战结合”原则，因地制宜，按照新建和改建2个标准持续推进，立项建设基层发热诊室10个（其中新建9个、改建1个），验收基层发热诊室23个（其中新建16个、改建7个），进一步筑牢新冠肺炎疫情防控的“前沿阵地”和“重要哨点”，夯实基层公共卫生安全防线。

**【基层基本药物制度】** 2022年，落实基本药物制度各项政策措施。全市94个乡镇卫生院、1100余个村卫生室、50个社区卫生服务中心（其中非政府办社区卫生服务中心22个）实施国家基本药物制度，实现国家基本药物制度在乡镇（村）、街道全覆盖。至年底，全市基层医疗机构网上采购药品总计为2.4亿元，其中国家基药1.8亿元。所有药品均实行零差率销售，保障居民基本用药价格合理，实现临床用药渐趋合理、药品更加安全有效、社会反响总体良好目标。

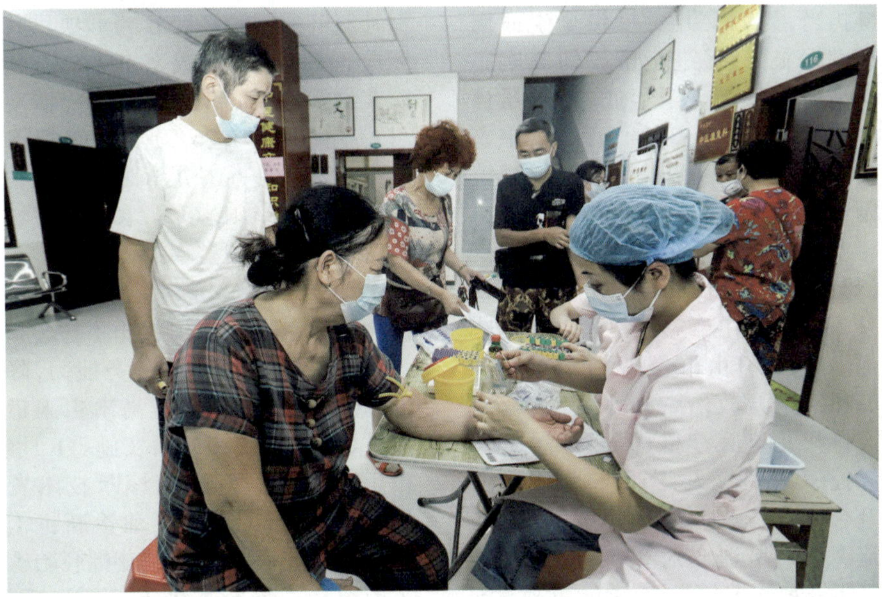

2022年9月2日，东湖区滕王阁街道社区卫生服务中心组织医务人员为辖区居民进行义诊

（杨紫韬　摄）

**【优质服务基层行】** 2022年，根据省卫健委《关于印发深入推进“优质服务基层行”活动和社区医院建设实施方案的通知》，及时传达国家、省卫健委工作安排，将基层3项服务能力标准（2022版）下发到县区，下达“优质服务基层行”指导任务，按照新标准组建专家组进行线上评审。组织市、县两级评审专家60余人次参加线上培训，准确把握指标内涵，结合能力标准和评价体系，逐月调度通报评审进展。至年底，全市达到“优质服务基层行”创建标准的基层机构有100家，其中13家基层医疗卫生机构获国家卫健委通报表扬。

**【基层卫生人才能力提升培训】** 2022年，以基层卫生人员实际需求为导向，以补短板为目标，以提高基层医疗卫生服务能力和家庭医生团队实用技能为重点，坚持中西医结合、医防融合原则，巩固拓展健康扶贫成果同乡村振兴有效衔接。全年培训乡镇卫生院和社区卫生服务中心骨干全科医生8名、乡村医生210名、乡镇卫生院和社区卫生服务中心骨干人员38名，培训指标主要下达至7个有巩固拓展脱贫攻坚成果同乡村振兴有效衔接任务县（区、局）。培训围绕加强常见病、多发病诊疗能力和实操能力和应对突发公共卫生事件、应急处理能力及中医适宜技术、儿童眼保健、合理用药以及医德医风等方面，不断提高群众对基层医疗卫生服务利用率和满意度。

【乡村医生队伍建设】 2022年，在继续做好村卫生室定向医学生培养基础上，妥善安置2018级125名定向医学生毕业后进入村医力量薄弱的村卫生室执业。启动并组织187名农村医学专业的中专毕业生参加全市乡村医生执业资格考试，落实“两个允许”政策（允许医学专业高校毕业生免试申请乡村医生执业注册；允许农村医学专业中等医学学历人员，经统一考试合格后，申请乡村医生执业注册），不断充实乡村医生队伍。对新进入村卫生室执业的乡村医生实施“乡聘村用”管理，逐步建立一支素质良好、结构合理、适应需要、相对稳定的农村医疗卫生队伍，确保农村群众就近就医需求。

【全民健康信息化推进】 2022年，落实省、市有关数字经济“一号发展工程”要求，把握时代机遇，加快推进全市医疗数字化发展，从“数字医疗、数字服务、数字管理、数字健康”4个维度出发，紧抓区域卫生信息化和医疗机构信息化两大主线，制定数字化治理、信息化发展的《南昌市“数字卫健”三年行动计划（2022—2024）》。完善全民健康信息平台系统，建立新版档案服务器集群体系，对现有服务器资源进行重组整合，提供更快速的运行软硬件支撑。印发《关于新版居民电子健康档案系统上线运行的通知》，推动新版居民电子健康档案系统上线。至年底，累计自动建立居民电子健康档案540万份。整合卫生健康各类关联平台资源渠道，打通数据孤岛，实现互联互通，实现数据多跑路，群众少跑腿。建设区域平台新医保信息平台接口和医疗电子票据接口，与最新医疗保障平台以及省财政厅数据中心完成对接，支撑全市59家基层医疗机构就诊服务。至年底，区域平台共完成医保关联就诊服务业务40万余人次，开具医疗电子票据约200万笔。

【卫生健康统计】 2022年，认真执行国家卫生健康统计调查制度，定期维护校对机构基本信息、人力资源、医疗设备、运行指标等，确保卫生健康统计报表数据及时、准确。落实分级审查制度，形成层层把关的审核机制。强化统计数据应用，为深化医改政策制定、健康南昌考核评估、卫生健康规划指标实施、医院运营发展提供决策数据支撑。在确保数据安全前提下，为各相关部门、相关单位提供统计数据服务。

（陈以焱）

## 妇幼保健

【概况】 2022年，在落实疫情防控各项工作同时，围绕健康南昌建设，以妇女儿童健康为中心，以妇幼健康促进行动为主线，以“工作落实年”为抓手，作示范、勇争先，彰显省会担当，为妇女儿童提供全生命周期健康服务，促进全市妇幼健康工作高质量发展。至年底，全市累计完成“两癌”检查3.14万人，其中农村妇女“两癌”检查2.27万人、城镇困难家庭妇女“两癌”检查530人。

【母婴安全评审培训会】 2022年2月28日，委托市第三医院（市妇幼保健院）召开由市、县两级危重孕产妇和新生儿救治中心负责人、设有产科和儿科医疗机构分管院长、医务处（科）负责人、产科和儿科主任及有关专家参加的新生儿死亡评审培训会。培训会对2021年下半年新生儿死亡案例进行评审，并对《新生儿死亡评审工作规范》（2020版）进行培训，有效提升全市新生儿救治能力。8月30日，组织召开2022年孕产妇死亡评审会暨母婴安全管理线上线下培训班，157人参加，提升母婴安全保障能力。全市孕产妇死亡率、婴儿死亡率和5岁以下儿童死亡率分别为0、2.7‰、4.15‰，均控制在“两纲”目标值范围内，被省妇儿工委授予“江西省实施妇女儿童发展纲要先进集体”称号，被省卫健委授予母婴安全先进单位称号。

【妇幼健康促进行动】 2022年，落实母婴安全行动计划和健康儿童行动计划，贯彻《“健康江西2030”规划纲要》《江西省儿童发展纲要（2021—2030年）》，提升妇女儿童健康水平。开展“儿童健康促进年”活动，开展母乳喂养促进行动计划系列活动暨儿童健康促进年线上启动仪式，全市妇幼保健领域300余人参加线上启动仪式和培训。利用“婚育全程一站式服务中心”，做到婚登婚检无缝衔接，婚检孕检“两检同做”，加大宣传力度，强化群众优生意识和自我保健意识。全市孕前优生健康完成检查2.82万人，完成率为97.49%；完成婚前医学检查4.87万人，婚检率93.9%。育龄妇女补服叶酸预防神经管畸形项目共完成3.23万人，完成率100.8%；预防艾滋病、梅毒和乙肝母婴传播项目检测完成3.26万人，完成率118.98%。0—6岁儿童眼保健和视力检查覆盖率91.76%，农村适龄妇女“两癌”筛查覆盖率100%。

【妇幼健康服务能力提升】 2022年，不断提升妇幼健康服务能力，降低出生缺陷发生率，提高出生人口素质，保障“三孩”政策实施。1月，市生殖医院获批产前诊断技术资质，填补全市无市级产前诊断机构空白。7月，市生殖医院获批胚胎植入前遗传学诊断技术试运行资质，标志着南昌市辅助生殖助孕技术再上新台阶。创建省妇幼健康中医药适宜技术（专病）培训基地，加快培养妇幼健康中医药人才，提升全市妇幼保健机构中医药服务能力，推动妇幼健康中医药深度融合。

（陈以焱）

## 职业卫生

**【概况】** 2022年，全市职业病防治工作围绕市委“彰显省会担当”更高要求，聚焦“作示范、勇争先”目标定位，以实施职业病防治“十四五”规划为主线，加强职业病“职业病防治法”宣传，推进职业病防治技术能力提升，开展“职业健康示范企业”创建活动和“职业健康达人”评选活动。推进职业健康保护行动，落实“防、治、管、教、建”5个策略，强化政府、部门、用人单位和劳动者四方责任，不断推动职业健康工作高质量发展，维护广大劳动者健康权益。6月，在参加由中华全国总工会、应急管理部、国家卫生健康委员会举办的“安康杯”竞赛活动中，南昌市卫生健康委获2020—2021年度全国“安康杯”竞赛活动“优秀组织奖”、南昌经开区江西赣江海螺水泥有限责任公司保全电气班组获“优胜班组奖”。

**【全国第20个“职业病防治法”宣传周活动】** 2022年，为深入宣传贯彻《中华人民共和国职业病防治法》，要求各县区提前准备，在做好疫情防控基础上，着手筹划宣传周活动开展。4月25日至5月1日宣传周期间，全市各相关单位创新宣传方式，利用微信工作群、微信公众号等新媒体开展线上宣传，引导公众了解职业危害，树立职业健康意识，提升职业健康素养水平。通过张贴海报、制作展板、悬挂横幅等线下宣传，广泛开展重点职业人群职业健康科普宣传活动。各县区将开展宣传周活动工作要求传达到民政、人社、医保、工会等部门，形成合力，共通信息，营造良好宣传氛围。全市出动宣传人员557人次，印发宣传材料9670份，宣传受众2.49万人次。市卫监局对各县区宣传活动开展情况进行督导。

**【高温作业劳动保护督查】** 2022年，组织各县区开展常态化新冠肺炎疫情防控形势下高温作业和酷暑天气作业劳动保护工作。下发《关于开展2022年夏季防暑降温工作的督导的通知》，对用人单位实时抽查指导。全市监督检查涉高温危害因素用人单位277户，发现问题73项，并对相关问题下达执法通知书。各县区突出宣传重点，做好易发高温中暑行业领域劳动者宣传教育，让劳动者了解高温危害，掌握高温危害的防护措施和个体防护方法，提高自我防护意识，减少因高温作业或高温天气作业造成中暑事件发生。

**【职业健康监测】** 2022年，组织全市9个县区疾控机构58人进行现场培训。全市作业场所监测任务数为180家用人单位，实际完成188家，完成率104.4%。监测企业覆盖全市9个县区，覆盖率100%，所有监测全部在线上进行数据审核，线上审核率100%。全市尘肺病主动监测任务数500例，由青山湖区职业健康体检机构江西中医药大学第二附属医院承担，完成11家企业593人监测。完成职业健康检查常规监测任务数1800个、职业病主动监测任务数500个、疑似职业病未进入诊断程序追踪情况任务数13个、重点人群职业健康素养监测任务数1850个、医院核医学基本情况调查表录入任务数10家、核医学工作人员职业健康调查表录入任务数125人、监测医院个人剂量监测率统计任务数13家、监测医院双剂量监测结果调查与录入任务数13家、监测医院双剂量监测率统计任务数1家、眼晶体监测填写与上报任务数20人等监测工作，完成率均为100%。

**【职业健康创建评比活动】** 2022年，对2021年被评为“职业健康示范企业”的12家用人单位进行“回头看”。对完善创建资料、现场管理工作进行跟踪问效，加强职业病防治，落实好企业作为职业病防治第一责任人职责。按照“职业病防治法”及相关法律法规要求，增强职业病防治意识，努力预防、控制职业病发生。全市共14家用人单位参加申报示范企业评比，其中8家用人单位被评为“职业健康示范企业”。依据健康南昌工作委员会部署，在全市机关和企事业单位开展争做“职业健康达人”活动，35人被评为“职业健康达人”。

（陈以焱）

## 老龄健康

**【概况】** 2022年，南昌市老龄健康工作以“扎实推动老年健康服务支撑体系建设、深入推进医养结合、推动老年医学科建设、开展打击整治养老诈骗专项行动”为主要工作内容，切实做好医养结合、老年医学科建设、养老诈骗整治等工作，提升全市老龄健康工作水平，提高老年人的幸福感、获得感和安全感。

**【医养结合工程建设】** 2022年，市卫健委联合相关部门制订下发《关于开展实施江西省2022年医养结合工程医疗机构申报工作的通知》《南昌市医养结合工程实施方案》，选定市第一医院和东湖区社会福利院作为南昌市“开展医疗机构与养老机构签约合作试点”项目单位，南昌大学第四附属医院向塘分院作为“支持公办医疗机构延伸开展养老服务”项目单位。至年底，市第一医院与东湖区社会福利院签约，为东湖区福利院入住老年人提供医疗知识指导、精神卫生、安宁疗护等34个服务项目，服务3000余次。南昌大学第四附属医院向塘院区（向塘分院）通过购置医疗设备、增设医疗床位、优化医疗环境措施，不断增强服务能力，提升为老服务水平，推进延伸养老服务。经省、市部门多次实地指导、调研，2个工程项目全部完成。其中，市第一医院与东湖区社会福利院签约服务项目作为省级典型项目。

**【老年医学科（老年病科）建设】** 2022年，市卫健委下发《关于加强我市二级以上公立综合性医院设置老年医学科的通知》，并多次开展调研、督导及召开工作推进会，持续强化全市二级以上综合性医院老年医学科（老年病科）建设。至年底，全市二级以上综合性医院设置老年医学科（老年病科）达95.5%。其中，公立二级以上综合性医院设置老年医学科（老年病科）达94.7%，全市二级以上综合性医院独立设置老年医学科（老年病科）达54.6%。通过不断加强老年医学科（老年病科）建设，提高服务能力，切实满足全市老年群众对优质、高效、便捷、可及、适老化的健康服务需求。

**【养老诈骗专项整治】** 2022年，按照省卫生健康委、市委政法委工作部署和要求，开展全市卫生健康系统打击整治养老诈骗专项行动相关工作。制定下发《全市卫生健康系统打击整治养老诈骗专项行动实施方案》《关于认真开展养老机构涉医排查整治工作的通知》专项整治文件，成立南昌市卫生健康委打击整治养老诈骗专项行动办公室，召开南昌市卫生健康系统打击整治养老诈骗专项行动工作部署会。通过悬挂横幅、电子屏显示、发放宣传册、家庭医生上门、短信提示、微信公众号推送等多种方式，并结合老年科普宣讲开展宣传。至年底，对全市121家养老机构涉医情况开展排查整治、“回头看”，依法查处全市养老机构内设的无资质医疗机构、无行医资质相关人员擅自开展诊疗活动违法行为。

（陈以焱）

## 爱国卫生

**【概况】** 2022年，南昌市爱国卫生工作围绕助力疫情防控，在强化爱国卫生工作制度建设、巩固国家卫生城市成果、深化农村卫生城镇创建、加强病媒生物防制、开展健康教育和爱卫主题活动等方面取得阶段性成果。

**【《南昌市爱国卫生工作条例》审议通过】** 2022年，《南昌市爱国卫生工作条例》（以下简称“条例”）确定为立法项目。市卫健委组建起草工作领导小组，召开起草工作领导小组会议2次，经过4次集中修改，完成条例初稿草拟。开展立法调研，制订《〈南昌市爱国卫生工作条例〉立法调研方案》，完成县区线上调研工作，形成调研情况报告。组织开展爱卫立法问卷调查，参与人数1.05万人，收集意见建议1700余条。配合市人大、市司法局做好政府常务会议审议、市人大一审、市人大二审工作，完成条例草案起草修改和条文解读本编印。条例分别于10月28日及11月25日通过市第十六届人大常委会第十次会议审议和省第十三届人大常委会第四十二次会议批复，自2023年1月1日起正式施行，为南昌市爱国卫生工作法治化、规范化开展奠定良好基础。

**【卫生城镇创建】** 2022年，市卫健委结合贯彻落实《南昌市人民政府印发关于深入开展爱国卫生运动的实施意见》和疫情防控工作，加强巩固国家卫生城市常态长效管理，持续改善城乡环境卫生面貌，不断培育群众健康卫生生活习惯，提升全市城市管理水平。制订《南昌市美丽乡镇建设卫生乡镇创建专项行动方案》，部署卫生城镇创建年度计划。起草《巩固国家卫生城市工作专报》，上报19个国家卫生城镇典型案例，展示南昌市创建成果。组织开展国家卫生城镇创建分片业务培训，提升全市卫生城镇创建巩固工作质量和水平。深入一线暗访督查，对各县区申报国家卫生县、乡镇进行市级考核验收，推进卫生创建

2022年11月21日，青山湖区湖东社区的嵌入式养老院

（青山湖区 供图）

巩固工作常态化开展。至年底，全市2个县(进贤县、安义县)、23个乡镇申报创建2022—2024周期“国家卫生县”“国家卫生乡镇”；7个乡镇获得2022年度“江西省卫生乡镇”命名；49个建制村创成“市级卫生村”。市卫健委获全国爱国卫生运动70周年“先进集体”称号，东湖区爱卫办主任曹永忠获全国爱国卫生运动70周年“先进个人”称号。

**【病媒生物防制】** 2022年，坚持环境治理为主、药物消杀为辅的病媒生物防制原则，根据病媒生物季节特性，组织开展春、夏、秋统一灭“四害”活动，发动群众清理垃圾粪便、杂物乱堆、积水容器，铲除病媒生物滋生环境，全市“四害”侵入程度不断降低。按照专群结合，综合施策思路，通过集中消杀、科学治理，各县区公共外环境消杀工作实现市场化服务全覆盖，有效减少病媒生物密度。至年底，制定3个专项活动方案，组织开展4次线上业务培训，督促各县区完成132家从事病媒生物防治专业有偿服务单位备案管理。常态化开展县区交叉检查，对各县区全年病媒生物防制工作进行年终考核和评分排名，有效落实全市病媒生物防制工作，防范新冠病毒感染与病媒传染病叠加传播风险。

**【爱国卫生系列主题活动】** 2022年，围绕纪念爱国卫生70周年，组织开展迎新春爱国卫生运动、“送烟=送危害”宣传活动、第34个爱国卫生月活动、第35个世界无烟日活动等10余场爱卫主题活动。组织开展全市健康城市评价，完成6个健康细胞示范点典型案例和1个健康细胞建设宣传短视频制作报送。组织征集全市372份作品参加江西省2022年“世界无烟日”青少年控烟优秀作品评比，调动社会各界和广大群众参与爱国卫生运动的积极性、主动性，推动全民形成践行文明健康生活方式。推进无烟环境建设，新创21所市级无烟学校，推进无烟党政机关建设“回头看”。至年底，全市共建成各级各类无烟学校827所、各级无烟党政机关653家。

**【健康影响评价评估试点建设】** 2022年，将西湖区确定为南昌市健康影响评估建设试点，邀请省爱卫办、省爱卫宣促中心、省卫健监测评价中心对西湖区健康影响评估工作进行实地调研，组织相关专家对西湖区健康影响评估试点工作进督导，并对西湖区开展健康评估制度建设试点工作实地评估。西湖区下发《南昌市西湖区健康影响评估制度建设试点工作方案(试行)》，成立领导小组和健康影响评估专家库，聘请南昌大学公共卫生学院专业人员对西湖区2个公共政策和2个重大民生项目开展系列健康影响评估工作。全市健康影响评估试点工作推进顺利。

(陈以焱)

## 卫生监督

**【概况】** 2022年，全市卫生监督执法机构认真履行卫生法律法规赋予的监督职责，按照省、市卫生健康监督工作要求，围绕卫生健康监督工作任务，统筹推进疫情防控和卫生监督工作开展，切实维护全市群众生命安全。至年底，全市各级卫生监督执法机构对监督对象进行经常性卫生计生监督执法检查共1.52万余户次，其中公共场所卫生检查6374户次、医疗卫生检查3099户次、传染病防治(含采供血)检查3600户次、生活饮用水(含涉水产品)卫生检查400户次、学校卫生检查466户次、放射卫生检查199户次、职业卫生(包括用人单位、职业健康检查机构、职业病诊断机构、放射卫生技术服务和职业卫生技术服务机构)检查857户次、消毒产品检查125户次、餐饮具集中消毒单位检查22户次、妇幼保健(原计划生育)检查57户次。打击违反卫生健康法律法规行为，全市查处公共场所、医疗执业、传染病防治、计划生育、职业健康各类违法案件1351件。

**【卫生领域专项整治】** 2022年，组织开展元旦、春节期间医疗卫生机构传染病防治监督执法工作，监督检查965家医疗卫生机构，立案查处70起。开展打击无证行医专项，查处19起无证行医案件，罚款71.8万元。打击防范养老诈骗，收到21起各类型涉及非法行医、医疗纠纷等类型投诉举报线索，根据举报线索核实查处，维护老年人合法健康权益。开展游泳场所专项监督检查，对全市107户游泳场所的卫生管理、设施设备、池水消毒及数据公示情况进行卫生监督，并对游泳池水质进行采样检测。开展抗(抑)菌制剂专项整治，对全市42户抗(抑)菌制剂生产企业全部进行清查，查办违法案件19起，罚款5.4万元。开展旱期饮用水卫生专项监督检查，全市监督检查集中式供水单位9家；开展职业卫生用人单位防暑降温专项监督检查，共监督检查涉高温危害因素用人单位277户，发现问题73项，针对存在问题下达执法文书。开展2022年传染病防治分类监督综合评价工作，全市共评价医疗卫生机构1255家。其中，702家单位被评为优秀、547家单位被评为合格、6家机构被列入重点监督单位。

**【卫生健康法治建设】** 2022年，按照《江西省公职律师管理细则》要求，成立南昌市卫生健康综合监督执法局公职律师办公室，首批组成人员2人，是省卫健执法系统首家公职律师办公室。选送7件行政处罚案卷参加省卫健委评选。7月，省卫健委通报表扬30件优秀案例，南昌市4例案件获得全省卫生监督执法优秀典型案例;9月,市推进法治政府建设工作领导小组办公室印发《关于2021年度行政执法案卷评查情况的通报》,市、县(区)两级卫健执法机构办理的《江西某病理诊断中心案》等6件行政处罚案件获南昌市2021年度优秀行政处罚案卷。

**【信用监管】** 2022年,推动辖区消毒产品生产企业全部纳入全过程监管,督促并指导企业上传自检信息。至年底,全市92家消毒产品生产企业100%完成消毒产品查询系统注册,25家企业在系统中上传814批次产品自检信息,整体数量位居全省第一梯队。按照《江西省消毒产品生产企业卫生信用管理办法》要求,通过重罚失信企业,加强全市消毒产品生产企业事中事后管理。至年底,全市有消毒产品生产企业卫生信用A级(诚实守信)企业3家,占全省5家的60%;B级(信用良好)企业64家,占全省232家的27.59%,信用优良企业数量和比例均居全省最前列。

(陈以焱)

## 中医药事业

**【概况】** 2022年,全市二级以上公立中医医院编制床位数2948张,较上年增加480张,平均病床使用率104.22%。中医药人员688人,增加20人。其中,中医类别执业(助理)医师人数597人,高级职称136人。门急诊总人次141.15万人次,出院病人7.26万人次,中医非药物疗法治疗人次23万人次。全市二级以上公立医院业务收入16.26亿元。其中,药品收入6.46亿元,中药收入3.42亿元,中药非药物治疗收入1.59亿元。

**【中医药服务】** 2022年,南昌市洪都中医院通过与上海龙华医院联系,成为"国家中医急诊与重症医学区域诊疗中心"协作单位。省中西医结合医院四弯风病和市洪都中医院腰痛病2个病种入选省中医药管理局中医优势病种培育项目。45家基层医疗机构入选全省中医馆服务内涵建设项目;新增7家市级示范中医馆,全市示范中医馆16家。青云谱区将打造"15分钟中医药健康圈"工作目标纳入2022年全区重点民生实事项目;完成3家医疗卫生机构中医药服务标准化建设。6月17日,《人民日报》以《基层中医药服务更便利》为题对南昌市基层医疗卫生机构中医馆建设工作进行报道。

**【中医药科研】** 2022年,江西省中西医结合医院骨蚀病重点研究室、南昌市洪都中医院长蛇灸重点研究室、江西省皮肤病专科医院白癜风调气和血重点研究室、南昌市生殖医院中医不孕疾病重点研究室等4个研究室获批省级重点研究室,获批数量占全省各地市获批数量的36.4%,居全省各地市第一位。市洪都中医院伤筋临床研究基地为全省唯一获批的临床研究基地。全市共立项省中医药管理局科技计划项目课题148项,较上年增长12%。

**【中医药人才培养】** 2022年,全市有11名中医药指导老师、22名继承人入选2022年度江西省名老中医药专家学术经验继承工作项目,入选人数占全省入选比例的12.64%,居全省第一位。打造南昌市名中医品牌形象,建设5个市名中医传承工作室。5人入选江西省中医药中青年骨干人才(第四批)培养计划培养对象名单,占全省地级市入选总人数的17.9%。遴选24名基层医疗机构中医执业(助理)医师参加全省中医全科医生转岗培训。推进新建区中医医院江西省基层中医药人才培养基地建设,举办2022年南昌市中医药适宜技术培训班。加快基层热敏灸技术人才培养,遴选55名基层医务人员参加全省热敏灸技术培训班。

**【南昌中医药特色街区运营】** 2022年,南昌中医药特色街区暨南昌中医特色治疗平台是全省首批中医特色治疗平台建设项目之一,国信医药谷承建运营,于6月揭牌试运行,着力打造"江西示范、全国知名"中医特色治疗的集中地、服务点、展示区。街区集中医特色诊疗、技术服务、中医药文化宣传功能为一体,设有疼痛诊疗中心、女子调理中心、艾灸中心、熏蒸中心、体态训练中心、儿童外治中心、中医医美中心、名老中医和专长中医诊疗中心、传统中药炮制展示中心等9个功能区,宣扬中医"未病先防"理念,彰显中医"简便验廉"优势。

**【中医药文化宣传】** 2022年,动员市百花洲小学、红谷滩区碟子湖学校、南师附小九龙湖校区、青云谱区南菁学校、青山湖区胡家小学、青山湖区观田逸夫小学、进贤县民和四小等7所学校开展以"端午艾草香 关注眼健康"为主题的中医药文化进校园活动,并通过《中国中医药报》进行专题报道。新增南昌市信仁富基商业管理有限公司(国信医药谷)和江西强将军生物科技有限公司("土将军"老字号基地)2家省级中医药文化宣传教育基地。国信医药谷以"凉茶针灸助消暑"为主题,深入开展中医药进机关、进社区活动;《传承百年"土将军"中医药品牌,造福百姓幸福》案例入选第二批健康江西行动典型经验案例。

**【中医药疫情防控】** 2022年,在集中隔离场所隔离人员、确诊和疑似患者、发热留观患者、居家隔离人员、复产复工人员、治愈出院患者"六个全覆盖"基础上,将中医药干预延伸到一线防控保障人员，实现中医药干预“七个全覆盖”。针对集中隔离医学观察人员，市级统筹预防中药供应，做到“点开药到，应服尽服，愿服尽服”。至年底，发放预防中药38.04万剂，发放中成药7076盒。针对居家隔离人员、防控保障人员等，各县区依托街道、社区网格体系，快速高效提供预防中药，累计发放预防中药47.43万剂。

（陈以焱）

## 医政药政管理

**【概况】** 2022年，全市医政医管和药政工作按照实施健康南昌战略部署，坚持以群众更满意为目标，完善医疗服务体系、提升服务能力、改善医疗服务、强化医疗机构监管、强化行业作风建设，做好新冠肺炎疫情防控和医疗救治工作，促进全市医疗事业更加均衡更加充分发展，不断满足人民医疗服务需求。

**【医疗质量安全】** 2022年，发挥质控中心专业指导优势，加强质控中心检查情况的运用，将其作为医院专业技术水平重要依据和医院评审评价内容之一。印发《南昌市2021年度医疗质量评价报告》，总结工作经验，明确努力方向。组织开展专业培训会10余次，开展专业调查3次，质控检查覆盖全市各级各类医疗机构；编纂《南昌市2021年医疗质量控制报告》，推进全市医疗质量持续改进。通过竞争选拔新组建外科护理质控中心、供应室管理质控中心、手术室护理质控中心、骨科护理中心、肿瘤护理质控中心及传染病护理质量控制中心6个市级质量控制中心，专业质控中心数量37个，覆盖全市医疗卫生服务重点专业、薄弱专业，质控中心专业数居全省前列。深入推进DRGs（疾病诊断相关分组）工作，督促医院加强信息化建设，强化医院病案首页质量。

**【急危重症救治体系构建】** 2022年，加强胸痛中心、脑卒中中心、创伤急救中心“三大中心”建设，推动构建快速、高效、城乡一体的急危重症医疗救治体系，提高急危重症救治效率和水平，构建新型诊疗模式。进一步优化改进“三大中心”诊治流程，积极搭建急救绿色通道，依托多学科诊疗技术优势，不断提高患者救治水平，为人民群众健康提供坚实保障。至年底，有1个中心评价通过，全市共有18个“三大中心”，初步建立危急重症抢救体系。

**【医疗服务改善】** 2022年，贯彻落实省卫健委《江西省改善群众就医体验主题活动实施方案（2021—2023年）》要求，推进“改善群众就医体验”主题活动，为群众办实事、解难题，增强群众获得感、幸福感、安全感。印发《改善群众就医体验主题活动简报》，以改善人民群众看病就医感受为出发点，推进改革深化和服务提升，加强医疗服务管理，提高医疗服务质量。通过提升群众就医等待、诊疗、人文、环境、费用体验，为人民群众提供更高水平、更加满意的卫生和健康服务，不断增强人民群众获得感。

**【心理服务体系建设】** 2022年，加强社会心理服务体系建设，推进健康南昌建设。由市卫健委牵头，市委政法委、市委组织部、市委宣传部、市教育局、市民政局等20个部门参与，组建社会心理服务专项组。印发《南昌市2022社会心理服务体系建设工作要点》，立足眼前，放眼长远，统筹推动社会心理服务体系建设工作，提升治理效能，推进市域社会治理现代化。组织开展65岁以上老年人抑郁、老年痴呆调查和产妇产后抑郁问卷筛查及预防未成年人网络沉迷宣传教育专项活动，取得良好效果。在“世界精神卫生日”，开展以“心理健康、社会和谐”为主题义诊活动，宣传心理健康科普知识，营造“人人都是自己心理健康的第一责任人”的良好氛围。为提高社会办精神卫生医疗机构发展水平，在全市7家民营精神专科医院开展2022社会办精神卫生医疗

2022年7月21日，市民在医院自助终端上办理业务

（成奔　摄）

机构现场技术指导，规范临床诊疗行为，提高医疗质量管理。联合公安等部门部署开展严重精神障碍摸排管理行动，对全市严重精神障碍患者开展一次“拉网式”排查工作。

【血液供应保障】 2022年，鼓励无偿献血，献出一份爱心。全市无偿献血率100%，共接待无偿献血4.1万人次，采集血液6.9万单位，供血总量16.68万单位。为提升去白悬浮红细胞、浓缩血小板的制备质量，采血袋由F400改为Q400。市中心血站通过不断调整修改分离机、离心机相关参数，制出去除白细胞更多、血小板含量更高的成分血制品，由之前6袋合并一个治疗量的浓缩血小板变成只需5袋。9月1日，万寿宫献血新房车投入使用，造型如同高铁车厢，五彩LED灯勾勒八一军徽标志，与停放背景南昌八一起义纪念馆融为一体，移动科普机器人、智能物柜带来高科技献血体验，构筑一个时尚、美观网红献血打卡新地标。

【院前急救体系建设】 2022年，加强和完善南昌市智慧急救云大脑建设，不断优化智慧急救云大脑五大系统（院前院内救治协同平台、智慧云调度系统、电子病历系统、移动支付及电子发票系统、数据型精细化管理系统），开展院前院内协同救治平台运行，落实信息规范共享、远程急救指导、院内急救准备3项功能。全面构建以5G应急事件聚焦平台、5G应急移动调度指挥系统、5G+VR远程急救培训、5G+智能急救定位、5G+全省院前急救质控平台集为一体的“南昌智慧急救专科群”，提升应急处置及转运能力。

【医院药事管理规范】 2022年，做好第四届世界患者安全日活动有关工作，提高医疗机构用药安全管理水平，提升社会公众对用药安全的重视，普及安全用药知识。加强药品使用监测，及时、连续、准确掌握医疗卫生机构药品使用情况，优化药品供应保障政策。推动公立医院高质量发展，深化医药卫生体制改革，整体推进国家基本药物制度实施，提高公立医疗机构药品采购使用监管，推动优先使用基本药物，促进临床合理用药，提升合理用药水平，保障医疗质量安全和人民健康权益。强化用药安全制度落实，健全并落实用药安全相关制度，提高医药护技人员防范用药错误意识和能力，实施处方开具、调配、给药、用药全流程管理。应对微生物耐药带来的挑战，提高社会公众对耐药的认识水平，遏制微生物耐药发展与蔓延。促进静脉用药调配工作健康发展，全面掌握全市静脉用药调配中心工作实际情况，有针对性地指导加强静脉用药调配中心建设与管理。推进全市医疗机构药学队伍建设，提高药事管理水平，引领广大药学工作者贯彻落实“健康南昌”战略，宣传新时代中国优秀药师和团队先进事迹。

【卫生民生工程建设】 2022年，“光明·微笑”、儿童两病、贫困家庭尿毒症免费血透、贫困家庭重性精神病患者免费救治、贫困家庭妇女“两癌”免费手术治疗及食道癌、胃癌、直肠癌、结肠癌、肺癌、肝癌、耐多药结核病、慢性阻塞性肺气肿、慢性粒细胞白血病、急性心肌梗死、风湿性心脏病、脑卒中、血友病、Ⅰ型糖尿病、甲亢、儿童苯丙酮尿症、尿道下裂及地中海贫血等25种城乡贫困人口重大疾病专项救治工作得到有效落实。全市全年共审批救助3806人次，提高城乡贫困家庭医疗保障水平，防止因病致贫、因病返贫。其中，免费救治贫困家庭严重精神障碍患者1497人次，免费救治尿毒症患者2241人次，实施白内障复明手术1389例，实施唇腭裂患者修补手术14例。疾病应急救助制度得到落实，解决一批身份不明、无能力支付医疗费用患者的医疗急救保障问题。

【行风建设准则落实】 2022年，开展“进一步深化医疗卫生领域突出问题专项治理，推动卫生健康事业高质量发展”主题活动。成立专项治理办公室，制订主题活动实施方案，召开全市动员大会，聚集党风廉政建设、漠视群众利益、改善群众就医体验、促进廉洁从医从政、疫情防控等关键领域，查处医疗卫生领域违规违纪行为，把行业作风专项治理工作引向深入，引导医患关系向好向善发展，营造风清气正良好行业氛围。组织开展2022年度医德医风建设示范医院创评工作，围绕强化党对医德医风工作的组织领导、健全医德医风管理体系、落实医疗机构工作人员廉政从业九项准则、深化医疗卫生领域突出问题专项治理、加强医德医风常态化教育等5个方面内容，坚持以评促建、以评促改，强化新时期卫生健康工作宗旨观念，培育高尚医德，营造廉洁从医从政良好氛围，助力全市卫生健康事业高质量发展。

【民营医疗机构监管】 2022年，不断加大民营医疗机构监管力度，医疗行为逐步规范。在行政审批制度改革基础上，履行事中事后监管职责。落实民营医疗机构不良执业行为计分制度，建立计分档案。6月，印发《关于印发2022年度南昌市民营医疗机构专项巡查行动实施方案的通知》，对督促检查中发现的问题立即责令整改，涉嫌违法违规行为全部移交综合监督执法部门进一步查处，对民营医疗机构综合督查不合格的、不良执业行为计分较多的、医疗投诉较多的民营医疗机构名单在网站上进行公示，发挥社会监督作用，促进民营医疗机构依法行医、规范执业。

【“智慧平安医院”建设】 2022年，

协助市委平安办推进"智慧平安医院"建设,践行"昌治久安"市域社会治理工作体系。全市纳入"智慧平安医院"建设单位39家,要求按规范标准完善制度建设、人防建设,实现物防、技防建设目标,提升安全防范能力。至年底,全市按"智慧平安医院"标准要求建设的20家,达标率51.28%。物防建设方面,医院及道路按要求设置实体屏障并设置防冲撞设施的33家,达标率84.62%;技防建设方面,二级以上医院安装与公安机关联网一键报警装置的29家,达标率74.36%。在重要部位安装视频监控设施并将采集数据全量共享属地公安部门的29家,达标率74.36%。二级以上医院住院部、办公场所等重点场所设立访客管理系统和人像识别闸机的25家,达标率64.10%。对涉医矛盾风险开展排查并建立涉医风险预警人员库和防范系统的31家,达标率79.48%。至年底,医疗机构发生医疗纠纷802起,其中行政调解医疗纠纷107起,调解成功104起。

**【医学重点学科建设】** 2022年,全市有15个市级重点专科建设项目。评估显示,各临床重点专科服务人数逐年上升,消化内科、关节镜外科、乳腺肿瘤专科群、皮肤科学科群年度服务人次实现2位数增长;皮肤科学科群门诊量增长超过90%。技术创新不断突破,消化内科、关节镜外科、乳腺肿瘤专科群、皮肤科学科群4个建设项目的第二年度重点技术目标值均达100%,有3个专科在全省率先开展相关前沿技术。专科辐射引领能力不断增强,5个建设项目年度总服务人次中外埠服务人次占比均超过20%,乳腺肿瘤专科群外埠服务人次占比超过40%。科研水平不断提升,重症肝病科有6项省级科研课题立项,获得2项新专利;皮肤科学科群发表SCI论文3篇,消化内科、乳腺肿瘤专科群均各有1项国家自然基金课题结题,有3项省级科研课题立项。

**【紧密型县域医共体建设】** 2022年,强化市级层面协调、调度,先后召开全市紧密型县域医共体建设推进会和市、县医保及卫健部门领导协商会,推进南昌县、进贤县、安义县、新建区紧密型县域医共体建设,实现紧密型县域医共体建设全覆盖。南昌县启动区域卫生信息中心项目和县疾控中心、县"120"急救中心、县血防站、县妇保院"四卫一体"工程建设,完成人员总量和岗位设置核定;进贤县完成公立医院人员总量核定;安义县和新建区出台实施方案。

**【医疗服务价格动态调整】** 2022年,开展医疗服务价格动态调整评估工作,经评估达到调价触发条件,调整85项医疗服务价格,将取消药品、医用耗材加成减少的合理收入、药品招标采购挤出的水分纳入调价范围,所有项目纳入医保报销。建立医疗服务价格动态调整机制,不增加群众负担,医务人员劳动价值逐步体现。

**【医防融合发展】** 2022年,在全省首创医院公共卫生首席专家派驻制度,从市疾控中心选拔8名具有公共卫生专业背景、业务能力突出的高级职称专家,派驻全市8家三级公立医院担任公共卫生首席专家。首席专家负责牵头公立医院公共卫生相关工作,推动医院公共卫生能力建设,对加强公立医院公共卫生职能建设提出意见和建议,协助医院制定公共卫生职责清单并监督落实,对突发公共卫生事件提出应对建议并监督落实,牵头推进医院医防协同工作,协助推动医院公共卫生人才队伍建设,为推动公立医院与疾控机构建立人员通、信息通、资源通和监督监管制约的医防协同机制奠定基础。

（陈以焱）

## 卫生科教

**【概况】** 2022年,全市卫生科教部门重视新冠肺炎疫情防控生物安全,做好科教疫情防控工作,筑牢生物安全底线。加强基层医疗卫生健康单位适宜技术推广,提升农村和社区医疗卫生健康服务机构医疗服务能力和技术水平。鼓励各级医疗卫生单位和医疗卫生人员引进应用成熟、先进、适宜的医学新技术,提高医疗服务质量。做好继续教育申报项目工作,加强全市继续医学教育管理。

**【生物安全管理体系规范】** 2022年,学习贯彻《中华人民共和国生物安全法》,普及生物安全相关知识。推进全市生物安全工作协调机制进一步完善,落实协调机制责任清单。规范病原微生物实验室备案管理,加强医疗机构实验室属地管理模式。至年底,全市备案一级实验室544个、备案二级实验室469个,其中90家医疗机构备案新冠核酸检测实验室。

**【医学科研创新平台建设】** 2022年,合理布局全市卫生科技创新平台,协调组织相关单位申报省市级重点实验室共6个。同时,助力申报省卫健委科技创新"四个一批工程"建设,推动重点科研项目、平台、人才、资金一体化配置。市疾病预防控制中心获得"新发传染病病原学诊断及基因组学重点实验室"称号,省皮肤病专科医院获得"江西省皮肤病临床医学研究中心"称号。

**【医学科研创新项目申报】** 2022年,组织开展第十届国家卫生健康突出贡献中青年专家选拔,推荐市第一医院黄国富为国家卫生健康突出贡献中青年专家人选。做好江西省专业技术人才知识更新工程高级研修项目申报工作，申报［乳腺癌多学科综合诊疗团队（MDT）的构建及其应用推广］等4个项目。至年底，组织申报各类课题480项，获得国家自然基金3项、省级科技项目276项、市级科技项目26项；发表各类论文446篇，其中SCI 49篇。协助市第九医院申报江西省医学会2022年江西医学科技奖1项。开展2022年度市级新技术引进和农村适宜推广项目评审，共引进新技术、适宜技术项目20项。组织各市直医疗机构申报领先学科和省市共建学科，获得省、市共建项目2项，完成省、市共建项目小儿内分泌学科（南昌第三医院）、口腔修复科（江西省中西医结合医院）验收。

**【医学教育】** 2022年，全市共招聘150名全科医师转岗培训学员。至年底，全市全科医生共1377人。遴选建设一批国家级、省级住培重点专业基地，其中国家级住培基地5家（含中医基地2家）、协同基地5家、助理全科基地1家，在培人员480人。将住培基地硬件建设纳入医院建设统筹安排，并落实住培教育大纲和导师责任制，督促住培师资岗位能力培训，规范教学严格评估、考核，确保住院医师规范化培训质量。推进医师继续医学教育，全年组织2.28万名医师参加继续医学教育培训。组织各单位申报2022年度各级各类继续教育项目，共立项49项国家级继续教育项目、62项省级继续教育项目及10项市级继续教育必修项目，144项专题讲座项目，21项学习班项目。

**【医学项目管理规范】** 2022年，市伦理委员会备案登记医疗机构有10家，完成网上初审待提交纸质版文件机构9家。登记备案临床研究项目157项，其中备案完成67项、机构内在审61项、驳回修改29项。成立学术委员会机构5家。11月，在前期各单位全面开展医学项目管理自查并整改基础上，省卫健委组织专家分赴南昌市生殖医院和南昌普瑞眼科医院，市卫健委组织专家组分赴南昌市第三医院、江西省精神病医院和南昌市中山皮肤病医院，督导检查医学项目管理情况。

（陈以焱）

## 血地防治

**【概况】** 2022年，全市血吸虫病地方病防治工作实施以传染源控制为主的血吸虫病综合防治策略，协调相关部门整体推进综合治理，防范血吸虫病风险，推进全市血吸虫病消除工作进程，疫区防控形势持续向好。贯彻落实晚期血吸虫病救助政策，完善相关救助措施，巩固贫困晚期血吸虫病救助成果。加强晚期血吸虫病（包括贫困晚期血吸虫病）中央转移支付和省级专项救助经费使用管理，建立完善救治相关程序和工作机制，保障晚期血吸虫病救治工作开展。

**【输入性疟疾规范处置】** 2022年，南昌市辖区各医院网报2例境外输入性恶性疟疾重症病例，其中1例疫点在进贤县、1例疫点在外地。疾控中心对病例及时进行流行病学个案调查、督导服药、同行人员调查、疫点调查、健康教育及寄生虫病系统网报。医疗机构对病例进行规范治疗，规范治疗率100%。全市完成境外居住不明原因发热病人血检2524人；县级复核血片307人，复核率12.16%；市级复核血片98人（其中，阳性血片2人，阳性复核率100%；阴性血片96人，阴性复核率3.80%）；送省级复核阳性2人，阴性35人。完成寄生虫病专报系统数据录入与审核工作。

**【血吸虫病风险防范】** 2022年，南昌县和进贤县达到血吸虫病传播阻断标准。全市共完成血吸虫病询检查病20.74万人次，完成任务数（15.5万人次）的133.78%；完成血检查病7.43万人次，完成任务数（5.85万人次）的127.04%；粪便检查2417人，完成任务数（1800人）的134.28%；治疗病人（含扩大化疗）1.18万人次，完成任务数（1.55万人次）的76.25%；完成晚血救治755例，完成任务数（840例）的89.88%；查螺2.57亿平方米，完成任务数（2.07亿平方米）的124.06%；药物灭螺1883.47万平方米，完成任务数（1750万平方米）的107.63%。

**【地方病碘营养水平监测】** 2022年，加强地方病碘营养水平监测工作，对2700户盐样和2700份尿样进行碘含量检测。其中，非碘盐39份，碘盐2661份，合格碘盐2575份，不合格碘盐125份，碘盐覆盖率98.56%。居民合格碘盐食用率95.37%，非碘盐率1.44%，盐碘含量中位数为每千克含24.30毫克。全市学生尿碘中位数为每升含213.82微克，孕妇尿碘中位数为每升含187.70微克。市疾控中心对青山湖区、进贤县和湾里管理局600名儿童进行甲状腺B超检查，仅在青山湖区分别发现1名9岁、1名10岁学生为甲状腺肿大，人口标化甲肿率为0.33%。检查结果显示：9岁儿童为I度甲肿，10岁儿童为II度甲肿。

（陈以焱）

# 体　育

## 综　述

【概况】　2022年，南昌市体育局围绕“彰显省会担当”要求，落实深化发展和改革双“一号工程”暨实施强省会战略，率先“作示范、勇争先”，推进南昌市打造全国篮球示范城市，组团参加江西省第十六届运动会夺得金牌总数、奖牌总数、团体总分3项第一位，举办2021—2022中国男子篮球职业联赛季后赛（南昌赛区）、全军院校“强军杯”篮球赛集中交流赛、中国冰雪大篷车百场巡回（南昌站）、中国美人鱼公开赛（南昌站）、“云”动赣鄱线上健步行、“娃娃学体育”“娃娃学游泳”等赛事和活动，获评2018—2021年度全省群众体育工作先进单位。南昌市获得“2021—2022中国男子篮球职业联赛组织贡献奖”，南昌市体育代表团获得省运会“体育道德风尚奖代表团”称号和“竞技体育突出贡献奖”“输送优秀运动员贡献奖”，南昌市6个县区获2019—2022年全省竞技体育贡献奖一等奖，3家单位获评江西省体育产业示范单位（项目）。

【打造全民健身服务体系】　2022年，市体育局着眼长远、精心谋划，编制《南昌市全民健身实施计划（2021—2025年）》《南昌市全民健身设施补短板五年行动计划（2021—2025年）》。全市经常参加体育锻炼人数为264万人，占总人口比例为41%。《国民体质测定标准》总体合格率94%。人均体育场地面积2.6平方米，建制村农民体育健身工程覆盖率100%，“15分钟健身圈”在城市社区覆盖率100%，公共体育设施免费或低收费开放率100%，每万人足球场地数0.8块。每千人公益社会体育指导员2.4人。开展南昌市丰收运动会农耕健身大赛、“科学健身进机关”、环鄱阳湖自行车精英赛（南昌·湾里站）暨南昌梅岭山地自行车赛、南昌市第二届社区运动会、城市定向挑战赛、南昌赛艇大师赛暨赣粤城际联赛等一系列赛事活动，丰富群众体育生活。

【体教融合发展】　2022年，南昌市运动员在体育高考中共有204名运动员被高等院校录取，其中有25名运动员被复旦大学、上海交大、中山大学等985、211高校录取，较上年增加56%，创南昌市运动员历年来高考最好成绩。市体育局与市教育局联合举办南昌市“滕王阁杯”青少年体育联赛，年龄覆盖从幼儿园到高中各年龄段学生。同时，开展“奔跑吧·赣鄱少年”南昌市青少年精英夏令营和全市竞技人才选星活动，启动省市级体育传统特色学校评选，扩大体育特长生招生学校与项目，推动青云谱区博文学校、青山湖区青山湖学校建设体操、跳水等专业训练场馆。加强社会力量合作办训基地的评估与管理，批准41家单位为2023年南昌市社会力量合作办训基地，其中25家单位为一星级至五星级基地。

【体育产业发展】　2022年，市体育局持续推进国家体育消费试点城市建设。免费向市民发放体育消费券120万元，通过终端补贴带动健身市场新消费，直接拉动消费额近1000万元，促进体育健身市场繁荣。为应对疫情，切实帮助体育企业减轻发展负担，统筹资金发放体育消费券，继续落实体育健身游泳场馆降水费政策，推动公共体育场馆低收费、免费开放。全市所有政府资金投资的社会足球场全部免费开放。奥飞文体集团有限公司、南昌黑马体育用品用限公司、雷公坳文体产业园被省体育局评为江西省体育产业示范单位（项目）。奥飞文体集团有限公司被推荐参加国家体育产业示范单位评选，雷公坳文体产业园被推荐参加国家体育产业示范项目评选。

## 群众体育

【概况】　2022年，南昌市群众体育

工作贯彻落实“全民健身条例”“全民健身计划”和健康南昌行动，开展全民健身运动，推动全民健身和全民健康深度融合，不断开创全市群众体育新局面，群众事业取得新成果。全市经常参加体育锻炼人数占全市总人口的41%，每千人公益社会指导员数2.4人，国民体质监测合格率94%。南昌市体育局被评为“2018—2021年度全省群众体育先进单位”，全市体育系统共有12个集体和12人获得全省群众体育先进称号。

**【《南昌市全民健身实施计划(2021—2025年)》印发】** 2022年，市政府印发《南昌市全民健身实施计划(2021—2025年)》，明确到2025年，全市各县(区)均建有全民健身活动中心，人均体育场地面积达到2.7平方米，县(区)、乡镇(街道)、行政村(社区)三级公共健身设施和“15分钟健身圈”实现全覆盖，力争实现主城区“10分钟健身圈”。经常参加体育锻炼的人数达到全市总人口的42.5%，城乡居民国民体质监测合格率达95%。每万人拥有健身站点5个以上，每千人拥有社会体育指导员2.3人，业务素质和技能水平得到较大提升，志愿者队伍建设进一步加强。政府提供的全民健身基本公共服务体系更加完善、标准更加健全、品质明显提升，社会力量提供的普惠性公共服务实现付费可享有、价格可承受、质量有保障、安全有监管，群众健身热情进一步提高。

**【《南昌市全民健身实施补短板五年行动计划(2021—2025年)》印发】**

2022年，市政府办公室印发《南昌市全民健身实施补短板五年行动计划(2021—2025年)》，明确加大体育场地设施建设力度，健全全民健身设施网络，高标准保障公共体育服务设施的类型、数量、质量，为群众提供更便捷、更多元、更优化的体育健身场所，不断提高公共体育服务水平。切实提高体育场地设施服务能力与品质，加快体育场地设施建设及运营管理智慧化发展。鼓励学校、机关、企事业单位体育场地设施向社会开放，有效盘活现有资源，提高体育场地设施使用率。

**【全市健身器材巡检和器材更新换代完成】** 2022年，安排体彩专项资金50万元聘请第三方机构对主城区健身器材进行巡查及维护。按照合同要求，第三方机构完成对南昌市2831点位(超过预期目标点131个，增长4.85%)18622件器材(超过预期目标960件，增长5.4%)巡检。经过摸底和维修、巡查，共发现需要大修的健身器材371件(其中更换55件)，中修5675件，小修12576件。其中，因器材破损严重、使用年限到期，建议报废器材数量为4674件(含非体育部门安装器材)。同时，为贯彻《南昌市全民健身实施计划(2021—2025年)》，加快群众身边体育场地设施有效供给，更好地满足人民群众日益增长健身需求，进一步提升广大群众生活质量和健康水平，市体育局投入196万元，对全市12个县区80个点位的464件全民健身器材进行更新换代，满足附近群众在家门口健身需求。

**【承办“中国冰雪大篷车”百场巡回活动】** 2022年1月9日，“中国冰雪大篷车”百场巡回活动在八一体育场举办，是中国冰雪大篷车在南昌的第二站。活动现场设有7个冰雪运动体验项目，包括旱地冰壶、桌上冰球、冰球射门、越野滑雪训练机、冬季两项模拟射击器、速滑训练板、滑雪臂力训练器等，吸引众多市民参与。每个项目均有专业教练员在一旁讲解和指导，让大家在互动中感受冰雪运动带来的快乐。现场还设有活动展示区，通过图文、视频介绍中国冰雪运动发展历程和北京冬奥会15个分项，用陈列形式展示冰雪运动各项目器材，让群众更深入地了解各冰雪运动项目，进一步推动冬奥知识普及，掀起市民了解冰雪运动、参与冰雪运动、热爱冰雪运动热潮。

**【南昌市全民健身线上运动会】** 2022年1月28日至2月28日，南昌市举办“庆冬奥，迎新春”南昌市全民健身线上运动会。运动会设置“七天云打卡”“健身普及课”“冬奥趣味赛”“线上健身赛”四大板块，有足球、排球、跑步、游泳、广场舞、体育舞蹈、健身气功等11种运动项目，营造浓厚的庆冬奥、迎新春氛围，推动南昌市线上群众体育活动发展。

**【建设“体育健身苑”】** 2022年，为满足群众健身需求，推进全民健身，结合“我为群众办实事”实践活动，市体育事业发展中心因地制宜，合理利用体育公园现有空间，在体育公园内新建“体育健身苑”，配置12件健身器材。其中，有6件最新式力量型健身器材，为首次在南昌投放使用。新建的“体育健身苑”地面采用EPDM弹性塑胶进行地面缓冲及软化处理，有良好的减震性能，安全、舒适，能提高运动舒适性，提供安全可靠健身环境，吸引广大群众积极参与体育锻炼，满足市民多元化健身需求，得到群众一致好评。

**【2022“云”动赣鄱线上健步行活动】**

2022年6月10日，由省体育局主办、市体育局承办、省内各地市体育局协办的纪念“发展体育运动，增强人民体质”题词70周年“全民健身·幸福江西”2022“云”动赣鄱线上健步行活动正式启动，并在全省范围内开展。活动期间，个人累积5万步，获得“运动达人电子证书”，且在个人累计步数达到5万步、10万步、15万步……时，参与线上抽奖，获得奖品。活动于6月17日结束，全省参与24.19万人次。在新冠肺炎疫情防控常态化情况下，活动旨在有效推动全民健身与全民健康深度融合，倡导全民养成健康向上生活方式，进一步增强人民群众身体素质，提高健康水平。

**【省运会（社会部）南昌预选赛】** 2022年，根据《江西省第十六届运动会竞赛规程总则》，南昌市制定“全民健身·幸福南昌”江西省第十六届运动会（社会部）南昌市预选赛的实施方案及各项目竞赛规程。省运会（社会部）南昌市预选赛，南昌市共投入31.8万元，开展广播体操、游泳等12个项目赛事。其中，广播体操、围棋、象棋、健身气功项目为线上赛事，均完成。南昌市组队参加江西省第十六届运动会（社会部）全部20个项目决赛，取得10个团体总分一等奖、6个团体总分二等奖、1个团体总分三等奖，群众体育继续保持全省领先地位。

**【全民健身志愿服务活动】** 2022年2月15日，南昌市新时代文明实践体育志愿服务团队在青山湖区社会福利中心开展“关爱老人 情暖元宵”活动。体育志愿者为福利中心老人送去大米、白面、牛奶、水果、汤圆等慰问品，详细了解老人身体状况和生活情况，同时向他们送上节日的暖心祝福。该次活动，让老人们感受到社会温暖，同时也引导和带动更多人参与到志愿服务中来，营造尊老爱老敬老的良好社会氛围。3月13日，由市体育局、市体育总会主办，市体育事业发展中心、市新时代文明实践体育志愿服务团队、市广场舞协会承办的南昌市2022年“我们的节日·学雷锋日”新时代文明实践广场舞展演活动在青山湖区万达广场举行，来自全市各县区的近300名志愿者参加。展演有《唱支山歌给党听》《好人多》等舞曲，吸引众多市民驻足观看。南昌市体育志愿者还在现场发放《江西省志愿服务条例》宣传页，细心讲解志愿服务条例内容，鼓励引导更多的人加入志愿服务团队，为建设和谐、美丽、幸福南昌贡献力量。

**【2022年南昌市丰收运动会农耕健身大赛】** 2022年10月12日，2022年南昌市丰收运动会农耕健身大赛在湾里磨盘山森林（体育）公园举行。该次农耕健身大赛是南昌市庆祝2022年“中国农民丰收节”系列活动之一，将农民体育健身项目融入农耕文化，让大家在欢乐氛围中享受丰收乐趣。比赛围绕农耕、农趣、农味，开展急速独轮车、插秧接力、手搓玉米等农事竞赛活动，演绎民间体育，展示乡土风情，传承农耕文化。

**【2022年中国美人鱼公开赛（南昌站）】** 2022年9月24—25日，由国家体育总局水上运动管理中心、中国滑水潜水摩托艇运动联合会主办，南昌市体育局、南昌融创海世界承办的2022年中国美人鱼公开赛在南昌融创海世界举行。国家体育总局水上运动管理中心副主任苏科、国家体育总局水上运动管理中心运动三部部长刘青、国家体育总局总裁判长陈红光等出席。该次美人鱼大赛是表演赛升级版，在保留表演赛观赏性同时，大幅增加竞技元素。在海洋生物环绕中，参赛选手随着音乐节奏，潜入指定的水下表演区域，展示平行侧游、平行仰游、后翻360度、水中悬停等技巧。赛事分为男子单人、女子单人、团体组进行预赛和决赛。来自全国各地的50余名选手在水中展开角逐，湖北选手李明获得男子组冠军，重庆选手张盈盈获得女子组冠军，重庆鲛宫代表队获得团体冠军。

**【环鄱阳湖自行车精英赛南昌湾里站开赛】** 2022年11月22日，“全民健身 幸福江西”2022年第三届“中国体育彩票杯”环鄱阳湖自行车精英赛南昌湾里站开赛。省体育局副局长金紫薇、副市长龙国英等出席开幕式。来自全国各地的200余名自行车好手参加比赛。比赛从湾里游客中心出发，沿途经过梅岭国家森林公园、翠园、洪崖文化公园等景区及乌井水库、樱花谷等景点，终点位于洗药湖山庄，全程14.2千

2022年11月22日，“全民健身 幸福江西”2022年第三届“中国体育彩票杯”环鄱阳湖自行车精英赛南昌湾里站开赛

（喻云亮　摄）

米，一路风景秀丽。此赛段独特亮点在于高难度的挑战性，赛道为85%的上坡、10%的平路、5%的下坡。经过2小时激烈角逐，最终来自Attack－Santic车队的吴云飞夺得男子公路精英组冠军，来自美利达挑战者车队的庞培林夺得山地精英组冠军，MeetCar觅咖车队的何冲夺得女子山地精英组冠军。在特别设置的全民健身群众骑游组，尽管本站赛道全程爬坡，却依然吸引400余人参赛。

**【南昌梅岭越野挑战赛】** 2022年12月27日，由市政府主办，市体育局、湾里管理局承办的2022南昌梅岭越野登山赛举行。在参赛运动员起跑后40分钟，梅岭山上出现大雨且伴随雷电恶劣天气。为保障参赛人员人身安全，登山赛组委会立即启动赛事熔断机制，终止比赛。赛事指挥中心通过前段采集的各项数据信息投放到大屏幕上，指挥中心工作人员可实时掌握赛事运动员、救援人员、医疗急救人员车辆的北斗定位数据和运动数据。指挥中心对各工作组科学调度，全面统筹，实时了解赛事进度。赛事熔断启动不到2小时，所有运动员全部安全回到起点。

**【2022年南昌城市定向赛】** 2022年12月18日，由市体育局、青山湖区政府、市总工会、共青团南昌市委、江西日报社大江网站主办，青山湖区教体局、南昌市定向户外运动协会、南昌市体育事业发展中心承办的“奔跑英雄城 青春向未来”2022南昌城市定向挑战赛落幕。该届赛事设置“秀美青山湖”“时尚新潮”“五彩缤纷”“青春筑梦”“书香年华”“凝心聚力”等6个主题和亲子线路，串联起南昌青山湖区20余处城市地标，向参赛者展现英雄城——南昌的城市魅力。

**【2022年“科学健身进机关”活动】** 2022年，南昌市“科学健身进机关”体育服务配送活动举行。活动由市体育局、市直机关工委、市机关事务管理局、市总工会联合举办，旨在引导机关干部职工参与体育健身锻炼，促进干部职工运动健身常态化。9月20日至10月31日，全市56个单位的2553人参加网球、健身瑜伽、体育舞蹈、健身健美、马术体验、太极拳、激光枪、击剑、围棋、广场操舞、皮艇赛艇等11个项目培训。

**【2022“奔跑吧·赣鄱少年”南昌市青少年夏令营活动】** 2022年7—9月，市体育局共主办22期“奔跑吧·赣鄱少年”南昌市青少年精英夏令营活动，丰富广大学生暑期生活，提升青少年身体素质。活动包括跆拳道、击剑、摔跤、游泳、篮球、羽毛球、田径等项目，有1000余名来自各县区青少年免费参加。

**【“娃娃学体育”公益培训活动】** 2022年，“娃娃学体育·体彩来买单”系列公益活动共设射击、射箭、航模、无人机、海模、棒垒球、马术、皮划艇、赛艇、桨板、击剑、象棋、围棋、国际象棋、冰壶、咏春拳、小篮球、足球、橄榄球、跆拳道、跑步等21个项目。初级培训对象为零基础的中小学生，主要是了解运动知识、掌握运动技能、培养运动兴趣；中级培训对象是具备一定基础的中小学生，主要是传授运动方法、掌握运动技巧、提高运动水平。活动共免费培训青少年学生3256人，丰富少年儿童暑期及课后体育活动内容，让更多孩子欢乐成长，提高个人综合素质。同时起到引领和示范效果，带动孩子及家长参与体育项目运动锻炼，从而促进体育消费，带动南昌市体育产业发展。

**【“娃娃学游泳”公益培训活动】** 2022年，“娃娃学游泳”活动继续采取市县联动方式合作举办，人数由往年的5000人扩大到1.25万人，培训对象为10周岁（2011年9月1日至2012年8月31日出生）学生。各县区根据自身特色开设优秀党员子女、医务人员子女、现役军人子女、外地到南昌务工人员子女、SOS儿童村孩子、太阳村孩子、服刑人员子女等“爱心班”。“爱心班”孩子年龄放宽到9—14周岁（2008年9月1日至2013年8月31日出生）。

## 竞技体育

**【概况】** 2022年，南昌市竞训工作围绕“巩固提升发展首位度、充分彰显省会担当”目标，主动对标一流，以体育后备人才培养为抓手，以省锦标赛竞赛和备战省运会为重点，较好完成全年各项工作任务。组团参加省运会夺得金牌数、奖牌数、团体总分3项第一。举办2022“青山湖杯”第六届南昌赛艇大师赛暨赣粤城际联赛、2021—2022中国男子篮球职业联赛季后赛、全军院校“强军杯”篮球赛集中交流赛等各类体育赛事。至年底，全市注册运动员共6870名。其中，新注册1594名，较上年增长23.2%。

**【南昌籍运动员国内外参赛成绩】** 2022年，南昌市运动员在国内外各级各类比赛中取得较好成绩，共取得13枚金牌、10枚银牌、15枚铜牌。其中，王仕文夺得射击世锦赛青年组个人与团体2项冠军，赵俊鹏获世界羽毛球锦标赛第三名和世界羽联世界巡回赛印度尼西亚公开赛亚军，李诗沣获泰国羽毛球公开赛男单亚军，徐鑫颖在世界田联洲际巡回赛上获女子链球项目亚军，门欢在首届世界龙舟联赛上获传统龙专业组女子500米季军，刘宇轩在世界田联洲际巡回赛上获男子链球项目第八名，胡鸿翔在全国锦标赛中夺得男子跆拳道南昌首金。

【组织参加江西省第十六届运动会】 2022年11月8—18日，江西省第十六届运动会在九江市举行。南昌市选派2300余名运动员、教练员参加省运会，参赛项目包括青少年部青少年组、俱乐部组、跨界跨项组全部44个项目，参赛项目、人数均超过历届。南昌市体育代表团夺得金牌307枚、银牌218枚、铜牌209枚，获得总分12656分，金牌总数、奖牌总数、团体总分、政策性带人金牌数量均排全省第一名。同时，南昌市体育代表团获体育道德风尚奖代表团、竞技体育突出贡献奖（第一名）、输送优秀运动员贡献奖（第一名），东湖区、青云谱区、南昌县、进贤县、西湖区、青山湖区6个县区获2019—2022年全省竞技体育贡献奖一等奖。

【组织参加全省青少年锦标赛】 2022年，南昌市组织3000名运动员参加全省田径、游泳、击剑、攀岩等22个项目青少年锦标赛，获得跆拳道、篮球、排球、摔跤、拳击、皮划艇、射击、游泳、击剑、乒乓球等10个项目团体总分第一名，数量位居全省前列。其中，足球锦标赛获得3个第一名，篮球、排球项目包揽所有年龄组冠军。

【南昌市第八届校园体育节暨“滕王阁杯”青少年体育联赛】 2022年，市体育局与市教育局联合主办南昌市第八届校园体育节暨“滕王阁杯”青少年体育联赛。联赛包括篮球、足球、排球、乒乓球、羽毛球、田径、游泳、网球、跆拳道、快乐体操、击剑等11个项目。各县区预选赛从4月开始，最终选拔出5000余名选手参加全市总决赛。10月30日，总决赛在昌南体育中心正式启动。最终，足球由红谷滩区获得团体总分第一名，东湖区和青云谱区获得第二、三名。篮球由东湖区获得团体总分第一名，南昌经开区、红谷滩区分获第二、三名。排球由青云谱区获得团体总分第一名，西湖区和青山湖区获得第二、三名。乒乓球由东湖区获得团体总分第一名，红谷滩区和西湖区分获第二、三名。羽毛球由青云谱区获得团体总分第一名，西湖区和高南昌新区分获第二、三名。网球由西湖区获得团体第一名，南昌县、红谷滩区分获第二、三名。游泳由东湖区获得团体总分第一名，西湖区、红谷滩区分获团体总分第二、三名。田径由西湖区获得团体总分第一名，东湖区、进贤县分获团体总分第二、三名。快乐体操由西湖区获得团体总分第一名，东湖区、青山湖区分获团体总分第二、三名。跆拳道由南昌县获得团体总分第一名，西湖区、红谷滩区分获团体总分第二、三名。击剑由东湖区获得团体总分第一名，红谷滩区、青山湖区分获团体总分第二、三名。

【反兴奋剂教育】 2022年6月24日，南昌市备战第十六届省运会反兴奋剂教育培训班在南昌市水上运动中心开班。该次培训班特别邀请国家级纯洁体育讲师、中国反兴奋剂中心检查官吴中玉、聂磊和马澄宇3名反兴奋剂专家进行授课。1000余名来自全市各级体校、运动训练基地的运动员、教练员和辅助人员通过线上和线下相结合方式学习。8月20日，南昌市体育代表团参加第十六届省运会反兴奋剂和赛风赛纪工作会议召开，传达全省反兴奋剂和赛风赛纪工作会议精神。会上，市体校、市体育事业发展中心、南昌县、进贤县、安义县、西湖区、青山湖区、青云谱区、新建区教体局以及市体校教练员领取责任书，教练员、运动员代表在反兴奋剂承诺书上签名并现场宣誓。

【全市竞技体育人才选星活动】 2022年7月1日，为拓宽全市竞技体育后备人才选材渠道，市体育局组织专家前往九江市开展篮球后备人才专项选星活动。12月10—11日，全市优秀竞技后备人才集中选星活动在八一体育场开展。活动包括“大心脏”“大力士”“神枪手”“小飞人”“高个子”“弹簧人”“筋斗王”“神投手”等8项海选计划，来自社会各界、中小学1000余名爱好者参加。

【社会力量合作办训基地建设】 2022年12月，市体育局组织人员对2022年合作办训基地和2023年新申报基地进行考察及综合评估。经研究，决定授予南昌县教师发展中心等41家单位为2022—2023年度南昌市社会力量合作办训基地，授予进贤县学生资助服务中心等25家单位为2022—2023年度南昌市合作办训星级基地。同时。为推动全市社会力量合作办训基地规范化建设，完善社会力量合作办训基地管理，加强资金监管，制定《南昌市社会力量合作办训基地考核实施细则（试行）》《关于规范合作办训基地经费使用的若干规定》等文件，并聘请第三方对合作办训基地进行财务审计，为社会力量合作办训基地可持续发展奠定基础。

【2022“青山湖杯”第六届南昌赛艇大师赛暨赣粤城际联赛】 2022年12月10日，由市政府、中国赛艇协会俱乐部联盟主办，市体育局、青山湖区政府承办的2022“青山湖杯”第六届南昌赛艇大师赛暨赣粤城际联赛在青山湖举行。赛事设1千米男女双双、四双、八单及混合八单、赣粤城际联赛、6千米环湖追逐赛等多个项目，由各地知名俱乐部、赛艇爱好者组队参加，有来自广州市、深圳市、东莞市等地企业家代表队共300余人、80余条赛艇参赛。

【2021—2022中国男子篮球职业联赛季后赛】 2022年4月21—27日，2021—2022中国男子篮球职业联赛季后赛在南昌市举行。该项比赛由中国篮球协会主办，是全国水

平最高的年度篮球比赛，共有来自全国9个省区市的12支球队、355名运动员参加。最终，辽宁本钢队以4∶0战胜浙江广厦队获得中国男子篮球职业联赛总冠军。该次比赛是南昌市首次举办的高规格、长周期的职业篮球赛事，实现“新冠肺炎零感染、安全生产零事故、赛事调度零差错、服务保障零投诉”的目标。赛事期间，中央电视台体育频道及咪咕视频对全部27场比赛进行全程直播，并对南昌城市宣传片、南昌动态宣传标语进行滚动播放宣传，全方位展示南昌城市形象和风貌。整个赛程，电视观众规模突破4亿人次，网络视频电击播放量突破6亿人次。

**【全军院校“强军杯”篮球赛集中交流赛】** 2022年9月22—29日，由中央军委训练管理部主办，中央军委训练管理部军事体育训练中心、南昌市人民政府承办的全军院校“强军杯”篮球赛集中交流赛在洪州体育馆举行。共有陆军特种作战学院、海军工程大学、空军军医大学、火箭军工程大学、战略支援部队信息工程大学、国防大学军事文化学院、国防科技大学军政基础教育学院、武装警察部队警官学院等8支全军大单位优胜院校代表队200余人参赛。这是中央军委训练管理部军事体育训练中心履行新职能任务后承办的第一项全军性重要赛事。

**【全市篮球业余联赛】** 2022年，2022年“联发杯”全市业余篮球联赛暨体总杯预选赛举行。该联赛共有20支队伍300余名运动员参加。该次比赛首次将“三人制”比赛列入竞赛范围。同时，红谷滩区、湾里管理局、安义县等县区还举办本辖区内业余篮球联赛。

**【签约组建江西省U系列专业篮球队】** 2022年6月18日，江西省体育局和南昌大学、南昌市人民政府共同组建江西省U系列专业篮球队三方合作签约仪式在南昌大学体育馆举行。省体育局局长李克坚、市长万广明、南昌大学党委书记喻晓社出席仪式并致辞。三方签署框架协议书，“省队市办”“省队校办”，合作共建江西省U系列篮球队。江西省U系列专业篮球队组建，填补江西近30年来没有专业篮球队空白。

**【《南昌市打造全国篮球示范城市工作方案》出台实施】** 2022年，市政府印发《南昌市打造全国篮球示范城市工作方案》（以下简称《方案》），明确提出将篮球运动打造成南昌城市体育亮丽名片，组建专门队伍、培养专业人才，并整合社会资源，激发市场活力，调动社会力量参与篮球示范城市打造。《方案》明确，到2025年，形成以政府主导、社会支持、青少年学生广泛参与、各项保障机制基本齐全的篮球发展体系。实现“篮球进校园”全面覆盖，青少年篮球竞技水平明显提升，社会参与篮球人数迅速增长，篮球活动场地显著增加。组建江西省U18篮球队参加全国学生（青年）运动会以及2025年全国运动会。按照《方案》要求，成立南昌市打造全国篮球示范城市工作领导小组，组长由市政府主要领导担任。开展调查摸底，摸清全市各县区篮球场地、人才培养等方面情况。10月20日，召开专题会议，就打造全国篮球示范城市工作进行布置，对重点任务及完成时间节点进行具体安排。

**【专业人才选拔及培养】** 2022年，市体育局组织专家考察全省青少年篮球锦标赛，在全省范围内进行首次海选。下发《关于举办全市篮球教练员、二级裁判员培训班的通知》，就篮球专业知识培训工作作出具体安排。全年举办3期篮球专业知识裁判员培训班和6期教练员培训班，全市各县区600余名体育骨干参加。

## 体育产业

**【概况】** 2022年，市体育局围绕加快推进体育强国建设，贯彻落实《国务院关于加快发展体育产业促进体

2022年6月18日，省体育局、南昌市政府、南昌大学共同组建江西省U22、U18篮球队三方合作签约仪式举行

（魏勇剑　摄）

育消费的若干意见》《江西省人民政府关于加快发展体育产业促进体育消费的实施意见》等文件精神，重点围绕打造“国家体育消费试点城市”下功夫，扎实推进体育产业发展，不断夯实体育产业基础。

**【体育健身消费券发放】** 2022年，南昌市针对体育健身行业受到新冠肺炎疫情影响状况，发放体育健身消费券，促使健身行业快速复苏。市民到定点体育场馆、体育企业、体育社会组织进行体育健身消费时，可通过消费券实时冲抵消费金额。全年全市发放体育消费券120万元，通过终端补贴带动健身市场新消费，直接拉动消费额1200万元，促进体育健身市场繁荣，为推进“国家体育消费试点城市”建设培育新动能。

**【南昌市居民体育消费调查】** 2022年，市体育局认真落实打造国家体育消费试点城市具体要求，通过政府购买服务方式，开展南昌市居民体育消费调查。委托第三方机构——北京数字一百信息技术有限公司对南昌市居民体育消费数据进行调查。通过调查显示，2021年南昌市居民体育消费总规模达142.9亿元，同比增长12.95%，拉动地区生产总值增长2.29%；居民人均体育消费支出2219.84元，增长9.75%。

**【南昌市体育产业统计调查】** 2022年，市体育局通过政府购买服务方式，委托第三方机构对南昌市居民体育产业数据进行调查。通过调查显示，2021年全市体育产业总规模为319.64亿元，较2020年增加40.09亿元，增长14.3%；增加值为115.79亿元，较2020年增加21.06亿元，增长22.2%。增加值占GDP比重为1.74%，高于全国、全省水平。全市共有体育产业市场主体5827个，较2020年增加746家，增长14.6%。其中，体育服务单位总占比超过90%，充分体现以服务业和消费业态为核心驱动的发展特征。

**【南昌市体育场地统计调查】** 2022年，市体育局按照全国体育场地普查工作要求，组织力量开展全市体育场地普查工作。经统计调查，至年底，全市共有各类体育场地1.91万个，体育场地面积1670万平方米，人均体育场地面积2.55平方米。

**【体育场地场馆低免开放】** 2022年，坚持体育场馆惠民理念，推动全市社会足球场地开展免费低收费开放，所有政府资金投资的社会足球场全免费开放，其他资金投资的社会足球场每周免费和低收费开放至少15个小时，引导周边居民积极参加足球运动，为群众健身锻炼提供方便。同时，全市共有南昌市体育中心、南昌县体育馆、南昌县体育场、进贤县田径场4个公共场馆开展免费低收费开放。各场馆每周低免开放时间不少于35小时，全年开放时间不少于300天，双休日、国家法定节假日、全民健身日、学校寒暑假期间每天开放时间不少于8小时。场馆所属户外公共区域及户外健身器材每天免费开放。

**【游泳场馆享受优惠水价政策】** 2022年，市体育局按照打造国家体育消费试点城市具体要求，协调有关部门解决“体育健身游泳场馆按非居民用水标准执行”等惠企政策落地难的问题。通过第三方评估，确定全市第二批共20家游泳场馆享受优惠水价，用水价格从11.55元/吨降至4.45元/吨，减少游泳场馆水费约60%，切实为体育企业减轻发展负担，赢得企业好评。

**【数字体育发展】** 2022年，市体育局打造“互联网思维”下的公共体育新模式，将各项资源与数字化相互融入，通过举办“云”动赣鄱线上健步行、全民健身线上运动会、智力竞技运动会等各类线上健身活动，推动线上群众体育活动发展。全面设立体育审批事项办理通用综合窗口，推进“一件事一次办”改革，完成从体育申请审批事项线下办理到网上办理的转化。至年底，受理体育审批事项共298件，并全部办结。体育工作者发挥专业优势，开设科学健身公开课，发布健身科普文章，推出健身指导视频，推广居家健身，助力全民防疫抗疫。

**【体育彩票销售】** 2022年，南昌市充分利用全市经济快速增长、群众休闲娱乐需求旺盛和卡塔尔世界杯等机遇，始终坚持“强化基础建设，深挖发展潜力”工作思路，坚持“精细化管理，专业化提升”工作方法，全面推进体育彩票产品管理、渠道建设、队伍建设、营销宣传、服务保障、文化建设等各项工作，实现体育彩票持续健康发展。至年底，全市实现体彩销售17.81亿元，超额完成年度销售目标任务。

（邓鼎元）

# 社会生活

## 人口家庭

【概况】 2022年,南昌市人口工作贯彻落实《中共中央国务院关于优化生育政策促进人口长期均衡发展的决定》、新修订的《江西省人口与计划生育条例》《中共江西省委江西省人民政府关于印发江西省优化生育政策促进人口长期均衡发展实施方案的通知》精神,稳妥实施三孩生育政策及配套支持措施,完善家庭发展支持体系,争创全国首批婴幼儿照护服务示范城市,推动实现适度生育水平,促进人口长期均衡发展。江西省全员人口信息系统显示,2022年全市出生人口4.01万人,比2021年的4.58万人减少0.57万人;死亡人口3.54万人,比2021年的3.19万人增加0.35万人。人口出生率6.19‰,比2021年的7.21‰下降1.02个千分点;人口死亡率5.45‰,比2021年的5.02‰上升0.43个千分点;人口自然增长率0.73‰,比2021年的2.19‰下降1.46个千分点。出生人口中,一孩率45.95%、二孩率37.29%、三孩率13.23%、四孩及以上率3.53%。

【人口监测实施】 2022年,健全完善人口监测网络,完成国家级(南昌县)和省级(进贤县)人口监测点跟踪调查任务。规范人口监测全流程机制,为科学制定生育政策提供翔实、准确的信息支持。开展出生人口变动情况调查分析,加强人口动态监测和风险防控,正确判断政策影响和未来出生人口变动趋势。

【优化生育政策问卷调查】 2022年,为加强优化生育政策宣传解读,确保政策落地落实,在全市范围内开展"南昌市优化生育政策"问卷调查,全面了解育龄群众优化生育政策诉求。参与问卷调查人员2万余人。调查结果显示,已生育且愿意再生育的人群不到20%,群众生育意愿较低,群众对优化生育政策最多的诉求是教育发展诉求。

【0—3岁民生实事项目】 2022年,以0—3岁婴幼儿照护服务托位民生实事项目为抓手,在全省率先出台托育机构一次性建设补助、普惠运营补贴、纾困解难补贴、示范机构奖补、职工托育补助各项政策,支持妇幼保健机构、高等院校、国有企业、幼儿园、社区、民营企业各方力量举办各类托育机构。该项目在全市2022年十大民生实事项目中首个完成。至年底,全市提供托育服务机构588家,其中托育机构(含社区托育中心)77家、幼儿园延伸班511家。全市总托位数2.11万个,同比增长46%,每千人口托位数3.36个,提前完成省定3.0个目标任务。托育机构中,通过备案35家,备案率57.4%。全市实际在托0—3岁婴幼儿8800人,入托率40%,其中2—3岁婴幼儿超过90%。

【婴幼儿照护服务示范机构评选】 2022年,引导托育机构建立健全品牌运营管理体系,打造众多有代表性的优质托育园。"以评促进、以奖代补",建立健全婴幼儿照护服务示范机构标准,在全省率先评选市级示范机构19家,每家予以奖补12万—20万元,落实奖补资金288万元。

【"十四五"托育体系建设实施方案出台】 2022年,将发展普惠托育服务纳入全市经济社会发展"十四五"规划、卫生健康"十四五"规划、民生实事项目、市委改革十大攻坚行动、"一老一小"整体解决方案、强省会战略等多项重大重点工作中。印发《南昌市"十四五"托育体系建设实施方案》,制定任务推进表,明确"十四五"期间托育服务具体推进计划。

【托育建设普惠补贴政策】 2022年,出台并落实托育机构一次性建设补助、普惠运营补贴等财税补助系列政策。对新建、改扩建托育机构按每个托位400—600元标准给予一次性建设补助，对普惠运营托育机构按实际招收人数给予每人每月200元补贴，连续支持三年。至年底，市财政局下拨相关经费270余万元，支持托育机构建设运营。

**【家庭婴幼儿照护】** 2022年，印发婴幼儿照护服务“两个指南”，举办婴幼儿家庭教育云论坛，编发《婴幼儿照护服务文件汇编》《0—3岁婴幼儿照护服务指南》《0—3岁婴幼儿科学养育问答》宣传资料5万册，“线上+线下”联动开展养育知识“五进活动”。通过入户指导、亲子活动、知识讲座方式，宣传家庭生活照料、保健护理、科学育儿、安全防护知识，提高家长科学育儿素养，惠及育儿家庭10万余户。

**【托育机构应急处置】** 2022年，制定《南昌市托育机构突发事件应急处置预案》，加强面对各种自然灾害及机构关停突发状况应急管理。在疫情防控取得阶段性成效后，研究出台《南昌市托育机构复托工作实施方案》，制定“机构复托负面清单”，组织机构有序复托。加强托育机构常态化疫情防控管理，将全市托育机构从业人员纳入核酸监管平台，并每日监测督查。出台《南昌市应对疫情帮助托育机构纾困解难有关措施》，对受疫情影响的已备案托育机构予以每个1万元补贴，并按照《南昌市应对疫情帮助市场主体纾困解难若干关措施实施细则》有关规定予以税费扶持、租金减免、水气费用减免措施。全年有24家机构享受纾困解难政策。

**【医育结合】** 2022年，印发《关于大力推进南昌市婴幼儿照护“医育结合”工作的通知》，推动妇幼保健机构、基层卫生机构与托育机构签约，提供健康教育指导、科学育儿指导、儿童发育筛查、应急救治服务，从营养、健康、安全、回应性照护和科学育儿等方面强化“医育结合”。市县两级妇幼保健机构充分发挥专业优势，将托育服务与健康服务融为一体。

**【托育机构建设】** 2022年，支持妇幼保健机构、高等院校、国有企业通过公办公营、公建民营、公助民营方式举办托育机构。西湖区举办全省首家公办公营托育中心。东湖区为友希婴幼托育中心减免10年租金和大片空地使用费，并投入200万元建设经费。新建区为煦童托育中心提供15年租金补助及户外院子免费使用权。南昌经开区为佳诺智慧托育园免除15年租金并提供125万元设备采购经费。省属国企江西长天集团打造“长天小红星”托育品牌，在全市布局10个园区，提供优质托育服务。至年底，全市已建成公办托育机构6家、公助民营（含公建民营）托育机构18家。

**【社区托育服务设施建设】** 2022年，结合“1+5+X”社区邻里中心建设，以社区为依托，“建、嵌、扩、联”四措并行，“十四五”期间社区托育点完成布点405个，满足家庭“就近托”“临时托”需求。如凯德托育中心试行“一证多点”办园模式，在8个社区开展嵌入式托育服务；佳诺智慧托育园采用“1+N+X”办园模式，实现1家智慧托育中心，联动周边社区N家托育点，提供亲子活动、保育培训等X项服务。

**【托育服务监管】** 2022年，建立市政府统一领导、卫生健康部门牵头、相关职能部门协同推进的综合监管机制，促进托育市场有序发展。以消防安全、食品安全、卫生安全等12项内容为重点，对托育机构开展隐患排查、质量评估和健康指导。全年开展隐患排查5轮次、质量评估2轮次、健康指导300次，有效排除托育机构安全风险隐患，未发生涉及婴幼儿照护服务安全责任事故。

**【计划生育“三项制度”实施】** 2022年，落实计划生育奖扶、特扶、阳光助学、独生子女父母奖励政策。全市奖扶1.03万人，特扶3613人，阳光助学287人，城乡居民医保补助金7836人，增加新农保补助金4969人，提前享受新农保补助金7021人，优秀女孩成才奖78人，市级配套资金819.56万元。推进城镇独生子女父母奖励费工作，全市非国企（或机关事业单位）政策享受对象共15.8万人，奖励资金1.84亿元。

**【计划生育特殊家庭帮扶】** 2022年，为128人发放计生特殊家庭一次性抚慰金64万元，投入239万元为全市3598名计划生育特殊家庭成员购买疾病医疗综合保险，实现保险、就医绿色通道、家庭医生签约、联系人制度、免费体检5个全覆盖。推进“暖心行动”，西湖区、青山湖区“暖心家园”被评为国家计生协“暖心家园”项目；组建心理援助队伍和志愿者服务队伍，为计划生育特殊家庭提供心理辅导、精神慰藉、志愿服务。

（陈以焱）

## 劳动就业

**【概况】** 2022年，市人社局坚持稳就业、保就业、促就业工作重点，贯彻落实国家、省、市促进就业政策，开展各项和谐劳动关系创建活动，深化大学生就业创业服务平台建设，推进创业孵化基地规范提质发展，就业形式保持总体稳定，和谐劳动关系创建、企业薪酬调查、市属国企负责人薪酬改革方面取得较好成效。至年底，全市开展招聘活动2347场次，组织参加招聘企业15.25万家，滚动提供岗位512.89万个，接受投递简历33.6万份，发放宣传册53万余份。城镇新增就业6.8万人，新增转移农村劳动力3.53万人。新增发放创业担保贷款16.55亿元，直接扶持创业者5161人次，带动就业2.3万人次。

【就业政策保障】 2022年，南昌市出台《关于进一步做好疫情期间就业创业服务“十项举措”工作方案》，不断优化援企稳岗政策，做好全市失业保险稳岗返还政策兑现工作，推进援企惠企政策落地；出台《关于应对疫情帮助市场主体纾困解难若干措施》，包括税费扶持、租金和水气费用减免、金融支持、困难行业恢复发展支持、加强服务保障5个方面16条政策措施，进一步帮助市场主体纾困解难，促进经济稳定向好。市人社局会同市财政局出台《关于印发应对疫情保主体促就业12条政策措施的通知》，从鼓励创业、保障困难群体就业、加大职业培训入手，加大各类群体就业保障力度，帮助困难群众稳定就业；会同市发改委等4个部门联合印发《提升就业服务质量工程工作方案》，提升就业服务质量工程，提升覆盖全民、贯穿全程、辐射全域、便捷高效的全方位公共就业服务能力，推进实现更加充分更高质量就业。市人社局印发《关于做好共享用工指导和服务推进“稳就业”工作的通知》，从“规范共享用工操作程序，明确相关法律问题”“加强共享用工监管与指导，做好就业服务工作”2个方面，引导有需求的企业通过共享用工提升人力资源配置效率，推进“稳就业”工作；印发《南昌市大学生就业创业指导中心服务清单（2022版）》，公布南昌市就业创业服务经办机构联系方式和大学生就业创业政策、办事指南，宣传和解读大学生就业创业政策，提升大学生就业创业指导服务水平；编辑印制2022年保市场主体稳就业保民生纾困解难工作手册，指导各县区（开发区）、湾里管理局人社部门重点关注引导高校毕业生等青年就业创业，鼓励就业困难人员多形式灵活就业，鼓励建设创业载体带动创业就业。

【援企稳岗“护航行动”】 2022年，市人社局率先在全省推进“免申即享”发放失业保险稳岗返还资金。通过“数字赋能”，将业务经办、社会保障卡、全民参保、就业登记和江西本地赣服通用户注册等数据集中融合，进行数据信息比对筛选，精准锁定符合条件的企业，切实摸清稳岗返还受益群体底数。至年底，全市累计为3.1万家企业发放稳岗返还补贴2.95亿元，惠及职工63.5万人。

【创业孵化基地建设】 2022年，市人社局开展创业孵化基地“规范年”活动，发放《创业孵化基地工作对接手册》，推动形成政策到位、培训到位、服务到位“三到位”创业工作机制。组织全市县区人社部门和创业孵化基地有关人员，召开规范年现场会，组织评选市级创业孵化基地示范点5个。至年底，全市创业孵化基地发展到29家，其中国家级2家、省级8家；驻昌院校大学生就业创业指导中心发展到36家；创业培训定点机构67家。

【大学生就业创业平台建设】 2022年，市人社局与驻昌院校就业工作部门加强联系，新设立驻昌院校大学生就业创业指导中心7所，在江西省医药技师学院等6家技工院校试点设立技能人才就业创业指导中心，拨付驻昌院校指导中心一次性建设经费补助70万元、年度工作经费补助365.5万元。开展大学生就业创业指导中心“提升年”活动，组织驻昌院校评选大学生就业创业大使，开展校内就业创业社团活动，组织5万余名驻昌院校毕业生和近2000名技校毕业生开展就业意向调查，创新设计就业创业政策明白卡发放各指导中心。

【招聘就业服务】 2022年，市人社局举办线上“春风行动”，开展“乐业洪城”“百场校招”“春暖农民工”“民营企业招聘月”等专项系列活动，采取网站宣传、送岗上门、直播带岗、就业政策宣讲多种措施，促进用工企业和求职者供需对接。全市组织开展公共招聘活动2347场，组织招聘企业15.25万家，提供岗位512.89万个，接受投递简历33.6万份，发放宣传册53万余份；开通“保用工”专机1架次、专车22趟，输送员工1031人，发放返岗交通补贴40.3万元。

【高校毕业生就业服务】 2022年，全市举办校园专场招聘活动2039场，其中线上1892场、线下147场，参与企业13.03万家，招聘岗位476.51万个，接受投递简历20.04万份。对离校未就业高校毕业生开展实名制登记，“一对一”提供政策援助，引导帮助实现就业。全市就业服务机构登记的离校未就业应届高校毕业生人数1.23万人，已实现就业人数6281人，就业率为51.2%。发放困难高校毕业生一次性求职补贴2.54万人，补贴资金2544.6万元；发放一次性创业补贴86人，发放金额43万元。

【就业帮扶】 2022年，市人社局精准施策、分类援助，重点帮扶零就业家庭就业。对全市就业困难人员家庭开展逐户走访，对未就业困难人员进行登记认定，开展“一对一”就业帮扶。对通过市场渠道难以就业的脱贫劳动力，设置乡村保洁员、护林员等公益性岗位托底安置。对符合条件的返乡创业企业招用建档立卡脱贫劳动力、登记失业人员，落实税收优惠政策。全市发放公益性岗位补贴3863人，补贴资金1484.21万元；发放社会保险补贴1.08万人，其中就业困难人员享受社保补贴9809人；高校毕业生享受社保补贴267人；工业园区招用40岁以上本省劳动力771人。全市发放社保补贴资金共计

5053.78 万元。全市脱贫劳动力 2.7 万人，有就业意愿的落实就业 2.14 万人，就业率 100%；参加职业培训 747 人，发放培训补贴（含生活费补贴）10.36 万元。公益性岗位安置 1848 人，发放补贴 703.47 万元；为 4025 人落实交通补贴，发放 120.75 万元；为吸纳 262 名脱贫劳动力的 42 个扶贫车间发放运行补贴 24.9 万元；全市符合城乡居民养老保险代缴条件的返贫致贫人员、低保特困人员、重度残疾人困难群体共 8.98 万人，代缴城乡居民养老保险费 8.98 万人，代缴率 100%；为符合条件的 5.15 万名困难群体按时足额发放城乡居民养老保险待遇，确保应发尽发。做好退捕渔民就业安置，及时获取退捕渔民基本情况、就业意愿和培训需求，开展就业培训，引导转产就业。全市建档立卡退捕渔民 2.37 万人，需转产安置的 1.75 万人已全部转产就业。

**【第三届“洪城创业故事汇”】** 2022 年 8 月，市人社局启动第三届“洪城创业故事汇”活动，全市 1320 名创业者参赛。活动以“奋进新时代 一起创未来”为主题，在内容上突出传承与创新，除保留原有社会赛道外，还首次设置面向各高校青年群体的大学生专项赛道。经过初赛、复赛、决赛等，历经 3 个月赛程和多轮比拼，进贤县人民政府等 7 个单位获优秀组织奖；方臻等 10 名选手分别获社会主体赛一、二、三等奖；丁浩原等 6 名选手分别获大学生专项赛一、二、三等奖；刘华等 45 名选手获第三届“洪城创业故事汇感动大使”称号；谢志辉等 43 名选手获第三届“洪城创业故事汇榜样人物”称号。

**【重点企业用工服务站建设】** 2022 年，市人社局完善工业园区重点企业用工服务站服务体系，准确掌握企业用工需求变化，及时反馈企业用工中出现的新情况、新问题，并协助加以解决。全市建立重点企业用工服务站 30 家，其中考核合格 24 家，新增服务站 6 家，实现重点企业用工服务站进出有据、动态管理。

**【“百日千万专项行动”网络招聘活动】** 2022 年，市人社局举办“职等你来 就业同行”百日千万网络招聘专项行动，共组织 188 家企业开展网络招聘活动，涉及教育、IT 软件、零售、金融、贸易、机械多个行业，提供销售、技术工种、行政、教师、信息技术、储备干部 1.7 万个岗位。招聘会活动页面浏览量 2.42 万人次。

**【和谐劳动关系单位创建】** 2022 年，市人社局持续组织开展南昌市劳动关系和谐同行“十佳企业”“十佳园区（乡镇街道）”培育共同行动。通过自主申报、组织培育、县区初审、市级复评、公开公示等程序，12 月命名江西煌上煌集团食品股份有限公司、中联建设集团股份有限公、致邦住宅工业集团有限公司、南昌市政工程开发集团有限公司、江西浩佳城市生活服务有限公司、江西省越光电缆股份有限公司、江西恒大高新技术股份有限公司、中赣通信（集团）有限公司、南昌海立电器有限公司、江西风向标智能科技有限公司为 2022 年劳动关系和谐“十佳企业”，南昌小蓝经济技术开发区、进贤县长山晏乡、安义县东阳镇、东湖区彭家桥街道、青云谱区岱山街道、新建经济开发区、高新技术产业开发区、高新区昌东镇、南昌经济技术开发区、湾里管理局太平镇为 2022 年劳动关系和谐“十佳园区（乡镇街道）”。下拨培育经费 200 万元，提升和谐劳动关系创建水平，打造完善劳动关系和谐单位培育工作“南昌模式”。

**【企业薪酬调查】** 2022 年，全市企业薪酬调查企业样本为 2010 户，涉及调查职工 16.89 万名。市人社局通过统筹制定工作方案、强化数据审核、加强工作调度等方式，严格对县区上报数据进行审核。通过数据初审、复审工作流程，对不符合要求的数据一律退回。由省人力资源和社会保障厅委托第三方专业机构对企业薪酬调查数据进行筛选、分类、汇总、分析，并召开专家论证会进行论证。经市人社局会商市统计局后，形成 2021 年全市劳动力市场工资价位信息数据，并按要求在市人社局官网发布。

**【根治欠薪机制完善】** 2022 年，全市工程建设领域尤其是房地产建设领域企业资金周转压力较大，造成因工程款支付不及时不到位，导致拖欠农民工工资问题多发频发。南昌市多次召开全市根治拖欠农民工工资工作专题调度会，研究调度相关工作。市人社局按照“属地管理、谁主管谁负责”原则，逐级签订责任书，明确责任。至年底，全市实现在建工程项目“两金六制”（农民工工资保证金、政府应急周转金，劳动用工实名制管理、农民工工资专户、按月发放工资、总包代发、工程款支付担保、施工现场维权信息告示牌制度）巡查全覆盖。经市劳动保障监察部门排查统计，全市在建工程项目共 411 个（非政府投资工程项目 317 个，政府投资工程项目 94 个），其中房地产项目 337 个（含棚户区改造、安置房项目）。全市在建工程项目落实根治欠薪“两金六制”巡查覆盖率 100%；全市共收到全国根治欠薪线索反映平台欠薪线索 1.62 万起，办结 1.62 万起，涉及 1123 人，金额 1236.35 万元；立案查处农民工欠薪案件 584 起，为 3689 名农民工追回工资 4337.1 万元，结案率 100%。

**【劳动人事仲裁院“四化”建设】** 2022 年，市人社局全面推进劳动人事仲裁院标准化、规范化、实体化、信息化建设，不断提升劳动争议调解仲裁效能，打造“四化”仲裁新形象。按照省人社厅统一部署，在全市开展“星级劳动人事仲裁院”创建活动。各级仲裁机构严格按照创建星级劳动人事仲裁院建设标准，持续提升办案质效，提高群众满意度。全市共评出五星级劳动人事仲裁院4个、四星级劳动人事仲裁院3个、三星级劳动人事仲裁院2个。全年受理劳动争议案件4875件，同比下降7.78%，仲裁结案率100%。

**【劳动争议调解机制建立】** 2022年，市人社局探索建立多元联动劳动争议调解机制，逐步建立司法调解、人民调解、仲裁调解相结合的劳动争议纠纷联动化解工作模式。与司法部门联动，在市劳动仲裁院设立法律援助室、人民调解室，对劳动争议案件进行案前调解。实行调解优先，劳动仲裁机构将调解贯穿于办案全过程并丰富多种调解手段，探索出实地调解、电话调解、座谈调解、预约调解、委托调解等多种调解方式，调解思路进一步拓宽。至年底，法律援助窗口接待群众咨询1200余人次，受理法律援助案件28件，调解率82.54%。发挥劳动争议仲裁与劳动保障监察制度优势，快捷高效处理劳动关系矛盾纠纷，依法维护当事人合法权益。通过开展劳动纠纷联调联处，及时做好案件办理工作。坚持首问负责、依法履职、协调合作，保障劳动争议仲裁与劳动保障监察协调联动工作开展。通过建立劳动仲裁与劳动监察联动办案机制，发挥仲裁和监察在劳动维权方面的作用。至年底，持续开展司法联动调解44次，向社会公布重大劳动保障典型案例5起。

（李玢）

## 收入消费

**【概况】** 2022年，南昌市坚持稳中求进工作总基调，维护地区居民就业，增加居民工资性收入，出台积极财政政策，扶持中小微企业和民营经济发展，解决就业和劳动经营性增收问题，居民收入稳步增长。全市消费市场总体平稳，物价水平温和上涨。全年居民消费价格总指数（CPI）比上年上涨1.8%。其中，消费品价格上涨2.6%，服务价格上涨0.7%，商品零售价格上涨2.8%。城镇居民家庭恩格尔系数为29.4%，农村居民家庭恩格尔系数为31.4%。

**【城镇居民收入】** 2022年，南昌市城镇居民人均可支配收入52622元，比上年同期增加2175元，同比增长4.3%。从收入结构看，构成城镇居民收入的四大项呈现“三升一降”态势。其中，人均工资性收入31960元，同比增长3.9%；人均经营净收入为3860元，同比增长24.3%，为最大增幅项；人均财产净收入为9212元，同比增长22.9%；人均转移净收入为7589元，同比下降16.5%。

**【农村居民收入】** 2022年，南昌市农村居民人均可支配收入24218元，比上年同期增加1305元，同比增长5.7%。从收入结构看，构成农村居民收入的四大项全部呈现增长，其中人均工资性收入12953元，同比增长2.8%；人均经营净收入6350元，同比增长1.9%；人均财产净收入1188元，同比增长21.2%；人均转移净收入3727元，同比增长20.3%。

**【城镇居民消费支出】** 2022年，南昌市城镇居民人均消费支出32515元，同比增幅4.8%。八大类消费支出增速“三升五降”，其中，人均生活用品及服务支出2004元，同比增长10.5%；人均交通通信支出5557元，同比增长68.9%；人均其他用品和服务支出1018元，同比增长31.1%；人均食品烟酒支出9544元，同比下降1%；人均衣着支出1602元，同比下降10%；人均居住支出7879元，同比下降2.1%；人均教育文化娱乐支出2869元，同比下降14.7%；人均医疗保健支出241元，同比下降11.9%。

**【农村居民消费支出】** 2022年，南昌市农村居民人均消费支出17706元，同比增长6.8%。八大类消费支出增速“五升三降”，其中人均食品、烟酒支出5557元，同比增长3.3%；人均衣着支出824元，同比增长9.7%；人均居住支出4811元，同比增长25.9%；人均生活用品及服务954元，同比增长26.9%；人均其他用品和服务支出358元，同比增长24.8%；人均交通通信支出2368元，同比下降5.4%；人均教育文化娱乐支出1801元，同比下降8.6%；人均医疗保健支出1034元，同比下降7.2%。

（邵晓明）

## 社会保险

**【概况】** 2022年，市人社局围绕“作示范、勇争先”工作目标，坚持“民生为本”工作主线，以群众需求为导向，以实施民生工程为重点，主动担当、真抓实干，推动各项工作稳步开展。全年为3.1万家企业发放一般性稳岗返还补贴2.95亿元，综合降低社会保险费率，为企业减轻负担8.91亿元。全市企业职工、机关事业单位、城乡居民参加养老保险人数分别达到256.36万人、15.33万人、142.46万人，工伤保险、失业保险参保人数分别达到130.52万人、106.57万人。全市社保自助服务网点增至85个，累计办件量163.19万件，其中非窗口临柜办件率为90.34%。至年底，全市基本医疗保险参保人数581.3万人。其中，职工医疗保险人数153.8万人，居民医疗保险参保人数427.5万人，参保覆盖率保持在95%以上。全市基本医疗保险基金收入114亿元，支出100.5亿元，基金运行总体平稳、安全可控。

**【社会保险覆盖面扩大】** 2022年，全市企业职工基本养老保险参保企业和参保人数持续增长。企业职工基本养老保险参保企业数为18.3万家，新增6.16万家，同比增长33.66%；参保人数（含离退休人数）为256.36万人，新增37.83万人，增长17.31%；在职参保人数为194.47万人，新增36.22万人，增长22.91%。机关事业单位养老保险参保单位和参保人数平稳增长，全市机关事业单位养老保险参保单位数为3737家，新增119家，增长3.29%；参保人数（含离退休人数）为15.53万人，新增2900人，增长1.92%；在职参保人数为10.03万人，新增500人，增长0.53%。

**【企业降费缓缴落实】** 2022年，市人社局落实党中央、国务院和江西省对特困行业阶段性缓缴企业社会保险政策，助力全市经济平稳增长。全市实行社保费缓征政策，允许企业暂缓申报缴纳社会保险费，帮助中小企业特别是服务业中小企业、个体工商户渡过难关、恢复发展，缓解企业应对当期缴费压力。至年底，全市企业累计缓缴社会保险费3.33亿元，其中养老保险缓缴2.95亿元，失业保险缓缴1900万元，工伤保险缓缴1900万元；全市企业累计综合降低社会保险费率额总计8.91亿元，其中失业保险降费额6.64亿元、工伤保险降费额2.27亿元。

**【个人养老金制度实施】** 2022年11月25日，人力资源和社会保障部宣布个人养老金制度启动实施，并公布个人养老金先行城市（地区）名单。南昌市作为全省唯一个人养老金推广先行先试城市，积极探索实现养老保险多层次化运行模式。先行城市或地区可通过国家社会保险公共服务平台、全国人社政务服务平台、电子社保卡、“掌上12333”APP等全国统一线上服务入口或商业银行等渠道建立个人养老金账户，通过商业银行开立个人养老金资金账户。2个账户开立后，可向资金账户缴费、购买个人养老金产品，年缴纳上限12000元，缴费即可享受税费优惠。个人养老金账户资金可购买包括储蓄存款、理财产品、商业养老保险和公募基金等，具体金融产品由金融监管部门确定，并将公布产品名单。个人养老金不同于基本养老保险，是政府支持、个人自愿参加、市场化运营的补充养老保险制度。首批开办个人养老金业务的金融机构包括，6家国有大型商业银行、12家股份制银行、5家城市商业银行、11家理财公司、14家证券公司、7家独立基金销售机构和6家保险公司。参加人达到领取基本养老金年龄，或者完全丧失劳动能力、出国（境）定居以及符合国家规定的其他情形，才能领取个人养老金。参加人死亡后，其个人养老金资金账户中的资产可以继承。

**【“不见面”社保经办服务】** 2022年，市人社局推动企业个人办事“网上办”“掌上办”，提升社保经办服务便利。全市社保自助服务网点增至85个，145台自助服务机分布各县区经办大厅、乡镇便民中心和银行网点，均可实现21项个人高频业务办理服务，将“群众在‘家门口’轻松办社保”落到实处。至年底，市本级经办服务总量163.19万人次，咨询服务19.85万人次。其中，线下经办服务15.77万人次，线上经办服务147.42万人次。窗口取号人员日均500人左右。全市已有4.64万家企业通过“一网通办”平台完成参保登记，“网上办、掌上办、自助办”业务经办量占总业务经办量的90.34%。

**【被征地农民参加基本养老保险】** 2022年，市政府出台《南昌市被征地农民参加基本养老保险暂行办法》，强化宣传引导，送政策入户，进家门摸底，及时完成享受政府补助养老保险的被征地农民身份审核认定，确保被征地农民应保尽保。至年底，全市被征地农民参加基本养老保险人数7.46万人，完成率100%。其中，纳入城镇职工养老保险参保人数5.6万人，纳入城乡居民养老保险参保人数1.86万人。

**【工伤职工申请更换辅助器具工作优化】** 2022年，市人社局落实《关于工伤职工申请更换辅助器具有关事项的通知》要求，对于所配辅助器具满足《江西省工伤保险辅助器具配置目录》规定的最低使用年限，需要更换同编号辅助器具的工伤职工，可凭借有关文书或配置记录直接向各级经办机构提出更换申请，无须再由市劳动能力鉴定委员会进行现场确认，提高工伤职工到期更换辅助器具申请办理效率。

**【待遇保障体系完善】** 2022年，优化调整城乡居民基本医疗保险以及大病保险政策，出台职工基本医疗保险门诊共济政策。全面落实“三孩”保障措施，取消生育保险待遇享受附加条件。制定重特大疾病医疗保险和救助制度实施细则，持续做好医疗救助工作。不断巩固拓展医疗保障脱贫攻坚成果有效衔接乡村振兴战略，实现由集中资源支持脱贫攻坚向统筹基本医保、大病保险、医疗救助三重制度常态化保障平稳过渡。推动多层次医疗保障体系建设，探索基本医疗保险与商业健康保险融合发展新路径，满足人民群众多样化医疗保障需求。

**【医保基金综合监管】** 2022年，通过“线上+线下”方式，市医保局开展打击欺诈骗保宣传活动。依托省医保信息平台综合监管子系统，建立完善“三位一体”医保基金监管模式。出台《南昌市医疗保障定点零售药店信用监管暂行办法》，充分运用信用评价结果，对监管对象采取差异化监管措施。综合使用基金监测、日常稽核、行政检查等监管手段，实现医保基金全面监管。持续深化打击欺诈骗保专项治理，覆盖全市3000余家定点医药机构，全年累计追回违规医保基金超1亿元，处理违法违规机构2849家，主动公开曝光1081起。

**【医药管理制度实施】** 2022年，落实国家、省级药品耗材集采中选结果，涉及药品耗材300余种，有效减轻人民群众就医负担。落实“结余留用”政策，兑现国家药品集采第二批第一采购周期医保资金结余留用金额4574.7万元。先后制定双通道谈判药品责任医师管理办法和医药机构遴选规程工作制度，强化全市国谈药品双通道管理工作，遴选37家定点医疗机构和39家定点零售药店纳入双通道定点医药机构管理。推进医疗服务项目价格调整，调整医疗服务项目129项，解决医疗服务项目“同城同等级不同价”及部分医疗服务项目一级收费标准缺失等问题。

**【医疗经办服务效率提升】** 2022年，推进医保政务服务事项“一网通办”，全市已实现生育保险待遇核准支付等30余项医疗保障政务服务事项的线上办理和查询。推进医保电子凭证推广应用。至年底，全市共415.8万参保人激活医保电子凭证，激活率73.3%。2155家定点医药机构接入并使用医保电子凭证进行结算，共结算131.7万次，占比38.5%，完成省医保局下达目标任务。推进跨省异地住院、门诊和门诊特殊慢性病直接结算扩面工作，全市共14.9万人次实现跨省异地就医直接结算，涉及医疗费用7.6亿元。推进公共服务体系建设，与银行、电信等部门合作，延伸医保经办触角，在全市打造60余家医疗保障一体化服务中心，构建10分钟医保服务圈，实现医保服务“24小时不打烊”。

（李 玢 任 曼）

## 社会救助

**【概况】** 2022年，全市各级民政部门聚焦群众关切，筑牢基本生活兜底保障网，守好阵地，托好底线，充分发挥社会救助兜底保障作用，高质量高标准实现困难群众“两不愁”目标。制订下发《南昌市社会救助专项治理巩固提升行动方案》，对影响低保兜底保障落实、社会救助政策落实、侵害困难群众利益、低保领域存在的“人情保”“错保”“漏保”问题进行集中排查和专项治理。利用经济核查平台全面掌握所有在保对象家庭及相关家庭成员金融房产、存款详细情况。全面公开全市在享低保对象、低保政策和投诉举报电话，提高政策知晓率。至年底，全市动态管理退出低保对象4135户7297人，新增纳入4510户8417人。

**【城乡困难群众救助】** 2022年，全市发放困难群众生活基本救助资金8.36亿元。保障城市低保16845户28957人，保障人数占非农人口比例为0.87%。发放城市低保金2.25亿元，人均补差645元。保障农村低保42489户74032人，保障人数占农业人口比例为3.16%。发放农村低保金4.93亿元，人均补差558元。保障城镇特困人员1333人，其中集中供养611人、分散供养722人，累计发放城镇特困供养资金1573万元。保障农村特困人员5229人，其中集中供养849人、分散供养4380人，累计发放资金7101万元。发放失能特困人员照料护理补贴854.4万元，发放半失能特困人员照料护理补贴198.9万元，发放自理特困人员照料护理补贴468.9万元；保障20世纪60年代精简退职职工357人，发放资金300.1万元；实施临时救助5691人次，发放救助金额1212万元，人均救助水平1918元。救急难345人次，发放救助金额30.9万元。特别救助28人次，发放救助金额42.03万元。全市城乡困难群众社会救助保障标准实现统一。城乡低保标准提高到每月855元；城乡特困人员供养标准提高到每人每月1120元；城乡失能特困人员照料护理补助标准提高到每人每月1480元，半失能特困人员照料护理补助标准提高到每人每月370元，自理特困人员照料护理补助标准提高到每人每月80元；20世纪60年代精简退职老弱残职工救济标准，城乡人员每人每月提高到670元。

**【城镇困难群众解困脱困】** 2022年，按照“兜底线、保基本、可持续”要求，始终践行以人民为中心的发展思想，聚焦城镇困难群众“急难愁盼”，提高兜底保障标准，强化救助服务机制，统筹整合保障资源，织密筑牢救助兜底保障网，打造城镇困难群众解困脱困“加强版”，托起困难群众“稳稳的幸福”。市医保局资助参加居民基本医疗保24519人，累计实施医疗救助28842人次，发放救助资金1990万元。市教育局资助困难家庭学生7041人次，发放资助金298.2万元，办理生源地助学贷款4006人，累计放款3892万元。市住建局保障城镇贫困家庭住房共6522户。市人社局推动实施全民参保计划，为全市68434名符合条件困难人员代缴城乡居民养老保险费，代缴保费128万元。其中，返贫致贫人员23845人、低保对象37900人、特困人员502人、重度残疾人6187人，代缴率100%。搭建就业平台，实现困难家庭就业人员4984人，零就业家庭实现动态“清零”。市总工会组织帮扶困难职工2175人，发放资金154.9万元。市妇联组织帮扶困难职工460人，发放资金68.5万元。市残联为20401名残疾人提供精准康复服务，补助21家残疾人托养机构为865名残疾人提供日间照料和托养服务。完成城镇妇女“两癌”检查2943人，下拨专项经费12.89万元。

**【巩固拓展脱贫攻坚成果同乡村振兴衔接】** 2022年，市民政局加强与市乡村振兴局、市卫健委、市住建局、市医保局、市教育局联系，定期开展“三类对象”台账比对工作，实现数据共享，打通信息孤岛。对返贫风险较高的脱贫不稳定人口、边缘易致贫人口、突发严重困难户进行摸底排查，确保符合条件人员及时纳入社会救助范围。其中，在脱贫不稳定人口的169人中，新增纳入低保59户116人，新增纳入特困4户4人；在边缘易致贫人口963人中，新增纳入低保238户587人，新增纳入特困9户11人；在突发严重困难户439人中，新增纳入低保82户231人。全面落实“单人保”政策，对低保边缘家庭、支出型困难家庭中的重残人员、重病患者等特殊对象，参照“单人户”纳入低保。至年底，纳入2761户2761人，发放资金1075.2万元。落实“四个不摘”要求，将脱贫人口中完全丧失劳动能力或部分丧失劳动能力且无法通过产业就业获得稳定收入的人口，依规全部纳入低保或特困人员救助供养范围，做到应保尽保、应扶尽扶。至年底，全市在脱贫人口46291人中，新增纳入低保68户136人、特困供养18户21人。

**【分散供养特困人员照料服务】** 2022年，全面落实委托照料服务，建立探访服务制度。督促县区落实特困人员救助供养标准，确定照料服务人员，全面签订照料服务协议，全面落实照料服务。开展分散供养特困人员定期探访服务，采取电话问候、上门巡访、协助就医、帮助做家务和免费理发等形式，及时了解分散供养特困人员身体状况和生活状况。对自理分散供养特困人员进行普遍探访，每月探访一次；对失能、半失能分散供养特困人员进行重点探访，每半月探访一次，确保全市5000余名分散供养特困人员“安全有关注、平日有照应、生病有看护、心灵有慰藉”。

**【临时救助兜底作用】** 2022年，全面落实乡镇（街道）临时救助备用金制度，发挥好临时救助“基本生活保障”“应急”“化解矛盾”功能，细化救助条件、救助标准、资金管理和工作流程，根据救助对象困难原因、程度、种类因素，进行分类分档救助。强化临时救助备用金管理，用足用好“小额先行救助”“一次审批、分阶段救助”措施，根据乡镇（街道）大小、人口实际情况向乡镇（街道）划拨临时救助备用金。全年划拨乡镇（街道）临时救助备用金869.5万元。

**【家庭经济状况核查】** 2022年，市核对中心接受最低生活保障、临时救助、特困人员供养、支出型困难家庭、低收入家庭、住房救助等社会救助申请家庭经济状况核查委托97121户。其中，最低生活保障67485户，临时救助1776户，特困人员供养2775户，支出型贫困家庭210户，低收入家庭99户，住房救助17055户，困难职工认定135户，其他救助7586户。核对信息预警累计107033人次，预警率48.68%。

（刘艳艳）

## 社会福利

**【概况】** 2022年，全市民政部门聚焦特殊群体、聚焦群众关切，引导社会慈善和社会工作资源助力基本民生保障、基层社会治理、基层社会服务，在推动社会治理创新、维护社会和谐稳定、增进民生福祉方面发挥作用。

**【未成年人保护拓展】** 2022年，成立南昌市未成年人保护工作委员会，充分发挥市民政局、市公安局、市教育局、市检察院等32个职能部门作用，保护未成年人。投入1600万元，购买全市未成年人保护社会服务，建立市、县、乡三级未成年人保护工作站，设立儿童督导员135名、儿童主任2041名。建立健全预防监测、发现报告、应急处置、评估帮扶、监护干预“五位一体”快速反应救助机制，实现全市未成年人保护工作闭环运行。落实孤儿、事实无人抚养儿童基本生活保障标准，机构养育孤儿每人每月1820元，散居孤儿和事实无人抚养儿童每人每月1280元。将重度残疾孤儿（残疾事实无人抚养儿童）照料护理补贴提高到每人每月1480元，其他残疾孤儿（残疾事实无人抚养儿童）照料护理补贴提高到每人每月1380元。累计发放保障资金5044万元。联合市文明办印发《南昌市农村留守儿童、留守老人“关爱工程”三年行动计划（2022—2024年）实施方案》，明确关爱农村留守儿童、留守老人目标任务和要求。组织开展留守儿童信息采集专项工作，逐人逐户采集留守儿童信息，逐一建档立册，录入数字化管理系统。全年采集7020名留守儿童信息，详细掌握其健康、监护、家庭、学习情况，并分类制定帮扶措施。联合市直属机关工委、市妇联印发《关于开展“把爱带回家”留守儿童关爱活动的通知》，部门联动，整合资源，累计开展送法、帮教、民俗体验、故事分享等关爱活动48次，为2000余名儿童发放价值14万余元的爱心物资。

**【残疾福利保障增加】** 2022年，将贫困残疾人生活补贴、重度残疾人护理补贴发放纳入南昌城市大脑

“帮扶不落一人”场景，通过与残疾、低保特困、死亡、工伤保险数据共享，变“人工排查”为“自动比对”，智能生成新增、退出、存疑名单，以数字赋能精准发放“两项补贴”（困难残疾人生活补贴和重度残疾人护理补贴），简化工作流程。累计发放“两项补贴”7310万元，保障困难残疾人40万人次、重度残疾人51万人次。建立健全多层次的困难重度失能残疾人托养照护制度，对符合条件且有意愿入住机构的残疾人，依托和整合现有福利机构设施提供全日制托养服务；对接受居家照护服务的，按照不低于每人每月600元标准给予补助；对接受日间照料服务的，给予每人每天60元补助。累计开展居家照料1562人次，日间照料415人次，全日制托养80人次。依托市残联、市卫健委等部门资源，推进精神障碍社区康复试点工作。加大市级福彩公益金投入，支持试点单位完善功能室、配备康复器材、引入专业医生和社工，打造专业康复基地，为生活在社区的处于稳定期的精神障碍康复者开展心理疏导、行为矫正、康复训练、技能训练、就业指导服务，帮助恢复信心和能力，重新融入家庭和社会。

**【流浪乞讨救助提升】** 2022年，在全省率先启动寒冬送温暖专项救助行动，联合市公安局、市城管局、市卫健委等部门，发动乡镇（街道）、社区力量，集中对流浪乞讨人员开展地毯式排查，主动救助街面露宿人员。全年累计救助1448人，其中街面救助209人。疫情期间，以市疫情防控指挥部名义下发文件，完善疫情期间流浪乞讨人员分类救助工作机制。详细规定站内救助、集中隔离、送医救治工作流程，细化明确市公安局、市民政局、市卫健委等部门职责及属地政府主体责任，筑牢流浪乞讨人员安全保障防线。建立身份信息查询长效机制，对经快速查询未能确认身份的受助人员，在24小时内将相关信息上传至全国救助寻亲网，发布寻亲公告，并选择在走失地、口音地、疑似户籍地等特定区域向今日头条手机用户推送寻亲信息，7个工作日内报请市公安局科信支队利用人像比对技术进行身份核查，提高寻亲效率。全年共寻亲成功84人。深入开展流浪乞讨人员救助管理专项治理，破解落户安置难题，对无法查实身份信息滞留超3个月的受助人员，采取根据护送来站派出所归属地划分分散安置到各县区和集中安置未成年人到市社会福利院方式，使长期滞留人员基本生活能够得到保障。同时，将安置供养完成情况纳入县区“三令制”考核。通过安置，使58名流浪乞讨人员有身份、有尊严、有长久安身立命之地。在全省率先开展滞留人员区域性站内集中照料，将站外托养人员统一接回市救助管理站区域性照料中心，并通过政府购买服务方式，引入专业医养结合机构入站负责运营照料中心。采取“1+5”人员配备模式，配备一套专职照料人员以及具有职业资质的医生、护士、社工、康复师、营养师5种专业人员，定期到站开展服务和工作指导，为受助对象开展医疗、护理、康复、辅助、心理精神支持服务。

**【社区嵌入式养老院建设】** 2022年，在全市范围内新建或改扩建18个建筑面积750平方米以上、床位25张以上的社区嵌入式养老院。其中东湖区、西湖区、青云谱区、青山湖区、新建区、红谷滩区各2个点位，南昌县、进贤县、安义县、经开区、高新区、湾里管理局各1个点位。全市累计新增投资8120万元，新增或改造建筑面积2.48万平方米，新增床位858张。其中，护理型床位797张，占新增床位的92.89%。18个新建点位均设有照护室、照料室、医务室、评估室、康复区、厨房、餐厅、多功能活动室，具备老年人长期照护、短期托养、医疗康复以及日间照料功能，缓解养老服务供需矛盾，增强老年人幸福感和获得感。

**【慈善事业发展】** 2022年，推动慈善组织登录使用“慈善中国”平台，及时转发各级通知要求。宣传《中华人民共和国慈善法》《江西省实施〈中华人民共和国慈善法〉办法》等各项政策法规，引导南昌慈善总会及全市公益慈善类机构在全市范围内广泛开展“慈善一日捐”、慈善日系列救助、慈善义工志愿服务、慈善宣传等慈善主题系列活动。全市登记认定为慈善组织3家，分别是南昌市里仁公益服务中心、南昌市崛美公益发展中心、南昌道德文化促进会。至年底，全市有24家慈善组织。依托江西慈善救助平台，发布慈善项目10个，引导慈善组织对接慈善项目，动员慈善力量支持、帮扶困难群众，促进慈善救助与社会救助有效衔接。在全省率先开展慈善信托。至年底，全市备案慈善信托项目共33项，慈善信托资金1.33亿元，慈善信托数量及规模居全省第一位。

**【社工站建设】** 2022年，下发《南昌市民政局关于开展乡镇（街道）社会工作服务站“六化”建设的通知》，明确社工站建设标准。6月、9月分别召开全市乡镇（街道）社会工作服务站建设推进会，组织驻站社工参加各类专题培训，推动乡镇（街道）社工站建设。至年底，全市建设完成乡镇（街道）社工站132个，其中乡镇（街道）社工站115个、管委会（管理处）社工站9个、县区级社工总站8个，实现全市乡镇（街道）全覆盖。通过建立乡镇（街道）社工站、加大购买服务力度方式，推进社会工作人才队伍建设，构建覆盖城乡社会工作服务体系。争取市各级福彩公益金，开展购买全市乡镇（街道）社工站社工的培训、督导、评估项目。采取“走出去、引进来”方式，借助南昌“人才十条”出台，引导在外南昌籍社会工作人才返回南昌工作或设立社工机构，集聚大批优秀社会工作人才。至年底，全市有社工机构56家，持证社工4753人（其中助理社工师3931人、中级社工师822人），持证社工人数居全省第一位。

**【志愿服务开展】** 2022年，争取市本级福彩公益金40万元，开展购买志愿服务项目15个，围绕扶老、助残、扶贫、助学、疫情防控等主题，开展志愿服务活动。借助全面建设“1+5+X”邻里中心契机，协调市文明办、团市委在全市村（社区）设立志愿服务站点，宣扬志愿服务精神及活动内容，帮助志愿服务站建立完善志愿服务相关管理制度。制订《南昌市志愿服务记录与证明抽查工作方案》，规范志愿服务管理。市县两级民政部门组织志愿服务机构开展全国志愿服务信息系统培训会，并随机选取志愿服务组织和其他社会组织进行志愿服务记录与证明情况进行现场抽查，探索形成有效抽查工作机制。至年底，全市实名认证注册志愿者总数50.91万人，志愿项目1.19万个，累计服务时长816万小时，直接或间接受益群众85万人次。

**【福利彩票】** 2022年，全市福利彩票工作以安全稳定为准绳，加快推进转型发展，全力促进销量提升。拓展多元渠道、精准营销宣传、强化队伍建设、完善制度建设，销售形势持续向上向好，发展质量稳步提升。全年销售福利彩票6.49亿元，同比增长15.63%（其中电脑票销售5.59亿元、即开票9009万元），任务完成率107.88%，共募集福彩公益金5356万元。

（刘艳艳）

## 住房保障

**【概况】** 2022年，南昌市持续贯彻落实最新住房保障政策精神，出台住房保障相关政策措施，加强公共租赁住房管理，加快发展保障性租赁住房，持续完善住房保障体系建设，住房保障工作取得明显成效，得到新市民、青年人等群体较高的满意度评价。至年底，全市（含三县一区）共发放公共租赁住房租赁补贴2.8万户，发放金额8179万元；筹集保障性租赁住房项目65个、房源2.47万套（间），并已全部发放项目认定书。

**【《南昌市保障性租赁住房建设和管理实施办法》出台】** 2022年2月，市政府办印发《南昌市保障性租赁住房建设和管理实施办法》。保障性租赁住房主要利用集体经营性建设用地、企事业单位自有存量土地、产业园区配套用地和存量闲置房屋建设，适当利用新供应国有建设用地建设。保障性租赁住房以小型、适用、满足基本居住需求为原则。建设标准以建筑面积不超过70平方米小户型为主，最大面积不超过90平方米。从土地支持、简化审批流程、降低税费、资金补助、金融支持、民用水电气价格6个方面对保障性租赁住房给予政策支持。保障性租赁住房租赁对象主要为全市城镇常住人口中符合条件的新市民、青年人等阶段性住房困难人员。保障性租赁住房租金按照单个项目市场租赁住房租金一定比例确定，最高不超过90%。

**【保障性租赁住房租赁合同示范文本制定】** 2022年7月21日，市住房和城乡建设局、市市场监督管理局出台《关于印发〈南昌市保障性租赁住房租赁合同（示范文本）〉的通知》。南昌市立足于保障性租赁住房现实情况，在全省率先制定保障性租赁住房租赁合同示范文本。《南昌市保障性租赁住房租赁合同（示范文本）》从9月1日起实行。该合同为指导文本，适用于指导南昌市行政区域内的保障性租赁住房租赁行为。示范文本涉及房屋租赁12项内容及相关附件，包括保障性租赁住房承租资格、房屋基本状况、租赁用途、租赁期限、租金、押金等内容，并就房屋维护及维修、合同解除及房屋返还、违约责任、争议处理、合同生效等约定条款提供示范。

（庞笑甫）

## 住房公积金

**【概况】** 2022年，南昌住房公积金管理中心坚持以人民为中心服务理念，在线下线上多方面拓宽业务办理渠道，更好地服务广大住房公积金缴存单位和职工。修订提取住房公积金管理办法，提升租房提取额度，调整贷款政策，优化审批流程，充分发挥住房公积金住房保障作用。全市（市本级，下同）归集公积金146.89亿元（含年度结息），归集额完成全年目标任务的105%，同比增长8%；新增开户单位3908户。至年底，全市开户职工人数112.10万人，中心累计归集住房公积金1109.89亿元，住房公积金归集余额425.84亿元。全年提取住房公积金124.13万人次、93.39亿元，分别增长13%、8%。至年底，累计提取公积金684.05亿元。全年发放住房公积金贷款14527户、77.79亿元，分别增长30%、58%。至年底，累计向18.37万户家庭发放住房公积金贷款582.86亿元；住房公积金贷款余额306.93亿元，住房公积金个贷率为72%，贷款逾期率为0.1‰。

**【《关于优化住房公积金使用政策的通知》出台】** 2022年3月4日，南昌住房公积金管理中心出台《关于优化住房公积金使用政策的通知》。提高租房提取额度，将南昌市现行租房提取额度（市城区每月1200元，南昌县、进贤县、安义县每月1000元）统一调增至每月1500元，单身职工减半执行。提高贷款最高额度，将南昌市现行住房公积金贷款最高额度（市城区双缴存职工60万元、单缴存职工50万元，南昌县双缴存职工50万元、单缴存职工40万元，进贤县、安义县双缴存职工40万元、单缴存职工30万元）统一调增至双缴存职工80万元、单缴存职工70万元。

**【调整南昌市住房公积金贷款首付比例和贷款利率】** 2022年6月7日起，缴存职工家庭使用住房公积金贷款购买首套普通住房（含商业性住房贷款转住房公积金贷款），最低首付比例由30%调整为20%；购买二套普通住房（含商业性住房贷款转住房公积金贷款），最低首付比例由40%调整为30%，利率上浮10%不变。自10月1日起，下调首套个人住房公积金贷款利率0.15个百分点，5年以下（含5年）和5年以上利率分别调整为2.6%和3.1%；第二套个人住房公积金贷款利率政策保持不变，即5年以下（含5年）和5年以上利率分别不低于3.025%和3.575%。

**【《关于实施住房公积金阶段性支持政策的通知》出台】** 2022年6月21日，南昌住房公积金管理中心出台《关于实施住房公积金阶段性支持政策的通知》。受新冠疫情影响的企业，可按规定申请缓缴住房公积金，到期后及时补缴；缓缴期间，缴存时间连续计算，职工正常提取和申请住房公积金贷款。缓缴期满或提前终止缓缴后，企业一次性补缴或分期补缴，补缴期限不超过3个月。困难企业可根据生产经营情况，在住房公积金缴存年度内每年申请调整一次住房公积金缴存比例，缴存比例可在5%—12%自主确定。对于降低住房公积金缴存比例的企业，取消原须连续2年亏损的申请条件。受新冠疫情影响的缴存人，住房公积金贷款不能正常还款的，经申请在2022年底前不作为逾期处理，不作为逾期记录报送征信部门。

**【《南昌住房公积金提取管理办法》修订】** 2022年9月1日，经修订的《南昌住房公积金提取管理办法》正式实施。新办法由原办法6章34条修订为8章52条，新增住房公积金专业术语解释及提取监督内容。为方便缴存职工提取住房公积金，部分提取业务申请提取时限由1年调整为2年。为进一步改善住房公积金缴存职工家庭居住条件，落实国务院、省、市政府进一步推进老旧小区改造要求，增加“本市既有住宅加装电梯”原因提取。按照便民高效原则，南昌住房公积金中心通过网络、部门协查等手段核查业务证明材料的真实性，对于能够通过信息共享、数据比对获取相关审批信息的，原则上不再要求提取申请人提交申请材料，尽量实现一次不跑。针对部分职工和不法中介，通过正常交易手段故意套取住房公积金情况，在提取时间、金额等方面新增限制性条款。对违规职工，新办法明确限制其提取住房公积金相关规定。

**【拓宽业务办理渠道】** 2022年，南昌住房公积金管理中心“住房公积金业务专窗”扩增至14个银行网点，并进驻南昌市民中心办事大厅，满足办事群众“就近办”“多点可办”服务需求。为落实“最多跑一次”到“一次都不跑”工作要求，在线上增加南昌市政务服务网办理业务渠道，同时在企业开户“一网通办”功能基础上，实现企业注销“一网通办”，为缴存单位经办人带来便利。推行综合柜员制，办事职工只需取一个号、到一个窗口，减少职工在多个窗口办理、重复等候现象，节省业务办理时间，提高窗口服务效率，真正实现住房公积金各类业务“一窗受理、一站式服务、一柜台办结”。新增2项“跨省通办”业务办理事项，全年实现17项业务“跨省通办”，更好地满足缴存职工异地办事需求。

（胡嘉慧）

## 社区建设

**【概况】** 2022年，南昌市社区工作聚焦人民群众急难愁盼突出问题，着力构建完善街道社区民生服务体系，提升服务质量水平，增强人民群众的幸福感、安全感和获得感。推进社区治理现代化建设，进一步优化调整社区机构设置。实施“幸福社区”服务质量提升行动，在全市村（社区）党群服务中心实行“365天不打烊”服务。开展全国村级协商议事创新试点，推进村级事务决策民主化、科学化、规范化。做好村（社区）新型冠状病毒肺炎排查管控工作，有效控制疫情扩散和传播。

**【社区机构设置优化调整】** 2022年5月30日，市政府办公室下发《关于印发南昌市社区优化调整工作方案》，明确优化调整工作目的要求和方法步骤。按照工作方案要求，组织开展全市社区机构设置优化调整工作。新成立22个社区，拆分71个社区为142个，整合13个社区为8个社区，对32个相邻的社区管辖范围和规模进行合理调整，全市共新增社区87个。优化调整后，全市1500—3200户的社区639个，占全市社区总数的66%；1000—1500户的社区207个，占全市社区总数的21%。该次社区优化调整达到社区规模合理、社区布局科学目标。

【开展“幸福社区”服务质量提升行动】 2022年6月，按照省民政厅统一部署，市民政局联合市财政局下发《南昌市“幸福社区”服务质量提升行动实施方案》，在全市启动“幸福社区”服务质量提升行动。制定下发《关于下达“幸福社区”服务质量提升行动工作任务的通知》，明确全市5年“幸福社区”质量提升行动计划。提升行动从“组织领导坚强有力、综合平台夯实有效、人才队伍齐备多元、服务供给便捷精准、工作机制健全有序、居民自治充满活力”6个方面着力，进一步提升社区服务质量。至年底，经县级申报、市筛选、省第三方评估，全市获评“幸福社区”五星级39个、四星级56个、三星级11个，占全省“幸福社区”总数的22.6%。

【村(社区)“365天服务不打烊”服务】 2022年，按照省民政厅统一部署，全面推动“村(社区)党群服务中心(便民服务站)‘365天服务不打烊’”服务，着力解决居民群众“上班没空办、下班没处办”的堵点痛点问题。在全市村(社区)党群服务中心(便民服务站)办公用房张贴服务公告，公布服务时间、预约电话以及人员值班表，并在显著位置公开张贴服务清单，做到服务有标识、有队伍、有清单，实现错时、延时服务。

【修订村规民约(居民公约)】 2022年，对全市村规民约(居民公约)进行修订，将彩礼数额、婚宴规模、婚车数量、随礼金额等婚嫁事宜“限高”指导标准以及相关惩戒措施纳入村规民约(居民公约)，倡导婚嫁“零彩礼”，推进家风、民风、社风建设。开展优秀村规民约(居民公约)、优秀协商案例征集活动，征集村规民约(居民公约)共60篇、优秀协商案例58个。6篇村规民约和9篇居民公约入选省民政厅优秀村规民约(居民公约)汇编，3篇优秀协商案例入选省民政厅优秀协商案例汇编。

【开展全国村级协商议事创新试点】 2022年，青山湖区进顺村、新建区店前村、南昌经开区上罗村列入全国村级议事协商创新试点工作。按照“有阵地、有标识、有制度、有流程、有活动、有实效”要求，从居民群众身边事、烦心事、关心事开展议事协商试点，打造议事协商品牌。上罗村打造“古井夜话”品牌，店前村打造“火盆会”“板凳会”“凉亭会”品牌，进顺村打造“小康茶话会”品牌。

【组建村(社区)公共卫生委员会】 2022年4月，按照全周期管理理念和维护人民群众生命安全、身体健康原则，采取村(居)民代表推选方式，在全市1153个村民委员会、973个居民委员会组建公共卫生委员会，推选产生委员会成员1.08万人，实现全市村(居)公共卫生委员会机制全覆盖，初步建立起常态化管理和应急管理动态衔接的基层公共卫生管理机制。

(梅丹丹)

## 社会组织管理

【概况】 2022年，南昌市登记社会组织3350家，其中社会团体1128家，民办非企业单位(社会服务机构)2216家，基金会6家。市本级登记社会组织817家，其中社会团体480家，民办非企业单位(社会服务机构)331家，基金会6家。处理审批登记408件，其中成立预登记29件，登记注册18件，变更登记153件，注销登记30件，备案登记178件。建设社会组织孵化基地13个。市本级385家社会组织参加年检，其中合格252家、基本合格132家、不合格1家。全年社会组织新成立212家，注销撤销452家；30家“僵尸型”社会组织经过整改重新走上正轨；依法取缔2家非法社会组织。

【行业协会商会乱收费整治“回头看”】 2022年，市民政局等部门联合印发《关于开展行业协会商会乱收费专项清理整治“回头看”工作的通知》，持续对行业协会商会乱收费问题进行清理规范和专项整治，主要包括强制或变相强制入会并收取会费、只收取会费不提供服务或者对会费所包含的基本服务项目重复收取费用、利用分支(代表)机构多头收取会费等15类整治重点。按照通知要求，各县区对行业协会商会收费自查自纠工作、对提升行业协会商会收费规范性和透明度、对“我为企业减负担”专项行动、对建立健全行业协会商会收费长效监管机制进行“回头看”，持续纠正违法违规收费、规范合法合理收费、帮助企业减负纾困、加大监管查处力度。通过“回头看”，全市减免降低150家行业协会商会收费306.13万元，缓缴收费134.02万元；通过推动本行业企业为其他市场主体让利减轻企业负担127.05万元，通过为行业争取帮扶政策减轻企业负担384.5万元。全市行业协会商会利用自身优势，履行社会责任为政府建言献策，为企业提供帮扶解困服务113次。

【社会团体分支专项整治】 2022年，市民政局印发《关于开展社会团体分支(代表)机构专项整治行动的通知》，着力防范化解社会团体分支(代表)机构风险隐患，实现“清除一批，整改一批，激活一批”总体目标，促进全市社会团体登记管理更加规范。全市共有社会团体1093家，其中市本级社会团体480家。9家市本级社会团体有分支机构66个、代表机构1个。该次整治行动对社会团体分支(代表)机构的27项重点问题情形开展整治。经过3个月整治,发现1家市级社会团体设立的10个分支机构存在名称带有地域性特征的问题情形,已完成整改工作。

**【社会组织助力乡村振兴】** 2022年,为实现巩固拓展脱贫攻坚成果同乡村振兴有效衔接,与市乡村振兴局联合印发《南昌市乡村振兴局关于推动全市社会组织参与乡村振兴促进乡村事业发展的通知》,转发国家乡村振兴局、民政部《社会组织助力乡村振兴专项行动方案》,动员全市社会组织发挥在产业振兴、科技助农、文化体育、环保生态、卫生健康、社会治理、民生保障等方面作用,彰显时代价值,践行时代使命。全市社会组织通过开展各类活动助力乡村振兴,覆盖全市292个建制村,受益10.6万人次,参与乡村振兴总投入262.5万元。全市社会组织参与助力乡村振兴活动被市级以上媒体报道83次,向省民政厅汇总上报典型案例6个。

**【社会组织促就业】** 2022年,南昌市印发《关于动员引导社会组织助力稳住全市经济发展的通知》,发布《关于助力高校毕业生就业工作的倡议书》,号召广大社会组织充分发挥扎根行业、服务企业、辅助政府、凝聚合力独特优势,以实际行动助力市委、市政府稳经济一揽子政策措施迅速落地生效,实现稳增长稳市场主体保就业。至年底,市县两级社会组织开展各类就业招聘服务178次,发布2万余个工作岗位,招聘高校毕业生1877名。

(熊杰)

## 区划地名管理

**【概况】** 2022年,南昌市民政局执行《行政区划管理条例》《地名管理条例》,稳妥实施全市部分行政区划优化调整和部分道路路名优化工作,充分发挥行政区划和地名在推动全市经济社会高质量发展中重要作用。通过讲好南昌地名故事、弘扬红色文化,增强人民群众文化自豪感和自信心。拓宽宣传渠道,创新宣传形式,全方位、多角度开展地名文化宣传。在抖音视频平台和喜马拉雅音频平台开辟南昌地名专栏,播送南昌地名微视频,扩大南昌地名文化社会影响力和知名度,传播南昌优秀地名文化。

**【实施部分行政区划调整】** 2022年,根据《江西省人民政府关于同意南昌市调整部分行政区划的批复》,将新建区流湖镇划归红谷滩区管辖,调整后红谷滩区流湖镇行政区划代码为360113101。根据《江西省民政厅关于同意南昌市部分乡级行政区划调整的批复》,撤销新建区长堎镇,设立长堎街道、欣悦湖街道,调整后新建区人民政府驻地由长堎镇变更为长堎街道,长堎街道行政区划代码为360112004,欣悦湖街道行政区划代码为360112005;撤销西湖区桃花镇,设立桃花街道,桃花街道行政区划代码为360103026。根据《南昌市人民政府关于同意东湖区部分街道优化调整的批复》,撤销八一桥街道,将其所辖大士院西区、大士院北区、大士院南区、叠山路西社区划归滕王阁街道管辖,裘家厂、芭茅巷社区划归百花洲街道管辖;撤销公园街道,划归墩子塘街道管辖;将董家窑街道南京西路南社区划归大院街道管辖。根据《南昌市人民政府关于同意西湖区部分街道优化调整的批复》,撤销西湖街道,将西湖街道划归广润门街道管辖,街道办事处驻朱紫巷社区羊子街208号;撤销系马桩街道,将系马桩街道划归南浦街道管辖,街道办事处驻象山社区;撤销十字街街道,将原十字街街道洪城路以北的前进路、十字街、胶皮巷、司马庙、福山花园、上窑湾、坛子口、路鑫、江电、中行10个社区划归绳金塔街道管辖,将洪城路以南的建设桥、紫荆花园、建设西路、洪抚、龙河5个社区和同盟村划归桃花街道管辖;设立九洲街道,将桃花街道河畔、国贸阳光、君领、幸福之苑、天华、春熙、铂宫、橡府、星海、河滩、象湖西11个社区和十里、三角、雷池、十里庙、观鱼5个村划归九洲街道管辖,街道办事处驻象湖西社区;将桃花街道一村划归朝阳洲街道管辖,桃花街道渔业村划归桃源街道管辖;将桃花街道康桥、恒泰云锦、余水洲、鹤汀、桂殿5个社区,观洲、老洲2个村划归朝农街道管辖。根据《南昌市人民政府关于同意红谷滩区增设街道行政区划调整的批复》,从沙井街道划出凤凰花园、凤凰家园、凤凰城、凤翔苑、上滩、牛行、长江路、黄河路、珠江路、海德堡、碟子湖、丰和新城、天赐良园、老北站、凤西、星科、星火社区和凤凰村,设立凤凰洲街道,同时撤销凤凰洲管理处;从卫东街道划出茶园街、云溪花园、龙岗花园、香域滨江、梧桐庄园、桥郡、九龙馨苑、站西花园、天悦、瑞城、长云、祥荣、枫湖社区和岭北、双溪、云塘、润溪、长埇、黄佩村,从生米街道划出瑞都、悦城东、悦城西社区,设立红角洲街道,街道办事处驻站西花园社区西站大街2000号,同时撤销红角洲管理处;从生米街道划出安丰花园、富源花园、广源南、广源北、新琚、明珠、博鸿、博玺、博海、礼庄山社区和斗门、安丰、富乡、渔业村,设立九龙湖街道,街道办事处驻安丰花园社区龙兴大街471号,同时撤销九龙湖管理处;从生米街道划出璜源山社区和山图、中堡、铁路、青岚、文青、璜溪村设立龙兴街道,街道办事处驻璜源山社区德兴街688号。

**【行政区域界线联检】** 2022年,根据《江西省民政厅关于做好2022年度行政区域界线联合检查工作的通知》要求，印发《南昌市民政局关于做好2022年度行政区域界线联合检查工作的通知》，安排38条行政区域界线联检任务。其中，设区市间县级界线3条、设区市内县级界线3条，乡级界线41条，总长度466.8千米。同时，新埋设界桩6个。

【部分道路路名优化】 2022年，随着城市主干道、快速路相继建成或打通，横跨赣江的复兴大桥、洪都大桥、隆兴大桥相继开工建设，为使城市主干道、快速路统一名称、更好识别，按照合理、科学原则对原有道路名称进行优化。该次路名优化共命名复兴大道、洪州大道、南昌大道等道路6条，变更道路起止点8条，道路名称注销12条。

【地名命名】 2022年，按照“高文化品位、规范化、标准化、科学化”要求和地名命名程序，开展地名命名工作。在城市道路命名中，重新启用一些文化底蕴丰厚的老地名。根据新修订的《地名管理条例》规定，自5月1日起将楼宇、建筑物命名和更名审批职能正式移交到南昌市住建局。全年共命名道路32条，更名道路3条，注销道路名称12条，变更道路起止点19条，公告住宅小区、建筑物名称共30个，新安装、更新路牌711块，维护路牌195块。

【完善国家地名信息库数据】 2022年，根据《江西省民政厅关于开展中国·国家地名信息库数据质量建设行动的通知》要求，对第二次全国地名普查期间采集的行政区划、居民点、自然地理实体、街路巷、群众自治组织、非行政区域、交通运输设施、水利电力通信设施、纪念地旅游景点、建筑物等10个大类27420条地名数据进行全面审核，及时将新增地名录入南昌区划地名信息系统和国家地名信息库，在国家地名信息库新增地名词条1029条。

（邓　力　张智生）

## 2022年南昌市新命名住宅区、建筑物一览表

表13

| 序号 | 标准名称 | 类别 | 地理位置 | 所在辖区 |
|---|---|---|---|---|
| 1 | 云悦小区 | 住宅 | 新建区庆荣路666号 | 新建区 |
| 2 | 纺欣苑 | 商住 | 青山湖区富大有路1331号 | 青山湖区 |
| 3 | 德邻居小区 | 住宅 | 西湖区朝霞路299号 | 西湖区 |
| 4 | 新丰华都 | 商住 | 红谷滩区风华路1号 | 红谷滩区 |
| 5 | 翰林启城 | 艺术传媒 | 红谷滩区龙兴大街2966号 | 红谷滩区 |
| 6 | 濡溪小区 | 商住 | 青山湖区齐城冈大道389号 | 青山湖区 |
| 7 | 云璟雅苑 | 商住 | 青云谱区迎宾北大道661号 | 青云谱区 |
| 8 | 悦禧小区 | 商住 | 西湖区大市场东路301号 | 西湖区 |
| 9 | 鸿润大厦 | 商办 | 红谷滩区平安东二街246号 | 红谷滩区 |
| 10 | 金悦府 | 商住 | 新建区岗前路999号 | 新建区 |
| 11 | 联祥小区 | 商住 | 新建区宏福大道933号 | 新建区 |
| 12 | 柏墅幸福小区 | 商住 | 青山湖区城南大道8号 | 青山湖区 |
| 13 | 玉河锦绣小区 | 商住 | 青山湖区塔子桥北路1号 | 青山湖区 |
| 14 | 南昌供销兴业大楼 | 商办 | 西湖区船山路711号 | 西湖区 |
| 15 | 南昌供销春蕾大楼 | 商办 | 西湖区天佑路4号 | 西湖区 |
| 16 | 南昌供销丽景大楼 | 商办 | 红谷滩区丽景路938号 | 红谷滩区 |

续表13

| 序号 | 标准名称 | 类别 | 地理位置 | 所在辖区 |
|---|---|---|---|---|
| 17 | 南昌供销商业大楼 | 商办 | 西湖区中山路235号 | 西湖区 |
| 18 | 临江华府 | 商住 | 青山湖区富大有路1299号 | 青山湖区 |
| 19 | 洺悦小区 | 住宅 | 青山湖区广州路2088号 | 青山湖区 |
| 20 | 屿湖居 | 商业 | 青山湖区艾溪湖南路199号 | 青山湖区 |
| 21 | 西站明珠小区西苑 | 商业 | 红谷滩区中堡路211号 | 红谷滩区 |
| 22 | 锦辰小区 | 住宅 | 西湖区水厂路899号 | 西湖区 |
| 23 | 雷公坳文体产业园 | 商住 | 经开区枫生中大道1188号 | 经开区 |
| 24 | 田溪小区 | 商业 | 湾里管理局桐木岭路591号 | 湾里管理局 |
| 25 | 祥云瑞 | 商住 | 青云谱区迎宾北大道东侧 | 青云谱区 |
| 26 | 匠星家居中心 | 商业 | 西湖区子羽路888号 | 西湖区 |
| 27 | 华章文苑 | 商业 | 西湖区水厂路502号 | 西湖区 |
| 28 | 博源小区 | 住宅 | 高新大道998号 | 高新区 |
| 29 | 湖岸都会小区 | 商住 | 高新区艾湖路228号 | 高新区 |
| 30 | 大悦城 | 商住 | 西湖区抚生南路666号 | 西湖区 |

## 2022年南昌市区新增道路名称一览表

表14

| 序号 | 标准名称 | 类别 | 起止点 | 所在区域 |
|---|---|---|---|---|
| 1 | 延安路 | 道路 | 北起洪州大道西，南至赣州大道 | 红谷滩区 |
| 2 | 玉墅巷 | 道路 | 北起墅溪路，南至大梵禅寺 | 青云谱区 |
| 3 | 新墅路 | 道路 | 北起墅溪路，南至新溪桥路 | 青云谱区 |
| 4 | 梅溪街 | 道路 | 西起高新南大道，东至博文路 | 青云谱区 |
| 5 | 上游街 | 道路 | 西起上海南路（延伸段），东至博览路 | 青云谱区 |
| 6 | 雄鹰街 | 道路 | 西起上海南路（延伸段），东至博览路 | 青云谱区 |
| 7 | 海鹰街 | 道路 | 西起上海南路（延伸段），东至博览路 | 青云谱区 |
| 8 | 宇航路 | 道路 | 北起新溪桥南一路，南至益民路 | 青云谱区 |
| 9 | 漕溪街 | 道路 | 东起高新南大道，西至博学路 | 青云谱区 |
| 10 | 万溪街 | 道路 | 东起高新南大道，西至佛塔路 | 青云谱区 |
| 11 | 熊坊路 | 道路 | 北起和宝路，，南至金鹰路 | 青云谱区 |
| 12 | 莲飞街 | 道路 | 西起南莲路，东至洪飞路（南延伸段） | 青云谱区 |
| 13 | 丰坊街 | 道路 | 东起南莲路，西至京九铁路线 | 青云谱区 |

续表 14

| 序号 | 标准名称 | 类别 | 起止点 | 所在区域 |
|---|---|---|---|---|
| 14 | 石马街 | 道路 | 东起南莲路，西至京九铁路线 | 青云谱区 |
| 15 | 丹桥路 | 道路 | 北起朱桥东路，南至规划路 | 青云谱区 |
| 16 | 丹园街 | 道路 | 西起航空路，东至南连通渠 | 青云谱区 |
| 17 | 文贤路 | 道路 | 南起昌南大道，北至前万路(便道) | 青云谱区 |
| 18 | 前万街 | 道路 | 东起城南大道，西至南莲路 | 青云谱区 |
| 19 | 万象路 | 道路 | 北起学府大道，南至前湖大道 | 红谷滩区 |
| 20 | 润街 | 道路 | 东起赣江南大道，西至红谷南大道 | 红谷滩区 |
| 21 | 宜新路 | 道路 | 北起宜春大街，南至新余街 | 红谷滩区 |
| 22 | 复兴大道西 | 道路 | 东起赣江南大道，西至南昌绕城高速 | 红谷滩区 |
| 23 | 复兴大道中 | 道路 | 西起沿江南大道，东至金沙大道 | 南昌县 |
| 24 | 复兴大道东 | 道路 | 西起金沙大道，东至莲塘北大道 | 南昌县 |
| 25 | 洪州大道西 | 道路 | 东起赣江南大道，西至九龙湖枢纽 | 红谷滩区 |
| 26 | 洪州大道中 | 道路 | 西起沿江南大道，东至金沙大道 | 南昌县 |
| 27 | 洪州大道东 | 道路 | 西起金沙大道，东至莲塘北大道 | 南昌县 |
| 28 | 南昌大道西 | 道路 | 东起赣江南大道，西至南昌绕城高速路 | 红谷滩区，新建区 |
| 29 | 南昌大道中 | 道路 | 西起沿江南大道，东至高新南大道 | 西湖区，青云谱区，青山湖区，南昌县 |
| 30 | 南昌大道东 | 道路 | 西起高新南大道，东至幽兰互通 | 青山湖区，南昌县 |
| 31 | 洪腾高架路 | 道路 | 西起洪都南大道，东至天祥南大道 | 青云谱区，青山湖区 |
| 32 | 洪腾大道 | 道路 | 西起昌东大道，东至天祥南大道 | 青山湖区 |

## 2022 年南昌市道路更名情况一览表

表 15　　单位：米

| 序号 | 标准名称 | 原道路名称 | 长/宽 | 名称含义 | 所属区域 |
|---|---|---|---|---|---|
| 1 | 吉安路 | 吉安街 | 3500/36 | 该路位处拟命名的八一干部学院南侧，井冈山是中国革命的摇篮，八一干部学院是培养“忠诚，干净，担当”干部的摇篮，传承着井冈山精神，因井冈山位处吉安辖区，寓指走在胜利的路上，故名 | 红谷滩区 |
| 2 | 赣州大道 | 赣州大街 | 4600/50 | 该路位处拟命名的八一干部学院南侧，办学体现出中国共产党人政治本色和精神特质的苏区精神，寓指走上繁荣昌盛的又一康庄大道，故名 | 红谷滩区 |
| 3 | 狮子山大道 | 阁皂山大道 | 9200/45 | 该路沿线历史上有一处自然实体“狮子山”，为留住记忆和乡愁更名为狮子山大道 | 红谷滩区 |

## 2022 年南昌市道路变更起止点一览表

表 16

| 序号 | 标准名称 | 现起止点 | 原起止点 | 所在区域 |
|---|---|---|---|---|
| 1 | 青原山路 | 北起富乡街，南至洪州大道西 | 北起富乡街，南至赣州大道 | 红谷滩区 |
| 2 | 上海南路 | 北起解放西路，南至广州路 | 北起解放西路，南至新溪桥北二路 | 青云谱区 |
| 3 | 博文路 | 南起广州路，北至解放西路 | 南起广州路，北至新溪桥路 | 青云谱区 |
| 4 | 博览路 | 南起广州路，北至解放西路 | 南起广州路，北转东至城南路 | 青云谱区 |
| 5 | 博学路 | 南起广州路，北至解放西路 | 南起广州路，北至新溪桥路 | 青云谱区 |
| 6 | 新溪桥南一路 | 西起洪都南大道，东至高新南大道 | 西起洪都南大道，东至新溪桥东二路 | 青云谱区 |
| 7 | 和宝路 | 西起南莲路，东至佛塔路 | 西起昌南园一路，东至佛塔路 | 青云谱区 |
| 8 | 新地路 | 西起南莲路，东至佛塔路 | 东起佛塔路，南转西至昌南园一路 | 青云谱区 |
| 9 | 金鹰路 | 西起南莲路，东至高新南大道 | 西起昌南园一路，东至佛塔路 | 青云谱区 |
| 10 | 洪飞路 | 北起新溪桥南一路，南至朱桥东路 | 北起新溪桥南一路，南至广州路 | 青云谱区 |
| 11 | 博雅路 | 北起新溪桥路，南延至佛塔路 | 北起新溪桥路，南至惠民路 | 青云谱区 |
| 12 | 方志敏大道 | 西起南昌绕城高速，东至港口大道 | 东起庐山中大道，西至南昌绕城高速 | 经开区 |
| 13 | 广州路 | 西起井冈山大道，东至南昌东站 | 西起井冈山大道，东至谢埠路 | 青云谱区，青山湖区 |
| 14 | 赣江北大道 | 南起庐山南大道，北至六孔闸 | 北起黄河路，南至庐山南大道 | 红谷滩区，经开区 |
| 15 | 赣江中大道 | 北起庐山南大道，南至南昌大道西 | 北起庐山南大道，南至南昌大桥 | 红谷滩区 |
| 16 | 赣江南大道 | 北起南昌大道西，往南延伸 | 北起祥云大道，南至铁路货运线 | 红谷滩区 |
| 17 | 沿江北大道 | 南起阳明路，北转东至创新大道 | 北起赣江大桥，南至滕王阁地道 | 东湖区，青山湖区高新区 |
| 18 | 沿江中大道 | 北起阳明路，南至南昌大道中 | 东起抚河北路，西转南至南昌大桥 | 东湖区，西湖区 |
| 19 | 沿江南大道 | 北起南昌大道中，往南延伸 | 南起生米大桥，北至南昌大桥 | 西湖区，南昌县 |

## 2202 年南昌市注销道路名称一览表

表 17

| 序号 | 注销道路名称 | 注销原因 | 所在区域 |
|---|---|---|---|
| 1 | 梅林大街 | 因方志敏大道调整起止点，为更好地方便群众生活而注销 | 经开区 |
| 2 | 抚州大街 | 因命名复兴大道，为更好地方便群众生活而注销 | 红谷滩区 |
| 3 | 东莲路 | 因命名复兴大道，为更好地方便群众生活而注销 | 南昌县 |
| 4 | 振兴大道 | 因命名复兴大道，为更好地方便群众生活而注销 | 南昌县 |
| 5 | 萍乡大街 | 因命名洪州大道，为更好地方便群众生活而注销 | 红谷滩区 |
| 6 | 小蓝中大道 | 因命名洪州大道，为更好地方便群众生活而注销 | 南昌县 |

续表 17

| 序号 | 注销道路名称 | 注销原因 | 所在区域 |
|---|---|---|---|
| 7 | 小蓝东大道 | 因命名洪州大道,为更好地方便群众生活而注销 | 南昌县 |
| 8 | 澄湖北大道 | 因命名洪州大道,为更好地方便群众生活而注销 | 南昌县 |
| 9 | 阁皂山大道 | 因更名狮子山大道,为更好地方便群众生活而注销 | 红谷滩区 |
| 10 | 华南大道 | 因更名狮子山大道,为更好地方便群众生活而注销 | 红谷滩区 |
| 11 | 祥云大道 | 因命名南昌大道,为更好地方便群众生活而注销 | 红谷滩区 |
| 12 | 昌南大道（快速路） | 因命名南昌大道,为更好地方便群众生活而注销 | 西湖区,青云谱区<br>青山湖区,南昌县 |

（资料来源:市民政局）

## 民族宗教事务

**【概况】** 2022 年,南昌市民族宗教事务局（以下简称“市民宗局”）聚力聚焦率先“作示范、勇争先”目标要求,以铸牢中华民族共同体意识为主线,推动新时代民族工作高质量发展。坚持宗教中国化方向,不断开创依法管理宗教事务新局面。市民宗局协助市委、市政府出台《以铸牢中华民族共同体意识为主线,推动新时代民族工作高质量发展实施方案》。被国家民族事务委员会授予 2022 年度全国民委系统信息工作优秀集体称号。在省委民族工作会议暨全省宗教工作会议上就城市民族工作作经验交流,在全省民族宗教重点工作推进会上就非法宗教活动治理工作、城市民族工作作经验交流,实现“在全国有影响,在全省作表率”总目标。

**【民族宗教工作调研】** 2022 年,组织撰写的《关于中部少数民族散居城市铸牢中华民族共同体意识实践路径调研报告》获得国家民委社会科学研究成果优秀奖。前往社区、少数民族用工企业、宗教活动场所和宗教团体,采用实地察看、座谈、问卷调查、个别访谈方式,开展民族宗教领域风险隐患调研工作,形成《关于做好全市民族宗教领域防范风险隐患工作》调研材料。调研课题《关于做好全市民族宗教领域风险隐患工作》被列入市委“深调研、强落实”活动一般课题。与南昌大学、江西科技师范大学开展宗教理论创新合作研究,形成《新时代全面从严治教体制机制建设 》《“宗教”概念的正确理解与我国宗教中国化问题的思考》2 个研究成果。

**【南昌市铸牢中华民族共同体意识展示馆开馆】** 2022 年 6 月 10 日,南昌市铸牢中华民族共同体意识展示馆在万寿宫历史文化街区揭牌开馆。市委常委、统战部部长饶绍清出席仪式并揭牌。南昌市铸牢中华民族共同体意识展示馆占地面积 200 余平方米,坐落于西湖区万寿宫历史文化街区内。展示馆围绕“多元携手铸中华、民族团结谱新篇、幸福洪城一家人”3 个主题,以图文展示、实物展示、多媒体介绍形式,展示南昌各民族之间交往交流交融、和睦共处历史,展现南昌各民族共同团结进步、共同繁荣发展时代风貌。

**【首期百名社区(村)书记铸牢中华民族共同体意识交流培训会】** 2022 年 6 月 17—18 日,市民宗局在省社会主义学院举办首期百名社区(村)书记铸牢中华民族共同体意识交流培训会。培训重点围绕学习中央、省委民族工作会议精神及做好社区(村)民族团结进步创建工作、打造“洪石榴之家”等内容进行重点授课,并组织赴示范社区、民族团结示范店进行现场教学,共同探索基层民族团结进步创建好经验、好做法、好典型。

**【“石榴花开 · 南昌印象”喜迎党的二十大微摄影(视频)征集活动】** 2022 年 5 月 6 日至 6 月 30 日,市民宗局举办“石榴花开 · 南昌印象”喜迎党的二十大微摄影(视频)征集活动。经过 56 天征集,收到摄影作品 344 个、视频作品 88 个。经过初评筛选和专家评审 2 个环节,评选出微摄影作品一等奖 6 名、二等奖 10 名、三等奖 12 名;微视频作品一等奖 2 名、二等奖 4 名、三等奖 6 名。

**【开展少数民族群众看南昌活动】** 2022 年 11 月 10 日,市民宗局组织开展“学习贯彻党的二十大精神 铸牢中华民族共同体意识”少数民族群众看南昌活动,邀请 40 余名少数民族群众通过实地参观新建区汪山土库、南昌瓷板画艺术博物馆等,了解南昌历史文化发展。

**【打造“洪石榴”品牌】** 2022 年,市民宗局探索城市民族工作新方法、新路径，以建设“6·30”洪石榴项目为载体，即在全市范围内打造30个“洪石榴”之家、30个“洪石榴”服务站、30支“洪石榴”志愿服务队、30个“洪石榴”民族团结示范店（企业）、30个“洪石榴”宣讲团和30个“洪石榴”孵化基地，探索铸牢中华民族共同体意识“南昌实践”，让城市更好地接纳少数民族群众，让少数民族群众更好地融入城市。“洪石榴”项目做法被国家民委登载作为典型经验全国推广，并作为亮点工作参与全省统战工作实践创新成果评选。

**【民族团结进步示范区示范单位创建】** 2022年，制定并实施《南昌市民族团结进步示范区示范单位命名办法》（以下简称“命名办法”），明确民族团结进步示范区示范单位命名资格条件、方法程序等。全市各单位按照命名办法要求，以铸牢中华民族共同体意识为主线，深化民族团结进步宣传教育，主动作为，开拓创新，真抓实干，深入开展民族团结进步创建工作，加强各民族交往交流交融，促进各民族和睦相处、和衷共济、和谐发展，着力推进新时代党的民族工作高质量发展。市直单位、各县区、各乡镇（街道）、各社区共41个单位提出民族团结进步示范区示范单位命名申请。经过实地检查、材料审核、集中评审等环节，命名全市民族团结进步示范区示范单位共22个，并择优向省民宗局推荐参加全省民族团结进步示范区示范单位评选。

**【“同心大讲堂·南昌宗教中国化大讲台”活动】** 2022年6月30日，市民宗局“同心大讲堂·南昌宗教中国化大讲台”在湾里管理局天宁寺设立，同时举行开讲式和第一期讲座。讲座邀请南昌大学人文学院哲学系教授、江右哲学研究中心主任杨柱才讲授《江西理学及其流派》。全市50名宗教教职人员代表现场聆听讲座。

**【南昌宗教中国化理论研讨会举行】**

2022年11月12—13日，南昌宗教中国化理论研讨会在南昌万寿宫举行。研讨会共收到参会论文42篇。会上，南昌大学、江西师范大学、南昌航空大学、江西科技师范大学、东华理工大学和省社科院等省内相关高校、院所专家学者作大会主旨发言。在分组讨论阶段，与会专家学者、宗教界代表人士和宗教干部围绕“如何深入挖掘南昌宗教文化资源，推进南昌宗教中国化走深走实；如何发挥宗教工作三支队伍作用，形成推进南昌宗教中国化的合力；如何推进宗教教义教规的中国化”3个主题进行讨论，探索坚持宗教中国化方向的路径，不断深化南昌宗教中国化实践。

**【“五教同心迎盛会·凝心聚力中国化”主题活动】** 2022年，组织开展“五教同心迎盛会·凝心聚力中国化”主题活动，凝聚全市宗教界力量，为实施强省会战略作贡献。组织宗教界开展系列学习活动，深入学习新时代党的宗教工作理论，不断提高宗教界人士政治思想素质。组织宗教界人士学习贯彻全国宗教工作会议精神，加强宗教界法治教育学习，增强宗教界法治意识，提升宗教界依法开展宗教活动和自我管理水平。

**【“五好”宗教活动场所创建】** 2022年3月，市民宗局组织全市宗教界开展以“爱国爱教好、民主管理好、安全稳定好、环境整洁好、服务社会好”为内容的“五好”宗教活动场所（以下简称“五好”场所）创建活动。制订印发创建“五好”宗教活动场所工作方案。对照省级“五好”宗教活动场所创建标准，指导各宗教活动场所制定实施办法，落实分步操作目标任务。9月初，市民宗局带队，各县区统战民宗部门分管领导参加，赴九江市实地考察学习“五好”场所创建工作经验。9月22日，组织召开全市“五好”场所建设工作现场推进会，推动“五好”场所创建工作深入开展。10月，成立“五好”场所建设工作推荐评估组，对第一批拟推荐为省级“五好”场所进行打分排序和阶段性成果验收。11月24日，在西湖区凉伞树圣恩堂召开全市“五好”宗教活动场所建设现场交流会。11月底，市民宗局向省委统战部、省民宗局推荐30处省级“五好”宗教活动场所。12月5日，省“五好”宗教活动场所创建工作抽查复核第二组到南昌开展抽查复核工作。经核查评审、社会公示，南昌市30个宗教活动场所被省委统战部、省民族宗教事务局授予“五好”宗教活动场所称号。

**【宗教事务规范化管理活动年开展】**

2022年，梳理宗教团体、宗教活动场所、宗教教职人员规范管理中的问题，以问题为导向，完善宗教工作体制机制。制订《南昌市规范宗教教职人员管理工作实施方案》《南昌市开展宗教事务管理规范年活动方案》，明确宗教教职人员、规范宗教团体和宗教场所管理规范要求，不断完善宗教活动场所人员管理、财务管理、消防安全、宗教出版物管理等各项管理制度。督促宗教活动场所成立管理组织，实行民主管理，不断提升宗教事务管理规范化水平。

**【南昌市宗教活动场所监管平台系统上线】** 2022年12月14日，南昌市宗教活动场所监管平台系统上线仪式及使用培训活动在红谷滩区卫东街道邻里活动中心举办。南昌市宗教活动场所监管平台系统主要用于针对全市范围宗教活动场所进行信息化管理，对全市501处宗教场所建立电子档案，包括场所名称、负责人、联系电话、所在位置等。建成全市统一宗教活动场所电子化地图，利用GIS地图一键导航至指定场所位置。建立市、县(区)、乡(镇)三级民宗工作部门统一通信录。建立巡检打卡功能,民宗工作人员可通过系统拍照、定位、上传巡检结果。

(张楚)

## 精神文明建设

**【概况】** 2022年,南昌市精神文明建设工作聚焦"巩固提升南昌首位度,充分彰显省会担当"目标定位,以"打头阵、当先锋、作表率"决心,坚决扛起省会责任,自觉承担起举旗帜、聚民心、育新人、兴文化、展形象使命任务,统筹推进文明培育、文明实践、文明创建,推动城乡精神文明建设融合发展,市民文明素质和城市文明程度不断提高,为全市经济社会发展提供强大精神动力和道德支撑。

**【"身边好人"推荐评议活动】** 2022年,印发《"南昌好人"推荐评议活动实施方案》,全面开展"南昌好人"推荐评议活动。经各县区、各部门推荐、评议小组评议,共评出3期"南昌好人"共29人。上榜"中国好人"2人(王翠红、徐美花)、"江西好人"20人(王翠红、洪丽娟、董光华、周幽兰、孙家云、曹旭、郭欣、陶宇、李小乐、刘上高、熊梅香、翁学军、胡能迢、杨润根、喻冬英、胡敏华、冯亮能、熊小辉、顾长城、王华则)。

**【全省道德模范和"身边好人"现场交流(南昌)暨2022年上半年"江西好人"发布仪式举行】** 2022年7月7日,全省道德模范和"身边好人"现场交流(南昌)暨2022年上半年"江西好人"发布仪式在南昌广播电视台举行。通过播放视频、现场交流、文艺节目形式,再现好人感人事迹,展现好人高尚品德。省委常委、宣传部部长庄兆林,市长万广明等出席。

**【道德模范和"身边好人"学习宣传活动】** 2022年,在《南昌日报》和南昌电视台开辟"道德模范和身边好人学习宣传"专栏定期刊播。组织道德模范杨辉利、范圣高、程应清、李林等到学校、社区进行巡讲;制作全国全省道德模范先进事迹展板23块,在全市168个社区(广场)进行展览300余次,参观4万余人。以全国道德模范万佐成、熊庚香事迹为原型,排练舞台剧《爱心厨房》并在各县区巡演。

**【先进典型帮扶慰问活动】** 2022年,修订《南昌市道德模范等精神文明先进典型奖励帮扶资金管理办法》,将"江西好人""南昌好人"、文明家庭、优秀志愿者、新时代好少年等纳入奖励帮扶范围,投入34万元帮扶走访道德模范等157人。协调社会组织、爱心体检机构为20名"南昌好人"进行免费体检。

**【移风易俗乡风文明专项行动】** 2022年,印发《南昌市推进移风易俗乡风文明三年专项行动实施方案(2022—2024)》《南昌市移风易俗乡风文明三年专项行动联席会议制度》,培育省级重点示范县1个、市级重点示范县区3个、县级重点示范乡镇20个、乡级重点示范村57个,出台党员干部带头移风易俗措施23条,出台彩礼限价措施19条,开展移风易俗主题文明实践活动1.02万场,组建移风易俗类志愿服务队1722支,建立健全红白理事会1806个,制定村规民约1266条,建立道德评议会1083个,发布"道德红黑榜"1003次,举办"不要彩礼要幸福"集体婚礼,设计并广泛刊发8类16幅"移风易俗倡树新风"主题公益广告。

**【"文明南昌360度"市民素质提升活动】** 2022年,围绕普及文明礼仪知识、规范市民文明行为、建设文明交通环境、弘扬互帮互助精神、强化尊约守信意识、倡导移风易俗新风6个主题,分别开展"文明南昌360度"故事征集评选活动、巩固和深化全市文明交通治理成果活动、"文明南昌·南昌有礼"活动和"不要彩礼要幸福"等移风易俗活动,评选出36个感人文明故事、200名"文明交通示范者",编印《红白理事会操作参考指南》。

**【"市民文明素质提升群众评议活动"】** 2022年5月30日至7月31日,联合南昌日报社等部门开展市民文明素质提升群众评议活动。开发"文明创建随手拍"平台,市民通过"随手拍"征集系统上传不文明行为图片、文字内容进行评议。由市民投票、专家评审,选出亟须整治的"七大不文明行为",并由相关部门对这些不文明行为开展集中攻坚治理。活动平台共收集到"随手拍"意见建议88.2万条,参与近300万人次,总访问量近1500万人次。

**【推进未成年人思想道德建设】** 2022年,开展"扣好人生第一粒扣子"系列主题教育实践活动,50.9万人次参与线上"清明祭英烈""向国旗敬礼"活动,45.7万人次参与"我们的八一"传承红色基因主题教育实践活动。开展南昌城市形象LOGO"飞阁流丹"宣传普及等弘扬本土文化活动949场次。设计推广"英雄出少年"系列公益广告。建立省级文明校园与新时代文明实践站结对机制,组织师生开展"小手牵大手 文明齐步走"等志愿服务活动。

**【"新时代好少年"推荐评选活动】** 2022年,市委宣传部、市文明办、市教育局、团市委、市妇联、市关工委联合举办2022年度南昌"新时代好少年"评选活动,在勤学善思、孝老爱亲、热心公益等6个方面,评选魏冕等30位青少年为2022年度

"新时代好少年"。9月25日,举办2022年度市级"新时代好少年"发布仪式。南昌市推选的徐涔廷、阴沫含、胡梓浩获评2022年度江西省"新时代好少年"。

【"阳光成长"心理健康教育活动】 2022年,全市已建有市级心理辅导中心和12个县区心理辅导站及700余所学校心理辅导室,初步构建起"市、县、校、家"四级心理服务体系。开展心理健康教育宣传月活动,共举办线上心理讲座628次,直接听众104万人次,线上心理辅导6645人次;团体心理辅导776次,受众20万人次;微信公众号发布心理知识宣传3146次,阅读浏览量达122万人次。承办20场全省"百场辅导进百校"心理健康辅导活动,累计4996人参加,帮助未成年人"阳光成长"。

【推进全国文明城市创建】 2022年,坚持创建材料日常收集、实地日常督查、调度日常开展的"三个日常"工作机制,委托不同第三方评估机构对全市创建工作开展专项测评6次、公共文明指数测评3次,促进创建工作常态长效。聚焦民生细节和百姓需求,开展"3+7"专项行动,开展公益广告、文明行为、共享单车、垃圾广告、空中管线、农村人居环境、文明交通"七类专项整治"和农贸市场、专业市场整治,不断提高群众获得感、幸福感和满意度。

【新时代文明实践阵地建设全覆盖】 2022年,全市共建成新时代文明实践中心(所、站)2087个,建设覆盖率100%,打造30个精品示范点。推进"文明实践+红十字'人道伴行'"资源整合,将全市红十字阵地全部纳入各县区新时代文明实践中心(所、站)整体布局,建成新时代文明实践点100个。

【新时代文明实践志愿服务队伍建设】 2022年,市级组建"8+N"支行业性志愿服务队伍,县区均成立志愿服务总队,乡镇(街道)、村(社区)均相应成立志愿服务队,构建"四级"联动志愿服务网络。引导全市1300余个文明单位、文明校园志愿服务队下沉基层开展志愿服务。吸纳一批志愿服务社会组织参与。新建区与南昌市青少年发展基金会合作成立新建区新时代文明实践专项基金,用于组织孵化、人才培训、项目研发。东湖区引进全国先进社会组织——南昌心灵家园入驻辖区新时代文明实践站。举行首届南昌市新时代文明实践志愿服务品牌项目大赛。大赛以理论政策宣讲、乡村振兴、文化文艺、助学支教、关爱留守儿童、关爱困境儿童、关爱空巢老人、关爱残疾人、应急救援与疫情防控、文明旅游、文明交通、社区治理与邻里守望、卫生健康、环境保护等领域志愿服务项目为主要内容,共评选出金奖5个、银奖5个、铜奖5个、优秀奖8个。同时投入20万元,对这些获奖项目进行奖励和扶持。

【新时代文明实践志愿服务活动】 2022年,通过制定市、县区、镇街、村社4级新时代文明实践活动清单和推广使用"四单"平台,推进学习实践科学理论、宣传宣讲党的政策、培育践行主流价值、丰富活跃文化生活、持续深入移风易俗五大类活动常态化开展。至年底,全市开展精准服务群众志愿服务12.57万场次。南昌市5个项目被列为江西省志愿服务重点扶持示范项目,列全省前列;16个先进典型被评为全省优秀志愿服务组织和个人。

(舒小华)

## 南昌市社会科学界联合会

【概况】 2022年,南昌市社会科学界联合会(以下简称"市社科联")调动全市社科工作者积极性、创造性,为繁荣发展南昌市哲学社会科学事业做贡献。组织召开全市社科工作者第七次代表大会,选举产生新一届市社联领导班子。组织开展南昌市经济社会发展重大研究课题和市社会科学"十四五"(2022)规划项目申报、立项工作。编纂出版《南昌发展蓝皮书(2022)》,总结回顾南昌市经济社会发展取得的成绩,指出存在的不足及其原因,分析今后发展趋势。编辑出版《现代人文》杂志,刊登南昌经济社会发展应用对策研究成果以及具有南昌地方特色的社科理论成果。依托"豫章学习讲堂"和全市各级各类讲坛,组织社科工作者"进企业、进农村、进机关、进校园、进社区"开展分众分层次和互动化宣讲,在干部群众中传播党的创新理论和社会科学知识。

【南昌市第七次社会科学工作者代表大会】 2022年12月11—13日,南昌市第七次社会科学工作者代表大会在滨江宾馆召开。会议传达学习省委常委、市委书记李红军向大会发来贺信精神,审议通过《南昌市社会科学界联合会章程》《南昌市第七次社会科学工作者代表大会关于南昌市第六届理事会工作报告的决议》,选举产生南昌市社联第七届理事会、常务理事会和主席、副主席。市委常委、统战部部长饶绍清出席大会并讲话。市人大常委会副主任张湘赣,市政协副主席黄清玉等出席。

【社科课题研究】 2022年,市社科联抓好2021年度全市经济社会发展重大课题研究成果论证、修改和结项工作,及时向上级领导和部门报送有价值的对策建议。其中,《以"五型经济"为抓手加速提升南昌发展能级》《南昌市网红经济高质量发展亟待解决的突出问题》《关于进一步推进南昌文旅融合发展研究》《南昌面向国际打造"候鸟之都"城市形象的建议》等课题研究成果,得到省、市领导批示，相关对策建议已被有关部门采纳。围绕市委、市政府中心工作，联系南昌改革发展实际，采用公开招标方式组织开展2022年南昌市经济社会发展重大课题研究。联合市政协撰写的《关于启动梅岭云端景区索道建设项目的建议案的报告》得到市委主要领导批示；联合农工党南昌市委会撰写的《新时代农工党加强自身建设的实践与经验研究》获得农工党江西省委会2022年度理论研究课题招标成果一等奖。

**【学术理论研讨交流】** 2022年，市社科联筹划、承办“纪念八一南昌起义95周年暨伟大的建军精神研讨会”活动，做好研讨会各项工作，确保来自全国的军史、党史专家学者在研讨会上交流观点，把八一南昌起义与伟大的建军精神研究和阐释引向深入。召开南昌市社科界学习贯彻《习近平谈治国理政》第四卷座谈会，推动全市社科工作者更加自觉地用科学理论指导实践。筹划举办“南昌地方文化研讨会”，与会专家就如何进一步加强南昌地方文化的挖掘、研究、传承和利用，提升南昌文化品位，打造南昌文化名片，提出许多意见和建议。

**【社科普及基地建设】** 2022年，市社科联在新时代文明实践中心培育发展新的社科普及基地，指导社科普及宣传基地在社科普及宣传中发挥示范、带动、辐射作用。新命名洁佳爱国主义教育基地、青云谱区三店西社区新时代文明实践站、新建区抱朴书屋等社科普及基地24家。其中，有18家是新时代文明实践中心（站、所）。对南昌市现有的社科普及基地进行摸底调查，择优推选6家运行良好、条件突出的市级科普基地申报第五批省级社科普及示范基地。

**【南昌市第十四届社科普及宣传周活动】** 2022年9月20—30日，市社科联与市委宣传部联合举办南昌市第十四届社科普及宣传周活动。活动围绕社会主义核心价值观、《中华人民共和国民法典》、疫情防控以及环保节能、防诈防骗、家庭教育、心理健康教育、卫生健康、文化旅游等主题，通过举办或组织讲座讲演、知识竞赛、展览展演、咨询服务、媒体科普、文艺表演、资料发放、图书赠阅等形式，为干部群众关心的热点和难点问题解惑答疑。活动期间设置线上知识竞答、专家咨询等互动环节，提高群众参与热情。社科普及宣传周期间，持续开展小型、分散、流动的宣传活动和网上宣传活动140余场。

（许　飚　张枫瑶）

## 2022年南昌市经济社会发展重大招标课题立项名单一览表

表18

| 序号 | 课题编号 | 课题名称 | 负责人 | 单　位 |
|---|---|---|---|---|
| 1 | ZDSK202201 | 关于南昌市打造区域金融中心研究 | 陈　熹 | 南昌大学 |
| 2 | ZDSK202202 | 抢抓数字经济发展机遇，推动南昌打造全省数字经济创新引领区的路径研究 | 张利国 | 江西财经大学 |
| 3 | ZDSK202203 | 加快壮大南昌半导体照明产业集群研究 | 冯雪娇 | 江西省科学院 |
| 4 | ZDSK202204 | 加快南昌航空制造业完善配套研究 | 舒长江 | 南昌航空大学 |
| 5 | ZDSK202205 | 整合特色文旅资源，打造南昌精品文化旅游路线研究 | 杨美蓉 | 南昌社会科学院 |
| 6 | ZDSK202206 | 科学合理开发利用岸线资源，打造南昌城市岸际线研究 | 罗志军 | 江西农业大学 |
| 7 | ZDSK202207 | 关于南昌打通“产学研用”链条，推进科技成果加速就地转化研究 | 曾　光 | 江西省委党校 |
| 8 | ZDSK202208 | 关于抓住京港高铁贯通后的战略机遇，加快南昌对接粤港澳大湾区研究 | 朱丽萌 | 江西财经大学 |

## 南昌市“十四五”（2022年度）社科规划课题立项一览表

表19

| 序号 | 课题编号 | 课题名称 | 负责人 | 单　位 |
|---|---|---|---|---|
| 1 | GL202201 | 南昌市农村生活垃圾就地资源化利用的实现路径与引导政策研究 | 涂传清 | 江西农业大学 |
| 2 | JY202201 | 南昌市“农民工随迁子女”心理健康及学校融入研究 | 韩　蕾 | 豫章师范学院 |
| 3 | TY202201 | 新冠疫情背景下南昌市新生代女性产业工人体育参与问题研究 | 曹社华 | 华东交通大学 |

续表 19

| 序号 | 课题编号 | 课题名称 | 负责人 | 单　位 |
|---|---|---|---|---|
| 4 | GL202202 | 南昌市农村三产融合的效率、驱动力与实现路径研究 | 曹小霞 | 江西农业大学 |
| 5 | YJ202201 | 农文旅深度融合背景下南昌市农业品牌提升研究 | 麻福芳 | 江西省农业科学院农业经济与信息研究所 |
| 6 | GL202203 | 乡村振兴背景下南昌市农村养老服务体系建设路径研究 | 廖剑南 | 南昌航空大学 |
| 7 | YS202201 | 推动南昌文旅深度融合研究——基于红色旅游演艺项目的开发构想 | 谌梦芸 | 南昌交通学院 |
| 8 | GL202204 | 乡村振兴战略下江西革命老区人才回流困境及对策研究——以南昌市为例 | 刘静 | 豫章师范学院 |
| 9 | YS202202 | 文旅融合背景下万寿宫历史文化街区旅游产品设计研究 | 肖雅婷 | 江西科技学院 |
| 10 | YJ202202 | 加快推进南昌市农业机械化高质量发展路径研究 | 余艳锋 | 江西省农业科学院农业经济与信息研究所 |
| 11 | YS202203 | 南昌城市音乐空间的现状与建设 | 赵伊娜 | 豫章师范学院 |
| 12 | YJ202203 | 南昌市实现碳污协同治理的机制与路径研究 | 郭建斌 | 南昌航空大学 |
| 13 | DJ202201 | 党建引领下的老旧小区协同治理研究 | 曾怡娟 | 南昌市党员教育中心 |
| 14 | YJ202204 | 做大做强南昌市传统优势产业对策研究 | 甘江英 | 南昌社会科学院 |
| 15 | GL202205 | 大南昌都市圈战略背景下道路客运转型升级对策研究 | 薛运强 | 华东交通大学 |
| 16 | JY202202 | 南昌职业教育发展背景下高校人才实践能力培养模式探索 | 邹云 | 南昌航空大学科技学院 |
| 17 | KS202201 | 新时代高校大学生传承红色基因路径创新研究——以南昌市本科高校为例 | 王永涛 | 江西农业大学 |
| 18 | YJ202205 | 南昌市产业引导基金实践问题与对策建议研究 | 罗思越 | 南昌社会科学院 |
| 19 | GL202206 | 推进南昌市域社会治理现代化的协同机制及有效路径研究 | 陈建平 | 南昌航空大学 |
| 20 | GL202207 | 南昌市农村人居环境治理研究 | 甘黎黎 | 华东交通大学 |
| 21 | JY202203 | 南昌市高校大学生阅读习惯调查研究 | 夏羽 | 豫章师范学院 |
| 22 | JY202204 | 驻昌民办高校大学生心理状况调查研究 | 高丽 | 江西科技学院 |
| 23 | YJ202206 | 南昌市智慧旅游发展路径研究 | 何丽君 | 南昌社会科学院 |
| 24 | YS202204 | 城市更新中的历史文化遗产保护策略研究——以南昌市为例 | 胡鑫 | 南昌工学院 |
| 25 | YJ202207 | 以绿色发展理念引领南昌经济高质量发展研究 | 阳春秀 | 南昌社会科学院 |
| 26 | YS202205 | 红色音乐文化在构建国家认同中不同维度研究 | 郝蔚 | 南昌航空大学 |
| 27 | SH202201 | 南昌建设高品质生活宜居城市策略研究 | 戴庆锋 | 南昌社会科学院 |
| 28 | YS202206 | “大思政”背景下红色文化信息可视化设计路径研究——以南昌市为例 | 邱玲玲 | 南昌理工学院 |
| 29 | FX202201 | 南昌推进数字经济与实体经济深度融合的法治“痛点”与立法对策研究 | 聂加龙 | 江西科技学院 |
| 30 | YJ202208 | 南昌推进数字经济与实体经济深度融合研究 | 何孝容 | 江西科技学院 |
| 31 | GL202208 | “一带一路”视角下江右商帮文化旅游精品线路开发研究 | 任小芳 | 豫章师范学院 |
| 32 | YJ202209 | 推动南昌产业发展向智能化、数字化转型研究——以南昌县为例 | 万振华 | 中共南昌县委党校 |
| 33 | GL202209 | 南昌市社区养老服务供需精准匹配的实现路径研究 | 陈金义 | 江西科技学院 |
| 34 | YJ202210 | 文旅融合背景下南昌市夜间旅游高质量发展研究 | 熊山妹 | 南昌工学院 |
| 35 | YJ202211 | 推动元宇宙与南昌文化产业融合发展研究 | 段志明 | 南昌社会科学院 |

续表 19

| 序号 | 课题编号 | 课题名称 | 负责人 | 单　位 |
|---|---|---|---|---|
| 36 | YS202207 | 基于赣方言视觉设计的南昌旅游品牌推广研究 | 朱梦睿 | 江西服装学院 |
| 37 | JY202205 | 推动南昌市民办职业教育可持续发展的路径与机制研究 | 肖英林 | 南昌职业大学 |
| 38 | DJ202202 | 南昌市红色文化资源融入高校思想政治教育问题研究 | 王天一 | 江西应用科技学院 |
| 39 | YJ202212 | 南昌市特色农业发展现状及对策研究 | 佘彩艳 | 南昌工学院 |
| 40 | JY202206 | 市域高校服务南昌高质量跨越式发展的现状和提升对策研究 | 张晓波 | 南昌社会科学院 |
| 41 | YS202207 | 南昌红色因子的数字化设计运用——以服饰设计为例 | 杨孟云 | 江西服装学院 |
| 42 | YJ202213 | "双碳"背景下南昌市数字经济与绿色低碳产业协同发展研究 | 王玲玲 | 东华理工大学 |
| 43 | YJ202214 | 职业教育与南昌产业经济深度融合发展研究——以会计职业教育为例 | 刘孟姣 | 江西科技师范大学 |
| 44 | GL202210 | 南昌市老旧小区改造的现状与问题及对策研究 | 郭欣 | 江西应用科技学院 |
| 45 | GL202211 | 南昌市地方高校服务区域经济发展策略研究——以南昌职业大学为例 | 刘晓芳 | 南昌职业大学 |
| 46 | FX202202 | 南昌红色文化旅游价值与核心竞争力提升实施路径研究 | 桂嵩其 | 南昌工学院 |
| 47 | JY202207 | 基于优质均衡发展背景下义务教育集团化办学的实践研究——以南昌市 H 区为例 | 刘思 | 豫章师范学院 |
| 48 | GL202212 | 南昌低空空域管理改革法规体系研究 | 魏雄 | 南昌航空大学 |
| 49 | GL202213 | "一带一路"背景下南昌企业走出去现状问题及对策研究 | 邵成 | 江西科技学院 |
| 50 | DJ202203 | 党建引领农村养老服务的优化路径研究 ——以南昌市的实践探索为例 | 李茜 | 中共南昌市委党校 |
| 51 | DJ202204 | 小众红色遗迹对提升南昌城市文明形象的价值及策略研究 | 殷小娟 | 中共南昌市委党校 |
| 52 | KS202202 | 中国共产党人精神谱系融入新时代产业工人队伍思想政治工作的实践研究 | 袁宜嫔 | 中共南昌市委党校 |
| 53 | KS202203 | 推动南昌市军民融合深度发展探析 | 廖丽琴 | 中共南昌市委党校 |
| 54 | SH202202 | 红色文化融入南昌城市文化建设的对策研究 | 熊群红 | 中共南昌市委党校 |
| 55 | ZZ202201 | 充分发挥人民政协作为协商民主重要渠道作用研究——以南昌为例 | 宗妍 | 中共南昌市委党校 |
| 56 | GL202214 | 脱贫攻坚与乡村振兴衔接背景下:南昌市乡村产业协同发展研究 | 洪平平 | 中共南昌市委党校 |
| 57 | YJ202215 | 数字经济赋能南昌制造业高质量发展的实现路径研究 | 赖熹姬 | 中共南昌市委党校 |
| 58 | YJ202216 | 深入推进南昌跨境电商综合实验区建设研究 | 胡菁 | 中共南昌市委党校 |
| 59 | YJ202217 | 南昌推进数字经济与实体经济深度融合研究 | 刘征汇 | 中共南昌市委党校 |
| 60 | YJ202218 | 推进南昌河湖水环境生态治理的路径研究 | 匡丹 | 中共南昌市委党校 |
| 61 | FX202203 | 健全完善南昌地方立法研究 | 张桔 | 中共南昌市委党校 |
| 62 | FX202204 | 南昌市优化营商环境的法治保障研究 | 邹星 | 中共南昌市委党校 |
| 63 | FX202205 | 南昌市培育党员干部法治信仰路径研究 | 徐可欣 | 中共南昌市委党校 |
| 64 | FX202206 | 习近平总书记关于全面推进依法治国的重要论述研究 | 胡菊星 | 中共南昌市委党校 |

（资料来源:市社科联）

# 应急管理

## 综 述

**【概况】** 2022年，南昌市应急管理局（以下简称“市应急局”）以“说一件、做一件，做一件、成一件”工作作风，防范化解公共安全风险，认真应对处置超纪录旱情、高等级森林火险。安全生产实现“双下降、一杜绝”，事故起数和死亡人数同比分别下降30.4%和31.8%，杜绝较大及以上生产安全事故。防灾减灾救灾实现“一确保，两杜绝”，确保城乡供水安全底线，杜绝造成人员伤亡森林火灾，杜绝群死群伤灾害性事件。国家应急部办公厅下发《关于2022年安全生产执法工作情况的通报》，通报表扬并向全国推广南昌市应急管理综合行政执法改革典型经验做法，为江西省首次。在全省应急管理和防震减灾2022年度考核中，南昌市首次获“双第一”成绩。

**【安全形势总体平稳】** 2022年，全市发生各类生产安全事故103起、死亡88人。其中，工矿商贸领域发生生产安全事故35起、死亡34人，事故起数同比减少11起，下降23.9%；死亡人数减少17人，下降33.3%。道路运输领域发生生产安全事故68起、死亡54人，事故起数减少34起，下降33.3%；死亡人数减少24人，下降30.8%。发生森林火灾3起，仅占全省森林火灾起数的3.3%，未发生造成人员伤亡森林火灾。启动市级救灾预警响应2次，紧急避险转移322人，紧急转移安置127人，未造成险情和人员伤亡，安全形势总体平稳有序。

**【议事协调机制调整完善】** 2022年，在全省率先调整成立南昌市突发事件应急委员会，实行书记、市长“双主任”制，明确应急委办公室设在市应急局，应急委办公室内分设自然灾害、事故灾难、公共卫生、社会安全4个应急管理工作组。调整市安委会和13个安全专业委员会组成人员，明确书记、市长“双主任”制。调整健全市减灾委组成人员和机构，在减灾委统一框架下组建7个专业委员会，确保有关工作和省减灾委上下衔接、高效落实。

**【基层管理体系和能力建设】** 2022年，市委办、市政府办印发《关于加强基层应急管理体系和能力建设的实施意见》，提出乡镇（街道）实现“八有”（有机构、有经费、有机制、有预案、有队伍、有物资、有培训演练、有示范创建），行政村（社区）实现“六有”（有经费、有固定人员、有场地设施、有装备物资、有工作制度、有隐患台账）工作要求，切实打通应急管理“最后一公里”。市安委办、市减灾办和市应急局联合印发《南昌市基层应急管理体系和能力建设集中行动工作方案》《乡镇（街道）“八有”、行政村（社区）“六有”建设细化标准》，明确总体目标、工作任务、具体安排和建设标准。6月，在南昌县塘南镇召开基层应急管理体系和能力建设现场会，每月调度，及时督导。至年底，全市133个乡镇（街道、管理处）和2065个建制村（社区）“八有”“六有”建设基本完成，全市乡镇一级应急救援队伍人数4484人。

**【应急救援体系建设】** 2022年，编制印发《南昌市“十四五”应急体系规划》，修订印发《南昌市突发事件总体应急预案》。制定《南昌市突发事件应急预案管理办法》，从责任层面、制度层面、操作层面对全市各级各类应急预案管理工作进行明确规范。至年底，全市有市县两级总体应急预案13个、专项应急预案191个、部门应急预案243个，乡镇级工作方案583个。组织开展“城市内涝（地铁被淹）险情处置”应急演练、社会救援力量技能竞赛，提高应急救援能力。全年开展应急演练159场（其中市级23场、县区136场），全面提升突发事件的协调能力、处置水平、协同能力。

（高　飞）

## 防灾减灾

**【概况】** 2022年,市应急局主动会同市自然资源和规划局、市水利局、市农业农村局、市气象局加强会商研判,科学作出防灾救灾决策判断,提出应对方案和措施。重视灾情管理工作,强化报灾力量,明确工作流程,及时、准确、规范统计上报灾情。派出督导组,对县区报灾工作进行专项督导,坚决杜绝瞒报、漏报、迟报灾情造成的不良后果和负面影响,确保受灾群众有饭吃、有衣穿、有干净水喝、有病能及时就医、有临时安全住处。全年共启动市级救灾预警响应2次,上报9次自然灾害过程数据(其中雪灾2次、风雹灾害3次、洪涝灾害3次、干旱灾害1次),未启动自然灾害救助应急响应。全市受灾人口32.81万人,紧急转移安置127人,无人员伤亡;农作物受灾6.29万公顷,其中绝收2620公顷;倒房6间,严重损房2间,一般损房591间;直接经济损失3.23亿元,其中农林牧渔业损失3.15亿元。

**【防汛抗旱】** 2022年,市应急局以“降低损失、促进增收、保障安全”为根本,全面贯彻省防汛抗旱工作会议精神,牢固树立“建重于防,防重于抢,抢重于救,防汛与抗旱并举”工作方针,积极应对自然灾害,拧紧“安全阀”。实行市防指成员单位包片分工制度,在汛期来临前梳理防汛重点工作8项,以任务交账形式下达各地各有关单位。切实做好防汛抗旱工作,编印简洁实用、操作性强的防汛抗旱口袋书,制定防汛联合值班工作机制和强降水“3·1”风险预警应对实施细则。面对超历史记录旱情,实施赣江南昌段临时抬水围堰工程,保障城乡居民供水安全。至结束抗旱救灾四级响应,全市共投入抗旱资金2.4亿元,抗旱17.7万人次,减少农业因旱经济作物损失3.1亿元,减少粮食损失5亿元。

**【森林防灭火】** 2022年,市应急局强化森林防灭火队伍建设,组建市级专业灭火队伍,规范化建设县级专业灭火队伍,市县两级专业森林消防队员275人。制定市县乡森林火灾操作细则,明确扑救流程,提升灭火能力。制定森林消防队伍跨区调用机制,科学处置“9·10”新建区西山镇、“10·4”安义县长埠镇森林火险。全面压实森林防火责任链条。重点防火期间,市森防指加强督查检查,每周通报督促问题整改到位,共发现隐患492条,均整改完毕。

**【防震减灾】** 2022年,南昌市在全省率先完成自然灾害普查“评估区划”攻坚战,获国务院普查办通报表扬。确立以顶层规划设计为引领、体制机制完善为纲要、信息化平台搭建为手段、数据汇聚融合应用为核心、基层防震减灾能力提升为基础的“五位一体”工作布局。推动区域协同合作,编制实施大南昌都市圈防震减灾规划。健全规章制度,推进局校合作,修订应急预案,系统完善大应急背景下防震减灾体制机制。开展对南昌市赣抚尾闾等重大工程抗震设防检查。有序推进区域性地震安全性评价工作,完成2项区评工作,包括新建区望城经济开发区和青山湖区高新技术产业园区部分地块。对全市范围内的11个地震台站进行逐一核查,建立基于人工智能的地震宏观观测网,新增南昌市地震宏观观测站点6个,结合虚拟微观观测台网,提升全市地震异常情况观测能力。

**【救灾物资储备库体系建设】** 2022年,稳步推进市—县区(开发区、管理局)—乡镇(街道)三级救灾物资储备库体系建设,统计完善全市各县(区、开发区、管理局)救灾物资储备清单,落实救灾物资储备整改工作。对接协调市消防救援支队,确定将市应急救援物资储备库1号库作为市级救灾物资储备库使用,建筑面积3042平方米。经市政府批复在市财政2022年救灾专项资金中安排预算资金2402.25万元用于市级救灾物资补充采购。物资采购实际支出1370.49万元,可满足2万人救灾保障需求。县区救灾物资储备库面积整改全部达标,救灾物资储备均已到位,每个县区可满足3500人救灾保障需求,并在应急资源管理平台中完成数据更新。

**【综合减灾示范单位创建】** 2022年,市应急局结合新形势下“大应急”工作新特点新变化,按照“控制数量、提升质量、动态管理、激励支持”工作思路,创建综合减灾示范单位。至年底,打造全国综合减灾示范社区5个、全省综合减灾示范乡镇(街道)2个、全省综合减灾示范社区8个、全市综合减灾示范社区15个。

**【冬春救助】** 2022年,市应急局调查摸清冬春需救助受灾群众底数,制订下发《2021—2022年度全市冬春救助工作方案》,及时下拨2021—2022年度中央冬春救助补助资金440万元。推广农房保险,加强农房信息采集工作。全市参加农房保险农户共27.42万户,缴纳保费246.79万元,理赔77户,理赔金额54.35万元。全市无因灾倒房重建情况。

**【自然灾害综合风险普查】** 2022年,全市应急系统风险普查完成承灾体、减灾能力、历史灾害3个大类调查任务。经过省市县普查办2次审核3次修改,南昌市及所辖9个县区的历史年度自然灾害灾情评估、自然灾害农作物综合风险评估、自然灾害人口综合风险评估工作全部完成。普查数据成果“一张图”展示系统研发完成。

【防灾减灾宣传】 2022年，市应急局开展“5·12”防灾减灾宣传周系列活动。通过举办防灾减灾知识讲座、张贴宣传海报、设置宣传栏、播放宣传字幕和宣传视频、发放宣传资料等方式，开展防灾减灾进社区、进企业、进校园、进农村、进家庭“五进”活动，提升群众防灾减灾意识，普及群众防灾减灾知识。全市开展“五进”活动共300余次，举办防灾减灾知识讲座培训200余场，发放宣传资料30余万份。市应急局选拔推荐的西湖区张小未代表全省参加全国地震科普大奖赛决赛，获得全国三等奖。

（高　飞）

## 安全生产监督管理

【概况】 2022年，市应急局坚持人民至上、生命至上，坚持统筹发展和安全，以三年行动“巩固提升”攻坚战为主线，以市安全生产70条举措为抓手，以党的二十大等重点时段安全防范工作为重点，开展安全生产各项工作，不断强基固本，切实提升生产安全水平。全年有效杜绝较大及以上事故发生，确保全市安全生产形势总体平稳向好。

【安全生产责任制落实】 2022年，市委办、市政府办印发《关于进一步强化安全生产责任落实 坚决防范遏制重特大事故的实施方案》，明确安全生产70条具体举措。在全省率先将安全生产纳入全市94个市直部门综合考核、市委巡察、领导班子和领导干部年度考核重要内容。集中公布市安委会各成员单位277项安全生产权利和责任清单，厘清部门职责边界。出台安全生产访谈暂行办法，开展安全生产工作访谈。创新建立安全生产三包责任制（县区领导干部包“片”、行业管理部门干部包“线”、乡镇干部包“点”），视情况开展“红、橙、黄”三色安全预警工作。全市共划分安全生产“片区”132个，包片领导189人，划分安全生产“点位”2099个，包点干部2246人。市县两级发布黄色预警11次，下达工作提醒单102份、风险警示单20份、问题督办单233份，并通过全市9130个网格排查整治安全隐患问题。全面压实企业主体责任，充分应用“互联网+执法”系统和江西省“双随机、一公开”行政执法监督平台，督促企业开展“五个一”活动（开展一次全覆盖的安全风险辨识评估；开展一次集中隐患排查治理活动；开展一次系统的安全规章制度和操作规程对标梳理；开展一次全员安全教育培训；开展一次彻底的反违章指挥、违章作业、违反劳动纪律现象“三违”集中行动），落实“一报告双签字”制度（企业应定期编制安全生产主体责任履行情况报告，并经企业法定代表人、实际控股人签字认可后，向县级以上人民政府报告）。全市采取半月一通报方式，督促企业按照“即查即报、即查即录、即查即改”要求开展隐患自查自改工作，并及时录入隐患排查治理信息。

【安全生产专项整治三年行动“巩固提升”攻坚战】 2022年，市安委会制订印发《南昌市安全生产专项整治三年行动“巩固提升”攻坚战工作方案》，明确2个专题和12个专项领域共105项目标任务清单，推进全市安全生产专项整治三年行动“巩固提升”各项目标任务落实，做好三年行动总结评估。非煤矿山方面，全市5家非煤矿山企业完成安全生产标准化示范建设达标等级为三级，依法依规抓好安全设施“三同时”、安全生产许可证管理，从源头上加强安全管理，实现零事故零死亡的安全良好态势。消防安全方面，市应急局、市消防救援支队、市公安局、市城管局、市场监督局联合组建工作专班，集中开展合用场所安全隐患排查整治，历经5个月，共排查场所2.5万家，排查发现合用场所6318家，发现隐患问题6934处，均签字盖章形成工作台账。交通运输方面，推进公交车加装“主动安全预警系统”，实现危险驾驶行为事前预警、事中上报、事后追查。针对不合规企业，依法注销江西安燃物流有限公司等8家企业危险货物运输道路运输经营许可证。开展船舶碰撞桥梁隐患治理专项整治，完成撤销渡口2个。查处道路运输违法违规行为740起，检查危货运输企业30家，处罚无证从事危货运输车辆2辆，处罚金额6万元。城市建设方面，聚焦市政设施隐患、燃气安全隐患、城市管理等进行监督检查，累计成立检查组163个，检查单位2227家，发现安全隐患6850处（其中已整改安全隐患数6744处、整改率为98.45%），行政处罚企业372家，累计处罚金额2150.04万元。危险废弃物方面，排查危险废物产生、收集、贮存、转移、利用、处置过程落实环境保护相关法律制度和标准规范情况，发现涉危废问题103个，已全部整改完成。加快危险废物处置能力建设，全市1459家企业纳入市危险废物监管平台管理。烟花爆竹方面，市应急局、市工信局联合推进烟花爆竹企业落后产能退出，5家退出企业安全生产许可证已向省应急厅申报并完成注销。推进标准化建设，全市9家烟花爆竹经营企业已全部完成标准化三级创建。建设施工方面，开展建筑施工领域安全生产“春季百日行动”“夏季百日行动”“秋冬季百日攻坚行动”、房屋市政工程预防高处坠落、坍塌、物体打击事故专项整治行动及全市房屋市政工程安全生产治理和“打非治违”专项行动，共检查建筑工地项目数7856家次，排查隐患4.3万条，整改率100%，责令停产整顿企业99家，实施经济处罚549.96万元。特种设备方面，全市特种设备监察系统共出动执法人员2.16万人次，检查相关单位8455家次，发出安全监察指令书897份，市市场监管局立案25起，罚款215.6万元。充分发挥电梯安全责任保险"事前预防、事中控制、事后补偿"功能，全市乘客电梯投保数4.19万台，电梯内统一设置救援标识牌，已接入"96369"电梯应急救援平台电梯数量4.4万台。

【专项集中整治】 2022年，市应急局同步推进城镇燃气、危险化学品、自建房3项专项集中整治工作。城镇燃气方面，全市完成燃气老旧管网改造任务227千米，使用燃气的1.64万家餐饮等工商业用户全部安装燃气泄漏报警器。危险化学品方面，推动安义化工集中区实施"一园一策"安全整治提升方案，每月进行一次调度，逐项制定化学品禁限控目录，完善安全准入条件，及时处置危险废物。同时，完成安义化工园区中期评估工作，属于一般风险。对8家危险化学品重大危险源企业三类包保责任人开展工伤预防能力提升培训。实施危化品企业安全风险分级分类整治。通过整治，全市17家危化品生产储存企业蓝色等级5家、黄色等级12家，无橙色和红色等级企业。自建房方面，全市共排查自建房69.14万栋（其中经营性自建房3.54万栋），并对初判存在安全隐患的6636栋自建房开展房屋结构安全鉴定，共鉴定出C级危房1833栋（其中经营性自建房263栋）、D级危房1462栋（其中经营性自建房45栋）。采取停止使用、封闭围挡、定期巡查措施，对全部D级危房和部分危险性较大的C级危房共1877栋自建房（其中经营性自建房153栋）进行监测管控。

【安全生产检查督导】 2022年，市安委办制定《市领导督导督查安全生产督导手册》，对全市安全生产督导督查工作进行安排。成立17个督导督查组，分别由市委、市政府领导带队，紧盯生产安全事故高发、易发、多发的重点行业领域和监管环节，对各县区和重点行业部门开展安全生产检查督导工作，督促问题整改落实，全面提升防范化解风险隐患能力。市领导和市安委办主要负责人多次组织召开全市安全生产督查工作调度推进会，及时调度推进安全生产督查工作。市安委会派出12个专项督查组，每天下沉各县区乡镇（街道）、村（社区）一线进行督导。同时加大对重点高危企业监管力度，全面落实挂点联系人制度和包保制度，涉及特殊作业的企业均升级管理并加强现场作业安全。

【行政执法效能加强】 2022年，市应急局推进《关于深化应急管理综合行政执法改革的实施方案》，推进全市应急管理综合行政执法改革，构建权责一致、权威高效的应急管理行政执法体制。开展安全生产执法示范活动，全市开展执法培训27次，示范执法85次，联合执法86次，执法案卷评议42次。制定《说情打招呼、干预行政执法调查情况试行报告备案的暂行规定》，在全市应急系统推广"防止说情打招呼"提示彩铃，提升安全生产执法工作公平、公正和严肃性。修订出台《南昌市安全生产领域举报奖励实施办法》，强化社会监督，鼓励内部员工及时发现举报隐患，争当安全生产"吹哨人"。推动全市行政执法人员使用"互联网+执法"系统，开展日常检查共2090次，查处事故隐患3582处，预防性行政处罚（非事故处罚）101次、处罚金额114.72万元，报送典型执法案例53个。强化事故调查，对南昌高新区"10·22"一般触电事故、青山湖区"9·29"重伤害一般事故进行挂牌督办，审核批复南昌县"7·11"学生溺水事故和"2·20"进贤县张公镇火灾事故调查报告。

【科技支撑保障强化】 2022年，应急通信专用网络建设完成，实现省、市、县三级网络互联互通。市应急指挥中心接入市公安局、市消防救援支队、市林业局等9个部门16个系统，实时接收安全生产、自然灾害类为主的全市各类突发事件和重要敏感事件信息，并联动指挥调度，为防范化解重大安全风险提供信息化支撑与保障。将"党建+应急管理"纳入党建工作建设体系，并通过预报预警模块报送165条气象快报、灾害预警信息，上传安全生产、道路交通、消防、救灾救助文章122篇、科普视频43部，把应急管理工作延伸至基层党组织，提升基层应急管理能力。将全市涉及重大危险源和危险工艺的危化品企业全部接入南昌市安全生产风险监测预警系统，启动风险预警共62次，全面提升企业风险管控水平。把全市76家危化品生产储存企业人员资质和危化品信息录入应用危化品登记综合服务系统，对企业实施"一企一品一码"管理，为全生命周期监管提供基础支撑。

【安全宣传教育】 2022年，市安委办与《新法治报》合作，组建全媒体中心，微信公众号"粉丝"增长9万人次，抖音"粉丝"增长1万人次。加强与江西交通广播电台合作，开展安全生产宣传教育。深化与《南昌日报》、南昌广播电视台合作，开设"南昌应急管理"专栏专刊，构建"传统媒体+新兴媒体"宣传载体格局。以安全风险防范大宣传大实践活动为引领，深入学习习近平总书记关于安全生产重要论述。全市各单位组织观看《生命重于泰山——学习习近平总书记关于安全生产重要论述》电视专题片1200余场次。开展以"遵守安全生产法当好第一责任人"为主题的"安全生产月"活动和学习授旗训词精神四周年征文活动，邀请县区和部门领导、社会知名人士参与"我为安全生产来代言"

视频拍摄,并在全市进行展播。持续开展安全生产隐患曝光和事故警示教育,推进安全宣传进企业、进农村、进社区、进学校、进家庭,不断增强全民安全生产意识。组织参与全国网络安全知识竞赛,南昌市得675万分,列全省第一位。

（高　飞）

## 消防救援

【概况】 2022年,南昌市消防救援支队围绕党的二十大消防安保主线,抢抓南昌"强省会"战略重大机遇,防范化解消防安全风险,推动消防执法营商环境优化升级,实现社会面与队伍双稳定。全市消防救援队伍共接处警1.29万起,营救被困群众743人,疏散1117人,抢救财产价值约8.1亿元,保护财产价值约16.8亿元;先后完成"7·4"南昌县佰仕威新材料科技有限公司火灾处置、"10·4"安义县岗脑杨家旁山火处置、3—5月阶段性涉疫勤务警务、5—7月季节性水域救援、8—10月抗旱保水和森林火灾等急难任务。获省部级以上表彰奖励集体和个人共14次,有"全国五一劳动奖章"麦玉山、"全国优秀共青团干部"刘炜玮、"全省青年五四奖章集体"特勤大队等。

【灾害事故应急救援综合演练】 2022年6月1日,由省政府举办的"江西应急·2022"灾害事故应急救援综合演练在南昌举行。国家综合性消防救援队伍、地方森林消防队伍及矿山、通信、卫生等专业救援队伍3600余人参演,动用车辆、船舶等救援装备400台(套)。是全省规格标准最高、联动部门最全、队伍规模最大、演练科目最多的一次应急救援综合演练。市消防救援支队共调集29个消防救援站、281名指战员、47辆消防车、2辆龙吸水排涝车、10台灭火机器人、1套远程供水系统和1架救援直升机参与演练,高标准完成石油化工火灾扑救、车辆装备展示等主演练场科目任务和城市内涝分演练场科目任务,消防救援专业能力得到充分检验。

【消防宣传阵地建设】 2022年6月20—22日,全国消防宣传"五进"工作现场会在南昌召开。其间,与会人员实地参观水天消防广场、站前路学校华侨城校区、国贸阳光社区、八一消防救援站等示范点。"消防夜市""消企圆桌会"等一批首创品牌作为经验交流推向全国。全年,全市培训"准消防员"共4.35万人。组织应急疏散演练1757场,8万余人参加。在805个文明实践中心(站所)实现消防宣传阵地相互融合,"宣传式巡查"覆盖2.3万个市场主体。全市1个集体和2名个人获评第六届全国"119"消防先进集体和先进个人。

【《南昌市"十四五"消防救援事业发展规划》印发】 2022年5月2日,市政府办印发《南昌市"十四五"消防救援事业发展规划》(以下简称"规划")。规划在全面总结"十三五"期间工作成就、分析消防改革机遇与挑战基础上,科学谋划"十四五"时期消防救援工作发展方向、路径选择及实施举措,体现市委、市政府把消防救援工作置于南昌经济社会发展全局中去规划设计。规划围绕推进消防治理体系和治理能力现代化,从消防责任体系、消防治理水平、公共消防基础、综合救援能力、消防科技应用、消防法治保障、消防宣传培训、消防人才素质等方面提出23项主要任务,架起"十四五"期间全市消防救援事业高质量跨越式发展的"四梁八柱"。

【轨道交通消防救援站建立】 2022年7月4日,南昌市轨道交通尤氨路消防救援站举行揭牌仪式,标志着江西省首个轨道交通消防站建立。轨道交通尤氨路消防救援站地处南昌轨道交通地铁运营有限公司一号线瑶湖定修段内,配备21名指战员、6辆消防车。站内包含执勤用房、业务用房、专业训练设施等,装备先进、设施完善,填补了江西城市轨道交通专业消防力量空白点。

【基层消防力量建设】 2022年,市消防救援支队提请市政府将县区消防安全指导服务中心、镇街消防所建设纳入设区市政府工作目标任务,指导各县区(开发区、湾里管理局)破题攻关,探索形成单独设立、应急与消防融合建设、所队合一等模式。省委常委、市委书记李红军专门批示调研基层消防力量建设。至年底,全市共调配专兼职人员273名,实体化运行镇街消防所130个,所有镇街签订认领"消防执法赋权事项",同步协调将政府专职队登记为事业单位,打造"有生命力、有战斗力"的基层消防力量建设"南昌样板"。

【消防执法营商环境优化升级】 2022年,市消防救援支队持续创新"政务服务、法治服务、消企联动"三大名片,打造一流消防执法营商环境。研究出台《南昌市消防救援支队优化执法营商环境十三项措施》,推行许可帮办、服务指导、文书送达、信用修复等便民利企措施28项,为4000余家企业提供上门服务指导。在全省率先推出"学法免罚轻罚"四张清单,为392家企业减免罚金216.5万元,实现执法、普法有机融合。联合市工商联举办"消防入企心连心·保驾护航促发展"系列活动,挂牌成立13个助企服务联络点。建立全渠道监督反馈机制,聘请营商环境观察员36名,组织"消企圆桌会"73次,解决群众诉求724个,以一流服务赢得百姓口碑。

（刘　成）

# 县区(管理局)

## 南昌县

【概况】 南昌县位于江西省中部偏北,赣江、抚河下游,鄱阳湖西南岸。辖9个镇、7个乡、1个街道、1个管理委员会,主管1个国家级开发区、1个省级开发区。总面积1810.92平方千米(含昌东、麻丘镇),其中城区面积64平方千米。耕地面积8.16万公顷,有林面积2.57万公顷,森林覆盖率14.18%。户籍人口108.03万人,常住人口123.87万人,其中城镇人口78.34万人,城镇化率63.25%;人口自然增长率3.4‰。2022年,地区生产总值1280.35亿元,同比增长4.2%。其中,第一产业增加值增长3.7%,第二产业增加值增长4.6%,第三产业增加值增长3.6%,三次产业占比为5.9∶55.2∶38.9。地方一般公共预算收入86.1亿元,增长5.4%;地方一般公共预算支出138.5亿元。规模以上工业增加值增长5.5%。外贸出口162.6亿元,占地区生产总值的0.98%。500万元及以上固定资产投资同比增长11.0%,其中工业投资同比增长17.2%。实际利用外商投资3923万美元、省外投资215.81亿元。主要工业产品及产量有水泥1159.82万吨、服装8238万件、大米22.53万吨、饮料95.06万吨、汽车36.66万辆。农业总产值129.7亿元,增长4.1%。粮食总产量79.1万吨。主要农业产品及产量有稻谷70.6万吨、蔬菜70.5万吨、肉类8.9万吨、禽蛋4.5万吨、水产品15.3万吨。城镇居民人均可支配收入48631元,增长4.9%;农村居民人均可支配收入27080元,增长6.4%。城乡居民年末储蓄余额720.74亿元,增长21.1%。在2022年中国中小城市高质量发展排名中,蝉联全国综合实力百强县市(排第38名)、全国绿色发展百强县市(排第52名)、全国投资潜力百强县市(排第七名)、全国科技创新百强县市(排第31名)、全国新型城镇化质量百强县市(排第30名)。在第二十二届全国县域经济与县域综合发展百强排名中位居第18,比上年前移1位,实现百强排名"十四连升"。

【政治建设】 2022年,县委常委会通过"第一议题"集体学习16次,开展理论学习中心组专题学习12次,示范带动各级党员干部不断加强党的理论学习。学习宣传贯彻党的二十大精神,组建9支特色宣讲队进机关、进企事业单位、进城乡社区、进校园、进"两新"组织,开展党的二十大精神宣讲1.6万次。修订完善贯彻落实"三重一大"事项集体决策制度的实施办法、县委常委会工作规则,推动政治谈话常态化规范化,确保政令畅通、落实到位。加强学校、医院、国企、"两新"组织各领域党建工作,推进基层党组织"三化"建设,建立健全"五评二查"干部考评、定期交账考核工作机制。推进法治政府示范创建和"五型"政府建设,办结"12345"政府服务热线诉求、人大代表建议、政协委员提案4.6万件,获评"全国法治政府建设示范县"。推出"雏鹰计划",在党政机关、教育、公安各领域提拔使用优秀年轻干部128人,提拔使用"抗疫卫士"18人。开展"十万人才来昌留昌"活动,引进党政储备人才105名、大学生基层专干157名、选调生63名,发放青年人才生活补贴、购房补贴和科创平台扶持资金7600万元。开展中央八项规定精神十周年"回头看"活动,启动推进"4+X"专项整治,上线基层小微权力"监督一点通"平台,全年检举控告量同比下降19%,运用监督执纪"四种形态"处理926人次、给予党纪政务处分357人。开展"点题整治",以群众点题、部门答题、纪委监督、社会评价方式,推动相关部门履职尽责,查处群众身边腐败和作风问题53起,推动办结群众诉求2600件,挽回资金损失2198.4万元。优化新冠疫情防控措施,有效应对多轮突发疫情冲击,先后4批评选140个"无疫村

(社区)”,表彰120名“抗疫卫士”。推进抓党建促乡村振兴“三年强村”计划,选树7个省级乡村振兴模范党组织,全县264个建制村集体经营性收入20万元以上实现全覆盖、30万元以上占比接近90%。

【经济建设】 2022年,全县统筹疫情防控和经济社会发展,相继出台“助企纾困20条”“稳经济30条”“促进房地产健康发展10条”政策,发放消费券1575万元、购房补贴2434.2万元,兑现助企纾困资金104.46亿元,惠及企业1.8万家。坚持强攻产业、决战工业,全年净增规上工业企业28家、总数454家,有1个投资超120亿元、2个投资超100亿元、7个投资超50亿元的重大工业项目开工建设,有6家企业获评省级智能制造标杆企业、1家企业获评省级大数据企业、4个数字产品入选应用场景“产品清单”、5个项目入选省“机会清单”,江铃集团成为全省汽车产业链链主企业,武阳装配式建筑产业园获评全省装配式建筑产业示范园,南昌县获评全省工业崛起奖和高质量发展一类先进县,小蓝经济技术开发区获评全省数字化转型方向两化融合示范园区。推进创新平台建设,组建5个省级产业链科技创新联合体,2个项目入选全省“揭榜挂帅”企业重大技术需求项目,8家企业入选全省高成长性科技型企业名单,43家企业入选专精特新中小企业,463家中小企业入库国家科技型中小企业,年营收3亿元以上工业企业研发机构实现全覆盖,入选“国家知识产权强县建设试点县”。举办7次大型招商推介、项目集中签约和4次项目集中开工活动,全年累计新签约引进项目96个,总投资848.7亿元。南昌向塘国际陆港铁路口岸二期(海关监管作业场所)正式启用,全省首列“铁路快通”中欧班列开行,国际直达班列和铁海联外贸班列发展至18条,全年发行外贸班列、标箱、货值分别同比增长31.7%、20.8%、14.9%,实际利用外资3932万美元,小蓝经济技术开发区入选国家外贸转型升级基地,南昌县小蓝经济技术开发区获评全省开放型经济工作先进单位。全面推进农业特色产业提升,全年完成粮食播种面积12.15万公顷、总产量7.95亿千克,7个总投资21.4亿元农业项目签约,新增13家省级以上农业产业化龙头企业、9个绿色食品、21个有机产品,11家农业企业品牌入选“赣鄱正品”品牌,新认定省级示范联合体3家,培育农业产业化联合体36家、市级田园综合体8家,获评全国第七批率先基本实现主要农作物生产全程机械化示范县。

【社会建设】 2022年,全县推进优化营商环境“一号改革工程”,深化“容缺审批+承诺制”“六多合一”“一次不跑”、帮办代办“放管服”改革,推行“一网通办”服务,政务服务事项网办率99%,全县市场主体总量10.7万户,全年新增“五上”企业302家、总量1335家。被列为全市一号“胡子工程”的南外环高速公路仅用半年时间打通历时八年的梗阻路段,自主投资34.9亿元建设的桃新大道全线通车,莲西路提升改造、南外环高速小蓝出入口改造等城市基础设施提升改造工程全面竣工,小蓝大道快速路高架合龙,象湖滨江片区投资超160亿元的21个配套设施项目集中开工竣工,完成13个海绵城市项目建设、建成海绵城市面积13平方千米,投入1.9亿元老旧小区改造工程全面完工,拆除违章建筑1.9万平方米,增亮补亮背街小巷8条,新增城市公园、休闲空间3个,新增公共停车泊位9600个,获评全省城市功能与品质提升三年行动成效突出市(县)。全面铺开“两整治一提升”行动,投入4.25亿元的6个乡村振兴示范村、88个共同富裕样板村、300个新农村提升村点建设和投入1亿元的80个村庄生活污水治理项目竣工,全县空气质量优良率91.2%,省控、县界断面水质优良比例为100%,县级集中式饮用水水源地水质达标率为100%,获评全省生态园林城市、全省美丽宜居先行县,入选全省首批碳达峰试点县。投入4.2亿元推进实施67.8千米乡镇主干公路建设、10座危桥改造、215.7千米农村公路安全生命防护工程、182.3千米农村公路养护工程,完成100千米县乡公路“白改黑”,累计整治农村公路250条1250千米,获评“四好农村路”全国示范县创建单位。物流和文旅服务业集聚发展,向塘国际陆港口岸入选全省现代服务业集聚区、原城纪·南昌城市文化街区获评国家AAAA级景区和全省夜间文旅消费集聚区、黄马凤凰沟景区入选全国“非遗旅游景区”、塘南工控·陌上园入选省AAAA级乡村旅游点、南昌县获评全国县域旅游综合实力百强县。举办第六届莲花经贸文化节,通过“文化搭台、经贸唱戏”,共签约项目42个,签约金额527亿元。完善企业上市挂牌奖补政策,推进企业上市“映山红行动”,累计兑现奖补资金3142万元。

【社会稳定】 2022年,全县安全生产专项整治三年行动收官,安全生产事故起数和死亡人数分别同比下降50%、66.6%。推进“交所融合”机制改革,全县道路交通事故死亡人数下降33%。推进“保交楼、保民生、保稳定”工作,化解县域房地产项目涉稳风险。推进电信网络诈骗综合治理,发案数、损失数分别下降19%、26%。开展“水美家安·全民防溺水”行动,完成257个重点危险水域防溺水预警系统建设。全覆盖开展自建房安全隐患排查整治“百日行动”,共排查房屋17.9万栋,撤离危房民居178户452人。推进“雪亮工程”,完成42个智慧平安小区、23所智慧平安学校、3家智慧平安医院技防工程建设。常态化开展

“民情连心桥”活动,服务群众17万余人次,办理民情问题2.9万件。成立矛盾纠纷多元化解中心,有效化解各类矛盾纠纷3700余件。整合优化县域综治指挥信息化平台,社会治理实现“一屏观全城、一网管全县”。常态化开展扫黑除恶斗争,在全省公众安全感测评排名中位列全省第42。打击整治养老诈骗,“老庆祥”案入选最高人民法院发布的《人民法院依法惩治金融犯罪典型案例》。

**【民生工程】** 2022年,全县民生类支出完成117亿元,占全县财政支出比例84%。新增安排2.6亿元、筹集资金87.7亿元实施的70件民生实事推进,12件县人大票决民生项目落实。连续12年提高城乡困难群众保障标准,全年发放困难群众生活救助资金2.1亿元。发放创业担保贷款2.46亿元,新增城镇就业人员5660人,新增农村转移劳动力8350人,零就业家庭安置率100%,小蓝经济技术开发区入选全国和谐劳动关系创建示范工业园区。发放“免申即享”稳岗返还补贴2307万元,惠及职工5.58万人。全年投入衔接推进乡村振兴补助资金6800万元,实施乡村振兴项目60个,累计消除103户291人返贫致贫风险,1.13万名脱贫群众的脱贫质量持续巩固,在全省全面推进乡村振兴实绩考核中获优秀等次。新增普惠性幼儿园19所、园位4650个,新建改扩建中小学6所、新增义务教育学位9090个。总投资3.1亿元的县中专学校银三角校区投入使用,新增中专学位1350个。县疾控中心、县妇保院、县血防站、县120急救中心“四卫一体”卫健项目和南昌康定医院新院项目完工,东新、八一、武阳卫生院和县人民医院内科急诊楼等一批县乡医疗机构项目建成投入使用,全省最大的医养结合项目江西长天医养中心建成并试营业。

**【南昌县(小蓝经开区)第六届莲花经贸文化节】** 2022年6月28日,南昌县(小蓝经开区)第六届莲花经贸文化节开幕。文化节至10月28日闭幕,历时4个月,以“文化搭台、经贸唱戏”为主基调,举办系列活动9场次。6月28日,经贸文化节首场活动——南昌向塘国际陆港口岸(海关监管作业场所)开通运行暨重大重点项目集中签约活动,签约项目18个,签约金额271亿元,涉及汽车及零部件、绿色食品、医药、智能装备制造、智能装备建筑、智慧物流、新零售、智慧农业、跨境电商、数字经济等行业领域。7月2—10日,首届中国江西(蒋巷)小龙虾文化旅游节在蒋巷镇国鸿生态园举行。文化旅游节以“龙虾为媒促消费、生态为本谋发展”为主题,举行龙虾垂钓比赛、大厨龙虾烹饪争霸赛、“小龙虾”特色现代农业发展研讨会和蒋巷清水虾、大田稻虾米、祥橱调味品、蒋巷麒麟瓜、国鸿生鲜、田园牧歌生态果蔬、鄱湖淡水鱼等“蒋巷好物”品牌推介多场活动。7月8日,原城纪夜市活动启动,依托原城纪独特建筑风貌,突出文化亮点,融合旅游要素,带动入园游客明显增加。至10月7日,总入园游客突破30万人次,带动花车、流动创业摊位120余个,创造就业岗位1000余个。9月23日,2022年中国农民丰收节暨京东(南昌县)农特产购物活动在黄马乡罗渡村举行。活动表彰南昌县(小蓝经开区)2022年度“十佳农业品牌”“十大农业潜力品牌”,京东“中国特产·南昌馆”同步上线。9月26日至10月7日,以“盛世莲花、画意黄马”为主题的南昌县2022第二届大地艺术活动展在黄马乡罗渡村举行,并在原城纪设立分会场,带动罗渡村和原城纪客流量突破10万人次。经贸文化节期间,还先后举办首届全国百名书画名家邀请展、“青英归巢、智汇昌南”返乡大学生社会实践、南昌县文旅产品交易博览会暨南昌县“昌南好物”旅游商品大赛3场活动,通过多种形式,宣传推介南昌县产业投资环境。10月28日,第六届莲花经贸文化节在昌南文化中心闭幕。闭幕会上集中签约项目24个,其中第一产业项目2个、第二产业项目12个、第三产业项目10个,签约总金额256亿元。

2022年10月28日,2022年江西·南昌县(小蓝经开区)第六届莲花经贸文化节闭幕式

(南昌县　供图)

【南昌县(小蓝经开区)金融服务中心运营】 2022年10月13日,南昌县(小蓝经开区)金融服务中心举行揭牌仪式,投入运营。入驻金融服务中心的机构共46家,其中基金公司4家、银行19家、证券公司2家、律师事务所6家、会计事务所2家、保险公司3家、供应链金融等机构10家。中心按照基金产业聚集区、普惠金融创新示范园、"映山红"一站式服务中心、信用服务中心、首贷续贷中心及企业资源交易中心的布局,开设直接融资、间接融资、"映山红"上市、帮办代办4个窗口。中心以南昌市普惠金融服务中心平台和小蓝经开区"蓝财通"大数据企业服务平台为依托,以市场主体金融需求为导向,集政策宣传、业务咨询、信贷融资、保险服务、普惠金融、股改上市等服务于一体,通过运用互联网、大数据、云计算等金融科技手段,为市场主体提供多功能综合性金融服务。

(喻相根)

## 进贤县

【概况】 进贤县位于南昌市东南方向60千米。土地面积1946平方千米,其中城区面积37.5平方千米,耕地面积7.56万公顷。林地面积3.71万公顷、森林覆盖率22.19%。2022年,全县户籍人口84.1万人,其中城镇人口23.26万人、乡村人口60.84万人。辖9个镇、12个乡、1个垦殖场、1个省级开发区,264个村民委员会,74个居民委员会,2341个自然村,2831个村民小组。深入实施"强省会"战略,落实"疫情要防住、经济要稳住、发展要安全"要求,推进稳增长、防风险、保稳定、惠民生工作,经济社会发展事业取得新进展、新成效。被中国医疗器械协会授予"全国医疗器械之乡"称号,获评"省级装配式建筑产业基地"。作为全省唯一县区,入选国家级水产健康养殖和生态养殖示范区。三里乡入围全国农业产业强镇创建名单。"文港毛笔"获批国家地理标志证明商标。县人民医院入选全国首批"千县工程"示范单位,与省人民医院共建"学科联建博士工作站"。滨湖社区获评"全国示范性老年友好型社区"。温圳罗家入选第九批"全国民主法治示范村(社区)"。李渡镇入选全省基层政务公开标准化规范化"十县百乡"建设名单。李渡酒业获江西省井冈质量奖、南昌市市长质量奖。雄宇集团入围"江西省绿色技术创新企业"培育名单。李渡烟花、红壤研究所获首届江西省标准创新贡献三等奖。农业水价综合改革入选水利部改革典型案例。连续9年获评"鄱阳湖区越冬候鸟和湿地保护工作先进县"。在全市率先成立县属国有数字产业公司。全县首座大型商业综合体吾悦广场开业,众多品牌首次进入进贤市场。

【政治建设】 2022年,持续深化"五型"(忠诚型、创新型、担当型、服务型、过硬型)政府建设,常态化传达学习习近平总书记重要讲话精神。重视重点工作督办落实,建立闭环管理抓落实工作机制。办结"问政江西"转办件87件。办结人大代表建议120件、政协提案160件。办理"12345"热线工单1.35万件,满意率99.93%。推进政府系统党风廉政建设,优化干部作风,提升行政效能。建设风清气正的政治生态,勤廉进贤融平台于4月10日建成。"勤廉进贤"微信公众号发布原创新闻稿件300余条,阅读量突破百万人次,"勤廉进贤"抖音号、微信视频号播放量高达50余万人次。推进全面从严治党,深化中央八项规定精神落实,开展为期7个月的党员干部和公职人员酒驾醉驾、赌博问题专项整治活动。

【经济建设】 2022年,实现地区生产总值378.08亿元,同比增长3.7%;地方一般公共预算收入21.24亿元,增长6.1%;社会消费品零售总额145.74亿元,增长4.77%;规模以上工业增加值增长3%;固定资产投资增长6.4%;实际利用外资106万美元;实际利用内资96.4亿元,增长7.67%。城镇居民人均可支配收入4.51万元,增长4.6%;农村居民人均可支配收入2.49万元,增长5.8%。围绕医疗器械、绿色建筑两大主导产业集群,电子信息新兴产业集群,李渡酒业、文港毛笔、李渡烟花等特色产业体系,制定出台促进医疗器械、绿色建筑产业发展等政策性文件。医疗器械商贸服务平台、九州通配送交易中心投入运营,医药集团集采配送平台加快建设。建成高标准农田733.33公顷,获全省2021年度高标准绩效二等奖。新增"三品一标"(无公害农产品、绿色食品、有机农产品,农产品地理标志)农产品17个。培育省级农业产业化龙头企业5家,64家省市龙头企业实现联农带农3.4万余户。162个县重大重点项目完成年度投资173.8亿元,47个市重大重点项目年度投资完成率113.8%,隆莱生物年产186吨原料药等96个项目开工建设,美格尔医疗5G+智能制造等65个项目建成投产。新签约引进项目44个,投资总额274.3亿元,其中亿元以上项目39个、投资超20亿元的产业项目2个。医疗器械上市企业美目美佳、国内最大的基因检测平台美因基因等优质企业落户。争取中央预算内项目资金1.24亿元、专项债券资金7.35亿元。优化营商环境,聘请30位营商环境特约监督员,开展入企走访600余次,解决企业诉求130余件。组织政银企对接会2次,授信总额超10亿元。开通"中小微企业融资直通车",为企业办理留抵退税1.45亿元,财园信贷通、财政惠农信贷通分别发放贷款9.2亿元、1.5亿元。与韵达合作建立快递物流协调机制,打造全国物流价格“洼地”。

【社会建设】 2022年,完成全县“三区三线”(根据城镇空间、农业空间、生态空间三种类型的空间,分别对应划定的城镇开发边界、永久基本农田保护红线、生态保护红线三条控制线)划定工作。推进省道公路104(塔城至钟陵段)前期工作。贯通贤士一路、凤岭路等5条“断头路”,加快青阳大道、云桥北路建设。“胡子工程”青阳市政景观桥通车。完成车家垅、职高扩建征迁工作。涂家、经开区等4个安置房项目主体结构完工。改造老旧小区9个,惠及居民5087户。完成既有住宅加装电梯21台。开展民和商城建材市场整治行动。完成城区雨污管网清淘及管道检测。昌景黄高铁军山湖站站房封顶。军山湖水厂一期、泉岭生活垃圾焚烧发电厂二期项目竣工投用。开展农村路域环境整治、农村人居环境整治、农业特色产业提升行动,63.7千米省道、148.2千米县乡道“白改黑”完工,建成7个乡村振兴示范村、92个共同富裕样板村,打造钟陵杨家、泉岭曾家等精品村庄。建设新农村村点242个,创建美丽乡镇3个、美丽村庄26个、美丽庭院4397个。90个重点村整治项目完工,完成350个村庄亮灯工程,整改问题户厕2760户。全年空气优良率稳定在94%以上,青岚湖、军山湖、金溪湖,陈家湖,幸福港、钟陵港、池溪港、三汊港,抚河主要水环境质量总体保持稳定,县级饮用水水源地水质达标率100%,“水中大熊猫”桃花水母再现军山湖。开工建设7个乡镇集镇污水处理设施。全县规模养殖场粪污综合利用率达97%以上。新增绿地面积1.2万平方米,跻身“江西省生态园林城市”。完成造林绿化1366.67公顷,创建省级乡村森林公园2个、省级森林乡村5个,入选首批“江西绿色生态”品牌试点县、“湿地资源运营中心”省级试点县。“放管服”改革不断深化,县本级依申请政务服务事项网上可办率、“好差评”系统好评率均达100%,政府投融资类房屋建筑项目新扩建及改建、政府投融资类市政基础设施项目新扩建及改建等项目审批时限由120个工作日压缩至74个工作日。深化国资国企改革,组建进贤创控集团,公司总资产470亿元。推进“腾笼换鸟”专项行动,消减批而未供土地160公顷,清理盘活低效闲置用地56.67公顷。认定国家高新技术企业12家、省级专精特新中小企业18家。备案入库科技型中小微企业128家,科技成果交易额登记入库目标完成率全市第一位。开展“百场校招”“江西籍学子见面会”等招聘活动,建立“赣才归巢”人才工作站6家。发放创业担保贷款1.69亿元,扶持个人创业457人,带动就业1669人。

【社会稳定】 2022年,县综治中心、矛盾纠纷多元化解调处中心挂牌成立。推进乡镇(街道)联席会议实体化运行,建立矛盾纠纷网格化管理。推进“八五”普法工作,扫黑除恶工作重点县摘帽。全县刑事治安案件数、交通事故数和死亡人数均创历史新低。推进“雪亮工程”、智慧禁捕、公安检查站、治安卡口、街面警务站等防控支点建设,重点构建以“雪亮工程”复建新增结构化探头的视频监控网,复建探头。形成“空中有监控、地面有巡逻、社区有联防”的防控体系建设,全县刑事治安警情下降15.8%。打击电信网络诈骗,受理电信网络诈骗案件149起,损失1250万元,抓获涉电诈人员230人、破案219起,实现电诈立案数、损失数分别下降44.3%、62.8%,抓获数、破案数分别上升7.9%、20.9%的“两降两升”目标。实现乡镇“八有”(有机构、有经费、有机制、有预案、有队伍、有物资、有培训演练、有示范创建)和行政村(社区)“六有”(有经费、有固定人员、有场地设施、有装备物资、有工作制度、有隐患台账)标准化建设全覆盖。

【民生工程】 2022年,落实防返贫动态监测和帮扶机制,投入财政补助资金8451万元,实施衔接项目104个,巩固拓展脱贫攻坚成果成效全市考核获“好”的档次。新增城镇就业4728人,转移农村劳动力7784人。发放社会保障资金17.2亿元,城乡低保、特困人员供养标准分别提高至每月855元、1120元。化解问题楼盘,争取“保交楼”专项借款2.1亿元。新增保障性租赁住房483套,为1217户居民发放购房、租房补贴。改造提升乡镇敬老院11个,建成3岁以下婴幼儿托位数2080个。为65岁以上老年人免费健康体检,办理公交“爱心卡”。推进总投资7亿元的“供电、供水、供气”及道路建设项目,惠及群众30余万人。开通“西气东输”管道天然气,每年为企业和群众节约用气成本近3亿元。教育经费投入逐年增长,新改扩建校舍面积6.34万平方米,新增学位4080个。华东交大军山湖校区一期投入使用。促成南京大学、南京师范大学附属中学托管帮扶进贤一中。连续10年获全省青少年业余训练“十强县”,县摔跤健儿在第十六届省运会上取得6枚金牌、8枚银牌、12枚铜牌好成绩。建成基层公共卫生服务站23家、村卫生室50个、标准化发热诊室24家。青岚美书馆建成开放,打造“孺子书房”124家。开展“送文化下乡”活动5000余场。优化调整新冠肺炎疫情防控措施,开展全员核酸检测,划定区域围合管理,组织8000余名机关干部下沉社区、坚守卡口,连续690天本土“零病例”。处置输入新冠肺炎病例,完成医疗援助行动。投入抗旱资金5900余万元、新打抗旱机井200余眼,保障全县用水安全。做好森林防灭火工作,三里消防站建成投用，消防责任状签订到村，确保大旱之年无大灾、无大火。

**【《中国共产党江西省进贤历史》第二卷（1949—1978）出版】** 2022年6月22日，《中国共产党江西省进贤历史》第二卷（1949—1978）首发式举行。《中国共产党江西省进贤历史》第二卷（1949—1978）于2016年启动，2022年6月在全市县区中率先出版。全书分4编16章52节158目，共49万字，是中共进贤县委执政后的第一部执政史。《中国共产党江西省进贤历史》第二卷（1949—1978）记述新中国成立以来至党的十一届三中全会召开的29年间，进贤人民在地方党组织领导下进行社会主义革命和建设的光辉历程及伟大成就，总结进贤地方党组织在探索革命和建设道路中的经验和教训，反映进贤地方党组织不断发展壮大和加强自身建设的历史。

**【医疗器械数字经济发展】** 2022年，进贤县强推数字经济发展，深化医疗器械产业改革创新，与九州通医疗器械集团有限公司（以下简称“九州通”）、国药集团深化合作，通过行业龙头带动进贤医疗器械数字经济做大做强，推动县域传统优势产业新发展。通过“本土企业＋国有平台企业＋九州通”模式，共同出资成立国通百宸，依托九州通的数字化管理优势和配送功能及遍布全国的141座仓库，为本地及进贤在外的医疗器械生产企业提供配送业务。与国药集团江西医疗器械有限公司签订合作协议，打造国药器械进贤医药流通数字产业园，带动就业200余人。与国药集团共同打造县域医疗“互联网＋”分级诊疗平台示范县，为群众提供分级诊疗服务，实现“基层首诊、双向转诊、急慢分治、上下联动”医疗改革，构建“小病在基层，大病到医院，康复回基层”就医格局。

**【数字乡村建设】** 2022年，进贤县以国家数字乡村试点建设为契机，加快数字信息技术与农村经济社会深度融合应用，探索数字乡村新模式。推动基础设施建设，实现4G建设全覆盖、5G建设广覆盖。坚持“互联网＋农业”理念，提升农业智慧化水平。依托省级农产品安全追溯平台，建设县级农产品安全追溯平台，全县录入农业生产经营主体109家。构建电子商务服务体系，建成一个县级电子商务服务中心、四大电商示范基地和多个物流全覆盖的乡村电商服务站点。实施“互联网＋”农产品出村进城工程，引进江西韵达物流总部，建立县、乡、村三级物流配送中心，确保县城物流快递快捷到达乡镇。

**【文港镇获“中国淘宝镇”称号】** 2022年2月，进贤县文港镇入选2021年“中国淘宝镇”“淘宝村”名单，是文港镇继2019年、2020年获“中国淘宝镇”后第三年上榜。文港镇抢抓“互联网＋”发展机遇，将电子商务作为产业转型升级、助力乡村振兴的重要抓手，打造电子商务平台。引进制笔相关企业、文化用品企业、电商物流企业，建成文港双创基地、文房四宝电商基地、O2O展示馆等，免费为入驻小微企业提供独立办公场地，聘请专业互联网团队入驻基地管理服务，为网商免费提供高品质摄影室及专业摄影指导和美工服务，形成产业平台，依托阿里巴巴、京东、淘宝等线上平台，拓宽网络销售渠道。发展配套物流，顺丰、中通、申通、圆通、韵达、汇通快递公司进驻文港，30余条货运物流专线为电子商务提供服务，全镇从事交通运输、快递仓储等业务企业60余家。通过“走出去、请进来”方式，加大电商培训力度，为电子商务发展储备人才。全镇有30%的企业依托国内交易平台开展电商业务，电子商务经营主体2500余家，开设个体网店4000余个，电子商务企业450余家。

**【“文港毛笔”获批国家地理标志证明商标】** 2022年6月15日，“文港毛笔”被国家市场监督管理总局核准为地理标志证明商标。文港镇素有“华夏笔都”美誉，毛笔制作历史1600余年，是江西省文旅产业重要标志产品，被列为第二批江西省非遗项目名录。全镇有2200余家传统毛笔制作企业和作坊，从事毛笔制作行业人员1.3万余人，在外营销人员1.2万余人，销售实体窗口5100余个，毛笔销售线上电商4800余家，毛笔产销量占全国75%的市场份额。

**【“西气东输”管道天然气开通】** 2022年7月3日，进贤县举行“西气东输”管道天然气开通仪式。项目于4月15日开工、5月30日竣工、6月10日调试完毕。管道天然气开通后，解决县域及周边地区工商业供气、民用供气不足难题，工业用户用气价格由每立方米6.25元调整至4.5元，居民用气价格由每立方米3.5元调整至3.2元，与南昌市区实现“同气同价”，每年节约用气成本近3亿元。

**【吾悦广场商业综合体开业】** 2022年9月23日，进贤县吾悦广场开业。吾悦广场地处青岚新区，是全县重点招商引资项目，也是省大中型、市重点推进项目。项目用地面积13.87公顷，总建筑面积46万平方米，其中地上建筑面积36.8万平方米、地下建筑面积9.2万平方米，总投资额30亿元。吾悦广场是进贤县首座“一站式生活购物中心”，也是全县商业体量最大、业态品类最全、配套设施最齐的商业中心，定位为城市级全客层家庭生活中心，可一站式满足吃、喝、玩、乐、购五大消费。

（王　方）

## 安义县

【概况】 安义县位于南昌市西北部，总面积660.23平方千米，耕地面积2.23万公顷，林地面积2.97万公顷，森林覆盖率(林木绿化率)45.62%。2022年，全县户籍人口30.74万人，其中市区人口或非农业人口户籍城镇人口9.35万人。人口自然增长率1.52‰。辖7个镇、3个乡，104个村委会，31个居委会。安义县坚决落实"疫情要防住、经济要稳住、发展要安全"要求，紧扣"拼争'四个第一'，建设'五个新安义'"发展目标，聚焦四大区域，推进"十大提升""工业强县、产业兴县"行动，全县各项工作实现高质量发展。

【政治建设】 2022年，建立干部教育培训"学习强县"机制。累计动员安排县相关单位8批次100余名干部外出学习；20位县领导走上讲台授课，介绍思路举措，传授经验做法，以讲促学、以学促干。邀请太原理工大学党委书记郑强等4位省内外知名专家学者到县授课；组织好"三级书记讲党课"活动，县委主要领导带头讲党课，示范带动63名机关党支部书记跟进讲党课，获全市2022年度"三级书记讲党课"一等奖1名、二等奖2名、"优秀微党课"2名。疫情防控期间，组织全县577个基层党组织6579名党员干部上岗报到，263支党员突击队，设立389个党员先锋岗，划分208个党员责任区，下沉村组社区，成立疫情防控隔离点、核酸检测点、卡口登记点临时党支部。组建机关党员、青年志愿者、退伍军人、医护人员4个"洪城红"应急大队。1200名在职党员参与"群众点单、党员接单"服务，协助社区做好核酸检测、人员摸排、小区守卡工作。全年开展监督71次，推动整改问题91个，问责党员领导干部10人。开展"5个专项整治"("小鬼难缠"、违规经商办企业和违规借贷谋利、"吃公函"、机关环境、会风会纪专项整治)+"5项基础工作"(推动全面从严治党责任落实、推动勤廉单位建设、推动勤廉文化建设、推动基层干部作风整顿、推动查处重点领域腐败问题)，对全县140名重要窗口(股室)负责人进行集中评议，助力安义营商环境评价连续两年获得全省第六名。全年立案123件(涉及科级干部24件)，处分129人(其中涉及科级干部22人)，移送司法机关3人，留置5人(自办留置案件3件)。召开全县警示教育大会3次，在中央和省市级媒体登载相关文章72篇，拍摄制作《守住"粮"心 护好粮仓》《坑》警示教育片及廉政教育微电影、微视频5部。《坑》被省纪委评选为全省优秀廉文化作品进行展播。

【经济建设】 2022年，全县地区生产总值139.07亿元，同比增长4.1%。其中，第一产业增加值15.58亿元，增长5.0%；第二产业增加值58.41亿元，增长5.5%；第三产业增加值65.08亿元，增长2.4%。固定资产投资增长13.5%。规模以上工业总产值完成366.99亿元，增长13.25%；规模以上工业增加值增长6.9%，比全市平均增速高0.9个百分点，排全市第三位；一般公共预算收入14.61亿元，增长3.55%；税收收入8.23亿元，占一般公共预算收入56.32%；地方财政支出35.15亿元，比上年下降9.2%。完成现汇进资451万美元，实现"零"的突破，增长100%，全市排第四位；完成省外投资62.69亿元，增长7.84%。推进"项目大会战"，全年列入省重点项目2个、省大中型项目18个、市重大重点项目45个，坚持每季度集中开工一批重大重点项目，129个县重大重点项目完成投资275.81亿元。向上争取资金，缓解项目资金"瓶颈"问题，争取上级预算内资金13.33亿元、专项债资金10.42亿元。中国(南昌)现代职教城自来水管网工程获政策性开发性金融工具支持1506万元，是全市首批唯一审核通过项目。新材料产业实现产值90亿元，增长22%，新材料(金属)产业集群获评2022年省级产业集群。落实"藏粮于地、藏粮于技"战略，新建成高标准农田1666.67公顷，粮食种植面积2.7万公顷。率先在全市出台《安义县关于应对疫情帮助市场主体纾困解难若干措施》，累计兑现留抵退税等各类惠企资金5.34亿元。推进"金融强县、金融新县、金融活县"，举办金融助力产融对接会，签约金额18.42亿元，累计为中小微企业审批财园信贷通12.68亿元、政商产业贷1.27亿元、科贷通7300万元，提前超额完成中小企业贷款投放指标任务，缓解市场主体压力。全年新增市场主体4600户，企业市场主体净增率全市第一位，新增"五上"企业220户，新引进建筑业一级资质企业2家、三级资质企业6家。创建国家农业产业强镇1个、全国"一村一品"示范村镇5个，市级农业产业强镇2个、市级以上现代农业产业园4个。"土蛋蛋""凌代表""伊蓝美"3个品牌入选"赣鄱正品"，春晖蓝莓等3家企业进入全省品牌价值100强。安义古村群文创产品、万方圆米粉和乔乐金果小镇猕猴桃在南昌市乡村旅游风情节集市进行展销。"安义米粉"获得国家地理标志证明商标，米粉年销量突破1万吨。瓦灰鸡种群规模达到10万羽。全县首个商业综合体赣电九方荟正式开业，首店入驻商业品牌58个。举办金花节、"消费月"、"购物节"系列商贸文旅活动，打造水韵白沙、金果小镇等一批农文旅融合旅游景点，全年接待游客1244.55万人次，实现旅游综合收入62.68亿元。

【社会建设】 2022年，投入1.8亿

元实施校建工程35个，新增学位4567个。县第七学校与南昌大学附属学校签约合作办学。建成10个乡镇社会工作服务站，新增养老床位125张，婴幼儿托位达到768个。县医院与省儿童医院、南大二附院建立合作关系。全年举办线下文旅活动45场次，线上“云学才艺”展览活动88场次，共惠及群众40万人次。完成送戏下乡演出43场次，送电影下乡1568场，惠及群众5.8万人次。完成10个老旧小区提升改造，龙津历史文化街区征迁任务完成，征迁户数219户，征迁面积4万平方米。县城西外环、古村大道、安义大桥拓宽工程重要交通路网项目相继建成，打通向阳路、花园路等“断头路”，困扰市民多年出行难问题得到解决。推进幸福农贸市场、城市社会停车场、城市休闲空间、“孺子书房”项目建设，新增停车位1025个，新增绿地29.16万平方米。实施县城护城河水生态环境治理项目，新建码头电排站及南门港电排站，缓解城市内涝问题。推进“两整治一提升”，累计拆除违章建筑、老旧危房2.1万平方米，农村旱厕59座，农村生活污水处理设施实现行政村全覆盖，打造5个乡村振兴示范村和38个共同富裕样板村，石鼻镇京台村等4个村庄获批第三批“省级森林乡村”。完成949.2千米路域环境整治，在全市率先完成44.1千米县乡道“白改黑”任务。职教新城提速，完成第一批120栋、4.37万平方米房屋征迁任务，征收土地103.07公顷。职教大道、安南学校、新县人民医院、安置房等14个基础配套项目有序推进。签约新经济产业园、中体共享体育综合体等6个产业项目。南昌职业大学新校区正式签约并开工建设，江西交通职业技术学院签约入驻。首创推出退役军人“荣誉能量站”，“为烈士画像”活动得到中央、省市媒体报道。环境质量持续向好，空气质量二级达标，出境断面水质达Ⅱ类标准，中央生态环保督察及“回头看”反馈问题全部整改销号。组织4个文艺作品、2个舞蹈作品参加第八届江西艺术节系列活动，获优秀组织奖3次，3个作品获二等奖，1个作品获三等奖，1个作品获优秀奖。参加江西省“百城百夜”消费季活动，通过平台促销和视频号直播方式，促进旅游产品销售。

【社会稳定】 2022年，运用调解平台（全国劳动人事争议在线调解平台）和智慧仲裁系统解决各类劳动纠纷，开通仲裁维权绿色通道，基层调解组织处理各类劳动人事纠纷169起；调解完成168起，调解率99.41%。县仲裁委受理劳动人事争议案件31件，涉及劳动者31人，其中调解和解结案24件，仲裁终结率77.42%，依法裁决案件7起，结案率100%。各项经济补偿、工伤赔偿、工资、社会保险费涉及金额640万元，切实维护劳动者和用人单位合法权益。开展预防“民转刑”案件矛盾纠纷排查专项行动，摸排社会矛盾纠纷事件142件，化解141件，化解率99.3%。出台《安义县“平安再奋进，喜迎二十大”活动实施方案》，其间摸排矛盾纠纷52件，化解29件、稳控19件。深化“雪亮工程”一体化布局、整合社会视频资源，维护好天网、“智慧云眼”各类探头，实现自然村全覆盖，完成各类社会视频资源探头接入天网。县直单位每日在城区开展综治巡逻，各乡镇每周一、二、四在辖区开展巡逻。推进智慧平安小区建设，完成19个智慧平安小区（一期）建设，新增高清摄像头，配齐智能道闸、人脸门禁、智能充电桩设施设备。筹集资金，推进智慧平安医院及智慧平安校园建设。在智慧平安医院方面，安装接入天网探头，成立安全管理机构，设立警务室、医患纠纷调解室，并配备相关专业调解员。在智慧平安学校方面，安装接入天网探头，以及周界监控、一键报警设备，配齐防护盾牌、防暴头盔、防刺背心、防卫器械。2所智慧平安医院及6所智慧平安校园完成建设并接入市平台。参加第一期“英雄洪城·平安南昌”主题宣传活动，在全市宣传助力中获推广第一名。核查扫黑除恶线索7条，破获涉9类犯罪案件5起。加强扫黑除恶政策教育培训，落实村“两委”换届联审联批制度，对任职村“两委”干部139人和文明村镇、文明单位等78个单位进行联审，未发现有“村霸”、涉黑涉恶情况。做好智慧平安创建工作，深化“有事来说”协商议事平台建设，“古村治理法”入选最高人民法院第四批新时代人民法庭建设案例，常态化开展扫黑除恶斗争，获评2017—2021年度平安江西建设示范县。

【民生工程】 2022年，完成1410套、共1.82万平方米安置房分配工作。通过加大乡村产业发展，开发公益性岗位365人，发放公益性岗位补贴174.54万元，城镇失业人员再就业1317人，完成率101%，累计为高新技术产业园区99家企业发放社保补贴563.52万元。新增城镇就业3587人，转移农村劳动力6394人。巩固拓展脱贫攻坚成果同乡村振兴有效衔接，全县2726户脱贫户家庭人均收入提高到1.78万元。建立健全脱贫人口就业监测机制，通过对脱贫劳动力及监测对象就业帮扶及动态监测，实现3237人就业，脱贫劳动力及就业监测对象就业率100%，发放省内交通补贴192人5.76万元。为6178名脱贫户和防止返贫监测对象、低保对象、特困人员、重度残疾人每人代缴城乡居民养老保险费100元。围绕主导产业发展，拓展技能培训规模，开展各类实用型、多样化线上、线下技能培训，开展培训147期5253人（其中创业培训59期1659人，发放补贴94.67万元；企业职工岗位技能培训38期1814人，发放补贴72.95万元；就业技能培训50期1780人，发放补贴123.63万元)。以安义高新技术产业园区盈创小微创业园县级创业孵化基地为平台,累计进驻企业50家,带动就业266人。整合园区企业、公安、城管、商务行业主管部门就业岗位,形成多部门合作、信息资源共享的公共就业服务平台,通过联系149家企业搜集7539个高校毕业生岗位,扩大用人单位吸纳规模。举办招聘会362场(其中线上313场,线下49场;送岗下乡流动招聘21次,夜市招聘3次),累计参会企业数1.8万次,提供岗位数24.2万次,通过抖音平台上线就业信息推广8次,曝光量672.11万条,通过移动短信平台发送就业相关短信200.43万条,通过腾讯推广8次安义招聘信息,曝光量341.2万次,收到简历3.8万份,解决企业用工4978人。2022年春季"百场校招"岗位征集活动中征集岗位7473个,开展"百场校招"招聘会268场次,实名制签约就业人数1.18万人,共建8个"赣才归巢"人才工作站,举办8场高校赣籍学子见面会。

**【江西农业大学种猪资源中心项目奠基仪式举行】** 2022年2月27日,江西农业大学种猪资源中心项目奠基仪式在东阳镇云溪村举行。标志着江西农大猪遗传改良国家重点实验室落户安义。江西农业大学国家重点实验室种猪资源中心建设项目按照"政策遵循、环保示范、成果一流、价值共享"建设原则,建设国际一流"一猪两用"研发基地,建成"两群"(全球微型猪种质资源群,国际领先家猪高效精准育种技术研发实验群)、"两库"(全球种猪资源库、生猪种业智慧大数据库),保存国家及全球优良种猪资源、创制科学研究创新材料,实现猪种资源保护和人类疾病模型创制创新需要,实现国际领先自主产权猪育种基因芯片"中芯一号"持续技术升级创新需要,为江西省"双一流"优势高峰学科建设、高层次人才培养和安义乡村振兴提供条件保障。项目占地47.2公顷,第一期总投资7837.96万元。

**【安义县第十一届金花文化旅游节开幕】** 2022年3月12日,由安义县委、县政府主办和县文广新旅局承办的2022年安义县第十一届金花文化旅游节在黄洲镇宗山米粉小镇开幕。金花文化旅游节以"花开安义·静享阳春"为主题,旨在通过举办金花文化旅游节,以"金花"为媒,诚邀广大游客共赏田园美景,感受乡土风情,体验绿色乡村,见证脱贫攻坚成果,领略乡村振兴新气象。该次金花节重点打造5个油菜花观景点位;发布6条全域旅游金花观赏路线,吸引上万名游客到安义县赏花。

2022年3月12日,安义县第十一届金花文化旅游节开幕式举行

(张菊兰 摄)

**【重点项目集中开工】** 2022年5月19日,南昌市举办2022年第二季度重大项目集中开工活动。安义县有9个项目纳入该次集中开工活动,总投资39.09亿元。集中开工9个项目涵盖新能源、新材料前沿产业领域和住宅、交通、基础设施领域,分别为江西金德锂碳酸锂项目、富宝建材年产50万平方米铝单板项目、江西美利云新材料有限公司新建年产4万吨铝型材包装材料项目、振华投资年产5万吨工业铝型材技改项目、南昌蓝胖子系统门窗项目、江西佳仕达技改项目、南昌市优泰门窗有限公司年产3万平方米门窗项目、安义县龙津镇2022年老旧小区改造项目、沿河北路下穿潦河大桥互通工程项目。

**【安义县与华中师范大学合作共建"赣才归巢"人才工作站】** 2022年5月26日,安义县与华中师范大学举行合作共建"赣才归巢"人才工作站线上签约暨揭牌仪式。市委常委、统战部部长饶绍清与华中师范大学党委副书记陈迪明,以视频连线形式共同为"赣才归巢"人才工作站揭牌。根据校地合作签约要求,学校就业部门联合相关责任部门,搭建人才培养、人才选聘和促进高校毕业生就业交流平台,推进人才工作站建设,为地方教育及经济发展输送更多优质人才。"赣才归巢"人才工作站,主要为赣籍在外学子提供家乡发展创业机遇和人才政策、岗位需求、宜居环境等信息。

**【政务服务"跨省通办"】** 2022年7

月，安义县政数局分别与广州市增城区、海珠区政数局签订“跨省通办”合作协议。线下，在各地政务服务大厅开设“跨省通办”专窗，配备专门工作人员与设备，主要负责“跨省通办”事项办理以及咨询协调；专窗通过属地和异地相互委托或授权，采取“全程网办、代收代办、多地联办”等形式，实现“收受分离、异地可办”。线上，在不改变属地办理前提下，依托各地政务服务网互设“跨省通办”专区，建立“就近申报、异地收件、远程流转、属地办理”的“跨省通办”工作机制，实现“审批权属不变、数据网络流转、批件快捷送达”，解决群众异地办事“多跑路”“折返跑”难题。至年底，实现安义县补领、换领行驶证等164项政务服务事项和广州市增城区出生登记等175项政务服务事项“跨省通办、一次办成”。

【南昌职业大学专场双选会举办】 2022年11月12日，安义县联合南昌职业大学举办南昌市10万大学生和技能人才到南昌创业就业秋季“百场校招”——南昌职业大学专场双选会。该次活动宗旨在为大学毕业生各类人才和用人企业（单位）搭建平台，实现供需对接，促进毕业生高品质就业。该场招聘会，安义县通过精准比对学校专业设置及企业岗位信息，筛选出70余家优质企业（单位）共提供3353个优质岗位。现场专门设立事业单位就业见习专区，为高校毕业生提供高质量实践锻炼平台，缓解高校毕业生就业压力。招聘企业涉及生物制药、物流、纺织、商超、销售、教育、环保新材料多个行业，包含派尼生物、安德力高新科技、众和化工、新凤微晶玉石、邦宝教育、江远材料知名企业。活动吸引5000余名学生入场，现场收到简历1200余份，初步达成就业意向480人。

（刘娉斐）

## 东湖区

【概况】 东湖区位于南昌市东北部，辖区面积53.93平方千米。2022年，全区园林绿地面积476.8公顷，绿化覆盖面积501.4公顷，城区绿化覆盖率29.97%，人均公共绿地面积12.17平方米。年末全区户籍总人口41.98万人，人口出生率为4.11‰，自然增长率为2.21‰。2022年，进行区划调整，撤销八一桥街道、公园街道2个街道，调整南京西路南社区、紫金城社区等12个社区。调整后，辖1个镇、7个街道，2个管理处，设91个社区居民委员会、7个家委会、21个村民委员会。

【政治建设】 2022年，东湖区先后召开区委常委会会议、区委理论学习中心组学习会进行专题学习研讨，印发《学习宣传贯彻党的二十大精神阶段性安排》《关于做好学习贯彻党的二十大精神宣讲工作的通知》，县级领导带头深入基层开展宣讲。组建1个40余人基层理论宣讲人才库和1支24人红色宣讲团，每月开展基层宣讲活动20余场次，集中开展14场《习近平谈治国理政》第四卷宣讲活动；拍摄《强国复兴有我》《热血赤诚的革命信仰》《传承红色基因》3部微视频，在“学习强国”学习平台展示，推动党的创新理论进企业、进农村、进机关、进校园、进社区、进网络。加强政治教育，分级分类开展政治理论知识培训，先后举办第四期中青年干部政治理论培训班、学习党的二十大精神暨新时代基层干部主题培训班，提高各级党员干部政治判断力、政治领悟力、政治执行力。开展讲党课和优秀党课展播活动，获全市“三级书记讲党课”一等奖3名、三等奖2名、优秀微党课2名。开展自建房安全排查、帮助市场主体纾困解难措施落实情况监督检查，确保中央、省、市重大决策部署落地生根。推进巡视整改，开展政治巡察。自觉接受人大和政协监督，办理人大代表建议130件、政协提案145件，办结率、满意率均为100%。实施“八五”普法规划，开展法治政府建设示范创建，主动接受区人大常委会规范性文件备案审查，重大行政决策合法性审核率100%。畅通政务公开渠道，扩展公开领域，推进基层政务公开标准化规范化“十县百乡”建设，举办首届“政府开放周”活动，累计公开政务信息1.1万条。受理“问政江西”问题165个，办理率、按期办结率均为100%。“12345”政务服务热线受理群众诉求3.5万件，按期办结率、群众满意率99%。推进“放管服”改革，1005项依申请政务服务事项网上可办率100%，922个事项实现零跑动办理，全程网办事项874项，全程网办率提升至86.97%，企业群众办事平均跑动次数压缩至0.13次。

【经济建设】 2022年，东湖区地区生产总值实现482.31亿元，按可比价计算，同比增长2.8%。其中，第一产业增加值0.76亿元，增长1%；第二产业增加值36.57亿元，下滑8.4%；第三产业增加值444.98亿元，增长3.8%。实现地方一般公共预算收入15.39亿元，增长2.98%，税收占比67.32%，同口径增长6.59%，同比径税收占比69.74%；社会消费品零售总额完成403.43亿元。全年利用省外项目资金56.12亿元，增幅11.5%；实现外贸出口39.73亿元，实际利用外资1085万美元。城镇居民人均可支配收入增长6.5%，突破5.5万元。推进“项目大会战”三年行动，实施总投资365.76亿元的68个重大重点项目建设。其中，省大中型项目9个，投资完成率129.8%；市百大项目5个，投资完成率127.3%。发放稳岗留工补贴200余万元，实现节假日重大项目不停工、重点企业不停产。南昌武商广场、赣电中心、中骏世界城等23个重大产业项目有序推进。投资2200万元的乡村振兴示范村和共同富裕样板村项目全面完工。三次产业结构比为0.16∶7.58∶92.26。服务业保持恢复性增长态势,105家规模以上服务业企业营业收入72.87亿元。全面落实数字经济做优做强“一号发展工程”,建设数字经济创新特色区。规模以上软件和信息技术服务业营业收入11.7亿元;企业上云数3986家。推进企业上市“映山红”行动,有省级重点上市后备企业8家,华睿交通进入上市辅导阶段。规模以上文化企业43家。招商东湖意库文创园获评2022年度“江西省现代服务业聚集区”。新增市场主体1.4万户,增长145.21%。新增“四上”企业13户,法人单位总数407户,增长9.4%。加快消费回补和潜力释放,举办“东湖百花洲购物节”“2022东湖金秋购物节”“2022东湖‘十百千万’双11双12购物节”促销活动,投放950万元政府补贴,拉动消费3.05亿元。获2022南昌短视频团购大赛“带货三强县(区)”第一名、2022江西“百城百夜”文化和旅游消费季系列活动“消费十强县区”第五名。“夜东湖”文旅消费圈、百花洲文旅街区分别入选国家级、省级“夜间文化和旅游消费集聚区”。深化国资国企改革,第一批16处区属经营性国有资产全部划入东控公司,平台企业资产增加1.38亿元,国企竞争力增强。新认定高新技术企业15家、科技型中小企业113家,天轴通讯、豫章1号文化科技园分别被认定为省级大数据示范企业、创业孵化示范基地,兰博信产、协达科技等8家企业入选省级专精特新中小企业名单。

【社会建设】 2022年,东湖区推进营商环境优化升级“一号改革工程”,开展“五大专项行动”“四大专项治理”,政务服务、开办企业、市场监管等方面改革成效明显。实施365天错时延时预约服务,拓展24小时自助服务专区,打造“10分钟办税便利圈”“10分钟医保服务圈”“社保一体化服务圈”,企业群众实现“随时办”“快速办”。获《小康》·2022年度县域营商环境经典案例。探索触发式监管、沙盒监管,推广“企业安静日”,综合行政执法改革全面推进,107项轻微违法违规经营行为实现“免罚”“首违不罚”。绿色金融、农业农村、环卫市场化等各领域改革纵深推进,覆盖城乡社会工作服务体系基本建立。“马路本色”行动提质升级,“四位一体”环卫作业模式扎实推进,城市精细化考核评比在全市名列前茅。深化全国文明城市创建惠民利民“3+7”专项行动,投入600万元实施南昌水产品综合批发市场、千花伴购物公园等6个专业市场及其周边环境综合整治。常态化开展违法建设、垃圾广告、占道经营、非机动车乱停乱放等专项治理,拆除违法建设193处、面积6646平方米,整治背街小巷18条、空中管线4.6万米,处理“数字城管”问题17.17万件。建设垃圾分类集中投放亭490处,实施187个小区撤桶并点,在全市率先打造完成沿江花园小区等3处生活垃圾分类示范小区。打好大气污染防治攻坚战,推进施工工地、道路等七大重点领域扬尘治理,加强渣土清运、秸秆焚烧巡查管控,PM2.5平均浓度为30.9微克/立方米,同比改善8.3%;PM10均值60.2微克/立方米,同比改善11.3%,空气优良天数达319天,空气质量持续向好。打造河(湖)长制“升级版”,加强东南北湖、贤士湖水体治理,投资2.4亿元的136个排水单元改造全面完工。生态环境质量持续改善,“微笑天使”江豚安家落户后,“林中仙子”寿带鸟再现扬子洲。完成4所公办幼儿园建设和9所普惠性民办幼儿园认定,新增公办园位670个、普惠性民办园位1260个。邮政路小学教育集团天骥校区正式投入使用,新增学位1620个,义务教育阶段优质教育资源覆盖率83%。“双减”工作扎实推进,“两项评估”考核取得新成效,获2021年度全省党政干部履行教育职责考评优秀等次,成为全市唯一连续5年获得优秀等次县区;省高质量发展考核综合绩效评价“教育发展”考评得分名列全市第二。累计建设婴幼儿照护服务托位1315个,盘活医疗床位50张。健康东湖扎实推进,全民健身设施实现全覆盖,社区“15分钟健身圈”基本形成。体育事业稳步发展,获2019—2022年江西省县(市、区)竞技体育贡献奖第一名。

【社会稳定】 2022年,东湖区坚持“外防输入、内防反弹”总策略和“动态清零”总方针,压实“五方责任”,集中力量做好“3·16”“7·8”等多轮突发疫情防控工作。制定“外防输入”闭环管理工作流程,流调溯源经验在全市推广。坚持把党建引领贯穿疫情防控工作全过程,建立临时党支部151个,成立党员突击队167支。800余名党员志愿者下沉全区开展志愿服务。在全市率先实施党建引领“无疫小区(社区、村)”创建活动,评定无疫小区创建示范点144个、示范乡镇(街道、管理处)6个。坚持“平战结合”,成立4支“洪城红”应急队伍。在全市率先派出发热流动诊疗车,为农村地区提供送医送药服务。开展安全生产专项整治三年行动、安全生产大检查、“打非治违”等重点工作,整治危化、消防、燃气、道路交通、建筑施工等重点领域安全隐患5721处。开展城镇C、D级危房排危整治和自建房安全隐患排查整治“百日行动”,加固维修C级危房45栋,整治D级危房11栋。打击电信网络诈骗、养老诈骗、黄赌毒及侵害弱势群体利益等突出违法犯罪活动,开展夏季治安打击整治“百日行动”,维护社会治安秩序，现案侦破率同比上升54%，刑事警情数、治安警情数分别下降31.3%、38.1%，电诈发案率下降27%。推进"五好"宗教活动场所建设，打造佑民寺、志道堂等一批特色场所，获评"第二批全市民族团结进步示范区"。在全市首创"一月一主题、一月一活动"防范金融领域风险宣教品牌，化解非法集资陈案10件，化解数、完结率均居全市第一位。实施"大干30天"保交楼攻坚行动，化解7个楼盘涉稳风险。开展"新型警力护校园"行动，辖区103所中小学、幼儿园"四个一"工程建设实现全覆盖，公众安全感和满意度持续增强。开展防溺水专项行动，排查重点危险水域26处，整改隐患40余处，增设防护栏11千米、救援设施100余套，实现中小学生溺水事故"零发生"。强化基层应急管理体系建设，投入650万元完成救灾物资储备和区应急指挥中心建设，防汛抗旱应急处置能力进一步提升。积极应对夏秋冬连旱灾情，投入212万元，清理抗旱沟渠84条，新增外河抗旱设施9台，配合实施赣江南昌段(西支)临时抬水围堰应急工程，解决生产生活用水问题，助力晚稻稳产丰产204.93公顷，新增油菜扩种40.67公顷，保障农业生产和粮油安全。实施"吸引10万名大学生和技能人才来昌留昌创业就业"行动，举办线上线下"百场校招"等各类招才引智活动220余场次，提供就业岗位20余万个。创新开展"创业大V"品牌创意集市活动，在全省就业培训班进行经验交流。与多所高校达成战略合作，建立"赣才归巢"工作站10个。新引进高校毕业生3600余名，兑现各类人才政策补贴583万元。推荐申报省高层次人才"双千计划"项目12个，其中3个项目入选。

【民生工程】 2022年，东湖区用于保障和改善民生支出17.8亿元，占一般公共预算支出的71.6%。低保、特困供养标准分别提高至855元(增长7.6%)、1120元(增长8.2%)，低保人均补差730元。投入1110万元实施村(社区)"转作风顺民意"暖心实事工程，完成469个暖心实事项目建设。14件市区两级票决民生实事全面落实。基本养老保险参保7万人，基本医疗保险参保18.4万人，工伤、失业保险参保2.57万人。发放养老、低保、计生等各类社会救助补贴资金2.19亿元。完成"五类老人"家庭适老化改造415户，建成嵌入式养老院2家及社区居家养老点位和农村颐养之家108家，家庭养老床位增加400张。实现城镇新增就业7466人，零就业家庭就业安置率100%，城镇登记失业率2.8%。开展旧改征迁历史遗留问题"百日攻坚"行动，完成紫金城10号、包家巷等8个地块2.65万平方米房屋征迁工作，盘活土地10.67公顷。昌九客专(东湖段)项目9.67公顷临时用地、8.07公顷先行用地完成征迁并交付使用。投入4亿元完成平安小区等55个老旧小区改造，惠及居民2.5万户，既有住宅加装电梯完工26台，376户居民告别"爬楼"生活。投入9400万元完成42个老旧小区排水主管整治，疏浚155条道路排水管网。累计完成23.5千米雨水管网、28.3千米污水管网建设以及24.76千米市政道路和46.35千米庭院内老旧燃气铸铁管网改造。新建禁毒广场等5个城市休闲空间；新建三经路277号等社区停车场18个，新增泊位904个；新建公厕4座、改造公厕20座、开放社会单位公厕126座，"10分钟如厕圈"基本形成。紫金路等3条断头路全面贯通，望江路等14条道路完成"白改黑""暗改亮"。历时4年建设的南昌轨道4号线下穿青山路京九铁路桥改建工程竣工通车，城市路网"微动脉""内循环"更加顺畅。为393户承租区属国有房屋的小微企业和个体工商户，减免房租2135.6万元，切实帮助企业减轻负担、渡过难关。

【2022年江西南昌版权保护线下推介会】 2022年5月7日，2022年江西南昌版权保护线下推介会在东湖区招商局文化创意产业园举行。推介会以"全面开启版权强国建设新征程"为主题，以招商·东湖意库文化创意产业园为载体，以"2022江西南昌版权保护月"活动为抓手，开展全市版权保护活动。该次活动包含线上艺术分享课堂、线上版权讲座、线上版权电影沙龙，中小学、高校、民间文艺版权作品线上线下展览、摄影作品线上线下展览、线上影像展览、线上市集以及版权领域艺术家专访报道等。活动通过多种内容载体，打造实现登记、认证、交易、维权的版权产业链条，依法保护创新成果，增强全社会尊重和保护版权意识，促进文化消费和产业繁荣，推动全市经济发展。

【出台惠企政策和具体措施】 2022年5月30日，东湖区制定并出台《关于应对疫情帮助市场主体纾困解难若干措施》政策和一系列惠企具体措施，帮助小微企业渡过疫情难关。惠企具体措施包括：绿色通道加快贷款审批流程、每个餐饮门店给予3000元政府补贴、对符合相关标准的店铺减免3个月租金、"一对一"指导餐饮店上线外卖服务、专业直播团队现场教学。"老金记"等小微餐饮店在复工复产中抢占先机，找到餐饮发展新增长点，主动寻求新方式，抓住新机遇，开拓新渠道，推进数字化转型，加快发展线上业务，优化自身经营服务，拓宽消费场景，日营业额突破3000元，实现拓展门店10余家。央视《新闻联播》对东湖区助力小微餐饮店疫情期间复工复产进行报道。

【社区嵌入式养老服务示范项目开工仪式举行】 2022年6月18日，江西长天中医特色生命养护项目开工仪式举行。省中医药管理局党组书记谢光华出席并宣布项目开工。东湖区委副书记、区长胡俊峰致辞。东湖区政府办、民政局、公建中心、彭家桥街道和长天集团、长天康养集团、江西天丰建设集团及相关施工单位、监理单位等有关负责人参加开工仪式。江西长天中医特色生命养护项目是东湖区2022年计划开工的45个重大重点项目之一。项目建成后,将成为东湖区首个社区嵌入式养老服务示范项目。项目位于东湖区文教路,是由长天康养实业集团与省中医药研究院签订合作协议,依托其附属医院医疗资源及中医药科研资源和平台优势,打造集中医康复、综合门诊、失能失智护理于一体的嵌入式医养结合机构。该项目总投资额3649.96万元,占地面积2826平方米,改造面积6406.24平方米,总床位数约140张,其中中医院床位88张、康复养老床位52张。项目1—5层为二级中医院,6—7层为康复养老院。

**【举办首届“红色江西”全国动漫创作大赛优秀作品展】** 2022年6月28日,首届“红色江西”全国动漫创作大赛优秀作品展开幕式在东湖区东湖意库文创园区举行。省文联党组书记马玉玲出席开幕式。该次展出作品100余件,创意新颖、画工精湛、内涵丰富,表现出年轻人特有的蓬勃朝气和创新精神,反映当今动漫艺术创作喜人成就,昭示着行业发展新方向,也能让大家在感受动漫艺术独特魅力同时,接受一次别样的红色革命传统教育。

**【东湖区直播团购获“带货三强县(区)”称号】** 2022年8月10日,2022南昌休闲消费季成果发布暨“点亮赣鄱”——“游”你“游”我开幕式在南昌市举行。会上揭晓“惠购文旅 乐游南昌”2022南昌短视频团购大赛奖项,东湖区以第一名的成绩获得“带货三强县(区)”称号。在为期一周时间内,东湖区团购板块销售额累计突破153万元,直播专场销售额累计突破122万元,累计观看量突破1500万人次,点赞量突破700万人次,同时夺得淘宝直播村播特产赛道排位赛第一名。豫章刺绣团扇、滕王阁秋风杯、滕王阁老豆奶等特色文旅产品上架一分钟内秒空,实现“以赛促销”。

**【三方合作框架协议签约仪式举行】** 2022年9月28日,东湖区文化产业签约仪式在招商·东湖意库举行。东湖区政府与北京荣宝斋科技有限公司(以下简称“荣宝斋”)、江西合亦载道文化传媒有限公司签订三方合作框架协议。省委宣传部副部长、省文资办主任郎道先出席仪式并致辞。副市长龙国英,荣宝斋有限公司党委书记兼执行董事赵东、副总经理李春林,江西合亦载道文化传媒有限公司董事长鲁嘉成等出席。荣宝斋是全国现存历史悠久的民族文化品牌,历经350年发展与积累,享有“中国艺术的殿堂”美誉。项目合作,构建荣宝斋与南昌互通交流平台。双方将进一步推进数字经济做优做强“一号发展工程”——将数字科技与文化艺术有机融合,深度发展,发挥荣宝斋与南昌独特优势,携手推动相关重点示范项目,引领推动数字艺术高质量发展。

**【“人才优服”小程序上线】** 2022年12月29日,东湖区举行2022年南昌市东湖区“人才优服”小程序上线仪式。该小程序是东湖区在全省首创开发,包括优服指南、政策荟萃、暖心服务、爽心办事、小试牛刀、SHOW人才6个大模块18项功能,突破类似服务的痛点难点,形成业务闭环,打造一站式“人才优服”体验平台。

(邓小燕)

## 西湖区

**【概况】** 西湖区是南昌市中心城区之一。东起京九铁路线与青山湖区毗邻,南以洪城路东段、抚河路南段、象湖以及南隔堤为界与青云谱区、南昌县接壤,西滨赣江中心线与红谷滩新区交界,北沿中山路、北京西路与东湖区相连。2022年,区域面积35.3平方千米,辖10个街道,138个社区居委会、9个家属委员会和13个建制村。全区户籍人口45.7万人,常住人口48.5万人。

**【经济建设】** 2022年,完成地方一般公共预算收入22.6亿元,同比增长5.1%;社会消费品零售总额417.16亿元,增长5.3%;500万元以上固定资产投资278.12亿元,增长15%;实际利用外资(现汇)1.19亿美元,增长144.35%;实际利用省外项目资金59.38亿元,增长104.65%;规上服务业营业收入完成310.53亿元,增长10%;商品房销售面积67.72万平方米,增长30.7%。推进区级重大项目建设100个,增加39个;总投资1314.55亿元,增长105%;年度投资206亿元,增长157%。新签约重大项目103个,增长71.7%;投资总额288.83亿元,增长40.4%。坚持以项目争资金,累计争取各类专项补助资金4.3亿元、债券资金5.34亿元。获评全省开放型经济工作先进单位。“梦想小街”“一园多部”产业链逐步成熟,入驻企业突破50家,实现营业收入超10亿元;南昌八一起义纪念馆网上景区、万寿宫数字地图建成上线,“两馆四区”信息技术加快融合。楼宇经济“十条措施”出台,新增楼宇企业712家,引进总部型企业18家,其中注册资本1亿元以上企业8家。新建及在建商务楼宇10栋,现有5000平方米以上商务楼宇92栋，其中税收过1亿元楼宇10栋。4家企业被认定为省级专精特新中小企业，2家入选国家中小企业公共示范平台。申报国家高新技术企业32家，现有科技型中小企业141家。完成技术合同项目241项，交易额14.01亿元。开展“线上+线下”各类商贸促销活动100余场，累计投放消费券1300万元，带动周边消费超40亿元。打造夜市点位10个。万寿宫街区获评国家级夜间文旅消费集聚区，入选全国非遗旅游街区。西湖区政府连续2年获评全省“五型”政府建设先进集体。被《小康》杂志评为2022年度全国高质量发展、投资环境、社会治理三大百佳典范。

【社会建设】 2022年，新成立4个教育集团，义务教育集团化办学率在全市率先达到100%。站前路学校教育集团云海路校区等3所校园如期开学，新建成4家托育机构，新增义务教育学位2500个、园位720个、托位375个。获评全省首批中小学生游泳教育试点区，经验做法入选全国基础教育改革创新案例。累计建立居民电子健康档案47.78万份，家庭医生签约服务22.42万人。12家社区卫生服务中心通过全国“优质服务基层行”评审。获评全省首批优秀健康县区、全省健康影响评估制度建设试点区。开展各类群众文化活动570余场，服务100万余人次。建成鸟屿浮云塔等3处孺子书房，完成66处文物点挂牌保护。欢乐象湖、万寿宫街区入选国家AAAA级旅游景区。桃花路综合改造工程成为全市首个销号的“胡子工程”，绳金塔周边江电路等6条道路提前完工通车。大脊路、粮库东路2条“断头路”全面打通，4条城市绿道、5处城市休闲空间建成开放，32条背街小巷整治一新。改造41.4千米燃气老旧管网，整治洪城路、永叔路等18条道路井盖。新建桂殿路等8个停车场，新增停车泊位2268个。实施增亮补亮工程，完成10条背街小巷、389盏路灯安装。完成冶金大院等49个老旧小区改造提升，惠及居民2万余户。推动既有住宅完成加装电梯36台。开展房屋建筑安全隐患大排查行动，D级危房住户全部搬离，按照“五原”原则完成全区首栋D级危房翻新重建，维修加固233栋C级危房。推进朝阳新城雨污管网建设、象湖污水处理厂排水改造工程，清理污水、雨水井4812座，疏浚污水、雨水管160千米，完成362个排水单元改造。完成106千米空中管线整治。完成480个垃圾分类设施信息化改造。坚决打好污染防治攻坚战，空气优良率排名全市前列，饮用水水源地水质达标率100%。在全市率先完成医疗废物集中接泊、停放和消杀，开展餐饮油烟一体化试点工作，安装在线监控仪150台。打好抗旱保绿攻坚战，更换、补栽行道树3100棵。

【社会稳定】 2022年，不断破解影响群众生活的堵点、痛点，营造和谐稳定社会环境。全区治安呈现“四降两升”态势。建成防溺水“四个一”工程1027处，智能报警系统15套。持续开展食品安全治理，西湖区获评省级食品安全治理示范区。完成530处合用场所消防安全整治，召开全国消防宣传“五进”现场会。建成四级联动应急指挥中心，安全生产专项整治三年行动收官，连续6年未发生较大及以上生产安全事故。受理消费投诉1.02万件，挽回经济损失146.8万元。解决劳动争议案件247件，为劳动者追回拖欠工资1400余万元。成立“幸福圆桌会”理事会，累计召开“幸福圆桌会”709场，解决居民急难愁盼问题662个。民政部确认西湖区“幸福圆桌会”提升社区治理精细化水平案例为2021年度全国基层治理创新典型案例。开展“幸福社区”服务质量提升行动，19个星级社区通过省民政厅验收。开展开放式居民区（城中村）围合服务管理工作全省试点工作，划定大围合区域385个、社区网格956个，形成“事在网格办”基层治理新格局。

【民生工程】 2022年，兑现76件区级民生实事，9件市级、10件区级人大代表票决民生实事全部办结。完成职业技能培训4535人，城镇新增就业7579人，铁二社区获评国家级充分就业社区。发放创业担保贷款1.18亿元，建成“赣才归巢”人才工作站12个，打造全省首个区级退役军人创业孵化基地。发放各类补助资金3200余万元，获评全省城镇困难群众解困脱困工作优秀县（区）。筹集保障性租赁住房631套，为2.88万户家庭发放公租房补贴1951万元。医保参保率保持在95%以上，为4178名困难群众提供医疗救助帮扶。新建社区嵌入式养老院2个、居家养老服务站点3个、老年人助餐点8个，发放高龄津贴2176万元。区社会福利院通过国家级服务业标准化试点项目评估验收，获评全国养老服务先进单位。国贸阳光社区获评全国示范性老年友好社区。

【政治建设】 2022年，推动“五型政府”建设，提升政府治理水平。区政府班子成员集体学法17次。完善区政府“三重一大”事项，集体决策办法，坚持法律顾问、“两代表一委员”全程列席政府常务会议。受理行政复议案件26件，区政府行政机关负责人出庭应诉率100%。法治政府建设获评全市考核优秀等次。桃花司法所获全省依法治理创建先进单位。“一件事一次办”改革不断深化，企业开办、项目立项实行全流程“一链式”审批，简易注销、补换证照实现即来即办。“网上办”“掌上办”工作不断推进，网办量1.7万件，网办率98%。推动“惠企通”广泛应用，完成企业线上政策兑现

1016 家,兑现资金 4089.17 万元。设立"办不成事"问题反映窗口,创新建立"政企圆桌会"协商机制。成立企业家合法权益保护工作领导小组,依法推行轻微违法行为免罚和"首违不罚"清单。持续开展"4 + X"基层干部作风整顿,涉及作风建设问题 245 起、334 人。办理区人大代表建议 129 件,区政协委员提案 100 件,实现答复率、满意率 2 个 100%。"12345"政府服务热线受理群众诉求 5.5 万件,群众满意率 99.91%。制定编外聘用人员管理办法,做到按需设岗、择优聘用。强化审计监督,全年完成各类审计项目 24 个,切实发挥审计"治已病、防未病"作用。

【行政区划调整】 2022 年 6 月 28 日,经省政府批准,撤销桃花镇,设立桃花街道,以原桃花镇的行政区域为桃花街道管辖范围。7 月 17 日,市政府批复,同意西湖区部分街道优化调整,撤销西湖街道,将西湖街道划归广润门街道管辖;撤销系马桩街道,将系马桩街道划归南浦街道管辖;撤销十字街街道,将十字街街道洪城路以北的社区划归绳金塔街道管辖,洪城路以南的社区、村划归桃花街道管辖;设立九洲街道,将桃花街道 11 个社区、5 个村划归九洲街道管辖;将桃花街道 5 个社区、2 个村划归朝农街道管辖;将桃花街道一村划归朝阳洲街道管辖,渔业村划归桃源街道管辖。

【推进优化营商环境"一号工程"】 2022 年,针对疫情影响,西湖区在用足、用好省"28 条"、市"16 条"政策基础上,配套出台区"23 条"纾困解难措施,形成一揽子惠企政策。全年累计兑现惠企资金 5.7 亿元,受益企业 1.96 万家。引导驻区金融机构为企业放贷 314.35 亿元。创新设立"110"服务热线,6 个"新官不理旧账"问题全部办结。在全市首创"千名干部访千企"行动,解决企业反馈问题 572 个,实现企业和规模以上个体户走访全覆盖。全年净增市场主体 2.07 万户,同比增长 36.77%;有市场主体 7.78 万户,总量居全市第二位。新增"五上单位"突破 600 家、"个转企"228 家、"小升规"67 家。

【中小学生游泳教育】 2022 年,西湖区率先启动游泳教育普及,开展以游泳技能和防溺水培训为主要内容的"泳动西湖"行动,以全民健身中心和广南青少年体育俱乐部为主,联合 5 家评估合格的游泳馆对全区四至六年级学生开展免费培训,全区有 5670 名学生达标。《泳动西湖:让全区中小学毕业生人人会安全游泳》刊登《江西教育》杂志头版,《让全区中小学毕业生人人会安全游泳》案例入选全国"新时代十年基础教育改革创新案例",并在全省中小学生游泳教育试点工作现场推进会上做题为《"泳"动西湖"泳"往直前——南昌市西湖区中小学生游泳教育普及活动探索与实践》的典型经验交流。

(朱　君)

## 青云谱区

【概况】 青云谱区位于南昌市区南部,东与青山湖区罗家镇接壤,南与南昌县为邻,北毗西湖区,西临象湖与西湖区桃花镇隔湖相望,因境内"青云谱道院"(今八大山人纪念馆)得名,有"英雄城南大门"之称。2022 年,全区区域面积 43.17 平方千米,户籍人口 25.89 万人,辖 5 个街道(三家店、洪都、徐家坊、京山、岱山)、1 个镇(青云谱镇)和 1 个城市综合功能区(新经济产业集聚区),共 79 个社区居民委员会、12 个村民委员会。

【政治建设】 2022 年,区委理论学习中心组先后 6 次开展集中学习研讨。举办十九届六中全会精神轮训班、中青年干部政治理论培训班、区人大代表培训班方式,轮训科级干部 400 余人次、培训基层党员 1.3 万人次。依托区融媒体中心、"青云谱发布"微信公众号、掌上青云谱客户端等平台载体,发布稿件 1.91 万篇、2460 万人次阅读。充分发挥"书香青云"社区百科讲台、区级党群服务中心、新时代文明实践所(站)等平台开展"家门口的红色课堂"微宣讲 40 余场。推进城市基层党建引领基层治理,建设 14 个区级城市基层党建引领基层治理实训基地、20 个"老书记工作室"。全年采取留置措施 9 件 9 人,查处违反中央八项规定精神问题 19 起 20 人。聚焦教育领域、环保领域、征地拆迁、惠农惠民等群众身边的腐败问题和不正之风查处 30 起 34 人。创新纪检监察干部"一企一员"联系服务企业工作机制,为 5 家企业和个人挽回经济损失 95.37 万元。探索开展社区巡察"两访"模式,走访群众 1420 名,推动解决民生问题 56 个。

【经济建设】 2022 年,全年实现地区生产总值 443.37 亿元,同比增长 5.1%;固定资产投资增长 15.1%;推进重大重点项目 119 个,完成投资 218.33 亿元;新签约项目超 100 个,同比增长 47%。运服通物流数字平台等 3 个产品入选省应用场景"产品清单"。深入挖掘生态文化资源禀赋,与省旅游集团签订战略合作协议,南昌印钞有限公司获国家 AAA 级旅游景区和"江西省工业旅游示范基地"称号。举办"乐购青云谱、消费惠民生"商贸消费节引导市民消费,策划"百城百夜""遇见·青云谱"等文旅活动激活夜间经济,聚焦汽车等大宗商品提振消费市场,带动消费超 4 亿元。实施营商环境优化升级"一号改革工程",为辖区 544 家企业和个体工商户兑现、减免 738.36 万元。开展青云谱区 2022

年“暖心护企”企业走访活动，走访企业3.4万家，走访率100%。区工商联获评全国“五好”县级工商联。培育壮大市场主体，新登记市场主体1.89万户，同比增长117.7%。全面落实企业上市“映山红行动”，阳光乳业集团在深交所敲钟上市，实现全省乳制品行业上市公司“零”的突破。

【社会建设】 2022年，完成城南路、塔南路等1.6千米道路新建，持续推进12.7千米洪都新城路网建设。全面打通总长9.5千米的10条“断头路”。完成井冈山大道提升改造工程，困扰群众多年的18座BRT公交站全面拆除，打通大动脉、畅通微循环，“四横六纵”的交通格局进一步显现。全面启动35个老旧小区改造工作，惠及居民1.3万户，推进既有住宅加装电梯20台。新建江联社区、迎宾社区、益民南北社区等7个公共停车场，新增泊位2220个，有效提升城区环境面貌和整体功能。完成106处围墙围挡整治任务，岱山街道君湖社区获江西省“绿色社区 美丽家园”示范社区称号。抓好中央生态环境保护督察、省生态环境保护督察“回头看”问题整改，PM2.5累计浓度25.0微克/立方米，下降21.9%，空气质量达到二级标准。组建水环境治理专班，推进雨污分流制区域排水单元及市政排水管网整治，开工整治排水单元281个。象湖、梅湖水质明显改善，省控断面水质稳定达标；完善土壤污染防治体系，不断扩大城市绿化空间，新增公园绿地面积22万平方米。

【社会稳定】 2022年，侦破危害国家政治安全违法犯罪6起，其中全省首例非法宗教向南昌市医疗机构渗透案获省领导批示肯定。严格落实意识形态工作责任制，区委常委会研究意识形态相关工作8次。深化网络空间综合治理，上报涉南昌信息1900余条，涉区信息210余条。防范化解经济领域重大风险，侦破各类经济案件11起，追账挽损700余万元。实行房地产项目“一楼一策一专班”，设立资金共管账户，化解新力睿园等多个涉稳问题，推动1431套住宅交付。地方政府债务风险等级控制在绿色范畴，债务余额控制在合理限额区间。常态化开展安全隐患排查整治，实现全区D级危旧房“清零”目标，连续20年未发生较大及以上生产安全事故。

【民生工程】 2022年，持续加大民生事业投入力度，10件人大代表票决民生实事均完成年度目标。投入2.4亿元，新增教学及辅助用房面积6.5万平方米。师大附属博文实验学校、南师附小京山校区完工交付，新增学位2880个。完成13家医疗卫生机构中医药标准化建设，打造“15分钟中医药健康圈”。完成35个社区邻里中心建设，构建“15分钟社区生活圈”。新增洪纺社区、南莲社区2所嵌入式养老院，青云谱镇青英社区相关经验入选全国示范性老年友好型社区典型案例。建成托育机构4家，解决托位1125个。推动6家“孺子书房”建设，开展各类线上线下公共文化活动250余场，服务群众50余万人次。开展“一对一”精准就业帮扶服务，全区新增就业人数5890人，零就业家庭安置率始终保持在100%，青云谱区公共就业创业人才服务中心获评江西省社会保障工作先进集体。开展根治欠薪专项行动，惠及1903名劳动者，总金额4583万元。创新打造“法院+工会+劳仲委+律所”劳动争议仲裁调解机制，按期办结率100%。徐家坊街道获国家级突出基层劳动人事争议调解组织称号。建设区综治中心综合服务功能提档升级暨矛盾纠纷联合调处中心项目，依托三级综治中心受理上报事项8.14万件，办结率99.7%。全区治安环境得到有效净化，有效刑事警情、治安警情分别同比下降23.0%和5.3%。

【构建“15分钟中医药健康圈”】 2022年，出台《青云谱区“15分钟中医药健康圈”标准化建设和规范化管理实施方案》。先后成立6个社区卫生服务中心党支部、7个“15分钟中医药健康圈”党支部，设立21个“15分钟中医药健康圈”党员先锋岗位，先后组织100余名党员、20余个社会组织参与“15分钟中医药健康圈”打造。投入3000余万元创建1家省级示范中医馆、打造1个基层热敏灸综合服务区，完成13个中医药健康圈点位标准化建设。全区100%的社区卫生服务中心能运用中药、针灸、火罐、刮痧、按摩、敷熨熏浴等6类以上中医药技术方法治疗常见病、多发病；80%以上的社区卫生服务站、40%的村卫生室能运用4类以上的中医药适宜技术开展中医药服务。社区卫生服务中心均设有中医诊室和中药房，提供300种以上的中药饮片和50种以上的中成药，均配置常用的中医药诊疗设备。

【青云谱镇青英社区被评为全国示范性老年友好型社区典型案例】
2022年11月，青云谱区青云谱镇青英社区典型案例经验材料《青云腾起处 社区敬老浓》成为全省72篇典型案例经验材料中，唯一入选全国示范性老年友好型社区典型案例经验材料。青英社区常住人口3687人，其中60岁以上老年人口582人。社区党委在专题调研和全面摸底基础上，由社区干部和50余名退休老党员、老干部、热心居民组成老年人日常服务管理工作理事会，带领社区老年人自我管理、自我服务、自我保护、自我教育，并积极参与社区建设和管理。社区整合资源，建立和完善社区居家养老服务网络，每年安排5万元用于老年人专项服务经费。在居家养老中心配备老年人日托用房，完善厨房用具、如厕洗浴、紧急呼叫设备。在小区增加健身器材、乒乓球台、休闲凉亭设施。

**【数字物流法企直通站成立】** 2022年9月16日,区人民法院驻江西省物流行业协会“数字物流法企直通站”挂牌成立。是全省首个法院驻省物流行业协会“数字物流法企直通站”,可以为省物流行业协会1000余家会员单位提供零距离法律服务。“数字物流法企直通站”充分发挥人民法院的司法专业优势、省数据法学研究会的学术人才优势以及省物流行业协会的企业桥梁优势,打通“法协学企”快速便捷的直达通道,为企业经营发展提供精准化、定制化、便捷化的“论坛式”“订单式”“联动式”司法服务,进一步解决数字经济智慧物流企业发展中存在的实际困难,实现“前沿信息共同分享、企业困难共同面对、发展问题共同解决”的良好格局和发展实效。

**【徐家坊街道获评国家级突出基层劳动人事争议调解组织】** 2022年4月20日,人力资源和社会保障部、全国总工会、中国企联、全国工商联联合对全国2021年度工作突出的106家调解组织予以通报表扬。南昌市青云谱区徐家坊街道劳动人事争议调解中心被评为“2021年度工作突出基层劳动人事争议调解组织”。徐家坊街道成立人民调解委员会,配备劳动关系协调、劳动监察协管、劳动争议调解的专职工作人员1名,兼职工作人员17名。日常工作中以和谐劳动关系创建为契机,整合资源,针对辖区楼宇多、企业多、职工多的特点,先后成立李敏金牌调解工作室、司马庙建材市场综合调解室等多个极具特色的调解室。通过全覆盖纠纷调解,获得辖区企业、职工一致好评,为辖区经济繁荣稳定奠定基础。

**【江西阳光乳业股份有限公司深交所敲钟上市】** 2022年5月20日,江西阳光乳业股份有限公司在江西南昌阳光梦工厂举办深交所主板发行上市云敲钟仪式。该次阳光乳业股票发行价格为9.46元/股,发行数量为7070万股,实现江西省乳制品行业上市公司“零”的突破。同时,是南昌市继正邦科技、煌上煌食品之后的第三家主板上市的农业产业化龙头企业,也是南昌市2022年首家上市公司。江西阳光乳业股份有限公司成立于2008年12月,注册资本2.12亿元,位于青云谱区,是集乳制品、乳饮料研发、生产、奶畜养殖、科研开发和市场销售于一体的专业化乳品企业,先后被评为“农业产业化国家重点龙头企业”“国家首批农产品加工示范企业”“中国液态奶企业13强”“全国食品工业优秀龙头企业”“中国乳制品行业优秀企业”等。

2022年9月16日,青云谱区人民法院驻江西省物流行业协会“数字物流法企直通站”揭牌仪式举行

(青云谱区　供图)

**【青云谱镇益民社区党建引领救助服务综合体投入运营】** 2022年10月,青云谱区青云谱镇益民社区党建引领救助服务综合体投入运营,成为全省首个党建引领救助服务综合体。益民社区低收入群体和困难群众非常集中,常住人口3430户、5319人,其中低保户1050户。社区60岁以上老人1580余人,独居“空巢”老人77人,还有316名残疾人和20名社区矫正对象。社区独居和孤寡老人以及残疾人等人员较多,存在吃饭、看病、急救等诸多急难愁盼问题。为更好地精准服务辖区困难群众,社区以创建中国红十字总会城市社区红十字博爱家园示范点为契机,投资100余万元,把社区物业公共大楼改建成党建引领救助服务综合体,整合食、住、医、购、学等多种服务功能,以满足社区困难群众日常帮扶、救助等需要。

**【10条“断头路”全部贯通】** 2022年,青云谱区推进“打通断头路 畅通微循环”攻坚专项行动,重点打通洪都新城片区,分别为新溪桥南路、新溪桥北路、辛家庵路、昌安路(原惠民路)、博文路、利民路、猎鹰路、强五路。此外还有连接佛塔路和城南大道的金鹰路,以及位于洪都老厂区西面的新溪桥东路。10条“断头路”总长9.5千米,耗资3.14亿元。其中,8条位于道路贯通后优化洪都新城的路网结构,形成“回”字形循环,改善道路周边居民出行环

境。区域内“四横六纵”路网体系初步构建,交通健康指数全面提升。

（青云谱区委史志研究中心）

## 青山湖区

【概况】 青山湖区位于南昌城东,赣江下游,青山湖畔,是南昌城的发源地,因辖区风景秀美的青山湖而得名。2022年,青山湖区管辖湖坊、塘山、京东、罗家4个镇,上海路、青山路、南钢、站东4个街道,青山湖高新技术产业园区1个省级工业园区。有60个建制村、116个社区居委会、15个家委会,257个自然村。区域面积127.6平方千米。户籍人口44.3万人。

【政治建设】 2022年,青山湖区围绕学习领悟“两个确立”的决定性意义、《习近平谈治国理政》第四卷、党的二十大精神等学习研讨8次,开展各类专题辅导报告7场,做到习近平新时代中国特色社会主义思想真学真懂真用,不断增进政治认同、思想认同、情感认同。开展宣传宣讲,统筹红色宣讲团、劳模宣讲团、银发宣讲团、网红宣讲团等各类特色宣讲队伍,开展对象化、分众化、互动化“六进”宣讲100余场次,培育推出“网红主播+直播宣讲”等基层宣讲品牌,推动党的创新理论“飞入寻常百姓家”。推动媒体融合发展,打造全市首个区级“新闻发布间”,设立67名全区新闻发言人,策划举办新闻发布会12场。抓紧抓牢意识形态工作,落实“五个纳入”,出台系列制度文件,区委常委会先后8次专题研究有关工作,把握意识形态工作主动权。夯实基层基础,持续推进19个党建“书记项目”,建设党建综合体9个,推动形成“15分钟党群服务圈”;在项目攻坚、疫情防控、城市建管等方面成立临时党组织395个,设立党员先锋岗2026个,7600余名党员在急难险重一线当先锋、做表率。建立完善“三重一大”事项集体决策制度,坚持重大事项向区委报告,自觉接受人大监督、政协民主监督和社会监督,认真办理人大建议87件、政协提案142件;开展“大抓落实年”活动,建立运行“闭环管理抓落实”机制,做好国务院大督查、审计督察反馈整改工作;持续深化新形势下“五型”政府建设,累计办理“12345”政务服务热线、问政江西等各类平台群众投诉件4.2万件,按期办结率100%。全年查处违反中央八项规定精神问题20起,批评教育帮助和处理28人,给予党纪政务处分25人;查处群众身边腐败和作风问题24起,批评教育帮助和处理27人,给予党纪政务处分13人。

【经济建设】 2020年,青山湖区地区生产总值完成675.31亿元,比上年增长5.0%;地方一般公共预算收入14.88亿元,按自然口径计算同比下降6.5%,扣除留抵退税因素后增长5.6%;社会消费品零售总额完成303.4亿元,增长5.1%;500万元以上固定资产投资增长11.8%。实际利用外资700万美元,增长5.1%;实际利用内资172.4亿元,增长7.6%。规模以上工业增加值增长6.9%,固定资产投资增长10%以上,规模以上服务业营业收入增长8%以上,限上消费品零售额增长11.5%,经济运行呈现出“总量扩大、增速回暖、位次前移、持续向好”良好态势。全年培育高新技术企业149家、科技型中小企业261家、“瞪羚”(潜在)企业2家;完成技术合同登记127项,交易额12.79亿元;全区专利授权量1931件,其中发明专利授权207件,万人有效发明专利拥有量达每万人16.22件。8月18日,青山湖区政府与百度公司战略合作协议签约仪式举行,签约项目1个,为投资10亿元的百度飞桨(江西)人工智能产业赋能中心项目。江西工业设计中心投入使用,是全省工业设计产业重大平台项目,位于北京东路107号,总投资2.29亿元,占地面积1.21公顷,建设面积4.18万平方米(含地下室面积5600平方米),改造面积3600平方米。

【社会建设】 2022年,青山湖区各项社会事业协调发展。丹霞学校、青山湖二中、灌城小学3所校建项目建成落地,南镇学校、罗家学校、李巷小学正式投入使用,临江学校、天香学校加紧施工。全年新增义务教育阶段学位5550个,新增公办幼儿园7所,增加园位1920个,提供婴幼儿托位2705个。成立区属六大教育集团,优质学校集群带动发展覆盖面达到100%。全年城镇新增就业6090人,城镇失业人员再就业1931人,就业困难人员就业476人,新增农村劳动力转移1070人(其中省内新增农村劳动力转移980人),青年见习152人,创业培训1126人。全年发放创业担保贷款7571万元(其中个贷161笔,3471万元;为10家小微企业发放贴息贷款共4100万元)。发放创业担保贴息贷款244.14万元。开展线上线下公共就业服务活动187场,其中线下5场、线上182场,提供就业岗位17.96万个。全区出生3068人,人口出生率6.11‰,人口自然增长率4.26‰。2个嵌入式养老院投入使用,江西省妇幼保健院青山湖院区开业运营。全年新增护理床位194张、家庭养老床位469张。深化公立医院综合改革,落实国家基本药物制度,建立居民健康档案49.2万份。打好蓝天保卫战,推进“双碳”工作,推进臭氧污染防治,开展空气质量提升“百日攻坚”行动。全区空气质量优良天数327天,优良率90.8%。打好碧水攻坚战,持续推进城区水环境治理,有序实施448个排水单元整治和109条道路管网雨污分流改造,创新推行“河长+检察长”“民间河长+政府河长”。幸福渠流域8

条水系全面完成综合整治,饮用水安全保障、污水收集处理、黑臭水体治理水平明显提升。全区各类国控、省控和县界考核断面水质达标率100%,水质保持在Ⅲ类,水环境质量总体稳中趋好。持续推进城市更新,拆除违建300处2.13万平方米,完成征迁275户15.2万平方米,实施50个老旧小区、30千米老旧燃气管网改造,推进6个海绵城市项目建设。打造10个城市休闲和文化空间,打造文一锦门分馆、优唐星创园分馆、铁路五村分馆、长途汽车站分馆、联胜天香分馆5个孺子书房。打通龙湖天街西侧规划路、绿滋肴北侧规划路等7条"断头路",持续推进尤氦路等37条安置房和高铁新城配套路网。探索建立街巷长制,试点打造智慧路口,全面实施垃圾分类投放,全区道路实现机械化清扫全覆盖,新型"一体化"窨井盖在全市推广。全年共开展文化活动80余场,全民阅读活动100余场,送戏下乡42场,送电影下乡1000余场,线下公益展览、培训、讲座20次。

**【社会稳定】** 2022年,青山湖辖区共发刑事治安警情4869起,同比下降35.78%。其中,电诈警情781起,下降51.61%;盗窃警情2221起,下降40.23%;黄赌毒警情1447起,下降34.17%。刑事警情全市占比从近1/4下降为不到1/6。破刑事案件923起,办理行政案件7101起,采取强制措施1155人,行政处罚2006人,摧毁各类犯罪团伙86个。深入开展"1+4"专项攻坚行动,化解矛盾纠纷1314起。开展"大干30天"保交楼攻坚行动,妥善处置逾期楼盘涉稳风险,排查整治经营性自建房安全隐患36栋。打好安全生产专项整治三年行动收官战,立案查处违法违规生产经营单位84家,整治防溺水安全隐患209处、道路交通安全隐患559处。全区未发生较大及以上安全生产事故,事故起数和死亡人数实现双下降。抓好抗旱救灾和稳粮保供工作,加强涉粮问题专项整改,守牢粮食安全底线。强化基层应急体系和应急能力建设,统筹抓好工业制造、建筑施工等各领域安全生产工作。

**【民生工程】** 2022年,青山湖区投入民生资金21.3亿元,占一般公共预算支出的64.4%,增长4.4%。发放创业担保贷款6709万元、稳岗补贴等各类补贴1300余万元,新增城镇就业5993人、农村劳动力转移就业1070人。做好困难群体保障,全面落实社会救助、社会福利、慈善公益等各项政策,发放低保、特困、高龄、残疾人等各类补贴5500万元,低保对象、特困人员保障分别提高60元/月、85元/月。做好征迁安置保障,24个安置房项目竣工,17个安置房项目启动分配,2.11万名群众迁入新居,2.88万名被征地农民纳入社会保障。推进总投资84.88亿元的132个为民办实事项目,已开工127个,开工率96.21%。全面推进住有所居,加快548.63万平方米3.95万套共29个安置房项目建设,罗万、何兴、濡溪等6个项目已完成分配,高兴、梁万、货场二期等11个项目正在组织预分配;完成2187套公租房建设,有效推进全区经适房上市,既有住宅加装电梯26台,全面开展农村房屋安全隐患排查整治。省妇幼保健院青山湖院区正式开业,推进全省医疗保障综合改革先行示范建设,成立全省首个医疗保障一体化服务中心,打造国家级医保服务示范窗口。

**【青山湖区AAAAA级婚姻登记中心运营】** 2022年6月28日,青山湖区打造的集婚姻登记、婚俗展览、婚前医学检查、婚姻调解于一体的全方位AAAAA级婚姻登记中心正式运营。婚姻登记中心位于上海路699文化创意园二期520Park文创公园内,房屋建筑面积1153平方米,投资450万元。中心一楼设有赣鄱婚俗博物馆,将全省各地婚姻历史、习俗等通过实物、图文、多媒体进行展示,并对外开放,是全市唯一的婚俗文化展示中心。二楼婚姻登记中心按照国家AAAAA级婚姻登记机关标准进行打造,分设候登大厅、结婚登记区、独立离婚登记室、颁证大厅、婚姻家庭辅导室等。在内部装饰上,既突出庄严神圣又突显温馨浪漫。其中,登记大厅7个窗口以南昌"七门九洲十八坡"中的七门命名,富有南昌文化特色;中式颁证室龙凤呈祥、西式颁证室温馨浪漫,可满足不同人群需求。至年底,接待200余人次参观学习。

**【2022青山湖区现代针纺产业招商推介会举行】** 2022年8月12日,2022青山湖区现代针纺产业招商推介会举行。中国纺织工业联合会副会长徐迎新、工业和信息化部消费品工业司纺织处处长于琨、中国针织工业协会副会长张希成出席。会上,推介青山湖区营商及投资环境。该次推介会共邀请60余位针纺行业精英人士、时尚设计大师、知名企业客商参加。全区共签约项目10个,投资总额111亿元,包括投资30亿元的江西豪驰5G服装智慧工厂项目、投资28亿元的泰华新型纺织服装创新智慧产业园项目、投资20亿元的贝谷贝谷母婴产业园项目和投资10亿元的智慧5G针织服装+AI智能互联赋能平台项目。

**【"青闪办"政务服务品牌打造】** 2022年,青山湖区以优化营商环境"一号改革工程"为抓手,聚焦"服务型政府"建设,做好"集中、压缩、提升"三篇文章,打造出"青闪办"政务服务品牌,推动政务服务由"一次办"向"一闪办"升级,对企业服务再刷"新速度"。在区政务服务大厅打造"便企服务专区",将涉企单位、办理事项、窗口人员集中在同一区域,方便办理企业全生命周期事项,实现“进一扇门”办成“一揽子事”。在政务服务大厅设置通用“一站式”窗口,将32个部门576项政务服务事项一窗统一受理;225个涉企审批事项,平均办理时限为2.5个工作日;“不动产登记+水电气”实现一链办理,办事人跑动次数由4次减少为1次;证明材料提交减少75%以上,业务平均办理时间压缩至1小时内。

【全省首个沉浸式反电诈体验馆开馆】 2022年10月1日,全省首个沉浸式反电诈体验馆开馆。体验馆建在青山湖区罗家镇神牛广场,包含视频动画宣传、诈骗通话体验、防诈骗VR体验和知识考核功能。通过设置“电诈魅影、迷魂一刻、谁是双面人、反诈大通关”沉浸式体验区域,运用VR虚拟现实技术,实现场景式、互动式、沉浸式体验,让群众置身于虚拟场景中,与“骗子”面对面过招,提升群众防骗识骗能力,切实守护好人民群众钱袋子。至年底,共接待816人次学习参观。

【江投医养嵌入式养老服务中心开业】 2022年10月,青山湖江投医养嵌入式养老服务中心开业。服务中心位于青山湖区湖滨东路555号天水怡景综合楼,总床位104张,以“康复+护理”为主线,护理人员均统一培训合格后上岗。一层设计包含接待、展示、文娱、餐饮、健康管理等综合性功能。设有营养食堂,食堂内有亲情包间;日间休息区设有10张休息位,供日托老人休息;设有书法室、棋牌室、舞蹈厅、多功能厅、康复训练室等多项设施。二层划分为失智专区及综合照护区。失智专区采用环型单间设置,中央活动空间便于观察所有房间动态;失智专区连通室外活动区域,全部做好护栏防护,与二层综合照护区有门禁控制。三层为失能照护单元,以全护理照护为主。整栋大楼由中央空调调节温度,房间布局南北通透,便于开窗通风换气,每个楼层均以梯控做好门禁控制管理,以防长者走失。至年底,有25名老人入住。

(宋文娟)

## 新建区

【概况】 新建区位于江西省中部偏北,东以红谷滩区接壤,隔赣江与南昌县相望;南与丰城市毗邻;西以高安市、安义县交界;北、西北与永修县相连;东北濒鄱阳湖与都昌县、鄱阳县、余干县为邻。2022年,全区行政区划面积2125.2平方千米,辖13个乡(镇)、2个街道,1个省级开发区及79个社区居委会、200个建制村,户籍总人口55.53万人。新建区获“全国科普示范县(区)”“全国产粮油大县(区)”“全省绿色有机农产品基地试点‘县级先行标杆’”“江西省鄱阳湖越冬候鸟和湿地保护工作先进县(区)”“全省森林防火平安县(区)”称号。

【政治建设】 2022年,新建区委把学懂弄通做实习近平新时代中国特色社会主义思想作为首要政治任务,研究制定《中共新建区委关于深入学习贯彻党的二十大精神加快全面建设社会主义现代化新建的决定》,组织区委理论学习中心组学习13次,集体研讨7次,印发学习汇编材料8次,开展“十支队伍进百村讲千场入万户”宣讲活动,形成“党员干部带头讲、专业人员深入讲、村民群众自己讲”理论宣讲体系。推动意识形态工作“五个纳人”落实落细,对全区16个巡察党组织和120个村级党组织开展专项检查。树牢大抓基层鲜明导向,创新实施村党组织书记个人有关事项报告制度,选树省级乡村振兴模范党组织7个、市级乡级振兴模范党组织22个,选聘120名大学生基层专干和246名社区工作者充实基层。在全区倡导争当“五个新建人”,纠正“五种不良作派”,建立任务单、问题单、成绩单“三单”工作机制,规范在工作上贯彻上级决策、严肃会议纪律、严格报告制度、严格公务安排、精简会议活动、严格请假报备、重视调查研究、主动担当作为、狠抓工作落实、深入联系群众、优化营商环境、加强督导问效“十二条”要求,查处违反中央八项规定精神问题26起33人、形式主义官僚主义问题14起22人、政治谈话“回头看”督查整改问题486个,问责21起32人,一体推进“三不腐”立案237起,党纪政务处分203人。推进“五型”政府建设,深化“互联网+政务服务”改革,区“12345”热线办整合“问政江西”、赣服通、公安非警务类等政务服务热线,受理诉求6.58万件,办结率100%,满意率99.96%。全省首创“政企通”综合服务平台和“五通”型政务服务新模式,被省委改革办列为“2022年全省探索和推广改革项目”。

【经济建设】 2022年,新建区地方一般公共预算收入完成30.98亿元,社会消费品零售总额181.45亿元,同比增长5%,城镇、农村居民收入人均可支配收入分别增长3.3%、5.4%。全区省口径实际利用外资31万美元,实际利用内资89.2亿元。实施数字经济“一号发展工程”,新增网信人才实训基地等数字经济项目10个,投资额33.3亿元。完成5G基站建设773个,5G信号全区覆盖率91.5%。创建省级全程机械化综合农事服务中心,为全区44家农业生产经营主体安装轨迹监管终端95套、农机具智能终端1733台,实现作业面积、轨迹全程监管。发展“上云上平台”企业1153家,开展“5G+智慧工厂”试点示范,南昌龙然实业等13家企业入选省级两化融合企业。全年新增签约重大项目51个,总投资263.9亿元,新增规模以上工业企业22家,完成规模以上工业企业产值605亿元,首次有2

家企业被列入全省中小企业公共服务示范平台,2家企业获评2022年全省专业化“小巨人”企业,23家小企业获批全省产融合作重点企业,新增省级专精特新中小企业28家。认定科技型中小企业114家,同比增长31%;中至科技获批省级“瞪羚”企业,联大高科、申宝汽车等5家公司被认定市级以上企业技术中心,江西科骏实业等2家企业获批南昌市博士科研创新中心。全区粮食产量45万余吨,蔬菜产量9.28万吨,冬种面积2.99万公顷,生猪存栏30.65万头,出栏58.22万头。鲜食葡萄、玲珑黄菊、芦笋种植、小龙虾养殖等农产品基地规模渐成,创建市级示范田园综合体1个、市级现代农业产业园3个,打造市级农业产业强镇2个。全区现有市级及以上龙头企业96家,市级以上示范社50家,市级以上示范家庭农场159家。发放各类消费补贴1200万元,助力实现限额以上零售额85.86亿元,新增限额以上住宿、餐饮企业58家,江西巴夫洛供应链等2家企业获评2022—2023年度省级电商示范企业。成立普惠金融服务中心,发放“财园信贷通”“科贷通”“财农信贷通”贷款10.6亿元,惠及企业1286家。新增规模以上文化企业4家,江西汪氏蜜蜂园入围省级工业旅游示范基地。

**【社会建设】** 2022年,新建区推进营商环境“一号改革工程”,加快“赣服通”新建分厅5.0版建设,政务服务网上可办率100%,全程网办率90%以上。在全市率先设立“办不成事”反映窗口,推出“第三方合规评估机制”“周末法院”“诉事速办”,对3.2万家市场经营主体开展“企业大走访”及“暖心护企”专项行动,解决企业反映诉求和问题线索1446条,办结率99.5%。推行“周末亲清行”常态化联系服务企业机制,兑现惠企金额7.3亿元,惠及企业1670家。实际净增市场主体2.28万户,新增“五上”企业141家,增长31.8%。全面推进新建城、九望新城、市政公用城片区道路建设,梦山北大道、山丹路、新城大道3个市级“胡子工程”提前销号,敏学路、梦山东路等5条“断头路”全面打通。投入25亿元启动城区排水管网改造三年攻坚行动,投入2.2亿元完成13个老旧小区提升改造。打造城市休闲空间5个,建成绿道8千米,完成既有住宅加装电梯31台,改造城区公厕4座,实现主次干道装灯率100%。新建城体育中心建成投入使用,新增体育场地102个,在全省第十六届运动会上获7枚金牌、5枚银牌、6枚铜牌,新建文化中心获得中国建筑工程鲁班奖。唱响“新建当自强”文化品牌,著名作家、主流媒体到新建开展活动,推出一首歌、一系列评选、一百场主题活动,举办“文化进万家”等文化活动200余场。6家“孺子书房”竣工对外开放。小品《太阳照常升起》获十六届“华东六省一市”戏剧小品大赛金奖。

**【社会稳定】** 2022年,新建区深化平安新建建设,完成市域社会治理现代化建设66项试点工作,完成117个智慧平安小区、3所智慧平安医院、9所智慧平安校园、1个专业性行业性矛盾纠纷调解平台建设,其中新建区第二中学获评智慧平安校园项目优秀案例、丁家圩等15个小区获评智慧平安小区项目优秀案例,奖补金额总计801.5万元。实施开放式居民区围合服务管理,探索“四级网络”管理模式,破解开放式小区疫情防控、社会治理难题,作为全市唯一的基层治理典型案例在全省推广。完善社区治理模式,打造“五星级”“四星级”幸福社区4个。常态化开展扫黑除恶斗争,破获刑事案件400余起,重特大恶性案件持续两年实现“零发案”。分批化解恒大、新力、绿地等逾期楼盘涉稳风险。推进安全生产专项整治三年行动“巩固提升”攻坚战,实现森林防灭火“三无一确保”未发生较大及以上安全生产事故,入选全国社会治理百强区。

**【民生工程】** 2022年,新建区民生支出占全区财政支出比重82%。推进巩固拓展脱贫攻坚成果同乡村振兴有效衔接,稳定实现“两不愁三保障”和饮水安全问题动态清零。新增城镇就业5403人,转移农村劳动力6562人,发放创业担保贷款1.37亿元,零就业家庭就业安置率100%。开展“百场校招”等招聘活动64场,实名制签约1.26万人。发放城乡低保金1.51亿元,高龄补贴1579万元。区社会福利中心基本完工,长埨街道、望城镇2个嵌入式养老院建成运营,养老体系更加完善。新建经开区第二中心学校等3个项目建成,新建二中提升改造等7个项目持续推进,新增中小学学位1800个,普惠性园位1560个,组建9个城乡教育联盟,撤并46个农村教学网点。全面落实“双减”政策,推进教学改革,成立教育发展基金6000余万元。加快区人民医院二部建设,建立16个乡镇卫生院联合医共体,打通乡镇卫生院医疗管理系统与医保系统双网融合省级报销平台,医疗服务稳定提升。2021年中央第二轮生态环保督察交办信访件销号率100%。PM2.5、PM10均值分别为23.3微克/立方米、47.3微克/立方米,较上年分别下降4.8微克/立方米、9.1微克/立方米,全年空气质量达到国家二级标准。推进前湖水系水环境治理工程,建设大塘坪、金桥等5个集镇污水处理厂,全区1个县级和6个农村集中式饮用水水源水质达标率均为100%。强化土壤污染管控和修复,有序推进废弃矿山复绿,完成28座废弃矿山复查,全区未发生重大土壤污染环境事件。投入9.27亿元推进“两整治一提升”行动,打造320国道、乐饭线、西圳线等美丽示范线,19.3

千米省道、69.5千米县乡道“白改黑”任务完成，改造危桥14座，实现县道三级及以上公路占县道公路总数的85%以上。实施美丽乡镇村庄建设，打造“梦飞田园”“丰产河”“蓝泥湾”3个乡村振兴示范区，完成5个乡村振兴示范村、53个共同富裕样板村、241个村点整治建设任务。象山镇河林村获中国美丽休闲乡村称号，望城镇、溪霞镇获评江西魅力乡镇。

**【江西科骏实业有限公司入围2022年中国VR50强企业】** 2022年11月12日，虚拟现实联盟发布“2022中国VR50强企业”名单，江西科骏实业有限公司居“2022年中国VR50强企业”第25名。江西科骏实业有限公司是总部落地新建区的一家以计算机图像系统研发、VR教育及行业应用解放方案为主的技术服务企业，为国家高新技术、双软认证企业。公司基于大数据、云计算、人工智能、AR/VR技术，通过对“AR+VR+教育”智慧教育模式探究与摸索，为基础教育、职业教育、高等教育等各阶段客户提供教育信息化服务，并为轨道交通、航空、汽车、智能制造及文化娱乐等行业领域提供定制化系列应用解决方案。

**【新建文化中心获中国建设工程鲁班奖】** 2022年，新建文化中心入选中国建筑业协会2022—2023年度第一批中国建设工程鲁班奖（国家优质工程）名单。该项目位于新建区子实路最西端，紧邻欣悦湖，用地面积5.14公顷，总建筑面积8.49万平方米（其中地上建筑面积5.62万平方米，地下建筑面积2.87万平方米），地下一层，地上主要由1号楼剧院、2号楼博物馆、3号楼文化馆、4号楼图书馆、5号楼平台组成，总投资约7亿元。项目作为新建区精品文化惠民工程，整栋建筑南北对称，通过一个统一平台进行串联，大量采用环保、生态、可再生绿色装饰材料，形成现代、简约、明快、大气建筑风格，对提高全区公共文化服务水平，提升新建区对外形象具有重要意义。

**【象山镇河林村入选2022年中国美丽休闲乡村】** 2022年10月，新建区象山镇河林村入选农业农村部2022年中国美丽休闲乡村名单，是南昌市唯一入选村。河林村坚持“大美生态，美丽休闲”绿色发展理念，做足农文旅融合发展文章，推进美丽乡村、休闲旅游项目建设，定期举办荷花节、丰收节、果蔬采摘等乡村旅游活动，形成赏荷花、摘果蔬、拍抖音、品美食、购农货乡村生态经济。建成107公顷集农业生产、果蔬采摘于一体的休闲农业特色产业园，全年接待游客2万余人，实现综合收入1800万余元，农民人均收入2万余元，打造休闲农业与乡村旅游典范。

**【南昌新建城万达广场商业综合体投入使用】** 2022年12月16日，南昌新建城万达广场综合体项目正式投入使用并举行开业仪式。该项目位于祥云大道和320国道交叉口西北角，东至昌西大道，南至祥云大道西延线，西至规划六路，北至敏学路。项目总投资25亿元，用地面积7.83公顷，总建筑面积41万平方米。整个项目由金街、写字楼、精装SOHO、国际购物中心、三星级酒店、广场组合业态构成，是集购物、餐饮、文化、娱乐、休闲、商务多功能于一体的、功能配套齐全的城市综合体。新建城万达广场综合体项目投入使用，辐射周边143个小区、68万名常住人口和众多办公产业园区，助推新建区商业提质升级。

**【首批“南昌制造”盾构机正式下线】** 2022年6月29日，首批南昌产“大国重器”——盾构机在新建经济开发区的南昌轨道交通产业园下线。该次下线首批“南昌制造”盾构机，开挖直径6.28米、长83.89米，重500吨，在江西中铁装备的工期统筹、研发制造和技术攻关下，按期同步生产交付，并首次搭载智能化驾驶系统、隧道三维扫描系统、壁厚注浆质量监测系统、管片变形监测系统等新工艺，填补江西省内高端产品制造业空白，并同步带动当地制造企业转型升级。

（沈　杨　蔡晓华　吴志芳）

## 红谷滩区

**【概况】** 红谷滩区位于南昌市西北部，赣江下游西岸，是南昌市为拓展城市规模，构建“一江两岸”城市发展格局而设立的城市新区。2002年4月成立红谷滩新区管委会。2019年12月设立红谷滩区。2022年，辖区面积403.2平方千米（其中水域面积29.3平方千米），林地面积5591.72公顷，森林面积5822.97公顷，森林覆盖率15.04%。下辖1个镇、1个乡、7个街道，设107个社区居民委员会、78个村民委员会。年末常住人口64.45万人。

**【政治建设】** 2022年，红谷滩区围绕学习宣传贯彻党的二十大精神，深入学习《习近平谈治国理政》第四卷及做大做强数字经济、优化升级营商环境等有关文件精神，在中央、省、市主要传统媒体共上稿2000余篇，其中中央、省级媒体上稿550余篇。全年发展党员131名，给111名老党员颁发“光荣在党50年”纪念章，选树“新时代赣鄱先锋”7名。组建“红心向党”宣讲队伍，搭建“1+9+N”宣讲工作框架，全年开展宣讲610余场，受众2.5万人次。推动打造“红谷连心会”党建服务平台。至年底，答复、解决问题建议724个，办结销号率95.5%。选派103名机关和社区干部担任党建指导员，深化“三个培养”（把骨干培养成党员，把党员培养成骨干，把党员骨干培养成管理人员）行动，成立

"小个专"(小微企业、个体工商户、专业市场)综合党委,不断提升"两新"组织党建工作水平。以社区巡察试点工作为抓手,全年开展3轮巡察。对1个驻区单位、6个区管单位、1个街道党组织分别开展联动巡察和常规巡察,对42个村、社区党组织开展直接巡察(社区巡察试点),发现普遍性倾向性问题925个,问题线索28个。在试点工作中,围绕"四看",推动解决群众反映强烈的问题54个,完善制定区、街道、社区三级制度成果27个,形成红谷滩区社区巡察"5个1+7"工作模板,省委巡视办刊物刊登红谷滩区经验做法。全年核定各类人才工作经费6亿余元。完善领导干部直接联系人才制度,区镇两级联动,属地、行业主管部门全参与。开展省内外高校招才引才活动,举办校招共94场,签约人数累计1.39万人;建立13个"赣才归巢"人才工作站,举办8所学校学子见面会。

**【经济建设】** 2022年,红谷滩区委、区政府按照"疫情要防住、经济要稳住、发展要安全"要求,主动对标"一枢纽四中心"发展定位,全面落实"六大战略"。推进186个重大重点项目建设,出台"重大项目不停工、重点企业不停产"奖补措施,争取各类项目资金12.54亿元,省市重大重点项目提前2个月完成年度投资目标,完成率列全市第一位。全区市场主体总数7.34万户,新增市场主体2.64万户,同比增长77.34%。"五上"企业新增89户,增长97.8%,增量列全市第二位,总数580户。投入1300万元开展6场"乐购红谷·悦享生活"系列活动,拉动各类消费超10亿元。统筹3000万元购房补贴提振商贸消费。协办2022世界VR产业大会,新引进入统签约项目67个,总投资额超650亿元。全区实现生产总值802.27亿元,同比增长3.2%。三次产业结构比为1.31∶10.60∶88.09。社会消费品零售总额321.43亿元,增长5.2%。实际利用外资5019万美元,任务完成比51%。城乡居民人均可支配收入分别增长6.2%、6.5%。固定资产投资总额740.2亿元,增长2.7%。一般公共预算收入33.73亿元,同口径增长5.6%。在区建筑业企业总数130家,全年建筑业总产值完成946.15亿元,增速27.8%,全市排第一名。至年底,辖区内有数字经济企业5380家,增长1361家,是全省数字经济企业聚集度最高、增加量最大的县区。有各类金融机构1302家,汇集全省80%以上的法人金融机构和省级区域性总部,年度税收贡献超100亿元。建成商业楼宇263栋,税收超亿元楼21栋,其中10亿元2栋(中航信托21.58亿元,江西银行12.7亿元),是全省企业总部最多、楼宇经济最为活跃的县区。辖区内10万平方米以上综合体5个,分别是华润万象城、铜锣湾T16、杉杉奥特莱斯、万达广场、印象城,各类综合体、商超总建筑面积约146万平方米,营业额累计约70亿元。举办规模以上展会26场,累计参观参展60万人次,实现总销售额770亿元。全区村集体经济年收入均突破30万元,最高达4000万元,村集体经济年收入增长率在全市排第一名。

**【社会建设】** 2022年,红谷滩区制定领导干部自然资源资产离任审计细则,出台污染天气应急预案、突发环境事件应急预案。空气优良率为88.1%,PM2.5平均浓度为30微克/立方米。中央及省环保督察反馈380个问题及信访件全部销号。424个排水单元基本完成整治。前湖水系水质达到Ⅳ类水标准,提前完成"一年内大见成效"治理目标,乌沙河水质达到Ⅳ类水标准,赣江干流7个断面水质达到地表水Ⅱ类标准,黑臭水体全面消除,饮用水水源水质达标率100%,海绵城市建设取得新成效。打通奋进路、慧谷路、圭峰大道、花园南路、狮子山大道等8条"断头路",九昌樟石油管道迁改"胡子工程"仅用15天全面完工。整治围墙围挡148处,拔除违章建筑477处,拆除超期临时工棚7万平方米。新建7个公共停车场,新增停车泊位1429个。改造老旧小区4个。打造窨井盖样板路2条。完成8条背街小巷增亮补亮,实现全区范围灯亮路明。新增彩化面积5.6万平方米,打造6处示范性景观小品,建成五大城市休闲空间。中央绿轴公园、赣江市民公园四期、雨阳公园、水天消防广场全面对外开放,赣江市民公园五期仅用9个月完工开放,赣江西岸呈现长达28千米的"江南水乡"美景。首创"物管城市"模式,试点改造5个小区。设置垃圾分类投放亭534个、智能分类屋3个,居民垃圾分类参与率超95%。非居民用户燃气安全报警器安装率100%。智慧城管系统采集、化解问题超20万个。开展农业农村"两整治一提升"行动,整治农村人居环境。按照"四化""八有"标准,投资4000余万元打造厚田闸上村"乡村振兴示范村"、生米街道谢家垅自然村"共同富裕样板村"等7个示范点,安装40个自然村571盏路灯。整治农村路域环境,改造昌樟生米立交桥、厚田艾家桥2座危桥,安装20千米农村道路临水临崖护栏。

**【社会稳定】** 2022年,红谷滩区以矛盾纠纷排查化解专项行动为抓手,坚持日排查、周通报、月调度,实行清单销号管理。至年底,全区共排查矛盾纠纷7684件,化解7513件,化解率97.71%。化解新力江悦延期交房、红谷滩华润万象城农民工欠薪、凤凰城社区业主反映读书等问题。开展农民工工资清欠工作,累计解决讨薪投诉387起,为1.63万名农民工追回被拖欠工资3.8亿元。完成党的二十大、世界VR产业大会、南昌市迎新烟花晚会等重大活动安保维稳任务160余个;“鸿鹄之智”获全省市域社会治理现代化优秀试点成果奖第一名,并在全省新时代政法工作创新交流会上,作为全市唯一县区作交流发言。在全市建成首个矛盾纠纷多元调解中心、75个智慧平安小区。常态化开展扫黑除恶斗争,组建区公安分局食药环侦大队,打击电信网络诈骗、养老诈骗等违法犯罪,累计破获各类刑事案件464起。完成区、乡镇(街道)、村(社区)三级综治中心等级化创评工作,乡镇(街道)优秀率100%,村(社区)综治中心达标率100%;完成75个智慧平安小区、12所智慧平安校园、3所智慧平安医院建设。新增14个社区,新聘156名社区干部。新建9个社工站,覆盖率100%。探索与江西师范大学“校地两个网格融合”工作机制。

**【民生工程】** 2022年,红谷滩区民生支出68.52亿元,占一般公共预算支出的84%。20件市区人大代表票决民生实事落地。32台既有住宅加装电梯投入运行,卫东街道鹿璟名居社区、九龙湖街道鸿玺社区2个嵌入式养老院对外开放,生米街道农贸市场改造完成,0—3岁婴幼儿照护服务托位达到每千人3.5个。组织校园招聘活动111场,发放创业担保贷款8728万元,新增城镇就业3703人,帮扶返乡农民工就业660人,吸纳2.7万名大学生和技能人才到区创业就业。卫东街道世纪中央城社区、万达星城社区分别获评国家、省级充分就业社区。江西南昌留学人员创业园红谷滩园区获评全省首家“中国侨联新侨创新创业基地”。城镇企业职工养老保险新增参保1.83万人,累计参保6.61万人。低保标准提高至855元,特困人员供养标准提高至1120元。认定医疗救助人员6992人,拨付救助资金441.86万元。医保电子凭证结算率列全市第一名。新改扩建中小学校、幼儿园12所,新增学位7100余个。智慧教育项目加快推进,城区义务教育学校课后服务“5+2”实现全覆盖。招聘、选调259名优秀教师,公开引进10名教育人才,安家费补贴最高达40万元/人。获评“全省青少年业余训练十强区”“全省平安校园建设优秀区”。重庆医科大学附属儿童医院江西医院、中南大学湘雅医院江西医院、浙江大学医学院附属第一医院江西医院3个国家级区域医疗中心启动建设。南昌大学附属口腔医院投入运营。卫东街道社区卫生服务中心、九龙湖街道鸿玺社区卫生服务站对外开放。3个卫生院、4个社区卫生服务中心中医馆全面建成。连续2年获评“江西省文化产业重点区”,南昌西站、凤凰洲志愿服务集散中心等6个孺子书房对外开放。

**【红谷滩公安分局获评“全国优秀公安局”】** 2022年5月25日,南昌市公安局红谷滩分局被评为“全国优秀公安局”。红谷滩区公安分局开发VR智慧综合应用平台,设置可视化指挥、智慧安保、智慧管控、智慧楼宇等9个大模块26个功能点192个图层,自动化、连续化、智能化开展预警分析研判,精准指导日常打防管控。建成全省首个联勤联战便民服务中心,构建起灵敏而高效的“公安大脑”。整合户政、出入境业务职能,成立政务服务中心,出台《便民利民服务措施十五条》,在分局和各派出所设立24小时智慧便民服务区,推出“红谷滩户政便民”微信公众号等便民利民服务,10余个事项实现线上审批,公安政务服务实现预约办理、延时办理、一站办结,在警务创新、信息化建设、平安创建等持续领跑。

**【打造“鸿鹄之智”基层社会治理品牌】** 2022年,红谷滩区《多元融合护稳定“鸿鹄之智”惠民生》获江西省市域社会治理现代化“优秀试点成果奖”。红谷滩区社会治理“鸿鹄之智”平台整合原有5个信息化系统,融合区委指挥中心、综治中心、矛盾纠纷调解中心、区社会治理现代化指挥中心,实现“四中心一体化运行”。融合辖区“综治专网”“天网”“地网”“VR智慧小区”等各类治理资源数据,打造区属政法大数据中心。聚焦公共安全、城市建管、交通安全、消防安全、民生服务等五大领域,通过底层数据规范采集和结构化清洗,赋能上层治理场景建设。运用数字孪生技术建成区域VR云图,在辖区内各级综治中心实体化运行“视频云中心”“平安易连”等4个大模块,提升对重大活动、疫情防控等方面应急处置能力。

**【红谷滩金融商务区建设】** 2022年,红谷滩区汇聚全省80%以上的法人金融机构和省级区域性总部,实现落户各类金融机构和金融服务企业1302家,年度税收贡献超100亿元,各类基金规模近1000亿元,涵盖金融监管、银行、证券、保险、股权基金、金融中介服务机构等业态。红谷滩金融商务区入选“2022中国商务区综合竞争力20强”,成为全省唯一入选商务区。

**【红谷滩区元宇宙·VR数字农业示范基地试开园】** 2022年10月20日,红谷滩区元宇宙·VR数字农业示范基地试开园。该基地项目占地23.07公顷,由元宇宙+农业、生态循环农业示范区、植物种植工厂区、太空育种中草药繁育基地和配套项目由太空育种中草药车间、草莓车间、叶菜车间、浆果车间、番茄车间、育苗车间组成。基地致力打造集现代数字农业示范区、都市生态农业三产融合示范区、食药同源健康产业基地、乡村研学文旅示范基地为一体的现代数字农业应用场景示范园。基地致力于将航天科技成果转化应用到农业领域,以太空育种的草莓、辣椒等农产品以及中国科学院培育的菊苣、蛹虫草等药用植物作为培育对象,保证农作物高质、高产。基地率先采用将现实世界替换为元宇宙世界场景,实现基地科普研学板块虚拟与现实全场景交互,可以为参观者带来沉浸式体验。基地采取农村合作社+家庭农场联合体产业化形式,提高土地利用率,不但可以安置农村剩余劳动力,还能提高农户人均收入,提高农民生活水平,为南昌农业发展赋予新动能。

(钟　萍)

## 湾里管理局

【概况】　湾里管理局位于南昌市西北部,东南与新建区、红谷滩区相连,西邻安义县,北接永修县、赣江新区。辖区面积238平方千米,地形概貌为“七山半水分半田,一分道路和庄园”,下辖4个镇、2个街道和1个管理处,常住人口14.5万人。1969年成立南昌市梅岭管理区,1981年更名为湾里区,2020年撤区成立湾里管理局。2022年,按照南昌市第十二次党代会提出的“打造城市中央公园”战略要求,湾里管理局明确“打造一园三区,建设幸福湾里”总体思路。“一园”即打造城市中央公园,“三区”即打造高颜值的生态旅游区、高质量的生态经济区、高标准的生态居住区。至年底,全区地区生产总值完成77.07亿元,同比增长0.4%。全年接待游客1872.6万人次,实现旅游综合收入61.2亿元。“国家全域旅游示范区”“国家级旅游度假区”创建工作稳步推进,获全省首批“美丽活力乡村+乡宿”联动建设先行县,太平镇雷港村创建全国乡村旅游重点村,岭溪谷民宿获评全国甲级民宿。湾里空气质量优良率为93.9%。森林防灭火工作成效显著,湾里管理局连续14年获“全省森林防火平安县(区)”称号,湾里管理局农林办获2019—2021年度全国森林草原防火工作先进单位称号。全面推进城乡综合管理第三方治理和网格化管理,在全市创建全国文明城市2021年度考核中(县区组)排名第一。招贤镇招贤村获评全国民主法治示范村。

【政治建设】　2022年,湾里管理局坚持“第一议题”制度,全年召开32次党工委会议、12次理论学习中心组学习会,学习党的二十大和习近平总书记重要讲话、重要指示批示精神。12月,成立以党工委书记为组长的党的二十大精神宣讲团,开展“三美宣讲”、理论宣讲“七进”等活动,累计开展党的二十大精神宣讲60余场。开展换届“回头看”和2022年度软弱涣散村(社区)党组织排查整顿,1个软弱涣散村和1个重点村完成整改销号。推动实施“1235”景区党建,探索“党建+民宿”模式,服务旅游产业发展。召开局党工委全面从严治党形势分析会、“七个有之”专项治理工作会和作风建设专题会及全局警示教育大会、廉政工作会,开展中央八项规定精神十周年“回头看”活动,持续深化群众身边腐败和不正之风整治、“4+X”专项整治,查处问题52起,处理57人。始终保持惩治腐败高压态势,运用监督执纪“四种形态”处理102人次;受理信访举报83件,立案27件,给予党纪政务处分42人,风清气正政治生态不断巩固。

【经济建设】　2022年,全局非公有制经济实现增加值39.98亿元,同比增长1.5%,占地区生产总值比重51.9%。地方一般公共预算收入完成11亿元,下降1.4%,人均一般公共预算收入完成9901元。地方一般公共预算支出13.81亿元,增长4.9%。居民消费价格总指数增长1.8%,商品零售价格总指数上涨3.1%。完成社会消费品零售额20.7亿元,增长5.4%,高于全市平均水平0.8个百分点。城镇居民人均可支配收入4.67万元,比上年增加1626元,增长3.6%;农村居民人均可支配收入1.85万元,比上年增加906元,增长5.2%。引进产业项目60个,协议总投资额约204亿元,其中包括总投资55亿元的中国·南昌国际农产品交易中心、总投资50亿元的南昌·铜锣湾冰雪乐城等一批重大项目,为湾里发展增添动力。推进54个重大重点项目建设,总投资171.06亿元。其中,南矿高性能智能破碎机关键配套产业化、岭秀湖地下人防停车场综合体等一批项目开工,林泉谷民宿村、老四坡山体公园、异地重建湾里二小等一批项目竣工。

【社会建设】　2022年,做好保山护林、治山理水文章,全市首个梅岭国家生态区山水共治与绿色开发EOD项目推进,总投资18.9亿元,入选生态环境部生态环保金融支持项目储备库拟推送项目清单。湾里空气质量优良率为93.9%。启动267个排水单元达标创建工作,落实林长制,完成240公顷造林绿化、森林“四化”、森林抚育、封山育林等任务。城乡品质不断提升,黄洋界路、紫杉街等道路通车,桐木岭路、萧峰大道、新游客集散中心等一批项目快速推进,打造2个美丽宜居示范镇、3个美丽宜居示范村,牛栏咖啡、绿地悦澜湾等3家“孺子书房”建成开放。引入南昌二中入驻湾里合作办学,与南昌大学第一附属医院合作组建南大一附院医联体湾里医院,爱琴海购物公园、世纪华联超市等一批大型商贸综合体开业运营。推进城乡综合管理第三方治理和网格化管理,推行“五色”小区管理和“红色”物业管理,完成站前佳苑等16个城中村(开放式居民区)围合服务管理,实施综合辅助执法队伍集中治理与行政执法体制改革,在全市创建全国文明城市2021年度考核中获(县区组)第一名。营商环境持续优化升级，上线112条惠企纾困政策，开设政策兑现专窗，兑现资金2亿元。建立"小升规"重点企业培育库，全年推动44家企业"小升规"，特别是将南昌矿机培育为准上市企业。老四坡山体公园、林泉谷民宿村等一批文旅项目全面开业，岭溪谷民宿获评全国甲级民宿，月亮湾获评国家级AAA旅游景区，太平乡村旅游风光带获评首批省级旅游风光带，太平雷港村获评第四批国家级乡村旅游重点村。萧坛云雾茶非遗工坊"萧坛云雾茶：两个巴掌炒出飘香生活"入选国家"非遗工坊典型案例"。新成立4个社区居民委员会，招聘社区工作者51名，建成镇(街、处)社会工作服务站7个，配备专职社工14名，为基层民政服务提供人才支撑，夯实基层社会治理工作基础。加大师资队伍建设力度，通过全省统招、特岗招聘、编外管理等方式共补充师资90名。分2批次投入资金120余万元，完成校园安防"四个一"工程建设，完成10所智慧平安校园建设。组织举办"全民健身 幸福江西"2022年第三届"中国体育彩票杯"环鄱阳湖自行车精英赛南昌湾里站、2022年南昌梅岭越野挑战赛、湾里管理局第八届"梅岭旅游·梅岭健康杯"篮球邀请赛，推进体育+旅游深入融合。通过推进国家基本公共卫生服务项目工作，开展家庭医生签约服务工作，做到"签约一人，履约一人，做实一人"，累计完成电子档案8.09万份，家庭医生签约4.63万人，签约率41.52%，其中重点人群签约率为63.78%。实现辖区内所有行政村通客车目标。至年底，全区有公交班线21条，总营运车辆180辆，驾驶员191人。

【**社会稳定**】 2022年，湾里管理局做好党的二十大期间等关键时期安全稳定工作。主要领导先后18次接访、约访并现场调度解决群众诉求。摸排涉及群众切身利益的涉稳事项33件，"农校委培生"等一批案件全部化解，"金三江"受损群体等一批案件妥善处理。特别是成立房地产涉稳风险工作专班，做好恒大林溪府等楼盘复工"保交楼"工作，促进项目实现有序复工。以社区(村)为基本工作和统计单元，组织311名基层网格员、2000余名平安志愿者以及下沉党员等力量，排查矛盾纠纷。至年底，全局共排查各类矛盾纠纷693件，化解664件，化解率为95.81%。全年未发生重大矛盾纠纷"民转刑"事件，未发生群体性伤亡事件。

【**民生工程**】 2022年，湾里管理局巩固拓展脱贫攻坚成果，总投资1804万元的25个乡村振兴衔接资金项目全部完工。实施"两整治一提升"行动，完成共同富裕样板村8个、乡村振兴示范村2个以及总长32.64千米的10条农村道路"白改黑"工程。完成背街小巷增亮补亮工程、幸福街道景湾社区嵌入式养老院、电容器厂宿舍等7个老旧小区改造项目，新增3处城市休闲空间、9台住宅加装电梯、336个3岁以下婴幼儿托位数。教育总支出3.21亿元，较上年增加4355万元，增长15.67%。资助贫困学生1504人次，发放各级各类资助金75.45万元，没有一个学生因家庭经济困难而失学。完成22家村卫生室标准化建设，农村卫生服务能力稳步提升。投资399.1万元，全局6所基层医疗卫生机构完成医联体建设项目。充分发挥创业担保贷款作用，全年共发放创业担保贷款3815万元，完成全年任务的112.21%，直接扶持168人创业，带动587人就业。低保标准提高到每人每月855元，月人均补差水平达到596元。开展根治欠薪专项行动，全年共协调解决农民工欠薪投诉201起，涉及农民工1418人次，涉及金额1942.36万元。

【**699路公交旅游观光巴士开通**】 2022年1月15日，由湾里管理局和南昌公交集团共同推出699路双层巴士特色旅游观光线正式开通。该线路始发湾里旅游集散中心，全程共32个站点，票价2元，沿途经过洪崖丹井景区、磨盘山森林公园等多个代表性景点，将湾里、红谷滩的知名景点、景观街和站点串联形成观光线路，实现"运游结合"。为全面保障出行，高峰时段10—15分钟发出一班，日均发班50班，全面覆盖主干道活动范围，32个停靠站点最大限度满足沿线市民出行、就医、换乘地铁1、2号线需求，有效策应打造城市中央公园战略，不断提高市民、游客的满意度、幸福感。

【**中国·南昌国际农产品交易中心项目签约**】 2022年2月18日，湾里管理局与新农利合商业管理集团有限公司举行中国·南昌国际农产品交易中心项目签约仪式。双方签订"中国·南昌国际农产品交易中心"项目《投资协议书》《补充协议书》。项目总投资金额55亿元，拟在湾里罗亭镇打造一个集农产品会展、批发交易、电子商务、包装配送、冷链物流、质量检测、信息发布、防伪溯源、产业聚集、创业孵化、金融服务等功能于一体的现代化大型农贸综合服务平台。项目建成后，预计年交易金额达500亿元以上。

【**南昌·铜锣湾冰雪乐城项目签约**】 2022年6月10日，南昌·铜锣湾冰雪乐城项目签约仪式在新旅铂尔曼酒店举行。项目总投资约50亿元。项目围绕冰雪时尚运动、国韵音律文化、自然生态科普三大主题和33项精品业态开展规划，充分利用地形地貌、产品互补创新，创造性打造一个全国前三、中部地区最大的冰雪文娱综合体和一个全国首创的山体灯光秀音乐剧场、江西首个音乐主题文旅消费集聚区以及江西首个地球科学研学基地。项目建成后将成为集旅游、度假、休闲、滑雪于一体的旅游目的地,成为推动湾里文旅产业发展的新增长点。

**【南昌梅岭云端景区索道项目前期筹备工作】** 2022年,启动《梅岭—滕王阁风景名胜区总体规划》(2022—2035年)修编工作,将该条索道纳入此次规划修编范围,并根据《国家级风景名胜区规划编制审批办法》要求,在总体规划编制阶段对重大项目进行专题论证,完成索道规划项目专题报告编制及评审,同时项目建设报批需要编制的涉及环保、土地、规划等相关10个报告已按相关要求邀请专业咨询单位,对报告编制前项目相关情况进行评估论证。项目上、中、下站地块相关情况已与林业及自然资源和规划部门核对,解决地块使用问题。与金融机构达成贷款意向,项目建设自有配套资金落实到位,至年底,索道项目赋码及申报省重大重点项目等工作完成。

**【招贤镇周边棚户区(港下村片区)项目交付】** 2022年,招贤镇周边棚户区(港下村片区)项目南至萧峰大道、东至御墅国际小区、北至恒茂用地、西至绿苑路,用地面积4.73公顷,建设面积14.3万平方米(其中地下建筑面积2.6万平方米,住宅10.7万平方米,商业、活动中心等1万平方米),包含14栋住宅、沿街商业、道路、绿化景观等配套设施,总投资3.78亿元。项目于2019年4月正式开工建设,2022年10月25日全面交付使用。

2022年11月24日,2022全国文旅民宿酒店产业峰会暨乡村振兴发展论坛举行

(湾里管理局 供图)

**【2022年文旅民宿酒店产业峰会暨乡村振兴发展论坛举办】** 2022年11月24日,2022年文旅民宿酒店产业峰会暨乡村振兴发展论坛在保利皇冠假日酒店举办。中国饭店协会会长陈新华,省商务厅二级巡视员廖玲敏出席。该次峰会围绕“多元重构文旅消费 文化助力乡村振兴”主题,推动文旅民宿及乡村旅游等相关产业高质量发展,充分挖掘江西省文化、旅游、住宿、地标美食发展潜力,打造深化产业融合,探索新时期民宿产业赋能与文旅融合发展之道。活动中,文旅民宿行业的业界精英们通过行业报告主题分享、主题演讲、项目介绍等形式,总结分析文旅民宿开发建设管理先进经验。活动还举行集中签约仪式,湾里管理局与一批民宿品牌进行现场签约,携手推进湾里民宿行业快速发展。

**【南昌爱琴海购物公园开业】** 2022年12月24日,南昌爱琴海购物公园开业。南昌爱琴海购物公园位于梅岭大道与金梅街交叉口,是全省第二家、全市第一家对外营业“爱琴海”品牌商业中心,也是湾里首个建成开业的城市商业综合体。该项目总投资约5亿元,建筑面积6.2万平方米,其中地上4层、地下1层,配套停车位500余个。该项目瞄准都市新家庭与新青年群体,结合湾里区位特色,引进集儿童教培、休闲娱乐、餐饮零售于一体的多元化业态矩阵,打造湾里城区都市微度假商业中心。

(李春生 汪 满)

# 人物·荣誉

## 2022 年全国五一劳动奖章获得者

**李怡丹**　女，1987 年 6 月出生，江西省南昌县人，中共党员，2008 年 11 月参加工作，担任南昌县八月湖街道丰源淳和社区党支部书记兼居委会主任。先后获南昌县（小蓝经开区）新冠肺炎疫情防控应急指挥部先进个人；南昌县 2019 年度全县党的建设目标管理考核优秀社区党支部书记；“南昌市劳动模范（先进工作者）”；“江西省劳动模范”；2020 年度南昌市好人、最美城市社区工作者；南昌县巩固全国文明城市工作先进个人；2020 年度南昌市三八红旗手；第四届“南昌县（小蓝经开区）青年五四奖章”；南昌县 2021 年度全县党的建设目标管理考核优秀社区党支部书记等荣誉。

李怡丹积极探索基层党建新模式，全力打造丰源淳和“五型”社区党组织，开辟出一条党建工作全覆盖、机制运行全贯通、为民服务全方位的社区党建新路径。在工会工作中通过“零距离”工作模式，实现服务线上线下的融合；社区还先后获“红十字优秀基层组织”“关心下一代工作先进集体”等；在杨家湾，李怡丹以“党建引领，多元共建”为思路，坚持“五同”工作法，打造“同心·共筑”杨家湾党建特色品牌，增强党组织的凝聚力、战斗力。

丰源淳和社区、杨家湾社区交通便利、空置房屋较多，也为传销活动的开展提供条件。针对辖区传销窝点多的现象，李怡丹“午夜捕鼠，凌晨掏窝”，通过党建引领、干群同防、部门联动的办法，深入开展“无传销社区”创建工作，共捣毁传销窝点 107 处，成功劝返传销人员 431 人，同时创新出“一三三”出租房屋管理办法，登记备案出租房屋 163 户，从源头上管控好出租房屋和流动人口。2019 年 4 月和 9 月，丰源淳和、杨家湾社区先后受到中央扫黑除恶第十五督导组的视察指导和充分肯定。

2020 年初，新型冠状病毒肺炎疫情发生，在上级部门指导下，社区打响防控疫情阻击战。防控初期，李怡丹带领社区干部、志愿者开展“扫楼”的行动，宣传疫情防控工作。李怡丹优化缩减门岗，带领物业 24 小时对进出业主进行体温监测与排查。春寒料峭，为了不影响红外体温计的正常运作，李怡丹常常将两三个体温计藏在怀里交替使用，即使手被风雨冻麻木了，可手中的红外体温计依旧精准无比。李怡丹身先士卒，是居民健康的“守门员”、疫区返昌人员的“好管家”、密切人员的“好朋友”，最终确保“零”疑似、“零”确诊的目标。社区共有上百位高龄独居老人，接种疫苗有困难，李怡丹就专程往返接送，在规定的时限内完成疫苗接种任务。为了打造平安小区，李怡丹进一步健全和修订丰源淳和社区、杨家湾社区的灾害应急管理工作体制与应急预案，从制度管理、设施配套、宣传教育、消防队伍建设和应急演练等方面将社区防灾减灾工作落到实处，丰源淳和社区被评为 2018 年度全国综合减灾示范社区，杨家湾社区被评为 2020 年度全国综合减灾示范社区。

为了丰富辖区居民的文娱生活，李怡丹利用民情连心桥为载体，通过日常入户走访，倾听民意，打造居民文化活动中心。组建银龄助老、安心帮扶、法律援助、医疗天使等志愿服务队，开展各类文娱活动。丰源淳和社区获 2018—2021 年度全市文明社区、2018—2021 年度“南昌县最美志愿服务社区”；在杨家湾打造“四邻”品牌通过“五微”行动为居民提供更精细化精准化的服务。在孩子们眼中，李怡丹是课后爱心老师，专职课后辅导作业；在老人们眼中，李怡丹是晚年知心闺女，专职落实银龄心愿；在年轻人眼中，李怡丹是姐妹“小李”，是帮忙排忧解难的家人。从巩文巩卫到登革热防控、从打击传销到人口普查、从疫情防控到疫苗接种，李怡丹始终脚底沾泥心系群众，为民办实事、谋实利、进民心。

**梁利华**　女，1979 年 8 月出生，江苏阜宁人，中共党员，2002 年 7 月参加工作，担任国家税务总局南昌市税务局第一稽查局副局长。2017 年获南昌青年五四奖章、南昌市“三风”青年榜样人物称号；2018 年获江西青年五四奖章、南昌市五一劳动奖章；2019 年获全省打击虚开骗税违法犯罪工作成绩突出个人称号；2020 年获江西省先进工作者称号、南昌市先进工作者称号；2021 年获全省打击虚开骗税违法犯罪工作成绩突出个人称号。

思想上，梁利华始终牢记党员的身份，对党忠诚，牢固树立共产主义远大理想，牢记为人民服务的宗旨，认真学习深刻领会党的十九大、十九届五中、六中全会精神和习近平总书记系列重要讲话精神，紧密结合党史学习教育，有较强的政治鉴别力。梁利华从事过税收管理、机关党务、税务稽查等多个岗位，凭着一份坚守和执着，用辛勤的汗水谱写着自己朴实无华的人生岁月。立足岗位，敬业奉献，廉洁从税，屡获荣誉，多次被评为优秀公务员。

学习上，梁利华坚持在学中干，干中学，常常利用空余时间加强学习，不断为自己充电。从政治理论到廉洁准则，从财政经济形势到税收专业知识，变化的是知识，不变的是她对学习的执着。工作中，冲锋在前，既当指导员，又当作战员，参与打虚打骗两年专项行动、“闪电一号”专案、“鹰击一号”查办。同时，梁利华坚信谋创新就是谋未来，创新案件积分管理工作，开发案源（案件）管理考核评价系统，并发表相关论文，在全局上下形成执法办案“学、比、赶、超”的良好氛围。

工作上，梁利华爱岗敬业，做干部职工的贴心人。积极开展干部思想教育，引导干部加强学习，提高素质，热爱工作、热爱生活、热爱健康。深入群众，做基层工作的有心人。2016 年起，梁利华兼任市青年志愿者协会常务理事，为困难群众、孤寡老人、留守儿童、病患人员筹措资金 30 余万元，节日走访慰问社区困难群众，搭建起人与人之间彼此关心、友爱互助的桥梁。梁利华上善若水，做笃行正道的用心人。新型冠状病毒感染疫情发生以后，带领党员干部迅速行动起来，第一时间开展联防联控工作，梁利华走在前，走在先，践行初心和使命，使干部无处不感受到组织的温暖。

**麦玉山**　男，1995 年 08 月出生，广东省云浮市人，中共党员，2013 年 9 月参加工作，担任南昌市红谷滩区九龙湖政府专职消防救援队队长。2017 年，被江西省南昌市公安消防支队授予个人三等功；2017 年被江西省南昌市公安消防支队评为优秀士官；2018 年被江西省公安消防总队授予个人三等功；2018 年被江西省南昌市公安消防支队授予个人三等功；2021 年被应急管理部授予全国消防行业职业技能大赛《灭火战斗员项目》荣誉金头盔；2022 年被江西省消防救援总队授予个人二等功。

麦玉山在消防队伍工作的 7 年期间参与处置火灾事故、抗洪抢险、社会救助等 800 余起，抢救困难遇险群众上百余人，抢救经济财产损失超过 100 万元。从参与灭火救援的积极处置或在训练场上的拼命三郎精神都在用行动来阐述对消防事业的热爱，对本职工作的热爱，甘于奉献，勇于担当。以为民服务的精神去干工作，因成绩突出，荣立个人二等功一次、三等功三次，连续 3 年被支队授予优秀士兵称号。圆满完成“G20 国际峰会”“金砖会晤”“党的十九大”等重大活动安保任务。

2017 年 12 月积极主动响应支队号召，备赛 2018 年江西省公安消防总队将要举办的“全省消防部队春季实战练兵比武竞赛”主动申请由教练员转换成一名集训队队员重回炉灶历练本领，为支队夺得消防铁人操和 400 米疏散物资救人操两个单项第一名。同年 7 月由部消防局在广西南宁举办的第二届东盟地区论坛城市应急救援研讨班消防运动会代表江西省公安消防总队参赛荣获个人第三名，团体总分第五名的好成绩。

2021 年 7—9 月，在参加江西消防救援总队组建的备赛集训期间，

2022 年 1 月 20 日，南昌市各界劳模迎新慰问座谈会举行

（市总工会　供图）

麦玉山敢打敢拼，以苦为荣，叫响“攻坚用我，用我必胜”的口号，发扬消防队伍“特别能吃苦、特别能战斗”的作风，代表南昌市消防救援支队参加江西省消防行业职业技能大赛《灭火战斗员项目》中获得攀登挂钩梯模块第一名、极限穿越模块第一名、百米消防障碍模块第二名、攻坚技巧模块第三名，以绝对的实力斩获江西省消防行业职业技能大赛《灭火战斗员项目》金牌。同年10月，代表江西省参加由应急管理部、人力资源社会保障部、中华全国总工会、共青团中央共同举办，应急管理部消防救援局承办的全国消防行业职业技能大赛“灭火战斗员项目”，获得攀登挂钩梯模块第一名、极限穿越模块第一名、《灭火战斗员项目》金牌，被授予大赛最高奖“荣誉金头盔”。

## 2022年江西省五一劳动奖章获得者

**戴　琳**　男，1986年3月出生，江西省赣州市赣县人，群众，2007年1月参加工作，江西佳时特精密机械有限责任公司技术部工程师。获2016年度南昌市“劳动模范”称号；获2016年度南昌市科学技术进步奖三等奖；获2018年度南昌县“金牌职工”称号。

**刘　杰**　男，1994年8月出生，湖南省邵阳市人，共青团员，2015年6月参加工作，担任南昌中建基础设施建设开发有限公司工程部经理。2015—2016年连续2年被项目部评为“优秀员工”；2016年个人主要负责的项目技术QC活动获得江西省QC成果三等奖（提高住宅楼板水平极差合格率）；2017年个人主要撰写的论文在省级刊物被发表（河南科技：装配式活动板房研究及运用）；2020年，获评公司“年度优秀员工”；2021年，获南昌市“五一劳动奖章”。

**刘兆亮**　男，1986年10月出生，吉林省桦甸县人，中共党员，2009年6月参加工作，担任江西蜂鸟供应链管理有限公司安全管理中心负责人。2016年当选“吉安县人大代表”“吉安市人大代表”；2018年获评“优秀员工”；2019年获评“先进个人”；2021年获评“最佳优秀员工”；2021年获南昌市五一劳动奖章。

**罗燕军**　男，1971年3月出生，九三学社成员，1997年1月参加工作，担任南昌县人民医院大内科副主任、呼吸科主任。2008年获评“全省卫生系统抗震救灾先进个人”；2011年获评“2010年度全市医德医风标兵”；2017年获“南昌市五一劳动奖章”；2018年获“南昌市洪城十大医生”称号；江西省首个“中国医师节”获评全省优秀医师个人；2020年5月获评南昌市劳动模范（先进工作者）。

**聂小武**　男，汉族，1976年10月出生，江西省吉安市人，中共党员，2000年7月参加工作，担任方大特钢科技股份有限公司炼钢厂聂小武劳模创新工作室领头人、炼钢厂副厂长。2013年被方大特钢科技股份有限公司授予“公司劳动模范”称号；2014年被南昌市总工会授予“南昌市五一劳动奖章”；2016年研究课题《炼钢连铸过程精益制造的关键技术与集成应用》获教育部“科学技术进步二等奖”。

**孙林静**　女，江西新建人，1978年1月出生，中共党员，1997年8月参加工作。担任国网江西省电力有限公司安义县供电分公司副经理。2002年获共青团南昌市委“优秀共青团干”称号；2003年获南昌供电公司“青年岗位能手”称号；2003年获省电力公司“十佳青年”称号；2006年被评为省电力公司用电抄、核、收效能监察先进个人；2006年获南昌供电公司优秀党员称号；2009年获南昌供电公司“劳动模范”称号；2011年获2010年度江西省电力公司营销先进个人称号；2011年获2010年度省公司“女职工建功立业标兵”；2012年获江西省总工会“五一巾帼标兵”称号；2016年获国网南昌供电公司“女职工建功立业巾帼标兵”称号；2021年获南昌市“五一”劳动奖章。

**田　新**　女，江西赣县人，1975年11月出生，中共党员，1993年7月参加工作，担任南昌湾里射击中心教练。2007年南昌市总工会授予“南昌市五一劳动奖章”；2016年被市总工会授予“南昌市五一巾帼标兵”称号；2016年被江西省体育局授予“基层100精英教练员培养工程”教练员称号；2017年被国家体育总局授予“全国体育事业突出贡献奖”（个人奖）；2017年被评为“江西省优秀教练”；2019年被南昌市体育局授予“三星教练员”称号；2019年被评为市直机关“四讲四有”先锋党员；2021年被评为市直机关“优秀共产党员”；2021年被国家体育总局评为“全国群众体育先进个人”。

**王玉燕**　女，江西省南昌市人，1970年5月出生，中共党员，1990年12月参加工作。担任南昌市豫章小学校长。2020年获“全国文明校园”称号；2020年论文《大美育课程的探索与研究》获南昌市教育科研成果一等奖；2021年获南昌市“五一劳动奖章”。

**熊三国**　男，1986年9月出生，江西九江人，群众，2008年6月参加工作，担任江西顺丰速运有限公司收派员。获2018年江西顺丰速运有限公司双十一高峰优秀个人称号；2018年江西顺丰速运有限公司业务带头人奖；2018年江西顺丰速运有限公司优秀工会代表称号；2018年顺丰速运有限公司互联网+技能大比武奖（集团）；2019年顺丰速运有限公司工会知识竞赛最强大脑奖（集团）；2019年顺丰速运有限公司“三好一个”个人奖（集团）；

2020年南昌市劳动模范称号。

**游建平** 男,1963年9月出生,江西弋阳人,群众,1984年7月参加工作,担任思创数码科技股份有限公司董事长、总裁。2005年获南昌市政府特殊津贴,南昌市劳动模范称号;2007年获评江西省优秀中国特色社会主义事业建设者;2007年获市五一劳动奖章;2008年获评南昌市首届道德模范;改革开放三十年江西省优秀建设者;南昌市“521”学术技术带头人第一层次人选;2009年获评2009年度南昌市劳动模范,改革开放40年优秀赣商,庆祝新中国成立60周年为国争光杰出赣商60人;2012年获南昌高新区建区20周年优秀企业家;2016年获评2015年度智能建筑行业优秀经理人;2021年获评2020年度南昌高新技术产业开发区优秀企业家,全国关爱员工优秀民营企业家。

**余 林** 男,1969年9月出生,江西南昌人,中共党员,1992年1月参加工作,担任南昌印钞有限公司胶凹制作部副主任技师。2012年获南昌市“五一劳动奖章”;2013年获第三届中国印钞造币集团有限公司“技术能手”称号;2016年获“全国技术能手”称号;2017年获首届中国印钞造币集团有限公司“中钞工匠”称号;2021年获第六届江西省优秀高技能人才“能工巧匠”称号和中国印钞造币集团有限公司“研制攻关先锋个人”称号。

**詹 涛** 男,1981年8月出生,江西抚州人,中共党员,2001年7月参加工作,现任南昌轨道交通集团有限公司地铁项目管理分公司常务副总经理。2016年获中共南昌市委、南昌市政府授予的南昌轨道交通1号线建设、运营及2号线房屋征拆工作“先进个人”称号,获共青团南昌市委、南昌市青年联合会颁发的“南昌青年五四奖章”;2017年获中国施工企业管理协会授予的2016年度中施企协科技创新成果“一等奖”,获中国施工企业管理协会授予的“2016—2017年度国家优质工程金质奖突出贡献者”称号;2018年中共南昌市委获授予的“全市优秀党务工作者”称号;获2021年南昌市总工会授予的“南昌市五一劳动奖章”,南昌市总工会授予的“十佳创新人物”。

## 2022年江西省五一劳动奖状获得者

**南昌弘益药业有限公司** 私营企业,负责人刘孝乐。公司共206人,男职工102人,女职工104人。2009年被评为江西省守合同重信用企业;2014年被评为江西省信息化和工业化深度融合示范企业;2016年被评为高新区纳税重大企业、高新区先进企业;2017年被评为高新区纳税重大企业、高新区先进企业;2018年被评为省级企业技术中心、江西省制造业单项冠军培育企业、高新区高成长性十佳企业、高新区纳税重大企业;2019年被评为江西省专精特新中小企业;2020年被评为南昌市百户工业重点企业;2021年获南昌市五一劳动奖状、中国专利优秀奖及高新技术企业称号。

**南昌市燃气集团有限公司** 国有企业,负责人万锋。公司共595人,男职工319人,女职工276人。2016年客户服务部团支部获省级“青年文明号”;2017年南昌燃气集团获南昌市五一劳动奖状;2017年“蓝焰突击队”获全国燃气行业安全班组竞赛“安全班组”称号;2018年管网运行部获江西省“工人先锋号”;2018年客户服务部客服大厅获评南昌市“五一巾帼标兵”岗;2014—2020年,南昌燃气集团连续六年获评“南昌市文明单位”;2020年,“蓝焰突击队”获“2019年度全国青年安全生产示范岗”称号;2018—2019年度南昌市新建区燃气有限公司青年志愿服务队获评南昌市“市级青年文明号”;2021年南昌市燃气集团有限公司工会获评“五一巾帼标兵岗”等。

**南昌市站前路学校** 事业单位,负责人周琴。学校共515人,男职工50人,女职工465人。2016年度被评为南昌市“十百千万”行动市级标准工会;2018年获南昌五一劳动奖状,南昌市教育信息化应用先进学校称号;2019年获全省教育系统先进集体,南昌市最美“三风”校园,南昌市中小学语文、数学学科优秀教研团队称号,获评2017—2019年度南昌市科技教育示范校;2020年获评全市教育系统抗疫先进单位、江西省新时代好少年主题教育先进单位;2021年获评南昌市第三批心理健康教育示范学校、江西省文明单位。

**中节能晶和科技有限公司** 有限责任公司,负责人王鹏。公司共296人,男职工188人,女职工108人。2014年获得南昌市五一劳动奖状;2015年获得国家发明一等奖;2012—2015年多次获得南昌市科学进步奖;2014—2017年获评高新区先进企业;2018年获评高新区突出贡献企业奖及标准化先进工作单位;2021年度获阿拉丁神灯奖“年度影响力品牌”创新奖;2022年度获评江西省瞪羚企业;多次被评定为国家高新技术企业。

(魏长承)

## 南昌市人民代表大会常务委员会工作报告（摘要）

### ——在南昌市第十六届人民代表大会第三次会议上

南昌市人大常委会主任　李镇发

（2022 年 12 月 23 日）

2022 年是党的二十大召开之年，也是极不平凡、极不寻常、极为不易的一年。一年来，在中共南昌市委领导下，市人大常委会坚持以习近平新时代中国特色社会主义思想为指导，紧扣迎接和学习宣传贯彻党的二十大这条主线，坚持稳中求进工作总基调，按照"疫情要防住、经济要稳住、发展要安全"的重要要求，完整、准确、全面贯彻新发展理念，紧紧围绕"一枢纽四中心"的发展定位和"两个大幅提升"的目标要求，以率先"作示范、勇争先"的勇气担当，依法履职，守正创新。审议通过法规 3 件，检查 3 部法规实施情况，备案审查规范性文件 102 件，听取审议专项工作报告 12 项，作出决议决定 7 项，督办代表建议 794 件，全面推动完成代表票决出的十件民生实事，任免国家机关工作人员 77 人次，各方面工作取得新进展、新成效。

**一、始终用习近平新时代中国特色社会主义思想统揽人大工作，坚持党对人大工作的全面领导，以更高站位坚定政治方向**

捍卫"两个确立"坚决坚定。按照中央和省、市委的统一部署，深入学习宣传贯彻党的二十大精神，通过集中学习、交流研讨、宣传宣讲等多种方式，迅速掀起学习热潮，做到旗帜鲜明讲政治，把对党绝对忠诚刻在心里、铸入灵魂。严格落实"第一议题"制度，及时传达学习习近平总书记重要讲话重要指示批示精神，先后组织集体学习 19 次、交流探讨 11 次、专题辅导 4 次，自觉做"两个确立"的坚决拥护者和"两个维护"的坚定践行者。

坚持党的领导有力有效。市委高度重视支持人大工作，召开贯彻落实中央人大工作会议精神部署会，对加强和改进全市人大工作进行全面部署，市委主要领导对人大工作提要求、作批示 12 次。市人大常委会坚决维护市委总揽全局、协调各方的领导地位，严格执行向市委请示报告制度，及时请示报告立法、监督、代表等重要工作 45 次。积极参与文明创建、重大重点项目、河湖长制、疫情防控等工作，协助调度入境国际航班疫情防控，实现"三零"目标，圆满完成市委交办的各项任务。

人大制度实践走深走实。深入学习贯彻中央人大工作会议精神，持续抓好省委推进会、市委部署会贯彻落实，人大基层基础不断夯实。召开市人大常委会设立 40 周年座谈会，开展理论征文、书画展及专题宣传片等系列活动，全面回顾人民代表大会制度在我市的发展历程，深刻总结南昌人大工作积累的宝贵经验，充分展示人大制度的优越性和生命力，推进人民代表大会制度更加深入人心。

**二、始终坚持法治引领，推进科学立法、民主立法、依法立法，以更高质量立法促发展保善治**

聚焦重点领域立法。深入推动数字经济做优做强"一号发展工程"，在全省率先制定数字经济促进条例，围绕数字产业化、产业数字化等重点内容，促进数字经济与实体经济深度融合，以法治推动 VR、元宇宙等新兴数字产业发展，打造数字经济发展高地。制定爱国卫生工作条例，对病媒生物预防控制、健康教育和健康促进等重点内容作专门规定,压实监督管理和法律责任,为改善全市人居环境,推进健康南昌建设提供有力支撑。修订梅岭风景名胜区条例,建立市级层面工作协调机制,进一步明确部门工作职责、属地管理责任和景区定位,规范景区规划、保护、利用和管理等各项活动,激活景区文化旅游活力,推进全域旅游纵深发展。

忠实维护法治统一。为避免与上位法相抵触,消除地方性法规中的制度障碍,及时废止流动人口计划生育工作条例等3件法规,对现行有效70件地方性法规开展全面清理。科学编制五年立法规划和年度立法计划,开展物业管理、饮用水水源保护等立法调研,推动立改废有效衔接。开展房屋使用安全管理、居家养老服务、宗教事务条例执法检查,不断增强法律制度执行力。

创新完善立法机制。完善"党委领导、人大主导、政府依托、各方参与"地方立法工作格局,首次成立市级层面立法工作领导小组,首次设立跨部门多方参与法规起草工作专班,建立人大代表立法专业小组,召开法规建议稿评审会。强化立法智力支持,扩大人选来源范围,选聘新一届市人大常委会立法咨询专家33名。拓宽立法参与面,组织召开各类立法调研座谈会、修改讨论会150余次,创新开展委托立法、行政处罚论证会、法规立项座谈会等活动,丰富地方立法形式,形成符合我市特点和立法规律的工作模式。

**三、始终聚焦全市发展大局,开展正确有效依法监督,以更实举措助推经济社会高质量发展**

深化财经审查监督。听取审议预决算报告,审查批准预算调整和债务限额。听取审议审计报告、审计查出问题整改情况报告,对教育局等六个部门审计查出问题整改情况开展满意度测评。听取审议国民经济和社会发展计划、企业国有资产管理、金融工作报告,多个维度开展经济运行分析和监督。引入第三方绩效评价,强化对部门专项资金监督。紧盯地方政府债务开展重点调研,对可能存在的风险及时沟通提示。组建财经咨询专家库,不断提升经济监督质效。

主动服务产业发展。围绕深入实施优化营商环境"一号改革工程",听取审议专项工作报告,邀请五级人大代表、民营企业家参与问卷调查,广泛收集意见建议,成为市委决策、人大行权、政府工作的重要参考。听取审议农业特色产业、侨资企业发展情况报告,专题调研装配式建筑产业、体育产业发展,组织代表视察高标准农田建设情况,推动产业转型升级。积极回应团购、民宿等企业"八五"普法诉求,召开征求意见座谈会,激发新业态发展活力。听取审议人才工作、职业教育发展情况报告,推动"人才十条"政策落地,培育更多高层次技术技能人才,为产业振兴、人才强市建设提供有力支持。

助推城市宜居宜业。听取审议生态文明建设和生态环境状况报告,开展环保赣江(南昌)行、"物业社区(南昌)行"主题活动、村庄亮灯工程专题调研和农村路域环境代表约见,组织代表视察雨污分流改造、大气污染防治工作,促进生态环境质量持续提升。听取审议法检两院国家司法救助工作情况报告,汇聚社会救助合力,在每一个司法救助案件中体现法治力度和温度。听取公共交通发展情况报告,开展医疗保障、分级诊疗制度落实情况专题调研,促进公共服务便利共享。持续跟进超限超载重拳整治和快速公交系统(BRT),遏制一批公路货运乱象问题,有效推动井冈山大道和南莲路BRT优化改造。

聚力增进民生福祉。市委、市政府高度重视今年年初大会票决的十大民生实事项目,市委主要领导在多次重要会议强调并多次实地督导推进,市政府多次召开市长专题调度会。市人大常委会统筹推进票决制各项工作,按照"一事一小组、一季一督查、半年一报告"要求,开展专题调度、专项督查38次,参与代表400余人次,2022年十大民生实事票决项目全部高质量按时完成,满意率达100%。推动攻坚"胡子工程"19项,打通断头路38条,改造老旧小区17个9413户,既有住宅加装电梯293台,城市桥梁、快速路安装声屏障6911米,完成747个村亮灯工程、100条背街小巷增亮补亮,建设社区嵌入式养老院18个,建设0—3岁婴幼儿照护服务托位21112个,建设"孺子书房"56家,城市休闲空间52个,一批群众急难愁盼的问题得到有效改善,一批人民关心关切的基础建设得到有力推进,一批久拖不决、久推不动的民生工程得到彻底解决。新华社在专题报道中评价,"南昌市全面推行民生实事项目人大代表票决制,将'群众想什么'与'政府干什么'精准对接,在项目征集、决策、监督、评价等环节听'民声'、聚'民智'、解'民忧',成为全过程人民民主的生动实践。"按照统一部署,聚焦整治群众反映强烈问题,首次听取审议市监察委员会专项工作报告,取得良好的政治效果、法律效果和社会效果。

**四、始终支持和保障代表依法履职,充分发挥代表主体作用,以更优服务凝聚各方智慧力量**

深化代表视察工作。围绕全市中心工作,每季度组织国省市人大代表集中调研视察。紧扣城市新发展,视察赣抚尾闾工程、麦园垃圾填埋场等重大城市建设项目,代表们深刻感受到南昌打造高颜值城市的实绩实效。紧跟旅游新业态,视察万寿宫、绳金塔历史文化街区等旅游"打卡热点",代表们突出感受到南昌"天下英雄城"文旅深度融合的古都魅力。紧贴农村新变化,组织代表视察"两整治一提升"行动成效,代表们切实感受到南昌乡村的振兴蝶变。紧盯产业新引擎,视察欣旺达生产基地、华勤产业园等重大重点项目,代表们直观感受到南昌为加快高质量跨越式发展积蓄的强大动能,更加坚定同市委站在一起、干在一起的决心和信心。

强化议案建议督办。坚持既要满意率、更要办成率,不断健全常委会重点督办、专门委员会对口督办和承办单位联合督办制度，持续开展“好建议”评选活动，不断提高办理答复和落实实际工作的质量，进一步推动旁听庭审活动制度化常态化等一批重点建议得到落实，代表建议涉及事项已经解决或计划逐步解决的占90%，满意率达100%，支持城区优化增设街道办事处、加大全市城市污水管网建设力度等125件建议被评为“好建议”，市发改委、市公安局等22个单位被评为办理先进单位。

优化履职服务保障。聚焦“六个江西”建设，争当“四个表率”主题活动，深入开展建言献策、服务发展、联系群众、干事创业“四个在一线”活动，三级人大同联动、五级代表齐参与，全市各级人大代表接待群众2万余人次，收集意见建议3200余条，解决群众身边小事1160件。完善人大代表联络工作站建设，全市建成人大代表联络工作站（室）256家，其中五星级人大代表联络工作站36家，成立国代表、省代表工作室，组建城建、财经等10个人大代表专业小组。开展代表捐资助学、捐款捐物等活动，主动资助贫困大学生343名，主动为疫情防控捐款捐物近1500万元，推选代表履职积极分子82名。

**五、始终注重常委会自身建设，持续提高依法履职能力，以更强担当推动人大工作全面提质增效**

有效加强能力建设。坚持月度工作例会制度，加强工作统筹，建成各司其职、各负其责、整体协同、高效运转的工作格局。积极践行“一线工作法”，深入基层一线调研160余次，谋实事、出实招、求实效，探索设立开发区人大机构等多篇调研报告获市委主要领导批示肯定。致力宣传人大制度、展现代表风采、讲好南昌故事，《你点单、我落实：南昌以“民声”定“民生”》等138篇文章在国家级媒体刊登，南昌人大工作在全省全国影响力显著提升。

着力提升队伍建设。以打造让党放心、人民满意的模范机关为统领，圆满完成机关支部换届选举，机关党建“三化”和“六好”党支部建设持续推进。落实新时代好干部标准，把忠诚干净担当的“四有”干部选出来，把党政储备人才用起来，激发工作激情。组织机关干部投身疫情防控一线，组建人大常委会机关“洪城红”应急队，下沉到社区、卡口、核酸检测机构进行疫情防控工作，充分展现人大干部的风采和担当。

深入推进作风建设。严格落实全面从严治党主体责任，完善“三重一大”事项集体决策等机制，深入开展落实中央八项规定精神十周年“回头看”系列活动、“七个有之”专项治理、集体政治谈话，积极支持派驻纪检组开展工作，推动全面从严治党向纵深发展。深入开展“4+X”专项整治，持续整治“油松痞”“怕慢假庸散”等不良风气，营造人大常委会机关风清气正、奋发向上的良好氛围。

各位代表，过去一年，我们喜迎党的二十大，致敬历史，礼赞新时代，奋楫新征程。这一年成绩的取得，是习近平新时代中国特色社会主义思想科学指引的结果，是省人大常委会精心指导和市委坚强领导的结果，是市“一府一委两院”积极配合，全市人民、各级人大、政协以及社会各界大力支持的结果，是全体人大代表、常委会组成人员以及市人大常委会机关工作人员扎实工作的结果。在此，我代表市人大常委会表示衷心的感谢，并致以崇高的敬意！

我们也清醒认识到，对标党的二十大决策部署，面对新时代新任务新要求，常委会工作还存在一些问题和不足，主要是良法善治作用发挥还不够充分，监督刚性和实效性还有待提升，联系人大代表和人民群众还不够深入等。对此，我们将高度重视，认真听取广大代表和各方面的意见，推动新时代南昌人大工作与时俱进、完善发展。

# 中国人民政治协商会议南昌市第十五届委员会常务委员会工作报告（摘要）

## ——在政协南昌市第十五届委员会第三次会议上

南昌市政协主席　卢伟平

（2022年12月21日）

今年是中共二十大召开之年，是全面建设社会主义现代化国家、向第二个百年奋斗目标进军之年。一年来，在省政协有力指导、中共南昌市委坚强领导下，市政协常委会高举习近平新时代中国特色社会主义思想伟大旗帜，以迎接中共二十大、学习宣传贯彻中共二十大精神为主线，以服务打造“一枢纽四中心”、实现“两个大幅提升”为重点，以发展全过程人民民主为遵循，以增进大团结大联合为目标，以完善履职机制为抓手，着力发挥专门协商机构作用，为南昌高质量跨越式发展作出了新贡献。

一、强化思想理论武装，共同思想政治基础更加坚实。认真落实“第一议题”制度，及时跟进学习习近平总书记最新重要讲话、重要文章和指示批示精神，系统学习《习近平谈治国理政》第四卷，常态化开展党史学习教育，先后组织党组理论学习中心组学习、主席会议、常委会会议集中学习26次，举办“南昌政协大讲堂”2期，7个习近平新时代中国特色社会主义思想学习座谈小组组织学习14次。以“书香政协”建设为抓手，扎实开展委员读书交流，拓展线上委员读书群7个，定期组织委员开展线上互动、推送学习思考和读书体会。深入开展“喜迎二十大”系列活动，制作播出《喜迎二十大，政协在行动》宣传短片，组织干部职工参观“这座城——世纪影像南昌大型图片展”，推出“喜迎二十大，委员说变化”短视频12期。中共二十大召开后，立即部署学习宣传贯彻中共二十大精神相关活动，及时召开党组会议、常委会会议开展集体学习，通过专家辅导、交流研讨、“三会一课”、老干部座谈会等形式将学习贯彻引向深入，在市政协“网微刊”平台开辟“学习贯彻党的二十大精神”专题专栏，引导政协干部和委员更加深刻领悟中国共产党的初心使命，坚决捍卫“两个确立”，进一步增强“四个意识”、坚定“四个自信”、做到“两个维护”。

二、围绕中心议政建言，专门协商机构作用更加彰显。把政协工作放到全市工作大局中来谋划和部署，制定实施年度协商计划，努力克服疫情反复影响，积极运用各种协商形式，深入协商议政，全年举办协商活动16次，与省政协、县（区）政协开展联合调研74次，报送建议案9篇、调研报告8篇，省市领导批示36篇次。省委常委、市委书记李红军带头参加专题议政性常委会协商，围绕“突出‘一镇一业’重点，大力发展特色农业”广开言路，针对委员提出的意见建议，即时答复转化、现场部署落实。市委副书记、市长万广明亲自参加“洪城协商·委员市长面对面”，就“大力发展智能制造”议题，走进江铃集团生产车间，与委员和企业家共谋我市智能制造发展升级良策。聚焦“一枢纽四中心”发展定位，就推进传统优势产业提升改造、发挥侨资侨智侨力作用、推动南昌服务业成为“作示范、勇争先”的标杆、大力提升农田水利建管护水平、推动我市民宿业高质量发展协商建言，助推产业能级实现新跨越。紧扣民生事业发展，围绕建立完善“双减”政策落地协同机制、督促中小学（幼儿园）项目建设、助力残疾人高质量就业创业、加快我市妇女儿童专科医院建设、老旧小区改造、城区雨污分流改造、梅岭云端景区索道建设、保护和利用红色文化资源等课题，集众智献良策，持续提升人民群众获得感幸福感。发挥协商式监督优势，紧盯优化营商环境“一号改革工程”，就“解决好法院‘执行难’问题”在全市开展拉网式监督调研，把脉“难”的症结，开出“解”的良方；选派28名委员组成5支“政务服务督查体验队”，深入市、县（区）、乡镇、村（社区）四级政务服务大厅，通过“明查＋暗访”现场督查体验，助力“南”事不难办。

三、搭建多层协商平台，“赣事好商量＋”品牌更加响亮。以“赣事好商量＋”品牌赋能协商工作，围绕党政中心工作大事、改革发展要事、民生改善实事、社会治理难事，搭建广泛多层制度化、线上线下相结合的协商平台，扣好全过程人民民主的“政协环”。坚持围绕党委政府关注问题开展协商的定位，重点打造“洪城协商·委员市长面对面”协商品牌，健全配套机制，推进协商形式向县（区）政协全覆盖，不断提升协商建言的前瞻性、专业性，助推市委、市政府科学决策、有效施策。推进政协协商向基层延伸，深化“赣事好商量·‘三有’在洪城”活动，聚焦人民群众急难愁盼问题“有事多商量、有事好商量、有事会商量”，共搭建协商议事平台2092个，开展协商10326次，解决问题11232件，参与协商12万人次。突出以协商聚共识、增合力，开辟“赣事好商量·南昌在行动”协商平台，从产业发展、城市建管、社会治理、民生保障等方面取得的喜人变化和突出成效切入，展现各级政协组织、广大政协委员积极议政建言、协商出力的成果。发挥典型协商案例的示范作用，精选协商效果好、经验可学鉴的协商活动，分别与省、市电视台合作，拍摄三档电视专栏，推动各种协商形式互为补充、多维出力，目前共播出电视栏目63期，省政协常委会组织观看“赣事好商量·南昌在行动”首期节目并向全省政协系统推广相关做法。

四、广泛凝聚各界共识，发展向心力正能量更加强劲。积极助力疫情防控，第一时间印发《致全市政协委员的倡议书》，市政协主席会议成员以身作则下沉一线，引领带动全市政协系统6100多人次参与疫情“围剿清零”攻坚战、捐款捐物约2300万元，报送疫情防控、复工复产类提案和社情民意信息170多篇，选派2名政协干部驻核酸检测机构常态督导。开展“喜迎二十大，看项目、凝共识、谋发展”视察活动，先后2次组织全国和省、市政协委员130多人，深入重点项目建设现场，感受发展成就，凝聚奋进力量。深入持久推进“兴家风、淳民风、正社风”活动，积极探索“三风”活动新路径，坚持以弘扬“四德”为主旋律、以崇尚真善美为主基调、以选树先进典型为榜样、以党风政风促民风社风，部署推进家家幸福安康工程、民风社风提升工程、凡人善举故事征集、“三风”榜样人物发布等10项活动，推动社会主义核心价值观落细、落小、落实，汇聚共襄南昌发展的强大正能量。用心用情做好提案办理工作，以党委、政府、政协领导领衔督办重点提案为引领，采取重点提案调研办、相关提案归类办、个性提案尽快办等方式，推进十五届一次会议以来立案的697件提案全部办复。发挥社情民意“直通车”作用,收集审编社情民意信息3000余篇,专报市委市政府36期,报送省政协881篇、采用142篇,综合排名居全省前列。不断强化团结联谊,主席会议成员上门走访委员180人次,接待南昌之友联谊会到南昌考察客商58人次,推动项目落地9个、项目金额60.6亿元,开展委员联系访谈民营企业活动14次,接待外地省、市政协调研考察团22批次。竭力为各党派团体参政议政搭建更多平台、提供更大支持,民革市委会思想政治建设云空间"智慧学习谷"创建经验在全省民革组织中推广,民盟市委会"盟员之家"实现县区全覆盖,民建市委会调研报告连续三年被市委《决策参考》刊登,民进市委会社情民意信息省级以上采用33篇,农工党市委会履职成果受到央视新闻频道、人民网、光明日报等广泛报道,九三学社市委会社员研发的"核酸采样点位电子地图"接入昌通码,市工商联系统全年招商引资签约项目48个、金额177.2亿元。

五、切实加强自身建设,服务委员履职尽责更加高效。坚持党对政协工作的全面领导,市委常委会专题学习人民政协理论、研究审议政协重大事项,市委主要领导多次给政协点题目、交任务,市党政领导主动参加政协活动、阅批政协调研报告、领衔督办政协提案,制定《贯彻落实中共江西省委办公厅〈关于加强和改进新时代市县政协工作的二十条措施〉责任分工方案》,并开展贯彻落实情况督查,为我市政协事业发展提供了坚强保障。省委常委、市委书记李红军亲自督办市政协1号提案"关于打造南昌区域性金融中心的建议",并主持召开市委书记专题会研究部署抓落实。省政协《赣协通报》第1、4期先后2次将南昌市委高度重视政协工作、善于发挥政协作用相关情况向全省推介。持续加强党的建设,健全政协党的组织体系和制度机制,认真履行全面从严治党主体责任,全覆盖开展政治谈话,深入开展"3·23"警示教育、"七个有之"专项治理、"4+X"专项整治、贯彻落实中央八项规定精神十周年"回头看",以高质量党建引领政协工作提质增效。狠抓"两支队伍"建设,多形式组织委员履职培训,评选委员建言"金点子"、优秀履职委员、优秀提案,构建科学严谨的委员履职综合评价体系,委员履职积极性、主动性不断迸发;加强机关工作力量,充实配强干部队伍,变"两薄弱"为"两加强",服务保障履职的能力和水平进一步提升。落实意识形态工作责任制,不断加强宣传思想工作,讲好政协故事、展现委员履职风采,在全国、省、市主流媒体刊播宣传稿件1018篇,江西政协报刊发《中共南昌市委:在省会担当中充分发挥政协重要作用》的报道得到省政协主席姚增科批示肯定。做好政协文史工作,体现"亲历、亲见、亲闻"特色,挖掘整理了一批"南昌起义""抗美援朝"等时代题材的重要史料。推进信息一体化建设,实现各级政协会议系统一屏互联,政务公文收发"赣政通"一网通办,委员学习交流、协商建言、提交提案、履职统计在"市政协移动履职平台"上一步到位,形成"线下+网上+掌上"智慧履职新模式。此外,文明创建、综合治理以及帮扶乡村振兴、联系重大项目等工作顺利推进。

各位委员、同志们,过去一年成绩的取得,是省政协倾力指导、中共南昌市委坚强领导的结果,是市人大、市政府和市直各部门各单位大力支持的结果,是老领导老同志热忱关心和社会各界积极参与的结果,也是市各民主党派、工商联等政协各参加单位、全体委员和各县区政协辛勤付出的结果。我代表市政协常委会,向大家表示衷心感谢!

我们也清醒地认识到,与新时代新使命新任务的要求相比,工作中还存在一些问题和不足:凝聚共识的广度和深度需要进一步拓展,工作理念和方法需要进一步创新,界别优势和作用需要进一步发挥等等,要在今后的工作中切实加以改进。

# 组织机构及负责人名录

## 市级领导机构干部名录

### 中共南昌市委

李红军　省委常委,市委书记
万广明　副书记,市长
钱　昀　(女,回族)副书记(任至8月,调离)
余正琨　副书记(11月任)、组织部部长
肖　云　常委,副市长(正厅级)(挂职至9月转任)
胡晓海　常委,常务副市长
陆建刚　常委
王万征　常委,南昌高新技术产业开发区党工委书记
黄冬生　常委,市纪委书记、市监委主任
熊运浪　常委、政法委书记(任至4月,调离)

梅　峰　常委，南昌经济技术开发区党工委书记
李松殿　常委、宣传部部长，新建区委书记(4月任)
饶绍清　常委、统战部部长，市政协党组副书记(兼)
吴建平　常委(4月任)、政法委书记(5月任)

**南昌市人大常委会**

李镇发　党组书记、主任
宋　铀　党组副书记、副主任
刘德辉　党组成员、副主任
谭绍木　副主任(民主党派)
王　强　党组成员、副主任
万昱原　党组成员、副主任
张湘赣　党组成员、副主任
寇立群　(女)党组成员、副主任
孙　毅　党组成员、副主任
赵东亮　一级巡视员
李福如　一级巡视员
张　力　一级巡视员(8月退休)
陈以获　一级巡视员(6月退休)

**南昌市人民政府**

万广明　市委副书记、市长
胡晓海　市委常委、常务副市长
肖　云　市委常委、副市长(9月挂职转任)
龙国英　(女)副市长
肖铁军　副市长
赵　捷　副市长
江新洪　副市长
彭开先　副市长

**政协南昌市委员会**

卢伟平　党组书记、主席
樊三宝　党组副书记、副主席
黄清玉　副主席、民建市委会主委
熊志刚　副主席、市工商联主席
万　敏　副主席
宋亮生　党组成员、副主席
谢为民　党组成员、副主席
薛有旺　副主席、民盟市委会主委、市检察院副检察长
黄小华　党组成员、副主席
魏宏平　副主席、九三学社市委会主委

**南昌市纪委监委**

黄冬生　市委常委、市纪委书记、市监委主任
刘　峥　市纪委副书记、市监委副主任
黄细华　市纪委副书记、市监委副主任
姚　平　市纪委常委、市委巡察办主任
李　莉　(女)市纪委常委、市监委委员
晏永青　市纪委常委、市监委委员
屈小兵　市纪委常委、市监委委员
徐　军　市纪委常委，办公室主任(任至5月)
肖　璐　(女)市监委委员
张乐洋　市监委委员
朱　斌　市纪委常务副书记、市监委副主任、一级调研员(任至6月，到龄改非)
徐　强　市纪委副书记、市监委副主任(任至7月，调离)
晏　青　市纪委常委、市监委委员(6月转任市委巡察组组长)
刘军平　组织部部长
何剑芳　(女)宣传部部长
刘　健　(女)党风政风监督室主任
樊彦洲　信访室主任(5月转任驻市委政法委纪检监察组组长)
梁卫东　第一室主任
雷进先　第二室主任
熊　伟　第三室主任(5月任)
吴晓勇　第五室主任(5月任)
李　军　第六室主任
杨志勇　第七室主任(5月任)
邓　军　第八室主任
王雁鸣　干部监督室主任
余友明　二级调研员(4月退休)
付石兰　(女)四级调研员
聂志强　四级调研员
胡贤清　四级调研员
谭良娇　(女)四级调研员

## 市直单位县级以上干部名录

**市委办公室**

雷　强　秘书长、办公室主任(11月任)
赵晓毛　秘书长、办公室主任(任至11月，调离)
王　玮　副秘书长(正县长级)(4月任)
钟国栋　副秘书长、二级调研员
聂嘉平　二级巡视员
李晓东　市纪委市监委派驻纪检监察组组长
吕东锦　副主任
陈　峰　副主任(5月任)
谭翼直　副主任(5月任)
赖继红　正县级督查专员
曾国华　副县级督查专员
崔瑞娟　(女)三级调研员

章余铁　二级调研员(6月退休)
吴　群　(女)四级调研员
梅清贵　副县级督查专员

**市人大常委会机关**

汪军伟　党组成员、秘书长、办公室主任
胡灵驱　副秘书长(正县长级)
熊秋林　副秘书长(民主党派)
徐永立　二级巡视员
宋　晓　办公室副主任
耿承军　(女)监察和司法委主任委员
邓　亮　监察和司法委副主任委员
刘锡平　监察和司法委副县级专职委员
黎建武　财经委主任委员
张春辉　财经委二级巡视员(3月退休)
周茂林　财经委副主任委员
熊卫平　财经委二级调研员(7月退休)
郑　琴　(女)预算工委副主任
邹玉萍　(女)教科文卫委主任委员
周国繁　教科文卫委一级调研员
付园萍　(女)教科文卫委副主任委员
熊春水　教科文卫委副县级专职委员(任至11月)、三级调研员(11月任)
刘志勇　农业和农村委主任委员
胡友胜　农业和农村委二级巡视员
江新忠　农业和农村委副主任委员
陈雄斌　农业和农村委副县级专职委员
邹建华　城建环保委主任委员
熊贤莉　城建环保委主任委员一级调研员(任至6月)、二级巡视员(6月任、11月退休)
刘　敏　(女)城建环保委副主任委员
陈金华　(女)城建环保委副县级专职委员
谢文斌　法制委主任委员(任至11月)、一级调研员(11月任)
曾宏斐　(女)法制委副主任委员
王绍江　法制委副县级专职委员
詹洪武　法制委二级调研员(8月任)
李　林　社会建设委主任委员
吕　娄　(女)社会建设委二级巡视员
周国群　社会建设委二级调研员(任至11月)、一级调研员(11月任)
汤王东　社会建设委副主任委员
欧阳小敏　社会建设委副县级专职委员
熊　成　法工委主任
陶　成　法工委一级调研员(10月退休)
吴倨峰　备案审查工委副主任
卢亮昊　选任联工委主任、市委组织部副部长
刘荣林　选任联工委副主任
赵　俊　外侨民宗工委主任

**市政府办公室(市政府研究室)**

邹晓东　市政府秘书长、办公室党组书记、主任
陈吉炜　市政府副秘书长、办公室党组成员
王　耀　市政府副秘书长、办公室党组成员
杨墉富　市政府副秘书长、办公室党组成员
汪　成　市政府副秘书长、办公室党组成员
叶　涛　市政府副秘书长、办公室党组成员(5月任)
王　英　(女)市政府副秘书长、办公室党组成员(5月任)
吴　华　市政府副秘书长、办公室党组成员(6月任)
李建红　市政府研究室主任(6月任)
余毛毛　党组成员、副主任
张永华　党组成员、市纪委市监委驻市政府办公室纪检监察组组长
涂俊炜　党组成员、副主任
王小文　一级调研员(11月任)
杨志龙　一级调研员(6月任)
彭严明　三级调研员(6月任)
李德平　四级调研员
农小兵　市政府参事室主任
吴建清　四级调研员
蒋建山　副县级督查专员
汪美宁　四级调研员
祝雄华　市政府研究室副主任
黄诗健　市政府研究室副主任
万里菲　(女)市政府副秘书长、办公室党组成员(任至6月)
吴长金　二级巡视员(任至10月)

**市政协机关**

余　刚　党组成员、秘书长
张　菁　副秘书长(正县级),党组成员(任至11月)
衣　萍　副秘书长(任至1月)
赵晓毛　副秘书长(11月任)
饶小敏　二级调研员(任至11月)
罗　平　提案委主任
袁海秋　提案委二级巡视员(任至9月)
钟春发　经济委主任
郭子东　机关党组成员,农业和农村委主任
胡荣棣　农业和农村委二级巡视员(任至11月)
丁慧兴　机关党组成员,人资环城建委主任
余　颖　教科卫体委主任(1月任至11月)
衣　萍　社会和法制委主任
徐　峰　机关党组成员,民族和宗教委主任(1月任)

罗　坤　社法民宗二级巡视员
杨晓辉　机关党组成员,港澳台侨和外事委主任
熊墨明　港澳台侨和外事委一级调研员(任至9月)
张恒立　机关党组成员,文化文史和学习委主任
陈军虎　机关党组成员,派驻纪检组组长(任至11月)
贾晓光　机关党组成员,派驻纪检组组长(11月任)
江文升　办公室副主任
谈水泉　提案委副主任
夏云标　农业和农村委副主任
何　民　人资环城建委副主任
王志勤　办公室二级调研员
左　辉　办公室二级调研员
王河湧　办公室二级调研员(任至8月)
潘建华　社法民宗委二级调研员
曹克强　经科委四级调研员(原副调研员)

**市委组织部**

余正琨　市委副书记(11月任)、组织部部长,市委党校校长(兼,6月任),八一干部学院院长(兼,6月任)
余志坚　分管日常工作的副部长(9月退休)
唐艳华　分管日常工作的副部长(11月任)
凌　菲　(女)副部长(兼),市委老干部局局长
黄国平　副部长(正县长级)
陈奕蒙　副部长(兼,5月任),市委编办主任(5月任)
卢亮昊　副部长、二级调研员(任至1月),市委非公有制经济组织和社会组织工委书记(兼),市人大常委会选任联工委主任(兼,1月任)
郝思一　市纪委市监委派驻市委组织部纪检监察组组长
王　新　副部长(6月任)
杨晓波　副部长(任至1月)、一级调研员(1月任),市人大常委会选任联工委主任(兼,任至1月)
陈奇勇　二级调研员(6月任)
曾光华　四级调研员

**市委宣传部**

李松殿　市委常委、宣传部部长,新建区委书记
夏清平　分管日常工作的副部长
熊中高　市委网信办主任,市委宣传部副部长(兼)
李良生　南昌广播电视台台长,市委宣传部副部长(兼)
胡洪水　南昌日报社社长,市委宣传部副部长(兼)
李少峰　驻市委宣传部纪检组组长
张　敏　副部长
陈　焜　副部长
郭国亮　原市文明办副主任
程　超　原市文明办副主任
李学聪　原市文明办副主任
杨　涛　二级调研员
雷丽红　四级调研员
温华贵　原市文明办四级调研员
张定章　四级调研员

**市委统战部**

饶绍清　市委常委、市委统战部部长
高革霞　(女)分管日常工作的副部长
黄　文　副部长
刘小坚　副部长(9月退休)
熊冬燕　(女)副部长
麦建宁　副部长
杨　燕　(女)市纪委市监委派驻统战部纪检监察组组长
吕　璠　(女)副部长
杨　杰　副部长(1月任)
王反金　二级调研员(8月任)

**市委政法委**

熊运浪　市委常委、政法委书记(任至4月,调离)
吴建平　市委常委、政法委书记(5月任)
赵泽华　常务副书记
慈海波　副书记(正县级)
柯文翔　副书记
杨　成　政治部主任
樊彦洲　市纪委市监委驻市委政法委纪检监察组组长(5月任)
刘志斌　原市防范和处理邪教问题办公室副主任
王建国　二级调研员(8月任)
彭淑萍　(女)市法学会专职副会长、三级调研员(12月任)
何运游　四级调研员
徐　宏　市综治中心主任
刘顺祥　市法学会专职副会长(12月任)

**市委台办**

夏小兰　(女)主任
邹冬梅　(女)副主任
余建明　副主任、二级调研员
戴继斌　四级调研员
尤丁发　四级调研员

**市委政研室**

康健林　市委副秘书长、市委政研室主任、改革办副主任
杨平水　副主任、二级调研员
车红云　副主任、二级调研员
高　峰　副主任
罗建国　改革办专职副主任

叶想英　四级调研员

**市委老干部局**

凌　菲　（女）局长
张　芳　（女）副局长
唐雄华　副局长
黄素萍　（女）二级调研员（8 月退休）
朱经伟　二级调研员（12 月退休）
涂　兵　四级调研员
王爱华　市关心下一代工作委员会办公室主任（副县）

**市直工委**

徐　强　书记（6 月任）
梁厚生　副书记
殷红锋　（女）副书记
陈　俊　副书记
李　智　工委委员
朱文保　工委委员（8 月任）
廖文生　工委委员
钱　靖　工委委员
杨启棠　二级巡视员

**市委编办**

陈奕蒙　主任（5 月任）
陶寒光　主任、二级巡视员（5 月退休）
孔令源　副主任
周　丽　（女）副主任
郑钦新　副主任
高小华　三级调研员

**市委信访局**

章建云　市委副秘书长（兼）、局长（11 月任）
聂嘉平　市委副秘书长、局长、二级巡视员（任至 11 月，调离）
万明凤　（女）正县级督查专员
刘玉国　正县级督查专员
诸　虹　（女）副局长
袁定福　副局长
刘多祯　市信访接待中心主任（副县级）
黄咏梅　（女）副局长（6 月任）
吴斌清　副局长（6 月任）
张智华　（女）二级调研员

**市委巡察办**

姚　平　市纪委常委、主任
蒋　理　副主任
艾安水　副主任

市委第一巡察组
晏　青　组长
张晓榕　正县级巡察专员
肖　林　副组长
市委第二巡察组
陈茂林　组长
刘木林　正县级巡察专员
周洪卫　副组长
市委第三巡察组
张梅生　副组长
周学平　副县级巡察专员
市委第四巡察组
管琳丽　组长
熊九胜　副组长
康　忠　副县级巡察专员
市委第五巡察组
万　平　组长
陈　珊　副组长
李小雄　副县级巡察专员

**市委网信办**

熊中高　主任，市委宣传部副部长（兼）
刘　力　副主任
刘　煜　副主任
胡洪武　二级调研员
丁江华　四级调研员

**市委党校**

钱　昀　校长（任至 5 月）
余正琨　校长（5 月任）
胡晓海　院长
陶东阳　分管日常工作的副校（院）长
杨云峰　副校（院）长
钟爱保　副校（院）长
万　强　副校（院）长
邓裕斌　副校（院）长
刘海保　市社会主义学院副院长
王传林　四级调研员

**市机关事务管理局**

汪　成　市政府副秘书长、市机关事务局党组书记、局长
卢学文　党组成员、副局长
何小波　党组成员、副局长
张　恩　党组成员、副局长
李晓东　四级调研员
熊建军　四级调研员

**市史志办**

谢晓亮 主任
张永华 副主任、二级调研员（9月退休）
徐明生 副主任
邓水龙 副主任
涂俊彦 四级调研员

**市档案馆**

余小勇 馆长
叶寿祥 副馆长
占明义 副馆长
黄 霞 （女）副馆长
徐迎晨 二级巡视员（10月退休）

**市法院**

刘 星 党组书记、院长
陈 健 党组副书记、副院长（5月任）
黄淑彬 （女）党组成员、副院长
钟明强 副院长
刘建玲 （女）副院长
焦 健 （女）党组成员、政治部主任（任至5月，调离）
李红刚 （回）党组成员、副院长（任至5月，调离）
刘晓辉 党组成员、驻院纪检组组长
刘 东 党组成员、执行局局长
陈 芳 （女）党组成员、审判委员会专职委员
廖治中 审判委员会专职委员
余行飞 审判委员会专职委员（任至7月，调离）
吕清泉 一级高级法官
饶万和 二级调研员（12月退休）
刘南星 四级调研员
金坤红 二级调研员（9月退休）
赖婷华 （女）四级调研员
李 敏 （女）三级高级法官
廖江川 三级高级法官
王士松 四级调研员
胡建华 二级调研员（6月任）
晏水银 二级调研员（6月任）
赵 兴 二级调研员（6月任）

**市检察院**

刘鸿斌 党组书记、检察长、二级高级检察官
邓修作 党组副书记、副检察长（正县级）、二级高级检察官（11月退休）
曹运革 党组成员、副检察长（正县级）、二级高级检察官
薛有旺 市政协副主席、副检察长、三级高级检察官
周 铭 党组成员、驻院纪检监察组组长
戴雪玲 （女）党组成员、政治部主任
熊红文 党组成员、检察委员会专职委员、三级高级检察官
田 勇 检察委员会专职委员、三级高级检察官
刘 炽 一级高级检察官
余声汉 副县级干部
万里光 四级调研员
赖蓉蓉 （女）三级高级检察官
魏琗金 三级高级检察官

**市总工会**

刘德辉 市人大常委会副主任，党组书记、主席
熊绍群 党组副书记、分管日常工作的副主席（1月任）
张小芳 （女）党组成员、副主席
邓林和 党组成员、副主席（11月任）
邹循泷 党组成员、副主席
谢 芬 （女）党组成员、副主席（12月任，挂职）
陈水平 三级调研员（11月任）
熊 艳 （女）三级调研员（11月任）
钟 东 三级调研员（11月任）
张 霖 四级调研员
李 林 党组副书记、常务副主席（任至1月）
周宇凤 党组成员（11月退休）

**团市委**

刘众星 书记
曾 晋 副书记
熊 坚 副书记
万 琪 （女）副书记
肖云艳 （女）挂职副书记
杨辉利 （女）兼职副书记
刘 臣 兼职副书记
胡 剑 兼职副书记

**市妇联**

胡 裔 （女）党组书记、主席
皮 洁 （女）党组成员、副主席
陈 姝 （女）党组成员、副主席
黄薇薇 （女）党组成员、副主席
谢江琴 （女）党组成员、副主席（挂职）
梅 丽 （女）党组成员、三级调研员
黄朝华 （女）党组成员、三级调研员
吴建华 四级调研员
黄礼娟 四级调研员

**市文联**

万晓东 党组书记、主席（任至11月）
童 华 （女）主席（12月任）

龚建峰　党组成员、副主席（任至 11 月，到龄改非）
周文彬　党组成员、副主席
李文波　党组成员、副主席（12 月任）
贺思敏　（女）二级调研员
雷　雨　（女）四级调研员
林继敏　四级调研员

**市社科联**

陈　曙　党组书记、主席（1 月任）
黄小红　（女）党组成员、副主席（12 月任）
黄师奇　（女）党组成员、副主席（12 月任）
喻凤林　二级巡视员（11 月到龄改非）
邹时光　二级调研员（1 月到龄改非）
彭路萍　（女）三级调研员（11 月到龄改非）
谢蔚如　（女）四级调研员

**市侨联**

刘小坚　党组书记（任至 11 月）、主席（任至 12 月）
麦建宁　党组书记（11 月任）、主席（12 月任）
陈　铭　（女）党组成员、副主席（任至 11 月），三级调研员（11 月任）
许日强　党组成员、副主席
李良清　党组成员（11 月任）、副主席（12 月任）

**市残联**

万里菲　党组书记、理事长
吴卫平　党组成员、副理事长
刘国华　党组成员、副理事长
林善岳　三级调研员

**市科协**

吴新财　党组书记（11 月任）
王妮娜　主席（女）（12 月任）
刘　琛　党组成员（11 月任）、副主席（12 月任）
文　颖　党组成员（11 月任）、副主席（12 月任）
符文志　党组成员（11 月任）、副主席（12 月任，挂职）
孙群力　二级巡视员（11 月由党组书记改任）
辜　锋　三级调研员（11 月由党组成员、副主席改任）
李培赣　三级调研员（11 月由党组成员、副主席改任）
杜　敏　三级调研员（11 月由党组成员、副主席改任）

**市红十字会**

潘　凌　（女）党组书记、常务副会长
梁　璐　（女）党组成员、副监事长（任至 12 月）、专职副会长（12 月任）
熊　兵　党组成员（11 月任）、副监事长（12 月任）
范德有　党组成员、四级调研员
曹小明　党组成员、专职副会长（任至 11 月）、三级调研员（11 月任）

**市发改委**

雷桥亮　党组书记、主任（12 月任）
雷　强　党组书记、主任（任至 11 月，调离）
赖育雷　党组成员、副主任、二级调研员
钟　坚　党组成员、副主任、二级调研员
何彦军　党组成员、副主任
何华辉　党组成员、派驻纪检组组长
陈　瑛　（女）三级调研员（6 月任）
钟雷英　（女）副主任
熊　飞　四级调研员
李少卿　四级调研员
黄建平　四级调研员
欧阳龙　原市公管办副主任
华　东　党组成员、副主任（任至 8 月，挂职）
刘　翔　原市公管办二级调研员（10 月退休）

**市工信局**

唐艳华　党组书记、局长（任至 11 月）
骆　军　党组书记、局长提名人选（11 月任）
陈　净　（女）党组成员、副局长、二级调研员
伍秋平　党组成员、副局长
邹　涛　党组成员、副局长
牛丽坤　（女）党组成员、副局长
刘述民　副局长（任至 7 月）
薄夫森　党组成员、副局长（2 月任，挂职）
史渝闽　四级调研员

**市国资委**

黄中平　党委书记、主任、二级巡视员
周仁斌　党委委员、副主任、二级调研员
黄少林　党委委员、驻市国资委纪检监察组组长
杜小华　党委委员、副主任
舒　洪　外派监事会主席
汪发林　外派监事会主席
唐三湘　市政府参事、二级调研员
吴坤荣　二级调研员
傅荣志　二级调研员
易　坚　二级调研员
万晓峰　（女）二级调研员
胡国元　三级调研员

**市人社局**

巫　滨　（女）党组书记、局长
龚小毛　党组成员、市纪委市监委驻市人社局纪检监察

组组长(任至6月,到龄改非),市纪委市监委派驻纪检监察组三级调研员(6月任)
陈　进　党组成员、副局长
詹晓庆　(女)党组成员、副局长
刘晓锋　党组成员、副局长
肖　欢　二级调研员(1月退休)
徐贞科　二级调研员
万新华　四级调研员

**市城管执法局**
罗建华　党组书记、局长
唐尚洪　党组成员、副局长
黄泉勇　党组成员、副局长
占肆土　党组成员、派驻纪检组组长
孙新初　党组成员、副局长
胡军锋　党组成员、副局长(任至2月)、二级调研员(2月任)
张裕生　党组成员、副局长、二级调研员
陈宗龙　党组成员、副局长(任至6月)、二级调研员(6月任)
曾享庭　党组成员、副局长(任至6月)、二级调研员(6月任)
罗红辉　二级调研员
户春才　党组成员(任至6月)、三级调研员(6月任)
吴　军　党组成员
喻国平　四级调研员
彭小林　四级调研员
刘国华　党组成员、副局长　(任至6月,调离)
秦　芳　党组成员(任至6月,10月退休)
胡文海　二级调研员(3月退休)

**市外事(港澳事务)办**
梅　梅　(女)党组书记、主任
毛亦水　党组成员、副主任、二级调研员
甘裕红　(女)党组成员、副主任
曾建民　党组成员、副主任
黄剑魁　三级调研员(6月任)
申继明　四级调研员

**市应急管理局**
吴志强　党委书记、局长(1月任)
潘四清　党委委员、纪检组组长、二级调研员
马小娟　(女)党委委员、副局长
陶志海　党委委员、副局长
吴海勤　党委委员(6月任,兼职)
李永强　党委委员、副局长(2月任,挂职)
李　赟　副局长(9月任,挂职)
黄爱华　党委委员(任至6月)、副局长(任至7月)、二级调研员
罗春来　党委委员(任至6月)、副局长(任至7月)、二级调研员
邓保良　党委委员(任至6月)、副局长(任至7月)、二级调研员(11月任)
吴　堃　党委委员(任至6月)、三级调研员(6月任)
赖洪标　三级调研员(6月任)
欧小青　三级调研员(6月任)
杨　航　四级调研员
林向东　四级调研员

**市民族宗教事务局**
黄　文　党组书记、局长
欧阳晓文　党组成员、副局长
买买提·麻木提(维吾尔族)　党组成员、副局长
谭三国　二级调研员
熊　武　二级调研员

**市政务服务数据管理局**
宋亮生　市政协副主席、党组书记、局长
李　鑫　党组成员、副局长(正县)
黄招员　党组成员、副局长、二级调研员(8月任)
叶见瑜　党组成员、副局长
张　庆　党组成员、副局长
尹　娟　(女)党组成员、副局长
张世忠　党组成员、副局长
何美斌　党组成员、副局长(任至7月,挂职)
杜　琴　(女)党组成员、副局长
黎　强　二级调研员(9月退休)
郑　斌　二级调研员
陶筱玲　三级调研员(任至10月,调离)

**市金融办**
邓　峰　党组书记、主任
李志超　党组成员、副主任
秦　娟　党组成员、副主任

**市公安局**
肖铁军　省公安厅党委委员,副市长、党委书记、局长、督察长
徐十斗　党委副书记、常务副局长
郑义端　党委副书记、副局长
张增和　党委委员、副局长,兼市警校校长
陈国宏　党委委员、副局长,兼特警支队政委
杨玉章　党委委员、副局长,兼交管局政委
李永春　党委委员、副局长(7月调离)

陈国梁　党委委员、政治部主任
汪　勇　党委委员、交管局局长
范晓云　党委委员、特勤局局长
涂咸高　党委委员、驻局纪检监察组组长

**市民政局**

戴　闽　党组书记、局长
王国辉　党组成员、副局长、二级调研员
汪礼良　党组成员、市纪委市监委驻市民政局纪检监察组组长
曹志宏　党组成员、副局长
熊印根　党组成员、副局长
姚林强　副局长（8月任，挂职）
邱　锐　二级调研员

**市司法局**

李国水　党组书记、局长(1月任)
罗永兴　党组成员、市强制隔离戒毒所党委书记、所长
廖云生　党组成员、副局长，二级调研员
周晓雄　党组成员、副局长(任至6月)，二级调研员
万文革　党组成员、副局长
汤潇琼　党组成员、副局长
周义军　党组成员、副局长
凌小晋　(女)党组成员、政治部(警务部)主任
涂慧玲　(女)二级巡视员(11月退休)
邱　荣　二级调研员
冯庆文　四级调研员
廖承文　四级调研员
舒奕斌　四级调研员
李　通　市法治南昌建设办专职副主任(任至7月，调离)
朱　雷　副县级干部

**南昌仲裁委员会**

张根水　主任

**市自然资源和规划局**

谢为民　党组成员、市纪委市监委派驻纪检监察组组长
陈献忠　党组成员
陈长春　党组成员
何文军　(女)党组成员、副局长
邵欣然　副局长(7月任)
吴　頔　副局长(7月任)
熊　斌　副局长(10月任)
吉伟伟　二级调研员
徐海平　二级调研员
罗晓峰　二级调研员
陈明远　二级调研员(8月任)
张锦增　三级调研员
陶筱玲　(女)三级调研员(7月任)
徐　侃　三级调研员(8月任)
饶　鑫　四级调研员

**市住房和城乡建设局**

李　勇　党组书记、局长
熊焕标　副局长、二级调研员
欧阳锋　党组成员、市纪委监委派驻住建局纪检监察组长
饶良富　党组成员、副局长
池建林　党组成员、副局长
徐　胜　党组成员、副局长
罗　峻　党组成员、副局长
王观石　副局长(任至8月，挂职)
薛凯喜　党组成员、副局长(2月任，挂职)
翟圣智　一级调研员(3月退休)
肖　虹　二级调研员
陈建华　二级调研员
周庆荣　二级调研员
龚著勤　二级调研员(12月退休)
万　军　二级调研员
李仈红　(女)四级调研员

**市生态环境局**

陈宏文　局党组书记、局长
曾晓翔　党组成员、二级调研员
郑家万　党组成员、驻局纪检监察组组长
章美良　党组成员、副局长、三级调研员
黄宝强　党组成员、三级调研员
刘忠马　党组成员、驻市监测中心主任
刘　扬　党组成员、副局长

**市交通运输局**

熊保良　党组书记、局长
俞剑平　党组成员、副局长、二级调研员
阮亦彬　党组成员、副局长(兼)(任至11月)
黄挽澜　党组成员、副局长(兼)(11月任)
车小琴　(女)党组成员、副局长
严晓群　党组成员、副局长、二级调研员
罗　宁　党组成员、副局长
谌跃勇　党组成员、市纪委市监委驻局纪检监察组组长(5月任)
肖洪辉　四级调研员

**市人民防空办公室**

丁俊昌　(回族)党组书记

徐　静　（女）主任
熊幸平　党组成员、副主任、二级调研员
黄文金　党组成员、副主任
刘建勇　党组成员、副主任
谭来长　副主任（兼）
李克荣　二级巡视员（11 月退休）
万　明　三级调研员（6 月任）
李　俊　四级调研员
陶涛会　四级调研员

**市农业农村局**
龚林涛　党组书记、局长
罗伙庚　党组成员、纪监组组长
罗小琴　（女）党组成员、副局长
李慎林　党组成员、副局长
张　东　党组成员、副局长
王　胜　党组成员、副局长（6 月任）
张晓方　二级巡视员
朱旺生　二级调研员
凌永青　（女）二级调研员
祝国强　二级调研员
崇林风　（女）三级调研员（6 月任）
刘　健　（女）三级调研员（6 月任）
陈玉保　三级调研员（6 月任）
邓善华　三级调研员（6 月任）
黄文生　四级调研员
樊　滔　四级调研员
万云标　四级调研员

**市林业局**
宋　明　党组书记、局长
杨馥宁　党组成员、副局长
谢凤俊　党组成员、副局长
陶丽珍　（女）党组成员、副局长
肖天佑　党组成员、市绿委办主任
徐仲平　二级调研员
丁　乐　二级调研员
胡　明　二级调研员
王水生　二级调研员
罗美英　（女）三级调研员
胡友军　四级调研员

**市水利局**
杨先国　党组书记、局长（11 月任）
胡崇敬　党组书记、局长（任至 8 月）
涂传建　党组成员、副局长，二级调研员（9 月至 11 月牵头负责）
詹成龙　党组成员、副局长
胡秋华　党组成员、市纪委市监委驻市水利局纪检监察组组长，二级调研员
吴　民　党组成员、副局长
吴海勤　党组成员、市河湖长制办公室专职副主任
罗　晨　副局长（10 月挂职）
杨宏富　二级调研员（11 月退休）
李爱水　党组成员（任至 6 月）、三级调研员（6 月任）
罗柏林　四级调研员
邹　幸　四级调研员
冒红星　四级调研员

**市乡村振兴局**
龚林涛　党组书记
熊　敏　（女）党组副书记、局长（11 月任）
徐小萍　（女）党组成员、副局长
陈　慧　党组成员、副局长
易连发　二级调研员

**市财政局**
涂晓晖　党组书记、局长
陈国广　党组成员、副局长、二级调研员
胡　箭　党组成员、副局长、二级调研员
黄书林　党组成员、市纪委市监委驻市财政局纪检监察组组长
曾　辉　党组成员、副局长
毛志东　党组成员、南昌政府和社会资本合作创新中心主任
李新宇　党组成员、副局长
胡丽华（女）市政府参事、市财政局二级调研员
王晓平　四级调研员

**市审计局**
胡崇敬　党组书记、局长（8 月任）
万仁如　党组书记、局长（任至 8 月），二级巡视员（8 月任）
张根全　党组成员、副局长、二级调研员
彭艳云　党组成员、副局长
徐宝华　党组成员、副局长
胡蓓蓓　（女）党组成员、总审计师
黄书林　市纪委市监委驻市财政局纪检监察组组长
熊家芳　三级调研员（6 月任）
廖金红　四级调研员
何稳庚　四级调研员

**市统计局**
兰　园　（女）党组书记、局长

黄书林　市纪委市监委驻局纪检监察组组长
肖玉芳　（女）党组成员、副局长
许卫群　（女）党组成员、副局长
胡　强　党组成员、副局长
胡林发　四级调研员
张志萍　（女）四级调研员

**市商务局**

戴　琼　（女）党组书记、局长
黄信红　党组成员、副局长，二级调研员
李凌鹏　党组成员、副局长
张建平　党组成员、副局长
金　伟　副局长
胡足卿　党组成员、副局长
曾伟群　党组成员、副局长
李　通　党组成员、市纪委市监委驻市商务局纪检监察组组长
乐承毅　党组成员、副局长（2月任，挂职）
赵国华　二级调研员（11月退休）
胡　星　四级调研员
陶东铭　四级调研员
雷　艳　（女）四级调研员
徐国华　四级调研员

**市市场监督管理局**

徐云辉　党组书记、局长、二级巡视员
曾性军　党组成员、副局长
付流云　三级调研员（11月任）
邓瑞禄　党组成员、驻局纪检监察组长
田卫国　三级调研员（11月任）
喻　兵　党组成员、经开区局分党组书记、局长
龙纪瑞　党组成员、副局长
张志刚　三级调研员（11月任）
汪炳钦　党组成员、副局长
朱景新　党组成员、副局长
谢志春　三级调研员（6月任）
陈卫东　二级调研员
敖春海　二级调研员
殷政权　二级调研员
刘灿东　二级调研员
余路华　三级调研员
周　琳　（女）三级调研员（6月任）
赵红华　（女）四级调研员
谌燕军　（女）四级调研员
李年生　四级调研员
罗中凯　四级调研员
黎　敏　四级调研员（6月任）

**国家税务总局南昌市税务局**

曾长根　党委书记、局长、一级高级主办（2月任）
龚云斌　党委书记、局长、一级高级主办（任至2月，调离）
付和平　党委副书记、副局长、一级高级主办（任至12月，到龄改非）
罗建萍　（女）党委副书记、副局长、二级高级主办
张　俊　党委委员、副局长、二级高级主办
王振峰　党委委员、副局长、二级高级主办（任至8月，调离）
钟绪林　党委委员、三级高级主办
游利民　党委委员、副局长、二级高级主办（任至12月，到龄改非）
张　民　党委委员、副局长、二级高级主办（8月任）
黄　青　党委委员、纪检组组长
张云如　党委委员、总经济师、二级高级主办（1月任）
王宝军　督办（3月退休）
吴晨阳　督办（4月任）
吴汉江　督办（7月退休）
郑晓辉　（女）一级高级主办（2月退休）
陈国富　二级高级主办
裘以华　二级高级主办
邱　明　二级高级主办
姜雁平　二级高级主办
林延敏　（女）二级高级主办
何　剑　二级高级主办
余国良　二级高级主办
刘炳生　二级高级主办（2月退休）
吴一亮　三级高级主办
李有望　三级高级主办
姜建华　四级高级主办（10月退休）
胡芳梅（女）四级高级主办

**市气象局**

谢银水　党组书记、局长
陆春信　党组成员、纪检组组长
郭　艳　（女）党组成员、副局长（任至2月，调离）
龚细明　党组成员、副局长
刘　燕　（女）二级调研员（10月退休）
吴延年　二级调研员　（6月退休）
徐亚娟　（女）党组成员、副局长（8月任）
郑　晶　（女）党组成员（3月任）

**市教育局**

黄　琰　工委书记、局长
刘国平　工委委员、副局长、二级调研员
陈　瑜　工委委员、副局长
蔡爱民　工委委员、市第二中学校长、二级调研员

熊　彪　工委委员、市教育考试院院长
卢　琛　工委委员、市纪委监委派驻市教育局纪检监察组组长
付青岚　（女）工委委员、副局长
万晓玲　（女）工委委员、总督学
李智良　二级调研员
陈子柠　三级调研员（7月任）
朱道清　四级调研员
唐庆伟　四级调研员

**市科学技术局**
吴新财　党组书记（任至11月）
凌敏杰　党组书记、局长（11月任）
付长根　党组成员、市纪委市监委驻市科技局纪检监察组组长
黄端伟　党组成员、副局长
胡辉勇　党组成员、副局长（11月任）
张　馥　党组成员、副局长（12月任）
党　钢　二级调研员（任至8月）
陈　丹　二级调研员
万小敏　二级调研员
李世玉　二级调研员
江　燕　二级调研员
曹绍炜　四级调研员
叶保平　正县级干部
袁荪安　四级调研员
张发根　四级调研员
魏琴虹　（女）四级调研员

**市文广新旅局**
万利平　党组书记、局长
赵刚平　（女）二级巡视员
熊　伟　二级调研员（6月到龄改非）
刘国产　二级调研员（6月到龄改非）
袁　峰　二级调研员（6月到龄改非）
徐　芬　（女）党组成员、二级调研员
帅晓萍　（女）党组成员、副局长、二级调研员（6月到龄改非，8月退休）
张　良　党组成员、市纪委监委派驻局纪检监察组组长
宋国平　党组成员、副局长（6月任）
刘芬芳　（女）党组成员、副局长（11月任）
郭　慧　（女）副局长（任至8月，挂职结束）
薛　华　（女）副局长（2月任，挂职）
饶掀洪　二级调研员
罗东文　四级调研员
邓穆超　四级调研员

**市卫健委**
朱世鸣　工委书记、主任
卢　恬　（女）副主任（9月任，挂职）
易海英　（女）工委委员、副主任、二级调研员
王　群　工委委员、副主任
万　鹏　工委委员、副主任、二级调研员
赵海金　工委委员、市纪委市监委驻市卫生健康委纪检监察组组长
张　萍　（女）工委委员（11月任）
黄立发　市政府参事、市卫健委二级调研员
涂晓明　二级调研员
符德厚　四级调研员
姚　敏　（女）四级调研员
徐国水　二级调研员（7月退休）

**市体育局**
杨　春　党组书记、局长
宗云彪　党组成员、市体校校长
罗晓云　二级调研员
熊庆峰　党组成员、副局长
许　慧　（女）副局长
艾　民　二级调研员

**市退役军人事务局**
刘祈虎　党组书记、局长
邓　宏　党组成员、副局长
杜辉根　党组成员、副局长
彭达兵　党组成员、副局长
张周平　二级调研员（11月任）
吴义文　四级调研员
高　星　四级调研员（6月任）
熊小刚　四级调研员（6月任）

**市医保局**
郭　宇　党组书记、局长
熊慧平　党组成员、副局长
刘　凯　党组成员、副局长
舒敏强　二级调研员
焦玉庄　二级调研员

**市中小企业服务局**
陈建军　党组书记、局　长
石　浩　党组成员、副局长
朱　彪　党组成员、副局长
彭望元　党组成员、副局长（5月任）

### 市公路事业发展中心

万文浩　党组副书记、主任
万治强　党组成员、副主任
戴志军　党组成员、副主任
章金华　党组成员、副主任
邓安祥　四级调研员
黄邑华　四级调研员
张耀平　四级调研员

### 市重点公共建设项目管理中心

熊　伟　党组书记、主任
陈京广　党组成员、总工程师
黄文华　党组成员、副主任
万兆兰　副主任
罗　辉　党组成员、副主任

### 市供销联社

罗毛则　党组书记、理事会主任
钟仁和　党组成员、理事会副主任
彭贤柏　党组成员、理事会副主任

### 南昌高新技术产业开发区

王万征　市委常委、区党工委书记
陈　艳　（女）党工委副书记、管委会主任
吴前进　党工委副书记、一级调研员
喻慧平　党工委委员、纪工委书记、监察组组长
刘用强　党工委委员、管委会副主任
熊　俊　党工委委员、管委会副主任
万　洪　党工委委员、公安分局局长
洪　霞　（女）党工委委员、管委会副主任（兼）
杨　玎　党工委委员、管委会副主任（挂职）
杨　磊　（女）管委会三级调研员
王　珏　（女）管委会三级调研员

### 南昌经济技术开发区

梅　峰　党工委书记
于立山　党工委副书记、管委会主任
程建兵　党工委副书记
吴国荣　党工委委员、管委会副主任
徐海波　党工委委员
张　磊　党工委委员、管委会副主任
王　励　党工委委员、管委会副主任
刘　兴　党工委委员、纪工委书记
徐　慧　党工委委员、管委会副主任
谢　浩　党工委委员、公安分局局长
贺　敏　党工委委员、管委会副主任
罗国民　党工委委员、管委会副主任

### 南昌小蓝经济技术开发区

陈　翔　南昌县委书记，南昌小蓝经济技术开发区党工委副书记、管委会主任
柯雪琴　（女）党工委委员、区纪工委书记、区监察组组长
李　碧　党工委委员、管委会副主任
涂莉华　（女）党工委委员、管委会副主任
葛　苗　党工委委员、管委会副主任
向　彪　党工委委员、管委会副主任（3月任）
姜　川　管委会副主任

### 民革南昌市委会

薛有旺　市政协副主席、主委
熊秋林　副主委
余　斌　副主委
邹　萍　专职副主委

### 民盟市委会

郭　翀　（女）主委
胡巧蓉　（女）兼职副主委
万　菁　（女）专职副主委
雷伍华　兼职副主委

### 民建南昌市委会

黄清玉　（女，土家族）市政协副主席、主委
田　艳　（女）副主委
贺龙茹　（女）副主委（专职）
郑建辉　（女）副主委
雷峻峰　副主委

### 民进南昌市委会

谭绍木　民进省委会副主委、市人大常委会副主任、主委
邹玉萍　（女）市人大常委会教科文卫委员会主任、副主委
郑洪健　副主委
王　光　副主委
邹萍莉　（女）专职副主委（兼）秘书长
钱瑜琼　（女）二级调研员
刘英杰　四级调研员

### 农工党南昌市委员

龙国英　（女）副市长、主委
李美君　（女）副主委
吴一建　副主委
李　杰　（女）副主委
胡国华　副主委

### 九三学社南昌市委会
魏宏平　市政协副主席、主委
童　华　(女)副主委
王　晖　副主委

### 市工商联
熊志刚　市政协副主席、市工商联主席
熊冬燕　(女)党组书记、副主席
张晓伟　党组成员、副主席
陈东飞　党组成员、副主席
王妮娜　(女)副主席
欧阳凡　党组成员
刘　欣　(女)党组成员、秘书长

### 南昌广播电视台
李良生　党组书记、台长(1月任)
许海霞　(女)党组成员、副台长
王　庆　(女)党组成员、总编辑
徐　红　(女)副县级干部
舒民强　党组成员、副台长(任至12月)

### 南昌日报社
李良生　社长(任至1月,调离)
胡洪水　社长、总编辑(5月任),市委宣传部副部长(兼)
朱艳萍　(女)副总编辑
张春勇　副社长
万荣海　调研员(副县级)

## 县区委常委及人大、政协主要负责人名单

### 南昌县委
陈　翔　书记、小蓝经开区管委会主任
贾彧超　县长
杨先国　副书记
张周平　常委
皮　钧　(女)常委、统战部部长
闵员根　常委、政法委书记
胡朝辉　常委、宣传部部长
邬春华　常委、组织部部长
付向宇　常委、常务副县长
万向阳　常委、副县长
熊健俊　常委、副县长(挂职)

### 南昌县人大常委会
刘万勇　主任

### 南昌县政协
邹艾民　主席

### 进贤县委
徐　强　书记
熊　辉　副书记、县长
邹敏琴　副书记(任至8月)
邓之武　常委、组织部部长
陈　云　常委
杨志文　常委、副县长
涂辉平　常委、纪委书记、县监委主任
钱太高　常委、政法委书记
涂莉花　常委、统战部部长
徐永钢　常委、副县长
吴庆和　常委、宣传部部长

### 进贤县人大常委会
胡志强　主任

### 进贤县政协
胡建平　主席

### 安义县委
谭伯乐　书记
罗国栋　副书记、县长
凌敏杰　副书记(任至11月)
叶　飞　常委、副县长
廖明哲　常委、组织部部长
章征江　常委
杨　峻　常委、宣传部部长
余建国　常委、政法委书记
刘志伟　常委、副县长
龚飞霞　(女)常委、县纪委书记、县监委主任
张　帆　县委常委、统战部部长

### 安义县人大常委会
熊　斌　主任

### 安义县政协
陈伟峰　主席

### 东湖区委
高辉红　书记
胡俊峰　副书记、区长
邓云生　副书记
魏维新　常委、组织部部长
宣　治　常委、政府党组副书记、副区长

李　婷　(女)常委、副区长
邵应兰　(女)常委、区纪委书记、区监委主任熊广义
　　　　常委、宣传部部长
程家华　常委、政法委书记
江人生　常委

**东湖区人大常委会**
陈　兰　(女)主任

**东湖区政协**
陈　宇　主席

**西湖区委**
陶亿国　书记
杨　桑　副书记、区长
熊振强　副书记
陈　韬　常委、纪委书记、监委主任
陈　冲　常委
万　勇　常委、政法委书记
余　铭　常委、统战部部长
郭小玲　常委、宣传部部长
胡　海　常委、副区长
李　隽　常委、组织部部长

**西湖区人大常委会**
夏森珍　主任

**西湖区政协**
胡国星　主席

**青云谱区委**
叶修堂　书记
汪众华　副书记、区长
熊　敏　副书记(任至7月,调离)
黄华辉　常委、政法委委员
林　峰　常委、副区长
左　烨　常委
郭保庚　常委、统战部部长
李建红　常委、组织部部长(任至6月,调离)
滕作鹏　常委、宣传部部长
徐志勇　常委、区纪委书记、区监委主任
杨　峰　常委、副区长

**青云谱区人大**
唐铭市　党组书记、主任

**青云谱区政协**
黄小平　党组书记、主席

**青山湖区委**
袁一旦　书记
杨育星　副书记、区长
胡建光　常委、副区长
徐永强　常委、区纪委书记,区监察委主任
毛　涛　常委、统战部部长
兰杨丽　常委、宣传部部长
胡建勇　常委、政法委书记
万志军　常委
龚　婧　常委、组织部部长
李杰霞　常委、副区长

**青山湖区人大**
郑响龙　党组书记、主任

**青山湖区政协**
聂玉华　党组书记、主席

**新建区**
王　玮　书记(任至4月,调离)
李松殿　市委常委、宣传部部长,区委书记(4月任)
王成久　副书记,区长
章建云　副书记(任至12月,调离)
邓　培　常委、宣传部部长
李　葵　常委、副区长
李细平　常委
冯　健　常委、纪委书记、监委主任
秦润明　常委、副区长
贾中强　常委、组织部部长
涂文坚　常委、政法委书记

**新建区人大常委会**
钱和平　主任

**新建区政协**
黄云松　主席

**中共红谷滩区委**
吴江辉　书记
刘光荣　副书记、区长
万晓娟　(女)副书记
邱　胜　常委、副区长(6月任)
仇海泉　常委、常务副区长
邓越峰　常委、宣传部部长

帅　志　常委、纪委书记、监委主任
胡　军　常委、组织部部长
陈　敏　（女）常委、统战部部长
唐　武　常委、政法委书记
沈　平　常委

**红谷滩区人大常委会**
吴韶宸　党组书记、主任

**红谷滩区政协**
陶国强　党组书记、主席

**湾里管理局**
龚志强　党工委书记
刘昌华　党工委副书记、局长（5 月任）
高招彪　党工委委员、副局长
万爱军　（女）党工委委员
杜卫东　党工委委员、纪检监察工委书记
涂　晔　党工委委员、副局长
王仪镇　党工委委员、副局长
余桂林　副局长（挂职，任至 7 月）
戴国飞　副局长（挂职，2 月任）

## 中央、省属企事业及金融单位主要负责人名录

**航空工业江西洪都航空工业集团有限责任公司**
纪瑞东　党委书记、董事长
王卫华　党委副书记、总经理

**江西中烟工业有限责任公南昌卷烟厂**
罗　飚　党委书记、厂长

**市邮政管理局**
阮亦彬　党组书记、局长（任至 8 月）
黄挽澜　党组书记、局长（8 月任）

**市消防救援支队**
赵　伟　支队长
罗　梁　政委

**中国移动南昌分公司**
黄智东　党委书记、总经理（任至 2 月，调离）
贺　玲　党委书记、总经理（2 月任）

**中国电信南昌分公司**
陈　斌　党委书记、总经理

**中国联合网络通信有限公司南昌市分公司**
韩智洪　党委书记、总经理

**中国铁塔股份有限公司南昌市分公司**
付远秋　党委书记、总经理

**国网南昌供电公司**
彭振华　总经理、党委副书记

**中国铁路南昌局集团公司**
汤立新　党委书记、董事长
王创路　总经理

**中国石化销售股份有限公司江西南昌石油分公司**
韦哲峰　总经理

**江西南华医药有限公司**
王克勤　党委书记、董事长
陶跃萍　总经理

**南昌市烟草专卖局（公司）**
揭东轲　党组书记、局长、经理

**中国人民银行南昌中心支行**
张瑞怀　党委书记、行长（任至 12 月）
陈建新　党委书记、行长（12 月任）

**江西证监局**
唐理斌　党委书记、局长（任至 7 月）
匡晓凤　（女）党委书记、局长（7 月任）

**中国农业发展银行江西省分行营业部**
郑　兵　党委书记、总经理

**中国工商银行南昌分行**
孙会元　行长

**中国农业银行南昌分行**
向　毅　党委书记、行长

**中国银行南昌市分行**
程学文　党委副书记、副行长

**中国建设银行南昌分行**
刘培东　党委书记、行长

**招商银行南昌分行**
张　蓉　行长

**江西银行股份有限公司**
骆小林　党委副书记、行长

**南昌农商银行**
郭先境　党委书记、董事长

**中国人民财产保险股份有限公司南昌市分公司**
卢海根　党委书记、总经理

**中国人寿保险股份有限公司南昌分公司**
周雍房　党委书记、总经理

**平安产险江西分公司**
曹阳　党委书记、总经理

**平安人寿江西分公司**
曾雅恒 党委书记、总经理

**太平洋人寿南昌中心支公司**
贾仲红 党支部书记、总经理(任至10月)
朱　君　党支部书记、副总经理(主持工作)

## 市属企事业单位主要负责人名录

**南昌旅游集团**
张东林　党委书记、董事长(任至5月)
肖　壮　党委副书记、总经理(任至5月)
王起飞　负责人(6月任)
朱　旭　党委副书记、总经理 (6月任)

**市建设投资集团有限公司**
涂建平　党委书记、董事长(5月任)
章　勇　党委副书记、总经理、董事(5月任)

**市政公用集团有限公司**
万义辉　党委副书记、总经理

**南昌公交运输集团**
李　伟　党委书记、董事长

# 南昌市2022年国民经济和社会发展统计公报(摘要)

南昌市统计局　国家统计局南昌调查队

### 一、综合

经省统计局统一核算,全年地区生产总值(GDP)7203.50亿元,比上年增长4.1%。其中,第一产业增加值248.60亿元,增长3.6%;第二产业增加值3484.61亿元,增长4.6%;第三产业增加值3470.29亿元,增长3.7%。三次产业结构为3.4:48.4:48.2,三次产业对GDP增长的贡献率分别为3.5%、52.6%和43.9%。在全市地区生产总值中,非公有制经济实现增加值4270.18亿元,增长4.0%。人均地区生产总值111031元,增长1.8%,按年平均汇率计算,折合16507美元。

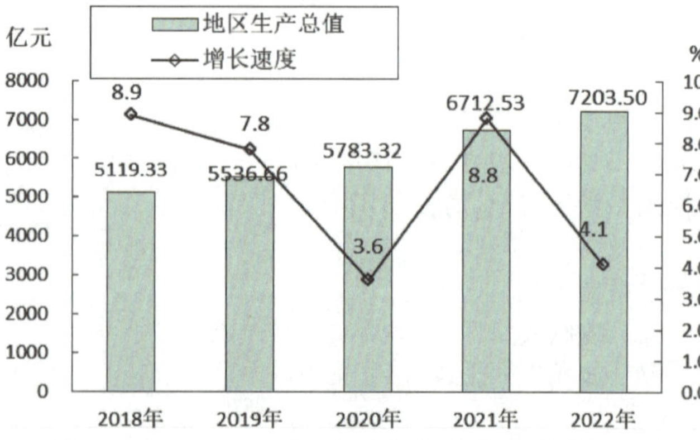

图1　2018—2022年地区生产总值及其增长速度

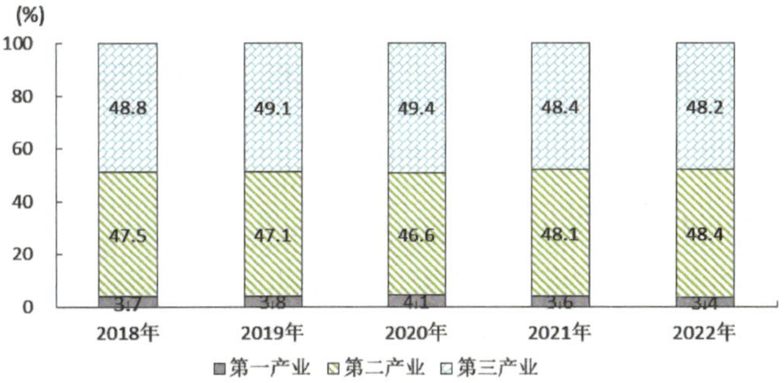


图 2　2018—2022 年三次产业增加值占地区生产总值比重

截至 10 月末，全市户籍总人口 544.44 万人。其中，城镇人口 306.93 万人，户籍人口城镇化率为 56.38%。2022 年末常住人口 653.81 万人，比上年增加 10.06 万人。其中，城镇人口 516.01 万人，常住人口城镇化率为 78.92%；全年出生人口 4.01 万人，出生率 6.19‰；死亡人口 3.54 万人，死亡率 5.45‰；人口自然增长率 0.73‰。

## 2022 年年末常住人口数及其构成

表 1

| 指　标 | 年末数（万人） | 比重（%） |
|---|---|---|
| 全市常住人口 | 653.81 | 100.00 |
| 其中，城镇 | 516.01 | 78.92 |
| 　　乡村 | 137.80 | 21.08 |
| 其中，男性 | 342.02 | 52.31 |
| 　　女性 | 311.79 | 47.69 |
| 其中，0—15 岁（含不满 16 周岁） | 109.04 | 16.68 |
| 　　16—59 岁（含不满 60 周岁） | 445.31 | 68.11 |
| 　　60 周岁及以上 | 99.47 | 15.21 |
| 其中，65 周岁及以上 | 73.09 | 11.18 |

全年城镇新增就业 6.80 万人，安置“4050”等困难群体 0.72 万人，新增转移农村劳动力 3.53 万人。

全年居民消费价格总指数（CPI）比上年上涨 1.8%。其中，消费品价格上涨 2.6%，服务价格上涨 0.7%，商品零售价格上涨 2.8%。

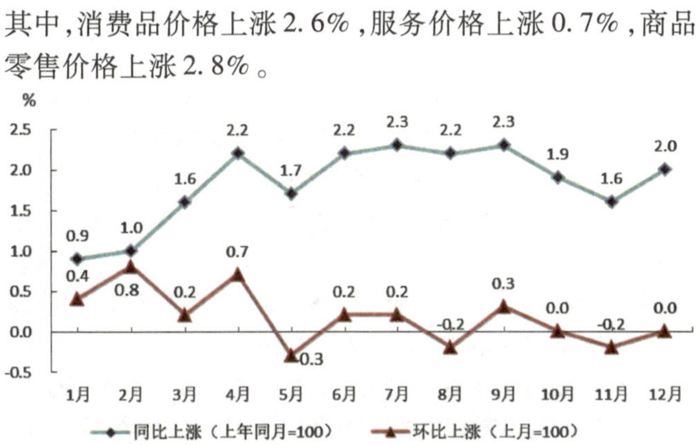


图 3　2022 年居民消费价格各月涨跌幅度

## 2022 年居民消费价格情况

表 2

| 类　别 | 比上年上涨（%） |
|---|---|
| 居民消费价格总指数 | 1.8 |
| #食品烟酒 | 2.3 |
| 衣着 | 1.5 |
| 居住 | 0.3 |
| 生活用品及服务 | 0.6 |
| 交通和通信 | 5.8 |
| 教育文化和娱乐 | 1.0 |
| 医疗保健 | 0.3 |
| 其他用品和服务 | 3.2 |

**二、农业**

农业生产：全年完成农林牧渔业总产值 431.79 亿元，比上年增长 4.1%；农林牧渔业增加值 258.34 亿元，增长 4.1%。

全年粮食种植面积 34.52 万公顷，比上年增长 0.09%。其中，全年谷物种植面积 33.73 万公顷。油料种植面积 115.46 万亩，增长 7.7%。其中，油菜籽种植面积 83.65 万亩，增长 12.3%。蔬菜及食用菌种植面积 65.54 万亩，增长 2.9%。水果种植面积 16.38 万亩，增长 1.3%。茶叶种植面积 2.15 万亩，增长 0.7%。

农牧产品产量：全年粮食产量 210.57 万吨，比上年下降 1.8%。其中谷物总产量 208.20 万吨。油料总产量 11.93 万吨，增长 2.8%。蔬菜及食用菌总产量 137.81 万吨，增长 2.5%。水果总产量 13.90 万吨，增长 2.3%。茶叶总产量 0.20 万吨，增长 9.8%。

全年猪牛羊禽肉产量 30.47 万吨，比上年增长 4.8%。其中，猪肉产量 18.73 万吨，增长 6.6%；牛肉产量 0.93 万吨，下降 5.0%；羊肉产量 0.07 万吨，下降 3.8%；禽肉产量 10.74 万吨，增长 2.8%。禽蛋产量 13.85 万吨，增长 8.2%。牛存栏 16.33 万头，下降 9.7%。家禽出笼 7245.51 万羽，增长 2.1%。

渔业：全年水产品总产量 44.72 万吨，比上年增长 4.0%。其中特种水产品产量 15.59 万吨，增长 4.8%。

林业：全年造林 2027 公顷，全市森林覆盖率达到 22.0%。

## 2022 年主要农产品产量及其增长速度

表 3

| 产品名称 | 单位 | 产量 | 比上年增长（%） |
|---|---|---|---|
| 粮食 | 万吨 | 210.57 | -1.8 |
| 油料 | 万吨 | 11.93 | 2.8 |
| 其中，油菜籽 | 万吨 | 6.62 | 12.2 |

续表3

| 产品名称 | 单位 | 产量 | 比上年增长(%) |
|---|---|---|---|
| 蔬菜及食用菌 | 万吨 | 137.81 | 2.5 |
| 水果总产量 | 万吨 | 13.90 | 2.3 |
| 茶叶产量 | 万吨 | 0.20 | 9.8 |
| 猪牛羊禽肉 | 万吨 | 30.47 | 4.8 |
| 家禽出笼 | 万只 | 7245.51 | 2.1 |
| 水产品 | 万吨 | 44.72 | 4.0 |

生产条件:全市年末农业机械总动力 296.66 万千瓦。年内机耕面积 402070 公顷,机播面积 201830 公顷,机械收获面积 358243 公顷。

### 三、工业和建筑业

工业生产:全年规模以上工业增加值比上年增长 6.0%。分轻重工业看,轻工业增加值与上年持平,重工业增加值增长 9.7%。分经济类型看,国有企业增加值增长 13.5%,集体企业增加值下降 1.0%,股份制企业增加值增长 6.5%,股份合作企业增加值增长 1.2%,外商及港澳台商投资企业增加值增长 2.9%。全市规模以上工业 35 个行业大类中,黑色金属冶炼和压延加工业,废弃资源综合利用业,专用设备制造业等 6 个行业增速高于 20%。高技术制造业增加值增长 10.6%,战略性新兴产业增加值增长 11.9%,装备制造业增加值增长 4.7%。

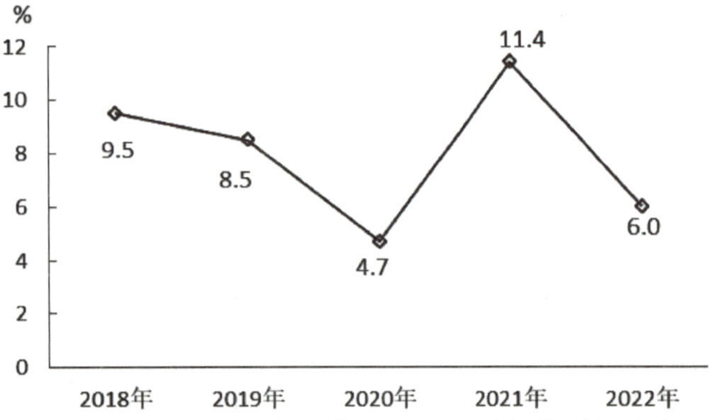


图4　2018—2022 年规模以上工业增加值增长速度

重点监测的 149 种主要工业产品中有 65 种产品产量同比实现增长,增长面为 43.6%。其中,光缆、电子计算机整机、锂离子电池、半导体存储盘等工业产品产量分别增长 312.3%、173.8%、83.1%、66.0%。

### 2022 年主要工业产品产量及其增长速度

表4

| 产品名称 | 单位 | 绝对量 | 比上年增长(%) |
|---|---|---|---|
| 饲料 | 万吨 | 349.78 | -9.7 |
| 智能手机 | 万台 | 6661.83 | -26.3 |
| 沥青和改性沥青防水卷材 | 万平方米 | 566.43 | -41.8 |

续表4

| 产品名称 | 单位 | 绝对量 | 比上年增长(%) |
|---|---|---|---|
| 卷烟 | 亿支 | 642.04 | 0.0 |
| 光缆 | 万芯千米 | 207.09 | 312.3 |
| 光电子器件 | 亿只(片) | 374.01 | -9.3 |
| 钢化玻璃 | 万平方米 | 16.98 | -56.0 |
| 水泥 | 万吨 | 636.23 | -21.6 |
| 商品混凝土 | 万立方米 | 1779.20 | -23.5 |
| 生铁 | 万吨 | 360.97 | 1.9 |
| 粗钢 | 万吨 | 421.77 | 0.0 |
| 钢材 | 万吨 | 616.19 | 10.7 |
| 交流电动机 | 万千瓦 | 127.13 | -3.1 |
| 汽车 | 万辆 | 35.85 | -10.7 |
| 房间空调器 | 万台 | 289.83 | -14.5 |

工业经济效益:全年规模以上工业产品销售率为 98.1%;实现利润总额 344.00 亿元,比上年下降 17.2%。

全年规模以上工业营业收入 7872.66 亿元,比上年增长 5.1%,营业收入过百亿元的行业达到 19 个。其中,计算机、通信和其他电子设备制造业,电力、热力生产和供应业,汽车制造业,电气机械和器材制造业突破 500 亿元,营业收入分别为 1725.78、1219.78、674.82 和 541.40 亿元。

工业开发区:全年开发区工业企业实现营业收入 7722.93 亿元,比上年增长 7.0%;实现利润总额 377.07 亿元,下降 11.8%。南昌高新技术产业开发区工业营业收入稳居全省开发区第一位,为全省唯一营业收入过 3000 亿元的开发区。南昌经济技术开发区和小蓝经济技术开发区工业营业收入均超 1000 亿元,分列全省第三和第九位。

建筑业:年末全市共有资质以上建筑业企业 1248 家,比上年增加 200 家。全年完成建筑业总产值 5590.06 亿元,比上年增长 9.5%;完成竣工产值 1846.1 亿元,增长 12.3%;施工面积 19233.0 万平方米,增长 3.3%;竣工面积 5397.5 万平方米,增长 4.6%。

### 四、服务业

服务业:全年服务业实现增加值 3470.29 亿元,比上年增长 3.7%。其中,批发和零售业增加值 586.21 亿元,增长 5.3%;交通运输、仓储和邮政业增加值 247.58 亿元,与上年持平;住宿和餐饮业增加值 67.64 亿元,增长 0.9%;金融业增加值 729.39 亿元,增长 3.0%;房地产业增加值 492.32 亿元,下降 11.5%;信息传输、软件和信息技术服务业增加值 173.31 亿元,增长 18.9%。

全年规模以上服务业企业营业收入 1371.56 亿元,比上年增长 9.7%;利润总额 59.94 亿元,下降 32.8%。分行业看,信息传输、软件和信息技术服务业营业收入增长13.3%，科学研究和技术服务业营业收入增长16.2%，租赁和商务服务业营业收入增长12.5%，居民服务、修理和其他服务业营业收入增长22.0%，卫生和社会工作营业收入增长18.5%，交通运输、仓储和邮政业营业收入增长9.1%。

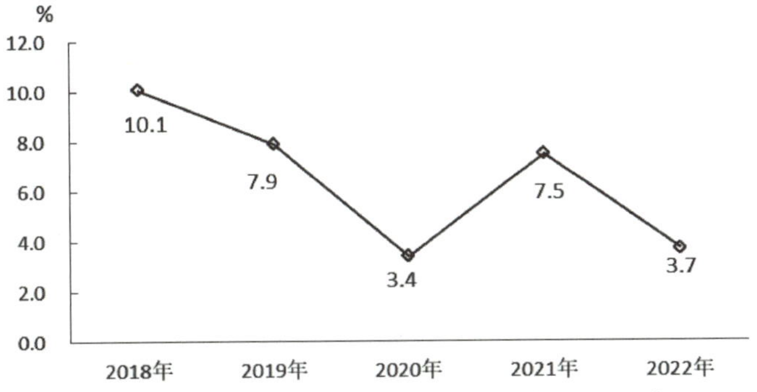


图5　2018—2022年服务业增加值增长速度

交通运输：全年铁路、公路、水路完成旅客运输量2642.5万人，比上年下降32.4%；铁路、公路、水路完成货物运输量18542.2万吨，下降0.8%。昌北机场旅客吞吐量472.46万人次，下降51.8%；货邮吞吐量4.02万吨，下降76.8%。

## 2022年铁路、公路、水路完成客货运输量及增长速度

表5

| 指　　标 | 单位 | 绝对数 | 比上年增长（%） |
|---|---|---|---|
| 旅客运输量 | 万人 | 2642.5 | -32.4 |
| 铁路 | 万人 | 2087.4 | -31.7 |
| 公路 | 万人 | 548 | -34.9 |
| 水路 | 万人 | 7.1 | -22.8 |
| 货物运输量 | 万吨 | 18542.2 | -0.8 |
| 铁路 | 万吨 | 476.0 | 13.6 |
| 公路 | 万吨 | 16538 | -1.5 |
| 水路 | 万吨 | 1528.2 | 3.6 |

汽车保有量：年末民用汽车保有量148万辆，比上年增长7.2%。年末民用轿车保有量87万辆，增长7.4%，其中私人轿车保有量82万辆，增长7.9%。

邮电通信：全年邮政行业寄递业务量累计完成8.05亿件，比上年增长3.7%；快递业务收入69.58亿元，增长9.2%；发送快递65263.80万件，其中同城快递6627.20万件、异地快递57266.86万件、国际/港澳台快递1369.74万件。电信业务总量88.37亿元，增长23.9%。年末全市固定电话用户82.38万户，下降7.1%；移动电话用户803.20万户，增长2.5%；互联网宽带用户数358.25万户，增长15.2%。

### 五、固定资产投资

投资总量：全年500万元及以上固定资产投资比上年增长7.6%。其中，工业投资增长8.4%，房地产开发投资下降19.3%。全年施工项目4814个，其中新开工项目2948个。

投资结构：全市500万元及以上固定资产投资中，第一产业投资比上年增长16.2%，第二产业投资增长8.0%，第三产业投资增长7.3%。三次产业在固定资产投资中所占比重为1.0:33.0:66.0。

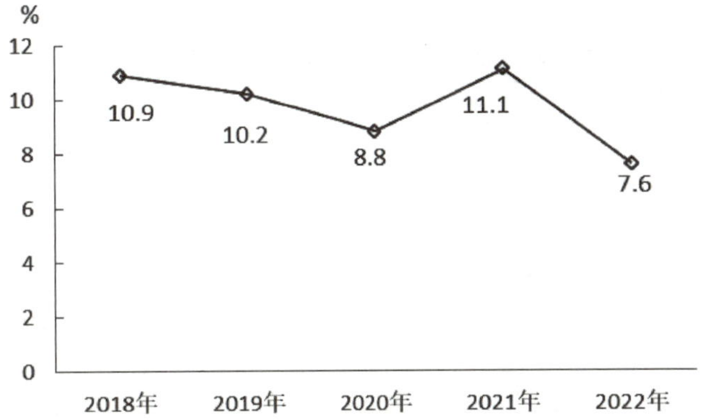


图6　2018—2022年500万元及以上固定资产投资增长速度

## 2022年分行业固定资产投资（不含农户）增长速度

表6

| 行　　业 | 比上年增长（%） |
|---|---|
| 合计 | 7.6 |
| 第一产业 | 16.2 |
| 第二产业 | 8.0 |
| 采矿业 | 179.5 |
| 制造业 | 7.5 |
| #化学原料及化学制品制造业 | 4.7 |
| 非金属矿物制品业 | 0.3 |
| 黑色金属冶炼及压延加工业 | 23.7 |
| 有色金属冶炼及压延加工业 | 47.6 |
| 电气机械及器材制造业 | -16.5 |
| 计算机、通信和其他电子设备制造业 | 19.5 |
| 电力、燃气及水的生产和供应业 | 25.7 |
| 建筑业 | -29.7 |
| 第三产业 | 7.3 |

续表 6

| 行　业 | 比上年增长(%) |
|---|---|
| 批发和零售业 | 0.6 |
| 交通运输、仓储和邮政业 | 3.1 |
| 住宿和餐饮业 | 2.8 |
| 信息传输、软件和信息技术服务业 | -12.2 |
| 金融业 | 36.5 |
| 房地产业 | -7.1 |
| 租赁和商务服务业 | 27.2 |
| 科学研究和技术服务业 | 0.5 |
| 水利、环境和公共设施管理业 | 43.5 |
| 居民服务、修理和其他服务业 | -13.3 |
| 教育 | 14.8 |
| 卫生和社会工作 | 28.0 |
| 文化、体育和娱乐业 | 21.3 |
| 公共管理和社会组织 | 60.0 |

从投资主体看，全市500万元及以上固定资产投资中，国有经济投资比上年增长19.4%；非国有经济投资增长4.3%，其中，民间投资增长1.3%。

全年房地产开发投资比上年下降19.3%。其中，住宅投资下降19.9%，办公楼和商业营业用房投资下降14.6%。

城市建设：全市实施交通强市建设行动“1688”工程，现代化综合交通体系加快构建。西二环绕城高速、洪腾高架、洪州大桥、复兴大桥、隆兴大桥等项目快速推进，地铁1号线北延、东延及2号线东延项目按期建设，桃新大道顺利通车。全市实施“胡子工程”攻坚行动，南外环高速公路等19个久拖不决、久推不动基建工程顺利销号，江报路、圭峰大道等一批“断头路”完工通车。全年基础设施投资比上年增长24.9%。

## 六、国内贸易

消费品市场：全年社会消费品零售总额3012.00亿元，比上年增长4.6%。按经营地统计，城镇零售额2858.97亿元，增长3.9%；农村零售额153.02亿元，增长19.3%。按行业统计，批发和零售业零售额2835.62亿元，增长5.7%；住宿和餐饮业零售额176.37亿元，下降7.7%。

在限额以上批发零售业商品类别零售额中，粮油、食品、饮料、烟酒类比上年增长18.9%；金银珠宝及化妆品类增长20.2%；日用品类增长6.1%；家用电器及音像器材类增长14.8%；中西药品类增长31.6%；家具类增长60.7%；建筑及装潢材料类增长6.8%；石油及制品类增长23.6%；汽车类增长8.7%。汽车类商品消费实现零售额494.33亿元，是我市规模最大的商品类别，占限额以上批零住餐零售额比重为29.4%。

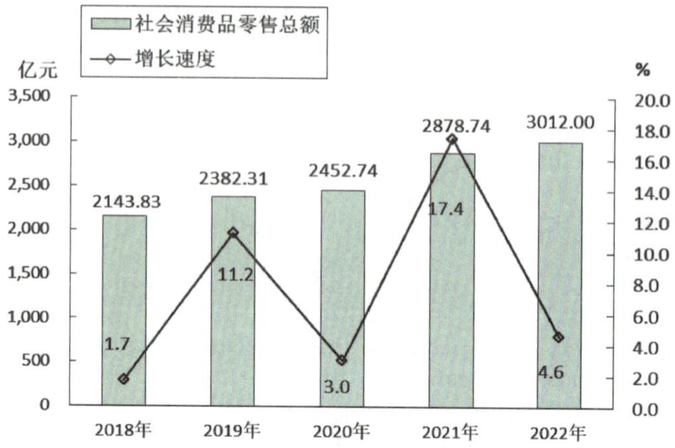


图7　2018—2022年社会消费品零售总额及其增长速度

商品交易市场：全市年成交额亿元以上的商品交易市场有25个，成交总额833.25亿元，比上年下降9.9%。其中，洪城大市场年交易额361.82亿元，南昌(深圳)农产品批发市场年交易额192.92亿元。

## 七、对外经济

对外贸易：全年进出口总值1345.56亿元，比上年增长4.3%。其中，出口值954.89亿元，增长6.7%；进口值390.67亿元，下降1.2%。

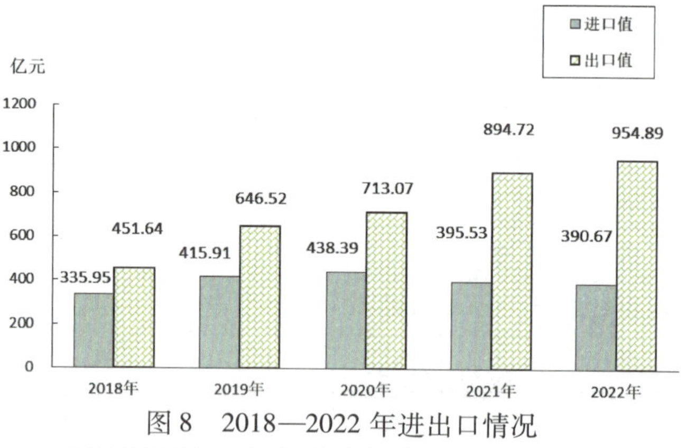


图8　2018—2022年进出口情况

利用内外资：全年实际利用外资4.17亿美元，同比下降37.8%。全年批准外商投资企业60家，其中中外合资企业占60%，外商独资企业占40%。全年利用省外项目资金1419.65亿元，增长8.9%。

## 八、财政金融、证券和保险业

财政：全年地方一般公共预算收入457.68亿元，比上年下降5.6%；如剔除增值税留抵退税因素影响，同口径增长5.1%。地方一般公共预算收入中，增值税63.26亿元，下降48.9%；企业所得税49.56亿元，下降10.1%；个人所得税19.95亿元，增长22.4%。全年地方一般公共预算支出939.04亿元，增长7.9%。其中，城乡社区支出215.97亿元,增长50.7%;社会保障和就业支出86.34亿元,增长18.4%;公共安全支出50.45亿元,增长12.7%;一般公共服务支出75.90亿元,增长7.1%;卫生健康支出89.93亿元,增长6.8%;教育支出145.31亿元,增长5.3%;农林水事务支出64.67亿元,增长1.8%。

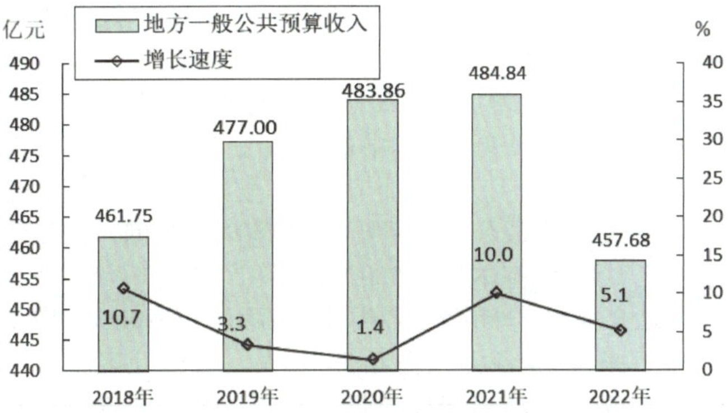


图9　2018—2022年地方一般公共预算收入及其增长速度

金融业:年末全市金融机构本外币各项存款余额为16110.30亿元,比上年末增长9.2%。其中,住户存款5790.39亿元,增长21.2%;非金融企业存款6344.85亿元,增长4.4%。金融机构本外币各项贷款余额为18949.13亿元,增长7.5%。其中,短期贷款4625.78亿元,增长5.2%;中长期贷款12878.89亿元,增长7.8%。全市金融机构人民币各项存款余额为15982.26亿元,增长9.5%;金融机构人民币各项贷款余额为18834.50亿元,增长8.1%。

证券业:全市拥有证券分支机构132家,全年证券机构股民资金账户数377.20万户,比上年增长8.7%。全年客户交易结算资金128.65亿元,下降3.5%;A股交易额28275.21亿元,下降12.5%;B股交易额4.85亿元,下降0.2%。

保险业:全年保险公司原保险保费收入277.29亿元,比上年增长10.0%。其中,寿险业务原保险保费收入154.75亿元,健康险和意外伤害险业务原保险保费收入47.40亿元,财产险业务原保险保费收入75.14亿元。支付各类赔款及给付96.72亿元。其中,寿险业务给付24.86亿元,健康险和意外伤害险业务赔款及给付21.71亿元,财产险业务赔款50.15亿元。

**九、教育和科学技术**

教育:全市拥有各级各类学校1967所(不含技工学校),教职工13.97万人,其中专任教师10.99万人。全年招收研究生1.83万人,在校研究生5.22万人,毕业研究生1.28万人。全市共有普通高等学校49所,招生25.42万人,在校生76.25万人,毕业生19.70万人。普通中等学校26所,招生2.87万人,在校生8.51万人,毕业生2.47万人。职业高中16所,招生0.61万人,在校生2.16万人,毕业生0.47万人。普通高中85所,招生4.10万人,在校生12.15万人,毕业生3.61万人。普通初中231所,招生7.00万人,在校生20.90万人,毕业生7.22万人,初中阶段适龄少年入学率100%。小学380所,招生7.49万人,在校生44.60万人,毕业生7.00万人,小学适龄儿童入学率100%。特殊学校8所,特殊教育招生278人,在校生1255人,毕业生336人。幼儿园1166所,在园幼儿19.69万人。

## 2022年各类学校基本情况

表7

| 项目 | 学校数(个) | 招生数(人) | 在校生(人) | 毕业生(人) | 专职教师(人) |
|---|---|---|---|---|---|
| 普通高等学校 | 49 | 254236 | 762480 | 196996 | 38916 |
| 普通中等学校 | 26 | 28646 | 85056 | 24700 | 2985 |
| 普通中学 | 316 | 110993 | 330471 | 108314 | 33879 |
| 职业高中 | 16 | 6061 | 21550 | 4731 | 751 |
| 小学 | 380 | 74880 | 446015 | 70024 | 17549 |
| 特教学校 | 8 | 278 | 1255 | 336 | 252 |
| 幼儿园 | 1166 | 62429 | 196895 | 66228 | 14914 |
| 成人高等学校 | 4 | 81813 | 258050 | 65395 | 547 |

科技:全年新认定高新技术企业558家,全市累计拥有高新技术企业1938家。累计拥有国家级工程技术研究中心4家、重点实验室5家;累计拥有省级工程技术研究中心119家、重点实验室182家;登记省级技术成果

179 项。全年专利授权量 17855 件，登记技术合同 4639 项，实现技术合同成交金额 135.75 亿元，增长 27.2%。全市新增省级产业技术创新联盟 4 家，累计拥有省级产业技术创新联盟 39 家。

**十、文化、旅游、卫生和体育**

文化：全年文艺创作获省级以上奖项 18 个，其中国家级奖项 3 个。年末全市拥有各类专业艺术表演团体 3 个，公共图书馆 10 个，文化馆 10 个，博物馆、纪念馆 28 个，全国重点文物保护单位 10 处。年末全市有线电视用户 36.13 万户。

旅游：全年旅游总人次 16283.02 万人次，比上年下降 8.5%。旅游综合收入 1399.33 亿元，比上年下降 19.8%。截至 2022 年末，全市拥有旅游饭店 69 家；拥有旅行社 340 家，其中出境组团社 48 家。

卫生：全市拥有各类医疗卫生机构 2703 个，其中医院 138 个；拥有床位 4.57 万张，其中医院床位 3.97 万张。拥有各类专业卫生技术人员 5.52 万人，其中执业（助理）医师 1.96 万人。全年医疗卫生机构完成诊疗 2770.93 万人次，其中医院 1676.68 万人次。

体育：全年运动员参加比赛 3.35 万人次，共获得金牌 580 枚，银牌 360 枚，铜牌 390 枚。全年举办单项比赛 20 次，举办全民健身活动 400 次，其中千人以上的活动 10 次，参加活动的人数总计 28.86 万人。全年完成全民健身工程 1 个，总投资 196 万元。全年发行体育彩票 17.76 亿元，比上年增长 34.8%。

**十一、人民生活和社会保障**

人民生活：全年城镇居民人均可支配收入 52622 元，比上年增长 4.3%；农村居民人均可支配收入 24218 元，增长 5.7%；城乡居民人均可支配收入之比为 2.17，比上年缩小 0.03。城镇居民人均消费性支出 32515 元，增长 4.8%；农村居民人均生活消费支出 17706 元，增长 6.8%。城镇居民家庭恩格尔系数为 29.4%，农村居民家庭恩格尔系数为 31.4%。年末城镇居民人均住房建筑面积 35.71 平方米，比上年末减少 2.76 平方米。

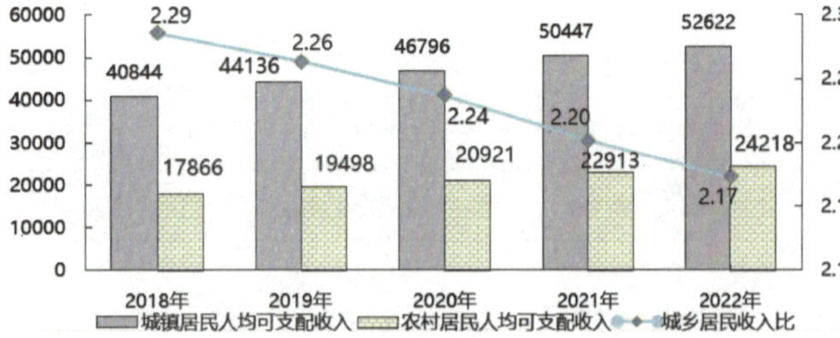


图 10　2018—2022 年城乡居民收入水平及城乡居民收入比

社会治安：全年共立案各类刑事案件 2.11 万起，破获经济案件 157 起，挽回经济损失 2057.84 万元。

住房公积金：全年归集公积金 208.67 亿元（含年度结息 7.66 亿元），比上年增长 8.3 %；发放住房公积金贷款 102.07 亿元，增长 47.2 %；发放户数 18771 户，增长 21.8%；提取住房公积金 131.32 亿元，增长 4.2%。

社会保障：全市城镇职工参加基本医疗保险人数 153.83 万人，比上年增加 11.49 万人。参加失业保险人数 106.57 万人，增加 37.38 万人。城镇参加基本养老保险人数为 271.90 万人，其中参保职工 204.5 万人，参保离退休人员 67.4 万人；企业养老金社会化发放率达 100%。全年发放公租房租赁补贴 28037 户，棚户区新改造开工 1 万套，基本建成 5000 套。

社会福利：全市拥有各类社会福利单位 102 个，床位 1.72 万张；收养各类人员 0.51 万人。城镇社区服务站（中心）974 个；城市居民最低生活保障家庭 1.68 万户，保障人数 2.89 万人；农村居民最低生活保障家庭 4.24 万户，保障人数 7.40 万人；城乡医疗救助人数 13.52 万人。

**十二、资源、环境与安全生产**

环境质量：全市拥有国家生态文明建设示范市县 2 个、国家生态县（市、区）1 个、国家级生态乡镇 18 个，省级生态县（区）4 个，省级生态乡（镇）64 个，省级生态村 91 个，“绿水青山就是金山银山”省级实践创新基地 4 个，市级生态村 844 个。全年空气质量优良天数 313 天，优良率 85.8%，位列中部六省省会城市第二。赣江、抚河南昌段国考、省控监测断面共 19 个，水质优良率 100%。县级及以上集中式饮用水质达标率 100%。区域声环境质量昼间等效声级 54.5 分贝，道路交通声环境昼间等效声级路段长度加权均值 65.8 分贝。城市生活污水集中处理率达到 96.3%。

城市园林绿化：初步核算，全市拥有园林绿地面积 15144.95 公顷，建成区绿化覆盖面积 16256.33 公顷，公园绿地 4332.21 公顷，城市建成区绿化覆盖率达到 43.15%，人均公园绿地面积达到 13.18 平方米。

节能减排：全年规模以上工业综合能源消费量 612.61 万吨标准煤，比上年下降 3.3%；万元规模以上工业增加值能耗下降 8.7%。

安全生产：全年共发生各类生产安全事故 103 起，死亡 88 人，与上年相比，事故减少 45 起，下降 30.4%，死亡人数减少 41 人，下降 31.8%。其中，生产经营性道路交通事故 68 起，死亡 54 人；火灾事故 4821 起，死亡 12 人，伤 9 人。

# 经济社会统计资料

## 行政区划(2022年末)

表20　　单位:个

| 地区 | 街办 | 居委会 | 镇 | 乡 | 村委会 |
|---|---|---|---|---|---|
| **全市** | **39** | **974** | **48** | **28** | **1153** |
| 区 | | | | | |
| 东湖区 | 7 | 91 | 1 | | 21 |
| 西湖区 | 10 | 138 | 0 | | 13 |
| 青云谱区 | 5 | 79 | 0 | | 12 |
| 青山湖区 | 4 | 149 | 4 | | 67 |
| 新建区 | 5 | 147 | 14 | 5 | 290 |
| 红谷滩区 | 7 | 110 | 1 | 1 | 78 |
| 县 | | | | | |
| 南昌县 | 1 | 155 | 11 | 7 | 304 |
| 安义县 | 0 | 31 | 7 | 3 | 104 |
| 进贤县 | 0 | 74 | 9 | 12 | 264 |

注:新建区数据包含湾里管理局。

## 主要年份国民经济主要指标

表21

| 指　标 | 单位 | 2019年 | 2020年 | 2021年 | 2022年 | 2022年比上年增长(%) |
|---|---|---|---|---|---|---|
| 年末总人口(户籍) | 万人 | 536.00 | 538.29 | 540.38 | 544.44 | 0.75 |
| 年末总人口(常住) | 万人 | 614.05 | 625.58 | 643.75 | 653.81 | 1.56 |
| 地区生产总值 | 亿元 | 5536.66 | 5783.32 | 6712.53 | 7203.50 | 4.1 |
| 第一产业 | 亿元 | 212.92 | 235.45 | 238.30 | 248.60 | 3.6 |
| 第二产业 | 亿元 | 2608.05 | 2693.40 | 3227.00 | 3484.61 | 4.6 |
| #工业 | 亿元 | 1836.30 | 1903.57 | 2332.47 | 2511.03 | 4.7 |
| 第三产业 | 亿元 | 2715.69 | 2854.47 | 3247.23 | 3470.29 | 3.7 |
| 地方一般公共预算收入 | 亿元 | 477.00 | 483.86 | 484.83 | 457.68 | 5.1 |
| 地方一般公共预算支出 | 亿元 | 834.11 | 838.17 | 870.01 | 939.04 | 7.9 |
| 农林牧渔业总产值 | 亿元 | 360.53 | 401.62 | 411.11 | 431.79 | 4.1 |
| 规模以上工业增加值 | 亿元 | — | — | — | — | 6.0 |
| 500万元及以上固定资产投资 | 亿元 | — | — | — | — | 7.6 |

续表21

| 指　标 | 单位 | 2019年 | 2020年 | 2021年 | 2022年 | 2022年比上年增长(%) |
|---|---|---|---|---|---|---|
| #工业投资 | 亿元 | — | — | — | — | 8.4 |
| 建筑业总产值 | 亿元 | 4161.30 | 4495.14 | 5106.47 | 5590.06 | 9.5 |
| 商品房销售面积 | 万平方米 | 1906.13 | 1770.83 | 2019.49 | 1390.70 | -31.1 |
| 规模以上服务业营业收入 | 亿元 | 896.69 | 928.33 | 1188.02 | 1371.56 | 9.7 |
| 社会消费品零售总额 | 亿元 | 2382.31 | 2452.74 | 2878.74 | 3012.00 | 4.6 |
| 进出口总值 | 亿元 | 1062.42 | 1151.47 | 1290.25 | 1345.56 | 4.3 |
| #出口值 | 亿元 | 646.52 | 713.07 | 894.72 | 954.89 | 6.7 |
| 实际利用外资 | 亿美元 | 37.72 | 40.60 | 43.95 | 4.17 | -37.8 |
| 实际利用省外资金 | 亿元 | 1092.42 | 1192.87 | 1303.38 | 1419.65 | 8.92 |
| 金融机构本外币存款余额 | 亿元 | 12096.80 | 13676.82 | 14754.42 | 16110.30 | 9.2 |
| #住户存款 | 亿元 | 3659.00 | 4319.67 | 4776.22 | 5790.39 | 21.2 |
| 金融机构本外币贷款余额 | 亿元 | 14047.32 | 16005.62 | 17620.96 | 18949.13 | 7.5 |
| 货物运输量 | 万吨 | 14130 | 14787 | 18695 | 18546 | -0.8 |
| 旅客运输量 | 万人 | 7895 | 5497 | 4889 | 3115 | -36.3 |
| 全社会用电量 | 亿千瓦小时 | 247.20 | 253.99 | 287.00 | 307.50 | 7.14 |
| #工业用电量 | 亿千瓦小时 | 123.37 | 132.30 | 147.52 | 146.22 | -0.88 |
| 旅游总人次 | 万人次 | 17936.72 | 15122.30 | 17795.36 | 16283.02 | -8.50 |
| 旅游综合收入 | 亿元 | 1869.16 | 1475.24 | 1743.95 | 1399.33 | 19.76 |
| 万元GDP能耗 | 吨标准煤/万元 | 0.304 | 0.291 | 0.267 | 0.264 | -0.8 |
| 居民消费价格指数 |  | 102.8 | 102.5 | 101.0 | 101.8 | 1.8 |
| 城镇居民人均可支配收入 | 元 | 44136 | 46796 | 50447 | 52622 | 4.3 |
| 农村居民人均可支配收入 | 元 | 19498 | 20921 | 22913 | 24218 | 5.7 |

注:1. 2019年末常住人口数为根据第七次全国人口普查结果修订数据;
2. 2022年地方一般公共预算收入增速为同口径增速;
3. 从2022年起,实际利用外资改为商务部统计口径数据。

## 南昌在全省的位置

表22　　(2022年)

| 指标 | 单位 | 总量 | 总量排名 | 占全省比重(%) | 增速(%) | 增速排名 |
|---|---|---|---|---|---|---|
| 人口(常住) | 万人 | 653.81 | 2 | 14.4 | 1.56 |  |
| 土地面积 | 平方公里 | 7195 | 7 | 4.3 |  |  |
| 地区生产总值 | 亿元 | 7203.50 | 1 | 22.5 | 4.1 | 10 |
| 规模以上工业增加值 | 亿元 | — | — | — | 6.0 | 9 |
| 500万元及以上固定资产投资 | 亿元 | — | — | — | 7.6 | 10 |
| 规模以上服务业营业收入 | 亿元 | 1371.56 | — | 31.8 | 9.7 | — |
| 社会消费品零售总额(法人口径) | 亿元 | 3012.00 | 1 | 23.4 | 4.6 | 9 |

续表22

| 指标 | 单位 | 总量 | 总量排名 | 占全省比重(%) | 增速(%) | 增速排名 |
|---|---|---|---|---|---|---|
| 地方一般公共预算收入 | 亿元 | 457.68 | 1 | 15.5 | 5.1 | — |
| 实际利用外资 | 亿美元 | 4.17 | 1 | 19.3 | -37.8 | 10 |
| 海关出口值 | 亿元 | 954.89 | 1 | 18.8 | 6.7 | 10 |
| 城镇居民人均可支配收入 | 元 | 52622 | 1 | — | 4.3 | 8 |
| 农村居民人均可支配收入 | 元 | 24218 | 2 | — | 5.7 | 10 |

## 南昌的人均水平

表23

| 指　标 | 单位 | 2021年 | 2022年 |
|---|---|---|---|
| 地区生产总值 | 元/人 | 105765 | 111031 |
| 农林牧渔业总产值 | 元/人 | 6478 | 6655 |
| 住户存款余额 | 元/人 | 75256 | 89250 |
| 社会消费品零售总额 | 元/人 | 45358 | 46426 |
| 城镇居民人均可支配收入 | 元/人 | 50447 | 52622 |
| 农村居民人均可支配收入 | 元/人 | 22913 | 24218 |
| 人均公园绿地面积 | 平方米 | 13.05 | 13.18 |
| 居民生活用电量 | 千瓦小时 | 842 | 962 |

## 常住人口基本情况

表24

| 指　标 | 单位 | 2021年 | 2022年 |
|---|---|---|---|
| 年末总人口 | 万人 | 643.75 | 653.81 |
| 男性人口 | 万人 | 337.18 | 342.02 |
| 女性人口 | 万人 | 306.57 | 311.79 |
| 城镇人口 | 万人 | 506.23 | 516.01 |
| 乡村人口 | 万人 | 137.52 | 137.80 |
| 城镇化率 | % | 78.64 | 78.92 |
| 年平均人口 | 万人 | 634.67 | 648.78 |
| 出生人口 | 万人 | 4.58 | 4.01 |
| 出生率 | ‰ | 7.21 | 6.19 |
| 死亡人口 | 万人 | 3.19 | 3.54 |
| 死亡率 | ‰ | 5.02 | 5.45 |
| 自然增长人口 | 万人 | 1.39 | 0.48 |
| 自然增长率 | ‰ | 2.19 | 0.73 |

## 城市居民消费价格指数(以上年为100)

表25

| 指标 | 2021年 | 2022年 |
|---|---|---|
| 居民消费价格总指数 | 101.0 | 101.8 |
| 一、食品烟酒 | 99.8 | 102.3 |
| #粮食 | 101.2 | 100.0 |
| 鲜菜 | 108.0 | 102.8 |
| 水产品 | 109.0 | 100.0 |
| 蛋 | 107.6 | 107.8 |
| 二、衣着 | 99.9 | 101.5 |
| 三、居住 | 100.2 | 100.3 |
| #租赁房房租 | 99.9 | 99.9 |
| 水电燃料 | 100.9 | 101.5 |
| 四、生活用品及服务 | 100.3 | 100.6 |
| 五、交通和通信 | 104.3 | 105.8 |
| #交通 | 105.2 | 107.8 |
| 通信 | 101.0 | 98.3 |
| 六、教育文化娱乐 | 104.1 | 101.0 |
| #教育 | 105.4 | 101.6 |
| 文化娱乐 | 101.7 | 99.8 |
| 七、医疗保健 | 100.6 | 100.3 |
| 八、其他用品和服务 | 98.5 | 103.2 |

## 固定资产投资增速

表26　　单位:%

| 指标 | 2021年 | 2022年 |
|---|---|---|
| 全社会固定资产投资 | 11.1 | 7.6 |
| #500万元及以上固定资产投资 | 11.1 | 7.6 |
| #基础设施投资 | -4.3 | 24.9 |
| 5000万元及以上项目投资 | 8.1 | 19.5 |
| 按经济类型分 | | |
| 国有 | -12.5 | 19.4 |
| 非国有 | 19.9 | 4.3 |
| 按建设性质分 | | |
| #新建及扩建 | 5.8 | 11.5 |
| 改建和技术改建 | 41.7 | -8.7 |
| 按产业分 | | |
| #工业投资 | 18.7 | 8.4 |
| 房地产开发投资 | 0.4 | -19.3 |

## 房地产开发企业概况

表 27

| 指　标 | 单位 | 2021 年 | 2022 年 | 2022 年比上年增长(%) |
|---|---|---|---|---|
| 房地产开发投资 | 亿元 | — | — | -19.3 |
| #住宅投资 | 亿元 | — | — | -19.9 |
| 本年新增固定资产 | 亿元 | — | — | -48.1 |
| 房屋施工面积 | 万平方米 | 5927.10 | 4982.65 | -15.9 |
| #新开工 | 万平方米 | 1241.53 | 456.42 | -63.2 |
| #住宅 | 万平方米 | 4097.88 | 3464.92 | -15.4 |
| 房屋竣工面积 | 万平方米 | 628.37 | 333.71 | -46.9 |
| #住宅 | 万平方米 | 407.89 | 249.16 | -38.9 |
| 房屋竣工价值 | 亿元 | 205.90 | 115.07 | -44.1 |
| #住宅 | 亿元 | 130.46 | 89.56 | -31.4 |
| 商品销售面积 | 万平方米 | 2019.49 | 1390.70 | -31.1 |
| #住宅 | 万平方米 | 1562.29 | 1056.88 | -32.4 |
| 商品房销售额 | 亿元 | 2076.27 | 1437.30 | -30.8 |
| #住宅 | 亿元 | 1652.28 | 1143.99 | -30.8 |
| 土地购置面积 | 万平方米 | 58.64 | 48.13 | -17.9 |

## 园 林 绿 化

表 28

| 指　标 | 2021 年 | 2022 年 |
|---|---|---|
| 城市绿化(城区) | | |
| 园林绿地面积(公顷) | 14642 | 15144.95 |
| #公园绿地 | 4113 | 4380.64 |
| 人均公园绿地面积(平方米) | 13.05 | 13.18 |
| 城区绿化覆盖率(%) | 43 | 43.15 |
| 年末公园(含动物园,个) | 123 | 135 |
| 公园面积(公顷) | 2338 | 2730.6 |

## 对外签订利用外资协议(合同)

表 29

| 指标 | 2021 年 | | 2022 年 | |
|---|---|---|---|---|
| | 项目(个) | 金额(万美元) | 项目(个) | 金额(万美元) |
| **外商直接投资** | **76** | **85062** | **60** | **32593** |
| 合资企业 | 42 | 11216 | 36 | 6068 |
| 独资企业 | 33 | 71533 | 24 | 26525 |
| 外商投资股份制企业 | 1 | 2313 | — | — |

## 实际利用外资

表 30

单位:万美元

| 指标 | 2021 年 | 2022 年 |
|---|---|---|
| **实际利用外资** | **67084** | **41727** |
| 一、分三次产业 | | |
| 一产 | | |
| 二产 | 7423 | 6495 |
| 三产 | 59664 | 35226 |
| 二、分区域 | | |
| 日韩东南亚 | 7 | 2790 |
| 美　加 | | 800 |
| 欧洲大洋洲 | 17 | 4881 |

注:本表数据为商务部修改后口径。

## 财政收入和支出

表 31

| 指标 | 2021 年(亿元) | 2022 年(亿元) | 2022 年比上年增长(%) |
|---|---|---|---|
| **地方一般公共预算收入** | **484.83** | **457.68** | **5.1** |
| #税收收入 | 344.50 | 275.81 | -4.6 |
| #增值税 | 123.72 | 63.26 | -6.1 |
| **地方一般公共预算支出** | **870.01** | **939.04** | **7.9** |
| #一般公共服务 | 70.87 | 75.90 | 7.1 |
| 教育 | 138.06 | 145.31 | 5.3 |
| 科学技术 | 45.85 | 39.51 | -13.8 |
| 文化旅游体育与传媒 | 11.85 | 12.52 | 5.7 |
| 社会保障和就业 | 72.91 | 86.34 | 18.4 |
| 卫生健康 | 84.21 | 89.93 | 6.8 |
| 城乡社区事务 | 143.32 | 215.97 | 50.7 |
| 农林水事务 | 63.52 | 64.67 | 1.8 |

注:2022 年地方一般公共预算收入增速为同口径增速。

## 金融机构本外币存贷款余额

表 32　　单位:亿元

| 指标 | 2021 年 | 2022 年 |
|---|---|---|
| **存款余额** | **14757.42** | **16110.30** |
| #住户存款 | 4776.22 | 5790.39 |
| 非金融企业存款 | 6079.06 | 6344.85 |
| 广义政府存款 | 3179.00 | 3274.75 |
| **贷款余额** | **17620.96** | **18949.13** |
| #住户贷款 | 4849.51 | 4812.85 |
| 短期贷款 | 1044.67 | 920.81 |
| 中长期贷款 | 3804.85 | 3892.04 |
| #企(事)业单位贷款 | 12701.64 | 14053.46 |
| #短期贷款 | 3354.42 | 3704.97 |
| 中长期贷款 | 8139.79 | 8986.85 |

## 农林牧渔业总产值(当年价)

表 33

| 指标 | 绝对数(亿元) | | 构成(%) | |
|---|---|---|---|---|
| | 2021 年 | 2022 年 | 2021 年 | 2022 年 |
| **农林牧渔业总产值** | **411.11** | **431.79** | **100.0** | **100.0** |
| 农业产值 | 167.24 | 176.91 | 40.7 | 41.0 |
| 林业产值 | 6.47 | 6.85 | 1.6 | 1.6 |
| 畜牧业产值 | 126.64 | 132.67 | 30.8 | 30.7 |
| 渔业产值 | 87.81 | 87.48 | 21.4 | 20.3 |
| 农林牧渔专业及辅助性活动产值 | 22.95 | 27.88 | 5.6 | 6.5 |

注:表中数据因小数点进位,分项数与合计数略有差异,未做机械调整。

## 林、牧、渔业生产情况

表 34

| 指标 | 2021 年 | 2022 年 | 2022 年比上年增长(%) |
|---|---|---|---|
| 一、当年造林面积(公顷) | 3704 | 2027 | -45.3 |
| 二、茶园面积(亩) | 21382 | 21541 | 0.7 |
| 三、果园面积(亩) | 104600 | 106502 | 1.8 |
| #柑橘园 | 58446 | 60020 | 2.7 |
| 梨园 | 9569 | 9607 | 0.4 |

续表34

| 指标 | 2021年 | 2022年 | 2022年比上年增长(%) |
|---|---|---|---|
| 桃园 | 8277 | 8731 | 5.5 |
| 葡萄园 | 5532 | 4993 | -9.7 |
| 四、畜牧业生产 | | | |
| 羊年末数(只) | 26283 | 26411 | 0.49 |
| 家禽年末数(万羽) | 4142.87 | 3864.39 | -6.72 |
| 家禽出笼数(万羽) | 7099.21 | 7245.51 | 2.06 |
| 生猪年末存栏(万头) | 130.36 | 118.39 | -9.18 |
| 生猪出栏数(万头) | 215.55 | 230.60 | 6.98 |
| 大牧畜(牛)年末存栏(万头) | 18.08 | 16.33 | -9.68 |
| 五、水产养殖面积(万亩) | 76.47 | 76.30 | -0.2 |

## 规模以上工业增加值增速和构成

表35

| 指标 | 2021年 | 2022年 |
|---|---|---|
| **规模以上工业增加值增速(%)** | **11.4** | **6.0** |
| #国有 | 24.1 | 13.5 |
| 集体 | -9.6 | -1.0 |
| 股份合作 | 32.7 | 1.2 |
| 股份制 | 9.6 | 6.5 |
| 外商及港澳台 | 19.9 | 2.9 |
| #私营企业 | 13.3 | 2.6 |
| #轻工业 | 12.2 | 0.0 |
| 重工业 | 10.8 | 9.7 |
| #大中型 | 9.2 | 6.6 |
| **规模以上工业增加值构成(%)** | **100.0** | **100.0** |
| #国有 | 0.68 | 1.24 |
| 集体 | 0.01 | 0.01 |
| 股份合作 | 0.23 | 0.25 |
| 股份制 | 81.75 | 81.02 |
| 外商及港澳台 | 17.29 | 17.37 |
| #私营企业 | 30.41 | 27.53 |
| #轻工业 | 38.95 | 35.51 |
| 重工业 | 61.05 | 64.49 |
| #大中型 | 72.85 | 72.12 |

## 规模以上工业营业收入

表 36

| 指标 | 2022 年(亿元) | 比上年增长(%) |
| --- | --- | --- |
| **总计** | **7872.66** | **5.1** |
| #国有 | 53.32 | 12.0 |
| 集体 | 0.47 | -6.9 |
| 股份合作 | 28.71 | -3.9 |
| 股份制 | 6422.51 | 5.1 |
| 外商及港澳台 | 1347.45 | 3.7 |
| #私营企业 | 2377.21 | -0.4 |
| #轻工业 | 1878.48 | -0.9 |
| 重工业 | 5994.17 | 7.1 |
| #大中型 | 5432.75 | 4.6 |

## 规模以上服务业主要指标

表 37

| 指标 | 单位 | 2022 年 | 比上年增长(%) |
| --- | --- | --- | --- |
| 企业数 | 户 | 1215 | 12.1 |
| 营业收入 | 亿元 | 1371.56 | 9.7 |
| 营业成本 | 亿元 | 1095.81 | 14.3 |
| 税金及附加 | 亿元 | 7.28 | 11.2 |
| 营业利润 | 亿元 | 62.88 | -24.5 |
| 应交增值税 | 亿元 | 32.41 | 21.3 |
| 期末用工人数 | 万人 | 20.17 | -4.7 |

## 社会消费品零售总额

表 38

| 指标 | 2021 年(亿元) | 2022 年(亿元) | 2022 年比上年增长(%) |
| --- | --- | --- | --- |
| **社会消费品零售总额** | **2878.74** | **3012.00** | **4.6** |
| 一、按消费地区分 | | | |
| 城　镇 | 2620.74 | 2858.97 | 3.9 |
| #城　区 | 1896.35 | 1996.43 | 4.5 |
| 乡　村 | 258.00 | 153.02 | 19.3 |
| 二、按行业分 | | | |
| 批发和零售业 | 2738.78 | 2835.62 | 5.7 |
| 住宿和餐饮业 | 139.96 | 176.37 | -7.7 |

## 交通运输

表 39

| 指　标 | 2021 年 | 2022 年 | 2022 年比上年增长(%) |
|---|---|---|---|
| **货物运输量(万吨)** | **18695.0** | **18546.2** | **-0.8** |
| 铁　路 | 418.8 | 476.0 | 13.6 |
| 公　路 | 16784 | 16538 | -1.5 |
| 水　运 | 1474.9 | 1528.2 | 3.6 |
| 民　航 | 17.3 | 4.0 | -76.8 |
| **旅客运输量(万人)** | **4888.8** | **3115.0** | **-36.3** |
| 铁　路 | 3058.0 | 2087.4 | -31.7 |
| 公　路 | 842 | 548 | -34.9 |
| 水　运 | 9.2 | 7.1 | -22.8 |
| 民　航 | 979.6 | 472.5 | -51.8 |

注:民航数据为昌北机场的货邮吞吐量和旅客吞吐量。

## 邮电事业

表 40

| 指　标 | 2021 年 | 2022 年 | 2022 年比上年增长(%) |
|---|---|---|---|
| 函件(万件) | 386.0 | 471.3 | 22.1 |
| 包裹(万件) | 9.0 | 8.8 | -2.4 |
| 快递(亿件) | 6.36 | 6.5 | 2.6 |
| 国内同城快递(万件) | 6274.9 | 6627.2 | 5.6 |
| 国内异地快递(万件) | 56489.5 | 57266.9 | 1.4 |
| 国际及港澳台快递(万件) | 873.1 | 1369.7 | 56.9 |
| 快递业务收入(亿元) | 63.73 | 69.6 | 9.2 |
| 订销报纸累计数(万份) | 8923.5 | 9208.7 | 3.2 |
| 订销杂志累计数(万份) | 317.6 | 316.1 | -0.5 |
| 固定电话年末用户数(万户) | 88.7 | 82.4 | -7.1 |
| 移动电话(万户) | 783.8 | 803.2 | 2.5 |
| 互联网宽带接入用户(万户) | 310.9 | 358.3 | 15.2 |

## 卫生机构基本情况

表 41

| 指　标 | 2021 年 | 2022 年 |
|---|---|---|
| 一、卫生机构(个) | 2716 | 2703 |
| #医院(不含卫生院) | 139 | 138 |
| 二、卫生床位数(万张) | 4.61 | 4.57 |

续表 41

| 指 标 | 2021 年 | 2022 年 |
|---|---|---|
| #医院 | 4.02 | 3.97 |
| 三、卫生机构人员(万人) | 6.58 | 6.74 |
| #卫生技术人员 | 5.41 | 5.52 |
| 执业医师(助理) | 1.91 | 1.96 |

## 各级各类学校数

表 42　　单位:所

| 指 标 | 2021 年 | 2022 年 |
|---|---|---|
| 普通高等学校 | 49 | 49 |
| 普通中等学校 | 27 | 26 |
| 普通中学 | 312 | 316 |
| 职业高中 | 16 | 16 |
| 小 学 | 419 | 380 |
| 特殊学校 | 8 | 8 |

## 学校教师数和在校学生数

表 43　　单位:人

| 指标 | 专任教师数 | | 在校学生数 | |
|---|---|---|---|---|
| | 2021 年 | 2022 年 | 2021 年 | 2022 年 |
| 普通高等学校 | 36273 | 38916 | 708034 | 762480 |
| 普通中等学校 | 2172 | 2985 | 83127 | 85056 |
| 普通中学 | 32452 | 33879 | 329182 | 330471 |
| 职业高中 | 704 | 751 | 21389 | 21550 |
| 小 学 | 17638 | 17549 | 440345 | 446015 |
| 特教学校 | 249 | 252 | 1267 | 1255 |

## 学校招生数和毕业生数

表 44　　单位:人

| 指标 | 招生数 | | 毕业生数 | |
|---|---|---|---|---|
| | 2021 年 | 2022 年 | 2021 年 | 2022 年 |
| 普通高等学校 | 218469 | 254236 | 163495 | 196996 |
| 普通中等学校 | 31324 | 28646 | 21558 | 24700 |
| 普通中学 | 110204 | 110993 | 104209 | 108314 |
| 职业高中 | 9816 | 6061 | 3802 | 4731 |
| 小 学 | 74133 | 74880 | 70503 | 70024 |
| 特教学校 | 246 | 278 | 219 | 336 |

## 广播、电视、出版基本情况

表45

| 指标 | 单位 | 2021年 | 2022年 |
|---|---|---|---|
| 广播电台 | 座 | 3 | 3 |
| 广播覆盖率 | % | 100 | 100 |
| 电视台 | 座 | 6 | 6 |
| 电视覆盖率 | % | 100 | 100 |
| 有线电视用户 | 万户 | 75.13 | 36.13 |

## 体育事业基本情况

表46

| 指标 | 单位 | 2021年 | 2022年 |
|---|---|---|---|
| 获得奖牌数 | 枚 | 458 | 1330 |
| #金牌 | 枚 | 195 | 580 |
| 银牌 | 枚 | 141 | 360 |

## 社会保险、保障基本情况

表47

| 指标 | 单 位 | 2022年 |
|---|---|---|
| 失业保险参保人数 | 万人 | 106.57 |
| 领取失业保险金人数 | 万人 | 12.05 |
| 养老保险参保人数 | 万人 | 271.90 |
| 享受养老保险的离退休人数 | 万人 | 67.40 |
| 城市居民最低生活保障家庭 | 万户 | 1.68 |
| 城市居民最低生活保障人数 | 万人 | 2.90 |
| 农村居民最低生活保障家庭 | 万户 | 4.25 |
| 农村居民最低生活保障人数 | 万人 | 7.40 |
| 城乡医疗救助人数 | 万人 | 13.52 |
| 城镇社区服务站(中心) | 个 | 974 |

# 索　引

## 说　明

一、索引采用主题分析法编制，大部分选用关键词。

二、索引按标引词汉语拼音字母顺序排列，标目后数字为页码，字母a为左栏，b为中栏，c为右栏。

三、分目标题用黑体字表明。

## 主题索引

E



F

G

## H

## K

L

## M



## N

P



Q

R



S

## T



## W

X

## Y

Z

## 数字索引

## 字母索引



## 表格索引